Taschenbuch des Deutschunterrichts

Volker Frederking, Hans-Werner Huneke, Axel Krommer, Christel Meier (Hrsg.)

Literatur- und Mediendidaktik

Band 2

herausgegeben von
Volker Frederking, Axel Krommer
und Christel Meier

2., neu bearbeitete und erweiterte Auflage

Schneider Verlag Hohengehren GmbH

Umschlag: PE-Mediendesign, Elke Boscher,
88521 Ertingen

Gedruckt auf umweltfreundlichem Papier (chlor- und säurefrei hergestellt).

Bibliografische Information der Deutschen Nationalbibliothek

Die Deutsche Nationalbibliothek verzeichnet diese Publikation in der Deutschen Nationalbibliografie; detaillierte bibliografische Daten sind im Internet über ›http://dnb.d-nb.de‹ abrufbar.

ISBN: 978-3-8340-1156-5

Schneider Verlag Hohengehren, Wilhelmstr. 13, D-73666 Baltmannsweiler

Homepage: www.paedagogik.de

Printed in Germany – Druck: Djurcic, Schorndorf

Inhaltsverzeichnis

Vorwort der Herausgeber IX

1. Grundlagen

Jörn Brüggemann/Volker Frederking
1.1 Literatur, Literalität und Medialität 3

Christine Garbe
1.2 Literarische Sozialisation – Mediensozialisation 23

Adalbert Wichert
1.3 Epochen im Literaturunterricht 43

Joachim Pfeiffer
1.4 Literarische Gattungen im Literaturunterricht 56

Petra Josting/Ricarda Dreier
1.5 Kinder- und Jugendliteratur im Literaturunterricht 73

Michael Baum
1.6 Literarisches Verstehen und Nichtverstehen 102

Heiner Willenberg
1.7 Kompetenzen im Literatur- und Sprachunterricht 126

2. Lesen und Verstehen im medialen Kontext

Ulf Abraham
2.1 Lesedidaktik und ästhetische Erfahrung: Lesen und Verstehen literarischer Texte 139

Gabriela Paule
2.2 Didaktik und Ästhetik des Theaters: Lesen und Verstehen theatraler Texte 161

Jutta Wermke
2.3 Hördidaktik und Hörästhetik. Lesen und Verstehen auditiver Texte 182

Michael Baum
2.4 Bild-Text-Didaktik und -Ästhetik: Lesen und Verstehen piktoraler Texte 202

Klaus Maiwald
2.5 Filmdidaktik und Filmästhetik: Lesen und Verstehen audiovisueller Texte 221

Axel Krommer
2.6 Didaktik und Ästhetik neuer Medien: Lesen und Verstehen symmedialer Texte 243

3. Konzeptionen des Literaturunterrichts im medialen Wandel

Michael Kaemper-van den Boogaart
3.1 Textnahes Lesen 279

Petra Wieler
3.2 Vorlesen, Erzählen – Gespräche im Literaturunterricht 291

Clemens Kammler
3.3 Intertextueller Literaturunterricht 307

Kaspar H. Spinner
3.4 Handlungs- und produktionsorientierter Literaturunterricht 319

Cornelia Rosebrock
3.5 Leseförderung 334

Ortwin Beisbart/Kristina Bismarck
3.6 Lesestrategien im Literaturunterricht 348

Anita Schilcher
3.7 Geschlechterdifferenzierung im Literaturunterricht 366

Jörg Knobloch
3.8 Didaktik der Kinder- und Jugendliteratur 386

Klaus Maiwald
3.9 Didaktik der Gebrauchstexte 405

Volker Frederking
3.10 Identitätsorientierter Literaturunterricht 427

Thomas Zabka
3.11 Ästhetische Bildung 471

Rudolf Denk
3.12 Figurenkonzepte, Rollenspiele, theatralische Formen 488

Gudrun Marci-Boehncke
3.13 Medienverbund und Medienpraxis im Literaturunterricht 501

Marion Bönnighausen
3.14 Intermedialer Literaturunterricht 523

Volker Frederking
3.15 Symmedialer Literaturunterricht 535

Matthis Kepser
3.16 Computer im Literaturunterricht 568

Thomas Möbius/Stefan Ulrich/Regina Wieland
3.17 Virtuelle Lernumgebungen im Literaturunterricht 593

4. Unterrichtliche Praxis

Christel Erika Meier
4.1 Literaturkanon versus/und ästhetische Bildung 619

Volker Gerner
4.2 Orientierung an Gattungen versus/und Förderung von Identität . . 641

Klaus Gattermaier
4.3 Lesestrategien versus/und Leselust 659

Karla Müller
4.4 Hören und Lesen am Beispiel von Kinder- und Jugendliteratur . . . 682

Axel Krommer/Ricarda Dreier
4.5 Medienkompetenz im symmedialen Deutschunterricht 695

Klaus Maiwald
4.6 Gebrauchstexte – nicht nur print- und monomedial 716

Sachwortregister 740

Namensregister 752

Autorenverzeichnis 757

Vorwort der Herausgeber

Zur Einführung

Das Taschenbuch des Deutschunterrichts, begründet und herausgegeben von Erich Wolfrum und weitergeführt von Günter Lange, Karl Neumann und Werner Ziesenis, hat seit fast vier Jahrzehnten einen festen Platz innerhalb der deutschdidaktischen Fachliteratur. Das spricht einerseits dafür, dass der Titel seine Nützlichkeit für die Leserinnen und Leser über mehr als eine Generation hinweg behalten hat. Andererseits machte und macht der lange Zeitraum eine beständige Anpassung an zentrale Entwicklungen in der deutschdidaktischen Diskussion erforderlich.

Stationen dieser Aktualisierungen werden deshalb auch im Aufbau bzw. in der Konzeption des Taschenbuchs sichtbar. Erschien es 1972 mit dem Untertitel „Grundfragen und Praxis der Sprach- und Literaturpädagogik“ in einem Band mit 762 Seiten, so wurde es in der dritten Auflage 1980 auf zwei Bände „Sprachdidaktik und Mediendidaktik“ und „Literaturdidaktik“ mit einem Gesamtumfang von 1068 Seiten erweitert. Die veränderten Untertitel machen deutlich, dass sich die Fragestellungen von pädagogischen Aspekten auf fachdidaktische Schwerpunkte verlagert und spezifiziert haben. Mit der vierten Auflage von 1986 wurden neue thematische Felder eingebunden. Die Untertitel des ersten Bandes – „Grundlagen, Sprachdidaktik, Mediendidaktik“ – und des zweiten Bandes – „Literaturdidaktik: klassische Formen, Trivialliteratur, Gebrauchstexte“ – lassen erkennen, dass übergreifende Aspekte eines Deutschunterrichts, in dem Sprache und Literatur zusammenkommen, ebenso reflektiert werden wie eine Ausweitung des Gegenstandsfeldes Literatur über ästhetisch hochstehende und kanonisierte Texte hinaus. Die einzelnen Artikel informieren aus erster Quelle über den Entwicklungsgang der Deutschdidaktik und machen wesentliche, oft auch heute noch gültige Arbeitsergebnisse zugänglich.

Die vorliegende Neuausgabe knüpft an diese Tradition an, setzt in der Grundkonzeption aber gleichwohl neue Akzente. Dies zeigt sich auf formaler wie auf inhaltlicher Ebene. In formaler Hinsicht besteht das neue „Taschenbuch des Deutschunterrichts“ aus insgesamt drei Bänden. Band 1 und Band 2 tragen mit ihren Schwerpunkten „Sprach- und Mediendidaktik“ bzw. „Literatur- und Mediendidaktik“ zum einen den gängigen disziplinären Einteilungen an Universitäten und Hochschulen Rechnung, gleichzeitig findet die Mediatisierung von Sprache und Literatur sowie von Sprach- und Literaturdidaktik in den Konzeptionen der beiden Bände besondere Berücksichtigung. Mit Band 3, der im Laufe des Jahres 2010 folgt, wird ein neues Reflexionsfeld erschlossen und präsentiert, insofern hier „Grundlagen und aktuelle Fragen der Deutschdidaktik“ in einer übergreifenden Perspektive behandelt werden. Interviews in Text und Film (auf DVD beigefügt) runden das Angebot ab und eröffnen auch in medialer Form neue Zugänge.

Neue Wege werden aber gleichfalls in inhaltlicher Hinsicht beschritten. Hatte das alte Konzept des Taschenbuchs die Gegenstände des Deutschunterrichts in Sprache und Literatur zum zentralen Bezugspunkt, rücken in der Neuausgabe neben den fachlichen Inhalten vor allem auch die damit verbundenen Lehr-Lern-Prozesse und die darauf bezogenen didaktischen Konzeptionen in den Fokus der Betrachtung. Dieser Sachverhalt trägt einem gewandelten Fachverständnis Rechnung. In diesem wird die Deutschdidaktik als eigenständige wissenschaftliche Disziplin verstanden, die zwar in Literatur- und Sprachwissenschaft verankert ist und durch diese wichtige Anregungen erhält, gleichzeitig aber – auch im transdiziplinären Austausch mit Bezugswissenschaften wie Psychologie, Pädagogik, Philosophie, Soziologie etc. – eigene Fragestellungen, Theorieansätze und Konzeptionen entwickelt und vermittelt.

Damit ging eine Erweiterung der Fragestellungen und Orientierungen einher. Die Perspektive des Lehrens wurde um die des Lernens und Erwerbens ergänzt. Im Zentrum der Aufmerksamkeit standen folgerichtig nicht länger nur Fragen nach den Grundlagen der didaktischen Entscheidungen von Lehrkräften oder der Ausgestaltung von Curricula und Schulbüchern. Vielmehr rückten mehr und mehr auch die lernenden Subjekte im Unterrichtsprozess und Möglichkeiten zur Optimierung von Lehr-Lern-Prozessen in den Fokus deutschdidaktischer Reflexion und Forschung. Zunehmend gehen damit auch empirische Überprüfungen und Fundierungen einher.

In der Literaturdidaktik verlagerten sich die Schwerpunkte von der Gattungsorientierung und der Kanonpflege zu einem erweiterten Methodenspektrum und veränderten Prinzipien für den Umgang mit literarischen (und nicht-literarischen) Texten. Konzeptionen wie der handlungs- und produktionsorientierte Literaturunterricht und literaturdidaktische Ansätze zur Förderung von Imagination und Fremdverstehen, zur Identitätsorientierung, zur ästhetischen Bildung, zur Kreativität, zur Intertextualität etc. sind Ausdruck dieser veränderten Blickrichtung. Gleiches gilt für die Forschungen zur Lesesozialisation, zur Lesekompetenz und zur Leseförderung und die verstärkte Aufarbeitung von altersspezifischen Leseangeboten, wie sie insbesondere mit der Kinder- und Jugendliteratur verbunden sind.

In der Sprachdidaktik lässt sich die Perspektivverlagerung an veränderten Forschungsfragen festmachen: Wie findet sekundärer Spracherwerb statt? Wie grenzt sich geschriebene Sprache von gesprochener Sprache ab und wie wird sie erworben? Wie werden das mündliche und schriftliche Erzählen, Beschreiben, Argumentieren und Erklären erworben? Das Interesse an Erwerbsprozessen führte unter kognitiven Fragestellungen zur Entwicklung von Prozessmodellen, zum Beispiel von Prozess- und Entwicklungsmodellen des Schreibens, wie sie teils aus den USA übernommen und auf den schulischen Bereich übertragen wurden. Konzeptionen für eine prozessorientierte, kommunikative, kreative oder personale Schreibdidaktik ergaben sich daraus. Kognitiv orientierte Fragestellungen stießen auch Versuche an, das Verhältnis zwischen sprachlichem Können, der prozeduralen und vielfach impliziten Komponente der sprachlichen Kompetenz, und dem Wissen über Sprache, ihrer Thematisierung, Reflexion und der daraus resultierenden Bewusstheit, neu zu bestimmen.

Das Verhältnis von Mündlichkeit und Schriftlichkeit wurde neu gewertet. Galt es früher als zentrale Aufgabe des Deutschunterrichts, die Lernenden mit konzeptioneller und medialer Schriftlichkeit vertraut und in diesem Bereich handlungsfähig zu machen, so sind in einem sich wandelnden medialen Umfeld neue Verknüpfungen und Brücken zwischen Mündlichkeit und Schriftlichkeit entstanden.

In einem beschleunigten Veränderungsprozess stehen auch die Gegenstände des Deutschunterrichts selbst, Sprache und Literatur. Die technisch bedingten und ermöglichten medialen Entwicklungen verändern Kommunikations- und Interaktionsweisen in sehr vielen Domänen. Zahlreiche Texte sind nicht mehr linearisierte, rein symbolisch-sprachliche Gedankenketten, sondern sie treten auf Zeitungsseiten und Websites fraktioniert und flächenhaft auf, sie verbinden sich symmedial mit anderen semiotischen Strukturen in Kombinationen mit Bildern, Audiomaterial und Film. Dies verändert die Anforderungen an Produktion und Rezeption und vielleicht auch den Textbegriff, den wir didaktisch benötigen. Jedenfalls stellt es neue Anforderungen an Lernende, damit sie kritisch und autonom an solchen Interaktionsprozessen teilnehmen können. Einen unverzichtbaren Anknüpfungspunkt für fachdidaktische Überlegungen bieten hier Erkenntnisse zur Mediensozialisation von Kindern und Jugendlichen.

Eine weitere Perspektiverweiterung ergibt sich in inter- bzw. transkultureller Perspektive. Deutschunterricht lässt sich schon länger nicht mehr unter monoethnischen, nationalkulturellen oder einsprachigen Prämissen verstehen – sofern das je möglich war. Deutschunterricht findet heute unter den Bedingungen kultureller Heterogenität und Diversität statt – als Ergebnis von Migrationsprozessen in seit Jahrhunderten währender Tradition, von historischer und aktueller Globalisierung, als Ergebnis von sozialer Dissoziierung in Milieus und auch des Austausches zwischen den Milieus, eine Situation, die vielleicht am besten als transkulturell bezeichnet werden kann. Deutschdidaktische Konsequenzen daraus können sich nicht auf den Unterricht von Deutsch als Zweitsprache für Kinder und Jugendliche aus Zuwandererfamilien beschränken, sie müssen Mehrsprachigkeit und Differenz als individuelles und soziales Kapital erkennen, auch in seinen ästhetischen Dimensionen.

Mit all diesen aufgezeigten Strömungen und Entwicklungen setzen sich die Beiträge vor allem in Band 1 und 2 der Neuausgabe des Taschenbuchs des Deutschunterrichts auseinander. Es wird hier darauf verzichtet, die einzelnen Beiträge zusammenfassend vorzustellen, ein Überblick lässt sich jeweils leicht den einleitenden Abschnitten entnehmen. Allgemein sei nur als Grundprinzip betont: Jeweils vermitteln Experten und Expertinnen der einzelnen Forschungsschwerpunkte und -richtungen in den Artikeln Wissen 'aus erster Hand'. Der Aufbau der ersten beiden Bände gleicht sich dabei in seiner Grobstruktur: An ein Kapitel mit Beiträgen zu wesentlichen Grundlagen sprach-, medien- und literaturdidaktischen Denkens schließt sich ein zweites über die lernenden Subjekte und ihre Zugänge zu den jeweiligen Gegenständen an. Daraus ergeben sich Konzeptionen des Sprach- und Literaturunterrichts im medialen Wandel, an die sich Beispiele aus der Unterrichtspraxis anfügen. Sie können dazu dienen, in ein Gespräch über die Umsetzung der Konzeptionen einzutreten.

Band 3 gibt demgegenüber vor allem übergreifenden aktuellen Frage- und Problemstellungen innerhalb der Deutschdidaktik Raum. Eine besondere Rolle spielt dabei die empirische Wende, die zumindest Teile der Disziplin erfasst hat. Angestoßen ist diese nicht zuletzt durch den Konstanzer Beschluss der Kultusministerkonferenz vom 24.10.1997. Die hier formulierten 'Grundsätzlichen Überlegungen zu Leistungsvergleichen innerhalb der Bundesrepublik Deutschland' haben Signalwirkung gehabt. Spätestens seit den PISA- und IGLU-Studien ist auch die Deutschdidaktik herausgefordert, sich zu einer empirisch arbeitenden Disziplin weiterzuentwickeln. Damit stellt sich die Frage nach den Fundamenten der Deutschdidaktik als Wissenschaft in einer neuen Qualität.

Hinzu kommen die in Reaktion auf PISA und IGLU eingeleitete Abkehr von der Input- und die Hinwendung zur Outputorientierung. Damit haben sich für die Sprach-, Literatur- und Mediendidaktik veränderte Rahmenbedingungen ergeben, die in den Artikeln zu den einzelnen Forschungsfeldern schon in den ersten beiden Bänden Berücksichtigung gefunden haben, im dritten Band aber in systematischer bzw. grundsätzlicher Weise aufgegriffen und aus unterschiedlichen Perspektiven diskutiert werden. Bedeutung besitzt dabei die Frage nach den Möglichkeiten und Problemen, theoretisch fundierte und empirisch abgesicherte deutschdidaktische Kompetenzmodelle zu entwickeln, die Grundlage für Standards und Aufgabenkonstruktion sein können. Als Herausforderung der Deutschdidaktik erweist sich überdies, dass die Bildungssysteme in Deutschland sozial besonders stark differenzieren und selegieren.

Damit ist das in vielfältiger Form erweiterte Themenspektrum umrissen, dem in den drei Bänden im neu konzipierten 'Taschenbuch des Deutschunterrichts' Rechnung getragen wird. Damit soll das 'Taschenbuch des Deutschunterrichts' in seiner Neuauflage die Möglichkeit zur zuverlässigen Orientierung im aktuellen fachdidaktischen Diskussionsstand bieten. Es stellt ein Angebot an

Lehramtsstudierende, Referendare und Lehrkräfte des Faches Deutsch dar, in übersichtlicher und verständlicher Form bestehende Wissensbestände abzusichern und zu erweitern. Darüber hinaus laden die drei Bände ein, individuell neue Interessenschwerpunkte aufzubauen und neue Themengebiete zu erschließen. Wir wünschen den Leserinnen und Lesern eine ebenso interessante wie fruchtbare Lektüre.

Erlangen-Nürnberg und Freiburg im Breisgau Winter 2012/2013

Volker Frederking
Hans-Werner Huneke
Axel Krommer
Christel Meier

1. Grundlagen

JÖRN BRÜGGEMANN / VOLKER FREDERKING

1.1 Literatur, Literalität und Medialität

1. Was ist Literatur? Eine begriffliche Annäherung

'Literatur' ist ein Begriff, dessen Bedeutung in Abhängigkeit von historischen und kulturellen Rahmenbedingungen eine Vielzahl von Bestimmungen erfahren hat. Ausgehend von der antiken Bedeutung von 'litteratura' – der Lehre von den Buchstaben –, die im Laufe der Zeit auf die Deutung von Texten ausgeweitet wurde (etwa 100 n. Chr.), reicht das Bedeutungsspektrum von 'Schriftkunst' über 'Gelehrsamkeit' und 'Wissenschaft' (bis zum 18. Jh.) bis zur Bezeichnung bedeutsamer Schriftwerke im Allgemeinen. Ferner wird unter dem Terminus 'Literalität' eine allgemeine Literaturkompetenz gefasst, die aus mediensoziologischer Sicht „ein voraussetzungsreiches Merkmal moderner Gesellschaften" darstellt (Bertschi-Kaufmann / Rosebrock 2009, S. 7).

In Abgrenzung zu einem weiten Literaturbegriff, der die Gesamtheit alles Geschriebenen und Gedruckten umfasst, wird 'Literatur' seit dem 18. Jahrhundert zur exklusiven Kennzeichnung fiktionaler Texte mit künstlerischem Anspruch verwendet. Werden Texte in diesem Sinn als 'literarisch' bezeichnet, gilt das als Ausdruck besonderer Wertschätzung. Als Wertbegriff ist 'Literatur' jedoch schwer (deskriptiv) zu bestimmen. Wenn 'Literatur' Gegenstand eines öffentlichen Streits darüber ist, in dem entschieden werden soll, was (gute) 'Literatur' sein sollte, liegen jeder Bestimmung normative Annahmen zugrunde, die sich in einer Vielfalt konkurrierender Literaturkonzepte niedergeschlagen haben. Diese Vielzahl begrifflicher Alternativen ('Dichtung', 'belle lettres', 'Poesie', 'schöne Literatur', 'Belletristik' etc.) erschwert eine konsensfähige Definition.

2. Literalität versus literarische Bildung

Unter dem Terminus 'Literalität' hat in jüngster Zeit eine Abwandlung des weiten Literaturbegriffs im deutsch- und mediendidaktischen Diskurs Einfluss gewonnen. Begreift man Literalität mit Bertschi-Kaufmann und Rosebrock als „kommunikative und sozial situierte Praxis", so hebt man hervor, „dass Literalität ein soziales, ein kulturelles, ein die Organisationsformen der Gesellschaft als ganze betreffendes und nicht zuletzt auch ein historisches Phänomen ist" (Bertschi-Kaufmann / Rosebrock 2009, S. 7), das seit der medienwirksamen Debatte über die Ergebnisse der PISA-Studie den öffentlichen Diskurs über Lese- und Bildungsnormen beeinflusst (vgl. Artelt et al. 2001). Vor diesem

Hintergrund verweist 'Literalität' – im Anschluss an die Verwendung des Literacy-Begriffs im angelsächsischen Sprachraum – auf ein Grundbildungsverständnis, das die „Weltorientierung vermittelnde Begegnung" mit der Kultur als Fundament von (lebenslangen) Lernprozessen begreift. In diesem Sinn wird im Kontext der PISA-Forschung die „Beherrschung der Muttersprache in Wort und Schrift sowie ein hinreichend sicherer Umgang mit mathematischen Symbolen und Modellen" als „Kernbestand kultureller Literalität" (Artelt et al. 2001, S. 77) bestimmt. Auf der Basis dieser Begriffsbestimmung erfolgt die Beschreibung solcher Kompetenzen im Umgang mit Schriftlichkeit, die erworben werden müssen, um an den gesellschaftlichen Prozessen einer schriftbasierten Gesellschaft aktiv und selbstbestimmt partizipieren zu können.

Allerdings ist jener kognitionspsychologisch fundierte Literalitätsbegriff in der empirischen Untersuchung selbst in einem streng funktionalistischen Rahmen operationalisiert worden. Deshalb kollidiert er mit Bildungserwartungen, die sich im deutschsprachigen Raum entwickelt haben. Aufgrund seiner Indifferenz gegenüber den spezifischen Verstehensanforderungen eminenter Texte gilt 'Literalität' als Gegenbegriff zu einem spezifisch deutschen Verständnis 'literarischer Bildung', die in der Auseinandersetzung mit Kunstliteratur (im weitesten Sinn) erworben wird. Um diese unproduktive Verhältnisbestimmung von 'Literalität' und 'literarischer Bildung' in der pädagogisch-didaktischen Diskussion zu überschreiten, hat Bettina Hurrelmann auf normative Implikationen des Literalitätsbegriffs aufmerksam gemacht (Hurrelmann 2009). Nach Hurrelmann wird man dem Literalitätskonzept nicht gerecht, wenn man Literalität 'bloß' als Basis zur Beschreibung von lernbaren Fähigkeiten im Bereich des Schriftgebrauchs bestimmt. Konvergenzpunkte könnten sich auch dort ergeben, wo von literaturdidaktischer Seite der Versuch unternommen wird, kognitionspsychologische Komponenten des Textverstehens mit den literaturtheoretisch bzw. -didaktisch modellierten Dimensionen literarischen Verstehens zu vermitteln (vgl. z.B. Zabka 2012). Doch gerade weil die vorliegenden Ansätze bislang nur bedingt kompatibel sind, darf eine bereichsspezifische Ausdifferenzierung und Präzisierung nicht unterbleiben. Aus literaturdidaktischer Sicht ist primär klärungsbedürftig, was die Eigenart literarischer Verstehens- und Verarbeitunsprozesse ausmacht und wie deren Spezifika im Rahmen kognitionswissenschaftlicher Kategorien verortet werden können.

3. Literaturspezifische Verstehensanforderungen

Seit den umfangreichen Erhebungen im Rahmen von PISA, IGLU und den deutschdidaktischen Teilen der DESI-Studie gilt Lesekompetenz als eine der am besten erforschten Kompetenzen in der empirischen Bildungsforschung. Im Rahmen dieser Untersuchungen ist *Lesen* als eine im Wesentlichen fächer- bzw.

domänenübergreifende Kompetenz verstanden worden. Weitergehende Differenzierungen zwischen einer allgemeinen Lesekompetenz und literaturspezifischer Textverstehenskompetenz sind weder im Rahmen von PISA und IGLU noch seitens der deutschdidaktischen Lesekompetenzforschung für nötig gehalten worden (vgl. Groeben 2002, 12; Rosebrock 2007, 64).

Diese Annahme steht allerdings im Widerspruch zu einer verbreiteten Überzeugung im literaturdidaktischen Diskurs. Denn in der Literaturdidaktik ist immer wieder hervorgehoben worden, dass die Spezifik des fachlichen Gegenstandes 'Literatur' nicht in dem allgemeinen Konstrukt der Lesekompetenz aufgeht, sondern einen eigenen Kompetenzbereich darstellt. In diesem Sinne hat etwa Michael Kämper-van den Boogaart (2005, S. 29) darauf hingewiesen, dass „Leseförderung in der Regel darauf zielt, dass möglichst viel und entsprechend motiviert gelesen wird, und sich entsprechend mit der Kritik der gewählten Lesestoffe und des Rezeptionsmodus zurückhält", während „es der Literaturdidaktik im engen Sinne um die Ausbildung solcher Kompetenzen [geht], wie sie Vorstellungen von einer literarischen Bildung zufolge als angemessen gelten." Folgt man Kaspar H. Spinner (2006, S. 6), geht literarisches Lernen insofern über „das Lesen von Geschriebenem und Gedrucktem" hinaus, als „literarisches Lernen auch auditive und visuelle Rezeptionsformen, also etwa Hörbücher oder Theater, einschließt und deshalb schon vor dem Erwerb von Lesekompetenz eine Rolle spielt." Die Differenz von allgemeiner Lese- und literarischer Verstehenskompetenz scheint so selbstverständlich, dass eine empirische Fundierung dieser Annahme lange Zeit nicht einmal für nötig gehalten wurde.

Doch während viele Literaturdidaktiker darauf insistieren, dass sich literarische Texte durch besondere Qualitäten, Erkenntnis- oder Erlebnispotenziale auszeichnen, die sie von anderen Textsorten oder Sprechhandlungen unterscheiden, zeigt ein Blick auf die literaturtheoretischen Debatten der vergangenen Jahr(zehnt)e, wie problematisch alle Versuche sind, die Literarizität literarischer Texte in Differenz zu anderen Textsorten und Sprechhandlungen zu bestimmen (vgl. z. B. Barner 1997; Culler 1988; Eagleton, Griesheimer/Prinz 1991; Jannidis et al. 2009; Wegmann 1993). Ob literarischen Texten tatsächlich eine besondere Qualität zu kommt, die sich über die Erschließung poetischer, ästhetischer, kognitiver oder emotionaler Facetten zeigt, ist in der Literaturtheorie ebenso umstritten wie die Frage, ob bzw. inwiefern aus diesen Qualitäten domänenspezifische Formen literarischer Verstehenskompetenz abgeleitet werden können.

Neue Impulse könnte diese literaturtheoretische Debatte durch Ergebnisse der empirischen Bildungsforschung erhalten. Denn obwohl es offenkundig schwierig ist, verallgemeinerbare Literarizitätskriterien aus dem Rekurs auf Differenzen zwischen Texten bzw. Textsystemen zu gewinnen, zeigen die Befunde umfangreicher quantitativer empirischer Erhebungen signifikante Unterschiede zwischen allgemeiner Lese- und literarischer Verstehenskompetenz auf. So haben die Re-Analysen der Daten der ersten PISA-Studie von Artelt/Schlagmüller (2004, S. 188) deutlich gemacht, dass „der kompetente Umgang mit literarischen Texten [...] andere Lese- und Verstehensanforderungen zu beinhalten [scheint] als der Umgang mit anderen kontinuierlich und nicht-kontinuierlich geschriebenen Texten." Dieser Befund ist interessant, weil er das kritische Potenzial quantitativer empirischer Untersuchungen vor Augen führt. Während die Testkonstrukteure von PISA davon ausgegangen sind, dass Lesekompetenz ein eindimensionales Konstrukt darstellt, das nicht weiter differenziert werden muss, stützen die ausgewerteten Daten die These, „dass die Lesekompetenz bei literarischen Texten mit gutem Grund als separate Fähigkeit aufgefasst werden kann." (Artelt/Schlagmüller 2004, S. 179)

Zu demselben Schluss führen die Ergebnisse des Forschungsprojekts „Literarästhetische Urteilskompetenz" (LUK), das Teil des DFG-Schwerpunktprogramms 1293 „Kompetenzmodelle zur Erfassung individueller Lernergebnisse und zur Bilanzierung von Bildungsprozessen" ist. Um ein differenzierteres Verständnis von literarischer Verstehenskompetenz und ihrem Verhältnis zu allgemeiner Lesekompetenz zu gewinnen, wurde hier im Anschluss an Ecos ästhetische Semiotik literarästhetische Verstehenskompetenz als ein mehrdimensionales Konstrukt theoretisch modelliert und empirisch untersucht (vgl. Frederking et al. 2010; 2011, S. 134ff.). Die Auswertung der empirischen Daten zeigt ebenfalls, dass allgemeine Lesckompetenz und literarische Verstehenskompetenz voneinander abgegrenzt und differenziert werden müssen. Zu einem präziseren Verständnis tragen die empirischen Befunde insofern bei, als zwei Teilkompetenzen literarischen Textverstehens empirisch nachgewiesen werden konnten: 1. die Fähigkeit zum semantischen Verstehen, d. h. zum Erschließen zentraler Inhalte, Sinnstrukturen und Deutungsspielräume eines literarischen Textes; 2. die Fähigkeit zum idiolektalen Verstehen, d. h. zum Erfassen der formalen Spezifika eines literarischen Textes und ihrer ästhetischen Funktion (vgl. Frederking et al. 2011, S. 136ff.).

Trotz dieser ersten Ergebnisse deutschdidaktischer empirischer Bildungsforschung gilt nach wie vor, dass „[w]eitere Forschung [...] notwendig [ist], um zu einem differenzierteren Verständnis dieser Teilkompetenz zu gelangen und das Wissen über die spezifischen Verstehensanforderungen für die Förderung dieser Kompetenz nutzbar zu machen." (Artelt/Schlagmüller 2004, S. 189) Gerade weil die Bestimmung von Verstehensanforderungen literarischer Texte von weitreichenden Annahmen darüber abhängt, was Literatur ist und wie sie gelesen werden sollte, ist eine bewusste Auseinandersetzung mit diesen – bisweilen latenten – Annahmen eine wichtige Voraussetzung für künftige empirische Forschungen.

4. Literarische Erfahrung

Wer sich schon einmal in ein 'gutes Buch' *versenkt*, schon einmal eine spannende Geschichte *verschlungen* hat und dabei die Erfahrung machten konnte, die Grenzen von Zeit und Raum zu überschreiten, der weiß um die besondere Wirkung der Literatur und ihre unvergleichliche Qualität. Lesend sehen wir die Welt quasi vor uns, schmücken sie aus und verschmelzen sie mit unseren Emotionen und Wünschen. Literaturliebhaber wissen um den Zauber, den die besondere Qualität literarischer Sprache ausüben kann und der die Phantasie und Einbildungskraft ihrer Leser affiziert. Zur besonderen Beziehung des Literaturliebhabers zu seiner Literatur gehört auch die Erfahrung, dass 'Literatur' ihre Leser nicht nur fasziniert und unterhält, sondern von alltäglichen Wahrnehmungsroutinen befreit. Wer die Welt der Literatur betritt, verzichtet freiwillig auf die empirische Überprüfung des Gelesenen. Ob das Gelesene tatsächlich wahr oder erfunden ist, erscheint von untergeordneter Bedeutung. Doch obwohl – oder gerade weil? – 'Literatur' in dieser Form nicht unmittelbar lebenspraktisch relevant ist, existiert der Glaube, sie mit besonderem Gewinn auf die persönliche Erfahrungswelt beziehen zu können. Wer 'Literatur' so sehr liebt, dass er bzw. sie das eigene Leben ihrer Vermittlung widmet, geht wohl von der Annahme aus, 'Literatur' könne Prozesse der Individuation, Sozialisation und Enkulturation unterstützen (vgl. Abraham/Kepser 2005, S. 46). Die besondere Wertschätzung, die unsere Gesellschaft der Literatur immer noch entgegenbringt – trotz bisweilen kursierender gegenteiliger Diagnosen –, lässt sich an den vielfältigen privaten, gesellschaftlichen und staatlich gestützten Bemühungen ablesen, dem Lesenachwuchs die Einübung jener spezifischen Rezeptionshaltung zu ermöglichen. Im Erwachsenenalter ist sie (idealiter) so verinnerlicht, dass man fast glauben könnte, mit der Alphabetisierung werde zugleich die Basis für die genießende Rezeption von 'Literatur' erworben. Doch auf welchen Werten gründet das hohe Ansehen der Literatur?

5. Literatur und (außerliterarische) Werte

Dass Goethes „Iphigenie auf Tauris“ und Schillers „Das Lied von der Glocke“ zu den literarischen Werken zählen, deren Wert auch zukünftige Generationen noch anerkennen werden, scheint selbstverständlich. Angesichts dessen lässt sich vermuten, 'Literatur' verdanke ihre Autorität der Verkörperung positiver Werte, die den Wandel der Zeiten überdauern. So liegt es nahe, 'Literatur' mittels überzeitlicher Werte zu bestimmen, etwa, wie im 18. und beginnenden 19. Jahrhundert in der Klassik, als Verkörperung des Wahren, Guten und Schönen (vgl. Borchmeyer 1994). Folgt man in diesem Sinne Hans Georg Gadamer, muss als 'klassisch' bezeichnet werden, was „herausgehoben [ist] aus der Differenz der wechselnden Zeit und ihres wandelbaren Geschmacks“ (Gadamer

1960, S. 272): „Eben das sagt das Wort 'klassisch', daß die Fortdauer der unmittelbaren Sagkraft eines Werkes grundsätzlich unbegrenzt ist.“ (Gadamer 1960, S. 274) Doch weil mit der Metapher der „Sagkraft“ der Eindruck erweckt wird, als diene 'Literatur' der Vermittlung wahrer Humanität und als würden die erlesenen Werte quasiautomatisch zum Leser transferiert, bedarf es eines historischen Blicks auf das Verhältnis von 'Literatur' und überzeitlichen Werten, um die Tragfähigkeit des Bestimmungsversuchs einschätzen zu können.

Der Versuch, 'Literatur' durch die Identifikation mit überzeitlichen Werten zu bestimmen, führt unversehens in die politischen Verhältnisse des 18. und 19. Jahrhunderts. Das verstärkte Bewusstsein vom Wert der deutschsprachigen 'Literatur' entwickelte sich einerseits im Kampf um bürgerliche Emanzipation von der Fürstenherrschaft angesichts der ausbleibenden Politisierung des Bürgertums in Deutschland, andererseits im Kontext des Strebens nach deutscher Einheit und Selbstbestimmung. Wie zeitgebunden die Suche nach überzeitlichen literarischen Werten gedacht werden muss, mag ein Blick auf Wilhelm Grimms Interesse an der Literatur des Mittelalters verdeutlichen, das nicht zuletzt darauf abzielte, in einem politisch zersplitterten Deutschland alte Texte als Spuren eines 'Volksgeistes' zu lesen, der auf eine gemeinsame Vergangenheit des deutschen Volkes hinweist (vgl. Grimm 1841, S. 506). Dabei muss Grimms Projekt eines erinnernden Rückbezugs auf die alte Literatur als eminent politisch gelten, gerade weil unter den damaligen politischen Bedingungen keine einige und selbstbestimmte deutsche Nation existierte. Dass der Rückbezug auf scheinbar überzeitliche Werte von Anbeginn an immer auch der Propagierung und Einübung von nationalem Bewusstsein galt, hat Friedrich Nicolai früh registriert: „Man interessiert sich eigentlich nie für das Mittelalter selbst, sondern benutzt den Rückgriff auf das Mittelalter zur eigenen Identitätssuche oder Identitätsfindung aus einem überwiegend gegenwartsbezogenen Anliegen heraus.“ (Nicolai 1781, S. 57f.) Das belegen auch zahlreiche Versuche des 19. Jahrhunderts, das „Nibelungenlied“ als ein „deutsches Nationalepos“ (Friedrich von Hagen) zu präsentieren, dessen Lektüre die Ausbildung der im Lied enthaltenen heroischen Dispositionen (Siegrieds ungestümes Heldentum am Wormser Hof, Hagens fatalistische Opferbereitschaft) ermögliche. In diesem Sinn hat bereits August Wilhelm Schlegel das „Nibelungenlied“ als „Hauptbuch bei der Erziehung der deutschen Jugend“ gelesen und ihm den Wert zugeschrieben, „kraftvolle Männer zu erziehen und die Einheit des Reiches wieder herzustellen.“ (Schlegel 1812, S. 20) Der in dieser Tradition stets vorausgesetzte Konnex von „Nibelungenlied“ und heroischer Nationalerziehung wird auch dort aktualisiert, wo der Wert jener „Feld- und Zeltpoesie“ am Potenzial festgemacht wird, „Armeen aus dem Boden [zu] stampfen“ (Simrock 1870, S. 1). Mit Blick auf den ersten Weltkrieg ist das „Nibelungenlied“ zu einem Erziehungsmedium avanciert, das den Schülern den Weg aus den Klassenzimmern in die Schützengräben ebnen sollte.

Wie unzulänglich indes die Bestimmung von 'Literatur' durch den Bezug auf überzeitliche Werte ist, verdeutlichen nicht nur diese Beispiele, sondern zeigt sich auch in den „Nibelungenlied"-Lektüren nach 1945. Das „Nibelungenlied" behauptete seinen Stellenwert im Literaturkanon – trotz seiner national(sozial)istischen Rezeptionsgeschichte – durch die umstandslose Auswechslung bis dato propagierter Werte. Fortan wurden „Nibelungenlied"-Lektüren an einem Geschichtsbild orientiert, das die Förderung von personalen und kollektiven Identitätsentwicklungsprozessen aus der Wertewelt eines politisch unverdächtigen christlichen Abendlands erwachsen ließ (vgl. Brüggemann 2010).

Trotz dieser Erfahrungen hat die Literatur*wissenschaft* die Frage, welche Werte 'Literatur' vermitteln soll, (noch) nicht als unwissenschaftlich suspendiert. In Form der Ideologiekritik hat sie ihr Verhältnis zum moralischen Diskurs in den siebziger Jahren neu bestimmt – und offensiv vertreten. Denn aus der Aufdeckung der ideologischen Implikationen scheinbar überzeitlicher Werte folgte kein Verzicht auf die Kopplung von 'Literatur' und Werten. Anstelle der Affirmation ideologischer Werte sollte 'Literatur' auf die Leitwerte (ideologie-)kritischer Aufklärung hin gelesen werden. Dass 'Literatur' einen Beitrag zur sozialen Emanzipation erbringen kann, lässt sich ohne den Rückgriff auf eine voraussetzungsreiche Gesellschaftstheorie allerdings kaum plausibel begründen. Und wo 'Literatur' als schöne Verpackung jener Werte bestimmt wird, die in anderen Diskursen diskutiert werden, verliert sie ihre distinktive Qualität. Deshalb fallen jüngere Versuche, 'Literatur' durch den Rekurs auf Werte zu bestimmen, bescheidener bzw. selbstreferentieller aus: „the critiquing of value systems is itself a valuable activity" (Johnson 1984, S. 73). Mit dieser Bestimmung wird der Konnex von 'Literatur' und Werten jedoch nicht erklärt, sondern vorausgesetzt. Statt 'Literatur' durch den Rekurs auf überzeitliche Werte zu definieren, wäre wohl eher einzuräumen, dass sie ihr hohes gesellschaftliches Ansehen der Fähigkeit verdankt, gleichzeitig konträre Wertoptionen zu eröffnen. Doch ob diese defensive Bestimmung ausreicht, um die besondere Wirkung der Literatur und ihre unvergleichlichen Qualitäten zu bestimmen, ist fraglich.

6. Fiktionalität der Literatur

Doch wie kann den besonderen Qualitäten von 'Literatur' im Rahmen einer Begriffsbestimmung Rechnung getragen werden? Wer 'Literatur' nur über (außerliterarische) Werte zu bestimmen sucht, übersieht leicht, dass literarische Erfahrungen gerade nicht auf einem gesteigerten Verhältnis zu Welt und Werten, sondern auf einem prekären Verhältnis zur Wirklichkeit beruhen. Folgt man Aristoteles, unterscheiden sich Geschichtsschreiber und Dichter dadurch, „dass der eine erzählt, was wirklich geschehen ist, der andere, was hätte geschehen können." (Aristoteles ca. 335 v. Chr., S. 350). Akzeptiert man mit dieser Bestimmung, dass die faktualen Texte eines Historikers hinsichtlich ihres Wahrheitsgehalts einer empirischen Überprüfung standhalten müssen, muss präzisiert werden, in welcher Weise bzw. mit welcher Intention sich fiktionale Texte auf die Wirklichkeit beziehen. 'Literatur' schlichtweg als Lüge zu kennzeichnen, wird weder unserem Vorverständnis noch Aristoteles' Hinweis auf den Raum des Möglichen gerecht. Zumal im literaturwissenschaftlichen Feld Zweifel an einer Bestimmung fiktionaler Texte mittels der Differenz von Fiktion und Wirklichkeit kursieren. So fragt sich Wolfgang Iser (Iser 1991, S. 18), ob „fiktionale Texte wirklich so fiktiv [...], und [...] jene, die man so nicht bezeichnen kann, wirklich ohne Fiktionen [sind]?" Zweifel erregt die Frage, ob die „vorausgesetzte Opposition von Fiktion und Wirklichkeit zur Beschreibung fiktionaler Texte noch tauglich ist. Denn die in solchen Texten erkennbaren Mischungsverhältnisse von Realem und Fiktivem bringen offensichtlich Gegebenes und Hinzugedachtes in eine Beziehung. Folglich kommt in diesem Verhältnis mehr als nur eine Opposition zum Vorschein, so daß es sich empfiehlt, die Zweistelligkeit von Fiktion und Wirklichkeit durch eine dreistellige Beziehung zu ersetzen. Enthält der fiktionale Text Reales, ohne sich in dessen Beschreibung zu erschöpfen, so hat seine fiktive Komponente wiederum keinen Selbstzweckcharakter, sondern ist als fingierte die Zurüstung eines Imaginären." (Iser 1991, S. 18) Zusammengefasst lässt sich konstatieren, dass das Verhältnis der Sprache zur Wirklichkeit offensichtlich zweifelhaft ist – nicht nur der literarischen (vgl. auch Krommer 2004). Damit dürfte eine Abgrenzung der 'Literatur' mittels des Fiktionalitätsbegriffs unzureichend ausfallen.

7. Literatur als Sprache gelesen

Eigentlich liegt es auf der Hand, 'Literatur' über die künstlerische Verarbeitung ihrer Stoffe zu identifizieren. Wer noch nie versucht hat, ein Gedicht durch die Paraphrasierung seines propositionalen Gehalts auf das 'Wesentliche' zu reduzieren, verpasst eine literaturspezifische *Differenzerfahrung*, die in den Augen vieler Leser zum Kern des Ästhetischen gehört: Einerseits fällt eine gewissenhafte Paraphrase häufig umfangreicher aus als das Original, andererseits geht verloren, was den Reiz des Originals ausmacht – die Vielfalt sprachlicher Formen. Letztere lässt erst entstehen, was vom Leser als eine bereichernde Welt erlebt wird. Sie übersieht, wer 'bloß' versucht, aus der 'Literatur' einen besonderen Sinn herauszulesen.

'Literatur' über ihre sprachliche Besonderheit zu erfassen bedeutet allerdings nicht, alles auszuschließen, was nicht stilistisch geschmückt, in einer gepflegten Wortwahl bzw. elaborierten Syntax verfasst ist. Will man 'Literatur' über die Besonderheit der Sprache definieren, muss ihr Verhältnis zur alltagssprachlichen Kommunikation als Differenz von Norm und Abweichung gefasst werden. Diese Differenz lässt sich mittels Tropen, Klang- und Wortfiguren beschreiben. Mit ihnen können phonetische und rhythmisch-prosodische Formen ebenso wie morphologische und lexikalisch-semantische Eigenschaften literarischer Sprachverwendung gekennzeichnet werden. Zu den signifikanten Abweichungen von alltagssprachlichen Normen und Automatismen zählt darüber hinaus der gehäufte Einsatz gleicher oder ähnlicher sprachlicher Elemente phonologischer, metrischer, lexikalischer, syntaktischer oder semantischer Art. Erklärt man die Gestaltung literarischer Sprache in diesem Sinn über die komplementären Funktionsprinzipien der Abweichung und der Äquivalenz (vgl. Klausnitzer 2004, S. 29f.), wird nachvollzogen, wie 'Literatur' komplexere Bedeutungsschichten generiert. Wenn man der Formseite der 'Literatur' eine größere Bedeutung als dem Inhalt zumisst, lässt sich ihr Wert durch Autofunktionalität (Jakobson 1979) und Mehrdeutigkeit bestimmen, ohne auf literaturfremde Diskurse zurückzugreifen, wie Ralf Klausnitzer ausführt:

> Indem durch die besondere Gestaltung der Ausdrucksseite von Sprachzeichen das Wort als Wort, die Rede als Rede zur Geltung kommt, lenkt die poetische Sprachfunktion unsere Aufmerksamkeit auf die materialen, strukturalen und relationalen Qualitäten der Worte selbst – und zugleich auf den komplexen Charakter der Verbindung zwischen Zeichen und Bedeutung. (Klausnitzer 2004, S. 33)

Trotzdem taugt diese Herangehensweise nur bedingt zu einer Bestimmung des Sonderphänomens Literatur – selbst wenn man von der Schwierigkeit absieht, automatisierte Folien des alltäglichen Sprachgebrauchs bzw. des gewöhnlichen Weltwissens in einem literarischen Umfeld zu bestimmen, das die Abweichung von etablierten Mustern erwartet. Denn längst ist die Nutzung der Funktionsprinzipien literarischer Sprache kein exklusives Merkmal literarischer Texte mehr. Mittlerweile sind sie elementarer Bestandteil ausgeklügelter Werbestrategien im Bereich der Produktplatzierung. Wo die Unterscheidbarkeit zwischen dem literarischen Original und der konsumeristischen Kopie unmöglich geworden ist, lässt sich durch die Verdichtung und Ausstellung sprachlicher Eigenschaften 'Literatur' nicht mehr als Sonderphänomen erklären.

8. Literarische Sprache als epistemologisches Problem

Auf eine andere Weise wird die Differenzqualität literarischer Sprache in der dekonstruktivistischen Literaturtheorie zur Bestimmung des Literaturbegriffs herangezogen. Erklärungsbedürftig sind in dieser Theorie zwei allseits bekannte Charakteristika der 'Literatur': die Annahme, dass 'Literatur' eine eigenständige Erkenntnisquelle darstelle sowie die Erfahrung der Uneindeutigkeit literarischer Sprache. Doch anstatt von einer uneinholbaren Sinnfülle auszugehen, bildet eine Theorie der Ununterscheidbarkeit sprachlicher Bedeutungen den Kern der dekonstruktivistischen Literaturbestimmung (vgl. de Man 1988). Leitend ist die Annahme, dass nur über die Beobachtung literarischer Sprache die Modalitäten des Bedeutungsaufbaus erklärt werden können, aus denen sich die traditionelle Vorstellung einer besonderen Sinnfülle der Literatur speist. Im Unterschied zur traditionellen Vorstellung eines besonderen Sinnreichtums der

'Literatur' interessieren sich dekonstruktive Lektüren jedoch auch und besonders für das Scheitern jeglicher Verstehensbemühungen. Mit Blick auf jene Differenzen, die jegliche Interpretation zugleich ermöglichen und scheitern lassen, bemüht sich eine dekonstruktive Lektüre um den Nachweis des Scheiterns des Verstehens. Nur durch den Nachweis des Scheiterns konkreter Lektüren wird 'Literatur' als ein Medium erkennbar, das seine Leser über die Ambivalenz von sprachlicher Referenz und Selbstferenz informiert. Nach diesem Verständnis führt 'Literatur' vor Augen, dass man – selbst wenn man Kontextwissen hinzuzieht – nicht mehr entscheiden kann, ob man einer Aussage einen referentiellen Status zugestehen sollte – so dass sie wahr oder falsch sein kann – oder ob man sie als eine rhetorische Funktion behandeln muss, die den Moment der Referenz (immer weiter) aufschiebt. Damit wird 'Literatur' in den Rang eines subversiven Wissens erhoben, das in anderen gesellschaftlichen Diskursen qua Konvention latent bleibt:

> Das Wissen, das der literarische Diskurs freigibt, steht im negativen Bezug zu 'normalen' oder nichtliterarischen Diskursen. Folglich ist das Wissen der Literatur nur insofern ein besonderes, wie es bestehende Geltungsansprüche mit der *destabilisierenden* Erkenntnis konfrontiert, daß jede Sprache nur Kraft einer Konvention die Realität bezeichnen kann. (Wegmann 1993, S. 23)

Als Konvention werden hier kulturelle Vorgaben verstanden, mit denen jeder Sprecher einer Kommunikationsgemeinschaft konfrontiert ist und die das Verstehen prägen. Doch wic crtragreich ist eine Theorie für eine Bestimmung des Sonderphänomens 'Literatur', die sich primär für literarische Sprache als epistemologisches Problem interessiert? Obwohl nach dekonstruktivistischem Verständnis kein Text vor einer dekonstruktiven Lektüre gefeit ist, wird die Extension des Literaturbegriffs insofern eingeschränkt, als nur in der 'Literatur' die Geltungskraft verbindlicher Konventionen ohne Folgeprobleme für den Bereich des Sozialen aufgehoben werden kann. Zudem gelingt die Demonstration dieses Phänomens am eindrucksvollsten an Texten, deren Komplexität die schier endlose (Re-)Kombination sprachlicher Zeichen im Zuge wiederholender Lektüren geradezu provoziert. So wird 'Literatur' entsubstanzialisiert, auch wenn (bzw. gerade weil) sie als Textsorte bestimmt wird, die die Grenzen zu jenen Texten überschreitet, die sich im Gegensatz zu ihr definieren. Der Preis dieser Bestimmung ist jedoch groß. Die Deplatzierung jener grundbegriffliche Hierarchien (wörtlich/rhetorisch, inhaltlich/formal, etc.), mit deren Hilfe 'Literatur' traditionell erschlossen worden ist, zeugt von der Erosion eines einstmals sicheren Wissens von der 'Literatur'. „Was gibt", fragt etwa Karlheinz Fingerhut, „ein 'Faust' zu denken, der 'in seinem innersten' das Germanistenproblem der einheitlichen oder der diskontinuierlichen Lektüre thematisiert?" (Fingerhut 1997, S. 184)

9. Literatur als System

Ob die bislang dargestellten Antworten auf die Frage nach der 'Literatur' zur Klärung ihres komplizierten Sonderstatus' beigetragen haben, ist zweifelhaft.

Beinahe scheint es, als löste sich jedes (Vor-)Wissen in dem Maße auf, in dem eine begriffliche Klärung vorangetrieben wird. Jenseits ontologischer Zuschreibungen lässt sich über 'Literatur' mit Sicherheit kaum mehr sagen, als dass sie nicht (mehr) als stabiler Gegenstand mit unveränderlichen Qualitäten begriffen werden kann. Akzeptiert man 'Literatur' als ein instabiles, geradezu unwahrscheinliches Phänomen, bleibt – als Ausweg – die Option, die Frage umzustellen und danach zu fragen, wie sie immer wieder aufs Neue als soziales Phänomen Gestalt annimmt (vgl. Wegmann 1995).

Soziale Realität gewinnt 'Literatur' durch Inszenierung. Diese kann vielfältige Formen annehmen. Die Lesenacht in der Schule mit Plätzchen und Taschenlampen zum Zweck der Leseförderung zählt ebenso dazu wie die demonstrative „Steppenwolf"-Lektüre eines jugendlichen Outlaw in der Kneipe oder das jährliche Pilgerritual der „Ulysses"-Fans am 16. Juni durch Dublin auf den Spuren Leopold Blooms. Der Zusammenschluss begeisterter Leser zu einer literarischen Gesellschaft, die sich (per Satzung) der Pflege eines erinnerungswürdigen Autors bzw. Werks verschreibt, setzt 'Literatur' ebenso in Szene wie der ritualisierte Streit über gute Bücher im TV, wo 'Literatur' eher der Anlass einer Sendekonzeption ist, die von den medialen Qualitäten ihrer Star-Kritiker lebt – wie weiland „Das Literarische Quartett". Nichts bezeugt den besonderen Wert der 'Literatur' besser als der Entschluss, sein Leben ihrer Vermittlung zu widmen – sei es als Deutschlehrer, Lektor oder Literaturkritiker. Auf diese Weise verlagert man allerdings den Fokus vom literarischen Text auf die Beobachtung kommunikativer Handlungen, die als Strategien zur Stabilisierung interpretiert werden können.

Einen theoretischen Rahmen für die Beobachtung von 'Literatur' im Sinne eines sozialen Kommunikationssystems bietet etwa Siegfried J. Schmidts „Grundriß der Empirischen Literaturwissenschaft" (Schmidt 1991). 'Literatur' wird dort als System „durch vier elementare Handlungsrollen" bestimmt: „Produktion, Vermittlung, Rezeption und Verarbeitung Literarischer Kommunikate und die zwischen diesen Handlungsrollen bestehenden Relationen." (Schmidt 1991, S. 14) Das klingt abstrakt, erleichtert aber die Erkenntnis, wie 'Literatur' mittlerweile in eine gesellschaftliche Infrastruktur (Autoren, Verleger, Kritiker, Verkäufer, Leser, Vermittler, Archivare, etc.) eingebettet ist, die selbst das größte Interesse an ihrer Stabilität hat. Nicht zu unterschätzen ist in diesem Zusammenhang jenes kommunikative Potenzial, das lange die Domäne des Boulevard zu sein schien: Skandale, Provokationen, Spektakel und *human touch*.

Kommunikationstheoretisch gesehen entsteht Stabilität nicht zuletzt in Form der Kontroverse. Durch sie lässt sich täglich aufs Neue erfahren, was von 'Literatur' zu erwarten sei und wie ein angemessener Konsum auszusehen habe. Strittig ist, ob wir „zu intensiven Beobachtern des Gesamttextes und seiner Details werden“ oder „die bloß genießende Aufnahme eines Textes“ bzw. „die entspannte Lektüre oder das Hören eines Audio-Book“ (Klausnitzer 2004, S. 1) als angemessenere Rezeptionsform gelten muss. Notorisch umstritten ist auch die Frage, ob ein kognitiv-rationalistisch orientiertes Verhältnis zur Literatur erstrebenswert oder unangemessen ist. Trefflich streiten lässt sich auch darüber, ob man ‘Literatur’ affektiv oder kognitiv, affirmativ oder kritisch lesen sollte. Wo ihre Bedeutung von jedem mitbestimmt wird, der ‘Literatur’ kommentiert, entspringen ihre Eigenschaften nicht zuletzt den Erwartungen, die ihr entgegengebracht werden. Will man sich nicht mit der Antwort begnügen, dass ‘Literatur’ jene Bücher bezeichnet, die man längst gelesen haben sollte, bleibt als Alternative nur die Aufarbeitung jener gesellschaftlich kursierenden Erwartungen, an denen sich der öffentliche Streit um die Literatur immer wieder aufs Neue entzündet und der ‘Literatur’ als Sonderphänomen stabilisiert. Besonders aufschlussreich ist vor diesem Hintergrund der Blick auf jene traditionsreichen Versuche, das Verhältnis von Kunst-Literatur und konkurrierenden Medien in exklusiver Manier zu bestimmen.

10. Literatur und Medien

Angesichts der besonderen Erfahrungen, die ‘Literatur’ für ihre Leser bereithält, liegt es nahe, ihr eine Sonderstellung innerhalb der jeweiligen Medienkonstellation ihrer Zeit zuzuschreiben. Denn ‘Literatur’ ist nicht auf die mediale Funktion der Speicherung und Übermittlung von Informationen beschränkt. Da sie über die Materialität ihrer medialen Bedingungen nur unzureichend bestimmt scheint, wo sie imaginären Charakter annimmt, liegt es nahe, sie als ‘Kunst’ zu behandeln.

Ein historischer Blick auf die vielfältigen Versuche, ‘Literatur’ von konkurrierenden Medien abzugrenzen, weist denn auch ein gespaltenes Verhältnis vieler Autoren zur medialen Vermitteltheit ihres Gegenstands auf. Allerdings gestaltet sich die Auseinandersetzung mit der materialen Basis der Produktion, dem Schriftmedium, häufig polemisch, wo es gilt, die unvergleichliche Qualität der Literatur hervorzuheben. Auffällig ist das bereits bei Platon, der – immerhin der Verfasser eines beachtlichen Oeuvres – seinen Schüler Aristoteles verächtlich als „Leseratte“ tituliert haben soll (vgl. Schwarz 1989, S. 11f.). Dagegen spielt Platon im „Phaidros“ – im Rahmen einer (mythischen) Geschichte über die Erfindung der Schrift (365 v. Chr., 274c–278b) – den Wert des mündlichen Gesprächs gegen die vorgeblichen Defizite der Schrift aus. Schon „Als die Muse schreiben lernte“ (Havelock 1992), wurde in der Debatte über den Wert der Schrift seitens des Schriftstellers nicht nur das eigene Medium, sondern auch derjenige diffamiert, der die Schriften bibliothekarisch sammelte, um den Vergleich von Lehrmeinungen zu ermöglichen.

Ausgehend von Platons ambivalentem Verhältnis zur materialen Basis der eigenen Produktion lässt sich eine schrift- bzw. medienkritische Tradition bis in die jüngste Gegenwart rekonstruieren. Ähnlich zwiespältig fällt im 18. Jh. etwa Johann Gottfried Herders Versuch aus, die besondere Qualität der Literatur über ein negatives Verhältnis zum eigenen Medium zu bestimmen. Um die „Würkung der Dichtkunst“ unter den Bedingungen des expandierenden Buchmarkts zur Geltung zu bringen, insistiert er auf literaturspezifische Rezeptionsbedingungen, die allerdings auf den technischen Bedingungen einer vergangenen mediengeschichtlichen Phase beruhen: „Einst tönten die Gedichte im lebendigen Kreise, zur Harfe, von Stimme, Muth und Herz des Sängers oder Dichters belebt; jetzt standen sie schwarz auf weiß, schön gedruckt auf Blättern von Lumpen.“ (Herder 1878, S. 411) Insofern ein profanes Medium (gedruckte Schrift) ein emphatisches (Sprechen, Singen) zum Inhalt hat, ist Herders Bestimmung des Literarischen problematisch – doch keineswegs ungewöhnlich. Durch den ergänzenden Einsatz visueller und akustischer metaphorischer Komplexe versuchen Autoren in der Folgezeit immer wieder, die Schriftlichkeit des eigenen Schaffens zu verschleiern. Nicht nur Friedrich Nietzsche schreibt „mit einem feineren Auge“ (Nietzsche 1887, S. 48) gegen „die geringe Sehkraft des Auges“ (Nietzsche 1887, S. 416) an, sogar um den Preis einer „krankhaft hellseherisch gewordene[n] Menschenverachtung“ (Nietzsche 1887, S. 346). Auch Ernst Jünger greift – u. a. in „Das Abenteuerliche Herz“ – auf die Figur des Augenzeugen zurück, der nicht nur über die Unmittelbarkeit des Wahrgenommenen, sondern auch über den Heroismus einer unbarmherzigen Wahrnehmung verfüge. Denn „wenn man mit schärferen Gläsern schaut, wenn man sich durch die scheinbare Schmerzlosigkeit der Vorgänge nicht täuschen lässt“ (Jünger 1929, S. 95), könne „dem aufmerksamen Auge nicht entgehen“ (Jünger 1929, S. 79), was naturwissenschaftliche und psychologische Wirklichkeitszugriffe übersehen. Die Verdrängung des Schriftmediums durch eine Rhetorik des Sprechens bzw. Sehens ist die Voraussetzung dafür, „des Verfassers Sprach- und Bildempfindlichkeit“ hervorzuheben, so dass – in diesem Fall – der literarische Reisebericht Peter Handkes ein höheres Maß authentischer Wirklichkeitsdarstellung reklamieren kann als konkurrierende Bücher und Medien (Handke 1996, S. 43).

Dass die zitierten Autoren versuchen, in der Medienkonkurrenz hierarchische Kommunikationsverhältnisse zu etablieren, unter denen sich ‘Literatur’ als mediales Sonderphänomen zur Geltung bringen kann, zeigt auch der abschließende Blick auf Botho Strauß’ medienkritische Einlassungen. Auch Strauß entwirft die ideale Situation der Produktion- bzw. Rezeption von Literatur als vereinfachte Kommunikationssituation im Sinne einer Ursprungsfiktion – jenseits von Mikrofonen, Kameras, Telefonen oder Fernsehprogrammen –, die literarische Kommunikation im Kontrast zum ‘Talkshowgeschwätz’ als „Würde und [...] Wunder des Zwiegesprächs“ bzw. als „Rede von Angesicht zu Angesicht“ inszeniert (Strauß 1993, S. 206). Auf die neuen bzw. veränderten medialen Formen reagiert er mit einer Wirklichkeitsrhetorik, die mit Hilfe der Differenz von wirklich/unwirklich das Feld des Medialen in einer Weise strukturiert, die es der 'Literatur' ermöglicht, als privilegiertes Medium bzw. 'Primärliteratur' wahrgenommen zu werden. Indem Strauß den kommunikativen Wert konkurrierender Diskurse als „methodisches Drumherumreden" im Sinne der „reinen Selbstreferenz der Diskurse" diffamiert (Strauß 1990, S. 316), wird 'Literatur' in Opposition zu philosophischen, literaturwissenschaftlichen, politischen und journalistischen Diskursen als 'Primärliteratur' inszeniert – und aufgewertet. Denn 'Literatur' verfüge über das Potenzial, „einen Vorhang zu öffnen, die Vision zu ermöglichen" (1990, S. 309), während die Repräsentation der Wirklichkeit durch die Konkurrenzmedien als „dichte[r] Schleier des technischen Scheins und der Bedeutungsleere" (Strauß 1990, S. 313) und „wirklichkeitsbezwingende[s] Gefüge von Simulacren und Simulatoren" (Strauß 1993, S. 205) begriffen werden sollen. Wenn Strauß nicht nur die Diskurse, die sich der alphabetisierten Schrift bedienen, sondern auch das Fernsehen sowie die neuesten Medien für den dramatisierten Verfall von Kommunikation und Wirklichkeitserfahrung verantwortlich macht, dürfte der Grund für die Diffamierung weniger in den Objekten der Kritik zu finden sein. Um 'Literatur' in der Menge konkurrierender Texte und Medien exponieren zu können, bemühen viele Autoren eine auffällige Mündlichkeitsmetaphorik. Diese fußt auf der Wertaufladung der Stimme, die medientheoretisch gesehen über die Eigenschaft des Verschmelzens von Signifikat und Signifikant im Moment der Äußerung gekennzeichnet ist und den Eindruck erweckt, als bestünde eine unmittelbare Beziehung von Text und präsentem Sinn (vgl. Derrida 1996; Kittler 1990). In strategischer Hinsicht sollen durch den Einsatz akustischer und visueller metaphorischer Komplexe konkurrierende Texte und Medien aus dem Feld geschlagen werden. Diese Strategie folgt einer (zu) einfachen Logik: 'Literatur' darf selbst nicht medial vermittelt sein, um ihrem Ruf als *unvergleichliches* Medium bzw. Kunstwerk gerecht zu werden. Damit der Eindruck aufrecht erhalten werden kann, dass 'Literatur' im Unterschied zu anderen Diskursen und Medien eine höhere Wirklichkeit erfasse, muss ihre mediale Vermittlung verschleiert werden. Insofern diese Versuche die Verdrängung des Schriftmediums voraussetzen, bleibt der Versuch, 'Literatur' über die Opposition zum Medialen zu bestimmen, defizitär.

11. Die Medialität der Medien

Die Medialität von Literatur zu hinterfragen setzt voraus, angeben zu können, worin die Medialität von Medien besteht. Es geht mithin um die Beantwortung einer zunächst einfach anmutenden Frage: Was ist ein Medium? Alltagssprachlich erscheint das Wort „Medium" in seiner Bedeutung klar umrissen. Dass Buch, Zeitung, Radio, Schallplatte, Film, Fernsehen, Computer und Internet Medien sind, erweist sich auf den ersten Blick als unstrittig. Was aber ist diesen medialen Einzelformen gemeinsam, was macht sie zu Medien? Diese Frage ist schwieriger zu beantworten, als zunächst vielleicht anzunehmen ist. Sicherlich vermag ein Blick auf die Etymologie des Wortes einen Bedeutungskern freizulegen. Zugrunde liegt dem Begriff „Medium" die Substantivierung des lateinischen Adjektivs „medius", das mit „in der Mitte stehend" und „vermittelnd" übersetzt wird. Im Sinne dieses Bedeutungskerns lassen sich Medien mit Claude E. Shannon als neutrale Mittler verstehen (vgl. Shannon/Weaver 1949). Das in diesem Horizont entstandene „Sender-Empfänger-Modell" wirkt noch bei Norbert Meder nach, der ein Medium „als die Mitte, das 'Zwischen' in der Kommunikation mehrerer Partner" (Meder 1995, S. 8) definiert. Doch was ist damit gewonnen? Was sagt die Definition über die 'Partner', ihre Interaktion und die kommunikativ 'vermittelten' Inhalte? Spätestens in den interpersonalen Facetten medialer Vermittlung zeigen sich die Grenzen des 'Sender-Empfänger-Modells'. Marshall McLuhan hat diese in seiner berühmten These vom Medium als Botschaft ins Blickfeld gehoben. Für McLuhan steht fest, dass „in Funktion und praktischer Anwendung das Medium die Botschaft ist" (McLuhan 1964, S. 21). Denn wenn Medien als Vermittler eines Inhalts fungieren, verändern sie diesen im Prozess des medialen Transfers. Das Medium selbst wird zur inhaltlichen Prägeform.

Mit Harry Pross lassen sich drei Grundtypen unterscheiden – primäre Medien wie die Stimme, bei der weder das Erzeugen noch das Aufnehmen eines Inhalts eine spezifische technische Grundierung voraussetzt, sekundäre Medien wie das Buch, bei dem zwar die Produktion, nicht aber die Rezeption technischer Vermittlung bedarf, und tertiäre Medien wie Radio, Schallplatte, Film, Fernsehen etc., die sowohl „auf Seiten des Produzenten wie auf der des Konsumenten Geräte voraussetzen" (Beth/Pross 1976, S. 117). Werner Faulstich (vgl. 2004, S. 13) hat zu diesen drei Grundtypen noch so genannte „Quartärmedien" hinzugefügt, um die spezifische Qualität von Computer, Internet etc. zu erfassen. Denn bei diesen ist nicht nur die Produktion und die Rezeption, sondern auch die Distribution technisch vermittelt. Eine weitere Besonderheit stellt die mit den neuen digitalen Medien verbundene Aufhebung der traditionellen Sender-Empfänger-Beziehung dar.

Sicherlich lassen sich mit den Ansätzen von Pross und Faulstich Medientypen identifizieren und klassifizieren. Die Frage nach der Medialität der Medien im Allgemeinen und der einzelnen Medientypen im Besonderen bleibt damit aber gleichwohl noch ungeklärt. Obschon auch Siegfried J. Schmidts Medientheorie in dieser Hinsicht keine letztendlichen Antworten liefert, erweitert sie doch in medienkulturgeschichtlicher Hinsicht den Blick. „Medium" ist nach Schmidt ein „Kompaktbegriff" (Schmidt 2003, S. 354), der in konstruktivistischer Perspektive als das „sich selbst organisierende systemische Zusammenwirken" von vier Komponenten „unter jeweils konkreten soziohistorischen Bedingungen"

(Schmidt 2003, S. 355) definiert wird. Bei diesen vier Komponenten handelt es sich a) um semiotische Kommunikationssysteme wie Sprache, Schrift, Bild und Ton, b) um Medientechnologien zum Schreiben, Drucken, Filmen, Fernsehen, c) um sozialsystemische Institutionalisierungen wie Verlage, Rundfunk- und Fernsehanstalten, bildungsvermittelnde Instanzen wie Schule etc. und d) um Medienangebote wie Bücher, Radiosendungen, Hörbücher, Filme, Hypertexte etc. (Schmidt 2003, S. 353ff.). Das Zusammenspiel dieser Komponenten ergibt aus systemischer Sicht das, was mit dem Begriff 'Medium' gemeint ist, genauer, was die Medialität der Medien ausmacht.

12. Die Medialität der Literatur

Wie sieht es vor diesem Hintergrund mit der Medialität der Literatur aus? Allen Abgrenzungsversuchen des 'Literarischen' vom Bereich der Medien zum Trotz (vgl. Kap. 9) steht die Medialität der Literatur doch außer Frage. Im medienkulturgeschichtlichen Blick (vgl. Raible 2006) zeigen sich ihre medialen Grundlagen in großer Deutlichkeit. Schon für die in der oralen Tradition verwurzelten frühen Ausprägungen ist offenkundig, dass die Rezitation eines literarischen Textes medial konstituiert ist. Mit Pross ließe sich feststellen, dass das Primärmedium Stimme die mediale Vermittlung des literarischen Inhalts ermöglicht. In den Kategorien von Schmidt gedacht: das semiotische Kommunikationssystem der Sprache ist die Basis, in der ohne spezifische Medientechnologie in der sozialsystemischen Institutionalisierung der Zuhörerschaft mit dem Medienangebot der Rezitation, des Gesangs oder der Erzählung Literatur erzeugt und präsentiert wird. Dies gilt für die mündlich übermittelten Epen Homers wie für die musikalisch begleiteten lyrischen Gesänge frühantiker Poeten. Mit der Lyrik verdankt sich eine ganze Gattung dem medialen Zusammenspiel von gesprochenem Wort und der kunstvollen Begleitung durch die Lyra. Der schriftliche Niederschlag ist denn auch einer späteren medienkulturgeschichtlichen Phase geschuldet, an deren Anfang die Erfindung der Schrift gestanden hat (vgl. Ong 1982). Während bis ins Mittelalter hinein Mischformen zwischen mündlicher und schriftlicher Literaturproduktion und -rezeption die kulturelle Praxis geprägt haben (vgl. Wenzel 1995; Wenzel/Seipel/Wunberg 2000; 2001) – erinnert sei an die höfischen Rituale mündlicher Literaturvermittlung oder die Tradition der 'Minne' – hat sich die bis in die Gegenwart hinein dominierende und noch in den aktuellen literarischen Diskursen spürbare Vorstellung von der notwendigerweise schriftlichen Grundierung des Literarischen erst mit der Erfindung der Buchdrucks entwickelt (vgl. Giesecke 1991). Der Buchdruck markiert jenen epochalen Einschnitt in der abendländischen Kulturproduktion, der sich als Paradigmenwechsel im Sinne Thomas Kuhns (1962) verstehen lässt (Frederking/Krommer/Maiwald 2012, S. 29ff.). Damit avancierte das Sekundärmedium

Buch für viele Jahrhunderte zum Leitmedium des kulturellen Selbstverständnisses. Gerade hier zeigt sich, wie wichtig in medienkulturtheoretischer Hinsicht die von Schmidt eingeführte Komponente der sozialsystemischen Institutionalisierung ist. Denn erst sie erklärt wirklich, wie das semiotische Kommunikationsmittel Schrift und das Buch als Medienangebot ihre kulturprägende Wirkung entfalten konnten. Literatur ist in diesem Sinne nicht nur materialiter durch den Druck medial grundiert, sondern auch in ihrer Produktion und Distribution. Sie bedarf erzeugender und vermittelnder Instanzen wie Druckindustrie und Verlage auf der einen und Bibliotheken und Buchhandlungen auf der anderen Seite, um Leser zu finden. In den ersten Jahrzehnten des 20. Jahrhunderts haben sich mit den neuen Tertiärmedien Rundfunk, Schallplatte, Film und Fernsehen mithin nicht nur die semiotischen Kommunikationsmöglichkeiten und die damit verbundenen Medienangebote verändert, sondern auch die sozialsystemischen Rahmenbedingungen in Form von entsprechenden Produktionsindustrien und Distributionsanstalten (vgl. Frederking / Krommer / Maiwald 2012, 40ff.). Gleichzeitig hat sich mit dem Siegeszug der auditiven und audiovisuellen Medien das „Ende der Gutenberg-Galaxis" (McLuhan 1962) angekündigt. Die Erfindung der neuen Digitalmedien Computer und Internet scheint diesen Prozess in seine entscheidende und abschließende Phase münden zu lassen. Ob damit der Anbruch der Turing-Galaxis verbunden ist, wie Norbert Bolz (1993) mit Rekurs auf den berühmten englischen Mathematiker und Pionier der Computertechnologie Alan Turing meinte, sei dahingestellt. In jedem Fall haben sich im 20. Jahrhundert im Hinblick auf die Medialität der Literatur grundlegende Veränderungen vollzogen, für die Hörbücher und Literaturverfilmungen markante Beispiele in auditiver und audiovisueller Hinsicht sind und dem Literaturunterricht neue didaktische Optionen eröffnen (Hachenberg 2004; Wermke 2004; Hickethier 2001; Maiwald 2005), während Hyperfiction und Internetliteratur stellvertretend für die Digitalisierung der Literatur genannt werden können (Heibach 2003; Segeberg/Winko 2005). Mit diesen medialen Erweiterungen der Produktions- und Rezeptionsmöglichkeiten von Literatur hat sich der Gegenstandsbereich des Literaturunterrichts erweitert – mit weitreichenden Konsequenzen für die unterrichtliche Praxis.

Literatur

Artel, Cordula/Schlagmüller, Matthias (2004): Der Umgang mit literarischen Texten als Teilkompetenz im Lesen? Dimensionsanalysen und Ländervergleiche. In: Schiefele, Ulrich/Artelt, Cordula/Schneider, Wolfgang/Stanat, Petra (Hrsg.): Struktur, Entwicklung und Förderung von Lesekompetenz. Vertiefende Analysen im Rahmen von PISA 2000, S. 169–196.

Artelt, Cordula/Stanat, Petra/Schneider, Wolfgang/Schiefele, Ulrich (2001): Lesekompetenz: Testkonzeption und Ergebnisse. In: Deutsches PISA Konsortium (Hrsg.): PISA 2000. Basiskompetenzen von Schülerinnen und Schülern im internationalen Vergleich. Opladen: Leske + Budrich, S. 69–137.

Abraham, Ulf/Kepser, Matthis (2005): Literaturdidaktik Deutsch. Eine Einführung. Berlin: Schmidt.

Aristoteles ca. 335 v. Chr. (1977): Poetik. In: Ders.: Hauptwerke. Ausgewählt und eingeleitet von Wilhelm Nestle. 8. Auflage. Stuttgart: Kröner, S. 336–376.

Barner, Wilfried (1997): Kommt der Literaturwissenschaft ihr Gegenstand abhanden? Vorüberlegungen zu einer Diskussion. In: Jahrbuch der Deutschen Schillergesellschaft 41/1997, S. 1–8.

Bertschi-Kaufmann, Andrea/Rosebrock, Cornelia (2009): Literalität: Bildungsaufgabe und Forschungsfeld. In: Dies. (Hrsg.): Bildungsaufgabe und Forschungsfeld. Weinheim/München: Juventa, S. 7–17.

Beth, Hanno/Pross, Harry (1976): Einführung in die Kommunikationswissenschaft. Stuttgart: Kohlhammer.

Bolz, Norbert (1993): Am Ende der Gutenberg-Galaxis. Die neuen Kommunikationsverhältnisse. München: Fink.

Borchmeyer, Dieter (1994): Weimarer Klassik. Portrait einer Epoche. Weinheim: Beltz Athenäum.

Brüggemann, Jörn (2010): Eine wahre Nibelungentreue? Zur unwahrscheinlichen Etablierung der älteren Literatur im Lektürekanon des Deutschunterrichts nach 1945. In: Zeitschrift für Germanistik 2/2010, S. 411–423.

Culler, Jonathan (1988): Dekonstruktion. Derrida und die poststrukturalistische Literaturtheorie. Reinbek bei Hamburg: Rowohlt Taschenbuch Verlag.

de Man, Paul (1988): Allegorien des Lesens. Aus dem Amerikanischen von Werner Hamacher und Peter Krumme. Mit einer Einleitung von Werner Hamacher. Frankfurt am Main: Suhrkamp.

Derrida, Jacques 1967 (1996): Grammatologie. Frankfurt am Main: Suhrkamp.

Eagleton, Terry (2008): Literary Theory. An Introduction. University of Minnesota.

Faulstich, Werner (Hrsg.) (2004): Grundwissen Medien. München: Fink (= UTB 8169).

Fingerhut, Karlheinz (1997): Kanon, Kommentar und Schulkultur. Didaktische Arbeit am Kanon unter den Bedingungen der Postmoderne. In: Der Deutschunterricht 50, H. 4, S. 180–190.

Frederking, Volker / Krommer, Axel / Maiwald, Klaus (2012): Mediendidaktik Deutsch. Eine Einführung (2., aktualisierte Auflage). Berlin: Schmidt.

Frederking, Volker / Meier, Christel / Brüggemann, Jörn / Gerner, Volker / Friedrich, Marcus (2011): Literarästhetische Verstehenskompetenz – theoretische Modellierung und empirische Erforschung. In: Zeitschrift für Germanistik 1/2011, S. 131–144.

Frederking, Volker / Roick, Thorsten / Steinhauer, Lydia 2010 (2011): 'Literarästhetische Urteilskompetenz' – Forschungsansatz und Zwischenergebnisse. In: Bayrhuber, Horst / Harms, Ute / Muszynski, Bernhard / Ralle, Bernd / Rothgangel, Martin / Schön, Lutz-Helmut / Vollmer, Helmut Johannes / Weigand, Hans-Georg (Hrsg.): Empirische Fundierung in den Fachdidaktiken. Fachdidaktische Forschungen. Band 1. Waxmann: Münster / New York / München / Berlin, S. 75–94.

Gadamer, Hans Georg (1960): Wahrheit und Methode. 4. Aufl. Tübingen: J.C.B. Mohr.

Giesecke, Michael (1991): Der Buchdruck in der frühen Neuzeit. Eine historische Fallstudie über die Durchsetzung neuer Informations- und Kommunikationstechnologien. Frankfurt am Main: Suhrkamp.

Griesheimer, Frank / Prinz, Alois (1991): Wozu Literaturwissenschaft? Kritik und Perspektiven. Tübingen: UTB.

Grimm, Wilhelm (1881): Antrittsrede in der Akademie1841. In: Hinrichs, G. (Hrsg.): Wilhelm Grimm: Kleine Schriften 1. Berlin, S. 505–507.

Hachenberg, Katja (2004): 'Hörbuch': Überlegungen zu Ästhetik und Medialität akustischer Bücher. In: Der Deutschunterricht 57, H. 4, S. 29–38.

Handke, Peter (1996): Eine winterliche Reise zu den Flüssen Donau, Save, Morowa und Drina oder Gerechtigkeit für Serbien. Frankfurt am Main: Suhrkamp.

Havelock, Eric H. (1992): Als die Muse schreiben lernte. Aus dem Amerikanischen von Ulrich Enderwitz und Rüdiger Hentschel. Frankfurt am Main: Anton Hain.

Heibach, Christiane (2003): Literatur im elektronischen Raum. Frankfurt am Main: Suhrkamp.

Herder, Johann Gottfried 1778 (1892): Über die Würkung der Dichtkunst auf die Sitten der Völker in alten und neuen Zeiten. Eine Preisschrift. (1778). In: Ders.: Sämtliche Werke. Bd. 8. Hrsg. von Bernhard Suphan. Berlin, S. 334–436.

Hickethier, Knut (2001): Film- und Fernsehanalyse. Stuttgart und Weimar: Metzler (= SM 277).

Hurrelmann, Bettina (2009): Literalität und Bildung. In: Bertschi-Kaufmann, Andrea/Rosebrock, Cornelia (Hrsg.): Literalität. Bildungsaufgabe und Forschungsfeld. Weinheim/München: Juventa, S. 7–42.

Iser, Wolfgang (1991): Das Fiktive und das Imaginäre. Perspektiven literarischer Anthropologie. Frankfurt am Main: Suhrkamp.

Jacobson, Roman (1979): Poetik. Ausgewählte Aufsätze 1921–1971. Herausgegeben von Elmar Hohenstein und Tarcisius Schelbert. Frankfurt am Main: Suhrkamp.

Jannidis, Fotis/Lauer, Gerhard/Winko, Simone (2009): Radikal historisiert: Für einen pragmatischen Literaturbegriff. In: Jannidis, Fotis/Lauer, Gerhard/Winko, Simone (Hrsg.): Grenzen der Literatur: Zu Begriff und Phänomen des Literarischen (Revisionen: Grundbegriffe der Literaturtheorie. Berlin: Walter de Gruyter, S. 3–37.

Johnson, Barbara (1984): Rigorous Unreliability. In: Critical Inquiry. Vol. 11. 2/1984, S. 278–285

Jünger, Ernst 1929 (1987): Das Abenteuerliche Herz. Erste Fassung. Stuttgart: Klett-Cotta.

Kittler, Friedrich A. (1990): Ein Subjekt der Dichtung. In: Buhr, Gerhard/Ders./Turk, Horst (Hrsg.): Das Subjekt der Dichtung. Festschrift für Gerhard Kaiser. Würzburg: Königshausen & Neumann, S. 399–410.

Klausnitzer, Ralf (2004): Literaturwissenschaft. Begriffe – Verfahren – Arbeitstechniken. Berlin: Walter de Gruyter.

Kuhn, Thomas S. 1962 (1976): Die Struktur wissenschaftlicher Revolutionen. Zweite revidierte und um das Postskriptum von 1969 ergänzte Auflage. Frankfurt am Main: Suhrkamp.

Krommer, Axel (2004): Fiktionen lesen. Ein philosophisch-didaktisches Plädoyer für eine ontologiefreie Theorie der Fiktionalität. In: Frederking, Volker/Jonas, Hartmut/Josting, Petra/Wermke, Jutta (Hrsg.): Jahrbuch Medien im Deutschunterricht 2003. Lesen und Symbolverstehen. München: Kopaed, S. 83–99.

Maiwald, Klaus (2005): Wahrnehmung – Sprache – Beobachtung. Eine Deutschdidaktik bilddominierter Medienangebote. München: Kopaed (= Medien im Deutschunterricht, Beiträge zur Forschung 2).

McLuhan, Marshall 1962 (1995): Die Gutenberg-Galaxis: Das Ende des Buchzeitalters. Bonn: Addison-Wesley.

McLuhan, Herbert Marshall 1964 (1995): Die magischen Kanäle. Understanding Media. 2. erweiterte Auflage. Basel: Econ.

Meder, Norbert (1995): Multimedia oder McLuhan in neuem Licht. In: GMK Rundbrief Nr. 37, 38. Juni 1995. Tagungsdokumentation „Multimedia als medienpädagogische Herausforderung – Grundlagen, Analysen, Anwendungen.“, S. 8–18.

Nicolai, Friedrich (1781): Beschreibung einer Reise durch Deutschland und die Schweiz im Jahre. Bd. 4. Berlin 1781–1796.

Nietzsche, Friedrich 1887 (1988): Die fröhliche Wissenschaft. In: Ders.: Kritische Studienausgabe (KSA). Bd. 3. München: de Gruyter, S. 343–651.

Ong, Walter J. (1982): Oralität und Literalität. Die Technologisierung des Wortes. Opladen: Westdeutscher Verlag.

Platon: ca. 365 v. Chr. (1980): Phaidros. In: Platon: Sämtliche Werke. Bd. 4. Nach der Übersetzung von Friedrich Schleiermacher. Hamburg: Rowohlt, S. 7–60.

Raible, Wolfgang (2006): Medien.Kulturgeschichte. Mediatisierung als Grundlage unserer kulturellen Entwicklung. Heidelberg: Winter.

Schlegel, August Wilhelm (1812): Aus einer noch ungedruckten historischen Untersuchung über das Lied der Nibelungen. In: Deutsches Museum I, S. 9–36.

Schmidt, Siegfried J. (1991): Grundriß der empirischen Literaturwissenschaft. Frankfurt am Main: Suhrkamp.

Schmidt, Siegfried J. (2003): Medienkulturwissenschaft. In: Nünning, Ansgar/Nünning, Vera (Hrsg.): Konzepte der Kulturwissenschaften. Theoretische Grundlagen – Ansätze – Perspektiven. Stuttgart: Wetzler, S. 351–369.

Schwarz, Franz F. 1989 (2007): Einleitung. In: Aristoteles: Politik. Stuttgart: Reclam, S. 3–72.

Segeberg, Harro/Winko, Simone (Hrsg.) (2005): Digitalität und Literalität. Zur Zukunft der Literatur. München: Fink.

Shannon, Claude E. / Weaver, Warren 1949 (1998): The Mathematical Theory of Communication. Urbana und Chicago: Univ. of Illinois Press.

Simrock, Karl (1870): Walther von der Vogelweide. Hrsg., geordnet und erläutert von Karl Simrock. Bonn.

Strauß, Botho (1990): Der Aufstand gegen die sekundäre Welt. Bemerkungen zu einer Ästhetik der Anwesenheit. Nachwort. In: Steiner, George: Von realer Gegenwart. Hat unser Sprechen Inhalt? München: Carl Hanser, S. 305–320.

Strauß, Botho (1993): Anschwellender Bocksgesang. In: Der Spiegel 6. S. 202–207.

Wegmann, Nikolaus (1993): Literarische Bildung in den Zeiten der Theorie. In: Der Deutschunterricht 45, H. 4, S. 12–25.

Wegmann, Nikolaus (1995): Vor der Literatur. Über Text(e), Literatur und starke Lektüren. In: Fohrmann, Jürgen/Müller, Harro (Hrsg.): Literaturwissenschaft. München: Fink, S. 77–101.

Wenzel, Horst (1995): Hören und Sehen, Schrift und Bild: Kultur und Gedächtnis im Mittelalter. München: Beck.

Wenzel, Horst/Seipel, Wilfried/Wunberg, Gotthart (2000) (Hrsg.): Die Verschriftlichung der Welt. Bild, Text und Zahl in der Kultur des Mittelalters und der Frühen Neuzeit. Wien: Kunsthistorisches Museum.

Wenzel, Horst/Seipel, Wilfried/Wunberg, Gotthart (2001) (Hrsg.): Audiovisualität vor und nach Gutenberg. Zur Kulturgeschichte der medialen Umbrüche. Wien: Kunsthistorisches Museum.

Wermke, Jutta (2004): Das Hörbuch im Rahmen einer Hördidaktik. In: Der Deutschunterricht 57, H. 4, S. 50–62.

Zabka, Thomas (2012): Didaktische Analyse literarischer Texte. Theoretische Überlegungen zu einer Lehrerkompetenz. In: Frickel, Daniela A. / Kammler, Clemens / Rupp, Gerhard (Hrsg.): Literaturdidaktik im Zeichen von Kompetenzorientierung und Empirie. Perspektiven und Probleme. Freiburg im Breisgau: Fillibach, S. 139–162.

CHRISTINE GARBE

1.2 Literarische Sozialisation – Mediensozialisation

Die Erforschung von Sozialisationsprozessen im Bereich literarischen und medienbezogenen Lernens interessiert sich für Bedingungen und Dynamiken des Erwerbs von *Kompetenzen* und bezieht sich damit auf einen Begriff, der inzwischen ins Zentrum der fachdidaktischen Debatten gerückt ist. Der an Weinert (2001) anknüpfende Kompetenzbegriff umfasst mehr als Wissen oder Können, weil er darauf zielt, dass beides in „authentischen Bewährungssituationen“ angemessen eingesetzt wird. Spinner (2006, S. 7) konkretisiert diesen Begriff am Beispiel literarischen Lernens wie folgt:

> Dass ein Kind im Unterricht korrekt laut vorliest oder einen Lesebuchtext richtig versteht, ist noch kein ausreichender Beleg für Kompetenzerwerb. Vielmehr kommt es darauf an, dass das Kind fähig *und willensmäßig bereit* ist, *selbstständig* die angemessene Leseweise in konkreten Situationen umzusetzen – zum Beispiel wenn es seinem jüngeren Bruder aus einem Bilderbuch vorliest oder wenn es das Fernsehprogramm studiert. [Hervorh. C. G.]

Die literarische Sozialisationsforschung hat lange vor den aktuellen Kompetenzdebatten im Gefolge von PISA postuliert, dass die Gestaltung von Sozialisationsprozessen auf eine erwachsene Lesepersönlichkeit zielt, die an schriftvermittelter Kommunikation und literarischer Kultur umfassend partizipieren kann (vgl. Eggert/Garbe 1995; Rosebrock 1995). Hurrelmann hat die Lesesozialisationsforschung darum als „Grundlagenforschung“ für die Literaturdidaktik bezeichnet (Hurrelmann 1996). Mit der raschen Ausbreitung neuer Medientechnologien seit 1980, die mit dem Terminus „Mediengesellschaft“ angezeigt werden (s. u.), kommt dem Deutschunterricht neben der Gestaltung von literarischer Sozialisation und von Lesesozialisation zunehmend auch eine (Mit-)Verantwortung für die Mediensozialisation der Schülerinnen und Schüler zu. Der folgende Beitrag will den aktuellen Forschungsstand in beiden Bereichen darstellen und im Hinblick auf Problemfelder und Aufgaben des Deutschunterrichts akzentuieren.

1. Literarische Sozialisation – Lesesozialisation

Seit etwa 1970 entwickelte sich die Erforschung der „literarischen Sozialisation“ und „Lesesozialisation“, nachdem die älteren Konzepte einer quasi automatischen „Leseentwicklung“ oder einer intentional steuerbaren „literarischen Erziehung“ angesichts neuer Modellierungen der Prozesse des Aufwachsens durch die *Sozialisationstheorie* (vgl. Hurrelmann/Ulich 1991) fragwürdig geworden waren. Diese Forschungsrichtung versucht alle intentionalen Einflüsse und nicht-intentionalen Bedingungen zu erfassen, durch die ein Mensch sich zu einem gesellschaftlich handlungsfähigen Subjekt bildet. Im Hinblick auf diese *normative* Zielvorstellung ist der Sozialisations- mit dem Bildungsbegriff kompatibel (vgl. Hurrelmann 2002a). *Lesesozialisation* bezeichnet die

> Aneignung der Kompetenz zum Umgang mit Schriftlichkeit in Medienangeboten unterschiedlicher technischer Provenienz (Printmedien, audiovisuelle Medien, Computermedien) und unterschiedlicher Modalität (fiktional-ästhetische und pragmatische Texte). Dabei geht es nicht nur um den Erwerb der Fähigkeit zur Dekodierung schriftlicher Texte, sondern zugleich um den Erwerb von Kommunikationsinteressen und kulturellen Haltungen (Hurrelmann 1999, S. 112).

Der Begriff *literarische Sozialisation* zielt auf die „Rezeption und Verarbeitung von fiktionalen/ästhetischen Texten in unterschiedlichen Präsentationsformen"– auch Lesungen, Theater, Film, Lyrik und Jazz etc. (ebd., S. 112f.; vgl. Eggert/Garbe 1995, Kap. I). Er ist somit einerseits *weiter* als der Begriff der Lesesozialisation, insofern er die Rezeption auch anderer Medien einschließt, andererseits *enger*, insofern er nur die Lektüre bestimmter Textsorten (nämlich literarischer) erfasst. Je nachdem, was unter dem Terminus *Literatur* verstanden wird (vgl. Eggert 2002a, S. 186f.), ist das Konzept der literarischen Sozialisation fokussiert auf die Ausbildung einer *literar-ästhetischen Rezeptionskompetenz* im engeren Sinne einer klassischen Hochliteratur, oder im weiteren Sinne auf eine *literarische Kompetenz* als stabil verankerte Teilhabe an der „literarischen Kultur" in allen alltags- und hochkulturellen Erscheinungsformen (vgl. Zabka, Bd. 2, Kap. 3.11).

Die zwei zentralen Fragestellungen der Lese- und literarischen Sozialisationsforschung lauten also: (1) Wie wird ein Kind oder Erwachsener zu einem *gewohnheitsmäßigen Leser* (von Literatur)? Das Stichwort lautet hier: „Sozialisation *zur* Literatur bzw. *zum* Lesen" im Sinne einer Ausbildung der entsprechenden Kompetenzen. (2) Welche Rückwirkungen hat die Lektüre (von Literatur) auf die Sozialisation bzw. die Persönlichkeitsbildung? Welche Bedeutungen hat Lektüre für die gesellschaftliche Handlungsfähigkeit und persönliche Identitätsbildung eines Subjekts in der gegenwärtigen Gesellschaft? Das Stichwort lautet hier: „Sozialisation *durch* Literatur" (Eggert/Garbe 1995).

2. Mediensozialisation

Der Begriff *Mediensozialisation* entstammt dem Kontext der Kinder- und Jugendforschung, der Medienpädagogik und der Kommunikationswissenschaft. Medien werden hier als

> ein Teil der sozialen und materiellen Umwelt [bezeichnet], mit der sich Heranwachsende und Erwachsene aktiv auseinandersetzen. Der adäquate Umgang mit Medien zur In-

> formation, Bildung, kulturellen Entfaltung und Unterhaltung [...] gehört zu den Kulturtechniken, die ein Mensch in einer Informations- oder Wissensgesellschaft erlernen muss, um vollwertig in dieser Gesellschaft mitwirken zu können. (Süss 2004, S. 65)

Allerdings scheint es keinen Konsens zu der Frage zu geben, ob den Medien der Status eines eigenständigen „Sozialisationsagenten" zukommt, wie dies beispielsweise Mikos, Hoffmann und Winter (2007) postulieren. So unstrittig es sein dürfte, dass die Nutzung von (elektronischen) Medien quantitativ und qualitativ einen wachsenden Stellenwert im Leben junger Menschen einnimmt, so strittig bleibt doch, ob damit Medien „zu einer Sozialisationsinstanz geworden [sind], mit und in der Kinder und Jugendliche ihre Identität aushandeln" (ebd., S. 7; vgl. Frederking, Bd. 2, Kap. 3.10).
Gerade wenn man ernst nimmt, dass Medien ein immer wichtiger werdender „Teil der sozialen und materiellen Umwelt [sind], mit der sich Heranwachsende und Erwachsene aktiv auseinandersetzen" (Süss 2004, S. 65), dann sind sie nicht zugleich eine Sozialisations*instanz*, sondern ein *Medium* der Sozialisation (analog zu Literatur oder anderen Schrifttexten), dem Kinder und Jugendliche in allen Sozialisationsinstanzen begegnen: in der Familie, im Kindergarten, in der Schule, in der peer group usw. Die Differenz zwischen beidem sollte umso mehr aufrecht erhalten werden, als Prozesse der literarischen *und auch* der Mediensozialisation konstitutiv auf „Anschlusskommunikation" angewiesen sind; dies haben Sutter (2002) sowie Charlton und Sutter (2007) systematisch herausgearbeitet. Mit Anschlusskommunikation sind alle verbalen Interaktionen gemeint, die sich – vorbereitend, begleitend oder verarbeitend – auf Prozesse der Lektüre oder Medienrezeption beziehen, von Buchempfehlungen über Vorlesedialoge bis hin zum Unterrichtsgespräch über ein literarisches Werk. Anschlusskommunikation setzt aber stets einen personalen Kontext voraus:

> So wie Subjekte generell ihre Fähigkeiten in sozialen Beziehungen ausbilden, in die sie eingebunden sind, wird die Fähigkeit, mit Medien umzugehen, in Kooperation mit anderen Personen erworben. Anschlusskommunikationen können als soziale Bedingungen des Erwerbs von Medien- bzw. Lesekompetenz betrachtet werden. Voraussetzung für den Erwerb von Medienkompetenz ist somit die Fähigkeit, an Prozessen der Anschlusskommunikation und der kommunikativen Verarbeitung von Medienangeboten teilzunehmen. (Charlton/Sutter 2007, S. 39)

Mediensozialisation kann analog zur Lesesozialisation in zwei Richtungen definiert werden: als Sozialisation *durch* Medien und als Sozialisation *zum* angemessenen Umgang mit Medien. Süss thematisiert dies als doppelte Frage nach den *Medieneffekten* („Wie verändern Medien die allgemeinen Sozialisationsprozesse?") und nach *Medienkompetenzen* („Wie lernen Menschen den Umgang mit Medien?") (Süss 2004, S. 65). Ersteres wäre die deskriptive, letzteres die normative Perspektive. Da die so genannten *Printmedien* (Zeitungen, Zeitschriften, Bücher) ein Teilbereich der Medien sind und andererseits auch in audiovisuellen und digitalen Medien *Schrift* verwendet sowie *Literatur* präsentiert wird, sind sowohl die Lesesozialisation als auch die literarische Sozialisation jeweils ein Teilbereich von Mediensozialisation: Lesekompetenz wie auch literarische Kompetenz sind somit als Bestandteile von Medienkompetenz zu modellieren.

3. Herausforderungen für den Deutschunterricht

Mit der Erforschung literarischer Sozialisationsprozesse wurde bewusst, dass der Deutschunterricht (und die Schule insgesamt) nur *eine* Instanz unter vielen ist, die die Leseentwicklung von Heranwachsenden prägt, oft sogar in einer kontraproduktiven Weise (vgl. Schön 1993; Eggert/Garbe 1995, Kap. IV.5; Fritzsche 2004). Führt die Erforschung der literarischen Sozialisation und der Mediensozialisation so einerseits zu einer *Relativierung* (literatur-)didaktischer Allmachtsphantasien, so unterstreicht sie andererseits zwei zentrale *Herausforderungen* für einen zeitgenössischen Deutschunterricht.

(1) Kinder und Jugendliche kommen aufgrund ihrer außerschulischen Lese- und Mediensozialisation mit je spezifischen Erfahrungen, Interessen und *Lernvoraussetzungen* in die Schule. Der Sprach- und Literaturunterricht muss diese Lernvoraussetzungen berücksichtigen, wenn eine gute „Passung" zwischen „aptitudes"/Lernvoraussetzungen und „treatments"/Lernangeboten in der Schule gelingen soll (vgl. Christmann/Rosebrock 2006). Nicht erst seit PISA ist bekannt, dass Lesesozialisationsprozesse durch drei Faktoren stark beeinflusst werden: a) die soziale Schicht bzw. den Bildungshintergrund der Herkunftsfamilie; b) das soziale Geschlecht (Gender) und c) die ethnische Herkunft (Migrationshintergrund) (vgl. Gölitzer 2005, S. 203ff.). Ein niedriger sozio-ökonomischer Status und Bildungshintergrund in der Herkunftsfamilie (vgl. Hurrelmann et al. 1993), männliches Geschlecht (vgl. Philipp/Garbe 2007; Garbe 2008a) und Migrationshintergrund (vgl. Pieper et al. 2004) stellen „Risikofaktoren" für eine erfolgreiche Lese- und literarische Sozialisation dar, die in schulischen Lernsituationen berücksichtigt werden müssen, will man nicht gerade an denjenigen vorbei agieren, die eine Unterstützung am dringendsten benötigen.

(2) Lesekompetenz, literarische Kompetenz und Medienkompetenz sind Konstrukte, die explizieren müssen, über welche Fähigkeiten und Handlungsbereitschaften (Dispositionen) Schulabgänger verfügen sollten, um an der Schrift-Kultur sowie den vielfältig medial vermittelten Formen der Kommunikation umfassend teilnehmen zu können. Der Deutschunterricht muss sich insofern im Hinblick auf seine Zielsetzungen wie auch seine Gegenstände und Methoden fragen lassen, ob er angemessen auf das Leben jenseits der Schule vorbereitet.

Beide Fragen – die nach den Lernvoraussetzungen der Schülerinnen und Schüler und die nach den Zielsetzungen des Deutschunterrichts – verschärfen sich unter den Bedingungen einer „Mediengesellschaft" (vgl. Rager/

Werner 2004; Hurrelmann/Becker/Nickel-Bacon 2006, S. 292ff.). Der DFG-Forschungsschwerpunkt „Lesesozialisation in der Mediengesellschaft“ (1998 – 2004) hat untersucht, wie Lesesozialisation und literarische Sozialisation sich in der Mediengesellschaft verändern und wie dennoch ein gesellschaftlich notwendiges Maß an Lesekompetenz (als Bestandteil einer umfassenderen Medienkompetenz) gesichert werden kann (vgl. Groeben/Hurrelmann 2002a; 2002b; 2004; 2006). Die Modellierung von *„Lesekompetenz im Sozialisationskontext“*, die hierzu erarbeitet wurde, unterstreicht, dass eine rein kognitionspsychologische Fundierung von Lesekompetenz (wie bei PISA und anderen Leistungsvergleichsstudien) zentrale Aspekte von Lesekompetenz verfehlt und daher für pädagogische Kontexte – also für die Gestaltung guten Unterrichts – unbrauchbar ist (vgl. Hurrelmann 2002c; 2007).

4. Lesekompetenz als kulturelle Praxis

Wegweisend für alle weiteren Ausdifferenzierungen von Lesekompetenz in der Sozialisationsperspektive (vgl. Garbe/Holle/von Salisch 2006; Rosebrock/Nix 2008) haben Groeben und Hurrelmann ein Modell von Lesekompetenz vorgestellt, das das Verstehen von Texten in einer ganzheitlichen Persönlichkeitsbildung verortet. Dieses Modell schließt die Bedingungen einer erfolgreichen Lesesozialisation ebenso ein wie die Wirkungen einer entwickelten Lesekompetenz.

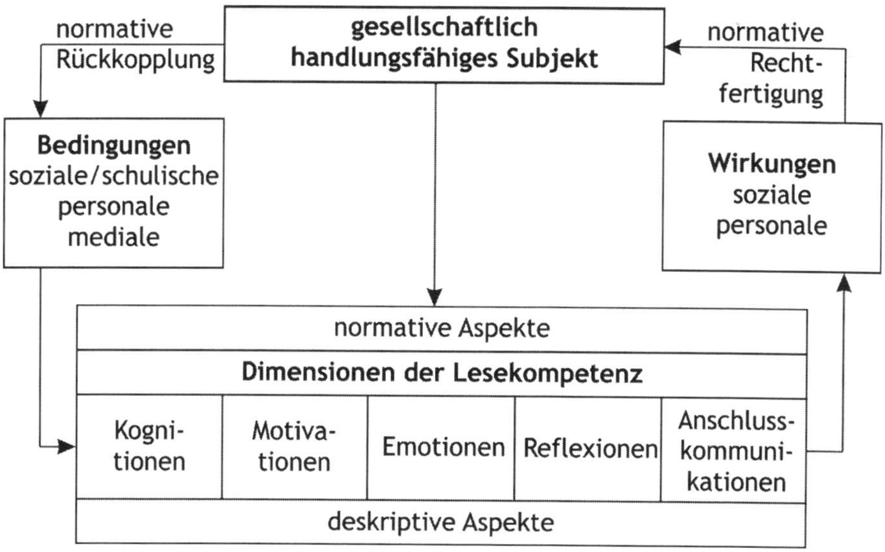

Abb. 1 Lesekompetenz im Sozialisationskontext

Die *deskriptiven Dimensionen* der Lesekompetenz umfassen Motivationen, Kognitionen, Emotionen, Reflexionen und alle lesebezogenen Interaktionen, hier „Anschlusskommunikationen" genannt (vgl. Groeben 2002a, S. 11–18; Hurrelmann 2002a).

Die *normativen Dimensionen* der Lesekompetenz sind in diesem Modell stärker betont als in den pragmatischen Literacy-Konzepten der angelsächsischen Tradition: Auf dem Hintergrund der europäischen Bildungstradition orientiert sich die Lesesozialisationsforschung in ihren Zielvorstellungen an einer Persönlichkeit,

> die das Lesen nicht nur für instrumentelles Handeln in verschiedenster Hinsicht erfolgreich einsetzen kann [...], sondern für die es darüber hinaus als Medium der Persönlichkeitsbildung wichtige Folgewirkungen hat – z. B. im Hinblick auf ästhetische und sprachliche Sensibilität, Moralentwicklung und Empathiefähigkeit, Fremdverstehen und Teilhabe am kulturellen Gedächtnis. Es ist leicht zu erkennen, dass in diesem Ideal *Annahmen über die Wirkungen speziell des literarischen Lesens* eine erhebliche Rolle spielen, die uns aus Literaturtheorie und Literaturdidaktik vertraut sind – während sich das ›Literacy‹-Konzept eher auf die Folgefunktionen von Informationslektüre konzentriert (Hurrelmann 2007, S. 22f.).

Im Lichte einer solchen ganzheitlichen Modellierung von Lesekompetenz wird umgekehrt die Beschränkung von (Test-)Modellen evident, wie sie den großen Leistungsstudien (PISA, IGLU u.a.) zugrunde liegen: Hier wird Lesekompetenz letztlich auf kognitive und reflexive Dimensionen reduziert (vgl. ausführlich: Garbe/Holle/Jesch 2009, Kap. I). Gerade im Hinblick auf die Genese von literalen und medialen Kompetenzen erscheint es jedoch unabdingbar, kommunikative, emotionale und motivationale Prozesse einzubeziehen, denn nur auf diesem Fundament können sich kognitive und reflexive Kompetenzen entwickeln.

5. Ein Erwerbsmodell von literarischer Kompetenz und Lesekompetenz

Richtet sich die Lesesozialisationsforschung in vielen synchron-systematischen Studien auf einzelne Instanzen der Lesesozialisation – etwa das Vorlesen in der Familie (Wieler 1997), das Leseklima in der Familie (Hurrelmann et al. 1993), die Folgen des schulischen Literaturunterrichts (Pieper et al. 2004) oder die Lesesozialisation in der peer group (Philipp 2008) –, so interessieren sich diachrone Studien für die Entwicklung von Lesekompetenz, Lesemotivation und stabilen Lesegewohnheiten in der Lebensgeschichte von Individuen. Hierzu wurden vor allem von Schön und Graf umfangreiche Korpora studentischer Lektüreautobiografien ausgewertet und zu typischen Mustern und Verlaufsformen einer gelingenden Lesesozialisation abstrahiert.

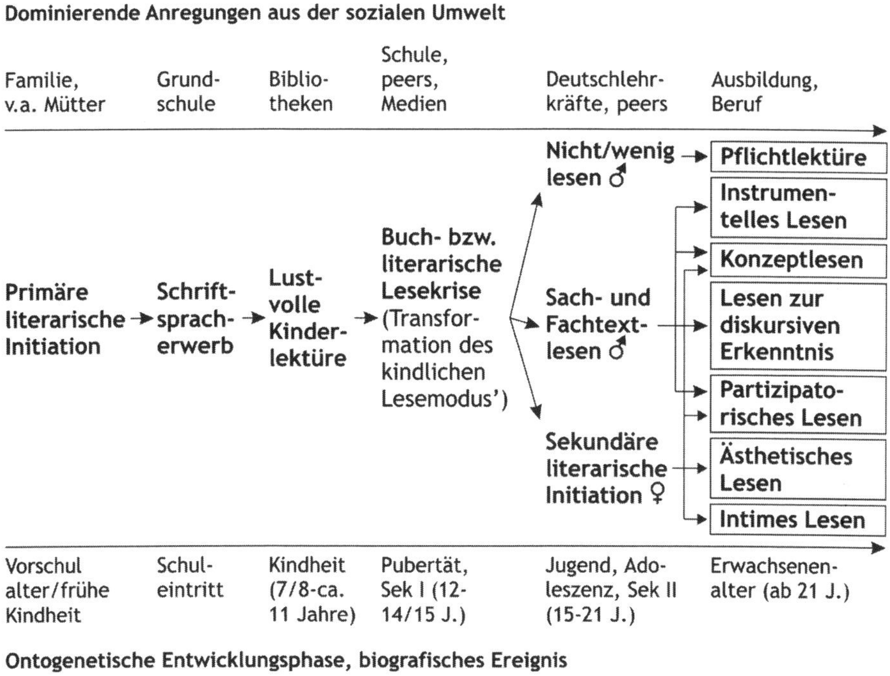

Abb. 2 Prototypisches Verlaufsschema einer gelingenden Lesesozialisation

In dem „prototypischen Verlaufsschema einer gelingenden Lesesozialisation“ sind auf dem oberen Pfeil die wichtigsten Anregungszentren bzw. Sozialisationsinstanzen und auf dem unteren Pfeil die biografischen Stationen bzw. die ontogenetischen Lebensphasen eingetragen. Dazwischen sind die typischen Stationen der Lesesozialisation und der literarischen Sozialisation markiert. Am Ende stehen als Zielhorizont sieben Lesemodi, die Graf seit 2000 beschrieben hat (vgl. Graf 2004; 2007; zusammenfassend Garbe/Holle/Jesch 2009, Kap. 4.1.4). Über diese Lesemodi sollten kompetente Leserinnen und Leser flexibel verfügen, „um die Leser-Text-Interaktion gezielt optimal inszenieren zu können“ (Graf 2004, S. 131). Im Folgenden werden die typischen Phasen der Lesesozialisation knapp beschrieben und die jeweils zentralen Sozialisationsinstanzen hervorgehoben.

1. Frühe Kindheit und primäre literarische Initiation

Der biografischen Leseforschung zufolge gibt es in der Entwicklung zum Leser bzw. zur Leserin zwei kritische Entwicklungsphasen, in denen die Ausbildung stabiler Lesegewohnheiten besonders intensiv auf stützende Kontexte von außen angewiesen ist: Graf (1995) nennt sie die „primäre“ und die „sekundäre literarische Initiation“. Die primäre Initiation findet in der frühen Kindheit statt, d. h. *vor* dem Schuleintritt, und zwar im Erzählen oder Vorlesen von Geschichten sowie anderer Formen der „prä- und paraliterarischen Kommunikation" (Hurrelmann et al. 1993; 2006), mit deren Hilfe das Kind im Medium der Mündlichkeit an *konzeptionelle Schriftlichkeit* herangeführt wird (vgl. Garbe/Holle/Jesch 2009, Kap. 4.2.1). Für diese Förderung ist in den westlichen Gesellschaften die (Klein-)Familie zuständig, insbesondere die Mutter als hauptsächliche Bezugsperson der frühen Kindheit. In dieser Phase werden nicht nur entscheidende kognitive Grundlagen für den Erwerb der Schriftsprache gelegt, sondern auch emotionale und motivationale Fundamente sowie kommunikative Formate etabliert, die für eine weitere erfolgreiche literarische und Schriftsozialisation grundlegend sind. Garbe, Holle und von Salisch haben in ihrem „Erwerbsmodell der literarischen und Lesekompetenz" diese erste Phase als „Plateau der Emergenz und Interpersonalität" beschrieben und das literale und literarische Kompetenzprofil in den drei Dimensionen Emotionen/Motivationen, Kognitionen und Anschlusskommunikationen/Reflexionen umrissen (vgl. Garbe et al. 2006, S. 132). Aus der Zuständigkeit der Familie für diese Entwicklungsphase resultieren zahlreiche Probleme, die bislang durch andere Sozialisationsinstanzen wie den Kindergarten noch kaum kompensiert werden: Das „Leseklima in der Familie" (Hurrelmann et al. 1993) ist vor allem in Familien der unteren Bildungs- und Sozialschichten sowie in Migrantenfamilien oftmals ungünstig, so dass viele Kinder hier von klein auf schlechte Startchancen für eine „Lesekarriere" erhalten.

2. Mittlere Kindheit: Schuleintritt, Schriftspracherwerb, lustvolle Kinderlektüre

Mit dem Schuleintritt verlagert sich der Schwerpunkt der Lesesozialisation in die (Grund-)Schule: Die Erwerbsaufgabe besteht nun zunächst darin, Lesen und Schreiben zu lernen, also in die Welt der Schriftsprache einzutreten. Die damit verbundenen kognitiven Anforderungen beinhalten gerade bei einem defizitären Verlauf der familialen Lesesozialisation das Risiko des Scheiterns und eines frühen Motivationsverlustes, der zu einer Beschränkung auf auditive, audiovisuelle und digitale Medien führen kann. Wir haben es heute viel stärker als früher mit einer Situation zu tun, in der die Kinder bereits mit ausgeprägten literarischen bzw. narrativen Rezeptionskompetenzen in die Schule kommen: Sie sind durch Medienrezeption mit komplexen Geschichten, Figuren und Handlungsmustern vertraut. Auf diesem Hintergrund ist das Textangebot gängiger Schulfibeln besonders problematisch; die nach der Logik des Alphabetes konstruierten Texte unterfordern die Verstehensfähigkeiten der Kinder und erzeugen keine Motivation für weiteres Lesen. Eine der entscheidenden Aufgaben des Grundschul-Unterrichts besteht deshalb darin, das Lesen- und Schreibenlernen so zu organisieren, dass beim Erwerb von Lese*kompetenz* die Lese*motivation* nicht abhanden kommt (vgl. Richter/Plath 2005). Wenn es nicht gelingt, das Lesen als eine lustvolle und bereichernde Praxis der medialen Weltaneignung erfahrbar zu machen, dann entwickeln diese Kinder bereits während der Grundschulzeit eine Präferenz für auditive und audiovisuelle Medien und insbesondere die Jungen neigen zu einer extensiven Nutzung von Bildschirm-Medien: Gameboy, Spielkonsole und PC. Zahlreiche Ergebnisse aktueller Medienstudien deuten darauf hin, dass es bei den Mädchen eher eine ergänzende Nutzung von Printmedien, audiovisuellen und digitalen Medien gibt, bei den Jungen aber zunehmend eine Ersetzung der Printmedien durch Bildschirm-Medien stattfindet (vgl. Garbe 2003). Eine der größten Herausforderungen für die Schule der Zukunft besteht darum in einer geschlechterdifferenzierenden Leseförderung, die besonders die Jungen als Problemgruppe im Auge hat (vgl. Garbe 2008a und 2008b; Rosebrock, Bd. 2, Kap. 3.5; Schilcher, Bd. 2, Kap. 3.7).

Wenn der Schriftspracherwerb in der Grundschule erfolgreich bewältigt wurde, mündet die weitere Leseentwicklung in eine Phase lustvoller Kinderlektüre, die vor allem der Phantasiebefriedigung dient und sich an einfachen kinderliterarischen Genres und Stoffen befriedigen lässt. In dieser Phase, die im Alter von ca. 8 bis 12 Jahren durchlaufen wird, bildet sich der Lesemodus aus, den Graf zunächst das „Gefühlslesen“ (Graf 1995), später den „intimen Lesemodus“ genannt hat (Graf 2007, S. 74). Diese Phase einer extensiven „Lesesucht“ finden wir heutzutage vor allem bei Mädchen aus kulturell anregenden Elternhäusern, während Jungen oft schon in diesem Lebensabschnitt elektronisch geprägte Formen der lustorientierten Medienrezeption praktizieren. In dieser Entwicklungsphase lustvoller Kinderlektüre sind die Leserinnen weitgehend autonom, d.h. nicht auf pädagogische Maßnahmen durch Eltern und Lehrkräfte angewiesen. Die Fähigkeit, sich selbstständig und bedürfnisgerecht Lesestoffe auszusuchen („Selektionskompetenz“), sollte allerdings in dieser Entwicklungsphase neben Maßnahmen zur „Leseanimation“ (vgl. Rosebrock, Bd. 2, Kap. 3.5;) durch die Schule intensiv unterstützt werden.

Die Erwerbsaufgaben der mittleren Kindheit haben Garbe, Holle und von Salisch unter den Stichworten „heuristische Literalität“ und „autonome Literarität“ beschrieben (vgl. Garbe et al. 2006, S. 138).

3. Pubertät und Adoleszenz: „Lesekrise“ und Transformation des kindlichen Lesemodus

Die Phase der kindlichen „Lesesucht“ mündet am Ende der Kindheit typischerweise in eine „Lesekrise“; einerseits treten nun – mit Beginn der Pubertät – andere Interessen und Entwicklungsaufgaben in den Vordergrund, andererseits gelangt gerade bei intensiven Leserinnen ihr bisheriger Lesemodus an eine Grenze: Die lustvoll rezipierten Stoffe verlieren ihren Reiz, das Serielle ihrer Machart wird häufig durchschaut. Die Erwerbsaufgabe für die weitere Leseentwicklung besteht nun in einer Transformation des bisherigen Lesemodus, so dass auch unter veränderten psychischen Bedingungen und bei höher entfalteten literarischen Kompetenzen weiterhin Lesegenuss möglich ist.

In dieser Phase wird die Kluft zwischen privaten Leseinteressen und schulischer Pflichtlektüre in der Regel am deutlichsten empfunden; hier richtet der traditionelle Literaturunterricht oft großen Schaden an: Die üblicherweise in der Sekundarstufe I gelesenen Texte aus dem Bestand der literarischen Tradition gehen häufig an den Interessen der Heranwachsenden vorbei und zerstören nicht nur das Interesse am Literaturunterricht, sondern häufig das Interesse an Literatur überhaupt (vgl. Schön 1993; Eggert/Garbe 1995; Gattermaier 2003). In der Pubertät klaffen die persönlichen Leseinteressen (sofern überhaupt vorhanden) und die schulisch verordneten Lektürestoffe und Leseweisen am weitesten auseinander; hier besteht darum entschiedener Handlungsbedarf in Sachen Leseförderung.

Die „Lesekrise" am Ende der Kindheit führt zu einer tief greifenden Transformation des bisherigen Lesemodus; sie mündet entweder in einen Abbruch der bisherigen Leseentwicklung, als dessen Ergebnis der Nicht- oder Wenigleser entsteht, oder in eine Transformation der bisherigen Leseweise. Diese kann verschiedene Resultate haben: Einerseits die Beschränkung von Lektüre auf Sach- und Fachbücher bzw. Zeitungen und Zeitschriften und einen Abbruch fiktionaler Lektüre (der meist männliche Lesetypus des „Sach- und Fachbuchlesers"), andererseits verschiedene Ausprägungen der erwachsenen Belletristiklektüre, die meist bei weiblichen Lesern anzutreffen ist.

Für den Prozess der Neuorientierung in der Adoleszenz sind nun wiederum *äußere* Anregungszentren entscheidend. Diese Phase bietet fruchtbare Möglichkeiten für eine außerfamiliale Leseförderung, insbesondere durch die Schule, die bisher nur unzureichend genutzt werden. Die lesebiografische Forschung konnte zeigen, dass gerade in der Sekundarstufe II die Deutsch-Lehrkraft oft entscheidende Anregungen gibt, also Zugänge zur traditionellen und modernen „Hochliteratur" vermittelt, die der jugendliche Leser sich nicht selbstständig hätte erschließen können. Entscheidend für diesen positiven Einfluss scheint zu sein, dass die Lehrerin oder der Lehrer selbst ein intensives Verhältnis zur Literatur haben und dieses glaubwürdig den Jugendlichen vermitteln können.

Garbe, Holle und von Salisch haben die Leseentwicklung in der Adoleszenz unter den Stichworten „funktionale Literalität" und „diskursive Literarität" beschrieben: Weiterführende Schulen bzw. berufliche Ausbildung sind im günstigen Falle Motoren der hier verlangten Weiterentwicklung literaler und literarischer Kompetenzen auf dem „Plateau der Konsolidierung und Ausdifferenzierung" (vgl. Garbe et al. 2006, S. 144).

In der Gesamtschau zeigt sich, dass das Lesen in allen Phasen entscheidend von personalen Einflüssen abhängt – von Eltern und Geschwistern, Freunden und Gleichaltrigen (peers), von Lehrkräften und Bibliothekarinnen. Dies unterstreicht noch einmal die zentrale Rolle der „Anschlusskommunikation“ in Prozessen einer gelingenden literarischen und Lesesozialisation (vgl. Charlton/ Sutter 2007) und macht damit auf Chancen des Deutschunterrichts aufmerksam, der vielfältige Möglichkeiten hat, solche Kommunikation schüler- und sachgerecht zu gestalten.

6. Lesesozialisation in schriftfernen Lebenswelten

Allerdings darf nicht übersehen werden, dass die skizzierte idealtypische Verlaufsform der literarischen Sozialisation hinsichtlich ihres Geltungsbereiches in doppelter Weise relativiert werden muss: Erstens galt dieses Muster immer schon nur für einen Teil der Gesellschaft, nämlich für die bildungsbürgerlich orientierte Mittelschicht, während es für die bildungsfernen Unterschichten noch nie Gültigkeit besessen hat. Zweitens muss auch im traditionellen Geltungsbereich das Modell heutzutage hinterfragt werden, denn es wurde entwickelt an Generationen von Kindern und Jugendlichen, die in den 1950er, 60er und 70er Jahren aufwuchsen und zu deren Medienumwelt neben den Printmedien nur wenige Audio- und AV-Medien gehörten. Seit etwa 1980 findet jedoch ein rasanter medientechnologischer Wandel statt, der die traditionellen Verlaufsformen einer literarischen und Lesesozialisation möglicherweise einschneidend verändern wird.

Die „Lesesozialisation in schriftfernen Lebenswelten“ untersuchten Pieper et al. (2004) in einer qualitativen Befragung von 30 ehemaligen Hauptschülerinnen und Hauptschülern. Die Studie interessierte sich für die aktuelle Medienpraxis der Jugendlichen, ihre Mediensozialisation in Familie und peer group sowie ihre Erfahrungen mit dem Deutschunterricht und der Schule insgesamt. Die Ergebnisse sind alarmierend: Der größte Teil der Jugendlichen (davon drei Viertel mit Migrationshintergrund) stammt aus Familien, in denen Schriftmedien und literarische Kultur keine Rolle spielen („schriftferne Lebenswelten“); es überwiegt demzufolge eine Mediensozialisation und -praxis, in der das Fernsehen das Leitmedium darstellt, ergänzt durch weitere auditive oder audiovisuelle Medien, die meist ausschließlich unterhaltungsorientiert genutzt werden. Diese Jugendlichen können weder in der Familie noch anderswo die Erfahrung machen, dass Lesen eine subjektiv bedeutsame Form der Medienpraxis sein könnte. Auch ihre kognitiven Lesekompetenzen sind oft so gering entwickelt, dass sie eine ernsthafte Barriere beim Zugang zu Schrifttexten darstellen. So gibt es weder emotional noch motivational eine Bereitschaft zur Auseinandersetzung mit Printmedien, es gibt nicht hinreichend entwickelte kognitive Verstehensfähigkeiten und auch keine Erfahrungen mit befriedigender Anschlusskommunikation. Der Deutschunterricht hat bei diesen Jugendlichen so gut wie keine Spuren hinterlassen – oder höchstens negative Erinnerungen. Schriftlichkeit und Lesekultur wurden als lebensfremde Anforderungen der Schule erlebt, die nur unter Leistungsdruck durchgesetzt werden konnten. Die für einen erfolgreichen Leseunterricht anzustrebende *Passung* zwischen Lernermerkmalen und Unterrichtsinhalten und -methoden fehlt in dem bei diesen Probanden rekonstruierten Deutschunterricht nahezu vollständig. Entsprechend wurde der Literaturunterricht von den Befragten fast durchgängig negativ beurteilt. Die Studie schlussfolgert, dass der Deutschunterricht in der Hauptschule seine Adressaten auf ganzer Linie verfehlt, was umso dramatischer ist, als die Schule gerade bei diesen Heranwachsenden die einzige Sozialisationsinstanz wäre, die ihnen literale und literarische Basiskompetenzen vermitteln könnte.

7. Erwerb von Medienkompetenz und Dynamiken der Mediensozialisation

Vergleicht man die bisher vorgestellten Modelle zur Lesekompetenz und literarischen Sozialisation mit dem Forschungsstand zur Mediensozialisation, dann zeigen sich wesentliche Unterschiede: Die Mediensozialisationsforschung richtet sich vorrangig auf die Mediennutzung in der Freizeit von Heranwachsenden (vgl. Barsch 2006, Kap. 3) und lässt die Bildungsinstanzen sowie Bildungsnormen weitgehend unberücksichtigt. Zwar existieren umfangreiche Debatten über den Begriff der *Medienkompetenz* (vgl. im Überblick Gapski 2001; Rosebrock/ Zitzelsberger 2002) sowie wegweisende Modellierungen (vgl. Groeben 2002b), jedoch wurden diese bislang nicht in Bezug gesetzt zu Verlaufsformen der Mediensozialisation in Familie, Kindergarten, peer groups und Schule, die den Mechanismen des Kompetenzerwerbs in diesen Sozialisationsinstanzen systematisch nachgegangen wären. Da empirische Studien bislang vor allem als quantitative Querschnitte angelegt sind (Beispiel: Süss 2004) oder sich auf einzelne Medien konzentrieren (Beispiel Computerspiele: von Salisch et al. 2007), lassen sich über günstige oder ungünstige Sozialisationsbedingungen zum Erwerb von Medienkompetenz bislang erst wenige Aussagen machen. Hier liegen erhebliche Forschungsdesiderate vor, die angesichts des raschen medientechnologischen Wandels und immer neuer „Mediengenerationen" große Herausforderungen an eine Modellbildung stellen. Eine Mediensozialisationsforschung, die sich an einem ganzheitlichen Modell von Medienkompetenz sensu Groeben (vgl. Abb. 3) und dem normativen Zielhorizont eines „gesellschaftlich handlungsfähigen Subjekts" orientiert, ist vorerst noch Programm: Hier könnte die bislang vor allem auf Mediennutzung in der Freizeit orientierte medienpädagogische Forschung von der Lese- und literarischen Sozialisationsforschung profitieren, die seit langem die Bildungsnormen und -institutionen der Gesellschaft in ihre Fragestellungen und Modelle einbezieht.

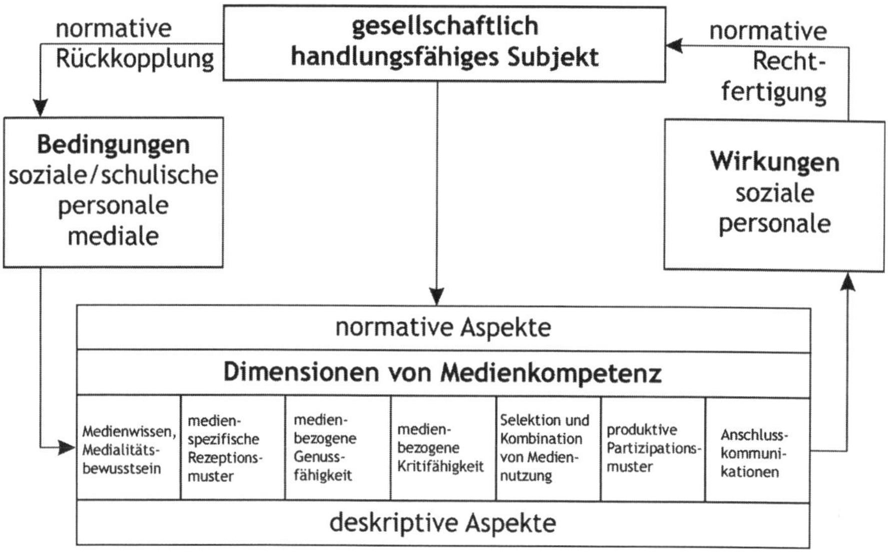

Abb. 3 Dimensionen von Medienkompetenz nach Hurrelmann 2003, S. 16

Die derzeit umfassendste *qualitative Studie* zur Medienaneignung von Jugendlichen hat das 'Institut für Medienpädagogik in Forschung und Praxis München' vorgelegt (Wagner/Theunert 2006). Hier wurden die Muster „konvergenzbezogener Medienaneignung" bei 59 Jugendlichen zwischen 11 und 17 Jahren mittels qualitativer Befragungen erhoben und in einem aufwändigen Prozess analysiert (vgl. ebd., S. 42ff.). Im Ergebnis wurden fünf Muster konvergenzbezogener Medienaneignung identifiziert, innerhalb derer es erhebliche Unterschiede hinsichtlich der Qualität und Komplexität der strukturbildenden Medienaneignung gibt (vgl. die „Niveaus konvergenzbezogener Medienaneignung", ebd., S. 130ff.); zum anderen gilt als deutlichster Indikator für geringe Kompetenzen im Umgang mit Medien bzw. hohe Risiken der „Bildungshintergrund" der Betroffenen:

> Im Kontext der sozialen Differenzierungsfaktoren führt die konvergente Medienwelt zur weiteren Verschärfung der (...) Probleme, die bildungsbenachteiligten Heranwachsenden aus den Medien entstehen. Eine komplexe konvergenzbezogene Medienaneignung, die Informationszugänge, Kreativität und Selbstbestimmung impliziert, ist zumeist dem hohen Bildungsniveau vorbehalten. Heranwachsende aus niedrigem Bildungsmilieu sind deutlich stärker auf die Vorgaben des Marktes fixiert. (Wagner/Theunert 2006, S. 202)

Dieser Befund zur aktuellen Medienaneignung und Medienkompetenz von Jugendlichen deckt sich mit Befunden der Lesesozialisationsforschung: Das kulturelle, soziale und symbolische „Kapital" der Familie hat den stärksten Einfluss auf eine gelingende Lesesozialisation von Kindern (grundlegend: Hurrelmann et al. 1993). In der Studie von Wagner und Theunert lassen sich an mehreren Stellen Hinweise darauf finden, dass dies in puncto Medienkompetenz ähnlich ist:

> Ein hohes Niveau konvergenzbezogener Medienaneignung zeigt sich vor allem bei (...) ältere[n] Jugendliche[n] mit hohem Bildungshintergrund oder [bei] jüngere[n] Befragte[n], die durch ihre Familie an diese Medien herangeführt werden und daher mehr Erfahrung aufweisen als in ihrer Altersstufe üblich ist. (Wagner/Theunert 2006, S. 132)

Aus diesem Befund leiten die Autorinnen als Forderung an die Medienpädagogik ab, diese müsse die Möglichkeiten der multifunktionalen Medien verstärkt an Kinder und Jugendliche aus niedrigem Bildungsmilieu herantragen, um so der vorherrschenden Konsumorientierung und anderen medialen Risiken gegenzusteuern (ebd., S. 205). Diese Aufgabe obliegt in gleichem Maße der Schule.

8. Literarische Sozialisation in neuen Medienumwelten

Ist der Forschungsbedarf zu Fragen der Mediensozialisation noch sehr groß, so lassen sich andererseits zu der Frage, wie sich Verlaufsformen der *literarischen Sozialisation* unter den *Bedingungen wachsender Medienkonkurrenz* gestalten, bereits einige Aussagen treffen. Vorsicht ist hier allerdings geboten im Hinblick auf den Geltungsbereich quantitativer (repräsentativer) Mediennutzungsstudien, deren allgemeine Trendaussagen im Einzelnen durchaus zu Fehlschlüssen verleiten können. Dies soll an einem Beispiel verdeutlicht werden. Die KIM- und JIM-Studien des Medienpädagogischen Forschungsverbunds Südwest legen seit 1998 regelmäßig „Basisuntersuchungen" zum Medienumgang 6- bis 13-Jähriger bzw. 12- bis 19-Jähriger vor. (Diese Studien stehen im Internet unter www.mpfs.de zur Verfügung.)

Folgt man der JIM-Studie 2008, so gewinnt man den Eindruck, dass Fernsehen, Computer und Internet für Jugendliche beider Geschlechter die meistgenutzten Medien in der Freizeit sind und Printmedien demgegenüber weit abgeschlagen auf hinteren Plätzen landen: 89 % der Jugendlichen nutzen täglich oder mehrmals das Fernsehen und ebenso oft den Computer, 84 % das Internet. Bücher rangieren dagegen auf dem 9. Platz (48 % Mädchen, 32 % Jungen). Im Hinblick auf die Medien*bindung* (Item: „Am wenigsten kann ich verzichten auf...") liegt das Internet inzwischen vorn: 28 % der Mädchen und 30 % der Jungen ist das Internet das wichtigste Medium, gefolgt vom Computer (15 % w, 29 % m) und dem Fernseher (16 % w, 15 % m). Auf Bücher könnten 10 % der Mädchen, aber nur 5 % der Jungen am wenigsten verzichten (JIM-Studie 2008, S. 17).

Der *Wandel der Bedeutung der Buchkultur* im Vergleich zu den anderen Medien wird in der JIM-Studie 2007 erhoben durch folgendes Item: „Ich lese lieber ein Buch, als mich mit dem Computer zu beschäftigen." 1998 stimmten dieser Aussage insgesamt 31 % der Jugendlichen „voll und ganz“ zu – und zwar 45 % der Mädchen und 18 % der Jungen; in der JIM-Studie 2007 sind es insgesamt nur noch 18 %, und zwar 27 % der Mädchen und 9 % der Jungen (JIM-Studie 2007, S. 36). Bei beiden Geschlechtern hat sich die Zahl der Buchbefürworter in der Medienkonkurrenz beinahe halbiert.

Allerdings ist diesen Zahlen gegenüber Vorsicht geboten: Denn es handelt sich hier nicht nur um Selbstauskünfte, die für vielfältige Verzerrungen (zum Beispiel im Sinne sozialer „Erwünschtheit“) anfällig sind, sondern grundsätzlich um statistische Durchschnittswerte, die weder über die tatsächliche individuelle Nutzungsdauer von Einzelnen etwas aussagen noch erst recht etwas über Inhalte, subjektive Erlebnisqualitäten, Funktionen und Bedeutungen der verschiedenen Medienpraxen (vgl. Garbe 2000).

Qualitative Studien zur gewandelten Bedeutung von Literatur und Schriftkultur bei Jugendlichen und jungen Erwachsenen aus dem oberen Bildungssegment kommen interessanterweise zu anderen Ergebnissen: So fanden sowohl Eggert, Garbe et al. (2000) in ihrer Studie zur „Literarischen Intellektualität in der Mediengesellschaft“ als auch Dawidowski in seiner Studie zur „Literarischen Bildung in der heutigen Mediengesellschaft“ (2007) heraus, dass Literatur und Schriftkultur im Zeichen der gestiegenen Medienkonkurrenz eher eine Aufwertung („Revalidierung“) erleben. Die jungen „Intellektuellen“ der Jahrgänge 1970–1975, die in der Studie von Eggert et al. 2000 befragt wurden, wandten sich in ihren Selbstpräsentationen vehement gegen das Fernsehen als ›triviales Unterhaltungsmedium‹ und ließen beinahe durchgängig erkennen, dass ihre intellektuelle Sozialisation durch das Gymnasium bzw. ihre Selbstsozialisation in der peer group in einem erstaunlichen Ausmaß durch traditionelle Medien und Normen geprägt ist:

> Die auffällige Dominanz literarischer Normen in heutiger multimedialer Praxis der ehemaligen ›Fernsehkinder‹ beruht auf der nachhaltigen Wirkung einer 12–13-jährigen Schule als ›Hort der Schriftlichkeit‹. Sie kann im Elternhaus verstärkt worden sein; in der akademischen Ausbildung werden die Anforderungen fortgeführt. Literalität ist nach wie vor der vorherrschende Modus, intellektuell mit komplexen Phänomenen umzugehen. Die Differenzierungsphase medialer Praktiken in der Adoleszenz wirkt über die gymnasiale Oberstufe nachhaltig normbildend (›kultureller Kompass‹), aufbauend auf den literarischen Habitualisierungen der ganzen Schulzeit. Es ist auch auffällig, wie die schulischen Umgangsformen mit Texten als Vorbilder in der späteren eigenständigen Praxis noch weiterwirken (Lesekreis, Literaturgespräch, schriftliche Erörterung). (Eggert 2002b, S. 22)

Beinahe 10 Jahre später kommt Dawidowski in der Befragung von Jugendlichen der Jahrgänge 1983–1988 zu ganz ähnlichen (und einigen neuen) Befunden: Die jungen Angehörigen des „Hochkulturschemas“ (Dawidowski 2007, S. 92ff.) haben die traditionellen gymnasialen Normen literarischer Bildung weitgehend verinnerlicht. Das Lesen von (anspruchsvoller) Literatur wird mit ästhetischer

Bildung und humanistischer Selbstbildung identifiziert und zugleich mit der Erwartung von sozialem, kulturellem und ökonomischen Status verknüpft (Distinktionsgewinn). Zugleich scheint aber die emotional-motivationale Basis für ein rein lustorientiertes Lesen zu schwinden, zumindest in dieser Befragtengruppe:

> Das (...) Spektrum der verfügbaren Medien führt zu einer Neuaufteilung der mit dem Medienkonsum erwarteten Gratifikationen. So erwarten die Informanten vom Lesen eher anspruchsvoller Literatur in erster Linie einen Bildungszuwachs (...). Neben diese Funktion tritt die des ›Informierens‹ in kognitiver Hinsicht (...). Die eher emotional getönten Gratifikationen, wie z. B. die der Unterhaltung, werden primär durch die AV-Medien und teilweise auch durch Computerspiele (im jüngeren Alter) abgedeckt. (...) Das Bedürfnis nach Fiktionalität, nach dem ›Eintauchen‹ in vom Realen unterschiedene Welten, und nach Identifikation befriedigen in erster Linie die AV-Medien. (...) Der Computer (...) steht zwar besonders in der Pubertät für Erlebnisse des Virtuellen und des Probehandelns zur Verfügung, kann auch eskapistische Bedürfnisse punktuell stillen, wird aber zunehmend als Kommunikations- und Informationsmedium genutzt. (Dawidowski 2007, S. 415f.)

Der Autor sieht in dieser Entwicklung einige Risiken: Die Schere zwischen Bildungsprivilegierten und Unterprivilegierten öffnet sich tendenziell weiter (ebd., S. 417), und bei den ersteren wird das literarische Lesen so stark von kulturellen Normierungen und Erwartungen „umstellt", das heißt als ein „Vehikel des sozialen Erfolges *und* der Charakterformung" angesehen, dass Enttäuschungen und fragile Lesekarrieren vorprogrammiert erscheinen:

> So sind es weniger intrinsische Motive wie Lustgewinn oder ein intensives emotionales Erleben, die zum literarischen Lesen führen, als vielmehr extrinsische und durch kulturelle oder soziale Normen vermittelte Motive. (Ebd., S. 418)

Dass diese Normen einer „literarischen Bildung" für Hauptschüler extrem kontraproduktiv sind, hat die Studie von Pieper et al. (2004) gezeigt; doch auch für Gymnasiastinnen und Gymnasiasten birgt deren unreflektierte Tradierung das Risiko, dass hier ein hochkultureller Habitus perpetuiert wird, der in einer „konvergenten Medienwelt" nicht mehr zeitgemäß ist und daher bei den Schulabsolventen auf Dauer möglicherweise nicht tragfähig sein wird.

Im Zeichen eines wachsenden Angebotes an elektronischen Medien und einer zunehmenden *Medienkonvergenz* im Zeichen der Hybridmedien Computer und Internet differenzieren sich *unterschiedliche Milieus* aus, die im Hinblick auf den Umgang mit der Schriftkultur besonders stark durch den kulturellen Hintergrund der Herkunftsfamilien geprägt werden. Die „Wissenskluft", die Bonfadelli schon in den 1990er Jahren diagnostizierte (vgl. Bonfadelli 1994), verstärkt sich heutzutage tendenziell als „Kompetenzkluft" hinsichtlich der Nutzung von Literatur und anspruchsvollen Medien (verbunden). Die Studie „Lesekindheiten" von Hurrelmann et al. (2006) hat diesen Befund in einer Fragebogenerhebung mit 145 Studierenden der Jahrgänge 1975–1980 bestätigen können:

> Auf die systematische Bildungsabhängigkeit der Lese- und Mediensozialisation in den Familien weisen auch alle unsere Befragungsdaten hin. Je höher das Bildungsniveau der Herkunftsfamilie der von uns befragten Studierenden ist, desto mehr wurde ihre Leseentwicklung unterstützt. (...) Allerdings gibt zu denken, dass die tendenzielle Abwehr des Fernsehens (...) den Blick auf die mögliche wechselseitige Förderung von Medien- und Lesekompetenzen gänzlich verstellt. Lesen steht im Fokus sozialisatorischer Unterstützung, bildet noch immer den zentralen Bezugspunkt einer über die Generationen hinweg vermittelten sozialen und kulturellen Distinktion. (Hurrelmann et al. 2006, S. 388)

Das „Defizit an Problemlösungskapazität" (ebd., S. 389), das Hurrelmann den Mittelschichtfamilien im Hinblick auf die „Aufgabe einer umfassenden Medienerziehung" ihrer Kinder für das Medienzeitalter attestiert, muss heute wohl auch der Schule bescheinigt werden: Beide Instanzen wirken einträchtig zusammen in der Tradierung der Hegemonie von „anspruchsvoller" Literatur, deren Funktionen und Bedeutungen im Rahmen der Ausbildung umfassender Medienkompetenzen neu geklärt werden müssten.

Literatur

Barsch, Achim (2006): Mediendidaktik Deutsch. Paderborn: Schöningh.

Bertschi-Kaufmann, Andrea (Hrsg.) (2007): Lesekompetenz – Leseleistung – Leseförderung. Grundlagen, Modelle und Materialien. Zug: Klett und Ballmer.

Bonfadelli, Heinz (1994): Die Wissenskluft-Perspektive. Massenmedien und gesellschaftliche Information. Konstanz: UVK Medien/Ölschläger.

Charlton, Michael/Sutter, Tilmann (2007): Lese-Kommunikation. Mediensozialisation in Gesprächen über mehrdeutige Texte. Bielefeld: transcript.

Christmann, Ursula/Rosebrock, Cornelia (2006): Differenzielle Psychologie: Die Passung von Leserfaktor und Didaktik/Methode. In: Groeben, Norbert/Hurrelmann, Bettina (Hrsg.): Empirische Unterrichtsforschung in der Literatur- und Lesedidaktik. Ein Weiterbildungsprogramm. Weinheim/München: Juventa, S. 155–176.

Dawidowski, Christian (2007): Literarische Bildung in der heutigen Mediengesellschaft. Eine empirische Studie zur kultursoziologischen Leseforschung. Habilitationsschrift im FB 3 der Universität Siegen im SS 2007 [Manuskript].

Eggert, Hartmut/Garbe, Christine/Krüger-Fürhoff, Irmela Marei/Kumpfmüller, Michael (2000): Literarische Intellektualität in der Mediengesellschaft. Empirische Vergewisserungen über Veränderungen kultureller Praktiken. Weinheim/München: Juventa.

Eggert, Hartmut (2002a): Literarische Texte und ihre Anforderungen an die Lesekompetenz. In: Groeben, Norbert/Hurrelmann, Bettina (Hrsg.) (2002b): Medienkompetenz. Voraussetzungen, Dimensionen, Funktionen. Weinheim/München: Juventa, S. 186–194.

Eggert, Hartmut (2002b): Literarische oder mediale Intellektualität? Überlegungen aus einer Fallstudie zur intellektuellen Praxis junger Erwachsener. In: Steitz-Kallenbach, Jörg/Thiele, Jens (Hrsg.): Medienumbrüche. Wie Kinder und Jugendliche mit alten und neuen Medien kommunizieren. Bremen/Oldenburg: Universitätsverlag Aschenbeck & Isensee, S. 11–30.

Eggert, Hartmut/Garbe, Christine 1995 (2003): Literarische Sozialisation. 2. erweiterte und überarbeitete Auflage. Stuttgart: Metzler.

Frederking, Volker/Krommer, Axel/Maiwald, Klaus (2008): Mediendidaktik Deutsch. Eine Einführung. Berlin: Schmidt.

Ewers, Hans-Heino (Hrsg.) (2002): Lesen zwischen Neuen Medien und Pop-Kultur. Kinder- und Jugendliteratur im Zeitalter multimedialen Entertainments. Weinheim/München: Juventa.

Fritzsche, Joachim (2004): Formelle Sozialisationsinstanz Schule. In: Groeben, Norbert/Hurrelmann, Bettina (Hrsg.): Lesesozialisation in der Mediengesellschaft. Ein Forschungsüberblick. Weinheim/München: Juventa, S. 202–249.

Gapski, Harald (2001): Medienkompetenz. Eine Bestandsaufnahme und Vorüberlegungen zu einem systemtheoretischen Rahmenkonzept. Wiesbaden: Westdeutscher Verlag.

Garbe, Christine (2000): Die mediale Sozialisation von Kindern und Jugendlichen: Einige Überlegungen zu vermeintlichen Gewissheiten und den Grenzen unseres Wissens. In: Witte, Hans-Jörg/Garbe, Christine/Holle. Karl (Hrsg.): Deutschunterricht zwischen Kompetenzerwerb und Persönlichkeitsbildung. Baltmannsweiler: Schneider, S. 179–197.

Garbe, Christine (2003): Mädchen lesen ander(e)s. Für eine geschlechterdifferenzierende Leseförderung. In: JuLit. Informationen des Arbeitskreises für Jugendliteratur, H. 2, S. 14–29.

Garbe, Christine (2008a): „Echte Kerle lesen nicht!?“ – Was eine erfolgreiche Leseförderung für Jungen beachten muss. In: Matzner, Michael/Tischner Wolfgang (Hrsg.): Handbuch Jungen-Pädagogik. Weinheim/Basel: Beltz, S. 301–315.

Garbe, Christine (2008b): „Echte Kerle lesen doch?!“ Konzepte einer geschlechterdifferenzierenden Leseförderung aus den angelsächsischen Ländern. In: Thielking, Sigrid/Buchmann, Ulrike (Hrsg.): LESEVERMÖGEN – Lesen in allen Lebenslagen. Frankfurt am Main: Lang, S. 69–82.

Garbe, Christine/Holle, Karl/Salisch, Maria von (2006): Entwicklung und Curriculum: Grundlagen einer Sequenzierung von Lehr-/Lernzielen im Bereich des (literarischen) Lesens. In: Groeben, Norbert/Hurrelmann Bettina (Hrsg.): Empirische Unterrichtsforschung in der Literatur- und Lesedidaktik. Ein Weiterbildungsprogramm. Weinheim/München: Juventa, S. 115–154.

Garbe, Christine/Holle, Karl/Jesch, Tatjana (2009): Texte lesen. Textverstehen – Lesedidaktik – Lesesozialisation. Schöningh: Paderborn (= UTB Standard Wissen Lehramt 3110).

Gattermeier, Klaus (2003): Literaturunterricht und Lesesozialisation. Eine empirische Untersuchung zum Lese- und Medienverhalten von Schülern und zur lesesozialisatorischen Wirkung ihrer Deutschlehrer. Regensburg: edition vulpes.

Gölitzer, Susanne (2005): Lesesozialisation. In: Lange, Günter/Weinhold, Swantje (Hrsg.): Grundlagen der Deutschdidaktik. Sprachdidaktik – Mediendidaktik – Literaturdidaktik. Baltmannsweiler: Schneider, S. 202–225.

Graf, Werner (1995): Fiktionales Lesen und Lebensgeschichte. Lektürebiographien der Fernsehgeneration. In: Rosebrock, Cornelia (Hrsg.): Lesen im Medienzeitalter. Biographische und historische Aspekte literarischer Sozialisation. Weinheim/München: Juventa, S. 97–126.

Graf, Werner (2004): Der Sinn des Lesens. Modi der literarischen Rezeptionskompetenz. Münster: LIT Verlag.

Graf, Werner (2007): Lesegenese in Kindheit und Jugend. Einführung in die literarische Sozialisation. Baltmannsweiler: Schneider.

Groeben, Norbert (2002c): Zur konzeptuellen Struktur des Konstrukts „Lesekompetenz“. In: Groeben, Norbert/Hurrelmann, Bettina (Hrsg.): Lesekompetenz: Bedingungen, Dimensionen, Funktionen. Weinheim/München: Juventa, S. 11–21.

Groeben, Norbert (2002b): Dimensionen der Medienkompetenz: Deskriptive und normative Aspekte. In: Groeben, Norbert/Hurrelmann, Bettina (Hrsg.): Medienkompetenz. Voraussetzungen, Dimensionen, Funktionen. Weinheim/München: Juventa, S. 160–197.

Groeben, Norbert/Hurrelmann, Bettina (Hrsg.) (2002a): Lesekompetenz: Bedingungen, Dimensionen, Funktionen. Weinheim/München: Juventa.

Groeben, Norbert/Hurrelmann, Bettina (Hrsg.) (2002b): Medienkompetenz. Voraussetzungen, Dimensionen, Funktionen. Weinheim/München: Juventa.

Groeben, Norbert/Hurrelmann, Bettina (Hrsg.) (2004): Lesesozialisation in der Mediengesellschaft. Ein Forschungsüberblick. Weinheim/München: Juventa.

Groeben, Norbert/Hurrelmann Bettina (Hrsg.) (2006): Empirische Unterrichtsforschung in der Literatur- und Lesedidaktik. Ein Weiterbildungsprogramm. Weinheim/München: Juventa.

Hurrelmann, Bettina (1996): Lesesozialisationsforschung als Grundlagenforschung für Literaturdidaktik und Kinderliteraturwissenschaft. In: Josting, Petra/Wirrer, Jan (Hrsg.): Bücher haben ihre Geschichte: Kinder- und Jugendliteratur/Literatur und Nationalsozialismus/ Deutschdidaktik. Hildesheim: Olms, S. 132–140.

Hurrelmann, Bettina (1999): Sozialisation: individuelle Entwicklung, Sozialisationstheorien, Enkulturaltion, Mediensozialisation, Lesesozialisation (-erziehung), literarische Sozialisation. In: Groeben, Norbert (Hrsg.): Lesesozialisation in der Mediengesellschaft: Zentrale Begriffsexplikationen. Kölner Psychologische Studien 4, H. 1, S. 105–115.

Hurrelmann, Bettina (2002a): Prototypische Merkmale der Lesekompetenz. In: Groeben, Norbert/Hurrelmann, Bettina (Hrsg.): Lesekompetenz: Bedingungen, Dimensionen, Funktionen. Weinheim/München: Juventa, S. 275–286.

Hurrelmann, Bettina (2002b): Zur historischen und kulturellen Relativität des „gesellschaftlich handlungsfähigen Subjekts“ als normativer Rahmenidee für Medienkompetenz. In: Groeben, Norbert/Hurrelmann, Bettina (Hrsg.): Medienkompetenz. Voraussetzungen, Dimensionen, Funktionen. Weinheim/München: Juventa, S. 111–126.

Hurrelmann, Bettina (2002c): Leseleistung – Lesekompetenz. Folgerungen aus PISA mit einem Plädoyer für ein didaktisches Konzept des Lesens als kultureller Praxis. In: Praxis Deutsch 176, S. 10–21.

Hurrelmann, Bettina (2003): Kindermedien als Chance zum Erwerb von Medienkompetenz. In: Hurrelmann, Bettina/Becker, Susanne (Hrsg.): Kindermedien nutzen. Medienkompetenz als Herausforderung für Erziehung und Unterricht. Weinheim/München: Juventa, S. 11–25.

Hurrelmann, Bettina (2007): Modelle und Merkmale der Lesekompetenz. In: Bertschi-Kaufmann, Andrea (Hrsg): Lesekompetenz, Leseleistung, Leseförderung. Grundlagen, Modelle und Materialien. Zug: Klett und Ballmer, S. 18–28.

Hurrelmann, Bettina/Hammer, Michael/Nieß, Ferdinand (1993): Leseklima in der Familie. Eine Studie der Bertelsmann Stiftung. Gütersloh: Bertelsmann Stiftung.

Hurrelmann, Bettina/Becker, Susanne/Nickel-Bacon, Irmgard (2006): Lesekindheiten. Familie und Lesesozialisation im historischen Wandel. Weinheim/München: Juventa.

Hurrelmann, Klaus/Ulich, Dieter (Hrsg.) (1991): Neues Handbuch der Sozialisationsforschung. 4. völlig neu bearb. Aufl. Weinheim/Basel: Beltz.

JIM-Studie (2007): Jugend, Information, (Multi-)Media. Basisuntersuchung zum Medienumgang 12- bis 19-Jähriger, hg. vom Medienpädagogischen Forschungsverbund Südwest.

JIM-Studie (2008): Jugend, Information, (Multi-)Media. Basisuntersuchung zum Medienumgang 12- bis 19-Jähriger, hg. vom Medienpädagogischen Forschungsverbund Südwest.

Mikos, Lothar/Hoffmann, Dagmar/Winter, Rainer (Hrsg.) (2007): Mediennutzung, Identität und Identifikation. Die Sozialisationsrelevanz der Medien im Selbstfindungsprozess von Jugendlichen. Weinheim/München: Juventa.

Philipp, Maik/Garbe, Christine (2007): Lesen und Geschlecht – empirisch beobachtbare Achsen der Differenz. In: Bertschi-Kaufmann, Andrea (Hrsg.) [im Ergänzungsteil auf CD-ROM].

Philipp, Maik (2008): Lesen, wenn anderes und andere wichtiger werden. Empirische Erkundungen zur Leseorientierung in der peer group bei Kindern aus fünften Klassen. Münster: Lit.

Pieper, Irene/Rosebrock, Cornelia/Wirthwein, Heike/Volz, Steffen (2004): Lesesozialisation in schriftfernen Lebenswelten. Lektüre und Mediengebrauch von HauptschülerInnen. Weinheim/München: Juventa.

Rager, Günther/Werner, Petra (2004): Entwicklung und Struktur der Mediengesellschaft. In: Groeben, Norbert/Hurrelmann, Bettina (Hrsg.): Lesesozialisation in der Mediengesellschaft. Ein Forschungsüberblick. Weinheim/München: Juventa, S. 351–374.

Richter, Karin/Plath, Monika (2005): Lesemotivation in der Grundschule: empirische Befunde und Modelle für den Unterricht. Weinheim/München: Juventa.

Rosebrock, Cornelia (Hrsg.) (1995): Lesen im Medienzeitalter. Biographische und historische Aspekte literarischer Sozialisation. Weinheim/München: Juventa.

Rosebrock, Cornelia/Zitzelsberger, Olga (2002): Der Begriff *Medienkompetenz* als Zielperspektive im Diskurs der Pädagogik und Didaktik. In: Groeben, Norbert/Hurrelmann, Bettina (Hrsg.) (2002b): Medienkompetenz. Voraussetzungen, Dimensionen, Funktionen. Weinheim/München: Juventa, S. 148–159.

Rosebrock, Cornelia/Nix, Daniel (2008): Grundlagen der Lesedidaktik und der systematischen schulischen Leseförderung. Baltmannsweiler: Schneider.

Salisch, Maria von/Kristen, Astrid/Oppl, Caroline (2007): Computerspiele mit und ohne Gewalt. Auswahl und Wirkung bei Kindern. Stuttgart: Kohlhammer.

Schön, Erich (1993): Jugendliche Leser und ihr Deutschunterricht. In: Balhorn, Heiko/Brügelmann, Hans (Hrsg.): Bedeutungen erfinden – im Kopf, mit Schrift und miteinander. Zur individuellen und sozialen Konstruktion von Wirklichkeiten. Konstanz: Faude, S. 220–226.

Süss, Daniel (2004): Mediensozialisation von Heranwachsenden. Dimensionen Konstanten Wandel. Wiesbaden: Verlag für Sozialwissenschaften.

Sutter, Tilmann (2002): Anschlusskommunikation und die kommunikative Verarbeitung von Medienangeboten. Ein Aufriss im Rahmen einer konstruktivistischen Theorie der Mediensozialisation. In: Groeben, Norbert/Hurrelmann, Bettina (Hrsg.): Lesekompetenz: Bedingungen, Dimensionen, Funktionen. Weinheim/München: Juventa, S. 80–105.

Spinner, Kaspar H. (Hrsg.) (2006): Lesekompetenz erwerben, Literatur erfahren. Berlin: Cornelsen Scriptor.

Wagner, Ulrike/Theunert, Helga (Hrsg.) (2006): Neue Wege durch die konvergente Medienwelt. München: Reinhard Fischer.

Weinert, Franz E. (2001): Vergleichende Leistungsmessung in Schulen – eine umstrittene Selbstverständlichkeit. In: Ders. (Hrsg.): Leistungsmessung in Schulen. Weinheim/Basel: Beltz, S. 17–31.

Wieler, Petra (1997): Vorlesen in der Familie. Fallstudien zur literarisch-kulturellen Sozialisation von Vierjährigen. Weinheim/München: Juventa.

ADALBERT WICHERT

1.3 Epochen im Literaturunterricht

> Ich habe kaum nötig, hier ausdrücklich darauf aufmerksam zu machen, dass es in der Geschichte sowenig Epochen gibt wie auf dem Erdkörper die Linien des Äquators und der Wendekreise, dass es nur Betrachtungsformen sind, die der denkende Geist dem empirisch Vorhandenen gibt, um sie so desto gewisser zu fassen.
>
> (Droysen 1882, zit. nach 2007, S. 371)

Epoche ist neben *Gattung* (vgl. Pfeiffer Bd. 2, Kap. 1.4) traditionell eines der wesentlichen Ordnungsprinzipien für literarische Texte. Obwohl der Epochenbegriff innerhalb der Kultur- und Geisteswissenschaften nach wie vor als problematisch, aber interessant diskutiert wird, findet er in den Alltags- und Fachdiskursen und in der Unterrichtspraxis vielfach höchst unreflektiert Anwendung. Die Literaturdidaktik hat sich bislang nur sporadisch mit dem Epochenproblem befasst (vgl. dazu Nutz 2002; Fingerhut 2002), zumal die literaturgeschichtliche Perspektive und insbesondere das Epochen-Paradigma im Zuge der rezeptionsästhetischen, schülerorientierten und die Gegenwartsliteratur bevorzugenden Literaturbetrachtung derzeit als eher marginalisiert erscheinen. So legt die Einführung *Literaturdidaktik Deutsch* (Abraham/Kepser 2005, S. 36) nahe, nicht mehr länger „mit Epochen zu arbeiten", die allenfalls lernpsychologisch gesehen „hilfreich" seien, indem sie immerhin „einer begrifflichen Strukturierung" dienen könnten. Allerdings gibt es auch Gegenstimmen. So hält etwa Thomas Zabka (2003, S. 28) Epochenwissen für ein zentrales Element ästhetischer Bildung.

Der Begriff *Epoche* selbst ist so komplex wie vieldeutig. Fünf verschiedene Aspekte werden im Folgenden bedacht: Zeitgenössisches Epochenbewusstsein, Epochenzäsur als Interpretation der Geschichte, Epoche als Zeit-Raum, Strukturalistische Epochenbildung und Epochen-Schwellen als Zeiträume (Übergangsepochen).

1. Zeitgenössisches Epochenbewusstsein

Das griechische *epoché* bedeutet Haltepunkt, Zeitpunkt, Einschnitt. Diese ursprüngliche Bedeutung ist immer dort präsent, wo wir einzelne Ereignisse als epochemachend, als einschneidend, auf längere Sicht situationsverändernd empfinden. „Von hier und heute geht eine neue Epoche der Weltgeschichte aus, und ihr könnt sagen, ihr seid dabei gewesen", das, berichtet Goethe später in seinem Bericht *Campagne in Frankreich* (Goethe 1792, S. 235), habe er am Abend der ersten Niederlage der preußisch-österreichischen Allianz gegen die französische Revolutionsarmee, der sog. Kanonade von Valmy (19.9.1792), zu einigen

Offizieren gesagt. Ein Einzelereignis erhält hier Symbolwert für eine Zäsur, für das Ende einer alten bzw. für den Anbruch einer neuen Zeit. Bau und Fall der Berliner Mauer 1961 bzw. 1989, der Terroranschlag auf das World-Trade-Center 2001, die Nuklearkatastrophen von Tschernobyl 1986 oder Fukushima 2011 waren vergleichbare Ereignisse, die von den Zeitgenossen ebenfalls als epochal erlebt wurden. Typen solcher Ereignisse sind Revolutionen, Kriegsausbrüche und Friedensschlüsse, der Tod einflussreicher Machthaber, der Ausbruch von Naturkatastrophen etc. (vgl. Sabrow 2011).

Im Bereich der Literatur lassen sich viele Dokumente für ein derartiges zeitgenössisches Epochenbewusstsein finden. Ich führe einige Beispiele an, in denen ein Epochenbewusstsein artikuliert wird unter ausdrücklichem Verweis auf literarische Werke. So nennt Friedrich Schlegel eine revolutionäre Trias von politischem Ereignis, wissenschaftlicher Publikation und literarischem Werk:

> Die Französische Revolution, Fichtes Wissenschaftslehre und Goethes Meister sind die großen Tendenzen des Zeitalters. Wer an dieser Zusammenstellung Anstoß nimmt, wem keine Revolution wichtig scheinen kann, die nicht laut und materiell ist, der hat sich noch nicht auf den hohen weiten Standpunkt der Geschichte der Menschheit erhoben.
> (Schlegel 1800, S. 366)

Zu nennen ist auch Goethes Tod, mit dem Heinrich Heine das „Ende der Kunstperiode" gekommen sah (Heine 1831, S. 72). Im 20. Jahrhundert künden der Titel der expressionistischen Lyrikanthologie *Menschheitsdämmerung* (1919) und deren berühmtes, programmatisches Eingangsgedicht von Jakob van Hoddis *Weltende* (1910) von einer subjektiv wahrgenommenen kulturellen und literarischen Zäsur. Eine weitere ist verbunden mit dem Zusammenbruch des Dritten Reiches und manifestiert sich in der zeitgenössischen Rede vom *Nullpunkt* (vermutlich zurückgehend auf Roberto Rossellinis Film von 1948 „Germania, anno zero"), von *Trümmer-Literatur* (vgl. Böll 1961, S. 229) und *Kahlschlagliteratur* (vgl. Weyrauch 1949). Eine dritte Zäsur wird mit dem Terminus *Wendeliteratur* verbunden und versucht, die Veränderungen des literarischen Lebens, der Literatursprache sowie die literarische Verarbeitung der „Wende" nach 1989 zu erfassen (vgl. Grub 2003).

Die Beschäftigung mit literarisch gestaltetem zeitgenössischem Epochenbewusstsein ist sicherlich die methodisch machbarste Praxis der Hinführung von Schülern zu literaturgeschichtlichen Perspektiven. In der Grundschule kann es zunächst nur darum gehen, Zeitlichkeit und Zeitwende als solche mit ihren linearen und zyklischen Konzepten in literarischen Gestaltungen zu erfassen. Geeignet erscheinen dazu vor allem Tages- und Jahreszeitgedichte, Erzählungen von Ereignissen, Sagen sowie Geschichten, in denen sich unterschiedliche Zeiterfahrungen der Generationen begegnen. Die Sekundarstufe I kann man an das Phänomen Epochenzäsur heranführen durch literarische Texte, die sich mit als existenziell empfundenen biografischen Einschnitten befassen (etwa barocke Casualcarmina, d. h. Gelegenheitsdichtungen zu Geburt, Hochzeit, Tod), durch literarische Darstellungen von Generationskonflikten, durch literarische Texte zu zeitgeschichtlichen Ereignissen (etwa Ernst Jandls *markierung einer wende* zum Kriegsende 1945) oder durch das Reflektieren poetischer Wende-Strukturen wie die Peripetie als Gestaltungsform für individuelle und soziale Lebenszäsuren (insbesondere in Drama, Novelle, Kurzgeschichte).

Den Blick auf Literaturgeschichte im engeren Sinn wird man allerdings erst in der Sekundarstufe II in vollem Umfang richten können. Zeitgenössische Wahrnehmung von Epochenzäsuren ist dann zu verstehen als Phänomen der Wirkungs- und Rezeptionsgeschichte. Und sie wird besonders dort manifest, wo literarische Werke zeitgenössisch als Einschnitt, positiv als überraschende, zukunftsweisende Innovation, negativ als schmerzlicher oder ärgerlicher Traditionsbruch angesehen werden. Aus Autorenperspektive lassen sich solche Zäsuren besonders gut erfassen durch die Lektüre programmatischer Texte. Die futuristischen und dadaistischen Manifeste eignen sich für den Unterricht schon deshalb, weil sie den Bruch mit der Tradition nicht nur verkünden, sondern ihn in der Diktion der Manifeste selbst sprachlich und gedanklich verwirklichen. Als Beispiel für literarische Texte, die von den Zeitgenossen als Zäsur wahrgenommen wurden, ist etwa Goethes *Werther* zu nennen, der innerhalb kürzester Zeit in ganz Europa als Sensation aufgefasst wurde. Dass die neue ästhetische Form und der provokante Inhalt (insbesondere die Selbstmordthematik) nicht allein, sondern erst mit der mentalen Zeitsituation zusammen den Eindruck eines epochalen Einschnitts erzeugt haben, kann man aus Goethes eigenem Kommentar im 13. Buch von *Dichtung und Wahrheit* ablesen:

> Die Wirkung dieses Büchleins war groß, ja ungeheuer, und vorzüglich deshalb, weil es genau in die rechte Zeit traf. Denn wie es nur eines geringen Zündkrauts bedarf, um eine gewaltige Mine zu entschleudern, so war auch die Explosion, welche sich hierauf im Publikum ereignete, deshalb so mächtig, weil die junge Welt sich schon selbst untergraben hatte, und die Erschütterung deswegen so groß, weil ein jeder mit seinen übertriebenen Forderungen, unbefriedigten Leidenschaften und eingebildeten Leiden zum Ausbruch kam. (Goethe 1813, S. 589f.)

Das Zusammenwirken von innovativem Autorenwillen und Rezipientenerwartung (bzw. deren Durchbrechung im Kontext der allgemeinen Zeitlage) lässt sich im Schulunterricht gut im Blick auf Dramen und auf ihre im Literaturunterricht meist zu kurz kommende theatrale Dimension erfassen. Besondere Bedeutung können dabei Theaterskandale erlangen. Zu nennen ist etwa die Uraufführung von Schillers *Die Räuber* 1782, die zum Tumult geriet und für Schiller Arrest, Schreibverbot und schließlich seine Flucht zur Folge hatte. Ein weiteres Beispiel: Gerhart Hauptmanns im Dialekt verfasstes naturalistisches Drama *Die Weber*, das das Proletariat als Tragödienhelden einführte, wurde 1883 in Berlin aufgeführt und von der Arbeiterbewegung begeistert aufgenommen, während Kaiser Wilhelm II. seine Loge im Deutschen Theater demonstrativ kündigte.

Wie kaum eine andere Zeit empfand die Weimarer Republik hypernervös viele Ereignisse als epochale Zäsuren. Dem entsprechen auch ihre vielen Theaterskandale: etwa der um Leopold Jessners Berliner Einstands-Inszenierung des *Wilhelm Tell* (1919) mit ihrem expressionistischen Bühnen- und Aufführungskonzept sowie einer dezidiert politischen Tell-Interpretation oder Brechts Inszenierung von Marieluise Fleißers *Pioniere in Ingolstadt* (1928) und vor allem die Uraufführung von Brecht/Weills *Aufstieg und Fall der Stadt Mahagonny* (1930).

2. Epochenzäsur als Interpretation der Geschichte

Zu unterscheiden von zeitgenössischem Bewusstsein, Zeuge einer begrüßten oder beklagten epochalen Zäsur zu sein, ist die historisch rückblickende Interpretation eines Ereignisses als Zeitwende. Für die Sekundarstufen I und II sind entsprechende Thematisierungen am ehesten in historischen Dramen oder Romanen nachvollziehbar. Goethe beispielsweise stellt in *Götz von Berlichingen* einen historischen Umbruch dar: das Ende der mittelalterlichen und den Anfang der absolutistischen Gesellschaftsordnung, die Goethes eigene Zeit noch prägte. Götz verkörpert für Goethe die gute alte Zeit, in der noch persönliche Treue und patriarchalische Fürsorge herrschten. Götz' Scheitern und Tod werden zum Zeichen für den Niedergang dieser Epoche und für das Heraufziehen eines von Intrigen und Machtkalkül bestimmten kalten Absolutismus.

Noch ausgeprägter lässt sich Schillers *Wallenstein* als Thematisierung epochaler Zäsur lesen. Schiller interpretiert Wallenstein als einen Neuerer, problematisiert diese Interpretation aber zugleich. Im Prolog aus dem Jahr 1798 wird das Interesse an Zeitwenden aus der eigenen Zeitlage heraus formuliert. Von einer „neuen Ära" – nicht nur für die Kunst – ist die Rede und von den Hoffnungen, die man mit der anstehenden Jahrhundertwende verbindet.

> Und jetzt an des Jahrhunderts ernstem Ende,
> Wo selbst die Wirklichkeit zur Dichtung wird,
> Wo wir den Kampf gewaltiger Naturen
> Und ein bedeutend Ziel vor Augen sehn,
> Und um der Menschheit große Gegenstände,
> Um Herrschaft und um Freiheit wird gerungen,
> Jetzt darf die Kunst auf ihrer Schattenbühne
> Auch höhern Flug versuchen, ja sie muss,
> Soll nicht des Lebens Bühne sie beschämen.
> (Schiller 1796–98, V 61–69, S. 272)

Im Drama selbst wird der geschichtliche Wandel bzw. die Chance oder Unmöglichkeit, ihn aktiv zu gestalten, „zum schlechterdings zentralen Motiv" (Müller-

Seidel 1974, S. 55). Wallenstein und Max Piccolomini sehen die Chance, den Krieg zu beenden und eine europäische Friedensordnung zu stiften (Schiller 1796–98, V 2265ff., S. 392ff.). Doch Wallenstein ahnt schon im großen Monolog des I. Aktes, dass dem Wandel die Kräfte der Beharrung entgegenstehen:

> [...] Das ganz
> Gemeine ist's, das ewig Gestrige,
> Was immer war und immer wiederkehrt
> Und morgen gilt, weil's heute hat gegolten!
> Denn aus Gemeinem ist der Mensch gemacht,
> Und die Gewohnheit nennt er seine Amme.
> Weh dem, der an dem würdig alten Hausrat
> Ihm rührt, das teure Erbstück seiner Ahnen!
> (Schiller 1796–98, V 207ff., S. 416)

Wallensteins Vision eines epochalen Wandels erweist sich als Fehleinschätzung, zumal ihn selbst auch 'ewig gestrige' Eigenschaften leiten (man denke u.a. an seinen Aberglauben).

Für Epochenbewusstsein dieser Art, das wesentlich durch Erwartungen oder Leiden an Defiziten der eigenen Zeit bestimmt ist, schlägt Wilfried Barner den (nicht abwertend, sondern erkenntniskritisch gemeinten) Begriff 'Epochenillusion' (vgl. Barner 1987) vor. Das – nicht nur literarische – Nullpunkt-Denken von 1945 etwa gilt heute als zeitgenössische, aber historisch erklärbare Illusion. Auch der Begriff 'Postmoderne' wird vielfach als Illusion angesehen: Was er bezeichne, sei allenfalls eine Radikalisierung der Wesenszüge der Moderne, nicht aber ein sich von ihr verabschiedender Neuanfang (vgl. Vietta 2001).

3. Epoche als Zeit-Raum

In Verbindung mit dem Fortschrittsgedanken der Aufklärung und der Geschichtsphilosophie des 19. Jahrhunderts wurde versucht, ganzheitliche Sinnaussagen über Geschichtsverläufe zu formulieren und in dieser Absicht Geschichte zu strukturieren. Man hat dazu die Anschauungsform der Abfolge von Zeit-Räumen verwendet, die „die geschichtliche Zeit zu Figuren der gedeuteten Geschichte ordnen" (Stierle 1987, S. 453f.).

Wenn aber geschichtliche Zäsuren Interpretationen sind, d.h. „soziokulturelle Verständigungsmittel", die sich „nicht unabhängig von ihren historischen Entstehungsbedingungen" (Vosskamp 1978, S. 191) verstehen lassen, dann verdreifacht sich die Notwendigkeit, sich über Interpretationen zu verständigen, sobald wir von Epochen als Zeiträumen sprechen: wir sehen sie nämlich durch zwei solche Zäsuren markiert, zwischen denen zudem eine längere Zeitspanne angenommen wird, die sich durch relativ unveränderte, also quasi statisch verharrende, grundlegende Gemeinsamkeiten (über die man sich zusätzlich verständigen muss) auszeichnet.

Leopold von Ranke hatte in Ablehnung von Fortschrittstheorien, die die einzelnen Epochen als Stufen (bzw. Rückschritte) bezogen auf einen Gesamtsinn bewerten, programmatisch erklärt:

> Ich aber behaupte: Jede Epoche ist unmittelbar zu Gott, und ihr Wert beruht gar nicht auf dem, was aus ihr hervorgeht, sondern in ihrer Existenz selbst [...]. Dadurch bekommt die Betrachtung der Historie, und zwar des individuellen Lebens in der Historie, einen ganz eigentümlichen Reiz, indem nun jede Epoche als etwas für sich Gültiges angesehen werden muss und der Betrachtung höchst würdig erscheint. (Ranke 1854)

Mit dem Verzicht auf die Konstruktion der großen Geschichtserzählung hat Ranke (darin Vorläufer Lyotards und seiner Kritik an den „Meta-Erzählungen“) den dynamischen Aspekt der Geschichte freilich zurücktreten lassen und sich weitgehend auf den statischen Aspekt, die Konstruktion von komplexen Epochenbildern beschränkt.

Innerhalb der Literaturgeschichtsschreibung hatte dieses Konzept besonders faszinierend Friedrich Sengle umgesetzt, als er die im Kanon der Epochen nicht gerade zentrale, 30 Jahre umfassende Epoche des Biedermeier in einem monumentalen Werk von über 3000 Seiten lebendig werden ließ (vgl. Sengle 1971–80). Mit diesem Kraftakt aber werden auch schon die Grenzen der Brauchbarkeit dieses Prinzips, Literatur der Vergangenheit für die Gegenwart zugänglich zu machen, sichtbar.

Und so ist das Epochenkonzept im 20. Jahrhundert vor allem aus der Sicht seines Nutzens für die Literaturvermittlung in Misskredit geraten. Drei Argumente sind dabei entscheidend: (1.) sie seien „nachträglich gestanzte Spielmarken kluger Konstrukteure“; (2.) sie erfassen die „Vielgestaltigkeit“ der jeweiligen Zeit nicht und lösen falsche Vorstellungen aus: „Aufklärung, Sturm und Drang, Klassik, Romantik: die Namen erwecken die Illusion, als gäbe es tatsächlich diese Epochen, zudem noch im genannten Gänsemarsch“ (Conrady 1983, S. 18ff.). Beklagt wird in diesem Zusammenhang auch die Unterschiedlichkeit der Kategorien (politische, Sozial-, Kultur-, Kunst-, Stil-Geschichte), der Zeiträume (für das Ende des Expressionismus 1918, 1919, 1920 oder 1925) und der Bezeichnungen (Neuromantik, Impressionismus, Jugendstil, Fin-de-siecle). (3.) Literaturdidaktisch besonders verhängnisvoll ist schließlich die parzellierende Wirkung trivialisierter Darstellung von Literaturgeschichte als einer Serie von Einzelepochen. Gefördert wird sie durch die Praxis der mehrbändigen Literaturgeschichten, verschiedene Verfasser mit den verschiedenen Epochenbänden zu betrauen, wie sie die 1980er Jahre noch einmal hervorgebracht haben. Lehrpläne und Schulbücher sehen das Auffädeln von Epochen bis heute unbefragt als Orientierungswissen an. Die *Einheitlichen Prüfungsanforderungen in der Abiturprüfung Deutsch* der KMK (2002, S. 6) verordnen:

> Im Hinblick auf die geforderte literaturgeschichtliche Grundbildung sind folgende Epochen wesentlich: Mittelalter, Barock, Aufklärung, Klassik, Romantik, Realismus, ausgehendes 19. Jahrhundert, 20. Jahrhundert sowie Gegenwart. Werke der Antike [...] und der Weltliteratur [...] sind ergänzend einzubeziehen.

Die Umsetzung erfolgt in den Bundesländern unterschiedlich: Bayern (Lehrplan für das bayerische Gymnasium 1990, S. 151) pflegt das „dichterische Erbe der Vergangenheit" in der Sekundarstufe II, orientiert an der Hochschulgermanistik, und strebt ein literaturgeschichtliches Gesamtbild an:

> Beschäftigung mit der Literatur der Neuzeit, von der Aufklärung bis zur Gegenwart, deutlich kulturgeschichtlich ausgerichtet und wissenschaftspropädeutisch geprägt. Die Untersuchung der literarischen Werke soll den Schülern die vielfältigen philosophischen, ästhetischen, gesellschaftlichen und anderen Wirkungszusammenhänge erkennbar machen, in denen Literatur steht.

Viele andere Bundesländer (Zum Stellenwert von Literaturgeschichte in aktuellen Lehrplänen siehe auch Abraham/Rauch 2011, S. 59ff.) gehen den nicht weniger problematischen Weg, nur noch eine Epoche exemplarisch zu behandeln und damit den dynamischen Charakter von Literaturgeschichte völlig auszuschließen, wenngleich mit dem Hinweis: „Allerdings bleibt die Verpflichtung, literarisches Orientierungswissen zu vermitteln" – womit dann vor allem Überblickswissen über „Epochen und Strömungen, exemplarische Werke" (Bildungsplan Gymnasium BW 2004, S. 89) gemeint ist.

Literaturgeschichte wird damit als abstrakter Lerngegenstand, als Schubladensystem behandelt, in dem dann im günstigsten Fall exemplarische, das heißt, passende Einzelwerke verstaut werden (vgl. Abraham/Rauch 2011, S. 66). In der Unterrichtspraxis und der Praxis von Aufgabenstellungen und Prüfungen werden diese ausgesuchten Werke dazu zweckentfremdet, die erlernten Epochenbegriffe zu bestätigen. Entdeckt wird im Text das, was man in Trockenübungen als Epochenmerkmale erlernt hat. Im Jargon wird das dann „Epochenzuordnung", „Einordnung", „Epochenbezug" genannt (Fingerhut 2002, S. 152ff.; Nutz 2002, S. 336). Autoren, die nicht in das didaktisch griffig gemachte Epochenschema passen, fallen damit ebenso durch das Epochen-Raster wie abweichende Werke von ansonsten „passenden" Autoren.

Nicht verwundern darf angesichts eines solchen Befundes die zunehmende Praxis, das Epochenparadigma ganz aus dem Deutschunterricht zu streichen und die Lektüre auch von historischen literarischen Texten völlig der subjektiv aktualisierenden Rezeption der Schüler zu überlassen.

4. Strukturalistische Epochenbildung

Seit den 1980er Jahren bemüht sich die Literaturwissenschaft, insbesondere Michael Titzmann (vgl. Titzmann 1983; 1997; 2002), um ein empirisch überprüfbares und konzeptionell transparentes Epochenkonzept: Literaturgeschichte befasse sich mit Literatur, soweit sie zeitlichen Gesichtspunkten unterworfen ist. Innerhalb des Zeitablaufs sollten zunächst unterschiedliche „Teilgeschichten" unterschieden werden: die Teilgeschichten der politischen, sozialen, kulturellen Systeme, innerhalb letzterer die Teilgeschichten der sich ändernden Literatursysteme (Publikationsmöglichkeiten, Formen der Anschlusskommunikation, Erwartungshorizonte von Rezipienten) und die Teilgeschichte literarischer Texte (und innerhalb dieser die Teilgeschichten der literarischen Gattungen). All diese Teilgeschichten können sich gegenseitig beeinflussen, werden aber häufig nicht synchrone, sondern unterschiedliche Epochenzäsuren erkennen lassen (Beginn des Expressionismus 1910, Beginn des I. Weltkriegs 1914, Revolutionen 1917 und 1919).

Bei dieser Komplexität der Gesamtstruktur des historischen Verlaufes empfiehlt Titzmann, zunächst nicht auf kulturelle Epochen oder gar den Zeitgeist abzuzielen, nicht einmal auf eine Literaturgeschichte als ganze, sondern sich auf gattungsliterarische Teilgeschichten zu beschränken (vgl. Titzmann 1983, S. 113).

Dabei, so Titzmann, dürfe man nicht von außerliterarischen Beobachtungen ausgehen, sondern nach der Klärung des eigenen Literaturbegriffs nur von Beobachtungen am empirisch gewonnenen Textkorpus (im Idealfall die Gesamtmenge der Texte, zumindest eine statistisch repräsentative Menge, im Notfall eine mit statistischen Methoden gewonnene Zufallsmenge der Texte, und zwar nicht nur sog. Höhenkamm-Literatur). Gesucht wird nach einer evidenten „statistischen Umverteilung" von Klassen und Strukturen von Texten im Zeitverlauf in quantitativer oder qualitativer Hinsicht. Die Auswahlkriterien dürfen nur aus dem Bereich der Textanalyse stammen. Ein „Kriteriensatz" und die sich aus ihm ergebende „Epochenhypothese" sind dann überlegen, wenn sie auf möglichst vielen Textmerkmalen gründen, die möglichst relevant für die „Bedeutungsorganisation der Texte" sind und möglichst stark untereinander korrelieren.

> Zu behaupten, ein Zeitraum von unterschiedlicher Extension sei eine Epoche, bedeutet die Annahme, dass – im literarhistorischen Falle – zwischen den Texten dieses Zeitraums untereinander mehr Gemeinsamkeiten bestünden als zwischen diesen Texten und denen der vorangegangenen oder folgenden Phase, und da die Unterschiede zwischen den Texten dieses Zeitraums kleiner sind als die Unterschiede zwischen den Texten dieses Zeitraums und denen der vorangegangenen oder folgenden Phase. (Titzmann 2002, S. 299 ff.)

Auch wenn Titzmann eine nach dieser Methode verfasste Literaturgeschichte als bisher utopisch ansieht: Das Konzept selbst dient literaturwissenschaftlicher Theoriebildung, vermag aber auch für literaturdidaktische Überlegungen Anregungen zu geben. Titzmanns Ansatz, Geschichte und Literaturgeschichte als Systeme von zu konstruierenden Teilgeschichten anzusehen, die jeweils im Vergleichen von Textmengen zu erstellen sind, unterstützt ein Konzept literaturgeschichtlichen Deutschunterrichts, das Schüler davon entlasten will, vorgegebene Epochenreihen mit vorgegebenen Beispieltexten passiv aufzunehmen. Statt dessen können sie einzeln oder in Lern- bzw. Projektgruppen nach selbst gewählten Fragestellungen, die von ihren Interessen, ihren Leseerfahrungen oder auch von einzelnen Texten ausgehen, selbsttätig und entdeckend ihre eigene Teilliteraturgeschichte konzipieren als eine Reihe von Texten, die den gewählten Aspekt (Titzmanns „Kriteriensatz" entsprechend) in zeitlicher Folge entfaltet bzw. verändert.

Den Schülern wird dabei bewusst, dass es sich „bei Epochenkonstruktionen um massive Interpretationsleistungen" (Achermann 2002, S. 239) handelt, d. h. um höchst aktive Rezeptionstätigkeiten, die textnahes Lesen und die Kontextualisierung von Texten durch Textvergleiche sowie die selbstständige Wahl eines für sie interessanten Vergleichsaspekts erfordern – alles zentrale Anliegen moderner Literaturdidaktik (zu den hohen sprachdidaktischen Anforderungen vgl. Abraham/Rauch 2011, S. 65).

Natürlich steht den Schülern dann offen, innerliterarische Reihen im Sinne Titzmanns zu verlassen, literarische Werke nicht als Literatur, sondern als historische Dokumente für fremde Denkweisen oder auch für Erfahrungen zu lesen, die trotz historischer Ferne den eigenen verwandt scheinen. „Vielleicht sind literarische Werke und die Geschichte der Literatur [sogar] eher geeignet, subjektiv bedeutsame Vorstellungen über Vergangenes aufzubauen, als die Darstellungen der Sozial- oder politischen Faktengeschichte", weil sie „die Erfahrungen vergangener Generationen aus der Perspektive Betroffener" thematisieren (Fingerhut 2002, S. 149).

Maximilian Nutz nennt diese Art der subjektiv bzw. interessegeleitet konzipierten Teilliteraturgeschichten im Bewusstsein der Selektivität des Verfahrens „Schneisen". Er spricht von der Möglichkeit, alternative oder parallele Reihen zu erproben und führt in diesem Zusammenhang den Begriff „Erkundungsrouten" (Nutz 2002, S. 338ff.) ein. Das dazu nötige Textmaterial lässt sich mit den Suchfunktionen des world-wide-web relativ leicht gewinnen. Mit *Sichtweisen* hat Dieter Mayer ein geeignetes zweibändiges Lehrwerk herausgegeben, das als literarhistorisches Lese- bzw. Arbeitsbuch nicht nur eine Miniaturbibliothek bereitstellt, sondern auch das Erstellen solcher Schneisen vorführt bzw. ermöglicht (vgl. Mayer 2002; kritisch dazu Kämper-van den Boogaart 2008, S. 43).

Einsichten in das Wesen von Epochenbegriffen – Ergebnis einer interessegeleiteten Interpretationsleistung und daher relativ zu sein – kann der Literaturunterricht auch durch das Vergleichen von Epochenbegriffen, ihrer Definition, der Zuordnung von Autoren und Werken und der Epochengrenzen in verschiedenen Literaturgeschichten erreichen. Als Beispiele in Arbeitsbüchern für die Sekundarstufe II können die Kapitel *Epochengliederung der deutschen Literatur* in *Verstehen und Gestalten B11* (vgl. Mayer/Schoebe 1992) und *Probleme der Literaturgeschichtsschreibung* in *Facetten* (vgl. Bialowski u. a. 2002) gelten.

5. Epochen-Schwellen als Zeiträume (Übergangsepochen)

Titzmanns Konzept, Epochen durch unvoreingenommene Textvergleiche zu bilden, eröffnet auch die Möglichkeit, ihnen ihre dynamische Qualität wiederzugeben, da Wandel dann innerhalb der Epochen beobachtet wird:
„'Wandel' ist ein Phänomen allmählicher Abnahme des einen und allmählicher Zunahme des anderen." Eine Zäsur sei dann jener Zeitpunkt, mit dem „die quantitative Dominanz des Alten endet und die des Neuen beginnt." (Titzmann 2002, S. 299)

Die Ersetzung des naiven Konzepts einer als Epochenabfolge strukturierten Gesamt-(Literatur-)Geschichte durch eine Vielzahl nicht parallel strukturierter Teilgeschichten, mit der die Selbstbeschränkung auf die Geschichte der literarischen Texte und die Verlagerung der Blickrichtung von den Grenzen zum Kern der Epochen einhergeht, findet in Hans Blumenbergs Konzept der Epochenschwellen (vgl. Blumenberg 1966) eine Parallele und zugleich einen Gegenpol.

Während Titzmann den Epochenumbruch mit empirischen, statistischen Methoden quantitativ möglichst genau festlegen will, dehnt sich, so die Metapher der Epochen-Schwelle, der Wandel bei Blumenberg aus zu einem Übergangs-Zeitraum, der aber nicht zu vergleichen ist mit dem Zeitraum, den Ranke *Epoche* nannte. Am Beispiel des Übergangs vom Mittelalter zur Neuzeit legt Blumenberg dar, wie sich die beiden „Epochen" zeitweise überlappt haben, „für ein gutes Stück der Geschichte ineinander oder nebeneinander, jedenfalls in unentschiedener Phänotypik" (Blumenberg 1966, S. 21). Und anders als Titzmann sucht Blumenberg geradezu die Verbindung der verschiedenen Diskurse dieser Zeit, um das Widersprüchliche, die Gleichzeitigkeit des Ungleichzeitigen, die Brüche und Kontinuitäten herauszuarbeiten.

Blumenbergs Interesse für das Intransparente des Epochenwandels, das sich sowohl dem Konzept der Epoche als Wesenseinheit als auch dem Konzept der Epoche als eines Ordnungsbegriffs widersetzt, findet sich auch bei Michel Foucault (1969). Foucault fragt nicht mehr nach in der Geschichte bestehenden Kontinuitäten, sondern vice versa nach Wechsel, Transformationen, Brüchen, Widersprüchen.

Das Interesse an solchen weiträumigen Prozessen des Wandels hat die moderne Kulturgeschichte wie auch die Literaturgeschichte in den letzten Jahrzehnten dazu geführt, kaum mehr von Einzelepochen, statt dessen von sog. *Makroepochen* zu sprechen, die als Übergänge, Schwellen, Zeiträume des Wandels begriffen werden. Die *Frühe Neuzeit*, deren Spuren sich schon tief im Mittelalter entdecken lassen und deren mittelalterliche Züge ins 18. Jahrhundert reichen, löst als spannende, brodelnde, großräumige Schwellenepoche die Etiketten *Renaissance, Humanismus, Barock, Manierismus, Aufklärung* ab.

Als zweite große Schwellenepoche gilt die (von Reinhart Koselleck *Sattelzeit* genannte) Übergangszeit zwischen Früher Neuzeit und Moderne (vgl. Koselleck 1979, S. 300ff.). Gemeint ist die Zeit vor und nach der französischen Revolution, von ungefähr der Mitte des 18. bis ungefähr zur Mitte des 19. Jahrhunderts. Vielfach wird in der Literaturwissenschaft bewusst vage von „Literatur um 1800" gesprochen, um damit zum einen dem Epochenbegriffs-Wirrwarr der Goethezeit zu entkommen und zum anderen Autoren wie Hölderlin, Kleist und Jean Paul einen plausiblen Platz zu geben. Und schließlich hat sich seit ca. 20 Jahren ein Begriff der *Moderne* als Makroepoche etabliert, der „ungefähr den Zeitraum von 1750 bis heute umfasst (vgl. Kemper 2003, S. 161; vgl. Vietta 2001).

Literaturdidaktische Konsequenz der Konzepte *Epochenschwelle* und *Makroepoche* ist einmal mehr die Befreiung der Schüler von Schubladen- und Etikettendenken. Karl-Heinz Fingerhut sieht in der Auflösung einfacher, eindeutiger, aber widerlegter Epochenbegriffe eine Chance, ein Qualitätsmerkmal literarischer Texte auf die Metaebene des Sprechens über Literatur zu transferieren und zu lernen, „mit der Polyvalenz von Literatur und den Widersprüchen von Deutungsangeboten im kulturellen Leben umzugehen" (Fingerhut 2002, S. 152).

Fazit: Literaturgeschichte hat auch im modernen Literaturunterricht ihre Berechtigung. Sie erfüllt die doppelte Aufgabe, Schüler zu geschichtlichem Denken zu führen und sie zu befähigen, Texte in Kontexten erfassen zu können. Dabei kann es nicht um oberflächliche, weil textferne Gesamtüberblicke oder das textferne Erlernen vorgegebener Epochenbegriffe gehen. Das Konzept *Epoche* ist weiterhin sinnvoll für jede geschichtliche Betrachtung, wenn es als Konstruktion und Interpretation verstanden wird. An Kompetenzen orientierter Umgang mit Epochen schult die Fähigkeit der Schüler, sich selbstständig mit Texten unterschiedlicher Zeiten zu befassen, sie und ihre Kontexte zu vergleichen, Wandel, Kontinuität und Rückgriff in Themen, Formen und Funktionen von Literatur wahrzunehmen, dabei eigene Fragen zu stellen und zu beantworten und sich somit einen Horizont für die vielfältigen Möglichkeiten kultureller Artikulationen zu erarbeiten.

Literatur

Abraham, Ulf/Kepser, Matthis (2005): Literaturdidaktik Deutsch. Eine Einführung. Berlin: Schmidt.

Abraham, Ulf/Rauch, Marja (2011): Eine eigene Kompetenz für Literaturgeschichte als Vermittlungsauftrag des Deutschunterrichts? In: Didaktik Deutsch 30, S. 57–73.

Achermann, Eric (2002): Existieren Epochen? In: Mitteilungen des Deutschen Germanistenverbandes 49, H. 3, S. 222–239.

Barner, Wilfried (1987): Zum Problem der Epochenillusion. In: Herzog, Reinhart/Koselleck, Reinhart (Hrsg.). Epochenschwelle und Epochenbewußtsein (= Poetik und Hermeneutik 12), S. 517–529.

Bialowski, Brigitte/Meyer-Bothling, Jörg/Thürmann, Eike (2002): Facetten. Lese- und Arbeitsbuch Deutsch für die Oberstufe; Epochen & Epochenumbrüche der deutschen Literatur. Leipzig: Klett.

Bildungsplan Gymnasium (2004): Ministerium für Kultus, Jugend und Sport Baden-Württemberg.

Blumenberg, Hans 1966 (1976): Die Epochen des Epochenbegriffs. In: Blumenberg, Hans: Aspekte der Epochenschwelle. Cusaner und Nolaner. Erweiterte und überarbeitete Neuausgabe von „Die Legitimität der Neuzeit". Vierter Teil. Frankfurt am Main: Suhrkamp, S. 7–33.

Böll, Heinrich (1961): Bekenntnis zur Trümmerliteratur. In: Böll, Heinrich: Erzählungen, Hörspiele, Aufsätze. Köln: Kiepenheuer & Witsch, S. 339–343.

Conrady, Karl-Otto (1983): Illusionen der Literaturgeschichte. In: Cramer, Thomas (Hrsg.): Literatur und Sprache im historischen Prozess. Bd. 1: Literatur. Tübingen: Niemeyer, S. 11–31.

Einheitliche Prüfungsanforderungen in der Abiturprüfung Deutsch (Beschluss der Kultusministerkonferenz vom 01.12.1989 i. d. F. vom 24.05.2002). In: http://www.kmk.org/fileadmin/veroeffentlichungen_beschluesse/1989/1989_12_01-EPA-Deutsch.pdf (Letzter Zugriff am 01.09.2009).

Fingerhut, Karl-Heinz (2002): Didaktik der Literaturgeschichte. In: Bogdal, Klaus-Michael/Korte, Hermann (Hrsg.): Grundzüge der Literaturdidaktik. München: dtv, S. 147–165.

Foucault, Michel 1969 (1973): Archeologie des Wissens. Frankfurt am Main: Suhrkamp.

Grub, Frank Thomas (2003): »Wende« und »Einheit« im Spiegel der deutschsprachigen Literatur. Ein Handbuch. Band 1: Untersuchungen. Band 2: Bibliographie. Berlin: Walter de Gruyter.

Goethe, Johann Wolfgang 1813/1809–1831 (1988): Dichtung und Wahrheit. In: Goethe, Johann Wolfgang.: Werke. 14 Bände. Hamburger Ausgabe. Hrsg. von Erich Trunz. München: dtv, Bd. IX, S. 7–598.

Goethe, Johann Wolfgang 1792 (1988): Campagne in Frankreich. In: Goethe, Johann Wolfgang.: Werke. 14 Bände. Hamburger Ausgabe. Hrsg. von Erich Trunz. München: dtv, Bd. X, S. 188–363.

Heine, Heinrich 1831 (2005): Gemäldeausstellung in Paris 1831. In: Heine, Heinrich: Sämtliche Schriften. 6 Bände. Hrsg. von Klaus Briegleb und Karl Pörnbacher. München: dtv, Band 3, S. 29–73.

Herzog, Reinhart/Koselleck, Reinhart (Hrsg.) (1987): Epochenschwelle und Epochenbewußtsein (= Poetik und Hermeneutik 12). München: Fink.

Kämper-van den Boogaart (Hrsg.) (2008): Deutsch-Didaktik. Leitfaden für die Sekundarstufe I und II. (Neubearbeitung)

Kemper, Dirk (2003): Moderneforschung als literaturwissenschaftliche Methode. In: Germanistisches Jahrbuch GUS „Das Wort", S. 161–202.

Koselleck, Reinhart (1979): Vergangene Zukunft der frühen Neuzeit. In: Koselleck, Reinhart: Vergangene Zukunft. Frankfurt am Main: Suhrkamp, S. 17–37.

Lehrplan für das bayerische Gymnasium (1990). In: Amtsblatt des Bayerischen Staatsministeriums für Unterricht, Kultus, Wissenschaft und Kunst, So.-Nr. 3, S. 151.

Mayer, Dieter (Hrsg.) (2002): Sichtweisen – Epochen. München: Oldenbourg.

Mayer, Dieter/Schoebe, Gerhard (Hrsg.) (1992): Verstehen und Gestalten. Arbeitsbuch für Gymnasien. Bd. 11. München: Oldenbourg.

Müller-Seidel, Walter (1974): Deutsche Klassik und Französische Revolution. Zur Entstehung einer Denkform. In: Deutsche Frühromantik und Französische Revolution. In: Deutsche Literatur und Französische Revolution. Sieben Studien von Richard Brinkmann, Claude

David, Gonthier-Louis Fink, Gerhard Kaiser, Walter Müller-Seidel, Lawrence Ryan, Kurt Wölfel. Göttingen: Vandenhoeck, S. 39–62.

Nutz, Maximilian (2002): Epochenbilder in Schülerköpfen? Zur Didaktik und Methodik der Literaturgeschichte zwischen kulturellem Gedächtnis und postmoderner Konstruktion. In: Mitteilungen des Deutschen Germanistenverbandes 49, H. 3, S. 330–346.

Pinthus, Kurt (Hrsg.) 1920 (2006): Menschheitsdämmerung. Symphonie jüngster Dichtung. Rowohlt, Berlin.

Ranke, Leopold von 1854 (1971): Über die Epochen der neueren Geschichte. Historisch-kritische Ausgabe. Schieder, Theodor/Berding, Helmut (Hrsg.) (= Ranke, Aus Werk und Nachlass Bd. 2. München/Wien: Oldenbourg.

Sabrow, Martin (2011): „Tschernobyl" als historische Zäsur, in: Zeitgeschichte-online. URL: http://www.zeitgeschichte-online.de/site/40209126/default.aspx
(Zuletzt geprüft am 18.11.2012).

Schiller, Friedrich 1796–98 (1981): Wallenstein. In: Schiller, Friedrich.: Sämtliche Werke. 5 Bände. Fricke, Gerhard/Göpfert, Herbert G. (Hrsg.), Bd. II, S. 269–547.

Sengle, Friedrich 1971 (1980): Biedermeierzeit. Deutsche Literatur im Spannungsfeld zwischen Restauration und Revolution 1815–1848. 3 Bde. Stuttgart: Metzler.

Stierle, Karlheinz (1987): Renaissance. Die Entstehung eines Epochenbegriffs aus dem Geist des 19. Jahrhunderts. In: Herzog, Reinhart/Koselleck, Reinhart (Hrsg.): Epochenschwelle und epochenbewußtsein (= Poetik und Hermeneutik 12), S. 453–492.

Titzmann, Michael (1983): Probleme des Epochenbegriffs in der Literaturgeschichtsschreibung. In: Richter, Karl/Schönert, Jörg (Hrsg.): Klassik und Moderne. Die Weimarer Klassik als historisches Ereignis und Herausforderung im kulturgeschichtlichen Prozeß. Stuttgart: Metzler, S. 98–131.

Titzmann, Michael (1997): „Epoche". In: Braungart, Georg/Fricke, Harald/Grubmüller, Klaus/ Müller, Jan-Dirk/Vollhardt, Friedrich/Weimar, Klaus (Hrsg.): Reallexikon der deutschen Literaturwissenschaft. Bd. 1. Berlin/New York: de Gruyter, S. 476–480.

Titzmann, Michael (2002): Epoche und Literatursystem. Ein terminologisch-methodologischer Vorschlag. In: Mitteilungen des deutschen Germanistenverbandes 49, H. 3, S. 294–307.

Vietta, Silvio (2001): Ästhetik der Moderne. Literatur und Bild. München: Fink.

Vosskamp, Wilhelm (1978): Gattungen und Epochen in der Literaturgeschichte. In: Brackert, Helmut/Lämmert, Eberhard (Hrsg.): Funk-Kolleg Literatur 2. Frankfurt am Main: Fischer, S. 170–218.

Weyrauch, Wolfgang (1949): Tausend Gramm. Stuttgart/Hamburg: Rowohlt.

Zabka, Thomas (2003): Interpretationskompetenz als Ziel der ästhetischen Bildung. In: Didaktik Deutsch 15, S. 18–32.

JOACHIM PFEIFFER

1.4 Literarische Gattungen im Literaturunterricht

1. Die Problematik von Gattungsbegriffen

Die Frage nach den literarischen Gattungen ist eines der wichtigsten, aber auch umstrittensten Probleme der Literaturwissenschaft. So unentbehrlich Gattungsbegriffe in literaturtheoretischer wie in literaturdidaktischer Hinsicht sind, so schwierig ist ihre Begründung im Rahmen eines wissenschaftlichen Begriffssystems. Vor allem die Frage, ob es überzeitliche Konstanten, ahistorische Tiefenstrukturen (das Epische, Dramatische, Lyrische) gibt, die sich in historischen Untergattungen (Roman, Tragödie, Sonett) und Typen (pikaresker Roman, bürgerliches Trauerspiel, Liebesgedicht) unterschiedlich realisieren, hat die Literaturwissenschaft und die philosophische Ästhetik immer wieder beschäftigt. Die Schwierigkeit der Gattungsbestimmung rührt auch daher, dass es zahlreiche Texte gibt, die sich nicht eindeutig einer der drei Hauptgattungen Epik, Lyrik und Dramatik zuordnen lassen (z.B. Prosagedicht, lyrisches Drama, Ballade, Fabel, Aphorismus, Glosse, Tagebuch, Reisebericht, Comic), ganz zu schweigen von Texten, die sich zwischen philosophischem und literarischem Diskurs bewegen (z.B. Nietzsches *Zarathustra*). Der französische Philosoph Charles Batteux hatte deshalb vorgeschlagen, die Trias Epik, Dramatik und Lyrik um die „didactische Poesie" zu erweitern (Batteux 1756ff., Bd. 1, S. 240f.), also ästhetische Kriterien durch einen pragmatischen Gesichtspunkt zu ergänzen. Fast alle deutschen Gattungstheoretiker, die sich im 18. Jahrhundert für die Einteilung literarischer Texte in drei oder vier Hauptgattungen entschieden haben, beriefen sich auf Batteux (vgl. Zymner 2003, S. 22).

Batteux verdanken wir auch die Einordnung der Lyrik in die Gattungssystematik – die Trias findet sich in der deutschen Poetik erst seit dem 18. Jahrhundert. Der Philosoph Baumgarten führte sie, in Anlehnung an Batteux, mit seiner Schrift *Aesthetica* (1750–58) in die deutsche Poetik ein. Bis dahin war die Eingliederung der lyrischen Gattungsformen am Nachahmungsprinzip ('Mimesis') gescheitert, auf das seit Aristoteles alle Dichtkunst zurückzuführen war. Wie konnte man lyrische Texte der Nachahmung subsumieren? Sie sind Nachahmungen von Empfindungen, so argumentiert Batteux – wie später Schiller davon ausgehen wird, dass Gedichte „Gemütsbewegungen" nachahmen (Zymner 2003, S. 21). Batteux hatte damit ein entscheidendes gattungstheoretisches Problem gelöst – seine Lösung wirkt bis in heutige Bildungsinstitutionen nach.

Trotzdem verstummten die Kritiker nicht, die Bedenken gegen die Gattungssystematik anmeldeten. Kaum jemand hat den Sinn ästhetischer Gattungsbegriffe so radikal in Frage gestellt wie der italienische Philosoph Benedetto Croce:

> der eigentliche Triumph des intellektualistischen Irrtums besteht in der Lehre von den künstlerischen und literarischen Gattungen, die sich noch heute in Artikeln breit macht und die Kunstkritik und die Kunstkritiker verwirrt. (Croce 1930, S. 38)

Für Croce sind Kunstwerke individuelle Gebilde, die jede Begrifflichkeit, jedes Kategoriensystem transzendieren: „Jedes wahre Kunstwerk hat eine festgelegte Gattung verletzt“ (ebd., S. 40). Gattungen seien nur Etikettierungen, denen kein Erkenntniswert entspricht. Dieser radikale Nominalismus, der die Individualität und ‘Einzigartigkeit’ jedes Kunstwerks betont, wird freilich der Praxis vieler Autorinnen und Autoren nicht gerecht, die sich beim Schreiben an Mustern früherer Texte orientieren und ihre Werke selbst mit Gattungsbegriffen versehen („Roman“, „Novelle“). Auch dem wissenschaftlichen Bestreben, Begriffe als Ergebnis abstrahierenden Denkens zur Grundlage wissenschaftlicher Erkenntnis und Verständigung zu machen, entspricht dieser Ansatz nicht – und ebenso wenig dem Literaturunterricht, der seit jeher Gattungsbegriffe verwendete, sie als Ordnungskriterien, Verstehenshilfe oder Leseanleitung einsetzte und in seiner literaturästhetischen Ausprägung der 1960er Jahre sogar zum Leitkriterium machte (die erste Ausgabe des Lesebuchs *Schwarz auf weiß*, das von 1967 an in Baden-Württemberg und Bayern verwendet wurde, war z.B. ganz nach Gattungsbegriffen gegliedert). Auch in den neuen Lehrplänen ist der Literaturunterricht auf Gattungsbegriffe angewiesen, will er nicht zur Präskription von Einzeltexten – im Sinn eines Kanons – zurückkehren. Gattungsdefinitionen haben eine große unterrichtspraktische Bedeutung. Ob ihnen ein ontologischer Status, ein anthropologisch-psychologisches Korrelat oder ein ‘Sitz im Leben’ entspricht, ist eine viel diskutierte Frage.

2. Historische Aspekte der Gattungsdiskussion

Mit der aristotelischen *Poetik* und der horazschen *Ars poetica* liegen zwei der ersten gattungspoetischen Schriften vor, die die normative Tradition der Gattungstheorie einleiten. Bis ins 18. Jahrhundert hinein bleiben die ‘Regelpoetiken’ bestimmend. Das berühmteste deutsche Beispiel ist das *Buch von der Deutschen Poeterey* (1624) des Martin Opitz, das unter dichtungspraktischen Gesichtspunkten Regeln und Anleitungen zur Verfügung stellt, wie z.B. zum Epigramm, zur Satire, zur Ecloge, zur Tragödie – besonders bedeutsam sind dabei die Gattungen, die Opitz neu in die deutsche Literatur einführt (z.B. das Sonett). Mit der Mischung aus Systematisierung, Regelgebung und Illustration der Regeln durch Beispiele (vgl. Zymner 2003, S. 17) ist Opitz’ Dichtungstheorie zugleich ein didaktisch orientierter Leitfaden für Autoren, der die Bedeutung der Gattungsbegriffe für die Literaturproduktion deutlich macht. Cum grano salis lässt sich Opitz' Werk als ein erstes Beispiel für produktionsorientierten Literaturunterricht (vgl. Spinner, Bd. 2, Kap. 3.4) ansehen. So ist es nicht erstaunlich, dass das *Buch von der deutschen Poeterey* zur Leitpoetik der gesamten deutschsprachigen Literatur im 17. Jahrhundert geworden ist.

Im 18. Jahrhundert formiert sich Widerstand gegen die Tradition der normativen Gattungspoetiken – vor allem Autoren des Sturm und Drang kämpfen gegen deren Regelwerk an, das bis dahin die Dichtungen bestimmte. Sie stellen ihm die Schöpferkraft des Genies entgegen, die nicht durch Regeln zu bändigen ist. Auch die Historisierung der Gattungsbegriffe (besonders durch Herder) widersetzt sich einer ahistorischen normativen Poetik. So schreibt Herder in einem Brief an Nicolai:

> Wie keine 2 Historien in der Welt sich gleich erzält werden müssen, so keine 2 Oden gleich gesungen. [...] Es gibt also kein allgemeines Muster der Ode [...], noch weniger ein Gesetz, aus welchen Materialien gebauet werden soll. (2. Juli 1722, S. 187)

Herder berührt hier die Grundfrage, die die Gattungstheoretiker immer wieder beschäftigt: Wie verhalten sich die Hauptgattungen Epik, Lyrik und Dramatik zu den historischen Gattungsformen (Roman, Novelle, Elegie, Sonett), und in welcher Beziehung stehen diese zu den konkreten Texten? Gibt es überhaupt prinzipielle Gemeinsamkeiten oder Merkmalsbündel, die Gattungsbegriffe legitimieren? Herder konzediert, dass es elementare Ausdrucksweisen der menschlichen Seele gebe, die man als „lyrisch", „episch" und „dramatisch" bezeichnen könne, die überzeitlich und nicht an bestimmte Gattungsformen gebunden seien. Mit dieser begrifflichen Unterscheidung zwischen anthropologischen Grundbegriffen und „historischen" Gattungen sucht Herder das Universalienproblem zu lösen, das er mit der Infragestellung der Regelpoetiken selbst heraufbeschworen hatte (vgl. Müller-Dyes 1996, S. 329).

Goethe bot eine Lösung an, die von nachhaltigem Einfluss auf die Gattungstheorie wurde: Er unterschied apriorische „Naturformen" der Dichtung, die sich in den literarischen Texten in unterschiedlicher Weise konkretisieren und vermischen:

> Es gibt nur drei echte Naturformen der Poesie: die klar erzählende, die enthusiastisch aufgeregte und die persönlich handelnde: Epos, Lyrik und Dramatik. Diese drei Dichtweisen können zusammen oder abgesondert wirken. [...] Im französischen Trauerspiel ist die Exposition episch, die Mitte dramatisch; und den fünften Akt, der leidenschaftlich und enthusiastisch ausfällt, kann man lyrisch nennen. (Goethe 1819, S. 186f.)

Die „Naturformen" sind für Goethe also überzeitliche Konstituenten, die in den „Dichtarten" historisch unterschiedlich entfaltet und kombiniert werden. Damit überwindet er einen starren Schematismus, der die Einzelwerke in feste Schubladen einordnen würde. Im Hintergrund steht dabei seine Lehre von der Morphologie, nach der sich aus Grundformen („Urtypus") vielfältige Gestalten entwickeln können.

In Anlehnung an Goethe, an die anthropologischen Grundbegriffe Herders und an Heideggers Existenzphilosophie entwickelte Emil Staiger seine „Fundamentalpoetik“ (Staiger 1946), in der er die Stilqualitäten des „Lyrischen“, „Epischen“ und „Dramatischen“ auf anthropologische Gegebenheiten zurückführt. Im Grunde dient seine Poetik nicht mehr klassifikatorischen Zwecken, sondern der anthropologischen Frage nach dem „Wesen“ des Menschen und der Frage, wie dieses Wesen im Bereich des Dichterischen zum Ausdruck komme. Staiger versteht seine Poetik als Beitrag zur allgemeinen Anthropologie – die Begriffe lyrisch, episch und dramatisch sind für ihn grundlegende Möglichkeiten des menschlichen Daseins, die einen Bezug zum Emotionalen, Bildlichen und Logischen aufweisen und sogar menschlichen Entwicklungsphasen zuzuordnen sind (vgl. Zymner 2003, S. 159f.).

Neuere poststrukturalistische Ansätze verwerfen essentialistische Konzepte und stellen die Gattungseinteilung grundsätzlich in Frage: Die Instabilität der Sprache, das unendliche Spiel der Differenzen, die dekonstruktive Anlage von Literatur überhaupt und ihr anti-systematischer Charakter lassen Gattungsdefinitionen in poststrukturalistischer Sicht als Begriffsfiktionen erscheinen, die der Literatur – zumal der modernen Literatur – nicht gerecht würden (vgl. Schnur-Wellpott 1983).

Es leuchtet ein, dass die unerschöpfliche Vielfalt literarischer Texte nicht nahtlos einem klassifizierenden Raster eingeordnet werden kann, dass die Hauptgattungen keinen ontologischen Status haben und dass Einzelwerke durch sie nicht in ihrer Singularität erfasst werden können. Trotz solcher Einschränkungen halten Literaturwissenschaft und Literaturdidaktik weiter an Gattungsbegriffen fest, schon aus Gründen der begrifflichen Klassifikation und Systematisierung, ohne die keine Wissenschaft auskommt. Es gibt inzwischen unterschiedliche Versuche, die Gattungstheorie neu zu legitimieren. So versucht Müller-Dyes, die Gattungen von den Sprachfunktionen des Bühlerschen Organon-Modells her neu zu definieren und die expressive, darstellende und appellative Funktion den drei Hauptgattungen zuzuordnen (vgl. Müller-Dyes 1999, S. 332ff.). Abraham/Kepser versuchen sich mit einer konstruktivistischen Mediendidaktik zu behelfen; sie definieren Gattungen als „Medienschemata“, die alle im Handlungsfeld ‘Literatur’ Tätigen (Autoren, Distributoren, Kulturjournalisten, Rezipienten) auf unterschiedliche Weise beeinflussen. Nach dieser konstruktivistischen Sicht entwickeln sich Gattungen aus Prototypen, die zu Orientierungsmustern werden, aber zugleich auch historischen Veränderungen unterliegen (vgl. Abraham/Kepser 2005, S. 34). Allerdings gehen die Autoren in ihren „gegenwärtigen Konzepten für den Literaturunterricht“ dann doch wieder von der traditionellen Gattungstrias aus, erweitert um den (Spiel-)Film und expositorische Texte (ebd., S. 130ff.).

Gattungen sind Ordnungsbegriffe, die eine wissenschaftliche Systematik erst ermöglichen. Darüber hinaus stellt sich jedoch – bei all ihrer historischen Relativität und Veränderbarkeit – die Frage, ob die drei Hauptgattungen nicht auch eine Korrelation zu anthropologischen Konstanten aufweisen, die zwar nicht ontologisch, aber doch funktional begründbar sind und denen eine lebenspraktische Bedeutung zukommt. So kämen Staigers Überlegungen wieder zu einem gewissen Recht. Im Rahmen anthropologischer Fragestellungen, die die kulturwissenschaftliche Wende der Literaturwissenschaft kennzeichnen (vgl. Bachmann-Medick 2004), erwecken die „Gattungsideen" neues Interesse – auch in der Literaturdidaktik mit ihren Bezugswissenschaften Pädagogik und Anthropologie. Den Gattungen entspricht in der kulturellen Tradition ein jeweils unterschiedlicher 'Sitz im Leben', der auf ihre Fundierung in einer vorwissenschaftlichen Lebenspraxis hinweist. Bereits in der Theorie von den „einfachen Formen" des Erzählens, von André Jolles 1930 formuliert, findet sich die These, dass in mündlichen Erzählformen wie Märchen, Witz oder Rätsel literarische Erzählweisen vorgebildet sind (vgl. Jolles 1930).

3. Der 'Sitz im Leben' der Gattungen

Dass der *epischen* Gattung ein 'Sitz im Leben' entspricht, leuchtet unmittelbar ein. Das Erzählen ist konstitutiv für den Alltag des Menschen. Trotz Walter Benjamins pessimistischer Einschätzung, dass in der Moderne das Informieren dem Erzählen den Rang abgelaufen habe (vgl. Benjamin 1936/37), sind Menschen in unterschiedlichsten Alltagssituationen auf das Erzählen angewiesen, ein Großteil menschlicher Kommunikation konstituiert sich über Erzählungen (in der ärztlichen Sprechstunde, am Stammtisch, nach der Rückkehr aus den Ferien, zwischen Verliebten). Das Erzählen, so hat Roland Barthes festgestellt, findet sich „an allen Orten und in allen Gesellschaften; die Erzählung beginnt mit der Geschichte der Menschheit; nirgends gibt und gab es jemals ein Volk ohne Erzählung" (Barthes 1988, S. 102). Erzählen ist in seiner protopoetischen Form eine „Allerweltstätigkeit" (Zymner 2003, S. 158), die jedoch in funktionaler Beziehung zur literarischen Erzählkonstruktion steht. Die neuere Erzählforschung hat die Strukturähnlichkeit von alltagssprachlichem und literarischem Erzählen hervorgehoben (z. B. die kunstvolle Steigerung bis zum Höhepunkt) (vgl. Quasthoff 1980; Ehlich 1980), und zugleich wurde die Erzählfähigkeit als wichtige Voraussetzung für das Verständnis epischer Formen erkannt (vgl. Haubrichs 1982, S. 2). Schon aus diesem Grund ist die Ausbildung von Erzählfähigkeit für den Literaturunterricht von Bedeutung, was eine Verbindung von Aufsatz- und Literaturunterricht nahe legt. Die Korrelation von alltagssprachlichem und literarischem Erzählen ist ein Argument für die Vernetzung von Sprach- und Literaturunterricht, von literarischer Rezeption und Produktion. Hier setzt der handlungs- und produktionsorientierte Literaturunterricht an (Spinner 2002, Waldmann 1998), der rezeptive und produktive Prozesse miteinander verschränkt (vgl. hierzu auch Spinner, Bd. 2, Kap. 3.4).

Lyrische Ausdrucksformen haben ihren Sitz im Leben in der natürlichen Neigung des Menschen zu Rhythmus, Musikalität, Reim und Wohlklang – schon das Lallen des Kindes ist eine lyrische Ausdrucksform, und seine ersten Worte (wie Mama oder Papa) sind ästhetisch überdeterminiert. Kinderlieder, Abzählverse, Geburtstagsreime, Nonsens-Gedichte – die literarische Primärsozialisation verläuft über lyrische Formen. Diesen Formen kommt ein besonderer Stellenwert in mündlichen Kulturen zu, während sie sich in der gegenwärtigen Medienkultur eher auf dem Rückzug befinden. Die Tatsache bleibt jedoch bestehen, dass Musikalität und Rhythmus einem Grundbedürfnis und einer Grundfähigkeit des Menschen entsprechen und dass lyrische Äußerungen – weit davon entfernt, nur eine Memorierungshilfe zu sein – zu den grundlegenden menschlichen Ausdrucksformen gehören. Mit der paradoxen Situation, dass dieses Ausdrucksbedürfnis, so grundlegend es sein mag, im Schwinden begriffen ist, dass für viele Kinder und Jugendliche die Schule der einzige Ort bleibt, an dem sie Gedichte kennen lernen (vgl. Korte 2002, S. 211), hat sich der Literaturunterricht auseinander zu setzen. Er sollte sich auch bewusst machen, dass die Lyrik in unterschiedlichen gesellschaftlichen Refugien überwintert (Rap, Slam Poetry, Popsong, Reklame, Graffiti).

Das *Drama* repräsentiert die grundlegende gesellschaftliche Kommunikationsform des Menschen: seine dialogische Existenz. Oft bilden in der Alltagskommunikation – wie im Theater – Sprechen und Handeln eine Einheit. Das dramatische Element ist im Menschen – und besonders auch in der Kindheit – tief verankert: im Spiel, in der Lust zur Inszenierung, der Verkleidung, im Mimikry. Es entspricht einem menschlichen Grundbedürfnis zur Nachahmung, zur Parodie, zur spielerischen Übernahme von Rollen. Der Sitz im Leben ist hier allemal die Theatralität, die Aufführung, nicht der schriftlich fixierte Dramentext.

4. Didaktische Aspekte

So schwierig die Gattungsdiskussion im Einzelnen sein mag, so unerlässlich ist doch der Gattungsaspekt im Unterricht. „Gattung" ist für Schülerinnen und Schüler ein erkenntnisleitendes intertextuelles Verfahren: Der Begriff beschreibt den Horizont, in dem die Schüler den Text auf gattungsgleiche Texte oder Gattungsmerkmale beziehen; Gattungsbegriffe machen ihnen die Breite literarischer Möglichkeiten bewusst. Deshalb ist es wichtig, dass Lehrerinnen und Lehrer selbst über Kenntnisse der Gattungspoetik verfügen.

Ohne Gattungsbegriffe ist ein Verständnis der literarischen Tradition nicht möglich. Natürlich geht es nicht darum, literarische Gattungstheorie zum Unterrichtsgegenstand zu machen. Ein angemessenes Verständnis eines einzelnen Werks ist jedoch kaum denkbar, ohne dass der historische Horizont mitbedacht würde, in dem es entstanden ist – jedenfalls, solange man sich von einem hermeneutischen Textverständnis leiten lässt:

> Wer es unterläßt, derart sich in den historischen Horizont zu versetzen, aus dem die Überlieferung spricht, wird die Bedeutung der Überlieferungsinhalte mißverstehen. (Gadamer 1960, S. 308)

Dies schließt neuere postmoderne (dekonstruktive) Ansätze der Literaturdidaktik nicht aus (vgl. Spinner 1993), auch wenn sich der Literaturunterricht von hermeneutischen Interpretationsansätzen nicht dispensieren kann. Die Bemühung um ein historisches Verständnis (älterer) literarischer Texte sollte ein wesentlicher Bestandteil des Literaturunterrichts bleiben, zumindest in der Sekundarstufe I und II. Man spricht oft davon, dass heutigen Schülerinnen und Schülern ein historisches Bewusstsein auf Grund der starken Gegenwartsorientierung fehle. Gerade der Literaturunterricht kann hier einen wichtigen Beitrag leisten, da literarische Texte ein kulturelles Gedächtnis par excellence darstellen – in einem umfassenderen Sinn, als dies Geschichtsdokumente leisten können. Zum historischen Horizont eines Textes gehört wesentlich auch seine Gattungseinbettung, die oft auf bewusste Entscheidungen des Autors/der Autorin zurückzuführen ist.

Nur unter gattungstheoretischen Gesichtspunkten wird z.B. die Eigenart vieler Novellen im 19. Jahrhundert verständlich, an deren 'Wendepunkt' das Individuum von einem Schicksalsschlag getroffen wird, der seine Isoliertheit ins Licht hebt (dies gilt besonders für die Novellen Storms, während bei Keller der Einzelne noch in ein – wenn auch bedrückend spießbürgerliches – gesellschaftliches Gefüge eingebettet ist). Auch die Verwandlung des bürgerlichen Trauerspiels in ein soziales Drama wird nur im Kontext der historischen Entwicklung begreifbar; ebenso der Aufstieg des Romans zur wichtigsten Erzählgattung in der bürgerlichen Gesellschaft. Unter historischen Gesichtspunkten ließe sich im Unterricht die Frage stellen, warum das Drama in der Romantik fast aus dem Blickfeld verschwindet, und warum die neuere Literaturgeschichte keine Novellenzyklen mehr kennt. Die Gattungsform selbst ist ein wesentlicher Aspekt der Diskurse, an denen ein literarischer Text teilhat. Die Durchsetzungskraft der Kurzgeschichte nach 1945 steht in enger Beziehung zur Zeitgeschichte, ebenso wie die Tatsache, dass heute kaum mehr ein Autor/eine Autorin eine Ode schreibt. Die enge Verflochtenheit der Gattungsformen mit der Sozial-, Mentalitäts- und Kulturgeschichte ist ein spannender Untersuchungsgegenstand, der zur Differenzierung historischen Bewussteins beitragen kann.

Die Untersuchung von Gattungsmerkmalen als Selbstzweck ist jedoch abzulehnen. Wenn literarische Texte auf ihre Strukturen und Stilmerkmale reduziert werden, kann sich lebenslang jene Leseunlust verfestigen, die der PISA-Test

2000 den Fünfzehnjährigen in Deutschland bescheinigt. Offensichtlich treibt der Literaturunterricht der Sekundarstufe vielen Schülerinnen und Schülern die Leselust aus, deren Förderung doch das Hauptziel jeder Unterrichtsbemühung sein müsste. Das bedenklichste Ergebnis von PISA war die Feststellung, dass in kaum einem anderen von PISA getesteten Land mit so wenig Vergnügen gelesen wird wie in Deutschland (vgl. Deutsches PISA-Konsortium 2001, S. 114). Bei allem Bedenken gegenüber dem funktionalistischen Lesekompetenz-Begriff der PISA-Studie ist dieses Ergebnis doch sehr ernst zu nehmen; die Förderung der Lesemotivation und des Lesevergnügens muss deswegen zu einem vorrangigen Ziel des Deutschunterrichts werden. Dieser Meinung war schon Thomas Mann, der 1939 vor Studierenden der Universität Princeton sagte:

> Kunst soll keine Schulaufgabe und Mühseligkeit sein, keine Beschäftigung contre cœur, sondern sie will und soll Freude bereiten, unterhalten und beleben, und auf wen ein Werk diese Wirkung nicht ausübt, der soll es liegenlassen und sich zu andrem wenden. (Mann 1939, Bd. 10, S. 610)

4.1 Erzähltexte im Unterricht

Die lange vorherrschende Ablehnung des Romans als minderwertiger Gattung fand ihr Pendant in der Vernachlässigung des Romans im Unterricht, die mit der Komplexität, der verwirrenden Vielsträngigkeit und nicht zuletzt mit der Länge der Texte begründet wurde. Dies hat sich inzwischen geändert (vgl. Wangerin 1994, S. 586), aber die didaktische Forschungslage bleibt weiter unbefriedigend: „Von einer Forschungslage des Gesamtbereichs der Romandidaktik kann nach wie vor kaum gesprochen werden“ (ebd.). Eine „Verspätung“ der Romanbehandlung im Unterricht konstatierte Geißler bereits in den 1960er Jahren und setzte ihr sein Postulat von der „Verfrühung“ entgegen (vgl. Geißler 1962) – also die Forderung, schon in der Sekundarstufe I mit der Romanlektüre zu beginnen. Paefgen stellt in ihrer Einführung fest, dass sich didaktische Studien vor allem auf kürzere epische Formen konzentrierten und den Roman vernachlässigten (vgl. Paefgen 2006, S. 78). Das ist umso bedenklicher, als die Romanlektüre in der Lesepraxis der Schülerinnen und Schüler an vorderer Stelle steht – Kinder und Jugendliche lesen in ihrer Freizeit kaum Kurzgeschichten, Erzählungen oder Novellen, sondern Ganzschriften, auch wenn diese zu einem größeren Teil der Kinder- und Jugendliteratur zuzuordnen sind. Insofern ist die verbreitete Meinung, Romane würden vor allem von Erwachsenen gelesen (vgl. Lehmann 1982, S. 7), nicht aufrecht zu halten. Wann immer sich Jugendliche mit Begeisterung in der Lektüre verlieren, handelt es sich um Romantexte, ob sie nun von J. K. Rowling, Karl May, Astrid Lindgren oder Michael Ende stammen. Mit Salingers *Der Fänger im Roggen* wurde zum ersten Mal eine lockere Jugendsprache in die Welt des Romans eingeführt und eine Form des Adoleszenzromans begründet, die zum Vorbild der späteren ‘Popliteratur’ geworden ist; mit Plenzdorfs *Die neuen Leiden des jungen W.*, Hennig von Langes *Relax*, Krachts *Faserland*, Leberts *Crazy* oder Stuckrad-Barres *Soloalbum* liegen Romane vor, die weder eindeutig der Kinder- und Jugendliteratur noch der Erwachsenenliteratur zuzuordnen sind, die aber längst in den Literaturunterricht Einzug gehalten haben und zu denen bereits 'Arbeitstexte für den Unterricht' vorliegen (vgl. Frank 2003).

Die Empfehlung eines Spiralcurriculums, das sich an der Textlänge orientiert, ist didaktisch bedenklich. Deswegen ist die Meinung Seiferts abzulehnen, dass „ein Weg von locker strukturierten Geschichten und Erzählungen, wie sie in Lesebüchern vorherrschen, über längere Erzählungen zum Roman führt" (Seifert 1980, S. 252). Kriterium der Unterrichtsprogression ist nicht die Länge, sondern die Komplexität der Texte. Literarische Kompetenz baut sich nach dem Maß der Komplexitätssteigerung auf, im Fortschreiten von elementaren zu komplexen literarischen Verfahren (vgl. Ewers 2000, 250ff.). Die Komplexität misst sich an literarischen Parametern wie Linearität oder Nicht-Linearität der Narration, Figurenrede, Erzählsituation. Dabei ist zu beachten, dass sich auch die Kinder- und Jugendliteratur zunehmend komplexer Darstellungsformen bedient (wie Perspektivenwechsel, innerer Monolog, mehrsträngiges Erzählen, personale Erzählhaltung).

1982 gab Jakob Lehmann Roman-Interpretationen für den Unterricht heraus, die sich zum großen Teil an anspruchsvollen Vorbildern der „hohen" Literatur orientierten: von Grimmelshausens *Simplicissimus* über Goethes *Werther, Die Wahlverwandtschaften*, Heinrich Manns *Professor Unrat*, Döblins *Berlin Alexanderplatz* und Hesses *Unterm Rad* zu Roths *Radetzkymarsch* (Bd. 1); in Bd. 2 reicht das Spektrum von Seghers *Das siebte Kreuz* über Dürrenmatts *Der Richter und sein Henker*, Bölls *Billard um halb zehn*, Grass' *Blechtrommel*, Christa Wolfs *Nachdenken über Christa T.* bis zu Martin Walsers *Seelenarbeit* (vgl. Lehmann 1982). Diese Auswahl vernachlässigt weitgehend die Romane der Kinder- und Jugendliteratur, abgesehen von dem thematischen Kapitel „Auseinandersetzung mit dem Nationalsozialismus im Jugendbuch" und einem anderen zum Thema „Behinderte im Jugendbuch" – erst die Problemorientierung scheint hier Jugendliteratur didaktisch zu legitimieren. Das Auswahlspektrum wäre zu erweitern um die zahlreichen Adoleszenzromane (vgl. Ewers 1997), die Abenteuer- und Science-Fiction-Romane, die Popliteratur.

In letzter Zeit wurde öfters die Frage diskutiert, inwiefern erzählanalytische Aspekte (die „Bauformen des Erzählens") im Unterricht einen Platz haben sollen, die in der literaturästhetisch orientierten Literaturdidaktik der 1960er Jahre dominierten. Die Diskussion wurde im Zusammenhang mit dem PISA-Test 2000 und der Frage des Lesevergnügens neu entfacht. Selbstzweckhafte Erzählanalysen sind sicher abzulehnen. Wenn jedoch ihre Funktion für die Bedeutung eines Textes ersichtlich wird, wenn es darum geht, seine Appellfunktion, seine implizite Strategie zu erkennen, dann kann durch die Lust an der Erkenntnis auch das

Lesevergnügen erhöht werden. So kann die Einsicht wichtig sein, dass in Kafkas *Process* die Leserinnen und Leser auf dem reduzierten Informationsstand von Josef K. gehalten werden, dass sie zu keinem Zeitpunkt mehr erfahren als die Hauptfigur, dass sie also ganz der eingeschränkten Perspektive Josef K.s ausgeliefert sind. In der *Verwandlung* erfordert es detektivischen Spürsinn, die wenigen Stellen ausfindig zu machen, an denen der Leser einen Informationsvorsprung vor Gregor Samsa erhält, wenn es z. B. heißt:

> Und ohne daran zu denken, daß er seine gegenwärtigen Fähigkeiten, sich zu bewegen, noch gar nicht kannte, ohne auch daran zu denken, daß seine Rede möglicher- ja wahrscheinlicherweise wieder nicht verstanden worden war, verließ er den Türflügel. (Kafka 1914, S. 21)

Dieser Hinweis auf Gregors Täuschungen lässt den Rückschluss auf einen – wenn auch sehr diskreten – auktorialen Erzähler zu. Ähnlich an einer Stelle, wo der Erzähler plötzlich die Perspektive der Schwester einnimmt: „den Vater wagte sie nicht um Hilfe zu bitten; das Dienstmädchen hätte ihr ganz gewiß nicht geholfen“ (ebd., S. 36). Solche Stellen sind jedoch Ausnahmen; durch die weitgehend personale Erzählhaltung werden dem Leser keine fertigen Bilder der Wirklichkeit mehr geliefert, sondern nur noch Fragmente einer subjektiven perspektivischen Wahrnehmung, aus denen er sich selbst das Bild der Welt zusammensetzen muss. Die Analyse des Erzählverfahrens bringt hier also einen für das Verständnis des Textes wichtigen Erkenntnisgewinn. Die Opposition „Literarische Bildung oder Leselust?“ (Eggert 1997) ist denn auch keine zwangsläufige; durch handlungs- und produktionsorientierte Verfahren lassen sich beide Lernziele, analytische und handlungsorientierte, miteinander verbinden (vgl. Waldmann 1998); produktive Verfahren können mit literarischen Bauformen experimentieren.

Mittlerweile haben sich auch so genannte „postmoderne“ Romane wie *Das Parfum* von Patrick Süskind oder *Schlafes Bruder* von Robert Schneider im Unterricht durchgesetzt; sie bedienen sowohl das Lesevergnügen, fordern auf Grund ihrer ausgeprägten Intertextualitätsstrukturen aber auch den analytischen Blick heraus. Diese doppelte Optik bei der Lektüre erlaubt es, scheinbar gegensätzliche Unterrichtsziele miteinander zu verbinden (vgl. hierzu das Themenheft zu Süskinds Roman *Der Deutschunterricht*, 31/1996, Heft 3).

Die Novelle bietet sich – auf Grund ihrer langen Geschichte von Boccaccio bis Grass – besonders dem vergleichenden historischen Blick an; an ihr können die Schülerinnen und Schüler erkennen, wie sehr sich literarische Gattungen verändern bis hin zur Auflösung ihres Formgefüges. Wie kaum eine andere epische Form verdeutlicht die Novelle einen unglaublichen Transformationsprozess: von ihrem ‘Sitz im Leben’ in einer mündlichen Erzählrunde über inszenierte Mündlichkeit in der Schrift bis zum äußerst kunstvollen Erzählen im 19. Jahrhundert; Storm vergleicht sie sogar mit dem anspruchsvollen Bau der Tragödie („Schwester des Dramas“).

Entgegen der landläufigen Meinung ist die Kurzgeschichte, die erst nach 1945 in Deutschland heimisch wurde, meist eine anspruchsvolle Erzählform, die den Leser besonders herausfordert. Ihre Knappheit geht oft mit Unvollständigkeit, Offenheit der Form, Sinnverweigerung und ironischer Distanz einher; die meist drastische Zurücknahme der Funktion des Erzählers stellt besondere Ansprüche an die produktive Mitwirkung des Lesers (Marquardt 1994, S. 571). So muss sich der Leser in Borcherts Kurzgeschichte *Das Brot* selbst erschließen, welcher soziale Verstoß hier verhandelt wird – der Erzähler kommentiert das Geschehen nicht.

4.2 Lyrische Texte im Unterricht

Auch für lyrische Texte – die in ästhetischer Hinsicht überdeterminiert sind – gilt der Grundsatz, dass vom Inhalt losgelöste Formanalysen im Unterricht problematisch sind. Metrik, Reim, Metaphorik, Lexik, Syntax und Semantik bedingen sich gegenseitig. Dies wird z. B. an Schillers Gedicht *Würde der Frauen* deutlich, in dem geschlechterspezifische Strophen jeweils unterschiedlich gestaltet sind – Frauen- und Männerstrophen wechseln sich regelmäßig ab:

> Ehret die Frauen! Sie flechten und weben
> Himmlische Rosen ins irdische Leben
> [...]

Den tänzerischen, leichtfüßigen Daktylen mit den hellen i-Tönen der Frauenstrophe stehen in der Männerstrophe schwere, fast stampfende Trochäen gegenüber, die von dunkleren a-Lauten begleitet werden:

> Ewig aus der Wahrheit Schranken
> Schweift des Mannes wilde Kraft
> [...]

In den Versfüßen und Assonanzen inszeniert Schiller ein ganzes Geschlechter-Panoptikum – allerdings nicht gerade fortschrittlicher Art. Die Erkenntnis solcher Strukturen bedeutet einen unmittelbaren Gewinn für das Verständnis des Textes; in der formalen Opposition der Strophen kommt eine dualistische Geschlechter-Philosophie zum Ausdruck.

Während Schillers Gedichte mit ihren klaren ästhetischen Strukturen, dem Reim und der Versifikation eindeutig der Lyrik zuzuordnen sind, fällt die Gattungsbestimmung anderer Texte bedeutend schwerer. Dass sich Gedichte nicht unbedingt reimen müssen, hat sich bei den meisten Schülerinnen und Schülern herumgesprochen. Dass jedoch auch die Minimaldefinition „Texte in Versen" nicht alles abdeckt, was wir als Lyrik bezeichnen, erschwert die Definitionslage: Die „konkrete Poesie" etwa folgt in der Regel nicht dem Versschema (was im übrigen auch schon auf die Figurengedichte des Barock zutrifft): Die Grenzüberschreitung, die hier vom Begrifflichen zum Bildlichen stattfindet, macht einmal mehr die Problematik historischer Gattungsbestimmungen deutlich:

schweigen	schweigen	schweigen
schweigen	schweigen	schweigen
schweigen		schweigen
schweigen	schweigen	schweigen
schweigen	schweigen	schweigen

Das Schweigen kommt in diesem „Gedicht" Eugen Gomringers bildlich zum Ausdruck: in der Abwesenheit von Sprache.

Der geringen Bedeutung der Lyrik im literarischen Leben der Öffentlichkeit entspricht die Abneigung vieler Schülerinnen und Schüler gegenüber der Lyrik. Sie mag in der Schwierigkeit begründet sein, Texte sinnvoll zu interpretieren, deren Eigenart gerade in nicht-begrifflichen Elementen, in der ästhetischen Qualität zu suchen ist. Wie kann man begrifflich fassen, was sich dem Begrifflichen entzieht? Auch hier bieten produktionsorientierte Ansätze (vgl. Waldmann 1988) die Möglichkeit, der einseitigen Beschränkung auf begrifflich-analytische Interpretationen zu entgehen. Möglicherweise löst auch der Subjektivitätsanspruch, der sich seit dem Sturm und Drang mit der Lyrik verbindet („subjektivste Gattung"), im schulischen Kontext Abwehrreaktionen aus. Dies gilt allerdings nur für die Sekundarstufe I und II – in der Grundschule trifft es in der Regel nicht zu. Die große Aufgeschlossenheit von Grundschulkindern gegenüber Lyrik darf nicht nur mit Kinderlyrik bedient werden; intentionale Erwachsenenlyrik ist in vielfältiger Weise auch in der Primarstufe einsetzbar und wird von den Kindern als Herausforderung empfunden. *Der Panther* von Rilke, *Im Park* von Ringelnatz oder *Sommer* von Trakl sind Erwachsenengedichte, die sich in der Grundschule bewährt haben (vgl. hierzu auch Andresen 1992). Natürlich darf der Text die Grundschülerinnen und -schüler nicht überfordern; Berührungspunkte mit ihrer Erfahrungswelt müssen gegeben sein.

Die Unterwanderung des Begrifflichen kann in der Lyrik bis zur bewussten Sinnverweigerung oder Sinnzerstörung gehen. In unzähligen Nonsens-Gedichten wird die Stabilität der Begriffssprache aufgelöst, sie wird auf ihre Klangstruktur und ihren Rhythmus zurückgeführt; Signifikanten lösen sich von den Signifikaten. So in dem Gedicht *A. M.* von Kurt Schwitters:

Er fiel in einen Narrenstall.
Da rauscht ein zäher Wasserfall.
Da sank ein zäher Gummiball.
Er aß von seinem Widerhall.
Da gab er seinen zähen Knall.
Wer gab da seinen zähen Knall?
Der zähe Gummiwasserfall?
So endete der zähe Prall
Im allgemeinen Knall und Fall:
Von Arp und Merz in diesem Fall.
So springt ein zäher Wasserball.
(Schwitters 1973, S. 93)

Was Erwachsene als sinnlos abtun mögen, wird von Kindern oft in seiner besonderen Qualität erfasst: als divergentes Denken, in dem sich eingefahrene Begriffsfixierungen auflösen und mit der begrifflichen Ordnung auch die Ordnung der Dinge in Frage gestellt wird. Der Mut, von vorgeschriebenen Regeln abzuweichen, die Regeln der Sprache absichtsvoll zu missachten, um Lust aus der sprachlichen Grenzüberschreitung zu ziehen, ist besonders bei Kindern ausgeprägt. Dadaistische Dichter haben solche Sprachexperimente vielfach vorexerziert. In kaum einer anderen Gattung finden sich so unkonventionelle sprachliche Bilder und so wagemutige Abweichungen von der Alltagssprache. Lyrische Texte bieten einen besonderen Raum für Kreativität und sprachspielerische Praxis, die in produktiven Verfahren (Fortsetzungen, Paraphrasen, Kontrafakturen, Parodien) realisiert werden können. Auch die Rezitation von Gedichten hat große Bedeutung im Unterricht: nicht nur als unvorbereitetes lautes Lesen, sondern als eingeübte künstlerische Gestaltung.

Die Vielfalt der Lektüren ist bei lyrischen Texten besonders groß, und im Unterricht sollte ihnen genügend Raum gegeben werden. Deswegen sind im Lyrikunterricht ungelenkte Phasen außerordentlich wichtig, in denen alle Schülerbeiträge – möglichst ohne Kommentierung und Wertung – akzeptiert werden. Andresen hat dies auf beeindruckende Weise über Jahre hinweg praktiziert (vgl. Andresen 1992). Der Mut zur Zurückhaltung, zum Verzicht auf Fragen, wird oft durch den Reichtum und die Vielfalt der Beiträge belohnt.

Ein Einwand Hermann Kortes erscheint besonders bedenkenswert: Der „blinde Fleck“ produktionsorientierter Verfahren zeige sich gerade im Lyrikunterricht, nämlich in der „weitgehende(n) Ausblendung der historischen Dimension“ (Korte 2002, S. 206). Der historische Wandel lyrischer Gattungsformen lässt sich in der Tat kaum durch textproduzierende Verfahren erfassen. Dafür lassen sich in produktiver Projektarbeit „thematische Schneisen“ durch die Literaturgeschichte schlagen, die an bestimmten Themenreihen (z.B. Liebes-, Kriegs- oder Naturlyrik) den Mentalitäts- und Formenwandel durch die Geschichte hindurch verfolgen (vgl. dazu Wichert, Bd. 2, Kap. 1.3). Dies erweist sich als praktikabler Zugang zur Literaturgeschichte im Unterricht. Gedichte eignen sich nicht nur wegen ihrer Kürze, sondern auch wegen ihrer ästhetischen Dichte besonders gut zum historischen Vergleich. Textarbeit weitet sich hier zur kulturwissenschaftlichen Analyse, die auch den Mentalitätswandel, die sozialpsychologischen und gesellschaftspolitischen Veränderungen in den Blick nimmt.

4.3 Dramen im Unterricht

Eine Eigenschaft des Dramas ist didaktisch besonders relevant: Ihm fehlt die Funktion des Erzählers, der das Geschehen kommentieren, bewerten oder relativieren und als Vermittler zwischen der erzählten Welt und dem Leser oder dem Zuschauer auftreten könnte. Selbst im Rahmen einer personalen Erzählhaltung ist die (diskrete) Präsenz eines Erzählers noch spürbar. Im Drama gibt es dagegen nur die *dramatis personae*, die ihre unterschiedlichen Meinungen und Gedanken vortragen. Dem Zuschauer werden keine Kommentare, Antworten oder Lösungen angeboten, es sei denn solche, die er aus der Handlung und den Dialogen selbst erschließen kann. Insofern verfügt das Drama über ein besonderes Leerstellenpotenzial, das die Eigenaktivität und Reflexion des Zuschauers herausfordert. Brecht fügte deswegen Elemente in sein „episches Theater" ein, die der kommentierenden, wertenden und analysierenden Funktion des Erzählers vergleichbar sind (auch in der früheren Dramenpraxis gab es aus diesem Grund kommentierende Einschübe, wie etwa im Auftritt des antiken Chors). Meist bietet das herkömmliche Theater keine Antworten, es führt Lebensentwürfe und menschliche Schicksale vor, auf die der Zuschauer eigenständig reagieren muss, wenn ihm Prolog oder Epilog keine Hinweise geben. Dies steht nicht im Widerspruch zu der erzieherischen Absicht, die das Theater lange Zeit für sich beanspruchte (Schiller bezeichnete das Theater bekanntlich als „moralische Anstalt"): Die erzieherische Wirkung erfolgt nach Lessings Theatertheorie über „Furcht und Mitleid" (vgl. Lessing 1768/69), also über die Erregung starker Affekte, weniger über analytische Einsichten. Das Ziel einer Erziehung mittels emotionaler Erregung scheint überraschend, selbst im Licht ganzheitlicher Pädagogiktheorien.

Lange Zeit war nur der Dramentext Gegenstand des Literaturunterrichts – genauer gesagt, die Figurenrede (der Haupttext) und der auf sie bezogene Nebentext, der Bühnenanweisungen und Anleitungen zur Aufführungspraxis enthält. In der Kombination dieser beiden Textsorten wird das Defizit einer bloßen Textlektüre sichtbar: Das Drama ist schon in seiner Textstruktur auf Inszenierung ausgerichtet, auf Theatralität, nicht allein auf stille Lektüre (vgl. dazu Paule, Bd. 2, Kap. 2.2). Es hat in der letzten Zeit nicht an Bemühungen gefehlt, diesem Tatbestand auch in der didaktischen Reflexion Rechnung zu tragen. Wenn man auf die lange Wirkungsgeschichte des Theaters blickt, ist evident, dass die Aufführungspraxis von der kulturellen Praxis des Theaters nicht zu trennen ist. Zahlreiche didaktische Ansätze versuchen dieser Einsicht gerecht zu werden: die Theaterpädagogik Beimdicks (vgl. Beimdick 1980), das Schulspiel (vgl. Schuster 1996) und besonders die Szenische Interpretation (vgl. Scheller 1996 u. 2004), die nicht nur Methoden für die spielerische Umsetzung von Dramentexten bereitstellt (Standbild, Einfühlung in Personen und Szenen, Einführung neuer Figuren, Spielleiter), sondern sich auch auf Erzähltexte anwenden lässt.

Das Konzept der „aufführungsbezogenen Lektüre" (Payrhuber 1998, S. 642) ist besonders zu erwähnen, da hier eine Integration analytischer Textlektüre und theaterorientierter Methoden angestrebt wird; der literarische Text selbst gerät nicht aus dem Blick. Zugleich werden die im Nebentext enthaltenen Hinweise für die theatralische Realisierung besonders beachtet: Das Drama wird auf der „inneren Bühne" des Lesers imaginiert. Schülerinnen und Schüler sollen auf ihre Rolle als Theaterrezipienten vorbereitet werden, indem sie sich eine Figurenrolle aussuchen, ihre Vorstellung von der Figur erarbeiten und sie den Mitschülern in Spielversuchen vorstellen; Payrhuber setzt dieses „aufführungsbezogene" Verfahren in Analogie zur Bühneninszenierung (zu den Lese-, Stell- und Bühnenproben; ebd., S. 643). Ergänzt werden diese Aktivitäten durch eine „simulierte theatralische Realisierung" (in Form von Bühnenbild-Entwürfen, Kostümen, Masken, Plakaten, Regiebuch, Programmheft).

Im Prinzip lassen sich Gegenwartsstücke mit ähnlichen Methoden in den Dramenunterricht einführen; allerdings begegnet hier oft eine ängstliche Zurückhaltung, die lieber auf Altbewährtes zurückgreift (auf Stücke von Lessing und Schiller über Büchner und Hauptmann bis zu Frisch und Dürrenmatt). Auf zeitgenössische Theaterstücke (vgl. Kammler 2003) für den Unterricht wird weitgehend verzichtet. Das hat wohl auch mit einem grundlegenden kulturgeschichtlichen Wandel zu tun: Das Theater, das lange Zeit das kulturelle Bewusstsein prägte und als Bildungsinstitution des Bürgertums par excellence galt, hat diese Rolle längst abgegeben: an das Kino, die Presse, die neuen Medien – falls sich überhaupt noch eine einheitliche kulturelle Praxis in der Gegenwartsgesellschaft findet. An der schwindenden Bildungsfunktion des Theaters werden die tief greifenden Veränderungen sichtbar, der die 'Kulturgüter' in der multi- und intermedialen Wissensgesellschaft ausgesetzt sind. Allerdings steht dieser Feststellung die erfreuliche Tatsache gegenüber, dass sich Theaterpädagogik und Theaterspiel an den Schulen großer Beliebtheit erfreuen.

In einer „telematischen Weltgesellschaft" (vgl. Flusser 1996), in der die „technischen Bilder" ihren Siegeszug über die alte Schriftkultur antreten, erscheint es fast anachronistisch, die Gattungstrias Epik, Lyrik und Dramatik, evtl. ergänzt durch den Film (vgl. dazu Maiwald, Bd. 2, Kap. 2.5), als Orientierungsrahmen für den Literaturunterricht anzusehen. Aber noch haben sich die Gattungsbegriffe nicht verwischt wie Spuren im Sand; solange sie Konstituenten für die Produktion und Rezeption von Literatur darstellen und einen wesentlichen Bestandteil unseres kulturellen Gedächtnisses ausmachen – ohne das wir unsere Geschichte und uns selbst nicht angemessen verstehen können –, hat der Literaturunterricht ihnen Rechnung zu tragen.

Literatur

Abraham, Ulf/Kepser, Matthis 2005 (2006): Literaturdidaktik Deutsch. Eine Einführung. 2., durchges. Aufl. Berlin: Schmidt.

Andresen, Ute (1992): Versteh mich nicht so schnell. Gedichte lesen mit Kindern. Weinheim/ Basel: Beltz.

Bachmann-Medick, Doris (Hrsg.) 1996 (2004): Kultur als Text. Die anthropologische Wende in der Literaturwissenschaft. 2., akt. Aufl. Tübingen/Basel: Francke.

Barthes, Roland (1988): Einführung in die strukturale Analyse von Erzählungen. In: Ders.: Das semiologische Abenteuer. Frankfurt am Main: Suhrkamp, S. 102–143.

Batteux, Charles (1756–58): Einleitung in die Schönen Wissenschaften [übs. von K. W. Ramler], 4 Bde. Leipzig: Weidmann.

Beimdick, Walter 1975 (1980): Theater und Schule. Grundzüge einer Theaterpädagogik. 2., durchges. Aufl. München: Ehrenwirth.

Benjamin, Walter 1936/37 (1977): Der Erzähler. Betrachtungen zum Werk Nikolai Lesskows. In: Ders.: Gesammelte Schriften. Bd. II, 2. Frankfurt am Main: Suhrkamp, S. 438–465.

Bogdal, Klaus-Michael (Hrsg.) (1996): Der Deutschunterricht 48, H. 3. Rahmenthema: Lektürepraxis – Lektürevielfalt.

Croce, Benedetto ital. 1902 (1930): Ästhetik als Wissenschaft vom Ausdruck und allgemeine Sprachwissenschaft. Theorie und Geschichte. Tübingen: Mohr.

Deutsches PISA-Konsortium (Hrsg.) (2001): PISA 2000. Basiskompetenzen von Schülerinnen und Schülern im internationalen Vergleich. Opladen: Leske + Budrich.

Ewers, Hans-Heino (Hrsg.) 1994 (1997): Jugendkultur im Adoleszenzroman. Jugendliteratur der 80er und 90er Jahre zwischen Moderne und Postmoderne. 2. Aufl. Weinheim/München: Juventa.

Ewers, Hans-Heino (2000): Literatur für Kinder und Jugendliche. Eine Einführung in grundlegende Aspekte des Handlungs- und Symbolsystems Kinder- und Jugendliteratur. München: Fink.

Ehlich, Konrad (Hrsg.) (1980): Erzählen im Alltag. Frankfurt am Main: Suhrkamp.

Flusser, Vilém 1985 (1996): Ins Universum der technischen Bilder. 5. Aufl. Göttingen: European Photography.

Frank, Dirk (Hrsg.) (2003): Popliteratur. Für die Sekundarstufe (= Arbeitstexte für den Unterricht 15053). Stuttgart: Reclam.

Gadamer, Hans-Georg 1960 (1990): Wahrheit und Methode. Grundzüge einer philosophischen Hermeneutik. Tübingen: Mohr.

Geißler, Rolf (1962): Für eine literarische Verfrühung. In: Pädagogische Rundschau 16, H. 11, S. 793–800.

Goethe, Johann Wolfgang von 1819 (1982): Naturformen der Dichtung. In: Noten und Abhandlungen zu besserem Verständnis des west-östlichen Divans. In: Gedichte und Epen II. Hamburger Ausgabe Bd. 2. Hrsg. von Erich Trunz. München: dtv.

Haubrichs, Wolfgang (1982): Einführung zum ersten Tag des Symposions. Der erzählerische Diskurs und seine Strukturen. In: Lämmert, Eberhard (Hrsg.): Erzählforschung. Ein Symposion. Stuttgart: Metzler, S. 1–6.

Herder, Johann Gottfried 1722 (1977): Briefe Bd. 2. Gesamtausgabe hrsg. von den Nationalen Forschungs- und Gedenkstätten der klassischen deutschen Literatur in Weimar. Weimar: Hermann Böhlaus Nachfolger.

Jolles, André 1930 (1982): Einfache Formen. Legende, Sage, Mythe, Rätsel, Spruch, Kasus, Memorabile, Märchen, Witz. 6. Aufl. Tübingen: Niemeyer.

Kafka, Franz 1914 (1995): Die Verwandlung. Stuttgart: Reclam.

Kammler, Clemens (2003): Zeitgenössische Theaterstücke. In: Praxis Deutsch 181, S. 6–13.

Korte, Hermann (2002): Lyrik im Unterricht. In: Bogdal, Klaus-Michael/Korte, Hermann (Hrsg.): Grundzüge der Literaturdidaktik. München: dtv, S. 203–216.

Lehmann, Jakob (Hrsg.) (1982): Deutsche Romane von Grimmelshausen bis Walser. Interpretationen für den Literaturunterricht. Bd. 1 u. 2. Königstein/Ts.: Scriptor.

Lessing, Gotthold Ephraim 1768/69 (1973): Hamburgische Dramaturgie. In: Ders.: Werke Bd. 4, hrsg. von Herbert G. Göppert. München: Hanser, S. 229–707.

Mann Thomas 1939 (1990): Gesammelte Werke in dreizehn Bänden. Frankfurt am Main: Fischer.

Marquardt, Doris 1986 (1994): Erzählung, Novelle und Kurzgeschichte im Unterricht. In: Lange, Günter/Neumann, Karl/Ziesenis, Werner (Hrsg.): Taschenbuch des Deutschunterrichts. Grundfragen und Praxis der Sprach- und Literaturdidaktik. Bd. 2: Literaturdidaktik. 5., vollständig überarb. Aufl. Baltmannsweiler: Schneider, S. 556–576.

Müller-Dyes, Klaus 1996 (1999): Gattungsfragen. In: Arnold, Heinz Ludwig/Detering, Heinrich (Hrsg.): Grundzüge der Literaturwissenschaft. 3. Aufl. München: dtv, S. 323–348.

Paefgen, Elisabeth K. 1999 (2006): Einführung in die Literaturdidaktik. 2., aktualisierte und erw. Aufl. Stuttgart/Weimar: Metzler.

Payrhuber, Franz-Josef 1986 (1998): Dramen im Unterricht. In: Lange, Günter/Neumann, Karl/ Ziesenis, Werner (Hrsg.): Taschenbuch des Deutschunterrichts. Grundfragen und Praxis der Sprach- und Literaturdidaktik. Bd. 2: Literaturdidaktik. 5., vollständig überarb. Aufl. Baltmannsweiler: Schneider, S. 626–647.

Quasthoff, Ute (1980): Erzählen in Gesprächen. Tübingen: Narr.

Scheller, Ingo (1996): Szenische Interpretation. In: Praxis Deutsch 136, S. 22–36.

Scheller, Ingo (2004): Szenische Interpretation. Theorie und Praxis eines handlungs- und erfahrungsbezogenen Literaturunterrichts in Sekundarstufe I und II. Seelze-Velber: Kallmeyer.

Schnur-Wellpott, Margrit (1983): Aporien der Gattungstheorie aus semiotischer Sicht. Tübingen: Narr.

Schuster, Karl 1994 (1996): Das Spiel und die dramatischen Formen im Unterricht. 2., vollst. überarb. Aufl. Baltmannsweiler: Schneider.

Schwitters, Kurt (1973): Das literarische Werk, hrsg. von Friedhelm Lach, Bd. I: Lyrik. Köln: M. Dumont Schauberg.

Seifert, Walter 1975 (1980): Literarische Prosaformen im Unterricht. In: Sowinski, Bernhard (Hrsg.): Fachdidaktik Deutsch. 2., überarb. und erw. Aufl. Köln/Wien: Böhlau.

Spinner, Kaspar H. (2002): Handlungs- und produktionsorientierter Literaturunterricht. In: Bogdal, Klaus-Michael/Korte, Hermann (Hrsg.): Grundzüge der Literaturdidaktik. München: dtv, S. 247–257.

Spinner, Kaspar H. (1993): Literaturdidaktik der 90er Jahre. In Bremerich-Vos, Albert (Hrsg.): Handlungsfeld Deutschunterricht im Kontext. Frankfurt am Main: Diesterweg, S. 23–26.

Staiger, Emil 1946 (1968): Grundbegriffe der Poetik. 8. Aufl. Zürich: Atlantis.

Waldmann, Günter 1988 (2003): Produktiver Umgang mit Lyrik. Eine systematische Einführung in die Lyrik, ihre produktive Erfahrung und ihr Scheitern. Für Schule (Sekundarstufe I und II) und Hochschule sowie zum Selbststudium. 8., korr. Aufl. Baltmannsweiler: Schneider.

Waldmann, Günter 1998 (2006): Produktiver Umgang mit Literatur im Unterricht. 5. Aufl. Baltmannsweiler: Schneider.

Wangerin, Wolfgang 1986 (1994): Romane im Unterricht. In: Lange, Günter/Neumann, Karl/ Ziesenis, Werner (Hrsg.): Taschenbuch des Deutschunterrichts. Grundfragen und Praxis der Sprach- und Literaturdidaktik. Bd. 2: Literaturdidaktik. 5., vollständig überarb. Aufl. Baltmannsweiler: Schneider, S. 600–620.

Zymner, Rüdiger (2003): Gattungstheorie. Probleme und Positionen der Literaturwissenschaft. Paderborn: Mentis.

PETRA JOSTING / RICARDA DREIER

1.5 Kinder- und Jugendliteratur im Literaturunterricht

1. Kinder- und Jugendliteratur (KJL): Forschung, Werbung, Stellenwert an Hochschulen und Schulen

Seit mehr als 40 Jahren wird die deutschsprachige KJL systematisch literaturwissenschaftlich erforscht. Als Meilenstein gilt das am Frankfurter Institut für Jugendbuchforschung entstandene mehrbändige *Lexikon der Kinder- und Jugendliteratur* von Klaus Doderer (1975–1982). Ihm folgte das auf inzwischen fünf Bände angewachsene *Handbuch zur Kinder- und Jugendliteratur*, herausgegeben von den Mitarbeitern der Kölner Arbeitsstelle für Leseforschung und Kinder- und Jugendmedien (Brüggemann 1982; 1987 u. 1991; Brunken u. a. 1998 u. 2008). Mit diesen international anerkannten Standardwerken liegt eine systematische Geschichte der KJL vor, die von den Anfängen bis zum Jahre 1900 reicht. Insbesondere die ersten Handbücher haben gezeigt, dass der Beginn der deutschsprachigen KJL keineswegs wie so oft behauptet erst im 18. Jahrhundert anzusiedeln ist, als der Pädagoge, Verleger und Schriftsteller Joachim Heinrich Campe seinen *Robinson für Jüngere* (1770/80) publizierte, eine freie Übersetzung und Bearbeitung von Daniel Defoes *Robinson Crusoe* (1719). Vielmehr reichen die Ursprünge bis in die Zeit zurück, als der Buchdruck die Gesellschaft revolutionierte. Gleichwohl liegt im letzten Drittel des 18. Jahrhunderts die Entstehungszeit der modernen, pädagogisch motivierten KJL.

Zu den größeren Projekten, die in den 1990er Jahren auf den Weg gebracht wurden, gehören weiterhin das Bielefelder Handbuch zur KJL der NS-Zeit (Hopster u. a. 2001/2005) sowie das Berliner zur KJL über die SBZ/DDR (Steinlein u. a. 2006). Vor allem im Umfeld, aber auch außerhalb dieser universitären Arbeitsschwerpunkte entstanden zahlreiche Dissertationen und Habilitationen sowie andere Publikationen, die sich einzelnen Epochen, Gattungen, Themen, Motiven, Autoren oder auch Erzählstrukturen, Fragen der Kritik etc. zuwandten. Beispielhaft hingewiesen sei an dieser Stelle auf zwei Grundlagenwerke: zum einen auf die *Geschichte der deutschen Kinder- und Jugendliteratur* (Wild 2008), die in komprimierter Form den aktuellen Forschungsstand präsentiert; zum anderen auf das als Loseblattsammlung erscheinende Lexikon *Kinder- und Jugendliteratur* (Franz u. a. 1995 ff.). Insgesamt liegt mittlerweile ein gutes Fundament für zukünftige Forschungen vor, wobei insbesondere die grundlegende Aufarbeitung der Zeit zwischen 1900 und 1933, der bundesrepublikanischen KJL und des vereinten Deutschland ab 1990 fehlen. Aber nicht nur aus der Forschungsperspektive sind die beiden zuletzt genannten Werke interessant, auch für den Literaturunterricht und damit für Deutschlehrer bieten sie wichtiges Orientierungswissen im Hinblick auf gattungstheoretische Fragen und Textauswahl. In Wilds *Geschichte der deutschen Kinder- und Jugendliteratur* (2008) ist das Kapitel *Von den 70er Jahren bis zur Gegenwart* maßgeblich, in dem u. a. die Gattungen *Historische und zeitgeschichtliche Literatur, Adoleszenzroman, Fantastische Literatur* und *Lyrik für Kinder* vorgestellt werden.

Was die Neuerscheinungen betrifft und überhaupt aktuelle KJL – verstanden als jene Literatur, in der sich Heranwachsende wiederfinden, die ihren Erfahrungshorizont bereichert und die sie mit Spannung lesen –, so gibt es eine Vielzahl von Aktivitäten, respektive Werbemaßnahmen für lesenswerte Bücher inner- und außerhalb des Unterrichts. Sie alle richten sich an diejenigen, die an der Vermittlung von KJL beteiligt sind – Eltern, Lehrerinnen, Erzieherinnen, Bibliothekarinnen etc. –, aber natürlich auch Kinder und Jugendliche selbst ab einem bestimmten Alter. Zu nennen sind z. B. Auswahlverzeichnisse, wie sie vom Arbeitskreis für Jugendliteratur (http://www.jugendliteratur.org/) herausgegeben werden: *Das Bilderbuch* (Breitmoser/Bernd 2008), *Das Kinderbuch* (Breitmoser/Lentge 2009), *Das Jugendbuch* (Breitmoser/Linge 2007). Als Orientierungshilfe empfehlenswert ist weiterhin die Online-Datenbank der Arbeitsgemeinschaft Jugendliteratur und Medien (http://www.ajum.de/), in der jährlich mehrere Tausend Rezensionen zu allen Gattungen der KJL abgestellt werden, einschließlich der Angabe, ob ein Buch als Klassenlektüre zu empfehlen ist.

Aus der Fülle der Preise, die regelmäßig für herausragende KJL vergeben wird (vgl. Doderer/Riedel 1988), sei auf den Deutschen Jugendliteraturpreis (DJLP) verwiesen, den einzigen Staatspreis der BRD. Er wird alljährlich seit 1956 vom Bundesministerium für Familie, Senioren, Frauen und Jugend gestiftet und für herausragende Werke der KJL verliehen. Seit der Wiedervereinigung Deutschlands erfolgt die Nominierung im Frühjahr auf der Leipziger Buchmesse, mittlerweile für die Sparten *Bilderbuch, Kinderbuch, Jugendbuch, Sachbuch, Preis der Jugendjury* und *Sonderpreis* (Illustratoren oder Übersetzer). Jeweils sechs Titel pro Sparte stehen auf der so genannten Auswahlliste; die Prämierung erfolgt im Herbst auf der Frankfurter Buchmesse. Der DJLP ist auch deshalb erwähnenswert, weil einige Kritikerinnen der Jury immer wieder vorwerfen, man prämiere zwar literarästhetisch innovative Texte, doch würden diese die eigentliche Adressatengruppe nicht erreichen. Dass dem nicht so ist, wenn auch nicht durchgängig, zeigt bereits ein kurzer Blick auf die Listen des DJLP.[1] Viele Bücher gehören inzwischen zum Kanon der KJL im Literaturunterricht oder sind sogar Klassiker geworden – z. B. zahlreiche Bücher von Otfried Preußler, Michael Endes *Jim Knopf und Lukas der Lokomotivführer* (1960;

[1] Alle in diesem Beitrag genannten Bücher, die mit dem DJLP ausgezeichnet wurden, auf der Auswahlliste stehen oder nominiert wurden, was ebenfalls als Auszeichnung gilt, werden mit der entsprechenden Jahresangabe gekennzeichnet.

DJLP 1961), Leo Lionnis *Swimmy* (1964; DJLP 1965) und Peter Härtlings *Ben liebt Anna* (1979; Auswahlliste DJLP 1980). Abschließend erwähnt seien noch die Rundfunkanstalten und ihre leider nur unzureichend bekannte Arbeit für Informationen über KJL. So stellt Deutschlandradio Kultur in seiner täglich ausgestrahlten Kindersendung *Kakadu* jeden Montag Kinderbücher vor, oft unter Hinzuziehung von Kindern. Features über aktuelle KJL sendet der Deutschlandfunk jeden Samstag im *Büchermarkt*, im Bayrischen Rundfunk werden in der Sendung *radioMikro* Buchtipps ausgestrahlt, beim Hessischen Rundfunk werden Neuerscheinungen von KJL in der *Domino Lauschinsel* und in den *Lesezeichen* besprochen; *Mikado* heißt die entsprechende Sendung des NDR, *Kinderzeit* die von Radio Bremen etc. (vgl. Hahn 2008).

Ungeachtet aller universitärer und diverser außeruniversitärer Aktivitäten, die hier nur angedeutet werden können, wird KJL an Hochschulen in den Lehramtsstudiengängen und im Literaturunterricht der Schulen noch immer nicht angemessen im Hinblick auf ihre Literarität und Literalität wahrgenommen. Werfen wir einen kurzen Blick in die Geschichte, fokussiert auf die Zeit nach 1945 und lassen die Arbeit der Vereinigten Deutschen Prüfungsausschüsse für das so genannte gute Jugendbuch außen vor, die Heinrich Wolgast 1893 mit der Gründung der Zeitschrift *Jugendschriften-Warte* – heute *kjl&m* (Kinder- und Jugendliteratur und Medien in Forschung, Schule und Bibliothek) – auf ein einheitliches Fundament zu stellen versuchte (vgl. Azegami 1996).

In der DDR blieb die KJL, obwohl sie aufgrund ihrer ästhetischen Qualität als Bestandteil der Nationalliteratur galt und zumindest die gleichberechtigte Stellung neben der Literatur für Erwachsene propagiert wurde, in der Germanistik ein „Lehr- und Forschungsstand zweiten Ranges" (Richter 2004, S. 286). Den größten Stellenwert hatte die KJL in der Grundschul- bzw. Unterstufenlehrerausbildung an den Pädagogischen Hochschulen. Die hier Lehrenden hatten zwar großen Spielraum bei der Wahl von Seminarthemen und Büchern, doch war der Schulkanon auf die proletarisch-revolutionäre KJL der Weimarer Republik ausgerichtet, was natürlich eine Engführung der Inhalte in der Ausbildung bedeutete (vgl. ebd., S. 285). Im Deutschunterricht ab der fünften Klasse standen in den 1950er Jahren aus dem Bereich der KJL zunächst klassische Texte im Lehrplan, z.B. Richard Kipplings *Rikki-Tikki-Tavi* in Klasse 5, Erich Kästners *Emil und die Detektive* und Waldemar Bonsels *Biene Maja* in Klasse 6 oder Texte von Jack London in Klasse 7 (vgl. Jonas 2004, S. 255). Mit der Zunahme des Angebots an DDR-KJL erweiterte sich auch das Spektrum im Lehrplan für die Klassen fünf bis neun, wobei drei didaktische Strategien verfolgt wurden. Erstens sollten ca. drei Kinder- und Jugendbücher pro Schuljahr aus dem obligatorischen Kanon behandelt werden; zweitens gab es ein Angebot empfohlener Bücher und drittens eine freie Textauswahl, an der die Schüler beteiligt werden konnten. Ziel dieses recht großen Zugriffs auf die KJL im Deutschunterricht war es, an die Lebenswelt und Interessen der Heranwachsenden anzuknüpfen, die Privatlektüre zu stimulieren, Lesemotivation und Leseverständnis zu fördern und natürlich auch das Textverstehen auszubilden (vgl. ebd., S. 255f.) Eine spezifische staatliche Förderung und Eingang in den Literaturunterricht erfuhr im Laufe der Jahre jene DDR-KJL, die aktuelle Lebensfragen in der DDR thematisierte. Das waren u.a. Bücher zu den Themen *Liebe und Freundschaft, Schule, Verhältnis zu Lehrern, Eltern, Großeltern*; dabei legte man Wert darauf, dass die Handlung in ein politisches Umfeld eingebunden war, wie z.B. kapitalistische Ausbeutung, Rassendiskriminierung und -verfolgung, antifaschistischer Widerstandskampf, Auseinandersetzung mit der faschistischen Vergangenheit und ihren Auswirkungen auf die Gegenwart, Revolution, Prozesse der sozialistischen Umgestaltung der Landwirtschaft, Möglichkeiten und Schwierigkeiten des DDR-Alltags, deutsch-deutsche Beziehungen und biografische Erzählungen über Revolutionäre (vgl. ebd., S. 257).

In der alten BRD hatte KJL in der Lehrerausbildung für die Grund- und Hauptschulen bzw. ehemaligen Volksschulen an den Pädagogischen Hochschulen einen festen Platz, meistens im Rahmen der Deutschdidaktik. Mit der Integration der Pädagogischen Hochschulen in die Universitäten Anfang der 1980er Jahre besteht zumindest an etlichen Reformuniversitäten, wo eine Fach zu Fach-Zuordnung erfolgte, auch für angehende Gymnasial- und Gesamtschullehrerinnen die Möglichkeit, KJL-Seminare zu besuchen, sofern das Seminarangebot ausreicht und die Studienordnungen es vorsehen. Hinsichtlich der didaktischen Implikationen und des Stellenwerts der KJL im Deutschunterricht war die DDR der alten BRD weit voraus. In Westdeutschland mehrten sich erst in den 1960er Jahren jene Stimmen, die die Arbeit mit KJL im Deutschunterricht und auch in den übrigen Fächern forderten. Bahnbrechend – und deshalb immer wieder zitiert (vgl. dazu den Beitrag 3.8 in diesem Band) – war Anna Krügers erstmals 1963 erschienene Studie *Kinder- und Jugendbücher als Klassenlektüre* (1970)[2], in der sie die konkrete Arbeit mit ausgewählter KJL in der Grund- und Hauptschule dokumentierte, wobei sie großen Wert auf die literaturwissenschaftliche Analyse legte, d.h. auf die Beschäftigung mit Figuren, Thema, Motiv, Erzählstruktur, Symbolgehalt, humoristische Darstellungsform etc. Damit wandte sich Krüger entschieden gegen die etwa seit Mitte des 19. Jahrhunderts bestehende

[2] Anna Krügers erster Beitrag zu diesem Thema erschien wesentlich früher, und zwar u.d.T. *Die Verwendung des Jugendbuchs im Unterricht* u.a. in: Wirkendes Wort 6 (1955/56), S. 110–115. Weniger bekannt, aber ebenso wichtig ist Heiner Schmidts Bibliographie *Jugendbuch im Unterricht*. Weinheim [u.a.] 1966, ein Nachschlagewerk mit über 4200 Titeln. Es handelt sich um die 2. neubearb. Aufl. des Buches *Schulpraktische Jugendlektüre* (1960). Schmidt plädiert in der Einleitung nicht nur für den Einsatz von KJL in *allen* Unterrichtsfächern, sondern zeichnet auch nach, dass die Frage Jugendbuch und Unterricht bereits seit Beginn des 20. Jahrhunderts diskutiert wird. Darüber hinaus geht er didaktischen Überlegungen nach, verweist in diesem Kontext auf die aktuell diskutierte Notwendigkeit der inneren Differenzierung und auch auf das Spannungsverhältnis zwischen der Bedeutung von Privatlektüre und Schulunterricht.

Abwehr der KJL seitens der Literaturpädagogen, die um 1900 kulminierte und bis in die 1960er Jahre andauerte. Die literaturpädagogischen Ressentiments richteten sich gegen die massenhafte, marktförmige KJL, doch wurde verkannt, dass der KJL-Markt wie auch der der Erwachsenenliteratur insbesondere im 20. Jahrhundert stets viel Innovatives und qualitativ Hochwertiges anbot.

Erst in den 1970er Jahren wurde KJL als Unterrichtsgegenstand in Westdeutschland attraktiv, als parallel dazu der so genannte Formen- und Funktionswandel der KJL einsetze, d. h. das Gattungs- und Themenspektrum differenzierte sich allmählich weiter aus: Aus der Erwachsenenliteratur bekannte Erzählformen wie innere Monologe und Bewusstseinsstrom sowie filmisches Erzählen hielten Einzug, Intertextualität gewann an Bedeutung etc. Seitdem wurde KJL in Lehrpläne und in Auszügen in Lesebücher aufgenommen, jedoch überwiegend nur für die Grundschule und die ersten Jahre der Sekundarstufe I. In der Praxis allerdings kommen in Deutschland Kinderbücher noch immer viel seltener zum Einsatz als in anderen europäischen Staaten, wie die IGLU-Studie gezeigt hat (vgl. Bos 2004, S. 35). Unabhängig von der Schulstufe und Schulform war und ist aber KJL oft nur eine Themenlieferantin, erst allmählich erkannte man ihr leseförderndes Potenzial, während die Funktion des literarästhetischen Lernens, wie schon Krüger sie forderte, bis in die Gegenwart oft übersehen wird. Angesichts dieser Ausgangssituation und der Tatsache, dass im Deutschunterricht überwiegend kanonisierte KJL eingesetzt wird, widmen wir uns im Folgenden vergleichsweise kurz dem Grundschulbereich sowie der Orientierungsstufe und damit der Kinderliteratur. Für diese Klassenstufen beschränken wir uns darauf, auf grundlegendes Arbeitsmaterial zu verweisen und dieses (subjektiv) ein wenig zu ergänzen. Stattdessen konzentrieren wir uns auf Gattungen und neuere Texte der Jugendliteratur, die in den oberen Klassen der Sekundarstufe I und in der Sekundarstufe II aus lesefördernder und literarästhetischer Sicht eine lohnenswerte Lektüre darstellen. Bei der Aufteilung nach Gattungen handelt es sich um ein bewährtes Schema; gleichwohl ist auffällig, dass insbesondere viele neuere Romane Hybridcharakter haben, d. h. es finden sich oft Elemente von zwei oder auch mehr Gattungen in einem Text wieder. Die Verweise auf Texte in Printform[3] ist der Anlage des Beitrags geschuldet, sie bedeuten selbstverständlich keine Absage an einen medienintegrativen Literaturunterricht und damit u. a. die Einbeziehung von Literaturadaptionen und -transformationen.

2. Kinderliteratur

Für den Literaturunterricht der Grundschule sind die auf empirischer Basis beruhenden didaktischen Ausführungen und Textbeispiele grundlegend, die

[3] Angegeben wird die letzte Auflage, Angaben zur Erstauflage (EA) finden sich im Literaturverzeichnis.

Richter (2007) vorgelegt hat. Eine zentrale Erkenntnis, die Richter in ihrer Studie zur *Lesemotivation in der Grundschule* (2005) gewonnen hatte, fließt auch hier in die Textauswahl ein: „Der Erwerb von Lesefertigkeiten und Lesefähigkeiten auf der einen und von Lesemotivation und ästhetischer Genussfähigkeit auf der anderen Seite „muss „auf getrennten Wegen erfolgen. [...] Während die Lesefähigkeiten und -fertigkeiten mit einfachen, leicht erschließbaren Texten erworben werden", bedarf es „komplexer, künstlerische(r) Gebilde", um Lesemotivation und Genussfähigkeit zu entwickeln (Richter 2007, S. 20). Anstatt deshalb auf poetische Texte und damit auch ästhetischen Genuss auf Seiten gerade jüngerer Schüler zu verzichten, wie es viele Lehrer praktizieren, empfiehlt es sich, Bücher vorzulesen, Hörbücher und Filmsequenzen einzusetzen oder den Zugang über Illustrationen zu wählen und gleichzeitig handlungs- sowie produktionsorientierte Verfahren einzusetzen (vgl. ebd.). Darüber hinaus sind die Leseinteressen der Schüler zu berücksichtigen. Entgegen der häufig in der Fachliteratur anzutreffen Aussage ist das Interesse an Sachliteratur in dieser Altersgruppe bei Jungen und Mädchen etwa gleich groß und auch stark ausgeprägt (vgl. ebd., S. 25). Bevorzugt wird eindeutig „Literatur [...] mit märchenhaften und phantastischen Strukturen [...], die auf Spannungsmomente setzt und abenteuerliche Vorgänge erzählt" (ebd., S. 12), während Lehrkräfte gern problemorientierte Bücher mit lehrhaftem Charakter auswählen.

In Anbetracht des kindlichen Interesses an märchenhaften Stoffen und der Tatsache, dass vermutlich viele Kinder die zum kulturellen Gedächtnis gehörenden Märchen privat nur über Disney-Zeichentrickfilme kennen lernen, sollten Buchillustrationen als Schlüsselmedium eingesetzt werden. Zu empfehlen sind beispielsweise *Die Bremer Stadtmusikanten* (Brüder Grimm/Ensikat 1979; vgl. Richter/Plath 2007), das auf der Märchenfolie der Bremer Stadtmusikanten entstandene und durch seine Medialität viele Erwachsene irritierende Bilderbuch *Aufstand der Tiere* oder *Die neuen Stadtmusikanten* (Müller/Steiner 1989; DJLP 1990; vgl. Doornkaat 1991), die an intertextuellen Bezügen reiche Rotkäppchen-Variante *Detektiv John Chatterton* (Pommaux 1994; DJLP 1995), E.T.A. Hoffmanns Kunstmärchen *Nussknacker und Mausekönig* (vgl. Jahn/Richter 2006) und *Der Froschkönig oder der eiserne Heinrich* (Brüder Grimm/Schröder 1989; Auswahlliste DJLP 1990[4]).

Im Bereich des Bilderbuchs soll an dieser Stelle nur noch auf drei weitere Aspekte verwiesen werden: erstens auf Neuerscheinungen, in denen die (nicht nur) dem kindlichen Rezeptionsbedürfnis entsprechende Komik eine Rolle spielt. Mareile Oetken (2009) hat jüngst mehrere interessante Titel zu diesem Thema vorgestellt, u.a. *Zarah. Du hast doch keine Angst, oder?* (Drvenkar/Baltscheit 2007; Nominierung DJLP 2008), eine phantasievolle Gruselgeschichte, überzeichnet und verfremdet, im Mangastil. Zweitens: Auffallend ist

[4] Schröder erhielt außerdem 1997 den DJLP-Sonderpreis für Illustrationen.

der in jüngster Zeit gestiegene Anteil an Bilderbüchern zum Thema *Tod*, die dem kindlichen Bedürfnis nach Gesprächen über dieses Tabuthema in Schule und Familie nachkommen. Zu den herausragenden Titel gehören gegenwärtig neben dem Klassiker *Abschied von Rune* (Kaldhol/Øyen 1987; DJLP 1988), der mit seiner sprachlichen und bildnerischen Dichtheit besticht, *Die besten Beerdigungen der Welt* (Nilsson/Eriksson 2008; Auswahlliste DJLP 2007) – ein Buch, das nicht zuletzt durch seine komischen und ernsthaften Elemente überzeugt. Des Weiteren zu nennen ist Wolf Erlbruch mit seinem den Lesern viel Raum für Fragen lassenden reduzierten Stil in *Ente, Tod und Tulpe* (2007; Auswahlliste DJLP 2008), in dem sich eine sterbende Ente mit dem personifizierten Tod anfreundet. Ebenfalls hervorzuheben ist Peter Schössows Bilderbuch *Gehört das so??! Die Geschichte von Elvis* (2006; DJLP 2006), in dem ein kleines Mädchen zusammen mit sechs skurrilen Freunden seinen Kanarienvogel beerdigt. Drittens erwähnenswert sind die Bilderbücher des Kindermann Verlags, zu empfehlen ab Klasse 4. Es handelt sich zum einen um die Reihe *Weltliteratur für Kinder* mit Nacherzählungen von *Faust, Wilhelm Tell, Das Käthchen von Heilbronn, Nathan der Weise, Romeo und Julis etc.*; zum anderen finden sich in der Reihe *Poesie für Kinder* klassische Balladen und Gedichte wie z. B. *Loreley, Der Zauberlehrling* oder *Das Karussell.*

Wie bereits erwähnt, finden Sachbücher schon bei Grundschülern großen Anklang. Wichtige Hinweise zur Rolle von Fiktion und Konstruktion dieser Gattung, zum Stellenwert ihrer Illustration und vor allem zum Spektrum des aktuellen Marktes liefert ein Sammelband, in dem Bücher für den Literaturunterricht, aber auch fächerübergreifenden Unterricht der Grundschule vorgestellt werden (vgl. Josting/Stenzel 2004). Sachliteratur gibt es inzwischen auch schon in Form der so genannten Erstlesebücher, die auf die Besonderheiten des Schriftspracherwerbs Rücksicht nehmen, wie z. B. *Mineralien und Gesteine* (Hauenschild 2009) oder *Entdecke die Planeten* (Turnbull 2004). Insgesamt zeichnen sich die in den 1970er Jahren entstandenen Erstlesebücher durch Themenvielfalt aus. Von den zahlreichen *Alltagsgeschichten* haben die *King Kong-Bücher* von Kirsten Boie bereits Klassikerstatus erreicht; innerhalb der Rubrik *Tiergeschichten* ragen Paul Maars Geschichten um *Das kleine Känguru* nach wie vor literarisch heraus. Aber auch im Bereich von *Phantastik und Abenteuer* sowie *Sprachspielen* wird Lesenswertes geboten (vgl. Stenzel 2009).

Es versteht sich von selbst, dass im Literaturunterricht der Grundschule Klassiker von Astrid Lindgren, Erich Kästner, Otfried Preussler, Klaus Kordon etc. einen festen Platz haben sollten (vgl. Hurrelmann 1995). Daneben sind aber auch moderne Erzähltexte heranzuziehen, wie sie z. B. von Paul Maar mit seinen *Sams*-Büchern oder *Lippels Traum* (1984; Auswahlliste DJLP 1985) vorliegen. Unterrichtsvorschläge zu diesen und anderen Autoren, wie z. B. Christine Nöstlinger, Renate Welsh, Mirjam Pressler, Gudrun Mebs und Ursula Fuchs bietet

Merkelbach (1999). Stärkeres Augenmerk wäre zudem auf Autoren zu legen, die bereits in der DDR reüssierten, wie beispielsweise Benno Pludra[5] mit seinen poetischen Kinderbüchern *Siebenstorch* (1991; DJLP 1992) und *Jakob heimatlos* (1999); Nominierung DJLP 2000). Und von den Nachwuchsautoren sollte auf keinen Fall Andreas Steinhöfel vergessen werden, dessen Erstlingswerk und episodenhafte Erzählung *Dirk und ich* (1991) mit der Schilderung komischer Alltagssituationen wahren Lesespaß bereitet. Für seine an Kinder gerichtete Kriminal- und Außenseitergeschichte *Rico, Oskar und die Tieferschatten* (2008) wurde er für den DJLP 2009 nominiert.

3. Jugendliteratur

3.1 Adoleszenzromane

Werden Romane im Deutschunterricht gelesen, die eher eine ältere Zielgruppe haben, so handelt es sich häufig um Adoleszenzromane. Aufgrund ihres Bezugs zur jugendlichen Lebenswelt ist die Lesemotivation in der Regel hoch, außerdem entspricht diese Gattung häufig der Freizeitlektüre der Schüler. Für die Lehrenden wird die Entscheidung für einen Adoleszenzroman im Unterricht zudem durch das große Angebot an Lehrermaterialien oder Kopiervorlagen aus den jeweiligen Verlagen erleichtert. Allerdings werden Adoleszenzromane selten in der Oberstufe behandelt. Dabei bieten gerade die Texte der späten 1990er Jahre vielfältige Anknüpfungspunkte, auch für die eher wissenschaftspropädeutisch ausgerichtete Arbeit und das literarästhetische Lernen: Die komplexen Erzähltechniken wie personales Erzählen, innerer Monolog, erlebte Rede und Traumdarstellungen gleichen denen der Erwachsenenliteratur, sofern man angesichts des aktuellen Angebots überhaupt noch von einer Grenze zur Jugendliteratur sprechen kann. Eine theoretisch fundierte sowie didaktisch überzeugende Arbeit hat Gansel (1999a) veröffentlicht, in der er einzelne Gattungen konsequent mit einer möglichen Umsetzung im Unterricht verknüpft.

Noch liegt keine explizite Untersuchung der geschichtlichen Entwicklung des Adoleszenzromans vor; doch ist man sich einig über den Ursprung der Gattung im 18. Jahrhundert (Goethes *Werther*, Moritz' *Anton Reiser*) sowie über die prägende Wirkung von Texten und Autoren in der zweiten Hälfte des 20. Jahrhunderts (Salingers *Der Fänger im Roggen* und Plenzdorfs *Die neuen Leiden des jungen W.*). Gegenwärtig hat sich das Angebot an deutschsprachigen Adoleszenzromanen stark erweitert, zumal seit etwa zwei Jahrzehnten zahlreiche Übersetzungen vor allem aus dem amerikanischen und skandinavischen Raum hinzugekommen sind – man denke an Autoren wie Mats Wahl, Inger Edelfeldt, Per

[5] Pludra erhielt 2004 auch den DJLP-Sonderpreis für Autoren.

Nilsson, Katharina von Bredow, Bret Easton Ellis, Douglas Coupland, R.A. Nelson und Joyce Carol Oates.

Kaulen (1999) und Gansel (2000) haben sich um eine genaue Definition bzw. Kategorisierung der Gattung bemüht und gehen dabei ähnlich vor. Beide unterscheiden drei Subgattungen: den klassischen, modernen und postmodernen Adoleszenzroman. Während Kaulen seine Ausführungen vor allem auf die Texte der 1990er Jahre bezieht und darlegt, inwiefern sich diese von den Grundmustern des klassischen Schul- und Pubertätsromans um 1900 abgrenzen, ordnet Gansel die einzelnen Typen des Adoleszenzromans bestimmten zeitlichen Epochen zu. Übereinstimmung herrscht darin, dass nicht jeder Text, der die Jugend zum Thema hat, zugleich als Adoleszenzroman eingeordnet werden kann. Nach Kaulen (1999, S. 327f.) müssen neben dem thematischen Schwerpunkt außerdem noch folgende Merkmale hinzutreten:

- Geschildert wird ein Abschnitt der Adoleszenzphase eines oder mehrerer Jugendlicher (11/12 Jahre bis Ende 20); früher meist männlich, heute verstärkt auch weiblich.
- Im Vordergrund steht deutlich eine problematische Identitäts- und Sinnsuche, die u.a. durch Krisen- oder Initiationserfahrungen geprägt ist (Ablösung von der Familie, Entwicklung eines eigenen Wertesystems, erste sexuelle Erfahrungen/Liebesbeziehungen, Rolle der Peer Group, Übernahme einer sozialen Rolle)
- Charakteristisch ist weiterhin, dass der Prozess der Ich-Findung in der Regel keine positive oder endgültige Lösung anbietet, sondern als offener, in früheren Texten oft tragischer Vorgang gekennzeichnet ist. Dem Leser werden keine konkreten Lösungsvorschläge oder Handlungsanweisungen angeboten.
- Es finden sich keine typisierten Figuren, sondern „in sich widersprüchliche, komplexe Individuen“ (ebd., S. 327), die den Leser durch narrative Strategien an ihrem Innenleben teilhaben lassen.

Eine umfassende Studie zum postmodernen Adoleszenzroman hat Wagner (2007) vorgelegt, die sich u. a. mit den Texten von Benjamin von Stuckrad-Barre auseinandersetzt, der als Wegbereiter der so genanten Popliteratur gilt (vgl. Dreier 2005a). Die Vertreter der Popliteratur gelten als eine Generation neuer „Archivisten“ (Baßler 2002, S. 104), die (pop-)kulturelle Phänomene und sprachliche Paradigmen in ihren Texten aufgreifen, miteinander kombinieren und ihre Bedeutung in der Lebenswelt des Individuums hinterfragen.

In Tamara Bachs Adoleszenzroman *Busfahrt mit Kuhn* (2004; Nominierung DJLP 2005) ist Popmusik das Referenzmedium schlechthin. Die Wechselwirkung zwischen Literatur und (Pop-)Musik und das Phänomen des in jugendliterarische Texte integrierten Soundtracks wurde inzwischen umfassend untersucht (vgl. Lexe 2006). *Busfahrt mit Kuhn* ist aufgrund seiner Verknüpfung von intermedialen bzw. intertextuellen Bezügen in Form von Hinweisen auf Songs, Textzeilen oder Bandnamen für den Einsatz im Deutschunterricht sehr geeignet. Zum einen besitzt die Geschichte über den Roadtrip der Protagonisten nach dem Abitur mit ihren schwelenden Konflikten untereinander eine hohe identifikatorische Funktion für die Schüler, zum anderen wird die Lektüre bereichert durch den intendierten Wiedererkennungseffekt in Bezug auf die genannte Musik. Die Tatsache, dass die einzelnen Lieder die Stimmung der jeweiligen Szenen unterstützen bzw. eine „emotionale Positionierung der Figuren" (ebd., S. 81) vornehmen, deutet auf eine Erzähltechnik hin, die weit über das bloße Archivieren von popkulturellen Versatzstücken hinausgeht, wie es noch bei den Popliteraten der Fall war. Lexe spricht von einem „polyphone[m] Arrangement, in dem das mosaikartige Wahrnehmen und Erleben der Figuren widergespiegelt wird" (ebd.). Im Unterricht kann man diese Mehrschichtigkeit des Romans symmedial herausarbeiten, indem man während der Lektüre an den entsprechenden Stellen die genannten Lieder anhört und die Wirkung analysiert. Daran anknüpfend kann der Bereich der Intertextualität z. B. mithilfe eines weiterführenden Sachtextes erarbeitet werden und auch fächerverbindendes Arbeiten mit dem Fach Musik ist denkbar. Ein weiteres Merkmal des Romans ist die drehbuchartige Schreibweise: Die Ich-Erzählerin Rieke ist Regisseurin, Kamerafrau und *DJane* in einer Person, ihre Erzählungen erscheinen durch die konstruierte Film- und Kameraperspcktive in Distanz zu ihrer Außenwelt, die Dialoge allein treiben die Handlung voran. Der Wechsel der Erzählperspektiven wird wie ein Kameraschwenk inszeniert, die Bezüge zur jugendkulturellen Lebenswelt mit Abi-Zeitung, Kino und Drogen lassen an Requisiten denken, die die erzählte Welt ausstaffieren, um sie authentischer wirken zu lassen – trotz der gegenteiligen Anmerkungen der Ich-Erzählerin: „Wir spielen lange Fahrt. Ich spiele Rieke. Die Rieke, die sich nichts anmerken lässt." (S. 44) Die Fragen nach der individuellen Identität, nach den Lebensentwürfen, die durch die Medien angeboten werden, und nach der Authentizität und Wahrhaftigkeit der eigenen Gefühlswelt können für Jugendliche mögliche Ansatzpunkte sein, den Roman als Spiegel individueller Konflikte zu betrachten und die eigenen Erfahrungen zu reflektieren.

Die Suche nach dem eigenen Weg und die Konflikte der Jugend thematisiert auch der Roman *Die Mitte der Welt* von Andreas Steinhöfel (1998; Nominierung DJLP 1999). Erzählt wird aus der Sicht von Phil, der zusammen mit seiner Schwester und unkonventionellen Mutter am Rande einer Kleinstadt lebt. Phil erlebt mit dem gleichaltrigen Nicholas die erste Liebe und muss dabei auf schmerzhafte Weise erleben, wie brüchig das Leben und die Freundschaft sein können. Am Ende löst er sich vom Einfluss seiner Familie sowie der Missachtung der Stadtbewohner und macht sich auf den Weg nach Amerika, um seinen Vater zu suchen. Das Thema *Liebe und Homosexualität*, das in diesem Roman eine große Rolle spielt, bietet für den Deutschunterricht die Möglichkeit, kritisch über Klischees und Vorurteile zu sprechen. Da es sich nicht um eine typische Coming-Out-Geschichte handelt, sondern Probleme angesprochen werden, die jeder Heranwachsende nachvollziehen kann, wird die Homosexualität nicht als etwas Ungewöhnliches oder Andersartiges präsentiert, sondern als Teil der jugendlichen Adoleszenz. In einer gelungenen didaktischen Umsetzung des Romans, in der das lesefördernde Potenzial betont wird, liegen die Schwerpunkte auf einer handlungs- und produktions- bzw. identitätsorientierten Annäherung (vgl. Möllenbrock 2003). Darüber hinaus ist *Die Mitte der Welt* auf der narrativen Ebene ergiebig. Die einzelnen Figuren werden mithilfe intertextueller Bezüge mehrdimensional charakterisiert, indem deutliche Anspielungen auf die griechische Mythologie formuliert werden, die jedoch nach Ansicht von Bogdal nur „ein spielerisches Moment" (2003, S. 228) darstellen.

Die aus dem amerikanischen Raum übersetzen Adoleszenzromane finden auch in Deutschland einen immer größer werdenden Leserkreis. Hervor treten besonders die Texte von Joyce Carol Oates, die sich erst spät der Jugendliteratur zugewandt hat. Ihre Romane zeugen von einer subtilen Anziehungskraft, die vor allem auf ihre innovativen Erzähltechniken und abgründigen Geschichten zurückzuführen ist. So verdeutlicht z.B. ihr Roman *Mit offenen Augen: Die Geschichte von Freaky Green Eyes* (2005), in welch schweren Gewissenskonflikten sich Kinder befinden, deren Eltern gewalttätig sind. Franky ist vierzehn Jahre alt, ihr Vater ein berühmter Sportjournalist. Dass er die Kinder und ihre Mutter seit Jahren schwer misshandelt, wird weder innerhalb der Familie oder des Freundeskreises noch dem Leser gegenüber thematisiert, der jedoch bereits nach wenigen Seiten ahnt, dass das Fundament dieser Vorzeigefamilie auf den unsicheren Pfeilern von Angst und psychischer Unterdrückung steht. Oates versteht es, die emotionale Zwickmühle, in der sich Franky befindet, sprachlich sehr dicht und sensibel darzustellen: Durch die Wahl der personalen Erzählperspektive blickt der Leser konsequent durch Frankys Augen, er erlebt ihre Ängste, ihre Wut auf die Mutter, aber zugleich auch das verzweifelte Verlangen, die Liebe und den Respekt ihres Vaters zu erlangen. Im Unterricht kann sukzessive der schmerzvolle Erkenntnisweg der Protagonistin analytisch nachgezeichnet werden, die sich aus dem Einflussbereich ihres Vaters entziehen muss, um die Wahrheit über das Verschwinden der Mutter zu akzeptieren.

Auch in dem Roman *Sexy* (2006) von Oates muss der Protagonist Darren eine schmerzhafte Erfahrung machen: Durch sein Mitverschulden wird ein Lehrer in den Selbstmord getrieben. Von Rachebedürfnissen angestachelt, hat eine Gruppe von Schülern dem Direktor falsche Beweise zukommen lassen, die den Lehrer als Pädophilen hinstellen. Darren verdrängt das Geschehen um sich herum; wie aus weiter Ferne beobachtet er die Ereignisse ohne einzugreifen oder seine Freunde von dem sich anbahnenden Rufmord abzuhalten. Für den Unterricht besonders reizvoll ist der Roman aufgrund seiner Erzähltechnik. Die enge personale Erzählführung, durchbrochen von Passagen in Ich-Form bis hin zum inneren Gedankenstrom, gilt es auf ihre Wirkung und Strategie hin zu untersuchen. Die Themen, die in *Sexy* angesprochen werden, sind alles andere als leichte Kost. Es geht um das Erwachsenwerden, möglichen sexuellen Missbrauch von Schülern durch einen Lehrer, um Gruppenzwang sowie Vorurteile und körperliche Gewalt gegen Homosexuelle. Auch wenn es sich dabei u. a. um für Schüler schwer zu erarbeitende Tabuthemen handelt, sollte der Lehrer nicht vor einem Einsatz im Unterricht zurückschrecken. Denn gerade diese Romane sind es, die im Unterricht die Möglichkeit bieten, die Schüler für Toleranz, Zivilcourage und die Rolle der Peer Group bei der Meinungsbildung zu sensibilisieren – und nicht zuletzt für Literatur zu begeistern.

3.2 Biografische Jugendbücher

Schüler werden im Deutschunterricht regelmäßig mit den Lebensdaten von Schriftstellern und Informationen über literarische Epochen konfrontiert. Nicht selten beginnen Referate oder Facharbeiten jedoch mit einer uninspirierten Aneinanderreihung von Fakten in Form von Jahreszahlen oder Orten. Auch der Bezug zu der eigentlichen Schaffenskraft der Schriftsteller, zu ihren Werken und dem, was sie antreibt, zu ihren inneren Kämpfen, Niederlagen oder auch Triumphen geht bei der nur oberflächlichen Erwähnung oft verloren (vgl. Borkemeyer/Hurrelmann 1992, S. 51). Biografische Jugendbücher bieten eine motivierende und damit sinnvolle Alternative, mehr als nur nüchterne Informationen über Personen zu erhalten. Die lebensweltlichen Hintergründe entwickeln sich durch die Lektüre und Analyse eines biografischen Textes von bloßen Stichpunkten zu komplexen Geschichten; der Verfasser eines Gedichtes, Dramas oder einer politischen Rede wird zu einem Menschen. Darüber hinaus bieten jugendliterarische Biografien noch mehr. Sie sind in vielerlei Hinsicht geeignet für eine Verknüpfung unterschiedlicher Unterrichtsinhalte, auch über die Fächergrenzen hinaus, denn viele Biografien können auch parallel im Geschichts-, Politik- oder Musikunterricht gelesen werden.

Das herausragende Argument für einen Einsatz von jugendliterarischen Biografien im Deutschunterricht besteht allerdings in der Textform an sich. Vor allem die aktuelle *Montagebiografie* (vgl. Hesse-Hoerstrup 2001), die Zitate und Versatzstücke sowohl aus dem Werk des jeweiligen Menschen als auch aus der Sekundärliteratur enthält, präsentiert sich oft auf einem hohen literarästhethischen Niveau. Die Texte bilden ein Konglomerat aus Fakten und Fiktionen, der Biograph erhebt keinerlei Anspruch auf Objektivität, sondern kokettiert geradezu mit seiner eigenen Befangenheit in Bezug auf die beschriebene Person. So werden dem Leser „nicht länger Illusionen einheitlicher Lebensgeschichten geboten, sondern sie werden an der Entstehungsgeschichte einer Biografie beteiligt, mit Leerstellen konfrontiert und zu eigenen Schlüssen und Kombinationen angeregt“ (ebd., S. 131) Gerade diese Leerstellen und die ambivalente Rolle des Autors bzw. des Biografen bieten in der Sekundarstufe II viele Möglichkeiten der konstruktiven und schülerorientierten Auseinandersetzung. Dabei muss man als Lehrer jedoch immer das besondere Spannungsgefüge im Blick haben, in dem sich die jugendliterarischen Biografien bewegen. Die Aneinanderreihung subjektiver Deutungsmuster (vgl. Hesse-Hoerstrup 2004, S. 108) und die Bemühung um eine möglichst authentische, umfassende Darstellung – wie man sie zuweilen in Biografien vorfindet – lassen den jugendlichen Leser als Zielgruppe hinter sich zurück. Dies wird nicht ganz unwesentlich durch die Tatsache verstärkt, dass die Autoren der Biografien häufig keine Jugendbuchautoren sind (vgl. ebd., S. 109).

Betrachtet man die historische Entwicklung der Gattung, so wird deutlich, dass sich die Funktion der traditionellen Biografien, den Jugendlichen nachahmenswerte Verhaltensmuster zu präsentieren, bis ins 20. Jahrhundert hielt. Erst seit den 1970er Jahren erfolgte im Rahmen des allgemeinen Paradigmenwechsels in der KJL eine Veränderung. So wird nicht länger der „leistungsstarke Mensch [...] idealisiert, sondern bedingende Faktoren seiner Persönlichkeit sowie seines Lebensweges und -werkes“ (Hesse-Hoerstrup 2001, S. 21) werden analysiert. Das Individuum wird im Rahmen aktueller Biografien vermehrt in die sozialen, kulturellen und politischen Zusammenhänge seiner Zeit eingebettet, um historische Bedingungen zu veranschaulichen. Mit dieser Entwicklung einhergehend ändert sich auch die Auswahl der zu beschreibenden Personen als Zeichen einer Art von Liberalisierung des Angebots. Wie liberal, aber auch umfangreich dieses Angebot mittlerweile ist, zeigt ein Blick in die Verlagsprogramme, z.B. von Beltz & Gelberg. In der Reihe *Erzähltes Leben* erscheinen seit Jahrzehnten Biografien von Personen aus den verschiedenen Bereichen (neben Literatur z.B. Religion, Politik, Philosophie, Kunst und Musik). Als besonders anspruchsvoll und sowohl sprachlich als auch inhaltlich gelungen kann man viele dieser Texte bezeichnen, die sich auch immer wieder auf der Auswahl- bzw. Siegerliste des DJLP in der Sparte Sachbuch finden.

Über Alois Prinz' Meinhof-Biografie *Lieber wütend als traurig* (2003; DJLP 2004) sind sich die meisten Kritiker einig: Ein mutiges Werk hat der Autor geschaffen, über eine nach wie vor sehr ambivalent zu bewertende Frau, die das Bild des terroristischen Widerstands gegen den deutschen Staat der frühen 1970er Jahre wie keine andere geprägt hat – u.a. durch die Komplexität ihrer publizistischen Tätigkeit. Prinz ist es gelungen, verlässliches Sachwissen und aussagekräftige Zitate aus Meinhofs eigenen und fremden Texten zu verknüpfen. Gleichwohl ist sich der Autor der „Fiktion des Faktischen“ (Zimmermann 2007, S. 56) durchaus bewusst. Er stilisiert dieses Dilemma geradezu zu einem Markenzeichen, das er auch in seinen anderen Biografien immer wieder betont. Indem er intertextuelle Bezüge herstellt, andere Stimmen zu Wort kommen lässt und bewusst nicht alle Fragen beantwortet, verweist er zugleich auf „die Grenzen der Darstellbarkeit eines gelebten Lebens“ (Hesse-Hoerstrup 2004, S. 117). Für den Unterricht der Sekundarstufe II bietet diese Biografie viele Anknüpfungspunkte, auch wenn es sich bei der Protagonistin nicht um eine literarische, sondern eine politische Figur handelt. Zum einen können besonders Schüler zum Lesen motiviert werden, die eher politisch-historisch interessiert sind; zum anderen regt gerade eine ambivalente Person wie die RAF-Terroristin in Auseinandersetzung mit aktuellen Diskussionen und gesellschaftlichen Umbrüchen die Schüler zum kritischen Nachdenken an. Auf der textanalytischen Ebene sollte vor allem der Grenzbereich zwischen fiktionalem und faktualem Erzählen untersucht werden, ebenso wie die Funktion und Wirkung der intertextuellen Bezüge und der unterschiedlichen narrativen Ebenen (vgl. Dreier 2005b).

Die Biografie über Erich Kästner, *Die Zeit ist kaputt* (1994; DJLP 1995) von Klaus Kordon überzeugt vor allem durch die geschickte Verknüpfung biografischer Hintergründe mit Kästners eigenen Texten, weniger im Hinblick auf die heroische Darstellung Kästners in der NS-Zeit (vgl. Josting 2006, S. 182). Dennoch bietet sich diese Biografie parallel zur Lektüre von Kästners Gedichten oder seines autobiographisch gefärbten Romans *Fabian* an. Dass biografisches Erzählen eben immer auch ein *Erzählen* ist – unabhängig von dem Anspruch des Verfassers auf Objektivität – und etwas Konstruiertes, kann im Unterricht zum Anlass genommen werden, einen Transfer von jugendliterarischen Biografien zu anderen Textformen zu leisten.

Etwas stärker auf die jugendliche Zielgruppe ausgerichtet, aber nicht weniger informativ und sprachlich auf hohem Niveau sind die Biografien von Ingeborg Gleichauf und Manfred Mai, die in der *Reihe Hanser* des dtv erschienen sind. In der Sammelbiografie *Worte, mir nach!* (2008) stellt Gleichauf acht Dichterinnen vor, u. a. Sappho, Annette von Droste-Hülshoff, Sylvia Plath und Ingeborg Bachmann. Die einzelnen Biografien sind knapp, aber aussagekräftig, die Beschreibungen der Lebenswelten der Dichterinnen versuchen vor allem die emotionalen Befindlichkeiten der Frauen innerhalb einer von meist männlichen Dichtern dominierten Welt nachzuvollziehen. Vermutlich spricht die Lektüre überwiegend die weibliche Leserschaft an, dies allerdings mit großer Ausdruckskraft und der Aufforderung zur Empathie. An vielen Stationen der Dichterinnen werden sich junge Mädchen mit ihren eigenen Wünschen und Ängsten wiederfinden. Die Rolle der Frau und die an sie gestellten Erwartungen in den letzten Jahrhunderten regen ebenso zum Nachdenken an wie der Gedanke, in der Lyrik den einzigen Weg zu finden, sich selbst zu verwirklichen und Konflikte im Angesicht gesellschaftlicher Umbrüche zu bewältigen. Insgesamt betrachtet bieten diese Biografien unterschiedliche Identifikationsmuster: So leben die vorgestellten Dichterinnen zwischen Zurückgezogenheit und Selbstinszenierung, sie spiegeln den Geist der jeweiligen Epoche wider oder widersetzen sich ihm. Für den Deutschunterricht sind u. a. zwei Möglichkeiten denkbar, diesen Text einzubinden. Entweder man entscheidet sich dafür, vergleichend alle Einzelbiografien zu behandeln, um Parallelen und Unterschiede zwischen den einzelnen Lebensentwürfen aufzeigen und hinterfragen zu können. Oder man liest einzelne Texte, je nachdem welche der Dichterinnen im Unterricht thematisiert wird. Entscheidet man sich für die erste Variante, so könnte man für die männlichen Leser parallel eine Lektüre anbieten, die sich mit männlichen Schriftstellern oder berühmten Philosophen beschäftigt, z. B. Arnulf Zitelmann: *Ich weiß, dass ich nichts weiß* (2007).

Ebenfalls in der *Reihe Hanser* des dtv erschien die Biografie über Friedrich Schiller, *Was macht den Mensch zum Menschen?* (2009), verfasst von dem KJL-Autor Manfred Mai. Ähnlich der Montagebiografien aus dem Beltz-Verlag reichert Mai seinen sorgfältig recherchierten Text mit Zitaten aus dem Werk des Dichters an. Was ihn jedoch von den anderen Biografen unterscheidet, ist der großzügige Umfang der zitierten Textausschnitte. So finden sich aus *Kabale und Liebe* oder *Die Räuber* bis zu 20 Textseiten in den übrigen Corpus integriert. Dies schadet dem Lesefluss allerdings kaum, stattdessen erhält der Leser Gelegenheit, einen ausführlichen und integrativen Überblick über Schillers wichtigste Werke zu erhalten. Für die Schüler der Oberstufe, die sich mit *Don Carlos, Maria Stuart* oder *Wallenstein* beschäftigen, dient diese Biografie sicherlich als wichtige Unterstützung. Für jüngere Schüler der Sekundarstufe I ist eine andere Schiller-Biografie geeignet. In der Reihe *Bibliothek des Wissens* aus dem Arena Verlag, die vor allem durch humorvolle Bebilderung sowie den leserfreundlichen Anhang überzeugt, erschien von Andreas Venske die Biografie *Schiller und die Freiheit des Geistes* (2009). Sie ist anschaulich und lebendig geschrieben, kurze Passagen sind in der Ich-Perspektive (Schiller) verfasst; außerdem wurden Informationstexte zur Zeitgeschichte und Rezeption von Schillers Werken einbezogen, in einer für Schüler leicht verständlichen und humorvollen Sprache. Der Dichter Schiller wird in die jugendliche Erlebniswelt gerückt, indem vor allem seine Gefühlswelt, sein Freiheitsdrang und sein unbändiger Stolz auf seine literarischen Werke beschrieben werden.

Die vorgestellten Biografien stellen nur einen kleinen Teil des Gesamtangebots an jugendliterarischen Lebensbeschreibungen dar. Zurzeit erlebt die Gattung eine Renaissance, viele ältere Texte werden neu aufgelegt. Die hier vorgenommene Auswahl liegt vor allem in ihrer fachdidaktischen Eignung begründet; diese wiederum erschließt sich maßgeblich aus der literarischen Qualität sowie dem Lebensweltbezug für die Schüler. Warum jugendliterarische Biografien im Deutschunterricht keine oder nur eine marginale Rolle spielen, ist nicht nachvollziehbar. Allein an fehlenden Lehrerhandreichungen und Hinweisen in Schulbüchern kann es nicht liegen. Die Gattung, die in der literaturwissenschaftlichen und -didaktischen Diskussion immer mehr Beachtung findet, sollte auch verstärkt von Lehrenden als Herausforderung und Chance entdeckt werden. Vor allem in einer Zeit, in der das Internet eine schnelle Informationssuche ermöglicht, die in Sekunden alle wichtigen Daten über einen Dichter zutage bringt, sollten die Schüler an einen verlangsamten Blick herangeführt werden. Indem man sich einer Person und ihrem Werk mit Hilfe einer Lebensbeschreibung nähert, gewinnt man ein tieferes Verständnis für Zusammenhänge. Der Name wird zu einem Menschen – und dahinter steckt ein ganzes Leben.

3.3 Zeitgeschichtliche KJL: *Holocaust* und *Wende*

In der KJL-Forschung werden unter zeitgeschichtlicher Literatur entweder sehr heterogene Aspekte subsummiert – wie „Drittes Reich und seine Vorgeschichte, Zweiter Weltkrieg, Ost-West-Spannung, Konflikte der Dekolonisierung und der Dritten Welt, Rassismus“ (Dahrendorf 1997, S. 205) –, oder aber man beschränkt sich auf den „Nationalsozialismus und seine Folgen“ (Lange 2000, S. 462). Folgt man dagegen der gegenwärtigen Diskussion in der Geschichtswissenschaft, muss man im Hinblick auf Deutschland von drei Zeitgeschichten aus, die sich erstens auf den Zeitraum 1914 bis 1945 erstrecken, zweitens auf die Geschichte der Bundesrepublik und drittens auf die der DDR. Außerdem wird dafür plädiert, die Jahre 1989 bis 1991 als eine tiefe Zäsur zu begreifen und den bis dahin zurückreichenden Zeitraum neueste Zeitgeschichte zu benennen (vgl. Josting 2008, S. 39).

Orientiert man sich an diesen Epochengrenzen, dann gehört KJL zum Thema *Holocaust* in die erste Phase zeitgeschichtlicher Literaur, das Thema *Wende* ist der neuesten zeitgeschichtliche Literatur zuzuordnen. Letztere nimmt zum einen den Zeitraum der Demonstrationen im September 1989 bis zur formalen Auflösung der DDR am 3.10.1990 in den Blick; zum anderen gehören jene Texte dazu, die im wieder vereinigten Deutschland spielen, auf die unmittelbare Wende Bezug nehmen und sich mit Fragen der Fremdheit und Annäherung von Ost und West beschäftigen. Selbstverständlich können in Büchern beider Kategorien rückschauend auch Einblicke in die Gesellschafts- und Alltagsgeschichte der DDR vermittelt werden, doch sollte diese nicht im Zentrum stehen, wenn mit dem Begriff *Wendeliteratur* operiert wird.

Beide Gattungen, um die es im Folgenden geht, sind Teil einer Erinnerungskultur, die ebenso wie Primärerfahrungen und Geschichtswissenschaft Zugänge zur Zeitgeschichte ermöglichen. Neben der Erinnerungskultur können sie aber noch zwei weitere Funktionen im Hinblick auf das *kulturelle Gedächtnis* erfüllen: Sie können erstens das Gespräch zwischen den Generationen anregen und somit im Sinne Assmanns eine Funktion für das *kommunikative Gedächtnis* übernehmen; zweitens sind sie „ein Medium der Überlieferung kulturellen

Wissens und literarisch-kultureller Traditionen." (Glasenapp/Wilkending 2005, S. 8) Diese Funktionen allein reichen aber nicht aus, um Schüler für zeitgeschichtliche KJL zu begeistern. Das durch die reale Geschichte vorgegebene und handlungskonstituierende Ereignis muss unterhaltsam und möglichst spannend mit fiktiven Elementen verknüpft werden, was der Integration anderer Gattungen bedarf – wie z. B. des Adoleszenz- oder Kriminalromans – und dem Text hinsichtlich der Gattungsfrage einen „hybriden Charakter" (Glasenapp 2005, S. 21) verleiht.

Holocaust

Sowohl im Bereich der KJL als auch der so genannten Erwachsenenliteratur ist die Zahl der Titel zum Thema *Holocaust* inzwischen so groß, dass man von einer eigenen Gattung sprechen kann. Im Hinblick auf die Bewertungsfrage von Holocaust-KJL erzielte man in den 1990er Jahren dahingehend Konsens, dass sie sowohl informativen Charakter haben sollte – im Sinne der Annäherung an das, was geschah, denn der Holocaust ist letztlich nicht darstellbar – als auch literarästhetischen Ansprüchen genügen muss. Hopster (1994) erhob zudem die Forderung, diese Literatur dürfe nicht hinter das aktuelle Bewusstsein zurückfallen, indem sie suggeriere, die deutschen Juden hätten sich mehrheitlich retten können und die Mehrheit der nicht-jüdischen deutschen Bevölkerung habe ihnen hilfreich zur Seite gestanden. Dieses Muster, ausführlich beschrieben von der israelischen KJL-Forscherin Shavit (2008, S. 52), die schon vor 20 Jahren den Philosemitismus in der deutschsprachigen KJL anprangerte, findet man beispielhaft in dem leider noch immer in der Schule behandelten Buch *Damals war es Friedrich* von Hans-Peter Richter (1961; Auswahlliste DJLP 1962). Nun stellt sich die Frage, auf welche Bücher man zu diesem vielfältig aufgearbeiteten Thema (vgl. Dahrendorf 2006, S. 188) in der Schule zurückgreifen sollte, wenn man an den genannten Forderungen (informativer Charakter, Beitrag zur Erinnerungskultur, literarästhetisch anspruchsvoll) festhält. Es empfiehlt sich ein Blick auf den Buchmarkt der vergangenen Jahre, der auffallend vermehrt Romane und Erzählungen mit biografischen und autobiografischen Elementen zu bieten hat, wobei dieses Faktum nicht in allen Fällen aus dem Text oder Paratext direkt hervorgeht. Dahrendorf, der sich über viele Jahrzehnte intensiv mit der KJL zum Thema *Nationalsozialismus* auseinander gesetzt hat, machte bereits vor Jahren auf dieses Phänomen aufmerksam (vgl. Dahrendorf 1997, S. 217 u. 2006). Zu den berühmtesten Beispielen gehört das 1950 erstmals erschienene *Tagebuch der Anne Frank*, zu dem eine Fülle von Unterrichtmaterialien vorliegen wie auch zahlreiche andere Textsorten, die sich ergänzend zur Tagebuchlektüre oder je nach Alter und Textverstehensfähigkeiten der Schüler als Alternative eignen. So z. B. das Sachbuch *Anne Frank* (Rol/Verhoeven 1993; DJLP 1994), in dem mit Hilfe von Fotos, Karten und Dokumenten die im Konzentrationslager endende Familienchronik der Franks nachgezeichnet wird;

weiterhin das ab Klasse 4 einsetzbare Bilderbuch *Anne Frank* (Poole 2005) oder die an ältere Schüler adressierte Biografie *Ich sehne mich so* (Pressler 1998), in der Pressler ein sehr lebendiges, facettenreiches Bild von Anne Frank entwirft, die wie die meisten Juden nicht überlebte. In der Gaskammer enden zwei Romane, die zwar keinen unmittelbaren biografischen Bezug haben, aber viel Aufmerksamkeit erregten. Zum einen handelt es sich um das von der Kritik kontrovers aufgenommene Buch *Der Junge im gestreiften Pyjama* (Boyne 2007; Nominierung DJLP 2008), in dem der neunjährige Protagonist Bruno, Sohn eines SS-Offiziers in Auschwitz, zusammen mit seinem jüdischen Freund vergast wird, nachdem er sich heimlich in das Lager begeben hat; zum anderen handelt es sich um Gudrun Pausewangs Roman *Reise im August* (1992). Erzählt wird von der Fahrt in ein Konzentrationslager in einem Viehwaggon, in den die zwölfjährige Alice zusammen mit ihrem Großvater und 47 anderen Menschen eingesperrt ist, ohne Nahrung und unter menschenunwürdigen hygienischen Bedingungen. Die so genannte Reise endet, nachdem die Personen die vermeintliche Dusche betreten haben, mit dem Satz: „Sie hob die Arme und öffnete die Hände."

Solche Wahrheiten, so kann man argumentieren, sollten deutschen Schülern nicht vorenthalten werden; weshalb sollten sie nicht literarisch erfahren, was Millionen am eigenen Leib erleben mussten? Gleichwohl ist zu fragen, ob es sich angesichts der Leseabwehr, die Schüler gegenwärtig häufig gegenüber dem Thema *Holocaust* zeigen, nicht anbietet, auf solche Texte zurückzugreifen, die auf biografischer oder autobiografischer Basis den Komplex Flucht/Vertreibung/Exil schildern und damit eine Art Happy End in Aussicht stellen. Denn, und darin ist Dahrendorf zuzustimmen: „In dem Gelingen des Wagnisses, die Wahrheit zu sagen und dennoch ein Stück Hoffnung zu lassen, liegt die Kunst des Holocaust-Erzählens" (Dahrendorf 2006, S. 189), insbesondere der KJL. Dazu gehören neben dem bekannten Kinderbuch *Als Hitler das rosa Kaninchen stahl* (Kerr 1973; DJLP 1974) z.B. die auf wahren Begebenheiten beruhenden Jugendbücher des israelischen Autors Uri Orlev, u.a. *Lauf, Junge lauf* (2004; Nominierung DJLP 2005) und *Der Mann von der anderen Seite* (1990; Auswahlliste DJLP 1991), in denen es um die Flucht aus dem Warschauer Ghetto und den Überlebenskampf bis zum Ende des Zweiten Weltkriegs geht. Beispielhaft sei hier nur noch auf einige weitere Flüchtlingsschicksale von Kindern verwiesen, wie sie in *Hanas Koffer* (Levine 2003), *Ediths Versteck* (Kacer 2008), *Mich hat man vergessen* (Erben 1996) und *Malka Mai* (Pressler 2001; Nominierung DJLP 2002) nachgezeichnet werden. Eine lesenswerte Schullektüre für die Mittelstufe, die auch Elemente des Adoleszenzromans aufweist, ist Karlijn Stoffels Debüt *Mojsche und Rejsele* (1998; Nominierung DJLP 1999), eine Hommage an den Arzt, Pädagogen und Kinderbuchautor Janusz Korczak[6]. Rückblickend erzählt

[6] Vgl. dazu das Bilderbuch *Janusz Korczak. Der König der Kinder* von Neudeck/Ruegenberg (2000).

der in der Binnenhandlung dreizehn Jahre alte Mojsche von seinem Leben im Waisenhaus des Dr. Korczak, von seiner Tätigkeit als Kurier im Widerstand und seiner Liebe zu Rejsele, einer Mitbewohnerin im Heim. Der Roman endet auf der Ebene der Rahmenhandlung, als Mojsche seine große Liebe Rejsele, an deren Überleben er nicht geglaubt hat, als alter Mann unverhofft anlässlich einer Gedenkveranstaltung zu Ehren von Korczak in Israel wiedertrifft.

Eine weitere Typologie von Büchern, die in den vergangenen Jahren in größerem Umfang erschienen sind, stellen jene Titel dar, die in der Gegenwart spielen, sich aus der Perspektive Heranwachsender mit dem Thema *Holocaust* beschäftigen und insofern eine andere Form der Identifikationsmöglichkeit und Auseinandersetzung bieten. In diese Gruppe gehört z.B. *Besuch aus der Vergangenheit* von Renate Welsh (1999). Auch wenn man diesem Buch eine geschickte Pädagogik nachsagen kann, so überzeugt es doch nicht zuletzt aufgrund der verschiedenen Gedächtnisperspektiven, die hier zum Ausdruck kommen. Im Mittelpunkt steht die knapp 14-jährige Lena, die mit der in Kanada lebenden Jüdin Emma Greenburg ins Gespräch kommt. Diese wuchs in Lenas Elternhaus auf und kommt 61 Jahre nach ihrer Flucht aus Wien noch einmal an die Stätte ihrer Kindheit zurück. Während sich Lenas Mutter Frau Greenburg gegenüber aufgeschlossen zeigt, reagiert die Großmutter ablehnend, sieht sie sich doch selbst als ein Opfer der NS-Zeit. Die Begegnung der vier Frauen ist nicht nur für Frau Greenburg eine Station auf ihrer Reise in die Vergangenheit. Auch Lena, ihre Mutter und ihre Großmutter – die drei Generationen verkörpernden Frauen – blicken zurück. Für sie ist die Begegnung der Auslöser, vor dem Hintergrund persönlicher, jeweils sehr unterschiedlicher Lebenserfahrungen über die NS-Zeit und speziell den Holocaust nachzudenken. Gleichzeitig setzen sich die drei Frauen dabei intensiv mit sich selbst auseinander wie auch mit ihrem Verhältnis zueinander (Mutter-Tochter-Konflikt). Das Besondere an diesem Buch besteht auch darin, dass die drei Familienangehörigen nicht nur in Form direkter Rede im Zuge von Gesprächen zu Worte kommen, sondern in hohem Maße in inneren Monologen, die somit Einblick in das Innere geben. Um die Auseinandersetzung der Rolle der Großeltern während der NS-Zeit und speziell deren Verhältnis zu jüdischen Freunden geht es in den Jugendbüchern *Marie* von Günzel-Horatz (2000) und *Verrat* von Cornelia Franz (2000). Man kann diesen wie auch anderen Titeln vorwerfen, dass nicht der Holocaust im Zentrum steht, sondern die Identitätssuche der Protagonisten Marie und Jan, verbunden mit der Ablösung vom Elternhaus, erster Liebe etc., aber für bestimmte Klassen stellen beide Bücher eine spannende Lektüre dar, die zu weiteren Diskussionen anregt. Ein Brückenschlag zwischen Gegenwart und Vergangenheit ist auch *Das Wolkenzimmer* von Irma Krauß (2007), in dem gut strukturiert Probleme heutiger Jugendlicher mit dem Thema Judenverfolgung verknüpft werden: In einem Turm treffen sich Veronika, die sich das Leben nehmen will, und der Turmwächter, ein alter Mann, der von den Nöten und Ängsten des Jungen Jascha Rosen erzählt, der sich hier einst versteckte, um nicht ins Vernichtungslager abtransportiert zu werden, und der er selbst ist, wie sich später herausstellt. Obwohl die Erinnerung hier funktionalisiert wird, über den Wert des eigenen Lebens nachzudenken und persönliche Schicksalserfahrung zu relativieren, ist auch *Das Wolkenzimmer* als Lektüre zu empfehlen.

Die Behandlung des Holocaust in der Grundschule ist nach wie vor ein Tabuthema und wird in der Didaktik kontrovers diskutiert, vor allem wegen der Frage der Zumutbarkeit. Aktuelle empirische Untersuchungen in der Geschichtsdidaktik haben gezeigt, dass historisches Lernen unter bestimmten Umständen auch schon bei Grundschülern stattfindet und dass speziell im Hinblick auf das Thema *Holocaust* biografische Zugänge mit Identifikationsmöglichkeiten geboten werden müssen (vgl. Hanfland 2008). Bekanntermaßen verfügen bereits Grundschulkinder über Teilinformationen zum Thema, aufgrund von Gesprächen in der Familie und aus den Medien, die aber kaum korrigiert, aufgearbeitet oder ergänzt wurden, wie Richter in ihren Studien zur Arbeit mit Bilderbüchern im Deutschunterricht feststellte (vgl. Richter 2007, S. 278). Hier altersgemäß anzusetzen und z. B. über Bilder mit Identifikationsfiguren insbesondere mit jüngeren Schülern Gespräche zu führen, ermöglicht eine kognitive und emotionale Auseinandersetzung und schafft somit eine Basis „für die Entwicklung von Urteilsfähigkeit und Urteilskraft, die in vielen Lehrplänen“ (ebd.) als Kompetenzen ausgewiesen sind. Zu den gegenwärtig lieferbaren Bilderbüchern, die teilweise auch in höheren Klassen ergänzend herangezogen werden können, gehören neben den oben genannten *Janusz Korczak* (Neudeck/Ruegenberg (2000) und *Anne Frank* (Poole 2005) u. a. *Rosa Weiss* (Innocenti 1986), *Erikas Geschichte* (Vander Zee/Innocenti 2006), *Papa Weidt* (Deutschkron/Ruegenberg 1999) und *Jakob der Lügner* (Wieghaus/Ruegenberg 2002).

Wende

Die Teilung Deutschlands nach dem Zweiten Weltkrieg, der Bau der Mauer im Jahre 1961, die so genannte Wende von 1989 und die Wiedervereinigung 1990 sind bedeutsame Ereignisse in der deutschen Geschichte. Während für die Ostdeutschen die Wiedervereinigung ein gravierender Einschnitt war, änderte sich für die Westdeutschen nur wenig. Auf beiden Seiten sind Denkmuster und Verhaltensweisen bestimmend, die man vor der *Wende* erworben hat. Ostdeutsche konnten in der Regel nicht in den Westen reisen, für die meisten Westdeutschen war die DDR als Reiseland unattraktiv, nicht einmal Ostberlin haben sie sich angeschaut. Noch immer begegnet man den Menschen im anderen Teil der Republik häufig mit Vorurteilen – zumindest dann, wenn man diesen Umbruch bewusst erlebte –, die Bereitschaft, sich vorurteilsfrei mit der neuesten Zeitgeschichte zu beschäftigen, hält sich in Grenzen. Schüler haben den Umbruch nicht mehr erlebt, sie wissen wenig über diese Zeit und die der DDR-Geschichte, da dieses Thema in der Schule einen sehr geringen Stellenwert hat; gleichzeitig wünscht sich eine große Mehrheit der Schüler, im Unterricht mehr Zeit darauf zu verwenden, wie eine repräsentative Befragung zeigen konnte (vgl. Arnswald u. a. 2006). Die Bereitschaft zur Erinnerungsarbeit ist also vorhanden. Der Literaturunterricht hat damit die Chance, dieses Interesse der Lernenden aufzugreifen und u. a. einen Beitrag zur Politischen Bildung zu leisten, wie es erst jüngst wieder von Didaktikern gefordert wurde (vgl. Politische Bildung 2008). Dabei geht es auch um Perspektivenübernahme und Empathie, ebenso wie um literarisches Lernen. Zur Annäherung an die *Wende*-Thematik – unabhängig davon, ob es sich um Erwachsenenliteratur oder KJL handelt – eignen sich nur solche Texte, die im historischen Detail sorgfältig sind und mehr bieten als bekannte Ost-West-Stereotype (vgl. Josting/Kammler/Schubert-Felmy 2008).

Eine erste Sichtung der KJL zu diesem Thema nahmen Richter (1995) und Gansel (1996 u. 1999b) vor, wobei Richter eine Vielzahl von Büchern für den Literaturunterricht der Primar- und Sekundarstufe empfiehlt. Eine Bestandsaufnahme, die nicht nur Auskunft über die bislang vorliegenden Titel gibt, sondern auch der Frage des möglicherweise notwendigen zeitlichen Abstands nachgeht, ob 20 Jahre Mauerfall ausreichen, eine qualitativ hochwertige Literatur zu schaffen, steht noch aus. Zu den Klassikern, die den aufgestellten Forderungen entsprechen, gehört das Bilderbuch *Esterhazy* (Dische/Enzensberger/Sowa 1993), das sich für den Einsatz ab Klasse 4 eignet (vgl. Bekes 2008). Erzählt wird von einem kleinen Hasen, der nach Berlin reist, um eine Braut zu finden. Die Verschränkung märchenhafter und zeitgeschichtlicher Motive bietet eine dem kindlichen Verständnis angemessene und gleichzeitig doppelbödige, ironisch gebrochene Beschäftigung mit den Ereignissen des Mauerfalls. Für Schüler ab der Mittelstufe eignen sich eine Reihe von Texten, die gleichzeitig Elemente des Adoleszenzromans aufweisen. So z. B. *Macht ihr eure Wende – ich bin verliebt* von Markus Burkhard (2007), ein Roman, in dessen Mittelpunkt der 15-jährige Paul steht, der von Juli 1989 bis Oktober 1990 Tagebuch über das letzte Jahr der DDR führt und mit trockenem Humor die privaten und politischen Ereignisse der Wendezeit beschreibt. In *Lilly unter den Linden* von Voorhoeve (2004; Nominierung DJLP 2005) erlebt die 13-jährige Lilly die Wende, als sie 1988 nach dem Tod ihrer Mutter von Hamburg zur Tante nach Jena zieht. Das Schema östlicher versus westlicher Blick wird vermieden, da Lilly ein differenziertes Bild ihrer neuen Heimat entwickelt, die sie nicht nur an westlichen Maßstäben misst. Eine Unterrichtssequenz zu diesem Buch für die Klassen 8 bzw. 8/9 haben Dreier (2009) und Jonas (2008) entwickelt.

4. Schlussbemerkungen

Zuvor wurden Gattungen der KJL exemplarisch näher beschrieben, die in besonderem Maße für den Deutschunterricht geeignet scheinen. Im Folgenden werden noch kurz einige Texte vorgestellt, die ebenfalls in literarästhetischer Hinsicht und mit Blick auf ihr didaktisches Potenzial überzeugen, jedoch seltener den Weg in den Literaturunterricht finden. Dabei handelt es sich neben deutschsprachigen auch um (vor allem aus dem Amerikanischen) übersetzte Romane. Betrachtet man die Bestsellerlisten der letzten Jahre, so fällt auf, dass mehr denn je jugendliterarische Texte Einzug auf den vornehmlich an Erwachsene gerichteten Buchmarkt gehalten haben – und zwar vor allem aus dem Bereich der *phantastischen* KJL. Zentrale Merkmale dieser All-Ages-Literatur (vgl. u. a. Bonacker 2007) sind neben der Mehrfachcodierung und -adressierung vor allem die Nähe zu anderen Gattungen, wie z. B. dem Adoleszenzroman. So sind die Hauptfiguren in Stephenie Meyers erfolgreicher Vampir-Reihe *Biss zum Morgengrauen* (2006ff.; Nominierung DJLP 2007), in Cornelia Funkes *Tintenherz*-Trilogie (2003ff.; Nominierung DJLP 2004) oder *Harry Potter* (1998ff.; Nominierung DJLP 1999) von J. K. Rowling neben ihren Begegnungen mit dem Übernatürlichen immer zugleich auch auf der Suche nach sich selbst, ihren Stärken und Schwächen, ihren Wünschen und ihrer Zukunft. Dass die meisten (aktuellen) phantastischen Romane als mehrteilige Bände angelegt sind, sollte für den Deutschunterricht kein Hindernis darstellen, sondern vielmehr als Analysemerkmal aufgegriffen werden, z. B. in Bezug auf den Spannungsaufbau. Folgebände können im Sinne einer individuellen Förderung an einzelne Schüler in Form von Referaten verteilt werden. Welche vielfältigen Möglichkeiten und analytischen Ansätze die phantastische KJL bietet, dokumentiert der Band *Zauberland und Tintenwelt* (Knobloch / Stenzel 2006).

Des Weiteren ist bei den Neuerscheinungen eine Häufung von Romanen zu beobachten, die *dystopische* Züge tragen bzw. auf der Schwelle zur *Science Fiction* stehen (vgl. Schweikart 2012). Beispielsweise beschreibt Patrick Ness in seinem Trilogieauftakt *New World: Die Flucht* (2009) eine Kolonie, in der nur Männer leben, jeder die Gedanken des anderen hören kann und es an einem Jungen liegt, hinter das Geheimnis dieser Neuen Welt zu kommen. Ein vergleichbar düsteres Bild von der Zukunft beschreibt Suzanne Collins' Roman *Die Tribute von Panem: Tödliche Spiele* (2009). Ähnlich den antiken Gladiatorenspielen werden vor laufenden Kameras Jugendliche in einem zukünftigen Kanada aufeinander gehetzt, bis ein Gewinner übrig bleibt. Hier wird eine unterschwellige Medienkritik deutlich, die man im Deutschunterricht sinnvoll mit einer Diskussion über die eigenen medialen Nutzungsgewohnheiten verknüpfen kann. Eine ähnliche medenkritische Thematik findet sich in Isabel Abedis Roman *Isola* (2007), in dem eine Gruppe Jugendlicher auf einer Insel zusammentrifft, um an einer Filmproduktion teilzunehmen. Einer nach dem anderen fällt schon bald einem Mörder zum Opfer – und alles wird gefilmt. Es bietet sich an, dieses Buch mit den Schülern im Hinblick auf intertextuelle Bezüge und mediale Anspielungen hin zu analysieren, z. B. vergleichend dazu die aktuelle amerikanische Serie *Harper's Island* (2009) oder den Film *8 Frauen* von François Ozon aus dem Jahr 2002 heranzuziehen.

Der Literaturunterricht ist geprägt von vielen Faktoren, die von außen auf ihn einwirken. Gegenwärtig stellen insbesbesondere die unterschiedlichen zentralen Prüfungen (Vergleichsarbeiten in Klasse 8, zentrale Abschlussprüfungen in Klasse 9 bzw. 10, Zentralabitur) und die Verkürzung der gymnasialen Oberstufe eine weitere nicht unproblematische Entwicklung dar, weil sie den Handlungsspielraum der Lehrer in Bezug auf die Auswahl der Lektüren einschränkt. Und auch die Schüler stehen unter wachsendem Druck, ein bestimmtes Lesepensum bis zum Abitur zu absolvieren, so dass die Obligatorik einen flexiblen und interessenorientierten Blick auf andere Lektüren eher verhindert. Dennoch sollte man als Deutschlehrer bemüht sein, den Blick über den Tellerrand der Abiturtexte zu wagen und – möglicherweise in einer Phase der Wiederholung oder nach den Vorabiturklausuren – sich die Zeit nehmen, einen jugendliterarischen Text zu lesen. Viele der vorgestellten Romane erfüllen die Kompetenzbereiche des Deutschunterrichts im Bereich *Umgang mit Texten und Medien* sowie die Zielvorgaben des Abiturs, in denen u. a. Medienkritik eine Rolle spielt. Außerdem besteht die Möglichkeit, Texte miteinander zu verknüpfen: Musils *Verwirrungen des Zöglings Törleß* lässt sich gut mit einem postmodernen Adoleszenzroman vergleichen, um die strukturellen Unterschiede bzw. Parallelen herauszuarbeiten. Ebenso könnte Christa Wolfs Erzählung *Kassandra* Ausgangspunkt für eine Reihe zum Thema *Wende* oder Schreiben in Ost und West sein und mit weiteren zeitgeschichtlichen Jugendbüchern kontrastiert werden. Immer ist ein Blick auf die aktuellen Preis- und Nominierungslisten des DJLP hilfreich, denn viele Bücher haben privat Heranwachsende schon erreicht.

Literatur

Primärliteratur

Abedi, Isabel (2007): Isola. Roman. Würzburg: Arena.

Bach, Tamara 2004 (2007): Busfahrt mit Kuhn. München: dtv.

Boyne, John 2007 (2008): Der Junge im gestreiften Pyjama. Eine Fabel. Aus dem Engl. von Brigitte Jakobeit. Frankfurt am Main: Fischer.

Brüder Grimm/Ensikat, Klaus 1979 (1995): Die Bremer Stadtmusikanten. Berlin: Altberliner Verlag.

Brüder Grimm/Schröder, Binette 1989 (2006): Der Froschkönig oder der eiserne Heinrich. Gemalt für große und kleine Leute. Gossau: Nord-Süd Verlag.

Burkhard, Markus (2007): Macht ihr eure Wende – ich bin verliebt. München: Terzio.

Collins, Suzanne (2009): Die Tribute von Panem. Tödliche Spiele. Dt. von Sylke Hachmeister u. Peter Klöss. Hamburg: Oetinger.

Deutschkron, Inge/Ruegenberg, Lukas 1999 (2006): Papa Weidt. Er bot den Nazis die Stirn. Kevelaer: Butzon & Bercker.

Dische, Irene/Enzensberger, Hans Magnus/Sowa, Michael 1993 (2009): Esterhazy. Eine Hasengeschichte. München: Hanser.

Drvenkar, Zoran/Baltscheit, Martin (2007): Zarah. Du hast doch keine Angst, oder? Berlin: Berlin Verlag.

Ende, Michael 1960 (2008): Jim Knopf und Lukas der Lokomotivführer. Stuttgart: Thienemann.

Erben, Eva 1996 (2009): Mich hat man vergessen. Erinnerungen eines jüdischen Mädchens. Aus d. Hebr. von Nathan Jessen. Weinheim/Basel: Beltz & Gelberg.

Erlbruch, Wolf 2007 (2008): Ente, Tod und Tulpe. München: Kunstmann.

Frank, Anne 1950 (2007): Anne-Frank-Tagebuch. Fassung von Otto H. Frank. Aus d. Niederl. von Mirjam Pressler. Frankfurt am Main: Fischer.

Franz, Cornelia 2000 (2001): Verrat. München: dtv.

Funke, Cornelia (2003ff.): Tintenherz. Mit Ill. der Autorin. Hamburg: Dressler.

Gleichauf, Ingeborg (2008): Worte, mir nach! Acht Dichterinnen und ihr Leben. Mit Porträts von Peter Schössow. Erw. Neuausg. von: Ich habe meinen Traum. München: dtv.

Günzel-Horatz, Renate 2000 (2007): Marie. Spuren in die Vergangenheit. Neuausg. Frankfurt am Main: Fischer.

Hauenschild, Lydia (2009): Mineralien und Gesteine. Bindlach: Loewe.

Innocenti, Roberto 1986 (2006): Rosa Weiss. Nacherzählt von Mirjam Pressler. Düsseldorf: Sauerländer.

Kacer, Kathy (2008): Ediths Versteck. Die Geschichte des jüdischen Mädchens Edith Schwalb./ Dt. von Marlies Ruß. Berlin: Berlin Verlag.

Kaldhol, Marit/Øyen, Wenche 1987 (2006): Abschied von Rune. Aus d. Norweg. von Angelika Kutsch München: Ellermann.

Kerr, Judith 1973 (2009): Als Hitler das rosa Kaninchen stahl. Aus d. Engl. von Annemarie Böll. 18. Aufl. Ravensburg: Ravensburger.

Kordon, Klaus 1994 (2007): Die Zeit ist kaputt. Die Lebensgeschichte des Erich Kästner. Weinheim/Basel: Beltz & Gelberg.

Krauß, Irma 2007 (2009): Das Wolkenzimmer. München: cbj.

Levine, Karen 2003 (2006): Hanas Koffer. Die Geschichte der Hana Brady. Aus dem kanad. Engl. von Mirjam Pressler. Ravensburg: Ravensburger.

Lionni, Leo 1964 (2008): Swimmy. Aus d. Amerikan. von James Krüss. Weinheim/Basel: Beltz & Gelberg.

Maar, Paul 1984 (2006): Lippels Traum. Hamburg: Oetinger.

Mai, Manfred: 2004 (2009) Was macht den Mensch zum Menschen? Friedrich Schiller – eine Biografie. München: dtv.

Meyer, Stephenie (2006ff.): Biss zum Morgengrauen. Aus dem Engl. von Karsten Kredel. Hamburg: Carlsen.

Müller, Jörg/Steiner, Jörg 1989 (1995): Aufstand der Tiere oder Die neuen Stadtmusikanten. Aarau: Sauerländer.

Ness, Patrick (2009ff.): New World 1: Die Flucht. Aus d. Engl. übers. von Petra Koob-Pawis. Ravensburg: Ravensburger.

Nilsson, Ulf/Eriksson, Eva (2008): Die besten Beerdigungen der Welt. Bilderbuch. Aus d. Schwed. von Ole Könnecke. Frankfurt am Main: Moritz.

Oates, Joyce Carol 2005 (2007): Mit offenen Augen. Die Geschichte von Freaky Green Eyes. Aus d. Amerikan. von Birgitt Kollmann. München: dtv.

Oates, Joyce Carol 2006 (2008): Sexy. Roman. Aus d. Amerikan. von Birgitt Kollmann. München: dtv.

Orlev, Uri (2004) (2006): Lauf, Junge lauf. Aus d. Hebr. von Mirjam Pressler. Weinheim/Basel: Beltz & Gelberg.

Orlev, Uri (1990) (2008): Der Mann von der anderen Seite. Aus d. Hebr. von Mirjam Pressler. Neuausg. Weinheim/Basel: Beltz & Gelberg.

Pausewang, Gudrun 1992 (2007): Reise im August. Ravensburg: Ravensburger.

Pludra, Benno 1991 (2004): Siebenstorch. Weinheim/Basel: Beltz und Gelberg.

Pludra, Benno (1999): Jakob heimatlos. Berlin: Kinderbuchverlag.

Pommaux, Yvan 1994 (2005): Detektiv John Chatterton. Aus d. Franz. von Anima Kröger. Weinheim/Basel: Beltz und Gelberg.

Poole, Josephine (2005): Anne Frank. Übers. von Mirjam Pressler. Würzburg: Arena.

Pressler, Mirjam 2001 (2009): Malka Mai. Weinheim/Basel: Beltz und Gelberg.

Pressler, Mirjam 1998 (2008): Ich sehne mich so. Die Lebensgeschichte der Anne Frank. Neuausg. Weinheim/Basel: Beltz & Gelberg.

Prinz, Alois 2003 (2007): Lieber wütend als traurig. Die Lebensgeschichte der Ulrike Marie Meinhof. Weinheim/Basel: Beltz & Gelberg 2003.

Richter, Hans-Peter 1961 (1996): Damals war es Friedrich. München: dtv.

Rol, Ruud van der/Verhoeven, Rian (1993): Anne Frank. Dt. von Mirjam Pressler. Hamburg: Oetinger.

Rowling, Joanne K. (1998ff.): Harry Potter und der Stein der Weisen. Aus dem Engl. von Klaus Fritz. Hamburg: Carlsen.

Neudeck Rupert/Ruegenberg, Lukas 2000 (2008): Janusz Korczak. Der König der Kinder. Kevelaer: Butzon & Bercker.

Schössow, Peter (2005): Gehört das so??! Die Geschichte von Elvis. München: Hanser.

Steinhöfel, Andreas 1991 (2008): Dirk und ich. Hamburg: Carlsen.

Steinhöfel, Andreas 1998 (2009): Die Mitte der Welt. Roman. München: Pieper.

Steinhöfel, Andreas (2008): Rico, Oskar und die Tieferschatten. Hamburg: Carlsen.

Stoffels Karlijn 1998 (2009): Mojsche und Rejsele. Roman. Aus d. Niederl. von Mirjam Pressler. Neuausg. Weinheim/Basel: Beltz und Gelberg.

Turnbull, Stephanie 2004 (2009): Entdecke die Planeten. Übers. von Harriet Grunewald. Würzburg : Arena.

Vander Zee, Ruth/Innocenti, Roberto (2003): Erikas Geschichte. Dt. von Gabriele Haefs. Düsseldorf: Sauerländer.

Venske, Andreas (2009): Schiller und die Freiheit des Geistes. Würzburg: Arena.

Voorhoeve, Anne C. 2004 (2009): Lilly unter den Linden. Ravensburg: Ravensburger.

Welsh, Renate 1999 (2002): Besuch aus der Vergangenheit. 2. Aufl. Würzburg: Arena.Wieghaus, Georg/Ruegenberg, Lukas (2002): Jakob, der Lügner. Nach dem Roman von Jurek Becker. Kevelaer: Butzon & Bercker.

Zitelmann, Arnulf (2007): „Ich weiß, dass ich nichts weiß". Die vier großen Philosophen der Antike. Sokrates, Platon, Aristoteles, Diogenes. Weinheim/Basel: Beltz und Gelberg.

Sekundärliteratur

Arnswald, Ulrich/Bongertmann, Ulrich/Mählert, Ulrich (2006): DDR-Geschichte im Unterricht. Schulbuchanalyse –Schülerbefragung – Modellcurriculum. Berlin: Metropolverlag.

Azegami, Taiji (1996): Die Jugendschriften-Warte. Von ihrer Gründung bis zu den Anfängen des „Dritten Reichs" unter besonderer Berücksichtigung der Kinder- und Jugendliteraturbewertung und -beurteilung. Frankfurt am Main: Lang (= Europäische Hochschulschriften: Reihe 1, Deutsche Sprache und Literatur; 1551).

Baßler, Moritz (2002): Der deutsche Pop-Roman. Die neuen Archivisten. München: Beck.

Bekes, Peter (2008): Todesstreifen als Hasenparadies. Zur Behandlung von Irene Disches und Hans Magnus Enzensbergers Bildergeschichte Esterhazy in der 5. oder 6. Jahrgangsstufe. In: Josting, Petra/Kammler, Clemens/Schubert-Felmy, Barbara (Hrsg.): Literatur zur Wende. Grundlagen und Unterrichtsmodelle für den Deutschunterricht der Sekundarstufen I und II. Baltmannsweiler: Schneider, S. 56–71.

Bogdal, Klaus-Michael (2003): Selbst sein und doch anders: Andreas Steinhöfels Roman „Die Mitte der Welt". In: Büker, Petra/Kammler, Clemens (Hrsg.): Das Fremde und das Andere. Interpretationen und didaktische Analysen zeitgenössischer Kinder- und Jugendbücher. Weinheim/München: Juventa, S. 217–233.

Bonacker, Maren (2007): „Writing for children of all ages" – Wenn Kinderbücher Grenzen sprengen. In: Bonacker, Maren (Hrsg.): Das Kind im Leser. Phantastische Texte als *all-ages*-Lektüre. Trier: Wissenschaftlicher Verlag, S. IX–XV.

Borkemeyer, Christa/Hurrelmann, Bettina (1992): Wechselspiel zwischen Distanz und Annäherung: „Die eiserne Lerche" – eine neue Biographie über den Dichter Georg Herwegh. In: Praxis Deutsch 111, S. 51–60.

Bos, Wilfried u. a. (Hrsg.) (2004): IGLU. Einige Länder der Bundesrepublik Deutschland im nationalen und internationalen Vergleich. Münster: Waxmann.

Breitmoser, Doris/Bernd, Kristina (2008): Das Bilderbuch. 13. Aufl. München: o. V.

Breitmoser, Doris/Lentge, Julia (2009): Das Kinderbuch. 6. überarb. Aufl. München: o. V.

Breitmoser, Doris/Linge, Kristina (2007): Das Jugendbuch. 2. überarb. Aufl. München: o. V.

Brüggemann, Theodor (1982): Handbuch zur Kinder- und Jugendliteratur. Von 1750 bis 1800. In Zusammenarbeit mit Hans-Heino Ewers. Stuttgart: Metzler.

Brüggemann, Theodor (1987): Handbuch zur Kinder- und Jugendliteratur. Vom Beginn des Buchdrucks bis 1570. In Zusammenarbeit mit Otto Brunken. Stuttgart: Metzler.

Brüggemann, Theodor (1991): Handbuch zur Kinder- und Jugendliteratur. Von 1570 bis 1750. In Zusammenarbeit mit Otto Brunken. Stuttgart: Metzler.

Brunken, Otto/Hurrelmann, Bettina/Pech, Klaus-Ulrich (Hrsg.) (1998): Handbuch zur Kinder- und Jugendliteratur. Von 1800 bis 1850. Stuttgart: Metzler.

Brunken, Otto/Hurrelmann, Bettina/Michels-Kohlhage, Maria/Wilkending, Gisela (Hrsg.) (2008): Handbuch zur Kinder- und Jugendliteratur. Von 1850 bis 1900. Stuttgart: Metzler.

Dahrendorf, Malte (1997): Das zeitgeschichtliche Jugendbuch zum Thema Faschismus/ Nationalsozialismus. Überlegungen zum gesellschaftlichen Stellenwert, zur Eigenart und zur Didaktik. In: Rank, Bernhard/Rosebrock, Cornelia (Hrsg.): Kinderliteratur, literarische Sozialisation und Schule. Weinheim: Deutscher Studienverlag (= Schriftenreihe der Pädagogischen Hochschule Heidelberg; 29), S. 201–226.

Dahrendorf, Malte (2006): Biografische und autobiografische Elemente in der deutschsprachigen Kinder- und Jugendliteratur zum Holocaust. In: Beiträge Jugendliteratur und Medien 58, H. 3, S. 188–197.

Doderer, Klaus/Riedel, Cornelia (1988): Der Deutsche Jugendliteraturpreis. Eine Wirkungsanalyse. Weinheim/München: Juventa.

Doderer, Klaus (Hrsg.) 1975–1982 (1995): Lexikon der Kinder- und Jugendliteratur. Personen-, Länder- und Sachartikel zu Geschichte und Gegenwart der Kinder- u. Jugendliteratur. 3 Bde. (A–Z) und ein Ergänzungs- u. Registerband. Weinheim/Basel: Beltz.

Doornkaat, Hans ten (1991): PR, TV, Exit. Von Leben aus zweiter Hand und vom Fliehen auf eigene Faust. „Aufstand der Tiere oder die neuen Stadtmusikanten" von Jörg Müller und Jörg Steiner. In: Thiele, Jens (Hrsg.) (1991): Neue Erzählformen im Bilderbuch. Untersuchungen zu einer veränderten Bild-Text-Sprache. Oldenburg: Isensee, S. 50–75.

Dreier, Ricarda (2005a): Literatur der 90er-Jahre in der Sekundarstufe II. Judith Hermann, Benjamin von Stuckrad-Barre und Peter Stamm. Baltmannsweiler: Schneider (= Deutschdidaktik aktuell; 19).

Dreier, Ricarda (2005b): Ein erzähltes Leben: Alois Prinz' Meinhof-Biographie *Lieber wütend als traurig* als Gegenstand erzähltheoretischer Überlegungen in der Sekundarstufe II. In: Beiträge Jugendliteratur und Medien 57, H. 3, S. 193–199.

Dreier, Ricarda (2009): Flucht in den Osten – Lilly unter den Linden von Anne C. Voorhoeve. In: Praxis Deutsch 216, S. 20–26.

Franz, Kurt/Lange, Günter/Payrhuber, Franz-Josef (Hrsg.) (1995ff.): Kinder- und Jugendliteratur. Ein Lexikon. Autoren, Illustratoren, Verlage, Begriffe. Begründet von Alfred Clemens Baumgärtner und Heinrich Pleticha. Meitingen: Corian.

Gansel, Carsten (1996): Zwischen Wirklichkeitserkundung und Stereotypenbildung: vom Dilemma einer Jugendliteratur zur „Wende". In: Der Deutschunterricht 49, H. 4, S. 32–43.

Gansel, Carsten (1999a): Moderne Kinder- und Jugendliteratur. Ein Praxishandbuch für den Unterricht. Berlin: Cornelsen Scriptor.

Gansel, Carsten (1999b): „Wende" und „Vorwende" in der KJL. Geschichten-Bilder au dem literarischen Prüfstand. In: Raecke, Renate (Hrsg.): Kinder- und Jugendliteratur in Deutschland. München: Arbeitskreis für Jugendliteratur, S. 106–122.

Gansel, Carsten (2000): Der Adoleszenzroman: zwischen Moderne und Postmoderne. In: Lange, Günter (Hrsg.): Taschenbuch der Kinder- und Jugendliteratur. Bd. 1. Baltmannsweiler: Schneider, S. 359–398.

Gansel, Carsten/Zimniak, Pawel (Hrsg.) (2011): Zwischenzeit, Grenzüberschreitung, Aufstörung. Bilder von Adoleszenz in der deutschsprachigen Literatur. Heidelberg: Winter.

Glasenapp, Gabriele von (2005): „Was ist Historie? Mit Historie will man was." Geschichtsdarstellungen in der neueren Kinder- und Jugendliteratur. In: Glasenapp, Gabriel von/Wilkending, Gisela (Hrsg.): Geschichte und Geschichten. Die Kinder- und Jugendliteratur und das kulturelle und politische Gedächtnis. Frankfurt am Main (= Kinder- und Jugendkultur, -literatur und -medien; 41), S. 15–40.

Glasenapp, Gabriel von/Wilkending, Gisela (2005): Vorwort. In: dies.: Geschichte und Geschichten. Die Kinder- und Jugendliteratur und das kulturelle und politische Gedächtnis. Frankfurt am Main (= Kinder- und Jugendkultur, -literatur und -medien; 41), S. 7–14.

Hahn, Karin (2008): Wie kommt das Kinderbuch ins Radio? Über meine Arbeit als Hörfunk-Journalistin mit dem Schwerpunkt Kinder- und Jugendliteratur. In: kjl&m 60, H. 3, S. 26–29.

Hanfland, Vera (2008): Holocaust – ein Thema für die Grundschule? Eine empirische Untersuchung zum Geschichtsbewusstsein von Viertklässlern. Münster: Lit (= Geschichtskultur und historisches Lernen; 3).

Hesse-Hoerstrup, Dorothee (2001): Lebensbeschreibungen für junge Leser : die Biographie als Gattung der Jugendliteratur – am Beispiel von Frauenbiographien. Frankfurt am Main: Lang (= Kinder- und Jugendkultur, -literatur und -medien; 11).

Hesse-Hoerstrup, Dorothee (2004): Biographische Jugendbücher. In: Josting, Petra/ Stenzel, Gudrun (Hrsg.): „Wieso, weshalb, warum …“. Sachliteratur für Kinder und Jugendliche. Weinheim/München: Juventa (= Beiträge Jugendliteratur und Medien; 15), S. 104–118.

Hopster, Norbert (1994): Umgang mit der Literatur über den Nationalsozialismus im Deutschunterricht. In: Beiträge Jugendliteratur und Medien 46, H. 3, S. 140–149.

Hurrelmann, Bettina (1995): Klassiker der Kinder- und Jugendliteratur. Frankfurt am Main: Fischer.

Jahn, Leonore/Richter, Karin (2006): Bildwelten zu E.T.A. Hoffmann „Nussknacker und Mausekönig“. Modelle und Materialien für den Literaturunterricht (Klasse 3 bis Klasse 6). Baltmannsweiler: Schneider (= Bilder erzählen Geschichten – Geschichten erzählen zu Bildern; 2).

Jonas, Hartmut (2004): Kinder- und Jugendliteratur der DDR. In: Beiträge Jugendliteratur und Medien 56, H. 4, S. 254–261.

Jonas, Hartmut (2008): Wir sind kein Volk – oder? *Grenzüberschreitungen* in *Lilly unter den Linden* von Anne C. Voorhoeve und in Jugendbüchern von Jana Hensel, Klaus Kordon und Katja Hildebrand. Unterrichtsvorschläge für die Klassen 8 und 9. In: Josting, Petra/Kammler, Clemens/Schubert-Felmy, Barbara (Hrsg.): Literatur zur *Wende*. Grundlagen und Unterrichtsmodelle für den Deutschunterricht der Sekundarstufen I und II. Baltmannsweiler: Schneider, S. 72–90.

Hopster, Norbert/Josting, Petra/Neuhaus, Joachim (2001/2005): Kinder- und Jugendliteratur 1933–1945. Ein Handbuch. Bd. 1: Darstellender Teil mit Registern; Bd. 2: Darstellender Teil. Stuttgart: Metzler.

Josting, Petra (2008): *Wendeliteratur* für Kinder und Jugendliche. In: Josting, Petra/Kammler, Clemens/Schubert-Felmy, Barbara (Hrsg.): Literatur zur *Wende*. Grundlagen und Unterrichtsmodelle für den Deutschunterricht der Sekundarstufen I und II. Baltmannsweiler: Schneider, S. 39–54.

Josting, Petra/Stenzel, Gudrun (Hrsg.) (2004): „Wieso, weshalb, warum …“. Sachliteratur für Kinder und Jugendliche. Weinheim/München: Juventa (= Beiträge Jugendliteratur und Medien; 15).

Josting, Petra (2006): Biografisches über Erich Kästner für Jugendliche. In: Beiträge Jugendliteratur und Medien 58, H. 3, S. 178–187.

Josting, Petra/Kammler, Clemens/Schubert-Felmy, Barbara (Hrsg.) (2008): Literatur zur *Wende*. Grundlagen und Unterrichtsmodelle für den Deutschunterricht der Sekundarstufen I und II. Baltmannsweiler: Schneider.

Kaulen, Heinrich (1999): Fun, Coolness und Spaßkultur?. Adoleszenzromane der 90er Jahre zwischen Tradition und Postmoderne. In: Deutschunterricht 52, H. 5, S. 325–336.

Knobloch, Jörg/Stenzel, Gudrun (Hrsg.) (2006): Zauberland und Tintenwelt. Fantastik in der Kinder- und Jugendliteratur. Weinheim/München: Juventa (= Beiträge Jugendliteratur und Medien; 17).

Krüger, Anna (1970): Kinder- und Jugendbücher als Klassenlektüre. Analysen und Schulversuche. Ein Beitrag zur Reform des Leseunterrichts. 2., veränd. Aufl. Weinheim/Basel: Beltz (= Internationale Untersuchungen zur Kinder- und Jugendliteratur; 5).

Lange, Günter (2000): Zeitgeschichtliche Kinder- und Jugendliteratur. In: Ders. (Hrsg.): Taschenbuch der Kinder- und Jugendliteratur. Bd. 1: Gattungen. Themen. Baltmannsweiler: Schneider, S. 462–494.

Lange, Günter (2001): Adoleszenzroman. In: Jahrbuch für finnisch-deutsche Literaturbeziehungen 33, S. 6–20.

Lexe, Heidi (2006): Von Tom Waits zu den eels. Musikalisch provozierte Subtexte der Jugendliteratur. In: Dolle-Weinkauff, Bernd/Ewers, Hans-Heino/Pohlmann, Carola (Hrsg.): Kinder- und Jugendliteraturforschung 2005/2006: Mit einer Gesamtbibliografie der Veröffentlichungen des Jahres 2005. Frankfurt am Main: Lang, S. 73–84.

Merkelbach, Valentin (1999): Lektürevorschläge für die Primarstufe. Baltmannsweiler: Schneider.

Möllenbrock, Ellen (2003): Leseförderung im Deutschunterricht mit einem Jugendbuch zum Thema „Homosexualität und Liebe". Z. B. mit Andreas Steinhöfels Roman „Die Mitte der Welt". In: Beiträge Jugendliteratur und Medien 55, H. 2, S. 96–104.

Oetken, Mareile (2009): Was gibt es hier zu lachen? Inszenierungen von Komik in aktuellen Bilderbüchern. In: kjl&m 61, H. 2, S. 23–31.

Politische Bildung (2008) = Themenheft der Zeitschrift ide, 32, H. 4.

Richter, Karin (1995): DDR-Kindheit – Wendekindheit. Der neue Alltag in ostdeutschen Kinder- und Jugendromanen. In: Daubert, Hannelore/Ewers, Hans-Heino (Hrsg.): Veränderte Kindheit in der aktuellen Kinderliteratur. Braunschweig: Westermann. S. 134–150.

Richter, Karin (2004): Wie viel und welche (kinder-)literarische Bildung benötigt ein Lehramtsstudent? In: Beiträge Jugendliteratur und Medien 56, H. 4, S. 283–286.

Richter, Karin (2007): Kinderliteratur im Literaturunterricht der Grundschule. Befunde – Konzepte – Modelle. 2. erw. und veränd. Aufl. Baltmannsweiler: Schneider (= Deutschdidaktik aktuell; 11).

Richter Karin/Plath, Monika (2005): Lesemotivation in der Grundschule. Empirische Befunde und Modelle für den Unterricht. Weinheim/München: Juventa (= Lesesozialisation und Medien).

Richter Karin/Plath, Monika (2007): Märchenhafte Bildwelten. Klaus Ensikats „Die Bremer Stadtmuskanten" und „Kieselchen". Modelle und Materialien für den Literaturunterricht. Baltmannsweiler: Schneider (= Bilder erzählen Geschichten – Geschichten erzählen zu Bildern; 3).

Schmidt, Heiner 1960 (1966): Jugendbuch im Unterricht. Einhaltliche Erschließung des Jugendschrifttums, zugleich ein kritischer Gesamtüberblick 1950 bis 1965/ Unter Mitarb. von Willi Röwekamp. 2., neubearb. Aufl. Weinheim u. a.: Beltz. 1. Aufl. u. d. T.: Schulpraktische Jugendlektüre (1960).

Schweikart, Ralf (2012): Nur noch kurz die Welt retten. Dystapien als jugendliterarisches Trendthema. In: kjl&m 64, H. 3, S. 3–11.

Shavit, Zohar (2008): Es war einmal ein Krieg. Jüdische und nichtjüdische Kriegs- und Nachkriegskindheit und -jugend in der Kinder- und Jugendliteratur. In: Glasenapp, Gabriele von/ Ewers, Hans-Heino: Kriegs- und Nachkriegskindheiten. Studien zur literarischen Erinnerungskultur für junge Leser. Frankfurt am Main: Lang, S. 51–68.

Steinlein, Rüdiger/Strobel, Heidi/Kramer, Thomas (Hrsg.) (2006): Handbuch zur Kinder- und Jugendliteratur. SBZ/ DDR. Von 1945 bis 1990. Stuttgart: Metzler.

Stenzel, Gudrun (2009): Erstlesebücher. In: Kinder- und Jugendliteratur. Ein Lexikon. Autoren, Illustratoren, Verlage, Begriffe/ hrsg. von Kurt Franz/Günter Lange/Franz-Josef Payrhuber 35. Erg.-Lfg. Meitingen: Corian.

Wagner, Annette (2007): Postmoderne im Adoleszenzroman der Gegenwart: Studien zu Bret Easton Ellis, Douglas Coupland, Benjamin von Stuckrad-Barre und Alexa Hennig von Lange. Frankfurt am Main: Lang (= Kinder- und Jugendkultur, -literatur und -medien; 48).

Wild, Reiner (Hrsg.) (2008): Geschichte der deutschen Kinder- und Jugendliteratur. 3., vollst. überarb. und erw. Auflage. Stuttgart: Metzler.

Zimmermann, Holger (2007): Die Menschen sehen, wie sie sind. Die Biografien des Alois Prinz. In: kjl&m 59, H. 2, S. 54–59.

MICHAEL BAUM

1.6 Literarisches Verstehen und Nichtverstehen

Kulturtheorie und Literaturunterricht

Wahr sind nur die Gedanken, die sich selber nicht verstehen.
Theodor W. Adorno. Minima Moralia.

1. Verstehen und Nichtverstehen – Begriffsskizze, Rückblick, Problemstellung

> „Alles Verstehen hat es mit zirkulären Sachverhalten zu tun, mit Sachverhalten, die in sich selbst auf sich selbst verweisen. Das gilt für Texte, das gilt für Personen. Daher trifft alles Verstehen auf eine innere Unendlichkeit. Man kann der internen Selbstreferenz endlos nachgehen, weil sie immer auf sich selbst zurückführt. Man wird, um es in klassischer Terminologie auszudrücken, vom Teil auf das Ganze und vom Ganzen auf das Teil verwiesen – vom einen auf das andere und auf sich zurück. Dies ist der Ausgangspunkt jeder Theorie des Verstehens" (Luhmann 1986, S. 72).

Wenn, wie Friedrich Schlegel vermutet, „alle höchsten Wahrheiten" zwar „trivial" sind, aber „eben darum" „nichts notwendiger" ist, „als sie immer neu, und womöglich immer paradoxer auszudrücken, damit es nicht vergessen wird, daß sie noch da sind, und daß sie nie eigentlich ganz ausgesprochen werden können" (Schlegel 1800, S. 366), dann mag es auch der Didaktik gut anstehen, sich mit ihren Grundbegriffen dauerhaft zu befassen, ohne deren Fallstricke zu scheuen. Einer dieser Grundbegriffe ist der des Verstehens. Unterricht kommt wohl ohne Referenz auf Verstehen nicht zustande. Und gerade die Negation von Verstehen macht dies deutlich. Eine Lehrerin sagt: „Ich verstehe meinen Schüler nicht." Oder ein Schüler sagt: „Ich verstehe diesen Text nicht." Beide artikulieren die momentane Unmöglichkeit, ein scheinbar unverzichtbares Konzept, welches Lehrerin und Schüler das Funktionieren von Unterricht ansonsten garantiert, zu nutzen. Positiv formuliert lässt sich Verstehen als jenes Moment bezeichnen, das es erlaubt, gegenstands- und personenbezogene Kommunikation zu prozessieren, im Verlaufe dieses Prozesses permanent zu integrieren und als Kette von kommunikativen Erfolgen erlebbar zu machen. Gegenstandsbezogen lebt das Konzept Verstehen von der „plausiblen Fiktion" (Oelkers 1986, S. 179), dass es so etwas wie Verstehen überhaupt gibt: Texte, so die Unterstellung, können verstanden werden. (Dass sich dies bei der Lektüre literarischer Texte erheblich verkompliziert, sei vorerst dahingestellt). Personenbezogen leistet Verstehen die „Individualisierung des Allgemeinen" (Schorr 1986, S. 14). Wer verstanden hat, dem ist es gelungen, die Aufgabe, welche durch Unterricht aufgegeben wurde, zu lösen – zumindest liegt eine interne Selbstbeschreibung vor, die das behauptet. „Gut, ich habe verstanden."

Damit ist allerdings eher die unverdächtige Seite des Verstehensproblems umrissen. Verstehen in diesem Sinne (als funktional-konstruktives Moment von Lernprozessen) böte sich sogar für Versuche der Operationalisierung an, wobei wohl Streit darüber entstünde, welche Inhalte, Begriffe, Verfahren etc. für eine entsprechende Modellierung herangezogen werden sollten; die postmoderne Pluralisierung des Wissens, auch der Theorien, ließe sich nicht ignorieren. Grundsätzlich gibt es aber keinen Widerspruch zwischen einem konstruktiv-funktionalen Verstehensbegriff und der immanenten Struktur von Operationalisierungen. Die eingangs zitierte These Niklas Luhmanns kompliziert das Verstehensproblem jedoch erheblich. *Zum einen* rückt der kognitive Überschuss, den Verstehen ständig produziert, ins Blickfeld. Verstehen ist offensichtlich ein unabschließbarer Prozess. Und das Problem der Operationalisierung des Verstehens liegt weniger darin, Verstehensprozesse abzukürzen oder zu vereinheitlichen, als vielmehr in falschen Entscheidungen im Vorfeld, wenn etwa die dialogische und prozessuale Form, die dem Verstehen gemeinhin attestiert wird, aus dem Blickfeld didaktischer Planungen verschwindet. Systemtheoretisch lässt sich solches Entstehen dirigistischer Lösungen des Verstehensproblems (etwa durch programmierte Lernschemata) als Reaktion auf die erkannte Nichtkontrollierbarkeit des Verstehens erklären bzw. als „professionelle Notlüge" demaskieren (Luhmann 1986, S. 90 und 74). Am schärfsten tritt das Problem zu Tage, wenn dem Lehrer suggeriert wird, dass es gar nichts mehr zu verstehen gibt; zur Vergewisserung über solche Tendenzen genügt ein Blick in die Schriften von Heinz Klippert (z. B. Klippert 2006). *Zum anderen* betont Luhmann die Systemreferenz des Verstehens; damit sind nicht nur Wissensbestände der Lernenden bzw. Verstehenden gemeint, sondern die Struktur der verstehenden Interaktion als Ganzes mit ihren institutionellen, interpersonalen und psychischen Bedingungen, woraus folgt, dass Verstehen kontingent, das heißt hier: von Fall zu Fall anders, abläuft. Dem Verstehen eignet also ein Moment der Unverfügbarkeit. Anders als der Begriff des Wissens, der tendenziell auf den Abschluss eines Aneignungsprozesses verweist, ist Verstehen immer als in die Zukunft verweisend und genuin unabgeschlossen zu denken. Ähnlich wie das Wort „Bildung" lässt sich auch das Wort „Verstehen" nicht in den Plural setzen – es widersteht gewissermaßen dem verdinglichenden Zugriff durch Pluralisierung.

In der Literaturdidaktik hat die Kategorie Verstehen, anders als jene des Nichtverstehens, über lange Zeit eine wichtige, bisweilen prägende Rolle gespielt (vgl. zum folgenden Baum 2007). Hermann Helmers überschreibt das den Literaturunterricht betreffende Kapitel seiner erstmals 1966 erschienen „Didaktik der deutschen Sprache" gleichsam selbstverständlich mit dem Untertitel „Das Verstehen ästhetischer Texte" (Helmers 1966, S. 209–260) und legt seiner Studie einen strukturalistischen Textbegriff zugrunde, der z.B. auf die charakteristischen Merkmale der einzelnen Gattungen abhebt (vgl. Steinbrenner 2006, S. 791). Die Siebzigerjahre bringen dann zwar eine Umorientierung in Richtung Semiotik, Ideologiekritik und Analyse. Mit der Adaption rezeptionsästhetischer Theoreme in der Literaturdidaktik bahnt sich jedoch bald schon eine Rückkehr des Verstehensanspruchs in die Literaturdidaktik an. Jürgen Krefts Buch „Grundprobleme der Literaturdidaktik“ (1977) macht dies deutlich, da z.B. sein viel diskutiertes Phasenmodell des Literaturunterrichts (vgl. Kreft 1977, S. 376–390) eine didaktische Variante des hermeneutischen Pendelns zwischen Vergangenheit und Gegenwart, Text und Kontext, Leser und Werk darstellt.

In den Achtziger- und Neunzigerjahren des vergangenen Jahrhunderts verteidigt Hans Kügler das Verstehen von Literatur als übergeordnetes Unterrichtsziel gegen die Vertreter des handlungs- und produktionsorientierten Literaturunterrichts. (Zeitgleich erscheint ein Grundriss des Deutschunterrichts, der das Verstehen programmatisch aus dem didaktischen Diskurs verabschiedet: Fritzsche 1994; vgl. insbesondere S. 10f. Dazu kritisch: Steinbrenner 2004, S. 26–29). Die auf subjektive Attraktion zielenden Methoden würden, so Kügler, den Anspruch der Literatur umgehen und ihr das Wort abschneiden (Kügler 1996; hier: S. 10). Ebenfalls in den Neunzigerjahren beginnt in der Literaturdidaktik die Auseinandersetzung mit der Postmoderne, insbesondere in den Gestalten von Dekonstruktion und Diskursanalyse. Ein wichtiges und frühes Dokument dieses Prozesses stellt der Aufsatz „Geschichte – Subjekt – Sinn“ von Jürgen Förster (1991) dar, in welchem der Autor die These vertritt, dass bedeutungs- und identitätszentrierte Lektüren weder der Entwicklung des Gegenstands Literatur noch dem Stand der Theoriediskussion entsprechen. Wenn fortan vom Verstehen die Rede ist, dann, wie in einem Artikel von Karlheinz Fingerhut aus dem Jahr 1995, vom mehr oder besser Verstehen als einem Typus von Lektüre, der dazu befähigt, die sinnkritische Dimension literarischer Texte zu erkennen, was verbunden sein soll mit einem „Zugewinn an Selbständigkeit auch gegenüber den Instanzen [...], die in das Verstehen einüben“ (Fingerhut 1995, S. 41). Die seit der PISA-Studie (2001) virulente Debatte um die Bedeutung aufgabenorientierter Lernarrangements verzichtet in den größten Teilen auf die weitere Analyse dieses Problems. In jüngster Zeit deutet sich allerdings eine Rückkehr des hermeneutischen Anspruchs in den Diskurs der Literaturdidaktik oder doch zumindest in deren Terminologie an (vgl. Der Deutschunterricht 62, 2010: Literarisches Verstehen sowie Winkler et al. 2010).

Weder die älteren literaturdidaktischen Phasenmodelle noch aktuelle Kompetenz-Raster werden der Komplexität (literarischen) Verstehens gerecht. Zwar ist es nur zu verständlich, wenn gerade *aufgrund* der Vielschichtigkeit des Problems die Lösungen idealtypisch ausfallen (Stufen, Kompetenzen), der Nachteil ist jedoch, dass Faktoren, die aus der Literatur nicht wegzudenken sind, wie Paradoxien, komische oder groteske Verzerrungen, komplexe Bildhaftigkeit, rhythmische Bewegung etc. ebenso aus dem Blick geraten wie leserseitig der dialogische, offene, reversible, durch Fragen und Hypothesen geleitet Prozess der Lektüre. Literaturunterricht wird immer mit erheblich mehr Unsicherheit, Diskontinuität und auch Widersprüchlichkeit zu rechnen haben, als es Kompetenz- und Stufenmodelle darstellen können oder wollen. Das Verstehen selbst ist durchsetzt von Möglichkeiten (Heidegger 1926 S. 146) bzw. von Fragen (Angehrn 2003, S. 105f.) und eine Didaktik, die sich als Theorie gelingenden Unterrichts begreift, kann dies nicht angemessen berücksichtigen. Vor dem Hintergrund einer binären Codierung didaktischen Denkens (Stufe erreicht/Stufe nicht erreicht; Kompetenz erlangt/Kompetenz nicht erlangt) ist es auch nicht erstaunlich, dass das Nichtverstehen in der Literaturdidaktik bisher eher wenig Beachtung gefunden hat.

Verstehen und Nichtverstehen sind keine Gegensatzpaare, sondern äußere Marken eines Raumes, der in alle Richtungen (wiederholt) durchlaufen werden kann. Stellt man sich diesen Raum zunächst als Fläche vor, so wird das Aufeinanderbezogensein von Verstehen und Nichtverstehen deutlich, indem man die äußeren Enden zurück biegt und so eine zylindrische Form erhält, in der sich beide Pole immer schon berühren und zugleich die Möglichkeit besteht, diesen Berührungspunkt wieder zu verlassen – entweder nach außen, in die Umwelt des Textes, oder in das Innere des Zylinders, zu den internen Zeichenrelationen. Oder aber man bewegt sich auf der Hülle des Zylinders und liest sein Lesen. Gleichgültig jedoch, an welchem Ort sich die Lektüre gerade aufhält; ihre Bewegung gehorcht einer paradoxalen Figur: nur Nichtverstehen provoziert weitere Verstehensversuche. Diskontinuität sichert Kontinuität. Nichtverstehen ist also nicht das leere Gegenphänomen des vollen Verstehens, sondern ereignet sich im Verstehen selbst. Wilhelm von Humboldt hat dies unter Verweis auf die Individualität des Verstehens zu erklären versucht:

> Erst im Individuum erhält die Sprache ihre letzte Bestimmtheit. Keiner denkt bei dem Wort gerade und genau das, was der andre, und die noch so kleine Verschiedenheit zittert, wie ein Kreis im Wasser, durch die ganze Sprache fort. Alles Verstehen ist daher immer zugleich ein Nichtverstehen, alle Übereinstimmung in Gedanken und Gefühlen zugleich ein Auseinandergehen. (Humboldt 1903–1936, S. 64f.; vgl. dazu die Diskussion bei Steinbrenner 2004, S. 34–36)

Jacques Derrida beschreibt das Phänomen mit derselben Metapher, geht aber eher von der internen Differenzierung des sprachlichen Zeichens in Form von Verweisen aus, wenn er von der „zitternde[n] Linie“, die „*innerhalb* des Wortes“ (Derrida 1986, S. 156) zu beobachten sei, spricht. Folglich kann der Akt der Lektüre betrachtet werden als immer schon auf dem Weg hin zum anderen (Zeichen, Gedanken) und deshalb permanent im momentanen Nichtverstehen begriffen.

Indem Verstehen als Fragen und als Reflexion auf (kontingente) Möglichkeiten begriffen wird, ist die Grenze zum Nichtverstehen immer schon tangiert. Verstehen und Nichtverstehen lassen sich – so gesehen – lediglich heuristisch unterscheiden. Denn selbstverständlich enthält das Nichtverstehen ebenso Spuren des Verstehens wie umgekehrt. Systemtheoretisch ließe sich das Nichtverstehen ebenso als Einheit der Differenz von Verstehen und Nichtverstehen beschreiben wie das Verstehen als Einheit der Differenz von Nichtverstehen und Verstehen. Luhmanns Rede von der „inneren Unendlichkeit des Verstehens" lässt sich so in seiner eigenen Terminologie reformulieren.

Friedrich Schleiermacher hebt in einer der anspruchsvollsten und interessantesten Passagen seiner Hermeneutik auf die Prozessualität und Differenzialität von Bewusstseinsakten ab und bestimmt von daher – nicht idealistisch wie Humboldt – sondern gewissermaßen materialistisch die Dialektik von Verstehen und Nichtverstehen als Heraufkommen und Entgleiten von kognitiven Substraten. Wenn wir das Erkannte intentional wieder fixieren, so Schleiermacher, erscheint es in verwandelter Gestalt, als wiederholte und also variierte Erkenntnis. Damit erscheint vorweggenommen, was in Texten des Poststrukturalismus als Aufeinanderbezogensein von Wiederholung und Differenz thematisiert wird (Derrida 1972; Deleuze 1968):

> Der Willensakt fesselt sie [Gedanken, Erkenntnisse; M. B.] und verändert ihre Natur des momentanen Verschwindens. Jenes Zurückgebliebene [Gedachte, Erkannte, Verstandene; M. B.] wird wiederholbar, wenn jener bestimmte Willensakt stattfindet, allerdings in verschiedenem Grade in Beziehung auf die Zeit und den Gegenstand. Fragen wir nun, wie verhalten wir uns denn zu diesem Zurückgebliebenen? Wir haben es und haben es auch nicht. (Schleiermacher 1838, S. 204)

Wenn hier von Nichtverstehen die Rede ist, ist also nicht gemeint, *nichts zu verstehen*, sondern tatsächlich Nichtverstehen in dem Sinne, dass das verstehende Zusammenbringen disparater Texteindrücke momentan nicht möglich ist, etwa wenn ein Leser aufmerksam wird für die asymmetrische Beziehung zwischen dem Titel eines literarischen Textes und dem, was er umfassen soll, aber niemals kann: den Textkörper. Kafka führt dies vor, wenn er seiner Erzählung den Titel „Die Verwandlung" gibt, aber nirgends eine Verwandlung beschreibt, sondern vielmehr die Voraussetzungen und Folgen davon. Der Leser hat bereits verstanden, wenn er dies liest, aber eine Verstehensleistung, die das ganze Problem umfasst und schlüssig erklärt, ist ihm eventuell nicht möglich. Nichtverstehen kann dabei unterschiedlich akzentuiert werden: als nicht *verstehen* (dafür aber z. B. als 'erklären', 'dekonstruieren' 'assoziieren' etc.) oder als *nicht* verstehen (dafür aber als 'fragen', 'irritiert sein', 'nicht einverstanden sein' etc.). Nichtverstehen ist also der Schatten, den das Verstehen wirft und der sich vom Verstehen nicht ablöst; das Nichtverstehen kann dabei dominant werden und den Verstehensprozess tatsächlich „in den Schatten stellen." Umgekehrt kann in der (Mittags-)Hitze des Verstehens das Verstandene besonders deutlich hervortreten. Doch wie viel verstehen wir von dem, was ein Text zu lesen gibt? Ein Literaturunterricht, der sensibel mit dem Phänomen des Nichtverstehens umgeht, wird sich immer in der Nähe der Sprachen des Textes und der Lernenden bewegen; er wird diskontinuierlicher und weniger programmiert, tendenziell induktiv ablaufen und er wird des öfteren versuchen, das Nichtverstehen ebenso wie das Verstehen metakommunikativ einzuholen.

2. Verstehen und Nichtverstehen in unterschiedlichen Theoriekonstruktionen

Wer sich über Verstehen und Nichtverstehen Gedanken macht, steht vor dem Problem, dass keineswegs Konsens darüber herrscht, was unter dem einen oder anderen zu verstehen ist. Vielmehr zirkulieren – gespeist aus unterschiedlichen Theorietraditionen – mehrere Auffassungen, die sich mal überschneiden und mal hochgradig disparat sind. Ziel der folgenden Ausführungen ist es deshalb, das theoretische Feld zu sichten, um denen, die professionell mit dem (Nicht-)Verstehen befasst sind, ein besseres Verständnis des Phänomens zu ermöglichen und/oder sie in die Lage zu versetzen, Zielentscheidungen besser begründen zu können. Dabei ist die Auffassung leitend, dass aus den Beobachtungsmöglichkeiten, welche kulturwissenschaftliche Supertheorien (Hermeneutik, Systemtheorie etc.) bieten, auch für das Verständnis didaktischer Probleme etwas gewonnen werden kann (vgl. Baum/Bönninghausen 2010).

Hermeneutik

Die älteste und am weitesten ausdifferenzierte Theorie des Verstehens ist die Hermeneutik. Philosophen und Philologen wie Schleiermacher, Dilthey, Heidegger, Gadamer und Iser haben ihre Entwicklung mit bestimmt. Der Beginn der neuzeitlichen Hermeneutik wird gemeinhin mit dem Werk Friedrich Schleiermachers datiert. Schleiermacher definiert die Hermeneutik als „Kunst des Verstehens“ sowie als Theorie, welche zwischen der Aussage eines anderen und meiner eigenen Aussage Vermittlungen konstruieren kann (Schleiermacher 1838, S. 75). Den Hintergrund für die Ausarbeitung dieser „Kunst des Verstehens“ bilden mediengeschichtliche Zäsuren (die immer stärkere Verbreitung von Gedrucktem und die Notwendigkeit, dieses zu verstehen bzw. gute und schlechte Texte unterscheiden zu können) ebenso wie spezifische inhaltliche Interessen (Schleiermacher als Theologe muss sich um die richtige Deutung der heiligen Schriften Gedanken machen). Gleichzeitig entdecken die Romantiker eben jene „innere Unendlichkeit“, über die Luhmann 150 Jahre später schreibt.

Notwendig wird die Anstrengung des Verstehens also, weil sich komplexe schriftsprachliche Texte von ihren Produzenten abgelöst haben und nicht mehr ohne weiteres verständlich sind. Am Anfang der neuzeitlichen Hermeneutik steht gewissermaßen die Erkenntnis der „Gefahr des Nichtverstehens“ (anders als die Hermeneutik der Aufklärungszeit, welche von der immanenten Vernunft des Textes ausgeht). Schleiermacher entschärft jedoch das Problem, indem er vom „Missverstehen“ redet und damit an der zumindest als regulative Idee unverzichtbaren Maxime des richtigen Verstehens festhält; bei der Lektüre anspruchsvoller Texte ergibt sich nach Schleiermacher „Missverstehen“ von selbst; das rechte Verstehen muss hingegen immer wieder neu gesucht werden (Schleiermacher 1838, S. 92f.). Die „laxe Praxis“ des vorschnellen, subjektiven Verstehens, von der Schleiermacher an dieser Stelle spricht, ist später in didaktischen Debatten dem handlungs- und produktionsorientierten Literaturunterricht vorgeworfen worden.

Für die hermeneutische Emphase des Verstehens ist folglich gerade das Bewusstsein von dem stets mitspielenden Nichtverstehen konstitutiv. Nichtverstehen ist das Scheitern vor der *Fremdheit*. In gewisser Weise lässt sich deshalb das gesamte hermeneutische Unterfangen als Antwort auf die Verunsicherung durch das Fremde erklären (Bertram 2002, S. 71). Hier verläuft auch eine Grenzlinie der Hermeneutik-Diskussion; die Frage, ob Fremdheit verstehend eingeholt werden kann oder ob Fremdheit jenes Moment ist, das die Grenzen des Verstehens markiert (Waldenfels 2006), wird kontrovers diskutiert. Fremd ist jeder Text zunächst einmal deshalb, weil er herausgenommen ist aus dem konkreten Rahmen einer Verständigungssituation, in der sich die Partner direkt aufeinander beziehen können. Stattdessen stellt er die schweigende Äußerlichkeit der Schrift aus, die sich wie ein Schatten des nicht Verstehbaren über das Bewusstsein des Interpreten breitet. Die Schrift figuriert als Transparenz des Intransparenten; sie zeigt sich in jedem Moment, sagt aber nie, was sie meint – wenn sie etwas meint. Schrift ist zunächst fremd, weil ihre Materialität, Abstraktheit und innere Differenziertheit nie ganz verstehend eingeholt werden kann. In avancierten Hermeneutiken gilt es deshalb als Konsens, dass „das Nichtverstehen sich niemals gänzlich auflösen will“ (Schleiermacher 1835, S. 329) – allein schon deswegen, weil wir über das Medium des Verstehens, die Sprache, selbst nicht vollständig verfügen; auch unsere Muttersprache bleibt uns zum Teil fremd bzw. unbekannt (Schleiermacher 1838, S. 84; Baum 2005). Die hermeneutische Situation schlechthin ist also das Angesprochen-Werden durch das Fremde und es gehört zum Ethos der Hermeneutik, sich auf diese Ansprache einzulassen und sich um Verstehen zu bemühen (Angehrn 2003, S. 111 und 114); nach Gadamer (1960, S. 274) kann Verstehen niemals gelingen, wenn man sich nicht zu Beginn die Andersartigkeit des zu Verstehenden klar macht. Die übergreifende Instanz, die das Andere dann gemäß Gadamer aber doch umfasst, ist das wirkungsgeschichtliche Bewusstsein, die Vermittlung des Werks mit seinen Interpretationen im Laufe der Kulturgeschichte – eine im Hinblick auf pädagogische Situationen etwas strenge Auskunft.

Betrachtet man die Geschichte hermeneutischen Denkens, so lässt sich ein dialektisches Pendeln beobachten zwischen Kräften des Nichtverstehens (Äußerlichkeit der Schrift, kulturelle und historische Differenz, Nichtverfügbarkeit der „ganzen Sprache“) und Kräften des Verstehens (Einheit des Werks, Sinnhaftigkeit der Rede, Bändigung von Polysemie durch übergeordnete Kohärenz, Kontinuität des wirkungsgeschichtlichen Bewusstseins). In die methodologischen Figuren der Hermeneutik, den hermeneutischen Zirkel (Schleiermacher, Dilthey, Heidegger, Gadamer) und das Wechselspiel zwischen objektivem Vergleich und subjektiv-intuitivem Generieren der verstehenden Synthesis (nach Schleiermacher 1838: ‘Komparation’ und ‘Divination’) geht jeweils fragende Unsicherheit und partielles Nichtverstehen mit ein. Daraus folgt, dass „das Übergehen vom Unbestimmteren in das Bestimmte bei jedem Auslegungsgeschäft eine unendliche Aufgabe ist“ (Schleiermacher 1838, S. 101). Das Moment der Unverfügbarkeit des Verstehens, von dem bereits die Rede war, begegnet uns hier wieder.

Lässt sich also beim Lesen der hermeneutische Schatz heben? Legen wir nicht Sinn in den Text hinein, sondern dürfen wir daran glauben, diesen herauszulesen, wie Gadamer (1984a, S. 34) behauptet? Oder ist es ganz anders und der Text spaltet fortwährend unser um verstehende Synthesis bemühtes Bewusstsein, so dass Text und Verstehen sich „gleichsam im Wege“ stehen (Stoermer 2002, S. 104)? Verstehen wir immer anderes (Gadamer) oder verstehen wir immer anders (Derrida)? Unzählige Schülerinnen und Schüler haben mit gutem Gespür für die Probleme des Literaturunterrichts diese Frage auf ihre Weise gestellt: „Müssen wir denn ständig etwas in den Text *hinein*interpretieren?“ Ein Lehrer, der sein Handwerk versteht, beginnt genau bei dieser Frage und nimmt sie zum Anlass für eine Reflexion über (schulisches) Interpretieren. Richtet er seinen Unterricht hermeneutisch aus, geht er geduldig vom Teil zum Ganzen, von der historischen Differenz zur gegenwärtigen Individualität des Verstehens und vom Text zur Welt, welche dieser Text lesbar macht – Risiko und Potential des Nichtverstehens immer mit einbegriffen.

Dekonstruktion

Die Hermeneutik behält als orientierende Vorstellung das interpersonale Verstehen oder doch zumindest das subjektive Verstehen subjektiv artikulierten Sinns bei. So wie jemand jemanden eventuell verstehen kann, so kann auch ein Text eventuell verstanden werden. Dieses (zumeist ungeschriebene) Gesetz ist auch dem hermeneutischen Zirkel eingeschrieben: etwas partikuläres Äußeres, z.B. ein Text, wird zurückgeführt auf etwas ganzheitlich Inneres (z.B. eine Intention, die das Ganze „beseelt“). Zugleich unterscheidet eine methodologisch reflektiert Hermeneutik zwischen dem Äußerungsverstehen und dem Inhaltsverstehen. Texte zu verstehen, heißt gerade nicht zu sagen, was jemand gemeint hat (Angehrn 2003, S. 61–64). Wer als Literatur Lehrende also im Unterricht auf die Autorintention hinaus will, kann sich dabei nicht auf die hermeneutische Tradition berufen.

Die Dekonstruktion hat nun der Hermeneutik nachgewiesen, dass sie in ihrer Sprache trotz alledem Bilder von Ganzheitlichkeit und Präsenz bewahrt hat, um die Kontingenz, die jedes Verstehen kennzeichnet, letztlich doch zu überwinden und schließlich zu einer idealen „Verschmelzung der Horizonte“ von Text und Leser (Gadamer) zu gelangen. Schleiermacher kann an einer bestimmten Stelle seiner Hermeneutik nicht anders, als die Harmonie zu bewundern, die jedem Verstehen am Ende innewohnt (Schleiermacher 1838, S. 177; hier bringt sich das theologische Denken zur Geltung); seine Aufzählung von Textphänomenen, die das Verstehen gefährden (Diskontinuität, komplexe Bildhaftigkeit, Rhythmisierung etc. Schleiermacher 1838, S. 124, 147–149 und 138) liest sich wie eine Poetik moderner Literatur. Und Gadamer verwendet in zahlreichen seiner Texte das Bild des Akustischen – der Leser solle hören, was der Text ihm sagt (Gadamer 1984a, S. 36; 1984b, S. 274; 1993, S. 62) –, beruft sich solchermaßen also doch auf das interpersonale, „präsenzmetaphysische“ (Derrida) Modell zwischenmenschlichen Verstehens. Die menschliche Stimme ist gewissermaßen in den Text eingewandert. Und wer recht hinhört, für den löst sich schlussendlich das Nichtverstehen auf. Es ist gut nachvollziehbar, dass dieses Modell seine Attraktivität in pädagogischen Situationen noch nicht verloren hat. Im Unterricht gilt es schließlich hinzuhören – im wörtlichen und im übertragenen Sinne.

Die hier soeben kurz angedeutete Strategie, einen Text auf seine nur impliziten oder gar verschwiegenen Voraussetzungen hin zu untersuchen (hier: Bilder der Präsenz zu analysieren), lässt sich als dekonstruktiv bezeichnen. Dekonstruieren heißt also, die sprachlich-rhetorischen Formen und gedanklichen Figuren, die einen Text überhaupt erst funktionieren lassen, offenzulegen. In einem zweiten Schritt werden diese Elemente sodann nicht klassifiziert (wie im Strukturalismus) oder kritisiert (wie in der Ideologiekritik), sondern umgeschichtet. Derrida hat dies in seinen frühen Texten wie „Grammatologie“ (1967b) oder „Die Stimme und das Phänomen“ (1967c) vorgeführt, indem er durch genaue Analysen von Texten Rousseaus, de Saussures, Husserls und Lévi-Strauss’ deren Präferenz für die lebendige Stimme (vor der „toten“, „äußerlichen“ Schrift) nachgewiesen und an einer Destabilisierung dieser Hierarchie gearbeitet hat. Nur die Schrift gewähre Einblicke in die volle Komplexität gedanklicher Operationen, nur die Schrift mache zögerlich lesbar, welche Spuren sich im menschlichen

Denken überlagern und permanent umorganisieren, nur das sorgfältige und bescheidene Lesen lasse sich letztlich wissenschaftlich verantworten – so Derrida.

Die Dekonstruktion interessiert sich dementsprechend weniger dafür, *was* Texte bedeuten, sondern *wie* sie bedeuten (vgl. dazu bildungstheoretisch: Wegmann 1993). Dies kann nur geschehen, wenn sich die Lesenden daran machen, die Spuren zu lesen, die sich in einem bestimmten Text sedimentiert haben. Dekonstruktion ist also immer Arbeit an und mit sprachlichen Strukturen. Aus der hermeneutischen Lesbarkeit der Welt wird die dekonstruktive (Un-)Lesbarkeit der Schrift. Dementsprechend zeichnen sich für eine dekonstruktive Literaturdidaktik zwei Arbeitsfelder ab: die Entwicklung eines Ethos der Lektüre und die Anwendung dekonstruktiver Lektürepraxen auf die diskursiven Gesetze der Literaturdidaktik selbst. Die Dekonstruktion lässt sich ihrerseits lesen als Radikalisierung gewisser Momente hermeneutischer Theoriebildung. Die Verunsicherung durch das Fremde (die Schrift, die andere Kultur, die ferne Zeit) sowie die Fragilität des Bewusstseins werden nicht in einer Verschmelzung der Horizonte bewältigt, sondern bis in die letzte Konsequenz durchbuchstabiert. Bewusstsein und Sprache lassen sich nicht anders als differenziell denken:

> Die Bewegung des Bezeichnens fügt etwas hinzu, so daß immer ein Mehr vorhanden ist; diese Zutat bleibt aber flottierend, weil sie die Funktion der Stellvertretung, der Supplementierung eines Mangels auf Seiten des Signifikats erfüllt. (Derrida 1967a, S. 437)

Und das Wesen der Schrift muss gerade in der Abwesenheit des Senders gesehen werden; es gibt nichts zu hören:

> Ein schriftliches Zeichen [...] ist also ein Zeichen [...], das bestehen bleibt, das sich nicht in der Gegenwart seiner Einschreibung erschöpft und die Gelegenheit zu einer Iteration bietet, auch in Abwesenheit des empirisch festlegbaren Subjekts, das es in einem gegebenen Kontext hervorgebracht oder produziert hat, und über seine Abwesenheit hinaus. [...] Gleichzeitig enthält ein schriftliches Zeichen die Kraft eines Bruches mit seinem Kontext [...]. (Derrida 1972, S. 335)

Derridas Schriftbegriff impliziert also eine Verräumlichung und Verzeitlichung des Lesens: Lesen heißt, im Schriftraum sich bewegen und diese Bewegung bleibt an die Prozessualität des Bewusstseins gebunden. Dabei ist jedes Verständnis nur ein Glied in einer differentiellen Kette, die es zunächst zu *re*konstruieren gilt. *De*konstruieren kann daher gefasst werden als 'nicht *verstehen*' (vgl. oben: 1.) oder als Arbeit an der Grenze des Verstehens. Nicht selten beobachten Dekonstruktionen auch Verstehen und Nichtverstehen ihrerseits, bewegen sich also dann oberhalb jener Operationen und versuchen diese wiederum zu verstehen.

Paul de Man hat die subversiven Kräfte des Lesens nicht in der Schrift, sondern in der Rhetorik der literarischen Sprache ausgemacht. Sprachliche Bilder, so de Man, beziehen sich nicht auf die Welt, sondern generieren durch eigene Kraft eine poetische Welt. Das Was der Aussage ist vom Wie (dem performativen

Effekt) nicht ablösbar, mehr noch: die Sprachstruktur erzeugt erst die poetische Welt und nichts führt von dort zurück in eine Sphäre jenseits der Sprache. Das zeigt sich auf der Gegenstandsebene selbst: Texte sprechen immer auch über ihre eigene Verfasstheit, mithin über die Lektürebedingungen, die sie stellen; sie sind „Allegorien des Lesens“. Deshalb schlägt de Man den Modus einer doppelten Lektüre vor:

> Die volle Komplexität dieser Dichtung kann nur im Nebeneinander zweier Lektüren zum Vorschein kommen, in dem die erste die Sprachstruktur, die sie entstehen läßt, vergisst und die zweite sie anerkennt. (De Man 1979, S. 83)

Nicht *verstehen* im dekonstruktiven Sinne könnte also heißen: alle Aussagen, welche durch Texte lesbar werden, auf die Prinzipien ihrer Konstruktion hin zu prüfen und zu überlegen, wie der Text *als Text* funktionieren bzw. überhaupt zu einem Aussagesystem werden kann (etwa indem Elemente, welche die textuelle Ordnung sprengen würden, ausgeschlossen werden, was jedoch wiederum Spuren im Text hinterlässt) Dabei geht es keineswegs nur um eine Art „höhere Philologie“ auf der Basis eines gesicherten Textes, sondern letztlich um ethische Probleme, auf welche die Konfiguration des Textes verweist. Diese Komplexität auszuhalten, stellt eine Voraussetzung dar für die Bildungsarbeit in einer nachmodernen Medienkultur.

Die vorangegangenen Überlegungen zeigen: dekonstruktives Verstehen koppelt sich weitestgehend ab vom interpersonalen Verstehensmodell mit seinem grundsätzlichen Vertrauen in die Verstehbarkeit und stellt um auf modale Fragen. Interessant wird ein Verstehen des Wie und nicht des Was. Von diesem Wie aus werden dann auch wieder ethische und politische Aspekte erörtert.

Ein Literaturunterricht, der dies mit bedenkt, würde stärker Formen zueinander in Beziehung setzen, anstatt in lebensweltliche Applikationen zu münden. Es bliebe das Moment der Differenz zwischen Texten bestehen, vor der Verschmelzung von Text und Leben (erinnert sei hier etwa an die Vereinnahmung der Gattung Fabel für pädagogisch-moralische Zielsetzungen). Es würde das Moment der Lektüre und Deutung (inklusive der institutionellen Rhetorik) selbst thematisiert. Es ginge um eine bildende und „sinnkritische“ (Förster 2000) Spracharbeit. Dass dabei induktiv vorgegangen werden müsste, ansetzend beim ersten Verstehen bzw. Nichtverstehen, steht wohl kaum in Frage.

Systemtheorie

Ähnlich wie die Dekonstruktion betont auch die soziologische Systemtheorie Luhmannscher Provenienz die Differenzialität und Prozessualität von Akten des Verstehens. Verstehen lässt sich – wie jegliches Sinngeschehen – nur als Glied in einer Kette von Operationen des Bewusstseins und/oder der Kommunikation beschreiben. Dabei bedingen sich Kontingenz und Emergenz wechselseitig.

Man kann so oder so denken und so oder so damit fortfahren; ist aber einmal ein Weg gewählt, ist dieser zugänglich für Rückbezüge (rekursive Operationen) und stabilisiert sich so Schritt für Schritt; so kommt noch kein individuelles Verstehen, aber intersubjektive Verständigung zusammen (vgl. literaturdidaktisch: Zabka 1999; 2004). Fehlt im Literaturunterricht die rekursive Operation (bestehend z. B. aus der wechselseitigen Verschränkung von Definition, Anwendung und Variation des Begriffs Metapher), erfahren die Schüler „reine Kontingenz", das heißt ein Fortschreiten von Phänomen zu Phänomen, ohne dass gelernt werden könnte. Als Theorie der Gesellschaft betont die Systemtheorie naturgemäß die Sozialität des Verstehens:

> Wenn auf eine kommunikative Handlung eine weitere folgt, wird jeweils mitgeprüft, ob die vorausgehende Kommunikation verstanden worden ist. Wie immer überraschend die Anschlusskommunikation ausfällt, sie wird auch benutzt, um zu zeigen und zu beobachten, daß sie auf einem Verstehen der vorausgehenden Kommunikation beruht. (Luhmann 1984, S. 198)

Systemtheoretische Analysen sind folglich zunächst funktional ausgerichtet. Erklärt wird, warum Verstehen notwenig ist und wie es mit anderen Teiloperationen der Kommunikation zusammenspielt. Nichtverstehen ist dabei mit einbegriffen (Luhmann 1984, S. 217), ja kann sogar als „Königsweg des Verstehens" (Krause 1996, S. 255) gelten, denn niemand versteht vollständig, vielmehr ist es notwendig, Verstehen sich selbst zu diagnostizieren, damit weitere Kommunikation möglich wird. Das bedeutet, dass in der Kommunikation (etwa in einem Gespräch über ein Gedicht) permanent unterschiedliche Formen des individuellen Nichtverstehens mitlaufen und dem Unterricht als Möglichkeit zum Einhaken zur Verfügung stehen. Zwar kann Unterricht diesen Aspekt nie dominant werden lassen, da dann irgendwann Desorientierung eintritt, aber für den Gegenstand Literatur gelten gesonderte Bedingungen, weil er das Nichtverstehen nicht selten provoziert oder gar (implizit) thematisiert: Literatur als Allegorie des Lesens. Bildungstheoretische Überlegungen zu diesem Phänomen betonen deshalb gelegentlich den extravaganten Charakter des Literarischen im Kanon der schulischen Lerngegenstände. So spricht Horst Rumpf vom „wilden Vogel Literatur" (Rumpf 1997, S. 194), der in der Schule nicht ausgerottet werden dürfe. Solches Engagement nötigt Respekt ab, verdeckt aber zugleich die radikale Frage, ob Literatur oder literarisches Verstehen in Anbetracht der Konkurrenz von pädagogischer Instruktion und literarischer Dekonstruktion von Sprache überhaupt gelehrt werden kann. Müsste man sich als Literatur Lehrender nicht dazu bekennen, unter Paradoxiebedingungen zu arbeiten?

Solche Fragen müssen von einer allgemeinen Theorie sozialer Systeme wie der Systemtheorie letztlich hintangestellt werden. Systemtheoretisch gilt – für Verstehen von Situationen wie für Verstehen von Texten – die Prämisse, dass Verstehen möglich, ja sogar notwendig ist, aber sich nur in Form sozial konstruierter Verständigung herstellt (Krause 1996, S. 255). Das soziale System, in dem Personen (nicht: Menschen, Individuen) situiert sind (z. B. Erziehungssystem, Wissenschaftssystem), umschließt einzelne Akte des Verstehens und konditioniert diese. Literarisches Verstehen in der Schule ist – so gesehen – immer schulisches Verstehen und es wäre unaufrichtig von Lehrkräften, würden sie dies nicht eingestehen und thematisieren.

Die von der Systemtheorie unterstellte Konstruktivität des Verstehens, welche soziale Systeme erst hervortreten lässt, verliert, folgt man der Kritik von Oelkers (1986, S. 179), allerdings ein in der hermeneutischen Tradition immer betontes Verstehensmoment aus dem Blick: das Fremde als Anstoß des Verstehens. Hier liegen offensichtlich unterschiedliche Beobachtungsperspektiven vor: während die Hermeneutik zunächst einen durch Fremdheit bedingten Abstand zwischen (komplexem und historisch differentem) Gegenstand und (zeitgenössischem) Verstehen denkt, entwickelt die Systemtheorie einen funktionalen Verstehensbegriff, der eher auf kurz rhythmisierte Kommunikationsprozesse ausgerichtet ist. Im Literaturunterricht entsprechen dem das Textverstehen auf der einen und das Äußerungsverstehen auf der anderen Seite.

Luhmann bestimmt das Verstehen genauer als „Beobachtung im Hinblick auf die Handhabung von Selbstreferenz“ (Luhmann 1986, S. 79). Da jedes (z. B. psychische) System funktioniert, indem es die Differenz zwischen System und Umwelt (z. B. Kommunikation) handhabt, d. h. zwischen Selbst- und Fremdreferenz permanent unterscheidet, ist Verstehen, anders als das reine Erkennen von Sinn, die Beobachtung eines sich selbst beobachtenden Systems mit der Folge, dass „das verstehende System *sich selbst als Moment in der Umwelt des verstandenen Systems erfahren kann*“ (Luhmann 1986, S. 81). Mit anderen Worten: ein System versteht gemäß seiner System-Umwelt-Differenz die Art und Weise wie ein anderes System seine System-Umwelt-Differenz handhabt. Ein System wird *im* anderen verstanden. Es findet also doppelte Differenzierung statt: zwischen System und Umwelt des verstehenden und des verstandenen Systems. Wenn ich jemanden verstehe, so konstruiere ich *seine* System-Umwelt-Differenz *in meiner* System-Umwelt-Differenz. Wenn ich ein Gedicht lese, beobachte ich die Grenze zwischen dem dort Gesagten und dem Nicht-Gesagten (z. B. durch Herstellung historischer Bezüge) mit den Mitteln des eigenen Bewusstseins, das auf der Grundlage der eigenen System-Umwelt-Differenz (z. B. aktueller „Input“ vs. interne Verarbeitungsform) jene System-Umwelt-Differenz reproduziert, also notwendig verändert. Etwas verstehen bedeutet dann nicht, genau zu wissen, was es damit auf sich hat, sondern selbstreferentiell Verstehen konstruieren. Eine dekonstruktive Betrachtung dieser doppelten Differenz käme womöglich zu einem anderen Schluss: die zweite Differenz durchkreuzt die erste. Das zu Verstehende bricht auseinander. Vom systemtheoretischen Modell aus kommen indes durchaus die Paradoxien des Verstehens in den Blick. So unterläuft Verstehen seine allgemeine Geltung selbst, weil sich mit zunehmender Zeit die Systemreferenz immer deutlicher geltend macht. Arbeitet eine Klasse lange und geduldig am Verstehen, so kommt ein Verstehen *der Klasse* heraus. Schreibt ein Schüler einen langen Aufsatz über Schillers „Maria Stuart", kann die Individualität und Differenzialität seines Verstehens im Gespräch nur andeutungsweise gewürdigt werden. Leider sind immer noch kaum Instrumente in Gebrauch, welche die Emergenz des Verstehens *bestimmter* Systeme festhalten. Wie kann eine Klasse *ihr* Verstehen differenziert und genau dokumentieren? Bedacht werden muss dabei freilich, dass gerade steigende Verstehensansprüche die Gefahr des Missverstehens steigern, weil fortschreitende Differenzierung Komplexität erzeugt, die unter Umständen verstehend nicht mehr eingeholt werden kann (vgl. auch Rusch 1986, S. 65 und 70f.; Luhmann 1986, S. 87f.). Die Lehrerin sagt dann: „So, jetzt müssen wir hier abbrechen und das Gedicht noch einmal als Ganzes betrachten."

Kognitionspsychologie

Die bisher behandelten Theoriekonstrukte thematisieren in unterschiedlicher Weise die Differentialität des Verstehens. Hermeneutik arbeitet Differenzen durch, um zur Einheit des Verstehens zu kommen. Dekonstruktion beobachtet Einheit und landet schließlich bei Differenz. Systemtheorie erklärt die Emergenz sozialer Ordnung aus der Differenzialität verstehender Kommunikation. Kognitionspsychologische Ansätze des Textverstehens, die sich eher an den Prämissen des kritischen Rationalismus orientieren, bearbeiten dieses Problem in signifikant anderer Weise.

Um dies darstellen zu können, sollen hier zunächst einige Grundannahmen kognitionspsychologischer Verstehensforschung (hier nach Kintsch 1994) skizziert werden. Zunächst ist der Begriff der Kognition selbst zu klären:

> Kognition ist Symbolverarbeitung, genauer, eine Reihe verschiedener Symbolverarbeitungen. Dabei stellen mentale Repräsentationen sozusagen den Kitt dar, der diese Symbolverarbeitung zusammenhält. (Kintsch 1994, S. 41)

Mentale Repräsentationen wiederum werden als so genanntes „Situationsmodell" gefasst. Der Begriff zielt darauf zu beschreiben,

> was der Text über eine gewisse Situation aussagt, welche Schlüsse daraus folgen, wie die Textinformationen sich zum Vorwissen verhalten, usw. Das Situationsmodell ist die psychologisch realisierte *Bedeutungsvorstellung* (Repräsentation) dessen, worüber der Text eine Aussage macht. (Kintsch 1994, S. 41)

Der Verstehensbegriff der Kognitionspsychologie, wie ihn Kintsch vertritt, ist also insofern differenziell, als er zwischen dem angenommenen Gehalt eines Textes und der Konstruktion des Textsinnes durch einen Leser unterscheidet. Allerdings lässt sich nicht selten ein Festhalten an dem, was in der hermeneutischen Tradition „Äußerungsverstehen" (vgl. oben 2.2) oder „Intentionalismus" genannt wird, beobachten. Angemessenes Textverstehen wird aufgefasst als

Rekonstruktion der Autorintention (Kintsch 1994, S. 49; 1998, S. 50; dazu kritisch: Krommer 2003, S. 175f.). Damit bezieht sich die kognitionspsychologische Forschung Kintschs auf ein Verstehensmodell, das in der Literaturtheorie nicht mehr konsensfähig ist (vgl. allerdings Jannidis et al. 1999). Auch die Prämisse, dass Texte als Repräsentationen lesbar sind, wurde in den semiotischen und texttheoretischen Debatten seit den 1960er Jahren zunehmend weniger geteilt (vgl. Nöth/Ljungberg 2003). Entsprechend hat auch die PISA-Studie, die sich theoretisch ganz wesentlich auf Kintschs Forschungen stützt, Widerspruch erfahren in ihrem Bestreben, Textverstehen als Informationsentnahme (vgl. Artelt et al. 2001, S. 69) aufzufassen (vgl. dazu kritisch Grzesik 2005, S. 9–13, der allerdings ebenfalls beim „vom Autor intendierten Sinn" (S. 26) landet).

Das Interesse der kognitionspsychologischen Textverstehensforschung war bisher allerdings vornehmlich auf Sachtexte gerichtet. Die dieser Textsorte angemessene Art des Verstehens konnte begriffen werden als Kompetenz, die darin besteht, „dass der Leser den Text sowohl reproduzieren und zusammenfassen kann als auch textrelevante Fragen zu beantworten weiss [sic]." (Kintsch 1994, S. 40). Ein kompetenter Leser sollte also „zu einer widerspruchsfreien und kohärenten Interpretation des Textes gelangen" (ebd., S. 43). Die zur Modellierung solcher Verstehensleistungen verwandten Begriffe wie „Proposition", „Situationsmodell", „Symbol*verarbeitung*" und „Repräsentation" stehen, das weiß auch Kintsch, in einem Spannungsverhältnis zum Prozess literarischen Lesens, der doch – nach häufig geteilter Auffassung – darin besteht, solche Vorgänge gerade zu irritieren. Entgegen gelegentlicher Vorwürfe in dieser Richtung sieht er sehr klar, dass literarischen Texten eine Differenzqualität eignet, die es unmöglich macht, die materiale Oberfläche des Textes rasch zu durchstoßen, um zu den Propositionen und Situationsmodellen zu gelangen. Vielmehr müsse „die Oberflächenstruktur selbst als in verschiedene Ebenen aufgebrochen gedacht werden" (Kintsch 1994, S. 45). Bisher ist kein überzeugender Versuch in Sicht, der diesen Sachverhalt, von dem aus auch das Nichtverstehen in den Blick kommen könnte, kognitionspsychologisch analysiert. – Interessanterweise liegt hier eine Parallele zur Hermeneutik vor: auch Schleiermacher hat als Hindernisgrund für Verstehen die Verwendung eines Übermaßes an „Darstellungsmitteln" angesehen (vgl. Schleiermacher 1838, S. 138; Kämper-van den Boogaart 2003 sieht als Parallele zwischen Literaturdidaktik und empirischer Leserpsychologie die Unterbeleuchtung des „subjektiven Faktors" im Verstehen; in der hermeneutischen Theorietradition war dieses Element freilich immer vorhanden – in der Gestalt der „Individualität des Verstehens").

Jürgen Grzesik (2005), dessen Modell für jegliche Texte Gültigkeit beansprucht (vgl. Grzesik 2005, S. 30), versucht das „Problem" der sprachlichen Komplexität von Literatur über den Begriff der Analogie zu lösen. Ästhetischen Texten eigne eine Struktur, in der „zwischen verschiedenartigen Textinformationen Entsprechungen hergestellt werden“ (Grzesik 2005, S. 318). Gedacht wird dabei etwa an Korrespondenzen zwischen Form und Inhalt, wenn z. B. eine bestimmte sprachliche Struktur (z. B. Metrum) mit dem dargestellten Sachverhalt (z. B. ‘Erregung’) korrespondiert. Die Folge: „Das Sprachmaterial und auch der bereits konstruierte Textsinn werden zum Gegenstand für die Konstruktion weiterer Information“ (Grzesik 2005, S. 317). Grzesik kombiniert also Annahmen einer klassischen Ästhetik (Baumgarten, Goethe) über das „sinnliche Scheinen“ der poetischen Idee mit jüngeren informationstheoretischen Auffassungen von Poesie. Poetisches Lesen wird solchermaßen verstanden als erhöhte Informationsverarbeitung. Da Information und Bedeutung weitestgehend zusammenfallen und zugleich der bedeutungskritische Ansatz avancierter Literatur erkannt wird, bleiben gewisse, nun schon gut bekannte Probleme bestehen: „Eine hohe Akkumulation von ästhetischer Information ist problematisch“ (Grzesik 2005, S. 326) – weil sie nicht einfach in Bedeutung aufgeht, im Gegenteil Bedeutung problematisiert oder verschiebt.

Grzesik verwendet zwar den Begriff des Verstehens, tauscht diesen aber implizit aus gegen jenen des Lernens. Die Kompetenz, einen Text verstehen zu können, wird deshalb gefasst als „Resultat aller Handlungen, in denen textverstehende Operationen gelernt worden sind“ (Grzesik 2005, S. 130). Dementsprechend verliert die Herausforderung durch das Fremde an Bedeutung und das Problem der Differentialität des Verstehens wird gelöst, indem Verstehen als neuartige Kombination aus schon Gewusstem sich präsentiert: Textverstehende Operationen aktivieren „neuronale Aktionsmuster [...] als Input“ und verbinden sie „zu einer Einheit mit einer neuen Funktion als Output“ (Grzesik 2005, S. 141). Entscheidend für solches Lernen ist die Kenntnis „von Prozeduren“ (Grzesik 2005, S. 152), nicht das Arbeiten an der Besonderheit des einzelnen Textes.

Das Nichtverstehen in dem bisher diskutierten Sinne (als conditio sine qua non literarischen Lesens) hat in den beiden hier kurz vorgestellten Positionen kognitionspsychologischer Leseforschung eine untergeordnete oder gar keine Bedeutung. Denn: „Sobald und soweit Textverstehen optimal entwickelt ist, fungiert dieses mentale System wie ein natürliches Organ der Welterfassung“ (Grzesik 2005, S. 27).

3. Bezüge zum didaktischen Diskurs

Die Spannung zwischen Verstehen und Nichtverstehen eignet jedem ernsthaften Umgang mit Literatur und ist schon von daher in didaktische Fragestellungen immer mit einzubeziehen. Jenseits der theoretischen Grundfragen bezeichnet die hier analysierte Doppelfigur aber ein Moment, das die produktive Unruhe konkret stattfindenden Literaturunterrichts erklärt. In den Mikrostrukturen des

Sprechens, Schreibens und Denkens über Literatur öffnet sich immer wieder der Raum des Möglichen und des In-Frage-Stehenden. Wünschenswert wäre es deswegen, wenn diese Dimension durch empirische Studien weiter erforscht würde (vgl. zum Zusammenhang von Verstehensproblematik und Empirie Winkler et al. 2010).

Literaturdidaktische Modelle sind in der Regel Konzeptionen gelingenden Unterrichts. Dies trifft z. B. auf die sehr bekannten Phasenmodelle (z. B. Kreft 1977; Fritzsche 1994; Waldmann 1996) zu, die der Lehrerin oder dem Lehrer einen Weg weisen, wie vom anfänglichen Nichtverstehen schrittweise zum Verstehen vorangegangen werden kann. Nichtverstehen ist dabei nur am Anfang vorgesehen und verschwindet anschließend aus dem Raum des sich idealtypisch Schritt für Schritt vollziehenden Verstehens (Baum 2007). Am Ende, wenn literarisches Verstehen sich erfolgreich vollzogen hat, kann dessen Substrat in den allgemeinen Erfahrungsschatz des Lesers integriert werden – so die Hoffnung. Dem widerspricht Jürgen Förster: „Der Affekt, der sich darin ausspricht, ist der des Alltagsverstandes und der lebensweltlichen Vorurteile, der sich von poetischen Blicken auf das Vertraute nicht irritieren lassen will." (Förster 2000, S. 18). Den Hintergrund für Försters Kritik gibt der (medien-)kulturelle Wandel der letzten Jahrzehnten ab, der es als illusorisch erscheinen lasse, dass Jugendliche bei einer Lektüre von Goethes *Werther* immer noch „ihr Lebensgefühl, ihre Sprache, ihre Anschauungen und Ängste" in diesem Text „ausgedrückt finden" (Förster 2000, S. 17). Selbst die 200 Jahre jüngere postmoderne Literatur zeige, dass der Lebensbezug des literarischen Textes eine Chimäre ist, weil Schrift und Sprache in ihrer Eigengesetzlichkeit andere, analytische und zugleich spielerische, Lesarten erfordern (vgl. Förster 1991).

Literaturdidaktische Phasenmodelle helfen bei der Bewältigung von Unterrichtskomplexität, sind jedoch – systemtheoretisch gesprochen – auf der Ebene der Beobachtung erster Ordnung angesiedelt. Sie zeigen, inwiefern Verstehen möglich ist, nicht inwiefern Verstehen nicht möglich ist. Das sollte in der Unterrichtsplanung bedacht werden. Literaturtheoretisch betrachtet handelt es sich um didaktische Varianten des hermeneutischen Intentionalismus. Man geht davon aus, dass Texte und/oder Autoren Schülerinnen und Schülern etwas mitteilen wollen, das sich schrittweise (in Stufen) erschließen lässt. Selbst der produktionsorientierte Literaturunterricht Waldmanns verzichtet, obwohl ihm sehr an einer methodisch induzierten, individuellen „literarischen Erfahrung" der Schüler gelegen ist, nicht darauf, Textverstehen als Autorverstehen zu konzeptualisieren. Während der Lektüre Kafkas sollen die Schüler z. B. herausarbeiten, dass dessen Texte „als eine Art Psychogramm des Autors" (Waldmann 1996, S. 115) zu lesen und verstehen seien. Auf dem Wege dorthin könne es nur von Nutzen sein, wenn die Verwandlung Gregor Samsas in einen Käfer „mitvollzogen und erlebnismäßig erfahren" werde (Waldmann 1996, S. 116; somit wird die

Irritation des Lesers, mithin: sein Nichtverstehen, schnell ausgeräumt bzw. durch gefälliges Mitfühlen ersetzt; vgl. dazu kritisch Baum 2007).

Claus Ensberg, der das Übergehen der Interpretation im produktionsorientierten Literaturunterricht scharf kritisiert (vgl. Ensberg 2005, S. 53–57), vertritt die Auffassung, dass literarische Texte funktionale und intentionale Gebilde seien, die es im Literaturunterricht zu rekonstruieren gelte (ebd., S. 105). Das impliziert eine stärkere Hinwendung zum Gegenstand und zu literaturwissenschaftlichen Analyseverfahren. Auch die notwendige Kompetenz der Lehrperson rückt wieder in den Fokus der Aufmerksamkeit. Gerade vor diesem Hintergrund eines Gegenentwurfs zur produktionsorientierten Didaktik ist es interessant, dass Ensberg ebenfalls ein intentionalistisches Textmodell favorisiert und insofern doch wieder ähnlich verfährt wie Waldmann. Seine exemplarische Analyse von E.T.A. Hoffmanns Erzählung *Der Sandmann* ist auf allen Ebenen intentional angelegt: die Figuren werden vom Erzähler mit einer bestimmten Absicht gelenkt (Ensberg 2005, S. 162ff.); der Erzähler ist eine Person mit Erfahrungen und Interessen (ebd., S. 163); er ist identisch mit dem Autor, führt die Autorintention aus (ebd., S. 202), in welcher der gesamte Text aufgeht. Wie bei Waldmann wird der Akt des Lesens bereits in der Ziel-Mittel-Kalkulation des Didaktikers voll verplant. Ensberg ist es um die „Erfassung" des zunächst „überraschend, fremd, 'sperrig' Anmutenden" zu tun (Ensberg 2005, S. 104) und am Ende zielt er ab auf den Entwurf einer „widerspruchsfreien, kohärenten Interpretation des ganzen Textes" (ebd., S. 121). Das Nichtverstehen wird durch einen raffiniert durchgeplanten Unterricht Schritt für Schritt beseitigt.

Zum Schluss sollen drei jüngere didaktische Positionen skizziert werden, welche die Spannung zwischen Verstehen und Nichtverstehen berücksichtigen.

Tihomir Engler und Thomas Möbius vertreten das Modell eines „textnahen Verstehens", das die Irritation durch komplexe literarische Formen in den Mittelpunkt stellt und zugleich mit einem prozessualen Modell literarischen Lernens verbindet (Engler/Möbius 2006; zum textnahen *Lesen* vgl. Kaemper-van den Boogart, Bd. 2, Kap. 3.1); dabei beziehen sie sich auf tiefenhermeneutische und dekonstruktivistische Theorieannahmen. Kontextualisierung und textimmanente Detailbetrachtung werden miteinander vermittelt. Es ergibt sich ein fünfstufiges Modell literarischen Lesens bzw. Lernens, das einen Vorschlag für die Organisation des Literaturunterrichts darstellt: 1. Stufe: Textaquisition (akribische Lektüre); 2. Stufe: Texterkundung (Festhalten von Irritationsstellen); 3. Stufe: Texterschließung (Kontextualisierung, z.B. Erkundung historischer Bezüge); 4. Stufe: Textversinnung: Formulierung einer zusammenfassenden Deutungshypothese, gleichzeitige Akzeptanz verbleibender Heterogenität; 5. Stufe: Textdiskussion (z.B. Formulierung eines interpretativen Konsenses).

Das Heidelberger gesprächsdidaktische Modell (Gerhard Härle, Marcus Steinbrenner) bezieht sich hinsichtlich seiner literaturtheoretischen Fundierung auf die Hermeneutik Schleiermachers. Die Vernachlässigung des Verstehensbegriff im didaktischen Diskurs wird kritisiert:

> Noch bevor der Verstehensbegriff überhaupt richtig in der Literaturdidaktik angekommen ist, steht er jetzt in Gefahr, zum 'geächteten Wort' zu werden. Diesem Verdikt gegen bestimmte Begriffe, die an das Moment der Individualität und Unverfügbarkeit erinnern und sich deshalb nicht reibungslos in den herrschenden Diskurs einfügen, wird [...] mit einer Auffassung von Sprache begegnet, die den Leitideen Individualität und Unverfügbarkeit verpflichtet ist und der der Begriff des Verstehens als Schlüsselbegriff dient. (Steinbrenner 2004, S. 29)

Bedeutsam, insbesondere hinsichtlich der nach PISA gewandelten Diskussionslage in der Didaktik, ist die Annahme, dass Verstehen keineswegs nur als Etappe auf dem Wege der Gewinnung von Information angesehen wird, sondern seinen Wert als Prozess und damit in sich selbst hat (Steinbrenner 2004, S. 47). Besser verstehen heißt demzufolge nicht zwingend richtiger, sondern reicher, differenzierter verstehen (Härle/Steinbrenner 2003, S. 142). Ziel der hermeneutischen Fundierung der Gesprächsdidaktik ist „die Bereicherung des individuellen Sprachgebrauchs und die Einsicht in die sprachliche Verfasstheit von Welt." (Steinbrenner 2004, S. 44)

Im literarischen Gespräch hat auch die Artikulation des Nichtverstehens, die auf jeder Stufe eintreten kann, ja muss, ihren Ort: „Nur im realen Gespräch kann der Rezipient sein Verstehen (und sein Nicht-Verstehen!) unmittelbar mit-*teilen*." (Steinbrenner 2004, S. 46; vgl. auch Steinbrenner/Wiprächtiger 2006). Das Fremde, von dem aus das hermeneutische Bemühen seinen Ausgangspunkt nimmt, wird an den Anfang des Verstehens selbst gerückt: „Fremdheitserfahrungen sind nicht das Verbotene oder Vermiedene, sondern das Notwendige im literarischen Gespräch." (Härle/Steinbrenner 2003, S. 155). Soll ein „wahres Gespräch" stattfinden, müssen auch die institutionsspezifischen Bedingungen, unter denen dieses stattfindet, thematisiert werden (Härle/Steinbrenner 2003, S. 156). Damit kommt dem Gespräch über Literatur eine gesellschaftskritische Funktion zu.

Der Übergang vom Was zum Wie, den Härle und Steinbrenner durch die Reflexion auf die Bedingungen des Verstehens schließlich vollziehen, kennzeichnet die Arbeiten von Jürgen Förster. Förster denkt Literatur und Sprache von deren Konstitutionsbedingung, der Schrift, aus: „Bedeutung ist [...] eine Funktion der Schrift selbst und weniger ein geistiger, intentionaler Vorgang" (Förster 2002, S. 238). Wenn Lesen Bearbeiten von Schrift bedeutet, dann kann Bedeutung nur als schriftbezogener Effekt – und das heißt: prozessual und heterogen – gedacht werden. Nicht-Verstehen, oder in Försters Worten: „Ent-Gleiten" des Sinns (Förster 2002, S. 239), wird durch Schrift also gleichsam provoziert. Wer etwa Kafkas Parabel *Vor dem Gesetz* lese, finde sich immer schon zurückverwiesen auf die Mechanismen, mit denen der Text Bedeutung produziert und wieder entzieht. Der Verstehende trifft auf sein Verstehen:

> Als Prozession von Sinn, die an die Bewegung der Schrift gebunden ist, wird das Verstehen nicht nur reflexiv gewendet (auch das Verstehen muss verstanden werden). Sie verhält sich auch subversiv gegen kulturelle Bedeutungszuschreibungen, die als Deutungsanweisungen in die Form-Struktur der Texte eingeschrieben sind. (Förster 2002, S. 239f.)

Clemens Kammler hat diese „Nichtverstehbarkeit des Gesetzes“ (in Kafkas Text) und daraus folgend die „Nicht-Anwendbarkeit des Nicht-Verstehbaren“ (Kammler 2000, S. 61f.) didaktisch weiter gedacht und auf die Situation von Schülerinnen und Schülern angewandt:

> Für Schüler als potentielle Opfer des hermeneutischen Imperativs – man denke an einen Satz wie ‘Interpretieren Sie diesen Text!’ – kann Kafkas Nachweis der Paradoxien jenes Prüfungssystems, dem sie in der Regel unterworfen sind, von existenzerhellender Qualität sein. (Kammler 2000, S. 32)

Die literaturtheoretische Basis, welche das Verstehensgebot absichert, ist der an Was-Fragen orientierte Begriff des Verstehens. Indem z.B. ein literaturdidaktisches Modell expliziert, *was* das in einem Text Gesagte bedeutet, sichert es zugleich seine eigene Geltung und Macht (Förster 2002, S. 237f.). Förster betont in diesem Zusammenhang immer wieder (z.B. 2004, S. 48), dass die Frage, ob eine literaturtheoretische Ausrichtung der Literaturdidaktik überhaupt wünschenswert ist, falsch gestellt ist; in jedem Vermittlungsmodell sei ererbte (etwa: hermeneutische) Theorie in welcher Transformation auch immer am Werk. Insofern seien literaturtheoretische und didaktische Fragestellungen gar nicht zu trennen. Dies gilt wohl in gleicher Weise für aktuelle Kompetenzmodelle, in denen zahlreiche theoretische Prämissen (formalistische, semiotische, hermeneutische etc.) mehr oder minder reflektiert weiter verarbeitet werden.

Welche Schlussfolgerungen zieht Förster? Zunächst wird die „intensive Arbeit an der Sprachlichkeit literarischer Texte“ (Förster 2002, S. 245) als Bildungsziel rehabilitiert (vgl. dazu auch am Beispiel der Grimmschen Märchen: Spinner 1995, S. 12, der nicht *verstehend*, sondern didaktisch dekonstruierend widerstrebende Linien, z.B. Mystik und Rationalität in „Hänsel und Gretel“, herausarbeitet.). Darüber hinaus sollen, da Sinnzuschreibungen prinzipiell kontingent sind, Lehrerinnen und Lehrer in die Lage versetzt werden, das Wissen, das im Unterricht zur Anwendung kommt, „auf die Bedingungen hin zu befragen, von denen es erzeugt wird“ (Förster 2002, S. 233). Diese Kultivierung des Wissens vom Wissen, an dem die Schüler teilhaben sollen (Förster 2002, S. 246), verhindert den Rückfall in einen positivistischen und technokratischen Begriff von Sprache und Literatur (Förster 2004, S. 45ff.).

Die zuletzt referierten Überlegungen zielen nicht auf eine didaktische Modellierung von Verstehen und Nichtverstehen, sie lassen diese Kategorien, die für Unterricht unverzichtbar zu sein scheinen, ihrerseits thematisch und problematisch werden. – Im Unterricht soll verstanden werden. Literatur unterläuft diese Forderung jedoch beständig. Liegt hier eine unauflösbare Paradoxie vor? Paul de Man hat die Frage bereits vor 25 Jahren gestellt; er entschied sich dafür, lieber „bei der Vermittlung von etwas Schiffbruch zu erleiden, das nicht vermittelt werden sollte“, anstatt „etwas erfolgreich zu lehren, das nicht wahr ist“ (de Man 1982, S. 82).

Literatur

Angehrn, Emil 2003 (2004): Interpretation und Dekonstruktion. Untersuchungen zur Hermeneutik. 2. Aufl. Weilerswist: Velbrück.

Artelt, Claudia/Stanat, Petra/Schneider, Wolfgang/Schiefele, Ulrich (2001): PISA 2000. Basiskompetenzen von Schülerinnen und Schülern im internationalen Vergleich. Opladen: Leske & Budrich.

Baum, Michael (2005): Derridas „Muttersprache“. Ein Beitrag zur Bildungsdiskussion. In: Literatur im Unterricht 6, H. 2, S. 93–106.

Baum, Michael (2007): Verstehen und Nichtverstehen im Diskurs der Literaturdidaktik. In: Literatur im Unterricht 8, H. 2, S. 143–153.

Baum, Michael/Bönnighausen, Marion (Hg.) (2010): Kulturtheoretische Kontexte für die Literaturdidaktik. Baltmannsweiler: Schneider.

Bertram, Georg W. (2002): Hermeneutik und Dekonstruktion. Konturen einer Auseinandersetzung der Gegenwartsphilosophie. München: Fink.

Deleuze, Gilles 1968 (1997): Differenz und Wiederholung. 2. Aufl. München: Fink.

Der Deutschunterricht 62, H. 4, 2010: Literarisches Verstehen.

Derrida, Jacques 1967a (1972): Die Struktur, das Zeichen und das Spiel im Diskurs der Wissenschaft vom Menschen. In: Derrida, Jacques: Die Schrift und die Differenz. 2. Aufl. Frankfurt am Main: Suhrkamp, S. 422–442.

Derrida, Jacques 1967b (1974): Grammatologie. 2. Aufl. Frankfurt am Main: Suhrkamp.

Derrida, Jacques 1967c (2003): Die Stimme und das Phänomen. 3. Aufl. Frankfurt am Main: Suhrkamp.

Derrida, Jacques 1972 (1999): Signatur Ereignis Kontext. In: Derrida, Jacques: Randgänge der Philosophie. 2. Aufl. Wien: Passagen, S. 325–351.

Derrida, Jacques 1986 (1994): Überleben. In: Derrida, Jacques: Gestade. 3. Auflage. Wien: Passagen, S. 119–217.

Engler, Tihomir/Möbius, Thomas (2006): Textnahes Verstehen – dekonstruktivistische und hermeneutische Prinzipien bei der Fährtensuche in literarischen Texten. In: Engler, Tihomir/Möbius, Thomas: Textnahes Verstehen. Auf Fährtensuche in literarischen Texten. Baltmannsweiler: Schneider, S. 5–22.

Ensberg, Claus (2005): Primat der Texte. Grundzüge einer Didaktik literarischen Verstehens. Baltmannsweiler: Schneider.

Fingerhut, Karlheinz (1995): „Auf den Flügeln der Reflexion in der Mitte schweben“. Desillusionierung und Dekonstruktion. Heines ironische Brechung der klassisch-romantischen Erlebnislyrik und eine postmoderne „doppelte“ Lektüre. In: Der Deutschunterricht 47, H. 6, S. 40–55.

Förster, Jürgen (1991): Subjekt – Geschichte – Sinn. Postmoderne, Literatur und Lektüre. In: Der Deutschunterricht 43, H. 4, S. 58–79.

Förster, Jürgen (2000): „mich dünkt, man kann es mit Händen greifen“. Literarische Erfahrung im Referenzkontext des Mediums Schrift. Goethe, „Leiden des jungen Werther“, 1774. In: Bogdal, Klaus-Michael/Kammler, Clemens (Hrsg.): (K)ein Kanon. 30 Schulklassiker neu gelesen. München: Oldenbourg, S. 17–23.

Förster, Jürgen (2002): Analyse und Interpretation. Hermeneutische und poststrukturalistische Tendenzen. In: Bogdal, Klaus-Michael/Korte, Hermann (Hrsg.): Grundzüge der Literaturdidaktik. München: dtv, S. 231–246.

Förster, Jürgen (2004): Literatur, Wissenschaft und Epistemologie. In: Zeitschrift für Literaturwissenschaft und Linguistik 34, H. 134, S. 44–65.

Fritzsche, Joachim (1994): Zur Didaktik und Methodik des Deutschunterrichts. Bd. 3: Umgang mit Literatur. Stuttgart/Düsseldorf/Berlin/Leipzig: Klett.

Gadamer, Hans-Georg (1984a): Text und Interpretation. In: Forget, Philippe (Hrsg.): Text und Interpretation. München: utb, S. 24–55.

Gadamer, Hans-Georg 1984b (1993): Hören – Sehen – Lesen. In: Gadamer, Hans-Georg: Ästhetik und Poetik I. Kunst als Aussage. 2. Aufl. Tübingen: Mohr, S. 271–278.

Gadamer, Hans-Georg 1960 (1990): Wahrheit und Methode. Grundzüge einer philosophischen Hermeneutik. 6. Auflage. Tübingen: Mohr.

Gadamer, Hans-Georg 1993 (2004): Wer bin Ich, und wer bist Du? Kommentar zu Celans Gedichtfolge ‘Atemkristall’. In: Derrida, Jacques/Gadamer, Hans-Georg: Der ununterbrochene Dialog. 2. Aufl. Frankfurt am Main: Suhrkamp, S. 55–96.

Grzesik, Jürgen (2005): Texte verstehen lernen. Neurobiologie und Psychologie der Entwicklung von Lesekompetenzen durch den Erwerb von textverstehenden Operationen. Berlin: Waxmann.

Härle, Gerhard/Steinbrenner, Marcus (2003): „Alles *Verstehen* ist ... immer zugleich ein *Nicht-Verstehen*. Grundzüge einer verstehensorientierten Didaktik des literarischen Unterrichtsgesprächs. In: Literatur im Unterricht 4, H. 2, S. 139–162.

Heidegger, Martin 1926 (1984): Sein und Zeit. 15. Auflage. Tübingen: Niemeyer.

Helmers, Hermann 1966 (1997): Didaktik der deutschen Sprache. Einführung in die muttersprachliche und literarische Bildung. Dokumentation und Neuausgabe, hrsg. von Juliane Eckhardt unter Mitwirkung von Jörg Diekneite. Darmstadt: Wissenschaftliche Buchgesellschaft.

Humboldt, Wilhelm von 1903-1936: Gesammelte Schriften. Hrsg. von der Königlich Preussischen Akademie der Wissenschaften. Bd. 7. Berlin: Behr.

Jannidis, Fotis/Lauer, Gerhard/Martinez, Matias/Winko, Simone (Hrsg.) (1999): Rückkehr des Autors. Zur Erneuerung eines umstrittenen Begriffs. Tübingen: Niemeyer.

Kaemper-van den Boogaart, Michael (2003): Lesekompetenz – Hauptsache flexibel. Zu einer Parallele zwischen Literaturdidaktik und empirischer Lesepsychologie. In: Abraham, Ulf/Bremerich-Vos, Albert/Frederking, Volker/Wieler, Petra (Hrsg.): Deutschdidaktik und Deutschunterricht nach PISA. Freiburg im Breisgau.: Fillibach, S. 26–46.

Kammler, Clemens (2000): Literaturtheoretische Ansätze im Unterricht. Zu Kafkas „Vor dem Gesetz“. In: Kammler, Clemens: Neue Literaturtheorien und Unterrichtspraxis. Positionen und Modelle. Baltmannsweiler: Schneider, S. 55–68.

Kintsch, Walter (1994): Kognitionspsychologische Modelle des Textverstehens: Literarische Texte. In: Reusser, Kurt/Reusser-Weyeneth, Marianne: Verstehen. Psychologischer Prozess und didaktische Aufgabe. Bern/Göttingen/Toronto/Seattle: Huber, S. 39–53.

Kintsch, Walter (1998): Comprehension. A Paradigm for Cognition. Cambridge: Cambridge University Press.

Klippert, Heinz (2006): Methoden-Training. 16. Aufl. Weinheim/Basel: Beltz.

Krause, Detlef 1996 (2005): Luhmann-Lexikon. 4. Aufl. Stuttgart: Lucius & Lucius.

Kreft, Jürgen 1977 (1982): Grundprobleme der Literaturdidaktik. Eine Fachdidaktik im Konzept sozialer und individueller Entwicklung und Geschichte. 2. Aufl. Heidelberg: Quelle & Meyer.

Krommer, Axel (2003): Das Verstehen literarischen Verstehens als interdisziplinäres Projekt. In: Abraham, Ulf/Bremerich-Vos, Albert/Frederking, Volker/Wieler, Petra (Hrsg.): Deutschdidaktik und Deutschunterricht nach PISA. Freiburg im Breisgau.: Fillibach, S. 165–187.

Kügler, Hans (1996): Die bevormundete Literatur. Zur Entwicklung und Kritik der Literaturdidaktik. In: Belgrad, Jürgen/Melenk, Hartmut: Literarisches Verstehen – Literarisches Schreiben. Positionen und Modelle zur Literaturdidaktik. Baltmannsweiler: Schneider, S. 10–24.

Luhmann, Niklas (1984): Soziale Systeme. Grundriß einer allgemeinen Theorie. Frankfurt am Main: Suhrkamp.

Luhmann, Niklas (1986): Systeme verstehen Systeme. In: Luhmann, Niklas/Schorr, Eberhard (Hrsg.): Zwischen Intransparenz und Verstehen. Fragen an die Pädagogik. Frankfurt am Main: 1986, S. 72–117

Man, Paul de 1979 (1988): Tropen (Rilke). In: ders.: Allegorien des Lesens. Frankfurt am Main: Suhrkamp, S. 52–90.

Man, Paul de 1982 (1987): Der Widerstand gegen die Theorie. In: Bohn, Volker: Romantik. Literatur und Philosophie. Frankfurt am Main: Suhrkamp, S. 80–106.

Nöth, Winfried/Ljungberg, Christina (Hrsg.) (2003): The crisis of representation: Semiotic foundations and manifestations in culture and the media. Berlin/New York: Mouton de Gruyter.

Oelkers, Jürgen (1986): Verstehen als Bildungsziel. In: Luhmann, Niklas/Schorr, Eberhard (Hrsg.): Zwischen Intransparenz und Verstehen. Fragen an die Pädagogik. Frankfurt am Main: Suhrkamp, S. 167–218.

Rumpf, Horst (1997): Literatur – Gegengift gegen die Verbiederung der Welt? In: Garbe, Christine/Graf, Werner/Rosebrock, Cornelia/Schön, Erich (Hrsg.) 1997: Lesen im Wandel. Probleme der literarischen Sozialisation heute. Lüneburg: Universität Lüneburg, S. 181–194.

Rusch, Gebhard (1986): *Verstehen Verstehen* – Ein Versuch aus konstruktivistischer Sicht. In: Luhmann, Niklas/Schorr, Eberhard (Hrsg.): Zwischen Intransparenz und Verstehen. Fragen an die Pädagogik. Frankfurt am Main: Suhrkamp, S. 40–71.

Schlegel, Friedrich 1800 (1967): Über die Unverständlichkeit. In: Schlegel, Friedrich: Charakteristiken und Kritiken I (1796–1801), hrsg. von Hans Eichner. München/Paderborn/Wien: Schöningh, S. 363–372.

Schleiermacher, Friedrich 1838 (1977): Hermeneutik und Kritik, hrsg. und eingeleitet von Manfred Frank. 4. Aufl. Frankfurt am Main: Suhrkamp.

Schleiermacher, Friedrich 1835 (1977): Über den Begriff der Hermeneutik mit Bezug auf F. A. Wolfs Andeutungen und Asts Lehrbuch. In: Schleiermacher, Friedrich: Hermeneutik und Kritik, hrsg. und eingeleitet von Manfred Frank. Frankfurt am Main: Suhrkamp, S. 309–346.

Schorr, Eberhard (1986): Das Verstehensdefizit der Erziehung und die Pädagogik. In: Luhmann, Niklas/Schorr, Eberhard (Hrsg.): Zwischen Intransparenz und Verstehen. Fragen an die Pädagogik. Frankfurt am Main: Suhrkamp, S. 11–39.

Spinner, Kaspar H. (1995): Poststrukturalistische Lektüre im Unterricht – am Beispiel der Grimmschen Märchen. In: Der Deutschunterricht 47, H. 6, S. 9–18.

Steinbrenner, Marcus (2004): Aspekte des Verstehens bei Schleiermacher und ihre Bedeutung für die Literaturdidaktik und das literarische Gespräch. In: Härle, Gerhard/Steinbrenner, Marcus (Hrsg.): Kein endgültiges Wort. Die Wiederentdeckung des Gesprächs im Literaturunterricht. Baltmannsweiler: Schneider, S. 25–59.

Steinbrenner, Marcus (2006): Verstehen. In: Pohl, Inge/Kliewer, Heinz-Jürgen (Hrsg.): Lexikon Deutschdidaktik. Bd. 2. Baltmannsweiler: Schneider, S. 787–793.

Steinbrenner, Marcus/Wiprächtiger, Maja (2006): Verstehen und Nicht-Verstehen im Gespräch. Das Heidelberger Modell des Literarischen Unterrichtsgesprächs. In: Literatur im Unterricht 7, H. 3, S. 227–241.

Stoermer, Fabian (2002): Hermeneutik und Dekonstruktion der Erinnerung. Über Gadamer, Derrida und Hölderlin. München: Fink.

Waldenfels, Bernhard (2006): Grundmotive einer Phänomenologie des Fremden. Frankfurt am Main: Suhrkamp.

Waldmann, Günter 1996 (2000): Produktiver Umgang mit Literatur im Unterricht. 3. Aufl. Baltmannsweiler: Schneider.

Wegmann, Nikolaus (1993): Literarische Bildung in den Zeiten der Theorie. In: Der Deutschunterricht 45, H. 4, S. 12–25.

Winkler, Iris/Masanek, Nicole/Abraham, Ulf (Hg., 2010): Poetisches Verstehen. Literaturdidaktische Positionen – empirische Forschung – Projekte aus dem Deutschunterricht. Baltmannsweiler: Schneider 2010.

Zabka, Thomas (1999): Subjektive und objektive Bedeutung. Vorschläge zur Vermeidung eines konstruktivistischen Irrtums in der Literaturdidaktik. In: Didaktik Deutsch 7, S. 4–23.

Zabka, Thomas (2004): Was bedeutet Verständigung im schulischen Interpretationsgespräch? In: Härle, Gerhard/Steinbrenner, Marcus (Hrsg.): Kein endgültiges Wort. Die Wiederentdeckung des Gesprächs im Literaturunterricht. Baltmannsweiler: Schneider, S. 75–96.

HEINER WILLENBERG

1.7 Kompetenzen im Literatur- und Sprachunterricht

Kompetenzen, die im Deutschunterricht erworben werden, bilden die Grundlage dafür, dass Lernende ihre Lektüren und Themen aller Art zu Bausteinen der persönlichen Bildung machen. Solche Fähigkeiten – wenn sie klar vorhanden sind – stellen erst die Selbstgewissheit her, damit sich jemand denjenigen Gebieten in der Kultur nähern kann, die er für sich gewinnen möchte. Einem kompetenten Menschen steht (fast) jedes kulturelle Thema offen.

1. Forschungsübersicht

Der Begriff „Kompetenz" hat sich vielfältig entwickelt und bedarf einiger Erläuterungen. Er enthält Komponenten, die weitgehend unbestritten sind und sich gut auf den Deutschunterricht anwenden lassen, andere sind diffus mit der Intelligenz oder dem Denken vermischt. Ausgangspunkt für die meisten Arbeiten ist Chomskys Buch über die Syntax („Syntactic Structures" (1957)), das den Kompetenzbegriff ins Zentrum der kindlichen Sprachentwicklung stellte, gewonnen aus der Beobachtung, wie Kinder aus wenigem „Sprachmaterial" eine unendliche Fülle sinnvoller Sätze hervorbringen. Kompetenz heißt bei ihm, ein vorhandenes Muster auf neue Stoffe oder auch Probleme übertragen zu können. Aus diesem Stamm entfalteten sich mindestens vier gut beobachtbare Äste: Kompetenzen entstehen in Domänen, sie benutzen Teilfähigkeiten, sie sind für das Leben nach der Schule essentiell und sie entwickeln sich in Lernumwelten.

1.1 Domänenspezifik

Der erste Aspekt trennt Kompetenz von einer allgemeinen Intelligenz (vgl. Hartig/Klieme 2006) und beschreibt quasi auf einem Begabungsmodell aufsitzend, dass Menschen in einigen Gebieten besser lernen und weiter kommen als in anderen. Für den Deutschunterricht hat dieser unmittelbar einleuchtende Aspekt eine unterstützende Funktion, dass nämlich Kompetenzen im Rahmen dieses Faches und nicht mit den Kategorien einer allgemeinen Psychologie beschrieben werden müssen. Er birgt aber auch das Problem aller Differenzierung in sich: Wie weit sollten die spezifischen Teilaspekte aufgespalten werden? In seiner einflussreichen Expertise zum Thema Kompetenzen stärkt Franz E. Weinert die Domänenspezifik deutlich (2001b). Er stellt fest, dass inhaltsfreie Schlüsselqualifikationen weder gut zu lehren noch gut zu testen sind. Stattdessen hebt er hervor, dass sich Kompetenzen in den Domänen eines Faches entwickeln und dass sie sich dort mit der aktiven Anwendung des gelernten Wissens in wichtigen typischen Situationen bewähren können.

1.2 Teilfähigkeiten

Die eben gestellte Frage zum Differenzierungsgrad führt direkt zum nächsten Diskussionsast, der die Teilfähigkeiten in einem Gebiet beschreibt. Als erster Didaktiker postulierte Jürgen Grzesik, dass sich Kompetenzen im Deutschunterricht auf Teilfähigkeiten stützen müssen und dass sie sinnvoll nur in einer mittleren Größe beschreibbar sind, dass es also nicht eine umfassende Sprach- oder Lesefähigkeit gebe (1990; 1995). Ähnlich argumentierte Heiner Willenberg (1999; 2000), der die Teilfähigkeiten des Lesens neuropsychologisch fundierte und sie immer mit aktivem Wissen in Kontakt sieht. Im Hintergrund stand Gardners (1983) Beschreibung von sieben Teilfähigkeiten, mit denen er sich von einem allgemeinen Intelligenzkonzept verabschiedete. Für unser Fach wäre die sprachliche Fähigkeit zuständig, daneben vielleicht noch die bildliche und die intrapersonale, nämlich die eigenen Gedanken sinnvoll wahrnehmen zu können. Kreative Fähigkeiten oder gestalterische kommen bei Gardner nicht vor – er hat für die Sprachabteilung lediglich Übersetzer und Lyriker beobachtet – man wird das als eine zu enge Deskription unserer Domäne bezeichnen müssen.

Um die Darstellung zu konkretisieren, seien die Teilfähigkeiten des Lesens genannt, die Grzesik und Willenberg vorstellen. Grzesik unterscheidet:

- Informationsentnahme
- Genaues, fokussierendes Lesen
- Emotionales oder ästhetisches Erleben
- Verbindung mit Wissen (Grzesik 1990).

Willenberg unterscheidet:

- Genaues, analytisches Lesen
- Bebildern, Imaginieren
- Emotionale Wahrnehmungen
- Erkennen sprachlicher Signale
- Verknüpfen divergenter Aspekte
- Synthesen bilden (Willenberg 1999).

Diese Einteilungen wurden entweder kognitionspsychologisch gewonnen (Grzesik) oder durch Bezüge auf neuropsychologische Publikationen (Willenberg).

In grundlegenden Artikeln haben Christmann/Groeben (1999) sowie Richter/Christmann (2002) die empirische Leseforschung gesichtet und vor allem gezeigt, dass es eine klare Abstufung in hierarchieniedrige und hierarchiehohe Lesetätigkeiten gibt von der Worterkennung bis zu einem Gesamtbild des Textes, das oft als Situationsmodell bezeichnet wird.

Aus all diesen Übersichten speiste sich das Lesemodell, das im DESI-Projekt (Beck/Klieme 2007; Willenberg 2007) benutzt wurde und das in den empirischen Skalen zeigen konnte, wie schwierig die Sprünge von den einfachen zu den komplexen Lesekompetenzen sind (Beck/Klieme 2007). Auf den gesamten Deutschunterricht bezogen konnte DESI evident machen, dass schon die sechs Teilbezirke des Deutschunterrichts jeweils eigene Kompetenzen erfordern, so dass man den Domänenbezug auch in dieser Unterteilung als gültig ansetzen muss, nämlich für Lesen, Schreiben, Argumentieren, Reflektieren über Sprache, Wortschatz und Rechtschreiben. DESI folgt dabei der Einteilung der Bildungsstandards, ist aber mit dem Modul „Wortschatz" über die Vorgaben hinausgegangen. Die schlechten Resultate in diesem Bereich – hier gibt es 38 % der Schülerschaft unter Niveau 1 – beweisen eindrucksvoll, wie richtig die Entscheidung war, diese „dunkle Ecke" zu beleuchten.

Eine Ausfaltung in die Teilbereiche gelingt, indem man moderne statistische Verfahren benutzt wie die Mehrebenenanalyse (Ditton 1999), mit denen es möglich wird, die Leistungen von Individuen aus ihrer Einbettung in den Klassenkontext herauszupräparieren. Indem man die nivellierende Kraft dieses Kontextes und dieser Lerngeschichte abzieht, sieht man klar, dass die meisten Individuen in den sechs genannten Gebieten durchaus divergente Leistungen vorführen (vgl. Willenberg 2007; Beck/Klieme 2007).

Wenn man einen Schritt tiefer geht und in die Teilmodule hineinschaut, dann erkennt man für alle Teile des Deutschunterrichts jeweils mehrere Kompetenzstufen, die durch die relativ genaue Beschreibung von Teilleistungen definiert sind. Diese Stufungen benutzen auch neuere statistische Auswertungen im Rahmen der Item-Response-Theorie. Diese Verfahren wenden sich von der Klassischen Testtheorie ab und zählen nicht mehr nur die Punkte, die ein Proband im Test „gewonnen" hat, sondern sie gewichten die Leistungen in einem Wahrscheinlichkeitsmodell. Dieses Modell stützt sich zunächst auf die theoretische Annahme, dass Kompetenzen aufeinander aufbauen, dass also jemand zuerst die einfachen beherrschen muss, bevor er die schwierigeren in den Griff bekommt. Norbert Groeben (2002) bestimmt denn auch den Aspekt der stabilen Verfügbarkeit als wesentliches Element einer Kompetenz. PISA, IGLU und DESI setzen eine 65-prozentige Wahrscheinlichkeit für eine ausreichende Stabilität voraus. So kann man aus den genannten Projekten schließen, dass es zuverlässiger ist, mit empirisch fundierten Stufenmodellen zu arbeiten als mit solchen, die nur deskriptiv formuliert wurden.

Eine eigene Theorie der Teilfähigkeiten bietet der schleswig-holsteinische Lehrplan (1997) an, der vier Teilbereiche für Kompetenzen festlegte: Sachkompetenz, Methodenkompetenz, Sozialkompetenz und Selbstkompetenz. Interessant ist hier, dass sich die Fähigkeiten zuerst in sachlichen Themen manifestieren, also z. B. im Textwissen, das angewandt werden soll: Was ist eine Metapher, eine Erzählperspektive, wie zeigt sich ihre Veränderung in einem Text oder auch in einem Film? Mit dem zweiten Schritt hin zum Methodenrepertoire entstehen dann Zugangsweisen z. B. zur Textlektüre, die am Ende vom Schüler sicher wie bei den Routiniers eingesetzt werden. Die beiden ersten Punkte betonen die Inhalte, für die jeweils spezifische Fähigkeiten entwickelt werden müssen. Die beiden anderen Stichworte des Lehrplans, Sozialkompetenz und Selbstkompetenz, zeigen Anwendungen auf die Gruppe und Auswirkungen auf die Person in einer Klasse.

Das für die nächste Epoche grundlegende bildungspolitische Werk sind die Bildungsstandards der KMK. Dort werden die vier Säulen des Deutschunterrichts als „Räume“ für die entsprechende Kompetenzentwicklung konstituiert: Sprache und Sprachgebrauch untersuchen, Sprechen und Zuhören, Schreiben und Lesen – mit Medien und Texten umgehen (Beschlüsse der KMK, 2003).

1.3 Lehr- und Lernbarkeit

Der dritte Diskussionsast postuliert die Lehr- und Lernbarkeit von Kompetenzen. Wir werden im praktischen Teil darauf eingehen, denn es gilt ja das Postulat aus der ersten Gedankenlinie, dass Kompetenzen am besten in ihren Domänen beschrieben werden und nicht auf einer allgemein psychologischen Ebene, die fern von den Problemen der Sprache etabliert wurde. Es sind zwei Aspekte dabei klar: Kompetenzen gehören in die Verfügbarkeit der Personen, die dadurch das Gefühl eigener Wirksamkeit bekommen. Ähnlich wie Chomsky postulierte Robert White bereits (1960), dass es die eigene Lern- und Tätigkeitslust ist, die z. B. Kinder antreibt, sich Fähigkeiten aller Art anzueignen.

Und es ist auch unbestritten, dass das bereits gelernte Wissen eine große Rolle spielt, denn nur wenn es nicht träge, sondern aktiv ist (vgl. Klieme u. a. 2003), kann es die Fähigkeiten inhaltlich ausstatten. Willenberg (2000) hatte davor gewarnt, Kompetenzen leer wie in der Ratgeberliteratur zu lehren, nur eingebunden im Wissensnetz können sie wirklich verfügbar werden.

1.4 Berufsbezug

Die vierte Komponente, nämlich die Anwendbarkeit von Kompetenzen im Beruf, wurde von PISA benutzt, weil das Projekt den Begriff der „reading literacy“ ins Zentrum stellte, der folgendermaßen definiert wurde: Er bezeichnet „die sichere Verfügung über diejenigen Lesekompetenzen, die jemand braucht, um Aufgaben auszuführen, die von außen an den Leser herangetragen werden und die er mit seiner eigenen Zielsetzung behandelt“ (Sticht 1975). Damit war das Berufsleben in einer Definition aufgenommen, zugleich aber die eigene Sinnkonstruktion nicht vergessen worden. PISA erweiterte die Definition um Faktoren, die eigentlich zur Persönlichkeitsbildung gehören und die als regulative Zielbeschreibung dienen können:

> Lesekompetenz (Reading Literacy) heißt, geschriebene Texte zu verstehen, zu nutzen und über sie zu reflektieren, um eigene Ziele zu erreichen, das eigene Wissen und Potenzial

weiterzuentwickeln und am gesellschaftlichen Leben teilzunehmen. (Deutsches PISA-Konsortium 2000, S. 80)

1.5 Definitionen

Wir können die Forschungsergebnisse zu vier Definitionen zusammenfassen:

a) *Kompetenzen entstehen in Domänen.* Sie sind bereichsspezifisch z.B. nur auf die Textlektüre oder auf das Schreiben bezogen. Das heißt, es ist hilfreich, bereits in den sechs Teilgebieten des Deutschunterrichts jeweils eigene spezifische Kompetenzen anzusetzen.

b) *Kompetenzen sind für das Leben nach der Schule bedeutsam:* Kompetenzen können nur in spezifischen Anforderungssituationen aktiviert werden und diese Situationen sollten etwas mit den Ansprüchen des realen Lebens zu tun haben, beispielsweise wichtige Texte verstehen zu lernen.

c) *Kompetenzen benutzen Teilfähigkeiten,* die empirisch und theoretisch begründet sein sollten. Sie liegen dann auf einer Skala, die von einer geringen Ausprägung bis zu einer gewissen Meisterschaft reicht. Empirisch begründete Teilfähigkeiten lassen sich in Unterrichtsgesprächen wiederfinden.

d) *Kompetenzen entwickeln sich in Lernumwelten:* Sie sind lehrbar und sie müssen aktives Wissen benutzen, das in Lernsituationen immer wieder thematisch anzuwärmen bzw. anzufordern ist. Sie müssen in die eigene Verfügung der Lernenden übergehen und sie sind dann auf neue Aufgaben oder Probleme übertragbar.

2. Deutschdidaktische Positionen

In der Deutschdidaktik hat die Beschäftigung mit der Kompetenzdiskussion seit etwa 2000 deutlich zugenommen. Einen ersten Kongress gab es zu diesem Thema im Jahr 1999: „Persönlichkeitsbildung oder Kompetenzerwerb“ (vgl. Witte u.a. 2000). Einen eigenständigen Ansatz legte das Forschungsprojekt „Lesen im Medienzeitalter“ bereits 2002 vor (Groeben/Hurrelmann 2002). Weiterführende und kommentierende Arbeiten bei Abraham u.a. (2003), Rösch (2005), Dehn/Hüttis-Graff (2005), Kammler (2006) und Ossner (2006). In dieser Diskussion werden folgende Punkte hervorgehoben:

- Die persönliche Bildung junger Menschen zu unterstützen ist kein gegensätzliches Konzept zum Kompetenzmodell (vgl. v.a. von Borman 2000).
- Der Deutschunterricht bzw. die Lehrerschaft müsse Kompetenzen spezifisch in den Teilbereichen des Deutschunterrichts entwickeln und dazu bedürfe es einer neuen Aufgabenkultur (vgl. Beisbart 2005).
- Textverstehen brauche Freiräume und könne nicht voreilig fixiert werden (vgl. Hüttis-Graff 2005; Kammler 2006).

- Die Ansprüche der „Textseite" seien essentiell und stellten den gleichberechtigten Partner für die Ausbildung der Verstehensfähigkeiten dar (vgl. Groeben 2002). Diese Ansprüche z. B. an eine kontextuelle Einbettung erschwerten das Verständnis mancher scheinbar leichten Texte sehr (vgl. Kämper-van den Boogaart 2004).
- Das Kompetenzkonzept umfasse wesentliche Teile eines guten Unterrichts nicht, wie zum Beispiel Ästhetik, Emotionen, Imaginationen und Kreativität (vgl. Spinner 2005). Dem gegenüber steht, dass Bettina Hurrelmann bereits 2002 die emotionalen Zugänge zu Texten und Themen als Fundament jeglicher Kompetenzentwicklung in die abschließende Beschreibung ihres Forschungsprojekts aufgenommen hatte. Und die individuellen Bemühungen zur Persönlichkeitsbildung bekommen durch das Kompetenzkonzept erst einen Halt und eine Struktur, die sie von der Beliebigkeit entfernt. „Der Erwerb von Wissen mit hoher Verständnisqualität ist zugleich der wichtigste kognitive Mechanismus zur Förderung allgemeiner geistiger Kompetenzen" (Weinert 2001a, S. 357).
- Die Forschungen zum Deutschunterricht benötigen ein kohärentes Modell der Kompetenzen mit Ebenen, Stufen und Lernpsychologien (vgl. Ossner 2006).

3. Zentralpunkte der Anwendungen

Drei der oben genannten Definitionsteile lassen sich gut als Handlungsanregungen für den Deutschunterrichts skizzieren (einige andere bestimmen ja eher den generellen Rahmen). Es sind:

- Die Eigenständigkeit in der Anwendung
- Die Übertragbarkeit auf neue Texte oder Themen
- Das Erreichen höherer Stufen in den Leistungen der Schülerschaft.

3.1 Eigenständigkeit

Wenn es um die Eigenständigkeit der Schülerschaft im kompetenzorientierten Unterricht geht, bietet es sich an, als Vermittlung den Begriff der Lese- oder Lernstrategie einzuführen (vgl. dazu Willenberg Bd. 3). Strategien sind sinnvolle Methoden für das Lesen oder Lernen, die der Schüler entweder von der Lehrkraft übernimmt oder die er schon vorher selber angewandt hat (Paris 1996). Im Unterricht können solche Strategien trainiert werden, dieses Training setzt aber voraus, dass die Lehrkraft ihre Regie im Verlauf der Zeit, meistens über ein Jahr, langsam abgibt. Chamot (1997) und ihre Koautorinnen arbeiten mit folgenden fünf Schritten:

- Sammlung und Erklärung der Methoden, die benutzt werden oder die gelernt werden sollen
- Ständige Präsenz z. B. über ein Poster
- Anwendung der Methoden an Beispielen
- Einschätzung der Ergebnisse
- Übertragung auf neue Texte und Themen

Dieses Verfahren verlangt, dass die Schülerschaft innerhalb eines Jahres stetige kleine Schritte zur Selbständigkeit hin geht und dass die Lehrkraft allmählich ihre Regie loslässt.

Ein anderer Weg, um Methoden der Problemlösung zuerst hervorzuheben und sie dann allmählich abzubauen, liegt darin, die Lehrkraft als Meisterleser agieren zu lassen (vgl. Schoenbach u. a. 2006; Willenberg 2007). Hier führt der Lehrer im lauten Denken sein gedankliches Ringen vor, mit dem er textuelle Probleme löst. Er hat dabei zwei Möglichkeiten, zum einen seinen Umgang mit Elementen des Wissens zu zeigen und zum anderen, seine Lesestrategien zu aktivieren – z. B. wenn es um die Praktikabilität textuellen Wissens und literarischer Mittel geht wie Metaphern, Erzählperspektiven, Personifikationen o. ä. Es wäre hilfreich, vornehmlich dasjenige Textwissen in den Blick zu nehmen, das die Klasse im entsprechenden Jahrgang lernen sollte. Die interessanteste Variante hat Jeff Zwiers (2004) vorgeschlagen, die er 30-30-30 nennt. Er meint damit, dass die Lehrkraft im ersten Drittel ihre Problematisierung vorführt, im zweiten Drittel dann das laute Denken an die Gesamtgruppe übergibt und im letzten Drittel den Schülern in Zweiergruppen die Lösung alleine überlässt.

Eigenständigkeit ist auch im aufwendigsten Strategieprojekt, dem der „Textdetektive" von Gold u. a. (2004; Gold 2007), ein zentrales Thema. Hier führt die Lehrkraft den Fünftklässlern sieben Methoden vor, mit denen sie detektivisch an ihre Lektüre herangehen können. Es handelt sich um: Überschriften beachten, (sich etwas) bildlich vorstellen, Umgang mit Textschwierigkeiten, Verstehen überprüfen, Wichtiges unterstreichen, Wichtiges zusammenfassen und das Behalten überprüfen. Jede höhere Methode verlangt in zeitlichen Abständen die Erinnerung an die vorher gelernte. Mit sehr gut strukturiertem Material schafft es dieses Modell, die Schülerschaft zu selbständigem Agieren zu führen, die dann nach der Trainingsphase (meist 20–30 Schulstunden) deutliche Verbesserungen in den Leseleistungen erzielt. Allerdings lässt dieser Effekt wieder nach, besonders in den Real- und Hauptschulklassen. Man wird als Fazit konstatieren können, dass die Lehrkraft die Erinnerung an die Vorgehensweisen und den weiteren Aufbau von Methoden immer wieder ins Spiel bringen müsste. Vollständige Selbständigkeit im Lesen hat auch etwas mit dem Erwachsenwerden zu tun, die Lehrkraft kann sich nicht vom Kompetenzaufbau entfernen, sie muss vielmehr ihren methodischen Spielraum nutzen (vgl. dazu auch Willenberg Bd. 3).

4.2 Übertragbarkeit

Übertragbarkeit bedeutet zunächst, dass die Lernenden ihre Methoden an neuen Texten auch anwenden. Diese Forderung beinhaltet, dass es neben der inhaltlichen Beschäftigung mit einem Thema noch eine mentale Nebenspur für die Prozeduren geben muss. Das heißt konkret: Wenn sich Lesende mit einem interessanten Thema befassen, sei es Harry Potter oder Friedrich Hölderlin, dann müssen sie neben der Begeisterung für die Thematik einen zweiten Blick übrig behalten, auf welche Weise sie den Text bearbeitet und verstanden haben. Es ist keinesfalls leicht, den Blick z. B. von der Zauberei Harry Potters auf die eigene Lesart zu wenden. Als Kompromiss kann man formulieren, dass es immer wieder Inseln der Reflexion geben sollte, nachdem das Thema seine Kraft entfaltet hatte.

Eine geschickte methodische Variante ist es, für einzelne Themen ein Spektrum zunehmend schwierigerer Texte aufzubauen und den Schülerinnen und Schülern damit zu zeigen, dass es komplexere Texte gibt, die ja auch neue Informationen bringen, aber auch, dass sie diese Texte nun mit dem neuen Lesebewusstsein „knacken" können. Mehrere Beispiele dazu sind in dem Themenheft „Lesestrategien" (vgl. Willenberg 2004) versammelt, z. B. über Pferde, den Rattenfänger von Hameln, das Bergwerk von Falun oder alte Sachtexte (vgl. Fischer 2004; Dehn/Schüler 2004; Rupp/Bonholt 2004; Fingerhut 2004).

4.3 Höhere Leistungsstufen

Höhere Leistungsstufen können nur mithilfe von Beschreibungen für die einzelnen Kategorien erkannt werden, die – wie dargestellt – empirisch gewonnen sein sollten. Wenn dieses Verfahren gewählt wird, gibt es einige Prämissen und einige Folgen: Voraussetzung ist, dass dem Kompetenzmodell zum Lesen, zum Schreiben oder zum Argumentieren der aktuelle Stand der entsprechenden Theorie zugrunde liegt. Daraus sollte lediglich eine überschaubare Zahl von Kategorien gewonnen werden, die für die praktische Benutzung merkbar sind und die in Nähe der eigenen Formulierungen kommen, die von den Schülern gebraucht werden. Beide Forderungen sind keinesfalls überall erfüllt worden: So weist z. B. die Lesetheorie bei PISA eine zu komplexe Einteilung auf, so dass sie im Unterricht keine direkte Wirkung entfalten konnte. Einfachere Kategoriensysteme benutzen IGLU und DESI, die beim Lesen jeweils vier Kompetenzstufen etabliert haben. Konstitutiv ist die Überschaubarkeit auch bei den Textdetektiven. Die Bildungsstandards (Beschlüsse der KMK 2003) konzentrieren sich dankenswerterweise auf drei Kompetenzstufen – allerdings machen es die vielen Spiegelstriche schwer, klare Merkpunkte zu benennen. Am ehesten wird man mit Termini wie „Informationsentnahme" für Stufe I, „kreative eigenständige Verknüpfungen" für Stufe II und „Reflexion der eigenen Arbeiten" für Stufe III eine Vereinfachung formulieren können.

Eine positive Folge einer begründeten und schlanken Theorie ist, dass man sie in der Praxis wiederfinden kann. Bortz und Döring (2003) kennzeichnen es geradezu als Gütekriterium für empirische Ergebnisse, dass man damit in der Praxis Wahrnehmungen machen kann, die vorher nicht möglich waren. Das heißt, es wäre sinnvoll, wenn die benutzten Kategorien so einfach und einleuchtend sind, dass die Lehrkräfte leicht damit umgehen können, denn dann sind sie in der Lage, Kompetenzstufen in Gesprächen oder Texten zu erkennen und entsprechende Aufgaben einzusetzen. Auf diese Weise schärft sich der Blick z. B. darauf, welche Stufe ein Schüler ansatzweise mit seiner Aussage betritt: Nennt er lediglich Informationen, die auf der Textoberfläche sichtbar sind, kann er Schlussfolgerungen ziehen bzw. sich auf Textstellen fokussieren, aktiviert er Wissen, sei es textuelles oder allgemeines und kann er weit auseinanderliegende Aspekte verbinden oder ist er gar in der Lage, ein umfassendes Modell eines Textes für sich zu erarbeiten. Für diese hier in Kurzform genannten DESI-Kategorien gibt es mehrere Transkript-Beispiele bei Willenberg (2007).

Solche Beobachtbarkeit ist auch deshalb wichtig, weil ein grundsätzliches Problem, die höheren Leistungen genauer festzustellen, darin liegt, dass es nur ganz wenige verfügbare Lesetests gibt, die der aktuellen Lesetheorie und ihren Stufungen entsprechen. So musste die Gruppe der Lesedetektive ihre eigenen Überprüfungsmethoden entwickeln (vgl. Gold 2007).

Nicht alles kompetenzorientierte Lernen kann ganz selbständig vonstatten gehen – die Grenzen der Eigenständigkeit sind angedeutet worden. Die Lehrkraft sollte immer wieder eine Fülle von Initiativen ergreifen, z. B. durch die Auswahl einer Textkombination nach Schwierigkeitsgraden. Oder auch durch ein bewusstes Spektrum an Aufgaben, die sowohl analytisch wie produktiv sein können, so wie es Thomas Zabka (2007) und Steffen Gailberger (2007) jeweils mit ihren Aufgabensammlungen vorgeführt haben. Die Schritte der Schülerschaft zur Selbständigkeit müssen lange Zeit von der Lehrkraft begleitet werden, wie es Chamot vorschlägt (Chamot et al. 1997, S. 129) – in diesem Prozess können aber beide Seiten etwas lernen, wenn sie sich immer wieder vergewissern, wie sie vorgegangen sind.

Literatur

Abraham, Ulf/Bremerich-Vos, Albert/Frederking, Volker/Wieler, Petra (Hrsg.) (2003): Deutschdidaktik und Deutschunterricht nach PISA. Freiburg: Fillibach.

Beck, Bärbel/Klieme, Eckhard (Hrsg.) (2007): Sprachliche Kompetenzen. Konzepte und Testinstrumente zur Messung der Leistung im Deutschen und Englischen. DESI-Band-1. Weinheim: Beltz.

Beisbart, Otrwin (2005): Lehrkompetenzen im Deutschunterricht. In: Rösch, Heidi (Hrsg.): Kompetenzen im Deutschunterricht. Beiträge zur Literatur-, Sprach- und Mediendidaktik. Frankfurt am Main: Lang, S. 195–217.

Beschlüsse der Kulturministerkonferenz (KMK) (2003): Bildungsstandards im Fach Deutsch für den Mittleren Schulabschluss. Berlin: KMK.

Bormann, Alexander von (2000): Text und Diskurs – Bildung und Kompetenz. In: Witte, Hansjörg Witte/Garbe, Christine/Holle, Karl (Hrsg.): Deutschunterricht zwischen Kompetenzerwerb und Persönlichkeitsbildung. Baltmannsweiler: Schneider. S. 37–52.

Chamot, Anna Uhl/Barnhardt, Sarah/Beard El-Dinary, Pamela/ Robbins, Jill (1997): The learning strategies handbook. Cambridge: CUP.

Chomsky, Noam 1957 (1970): Syntaxtheorie. Frankfurt am Main: Suhrkamp.

Christmann, Ursula/Groeben, Norbert (1999): Psychologie des Lesens. In: Franzmann, Bodo/ Hasemann, Klaus/Löffler, Dietrich (Hrsg.): Handbuch Lesen. München: Saur, S. 145–223.

Dehn, Mechthild/Hüttis-Graff, Petra (Hrsg.) (2005): Kompetenz und Leistung im Deutschunterricht. Freiburg: Fillibach.

Dehn, Mechthild/Schüler, Lis (2004): Dem Rattenfänger auf der Spur! In: Lesestrategien. Praxis Deutsch 187, S. 16–21.

Ditton, Hartmut (1999): Mehrebenenanalyse. Weinheim/München: Juventa.

Fingerhut, Karlheinz (2004): Alte Texte verstehen – Lexik erweitern. In: Lesestrategien. Praxis Deutsch 187, S. 41–47.

Fischer, Ute (2004): Lesen auf Stufen. In: Lesestrategien. Praxis Deutsch 187, S. 22–31.

Gailberger, Steffen (2007): DESI als Kriterienraster zur Bewertung von analytischen und produktiven Aufgabenformaten. In: Willenberg, Heiner (Hrsg.):, Kompetenzhandbuch für den Deutschunterricht. Baltmannsweiler: Schneider. S. 210–216.

Gardner, Howard 1983 (1991): Abschied vom IQ. Die Rahmen-Theorie der vielfachen Intelligenzen. Stuttgart: Klett-Cotta.

Gold, Andreas/Mokhlesgerami, Judith/Rühl, Katja/Schreblowski, Stephanie/Souvignier, Elmar (2004): Wir werden Textdetektive. Göttingen: Vandenhoeck und Ruprecht.

Gold, Andreas (2007): Lesen kann man lernen. Göttingen: Vandenhoek & Ruprecht.

Groeben, Norbert (2002): Zur konzeptuellen Struktur des Konstrukts „Lesekompetenz". In: Groeben, Norbert/Hurrelmann, Bettina (Hrsg.): Lesekompetenz. Weinheim/München: Juventa, S. 11–24.

Groeben, Norbert/Hurrelmann, Bettina (Hrsg.) (2002): Lesekompetenz. Weinheim/München: Juventa.

Grzesik, Jürgen (1990): Textverstehen lernen und lehren. Stuttgart: Klett.

Grzesik, Jürgen (1995): Was kann und soll Erziehung bewirken? Münster: Waxmann.

Hartig, Johannes/Klieme, Eckhard (2006): Kompetenz und Kompetenzdiagnostik. In: Schweizer, Karl (Hrsg.): Leistung und Leistungsdiagnostik. Heidelberg: Springer, S. 127–143.

Hurrelmann, Bettina (2002): Prototypische Merkmale der Lesekompetenz. In: Groeben, Norbert/Hurrelmann, Bettina (Hrsg.): Lesekompetenz. Weinheim/München: Juventa, S. 275–286.

Hüttis-Graff, Petra (2005): Kompetenzorientierter Unterricht. Muster des Lernens und Lehrens. In: Dehn, Mechthild/Hüttis-Graff, Petra (Hrsg.): Kompetenz und Leistung im Deutschunterricht. Freiburg: Fillibach, S. 235–256.

Kammler, Clemens (Hrsg.) (2006): Literarische Kompetenzen – Standards im Literaturunterricht : Modelle für die Primar- und Sekundarstufe. Seelze: Kallmeyer.

Kämper van den Boogaart, Michael (Hrsg.) (2004): Deutschunterricht nach der PISA-Studie. Reaktionen der Deutschdidaktik. Frankfurt am Main: Lang.

Klieme, Eckhard u.a. (Hrsg.) (2003): Zur Entwicklung nationaler Bildungsstandards. Eine Expertise. Bonn: BMBF.

Ossner, Jakob (2006): Kompetenzen und Kompetenzmodelle im Deutschunterricht. In: Didaktik Deutsch 21, S. 5–19. Kommentare dazu in: Didaktik Deutsch 22, 2007.

Paris, Scott/Wasik, Barbara A./Turner, Julianne C. 1991 (1996): The development of strategie readers. In: Barr, Rebecca/Kamil, Michael L./Mostenthal, Peter/Pearson, David (Hrsg.): Handbook of reading research. Bd. 2. Mahwah: Lawrence Erlbaum, S. 609–640.

Deutsches PISA-Konsortium (Hrsg.) (2001): PISA 2000. Basiskompetenzen von Schülerinnen und Schülern im internationalen Vergleich, Opladen: Leske + Budrich.

Richter, Tobias/Christmann, Ursula (2002): Lesekompetenz: Prozessebenen und individuelle Unterschiede. In: Groeben, Norbert/Hurrelmann, Bettina (Hrsg.): Lesekompetenz. Weinheim/München: Juventa. S. 25–58.

Rösch, Heidi (Hrsg.) (2005): Kompetenzen im Deutschunterricht. Frankfurt am Main: Lang.

Rupp, Gerhard/Bonholt, Helge (2004): Mit dem Stift zum Lesen. In: Praxis Deutsch 187, S. 48–52.

Schleswig-Holstein (1997): Lehrplan für den Deutschunterricht.

Schoenbach, Ruth /Greenleaf, Cynthia/Christine/Hurwitz, Lori/Gaile, Dorothee (Hrsg.) (2006): Lesen macht schlau. Berlin: Cornelsen.

Spinner, Kaspar H. (2005): Der standardisierte Schüler. In: Didaktik Deutsch 18, S. 4–13.

Sticht, Thoma G. (1975): Reading for working. A functional literacy anthology. Alexandria: HRRO.

Weinert, Franz E. (Hrsg.) (2001a): Leistungsmessungen in Schulen. Weinheim: Beltz & KMK.

Weinert, Franz E. (2001b): Concept of competence: A conceptual clarification. In: Rychen, D. S./Salganik, L. H. (Eds.): Defining and selecting key competencies. Göttingen: Hogrefe & Huber, S. 45–65.

White, Robert W. (1960): Competence and the psychosexual stages of development. Nebraska Symposion on Motivation 8, S. 97–141.

Willenberg, Heiner (1999): Lesen und Lernen. Eine Einführung in die Neuropsychologie des Textverstehens. Heidelberg: Spektrum.

Willenberg, Heiner (2000): Kompetenzen brauchen Wissen, In: Witte, Hansjörg Witte/ Garbe, Christine/ Holle, Karl (Hrsg.): Deutschunterricht zwischen Kompetenzerwerb und Persönlichkeitsbildung. Baltmannsweiler: Schneider, S. 69–85.

Willenberg, Heiner (Hrsg.) (2004): Lesestrategien. Praxis Deutsch 187.

Willenberg, Heiner (Hrsg.) (2007): Kompetenzhandbuch für den Deutschunterricht. Baltmannsweiler: Schneider.

Witte, Hansjörg Witte/ Garbe, Christine/ Holle, Karl (Hrsg.) (2000): Deutschunterricht zwischen Kompetenzerwerb und Persönlichkeitsbildung, Baltmannsweiler: Schneider.

Zabka, Thomas (2007): Diskursive und poetische Aufgaben zur Texterschließung. In: Willenberg, Heiner (Hrsg.): Kompetenzhandbuch für den Deutschunterricht. Baltmannsweiler: Schneider, S. 199–209.

Zwiers, Jeff (2004): Building Reading Comprehension Habits in Grades 6–12. Newark: IRA.

2. Lesen und Verstehen im medialen Kontext

ULF ABRAHAM

2.1 Lesedidaktik und ästhetische Erfahrung: Lesen und Verstehen literarischer Texte

1. Lesen und Verstehen von Literatur in medialen Kontexten – was wir über „literarische Rezeptionskompetenz“ und „literarisches Lernen“ wissen

Dieses Kapitel kann und soll weder Grundlegendes über literarische Kompetenz(en) ausführen (vgl. z. B. Kammler 2006, Härle/Rank 2008) noch literarische Sozialisation als Teil von Mediensozialisation diskutieren (vgl. dazu Garbe, Bd. 2, Kap. 1.2). Auch die Problematik des literarischen „Verstehens“ wird an anderer Stelle ausführlicher entfaltet (vgl. Baum, Bd. 2, Kap. 1.7). Hier sei einleitend nur eine wichtige Unterscheidung getroffen: Ästhetische Erfahrung spielt sowohl in rezeptiver als auch in produktiver Aneignung von Literatur eine Rolle. „Literarästhetische Rezeptionskompetenz“ (vgl. Frederking 2010) und „Produktionskompetenz“ sollten daher unterschieden werden (vgl. Abraham/Kepser 2005, S. 51–59).

Üblicherweise wird in der Deutschdidaktik die Fähigkeit zum literarischen Verstehen, sofern sie sich *nicht* auch produktiv äußert, „literarische Rezeptionskompetenz“ genannt. Das ist ein Sammelbegriff für alle Fähigkeiten, die „zur Teilhabe an der literarischen Kultur befähigen“ (Eggert/Garbe 1995, S. 9f.). Der verbreiteten Rede vom Lesen als einer (bloßen) Kultur*technik* widersprechend, heben Eggert und Garbe (ebd., S. 10) „komplexe Verarbeitungsprozesse im Sinn der Semantisierung (Bedeutungserzeugung)“ hervor. Seit der Publikation der ersten PISA-Ergebnisse im Bereich der Lesekompetenz (vgl. Baumert et al. 2001) ist die Erkenntnis Allgemeingut, dass die Komplexität dieser Prozesse unterschätzt worden ist und die Erwerbsproblematik neu überdacht werden muss. Gölitzer (2006) stellt dar, dass über die Teilhabe an einer literarischen Kultur, also die Interaktion mit kompetenteren Älteren, Fähigkeiten nicht nur entwickelt, sondern weiter ausgebildet werden können. Um die Erwerbssituationen, in denen das geschieht, didaktisch zu modellieren, benötigt man ein *Verlaufsmodell* des Erwerbs von literarästhetischer Kompetenz (vgl. hierzu Rosebrock, Bd. 2, Kap. 3.5).

Interaktional ist also nicht nur der Sprach-, sondern auch der „Literatur-Erwerb” (vgl. Conrady 1989): Nur in einem sozialen Rahmen, d. h. in ständiger Auseinandersetzung mit erwachsenen Beherrschern der betreffenden sprachlichen bzw. literarischen Kompetenz, können Kinder diese erwerben. Lypp (1989,

S. 71) nennt das „Teilnahme am System“. Sie weist aber darauf hin, dass es zwei wichtige Unterschiede gibt zwischen der Art, wie wir unsere Sprachkompetenz erwerben, und dem Erwerb literarischer Kompetenz. Während am sprachlichen System notwendigerweise jedes Kind von Anfang an in vollem Ausmaß Anteil habe, bleibe die Anteilnahme am literarischen System zunächst auf den Teilbereich der Kinder- und später der Jugendliteratur beschränkt. Außerdem erfolgt der Literatur-Erwerb im Unterschied zum Spracherwerb nicht direkt, sondern „umwegig“ (Abraham 1998, S. 31): Erste poetische Erfahrungen werden in der *Mündlichkeit* gemacht. Für ästhetische Erfahrung mit Literatur heißt das, dass auch später die Dimension der Mündlichkeit, in der solche Erfahrung gleichsam lebensgeschichtlich verwurzelt ist, immer einbezogen werden sollte: Vorlesen und Vortragen, im Deutschunterricht lange vernachlässigt, sollten nicht nur als Modi der Erstrezeption betrachtet, sondern in ihrem Wert für die Aneignung eines Textes immer mitbedacht werden (vgl. auch Ockel 2000). „Literarische Rezeptionskompetenz“ ist vor diesem Hintergrund das Ergebnis einer lebensgeschichtlich wachsenden Bandbreite an *Modi der Textrezeption*, die erfahren und beherrscht werden und die eine Teilhabe an jenem Feld der kulturellen Praxis ermöglichen, das „Literatur“ im weitesten Sinn heißt. Nicht nur „Lesemodi“ (Graf 2002, detaillierter Graf 2004, S. 31 ff.), sondern – gerade im Zeitalter der Hörbücher – *Rezeptionsmodi* müssen dazu ausgebildet werden. Nicht zuletzt sie entscheiden darüber, wie verständig und persönlich bereichernd Textrezeption werden kann. Graf (2002, S. 49 f.) unterscheidet die folgenden Rezeptionsmodi nach ihren Funktionen:

- leichte Unterhaltung (zur situativen Ablenkung, aus Langeweile, zur Entspannung)
- wunscherfüllendes „intimes“ Lesen (identifikatorisches Muster der Kinderlektüre)
- Partizipation (literarische Praxis sozialer und kommunikativer Teilhabe in der *peer group*)
- Selbstkonzeptionelle Leseinteressen (selbstgewählte Lesestoffe, oft in Opposition zur Schule, auch Erwachsenenliteratur)
- Ästhetisches Lesen (Aufmerksamkeit auch für Form und Gestalt unterschiedlicher Werke)
- informatorischer Gebrauch der Fiktion (auf unterhaltende Weise Wissen und Erkenntnis durch Romanlektüre erwerben).

Die Frage nach der Rolle von Schule und Deutschunterricht bei der Ausbildung solcher Rezeptionsmodi stellt der Leseforscher Graf nicht ausdrücklich. Lesedidaktik muss zwar davon ausgehen, dass die individuelle Verfügung über die dafür nötigen Verarbeitungsprozesse nur zum Teil im (Deutsch-)Unterricht erlangt wird; aber gerade wegen der großen individuellen Unterschiede, die in der

Sekundarstufe I zu Tage treten, darf er sich nicht auf andere (nicht-schulische) Instanzen der Lesesozialisation verlassen, sondern muss kompensatorisch eingreifen, soweit das möglich ist: Die Rezeptions- und Produktionskompetenz, die Hand in Hand mit ästhetischer Erfahrung geht, kann bis zu einem gewissen Grad durch Lese- und Literaturunterricht – vor allem wenn er differenzierend von „heterogenen Lerngruppen“ (Wrobel 2006) ausgeht – gefördert werden; sie entwickelt sich allerdings grundsätzlich in individueller Auseinandersetzung mit poetischen Texten – auch ohne Wissen oder gegen den Willen der Erwachsenen (zum außerschulischen „Lesen und Schreiben aus Leidenschaft“ vgl. Behncken/Messner/Rosebrock 1997). Die Schule kann hier auch negativ wirken und Abbrüche von Lesebiografien riskieren (vgl. Schön 1990, Graf 1997). Erst recht gilt das für die Lust, poetisch zu schreiben.

Auf welche *Verstehensbegriffe* die Didaktik für den Umgang mit Literatur überhaupt zurückgreifen kann, diskutiert Baum in Kap. 1.7 in diesem Band. Hier genügt die Feststellung, dass der Deutschunterricht schlecht beraten wäre, „literarisches Verstehen“ als etwas Absolutes darzustellen, das entweder vorhanden oder eben nicht vorhanden wäre; es ist vielmehr graduell (mehr oder weniger schon oder noch nicht) gegeben bzw. erreichbar und nie vollständig. Konzepte der Leseförderung, gleich wie sie aussehen, sollten nicht „literarisches Verstehen“ zur wichtigsten Zielgröße machen, sondern besser *Wirkungen des Lesens* (nach Rosebrock 1995, S. 10f.):

- Lesen wirkt *kognitiv*, indem ständig vorhandene Wissensbestände rekapituliert und neu verknüpft werden müssen;
- Lesen wirkt *emotional/affektiv*, indem Affekte inszeniert und zueinander in Beziehung gesetzt werden;
- Lesen wirkt *sozial*, indem die „probeweise Übernahme fremder Befindlichkeiten“ geübt und die Empathiefähigkeit gestärkt wird;
- Lesen wirkt *medial*, indem Leseprozesse einen geistigen „Abstand zum Faktischen“ herzustellen erlauben und so auch Distanzierungsfähigkeit in Bezug auf andere Medien stärken.

Lesedidaktik sollte also auf vier Ebenen ansetzen: kognitiv durch Bereitstellung von und Erschließungshilfen für Lesestoff, der Wissenserwerb fördert, affektiv durch Wahl geeigneter Themen, bei denen Identifikation und Empathie nahe liegen, sozial durch Unterrichtsinszenierungen, die Interaktion über das Lesen und die Texte fördern, und medial durch Einbezug von Nichtprintmedien. In ihrer Auswertung einer auf die Primarstufe bezogenen Studie hat Bertschi-Kaufmann (2000, S. 361–369) einen offenen Unterricht skizziert, in dem

- Kinder beobachtet und nicht vorschnell eingestuft werden;
- eine die Eigenaktivität fördernde, der Lese- und Medienkultur der Gegenwart angemessene Umgebung den Umgang mit Schrift, Literatur und Medien fördert;

- genderspezifische Leseinteressen und Leseweisen berücksichtigt sind;
- die aktuelle Kinderliteratur eine wichtige Rolle spielt und insbesondere fantastische Lesestoffe anregend und motivierend wirken können;
- das vergnügliche Unterhaltungslesen und das Lernen am anspruchsvollen Text im Gleichgewicht gehalten werden;
- für ein anregendes Miteinander von alten und neuen Medien dadurch gesorgt ist, dass nicht nur eine Computerausstattung im Klassenzimmer vorhanden ist, sondern auch didaktische Ideen zur Einbindung des PC in den Unterricht umgesetzt werden;
- auch elektronische Spielgeschichten zur Leseförderung genutzt werden;
- Lesen und Schreiben im Deutschunterricht ähnlich eng verzahnt sind wie in der Lebenswelt, so dass sie sich wechselseitig unterstützen;
- Ergebnisse nicht an kurzfristigen Zielen gemessen werden, weil Lese- (und Schreib-)kompetenz kontinuierliche Förderung über längere Zeiträume braucht.

Im Übrigen ist nicht nur literarische Sozialisation, sondern eben auch Lesesozialisation weit mehr als intentionale Leseförderung. Als *funktionale Leseförderung* schließt sie die durch eine soziale Umwelt angeregte oder zumindest nicht behinderte *Selbst*förderung ein und kann literarische Rezeptionskompetenz auch unabhängig von didaktischen Konzepten entstehen lassen. Ulich/Ulich (1995) entfalten, wie das Lesen (epischer Texte) zur Persönlichkeitsentwicklung beitragen kann. Graf (2004) erarbeitet aus Leserbefragungen Rezeptionsmodi, die sich gleichsam lebensgeschichtlich herausbilden, wobei die Schule nur eine Einflussgröße unter vielen ist.

Aus dieser Perspektive betrachtet, geht es hier um„literarisches Lernen“. Dieser Begriff ist einerseits sehr weit, weil er Aspekte von Erfahrung, von Bildung und Reflexion einschließt, und er ist anderseits auch eng, weil er philologische, philosophische und medienwissenschaftliche Aspekte der Frage *ausklammert*, worin die ästhetische Dimension der Literatur besteht (vgl. dazu Abraham 2000, bes. S. 16). Spinner (2006) hat elf Aspekte eines solchen literarischen Lernens genannt, wobei ausdrücklich betont sei, dass es sich dabei weit über die schulische Sozialisation hinaus um lebenslanges Lernen handelt:

(1) Beim Lesen und Hören Vorstellungen entwickeln
(2) Subjektive Involviertheit und genaue Wahrnehmung miteinander ins Spiel bringen
(3) Sprachliche Gestaltung aufmerksam wahrnehmen
(4) Perspektiven literarischer Figuren nachvollziehen: Fähigkeit zur Einfühlung (Empathie) in Bezug auf literarische Figuren und ihre inneren/äußeren Konflikte (kognitiv-affektive Rollenübernahme) ausbauen

(5) Narrative und dramaturgische Handlungslogik verstehen
(6) Mit Fiktionalität bewusst umgehen: Wirklichkeit und Fiktion unterscheiden lernen (Entstehung von „Fiktionsbewusstsein“ nach Eggert 2002)
(7) Metaphorische und symbolische Ausdrucksweise verstehen („symbolisieren“ lernen: vgl. Belgrad/Nysieto 2001; Frederking 2003)
(8) Sich auf die Unabschließbarkeit des Sinnbildungsprozesses einlassen
(9) Mit dem literarischen Gespräch vertraut werden
(10) Prototypische Vorstellungen von Gattungen/Genres gewinnen
(11) Literarhistorisches Bewusstsein entwickeln

Ausgegrenzt bleiben bei Spinner damit soziales und ethisches Lernen sowie der Erwerb von Weltwissen durch literarische Lektüre. Eine weiter gefasste Definition (vgl. Abraham/Launer 2002, S. 1) nimmt auch diese Aspekte auf und bestimmt literarisches Lernen als „Lernen in, von und mit Hilfe der Literatur als einem Medium, das – was immer sie sonst ist und tut – jedenfalls *Weltwissen* transportiert“ (vgl. hierzu genauer unten, Abschnitt 4). Damit wird, in dieser weiteren Auslegung, literarisches Lernen zum *fächerübergreifend wirksamen Prinzip*: „Die ‘schöne’ Literatur weiß ja gewissermaßen mehr von der Welt und vom Menschen als jeder einzelne Spezialdiskurs: Das ist der ‘Mehrwert’ der Literatur gegenüber den Fachdiskursen. Sie ist, aus der Leserperspektive gesehen, den Fachdiskursen zwar selbstverständlich unterlegen an Genauigkeit und begrifflicher Präzision, doch *überlegen* an Vorstellungsreichtum und Nachhaltigkeit“ (Abraham/Launer 2002, S. 33).

2. Didaktik des Lesens – mehr als „Literaturdidaktik“

Literarische Texte stellen also andere Anforderungen an die Lesekompetenz als pragmatische (vgl. Eggert 2002); zugleich aber stellt Literatur auch, wie der schon erwähnte auditive Rezeptionsmodus zeigt, Anforderungen an die *Medienkompetenz*. Die meisten Kinder und Jugendlichen kommen heute mit älteren und neueren Formen und Stoffen des Literatursystems zunächst über mediale Sekundärprodukte in Berührung. *Gerade „klassische“ Stoffe* rezipieren sie über Hörbuch, Video und DVD, lange bevor sie im Kontakt mit der Buchliteratur ihre ursprüngliche Gestalt annehmen (vgl. z. B. Nefzer 2000). Literarisch-ästhetische Sozialisation ist längst multimedial. Film- und Computerspielbilder schieben sich vor die aus der Buchliteratur, falls überhaupt, auch ‘erlesenen’, d. h. in eigener Vorstellungstätigkeit konstruierten Bilder. So sehr außer Frage steht, dass Lehrende im Literaturunterricht „ihren mediensozialisierten Schülern eine kognitive Leistung zumuten“ (Förster 2000, S. 6f.) sollten, so wenig geht es in einer Medienkultur wie der unsrigen an, „ein einzelnes Medium sozusagen nach dem Anciennitätsprinzip gleichsam aus dem Netz herauszuschneiden, durch das es mit allen anderen Medien verbunden ist“ (Abraham 2005b, S. 14). Eine kognitive Leistung sollten wir auch nicht nur der Buchlektüre attestieren, sondern z. B. ebenso der Hörbuchrezeption und der „Filmlektüre“. Dass jedes Medium sich den adaptierten Stoff gleichsam aneignen muss und deshalb unsere Vorstellungstätigkeit je anders „moduliert“ (vgl. Nefzer 2000, S. 68), ändert nichts daran, dass kein überhaupt zum ästhetischen Ausdruck fähiges Medium ohne einen Rezipienten auskommt, der Informationen verarbeitet, auf sein Weltwissen bezieht und vor allem Metaphern und Symbole versteht.

Das Kerngeschäft des Deutschunterrichts bleibt aber dennoch die Verarbeitung ästhetischer Erfahrung durch die *Schriftlichkeit* – dies allerdings rezeptiv *und* produktiv. Auch „Schreiben nach literarischen Vorlagen“ (Berger 1995) kann eine Form ästhetischer Erfahrung mit Literatur sein. „Literarische Kreativität“ anzuregen (Kellner 1999) oder „literarische Begabung“ durch eine „Schule der Poetik“ zu fördern, kann dabei zwar auch ein Ziel sein (vgl. Fritzsche 1988 bzw. Herrmann 1980), aber zunächst geht es um etwas Grundlegenderes: Man kann zwar Literatur bereits verstehen, bevor man lesen kann (literarische Rezeptionskompetenz wird lange vor der Einschulung angebahnt). Aber Schreiben als Akt des Gestaltens, Wort-Kunst als Wort-Spiel und Stil-Kunst, erschließt sich niemandem ohne Lesekompetenz und in manchen Aspekten auch nicht ohne eigene Schreibversuche (vgl. z. B. Waldmann 1998). Und nicht selten bedarf die Erschließung, die ihrerseits ja auch Lese- und Schreibkompetenz fördert, der fortgeschrittenen Kompetenzen eines Literatur-Lehrers: Die von Eggert (1997) benannte Zielperspektive „Formbewusstsein“ setzt eine *Distanz* voraus, die Lesende oft nicht von selbst – ohne Hilfe – gewinnen. Sie können sich aber *schreibend* die Bedeutung von Stil und Form klarmachen (vgl. z. B. Paefgen 1991; Waldmann/Bothe 1992), und sie können sich – im „Literarischen Gespräch“ (Härle/Steinbrenner 2004) – gegenseitig helfen, Distanz zu gewinnen. Literaturunterricht ist *auch* eine soziale Verabredung, und diese funktioniert durch Interaktion, d. h. kommunikative und ästhetische Praxis im Klassenzimmer (vgl. Wieler 1989; Abraham 1998). Auch für solche Interaktion aber ist Lesenkönnen wichtig: Obwohl es literarische Kompetenz nicht erst ermöglicht, emanzipiert es doch von Vorlesern, Lehrenden und anderen Interpreten. Und es gibt auch zu denken, dass empirische Studien die Überlegenheit der Leser vor den Nicht- oder Weniglesern gerade in der kompetenten Nutzung der AV-Medien nachweisen (vgl. Hurrelmann et al. 1992).

Dass „Funktionen des Literarischen zunehmend auch von anderen Medien übernommen werden“ (Schreier/Rupp 2002, S. 268), bestreitet heute niemand mehr. Gerade deshalb ist Lesedidaktik, als eine ganz eigene Aufgabe für den Deutschunterricht, von Literaturdidaktik zu unterscheiden, die Literatur in allen Medien aufsuchen und „intermedial“ denken sollte. Lesedidaktik, um das zusammenzufassen, vermittelt nicht nur eine Kulturtechnik (etwa durch Bereitstellung von Lesestrategien: vgl. Beisbart/Popp, Kap. 3.6 in diesem Band), sondern „die Erfahrung, dass Texte beim Lösen von Problemen helfen" (Abraham 2005b, S. 17). Eine immer größere Bandbreite an pragmatischen *und* ästhetischen Textsorten zielgerichtet und ökonomisch für eigene Erkenntnis- und Handlungsmotive nutzen zu wollen und im Regelfall auch zu können, ist die logische Konsequenz. Literarische Texte helfen zwar nicht direkt beim Lösen von Problemen (das war das Missverständnis der sogenannten Lebenshilfedidaktik), aber

> sie schärfen den Blick für Alternativen und Optionen auch im eigenen Leben; sie zeigen, dass man mit einer Erfahrung keineswegs allein in der Welt ist, sie fördern aber auch Einfühlung in andere und ihre anderen Probleme, und sie bieten nicht zuletzt Trost und Ablenkung an, wenn gerade anderes gar nicht hilft. (Abraham 2005b, S. 18)

Lesekompetenz und literarische Kompetenz verhalten sich also nicht nach einem Stufenmodell zueinander (erst das Basale, nämlich die Kulturtechnik Lesen, dann das Höhere, nämlich das Verständnis für die schöne Literatur). Vielmehr ordnen sie sich, obwohl sie das Medium der Schriftlichkeit gemeinsam haben, zwei unterschiedlichen kulturellen Praxen zu: einer kulturellen Praxis des Konservierens, Schaffens, Weitergebens und Adressierens von Wissen auf der einen und einer kulturellen Praxis des Ausdrückens und der Weitergabe ästhetischer Erfahrung in Texten auf der anderen Seite. Literarisch zu lesen bedeutet dabei mehr als einen Text zu „verstehen"; es bedeutet vor allem, „sich jenem Spiel willig zu überlassen, das ein Text mit unseren Kenntnissen, Wahrnehmungs- und Empfindungsfähigkeiten beginnt" (Abraham 2005b, S. 19). Mit Isers *literarischer Anthropologie* (1991) geht es hier nicht um Bedeutungen, sondern um die Fähigkeit zum literarischen Fantasieren, zur Besetzung eines fiktionalen Übergangs-Raums zwischen Innen- und Außenwelt, zwischen 'Heute' und 'Damals', zwischen 'Hier' und 'Anderswo', als Raum für Probehandeln und Übung im Selbst- und Fremdverstehen. Diesen Raum lesend zu bewohnen setzt – desto mehr, je komplexer die Texte werden – nicht nur Einfühlungsvermögen voraus, sondern Wissen sowie die Fähigkeit, Distanz herzustellen und Strukturen zu erkennen. Aber es *schafft* eben auch langfristig solche Fähigkeiten und solches Wissen, und zwar nicht nur beim (Printmedien-)Lesen. Abraham (2005b) führt den Begriff der *poetischen Kompetenz* ein, um das Angewiesensein dieses Lernprozesses auf (alle) Medien deutlich zu machen; sie ermöglichen, auf je spezifische Art, Anschlusskommunikation und „Alteritätserfahrung" (vgl. theoretisch Maiwald 1999 und Rosebrock 2001, empirisch Bertschi-Kaufmann 2000). Nicht alle, aber doch viele Prozesse literarisch-ästhetischer Kommunikation lassen sich durchaus sinnvoll auch von anderen Medien her auf den Weg bringen. Die Kulturtechnik „Lesen" allerdings hilft, wie bei so vielem anderen, auch im Umgang mit literarischen Stoffen, Formen und Symbolen.

3. Lesen und Verstehen als Prozess – theoretische Modellierung und Folgerungen für den Deutschunterricht

Menschliches Lesevermögen hat neben einer technischen eine kognitive, eine emotionale und eine soziale Seite. Mit Gross (1994) erkennen wir heute die Vorstellung vom gleichmäßigen Vorwärtsgleiten des lesenden Blicks als falsch; *technisch* sind Dauer und Ort der Blickfixation beim Lesen abhängig von Textstruktur *und* Leseintention (vgl. Gross 1994, S. 8f.). Gleichzeitig heißt Lesen, auf mehreren Ebenen ständig – doch meist unbewusst – Entscheidungen zu treffen. Alle Informationen gleicht man beim Lesen mit Vorwissen (vgl. Christmann/Groeben 1999, S. 160) ab und wird dabei meist „Mehrdeutigkeit in Eindeutigkeit umwandeln" (Abraham 2002, S. 106). „Schemata" (kognitive Strukturen, die Weltwissen unterschiedlich abstrakt repräsentieren) helfen dabei. Besonders *scripts* und *story grammars* (vgl. Christmann/Groeben 1999, S. 167f.) enthalten Wissen über erwartbare Abläufe und damit verbundene Gefühle – Emotionen sind ja die verborgene Basis des Lesens (vgl. Willenberg 1999, 127 S. ff.).

Ein Prinzip, das Wirklichkeits- *und* Textverarbeitung gemeinsam haben, ist das „Inferieren" (Ergänzen, Erschließen) vorenthaltener Informationen. „Texte brauchen oft nur sehr lückenhafte Informationen zu liefern, weil Lesende diese ohne Schwierigkeiten in das betreffende Schema, also den normalen Ablauf, z. B. eines Restaurantbesuches oder eines Kindergeburtstags, einfügen können." (Gross 1994, S. 20). Fehlendes wird beim Lesen ergänzt, angenommen, unterstellt: Wenn Lesen immer auch Lernen heißt (vgl. Willenberg 1999, S. 2), so „nicht als eine Art Umkopieren von Information aus dem Text ins Gedächtnis, sondern auf der Basis einer Selbstabfrage: Was ermöglicht mir der Text *Neues* zu denken, zu imaginieren, zu empfinden?!" (Abraham 2002, S. 106).

Nicht nur um eine *kognitive Dimension* des Lesens geht es also, sondern um das Anregungspotenzial literarischer Texte auch in emotionaler Hinsicht. Während *Verständlichkeit* als Kriterium für Lektüreauswahl im Unterschied zu pragmatischen Texten hier kaum eine Rolle spielt (vgl. Gross 1994, S. 26f.), ist das Potenzial eines fiktionalen oder poetischen Textes für die Anreicherung und Differenzierung mentaler Modelle ausschlaggebend: Literatur liest man nicht trotz, sondern gerade wegen ihrer Wirkung produktiver Irritation scheinbarer Sicherheit, kognitiv und emotional. Ästhetische Texte kommen mehr als pragmatische unserem Bedürfnis entgegen, aus unserer gewohnten Wirklichkeit auszubrechen. Man hat in diesem Sinn von einer *ordnungskritischen* Wirkung literarischen Lesens gesprochen (vgl. Härter 1991, S. 57ff.), und zwar relativ unabhängig von Gattungen, Genres und Zielgruppen. Ist Lesen Interaktion zwischen einem Text und einer individuellen kognitiven Struktur (vgl. Christmann/Groeben 1999, S. 162f.) bzw. – mit Iser (1984, S. 39) – „eine Interaktion, in deren Verlauf der Leser den Sinn des Textes dadurch 'empfängt', daß er ihn konstituiert", so ist es Aufgabe des Lesers, gleichsam Bilder und Stimmen zu erzeugen, die etwas *bedeuten*. „Wir reagieren im Lesen auf das, was wir selbst hervorgebracht haben, und dieser Reaktionsmodus erst macht es plausibel, weshalb wir den Text wie ein reales Geschehen zu erfahren vermögen" (Iser 1976, S. 210). Köppert (1997), solche Überlegungen weiterführend, beschreibt diesen Vorgang als „literarisches Fantasieren". Sie argumentiert mit Isers *Literarischer Anthropologie* von 1991: Der imaginäre Raum, den diese zwischen dem Realen und dem Fiktiven in der literarischen Lektüre entstehen sieht und den Köppert (1997) als taugliche Grundlage für didaktische Überlegungen erweist, kann prinzipiell immer wieder und immer weiter ausgestaltet werden. „Leerstellen" sind dabei die Enklaven im Text, die sich der Besetzung durch den Leser anbieten (vgl. Iser 1976, S. 266). Woran man sie erkennt, lässt sich zwar bis heute nicht exakt angeben; als Hilfsvorstellung bewährt sich die Leerstelle dennoch – vor allem dann, wenn man Isers Satz, „daß die Lebhaftigkeit unserer Vorstellung proportional zu den Leerstellenbeträgen wächst" (ebd., S. 293), umdreht: Die Lebhaftigkeit unserer Vorstellungen ist ein Gradmesser dafür, mit wieviel Unbestimmtheit wir es beim Lesen zu tun haben.

Allerdings ist die Rede von der Vorstellungsbildung ambivalent (vgl. Abraham 2002, S. 107f.): Wären literarische Texte nur auf Vorstellungs*erleichterung* beim Lesen hin angelegt, so bliebe der Irritationscharakter literarischer Lektüre unerklärt. Mit Recht spricht Iser (1976, S. 291) auch von Vorstellungs*erschwerung*: Vorstellungen, die im Alltag das Erinnerte, das augenblicklich oder prinzipiell Abwesende, damit aber auch das Ersehnte oder Befürchtete gleichsam innerlich aufrufen, werden von der Literatur nicht einfach unterstützt, sondern auch irritiert. Vorstellungsbilder unterscheiden sich von Wahrnehmungsbildern nicht nur durch Flüchtigkeit, auch nicht nur durch die Möglichkeit der Surrealität, sondern vor allem durch *Kargheit*. Diese zeigt an, dass wir es nicht mit mimetisch erzeugten Realobjekten zu tun haben, sondern mit Gestalten im ästhetischen Sinn.

Es bleibt die *soziale Dimension* des Lesens. Es macht einen Unterschied, ob Lesen allein oder in der (Lern-)Gruppe geschieht. Sumara (1996) stellt heraus, dass Lesen im und für den Unterricht Veröffentlichung des Privaten bedeutet. Hurrelmann (1997, S. 92) bezeichnet jedes Textverstehen als dialogisch organisiert. Abraham (1998, S. 89) verweist darauf, dass das Konzept eines beim literarischen Lesen entstehenden Übergangsraums unvollständig bliebe, wollte man ignorieren, dass der Aufenthalt darin für Lerngruppen als gemeinsamer Aufenthalt gestattet und gestaltet werden müsse. In welch maßgeblicher Weise die je spezifische Ausprägung literarischer Anschlusskommunikation nicht nur die Ausbildung von Leseinteresse und -motivation, sondern auch den literarischen Verstehensprozess selbst beeinflusst, arbeitet Wieler in Kap. 3.2 dieses Bands heraus.

In der Konsequenz hat sich eine Didaktik des offenen „literarischen Gesprächs“ entwickelt. Die Lernenden sollten ihre Äußerungen nicht nur an die Lehrkraft adressieren, sondern an andere Mitglieder der Lerngruppe, sonst wird aus einem gelenkten Unterrichtsgespräch kein literarisches Gespräch. Dieses wird textzentriert, doch weniger als die Schriftlichkeit auf Distanz verpflichtet sein. Aktuelle Überlegungen zielen auf eine Veränderung des herkömmlichen Unterrichtsgesprächs über Literatur (vgl. Härle/Steinbrenner 2004, S. 2ff.). Literarische Gespräche

- sollten weniger lehrergelenkt und kommunikativer gestaltet werden;
- könnten der Gefahr des „Elitären“ durch demoratischere Strukturen entgehen („Gespräch unter Peers“);
- sollten durch den Verzicht auf „Leitfragen“ das eigenständige Nachdenken über den Text begünstigen und
- auf die Frage nach der Autorintention verzichten.

Solche Überlegungen aufnehmend, haben Steinbrenner/Wiprächtiger-Geppert (Zit. nach Spinner 2006, S. 14) das Literarische Gespräch als ein Modell angemessenen Umgangs mit Literatur beschrieben und den erwünschten Gesprächsverlauf in sechs Phasen untergliedert:

(1.) Die leitende Person wählt einen durch Mehrdeutigkeit oder Rätselhaftigkeit auffallenden und daher geeigneten Text aus.
(2.) Durch einen Sitzkreis schafft man ein klares Setting, gekennzeichnet durch Ruhe, Konzentration und kommunikative Symmetrie.
(3.) Der Text wird zunächst vorgetragen, dann ausgeteilt und noch einmal still gelesen.
(4.) Die leitende Person gibt durch einen anregenden Impuls allen die Gelegenheit zu einer ersten Äußerung.
(5.) Damit ist das Gespräch eröffnet, das auch für Irritation und Nicht-Verstehen offen ist und ausdrücklich dazu einlädt, eigene Erfahrungen auf den Text zu beziehen.
(6.) Dem Abschluss dient eine von der leitenden Person gestaltete Schlussrunde, die wichtige Verstehensaspekte und Gesprächserfahrungen artikuliert.

Solche Anregungen zu einem veränderten literarischen Diskurs in der Schule setzen allerdings, das sei ausdrücklich betont, die Bereitschaft voraus, über eine Veränderung der Lehrerrolle nachzudenken: Lehrende werden zu Moderatoren eines solchen Gesprächs, manchmal vielleicht sogar zu einfachen Teilnehmern.

Auf den problematischen Begriff des *Verstehens* kann keine Darstellung literarischer Lesefähigkeit verzichten. „Verstehen“ scheint auf die Rezeption von Texten beschränkt; es ist nicht direkt beobachtbar, und es ist mehrdeutig (vgl. Fritzsche 1994, Bd. 3, S. 10f.). Mindestens ist ein eher kognitiver, die Dekodierbarkeit von (Schrift-)Sprache bezeichnender Verstehensbegriff zu unterscheiden von einem eher affektiven, die Einfühlung in das Gelesene meinenden Verstehensbegriff (vgl. Abraham 2002, S. 111). Führt das *Lesen als Dekodieren* zu einer semiotischen Sichtweise (vgl. Spinner 1977), so das empathische Lesen zu einer psychologischen: Wenn Identifikation mit Held oder Heldin nur ein Zwischenschritt ist zur Empathie, die das Eigene im Fremden erkennt und umgekehrt, so fördert literarisches Lesen die grundlegende Fähigkeit des Perspektivenwechsels. Eine solche psychologische Wendung der hermeneutischen Grundfrage, was Verstehen sei, führt zur Zielperspektive des *Selbst- und Fremdverstehens* (vgl. Spinner 1989; 1994).

Die semiotische Basis des Umgangs mit Literatur ist heute nicht mehr strittig; kontrovers blieb allerdings lange, welche Schlüsse daraus in methodischer Hinsicht zu ziehen seien: Der bekannte Streit der 1980er Jahre um *Verfahren* im Literaturunterricht ist hier einzuordnen. Wollten Autoren wie Kügler (1971) strukturale Verfahren zur Verfeinerung und Objektivierung eines rationalen Verstehensbegriffs einsetzen, so bestanden andere (v. a. Haas und Waldmann) darauf, dass emotionales Verstehen und 'ganzheitliche' Gestaltwahrnehmung möglich und für weniger kognitiv begabte Lernende unerlässlich seien.

4. Ästhetische Erfahrung als Prozess – theoretische Modellierung und Folgerungen für den Deutschunterricht

Es geht hier, wie auch Zabka in Kap. 3.11 dieses Bandes deutlich macht, nicht um „Ästhetik“ als die Lehre vom Schönen. Als Konsens zeichnet sich vielmehr, über die Grenzen von Disziplinen wie Philosophie (Welsch 1990), allgemeiner Bildungstheorie (Steenblock 1997 und Erziehungswissenschaft (Lenzen 1990; Gamm 1991; Koch/Marotzki/Peukert 1994) „eine Wieder-Lektüre der Rede von der Ästhetik ab, die bei der Wortbedeutung von *aisthesis* ansetzt und dazu tendiert, das Ästhetische mit dem sinnlich Wahrnehmbaren schlechthin (fast) ineins zu setzen“ (Abraham 2000, S. 11). Dass ein Kunstwerk in seiner 'schönen Gestalt' durch unmittelbare Anschauung auf den Betrachter ästhetisch und indirekt ethisch wirkt, ist sozusagen ein Spezialfall. Das Allgemeine, das diesen Spezialfall enthält, beschreibt Abraham (2000, S. 11) so: „Ästhetisch ist jede Sinnlichkeit, die auf Sinnhaftigkeit hin wahrnimmt und damit nicht-begrifflich 'erkennt', was in der Kunst, in der Literatur und im Leben überhaupt Gestalt hat und damit Sinn.“ Das Ästhetische steckt also nicht in den Gegenständen (z. B. 'schöne Literatur'), sondern in einem Prozess der Wahrnehmung, des Innewerdens und Gestaltens. Rudloff (1991) hat in *Produktionsästhetik und Produktionsdidaktik* die Ästhetik der Texte als „verdeckte Arbeit“ beschrieben. Ihr nachzuspüren ist nur prozesshaft möglich.

Ästhetische Erfahrung als *Prozess* zu betrachten bedeutet, hinter normative Begriffe wie *Bildung* oder *Erziehung* zurückzugreifen auf die Frage, wie das Ästhetische *geschieht*. Es entspricht einer Erfahrung, und zwar nicht nur im Museum, im Theater oder in der Oper, sondern überall, wo Menschen sich und ihre Umwelt prägen und formen. Diese Erfahrung scheint weniger ein Wissen vorauszusetzen als eine bestimmte Wahrnehmungsintensität und die Bereitschaft, Ganzheiten zu erfassen, und zwar nicht „inhaltistisch" (Burdorf 2004), sondern als *Gestalten*, d.h. einschließlich ihrer Form. Anthropologisch schon durch Dehn (1974) begründet, ist ästhetische Erfahrung untrennbar mit *Reflexion* verbunden (vgl. Bubner 1989) – auch wenn das Medium dieser Erfahrung die Anschauung ist (ebd., S. 58). Anschauung aber ist immer schon „anschauendes Denken" (Arnheim 1972). Kunst konstituiert sich *erst durch Bewusstseinsleistungen* (vgl. Bubner 1989, S. 117).

Ästhetik als Prozess im Umgang mit Literatur sieht Rupp (1998, S. 7) im Sinn von *aisthesis* als „erkennendes Denken". Ästhetisch ist ihm grundsätzlich „die Heraushebung und Thematisierung der Wahrnehmungsformen" (ebd.). Es handelt sich um ein Denken, „das Bedeutung sieht" (Liessmann 1994, S. 79) und Sinneswahrnehmung zur Wahrnehmung von Sinn gleichsam prozessiert: „Ästhetik als Prozess". Ästhetik ist dann „eine andere Form des Begreifens", nämlich ohne Begriffe und mit Hilfe der Imagination, wie Welsch in seiner Einleitung zu den *Schlüsseltexten der Postmoderne-Diskussion* schreibt. Die Hermeneutik, die nach Schleiermacher stets den Sprung von der Einzelbeobachtung am Text hinüber zu einem ästhetischen Gesamturteil leisten soll, hat mit ihrer Rede von der Interpretation den Blick auf das, was im literarisch-ästhetischen Prozess geschieht, eigentlich verstellt: „Vor der Deutung (als Festlegung auf Begriffe) muss allemal Wahrnehmung gewesen sein, und mit ihr einher geht die Vorstellung" (Abraham 2000, S. 13).

Setzt man beim Begriff der anschauenden Wahrnehmung an, so lässt sich eine Brücke schlagen zu Fragen der literarisch-ästhetischen Bildung (vgl. Ivo/Wardetzky 1997). Zu warnen ist allerdings vor einer vom Begriff *Anschauung* suggerierten Vorstellung von Statik: Ein Sich-Versenken in das Kunstwerk, mit dem Ergebnis blitzhaft und scheinbar begriffslos hervorbrechender Erkenntnis ist nicht gemeint. Anschauendes Denken ist vielmehr, als Wahrnehmungs- und Vorstellungstätigkeit, an *Bewegung* geknüpft (vgl. Schnurrnberger 1996). Auch so (scheinbar) statische ästhetische Phänomene wie Skulpturen können nur prozesshaft wahrgenommen werden. Ästhetische Urteile provozieren sie in der Folge realer (äußerer) und/oder vorgestellter (innerer) Bewegung. Literarische Texte gar sind nur, wenn sie sehr kurz sind, überhaupt ganzheitlich-augenblickshaft wahrnehmbar; grundsätzlich spielen sie sich als Prozess in der Vorstellungstätigkeit Lesender ab. Die Spezifik des sprachlichen Kunstwerks besteht darin, dass seine Gestalthaftigkeit – außer etwa bei visueller Poesie – kaum äußerlichdirekt, wohl aber innerlich über Vorstellungsbildung wahrgenommen werden will. Literarische Texte stellen gleichsam *Anweisungen* dar für die imaginative Erzeugung von Gestalten in einer inneren Bewegung.

Davon sind, selbst wenn der erste Anschein eine Beschränkung auf Textinhalte nahe legen mag, *sprachliche* Gestalten nicht ausgenommen: Auch die Wahrnehmung von Stil(en) lässt sich gestaltpsychologisch rekonstruieren als Ergebnis einer Bedeutungserzeugung (vgl. Abraham 1996, S. 279–322). Durch unmittelbare Anschauung einzelner Textstellen (z. B. Verse oder Strophen in der Lyrik, erzählende oder dialogische Abschnitte in der Epik) lässt sich ästhetische Erfahrung nicht herstellen. Das hat einen allgemeinen und einen (medium-)spezifischen Grund: Allgemein ist Wahrnehmung und (sie begleitend oder ggf. ersetzend) Vorstellungsbildung immer prozesshaft (linear in der Zeit); spezifisch für den literarischen Text haben sprachliche Gestalten selten jene unmittelbare Anmutungsqualität, mit der etwa Skulpturen, Gemälde oder Musikstücke ganzheitlich ästhetisch wirken können. Als „Prozessor von Zeichen“ digitaler Art (vgl. Kremer/Wegmann 1998, S. 65) nimmt der literarische Text vielmehr eine Sonderstellung unter den Formen ästhetischer Kommunikation ein. Ästhetische Erfahrung und Urteilsbildung geht nicht aus ganzheitlicher Anschauung, sondern aus einer linearen Abfolge von Lese-Entscheidungen (vgl. Gross 1994, S. 18) hervor. Der Text übersetzt sich beim Lesen in eine Sequenz teils statischer, teils dynamischer Vorstellungen; diese betreffen nicht nur Inhalte, also Handlungen, Figuren, Schauplätze usw., sondern auch sprachliche Gestalten: Einen blumigen oder spröden, anschaulichen oder abstrakten, schlichten oder elaborierten Schreibstil kann ich nicht unmittelbar ‘lesen’; er ist das Produkt meines anschauenden Denkens, das Einzelwahrnehmungen zusammenordnet und ein ästhetisches Urteil fällt.

Abraham (2000, S. 14f.) beschreibt von solchen Überlegungen aus ästhetische Erfahrung als „Übergang“. Dass ein literarischer Text uns dennoch, obwohl er ganzheitlich-simultaner Wahrnehmung meist nicht zugänglich ist, irgendwie „anmute“ , verdanke er unserer Fähigkeit, eine seinen Anweisungen mehr oder weniger entsprechende innere Szene imaginativ zu erzeugen und sie mit introspektiv bekannten Gefühlsqualitäten auszustatten, uns also durch inneres Sehen (Hören, eventuell gar Riechen und Schmecken) von der äußeren Hier-und-Jetzt-Wirklichkeit in eine innere Welt zu versetzen. Literarische „Fiktionen sind als Versuche zu verstehen, durch Aktivierung der Einbildungskraft die Grenze unserer Erfahrungsräume zu überschreiten“, sagt Müller-Michaels (1999, S. 167) und sieht das als „Selbstüberschreitung des Menschen“. Abraham (2000, S. 15) kommentiert das so: „Das Fremde, als das uns der Text zunächst gegenübersteht, wird im ästhetischen Prozess gleichsam herübergesetzt in ein Eigenes: Indem ich seine Problemstellung, seine Stimmung usw. auslege, lege ich mich ja selbst aus.“ Die dabei zu unterstellende (positive, negative oder ambivalente)

Besetzung durch Gefühle wird sich bei jüngeren oder unerfahrenen Lernenden vorwiegend auf Inhaltliches richten (z.B. eine Figur). Erfahrene Lesende aber werden zunehmend auch „Denkbilder“ und sogar die sprachliche Materialität des Textes selbst (z.B. Sprachbilder in der Lyrik) auf diese Weise besetzen können. Der Text wird damit zum „Übergangsphänomen“. Die Fähigkeit, ihn so zu gebrauchen, ist zwar anthropologisch grundgelegt (vgl. Iser 1991), aber ebenso wenig angeboren wie die Fähigkeit und Bereitschaft zur ästhetischen Erfahrung generell. Sie ist kulturell vermittelt.

Kontrovers ist in diesem Zusammenhang die Frage, inwiefern der Beitrag des literarischen Lesens zur ästhetischen (Selbst-)Bildung von Entwicklungsstand und Sozialisation der Individuen abhängt. Koch/Marotzki/Peukert (1994) dokumentieren eine Debatte darüber, ob ästhetische Erfahrungen didaktisch planbar und damit für Lernprozesse in der Schule zurichtbar sind oder nicht. Wie man sich auch entscheidet – man wird vermeiden müssen, die Literatur und vor allem ihren Gebrauch in der Schule, das heißt das literarische Lernen (als Lernen am und im Medium der Literatur), mit einem Postulat ästhetischer Bildung zu überfordern. Natürlich kann man literarische Bildung *als* ästhetische Bildung beschreiben (vgl. Steenblock 1997, S. 243f.); aber der bescheidenere Begriff *ästhetische Erfahrung*, der weniger normativ ist, reicht aus um die ästhetische Dimension literarischen Lernens zu beschreiben. Solche Erfahrung wird man nicht nur gerne „hinnehmen“ (Bubner 1989, S. 129), wo sie ein- oder auftritt, sondern aus didaktischer Sicht für wünschenswert halten, insofern man Lese- und Literaturunterricht nicht zu einer Veranstaltung machen möchte, die Texte (vor allem auch solche der Kinder- und Jugendliteratur, an denen *frühe* ästhetische Erfahrung möglich wäre!) für fachfremde Zwecke instrumentalisiert. Zwar hat die Literatur grundsätzlich ein „Potenzial an mediengestützter Pädagogik“ (Kremer/Wegmann 1998, S. 81), aber ästhetische Wirkung und pädagogische Wirkung sind nicht ineins zu setzen. Abraham/Launer (2002) beschreiben die Wirkung literarischen Lernens als *indirekt*: In Bezug auf *Weltwissen* wird beim Lesen beiläufig, in Bezug auf *sprachliches Wissen* durch (oft gar nicht die Bewusstseinsschwelle erreichende) Irritation des Automatisierten gelernt. Literatur hat ihre eigene, ganz spezifische Form der Wissensvermittlung; sie erklärt nicht, sondern *ist*. Wo sie zu erklären beginnt, z.B. in den sogenannten didaktischen Textsorten, ist sie bereits an der Grenze ästhetischer Kommunikation. Gerade weil der Erwerb literarischen, sprachlichen und alltagsweltlichen Wissens beim Lesen beiläufig erfolgt, ist ästhetische Erfahrung überhaupt möglich: Sie hängt von der „Alterität“ guter Texte ab, die Klischees oder Stereotypen der Wahrnehmung nicht bestätigen, sondern irritieren. Im Gegensatz zu pragmatischer Kommunikation, die behauptet und widerruft, beweist und widerlegt, irritiert der literarische Text einfach dadurch, dass er *ist* und Normen verletzt (z.B. sprachliche oder ethische). Die Fähigkeit und Bereitschaft, sich irritieren zu *lassen*, betrachtet Abraham (2000, S. 17) als „Gradmesser ästhetischer Erfahrung“ im Lese- und Literaturunterricht.

Den Begriff der Alterität hat Maiwald (1999) in der Literaturdidaktik etabliert. Strittig bleibt dabei zwar, ob man verschiedene *Grade* von Alterität verschiedenen Texttypen zuordnen kann (vgl. Abraham 2000, S. 17), nützlich aber ist der Begriff, weil er die Rezeptionswiderstände erfasst, mit denen der literarische Text uns einfängt und festhält. Drei Dimensionen der Alterität in der Literatur lassen sich unterscheiden: sprachliche, strukturelle und inhaltliche Alterität (vgl. ebd., S. 18). Über die Plausibilität der Unterscheidung sprachlicher, struktureller und inhaltlicher Alterität (es gibt vielfältige Berührungspunkte entlang der drei Binnenlinien) wird man streiten können; am besten entfaltet ist der Begriff für epische Texte. Festzuhalten bleibt, dass ästhetische Prozesse beim Lesen durch *Differenzerfahrungen* ausgelöst und vorangetrieben werden.

Ästhetische Qualität eignet insgesamt einem Prozess, *nicht* einem Text. Es geht nicht an, das Ästhetische nur in den Gegenständen aufsuchen zu wollen, als Eigenschaft (oder Summe aller Eigenschaften) der Texte. Genauso wenig aber reicht es zu, das Ästhetische nur in den Formen des Umgangs mit einem Text zu sehen. Szenisches Spiel bzw. Formen szenischen Lernens im Deutschunterricht, von Rupp (1998) in diesem Sinn als paradigmatisch für „schönes Denken“ herausgestellt, sind wichtig, weil sie der spezifischen Erkenntnisform nahe stehen, die die Rede von der ästhetischen Erfahrung meint. Damit können sie jenen Prozess befördern, als der Ästhetik beschrieben werden muss – nicht nur literarisch-anthropologisch, sondern auch didaktisch-methodisch gesehen als „Rezeptionsprozess, der den literarischen Text in ein bedeutungsschaffendes Spiel zurückverwandelt“ (ebd., S. 139).

Aber nicht die Methodik (wir inszenieren Textteile, thematische Aspekte oder Perspektiven auf den Text) ist ästhetisch, sondern der Prozess. Weder der Text als Gebilde noch die konkrete Inszenierungsmethode, sondern einzig der Verlebendigungs- und Verflüssigungsprozess, der aus dem Aufeinandertreffen beider in der inneren oder äußeren Inszenierungsbewegung resultiert, kann ästhetisch genannt werden. „Ästhetik ist kein stabiles Merkmal eines Gegenstandes, auch nicht eines Tuns.“ (Abraham 2000, S. 19) Inszenieren beim literarischen Lernen in Schule und Hochschule bildet wie jede Differenzerfahrung einen Nährboden für den ästhetischen Prozess; und es gibt ästhetische Basistechniken, die in der Schule (vor allem der Sekundarstufen) zu wenig genutzt werden: erzählen und spielen, gestaltend sprechen und inszenieren, zu Bildern schreiben und Texte illustrieren. Ästhetische Erfahrung aber ist – im Unterricht wie auch in anderen Situationen des Literaturgebrauchs – unberechenbar und außerordentlich flüchtig. Sie ist ein wichtiges, aber instabiles Element des Lernens. (Das erklärt die erwähnte Kontroverse um didaktische Planbarkeit). Sie ist nicht unbedingt an äußere Inszenierungen gebunden, die zwar oft helfen werden, aber keine *conditio sine qua non* sind. Gebunden ist das Ästhetische aber an die innere Szene eines Übergangsraums, in dem sich der 'stehende Text' verflüssigt oder eben „inszeniert" (vgl. Iser 1991, S. 505f.). Das Befriedigende und – im positiven Sinn – Anmutende literarischer Erfahrung rührt daher, dass die mit Hilfe des Textes mögliche literarische Imagination eigene Entbehrung und Verlusterfahrung sozusagen genussfähig macht.

Aber auch Anmutungen im negativen Sinn sind einschlägig für ästhetische Erfahrung: das *Andere wahrnehmen*, d.h. auch: das Fremde, Abstoßende, Hässliche wahrnehmen. „Und für beide, die positiven wie die negativen ästhetischen Anmutungen, gilt: Sie befördern das *andere Wahrnehmen.*" (Abraham 2000, S. 20). Das Schöne wäre ohne die Existenz des Hässlichen nicht wahrnehmbar als das, was es in unseren Augen ist; das Spannende nicht ohne die Folie des Langweiligen.

Für die Praxis des Deutschunterrichts folgt aus solchen Überlegungen, dass wir, auch im sogenannten Projektunterricht, eher prozess- als produktorientiert denken sollten. Inszenierungsverfahren (vgl. z.B. Schau 1996; Scheller 1998) und Schreibverfahren (vgl. z.B. Merkelbach 1993; Abraham/Kupfer-Schreiner 2006) sind wichtig für ästhetische Erfahrung mit oder an Texten. Aber interessante oder gar schöne Produkte als Resultate einer Inszenierungsarbeit (z.B. Standbilder, Fotoromane, Videoclips ...) oder des Schreibens (z.B. Parodie, Lesejournal, Portfolio ...) sind nicht für sich genommen wichtig, sondern als Belege für die ästhetische Erfahrung, die sie ermöglicht oder erleichtert haben. Wenn diese nun instabil und flüchtig ist (und in den Produkten gleichsam aufgehoben), dann muss sie in Reflexionsphasen thematisiert werden (was hat euch daran gefallen, wie empfindet ihr ..., warum habt ihr ...?).

5. Resümee

Lesen und Verstehen literarischer Texte wurde hier beschrieben als kognitive Herausforderung, die jedoch nicht nur auf Informationsverarbeitung, sondern ganzheitlicher auf ästhetische Erfahrung hin zielt. Eine ästhetische Qualität wurde nicht schon den Gegenständen (Texten) allein und auch nicht schon den Verfahren oder Methoden ihrer Erschließung zuerkannt (auch nicht dann, wenn diese produktive und kreativitätsfördernde Verfahren sind), sondern erst dem *Prozess* der Lektüre, der Anschlusskommunikation und der (Vor-, Nach-, Aus-)-Gestaltung. Besonderes Gewicht liegt im Deutschunterricht auf der *Verständigung* über Leseerfahrungen und Symbolisierungsversuche, etwa im „Literarischen Gespräch" oder in der Diskussion und Reflexion von Arbeitergebnissen zu szenischen Verfahren.

Zusammenfassend stellen sich aktuelle Forderungen an einen Lese- und Literaturunterricht, der kompetenzorientiert ist, ohne dabei „ästhetische Erfahrung" zu vernachlässigen, folgendermaßen dar:

- Literarische Lesestoffe sind auf der ganzen Bandbreite zwischen Kanon auf der einen und Kinder-, Jugend- und Unterhaltungsliteratur auf der anderen Seite anzubieten oder zuzulassen.
- Dabei sind Rezeptionsmodi auszubilden, die verschiedene Funktionen und Wirkungen des Lesens erfahrbar machen.
- Dabei sollten Lehrende stets neugierig bleiben auf das, was die Lernenden zum Text hinzubringen.
- Es ist günstig, die Lernenden eher zu über- als zu unterfordern durch Textangebote, die das scheinbar (nur) Altersgemäße bewusst auch überschreiten.
- Es sind Fähigkeiten und Fertigkeiten zu vermitteln, mit denen Texte möglichst vielfältig in Gebrauch genommen werden können: offene Gesprächsformen, kreative und reproduktive Schreibformen, sowie szenische Verfahren.
- Lehrende anderer Fächer sollten für das interessiert werden, was Deutsch-Lehrende an Lesestoffen und Lektüreangeboten kennen und in ihre Klassen tragen: Fächerübergreifender Literaturunterricht ist nicht immer, aber immer wieder möglich.
- Einen angemessenen Anteil sollten andere Medien am Lese- und Literaturunterricht haben: Individuelle Vorstellungs- und Begriffsbildung kann nicht ersetzt, wohl aber medial gestützt und angereichert werden.
- *Sachtexte* sind ernster zu nehmen; die auf sie bezogene Lesekompetenz ist nicht einfach vorauszusetzen; vielmehr sind auch solche Texte in Zusammenhang mit den Texten und Themen des Literaturunterrichts so in Gebrauch zu nehmen, dass ihre Erschließung funktional wird.

Literatur

Abraham, Ulf (1998): Übergänge. Literatur, Sozialisation und literarisches Lernen. Wiesbaden: Westdeutscher Verlag.

Abraham, Ulf (1999): Vorstellungs-Bildung und Deutschunterricht. In: Praxis Deutsch 154, S. 14–22.

Abraham, Ulf (2000): Das a/Andere W/wahrnehmen. Über den Beitrag von Literaturgebrauch und literarischem Lernen zur ästhetischen Bildung (nicht nur) im Deutschunterricht. In: Mitteilungen des Deutschen Germanistenverbandes 47, H. 1, S. 10–22.

Abraham, Ulf 2002 (2004): Basiskompetenzen des Literaturunterrichts: Lesen – Schreiben – Vorlesen/Vortragen. In: Bogdal, Klaus-Michael/Korte, Hermann (Hrsg.): Grundzüge der Literaturdidaktik. 4. Aufl. München: dtv, S. 105–119.

Abraham, Ulf/Launer, Christoph (Hrsg.) (2002): Weltwissen erlesen. Literarisches Lernen im fächerverbindenden Unterricht. Baltmannsweiler: Schneider.

Abraham, Ulf (2003): Symbolisches Verstehen als unabschließbare Aufgabe einer „Lehre der Literatur“. In: Frederking, Volker (Hrsg.): Jahrbuch Medien im Deutschunterricht 2003: Lesen und Symbolverstehen. München: Kopäd, S. 100–112.

Abraham, Ulf (2005a): „Dieser Eingang war nur für dich bestimmt.“ Literarische Bildung in der Medienkultur – Versuch einer Neubestimmung. In: Härle, Gerhard/Weinkauff, Gina (Hrsg.): Am Anfang war das Staunen. Wirklichkeitsentwürfe in der Kinder- und Jugendliteratur. Baltmannsweiler: Schneider, S. 297–312.

Abraham, Ulf (2005b): Lesekompetenz, literarische Kompetenz, poetische Kompetenz. Fachdidaktische Aufgaben in einer Medienkultur. In: Rösch, Heidi (Hrsg.): Kompetenzen im Deutschunterricht. Beiträge zur Literatur-, Sprach- und Mediendidaktik. Frankfurt am Main: Lang, S. 13–26.

Abraham, Ulf/Kupfer-Schreiner, Claudia (Hrsg.) (2006): Schreibaufgaben für die Grundschule. Berlin: Cornelsen.

Abraham, Ulf/ Kepser, Matthis 2005 (2006): Literaturdidaktik Deutsch. Eine Einführung. 2., durchges. Aufl. Berlin: Schmidt.

Andresen, Ute (1992): Versteh mich nicht so schnell. Gedichte lesen mit Kindern. Weinheim/ Basel: Beltz.

Arnheim, Rudolf (1972): Anschauliches Denken. Köln: Prometh.

Baumert, Jürgen/Artelt, Cordula/Klieme, Eckhard/Neubrand, Michael/Prenzel, Manfred/ Schiefele, Ulrich/Schneider, Wolfgang/Tillmann, Klaus/Weiß, Manfred (Hrsg.) (2001): PISA 2000. Basiskompetenzen von Schülerinnen und Schülern im internationalen Vergleich. Opladen: Leske + Budrich.

Behncken, Imbke/Messner, Rudolf/Rosebrock, Cornelia/Zinnecker Jürgen (1997): Lesen und Schreiben aus Leidenschaft. Jugendkulturelle Inszenierungen von Schriftkultur. München/ Weinheim: Juventa.

Beisbart, Ortwin/Marenbach, Dieter/Eisenbeiß, Ulrich (Hrsg.) (1993): Leseförderung und Leseerziehung. Theorie und Praxis des Umgangs mit Büchern für junge Leser. Donauwörth: Auer.

Belgrad, Jürgen/Niesyto, Horst (Hrsg.) (2001): Symbol. Verstehen und Produktion in pädagogischen Kontexten. Baltmannsweiler: Schneider.

Berger, Norbert (1995): Schreiben nach literarischen Vorlagen. Produktiver Literaturunterricht in der Sekundarstufe. Donauwörth: Auer.

Bertschi-Kaufmann, Andrea (2000): Lesen und Schreiben in einer Medienumgebung. Die literalen Aktivitäten von Primarschulkindern. Aarau: Sauerländer.

Bertschi-Kaufmann, Andrea (Hrsg.) (2007): Lesekompetenz – Leseleistung – Leseförderung. Grundlagen, Modelle und Materialien. Zug: Klett & Balmer.

Bubner, Rüdiger (1989): Ästhetische Erfahrung. Frankfurt am Main: Suhrkamp.

Burdorf, Dieter (2004): Wozu Form? Eine Kritik des literaturdidaktischen Inhaltismus. In: Sprache und Literatur 93, S. 102–119.

Christmann, Ursula/Groeben, Norbert (1999): Psychologie des Lesens. In: Franzmann, Bodo/ Hasemann, Klaus/Löffler, Dietrich (Hrsg.): Handbuch Lesen. Baltmannsweiler: Schneider, S. 145–223.

Conrady, Peter (Hrsg.) (1989): Literatur-Erwerb. Kinder lesen Texte und Bilder. Frankfurt am Main: dipa.

Dehn, Mechthild (2006): Lesekompetenz. In: Kliewer, Heinz-Jürgen/ Pohl, Inge (Hrsg.): Lexikon Deutschdidaktik. Baltmannsweiler: Schneider, S. 413–414.

Dehn, Wilhelm (1974): Ästhetische Erfahrung und literarisches Lernen. Frankfurt am Main: Athenäum.

Eggert, Hartmut/Garbe, Christine (1995): Literarische Sozialisation. Stuttgart: Metzler.

Eggert, Hartmut (2002): Literarische Texte und ihre Anforderungen an die Lesekompetenz. In: Groeben, Norbert/Hurrelmann, Bettina (Hrsg.): Lesekompetenz. Bedingungen, Dimensionen, Faktoren. Weinheim/München: Juventa, S. 186–194.

Förster, Jürgen (Hrsg.) (2000): Schulklassiker lesen in der Medienkultur. Stuttgart: Klett.

Frederking, Volker (Hrsg.) (2003): Jahrbuch Medien im Deutschunterricht 2003: Lesen und Symbolverstehen. München: Kopäd.

Frederking, Volker (Hrsg.) (2010): Modellierung literarischer Rezeptionskompetenz. In: Kämper-van der Boogaart, Michael/Spinner, Kaspar H. (Hrsg.): Lese- und Literaturunterricht Teil 1. Baltmannsweiler: Schneider (DTP Bd. 11/1), 324–380.

Fritzsche, Joachim (1988): Was ist literarische Begabung, und wie kann man sie fördern? In: Diskussion Deutsch 102, S. 347–366.

Fritzsche, Joachim (1994): Zur Didaktik und Methodik des Deutschunterrichts, Bd. 3: Umgang mit Literatur. Stuttgart: Klett.

Gamm, Hans-Jochen (1991): Pädagogik und Poesie. Eingaben zur ästhetischen Erziehung. Weinheim/Basel: Beltz.

Gölitzer, Susanne (2006): Literaturerwerb im sozialen Kontext. In. Literatur im Unterricht 7, H. 2, S. 9–27.

Graf, Werner (1997): Das Schicksal der Leselust. Die Darstellung der Genese der Lesemotivation in Lektüreautobiographien. In: Garbe, Christine/Bonfadelli, Heinz/Eggert, Hartmut/Graf, Werner (Hrsg.): Lesen im Wandel. Probleme der literarischen Sozialisation heute. Universität Lüneburg, Fachbereich 1, S. 101–124.

Graf, Werner (2002): Literarische Sozialisation. In: Bogdal, Klaus-Michael/Korte, Hermann (Hrsg.): Grundzüge der Literaturdidaktik. München: dtv, S. 49–60.

Graf, Werner (2004): Der Sinn des Lesens. Modi der literarischen Rezeptionskompetenz. Münster: LIT.

Groeben, Norbert (Hrsg.) (1999): Lesesozialisation in der Mediengesellschaft. Ein Schwerpunktprogramm. Tübingen: Niemeyer.

Groeben, Norbert/Vorderer, Peter (1988): Leserpsychologie: Lesemotivation – Lektürewirkung. Münster: Aschendorff.

Gross, Sabine (1994): Lese-Zeichen. Kognition, Medium und Materialität im Leseprozess. Darmstadt: Wissenschaftliche Buchgesellschaft.

Härle, Gerhard/Steinbrenner, Marcus (Hrsg.) (2004): Kein endgültiges Wort. Die Wiederentdeckung des Gesprächs im Literaturunterricht. Baltmannsweiler: Schneider.

Härle, Gerhard/Weinkauff, Gina (Hrsg.) (2005): Am Anfang war das Staunen. Wirklichkeitsentwürfe in der Kinder- und Jugendliteratur. Baltmannsweiler: Schneider.

Härle, Gerhard/Rank, Bernhard (Hrsg.) (2008): „Sich bilden, ist nichts anders, als frei werden." Sprachliche und literarische Bildung als Herausforderung für den Deutschunterricht. Baltmannsweiler: Schneider.

Härter, Andreas (1991): Textpassagen. Lesen – Leseunterricht – Lesebuch. Frankfurt am Main: Diesterweg.

Herrmann, Manfred (1980): Schule der Poetik. Literarische Kreativität im Deutschunterricht. Paderborn: Schöningh.

Hurrelmann, Bettina/Hammer, Michael/Nieß, Ferdinand (1992): Lesesozialisation. Bd. 1.: Leseklima in der Familie. Gütersloh: Bertelsmann.

Hurrelmann, Bettina (Hrsg.) (1995): Klassiker der Kinder- und Jugendliteratur. Frankfurt am Main: Fischer.

Hurrelmann, Bettina (1994): Leseförderung. In: Praxis Deutsch 127, S. 17–26.

Hurrelmann, Bettina (1997): Lesen als Kinderkultur und die Erwachsenen als Leselehrer. In: Rupp, Gerhard (Hrsg.): Wozu Kultur? Zur Funktion von Sprache, Literatur und Unterricht. Frankfurt am Main: Lang, S. 81–94.

Iser, Wolfgang (1991): Das Fiktive und das Imaginäre. Perspektiven literarischer Anthropologie. Frankfurt am Main: Suhrkamp.

Iser, Wolfgang 1976 (1984): Der Akt des Lesens. 2., durchges. u. verb. Aufl. München: Fink.

Ivo, Hubert/Kristin Wardetzky (Hrsg.) (1997): *aber spätere Tage sind als Zeugen am weisesten.* Zur literarisch-ästhetischen Bildung im politischen Wandel. Festschrift für Wilfried Bütow. Berlin: Volk & Wissen.

Kammler, Clemens (Hrsg.) (2006): Literarische Kompetenzen – Standards im Literaturunterricht. Velber: Kallmeyer.

Kämper-van den Boogaart, Michael (1998): Schönes schweres Lesen. Legitimität literarischer Lektüre aus kultursoziologischer Sicht. Wiesbaden: Deutscher Universitätsverlag.

Kellner, Norbert (1999): Literarische Kreativität. Stuttgart: Klett.

Koch, Lutz/Marotzki, Winfried/Peukert, Helmut (1994) (Hrsg.): Pädagogik und Ästhetik. Weinheim/Basel: Beltz.

Köppert, Christine (1997): Entfalten und Entdecken. Zur Verbindung von Imagination und Explikation im Literaturunterricht. München: Vögel.

Kremer, Detlef/Wegmann, Nikolaus (1998): Ästhetik der Schrift. Kafkas Schrift lesen „ohne Interpretationen dazwischen zu mengen"? In: Rupp, Gerhard (Hrsg.): Ästhetik im Prozeß. Wiesbaden: Westdeutscher Verlag, S. 53–83.

Kügler, Hans 1971 (1975): Literatur und Kommunikation. Poetische und pragmatische Lektüre im Unterricht. 2., neu bearb. u. erw. Aufl. Stuttgart: Klett.

Lenzen, Dieter (Hrsg.) (1990): Kunst und Pädagogik. Erziehungswissenschaft auf dem Weg zur Ästhetik? Darmstadt: Wissenschaftliche Buchgesellschaft.

Liessmann, Konrad Paul (1994): Ästhetische Erziehung in einer ästhetisierten Welt. In: Koch, Lutz/Marotzki, Winfried/Peukert, Helmut (Hrsg.): Pädagogik und Ästhetik. Weinheim/Basel: Beltz, S. 74–84.

Lypp, Maria (1989): Literarische Bildung durch Kinderliteratur. In: Conrady, Peter (Hrsg.): Literatur-Erwerb. Kinder lesen Texte und Bilder. Frankfurt am Main: dipa, S. 70–79.

Maiwald, Klaus (1999): Literarisierung als Aneignung von Alterität. Theorie und Praxis einer literaturdidaktischen Konzeption zu Leseförderung im Sekundarbereich. Frankfurt am Main: Lang.

Merkelbach, Valentin (Hrsg.) (1993): Kreatives Schreiben. Braunschweig: Westermann.

Müller-Michaels, Harro (1994): Kanon der Irritationen. Varianten literarischer Identitätsbildung. In: Deutschunterricht 47, H. 10, S. 462–471.

Müller-Michaels, Harro (1999): Literarische Anthropologie in didaktischer Absicht. Begründung der Denkbilder aus Elementarerfahrungen. In: Deutschunterricht 52, H. 3, S. 164–174.

Nefzer, Ina (2000): Lesen und Vorstellungsbildung in multimedialen Kontexten. Zur Ausdifferenzierung von Medienverbundangeboten am Beispiel kinderliterarischer Klassiker. In: Jahrbuch der Kinder- und Jugendliteraturforschung (1999/2000), S. 67–78.

Ockel, Eberhard (2000): Vorlesen als Aufgabe und Gegenstand des Deutschunterrichts. Baltmannsweiler: Schneider.

Paefgen, Elisabeth K. (1991): Literatur als Anleitung und Herausforderung: inhaltliche und stilistische Schreibübungen nach literarischen Mustern. In: Diskussion Deutsch 119, S. 286–298 und 323–324.

Paefgen, Elisabeth K. 1999 (2006): Einführung in die Literaturdidaktik. 2., aktualisierte u. erw. Aufl. Stuttgart: Metzler.

Rosebrock, Cornelia (2001): Lektüre und Alteritätserfahrung. Rezeptionsästhetische Überlegungen. In: Köppert, Christine/Metzger, Klaus (Hrsg.): „Entfaltung innerer Kräfte." Blickpunkte der Deutschdidaktik. Festschrift für K.H. Spinner anlässlich seines 60. Geburtstags. Velber: Friedrich, S. 80–91.

Rosebrock, Cornelia (Hrsg.) (1995): Lesen im Medienzeitalter. München/Weinheim: Juventa.

Rosebrock, Cornelia (2006): Lesen. In: Kliewer, Heinz-Jürgen/Pohl, Inge (Hrsg.): Lexikon Deutschdidaktik. Baltmannsweiler: Schneider, S. 416–421.

Rudloff, Holger (1991): Produktionsästhetik und Produktionsdidaktik. Kunsttheoretische Voraussetzungen literarischer Produktion. Opladen: Westdeutscher Verlag.

Rupp, Gerhard (Hrsg.) (1998): Ästhetik als Prozess. Wiesbaden: Westdeutscher Verlag.

Schau, Albrecht (1996): Szenisches Interpretieren. Ein literaturdidaktisches Handbuch. Stuttgart: Klett.

Scheller, Ingo (1998): Szenisches Spiel. Ein Handbuch für die Unterrichtspraxis. Berlin: Cornelsen Scriptor.

Schnurrnberger, Marion (1996): Bewegte Bilder – Bilder bewegen. Zum Zusammenhang von Bewegung, Wahrnehmung und Phantasie. In: Fauser, Peter/Madelung, Eva (Hrsg.): Vorstellungen bilden. Beiträge zum imaginativen Lernen. Velber: Kallmeyer, S. 11–26.

Schön, Erich (1990): Die Entwicklung literarischer Rezeptionskompetenz. Ergebnisse einer Untersuchung zum Lesen bei Kindern und Jugendlichen. In: Spiel 9, H. 2, S. 229–276.

Schön, Erich (2000): Kinder und Jugendliche im aktuellen Medienverbund. In: Lange, Günter (Hrsg.): Taschenbuch der Kinder- und Jugendliteratur. 2., korr. Aufl. Baltmannsweiler: Schneider, S. 921–940.

Schreier, Margrit/Rupp, Gerhard (2002): Ziele/Funktionen der Lesekompetenz im medialen Umbruch. In: Groeben, Norbert/Hurrelmann, Bettina (Hrsg.): Lesekompetenz. Bedingungen, Dimensionen, Funktionen. Weinheim/München: Juventa, S. 251–274.

Spinner, Kaspar H. (1977): Semiotische Grundlegung des Literaturunterrichts. In: ders. (Hrsg.): Zeichen, Text, Sinn. Zur Semiotik des literarischen Verstehens. Göttingen: Vandenhoeck & Ruprecht, S. 125–164.

Spinner, Kaspar H. (1989): Fremdverstehen und historisches Verstehen als Ergebnis kognitiver Entwicklung. In: Der Deutschunterricht 41, H. 4, S. 19–23.

Spinner, Kaspar H. (1993): Entwicklung des literarischen Verstehens. In: Beisbart, Ortwin/Marenbach, Dieter/Eisenbeiß, Ulrich (Hrsg.): Leseförderung und Leseerziehung. Theorie und Praxis des Umgangs mit Büchern für junge Leser. Donauwörth: Auer, S. 55–64.

Spinner, Kaspar H. (1994): Fremdes verstehen – ein Hauptziel des Literaturunterrichts. In: Franz, Kurt/Pointner, Horst (Hrsg.): Interkulturalität und Deutschunterricht. Festschrift für Karl Stocker. München: ars una, S. 205–215.

Spinner, Kaspar H. (2006): Literarisches Lernen. In: Praxis Deutsch 200, S. 6–16.

Steenblock, Volker (1999): Theorie der kulturellen Bildung. Zur Philosophie und Didaktik der Geisteswissenschaften. München: Beck.

Sumara, Dennis J. (1996): Private Readings in Public. Schooling the Literary Imagination. New York: Lang.

Ulich, Michaela/Ulich, Dieter (1995): Literarische Sozialisation: Wie kann das Lesen von Geschichten zur Persönlichkeitsentwicklung beitragen? In: Zeitschrift für Pädagogik 40, H. 5, S. 821–834.

Waldmann, Günter (1998): Produktiver Umgang mit Literatur. Baltmannsweiler: Schneider.

Waldmann, Günter/Bothe, Katrin (1992): Erzählen. Eine Einführung in kreatives Schreiben und produktives Verstehen von traditionellen und modernen Erzählformen. Stuttgart: Klett.

Welsch, Wolfgang (1990): Ästhetisches Denken. Stuttgart: Reclam.

Wieler, Petra (1989): Sprachliches Handeln im Literaturunterricht als didaktisches Problem. Bern: Lang.

Willenberg, Heiner (1999): Lesen und Lernen. Eine Einführung in die Neuropsychologie des Textverstehens. Heidelberg/Berlin: Spektrum.

Wrobel, Dieter (2008): Individualisiertes Lesen. Leseförderung in heterogenen Lerngruppen. Theorie – Modell – Evaluation. Baltmannsweiler: Schneider.

GABRIELA PAULE

2.2 Didaktik und Ästhetik des Theaters: Lesen und Verstehen theatraler Texte

1. Dramendidaktische Bestandsaufnahme

In der Dramendidaktik besteht seit langem Konsens darüber, dass Unterricht zu dramatischen Texten prinzipiell theaterorientiert auszurichten sei. Dies trägt der Tatsache Rechnung, dass ein Drama auf seine Transformation in eine Theateraufführung hin konzipiert ist, dass also das Drama kein reiner Lesetext ist, sondern auch und gerade als Schauspiel sein Publikum findet. Die theatrale Dimension des Dramas zum Gegenstand des Unterrichts zu machen, ist somit ein notwendiger, weil medienspezifisch adäquater didaktischer Zugriff. Die Dramendidaktik hat dazu vor allem solche Konzepte entwickelt, die verschiedene Ebenen des Inszenierens ins Zentrum rücken: die implizite, die mentale und die aufgeführte Inszenierung (vgl. Lösener 2006, S. 298–304):

- Ansätze, die den dramatischen Text selbst auf seine theatrale Qualität befragen, ihr Augenmerk also darauf richten, wie bestimmte theatrale Größen, z. B. Raum, Bewegung, Sprechhaltungen, bereits implizit im Text inszeniert sind, zielen auf die Entwicklung geeigneter Leseweisen, die den Text von seiner spezifisch dramatischen Qualität her begreifen (vgl. z. B. Frommer 1995, aber auch Waldmann 1996).
- Eine andere Ebene des Inszenierens betrifft die mit der Lektüre einhergehende szenische Vorstellungstätigkeit, also die beim Lesen immer schon stattfindenden 'Inszenierungen im Kopf', die so genannte mentale Inszenierung des Dramas (kritisch zu diesem Begriff vgl. Paule 2012). An diese Tätigkeit knüpft das didaktische Prinzip der simulierten Inszenierung an. Ausgehend von ihren mentalen Vorstellungen simulieren Schülerinnen und Schüler die Rollen des Regisseurs, des Bühnenbildners oder Schauspielers und diskutieren z. B. Inszenierungsideen, Besetzungsvorschläge, Bühnenbildentwürfe. Dabei wird in der Regel nicht tatsächlich szenisch gearbeitet, vielmehr dient der Gedanke an eine mögliche Inszenierung dem besseren Verständnis des Dramatischen, und er lehrt, Dramen sozusagen mit Zuschauerblick zu lesen. Vorgestellt wurde dieses Prinzip bereits bei Göbel 1977, seither hat es sich variationsreich etabliert (vgl. auch Waldmann 1996 und (kritisch) Frommer 1995).
- Wieder andere Ansätze verbleiben nicht beim Gedankenexperiment, sondern arbeiten wirklich szenisch, also mit den realen theatralen Zeichen. Rollengestaltung, Bühnenbilder, Choreographien etc. werden hier als Zeichen-

setzungen erprobt und auf ihre Wirkung hin befragt (vgl. dazu Denk, Bd. 2, Kap. 3.12). Vor allem als „Szenisches Interpretieren“ hat dieses Konzept Verbreitung gefunden. Es dient einerseits dem besseren Textverstehen, der Interpretation des Textes durch szenisches Arbeiten, gleichzeitig führt es durch das szenische Gestalten zur spezifischen Ästhetik des Theaters hin und bereitet die Schülerinnen und Schüler so ebenfalls auf eine aufgeführte Inszenierung und auf ihre Rolle als Theaterzuschauer vor. Am bekanntesten dürften hier die Konzepte von Scheller 1996 und Schau 1996 geworden sein.

Alle genannten Ansätze sind wesentliche Bausteine einer anzuvisierenden Theaterdidaktik, denn die verschiedenen Arbeitsweisen des Lesens, Spielens und Inszenierens erlauben sowohl eine dramenadäquate Lektüre als auch Einblicke in den Produktionsprozess einer Theaterinszenierung. Sie sensibilisieren die Schülerinnen und Schüler zum einen dafür, schon den dramatischen Text auf seine theatralen Qualitäten hin zu lesen und dadurch den Zuschauerblick zu schulen, andererseits fordert inszenierendes Arbeiten dazu heraus, sich mit dem Zeichensetzungsprozess des Theaters und der Wirkung einmal gefundener Zeichen auseinanderzusetzen und auf diese Weise ebenfalls die Rolle des Zuschauers mitzudenken.

Qualitativ etwas anderes ist es aber, wenn sich der jugendliche Zuschauer im Theater mit einer fertigen Inszenierung konfrontiert sieht. Er hat es hier nicht wie im Unterricht mit einfacheren und einzelnen Elementen einer Zeichensetzung zu tun, die schrittweise diskutiert und auf ihr Zusammenspiel befragt werden, sondern die Aufführung, der er zuschaut, ist ein äußerst komplexer, vielschichtiger theatraler Text, in dem das Zusammenwirken verschiedenster Zeichensysteme simultan wahrgenommen wird. Diese Gleichzeitigkeit der Eindrücke sowie die erschwerende Flüchtigkeit des Ereignisses stellen den Zuschauer vor nicht zu unterschätzende Anforderungen, wenn es darum geht, theatrale Texte lesen und verstehen zu lernen. Dies erfordert zunächst, die Inszenierung als solche überhaupt wahrzunehmen, ihre Zeichensetzungen lesen, aufeinander beziehen und als (Regie-)Konzept deuten zu lernen. Dazu kommt die Konfrontation mit dem jeweiligen Stil der Inszenierung, der – auf dem Hintergrund eigener Erfahrungen, der Bewusstmachung eigener Erwartungen und Kenntnisse – zu diskutieren und zu beurteilen ist. Im Vergleich zu unterrichtlichen Inszenierungstätigkeiten ist die Auseinandersetzung mit Theateraufführungen schon von daher als ein qualitativer Sprung zu werten. Dass es sich deswegen um ein eigenes Aufgabenfeld der Dramendidaktik handelt, ist zwar früh gesehen, didaktisch aber selten konsequent zu Ende gedacht worden. Ansätze, welche das Theater als Ort künstlerischer Produktion und ästhetischer Kommunikation verstehen und dessen Kunstwerke, also konkrete Theateraufführungen, zum Gegenstand des Unterrichts machen, bleiben bis heute eher die Ausnahme (zu einer Bestandsaufnahme vgl. Göbel 2000 und Paule 2009).

Dafür gibt es verschiedene Gründe, denen schon in den siebziger Jahren Walter Beimdick (1975) und Klaus Göbel (1977), in jüngerer Zeit Wolfgang Schemme (2000) nachgegangen sind. Es ist vor allem die auf der fachwissenschaftlichen Ebene vollzogene Trennung der literaturwissenschaftlichen und der theaterwissenschaftlichen Disziplinen, die entscheidenden Anteil daran hat, dass theaterwissenschaftliche Grundlagen bis heute kaum Eingang in die Deutschdidaktik gefunden haben. Zwar beansprucht die Dramendidaktik seit langem, 'aufführungsbezogen' zu sein, aber dieser Aufführungsbezug geschieht vorrangig im Hinblick auf Lernprozesse, die sich auf die literarische Gattung Drama beziehen und weniger auf das theatrale Kunstwerk. Der Aufführungsanalyse oder allgemeiner der Rezeption von (professionellen) Theateraufführungen hat sich die Dramendidaktik seit jeher nur sehr zögerlich geöffnet. Infolgedessen gibt es aber auch im schulischen Bereich bis heute keine Verbindlichkeiten darüber, das Theater als Aufführungsort des Dramas konsequent in den Unterricht zu integrieren. Die Arbeit mit tatsächlich gesehenen Theateraufführungen bleibt deshalb für Deutschlehrer ein Experimentierfeld, und zwar eines, dem man sich nach literaturwissenschaftlichem Verständnis mit gutem Gewissen fernhalten kann, denn es gehört eben nicht dem engeren Fachbereich an: Aufführungsbeschreibung, Aufführungsanalyse oder Theaterkritik gelten als traditionelle Aufgabenfelder der Theaterwissenschaft. Bezeichnenderweise arbeiten diejenigen Lehrkräfte, die Theateraufführungen bewusst in den Dramenunterricht integrieren, häufig vorrangig inhalts- bzw. themenorientiert, gerade weil ihnen im Hinblick auf Inszenierungs- und Aufführungsanalyse das nötige fachliche und didaktische Wissen fehlt (so das Ergebnis einer Lehrerbefragung zum Thema Deutschunterricht und Theater, vgl. Paule 2009). Es muss deshalb nicht wundern, dass sich in Unterricht wie Didaktik ein pädagogisch oder literaturdidaktisch motiviertes szenisches Arbeiten mit dramatischen Texten oder auch die Gedankenexperimente der simulierten Inszenierung eher durchsetzen konnten als eine Auseinandersetzung mit dem professionellen theatralen Kunstwerk. Aufgrund der skizzierten defizitären Situation will dieser Beitrag einerseits Grundzüge einer Theaterdidaktik für die Schule entwickeln, die gezielt auf die Rezeption von Aufführungen ausgerichtet ist, und andererseits darauf bezogenes Basiswissen aus der Theaterwissenschaft bereitstellen.

2. Zuschauen lernen als Ziel – Theateraufführungen als Gegenstand des Dramenunterrichts

Ein Dramenunterricht, der Theatralität als die medienspezifische Qualität des Dramas ernst nimmt, wird sich zum Ziel setzen, die jungen Zuschauer auszustatten mit Kompetenzen zum Verständnis und zum Genuss theatraler – und eben nicht nur literarischer – Texte. Theaterorientierter Unterricht kann sich deshalb nicht im Einbezug einzelner szenischer Elemente erschöpfen, er kann auch nicht allein die theatrale Dimension des dramatischen Textes erarbeiten, sondern er verlangt nach der konsequenten Auseinandersetzung mit dem Bühnenkunstwerk. „Theaterräume und Theaterkunst erst öffnen dem Drama seinen Weg zum Publikum“ (Göbel 2000, S. 324). Diese These soll hier nicht in dem Sinne verstanden werden, dass das Drama eine Aufführung ‘braucht’, dass es ohne diese etwa kein eigenständiges Werk wäre, sondern vielmehr so, dass wir in einer Gesellschaft leben, in der wohl die wenigsten Menschen Dramentexte lesen, sondern sie – wenn überhaupt – über das Medium Theater rezipieren. Für junge Leute dürfte das verstärkt gelten. Es ist gerade das aufgeführte Drama und nicht oder in den seltensten Fällen der dramatische Text, dem Kinder und Jugendliche im kulturellen Leben begegnen, sei es über das Elternhaus oder Kindergarten und (Grund-)Schule. Eine gezielte Hinführung zur kulturellen Institution Theater ist damit aber auch eine Aufgabe des Deutschunterrichts. Nicht mit dem Ziel, Schülerinnen und Schüler zu Profis der Inszenierungs- bzw. Aufführungsanalyse zu machen, sondern sie in erster Linie zu mündigen Theatergängern heranzubilden, die Theater ‘sehen’ gelernt haben. Das erfordert – wie es schon Bertolt Brecht formuliert hat – die Entwicklung einer Zuschaukunst: ein „kreatives Zuschauen“ (Roselt 2004, S. 46), das einerseits aktiv Bedeutungen herstellt im Umgang mit so komplexen Zeichensystemen wie denjenigen einer Inszenierung, und das andererseits die affektive Bereitschaft mitbringt, sich einzulassen auch auf die Sinnlichkeit des Theaters und auf den aus seinem live-Charakter resultierenden spezifischen Ereigniswert. Denn sie bestimmen ästhetische Erfahrung im Theater entscheidend mit.

In Bezug auf den Dramenunterricht im engeren Sinne hat eine solche Ausrichtung weitreichende Folgen. Denn wenn mit einer ‘Sehschule’ schon früh, bereits in den Grundschuljahren, begonnen wird, wenn die Kinder über das Kindertheater zunehmend mit dem theatralen Zeichensystem und den damit zu machenden ästhetischen Erfahrungen vertraut werden, wenn sie schon bald mit verschiedenen Inszenierungsstilen konfrontiert werden, so bilden sie sich zu trainierten Theaterzuschauern heran, lange bevor sie im Unterricht Dramentexte auch lesen. Schülerinnen und Schüler aber, die kontinuierlich Zuschauerfahrungen gemacht haben, werden Dramentexte kompetenter lesen, sie werden besser in der Lage sein, beim Lesen ‘mentale Inszenierungen’ vorzunehmen. Denn diese Tätigkeit setzt voraus,

> dass eine irgendwie geartete Vorstellung von der Spielpraxis des Theaters bereits vorhanden ist. Insofern beginnt das Lesenlernen von Dramen wohl meist im Theater selbst, im Erlebnis des Theaterspiels als Zuschauer oder Mitspieler. Die Erinnerung an aufgeführte Inszenierungen liefert dann das „Material“ für die eigene Inszenierungsarbeit des Lesers. Wenn die mentale Inszenierung als erster, notwendiger Schritt zur Realisierung der aufgeführten Inszenierung anzusehen ist, so stellen Erfahrungen mit aufgeführten Inszenierungen also ihrerseits eine Voraussetzung für das Erlernen der mentalen Inszenierungsarbeit dar. (Lösener 2006, S. 301)

Aber nicht nur für das kompetente Lesen dramatischer Texte sind Zuschauerfahrungen entscheidend, auch die Fähigkeit zur Beurteilung einer Inszenierung ist von kontinuierlichen Erfahrungen im Theater abhängig. Erst wer gelernt hat, die Inszenierung einerseits als eine Interpretation des Dramas und andererseits als selbstständiges, medienspezifisches Kunstwerk wahrzunehmen, das in einer eigenen Tradition steht, wird nicht mehr mit der Erwartung ins Theater gehen, die Inszenierung solle sich möglichst mit der eigenen mentalen Repräsentation des Dramas decken[1]. Gerade unerfahrene Theatergänger reagieren in der Regel spontan abwertend, wenn ihre Erwartungen enttäuscht werden. Ein solches Rezeptionsverhalten langfristig zu überwinden gelingt aber nur durch vielfältige Seherfahrungen gepaart mit fachlichem Wissen über das Theater. Dass das schon bei Grundschulkindern angebahnt werden kann, zeigen unterrichtspraktische Beispiele, die Theateraufführungen eben nicht nur auf inhaltlicher Ebenen thematisieren, sondern die Kinder dafür sensibilisieren, was eine Inszenierung ist, dass es überhaupt so etwas wie unterschiedliche Inszenierungsmöglichkeiten gibt, die folglich nicht einfach mit 'richtig' oder 'falsch' bewertbar sind (vgl. Paule 2005). So trainierte Kinder können später vermutlich auch offener mit für sie befremdlichen Theatererlebnissen umgehen. Denn sie haben gelernt, eigene Wahrnehmungen theatraler Prozesse zu reflektieren, und sie haben schon die Erfahrung gemacht, dass Inszenierungen die eigene Wahrnehmung auch stören oder irritieren können, dass aber aus solchen Herausforderungen ganz besondere ästhetische Erfahrungen resultieren können. Diese prinzipielle Offenheit ist insbesondere entscheidend für den Umgang mit Gegenwartsdramatik und aktueller Inszenierungspraxis. Denn zum einen setzen die neuen (postdramatischen) Texte die traditionellen Kategorien des Dramatischen zum Teil völlig außer Kraft, und zum anderen bricht auch die heutige Inszenierungspraxis radikal mit Aufführungstraditionen, indem sie z. B. die performativen Qualitäten des Theaters eigens ausstellt und so etwa dem dramatischen Text einen völlig veränderten Stellenwert zuschreibt. Eine Wahrnehmungsschulung im Theater wird daher insbesondere dann erfolgversprechend sein, wenn sie auf der Grundlage auch fachlichen Wissens erfolgt. Wenn Schülerinnen und Schüler Einblick bekommen z. B. in das besondere Verhältnis zwischen dramatischem Text und Inszenierung, in die historisch bedingte Ausbildung verschiedener theatraler Ästhetiken, wenn sie also lernen, dass Theater eine eigene Kunstform ist, die ihrerseits in einer geschichtlichen Entwicklung steht und verschiedene Theaterkonzepte hervorgebracht hat, so wird ein anderes, intensiveres Sehen befördert als ohne solches Wissen. Ziel wäre also ein Theatergänger, der sensibel geworden ist für theatrale Ästhetik und der über entsprechendes Wissen verfügt, um theatrale Kunstwerke kompetent rezipieren zu können. Das setzt aber einen Unter-

[1] In analoger Weise stellt sich dieses Rezeptionsproblem auch bei Literaturverfilmungen (vgl. dazu Maiwald, Bd. 2, Kap. 2.5).

richt voraus, der sich der Aufführungsanalyse wirklich stellt und eventuell unbequeme Inszenierungen nicht scheut oder vorschnell abwertet. Dies ist wahrlich eine Herausforderung angesichts einer langen Schultradition, die sich nachweislich nicht nur der Gegenwartsdramatik und der aktuellen Inszenierungspraxis, sondern der Aufführungsrezeption generell bis heute eher verschließt.

3. Didaktische Aufgabenfelder

- Eine Heranführung an das Theater und insbesondere an theaterspezifische Ästhetik erfordert – das ist in den bisherigen Ausführungen bereits deutlich geworden – zuallererst die Schulung der eigenen Wahrnehmung. Die Kinder und Jugendlichen müssen lernen, (Theater-)Inszenierungen als solche überhaupt wahrzunehmen, also Inszeniertheit als einen intentionalen Prozess zu reflektieren und den jeweiligen Stil der Inszenierung nicht etwa als selbstverständlich oder gar natürlich hinzunehmen. Dazu gehört auch das Training, sich über eigene Wahrnehmungen zu äußern, sich eventuell bestehender – auch medial geprägter – Erwartungen und Wahrnehmungsgewohnheiten bewusst zu werden und sie zu reflektieren statt zu verfestigen. In besonderer Weise können dazu diejenigen Momente einer Inszenierung beitragen, die sich gegen unmittelbares Verstehen sperren, die die eigene Wahrnehmung stören, sich ihr widersetzen und gerade dadurch Wahrnehmungsweisen erst bewusst machen.
- Im Dramenunterricht wird eine solche Wahrnehmungsschulung in der Regel unter Bezugnahme auf den der Aufführung zugrunde liegenden dramatischen Text geschehen. Insbesondere die Frage nach der Interpretation des Dramas durch die Inszenierung ist aus literaturdidaktischer Perspektive vor allem deshalb interessant, weil hier die Rezeption und Deutung eines literarischen Textes als neues ästhetisches Produkt greifbar wird – die Theateraufführung. Ihre schiere Existenz konfrontiert mit eigenen Lesarten des Dramas und macht besonders augenfällig, dass literarische Texte Deutungsspielräume geben, dass unterschiedliche Schwerpunktsetzungen denkbar und völlig legitim sind, dass es also durchaus verschiedene adäquate Interpretationen literarischer Texte geben kann. Potenziert wird diese Erkenntnis sowohl durch den Vergleich mehrerer Inszenierungen ein und desselben Dramas als auch durch die Tatsache, dass die jeweilige Theateraufführung wiederum ein Kunstwerk ist, welches als ästhetischer 'Text' Raum für verschiedene 'Lesarten' lässt.
- Nun kann sich aber ein Unterricht, der die Rezeption von Theateraufführungen zu seinem Gegenstand macht, nicht mit der Frage danach begnügen, wie die Inszenierung den dramatischen Text interpretiert. Darüber hinaus wird die Theateraufführung selbst als ein eigenes theatrales Kunstwerk mit seiner spe-

zifischen Ästhetik ins Zentrum der Aufmerksamkeit rücken müssen. Es wird also darum gehen, die Inszenierung bzw. Aufführung als eine „theatrale Form“ (Kurzenberger 2004, S. 7) sichtbar zu machen. Dies verlangt einerseits eine „aufführungsanalytische Alphabetisierung“ (Roth-Lange 2004, S. 3), also ein Kennen- und Lesenlernen der Elemente verschiedenster theatraler Zeichensysteme und ihres wechselseitigen Zusammenwirkens im jeweiligen Inszenierungskonzept. Eine damit verbunden immer auch angestrebte Äußerungskompetenz, also das Redenlernen über Kunst, schließt neben dieser semiotischen Dimension der Theateraufführung, die auf die Konstitution von Bedeutungen zielt, auch die performative Qualität einer Aufführung mit ein, also das, was vor der Bedeutungsgenerierung liegt, das, was sich auf den Vollzug der Aufführung, auf ihre Materialität richtet: z. B. die (auffällige, anziehende, abstoßende) Körperlichkeit der Schauspieler, die besondere Atmosphäre des Raums oder die Präsenz eines Darstellers, die unmittelbar auf den anwesenden Zuschauer einwirken. Die Wahrnehmung solcher sinnlicher Qualitäten und die Wirkung, die sie auf den Wahrnehmenden ausüben können, sind für die ästhetische Erfahrung entscheidend und dürfen deshalb in unterrichtlichen Inszenierungsgesprächen nicht ausgeblendet bleiben. Es sind häufig gerade diese Elemente, die ein Gespräch über die Aufführung anstoßen, weil sie faszinieren, verwirren, Widerspruch erregen.

Im Dramenunterricht werden in der Regel Textlektüre und Aufführungsrezeption eng aufeinander bezogen sein. Das bedeutet aber weder didaktisch noch methodisch, dass die unterrichtliche Rezeption immer vom Text zur Aufführung gehen muss, auch der umgekehrte Weg ist denkbar (vgl. Kurzenberger 2004). Berücksichtigt man, dass die jungen Zuschauer mediensozialisiert sind und ihnen die ästhetischen Standards neuerer Medien geläufiger sind als diejenigen der Literatur, so kann eine Auseinandersetzung mit dem Theater ein geeigneter Ausgangspunkt sein, um die vorhandene, wenn auch nicht unbedingt reflektierte Medienkompetenz der Jugendlichen zu nutzen und über die Visualität der Aufführung einen womöglich leichteren Zugang zu einem Theaterstück zu schaffen als allein über den zugrunde liegenden Text. Und dies kann auch einmal ganz ohne Bezug auf einen dramatischen Text geschehen, also im Sinne einer reinen Aufführungsanalyse ohne vorherige oder anschließende Textlektüre. Relevant wird diese Option ohnehin für den Unterricht mit jüngeren Kindern, die im Deutschunterricht noch gar keine Dramen lesen. Doch bietet die Auseinandersetzung mit einer Aufführung auch einen möglichen Zugang zum dramatischen Text an. Vor allem dort, wo eine Aufführung Fragen, Irritationen oder Widersprüche hervorruft, kann sie Anlass für eine genauere Textlektüre sein. Friedhelm Roth-Lange nennt einen solchen Ansatz – in Umkehrung des didaktischen Konzepts einer aufführungsbezogenen Lektüre – eine „lektürebezogene Aufführungsbeschreibung“ (Roth-Lange 2004, S. 37). Auf diese Weise können theatrale Zeichen an den Text zurückgebunden werden, der Weg kann gerade über die theatrale Aufführung zum dramatischen Text führen und nach seinem Stellenwert und seiner Bedeutung in der und für die Inszenierung fragen. Damit dies gelingt, muss aber Klarheit herrschen darüber, wie dramatischer Text und Inszenierung theoretisch aufeinander bezogen sind. Da dies aufgrund der oben skizzierten fachdidaktischen Versäumnisse nicht vorauszusetzen ist, wird der folgende Abschnitt dies näher ausführen, und zwar auch im Hinblick auf den problematischen, im schulischen Rahmen aber nach wie vor geläufigen[2] Begriff der Werktreue.

4. Theaterwissenschaftliche Grundlagen

4.1 Zum Verhältnis von dramatischem Text und Inszenierung

Da sich Theaterdidaktik, wie sie oben skizziert wurde, im Schulunterricht vorwiegend auf das Literaturtheater konzentriert, ist neben der Theateraufführung selbst besonders das Verhältnis zwischen dramatischem Text und Inszenierung von Interesse. Gerade extremere Formen des Regietheaters werfen in aller Deutlichkeit die Frage auf, was Regie 'darf' und was nicht oder welches 'Recht' der dramatische Text gegenüber allzu freien Inszenierungen behaupten kann. Solche Fragen führen erfahrungsgemäß bei großen Teilen der Lehrerschaft zu Verunsicherungen vor allem dann, wenn Unklarheit darüber besteht, wie Text und Inszenierung theoretisch aufeinander zu beziehen sind. Ratlosigkeit, auch Abwertung des Regietheaters generell ist häufig die Folge und es ist deshalb nicht unwahrscheinlich, dass Lehrkräfte aufgrund befremdender Theatererfahrungen den schulischen Kontakt zum Theater eher abbrechen, als dass sie ihr eigenes Theaterverständnis überdenken – zumal sie dazu kaum auf fachdidaktische Literatur zurückgreifen können.

In der wechselvollen Geschichte des Theaters stand das Verhältnis zwischen dramatischem Text und Inszenierung immer wieder zur Disposition, vor allem im Hinblick darauf, welchem dieser beiden 'Werke' der höhere Rang zuzusprechen sei (vgl. dazu Höfele 1991 und Fischer-Lichte 2004, S. 318ff.). Beispielsweise war gegen Ende des 19. Jahrhunderts für die Mehrheit der Zeitgenossen der Kunstcharakter des Theaters ausschließlich durch seinen Bezug auf den dramatischen Text gegeben. Das Theater stand im Dienst des literarischen Texts, die Inszenierung galt nicht als eigenständiges Kunstwerk. Dagegen formierte sich zu Beginn des 20. Jahrhunderts eine Bewegung, die die 'Retheatralisierung' des Theaters als eine Gegenbewegung zu seiner Literarisierung forderte. Nicht länger sollten das Wort und die Sprache dominieren, sondern die performativen

[2] So das Ergebnis einer Lehrerbefragung zum Thema Deutschunterricht und Theater, vgl. Paule 2009.

Qualitäten der Aufführung sollten ins Zentrum rücken, also der Körper des Schauspielers, Raum, Bewegung, Musik usw. und vor allem die Kommunikation zwischen Darsteller und Zuschauer, die beide gleichzeitig im selben Raum anwesend sind. Es ist gerade diese körperliche Gegenwart von Akteuren und Zuschauern, diese öffentliche und kollektive Rezeptionssituation, die den Theaterbesuch von der – einsamen und privaten – Textlektüre unterscheidet. Und während der dramatische Text nur in sprachlicher Form vorliegt, wirken in der Theateraufführung verschiedenste Einzelkünste zu einem Gesamtkunstwerk zusammen. Diese Faktoren führten dazu, die Theateraufführung als eigenständiges Kunstwerk zu erklären und im Zuge dessen den Regisseur zu dessen eigentlichem Schöpfer zu erheben. Viele der im Verlauf des 20. Jahrhunderts entwickelten Theaterformen sind – so verschiedene Konzepte sie verfolgen – davon geprägt, das lange vorherrschende Modell des 'literarischen Theaters' radikal in Frage zu stellen. Umso wichtiger ist eine theoretische Klärung dieses spannungsreichen Verhältnisses von Text und Inszenierung.

Die in der Forschung lange Zeit vertretene These von der Werkeinheit, also der Auffassung, dass Drama und Aufführung verschiedene Realisationsweisen desselben Werks sind, wurde schließlich aus verschiedenen Gründen verworfen: Nach Fischer-Lichte unterscheiden sich dramatischer Text und Inszenierung/Aufführung sowohl in medialer als auch in semiotischer Hinsicht fundamental. Während für den dramatischen Text Buch und Schrift als bedeutungsindifferente Medien der Übermittlung fungieren, stellen Bühnenraum und Schauspieler Medien dar, die immer schon bestimmte Bedeutungsqualitäten mitbringen. So ist z. B. allein die jeweilige Physis eines Schauspielers in keinem Fall ein 'neutrales' Element, der Schauspieler ist vielmehr immer „Subjekt eines Prozesses, in dem [...] die Rollenfigur als ein komplexes Zeichen konstituiert wird" (Fischer-Lichte 1990, S. 250). Auch von ihrem semiotischen Status her sind der literarische Text des Dramas und der theatrale Text der Aufführung grundsätzlich verschieden. Das Drama besteht ausschließlich aus sukzessiv aufeinanderfolgenden sprachlichen Zeichen, es ist an *eine* Zeichendimension gebunden. Die Aufführung dagegen wird aus einer Fülle heterogener, gleichzeitig und nacheinander miteinander korrespondierender Zeichen unterschiedlicher Zeichensysteme aufgebaut, die sich wechselseitig interpretieren. „Bühnenbild, Bewegung, Licht und Klang müssen die Wortsprache nicht kommentierend begleiten. Sie können – auf die Ebene des Textes bezogen – vorgreifende, rückbezügliche, zusammenfassende, generalisierende, auf andere Weltbereiche verweisende oder auch konterkarierende Zeichen setzen" (Zabka 1995, S. 29f.). Deshalb kann aber die Inszenierung eines Dramas „weder als bloße Übermittlung durch das Medium der Bühne noch auch als Realisierung oder Konkretisation eines Dramas durch die Aufführung bestimmt und beschrieben werden. Sie ist vielmehr als ein semiotischer Prozeß zu begreifen, in dem ein Text, der aus sprachlichen Zeichen besteht, in einen Text aus theatralischen Zeichen transformiert wird“ (Fischer-Lichte 1990, S. 251). Man kann also nicht von einem ‘Inhalt’ sprechen, der als solcher unabhängig vom jeweils verwendeten semiotischen System übermittelt werden könnte. Eine sozusagen 1 : 1-Übersetzung des Textes in eine Aufführung ist aus diesen Gründen ausgeschlossen, und sowohl das Drama als auch die Aufführung sind als eigenständige Kunstwerke zu begreifen. „Wohl mögen das Drama und seine Inszenierung durch vielfältige Relationen an das je andere geknüpft sein, ohne jedoch in ihrer jeweiligen Eigenart und Besonderheit allein aus dieser Relation heraus adäquat verstanden werden zu können“ (Fischer-Lichte 1990, S. 252).

Man hat deshalb das Verhältnis von Drama und Inszenierung als eines der Intertextualität bestimmt. Dies trägt sowohl der starken wechselseitigen Bindung und Bezogenheit von Drama und Inszenierung/Aufführung Rechnung als auch der Selbstständigkeit und Differenz beider Werke. Außerdem nimmt diese Bestimmung gerade keine apriorische Festlegung einer Hierarchisierung zwischen Drama und Theater vor. „Zwar erscheint das Drama in der intertextuellen Relation als Prä-Text, die Aufführung als Post-Text, doch wächst dem Prä-Text in dieser Konstellation keineswegs jenes Privileg der Bedeutungserzeugung zu“ (Höfele 1991, S. 12). Und schließlich ermöglicht die Intertextualitätsthese nicht nur eine Erfassung des Verhältnisses zwischen Dramentext und Inszenierung, sondern auch zwischen verschiedenen Inszenierungen desselben Dramas. Insbesondere bei der Inszenierung allbekannter Klassiker „wird beim Publikum ein intertextuelles Spiel der Erwartungserfüllung und -düpierung, der Entsprechungen und Differenzen sowohl zwischen aktueller und früher gesehener Bühnenversion wie auch zwischen Aufführung und Drama in Gang gesetzt“ (Höfele 1991, S. 15).

Mit einem solchen Verständnis von Drama und Inszenierung erscheint auch der problematische Begriff der Werktreue in anderem Licht. Was darunter jeweils verstanden wurde, ist historisch bedingt sehr verschieden (vgl. Fischer-Lichte 1985). Für Goethe und Schiller war es vollkommen klar, dass sie unter Werktreue weder akribische Textgenauigkeit noch historisierende Aufführungspraxis verstanden. Ihre Prinzipien für den Umgang mit älteren Werken beschreibt Goethe vielmehr so: „Der einnehmende Stoff, der anerkannte Gehalt solcher Werke sollte einer Form angenähert werden, die teils der Bühne überhaupt, teils dem Sinn und Geist der Gegenwart gemäß wäre“ (Goethe 1815). Es ging ihm also darum, die älteren Texte im ‘Sinn und Geist der Gegenwart’ und das heißt z. B. auch angepasst an die aktuellen Bühnenverhältnisse zu bearbeiten. Dabei wurden auch drastische Eingriffe in die Textgestalt für völlig legitim erachtet, wenn es dabei half, den „Stoff“ und den „Gehalt“ einem aktuellen Publikum zu übermitteln. Denn ohne eine solche Anpassung sei ein gegenwärtiges Publikum gar nicht bereit, sich auf eine Auseinandersetzung mit dem

Vergangenen, dem Fremden einzulassen. Während diese Sichtweise zu Beginn des 19. Jahrhunderts noch allgemein akzeptiert war, wurden in der Mitte des Jahrhunderts Prinzipien der Bearbeitung dominant, die den Theaterleuten von der kirchlichen und politischen Zensur diktiert wurden. Äußerungen im Text, die gegen die herrschende Moral oder die politischen Zustände gerichtet waren, mussten gestrichen werden. Es ist dieser Hintergrund, vor dem in der zweiten Hälfte des Jahrhunderts der Ruf nach 'Werktreue' laut wurde, also insbesondere nach einer unzensierten Aufführung der Texte. Parallel dazu ist die Geschichte des Begriffs „Werktreue" eng mit der Etablierung eines Bildungsbürgertums verbunden, das das Theater im Dienst der Verbreitung des zeitlos gültigen Dichterwortes, der Pflege und Verehrung der Klassiker sah und aus diesem Grund Texttreue forderte. Im 20. Jahrhundert hat der Begriff „Werktreue" dann eine Bedeutungsveränderung erfahren. Er meint nun nicht mehr vorrangig Texttreue, sondern die Vorbildlichkeit einer bestimmten Interpretations- und Inszenierungsform, die als zeitlos gültig postuliert werden. Dass eine solche Forderung schon rezeptionstheoretisch unhaltbar ist, zeigt Thomas Zabka insbesondere am Beispiel von Klassiker-Inszenierungen:

> Abwegig ist die Annahme, das ältere Theater habe ein richtiges Klassikbild vermittelt, das neuere ein falsches. Weil die Semantik der Werke sich erst historisch entfaltet, kann das Urteil über angemessenes Interpretieren nicht am scheinbar fundamentalen Maßstab des Textes gewonnen werden, sondern nur an der Auslegungsgeschichte selbst. [...] Wer klassische Moral und Sprechkultur einklagt, geht nicht unmittelbar auf Goethe zurück, sondern auf den Goethe einer bestimmten Rezeptionsphase, etwa der sechziger Jahre. Von deren Warte aus betrachtet ist der Regietheater-Goethe der Siebziger der falsche. Das gilt umgekehrt ebenso: der Nachkriegs-Goethe erscheint unter der Perspektive der Politisierung und Konfliktbetonung, die viel Wahres an der Klassik hervorhob, als eine harmonistische Verfälschung. (Zabka 1995, S. 17)

Trotz solcher Einsichten wird der Begriff der Werktreue bis heute teilweise als ein objektiv beschreibender Begriff zur Beurteilung und Bewertung von Inszenierungen gebraucht. Ihm liegen allerdings Kriterien zugrunde, die allesamt nach bisherigen theoretischen Erkenntnissen prinzipiell nicht erfüllbar sind. An zwei Beispielen sei das hier abschließend verdeutlicht.

Das Kriterium, ein Drama solle so auf die Bühne gebracht werden, 'wie es ist', setzt voraus, dass es sich als eine feste, unveränderliche Größe definieren und erfassen lässt. Diese Vorstellung muss aber als längst überholt gelten. Denn konstant ist nur das Artefakt, das materielle Werk als Abfolge sprachlicher Zeichen. Dagegen ist die in der Leserimagination dem Werk attribuierte Bedeutung eine höchst instabile und notwendig subjektive Größe. Von ihr aber und nicht vom Artefakt Text geht der Prozess der Transformation des Dramas in eine Aufführung aus.

> Wer eine andere Bedeutungsattribution und Sinnzuschreibung vorgenommen hat als die Produzenten der Aufführung und nur diese Bedeutungen, diesen Sinn auf der Bühne wiederfinden will, wird daher selbstverständlich die Aufführung als dem Drama nicht adäquat bewerten und verurteilen. Er folgt dabei jedoch ausschließlich subjektiven Kriterien, die keinerlei intersubjektive Gültigkeit beanspruchen können. (Fischer-Lichte 1985, S. 41)

Auch das Kriterium, die theatralen Zeichen der Inszenierung sollten die gleichen Bedeutungen haben wie die entsprechenden sprachlichen Zeichen des Dramas, trifft nicht den Sachverhalt. Selbst wenn sich Produzenten und Zuschauer über die Lesart eines Dramas einig wären, ist solche Bedeutungsgleichheit aufgrund der medialen und semiotischen Verschiedenheit von dramatischem Text und Aufführung grundsätzlich nicht zu erreichen. Die theatralen Zeichen gehen „sowohl untereinander als auch zu den aus dem literarischen Text gewonnenen Bedeutungen bestimmte Beziehungen ein, aus denen im Verlauf des Transformationsprozesses ein ganz neues, in dieser Struktur einzigartiges Bedeutungsgefüge entsteht" (Fischer-Lichte 1985, S. 45). Eine werktreue Inszenierung, so verstanden, ist daher aber prinzipiell unmöglich und Werktreue als ein objektiv beschreibender Begriff ebenfalls unbrauchbar. Dass und wie die Adäquatheit einer Aufführung dennoch diskutierbar ist, zeigt z. B. Thomas Zabka (1995).

4.2 Aufführungsanalyse

Wie bereits deutlich wurde, erschöpft sich Aufführungsanalyse nicht etwa darin zu klären, wie die Inszenierung den dramatischen Text interpretiert, sondern ihr Ziel ist, die theatrale Form der Aufführung sichtbar zu machen, also herauszufinden, wie Elemente einzelner Zeichensysteme (Bewegung, Stimme, Musik, Licht usw.) kombiniert wurden, so dass in deren Zusammenklang für den Zuschauer eine ganz bestimmte Bedeutung oder Wirkung entsteht – oder solche Eindeutigkeit gerade verweigert wird. Während die Arbeit der Theaterproduzenten auf diesen Zusammenklang, die Synthese der Elemente zielt, versucht Aufführungsanalyse zu rekonstruieren, auf welche Weise, durch welche Strategien diese Synthese zustandekommt, wie also die Aufführung 'funktioniert'. Dabei hat es die Analyse mit mehreren Problemen zu tun.

Zum einen ist Aufführungsanalyse notwendig ein subjektiver Akt, da das Zusammenwirken der einzelnen Zeichensysteme in der Wahrnehmung des Zuschauers stattfindet. Wie jeder andere Zuschauer auch ist der Analytiker Teil der theatralen Kommunikationssituation und kann deshalb nur das analysieren, was er selbst von den Bühnenabläufen wahrnimmt, das, was von ihm registriert wird, was für ihn in irgendeiner Weise bedeutsam ist. Es wird sich danach unterscheiden, mit welchem Vorwissen der Analytiker die Aufführung sieht, ob er die szenische Formensprache der Inszenierung begreift oder nicht, ob er zum ersten oder wiederholten Male eine Inszenierung des jeweiligen Regisseurs sieht, mit welchem Interesse er an der Aufführung teilnimmt usw. Solche Erfahrungskontexte bestimmen die Wahrnehmungsfähigkeit und damit die Konkretisation der Aufführung im Bewusstsein des Zuschauers entscheidend mit. „Wir nehmen künstlerische Texte nicht einfach passiv wahr. Wir bringen bestimmte durch unsere geschichtliche, soziale oder psychische Situation geprägte „Vorurteile" mit, die unsere Perspektive auf die Werke beeinflussen und die sich in unsere Analysen bewusst oder unbewusst einschreiben" (Hiß 2004, S. 24). Es ist gerade im schulischen Kontext zentral, den jugendlichen Zuschauern bewusst zu machen, dass Analyse immer einen subjektiven Anteil hat und dass dies auch 'legitim', weil anders gar nicht denkbar ist. Subjektive Wahrnehmungen sind deshalb nicht minderwertig oder für den Analyseprozess unwesentlich, sondern dessen konstitutive Bedingung. Es wird also zunächst darum gehen müssen, im Bewusstsein der Subjektivität von Analyse die eigenen Wahrnehmungen zu realisieren und zu beschreiben. Damit ist aber bereits ein weiteres Problem der Aufführungsanalyse angesprochen. Denn „die Verbalisierung des Aufführungsgeschehens bleibt bei allem Willen zur Genauigkeit im Verhältnis zum szenisch Dargestellten und zur sinnlichen Fülle des Wahrnehmbaren abstrahierend skizzenhaft" (Kurzenberger 2004, S. 13). Eine Aufführung kann nicht in Sprache übersetzt werden, denn charakteristisch für Aufführungen ist gerade das komplexe Zusammenwirken heterogener Zeichensysteme, welches sich eben nicht durch ein einziges System wiedergeben lässt. Das will Aufführungsanalyse aber auch gar nicht.

> Sie versucht ihr eigenes, angemessenes Bild der Aufführung herzustellen, diese neu im Medium der Sprache anschaulich zu machen, sie verbal zu 'inszenieren'. Dabei wird das Wahrgenommene selektiert, auf seine Signifikanz und Stringenz für die gesamte Aufführung hin befragt, wird der Darstellung und dem Dargestellten mit produktions- und rezeptionsästhetischen Gründen spezifische Bedeutung zugeschrieben und so die Formsemantik der Aufführung entfaltet. Der das theatrale Gesamtgeschehen vereinfachende Blick kann dabei durchaus ein präzisierender, ein erkenntnisfördernder, ja auch ein wissenschaftlicher sein. (Kurzenberger 2004, S. 13f.)

Kurzenberger verweist auf zwei Gefahren, von denen dieser Beschreibungs-, Analyse- und Deutungsprozess bedroht ist: zum einen von einem vorschnellen Festlegen des Beobachteten auf eine fixe Formel, die das Bedeutungspotenzial nicht erkundet und abwägt, sondern es in oft nichtssagende allgemeine Begriffe zwängt, so aber gerade Mehrdeutigkeiten oder theatralem Bedeutungsüberschuss nicht gerecht wird. Zum anderen läuft Analyse Gefahr, das Beobachtete nur statistisch aufzulisten, ohne es zu synthetisieren. Genau dies war auch ein Problem der frühen Theatersemiotik. In ihrem Bemühen, die Theatersprache in ihre kleinsten Bausteine zu zerlegen, blieb die Untersuchung des Zusammenhangs und des Zusammenwirkens der Darstellungselemente häufig auf der Strecke. Theatrale Bedeutung lässt sich aber nicht durch die Addition verschiedener Teilaussagen bestimmen, sondern sie entsteht als Resultat komplizierter Wechselwirkungen zwischen den verschiedenen Elementen. Genau darum muss es auch im Unterricht gehen, – mit Inventarlisten einzelner Zeichensysteme kann theatrale Bedeutung nicht erschlossen werden. Denn der Zuschauer realisiert gerade nicht die additive Bedeutung von Einzelzeichen, sondern die des Zusammenklangs, er synthetisiert automatisch. In seiner Wahrnehmung ergibt sich eine Bedeutung, die mehr ist als die Summe der Bedeutungen einzelner Bestandteile. Guido Hiß nennt das die Korrespondenzbedeutung. Umgekehrt meint die Suche nach diesen Korrespondenzen aber nicht, dass man zum Zweck der Analyse nicht auch verschiedene Darstellungsebenen und -elemente voneinander trennen sollte, um von dort aus die jeweiligen Wechselwirkungen, Querverweise oder Verknüpfungen zu erschließen. So separierend anzusetzen und zunächst von einer Darstellungsebene, z. B. den Figuren oder dem Bühnenkonzept, auszugehen, liegt aufgrund der Komplexität und formalen Vielschichtigkeit des Bühnenereignisses nahe. Auf diese Weise läuft man auch weniger Gefahr, sich in dem fast unendlichen „Bedeutungsraum, in dem die theatralen Ebenen und Elemente zusammenspielen", zu verlieren (Hiß 2004, S. 23).

Die jüngste theaterwissenschaftliche Forschung hat den semiotischen Ansatz um eine weitere Perspektive ergänzt. Denn eine rein semiotische Herangehensweise, die sich auf die Suche nach Bedeutungen und Aussagen macht, kann der komplexen Erlebnisvielfalt und der Sinnenfülle einer Aufführung nicht gerecht werden. Gerade Erfahrungen, die sich nicht unmittelbar auf einen begrifflichen Punkt bringen lassen, wie z. B. körperliche Affiziertheit, das Erleben einer bestimmten Atmosphäre oder Energie, auch widersprüchliche, abseitige, unverstandene Momente dürfen nicht als unwesentliche Randerscheinungen und individuelle Nebeneffekte bewertet werden, denn sie haben entscheidende Bedeutung für die ästhetische Wahrnehmung. Um diese Dimension des Theaterereignisses nicht zu ignorieren, sondern sich ihr verstärkt zuzuwenden, ist die theaterwissenschaftliche Forschung unter dem Stichwort Performativität angetreten. Das Analysemodell von Erika Fischer-Lichte (2001 und 2004) greift deshalb beide Dimensionen einer Theateraufführung auf, die semiotische und die performative. Und gerade für den schulischen Kontext erscheint es zentral, eben nicht nur die Suche nach Bedeutungen in den Mittelpunkt des Unterrichts zu stellen, sondern insbesondere auch die Wahrnehmungen und Reaktionen, die durch die performative Qualität einer Aufführung ausgelöst werden. Denn häufig sind es gerade diese, die zum Austausch über eine Aufführung drängen.

5. Methodische Wege der Aufführungsanalyse im Unterricht

Für ein methodisches Vorgehen erscheint es nach Guido Hiß als zentral, dass es *die* Aufführungsanalyse nicht geben kann, sondern dass Aufführungsanalyse methodisch flexibel auf ihren Gegenstand reagieren muss. Wie man sich einer Aufführung nähert, hängt z. B. von den Eigenheiten der jeweiligen Gattung ab.

„Es wäre sinnlos, eine postmoderne Inszenierung, die weder figurale noch narrative Kontinuitäten aufweist, so zu behandeln, [sic] wie das Ohnsorg-Theater“ (Hiß 2004, S. 22). Liegt einer Inszenierung beispielsweise ein zeichenhaft körperbetontes Darstellungskonzept zugrunde, so bietet sich als Ansatzpunkt für die Analyse vielleicht die Gestik oder die dynamisierte Bewegungschoreografie an. Ist die Inszenierung dagegen einem psychologisch-realistischen Darstellungsprinzip verpflichtet, kann es gewinnbringender sein, bei der Figurenkonzeption anzusetzen. Jede Inszenierung fordert andere Fragen heraus, legt andere Untersuchungsperspektiven nahe. Und da eine ‘vollständige’ Aufführungsanalyse schon theoretisch undenkbar ist, wird es für den Unterricht sinnvoll sein, zunächst ein Erkenntnisinteresse zu formulieren und das methodische Verfahren darauf abzustimmen. Einige Beispiele seien hier skizziert.

– Setzt sich Unterricht zum Ziel, den Blick der Schülerinnen und Schüler für Inszenierungen als solche zu schärfen, sie auf die Tatsache des Inszeniertseins überhaupt aufmerksam zu machen, so ist zu vermitteln, dass eine Inszenierung nicht natürlicherweise so oder so geartet sein muss. Dazu bedarf es des Vergleichs, denn erst über einen Vergleich zweier Inszenierungen wird augenfällig, dass es offenbar völlig verschiedene und prinzipiell gleichwertige Möglichkeiten und Stile des Inszenierens gibt. Durch einen Inszenierungsvergleich lässt sich methodisch auch dem Phänomen begegnen, dass eine Inszenierung gefällt oder missfällt, weil sie den eigenen Erwartungen mehr oder weniger entspricht. Dieser Abgleich mit der eigenen Vorstellung ist ja immer schon der erste Vergleich, den der Zuschauer automatisch vollzieht, falls eine Textlektüre vorausging. Denn die beim Lesen bereits stattgefundene mentale Vorstellungstätigkeit weckt Erwartungen an eine Theaterinszenierung. Und wie eine Inszenierung auf diesem Hintergrund bewertet wird, hängt sehr davon ab, wie weit Wahrnehmungsschulung und Zuschauerfahrung im Theater bereits fortgeschritten sind. Grundschulkinder beispielsweise erwarten erfahrungsgemäß vom Theater einen illusionistischen, realistischen Darstellungsstil, vor allem dann, wenn es sich um eine Aufführung zu einem ihnen bekannten (Märchen- bzw. Kinderbuch-)Text handelt (vgl. Paule 2005). Es bedarf schon kontinuierlicher und vor allem vielfältiger Zuschauerfahrung, bis andere Theaterkonzepte überhaupt als solche registriert und ihr Anderssein nicht pauschal abgewertet, sondern in seinem Eigenwert akzeptiert wird. Langfristig gesehen, insbesondere im Hinblick auf die Sekundarstufe II, kann über solche Inszenierungsvergleiche auch ein Einblick in die Theatergeschichte vermittelt werden, in sich wandelnde Vorstellungen von Theater, von Inszenierung. Dies trägt quasi nebenbei zur künstlerischen Geschmacksbildung bei (Kurzenberger 2004 führt einen solchen Vergleich für zwei weit auseinanderliegende Inszenierungskonzepte am Beispiel ‘Emilia Galotti’ vor).

- Geht das Erkenntnisinteresse eher dahin, die ästhetischen Erfahrungen zu thematisieren, die der Besuch einer Theateraufführung in Gang gesetzt hat, so kann im Gespräch an ganz konkrete Erinnerungen angeknüpft werden, die die Schülerinnen und Schüler an die Aufführung haben. Davon auszugehen erscheint schon aus Motivationsgründen ratsamer als die Vorgabe eines Analyserasters[3]. Insbesondere ist dadurch gewährleistet, dass in den Inszenierungsgesprächen nicht nur die semiotische Ebene diskutiert wird, also die Ermittlung von Bedeutungen, Interpretationen und Aussagen über Regieabsichten, sondern auch die performative Qualität der Aufführung in den Blick rücken kann. Einen Zugang zu solchen Erfahrungen der Schülerinnen und Schüler kann man methodisch etwa durch ein Verfahren finden, mit dem auch Theaterwissenschaftler bei der Aufführungsanalyse arbeiten: dem sogenannten Erinnerungsprotokoll. Jens Roselt hat dieses Verfahren für den Unterricht reflektiert. Ein solches Protokoll wird nach dem Besuch der Aufführung verfasst und es darf alles enthalten, an das sich der Zuschauer erinnert bzw. das ihm in irgendeiner Weise wichtig war. Dabei geht es weder um Vollständigkeit noch um Systematik, das „Abfassen des Protokolls ist eine Art Experiment, keine Prüfung, sondern ein Selbstversuch, dessen Ausgang ungewiss ist und bei dem die Protokollierenden unabhängig von vorgefertigten Interpretationen in Erfahrung bringen, wie eine Aufführung auf sie gewirkt hat. Im Protokoll kann also ‘alles’ auf den Tisch kommen“ (Roselt 2004, S. 50). Um aus den zahlreichen und naturgemäß sehr unterschiedlichen Protokollen Analysekriterien für die Aufführung entwickeln zu können, bietet es sich an, bei markanten Momenten anzusetzen, die in mehreren Protokollen eine Rolle spielen. Häufig sind dies solche Momente, die als faszinierend, als Irritation oder Störung der Rezeption erlebt wurden und die deshalb Anlass geben, sich von dort aus dem Inszenierungskonzept anzunähern.

- Steht die theatrale Form der Inszenierung im Zentrum des Unterrichtsinteresses, so ist ein didaktisch geeigneter Ansatz, nicht bei den flüchtigen Elementen der Aufführung zu beginnen – wie z.B. Bewegungen im Raum, Licht oder Körpersprache –, sondern bei relativ stabilen theatralen Zeichen wie Bühnenraum, Kostümen oder Requisiten. Sie sind aufgrund ihrer relativen Konstanz leichter zu beschreiben und auf ihre Funktion hin zu befragen. Der Fähigkeit etwa, die visuellen Informationen eines Bühnenkonzepts zu lesen, kommt eine grundlegende Bedeutung deshalb zu, weil sie einen Zugang zum konzeptionellen Kern einer Inszenierung eröffnen kann. Die Bühne ist eben nicht pure Kulisse, sondern sie kann „in ihrer polyvalenten Material- und Formensprache eine eigene, vom Text unabhängige Welt konstituier[en]“ (Roth-

[3] Ein solches Raster kann zweifellos von großem Nutzen sein, aber weniger als abzuarbeitende Vorgabe denn als Orientierungshilfe. Der „Fragenkatalog zur Inszenierungsanalyse“ von Patrice Pavis beispielsweise ist bei Kurzenberger 2004, S. 18, abgedruckt.

Lange 2004, S. 32), deren Beziehung zu der fiktiven Welt des literarischen Textes ganz verschieden sein kann. Für den Unterricht liegt es nahe, Bühnenräume von verschiedenen Inszenierungen ein und desselben Dramas zu vergleichen und beispielsweise darauf zu befragen, an welche Deutung des Textes sie anknüpfen, auf welche konkreten Textschichten sie sich beziehen oder ob ein semantischer Bezug zum Text sich überhaupt auf Anhieb erschließt. Beispiele dazu finden sich bei Friedhelm Roth-Lange, der neben ausführlichen exemplarischen Analysen auch einen Einblick in die theatergeschichtliche Entwicklung des Bühnenbilds gibt und zudem die verschiedensten Bühnenraumkonzepte „nach ihrem bedeutungsgenerierenden Bezug zum literarischen Text“ zu ordnen versucht (Roth-Lange 2004, S. 33).

– Interessiert im Zusammenhang mit der unterrichtlichen Dramenlektüre die Frage, welche Deutung der dramatische Text durch die Inszenierung erfährt, so wird es in der Regel dann spannend und kritisch, wenn die gesehene Inszenierung sich nicht ohne Weiteres als kompatibel mit den eigenen Deutungsergebnissen erweist. Damit eine Auseinandersetzung mit solchen Inszenierungen nicht in einer pauschalen Abwertung steckenbleibt, kann im Unterricht z. B. der Weg beschritten werden, zunächst das ‘Schicksal’ des dramatischen Textes in der betreffenden Inszenierung zu erkunden. Denn schon der Vergleich des Dramentextes mit der Spielfassung für die Bühne gibt Aufschluss über die Deutungsschwerpunkte des Regieteams. Insbesondere bei Klassikeraufführungen lohnt ein solcher Vergleich, da die häufig sehr umfangreichen Texte in den meisten Fällen ohnehin gekürzt zur Aufführung gebracht werden[4]. Durch dieses sehr textnahe Verfahren kann also eine erste Annäherung an ein Inszenierungskonzept erfolgen, noch bevor das Bühnenkunstwerk selbst näher untersucht wird. Für den Literaturunterricht generell ist dies ein ganz eigener Gewinn, da die Spielfasssung – als Dokumentation einer bestimmten Lesart des Textes – gerade in ihrer eventuellen Abweichung von eigenen Lesarten das Deutungspotenzial des Textes und die Legitimität verschiedener Schwerpunktsetzungen evident macht. Nach dieser Textarbeit kann in einem zweiten Schritt die Aufführung selbst daraufhin untersucht werden, ob und wie die gewählte theatrale Form die in der Spielfassung vorliegende Lesart unterstützt (vgl. ein Beispiel bei Paule 2009).
– Das Ziel schließlich, sich über theatrale Kunstwerke kompetent äußern zu können, also Beurteilungskompetenz zu fördern, ließe sich methodisch über die Arbeit mit Theaterkritiken anvisieren. Sie könnten darauf befragt werden, welchen Bewertungsmaßstab an eine Inszenierung sie zugrunde legen. Auf diese Weise könnten Kriterien der Bewertung rekonstruiert und ihrerseits einer Bewertung unterzogen werden. Besonders ergiebig sind hierbei leider

[4] Aller Erfahrung nach sind die Theater an Kooperation mit Schulen interessiert und stellen das entsprechende Material zur Verfügung.

die Theaterkritiken mancher Lokalzeitungen, die den Namen „Rezension" gar nicht verdienen. Allzu häufig werden dem Leser hier Besprechungen zugemutet, die die Inszenierung selbst mit keinem Wort zum Thema machen, sondern spaltenweise lediglich den Inhalt des Theaterstücks wiedergeben, ergänzt von Informationen über den Autor und die mehr oder weniger lobende Erwähnung einzelner Schauspieler. Von Kritik kann bei solchen Besprechungen nicht die Rede sein, sie haben sich in einen Diskurs über die Kunstform Theater noch gar nicht hineinbegeben. Wenn Theaterdidaktik in der Schule dazu führen könnte, dass junge Theatergänger dies durchschauen, so wäre schon viel gewonnen.

6. Ausblick: Theaterdidaktik im Kontext kultureller Sozialisation

Eine Theaterdidaktik, die nicht nur auf den schulischen Dramenunterricht, sondern prospektiv ausgerichtet ist, kommt nicht umhin sich zu vergegenwärtigen, unter welchen Rahmenbedingungen kulturelle Sozialisation heute zwangsläufig erfolgt und welche Rolle dem Theater dabei überhaupt zukommen kann. Wodurch legitimiert sich etwa bei der gegenwärtigen Dominanz neuerer und neuster Medien eine intensive Auseinandersetzung ausgerechnet mit dem Theater?

Kinder und Jugendliche wachsen heute in einer so zwar oft nicht bewusst wahrgenommenen, aber zunehmend theatral erfahrenen gesellschaftlichen Wirklichkeit auf. Akte der Inszenierung begegnen in unterschiedlichsten medialen Erscheinungsformen und erfordern im Sinne einer selbstbestimmten Persönlichkeit insbesondere die Fähigkeit, sie als solche wahrzunehmen, also ein Bewusstsein zu entwickeln für die Tatsache des Inszeniertseins selbst. Hinzu kommt die notwendige Fähigkeit zur Analyse und kritischen Reflexion solcher Akte der Inszenierung, welche nicht nur die gesellschaftliche Öffentlichkeit prägen, sondern bis in den privaten Bereich als Strategien der Selbstinszenierung hineinreichen. In dieser Hinsicht eröffnet sich für eine Theaterdidaktik ein viel weiterer Horizont, als es der dramendidaktische Kontext nahelegt. Unter dieser Perspektive wird das Theater vor allem deshalb zu einem prädestinierten Ort der Wahrnehmungsschulung für Inszenierungsakte, weil Theatralität im Kunstraum Theater transparent werden kann. Denn das Theater stellt seinen Inszenierungscharakter offen aus und es bietet in der Regel keine festgelegten oder erwartbaren Entwürfe, sondern es thematisiert und diskutiert sie, es stellt Wahrnehmungsgewohnheiten zum Teil radikal in Frage und fordert neue Wahrnehmungsleistungen heraus. Das Kunst-Theater markiert insofern – gerade in Absetzung zu alltäglicher Theatralität – einen eigenen Bereich der Reflexion von Theatralität.

Außerdem ist die eben erwähnte Theatralisierung von Alltagswelt und Gesellschaft untrennbar mit der Medialisierung der Gesellschaft verbunden. Wie sich Realität konstituiert, wie sie dargestellt und erfahren wird, lässt sich nicht mehr loslösen von medialer Vermittlung. Unter den heutigen Bedingungen medialer Kommunikation wird aber schon die besondere Kommunikationssituation im Theater zum Ereignis. Denn seine spezifische Medialität ist die für das Theater konstitutive leibliche Anwesenheit von Akteuren und Zuschauern. Dies ist eine fundamentale Qualität des Aufführungserlebnisses, es ist per definitionem an Körperlichkeit und an Kollektivität gebunden. Fischer-Lichte spricht gar von der Magie leiblicher Gegenwart (vgl. Fischer-Lichte 1996). Denn im Theater gehe es um die materiale Präsenz interagierender Körper, die medial nicht zu ersetzen ist. Diese Leiblichkeit wird durch unsere High-Tech-Kultur besonders deutlich ins Blickfeld gerückt und gewinnt gerade dadurch enorme Bedeutung zurück. Nun wäre es didaktisch aber völlig verfehlt, Theater und andere Medien gegeneinander auszuspielen. Sie treten vielmehr in ein sehr dynamisches Verhältnis, auch und gerade im Theater selbst. Die Spannung zwischen theatraler Präsenz und medialer Repräsentation fordert insbesondere das Theater immer wieder dazu auf, sich auf seine eigene Medialität zu besinnen und gerade diese herauszustellen. Vor allem seit den sechziger Jahren des 20. Jahrhunderts ist das durch eine zunehmende Performativierung im Theater geschehen. Auch damit muss sich eine schulische Theaterdidaktik auseinandersetzen, wenn ihr der Zugang insbesondere zu zeitgenössischen Inszenierungen nicht verwehrt bleiben soll.

Wenn Theaterdidaktik, wie sie in diesem Beitrag skizziert wurde, langfristig wirklich im Klassenzimmer ankommen soll, so wird das schließlich auch Konsequenzen für die Lektüreauswahl haben. Sie wird nicht mehr nur textorientiert stattfinden können, sondern sie wird wenigstens zum Teil spielplanorientiert erfolgen müssen, so dass die gelesenen Stücke in einem der umliegenden Theater auch zu sehen sind. Nur so können Jugendliche Einblick gewinnen in die äußerst vitale Kunstform Theater. Und das Angebot ist groß: Es gibt Inszenierungen von (auch modernen) Klassikern in zum Teil hochinteressanten Adaptionen, die schon deshalb zur Diskussion herausfordern. Daneben kommt zeitgenössische Dramatik zur Aufführung, die ohne Zweifel sowohl vom dramatischen Text als auch von der aktuellen Inszenierungspraxis her eine höhere Rezeptionsschwelle setzt. Es gibt aber auch das inzwischen sehr breite Angebot des Jugendtheaters, welches im Rahmen des Deutschunterrichts bisher nahezu nicht genutzt wird. Und hier schließt sich ein Kreis. Weil das Theater nicht selbstverständlich im Blick der Lehrkräfte ist, das Jugendtheater aber bis in die jüngste Zeit hauptsächlich im Theater und nicht auf dem Buchmarkt präsent war, fällt es bei der Lektüresuche sozusagen durchs Raster. Es ist kein Zufall, dass gerade in den letzten Jahren dann doch einige Unterrichtsversuche zu Jugendstücken veröffentlicht wurden[5], denn es gibt inzwischen ein Bemühen der Verlage, Schulausgaben solcher Stücke herauszugeben. Bezeichnend ist aber, dass sich die Unterrichtsentwürfe wieder ausschließlich auf den Text konzentrieren. Eine Inszenierung gerät bei keinem dieser Modelle in den Blick. Auch dies zeigt, dass die Dramendidaktik noch einen weiten Weg vor sich hat, bis die Auseinandersetzung mit Theateraufführungen zu ihren selbstverständlichen Gegenständen gehören wird.

Literatur

Beimdick, Walter (1975): Theater und Schule. Grundzüge einer Theaterpädagogik. München: Ehrenwirth.

Fischer-Lichte, Erika (1985): Was ist eine „werkgetreue" Inszenierung? Überlegungen zum Prozeß der Transformation eines Dramas in eine Aufführung. In: Fischer-Lichte, Erika (Hrsg.): Das Drama und seine Inszenierung. Vorträge des internationalen literatur- und theatersemiotischen Kolloquiums Frankfurt am Main, 1983. Tübingen: Niemeyer, S. 37–49.

Fischer-Lichte, Erika (1990): Die Zeichensprache des Theaters. Zum Problem theatralischer Bedeutungsgenerierung. In: Möhrmann, Renate (Hrsg.): Theaterwissenschaft heute. Eine Einführung. Berlin: Reimer, S. 233–259.

Fischer-Lichte, Erika (1996): Von der Magie leiblicher Gegenwart. In: Schöne, Lothar (Hrsg.): Mephisto ist müde. Welche Zukunft hat das Theater? Darmstadt: Wissenschaftliche Buchgesellschaft, S. 155–166.

Fischer-Lichte, Erika (2001): Ästhetische Erfahrung: Das Semiotische und das Performative. Tübingen/Basel: Francke.

Fischer-Lichte, Erika (2004): Ästhetik des Performativen. Frankfurt am Main: Suhrkamp.

Frommer, Harald (1995): Lesen und Inszenieren. Produktiver Umgang mit dem Drama auf der Sekundarstufe. Stuttgart: Klett.

Göbel, Klaus (1977): Drama und Theatralität. Zur Geschichte eines Versäumnisses in der Literaturdidaktik. In: Göbel, Klaus (Hrsg.): Das Drama in der Sekundarstufe. Kronberg/Ts.: Scriptor, S. 1–21.

Göbel, Klaus (2000): Drama – Deutschunterricht – Theater. Theaterdidaktik. 10 Thesen. In: Deutschunterricht 53, H. 5, S. 324–327.

Hiß, Guido (2004): Was analysiere ich wie? Der postmoderne „Faust". In: Der Deutschunterricht 56, H. 2, S. 20–30.

Goethe, Johann Wolfgang 1815 (1998): Über das deutsche Theater. In: Johann Wolfgang Goethe: Sämtliche Werke. Briefe, Tagebücher und Gespräche. Vierzig Bände. Band 19: Ästhetische Schriften 1806–1815, herausgegeben von Friedmar Apel. Frankfurt am Main: Deutscher Klassiker Verlag 1998.

Höfele, Andreas (1991): Drama und Theater: Einige Anmerkungen zur Geschichte und gegenwärtigen Diskussion eines umstrittenen Verhältnisses. In: Forum Modernes Theater 6, H. 1, S. 3–23.

[5] So z. B. in Praxis Deutsch 181 (2003) (Zeitgenössische Theaterstücke), Mitteilungen des Deutschen Germanistenverbandes 3 (2001) (Zeitgenössisches Theater und Unterricht), Deutschunterricht 4 (2003) (TheaterSpiel), Literatur im Unterricht 1, (2000).

Kurzenberger, Hajo (2004): Aufführungsanalyse im Deutschunterricht: Ein Vergleich der „Emilia Galotti"-Inszenierungen von Thomas Langhoff (1984) und Michael Thalheimer (2001). In: Der Deutschunterricht 56, H. 2, S. 5–18.

Lösener, Hans (2006): Konzepte der Dramendidaktik. In: Lange, Günter/Weinhold, Swantje (Hrsg.): Grundlagen der Deutschdidaktik. Sprachdidaktik – Mediendidaktik – Literaturdidaktik. Baltmannsweiler: Schneider, S. 297–318.

Paule, Gabriela (2005): „In einem tiefen, dunklen Wald ..." – Wahrnehmungsschulung im Bereich theatraler Zeichen. In: Didaktik Deutsch 19, S. 59–74.

Paule, Gabriela (2009): Kultur des Zuschauens. Theaterdidaktik zwischen Textlektüre und Aufführungsrezeption. München: Kopäd.

Paule, Gabriela (2012): Das Lesen dramatischer Texte. Eine mentale Inszenierung? In: Pfeiffer, Joachim/Roelcke, Thorsten (Hrsg.): Drama – Theater – Film. Festschrift anlässlich der Verabschiedung von Rudolf Denk im Herbst 2010. Würzburg: Königshausen & Neumann, S. 69–83.

Roselt, Jens (2004): Kreatives Zuschauen. Zur Phänomenologie von Erfahrungen im Theater. In: Der Deutschunterricht 56, H. 2, S. 46–56.

Roth-Lange, Friedhelm (2004): Szenographien lesen – am Beispiel von Bühnenräumen zu Büchners „Woyzeck", Wedekinds „Frühlings Erwachen" und Horváths „Geschichten aus dem Wiener Wald". In: Der Deutschunterricht 56, H. 2, S. 31–45.

Schemme, Wolfgang (2000): Theater und Deutschunterricht. Zur Geschichte einer denkwürdigen Distanz. In: Deutschunterricht 53, H. 5, S. 343–353.

Schau, Albrecht (1996): Szenisches Interpretieren. Ein literaturdidaktisches Handbuch. Stuttgart: Klett.

Scheller, Ingo (1996): Szenische Interpretation. In: Praxis Deutsch 136, S. 22–32.

Waldmann, Günter (1996): Produktiver Umgang mit dem Drama. Eine systematische Einführung in das produktive Verstehen traditioneller und moderner Dramenformen und das Schreiben in ihnen. Für Schule (Sekundarstufe I und II) und Hochschule. Baltmannsweiler: Schneider.

Zabka, Thomas (1995): Das wilde Leben der Werke. In: Zabka, Thomas/Dresen, Adolf: Dichter und Regisseure. Bemerkungen über das Regie-Theater. Göttingen: Wallstein, S. 9–57.

Zur weiterführenden Lektüre:

Balme, Christopher (1999): Einführung in die Theaterwissenschaft. Berlin: Schmidt.

Denk, Rudolf/Möbius, Thomas (2008): Dramen- und Theaterdidaktik. Eine Einführung. Berlin: Schmidt.

Hiß, Guido (1990): Zur Aufführungsanalyse. In: Möhrmann, Renate (Hrsg.): Theaterwissenschaft heute. Eine Einführung. Berlin: Reimer, S. 65–80.

Hiß, Guido (1993): Der theatralische Blick. Einführung in die Aufführungsanalyse. Berlin: Reimer.

Lehmann, Hans-Thies (1999): Postdramatisches Theater. Frankfurt am Main: Verlag der Autoren.

JUTTA WERMKE

2.3 Hördidaktik und Horästhetik. Lesen und Verstehen auditiver Texte

Im Folgenden wird die „Hördidaktik“ nicht nur im fachlichen, sondern auch im vorfachlichen und fächerübergreifenden Kontext gesehen. Ich gehe aus von Merkmalen des Hörens als Ansatzpunkte einer *nicht fachlich* gebundenen Hörerziehung (1. Kapitel) und leite daraus einige allgemeine Grundsätze für deren Umsetzung in Lehr- Lern-Prozessen ab. Als nächstes stelle ich unter *fachdidaktischer* Perspektive (2. Kapitel) Textsorten zusammen, die den Bezug zum Hören bereits implizieren, und verweise auf gängige Funktionen des Hörens im Deutschunterricht, beides mit dem Ziel, auch das fachliche Interesse an einer Integration von Hörerziehung zu verdeutlichen und zu konkretisieren. Schließlich zeige ich Möglichkeiten der Einbettung des Hörens in fächerübergreifende Zusammenhänge und schlage dazu Themen vor, zu denen auch der Deutschunterricht unter der Perspektive des Hörens seinen Beitrag leisten kann. Dabei spielen nicht nur Fragen der Ästhetischen Erziehung und der Medienerziehung eine Rolle, sondern auch solche der Umwelterziehung und der Politischen Bildung.

Die „Horästhetik“ hat vier Aspekte, die in unterschiedlicher Gewichtung bei den genannten Gliederungspunkten Beachtung finden. Das *Hören* selbst kann als pure Wahrnehmungsleistung und als Kunst von Bedeutung sein. Andererseits findet das *Gehörte* als Wahrnehmungsgegenstand und als Kunstobjekt Aufmerksamkeit. Während für die nicht fachgebundene Hörerziehung die Wahrnehmungsleistung im Vordergrund steht, unter fachdidaktischer Perspektive die künstlerische Gestaltung hinzukommt, haben bei den fächerübergreifenden Zusammenhängen der Wahrnehmungs- und der Kunstcharakter des Hörens und des Gehörten ihren Platz.

1. Ansatzpunkte einer Hörerziehung

Unter Hörerziehung verstehe ich die systematische Entfaltung von Wahrnehmungs- und Vorstellungsvermögen in der akustischen Dimension und die Entwicklung der Fähigkeit, Höreindrücke differenziert zu verbalisieren.

Wenn ich im Folgenden von ‘Hören’ spreche, meine ich nicht nur das Zuhören in kommunikativen Zusammenhängen oder von geformtem Material – also auf Texte und Musik –, sondern ich beziehe auch Klänge und Geräusche der Umwelt ein.

1.1 Hören als Wahrnehmungsleistung

Hören ist eine *aktive* Wahrnehmungsleistung und beschränkt sich nicht auf die Registrierung von akustischen Reizen. Das wird sofort deutlich, wenn man die persönlichen Höreindrücke eines Spaziergangs mit dem Geräusche-Mix einer automatischen Tonaufzeichnung vergleicht.

Hören ist eine *selektive* und *sinnkonstituierende* Wahrnehmungsleistung. Unwichtiges wird ausgeblendet. Einzelne akustische Informationen werden – zunächst versuchsweise – in einen Zusammenhang gestellt. Zum Beispiel: Geräusche aus einer fremden Wohnung nehme ich nicht weiter zur Kenntnis, wenn ich sie für 'normal' halte; wenn ich annehme, dass die Nachbarn Krach haben, höre ich evtl. genauer hin; oder ich fühle mich alarmiert, weil der Lärm auf eine Schlägerei hindeutet.

Auch das Zuhören während eines Vortrags ist nicht einfach ein Pendant zum Lesen. Es konstituiert Bedeutung aus Sprachinformation plus Intonation plus Gestik und Mimik. Ironische Bemerkungen verfehlen zum Beispiel deshalb in schriftlicher Form oft ihr Ziel, weil zum Verständnis diese nonverbalen Signale fehlen.

Ich halte es für wichtig, solche fast banalen Aspekte zu erwähnen, da wir gerade im Deutschunterricht dazu neigen, das Hören doch immer wieder auf Sprachinformationen zu beschränken.

1.2 Gegenstandsbereiche des Hörens

Die einfachsten Bausteine im Gegenstandsbereich sind:

- Ich höre etwas.
- Ich höre jemanden.
- Ich höre mich selbst.
- Ich höre.

Auch diese Aufzählung hat den Sinn, Ansatzpunkte einer Hörerziehung einzubeziehen, die häufig übergangen werden. Ich will das kurz an dem Punkt „Ich höre mich selbst" erläutern. Sich selbst hören wird im Allgemeinen auf „die eigene Stimme ('vom Band') hören" reduziert. Aber es geht um sehr viel mehr: meine Schritte, mein Herz, das klopft, meinen Atem, der leise oder stoßweise geht, meine Zähne, die klappern, Gelenke, die knacken. Die Schüler werden um die Nennung weiterer Körpergeräusche nicht verlegen sein. Und was macht der Arzt, der den Rücken abklopft, der mit dem Stethoskop horcht? Was bedeutet 'Sonographie'?

Ich bin sicher, dass mit solchen Beobachtungen das Bewusstsein dafür gestärkt werden kann, dass der Körper nicht nur Fassade ist, sondern ein Raum, in dem die Lebensprozesse sich abspielen. Dass wir mit solchen Überlegungen – auch außerhalb der Gesundheitslehre – durchaus 'salonfähig' sind, zeigt ein Vergleich mit den Röntgenbildern der Madame Chauchat in Thomas Manns „Zauberberg“ oder mit den Körpergeräuschen als Angstreaktion in Buchheims Roman „Das Boot“.

Das Hören 'an sich' führt zum Hören der Stille – in sich oder über sich hinaus – und letztlich zur Meditation.

1.3 Unterschiede von Hören und Sehen

Es wäre aber ganz verkehrt, wenn wir das Hören, um es aufzuwerten, isolieren. Denn es hat seine Funktion im Ensemble unsrer sinnlichen Wahrnehmung. Dabei ist vor allem das Ergänzungsverhältnis von Ohr und Auge von Interesse. Ich greife zwei Aspekte heraus: die *Raumwahrnehmung* und die *Rezeptionshaltung*.

Während das Auge nur nach vorne sehen kann, hört das Ohr auch zur Seite und nach hinten. Während das Auge dementsprechend Panoramen abbildet, die distanziert und gegenüber sind, kann das Ohr ein anderes Raumgefühl vermitteln, bei dem der Raum den Menschen umgibt und die Geräusche *im* Ohr wahrgenommen werden.

Die ökologischen und anthroplogischen Implikationen von Sehen und Hören werden auch in der physiologisch bedingten Rezeptionshaltung deutlich. Das Auge beherrscht normalerweise die Situation: Es kann den Blick schweifen lassen und blitzschnell Informationen abrufen. Vom Hörenden dagegen wird eine Haltung der Zuwendung, des Wartenkönnens und Zeitgebens verlangt.

Es sind diese Phänomene, die unmittelbar für Zielsetzung und Durchführung von Unterricht von Bedeutung sind und vor allem auch in der Ästhetischen Erziehung zum Tragen kommen.

1.4 Formen auditiver Aufmerksamkeit

Das Hören selbst ist aber nicht immer ein und dasselbe. Wir praktizieren es in sehr unterschiedlichen Formen – nicht nur Graden – der Aufmerksamkeit.

Außerhalb von Kommunikationssituationen sind das Horchen und das Lauschen situiert. Wer lauscht oder horcht, tut das nicht, um gleich etwas zu sagen, sondern um etwas zu erfahren, ohne zu fragen, oder um das, was zu hören ist, zu genießen.

Horchen ist ein kurzfristig aktualisiertes, konzentriertes und forciertes Hören. Die gespannte Aufmerksamkeit ist auf ein bestimmtes Ziel gerichtet, die Wahrnehmung entsprechend analytisch und selektiv. Horchen erfolgt häufig heimlich und unter erschwerten Umständen, sofern es sich auf eine verbotene oder aus anderen Gründen verborgene Information bezieht. Horchen geht im Allgemeinen von unzureichenden oder unzusammenhängenden Informationen aus, die wie bei einem Krimi mehrere Hypothesen zulassen.

Auch das *Lauschen* ist ein hochkonzentriertes, aber zugleich selbstvergessenes Hören, das sich entspannt den Eindrücken hingibt.

Lauschen setzt Muße voraus, Ruhe und Gelassenheit, um sich einzuhören zum Beispiel in geheimnisvolle oder ästhetische Botschaften, um sie zu verstehen: ein Musikstück, eine Erzählung, Naturklänge.

Innerhalb von Kommunikationssituationen können wir als Varianten auditiver Aufmerksamkeit Zuhören und Anhören unterscheiden. *Zuhören* – nicht unähnlich dem Horchen – bezeichnet ein aufmerksames konzentriertes Hören auf die Äußerungen eines anderen, das ihm sogar mehr entlocken kann, als er selbst zu wissen glaubt. Ein gutes Beispiel ist Momos kreative Kraft des Zuhörens.

Beim *Anhören* dagegen steht nicht die Sachinformation sondern die Person des Sprechers im Mittelpunkt; sie vertraut sich dem Hörer an. Wer jemanden anhört, gibt ihm Zeit, er unterbricht ihn nicht, er schweigt, wenn der andere nach Worten sucht. Die Gesprächssituation liegt primär im Interesse dessen, der angehört werden möchte.

Beim *Verhören* ist es umgekehrt: Derjenige, der verhört, will demjenigen, den er verhört, Informationen abnötigen. Mit der Rezeptionshaltung der Zuwendung hat das nichts mehr zu tun. Aber Hörerziehung muss sich nicht nur mit schönen Klangerlebnissen befassen, sondern auch mit den negativen Seiten des Hörens, dem Missbrauch der Akustik bis hin zur akustischen Folter.

Weitere Differenzierungen betreffen die Fokussierung auf Hinhören, Weghören, Überhören und das anschließende Verhalten bzw. Handeln: als Gehorchen, Erhören oder Gestehen.

1.5 Verschränkung von Wahrnehmung und Vorstellung

Hören als aktive, selektive, sinnstiftende Wahrnehmungsleistung setzt Vorstellungen voraus, die ihrerseits auch von auditiven Erfahrungen gespeist werden. Für eine Hörerziehung ist es daher wichtig, neben der genauen Beobachtung die Imagination zu fördern. Das können Ohr-Erinnerungen oder Hör-Phantasien sein. Die Aktivierung von *Ohr-Erinnerungen* kann sich zum Beispiel auf markante Geräuschkulissen der Stadt, in der man lebt, beziehen. Oder auf biografische Situationen, die man sich über die Akustik ins Gedächtnis ruft.

Hör-Phantasien können über Bilder geweckt werden, zu denen keine Bildbeschreibung, sondern ein Hörbild zu verfassen ist. Oder durch märchen- bzw. traumhafte Geschichten, deren surreale Klangwelt erfunden werden soll.

Ansatzpunkte einer Hörerziehung

1. Hören als
   - aktive
   - selektive
   - sinnkonstituierende Wahrnehmungsleistung

2. Gegenstandsbereiche des Hörens
   - etwas hören
   - jemanden hören
   - sich selbst hören
   - Hören an sich

3. Unterschiede von Hören und Sehen
- Raumorientierung und Nähe
- Entgrenzung und Zuwendung

4. Formen auditiver Aufmerksamkeit
- außerhalb von Kommunikationssituationen: Horchen, Lauschen
- in Kommunikationssituationen: Zuhören, Anhören

5. Verschränkung von
- Wahrnehmung

1.6 Grundsätze einer Hörerziehung

Folgende Punkte sind für Lehr-Lern-Prozesse des Hörens von zentraler Bedeutung:

- Höreindrücke müssen *artikuliert* werden,
  damit wir sie miteinander vergleichen und darüber reflektieren können.
- Höreindrücke müssen *differenziert verbalisiert* werden.
  Das Suchen nach dem treffenden Ausdruck, nach Sprachbildern und Vergleichen dient nicht nur der Differenzierung des Wortschatzes, sondern auch der Differenzierung der auditiven Wahrnehmung.
- Höreindrücke müssen *erzeugt* werden.
  „Ich höre etwas" erfordert als Lernprozess mehr als Artikulieren und Reflektieren, es erfordert auch das Hantieren und Experimentieren mit Gegenständen und Körpern, um sie zum Klingen zu bringen.
- Höreindrücke müssen *vorgestellt*, i. S. v. imaginiert, werden.
  Nicht nur das genaue Hinhören ist zu üben, sondern auch das Erinnern an Gehörtes und das Erfinden von Klangkombinationen, Geräuschkulissen usw.
- Höreindrücke dürfen nicht nur isoliert werden, sie müssen auch wieder in den Zusammenhang mit anderer Sinneswahrnehmung *integriert* werden.

Wenn ich mich im Raum bewege, kann sich die Akustik verändern; wenn ich ein Bild betrachte, kann auch der Hörsinn aktiviert werden. Umgekehrt habe ich das Bedürfnis, mich zu bestimmten Rhythmen zu bewegen, und ich sehe bei bestimmten Klängen Bilder vor mir.

- Höreindrücke müssen *bewertet* werden zwischen Gefallen und Missfallen, schädlich und förderlich.
  Gerade die unterschiedliche Bewertung von Lärm und Stille bei Erwachsenen und Kindern ist zu thematisieren: dass Lärm auch Ausdruck von Vitalität und Lebensfreude sein und Stille belastend und lähmend wirken kann.

Diese Zusammenstellung zeigt, dass Hörerziehung nicht nur in der Zielsetzung, sondern auch in der Wahl der Mittel mit Ästhetischer Erziehung eng verbunden ist. Abgesehen von einem „differenzierten Verbalisieren", das den zentralen sprachlichen Beitrag zur Hörerziehung bezeichnet, eignen sich Bild-, Ton- und Körpermedien mit wechselnder Priorität neben der Sprache als Anschauungsmittel für Artikulation, Vorstellung und Bewertung von Höreindrücken.

2. Hörerziehung unter fachdidaktischer Perspektive

Für die schulische Integration der Hörerziehung (sofern sie nicht speziell musikalisch orientiert ist) bietet sich der Deutschunterricht als Kernfach an. Dafür sprechen Textsorten- und Medienbezüge, die audioaffin sind, und Funktionen, die das Hören in genuinen Lernzusammenhängen des Deutschunterrichts traditionell hat. An einigen Beispielen soll gezeigt werden, wie unter diesen Voraussetzungen Hörerziehung mit den Zielen des Deutschunterrichts verbunden werden kann.

2.1 Audioaffine Textsorten und Formen medialer Vermittlung

Das folgende Baukastenmodell (siehe S. 186) kann unter fachdidaktischer Perspektive zeigen, an wie vielen Textsorten bzw. Textsortenaspekten und Medienbezügen die Hörerziehung im Deutschunterricht anschließt.

Die Aufschlüsselung nach Gegenstandsbereichen und Formen medialer Vermittlung soll zur Vorstrukturierung *curricularer Entscheidungen* dienen. Die Phänomene selbst sind selten nur einer Gruppe zuzuordnen. Im Kinderhörspiel (5. Feld) „Dagobert Dünkelstein, der Detektiv" von Georg Feils und Detlef Ram (2002) spielen zum Beispiel Umweltgeräusche und O-Töne (1. Feld) neben Gespräch und Telefonat eine Rolle (3. und 6. Feld). Die „Stimmen von Marakesch" etwa kommunizieren (3. Feld) und sind zugleich Geräuschkulisse eines orientalischen Marktes (1. Feld); in der Verbalisierung durch Canetti zählen sie zur Literatur.

Bausteine einer Hörästhetik im Deutschunterricht

Gegenstands-bereich / Art der Vermittlung	A „Welt“	B „Literatur“	C „Kommunikation“ (mdl.)
D verbal/ nonverbal	1 – Umweltgeräusche – Eigenklang ...	2 – Akustik in der Literatur – Akustik der Literatur ...	3 – Erzählung – Gespräch ...
E auditiv-medial	4 – O-Töne – Soundscape – Akustik Design ...	5 – Hörspiel – Kinder-Hörkassette – Hör-Bücher ...	6 – Telefon – Hörfunk – AV-Medien ...
F musikalisch/ theatralisch	7 – Geräuschkomposition – Programmusik ...	8 – Lied – Oper ...	9 – Rede – Theater ...

Die Übersicht zeigt zudem eine Möglichkeit der systematischen Einbeziehung von *auditiven Medien*. Die technisch vermittelte Akustik (E) von Kommunikation, Literatur, Welt steht neben der gelesenen und gesprochenen Sprache sowie der ‘Sprache’ des Vorgefundenen (D) und neben der nicht technisch vermittelten Darstellung (F) durch die ‘alten Künste’ (des Liedes, der Oper, des Theaters usw.). Unter C „Kommunikation“ weist das Kästchen 6 mit Telefon, Talk usw. darauf hin, dass Zuhörenkönnen auch eine Teilkomponente von Medienkompetenz ist.

Obgleich bei allen Bausteinen die Hördimension in den Vordergrund gerückt wird, lassen sie sich aber auch den *traditionellen Zielen* des Deutschunterrichts zuordnen. Die Spalte B „Literatur“ ist der Leseerziehung und der Dramenerziehung verbunden, das gilt auch für Hörspiele und Hörbücher. Bei der Analyse von Hörspielen und Hörbüchern spielt der Vergleich eine besondere Rolle: zwischen Textvorlage und Hörfassung, zwischen gekürzter und ungekürzter Lesung und Dramatisierung, zwischen Lesungen durch unterschiedliche Sprecher. In jedem Fall bleibt einer der Bezugspunkte der Text bzw. die Lektüre, der andere Bezugspunkt ist die akustische Umsetzung bzw. das Hören.

Bei Spalte A „Welt“ handelt es sich um Bausteine, die im Deutschunterricht eher befremden. Sie befremden allerdings nur deshalb, weil wir es gewöhnt sind, Standardaufgaben der Textproduktion (wie Beschreiben, Berichten, Schildern, Erzählen) mit visueller Wahrnehmung zu verbinden, nicht dagegen mit Geräuschen und Klängen.

2.2 Hören als Mittel der Schreib-, Lese- und Sprecherziehung

Während die Anknüpfungspunkte, die das Baukastenmodell zeigt, nur selten konsequent für eine Hörerziehung genutzt werden, dient das Hören traditionell in der Leseerziehung, der Sprech- und Gesprächserziehung, der Schreib- bzw. Aufsatzerziehung als Hilfsmittel.

Sprech- und Gesprächserziehung sind im Normalfall ohne Hören nicht denkbar. Die Stimmbildung ist vom Gehör abhängig und die Gesprächsführung intendiert einen geregelten Wechsel von Zuhören und Redebeiträgen. Die Rhetorik als Kunst der freien, wenngleich sehr gut vorbereiteten Rede, bezieht sich auf den Hörer als Rezipienten: in kurzen Sinnschritten, mit Pausen, Wiederholungen und Argumentationsfiguren, die die mnemotechnischen Möglichkeiten der Zuhörer einkalkulieren.

Aber auch für die *Aufsatzerziehung* spielt das Hören eine Rolle – Stilkriterien, die nahezu automatisch auf Schüleraufsätze angewandt werden, sind solche der gehörten Sprache – wenngleich nicht der Umgangssprache: Wiederholungen, Satzstellungen, Anschlüsse, Wortfolgen, die korrekt und verständlich sind, aber dennoch als 'unschön' moniert werden, setzen die Kontrolle des Ohres voraus.

Die Funktion des Hörens für die *Leseerziehung* (im Sinne des weiterführenden Lesens) liegt beim Erlesen, also dem selbständigen lauten Lesen anderer. Das Erlesen – nicht nur literarischer Texte – erschließt über die Kontrolle des Ohres die Syntax, probiert Betonungen aus und beurteilt Interpretationen. Das Vorlesen durch gute Leser (Lehrer, Autoren, Schauspieler, live oder per Hörbuch) kann – muss nicht – den Schülern das Verstehen des Textes erleichtern.

Ob und in welchem Umfang die Textlektüre durch das Hörbuch ersetzt werden kann, ist im Einzelfall zu entscheiden. Wie viel der Vergleich unterschiedlicher Sprechweisen literarischer Texte tatsächlich für das Textverständnis bringt, wäre zu untersuchen.

Immerhin feiert im Zuge des wiederentdeckten Vorlesens und der Vorlese-Hörbücher auch das freie Erzählen ein Comeback und mit ihm das Lauschen, das genussvolle Hören – hoffentlich auch im Unterricht.

Das Hörspiel, das unangefochten seit Jahrzehnten und lange vor der aktuellen Zuhör-Diskussion seinen Platz in der Dramendidaktik hatte (s. o. B5 der Bausteine), wurde (wird?) primär als Lesetext behandelt, dessen szenische Gliederung mehr Beachtung findet als die akustische Gestaltung.

Zum Standard der Gedichtanalyse gehört jedoch die Beschreibung des Klangcharakters: von Reim und Rhythmus, Alliteration und Assonanz, Zeilensprung und Strophengliederung. Einen Schritt weiter geht die Beschäftigung mit phonetischer konkreter Poesie, indem Sprache selbst zum Material für Klang- und Sprechkunst wird.

2.3 Hörerziehung als Ziel im Deutschunterricht

Diese bekannten und zum Teil längere Zeit vernachlässigten Verbindungen von Deutschdidaktik und Hören bewusst im Unterricht einzubeziehen, wäre ein erster Schritt zur Hörerziehung im Deutschunterricht (vgl. dazu auch Müller Bd. 2, Kap. 4.4).

Der nächste Schritt führt dahin, die Ziel/Mittel-Relation umzukehren und gelegentlich die Hörerziehung zum Ziel zu erklären und dafür Lesen, Schreiben, Sprechen als Mittel der Hörerziehung einzusetzen.

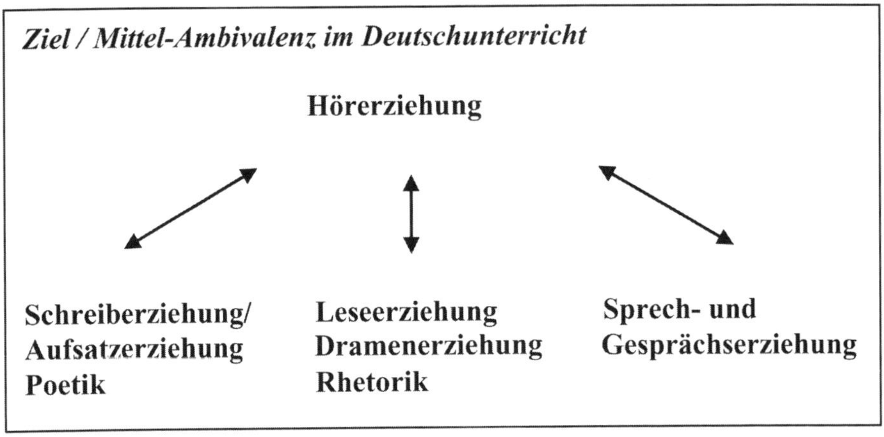

Was damit gemeint ist, möchte ich an einem Beispiel demonstrieren: Ich habe eben Standards der Gedichtinterpretation erwähnt, die beim Klangcharakter des Sprachtextes ansetzen. Darüber hinaus kann ich auch auf den Hörraum abheben, den ein Gedicht (natürlich nicht jedes) evoziert, und das Hören selbst (physiologisch, anthropologisch, kulturgeschichtlich) thematisieren.

Ich möchte das an einigen Gedichten verdeutlichen und den Bezug zwischen Gedichtinterpretation und den Ansatzpunkten einer Hörerziehung (s. Kap. 1) herstellen.

2.4 Beispiele für Akustik der und in der Literatur

Ernst Jandl: im reich der toten (1968)

nnnnnnntschn
nnnnnnntschn
nnnnnnntschn
glawaraaaaaaaaaa
ü i i i i i i i i i i i i i i i i i i i i
glawaraaaaaaaaaa
blaaauuuuuuurrruuuuuuurrruuuuuuurrruuuuuuu
g l c – – – – – – – - h
dnnnnnnnnnnn
dnnnnnnnnnnn
dnnnnnnnnnnn
s – - – c – - – hfffffs – - – c – - – hfffffs – - – c – - – hfffffs – - – c – - – hfffffs – - – c –
- – h
glllrrrrrrrrr
glllrrrrrrrrr
schllllllltnnn
fffffds – - c – - h
nnnrrrrrrrrrr
nnnrrrrrrrrrr
nnnrrrrrrrrrr
nnnrrrrrrrrrr
nnnrrrrrrrrrr

Rainer Maria Rilke: Eingang (1900)

Wer du auch seist: am Abend tritt hinaus
aus deiner Stube, drin du alles weißt;
als letztes vor der Ferne liegt dein Haus:
wer du auch seist.
Mit deinen Augen, welche müde kaum
von der verbrauchten Schwelle sich befrein,
hebst du ganz langsam einen schwarzen Baum
und stellst ihn vor den Himmel: schlank, allein.
Und hast die Welt gemacht. Und sie ist groß
und wie ein Wort, das noch im Schweigen reift.
Und wie dein Wille ihren Sinn begreift,
lassen sie deine Augen zärtlich los …

Rainer Maria Rilke: Sonette an Orpheus (1922)

Da stieg ein Baum. O reine Übersteigung!
O Orpheus singt! O hoher Baum im Ohr!
Und alles schwieg. Doch selbst in der Verschweigung
ging neuer Anfang, Wink und Wandlung vor.

Tiere aus Stille drangen aus dem klaren
gelösten Wald von Lager und Genist:
und da ergab sich, daß sie nicht aus List
und nicht aus Angst in sich so leise waren,

sondern aus Hören. Brüllen, Schrei, Geröhr
schien klein in ihren Herzen. Und wo eben
kaum eine Hütte war, dies zu empfangen,

ein Unterschlupf aus dunkelstem Verlangen
mit einem Zugang, dessen Pfosten beben, –
da schufst du ihnen Tempel im Gehör.

Joseph von Eichendorff: Sehnsucht (1834)

Es schienen so golden die Sterne,
Am Fenster ich einsam stand
Und hörte aus weiter Ferne
Ein Posthorn im stillen Land.
Das Herz mir im Leib entbrennte,
Da hab ich mir heimlich gedacht:
Ach, wer da mitreisen könnte
In der prächtigen Sommernacht!

Zwei junge Gesellen gingen
Vorüber am Bergeshang,
Ich hörte im Wandern sie singen
Die stille Gegend entlang:
Von schwindelnden Felsenschlüften,
Wo die Wälder rauschen so sacht,
Von Quellen, die von den Klüften
Sich stürzen in die Waldesnacht.

Sie sangen von Marmorbildern,
Von Gärten, die überm Gestein
In dämmernden Lauben verwildern,
Palästen im Mondenschein.
Wo die Mädchen am Fenster lauschen,
Wann der Lauten Klang erwacht
Und die Brunnen verschlafen rauschen
In der prächtigen Sommernacht. –

Clemens Brentano: Abendständchen (1803)

Hör, es klagt die Flöte wieder,
Und die kühlen Brunnen rauschen,
Golden wehn die Töne nieder –
Stille, stille, laß uns lauschen!

Holdes Bitten, mild Verlangen,
Wie es süß zum Herzen spricht!
Durch die Nacht, die mich umfangen,
Blickt zu mir der Töne Licht.

Der Text von Jandl („im reich der toten“, 1968), der zunächst wie reine Lautmalerei wirkt, erschließt sich auf einer ersten Ebene (ohne Angabe des Titels) über wiederholtes lautes Lesen, indem sich sprachliche Assoziationen zu Rudimenten der Wortbedeutung einstellen (zu nnnrrrrrrrrrr „Narr“, „nur“) und mit Klangassoziationen zu Selbst- und Mitlauten verbinden. Der Hörraum, der sich auf diese Weise konstituiert, ist dunkel, unheimlich, hallend und geht am Ende in eine tonlose scheppernde Gegend über. Erst die Überschrift definiert diesen Raum als Totenreich und eröffnet damit eine zweite Ebene des interpretierenden Lesens.

Während die schrittweise Rezeption des Jandl-Textes demonstriert, wie sich über das Sprach-Hören die Vorstellung eines Hörraums bildet, führt der Vergleich zweier Gedichte von Rilke auf die Unterschiede von Sehen und Hören als Wahrnehmungsformen: aus der frühen Phase „Eingang“ (1900) zum „Buch der Bilder“ (1900, S. 371) und aus der späten das erste der „Sonette an Orpheus“ (1922): „Da stieg ein Baum. O reine Übersteigung!“. Der „schwarze Baum“, der scharf konturiert und als Objekt isoliert gegen den Abendhimmel gesehen wird, und der „hohe Baum“, der im Ohr gehört wird. Während der Akt des Hinsehens bereits der Beginn des „zärtlichen“ Wegschauens im Verstanden haben ist, wird das Hören als wachsender zunehmender Prozess dargestellt – vom einzelnen Baum zum Wald zu den Tieren – und als sich ausweitend, Raum schaffend („Tempel im Gehör“).

Die Texte von Eichendorff „Sehnsucht“ (1834) und „Abendständchen“ (1803) von Brentano gehen beide vom Hören in der Nacht aus und wenden sich von da einem – geographisch bzw. der Möglichkeit nach – entfernten Sehen zu. Eichendorff reiht Topoi des romantischen Hörraums aneinander bis nach Italien, dem Ziel der Sehnsucht. Dabei öffnet er einen Raum nach dem andern: das „stille Land“, der Gesang der Gesellen und wovon sie singen, zum Beispiel von Mädchen, die ihrerseits am Fenster stehen und ebenfalls lauschen auf die Sommernacht – dort in Italien.

Brentano dagegen fasst in einem Augenblick Hören und Sehen, genauer: das Sehen des Hörens zusammen. Hier ist nicht die weite Ferne, sondern die

Synästhesie der Ort der Sehnsucht. Das Getrennte wird bei Brentano im Akt der Wahrnehmung als artifiziellem zusammengeführt, von Eichendorff im Gegenstand der Wahrnehmung, dem Italien der Dichtung.

Bei diesem Zugang über „Hörräume" können sowohl klassische literaturwissenschaftliche Zusammenhänge wie auch thematische Bezüge zum Hören selbst erschlossen werden: die Verschränkung von Wahrnehmung und Vorstellung, Formen auditiver Aufmerksamkeit, Unterschiede von Hören und Sehen, verschiedene Gegenstandsbereiche und Hören als aktive, selektive, sinnkonstituierende Wahrnehmungsleistung.

3. Hörerziehung in fächerübergreifenden Zusammenhängen

Die partielle Überlappung von Ästhetischer Erziehung bzw. Medienerziehung mit Hörerziehung wurde bereits in den ersten beiden Kapiteln angesprochen. Auch hierfür gilt die Ziel/Mittel-Ambivalenz. Mit allen Sinnen lernen dient der Hörerziehung, die ihrerseits das Zielspektrum der Ästhetischen Erziehung komplettiert. Rezeptiver und produktiver Umgang mit Medien fördern die Hörerziehung, die wiederum durch Hörgenauigkeit und durch Zuhörkompetenz zur Medienerziehung beiträgt.

Während in diesen Bezugsfeldern Phänomene des Hörens selbst im Mittelpunkt standen, sind die folgenden Vorschläge zu einer fächerübergreifenden Hörerziehung an *Themen* orientiert. Beispielhaft gehe ich auf „Großstadt", „Gewalt" und „Natur" ein. Die jeweiligen Themen verbinden mehrere Unterrichtsfächer und weisen Schwerpunkte bei Ästhetischer Erziehung und/oder Medienerziehung, Umwelterziehung und Politischer Bildung auf. Fachintern lassen sich unterschiedliche Textsorten bzw. mediale Vermittlungsformen zuordnen.

3.1 Thema „Großstadt"

Als Ausgangspunkt wähle ich die Alltagserfahrung von Lärm und Stille und deren häufig unterschiedliche Einschätzung von Jugendlichen und Erwachsenen: Lärm auch als Ausdruck von Vitalität und Lebenslust, Stille auch als lähmend, belastend, bedrückend. (Bilder von van Gogh, Chagall, Klee u.a. können zur Veranschaulichung herangezogen werden.)

Vergleichbar wird auch die Großstadt um die Wende vom 19. zum 20. Jahrhundert in Kunst und Literatur als geräuschvoll und lebendig oder als lärmend und naturfern empfunden. Das Manifest des Bruitismus von Luigi Russolo (1913) und der Roman „Malte Laurids Brigge" von Rilke (1910) bieten sich als Lektüre für konträre Reaktionen auf die damalige Geräuschkulisse der Großstadt an.

Hundert Jahre später hat sich nicht nur die Technik sondern auch die Einstellung auf die Geräusche der Umwelt wieder verändert. Gerade im Vergleich von Rilkes „Malte“ (in Paris Anfang des 20. Jahrhunderts) mit Norman Ohlers „mitte“ (im Berlin der 1990er Jahre) lässt sich das gut herausarbeiten.

Anders als die kulturgeschichtliche Perspektive legt die medien-wissenschaftliche einen Fokus zum Beispiel auf die künstlerische Gestaltung des Rhythmus einer Stadt in verschiedenen Medien. Für den Sprachduktus von Döblins „Berlin Alexanderplatz“ ist der Rhythmus der Stadt maßgeblich. Dieser Sprachduktus wiederum hat Faßbinder erklärtermaßen bei seiner Verfilmung inspiriert. Im Vergleich mag das Hörspiel von John Cage „Urban Circus on Berlin Alexanderplatz“ (1979) in der Umsetzung von Volker Straebel herangezogen werden.

Die Charakterisierung einer Stadt kann aber auch ohne literarischen Bezugspunkt primär über ihren Sound erfolgen. Soundscapes als komponierte Klanglandschaften aus O-Tönen liegen zu zahlreichen Metropolen vor. Das auditive Vorstellungsvermögen wird in besonderer Weise angesprochen, wenn auf Grund der Höreindrücke die vertonte Stadt identifiziert werden soll. Auch der Vergleich von Soundscape, Reisebeschreibung und Fotos zur selben Stadt ist aufschlussreich für die Leistung der unterschiedlichen Sinne bzw. Medien (zum Beispiel zu „Vancouver revisited“ von Claude Schryer, gesendet 5.12.1996/SFB).

Als letzte Aufgabe schlage ich die Erfindung von Klangräumen für eine Stadt der Zukunft vor. Städteplanung, Lärmschutz, Sciencefiction und Akustik Design greifen hier ineinander. Auch die verbale Beschreibung der Konzeption und ihrer Wirkung ohne technische Umsetzung ist ein ernst zu nehmendes Ergebnis.

Bei einem solchen Projekt sind neben dem Deutschunterricht vor allem Geografie, Geschichte und Musik involviert. Der fächerübergreifende Schwerpunkt liegt bei der Ästhetischen Erziehung, auch die Umwelterziehung kann bei diesem Thema stark gemacht werden. Fachintern werden vor allem die Bausteine 1, 2, 4 und 5 (s. o. Baukasten zur Hörästhetik im Deutschunterricht), nachgeordnet auch 7 herangezogen.

Lese- und Schreiberziehung werden ebenso bedient wie Medien- und Hörerziehung, dabei vor allem die Verschränkung von Wahrnehmung und Vorstellung.

3.2 Thema „Gewalt“

Gewalt ist ein großes gesellschaftspolitisches Thema. Der didaktische Zugang aber ist äußerst kompliziert. Annäherung über das Hören hat den Vorteil der Verfremdung, des scheinbar Unverfänglichen und spricht zugleich die unverbrauchte, ungeschützte Wahrnehmung an.

Auch hier ist der Ausgangspunkt die Alltagserfahrung der Schüler: die mutwillige Zerstörung von Gegenständen und die Fokussierung auf die als lustvoll empfundenen Begleitgeräusche. Der Beschreibung der Eskalation dieser Geräusche soll das musik- und bewegungstherapeutische Ausagieren überschüssiger Kräfte im Tanzen, Trommeln und Toben an die Seite gestellt werden.

Im Unterschied hierzu kann Musik aber auch der Indoktrination dienen: auf Kundgebungen und in einer gezielten Musikerziehung wie sie zum Beispiel im Nationalsozialismus für die Hitlerjugend institutionalisiert wurde. Besondere Bedeutung kommt dabei der Marschmusik wegen ihres Gleichschaltungseffektes zu, aber auch anderen Formen gemeinschaftsbildenden Gesangs. Die Funktion der Musik im KZ ist in diesem Zusammenhang ebenfalls relevant.

Als autobiographisch basiert bietet sich z. B. die Verfilmung des authentischen Romans „Der Pianist" (1998) von Władysław Szpilman durch Roman Polanski (2002) an.

Informationen über akustische Folter, u. a. durch Geräuschentzug, und ihre die Persönlichkeit zerstörende Wirkung machen die große Bedeutung der Orientierungsfunktion und der sozialen Funktion des Hörens deutlich. (Informationsmaterial: amnesty international)

Die Stimme als Mittel und Opfer von Gewalt ist Thema von Marcel Beyers semidokumentarischem Roman „Flughunde" (1995), der auf die Physiologie des Hörens und Sprechens eingeht und die Phänomene zur Zeit des Nationalsozialismus detailliert behandelt: die Rhetorik, die Tontechnik der Massenkundgebungen, die medizinischen Versuche.

Nach Geräuschentzug, Musik und Stimme als Instrumenten physischer und psychischer Gewalt ist die Kriegserfahrung als Hörerfahrung zu thematisieren. Das infernalische Lärmen und Schreien des konventionellen Kriegs im Film „Unterwegs nach Cold Mountain" von Anthony Minghella (2003) wird sich auf Seiten der Opfer von Attentaten auch heute kaum anders anhören. Der Soundtrack des Films jedenfalls steht in deutlichem Kontrast zu Kriegsberichten im Fernsehen, die von Silvesterböllern und Miniaturfeuerwerken unterlegt zu sein scheinen und nur selten das Entsetzen der Opfer hörbar machen.

Aber nicht nur Schüsse gehören zum Krieg, auch Leichen, deren Verwesungsgeräusche Erich Maria Remarque in dem Roman „Im Westen nichts Neues" (1928) zu Gehör bringt.

Das Horchen in abgeschlossenen Räumen – bei Uwe Nettelbeck ist es ein Stollen im „Dolomitenkrieg" (1976), bei Lothar-Günter Buchheim „Das Boot" (1973). Buchheims Beschreibungen des Horchens und der Geräusche vom Echolot bis zur Detonation von Wasserbomben sind so differenziert, dass ein Vergleich mit der Wirkung der Verfilmung durch Wolfgang Petersen (1981) naheliegt. Eine solche sinnlich-akustische Konfrontation mit Kriegserfahrungen scheint mir als Gegengewicht zur visuellen, kleinformatig-verharmlosten Fernsehbotschaft erforderlich.

Die Fächer Musik und Geschichte sind neben dem Deutschunterricht von dieser Thematik betroffen. Fächerübergreifend liegt der Schwerpunkt bei Politischer Bildung.

Innerhalb des Baukastenmodells sind insbesondere die Nummern 1, 2, 5, 6 und 9 tangiert. Im Vordergrund steht die Text- bzw. Medienanalyse, hinzu kommen Schreibaufgaben.

3.3 Thema „Natur“

Die besondere Raumorientierung des Hörens führt, wie bereits oben angesprochen, zur Konstituierung von Hörräumen im Unterschied zu den Panoramen, denen der sehende Mensch gegenübersteht. Die Affinität des Hörens zur Entgrenzung bzw. zu Grenzbereichen zeigt sich in Eichendorffs Gedicht „Sehnsucht“ (1834) im Oszillieren zwischen verschiedenen fiktionalen Räumen, Jandls „im reich der toten“ (1968) und Storms „Meeresstrand“ (ca. 1853) führen über die Akustik in die Urzeit der Schöpfung bzw. in die Unterwelt. „Die Geister vom Mummelsee“ (Mörike 1829) und „Der Knabe im Moor“ (Droste-Hülshoff 1842) verquicken Naturerscheinung und Gespenstisches: aber alles in einer Verbindung von genauester Hörwahrnehmung und daran gekoppelter Hörvorstellung.

Natürliche Lebensräume wie Biotope können ebenfalls von ihrer Hörqualität aus dargestellt werden. Solche ‘Audiotope’ können z. B. Sumpfgebiete oder Laubwald sein (sehr gute Tonaufnahmen gibt es von Walter Tilgner (o. J.)). Den Wechsel der Tageszeiten kann man nicht nur am Licht, den Wechsel der Jahreszeiten nicht nur durch die Färbung des Laubes erkennen, sondern auch durch die Veränderung der Akustik. Im Herbst hört man Hirsche röhren, Zugvögel verschwinden aus dem Stimmenensemble. Schritte in raschelndem Laub klingen anders als auf sommerlichem Waldboden oder im Schnee.

Auch das Waldsterben ist nicht nur sichtbar, sondern auch hörbar. Bestimmte Vögel kommen nicht mehr wieder.

In ähnlicher Weise kann man beim Reisen auf Klanglandschaften achten und Hör-Souveniers mitbringen.

Die Elemente Wasser, Feuer, Luft, Erde gehören ebenfalls zur hörbaren Natur. Dabei ist das Wasser das vielschichtigste, das vielfältige Anknüpfungspunkte für mehrere Fächer bietet.

Vom Deutschunterricht aus bieten sich zum Beispiel Wassermärchen wie „Der Fischer und seine Frau“ (Grimm 1812) an, die mit Schülern zu einem Hörspiel umgearbeitet werden können. Dabei ergibt sich nicht nur die Möglichkeit in eine Dramenform einzuführen, sondern auch zur Beschäftigung mit Wassergeräuschen.

Stimmen sind auch Naturklänge, die über eine verbale Mitteilung hinaus ihre Wirkung haben. Die Walgesänge sind ein vielstrapaziertes Beispiel. Es lassen sich jedoch dazu schöne Aufgaben stellen: etwa die Herkunft der Stimmen und ihren Raum nach Art einer ätiologischen Sage zu erfinden. Weitere Beispiele sind: Orpheus, der alle Lebewesen mit seiner Musik bezaubert und anlockt, aber auch die Sirenen und andere Wassernixen, die die Menschen in den Abgrund ziehen.

Die menschliche Stimme wird mit dem freien Erzählen ebenfalls wieder als Naturklang entdeckt. In dem Hörbuch von Gcina Mhlope „Der Zauber der Schildkröte" (1998) ist die Originalerzählerin phasenweise in zwei afrikanischen Dialekten und einem holprigen Englisch zu hören, abwechselnd mit der deutschen Übersetzung. Der Klang der Stimme und der verschiedenen Sprachen bereichert die Erzählung, auch ohne dass die Texte verständlich sind.

Als letztes möchte ich auf die Sphärenharmonie hinweisen. Nach dieser antiken Lehre beruht der Kosmos auf Zahlenrelationen, die ihrerseits in Musik übersetzt werden können. Von Pythagoras über Kepler bis heute haben Wissenschaftler Berechnungsweisen für die sogenannte Sphärenmusik ausgetüftelt. „Urtöne" als Klang einzelner Sterne oder Planeten wurden nach solchen Berechnungen hörbar gemacht (vgl. z. B. Berendt 1988). Sie können einzeln oder in bestimmten Kombinationen der Meditation dienen.

Bei dieser dritten Beispielgruppe steht die Umwelt – neben der Ästhetischen Erziehung – im Vordergrund; der Deutschunterricht kann mit Biologie, Geografie und Philosophie zusammengehen.

Die Bausteine 1, 2, 3, 4, 5 und 8 sind einbezogen. Zuhören steht in Wechselwirkung mit Schreiben und Sprechen.

Hier ist bei allen Unterpunkten das *Lauschen*, der meditative Zug des Hörens, greifbar.

Vorschläge für fächerübergreifende Themen

1. Großstadt

- **Einschätzung von Lärm und Stille bei Jugendlichen und Erwachsenen**
- **Kulturgeschichtliche Veränderung der Geräuschkulisse und ihrer Wahrnehmung**
- **Künstlerische Gestaltung des Rhythmus einer Stadt**
- **Charakterisierung einer Stadt über ihren Sound**
- **Klangräume für eine Stadt der Zukunft**

...

2. Gewalt

- **Von Bambule bis Vandalismus**
  oder : Tanzen, Trommeln, Toben
- **Musik und Indoktrination**
- **Akustische Folter**
  oder: Funktionen des Hörens
- **Stimme der Täter, Stimme der Opfer**
- **Wie sich Krieg anhört**

...

3. Natur

- **Hörräume**
  zwischen Wahrnehmung und Vorstellung
- **Biotope / Audiotope**
- **Elemente**
- **Stimmen**
- **Sphärenharmonie**

3.4 Hörerziehung in fächerübergreifendem Kontext

Wie gezeigt, lässt sich Hörerziehung mit bereits eingeführten fächerübergreifenden Lernbereichen verbinden. Das heißt, dass das Hören Bestandteil Ästhetischer Erziehung, Medienerziehung, Umwelterziehung und Politischer Erziehung ist. Umgekehrt kann in der Hörerziehung paradigmatisch Ästhetische Erziehung, Medienerziehung, Umwelterziehung und Politische Erziehung betrieben werden. Diese Verschränkung ist auch eine Voraussetzung der Realisierbarkeit von Hörerziehung im Unterricht. Das fachdidaktische Schema der Ziel/Mittel-Ambivalenz (s. o. 2.3) soll abschließend um die fächerübergreifenden Komponenten ergänzt werden.

Ziel/Mittel-Ambivalenz fächerübergreifend

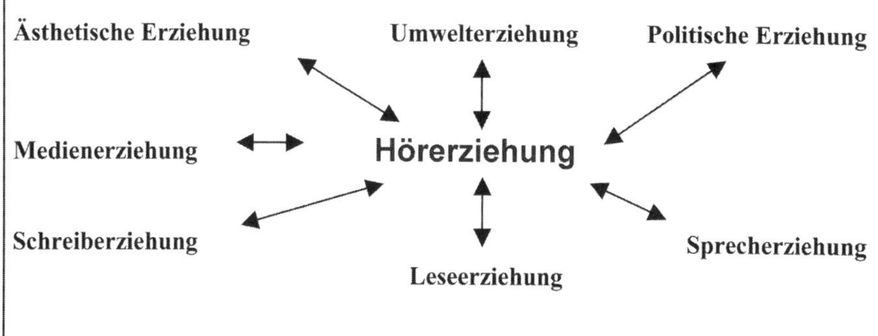

Literatur

a) Primärtitel

Beyer, Marcel (1995): Flughunde. Roman. Frankfurt am Main: Suhrkamp.

Berendt, Joachim-Ernst (1988): Die Welt ist Klang – Nada Brahma Hörwerk mit Beiheft auf 4 CDs. Network Medien Cooperative.

Brentano, Clemens 1803 (1981): Abendständchen: In: Ders.: Gedichte. Erzählungen. Briefe. Hg. v. Hans Magnus Enzensberger. Frankfurt am Main, S. 33.

Buchheim, Lothar-Günther (1973): Das Boot. München: Piper.

Cage, John (1979): Urban Circus on Berlin Alexanderplatz. Realisation von „Circus on" nach Alfred Döblins „Berlin Alexanderplatz" von Volker Straebel. Hörspiel.

Canetti, Elias (1968): Die Stimmen von Marrakesch: Aufzeichnungen nach einer Reise. 29. Aufl. Frankfurt am Main: Fischer.

Döblin, Alfred 1929 (1965): Berlin Alexanderplatz: Die Geschichte vom Franz Biberkopf Roman. München: Deutscher Taschenbuch Verlag.

Droste-Hülshoff, Annette von 1842 (1973): Der Knabe im Moor. In: Dies.: Sämtliche Werke in zwei Bänden. Band 1, München: Insel, S. 60–62.

Eichendorff, Joseph Freiherr von 1834 (2001): „Sehnsucht". In: Ders.: Fünfzig Gedichte. Stuttgart: Reclam.

Feils, Georg/Ram, Detlef (2002): „Dagobert Dünkelstein, der Detektiv". Kinderhörspiel. Hamburg: Hörcompany.

Grimm, Gebrüder 1812 (1994): Kinder- und Hausmärchen. Ausgabe letzter Hand mit den Originalanmerkungen der Brüder Grimm. Mit einem Anhang sämtlicher, nicht in allen Auflagen veröffentlichter Märchen und Herkunftsnachweisen herausgegeben von Heinz Rölleke. Band 3: Stuttgart: Reclam, S. 40–41.

Jandl, Ernst 1968 (1997): im reich der toten. In: Ders.: Poetische Werke. 10 Bände. Hrsg. von Klaus Siblewski. München: Luchterhand Literaturverlag. Bd. 3, S. 19.

Mhlope, Gcina (1998): Der Zauber der Schildkröte – Fudukazis Magic. Düsseldorf: Patmos.

Minghella, Anthony (2003): Unterwegs nach Cold Mountain (Originaltitel: Cold Mountain) USA: Buena Vista.

Mörike, Eduard 1829 (1967): Die Geister am Mummelsee. In: Ders.: Sämtliche Werke in zwei Bänden. Band 1, München: Winkler, S. 713–714.

Nettelbeck, Uwe 1976 (1979): Der Dolomitenkrieg. Frankfurt am Main: Zweitausendeins.

Ohler, Norman (2001): 'Mitte'. Berlin: Rowohlt.

Petersen, Wolfgang (1981): Das Boot. Bavaria-Film.

Polanski, Roman (2002): Der Pianist. UFA (Originaltitel: The Pianist).

Remarque, Erich Maria 1928 (2005): Im Westen nichts Neues. Roman. Köln: Kiepenheuer und Witsch.

Rilke, Rainer Maria 1900 (1982): Eingang. In: Ders.: Werke. Bd. 1. Frankfurt am Main: Insel, S. 127.

Rilke, Rainer Maria 1910 (1982): Die Aufzeichnungen des Malte Laurids Brigge. In: Ders.: Werke. Bd. 5. Frankfurt am Main: Insel, S. 107 ff.

Rilke, Rainer Maria 1922(1982): Sonette an Orpheus. In: Ders.: Werke Bd. 22. Frankfurt am Main: Insel, S. 487.

Russolo, Luigi 1913 (2000): Manifest des Bruitismus. Die Kunst der Geräusche. Mainz: Schott.

Schryer, Claude 1996 (1997): Vancouver Soundscape Revisited. Avantgarde. Empreintes DIGITALestracks 14–20.

Storm, Theodor ca.1853 (1978): Meeresstrand. In: Storm, Theodor: Sämtliche Werke in vier Bänden. Band 1. Berlin/Weimar: Aufbau, S. 112–113.

Szpilman, Władysław 1998 (2005): Der Pianist. Mein wunderbares Überleben. Berlin: Ullstein.

Tilgner, Walter (o. J.): Natur-Hörbilder. WERGO-Verlag.

b) Literatur

Arnheim, Rudolf (1979): Rundfunk als Hörkunst. München/Wien: Hanser.

Schafer, Murray (1988): Klang und Krach. Eine Kulturgeschichte des Hörens. Frankfurt am Main: Athenäum.

Wermke, Jutta (1995): Hören-Horchen-Lauschen. Zur Horästhetik als Aufgabenbereich des Deutschunterrichts unter besonderer Beachtung der Umweltwahrnehmung. In: Spinner, Kasper H. (Hrsg.): Imaginative und emotionale Lernprozesse im Deutschunterricht. Frankfurt am Main: Lang, S. 193–216.

Wermke, Jutta (1999): Tempo-Rhythmus-Kontrast. Zur Veränderung der Rezeptionsbasis am Beispiel von Kinderhörkassetten. In: Groeben, Norbert (Hrsg.): Internationales Archiv für Sozialgeschichte der deutschen Literatur. 10. Sonderheft: Lesesozialisation in der Mediengesellschaft. Tübingen: Niemeyer, S. 190–204.

Wermke, Jutta (Hrsg.) (2001): Beiträge zu Medien- und Ästhetischer Erziehung. München: Kopäd.

Wermke, Jutta (2004): Das Hörbuch im Rahmen einer Hördidaktik. In: Der Deutschunterricht 56, H. 4, S. 50–62.

Wermke, Jutta (2005): Lärm und Stille – Gewalt thematisieren. Medien zur Lösung eines Methodenproblems. In: Kleber, Hubert (Hrsg.): Perspektiven der Medienpädagogik in Wissenschaft und Bildungspraxis. München: Kopäd, S. 233–247.

MICHAEL BAUM

2.4 Bild-Text-Didaktik und -Ästhetik: Lesen und Verstehen piktoraler Texte

1. Problemstellung, medien- und fachgeschichtlicher Kontext

Thema dieses Beitrags sind Text-Bild-Lektüren im Literaturunterricht. Dargestellt sollen werden die theoretischen Implikationen, semiotischen Bedingungen und einzeltextlichen Besonderheiten des „Lesens von Bildern und Texten" sowie die in der Forschung bisher diskutierten Vermittlungsziele. Der Fokus ist eingegrenzt auf piktorale Texte als *Lerngegenstand*. Der unterrichtstechnologische Aspekt (z. B. Tafel, Projektor etc. als *Lernmedien*) kann hier keine Berücksichtigung finden. Es geht darum zu zeigen, was geschieht, wenn Text-Bild-Kombinationen (z. B. illustrierte Literatur) gelesen werden und welche Ziele sich für Unterrichtsprozesse formulieren lassen.

Die literaturwissenschaftliche und literaturdidaktische Forschung hat recht spät begonnen, sich mit der medialen Natur ihrer Gegenstände zu beschäftigen. Einen wichtigen Einschnitt stellen hier die 1970er Jahre dar, in denen vornehmlich Radio, Fernsehen, Film und Massenpresse Beachtung fanden. Vorherrschend war aber noch eine getrennte Betrachtung von Literatur und „anderen Medien" – die Medialität der Literatur selbst sollte erst später (im Lauf der 1980er Jahre) erkannt und theoretisch verarbeitet werden. Es begann zu dieser Zeit auch die Karriere medienreflexiver Supertheorien wie der soziologischen Systemtheorie (Luhmann), der kulturwissenschaftlichen Gedächtnistheorie (Assmann) oder der dekonstruktiven Philosophie der Schrift (Derrida).

Die Verzögerung des Beginns der Auseinandersetzung mit der Medialität der literarischen Gegenstände wurzelt nicht zuletzt in der Bildungstradition. Bildung setzt einen abstrakten, gleichsam leblosen Schriftkörper voraus, der dann denkend und fühlend durchdrungen und in der Folge *als Schrift* vergessen wird. Ziel ist die Gewinnung von Individualität. Die Reflexion auf die Materialität der Literatur steht dazu quer, denn sie ist immer schon auf dem Wege, die bildungsbezogene Substantialität zu unterhöhlen. Dematerialisierung ist/war eine Funktion von Bildung, die unter den gegebenen Umständen nicht obsolet wird, sondern neu gedacht werden muss (vgl. z. B. Deubel/Kiefer 2003). Der Impuls zur Aufmerksamkeit für Medialität kam indes von außen: der Wandel zur Medienkultur (zum Begriff vgl. Hickethier 2003, S. 230-232) wirkte zurück auf die Auffassung oder präziser die Konstitution des Gegenstands in der Literaturwissenschaft und -didaktik.

Betrachtet man die Gegenstände des Literaturunterrichts im Rückblick, so wird deutlich, dass diese sich als mediale überhaupt erst entwickeln, d.h. als Formvariationen (neue Schreibweisen, Anleihen bei anderen Künsten) evolutionär generieren konnten. Literarische Komplexität war und ist eine Funktion der Schrift und erreicht auf diesem Wege die Leserinnen und Leser. Intermediale Differenz gab es in den illustrierten Fabel-Ausgaben des 18. Jahrhunderts, in den mannigfaltigen Querverweisen zwischen Bild-, Ton- und literarischer Kunst des 19. Jahrhunderts (man denke an die Romantik, an Gottfried Kellers Roman „Der grüne Heinrich", an den malenden Autor Stifter etc.) und in dem durch die neuen Medien Kino und Fotografie verschobenen Bild-Text-System des beginnenden 20. Jahrhunderts. Gegenwärtig sind die Effekte medialer Kommunikation ein Generalthema der Literatur: in Anne Dudens medienreflexiver Erzählung *Das Judasschaf* (1997), in Martin Walsers medienkritischer Novelle *Der Tod eines Kritikers* (2002), in Umberto Ecos „illustriertem Roman" *Die geheimnisvolle Flamme der Königin Loana* (2004), in Uwe Timms mediengeschichtlich akzentuierter Erzählung *Der fremde Freund* (2005) oder in den intermedialen Anspielungen und Strategien der Pop-Literatur.

Die Fachdidaktik Deutsch hat auf diese Entwicklungen reagiert mit der Entwicklung des Konzepts einer *Integrierten Medienerziehung im Fachunterricht*, so der Titel einer viel zitierten Studie von Jutta Wermke (1997). Medien sollten nicht nur Gegenstand der Medienerziehung bzw. der Medienpädagogik sein, sondern sie sollten, so die These, an den Inhalten des Deutschunterrichts aufgezeigt und hinsichtlich ihrer Leistungen und Probleme in Lehr-Lern-Prozessen behandelt werden: „Integration muß in die Lernfelder der Fächer führen und zeigen, dass der Fachunterricht seine genuinen Fragen heute nur mehr unter Einbeziehung von Medien beantworten kann" (Wermke 1997, S. 27). Für „nicht lesende Medienrezipienten" können dann z.B. Medientexte wie Drehbücher, Filmerzählung oder Buch zum Film als „Brückenliteratur(en)" (ebd., S. 38) dienen, die Anschluss an die Schrift ebenso ermöglichen wie Reflexion von Medialität. Wermke fordert als Konsequenz ein konzeptionelles Umdenken:

- Zum einen sind die Lernbereiche aus ihrem Junktim zu lösen: Lesen und Schreiben aus ihrer Bindung an Buch oder Heft, Sprache und Literatur von Schrift.
- Zum anderen – und im Gegenzug hierzu – sind die Rezeptionserfahrungen der Schüler mit den verschiedenen Medien als für den Deutschunterricht relevant anzusehen.
- Zum dritten ist die normierende erzieherische Funktion, die der Deutschunterricht für eine Buchkultur hatte und hat, neu zu reflektieren und im Hinblick auf unterschiedliche Funktionen des Buches in der Medienkultur zu modifizieren. (Wermke 1997, S. 47)

Für den Bereich der geschulten visuellen Wahrnehmung, insbesondere im Hinblick auf das Lesen von Bildern, hat dies zu Anfang der 1980er Jahre bereits Künnemann als Desiderat markiert:

> Die Schule, durch die wir alle einmal gingen, hat uns nach Kräften die Kulturtechniken Lesen, Schreiben, Rechnen beigebracht. Mit den nicht minder wesentlichen Zivilisationsfertigkeiten des unterschiedlichen Bilderlesens sind wir allein gelassen worden. (Künneman 1983, S. 212; vgl. auch das Plädoyer für eine Bildkompetenz bei Kübler 1999, S. 121)

Je stärker im Diskurs der Literaturdidaktik technisch-apparative Massenmedien wie Computer/Internet, Film, Handy, CD etc. als Orientierungspunkt von Neukonzeptionen dienen, desto eher mündet diese Arbeit in erster Linie in eine Erweiterung der Gegenstände des Deutschunterrichts und nicht in eine schon länger geforderte Literaturdidaktik *als* Mediendidaktik (vgl. Ziesenis 2001, S. 391). Bereits die Literatur in ihrer „traditionellen Form" (vgl. oben) kann schließlich nur als mediale gedacht werden. Das zu rasche Abheben auf „Neue Medien" oder doch zumindest die primäre Konzentration auf diesen Aspekt führt gerade nicht zu einer Neukonzeption und läuft überdies Gefahr die basale Medialität von Literatur selbst (als Schrift, als Schrift mit Bildern, als Schrift, die Bildhaftigkeit reflektiert etc.) aus den Augen zu verlieren bzw. zu überspringen, was außerdem noch einhergehen könnte mit dem Verlust der historischen Dimension. Notwendig ist für die Zukunft eine Auffassung von Schrift als einem Medium, das mit anderen medialen Codierungen in Beziehung steht und je spezifische, historisch bedingte Konfigurationen bildet.

Der Literaturdidaktik ist in diesem Zusammenhang die Aufgabe gestellt, ihren Gegenstand, die lyrischen, dramatischen und erzählenden Texte, auf ihre (Inter-)Medialität hin zu untersuchen und daraus gegenstandsorientierte didaktische Modelle zu entwickeln (vgl. dazu etwa die Ansätze in Praxis Deutsch 2012). Weder genügt die induktive Arbeit an einzelnen, kleineren Gegenständen noch, auf der anderen Seite, die abstrakte Modellierung des Begriffs „Medienkultur" (vgl. beispielhaft, weil auf der Ebene der Schrift beginnend und zugleich historische Differenz reflektierend Förster 2000). Ungelöst ist auch für diesen Zusammenhang das Problem des literaturdidaktischen Subjektbegriffs. Wie sind die unendlich variablen Text-Bild-Konstellationen, die postmoderne Subjektivität (auch und gerade Jugendlicher) und die systematische Entwicklung von intermedialer Kompetenz aufeinander abzustimmen? Unterläuft womöglich die nicht-logozentrische Text-Bild-Ordnung das Geschäft des Erziehens oder besteht hier Bedarf an einer „transgressiven Literaturdidaktik" (vgl. Kiefer/Riedel 1998), welche die permanente Grenzübertretung oder doch zumindest: Grenzverschiebung zum Programm erhebt? – Das Lesen von (nicht bewegten) Bildern kann einstweilen, aber nicht ohne Vorbehalt als Tätigkeit angesehen werden, die zwischen Orientierung in den Strukturen einer Medienkultur und Auseinandersetzung mit Literatur changiert (vgl. Baum 2005b, S. 18–20).

Unstrittig, gerade im Hinblick auf die Reflexion von Text-Bild-Kombinationen, ist die notwendige Umschreibung des Textbegriffs. Doelker (vgl. 1997, S. 61–67 sowie 2006) entwickelt den Terminus „Gesamttext" und zielt damit auf sämtliche als Texte abgrenzbaren Konglomerate aus Ton, Bild und Sprache. Maiwald spricht von Texturen (vgl. Maiwald 2005, S. 105) und betont damit die räumliche Anordnung (und nicht die Identität qua Sinn, Werk etc.) unterschiedlich codierter Zeichensysteme. Werden aus Texten räumliche Strukturen mit intermedialer Differenz, steigt auch die Bedeutung der Wahrnehmungsdimension. Schmitz vertritt die Auffassung, „daß restlos alle Text-Bild-Zusammenstellungen mehr oder weniger ästhetisch durchformt sind." (Schmitz 2003, S. 256) Text-Bild-Lektüren im Deutschunterricht sind also ohne den Diskurs über Wahrnehmungsprozesse als sinnvolle und der Sache angemessene nicht denkbar (vgl. Sachs-Hombach 2002, S. 24). Dies lässt sich an den Textgebilden der visuellen Poesie ausgezeichnet exemplifizieren – auch diese Form der Literatur hat Medialität reflektiert, bevor sich Philologie und Didaktik darauf besannen.

Zugleich ist die Lektüre von Texten und Bildern als kognitive Aufgabe anzusehen:

> Es gilt, einen spezifischen Möglichkeitssinn zu entwickeln: Wie hätte man dies anders darstellen, wie anders sagen und kommentieren können? Gerade dort, wo Texte und Bilder simultan auftreten, wo also ohnehin alles schon auf zwei verschiedene Weisen 'bedeutet' wird, besteht eine Chance, sich reflektorisch des Anteils der Medien an der Erzeugung des jeweils Gezeigten bewußt zu werden. Und wo sich zwischen der Aussage des Bildes und der des Textes sogar eine offenkundige Diskrepanz, eine regelrechte Verschiebung des Gezeigten, ergibt, da ist die Herausforderung sogar besonders groß. (Schmitz-Emans 1997, S. 194)

Folgende Überlegungen sprechen für die Lektüre von piktoralen Texten im Literaturunterricht (vgl. dazu auch Baum 2005b und 2006b):

- Literatur im Hinblick auf ihre Medialität bzw. die Reflexion von Medienprozessen in der Literatur selbst zu beobachten, heißt Literatur als Reflexionsmedium für das Verstehen medienkultureller Zusammenhänge nutzen.
- Das Wissen über die medialen Bedingungen, Möglichkeiten und Formen der literarischen Kommunikation gehört heute zum Wissen über Literatur. Die Vermittlung entsprechender Kompetenzen hat also ein *fundamentum in re*. Wenn Kompetenzen auf kulturelle Teilhabe zielen, muss Medialität als literarisches Problem und Phänomen gelehrt werden.
- Das kulturelle Gedächtnis lässt sich lesen als eine Spur aus Texten und Bildern. Die historische Dimension literarisch-visueller Figuren und deren Bearbeitung in Unterrichtsprozessen gehört zum Prozess der Selbstverständigung einer Kultur (vgl. Baum 2007)
- Der Blick auf intermediale Differenz (zum Beispiel zwischen Text und Bild) schärft das Profil der Einzelmedien und verbessert die Möglichkeiten des Verstehens.
- Die interdisziplinäre Arbeit in Unterricht und Wissenschaft erhält eine gegenständliche Grundlage. Literaturdidaktische Konzepte (etwa zum Denkbild

oder zur Imagination) können im Hinblick auf ihre medialen Implikationen weiter ausgearbeitet werden.

- Es findet ein Anschluss statt an die mediale Praxis von Schülerinnen und Schülern; zugleich verliert der Literaturunterricht seine Gegenstände nicht aus dem Blick und arbeitet weiter an einer „Sprachlichkeit der Bilder" in Zeiten von deren grenzenloser, auch manipulativer Reproduktion.
- Der Betrachtung von Bildern und Texten als sekundären Medien (z. B. Illustrationen) kommt eine propädeutische Funktion für die Aufbau medialer Kompetenz oder Bewusstheit zu; da diese Medien, anders als Filme und Videoclips, den Rhythmus der Beobachtung nicht vorgeben, sind sie in höherem Maße frei für eine geduldige kognitive oder produktiv-verändernde Unterrichtsarbeit.

2. Bild *und* Text lesen

Yuri M. Lotmans semiotische Kulturtheorie geht aus von einer irreduziblen Differenz, die wie ein Motor den kulturellen Prozess in Gang hält. Nur heterogene Konstellationen, die nie ganz ineinander übersetzbar sind, führen dazu, dass in einer Kultur deren Elemente immer neu aufeinander bezogen werden können und so Bedeutung endlos generierbar ist. Den Raum, in dem sich dies ereignet, nennt Lotman „Semiosphäre" (Lotman 1990b; zur Heterogenität insbesondere S. 290–296). Da es in der Kommunikation keine 1:1-Übertragungen gibt, weil der gemeinsame Besitz einer Sprache nicht dasselbe ist wie ein vollständig gemeinsamer Code, stehen immer neue Anschlüsse des Sprechens, Schreibens und Gestaltens zur Verfügung (Lotman 1990a, S. 2f. und 12f.). Kunst und Poesie zeigen dies, nach Lotman, eindrücklich, da gerade deren avancierte Formen nicht in die Alltagssprache rückübersetzt werden können. Als eine Art kulturelles Gen fungiert dabei die produktive Differenz zwischen analogen und digitalen Codierungen, insbesondere zwischen Text und Bild (vgl. Lotman 1990a, S. 77 und 85). Von hier aus erschließt sich nach Lotman auch die Funktionsweise der Tropen; diese beruhen nicht auf semantischer Affinität (etwa zwischen Bildspender und Bildempfänger), sondern gerade auf letztlich irreduzibler Differenz zwischen analogem (bildlichem) und digitalem (semantischem) Code (Lotman 1990a, S. 41). Da Tropen versuchen, Unvereinbares zu vereinbaren, produzieren sie im poetischen Text Vieldeutigkeit (Lotman 1990a, S. 44). Lotman vergleicht diesen Befund mit der Theorie der Hemisphären des Gehirns und formuliert auf dieser Grundlage die sehr weit reichende These einer Isomorphie von Gehirn und Kultur (vgl. Lotman 1990a, S. 44, S. 48).

Ob man Lotman bis hierher folgen sollte, muss hier offen bleiben. Bedenkenswert für die Frage nach dem Lesen piktoraler Texte ist indes die These, dass gerade Heterogenität und partielle Unübersetzbarkeit, insbesondere zwischen

Texten und Bildern, das produktive Zentrum einer Kultur bilden. So gesehen wäre die Auseinandersetzung mit literarischen Text-Bild-Kombinationen sowie mit den diversen Übergängen zwischen visuellen und abstrakten Codes nicht nur ein erfreuliches Akzidens des Literaturunterrichts, sondern ein unverzichtbarer Beitrag zu einer integrativen Kulturanalyse. In der literaturdidaktischen Forschung ließen sich Überlegungen zur Imagination (vgl. Spinner 2001), zur Didaktik der Metapher (vgl. Katthage 2004) sowie zu materialen Text-Bild-Differenzen (vgl. Baum 2006a) anschließen und systemisch integrieren.

Wenn dieses Kapitel den Titel „Bild *und* Text lesen" trägt, dann stellt dies selbstverständlich ein Zugeständnis an einen metaphorischen Sprachgebrauch dar. Bilder können nicht Gegenstand einer sequenziellen, linearen Lektüre sein, weil sie als ganzheitliche Farb-Form-Relationen gewissermaßen keinen Anfang und kein Ende haben (vgl. dazu die kritische Anmerkung von Ehlich 2005, S. 57f.). Ferner gibt es keinen Code, mit dem Bilder entschlüsselt werden können. Umgekehrt ist, wenn von einer Textbetrachtung die Rede ist, üblicherweise nicht gemeint, dass Schrift als Bild, d.h. als räumliche Konstellation wahrgenommen, sondern als plastisches Gesamtbild kognitiv konstruiert wird – etwa mit Hilfe von Metaphern („düsterer Text"). Dies weist auch hinsichtlich des „Bilderlesens" in die richtige Richtung. Lektüren von Bildern finden nicht (allein) auf der Wahrnehmungsebene statt, sondern sie lassen sich denken als sprachliche Ausdifferenzierung von Wahrnehmungseindrücken. Dabei ist leitend die Vorstellung, dass vieles von dem, was wir sehen, in den Unterscheidungsmöglichkeiten der Sprache (und keineswegs nur einzelner Sprecher!) begründet ist (vgl. Manguel 2001, S. 39). Freilich erreichen die Worte das Bild strictu sensu nicht, sie umgarnen es, versuchen es einzuspinnen, sie durchwandern es und können prinzipiell an jedem Bildpunkt des visuellen Syntagmas neu einsetzen – so wie poetische Bilder letztlich unendlich interpretierbar sind. Die Vermittlungen zwischen Sprache und Bild setzen dabei bereits auf der ersten Ebene der Wahrnehmung ein. Schon das Gereiztsein des Auges durch eine bestimmte Farbe oder eine bestimmte Form ist nicht frei von kulturellen Vermittlungen, weil auch Wahrnehmung nur als „vermittelte Unmittelbarkeit" (Adorno/Horkheimer 1969, S. 203) zu haben ist.

Niklas Luhmann bestimmt aus der Differenz von Wahrnehmung und Kommunikation das Wesen der Kunst selbst: „Offenbar sucht Kunst ein anderes, nichtnormales, irritierendes Verhältnis von Wahrnehmung und Kommunikation, und allein das wird kommuniziert." (Luhmann 1995, S. 42) Bild-Text-Lektüren gehen genau dieser ästhetisch produktiven Differenz nach und nutzen insbesondere die Beweglichkeit der Kommunikation/Sprache, um das Bild in einem Prozess der Auseinandersetzung „zum Sprechen zu bringen" (vgl. Baum 2006a, S. 39f.). Für das Lernen mit Texten und Bildern lässt sich daraus folgern, dass die sprachliche Kompetenz des Betrachters die Differenziertheit der Bildwahrnehmung steuert (vgl. dazu auch Ballstaedt et al. 1987, S. 24f.); die Auseinandersetzung mit Bildern ist immer zugleich Spracharbeit. Es macht wohl einen Unterschied, ob man einen „Strich“ oder eine „Gerade“ sieht, denn letztere Bezeichnung ist eventuell präziser; ferner lassen sich leichter andere Elemente des Wortfelds anschließen und überhaupt die Affinität zur mathematischen Form thematisieren. Vonnöten sind sowohl Strategien der Metakognition (Wie sind wir jetzt vorgegangen? Welches Ergebnis liegt jetzt warum vor? Welche anderen Möglichkeiten hätte es gegeben?) als auch die schrittweise Ausdifferenzierung sprachlicher Kompetenzen des Bilderlesens. Maiwald spricht aus semiotischer Perspektive davon, dass im Unterricht die „Fähigkeit“ geschult werden solle, „[mit] Codes zu beobachten“ (Maiwald 2005, S. 126), womit die Kompetenz gemeint ist, sowohl die eigenen Wahrnehmungs- und Erkenntnismittel zu reflektieren (bzw. bewusst verschiedene in Anwendung zu bringen) als auch die Codes, die den Gegenstand strukturieren, zu erkennen – Wechselwirkungen zwischen beiden Ebenen eingeschlossen. Schülerinnen und Schüler sollten „Bilder sehen und verstehen lernen, also aus wechselseitigen Momenteindrücken zur Sprache gebrachte Bilderfahrungen [...] machen.“ (Maiwald 2005, S. 140; vgl. auch Küblers Plädoyer für eine sprachgeleitete Arbeit mit Bildern: 1999, hier: S. 120–126) Solchen Auffassungen ist zuzustimmen. Weitere, gegenstandsbezogene Anwendungen müssen folgen (vgl. etwa Maiwald 2005, S. 241–324; Baum 2006a; ferner dic in Punkt 3 zitierten Arbeiten).

Wenn zur Versprachlichung des Bildes der Diskurs des Textes hinzutritt, ergibt sich ein dreifacher Bezugspunkt der Lektüre: die Gegenstands- und Selbstreferenz des Bildes, die Gegenstands- und Selbstreferenz des Textes und schließlich die Wechselwirkung zwischen diesen Ebenen (vgl. mit Bezug zur Illustration: von Criegern 1996, S. 109; ferner Punkt 3.1). Das Spiel dieser Differenzen ist nie ganz einholbar, sondern kann nur in mehreren Schritten angereichert werden.

Bisher wurde in diesem Kapitel die produktive Differenz zwischen Schrift und Bild besonders betont. Diese Perspektive muss nun noch in zweierlei Richtung erweitert werden. Zum einen ist zu erklären, warum diese Differenz nur eine relative, keine absolute ist. Warum lassen sich Texte (aus Schrift) und Bilder trotz allem aufeinander beziehen? Worin liegt ihre Affinität? Darauf lässt sich dreifach antworten. Zum einen können Beobachter sowohl Texten als auch Bildern zeichenhaften Charakter zuschreiben (vgl. Nöth 2004, S. 12). Zum anderen besteht sinnesphysiologisch kein grundsätzlicher Unterschied zwischen Bildbetrachtung und Lektüre; beide Tätigkeiten beziehen sich auf eine zweidimensionale Fläche und tasten diese durch Blickbewegungen ab (vgl. Gross 1994). Wenn auch das Bild einer Brücke und das Wort „Brücke“ kategorial zu unterscheiden sind, so lassen sie sich doch in gleicher Weise als Strukturen aus Signifikant und Signifikat auffassen. Drittens heftet sich der „sprachliche Blick“ des Betrachters nicht nur an die sichtbaren Formen des Bildes und nistet darin gleichsam mit Worten. Es ist vielmehr so, dass die Bildlektüre auch Unsichtbares, nur Angedeutetes oder auch intermediale Bezüge auf das Bild beziehen kann bzw. in das Bild „hineinlesen" kann. Das Bild bildet sich also erst im Auge des Betrachters (neu). Der zuletzt genannte Aspekt ist insbesondere im Zusammenhang der Diskussion um ästhetische Bildung betont worden (vgl. Schmitz-Emans 1997; Spinner 1998; Dehn 2007; vgl. Zabka, Bd. 2, Kap. 3.11).

Folgende Aspekte sollten im Umgang mit Text-Bild-Kombinationen bedacht werden (vgl. dazu auch Baum 2006a, S. 52):

- Bild-Text-Kombinationen (und insbesondere ihr visueller Anteil) verlangen eine für den Prozess der Wahrnehmung sensible Herangehensweise; dabei ist auch dem Umstand Rechnung zu tragen, dass Bilder Emotionen binden können (vgl. Sachs-Hombach 2002, S. 27f.). Die Fokussierung auf Wahrnehmung sollte Schritt für Schritt durch kommunikative Ausdifferenzierung ergänzt werden.
- Es ist zu fragen, in welcher Weise das Bild auf den Text und der Text auf das Bild Bezug nimmt. Welche Aspekte wählt das Bild aus und gestaltet diese mit seinen Mitteln? Was setzt das Bild neu oder anders in Szene? Welche Interpretation bietet das Bild an? Und wie hängt das zusammen mit seinen Ausdrucksmöglichkeiten?
- Bilder werden in der Regel besser erinnert als Texte. Da sie wahrnehmungsaffin, emotional bindend und beim Betrachten evtl. doppelt codiert werden (als visuelle und sprachliche Struktur; so die dual-coding Theorie der Bildes von Paivio 1986), sind sie im Hinblick auf literarische Gegenstände und die diesen zugeschriebenen Vermittlungsziele sorgsam auszuwählen (vgl. dazu genauer: Baum 2005b, S. 21f.).
- Da Bildern und Texten eine basale Differenz eignet, die Schritt für Schritt zu entfalten ist, bietet sich eine prozess- oder sogar projektorientierte Arbeit an. Anders als die nach Regeln und Methoden ablaufende literarische Interpretation ist die Deutung von Bild-Text-Konstellationen ein (allein wegen der Polysemie des Bildes selbst) offener Vorgang zwischen den Polen „Streuung" und „Bündelung von Bedeutung". Dem Lernprozess der Gruppe kommt eine besondere Bedeutung zu. Manguel unterscheidet, didaktisch relevant, zwischen der Spurensuche in der eigenen Erfahrungswelt (Assoziationen des Betrachters) und in der Kulturgeschichte (vgl. Manguel 2001, S. 20).
- Im Methodischen können Verfahren der Verzögerung (zunächst das Bild ohne den Text zeigen – z. B. um herauszuarbeiten, wie der Text die Bildlektüre spezifiziert) ebenso gewinnbringend eingesetzt werden wie Verfremdungen oder Ergänzungen des vorhandenen Materials.

3. Ausgewählte Gegenstände

Im Folgenden sollen einige ausgewählte literarische Text-Bild-Medien skizziert werden. Die Darstellung beschränkt sich auf genuin literarische, sekundäre Bildmedien (vgl. dazu die Hinweise im Punkt 1; zu bewegten Bildern vgl. die Maiwald Bd. 2, Kap. 2.5). Zum Teil ist der Forschungsstand, trotz oder wegen der zahlreichen Publikationen zu „Neuen Medien", recht unbefriedigend. Sämtliche hier kurz umrissenen Typen von Text-Bild-Gefügen stellen im Sinne Irina Rajewskys Medienkombinationen dar (vgl. Rajewsky 2004, insbesondere S. 14–26): zwei als distinkt wahrgenommene mediale Codierungsformen werden in ein und demselben räumlichen Zusammenhang aufeinander bezogen; zu unterscheiden sind davon die intermedialen Bezüge (Bezugnahme auf ein Medium *im* anderen) und die Medienwechsel (Transformation einer Codierung in eine andere). Der Intermedialitätsbegriff hat auch in der jüngeren didaktischen Diskussion eine immer wichtigere Rolle gespielt (vgl. Brinkemper 2001; Bönnighausen/Rösch 2004; Lecke 2004, insbesondere S. 123f.; Bönnighausen 2005; Baum 2006b, insbesondere S. 283–286; Staiger 2007, insbesondere S. 250–262; zu intermedialen Aspekten des Deutschunterrichts vgl. ferner Bönnighausen, Bd. 2, Kap. 3.14).

Illustrationen

Umberto Ecos Roman *Die geheimnisvolle Flamme der Königin Loana* erzählt von einem Mann, der sein Gedächtnis verloren hat. Auf der Suche nach sich selbst reist er aufs Land, in ein Haus, in dem er als Kind und Jugendlicher seine Ferien verbracht hat. Dort entdeckt er eine immense Ansammlung alter Zeitschriften, Magazine, Comics, Abziehbilder und Bücher. Nach und nach gelingt es ihm, durch deren Lektüre (insbesondere der Bilder) sich selbst auf die Spur zu kommen. Eco kehrt in diesem Roman, der zu einem Drittel aus Bildern besteht, die traditionelle Hierarchie zwischen dem literarischem Text und seiner Illustration um. Nicht die Bilder werden dem Text „beigegeben", sondern der Text, zumindest hinsichtlich des Kerns der Fabel, kreist um die Bedeutung der Bilder und konstituiert sich in Auseinandersetzung mit diesen.

Unter dem Terminus 'Illustration' wurden jedoch bisher üblicherweise „alle Arten von Umsetzungen von Texten in Bilder" (von Criegern 1996, S. 30) verstanden. Allein die Reihenfolge im Produktionsprozess suggeriert, dass die Substanz des Kunstwerks im sprachlichen Anteil liegt; die Illustration kommt ergänzend, verschönernd, supplementär dazu. Die Wortgeschichte (lat. *illustratio*; Erleuchtung, Erklärung) verweist darauf ebenso wie der alltägliche Sprachgebrauch; etwas zu illustrieren heißt, etwas anschaulich machen, plastisch werden lassen, einer Sache, die im Kern bereits feststeht, Gestalt verleihen. Entsprechend hat die Illustration sowohl im Reigen der schönen Künste als auch im

Symbolfeld der schönen Literatur bis heute eine unsichere Stellung. Hinzu kommt eine gewisse Tradition der Innerlichkeit. Den vitalen, spontanen, inneren Bildern wird eine höhere Wertigkeit zugeschrieben als den materialen, veräußerlichten Bildern; nicht wenige Autoren wie z. B. Flaubert haben sich entsprechend geäußert und noch in den didaktischen Diskursen unserer Tage klingt diese Einstellung nach – selbst in Texten, die im Prinzip die Illustration als wichtigen Lerngegenstand respektieren (vgl. z. B. Ries 1991, S. 15, der die „Erlebnissphäre des Buches“ nicht durch die Affizierungen mit materialen Bildern beeinträchtigen will). Im Literaturunterricht besteht die Möglichkeit, dies kritisch zu reflektieren und den semiotischen ebenso wie den ästhetischen Mehrwert, den Illustrationen herstellen, zu nutzen. *In literaturgeschichtlicher Perspektive* könnte es z. B. darum gehen, den Verschiebungen im Verhältnis zwischen Text und Bild an der Wende zum 20. Jahrhundert nachzuspüren. Die Blütezeit der Buchillustration war das 19. Jahrhundert und es wäre, etwa durch vergleichende Auseinandersetzung mit verschiedenen Illustrationen, zu prüfen, wie literarische Texte im Symbol- und im Sozialsystem Literatur durch Illustrationen verankert wurden. Im Vergleich dazu stellt sich die Frage nach der gegenwärtigen Aneignung von älterer Literatur durch Illustrationen. Spektakulär sind Fritz Fischers *Zeichnungen zu E. T. A. Hoffmanns 'Der goldne Topf'* (vgl. Fischer/Hoffmann 1973) und zwar nicht zuletzt deswegen, weil hier das imaginative Potenzial der Literatur in eine Wechselwirkung mit dem Prozess des bildhaften Gestaltens tritt. *In ästhetischer Perspektive* kann überlegt werden, wie Illustrationen auf Texte Bezug nehmen, wie sie diese transformieren und im Hinblick auf eine Interpretation spezifizieren. Das setzt jeweils aktive Leserinnen voraus, die eigene, neue Fragen an dieses Medium stellen und sich nicht einfach dem „Gesetz der Gattung“ beugen. Strukturell läuft eine solche Arbeit auf eine interdisziplinäre Begründung des Deutschunterrichts und der Literaturdidaktik hinaus (vgl. die exemplarischen Analysen bei von Criegern 1996, Bütow 2004 und Baum 2006a). Es ist zu bedenken, ob die Tradition der Abwertung der Illustration auch in der Didaktik fortgesetzt werden sollte, etwa indem ein Einführungsband die Auskunft erteilt, dass jene „vor allem der Entlastung“ der Leser dient (Abraham/Kepser 2005, S. 71), oder ob nicht umgekehrt die Illustration als „integraler Bestandteil des Textes“ (Wermke 1997, S. 88) größere Beachtung verdient. Die Frage stellt sich umso dringender, als zahlreiche Lesebücher, insbesondere für die Primarstufe und Sekundarstufe I, es bei einem Beigeben von Bildern belassen, ohne eine qualitative Auseinandersetzung mit diesen Bildern – im Zusammenhang von Lernzielen des Literaturunterrichts – anzuregen (vgl. dazu Baum 2005a). So wird, in der Schule, einem konsumistischen oder doch zumindest beiläufigen Umgang mit Bildern Vorschub geleistet, also einer übergreifenden Medienkompetenz geradezu entgegengearbeitet. Bilder sind im Lesebuch, warum aber genau, das weiß man nicht.

Notwendig ist also die Besinnung auf den Gegenstand. Illustrationen treten neben den Text und überschreiten dessen Horizont zugleich, da sie selbst einen neuen Kontext erzeugen: „Keine Kunstgattung setzt sich so mühelos über die Grenzen von Raum und Zeit hinweg wie die Illustration." (Ries 1991, S. 13). Das legt eine differenzorientierte Betrachtung nahe, die fragt, welche Potentiale des Textes die Illustration aufgreift und welche nicht und wo die Illustration ihr eigenes Spiel spielt. (Diesen Gedanken radikalisiert John Hillis Miller 1993, S. 106, wenn er von dem Text-Bild-Gefüge als Katachrese spricht; auf ein Gesamtverstehen zielt hingegen, in didaktischer Absicht, Grünewald 1991). Denn einerseits bleibt die Illustration auf den Text bezogen, erlangt sie nie vollständig Autonomie, andererseits entwirft sie eine eigene Welt, hält den Betrachter in ihrer Zeit fest und macht aus dem Text „etwas Besonderes" (von Criegern 1996, S. 106). Die denotativen Züge können dabei durchaus als Camouflage für die Polysemie und den ästhetischen Überschuss dienen. Dann gilt, was Roland Barthes schreibt: „Die diskontinuierliche Welt der Symbole taucht in die Geschichte der denotierten Szene ein wie in ein Unschuld spendendes, reinigendes Bad." (Barthes 1990, S. 45; ein empirisches Beispiel untersucht Baum 2006a).

Eine Arbeit mit Illustrationen im Literaturunterricht hätte Folgendes zu bedenken (vgl. dazu auch Baum 2006b, S. 299f.):

- Die Differenz zwischen Text und Bild schärft die wechselseitige Wahrnehmung der Einzelmedien; grundsätzlich kann eine unendliche Semiose in Gang kommen, die ein vertieftes Verstehen ermöglicht.
- Der Zeitpunkt der Auseinandersetzung mit Illustrationen kann von Bedeutung sein. Je nachdem, ob die Bilder vor, während oder nach der Lektüre thematisiert werden, ergeben sich unterschiedliche Effekte.
- Als Phasen der Auseinandersetzung mit Illustrationen lassen sich heuristisch unterscheiden: Perzeptbildung (spontaner, direkter Zugriff), Konzeptbildung (Erfassung der Relationen von Inhalt und Form), Allokation (Prüfung des kulturellen und historischen Kontextes, in dem die jeweilige Illustration steht) (vgl. Grünewald 1991, S. 54f. Der Verf. rezipiert ein Modell von Günter Otto). Freilich sollte diese Strukturierung nicht als Stufenmodell gesehen werden; auch während der Allokation werden neuerliche Perzept- und Konzeptbildungen notwendig.
- Die duale Auseinandersetzung mit literarischen Texten und Bilden kann die Intensität der Informationsaufnahme steigern – ausgenommen die Tendenz zur übermäßigen Bebilderung.

Comics

Während die Illustration dem Text eine zweite Ebene hinzufügt und so eine dichtere semiotische Struktur erzeugt, ist der Comic von Anfang an auf ein Zusammenspiel zwischen Text und Bild angelegt. Dem entsprechend definiert Grünewald diese Gattung als „ein autonomes narrativ-visuelles Angebot an aktiv deutende Rezipienten, in dem auf spielerische Weise Bild und Sprache eine synthetische Einheit bilden." (Grünewald 2005, S. 38). Freilich liegt die Bildung jener Einheit buchstäblich im Auge des Betrachters (Grünewald deutet dies mit dem Wort „spielerisch" an). Niemand hindert einen Beobachter daran, die auch hier vorhandenen Differenzen zu radikalisieren und den Comic nicht im Hinblick auf den kalkulierten Wirkzusammenhang von Text und Bild hin zu lesen. So gesehen greift die These, dass im Comic der Text eine eindeutige Lesart des Bildes gewährt (Schnakertz 1980, S. 44f.), zu kurz; erörtert wird hier wohl eher eine bestimmte Disposition der Lektüre. Die „synthetische Einheit", von der Grünewald spricht, kann wohl nur als sprachliche Struktur gedacht werden und zwar derart, dass sprachliche Konstrukte die Leerstellen im Text, im Bild sowie zwischen Text und Bild gleichsam auffüllen (vgl. zum Sprachdenken bei der Comiclektüre: Grünewald 2005, S. 42–45). Dieser Befund lässt sich auch gegen jene wenden, die im Comic-Lesen einen sprachfernen Konsum künstlicher Bildwelten sehen. Bedacht werden sollte ferner, dass die Gattung der Comics inzwischen weit ausdifferenziert ist (von der längst bekannten, seriellen Geschichte bis hin zum auch paratextuell hervorgehobenen Comicalbum, von leichter Unterhaltung verschiedenster Art über die Vermittlung komplexer Stoffe in Comic-Form bis hin zu avancierten Comics wie Art Spiegelmans *Maus*) und dementsprechend die Formensprache reicher ist als in den bekannten Mainstream-Produktionen (zu Merkmalen eher konventioneller Comic-Sprache vgl. die Übersicht bei Baum 2006b, S. 301). Längst begegnet man in Comics Phänomenen wie gemäldeähnlichen, ohne Panel gezeichneten Großbildern, assoziativ komponierten Bildmontagen, hochgradig intertextuell vermittelten sowie avancierten Darstellungs- und Aussageformen. Eine immer größere Rolle scheinen in diesem Zusammenhang Graphic Novels, Bilderzählungen, die häufig auf literarische Vorbilder reduzieren, zu spielen (vgl. im didaktischen Kontext: Mein 2009; Rehfeld 2012). Trotz alledem spielen diese Gegenstände im kulturellen Diskurs hierzulande eine bis heute untergeordnete Rolle – der Anteil an Beiträgen zu Comics im Feuilleton etwa ist signifikant gering (vgl. Grünewald 2001, S. 826–828). Hiermit kann sich Didaktik nicht abfinden.

Für einen literaturgeschichtlich orientierten Unterricht ist bedenkenswert, dass der Rückgang in der Praxis, literarische Werke zu illustrieren, und der Beginn der Geschichte des Comics etwa in dieselbe Zeit, die Wende vom 19. zum 20. Jahrhundert, fallen. Die Inszenierung von materialen Bildern wird also von der Presse (die ersten Comics erschienen in amerikanischen Tageszeitungen) übernommen, so dass sich die Verteilung von Schrift und Bild neu ausdifferenziert. Von hier aus lassen sich Ansatzpunkte finden für einen systematischen Aufbau der Fähigkeit, Bilder zu lesen. Verschiedene Gattungen können miteinander vernetzt, gemeinsam medientheoretisch fundiert und in einem Spiralcurriculum, das integriert ist in die gegenständliche Struktur des Deutschunterrichts, aufeinander bezogen werden.

Allerdings haben Lehrkräfte heutzutage mit stark ausdifferenzierten Lese- und Mediengewohnheiten zu rechnen. Es kann in Zeiten von Spielekonsolen, Internet-Game-Communities und multimedialen Mobiltelefonen wohl nicht mehr ohne Einschränkung gesagt werden, dass Comics „ein Moment tatsächlichen Leseinteresses von Schülern“ (Bothe 1991, S. 488) sind. Ein fester Stamm von Comic-Lesern wird in jeder Klasse der Primarstufe und der Sekundarstufe I anzutreffen sein – allerdings wohl mit einem recht genau umgrenzten Interesse an bestimmten Subtypen und Genres, so dass sich die Situation nicht mehr erheblich unterscheidet von den Voraussetzungen „normalen“ Literaturunterrichts. Notwendig ist in jedem Fall ein reflektierter, intermedial- und gegenstandsorientierter Umgang mit Comics als selbstverständlichem Thema des Literaturunterrichts. Comics etwa in der Hoffnung auf lesefördernde Effekte einzusetzen, ist ein zumindest spekulatives Unterfangen. In Rechnung zu stellen ist schließlich auch die signifikante Gender-Differenz bei der Präferenz für Comics. Die Lektüre von Comics entspricht überwiegend einem männlichen Rezeptionsverhalten (vgl. Richter 2003, S. 120).

Die Besonderheit der Comics liegt „in der Panelfolge, im fortlaufenden Bildertext“ (Straßner 2002, S. 55). Daraus können folgende Vermittlungsziele abgeleitet werden: Aufbau einer propädeutischen Text-Bild-Kompetenz, die auf den Film erweitert werden kann; damit zusammenhängend: Erarbeitung einer Beschreibungssprache, die sich an beiden Medien erproben lässt (Einstellungsgröße, Szene, Zeitstruktur etc.). Ferner: Erkundung der Formensprache des Comics selbst (z. B. Entwicklung motivierter Zeichen: fette Schrift für Brüllen; Visualisierung von Metaphern: Lampe für die Redensart „ein Licht aufgehen“), insbesondere Untersuchung des Zusammenspiels von Sprache und Bild (z. B. geringer Anteil an Adjektiven, da deren Funktion häufig vom Bildanteil übernommen wird). Notwendig ist freilich auch hier die Rücksicht auf den Wahrnehmungsaspekt. Sich auf die Erarbeitung einer Grammatik des Comics zu beschränken, würde am ästhetischen Kalkül dieser Gattung vorbei gehen. Schließlich hat Grünewald auch den Erwerb von Wissen über die „geschichtliche Entwicklung und Vielfalt der Comics“ (Grünewald 2001, S. 830) als wichtiges Vermittlungsziel bezeichnet.

Da Comics eine montageartige Struktur eignet, bieten sich produktionsorientierte Verfahren an, um deren Aufbau und Wirkungsweise zu erkunden. Bildfolgen können z. B. neu betextet oder umgekehrt Textfolgen selbst durch Bilder ergänzt werden. So ließe sich, vermittelt über die Lösung praktischer Probleme, ein Einblick in die immanente narrative Logik dieser Text-Bild-Erzählungen vermitteln.

Paratexte

Der Begriff des Paratextes ist in der kulturwissenschaftlichen Forschung durch Gérard Genette bekannt geworden (vgl. Genette 1992). Genette versteht darunter jene Texte, welche die Kommunikation mit dem literarischen Werk organisieren. Gäbe es keine Paratexte, so wären in einer Buchhandlung ausschließlich lose, weiße, gleichförmige Typoskriptblätter zu sehen und zu erwerben. Genette unterscheidet zwei Typen von Paratexten. Die Peritexte sind Teil des Buches selbst: Cover, Klappentext, Waschzettel, Inhaltsverzeichnis, Widmung, Motto, Vor- und Nachwort, etc. Als Epitexte bezeichnet Genette jene Texte, die in einer losen Verbindung zum literarischen Werk stehen: Verlagswerbung, Poster, Kritiken, Rezensionen sowie Briefwechsel, Gespräche und Interviews.

Paratexte haben eine Schwellenfunktion, sie sind gewissermaßen an der Schnittstelle zwischen dem Sozial- und dem Symbolsystem Literatur angesiedelt (vgl. Baum 2005b, S. 15–20) und organisieren den Transfer vom Publikum zum Leser. So wirkt etwa das literarische Cover sowohl nach außen, indem es eine attraktive Mischung aus Bekanntem und Unbekanntem bietet, als auch nach innen – durch die Bezugnahme auf den Inhalt des Werks. Systemtheoretisch betrachtet ist das Lesen eines Textes zunächst unwahrscheinlich. Warum soll eine Leserin *diesen* Text (und nicht einen anderen) zur Hand nehmen? Paratexte haben die Aufgabe, das Unwahrscheinliche wahrscheinlich zu machen, indem sie eine pragmatische Ebene einführen, die den Text zum Gegenstand von Wahrnehmung macht, also auszeichnet (vgl. Baecker 2004, S. 47f.).

Wenn es im Literaturunterricht nicht nur um Inhalte, sondern auch um das Funktionieren literarischer Kommunikation gehen soll, dann verdienen auch Paratexte didaktische Aufmerksamkeit; ihre Betrachtung integriert literarisches und ästhetisches Lernen und liefert überdies einen Beitrag zum Aufbau einer allgemeinen Medienkompetenz (vgl. genauer Baum 2005b, S. 18–20).

Besonders interessant ist im Zusammenhang mit der hier verfolgten Fragestellung der visuelle Anteil des Paratextes, den Genette fast vollkommen ignoriert. Zu überlegen wäre etwa, in welcher Zeit Bücher (oder: ein und dasselbe Buch) wie vermittels des Covers in Szene gesetzt werden und wie sich Bildanteil und Titel die „Arbeit teilen“; ersterer wirkt in der Regel etwas stärker nach außen, letzterer nach innen. Dabei sind in dieser Übergangszone nicht selten hybride Strukturen zu beobachten, etwa derart, dass die Schrift in Farbe und Form dem Bildanteil angepasst oder umgekehrt das Bild inhaltlich und räumlich-formal auf den Titel bezogen wird (vgl. dazu die didaktische Analyse in Baum 2005b, S. 23–28).

Inzwischen hat auch die Forschung erkannt, dass Genettes exklusive Beschränkung auf das Medium Buch im Hinblick auf Paratexte letztlich nicht zu halten ist. Denn: „Der 'nackte' Text, als Oppositum zu Paratext, ist nicht wirklich konkretisier- und vorstellbar, sondern dient nur als 'idealer' regulativer Horizont des Arguments und der Untersuchung." (Stanitzek 2004, S. 6). Deshalb schlägt Georg Stanitzek vor, den Begriff des Paratexts auch auf andere Medien auszuweiten, etwa auf Film und Fernsehen (Trailer, Abspann, Überleitung etc.; vgl. Stanitzek 2004, S. 11–19). Von hier aus ergeben sich sehr interessante Möglichkeiten für die Didaktik, Literaturunterricht in ein intermediales Gesamtkonzept zu integrieren.

Im Diskurs der Literaturdidaktik haben Paratexte allerdings bisher eine eher untergeordnete Rolle gespielt. Sie bieten jedoch nicht nur die Möglichkeit, ästhetisches, literarisches und medienbezogenes Lernen zu integrieren, sondern ihre Beobachtung hätte immer schon gesellschaftliche Prozesse der Vermittlung von Literatur im Blick und würde so ein Bindeglied schaffen zwischen der gesellschaftlichen Realität der Literatur und dem schulischen Lehrgang; ganz praktisch etwa dann, wenn Schüler bei Verlagen, Buchhandlungen und Bibliotheken Recherchen nach paratextuellen Kommunikationsformen unternehmen (an dieser Stelle sei hingewiesen auf die Karlsruher Datenbank zu Paratexten der Kinder- und Jugendliteratur: Laudenberg 2007).

Gut bekannt sind hingen handlungs- und produktionsorientierte Zugangsweisen: Schülerinnen illustrieren ein Gedicht, finden einen neuen Titel oder setzen Texte qua Schriftbild in Szene.

Juliane Köster schlägt vor, Paratexte zu verwenden, um bekannte Ziele des Literaturunterrichts zu erreichen. Annäherung, Auswahl, Interpretation und Bewertung literarischer Texte sollen durch Rekurs auf Paratexte ertragreicher vonstattengehen, z. B. indem Deutungshypothesen auf der Grundlage des paratextuellen Befundes formuliert werden (vgl. Köster 2001); dabei werden Paratexte nicht *als solche* thematisiert, sondern funktional gesehen im Hinblick auf ein übergeordnetes Vermittlungsziel.

Stärker gegenstandsorientiert verstehen sich die Überlegungen von Beate Laudenberg:

> Dass die Textinterpretation nach wie vor den Schwerpunkt des Deutschunterrichts bildet, versteht sich von selbst. Doch nicht nur für die Textinterpretation ist eine genaue Betrachtung des Coverbildes bzw. verschiedener Coverversionen ein Gewinn. Eine Würdigung des Titelbildes in seiner ihm eigenen Ästhetik und seinen Funktionen vermittelt Kenntnisse nicht nur zur Bildanalyse, sondern auch zu Produktions- und Rezeptionsbedingungen und ist darin der Analyse von Werbeanzeigen vergleichbar. (Laudenberg 2006, S. 101)

Ferner kann, folgt man der Autorin, die Arbeit mit Paratexten auch in interkulturellen Lernprozessen eine Rolle spielen; als Beispiel nennt sie die in verschiedenen Ländern jeweils verwendeten Covers der Harry-Potter-Serie (vgl. Laudenberg 2006, S. 95–97; Laudenberg 2004).

Jacques Derrida hat die These formuliert, dass der Rahmen in der Kunst die Funktion habe, gerade von sich selbst abzulenken und das Werk effektiv hervortreten zu lassen:

> Es gibt immer eine Form, deren traditionelle Bestimmung es ist, sich nicht abzuheben, sondern zu verschwinden, zu versinken, zu verblassen, in dem Augenblick zu zerfließen, wo es seine größte Energie entfaltet. (Derrida 1992, S, 82)

Didaktisch arbeiten bedeutet, solche Effekte gerade bewusst zu machen – in Form einer medialen Bewusstheit (vgl. zu diesem Konstrukt Baum 2005b, S. 18), welche eingeschliffene Wahrnehmungsformen für den Raum der kritischen Analyse öffnet.

Literatur

Abraham, Ulf/Kepser, Mathis (2005): Literaturdidaktik Deutsch. Eine Einführung. Berlin: Schmidt.

Adorno, Theodor W./Horkheimer, M. 1969 (2006): Dialektik der Aufklärung. Philosophische Fragmente. 16. Aufl. Frankfurt am Main: Fischer.

Baecker, Dirk (2004): Hilfe, ich bin ein Text! In: Kreimeier, Klaus/Stanitzek, Georg (Hrsg.) unter Mitarbeit von Natalie Binczek: Paratexte in Literatur, Film und Fernsehen. Berlin: Akademie Verlag, S. 43–52.

Ballstaedt, Steffen-Peter/Molitor, Sylvie/Mandl, Heinz (1987): Wissen aus Text und Bild. Tübingen: Deutsches Institut für Fernstudien.

Barthes, Roland (1990): Rhetorik des Bildes. In: Ders.: Der entgegenkommende und der stumpfe Sinn. Frankfurt am Main: Suhrkamp, S. 28–46.

Baum, Michael (2005a): Strenge Aufgaben und heitere Bilder? Probleme der Illustration von Lesebüchern. In: Der Deutschunterricht 57, H. 4, S. 71–76.

Baum, Michael (2005b): Ein-Bildungen. Über bildhafte Paratexte im Deutschunterricht. In: Didaktik Deutsch 18, S. 18–30.

Baum, Michael (2006a): Illustrationen lesen. Zur intermedialen und historischen Differenz am Beispiel von Gullivers Reisen. In: Marci-Boehncke, Gudrun/Rath, Matthias (Hrsg.): BildTextZeichen lesen. Intermedialität im didaktischen Diskurs. München: Kopäd, S. 39–53.

Baum, Michael (2006b): Medialität im Diskurs der Literaturdidaktik. Anmerkungen zur jüngeren Forschung und Versuch einer Systematisierung. In: Wirkendes Wort 56, H. 2, S. 279–309.

Baum, Michael (2007): Schrift – Bild – Gedächtnis. Zur Relevanz der semiotischen Kulturtheorie Yuri M. Lotmans für den fachdidaktischen Diskurs. In: Baum, Michael/Gohrbandt, Detlev (Hrsg.): Wissenschaft der Fachdidaktik. Literatur und Sprache im Vermittlungszusammenhang. Landau: Knecht, S. 79–100.

Bönnighausen, Marion/Rösch, Heidi (Hrsg.) (2004): Intermedialität im Deutschunterricht. Baltmannsweiler: Schneider.

Bönnighausen, Marion (2005): Intermediale Kompetenz. In: Rösch, Heidi (Hrsg.): Kompetenzen im Deutschunterricht. Frankfurt am Main/Berlin/Bern/Bruxelles/New York/Oxford/Wien: Lang, S. 49–67.

Bothe, Sylvia (1991): Überall Comics – und was nun? In: Deutschunterricht 44, H. 7, S. 482–488.

Brinkemper, Peter V. (2001): Intermedialität und Deutschunterricht. Bausteine zu einer Phänomenologie des Medienunterrichts. In: Literatur im Unterricht 2, H. 3, S. 91–104.

Bütow, Barbara (2004): Wenn Illustrationen der Einbildungskraft neue Richtungen eröffnen. In: Deutschunterricht 57, H. 1, S. 34–38.

Criegern, Axel von (1996): Vom Text zum Bild. Wege ästhetischer Bildung. Weinheim: Deutscher Studienverlag.

Dehn, Mechthild (2007): Unsichtbare Bilder. Überlegungen zum Verhältnis von Text und Bild. In: Didaktik Deutsch 22, S. 25–50.

Derrida, Jacques (1992): Die Wahrheit in der Malerei. Wien: Passagen.

Deubel, Volker/Kiefer, Klaus H. (Hrsg.) (2003): Medienbildung im Umbruch. Lehren und Lernen im Kontext der Neuen Medien. Bielefeld: Aisthesis.

Doelker, Christian 1997 (2002): Ein Bild ist mehr als ein Bild. Visuelle Kompetenz in der Multimedia-Gesellschaft. 3. Aufl. Stuttgart: Klett-Cotta.

Doelker, Christian (2006): Bild-Wort-Beziehungen in Print-Gesamttexten. In: Marci-Boehncke, Gudrun/Rath, Matthias (Hrsg.): BildTextZeichen lesen. Intermedialität im didaktischen Diskurs. München: Kopäd, S. 27–38.

Ehlich, Konrad (2005): Sind Bilder Texte? In: Der Deutschunterricht 57, H. 4, S. 51–60.

Fischer, Fritz/Hoffmann E. T. A. (1973): Der goldne Topf. Ein Märchen aus der neuen Zeit. Frankfurt am Main/Wien/Zürich: Büchergilde Gutenberg.

Förster, Jürgen (2000): „mich dünkt, man kann es mit Händen greifen". Literarische Erfahrung im Referenzkontext des Mediums Schrift. Goethe, „Die Leiden des jungen Werther", 1774. In: Bogdal, Klaus-Michael/Kammler, Clemens (Hrsg.): (K)ein Kanon. 30 Schulklassiker neu gelesen. München: Oldenbourg, S. 17–23.

Genette, Gérard (1992): Paratexte. Das Buch vom Beiwerk des Buches. Frankfurt am Main: Campus.

Gross, Sabine (1994): Lese-Zeichen. Kognition, Medium und Materialität im Leseprozeß. Darmstadt: Wissenschaftliche Buchgesellschaft.

Grünewald, Dietrich (1991): Denk-Provokationen. Zu Funktion und Wirkung von Illustrationen im Kinder- und Jugendbuch. In: Baumgärtner, Alfred Clemens/Schmidt, Max: Text und Illustration im Kinder- und Jugendbuch. Würzburg: Königshausen & Neumann, S. 47–59.

Grünewald, Dietrich (2001): Comics im Deutschunterricht. In: Lange, Günter/Neumann, Karl/Ziesenis, Werner (Hrsg.): Taschenbuch des Deutschunterrichts. Bd. 1. 7. Aufl. Baltmannsweiler: Schneider, S. 825–849.

Grünewald, Dietrich (2005): Bild-Sprach-Spiele. Anmerkungen zur Einheit von Bild und Sprache im Comic. In: Der Deutschunterricht 57, H. 4, S. 38–50.

Hickethier, Knut (2003): Einführung in die Medienwissenschaft. Stuttgart/Weimar: Metzler.

Katthage (2004): Didaktik der Metapher. Perspektiven für den Deutschunterricht. Baltmannsweiler: Schneider.

Kiefer, Klaus H./Riedel, Margit (1998): Dada, Konkrete Poesie, Multimedia – Bausteine zu einer transgressiven Literaturdidaktik. Frankfurt am Main/Berlin/Bern/New York/Paris/Wien: Lang.

Kübler, Hans-Dieter (1999): An der Schwelle zur Informationsgesellschaft: Wie ratlos ist die Didaktik? Und verliert der Deutschunterricht seinen Integrationsanspruch? In: Lecke, Bodo (Hrsg.): Literatur und Medien in Studium und Deutschunterricht. Frankfurt am Main: Lang, S. 113–149.

Künneman, Horst (1983): Bilderlesen – warum nicht? In: Braun, Peter/Krallmann, Dieter (Hrsg.): Sprachdidaktik. Düsseldorf: Schwann-Bagel, S. 203–218.

Köster, Juliane (2001): Schwellen und Schleusen. Paratexte im Literaturunterricht. In: Der Deutschunterricht 53, H. 2, S. 92–96.

Laudenberg, Beate (2004): Die multimediale Ästhetisierung der „Kanaksta“ am Beispiel Feridun Zaimoglus. In: Frederking, Volker (Hrsg.): Lesen und Symbolverstehen. München: Kopäd, S. 140–157.

Laudenberg, Beate (2006): Das Titelbild von Kinder- und Jugendbüchern – mehr als ein visueller Kaufanreiz und ‘stummer Impuls’?! In: Barci-Boehncke, Gudrun/Rath, Matthias (Hrsg.): BildTextZeichen lesen. Intermedialität im didaktischen Diskurs. München: Kopäd, S. 93–104.

Laudenberg, Beate (2007): Karlsruher Datenbank zu Umschlagbildern der Kinder- und Jugendliteratur. URL: http://www.decoverdb.ph-karlsruhe.de/index.php (11.11.2009).

Lecke, Bodo (2004): Medienpädagogik – zwischen Wort- und Bildästhetik. In: Frederking, Volker (Hrsg.): Lesen und Symbolverstehen. München: Kopäd, S. 113–127.

Lotman, Yuri M. (1990a): Universe of the Mind. A Semiotic Theory of Culture. London: Tauris.

Lotman, Yuri M. (1990b): Über die Semiosphäre. In: Zeitschrift für Semiotik 12, H. 4, S. 287–305.

Luhmann, Niklas (1995): Die Kunst der Gesellschaft. Frankfurt am Main: Suhrkamp.

Maiwald, Klaus (2005): Wahrnehmung – Sprache – Beobachtung. Eine Deutschdidaktik bilddominierter Medienangebote. München: Kopäd.

Manguel, Alberto (2001): Bilder lesen. Berlin: Volk und Welt.

Mein, Georg (2009): Kafka mit Crumb? Literarische Bildung im Spannungsverhältnis von Text und Bild. In: Der Deutschunterricht 61, H. 6, S. 23–28.

Miller, John Hillis (1993): Illustration: Die Spur der Zeichen in Kunst, Kritik und Kultur. Konstanz: Universitätsverlag.

Nöth, Winfried (2004): Zur Komplementarität von Sprache und Bild aus semiotischer Sicht. In: Mitteilungen des Deutschen Germanistenverbandes 51, H. 1, S. 8–22.

Paivio, Allan (1986): Mental Representation. A dual coding approach. Oxford: Oxford University Press.

Praxis Deutsch (2012): Text und Bild. Heft 232.

Rajewsky, Irina O. (2004): Intermedialität – eine Begriffsbestimmung. In: Bönnighausen, Marion/Rösch, Heidi (Hrsg.): Intermedialität im Deutschunterricht. Baltmannsweiler: Schneider, S. 8–30.

Rehfeld, Swantje (2012): Kindheitsgeschichte als Graphic Novel. (Auto)-biographische Bild-Text-Zusammenhänge verstehend interpretieren. In: Praxis Deutsch 39, H. 234, S. 22–28.

Richter, Karin (2003): Die Entwicklung von Lesemotivation und der Literaturunterricht in der Grundschule. In: Hurrelmann, Bettina/Becker, Susanne (Hrsg.): Kindermedien nutzen. Medienkompetenz als Herausforderung für Erziehung und Unterricht. Weinheim/München: Juventa, S. 115–131.

Ries, Hans (1991): Grundsätzliche Überlegungen zur Illustration von Kinder- und Jugendliteratur. In: Baumgärtner, Alfred Clemens/Schmidt, Max: Text und Illustration im Kinder- und Jugendbuch. Würzburg: Königshausen & Neumann, S. 9–19.

Sachs-Hombach, Klaus (2002): Begriff und Funktion bildhafter Darstellungen. In: Huber, Hans Dieter/Lockemann, Bettina/Scheibel, Michael (Hrsg.): Bild. Medien. Wissen. München: Kopäd, S. 9–45.

Schmitz, Ulrich (2003): Text-Bild-Metamorphosen in Medien um 2000. In: Schmitz, Ulrich/Wenzel, Horst (Hrsg.): Wissen und neue Medien. Bilder und Zeichen von 800 bis 2000. Berlin: Schmidt, S. 241–263.

Schmitz-Emans, Monika (1997): Ästhetische Erziehung heute. Beziehungen zwischen Bildern und Texten als Anlässe literarischer Reflexion über Sprache und Wirklichkeit. In: Deutschunterricht 50, H. 4, S. 191–203.

Schnakertz, Hermann Josef (1980): Form und Funktion medialen Erzählens: Narrativität in Bildsequenz und Comicstrip. München: Fink.

Spinner, Kaspar H. (1998): Thesen zur ästhetischen Bildung im Literaturunterricht heute. In: Der Deutschunterricht 50, H. 6, S. 46–54.

Spinner, Kaspar H. (2001): Kreativer Deutschunterricht. Identität – Imagination – Kognition. Seelze: Kallmeyer.

Stanitzek, Georg (2004): Texte, Paratexte, in Medien: Einleitung. In: Kreimeier, Klaus/ Stanitzek, Georg (Hrsg.) unter Mitarbeit von Natalie Binczek: Paratexte in Literatur, Film und Fernsehen. Berlin: Akademie Verlag, S. 3–19.

Staiger, Michael (2007): Medienbegriffe, Mediendiskurse, Medienkonzepte. Bausteine einer Deutschdidaktik als Medienkulturdidaktik. Baltmannsweiler: Schneider.

Straßner, Erich 2002: Text-Bild-Kommunikation. Bild-Text-Kommunikation. Tübingen: Niemeyer.

Wermke, Jutta (1997): Integrierte Medienerziehung im Fachunterricht. Schwerpunkt: Deutsch. München: Kopäd.

Ziesenis, Werner (2001): Medientheorie, Mediendidaktik und Deutschunterricht. In: Lange, Günter/Neumann, Karl/Ziesenis, Werner (Hrsg.): Taschenbuch des Deutschunterrichts. Bd. 1. 7. Aufl. Baltmannsweiler: Schneider, S. 361–398.

KLAUS MAIWALD

2.5 Filmdidaktik und Filmästhetik: Lesen und Verstehen audiovisueller Texte

1. Kulturelle Begründungen

Die angestammten Gegenstände des Deutschunterrichts sind Sprache und Literatur. Seit der kommunikativen Wende der 1970er Jahre und verstärkt wieder mit der Ankunft so genannter neuer Medien in den 1990ern – inklusive neuer Formen der Kommunikation und der ästhetischen Erfahrung – wird über die Grenzen dieses Gegenstandsfeldes diskutiert. Wie relevant ist es noch, den handgeschriebenen „persönlichen Brief" als Aufsatzform einzuüben, wenn jedermann nur noch mailt? Wie rechtfertigt sich noch die aufwändige Beschäftigung mit mittelalterlicher Literatur (vgl. Feistner/Karg/Thim-Mabrey 2006), wo es *living books* und *Hyperfiction* (vgl. Abraham/Kepser 2000; Leubner 2001) als neue Formen literarischer Praxis gibt? Ist nicht auch bereits eine „Kanonbildung bei audiovisuellen Medien im Deutschunterricht" (Erlinger/Lecke 2004) im Gange?

Teil dieser Diskussion ist die Frage nach dem deutschdidaktischen Ort audiovisueller Texte. Der noch stumme Film startete als Jahrmarktbelustigung und Varieté-Attraktion, und das erste in Berlin eröffnete Kino trug 1899 den bezeichnenden Namen *Abnormitäten- und Biograph-Theater* (vgl. Pfeiffer/Staiger 2010, S. 5); das Fernsehen verbreitete sich in den 1950ern mit der siegreichen amerikanischen (Un-)kultur – samt „Negermusik", Jeans, Comics und *fast food* (zur Geschichte des Films und des Fernsehens vgl. Thiel/Würmli 1995; Monaco 2002, S. 229ff.; Hörisch 2004, S. 295ff. und 353ff.; Holly 2004, S. 12ff.; Faulstich 2005; Pfeiffer/Staiger 2010; Frederking/Krommer/Maiwald 2012, S. 45ff., 148ff.). Im Gegensatz zur rationalen, linearen und analytischen Schrift gilt das Bild in unserem Kulturkreis generell als emotional, ganzheitlich und amorph (vgl. Scheffer 2001, S. 198). Als die Bilder laufen lernten, lief die kulturelle Diskreditierung sogleich mit. Besonders energisch waren bildungsfundamentalistische Verdikte, die in Film und Fernsehen vor allem „Schmutz und Schund", Geld und Kommerz, damit auch das Ende von Geist und Kultur sahen (vgl. Kerlen 2005). In diesem Punkt traf sich die bürgerliche Bewahrpädagogik der 1950/60er durchaus mit der kritischen Medienanalyse der 1970er (z.B. Königstein 1971) (für einen historischen Abriss filmdidaktischer Positionen vgl. Abraham/Kepser 2005, 2009, S. 166–171).

Robert Ulshöfer (1958) brachte den Film in eine enge Verbindung mit der Literatur und dem Literaturunterricht. In der Tat: Geduldet war und ist der Film am ehesten als Literaturverfilmung. Verfilmungen gehören zur Rezeptionsgeschichte der jeweiligen Texte, als produktive Lesarten machen sie deutlich, dass Texte sowohl synchron von unterschiedlichen Lesern einer Epoche als auch diachron im Wandel der Epochen stets unterschiedlich aktualisiert werden können und müssen. Insofern gehören Verfilmungen zum kulturellen Überlieferungs- bzw. Diskursgeschehen. Auch zeigt sich in Literaturverfilmungen der „Wettstreit der Künste" (von Hoff 2004) oder – nüchterner gesprochen – die spezifische Leistungsfähigkeit unterschiedlicher Medien in der Konstruktion fiktionaler Sinnmodelle. Damit ist die Beschäftigung mit „Literaturverfilmungen im Deutschunterricht" (Staiger 2010) ohne Zweifel ein wichtiger Teil medienkultureller und -ästhetischer Bildung.

Keinesfalls aber kann die Kenntnisnahme audiovisueller Medien heute noch mit Literaturverfilmungen „abgedient" werden (Kern 2006, S. 225). Denn *filmische Texte und Ästhetik haben Buch und Schrift als kulturelle Leitmedien abgelöst.* Diese Ablösung hat einmal einen quantitativen Aspekt, werden doch in der (außerschulischen) Wirklichkeit weit mehr Spielfilme, Fernsehserien, Werbespots und Videoclips angeschaut als Kurzgeschichten und Romane gelesen. Qualitativ bedeutet dies dreierlei:

1) Vorstellungen von Narration und Fiktion werden weniger an printmedialen und mehr an audiovisuellen Texten ausgebildet. So ist man Mehrsträngigkeit, verschiedene Wirklichkeitsebenen und Montagen heute aus Serien und Spielfilmen gewohnt; ausgiebige Beschreibungen und Innensichten von Figuren, wie etwa im Roman des 19. Jahrhunderts, muten für audiovisuell Sozialisierte hingegen sperrig an.

2) Individuen beziehen die medialen Wirklichkeitsentwürfe für ihre Selbstkonstruktion weit weniger aus Büchern denn aus audiovisuellen Angeboten. Dies verläuft in der Regel nicht über naive Identifikation (*Ich will so sein wie ...*), sondern über die Nutzung von Medien zur Strukturierung des Alltags, zur Befriedigung momentaner Bedürfnisse und zur Bearbeitung biographischer Motive. Man hat beispielsweise eine bevorzugte Vorabend-Serie, sucht beim Zappen oder beim Surfen auf *You-Tube* originelle Werbespots, trifft sich mit Freunden zum DVD-Abend mit einem *Trash*-Film, interessiert sich für alles, was mit dem II. Weltkrieg zu tun hat.

3) Die Formierung von Werten und Normen, Mythen und Diskursen einer Gesellschaft vollzieht sich virulenter in den populären AV-Medien als im elitären Buchmedium. Aufsehenerregende Medienereignisse finden nach wie vor auch in Buchform statt, z. B. eine Waffen-SS-Enthüllung (Grass, *Beim Häuten der Zwiebel*, 2006), eine Neuvermessung von Ekel und Sexualität (Roche, Feuchtgebiete, 2008) oder eine sensationsheischende Verfallsklage (Sarrazin, Deutschland schafft sich ab, 2010). Mehr Aufmerksamkeit als derartige Bücher dürften aber die Talkshows erregen, in denen sie bzw. ihre

Autoren auftreten oder durchgesprochen werden. Einen quantitativ größeren Wirkungsgrad als die meisten Buch-Bestseller haben „Film-Events" wie die Trilogie von der *Wanderhure* (SAT 1, 2010ff.) oder Kino-„Blockbuster" wie *Avatar* (James Cameron, 2009).

Formen und Inhalte audiovisueller Medienangebote sind sowohl für die individuelle Selbstkonstruktion als auch für die kulturelle Paradigmatik rägender als die Buchliteratur. Mitten im Übergang von einer Print- zu einer Multimedienkultur kann der Deutschunterricht nicht mehr im (womöglich noch exklusiv hochliterarischen) Buch aufgehen. Vorstellungen von Text und von Lesbarkeit sind nicht mehr an Schrift und an die Papierform zu binden (vgl. Scheffer 2001, S. 202). Nachzugehen ist den Anteilen und den Veränderungen von Sprache in neuen medialen Umgebungen, etwa im medial vermittelten politischen Diskurs, in der Werbung, in elektronischen Hypertexten. Vor allem aber ist der Erwerb einer *visual literacy* in einer von Bildern dominierten Alltagskultur eine Bildungsaufgabe (vgl. Maiwald 2005a). Die Medienintegration, die Jutta Wermke (1997) für den Deutschunterricht maßgeblich gefordert und skizziert hat, muss daher auch audiovisuelle Texte einbeziehen – dies aber weder defensiv noch auf andere Art einseitig. Gerade ein medienintegrativer Deutschunterricht kann die besonderen Bildungswerte literarischer Texte herausstellen (vgl. Maiwald 2006b), er wird aber auch in audiovisuellen Texten Potenziale ästhetischen Lernens entdecken. Im Folgenden soll dieser Gegenstandsbereich abgesteckt werden.

2. Begriffliche und sachliche Eingrenzungen

Legt man als Definitionskriterium die verwendeten Zeichencodes zugrunde, lassen sich AV-Medien als *technisch erzeugte Verbindungen von (in der Regel) bewegten Bildern und Tönen* begreifen. Somit fallen Dichterlesungen und Theateraufführungen heraus, obwohl sie durchaus audiovisuell rezipiert werden.

Noch in der 8. Auflage des traditionsreichen *Taschenbuchs des Deutschunterrichts* wurden audiovisuelle Texte gleichgesetzt mit „Film und Fernsehspiel" (vgl. Lange 2003, S. 695). „Film" ist jedoch ein Sammelbegriff für äußerst Heterogenes vom kommerziellen (Hollywood)-Mainstream in der Art von *Jurassic Park* (1993) oder *Titanic* (1997) bis hin zum elitären Kunstfilm im Programmkino. Dazwischen stehen Produktionen wie *Lola rennt* (Tom Tykwer, 1998) oder *Mullholland Drive* (David Lynch, 2001), die trotz ihrer Komplexität ein größeres Publikum anzusprechen vermochten. 100 Jahre Filmgeschichte haben bedeutende Genres wie den Western oder den (Hitchcock-)Thriller (vgl. Kammerer 2009) sowie epochale Bewegungen wie den *Film noir* oder Dogma 95 hervorgebracht. Regisseure wie Charles Chaplin, Alfred Hitchcock und Stanley Kubrick haben stilbildende Oeuvres geschaffen. Zur Mediengattung Spielfilm gehören auch Produktionen speziell für Kinder und Jugendliche (vgl. Abraham 2002; Sahr 2002).

Eine kaum überschaubare Vielfalt herrscht beim Fernsehen, wo sich folgende Programmgattungen unterscheiden lassen (vgl. Holly 2004, S. 52ff.): informative (Nachrichten, Dokumentationen), performative (Gesprächssendungen, Reality-Formate, Quiz-, Spiel- und Casting-Shows) und fiktionale (TV-Movies, Fernsehspiele, Serien). Auch im Fernsehen gibt es ein kinderspezifisches Angebot (vgl. Erlinger 2002): Kindersender wie KiKa und Sendungen wie *Teletubbies, Löwenzahn, Die Sendung mit der Maus*, Comic-Serien oder die Jugend-Soap *Schloss Einstein*. Viel Kinderfernsehen dürfte sich freilich nach wie vor im Serienprogramm des Vorabends abspielen (vgl. Heidtmann 1993a, S. 20).

Neben dem (Spiel-)Film gibt es audiovisuelle Mediengattungen und -formate, die eher nach didaktischer Aufmerksamkeit verlangen als das vergleichsweise randständige Fernsehspiel: Serien (z.B. Daily Soaps, Telenovelas), Werbespots, Musikvideoclips. In diesem Spektrum werden sich die weiteren Ausführungen bewegen. Ausgeklammert sind Informationssendungen und Angebote des Bildungsfernsehens (Dokumentationen, Tierfilme, Telekolleg u.Ä.) sowie der Bereich Video- und Computerkunst. Obwohl auch sie als audiovisuelle Texte gelten können, bleiben interaktive digitale Medien *offline* und/oder *online* (Lexika, Spielgeschichten, Lernsoftware, Computerspiele, Netzliteratur) ebenso unberücksichtigt. *Konzentrieren wird sich dieser Beitrag auf den (Spiel-)Film und auf fiktionale Angebote des Fernsehens als kulturelle Leitmedien.* Entsprechende Angebote werden im Folgenden dargestellt.

3. Beispiele

3.1 Literaturverfilmung

Die Literatur reagierte auf die Konkurrenz des Films mit „filmischen Schreibweisen“ z.B. bei Autoren wie Dos Passos, Döblin und Brecht, die die Illusionsbildung des chronologisch-kausalen Erzählkontinuums aufbrachen (vgl. Paech 1997, S. 122; Schnell 2000, S. 151). Der realistische Film aber wurde im 20. Jahrhundert zum „Nachfolger des Romans des bürgerlichen Realismus“ (Paech 1997, S. 178). Literaturverfilmungen als direkte Kontaktnahmen der beiden Medien blieben hingegen vergleichsweise randständig. Dass sie im Deutschunterricht überrepräsentiert sind, überrascht wenig, vermittelt aber ein schiefes Bild der Gattung Spielfilm. Schulklassiker wurden Josef v. Sternbergs *Der blaue Engel* (1930) nach *Professor Unrat* von Heinrich Mann, R.W. Fassbinders *Effi Briest* (1974) oder Volker Schlöndorffs *Homo faber* (1990). Schnitzlers *Traumnovelle* in der Verfilmung von Stanley Kubrick (*Eyes Wide Shut*, 1999) und Süskinds *Das Parfum* in der Verfilmung von Tom Tykwer (2006) dürften erhöhte schulische Beachtung finden. Im kinder- und jugendliterarischen Bereich bieten sich Verfilmungen von Kästners *Emil und die Detektive* (1931, 1954, 2001), Astrid Lindgrens *Ronja Räubertochter* (1984), Charlotte Kerners *Blueprint. Blaupause* (2003), Cornelia Funkes *Der Herr der Diebe* (2005), Gudrun Pausewangs *Die Wolke* (2005), Otfried Preußlers *Krabat* (2008) oder Max von der Grüns *Vorstadtkrokodile* (2009) an.

Auch eine Literaturverfilmung ist ein eigenständiges Medienangebot. Beim Rückbezug auf den literarischen Text sollte es daher nicht darum gehen, lediglich „Abweichungen vom Buch" zu monieren, sondern den „Werkbezug einer interpretierenden Transformation" (Staiger 2010, S. 17) und Phänomene des Medienwechsels zu reflektieren. So ist in Charlotte Buchs Verfilmung von *Emil und die Detektive* (2001) Pony nicht mehr Emils Cousine, sondern die Chefin einer Kinderbande und die Anführerin der Detektive. Diese Differenz behebt aber für uns eher einen Mangel des Buches, nämlich das Fehlen einer positiven weiblichen Identifikationsfigur (vgl. Maiwald 2010a). Im Medienvergleich kann sich die Verfilmung auch als das größere Kunstwerk erweisen. *Shining* ist ein plakativer Horrorroman von Stephen King (1977), *The Graduate* eine schmucklose und so gut wie unbekannte Liebesgeschichte von Charles Webb (1963). Stanley Kubrick (1980) (vgl. ausführlich Hildebrand 2006) bzw. Mike Nichols (1967) machten daraus Filme, die ihre literarischen Vorlagen an künstlerischer Raffinesse weit übertreffen vgl. Frederking/Krommer/Maiwald 2012, S. 150–155). Das Gütekriterium einer Verfilmung ist daher nicht die „Werktreue", sondern die „Kreativität der Transformation" (Schnell 2000, S. 165).

Verhältnisse von Literatur und Film (vgl. Gast 1993) sind legitime Gegenstände, wenn sie in einer *wertneutralen Reflexion der Leistungen der beiden Medien* thematisiert werden. Möglichkeiten hierzu belegen zahlreich erschienene Analysen und Anregungen, z. B. Matthias 1995; Lange 1999; Hübner 2000; Heck 2001; Hildebrand 2001; Gast 2002; Rudloff 2002; von Hoff 2003, 2004; Köppert/Spinner 2003; Kriechbaum 2003; Joyeux 2004; Czerny/Fellenberg 2006; Schönleber 2006; Abraham 2010; Maiwald 2010b.

Genau so wenig wie ein Übungsgerät für die Analyse ist der Film freilich ein bloßer „Literaturtransporteur" (Schörkhuber 2003). Filmbetrachtung im Zusammenhang mit Kanon-Lektüre birgt stets die Gefahr, dass audiovisuelle Texte nicht eigenständig, sondern primär in ihrem Verhältnis zur literarischen Vorlage erscheinen. Keinesfalls dürfen aber Buch-Film-Vergleiche zum Alibi für die Bewahrung des reinen Literaturunterrichts (vgl. Denk 2003, S. 443) oder zum Vorwand für die Ausklammerung des populären Mainstreams werden.

3.2 Mainstream-Film

Der kulturelle Verdacht gegen den Mainstream-Film ist ein zweifacher. Als Film steht er für anstrengungslose Anschauung und den emotionalisierenden Bann der bewegten Bilder; als Hollywood-Produkt ist er obendrein Massenware und Kommerz. Solche Vorbehalte sind nicht grundlos, sie verdecken aber, dass auch im populären Unterhaltungsfilm Potenziale für kulturelles und ästhetisches Lernen stecken. Einige Beispiele sollen dies verdeutlichen:

Wolfgang Fehr (2001) zeigt in einer semiotischen Analyse, wie James Camerons *Titanic* (1997) über Bildrhetorik und -ästhetik Bedeutungen generiert. Beispielsweise sind komplementäre Handlungselemente auf das Heck (Selbstmordversuch und Rettung) und den Bug (in Liebe vereintes Nach-vorne-Blicken) verteilt und wird der prunkvolle Treppenaufgang im Zentrum des Schiffes zur räumlichen Schnittstelle der durch das Liebespaar repräsentierten sozialen Schichten. So wird deutlich, wie gezielt und gekonnt dieser Erfolgsfilm inszeniert ist.

Einen semiotischen Ansatz verfolgt auch Klaus Maiwald (vgl. 2005a, S. 204f. und 244ff.; 2006a) für die Arbeit an Jan de Bonts Naturkatastrophenthriller *Twister* (1996). Über imaginative Anschlusstexte und deren kommunikative Aushandlung beobachteten 9.Klässer Besonderheiten der Filmmusik, der Requisiten (Kleidung und Geräte) sowie der Figurenzeichnung und -konstellation.

Die Symbolwerte von Kleidung spielen auch in Elisabeth Schmitts (2006) Überlegungen zur filmästhetischen Inszenierung von Identität in Doug Litmans *Die Bourne Identität* (2002) eine Rolle. Die Art und Weise, in welcher der Film Spiegel bzw. Spiegelungen ins Bild setzt sowie Gesichter und Figuren inszeniert, bietet Ansätze für eine Erarbeitung filmästhetischer Mittel und eine Bearbeitung der Identitätsproblematik.

An dem auch in technischer Hinsicht wegweisenden Animationsfilm Shrek (I) lassen sich ein raffiniertes Spiel mit dem Märchenschema, eine hohe intertextuelle Anspielungsdichte und eine ironische Selbstreferentialität für literarästhetisches und medienkulturelles Lernen fruchtbar machen (vgl. Maiwald / Wamser 2010).

Film- und erzähltechnisch Furore gemacht hat Tom Tykwers *Lola rennt* (1998). Der Film erzählt die Geschichte von Manni, den ein dunkles Geschäft in eine Zwangslage bringt. Binnen kürzester Zeit muss er 100000 DM auftreiben und ruft in der Not seine Freundin an. Lola begibt sich auf einen hindernisreichen Weg, um Manni beizustehen. Ungewöhnlich ist einmal, dass der Film dieselbe Geschichte dreimal hintereinander in Variationen und mit wechselndem Ausgang erzählt. Zweitens durchbricht der Film die Ästhetik des Illusionskinos mit rasend schnellen Schnitten, abrupten Kamerabewegungen, jähen Übergängen in Trickfilmsequenzen oder der Einmontage von Einzelbildfolgen, die sekundenschnell ganze Lebensgeschichten von Nebenfiguren ablaufen lassen. Mit Recht gilt der Film als „Markstein der deutschen Kinogeschichte" (Jost/ Kammerer 2012, S. 37), zumal er trotz des „hohen Komplexitätsniveaus im formalästhetischen Bereich" (Wermke 2003, S. 95) auch kommerziell erfolgreich war. Nachvollziehbar hat Lola rennt didaktische Aufmerksamkeit erfahren (vgl. Hickethier 2002; Kepser 2002). Christine Köppert (2001, S. 252) regt an, das Leerstellen- und Anspielungsangebot des Filmes durch eine „produktiv-imaginationsorientierte Beschäftigung" wahrzunehmen und somit auch den Blick für filmspezifische Darstellungsmittel zu schärfen. Mittlerweile ist Tykwers Film in die „Spielfilmklassiker" für den Deutschunterricht eingereiht (vgl. Jost/Kammerer 2012).

Die Beispiele verdeutlichen, dass auch der populäre „Unterhaltungsfilm" (Zeitlinger 2003), vielleicht sogar der „schlechte Film" (Holzmann 2003), ein würdiger Lerngegenstand ist. Sie zeigen zudem, dass das Ziel keineswegs darauf beschränkt sein muss, Minderwertigkeit nachzuweisen. An Produktionen des Mainstreams lassen sich nicht nur filmische Mittel studieren, sondern auch subjektbildende Prozesse ins Werk setzen. Überdies ist das Hollywood-Kino für unsere Kultur eine wichtige Instanz sozialer und kultureller Selbstvergewisserung, die sich im Widerspiegeln und Weiterschreiben von Images und Rollen, Normen und Werten, Diskursen und Ideologien vollzieht (vgl. Maiwald/Wamser 2008). Dies zu beobachten ist ein wichtiger Teil ästhetischer und kultureller Bildung.

3.3 Serien

In Serien werden fiktionale Stoffe in mehrere Teile aufgegliedert dargeboten. Das Spektrum umfasst Fortsetzungsmehrteiler, Serien im klassischen Sinn und Endlosserien (*Soap Operas, Telenovelas*) (vgl. Hickethier 2001, S. 198f.; Holly 2004, S. 63ff.). Endlosserien wie *Lindenstraße* oder *Gute Zeiten, schlechte Zeiten* sind durch sogenanntes *multithreading* gekennzeichnet (vgl. Johnson 2006, S. 77ff.). Es gibt mehrere Handlungsbögen (*threads*), die innerhalb einer Folge weitergeführt, abgeschlossen oder neu aufgegriffen werden. Die Einzelfolge endet in der Regel mit einem spannenden, zu Beginn der nächsten Folge weitergeführten *cliffhanger* (im übertragenen Sinn also mit einer Figur, die auf Leben und Tod von einer Klippe hängt). Serien im klassischen Sinn wie *Schwarzwaldklinik* oder *Ein Fall für zwei* werden in Staffeln produziert und je nach Erfolg weitergeführt. Sie präsentieren abgeschlossene Episoden, konstruieren jedoch auch einen übergreifenden Handlungszusammenhang (im Vergleich dazu ist *Tatort* keine Serie, sondern eine Reihe). Serien-Genres und -Beispiele sind Krimi (*Derrick, Die Straßen von San Francisco), Familie (Die Waltons, Diese Drombuschs*), Tier- und/oder Action-Zeichentrick (*Biene Maja, Tom und Jerry*), Comedy bzw. Sitcom (*Bill Cosby, Al Bundy*), Arzt (*Schwarzwaldklinik, Emergency Room*) sowie Sci-Fi/Mystery (*Star Trek, Akte X*).

Serien starteten im deutschen Fernsehen in den 1950er Jahren als Umfeld für die Platzierung von Werbung in einem eigens dafür eingerichteten Vorabendprogramm (vgl. Heidtmann 1993a). Zu den ersten Fernsehserien zählten *Der Poli-*

zeibericht meldet (1953 ff.) und *Die Schölermanns* (1954 ff.). Mit *Dallas* begann die Mediengattung in den 1980er Jahren die Hauptsendezeit zu erobern. Die Dominanz von US-Produktionen hat sich mit dem kommerziellen Privatfernsehen noch erhöht, denn Serien sind nicht nur geeignete Ankerpunkte für Werbung, sie helfen auch Sendezeit kostengünstig füllen. Zudem schaffen die immer gleichen Sendungen an denselben Sendeplätzen Fixpunkte, an die sich Rezipienten binden können (vgl. Hickethier 2001, S. 218; Holly 2004, S. 11).

Immer wieder werden auch Serien mit explizitem künstlerischen, politischen oder erzieherischen Anspruch realisiert, z. B. *Acht Stunden sind kein Tag* (1972/73) von R. W. Fassbinder oder *Ein Herz und eine Seele* (1973 ff.) von Wolfgang Menge. Gegen Angekauftes für Kinder konzipiert waren *Pumuckl* (1982 ff.) und *Janoschs Traumstunde* (1986 ff.). David Lynch wagte mit *Twin Peaks* (1990/91) eine inhaltlich komplexe und ästhetisch experimentelle Produktion.

Obwohl ambitionierte Produktionen die Ausnahme sind, kann das Serienangebot nicht über einen Kamm geschoren werden. Es gibt Serien, die simplistische Weltbilder (z. B. den guten und immer siegreichen Helden) sowie schematische Figurenkonstellationen und einfache Erzählmuster vorführen, wie *Knight Rider* oder *Drei Engel für Charlie.* Gerade jüngere Serien wie 24, *The Wire und Lost* erfordern aufgrund ihrer narrativen Fülle und Komplexität aber eine aufwändige Rezeptionsleistung (vgl. Johnson 2006, S. 77 ff.). Sehenswert ist Matt Groenings mehrfach ausgezeichneter Zeichentrick *The Simpsons* (1989 ff.). Vordergründig eine lustig-turbulente Familienserie, steckt in den *Simpsons* eine Persiflage der US-amerikanischen Mittelschicht, die aber auch ein Spiegel universellen menschlichen Verhaltens ist. Ein raffiniertes Spiel mit kulturellen und medialen Klischees, Mythen und Diskursen macht die Serie zu einem besonderen intellektuellen Vergnügen (vgl. Maiwald 2005a, S.176 f.; Johnson 2006, S. 97; Frederking/Krommer/Maiwald 2012, S. 175 ff.).

Dieter Matthias (1993) schlägt vor, in den *Simpsons* universelle Typen, Rollen und Schemata menschlichen Handelns herauszuarbeiten. Generell gibt es für Fernsehserien im Unterricht (vgl. Heidtmann 1993b) unterschiedliche Ansatzpunkte. In der Vorabend-Soap *Gute Zeiten, schlechte Zeiten* lassen sich mediale Inszenierungen von Partnerschaft und Freundschaft untersuchen (vgl. Opresnik 2004, S. 143) und medienkritische Akzente setzen (vgl. Hübner 2004). In einer medienpädagogischen Perspektive kann es um das „Wertangebot" der Daily Soap und ihres Rezeptionsumfelds gehen (Hubbuch 2011, S. 133). Bodo Lecke (2004, S. 132) regt an, den Zusammenhang von TV-Serien mit ihren („trivialen") literarischen Gattungsvorbildern zu rekonstruieren.

3.4 Fernsehwerbung und Musikvideoclips

– Fernsehwerbung

Werbung gehörte von Beginn an zum Fernsehen. Die *soap opera* verdankt ihren Namen den Waschmittelherstellern, die in den damals vorwiegend von Hausfrauen konsumierten Sendungen ein ideales Werbeumfeld sahen. In Deutschland begann das Werbefernsehen im Jahr 1959, als das Fernsehen noch öffentlich-rechtlich war und nur einen Kanal anbot. Eigens um Werbung platzieren zu können, wurde ein Vorabendprogramm eingerichtet, vornehmlich aus Serien bestehend. Werbespots waren aus heutiger Sicht eher platte, in schlichte Szenarien gepackte Produktanpreisungen und Kaufappelle.

Seit Beginn der 1990er Jahre lässt sich beim Werbespot eine Aufladung mit symbolischen und mythischen Subtexten und eine Verschiebung weg von „sachlicher" und hin zu „imaginativer Referenz" (Kloepfer/Landbeck 1991, S. 96ff.) feststellen. Werbung zitiert universelle Motive und Symbole, sie erzählt kulturell verankerte Geschichten und Mythen (neu). Insofern funktioniert sie ähnlich wie Literatur. Sie weist von der Rezeptionsästhetik (Iser, Jauß) so genannte „Leerstellen" auf, die vom Betrachter assoziativ zu ergänzen sind: „Vor allem dem Zitat medialer Inhalte und Kulturstandards kommt dabei besondere Bedeutung zu" (Marci-Boehncke 2006, S. 806). Produktanpreisungen und Kaufappelle sind vielfach einem subtilen „Überredungsspiel" (Schnell 2000, S. 212) gewichen, in dem bestimmte Leitbilder und Lebensstile als Sinnangebote vermittelt werden. Verdichtet werden solche Sinnangebote durch eine Darstellungsästhetik, die stark auf Rasanz und auf Virtualisierungen setzt (für Beispielanalysen vgl. Gast 1994; Maiwald 2005a, S. 235–240; Frederking/Krommer/Maiwald 2012, S. 155–166). Charakteristisch ist schließlich die Verflechtung der Werbung mit dem Programm oder mit Medienverbünden (Dauerwerbesendungen, *product placement, merchandising*) (vgl. Heidtmann 1993a, S. 21; Maiwald 2005 a, S. 234).

Rund 54 Millionen Mal wurde (bis August 2012) in *YouTube* ein Spot angeklickt, in dem ein frustrierter kleiner Darth Vader den Showdown mit einem VW Passat sucht (vgl. http://www.youtube.com/watch?v=R55e-uHQna0, 01.08.2012). Star Wars im Wohngebiet für junge Familien mit einem ironisch reduzierten finsteren Bösewicht – das „Zitat medialer Inhalte und Kulturstandards" (Marci-Boehncke 2006, S. 806) ist tatsächlich wichtiger als die Produktinformation, und an die Stelle plakativer Anpreisungen und Appelle ist ein vielschichtiges „Überredungsspiel" (Schnell 2000, S. 212) getreten. Freilich wird in diesem Überredungsspiel kaum mehr geredet. Der Sprachanteil beschränkt sich hier auf eine Texttafel, wonach das Auto bald und ab 20.000 $ erhältlich sei (vgl. Maiwald 2012). Wenn Werbung Erlebnisangebote wie diese macht, greifen sprachliche Analyse und/oder Medienkritik zu kurz. Werbespots sind ein Zusammenspiel unterschiedlicher Zeichensysteme und nicht selten ein anregendes Spiel mit dem Vorwissen und den Vorerwartungen der Rezipienten. Dieser Art raffinierter Werbung ist mit Sprachanalyse und Immunisierungsstreben nicht beizukommen; sie verlangt intellektuelles Mitspielen und ermöglicht ästhetischen Genuss (vgl. zu didaktischen Aspekten Gast 1994; Maiwald 1999; Hurrelmann 2000; Maiwald 2005a, S. 167–171).

– Musikvideoclips

Music Television (MTV) startete 1981 in den USA mit einem Programm aus Musikvideos, angereichert durch Informationen über die Musikszene. Nach der Expansion nach Europa 1987 folgten weitere Sender wie VH 1 oder VIVA. Im März 2005 ging mit MTV Networks Africa der 100. Ableger eines Konzerns auf Sendung, der zu den zehn weltweit bekanntesten Marken zählt. Von Anbeginn war das Musikfernsehen mehr ein ökonomisches als ein kulturelles Projekt. MTV entsprang dem Ziel, der lahmenden Schallplattenindustrie aufzuhelfen, und die derzeitige künstlerische Flaute in der Clipproduktion entspringt wiederum vor allem der Absatzkrise bei CDs und den dadurch fehlenden Budgets. Im Vergleich mit den Anfängen vor rund 30 Jahren zeigt sich das Musikfernsehen stark gewandelt. Einfache Fernsehsender haben sich zu einem internetgestützten Geflecht medialer Angebots- und Nutzungsformen (Facebook, Twitter, *YouTube*) ausgewachsen. Zweitens sind die Musikvideoclips nur noch ein Segment in einem weitläufigen Ineinander aus Musik, Infotainment, Reality-, Dating-, Cartoonshows – und natürlich zielgruppenbezogener Werbung (Klingeltöne, „SMS-Spione", Girokonten). Drittens sind ästhetisch und künstlerisch anspruchsvolle Clips rar geworden.

Mit kommerziellen Zwängen erklärt sich auch die Vorherrschaft des Typus *performance*-Video, der die Interpreten in den Vordergrund stellt und im Grunde als Werbespot fungiert. Im Gegensatz dazu erzählen *narrative Clips* eine Geschichte und entwerfen *Konzeptvideos* visuelle Szenarien mit, über oder auch gegen die Musik (vgl. Röll 1998, S. 180; Zabka 2001, S. 110f.). Die Grenzen zwischen diesen Typen sind fließend, Mischformen gängig.

Von Anbeginn haben Musikvideos kulturkritische und pädagogische Bedenken hervorgerufen. Diese richten sich auf fragwürdige Inhalte (Gewalt, Sex, Rollenklischees, Konsum) ebenso wie auf die darstellungsästhetische Virtualisierung der Wirklichkeit. Videoclipinhalte sind mit den Kategorien unserer empirischen Erfahrung oft nicht zu fassen, und Musiksender konstruieren Parallelwelten, in denen irrationale Ideologien und Mythen (vgl. Busse 1996) oder schlichter Schwachsinn herrschen (vgl. Buddemeier 1993, S. 62). Andererseits wurden Musikvideos und -fernsehen auch als Teil der „Avantgarde" (Scheffer/Ketterl 2000, S. 46) gewürdigt: als „Bindeglied zwischen künstlerisch-avantgardistischen Ausdrucksformen und Massenkultur" (Richard 1993), als „Schule der

Ästhetik für ein Leben im digitalen High-Tech-Kapitalismus" (Schiesser 1996) oder als neue „Heimstatt für das Melancholische, das Märchenhafte, das Magische" (Schnell 2000, S. 9).

Mögen das Musikfernsehen als jugendliches Selbstverständigungsmedium und das Musikvideo als experimentelle Kunstform (z.B. *Thriller* von Michael Jackson, 1982, oder *Sign o´the Times* von Prince, 1997) ihren Zenith auch überschritten haben, so sind sie noch immer ein Hauptschauplatz unserer Medienkultur. Immer wieder ragt aus dem Einerlei auch Sehenswertes hervor, etwa *Without Me* (2002) von Eminem (vgl. Maiwald 2004 und 2005a, S. 225ff.), *Precious* von Depeche Mode (2005) oder *Dieser Weg* (2005) von Xavier Naidoo (vgl. Frederking/Krommer/Maiwald 2012, S. 167ff.) Ähnlich wie in der Werbung lohnen hier die filmische Konstruktion (Beschleunigung, Virtualisierung) und das intertextuelle Spiel mit kulturellen Motiven, Symbolen, Mythen und Diskursen die Beschäftigung (vgl. Röll 1998; Matthias 1999; Zabka 2001; Maiwald 2005a und 2005b, S. 24–38).

4. Didaktische Zielperspektiven: Filmlesefähigkeit und kulturelle Handlungsfähigkeit

Die Idee einer rein buchorientierten literarischen Bildung ist nicht nur seit den 1970er Jahren ideologieverdächtig, sondern heute auch anachronistisch. Literarische Bildung wäre unter den Vorzeichen einer Medienkultur (vgl. Maiwald 2009) bzw. jenseits der Dichotomisierung von „Literatur" und „Medien" (Staiger 2007, 162) als umfassendere „Medien-Kultur-Kompetenz" (Erlinger 2004, S. 35) zu denken. Zu begründen ist dieser Perspektivenwechsel mit der Verschiebung kultureller Leitmedien weg von Schrift und Buch hin zu audiovisuellen Texten, wie sie die hier vorgestellten Spielfilme, Fernsehserien, Werbespots und Musikvideoclips repräsentieren. Es sollte deutlich werden, warum derartige Texte legitime Gegenstände des Deutschunterrichts sind und mit welchen Zielen der Umgang mit ihnen verknüpft werden kann. Im Folgenden sollen didaktische Zielperspektiven textübergreifend verallgemeinert und gebündelt werden.

4.1 Filmlesefähigkeit

Der Begriff Filmlesefähigkeit ist ein Notbehelf, weil Filme nur im übertragenen Sinn „gelesen" werden. Anderseits macht er deutlich, dass auch die Rezeption audiovisueller Texte ein anspruchsvoller und erlernbarer Prozess ist. Hierzu gehört die

- *Auseinandersetzung mit den fiktionalen Wirklichkeitsmodellen*, die die Texte vorstellen: Sie können auf ihren Realitätsbezug, ihre Problemhaltigkeit, ihr Sinnpotenzial hin befragt werden: Wie wahrscheinlich ist das *happy ending* in der Schlussversion von *Lola rennt*? Welche Werte prägen das Zusammenleben der Simpsons? Zeigt der Videoclip *Dieser Weg* einen Wunschtraum oder einen Alptraum? Die in audiovisuellen Texten vorgestellten Wirklichkeiten sind stets auch „Diskussionsangebote über Lebensfragen" (Bütow 2002). Die Auseinandersetzung mit solchen „inhaltlichen" Fragen setzt eine

- *Dekodierung des filmischen Textes* voraus: Diese besteht darin, visuelle und auditive Darstellungscodes und ihr Zusammenspiel als bedeutungsgenerierend wahrzunehmen (z.B. Musik und Geräusche, Lichtregie, Einstellungsgröße, Schnitt); sie betrifft aber auch medienübergreifende narrative Kategorien (z.B. Figuren, Haupt- und Nebenhandlung, Symbole, Rückblenden, Konflikt, Auflösung). Darstellungen filmsprachlicher Mittel gibt es zahlreich und gut zugänglich (für ausführlichere Erläuterungen siehe Hickethier 2001; Hildebrand 2006; Monaco 2002; Klant/Spielmann 2008; Jost/Kammerer 2012; für Überblicke siehe Gast 1996; Rußegger 2003; Schmitt 2006, S. 108f.; Staiger 2008; Maiwald 2010c). Ebenso wenig wie literarische Texte sollen Filme jedoch zu Objekten analytischer Exerzitien reduziert werden. Begriffe und Kategorien sind kein Selbstzweck, sie sollten stets zielbezogen erworben und verwendet werden, um Verstehensprozesse zu befördern und mitteilbar zu machen. Zur Filmlesefähigkeit gehört darüber hinaus die
- *Realisierung intertextueller und transmedialer Zusammenhänge*: Intertextualität liegt vor, wenn ein Text implizit oder explizit auf einen anderen Text Bezug nimmt. Beispielsweise enthält die Halloween-Episode der *Simpsons* von 1995 knapp 20 Filmzitate, darunter *Godzilla, Poltergeist* und *Shining* (vgl. Johnson 2006, S. 97), und zitiert der Videoclip *Dieser Weg* surrealistische Malerei. Transmedialität bezeichnet das Wandern eines Stoffes oder Motivs durch verschiedene Medien: *Ronja Räubertocher* etwa gibt es als Buch, als Film und als interaktive CD-ROM. Das Motiv der aus einer Bedrängnis zu rettenden Dame (*damsel-in-distress*) gibt es in der Höfischen Literatur um 1200, in dem Drama *Endstation Sehnsucht* (1947) von Tennessee Williams, in dem Spielfilm *Spiderman* (2002) ebenso wie in dem Videoclip *All About Us* von TATU (2005) oder in einer Neuerzählung der Traualtar-Szene aus dem Film *Die Reifeprüfung* (1967) in einem Audi-Werbespot mit Dustin Hoffmann (vgl. Frederking/Krommer/Maiwald 2012, S. 154f.).

Relevant in der Wahrnehmung eines audiovisuellen Textes sind auch seine Kontexte: die Entstehungszeit, die Programmumgebung (z.B. Vorabend, Kinderfernsehen), die Gattungs- und Genrezugehörigkeit oder die Einordnung in filmgeschichtliche Epochen, filmästhetische Programme oder ins Oeuvre eines Regisseurs („typischer Hitchcock"). Aus solchen Kontexten lassen sich beispielsweise *Edgar Wallace*-Kultnächte im Fernsehen oder eine Parodie wie *Der Wixxer* (2004) erklären, deren Anspielungsdichte eine ausgedehnte Medienkenntnis erfordert. *Gattungs- und Genrewissen* ist auch für die ästhetische

Urteilsbildung relevant. Es stiftet beispielsweise die Erkenntnis, dass der Spielfilm *Open Water* von Chris Kentis (2004) mit dem Verzicht auf Horroreffekte und mit dem Tod beider Hauptfiguren gängige Hollywood-Klischees wie die Rettung in letzter Sekunde und das *happy ending* unterläuft. Indem sie Kultur als weit verzweigten Symbolzusammenhang erkennbar machen, vertiefen intertextuelle, transmediale und kontextuelle Erkenntnisse das Textverständnis und erweitern den ästhetischen Genuss.

Filmlesefähigkeit meint keine bloße Zergliederung filmsprachlicher Elemente und Strukturen. Sie beschränkt sich nicht auf kritisch-rationale Distanznahme, sondern muss „Formen emotionaler Sensibilisierung und sinnlicher Erfahrungsgewinnung" beinhalten (Gast 1996, S. 15).

4.2 Kulturelle Handlungsfähigkeit

Medien-Kultur-Kompetenz bedeutet aber nicht nur, audiovisuelle Texte in diesem Sinne „lesen" zu können. Sie bedeutet vor allem, im Medienkommunikationsfeld der Produktion, Distribution und Rezeption handlungsfähig zu sein. Wie Literatur sind auch AV-Medien keine Ansammlung von Texten, sondern eine kulturelle Praxis (vgl. Abraham/Kepser 2009). Kulturelle Handlungsfähigkeit bedeutet, an dieser Praxis reflektiert und souverän teilzuhaben. Dazu gehört:

- zu wissen, wie Fernsehen und Kino als kulturelle und kommerzielle Institutionen funktionieren (z. B. Trennung von öffentlich-rechtlichem und Privatfernsehen, Bildung von „Senderfamilien" und Medienkartellen, Verwischungen von Programm und Werbung, Hollywood- versus Autorenkino);
- Medienangebote gezielt für eigene Bedürfnisse und Interessen auszuwählen und zu rezipieren;
- dabei auch emotionale Gratifikationen erleben zu können (Angstlust, Spannung, moralische Befriedigung, Mitleid/Erschütterung, erotische Stimulation, Hingabe an Bildrasanz und Bildmächtigkeit);
- unterschiedliche Rezeptionssituationen (z. B. Multiplexkino, häuslicher Fernseher, Videobildschirm in der Wartehalle) zu kennen, in ihren Wirkungen richtig einzuschätzen und bedürfnisbezogen zu nutzen;
- relevante Informationsquellen und Diskurse zu kennen und zu nutzen (z. B. Filmlexika im Internet; Programmzeitschriften; Feuilleton);
- an der Aushandlung ästhetischer Urteile (damit letztlich an der Kanonbildung selbst) teilzunehmen: von informeller mündlicher Anschlusskommunikation unter Freunden bis zu formalisierten schriftlichen Anschlüssen (z. B. Filmempfehlung, Rezension).

Zu einer reflektierten und souveränen Medienpraxis gehört die Fähigkeit zu *kritischer Distanznahme*. Musikfernsehen *ist* ein kommerzielles Projekt, Videoclips dienen vor allem der Promotion und führen nicht selten fragwürdige Wirklichkeitsmodelle vor. Die *Simpsons* sind eine anspruchsvolle Serie, aber auch ein ausgeklügelter Merchandisingkomplex. Bewusstsein für ökonomische Zusammenhänge und kritische Distanzierung bilden daher einen didaktischen Zielbereich. Es kann aber nicht mehr darum gehen, populärkulturelle Medienangebote der beschriebenen Art als Teufelszeug der Kulturindustrie zu verdammen und junge Menschen dagegen immunisieren zu wollen. Nicht nur wäre dies vergebliche Mühe, es würde auch medienkulturelle Gegebenheiten und Potenziale für ästhetisches Lernen ignorieren.

5. Curriculare und unterrichtsorganisatorische Fragen

Abschließend sollen thesenartig wichtige Fragen der curricularen und unterrichtspraktischen Organisation umrissen werden:

- *Der Erwerb von Filmlesefähigkeit und kultureller Handlungsfähigkeit erfolgt sinnvollerweise* nicht in einem eigenen Fach, sondern durch Medienintegration im Fach (Wermke 1997). Dies bedeutet, dass Inhalte, Ziele und Methoden des Fachunterrichts medienbezogen konzipiert und erweitert werden. Leitfach der Medienerziehung ist der Deutschunterricht: Erstens enthalten auch audiovisuelle Texte sprachliche Anteile und narrative Strukturen; zweitens betreffen *alle* symbolischen Ordnungen das Fach Deutsch; drittens sind Prozesse des Textverstehens sprachlicher und kommunikativer Natur.
- *Die Multimedialität, die technische Verfasstheit und die lebensweltliche Präsenz audiovisueller Texte legt eine Kooperation mit anderen Fächern nahe* (vgl. Kepser 2010). Zu denken ist nicht nur an Kunst und Musik zur Erschließung visueller bzw. auditiver Codes, sondern auch an Naturwissenschaften für technische oder an Wirtschaft für ökonomische Medienaspekte. Die Dominanz englischsprachiger Produktionen ruft auch den Englischunterricht auf den Plan.
- *Soweit für eine fachorientierte Medienintegration explizite Curricula fehlen, sind entsprechende Vorgaben medienbezogen zu interpretieren.* In den seit 2003 veröffentlichten nationalen Bildungsstandards der Kultusministerkonferenz (vgl. http://www.kmk.org/bildung-schule/qualitaetssicherung-in-schulen/bildungsstandards/dokumente.html, 01.08.2012) und in länderspezifischen Bildungsplänen spielen Medien generell eine untergeordnete und diffuse Rolle (vgl. exemplarisch für Baden-Württemberg: Maiwald 2010d, S. 150ff.). Die gängige Rede von „Texten und Medien“ bzw. „Literatur und Medien“ unterstellt, dass in Medien keine Texte auftreten und dass Literatur kein Medium ist. Medien werden somit undifferenziert und latent abwertend zum (irgendwie) Anderen der Literatur erklärt. Eine deutlichere curriculare Kontur ergibt sich, wenn man etwa den Spielfilm als vierte Gattung der Literatur auffasst, Literatur im Medienverbund betrachtet (vgl. Josting/Maiwald 2007)

oder von medienübergreifenden Narrationsmustern ausgeht (vgl. Leubner/ Saupe 2009). Für den Film gibt es Ansätze eines fächerverbindenden Spiralcurriculums (Fuchs et al. 2008, S. 85, 90) und ein Kompetenzmodell für das „Kulturelle Handlungsfeld" (Länderkonferenz Medienbildung, vgl. http://www.laenderkonferenz-medienbildung.de/091116_Filmbildung_LKM.pdf, 01.08.2012). Solange der Film und Medien in Lehrplänen nicht systematischer und breiter verankert sind, lassen sich aber auch medienabgewandte Curricula so auslegen, dass sie einen medienintegrativen Unterricht decken (vgl. Jost 2000). Die Auseinandersetzung mit einem Hollywoodfilm etwa kann neben narrativen Kategorien im Bereich *Lesen/Literatur* im *mündlichen Sprachgebrauch* das Begründen und Vertreten von Standpunkten, im *schriftlichen* die Inhaltsangabe sowie das Erörtern einfacher Sachverhalte und in der *Reflexion über Sprache* Fragen der Semantik und des Stils berühren (vgl. Maiwald 2005a, S. 268ff.).

- *Der Erwerb von Filmlesefähigkeit und kultureller Handlungsfähigkeit umfasst alle Schularten und Schulstufen.* Gewiss sind die Texte und Textumgangsformen schülergerecht und lernzielorientiert auszuwählen. Bereits in der Primarstufe kann aber damit begonnen werden, Filmbilder zu betrachten und dabei erste filmanalytische Begriffe aufzubauen (vgl. Matthias 1996; Metzger 2000 und 2002; Fuchs et al 2008).

- *Der Umgang mit audiovisuellen Texten bedarf einer sachgerechten, zielorientierten und zeitgemäßen Methodik.* Für eine Filmarbeit als lernbereichsintegrative Aufgabe schlägt Abraham (2009, S. 78–101) neun Verfahren vor:

1. Filmgespräche führen
2. Schreiben zu Filmen
3. Szenische Verfahren (Nachspielen, character interview, Rollencasting)
4. Arbeit mit Filmplakaten und Trailern
5. Arbeit mit Filmstills
6. Arbeit mit ausgewählten Szenen / Sequenzen (Clips)
7. Arbeit mit dem Bonusmaterial
8. Arbeit mit Mehrsprachigkeit (Untertitel / Synchronfassungen)
9. Arbeit mit der literarischen Vorlage

Pauschale methodische Empfehlungen oder Patentrezepte gibt es nicht. Im Windschatten „moderner" Texte sollten aber keine überkommenen Textumgangsformen wie leitfragengelenkter Frontalunterricht oder Interpretationsaufsätze stehen. Vielfältige Möglichkeiten für „Handlungs- und produktionsorientiertes Arbeiten mit (Spiel-)Filmen" hat Matthis Kepser (2010) systematisiert. Schließlich sollte der Umgang mit audiovisuellen Texten medientechnische Möglichkeiten nutzen, etwa für eine flexible Textrezeption (DVD, PC) oder Formen der Textbearbeitung (z. B. Videoschnitt).

6. Schluss

Die Symbolsysteme Sprache, Literatur und Theater verlieren an Relevanz für die Orientierung des Individuums und für das kulturelle Gedächtnis der Gesellschaft (vgl. Erlinger 2004, S. 25). Schon weil auch Sprache und Literatur Medien sind, wäre es freilich unsinnig, aus dem Deutschunterricht ein „Medienfach" machen zu wollen. Auch geht es nicht darum, Literatur durch audiovisuelle Texte zu ersetzen. Die doppelte Realität der Medien als kulturelle Instanzen und als Reservoir fiktionaler Wirklichkeitsmodelle (vgl. Luhmann 1996) erfordert jedoch eine klare Überschreitung des schriftfixierten Textbegriffes und der zugehörigen „spätabendländische[n] Originalitätsästhetik" (Kern 2006, S. 223). Diese Überschreitung besteht nicht im Anschauen einer Verfilmung zur Belohnung nach der Lektüre; sie besteht darin, an exemplarischen Texten und in systematischer Weise Filmlesefähigkeit und eine reflektiere Teilhabe an (Medien-)-Kultur zu entwickeln.

Literatur

Abraham, Ulf (2002): Kino im Klassenzimmer. Klassische Filme für Kinder und Jugendliche im Deutschunterricht. In: Praxis Deutsch 175, S. 6–18.

Abraham, Ulf (2009): Filme im Deutschunterricht. Seelze: Klett.

Abraham, Ulf (2010): Vorstadtkrokodile. Einstieg in die Arbeit mit der Neuverfilmung (2008) oder einem Filmvergleich (1977/2008). In: Josting, Petra / Maiwald, Klaus (Hrsg.): Verfilmte Kinderliteratur. München: Kopäd, S. 215–224 (= kjl&m 10.extra).

Abraham, Ulf/Kepser, Matthis (2000): Living books zwischen Computermedien und Buchliteratur: medientheoretische und fachdidaktische Überlegungen. In: Der Deutschunterricht 52, H. 1, S. 45–53.

Abraham, Ulf/Kepser, Matthis (2003): Literaturdidaktik Deutsch. 3., neu bearbeitete und erweiterte Auflage. Eine Einführung. Berlin: Erich Schmidt.

Buddemeier, Heinz (1993): Leben in künstlichen Welten. Cyberspace, Videoclips und das tägliche Fernsehen. Stuttgart: Metzler.

Busse, Tanja (1996): Mythos in Musikvideos. Weltbilder und Inhalte von MTV und Viva. Münster: LIT (= Kommunikationsökologie, 3).

Bütow, Wilfried (2002): Science-Fiction-Filme – Diskussionsangebote über Lebensfragen. Truffauts „Fahrenheit 451" und Spielbergs „E.T." im Unterricht der 6. und 8. Klasse. In: Deutschunterricht 55, H. 6, S. 30–37.

Czerny, Gabriele/Fellenberg, Monika (2006): Spiegelbilder zwischen Wunsch und Wirklichkeit. Eine Unterrichtseinheit zum Film „Der blaue Engel". In: Kirchner, Constanze/Schiefer Ferrari, Markus/Spinner, Kaspar H. (Hrsg.): Ästhetische Bildung und Identität. Fächerverbindende Vorschläge für die Sekundarstufe I und II. München: Kopäd, S. 189–202.

Denk, Rudolf 1972 (2003): Hörfunk und Fernsehen. In: Lange, Günter/Neumann, Karl/Ziesenis, Werner (Hrsg.): Taschenbuch des Deutschunterrichts. Bd. 1. 8. Aufl. Baltmannsweiler: Schneider, S. 431–448.

Ehmer, Hermann K. (Hrsg.) (1971): Visuelle Kommunikation. Beiträge zur Kritik der Bewußtseinsindustrie. Köln: DuMont Schauberg.

Erlinger, Hans Dieter 1999 (2002): Kinderfernsehen. In: Lange, Günter (Hrsg.): Taschenbuch der Kinder- und Jugendliteratur. Bd. 2. 3. Aufl. Baltmannsweiler: Schneider, S. 620–636.

Erlinger, Hans Dieter (2004): Kanonfragen für die Medienerziehung im Deutschunterricht. In: Erlinger, Hans Dieter/Lecke, Bodo (Hrsg.): Kanonbildung bei audiovisuellen Medien im Deutschunterricht? München: Kopäd, S. 23–40.

Erlinger, Hans Dieter / Lecke, Bodo (Hrsg.) (2004): Kanonbildung bei audiovisuellen Medien im Deutschunterricht? München: Kopäd.

Faulstich, Werner (2005): Filmgeschichte. Paderborn: Fink (= UTB basics, 2638).

Fehr, Wolfgang (2001): Filmästhetik und Bildrhetorik im Erfolgskino: James Camerons „Titanic" (USA 1997). In: Der Deutschunterricht 53, H. 4, S. 79–84.

Feistner, Edith/Karg, Ina/Thim-Mabrey, Christiane (2006): Mittelalter-Germanistik in Schule und Universität. Leistungspotenzial und Ziele eines Faches. Göttingen: V&R unipress.

Frederking, Volker/Krommer, Axel/Maiwald, Klaus (2012): Mediendidaktik Deutsch. Eine Einführung. 2., neu bearbeitete und erweiterte Aufl. Berlin: Erich Schmidt (= Grundlagen der Germanistik, 44).

Fuchs, Mechtild et al. (2008): Freiburger Filmcurriculum. In: Der Deutschunterricht 60, H. 3, S. 84–90.

Gast, Wolfgang (1993–1995): Film und Literatur. Grundbuch. Einführung und vier Ergänzungsbände. Frankfurt am Main: Diesterweg.

Gast, Wolfgang (1994): Welche Jeans sind die besten? Mediendidaktische Analysen in den Werbeantworten von Levis und Diesel. In: Diskussion Deutsch 140, S. 386–400.

Gast, Wolfgang (1996): Filmanalyse. In: Praxis Deutsch 140, S. 14–25.

Gast, Wolfgang (2002): Rosa Lola oder: Was hat R. W. Fassbinders Film „Lola" (1981) mit H. Manns Roman „Professor Unrat" (1905) zu tun? In: Deutschunterricht 55, H. 6, S. 20–25.

Heck, Bettina (2001): Medienvergleich als Methode. „Homo faber": Roman und Film im Deutschunterricht. In: Wermke, Jutta (Hrsg.): Hören und Sehen: Beiträge zu Medien- und Ästhetischer Erziehung. München: Kopäd, S. 125–143.

Heidtmann, Horst (1993a): Fernsehzeit ist Serienzeit. Von der zunehmenden Notwendigkeit des Seriellen im Fernsehen. In: Praxis Deutsch 121, S. 18–25.

Heidtmann, Horst (1993b): Fernsehserien im Unterricht. In: Praxis Deutsch 121, S. 26–31.

Hickethier, Knut 1993 (2001): Film- und Fernsehanalyse. 3. Aufl. Stuttgart/Weimar: Metzler (= SM, 277).

Hickethier, Knut (2002): Drei Möglichkeiten zum Leben: „Lola rennt". In: Deutschunterricht 55, H. 6, S. 13–17.

Hildebrand, Jens (2006): film: ratgeber für lehrer. 2. Aufl. Köln: Aulis.

Hoff, Dagmar von (2003): Literaturverfilmung und Intermedialität. Mit einem Exkurs zu Michael Hanekes Film *Die Klavierspielerin* nach Elfriede Jelineks gleichnamigem Buch. In: Informationen zur Deutschdidaktik (ide) 27, H. 4, S. 53–61.

Hoff, Dagmar v. (2004): Wettstreit der Künste: „Eyes Wide Shut". Stanley Kubriks Verfilmung von Arthur Schnitzlers Traumnovelle. In: Erlinger, Hans Dieter/Lecke, Bodo (Hrsg.): Kanonbildung bei audiovisuellen Medien im Deutschunterricht? München: Kopäd, S. 181–190.

Holly, Werner (2004): Fernsehen. Tübingen: Niemeyer (= Grundlagen der Medienkommunikation, 15).

Holzmann, Christian (2003): Plädoyer für den schlechten Film. In: Informationen zur Deutschdidaktik (ide) 27, H. 4, S. 45–52.

Hörisch, Jochen (2004): Eine Geschichte der Medien. Von der Oblate zum Internet. Frankfurt am Main: Suhrkamp.

Hubbuch, Sabrina (2011): Wenn das Soap-Erlebnis anfängt, wo die Daily Soap endet: Medienkonvergenz am Beispiel der Soap „Verbotene Liebe“. In: Marci-Boehncke, Gudrun / Rath, Matthias (Hrg.): Medienkonvergenz im Deutschunterricht. München: Kopäd, S. 133–155 (= Jahrbuch Medien im Deutschunterricht 2010).

Hübner, Marlies (2000): Spielfilmrezeption und -analyse. Eine unterrichtspraktische Realisierung am Beispiel „Momo“. In: Ensberg, Claus/Diegritz, Theodor/Hübner, Marlies/Schuster, Karl (Hrsg.): Deutschunterricht: Zugang zu den Lernenden finden. Braunschweig: Westermann, S. 77–88.

Hübner, Marlies (2004): Die Fernsehserie „Gute Zeiten – schlechte Zeiten“ im Deutschunterricht. Perspektiven und Dimensionen der Medienwirkung. In: Kepser, Matthis/Nickel-Bacon, Irmgard (Hrsg.): Medienkritik im Deutschunterricht. Baltmannsweiler: Schneider, S. 38–55.

Hurrelmann, Bettina (2000): Nie waren sie wertvoller als heute [Basisartikel zum Themenheft „Werbung“]. In: Praxis Deutsch 163, S. 16–25.

Johnson, Steven (2006): Neue Intelligenz. Warum wir durch Computerspiele und TV klüger werden (amerik. 2005). Köln: Kiepenheuer & Witsch.

Jost, Roland (2000): „Schule ist kein Kino für die Kinder“ – Gedanken zum Thema Bildungsplan und Medienarbeit im Fach Deutsch der Grundschule. In: Blattmann, Ekkehard/Frederking, Volker (Hrsg.): Literatur und Medien. Baltmannsweiler: Schneider (= Deutschunterricht konkret, 1), S. 136–165.

Jost, Roland / Kammerer, Ingo (2012): Filmanalyse im Deutschunterricht. Spielfilmklassiker. München: Oldenbourg (= Oldenbourg Interpretationen, 113).

Josting, Petra / Maiwald, Klaus (Hrsg.) (2007): Kinder- und Jugendliteratur im Medienverbund. Grundlagen, Beispiele und Ansätze für den Deutschunterricht. München: Kopäd (= kjl&m 07.extra).

Joyeux, Annett (2004): Integrierte Medienerziehung im Deutschunterricht am Beispiel des ersten deutschen Tonfilms „Der blaue Engel“ von Joseph von Sternberg im Vergleich zur literarischen Vorlage „Professor Unrat“ von Heinrich Mann – eine Unterrichtssequenz in Klasse 11. In: Erlinger, Hans Dieter/Lecke, Bodo (Hrsg.): Kanonbildung bei audiovisuellen Medien im Deutschunterricht? München: Kopäd, S. 191–214.

Kammerer, Ingo (2009): Film – Genre – Werkstatt. Textsortensystematisch fundierte Filmdidaktik im Fach Deutsch. Baltmannsweiler: Schneider.

Kepser, Matthis (2002): Auf den Spuren eines Zeit-Spiel-Films. Anregungen zu *Lola rennt*. In: Praxis Deutsch 175, S. 44–50.

Kepser, Matthis (Hrsg.) (2010): Fächer der schulischen Filmbildung. München: Kopäd.

Kepser, Matthis (2010): Handlungs- und produktionsorientiertes Arbeiten mit (Spiel-)Filmen. In: Kepser, Matthis (Hrsg.): Fächer der schulischen Filmbildung. München, S. 187–240.

Kerlen, Dietrich (2005): Jugend und Medien in Deutschland. Eine kulturhistorische Studie. Hrsg. v. Matthias Rath und Gudrun Marci-Boehncke. Weinheim/Basel: Beltz.

Kern, Peter Christoph (2006): Film. In: Bogdal, Klaus-Michael/Korte, Hermann (Hrsg.): Grundzüge der Literaturdidaktik. 2. Aufl. München: dtv, S. 217–229.

Klant, Michael / Spielmann, Raphael (2008): Grundkurs Film 1: Kino, Fernsehen, Videokunst. Braunschweig: Schroedel.

Kloepfer, Rolf/Landbeck, Hanne (1991): Ästhetik der Werbung. Der Fernsehspot in Europa als Symptom neuer Macht. Frankfurt am Main: Fischer.

Königstein, Horst (1971): Es war einmal ein Western: Stereotyp und Bewußtsein. Wie sich marktkonforme Ästhetik selber zum Thema machen kann und was der Italo-Western damit zu tun hat. In: Ehmer, Hermann K. (Hrsg.): Visuelle Kommunikation. Beiträge zur Kritik der Bewußtseinsindustrie. Köln: DuMont Schauberg, S. 299–333.

Köppert, Christine (2001): „Ich hab' auf dich gewartet, 'ne halbe Ewigkeit." Filmzeit, verfilmte Zeit. Ein Dechiffrierangebot in der Ausgangsstory von „Lola rennt". In: Köppert, Christine/ Metzger, Klaus (Hrsg.): „Entfaltung innerer Kräfte". Blickpunkte der Deutschdidaktik. Velber: Friedrich, S. 247–260.

Köppert, Christine/Spinner, Kaspar H. (2003): Filmdidaktik: Imaginationsorientierte Verfahren zu bewegten Bildern. In: Deubel, Volker/Kiefer, Klaus H. (Hrsg.): MedienBildung im Umbruch. Lehren und Lernen im Kontext der Neuen Medien. Bielefeld: Aisthesis (= Schrift und Bild in Bewegung, 6), S. 59–73.

Kriechbaum, Gerhard (2003): Kurzgeschichte und Kurzfilm. Eine Unterrichtsskizze zu *Reusenheben* von Wolfdietrich Schnurre und Henrik Schlottmann, Federico da Cescos *Spaghetti für zwei* und Pepe Danquarts *Schwarzfahrer.* In: Informationen zur Deutschdidaktik (ide) 27, H. 4, S. 92–99.

Lange, Günter (1999): Kinder- und Jugendliteratur in ihren Verfilmungen am Beispiel von Charlotte Kerners Jugendbuch „Geboren 1999". In: Franz, Kurt/Lange, Günther (Hrsg.): Bilderwelten. Vom Bildzeichen zur CD-Rom. Baltmannsweiler: Schneider, S. 131–165.

Lange, Günter 1972 (2003): Film und Fernsehspiel im Unterricht. In: Lange, Günter/Neumann, Karl/Ziesenis, Werner (Hrsg.): Taschenbuch des Deutschunterrichts. Bd. 2. 8. Aufl.: Baltmannsweiler: Schneider, S. 695–720.

Lecke, Bodo (2004): Zwischen Medienpädagogik und Literaturdidaktik. TV-Serien im Deutschunterricht. In: Erlinger, Hans Dieter/Lecke, Bodo (Hrsg.): Kanonbildung bei audiovisuellen Medien im Deutschunterricht? München: Kopäd, S. 89–134.

Leubner, Martin (2001): Hyperfiction im Deutschunterricht. In: Der Deutschunterricht 53, H. 2, S. 44–57.

Leubner, Martin / Saupe, Anja (2009): Erzählungen in Literatur und Medien und ihre Didaktik. 2. Aufl. Baltmannsweiler: Schneider.

Luhmann, Niklas 1995 (1996): Die Realität der Massenmedien. 2. Aufl. Opladen: Westdeutscher Verlag.

Maiwald, Klaus (1999): Werbung zwischen Kapital und Kult. Anmerkungen zur Veränderung eines Lerngegenstands. In: Literatur und Sprache – didaktisch (LUSD) 14, S. 7–22.

Maiwald, Klaus (2004): Was hat die Eminem Show in PISA verloren? Überlegungen zum Zusammenhang von Lesen und Mediatisierung. In: Frederking, Volker/Jonas, Hartmut/Josting, Petra/Wermke, Jutta (Hrsg.): Jahrbuch Medien im Deutschunterricht 2003. München: Kopäd, S. 67–82.

Maiwald, Klaus (2005a): Wahrnehmung – Sprache – Beobachtung. Eine Deutschdidaktik bilddominierter Medienangebote. München: Kopäd.

Maiwald, Klaus (2005b): Was kann Schule machen? Medienerprobungen mit angehenden DeutschlehrerInnen. Bamberg (= Literatur und Sprache – didaktisch, 18).

Maiwald, Klaus (2006a): Geschlechterrollen und andere Katastrophen. Zur Re- und Dekonstruktion von Zeichenhaftigkeiten eines Hollywood-Films. In: Frederking, Volker (Hrsg.): Filmdidaktik – Filmästhetik München: Kopäd (= Jahrbuch Medien im Deutschunterricht 2005), S. 116–129.

Maiwald, Klaus (2006b): „... weg von dem Entsetzlichen da draußen ..." – Patrick Süskinds Erzählung „Die Taube" (1987). In: Der Deutschunterricht 58, H. 3, S. 51–57.

Maiwald, Klaus (2009): Sprachliche und literarische Bildung in der Mediengesellschaft. In: Beisbart, Ortwin / Marenbach, Dieter: Bausteine der Deutschdidaktik. Ein Studienbuch. 3., überarbeitete und erw. Aufl. Donauwörth: Auer, S. 288–296.

Maiwald, Klaus (2010a): Der dreifache Emil – ästhetisches Lernen an den Verfilmungen von Erich Kästners Detektivklassiker. In: Kepser, Matthis (Hrsg.): Fächer der schulischen Filmbildung. München: Kopäd, S. 123–145.

Maiwald, Klaus (2010b): „Viel digital geschraubt“ und „totgelabert“? Marco Kreuzpaintners Krabat (2008). In: Josting, Petra / Maiwald, Klaus (Hrsg.): Verfilmte Kinderliteratur. Gattungen, Produktion, Distribution, Rezeption und Modelle für den Deutschunterricht. München: Kopäd (= kjl&m 10.extra), S. 225–235.

Maiwald, Klaus (2010c): Grundlegende filmanalytische Begriffe und Kategorien. In: Josting, Petra / Maiwald, Klaus (Hrsg.): Verfilmte Kinderliteratur. Gattungen, Produktion, Distribution, Rezeption und Modelle für den Deutschunterricht. München: Kopäd (= kjl&m 10.extra), S. 168–176.

Maiwald, Klaus (2010d): Literatur im Medienverbund unterrichten. In: Rösch, Heidi (Hrsg.): Literarische Bildung im kompetenzorientierten Deutschunterricht. Freiburg: Fillibach, S. 135–156.

Maiwald, Klaus (2012): Sinnlichkeit und Sinn. Eine Werbung für medienkulturelle Bildung. In: Oomen-Welke, Ingelore / Staiger, Michael (Hrsg.): Bilder in Medien, Kunst, Literatur, Sprache, Didaktik. Freiburg: Fillibach, S. 65–80.

Maiwald, Klaus/Wamser, Willi (2008): Schwerter, Liebe und mehr. Was *Der Erste Ritter* aus Hollywood mit medienkultureller Bildung zu tun und im Deutschunterricht verloren hat. In: Der Deutschunterricht 60, H. 3, S. 64–73.

Maiwald, Klaus / Wamser, Willi (2010): Schluss mit Märchen!? Was der Animationsfilm Shrek für literarästhetisches und medienkulturelles Lernen zu bieten hat. In: Maiwald, Klaus/Josting, Petra (Hrsg.): Comics und Animationsfilm. München: Kopäd (= Jahrbuch Medien im Deutschunterricht 2009), S. 108–121.

Marci-Boehncke, Gudrun (2006): Werbung. In: Kliewer, Heinz-Jürgen/Pohl, Inge (Hrsg.): Lexikon Deutschdidaktik. Baltmannsweiler: Schneider, S. 805–808.

Matthias, Dieter (1993): Typen, Rollen, Schemata. *Die Simpsons* als Spiegel menschlichen Verhaltens. In: Praxis Deutsch 121, S. 57–61.

Matthias, Dieter (1995): Vom Gedankenlesen zum er-lesenen [sic] Gedanken. Ein Film-Buch-Vergleich am Beispiel von Ronja Räubertochter. In: Praxis Deutsch (Sonderheft: Kinder- und Jugendliteratur im Unterricht), S. 79–86.

Matthias, Dieter (1996): „Pingus Sprache sieht man doch!“ Übersetzung der Körpersprache eines Trickfilms als Einstieg in die Filmanalyse. In: Praxis Deutsch 140, S. 29–34.

Matthias, Dieter (1999): Assoziationstraining mit Videoclips im Sprachunterricht. In: Praxis Deutsch 26, H. 153, S. 29–34.

Metzger, Klaus (2000): „Die Mutter wird schimpfen, weil sie so streng schaut“. In: Praxis Deutsch 160, S. 23–25.

Metzger, Klaus (2002): Goof! Fehler in Filmen als Bausteine für eine Schule des Film-Sehens. In: Praxis Deutsch 175, S. 19–21.

Monaco, James (2002): Film verstehen. Reinbek: Rowohlt.

Opresnik, Miriam (2004): Daily Soaps im Deutschunterricht. Ein Jugendmythos zwischen Kunst, Kult und Kitsch. In: Erlinger, Hans Dieter/Lecke, Bodo (Hrsg.): Kanonbildung bei audiovisuellen Medien im Deutschunterricht? München: Kopäd, S. 135–144.

Paech, Joachim 1988 (1997): Literatur und Film. 2. Aufl. Stuttgart: Metzler (= SM, 235).

Pfeiffer, Joachim / Staiger, Michael (2010): Grundkurs Film 2: Filmkanon, Filmklassiker, Filmgeschichte. Braunschweig: Schroedel.

Richard, Birgit (1993): Music Video Clips. Von der „optophonetischen Schaumaschine“ Raoul Hausmanns zum Brain Dance der Techno Kultur. In: Wilhelm Lehmbruck Museum Duisburg (Hrsg.): Frischluft. Installation – Interaktion. Duisburg, S. 116–123 (vgl. http://web.uni-frankfurt.de/fb09/kunstpaed/indexweb/publikationen/videoclipsund-spiele.htm, 12.11.2009).

Röll, Franz-Josef (1998): Mythen und Symbole in populären Medien. Der wahrnehmungsorientierte Ansatz in der Medienpädagogik. Frankfurt am Main: Gemeinschaftswerk der evangelischen Publizistik.

Rudloff, Holger (2002): King Kong und Kafka. Katastrophenfilme und Franz Kafkas „Das Stadtwappen“. In: Deutschunterricht 55, H. 6, S. 26–29.

Rußegger, Arno (2003): Nulla dies sine kinema. Eine kleine Einführung in die Filmanalyse in sechs Abschnitten. In: Informationen zur Deutschdidaktik (ide) 27, H. 4, S. 17–35.

Sahr, Michael 1999 (2002): Kinderfilm. In: Lange, Günter (Hrsg.): Taschenbuch der Kinder- und Jugendliteratur. Bd. 2. 3. Aufl. Baltmannsweiler: Schneider, S. 608–619.

Scheffer, Bernd/Ketterl, Hans-Peter (2000): Video Passage. Schrift und Bild in Werbespots und in Musikvideos. In: Scheffer, Bernd (Hrsg.): Schrift und Bild in Bewegung. München: o. V., S. 42–50.

Scheffer, Bernd (2001): Zur neuen Lesbarkeit der Welt. In: Maiwald, Klaus/Rosner, Peter (Hrsg.) 2001: Lust am Lesen. Bielefeld: Aisthesis (= Schrift und Bild in Bewegung, 2), S. 195–209.

Schiesser, Jaco (1996): Video killed the radio star. Musikvideos – Kunst der Gehirnwäsche oder Schule der Ästhetik? (http://www.xcult.ch/texte/schiesser/video.html, 12.11.2009).

Schmitt, Elisabeth (2006): Die filmästhetische Inszenierung von Identität in *Die Bourne Identität.* In: Kirchner, Constanze/Schiefer Ferrari, Markus/Spinner, Kaspar H. (Hrsg.): Ästhetische Bildung und Identität. Fächerverbindende Vorschläge für die Sekundarstufe I und II. München: Kopäd, S. 97–110.

Schnell, Ralf (2000): Medienästhetik. Zu Geschichte und Theorie visueller Wahrnehmungsformen. Stuttgart: Metzler.

Schönleber, Matthias (2006): „Es gibt Tiefen genug, sie klaffen zwischen den Bildern.“ Ästhetische Kompetenz an den Schnittstellen von Kurzfilm und Kurzgeschichte“. In: Frederking, Volker (Hrsg.): Filmdidaktik – Filmästhetik. München: Kopäd (= Jahrbuch Medien im Deutschunterricht 2005), S. 62–77.

Schörkhuber, Wolfgang (2003): Film im Deutschunterricht – Literaturtransporteur, Filmanalyse oder was? In: Informationen zur Deutschdidaktik (ide) 27, H. 4, S. 8–16.

Staiger, Michael (2007): Medienbegriffe, Mediendiskurse, Medienkonzepte. Bausteine einer Deutschdidaktik als Medienkulturdidaktik. Baltmannsweiler: Schneider.

Staiger, Michael (2008): Filmanalyse – ein Kompendium. In: Der Deutschunterricht 60, H. 3, S. 8–18.

Staiger, Michael (2010): Literaturverfilmungen im Deutschunterricht. München: Oldenbourg (= Oldenbourg Interpretationen, 112).

Thiel, Hans Peter/Würmli, Marcus (Übs. u. Bearb.) (1995): Wie die Bilder laufen lernten. Ein Spaziergang durch die Geschichte der Traumfabrik: Hundert Jahre Kino. Brockhaus: Mannheim (= Meyers Jugendbibliothek).

Ulshöfer, Robert (1958): Welchen Raum können Filmerziehung und Hörspielarbeit im Deutschunterricht der Gymnasien beanspruchen. In: Der Deutschunterricht 10, H. 3, S. 8–13.

Wermke, Jutta (1997): Integrierte Medienerziehung im Fachunterricht. Schwerpunkt: Deutsch. München: Kopäd.

Wermke, Jutta (2003): Transitorische Momente – Oder: Die Frage nach der Kreativität heute. In: Deubel, Volker/Kiefer, Klaus H. (Hrsg.): MedienBildung im Umbruch. Lehren und Lernen im Kontext der Neuen Medien. Bielefeld: Aisthesis (= Schrift und Bild in Bewegung, 6), S. 129–139.

Zabka, Thomas (2001): Zum Symbolverstehen von Videoclips. Didaktische Reflexionen und Ratschläge. In: Wermke, Jutta (Hrsg.): Hören und Sehen: Beiträge zu Medien- und Ästhetischer Erziehung. München: Kopäd, S. 109–124.

Zeitlinger, Eva (2003): Unterhaltungsfilme im Unterricht? Versuch einer Begründung in Theorie und Praxis. In: Informationen zur Deutschdidaktik (ide) 27, H. 4, S. 78–85.

AXEL KROMMER

2.6 Didaktik und Ästhetik neuer Medien: Lesen und Verstehen symmedialer Texte

Der folgende Beitrag setzt sich mit dem WWW, dem Web 2.0 bzw. den „social media“ sowie dem Chat auseinander und nimmt damit aus deutschdidaktischer und medienästhetischer Perspektive diejenigen Online-Angebote in den Blick, die von Schüler(inne)n momentan am häufigsten genutzt werden. Einleitend sollen jedoch zunächst einige grundlegende terminologische und konzeptionelle Fragen in den Mittelpunkt gerückt werden.

1. Vom Inhalt zur Form eines Mediums

Der Begriff „Medium“ gehört zu den Ausdrücken, die wir in unserem sprachlichen Alltag zumeist ohne Probleme kompetent verwenden können. Wir bezeichnen beispielsweise das Buch und die Zeitung als Medien, die auch im 21. Jahrhundert noch eine große Bedeutung besitzen, diskutieren darüber, ob der Computer als neues Medium unsere Kinder schlauer oder dümmer werden lässt, reden über die immer bunter und vielfältiger werdende Medienlandschaft des Internets, fragen uns, wie neue Medien die moderne Gesellschaft verändern werden und vieles mehr. Die unbestreitbare Tatsache, dass wir über ein zuverlässiges Know-how im sprachlichen Umgang mit dem Begriff „Medium“ verfügen, verstellt jedoch häufig den Blick dafür, dass wir in der Regel sehr weit davon entfernt sind, eine zufriedenstellende Definition oder auch nur eine einigermaßen exakte Gegenstandsbestimmung liefern zu können. Im Rahmen unserer alltäglichen Kommunikation muss das kein Manko darstellen, denn schließlich können wir auch über Tische und Stühle reden, ohne dass wir uns zuvor Gedanken über die explizite Definition der entsprechenden Ausdrücke machen müssen.

Wenn man jedoch in wissenschaftlicher Absicht über (neue) Medien nachdenkt, stellt sich die Frage nach terminologischen Klärungen mit einiger Dringlichkeit. Denn es könnte sich als grob fahrlässig erweisen, wenn man ein ungenaues, umgangssprachliches, lediglich auf dem gesunden Menschenverstand basierendes Medienkonzept unreflektiert zur Grundlage einer wissenschaftlichen Theorie macht. Das gilt insbesondere für die Didaktik, denn hier haben Theorien gleichsam *per definitionem* auch (un)mittelbare Auswirkungen auf die konkrete unterrichtliche Praxis[1]. Im Folgenden soll u. a. gezeigt werden, dass begriffliche Reflexionen insbesondere im Bereich der Mediendidaktik Deutsch

[1] Zur Didaktik als Theorie unterrichtlicher Praxis vgl. Frederking (2006a).

keinesfalls überflüssige und praxisferne Glasperlenspiele im wissenschaftlichen Elfenbeinturm sind, sondern eine Bedingung der Möglichkeit nicht bloß zufällig gelingenden Unterrichts darstellen.

Wenn es um die Klärung bzw. die didaktisch relevante Analyse des Begriffs „Medium“ geht, lässt sich einerseits – im Anschluss an die aristotelische Traditionslinie – die These vertreten, dass man ohne eindeutige definitorische Grundlagen prinzipiell keine Wissenschaft betreiben kann (vgl. Raible 2006, Kap. 1), wenn man sich nicht in einem „Begriffswirrwarr und Metaphernsalat“ (Faulstich 2002, S. 19) verlieren will. Andererseits macht es jedoch auch wenig Sinn, „einen Medienbegriff auf dem Wege einer Definition schlicht festzuklopfen“ (Leschke 2003, S. 11) und sich durch normative Setzungen „des Problems per Dekret zu entledigen.“ (Leschke 2003, S. 11) Wie wenig erhellend solche Begriffsbestimmungen insbesondere für didaktische Zwecke sein können, lässt sich beispielhaft an einer Definition des Begriffs „Medium“ illustrieren, die Faulstich (2002) im Anschluss an Saxer (1997) vorgelegt hat und die er selbst – recht unbescheiden – als die „bislang am weitesten entwickelte Definition“ (Faulstich 2002, S. 26) bezeichnet, die sich „enorm anregend auf die Medienforschung in ihrer ganzen Breite auswirken“ (ebd.) wird. Sie lautet:

> „Ein Medium ist ein institutionalisiertes System um einen organisierten Kommunikationskanal von spezifischem Leistungsvermögen mit gesellschaftlicher Dominanz.“ (Faulstich 2002, S. 26)

Diese Definition, die einem kritischen Leser auf den ersten Blick als typischer Fall des *obscurum per obscurius* erscheinen mag, ist selbst bei wohlwollender Lesart nur äußerst schwierig für deutschdidaktische Überlegungen fruchtbar zu machen. Auch Barsch gelingt in seiner „Mediendidaktik Deutsch“ nicht einmal ansatzweise der Nachweis, dass Faulstichs Definition wichtige Implikationen für den konkreten Unterricht besitzen könnte (vgl. Barsch 2005, S. 13–15).

Dieses Beispiel zeigt, dass eine Begriffsdefinition nicht notwendigerweise interessante didaktische Implikationen besitzt und dass man, anstatt „dem Trugbild der *einen richtigen* Mediendefinition nachzujagen“ (Frederking/Krommer/Maiwald 2012, S. 12. Hervorhebung im Original), möglicherweise besser daran tut, im Rahmen einer Begriffsanalyse die impliziten Regeln und Funktionsweisen von Medien offenzulegen, um daraus konkrete Folgerungen für die didaktisch reflektierte Gestaltung des Deutschunterrichts abzuleiten. Zu einer solchen Begriffsanalyse gehört auch, dass intuitiv sehr plausibel erscheinende Common-Sense-Annahmen über Medien auf den Prüfstand gestellt werden. Eine dieser Annahmen über die Funktionsweise von Medien, die uns der gesunde Menschenverstand als unproblematisch erscheinen lässt, könnte man folgendermaßen formulieren:

Common-Sense-These: Ein Medium ist ein (Ver-)Mittler, eine Art Kanal, dessen Funktion darin besteht, Informationen von einem Sender zu einem Empfänger zu transportieren.

Das dieser These zugrunde liegende Sender-Empfänger-Modell der Kommunikation, das in unterschiedlich komplexen Varianten existiert, ist vielen Leser(inne)n möglicherweise noch aus dem eigenen Deutschunterricht bekannt. Überraschenderweise tauchen die einzelnen Bausteine dieses Modells jedoch nicht in einer geisteswissenschaftlichen Abhandlung über menschliche Kommunikation zum ersten Mal auf, sondern in der *Mathematical Theory of Communication* des amerikanischen Ingenieurs Claude Elwood Shannon (vgl. Shannon/Weaver 1949). Shannon war ausdrücklich nicht an den semantischen und pragmatischen Aspekten der Sprache interessiert (vgl. z. B. Shannon/Weaver 1949, S. 31). Ihm ging es vor allem um die technischen Probleme des fälschungssicheren Übertragens und feindsicheren Verschlüsselns von möglicherweise kriegsentscheidenden Nachrichten (vgl. Kümmel 1997, S. 206).

Unter „Medium" versteht Shannon im Kontext seiner mathematischen Theorie den Übertragungskanal, der benutzt wird, um eine Nachricht vom Sender zum Empfänger zu transportieren (vgl. Shannon/Weaver 1949, S. 34), und der die transportierte Nachricht nicht verändert. Medien bleiben gewissermaßen unsichtbar, solange die Informationen störungsfrei an ihr Ziel gelangen[2]. Daher ist es für Shannon auch gleichgültig, welches Medium den Transport von Informationen übernimmt: „It may be a pair of wires, a coaxial cable, a band of radio frequencies, a beam of light etc." (Shannon/Weaver 1949, S. 34). Die Vorstellung, dass man Informationen ebenso wie beliebige materielle Gegenstände von einem Ort zum anderen transportieren kann, ohne dass sich an dem transportierten Gut etwas verändert (vgl. Sandbothe 1996, S. 426), hat Shannon selbst durch den Vergleich der Übertragung von Informationen mit dem Transport von Holz auf einem Fließband illustriert (vgl. hierzu Kümmel 1997, S. 207).

Zwei Charakteristika des Shannonschen Medienbegriffs sind bis heute äußerst wirkmächtig: Zum einen die Transportmetapher und zum anderen die Kanalmetapher, die auch die vermeintliche Neutralität des Mediums gegenüber den „transportierten" Informationen umfasst (vgl. hierzu auch Staiger 2007, S. 57).

Dass diese Vorstellungen nicht nur unser Common-Sense-Verständnis von Medien (s. o.) prägen, sondern auch im wissenschaftlichen Diskurs weiterhin Verwendung finden, zeigt ein Auszug aus einem Standardwerk, mit dem sich Generationen von Studienreferendar(inn)en auf ihr Zweites Staatsexamen vorbereitet haben (und noch vorbereiten). Hier findet man – immerhin in der

[2] Vor diesem Hintergrund ist es dann fast schon konsequent zu nennen, dass das Medium bzw. der „channel" in Shannons berühmtem Schaubild des Sender-Empfänger-Modells ohne eigene Bezeichnung bleibt (vgl. Shannon/Weaver 1949, S. 34).

vierten Auflage aus dem Jahre 2006 – unter der Überschrift „Was ist 'neu' an 'neuen Medien'?" das folgende Zitat:

> Vieles, was Computer und Internet zu bieten haben, ist bei näherer Betrachtung überhaupt nicht neu. In erster Linie transportieren sie verschiedene Kodes wie Texte und Bilder und sprechen dabei unterschiedliche Sinnesmodalitäten an (auditiv, visuell). Wie wir bereits oben gesehen haben, können diese medialen Angebote auch mit anderen technischen Mitteln verwirklicht werden. (Donicht 2006, S. 167)

Wenn Medien „in erster Linie" als Transportmittel für Informationen oder „Kodes" angesehen werden, dann scheint es einleuchtend zu sein, dass es kaum einen Unterschied macht, ob der Transport eines Textes via Internet oder durch einen anderen Kanal bewerkstelligt wird. Und dann erscheinen natürlich die sogenannten „neuen Medien" nicht mehr als wirklich neu. Ist eine E-Mail nicht im Prinzip genau wie ein „normaler" Brief (bzw. ein Fax), nur am Computer erstellt und daher schneller am Ziel? Ist das Chatten nicht im Prinzip genau wie seichtes Geplauder, nur getippt und nicht gesprochen? Sind die Interaktionen in einem Online-Game nicht im Prinzip genau wie Rollenspiele, die lediglich im Cyberspace und nicht im „wirklichen" Raum stattfinden? Ist der Hypertext im World-Wide-Web nicht im Prinzip genau wie ein normaler Text mit Verweisen in Form von Fußnoten, nur komplexer? (vgl. Döring 1997, S. 267).

Abb. 1 Naddel schreibt einen Brief (BILD vom 15.10.2001).

Dass sich mit diesen Fragen die wesentlichen Eigenschaften neuer Medien gerade *nicht* erfassen lassen und dass unser Common-Sense-Verständnis von Medien als neutralen und prinzipiell austauschbaren Transportkanälen rasch an seine Grenzen gerät, kann man sehr einfach demonstrieren, ohne auf wissenschaftliche Begründungskontexte zurückgreifen zu müssen. Denn manchmal bietet schon die bunte Welt des Boulevards Anlass zu medientheoretisch interessanten Erkenntnissen, wie das folgende Beispiel zeigt: Im Jahre 2001 begann Nadja „Naddel" Abd el Farrag, die es als Dauerfreundin von Dieter Bohlen in die Schlagzeilen der Regenbogenpresse geschafft hatte, eine Affäre mit dem Schlagerkomponisten Ralph Siegel. Doch nach kurzer Zeit wollte Naddel die Beziehung wieder beenden und schrieb zu diesem Zweck eine entsprechende SMS an Siegel und – so steht zu vermuten – auch an die BILD-

Zeitung, die am nächsten Tag (14.10.2001) in großen Lettern „Darf man per SMS Schluss machen?“ fragte. Von BILD eigens konsultierte Experten nannten es einen Fauxpas, eine Beziehung auf so unpersönliche Weise zu beenden, und warnten vor dem schädlichen Einfluss der SMS in Liebesdingen. Doch Naddel erwies sich als lernfähig. Am 15.10.2001 schaffte sie es durch einen schlichten Medienwechsel sogar auf die Titelseite: „Naddel: Abschiedsbrief an Ralph Siegel“ war dort über einem Foto zu lesen, das die Schöne beim *handschriftlichen* Verfassen einiger intimer Zeilen zeigte (vgl. Abb. 1). Naddels SMS-Missgeschick verdeutlicht, dass sich die Funktion eines Mediums keineswegs darin erschöpft, auf neutrale Weise Informationen zu transportieren. Wäre dem so, dürfte es keinen Unterschied machen, ob die Trennungsnachricht per SMS oder per Brief vom Sender zum Empfänger gelangt. Doch ganz offensichtlich ist das Medium keineswegs so neutral und „unsichtbar“, wie es zunächst schien, weil für bestimmte Zwecke bereits die angemessene Medienwahl eine große Rolle spielt. Kurz: Wenn man zwischenmenschliche Kommunikation untersuchen will, muss man sich von einem an Shannon orientierten Medienbegriff verabschieden, der erklärtermaßen für mathematisch-nachrichtentechnische und nicht für semantisch-pragmatische Zwecke konstruiert wurde. Die bedeutungsvollen Aspekte der Sprache, die Shannon explizit ausblendete[3], lassen sich nicht hypostasieren und wie Pakete von einem Sender zu einem Empfänger transportieren.[4]

Vor diesem Hintergrund stellt sich die drängende Frage, welcher Medienbegriff geeignet sein könnte, an die Stelle der Shannonschen Kanal- und Transportmetaphern zu treten. Wichtig ist vor allen Dingen, dass das Medium selbst und nicht ausschließlich bzw. in erster Linie die kommunizierten Inhalte in den analytischen Blick geraten. Aus mediendidaktischer Sicht bietet sich hier ein Rückgriff auf Marshall McLuhan an, dessen Texte sich jedoch häufig als Puzzles präsentieren, „die dem Leser sowohl Geduld als auch Phantasie abfordern“ (Spahr 1997, S. 45). Sein bekanntestes Rätsel stellt McLuhan in seinem 1964 erschienenen Buch „Understanding Media“ vor. In der Sekundärliteratur wird es oft sentenzenhaft in Form einer isolierten These präsentiert, die inzwischen den Status einer populären Kurzfassung der gesamten Medientheorie McLuhans erlangt hat. Die Rede geht – natürlich – vom berühmten Diktum „Das Medium ist die Botschaft“, das hier in seinem unmittelbaren Kontext zitiert werden soll. McLuhan schreibt:

> In einer Kultur wie der unseren [...] wirkt es fast schockartig, wenn man daran erinnert wird, daß in Funktion und praktischer Anwendung das Medium die Botschaft ist. (McLuhan 1964, S. 112)

---

[3] Bei Shannon heißt es: „These semantic aspects of communication are irrelevant to the engineering problem.“ (Shannon/Weaver 1949, S. 31).

[4] Zu den Grenzen des Sender-Empfänger-Modells vgl. auch Köck 2000, S. 355–358; Staiger 2007, S. 55–58.

Diese überraschende Privilegierung des Mediums vor dem „transportierten" Inhalt erläutert McLuhan wiefolgt:

> Das soll nur heißen, daß die persönlichen und sozialen Auswirkungen jedes Mediums – das heißt jeder Ausweitung unserer eigenen Person – sich aus dem neuen Maßstab ergeben, der durch jede Ausweitung unserer eigenen Person oder durch jede neue Technik eingeführt wird. (McLuhan 1964, S. 112)

Technik als Organergänzung (als Ausweitung des Körpers) zu verstehen, ist kein neuer Gedanke. Schon Sigmund Freud nennt den Menschen einen „Prothesengott", der bei Bedarf seine Hilfsorgane anlegen und beispielsweise mit dem Mikroskop oder dem Fernrohr die Grenzen des Sichtbaren erweitern kann (vgl. Freud 1930, S. 57). Neu und ungewöhnlich ist hingegen die Idee McLuhans, die (technischen) Ausweitungen unserer eigenen Person als Medien zu begreifen, denen persönliche und soziale Auswirkungen zugeschrieben werden, die derart essentiell sind, dass sie als ihre eigentliche „Botschaft" gelten können:

> [D]ie „Botschaft" jedes Mediums oder jeder Technik ist die Veränderung des Maßstabs, Tempos oder Schemas, die es der Situation des Menschen bringt. (McLuhan 1964, S. 112/113).

Wie umfassend die Wirkungen der Medien sind, hat McLuhan in seinem Aufsatz „The Medium is the Massage" verdeutlicht:

> Alle Medien massieren uns gründlich durch. Sie sind dermaßen durchgreifend in ihren persönlichen, politischen, ökonomischen, ästhetischen, psychologischen, moralischen, ethischen und sozialen Auswirkungen, daß sie keinen Teil von uns unberührt, unbeeinflußt, unverändert lassen. [...] Das Medium [...] formt und strukturiert die Muster gesellschaftlicher Beziehungen und alle Aspekte des Privatlebens um. (McLuhan 1967, S. 158)

Angesichts solcher – für viele nicht nur auf den ersten Blick rätselhafter -Thesen überrascht es nur wenig, dass sich McLuhan innerhalb der *scientific community* zum Teil heftigster Kritik ausgesetzt sah und sieht.[5] Er hat durch seinen essayistisch-eklektizistischen Stil sicher auch selbst dafür gesorgt, dass seine Schriften nicht als konsistente Theorie rezipiert, sondern als kaleidoskopartiges Ideenkonglomerat behandelt wurden[6]. Im Rahmen mediendidaktischer Überlegungen muss man jedoch nicht in eine vertiefte McLuhan-Exegese einsteigen, um seine wichtigste Einsicht für unterrichtliche Zwecke fruchtbar zu machen. Denn die entscheidende Leistung McLuhans besteht schlicht darin, den „Übergang des Erkenntnisinteresses auf die Form von Medien" (Leschke 2003, S. 245) vollzogen zu haben, für die ein an Shannon orientierter Medienbegriff blind ist.

[5] Besonders lesenswert ist Faulstichs McLuhan-Schelte (2002, S. 21–22), die auch gleich alle einschließt, die es wagen, sich auf diesen „Schwätzer" (Faulstich 2002, S. 22) heute noch zu beziehen.

[6] Hans Magnus Enzensberger (1970, S. 177) hat McLuhan z. B. in seinem bekannten „Baukasten zu einer Theorie der Medien" jegliche Fähigkeit zu wissenschaftlicher Theoriebildung abgesprochen.

Die Form eines Mediums ist vergleichbar mit der Grammatik einer Sprache, die unsere Gedanken formt, aber ein Hintergrundsphänomen ist, dessen Regeln, Strukturen und systematisches Funktionieren erst durch wissenschaftliche Untersuchungen verstehbar werden. Wenn Postman feststellt, dass man „selten zur Kenntnis nimmt, wie [...] Medien das regulieren, was wir sehen oder erfahren" (Postman 1985, S. 20), und wenn McLuhan davon spricht, dass sich die Grundregeln und die durchgängigen Strukturen der Medien einer oberflächlichen Wahrnehmung entziehen (vgl. z. B. McLuhan 1967, S. 158), dann weisen sie darauf hin, dass Medien eine „unsichtbare" Grammatik besitzen, die es zu explizieren gilt, wenn man ein Medium und seine Wirkungen verstehen will. Die prägende Form eines Mediums lässt sich auch mit einer Brille vergleichen, die unseren Blick auf die Wirklichkeit in entscheidendem Maße bestimmt und deren Einfluss auf unsere Wahrnehmung wir in der Regel zu wenig beachten. Die Welt sieht durch die mediale Brille des Fernsehens anders aus als durch die mediale Brille des Radios, der Zeitung, des Internets etc. Mediale Brillen „gliedern die Welt für uns, bringen sie in eine zeitliche Abfolge, vergrößern sie, verkleinern sie, färben sie ein und explizieren eine bestimmte Deutung der Beschaffenheit der Wirklichkeit" (Postman 1985, S. 19–20). Die Form eines Mediums nimmt entscheidenden Einfluss darauf, „ob und wie kommuniziert wird, welche sozialen Aushandlungsprozesse in welcher Form zwischen welchen Personen stattfinden können – und welche nicht" (Döring 1997, S. 274).[7]

Die mediendidaktische Lektion, die man von McLuhan lernen kann, lautet, dass es eines Wechsels der Blickrichtung vom Inhalt zur Form eines Mediums bedarf, um diejenigen Eigenschaften eines Mediums untersuchen zu können, die für die Planung unterrichtlicher Prozesse wirklich bedeutsam sind. Wenn beispielsweise Donicht (2006, S. 167) neue Medien für gar nicht so neu hält oder Kurzrock – ausgerechnet in einem deutschdidaktischen Grundlagenband – glaubt, dass sich eine E-Mail kaum von einem Brief unterscheidet (vgl. Kurzrock 2005, S. 194), dann ist das ein Indiz dafür, dass der didaktisch notwendige Paradigmenwechsel hin zur medialen Form noch nicht vollzogen wurde und weiterhin primär Inhalte in den Fokus der Analyse geraten.

Die begrifflichen Reflexionen in diesem Abschnitt haben u. a. ergeben, dass es nicht notwendigerweise einer expliziten Mediendefinition bedarf, um Mediendidaktik als Wissenschaft betreiben zu können, dass auf den ersten Blick plausibel erscheinende Common-Sense-Thesen über Medien in die Irre führen und dass es von entscheidender Bedeutung ist, die Form eines Mediums in den Blick zu nehmen. Das bislang Gesagte gilt selbstredend für Medien im Allgemeinen. Im nächsten Abschnitt sollen die gewonnenen Erkenntnisse jedoch speziell auf neue Medien angewandt werden.

[7] So ist – um noch einmal auf das obige Beispiel zurückzukommen – die Form der SMS dafür verantwortlich, dass bestimmte Inhalte als unangemessen gelten.

2. Neue Medien – symmediale Texte

Wenn von neuen Medien die Rede geht, sind zumeist Computer und Internet gemeint. Da es keine allgemein akzeptierte Mediendefinition gibt, muss natürlich auch der Ausdruck „neues Medium“ in gewisser Weise vage bleiben. Hilfreich ist jedoch der Versuch, das amorphe Feld der Medien durch ein klassifikatorisches System zu strukturieren. Folgt man beispielsweise der populären Medientypologie des deutschen Publizisten Pross, zählen neue Medien zu den tertiären Medien, die „auf seiten des Produzenten wie auf der des Konsumenten Geräte“ (Beth/Pross 1976, S. 117), d. h. Technik voraussetzen. In Anlehnung an Faßler (1997, S. 146ff.) spricht Faulstich noch differenzierter von „Quartärmedien“, die durch „Technikeinsatz auch bei der digitalen Distribution“ (Faulstich 2004, S. 13) und die „Auflösung der traditionellen Sender-Empfänger-Beziehung“ (ebd.) charakterisiert sind. Natürlich ist der Ausdruck „neues Medium“ schon deshalb problematisch, weil jedes neue Medium irgendwann einmal veraltet bzw. weil der Begriff „neu“ stets in Relation zu anderen Medien interpretiert werden muss (vgl. hierzu auch Frederking 2006b, S. 554). So sind Computer und Internet im Vergleich mit dem Buch sicher neu. Wenn man jedoch bedenkt, dass digitale Rechner wie der C64 bereits in den achtziger Jahren des letzten Jahrhunderts eine ganze (Schüler-)Generation geprägt haben, und wenn man sich vor Augen führt, dass das Internet vor allem dank einfach zu bedienender Browser seit mehr als einem Jahrzehnt zu einem Medium für die Massen avanciert ist, dann ist zumindest fraglich, ob Computer und Internet das Etikett „neu“ tatsächlich noch verdienen. In diesem Zusammenhang stellt sich eine weitere begriffliche Frage: Wie bezeichnet man ganz allgemein die Inhalte, denen man in neuen Medien begegnet? Um die vielgestaltige Gemengelage zu benennen, die man beispielsweise auf einer Internetseite mit „normalen“ Texten, Bilder, (interaktiven) Grafiken, Videos, Animationen, Tondokumenten etc. findet, könnte man auf den Ausdruck „Multimedia“ zurückgreifen. Doch die Bedeutung dieses Begriffes, der es bereits 1995 zum Wort des Jahres gebracht hat, ist inzwischen durch seine umgangssprachliche und massenmediale Verwendung so unscharf geworden, dass er „seine Halbwertszeit in akademischen Kreisen schon fast wieder überschritten“ (Frederking 2006c, S. 206) hat. Bereits im Titel dieses Aufsatzes ist daher nicht die Rede von „multimedialen Texten“, sondern von „symmedialen Texten“. Da der Auseinandersetzung mit Symmedialität ein ganzer Aufsatz in diesem Band gewidmet ist (vgl. Kapitel 3.15), sei hier nur kurz angedeutet, was darunter zu verstehen ist: Die Bezeichnung „Symmedium“ hebt auf den Sachverhalt ab, dass der Computer und das Internet nicht nur Simulations-, sondern auch Integrationsmedien sind, die alle medialen Optionen – Text, Bild, Ton, Film, etc. – in sich vereinen und verschmelzen lassen. Wichtig ist jedoch, dass Symmedialität nicht notwendigerweise an den Computer gebunden ist. Auch der Tonfilm oder Text-Bild-Verbindungen in mittelalterlichen Texten sind symmedial (vgl. Frederking/Krommer/Maiwald 2012, S. 96). Im Zentrum eines symmedialen Deutschunterrichts steht vor diesem Hintergrund „kein beliebiges Nebeneinander printmedialer, analoger oder digitaler Medien [...], sondern das sinnvolle, durch einen didaktischen Mehrwert spezifizierte Aufeinanderbezogensein 'alter' wie 'neuer' Medien im Unterrichtsprozess“ (Frederking 2005, S. 192). Insbesondere mit dem Computer als Symmedium wird die Überwindung der monomedialen Engführung des literalen Paradigmas besonders deutlich, weil die neuzeitliche 'Sinneneinfalt' einer symmedialen 'Sinnenvielfalt' weicht (vgl. Frederking 2005, S. 210). Der Begriff „Synästhetik“, den Frederking (2005) in die mediendidaktische Debatte eingeführt hat, dient in diesem Zusammenhang zur „Bezeichnung der spezifischen ästhetischen Qualität eines künstlerischen Gegenstandes in produktions- und rezeptionsästhetischer Hinsicht“ (Frederking 2005, S. 212). „Symmedialität“ und „Synästhetik“ sind in dieser Lesart die zentralen Kategorien, mit denen sich der mediale Wandel und die grundlegenden

> „Veränderungen im Paradigmensystem der Neuzeit [beschreiben lassen], die nicht nur Gesellschaft, Wissenschaft und Kultur betreffen, sondern auch die Sozialisationsprozesse derjenigen, die in sie hineinwachsen. (Frederking 2005, S. 213)

Im Folgenden sollen exemplarisch drei symmediale Texte bzw. Textsorten einer didaktischen Analyse unterzogen werden, die vor allem die Form der neuen Medien in den Mittelpunkt rückt, um daraus Schlussfolgerungen für den konkreten Unterricht abzuleiten.

2.1 Das World Wide Web (WWW)

Abb. 2 Eine Frage zum Anklicken: Links als *Teaser*

Wer zu Beginn der zweiten Dekade des 21. Jahrhunderts eine Internetseite öffnet, wird die dort angebotene Medienfülle auf den ersten Blick oft nicht überschauen können. Neben einfachen Texten findet man auch Fotos, Tondokumente, Videos, flash-animierte Werbung, interaktive Grafiken, digitale Diashows, Blogs, tag-clouds, RSS-Feeds, Podcasts, Newsletter etc. Kurz: Die momentan am deutlichsten ausgeprägten Effekte des Computers als universeller Simulations- und Integrationsmaschine lassen sich wohl im WWW beobachten.[8]

[8] Obwohl man den Ausdruck „World Wide Web“ häufig als Synonym für „Internet“ verwendet, handelt es sich beim WWW genau genommen nur um einen von vielen Internetdiensten. Andere Dienste des Internets sind z. B. E-Mail, FTP oder – den älteren Lesern noch bekannt – Telnet.

Als Vater des WWW gilt Tim-Berners Lee, der Ende der 80-er bzw. Anfang der 90-er Jahre die Hypertext Markup Language (HTML) erfand, die von einem Web-Browser (aktuell z.B. *Chrome* oder *Safari*) interpretiert werden kann[9]. Während die Navigation im Internet zuvor noch Expertenwissen erforderte, wurde es mithilfe der grafischen Oberfläche der Web-Browser nun auch für Laien möglich, auf einfache Weise (z.B. per Mausklick oder Fingertip) durch das WWW zu navigieren. Hypertexte sind nicht-lineare, mithilfe eines Computers realisierte Strukturen, innerhalb deren verschiedene digital vorliegende Medienobjekte (Texte, Tondokumente, Videos, Grafiken, Fotos etc.) durch Hyperlinks miteinander verknüpft werden können, so dass sich typischerweise eine multimodale Kodierung ergibt. In welcher Abfolge ein Rezipient die einzelnen Medienobjekte durch das Anklicken der entsprechenden Hyperlinks aufruft, kann er – in mehr oder weniger großem Ausmaß – selbst bestimmen. In dieser Hinsicht gelten Hypertexte – nicht ganz unumstritten (vgl. z.B. Manovich 2001, S. 40) – als interaktiv, da sie den Eingriff des Nutzers prinzipiell ermöglichen bzw. erfordern. Die rezeptionsästhetische These, dass ein literarisches Werk als „das Produkt einer Interaktion von Text und Leser" (Iser 1975, S. 229) angesehen werden muss, schien sich unter hypertextuellen Bedingungen nun ganz wörtlich nehmen zu lassen (vgl. hierzu auch Felder 2004, S. 55). Die meisten Hypertexte bieten zudem diverse Navigationshilfen (z.B. Menus, Sprungmarken, Listen bereits besuchter Seiten, Markierung bereits angeklickter Hyperlinks) an, die dazu beitragen sollen, dass sich ein Web-Surfer nicht im Link-Geflecht verliert. Diese metatextuelle Steuerungsebene stellt im Vergleich zu klassischen Printtexten „neue Mittel zur Herstellung von Kohärenz und Kohäsion auf lokaler und globaler Ebene bereit" (Storrer 2008, S. 15). Typische Hypertexte zeichnen sich u.a. dadurch aus, dass die angebotenen Informationseinheiten gewöhnlich weniger umfangreich sind als in klassischen Printprodukten. „In der Folge werden auch Texte kleinteiliger, Sätze oft kürzer, Ellipsen vergleichsweise häufiger" (Schmitz 2004, S. 90). Die Informationen sind vielfach knapp, unvollständig, manchmal sogar bewusst rätselhaft und bekommen dann die Funktion eines „Teasers", der möglichst viele Besucher zum Klicken reizen soll (vgl. Abb. 2). Eine Website, die sich aus vielen solcher Hypertext-Einheiten zusammensetzt, wirkt dann „weit stärker als pragmatische Gebrauchsanweisung denn als semantisch begründete Sinneinheit." (Schmitz 2005, S. 123). Auch die Unikalität eines Textes, d.h. die „individuelle Angepasstheit eines Textes an die konkreten Gegebenheiten vor dem Hintergrund eines generalisierten Textmusters" (Storrer 2008, S. 13) lässt sich unter Hypertextbedingungen häufig in sehr spezifischer Weise realisieren: In Abhängigkeit von Nutzerprofilen oder zuvor besuchten Webseiten werden Inhalte häufig automatisch generiert, so dass User

[9] Zur Geschichte der Entwicklung des Hypertextes vgl. Frederking/Krommer/Maiwald 2008, Kapitel 9.2.2.

A andere Links, andere Werbebanner, andere Buchempfehlungen, andere Nachrichten etc. in „seinem" Hypertext vorfindet als User B.

Angesichts der Bedeutung, die das Internet vor allem für den medialen Alltag Jugendlicher besitzt (vgl. hierzu z.B. mpfs 2011, S. 30ff.), stellt sich die Frage, ob das WWW inzwischen zu einem Leitmedium avanciert ist. Bolter und Grusin sahen schon 1999 einen Wettbewerb zwischen Internet und Fernsehen um die mediale Vormachtstellung:

> In fact, television and the World Wide Web are engaged in an unacknowledged competition [...]. The competition is economic as well as aesthetic. (Bolter/Grusin 1999, S. 47–48)

Und auch Schmitz (2004, 87) vermutet, dass das WWW dabei ist, „das Fernsehen als Leitmedium abzulösen." Er begründet seine These – primär quantitativ – damit, dass das WWW „ungleich mehr und vielfältigere Informationen zur Verfügung [stellt] als jedes andere Medium" (Schmitz 2004, S. 87). Wermke (1997, S. 46) fasst hingegen den Leitmedienbegriff – ähnlich wie Bolter/Grusin – ästhetisch auf, wenn sie schreibt:

> Als 'Leit-Medium' bezeichne ich diejenige Größe, an deren spezifischer Ästhetik sich andere Medien orientieren.

Abb. 3 CNN-Nachrichtensendung im TV mit WWW-affiner Ästhetik

Wenn man den Wettstreit zwischen TV und WWW nach medien*ästhetischen* Gesichtspunkten entscheiden muss, ist das alte dem neuen Medium klar untergeordnet, denn inzwischen prägt eine am Design und der Funktionalität von Websites orientierte Ästhetik zunehmend auch das Fernsehen.[10] Dass das vor allem im Hinblick auf die Struktur der Bildschirminhalte zutrifft, zeigt das nebenstehende Standbild aus einer CNN-Nachrichtensendung (vgl. Abb. 3): Hier werden die relevanten Inhalte – genau wie im Netz – in kleine Portionen verpackt und variabel auf mehrere „windows" bzw. „frames" verteilt, wobei sich die aktuell wichtigsten Inhalte (hier: die Wettersituation in Berlin) zu-

[10] Noch größer ist der ästhetische Einfluss des Internets auf Zeitungen. Schon 1999 haben Bolter und Grusin darauf hingewiesen, dass sich die Titelseiten mancher Printausgaben optisch kaum noch von den entsprechenden Websites unterscheiden (vgl. Bolter/Grusin 1999, S. 40–41).

meist im größten Fenster befinden, während weniger Bedeutsames (hier: der Live-Kommentator, der Titel der aktuell laufenden Sendung, die Schlagzeile zur Berichterstattung, Börsenkurse etc.) in kleineren Fenstern untergebracht wird. Die Dynamik dieser Bildschirmstruktur lässt sich natürlich printmedial nicht wiedergeben, aber selbstverständlich verändern sich sowohl Größe, Position, Inhalt und Anzahl der Fenster fortlaufend.

Wenn man diese Aspekte im Deutschunterricht behandeln und das Neue an neuen Medien entdecken will, dann ist es sinnvoll, sich nicht nur auf die Inhaltsebene zu konzentrieren, sondern auch mit einem medienästhetischen Blick zu untersuchen, in welcher Weise z. B. das Internet alte Medien formal-strukturell verändert und wie alte Medien auf die Herausforderungen durch neue Medien reagieren (vgl. hierzu Bolter/Grusin 1999, S. 23). Wichtig ist bei diesem Unterfangen, dass neue Medien nicht anhand von Kriterien beurteilt werden, die aus dem literalen Paradigma der Gutenberg-Galaxis stammen und primär am Buch und seiner Ästhetik orientiert sind (vgl. hierzu Wermke 1997, Kapitel 2; Frederking/Krommer/Maiwald 2012, Kapitel 3).

An die oben kurz beschriebene Interaktivität von Hypertexten knüpfte man – nicht nur aus deutschdidaktischer Sicht – große Erwartungen. Sandbothe charakterisierte beispielsweise 1997 hypertextuelles Lesen und Schreiben folgendermaßen:

> Lesen ist nicht länger der Vorgang der Rezeption einer fixen, linear abzuarbeitenden Sequenz, sondern wird zu einem Prozeß der mehrdimensionalen, kreativen Interaktion zwischen Leser, Autor und Text. [. . .] Schreiben wird zu einem Geschehen der produktiven Vernetzung assoziativer Komplexe. Die vielfältigen Beziehungen, die zwischen den verschiedenen Gedankengängen bestehen, die der Schreibende entwickelt, lassen sich durch Hyperlinks festhalten und repräsentieren. (Sandbothe 1997, S. 73)

Grundlegend neue Formen der Narration versuchte man durch fiktionale Erzählungen zu realisieren, die speziell für hypertextuelle Darstellungen konzipiert waren (vgl. Heibach 2003, S. 49) und die es dem Rezipienten erlaubten, durch eigenständige Entscheidungen sogar Lesepfade zu beschreiten, die möglicherweise vom Autor selbst gar nicht vorgezeichnet waren. „Der Autor gibt damit einen Teil seiner Macht ab, der Leser wird zum „wreader“ (der Hybridform aus writer und reader)“ (Heibach 2003, S. 50, vgl. hierzu auch Bolter 1997). Doch diese sogenannten *Hyperfictions* konnten die hohen theoretischen Erwartungen, die in sie gesetzt wurden, in der literarischen Praxis nicht einmal annähernd erfüllen: Vor allem die Freiheit des Lesers, die durch den (vermeintlich) interaktiven Hypertext ermöglicht werden sollte, erwies sich als äußerst begrenzt, weil letztlich doch nur Linkstrukturen genutzt werden konnten, deren Gesamtheit prinzipiell durch den Autor bestimmt ist (vgl. hierzu auch Manovich 2001, S. 61). Überdies ist fraglich, welche Art von Freiheit der „wreader“ tatsächlich besitzt, wenn er sich auf seiner Suche nach narrativem Sinn „in den multilinearen Textanordnungen verliert, ohne jemals die Struktur der Erzählung zu durchschauen" (Heibach 2002, S. 186).

Auch partizipative Formen des Schreibens im Netz, für die charakteristisch ist, dass sie auf einer „prinzipiellen Offenheit für die Teilnahme aller" (Heibach 2002, S. 192) beruhen, hatten (und haben) mit erheblichen Problemen zu kämpfen. Eine Pionier-Arbeit des partizipativen Schreibens in Deutschland stellte Claudia Klingers Projekt *Beim Bäcker* dar, das auch heute noch im Netz verfügbar ist.[11] Hier fand die Geschichte einer Frau, die beim Einkauf von einem erotischen Abenteuer träumt, 37 Fortsetzungen von verschiedenen Autoren. Doch selbst dieser vergleichsweise erfolgreiche Versuch, neue Schreibformen im Netz zu realisieren, hatte mit Problemen zu kämpfen, die typisch für gemeinsames hypertextuelles Schreiben sind. Denn mit zunehmender Entfernung vom Ausgangstext und steigender Zahl der am Projekt beteiligten Autoren treten häufig Widersprüche und Inkohärenzen auf, narrative Stränge werden nicht zu Ende geführt und die Erzählperspektive wird unübersichtlich. Außerdem wird die Idee der gemeinschaftlichen Textproduktion dadurch latent untergraben, dass viele Beiträger erkennbar versuchen, in erster Linie ein besonders herausragendes *individuelles* Werk zu schaffen (vgl. Heibach 2002, S. 192). Einige Internet-Schreibprojekte (z. B. *Mein Pixel-Ich*) sind nach ihrer Beendigung bezeichnenderweise als Buch veröffentlicht worden. „Das zeigt unter anderem, dass das traditionelle System der Literatur offensichtlich noch sehr großen Einfluss besitzt" (Frederking/Krommer/Maiwald 2012, S. 237). Dass der Hypertext die theoretisch antizipierten Innovationen im Bereich der Literatur nicht einlösen konnte, erklären Leubner und Saupe (2009, S. 282) folgendermaßen:

> Offensichtlich haben wir als Rezipienten von Erzählungen ein großes Interesse an 'festen', von uns nicht beeinflussbaren Handlungen. [...] Erzählungen bieten stets eine 'Weltdeutung' und offenbar erwarten wir, dass dieses Angebot vollständig ist [...].

Und auch Steven Johnsons Fazit fällt (er)nüchtern(d) aus:

> A shocking amount of the early commentary on hypertext [...] focused on the radical effect hypertext would have on storytelling. Once hypertext went mainstream, however, that turned out to be one of the *least* interesting things about it. (Most of us are still reading novels the old-fashioned way, one page after another). (Johnson 2009, S. 3)

Dass unser Interesse an hypertextuellem Erzählen eher gering ausgeprägt ist, bedeutet jedoch keinesfalls, dass der Hypertext als Lernmedium und -gegenstand für den Deutschunterricht grundsätzlich nicht geeignet ist. Denn hypertextuelle Strukturen können beispielsweise den Blick dafür schärfen, dass im Bereich der 'klassischen' Literatur immer wieder die eindimensionale Orientierung an einem (roten) Erzählfaden zugunsten netzartiger Strukturen aufgegeben wird: Werke wie der *Talmud*, Samuel Johnsons *Tristram Shandy*, Daniel Kehlmanns Roman

[11] Vgl. http://www.claudia-klinger.de/archiv/baecker/index.htm

Ruhm, Günter Grass' Novelle *Im Krebsgang* und zahlreiche weitere Texte bestätigen diese These (vgl. hierzu Krommer/Hesse 2003; Frederking/Krommer/Maiwald 2012, S. 223–224; Heibach 2003, S. 48). Dass das Thema „Hypertext" nicht auf die Sekundarstufen beschränkt sein muss, hat Maiwald (2004) am Beispiel eines Grundschulprojekts gezeigt, in dessen Rahmen insbesondere Lernziele im Bereich des Schreibens im Vordergrund standen: Im Anschluss an die Lektüre des Buches *Die Insel der 1000 Gefahren* von Edward Packard, das nichtlinear verfasst ist und dem Leser bereits einige Wahlmöglichkeiten bei der Lektüre bietet, sollten die Schüler den Anfang einer Geschichte mit dem Titel *Der Dschungel der 1000 Gefahren* als Ausgangspunkt für eigene Fortsetzungen nutzen, die auf einer eigens eingerichteten Website veröffentlicht wurden. Per Mausklick ließen sich dann die unterschiedlichen Varianten einer gemeinschaftlich entwickelten fiktionalen Erzählung im Hypertext aufrufen. Als Leser hatten die Schüler die Freiheit, verschiedene Erzählstränge probeweise aufzurufen und wieder zurückzuspringen, wenn die Texte nicht interessant genug waren. Als Autoren mussten sie einerseits versuchen, kohärent an den jeweils vorangehenden Textbaustein anzuschließen und gleichzeitig möglichst viele Anknüpfungspunkte zum Weiterschreiben zu liefern. Auf diese Weise schafften es die Schüler u. a., sich von der starren, stereotypen und fragwürdigen „Mauskurvendramaturgie" eigener Texte zu lösen, die leider häufig noch den Unterrichtsalltag bestimmt. Den „Erfolg" des eigenen Schreibens konnte ein Autor dann unter Umständen bereits an der Anzahl der Fortsetzungen ablesen, die sein Hypertext-Baustein gefunden hatte.

Dass es angesichts neuer medialer Formen wie dem Hypertext besonders schwierig ist, vorauszusagen, welche Bedeutung sie z. B. für den Bereich der Literatur oder der Sprache haben werden, hat Steven Johnson auf den Punkt gebracht:

> And that's precisely the trouble with writing about a technology when it's still in leading indicator mode. You can look at those hyperlinks on the screen, and if you really concentrated, you might imagine a future where, say, newspaper articles linked to each other. But you could never imagine Wikipedia [. . .]. (Johnson 2009, S. 3)

„Wikipedia" ist das Stichwort, das eine direkte Überleitung zu einem Bereich des WWW ermöglicht, in dem – ganz anders als auf dem Feld der Internet-Literatur – ernst gemacht wurde mit der Idee des wahrhaft interaktiven und kollaborativen Hypertextes.

2.2 Das Web 2.0 bzw. die *Social Media*

Wenn man das Web 2.0 in Gestalt der Wikipedia befragt, was das Web 2.0 ist, erhält man folgende Antwort:

> Web 2.0 ist ein Schlagwort, das für eine Reihe interaktiver und kollaborativer Elemente des Internets, speziell des World Wide Webs, verwendet wird. Hierbei konsumiert der Nutzer nicht nur den Inhalt, er stellt als Prosument selbst Inhalt zur Verfügung. Der Begriff postuliert in Anlehnung an die Versionsnummern von Softwareprodukten eine neue Generation des Webs und grenzt diese von früheren Nutzungsarten ab. Die Verwendung des Begriffs nimmt jedoch zugunsten des Begriffs Social Media ab.
>
> (http://de.wikipedia.org/wiki/Web 2.0, 01.10.2012)

Und der Begriff „Social Media" wird folgendermaßen erläutert:

> Social Media (auch Soziale Medien) bezeichnen digitale Medien und Technologien (vgl. Social Software), die es Nutzern ermöglichen, sich untereinander auszutauschen und mediale Inhalte einzeln oder in Gemeinschaft zu gestalten.
>
> (http://de.wikipedia.org/wiki/Social Media, 01.10.2012)

Die viel gepriesene Interaktivität des Web 1.0, die vor allem darin besteht, dem User Wahlmöglichkeiten zwischen verschiedenen Links anzubieten und ihn dadurch zum aktiven Gestalter eines individuellen Weges durch das Hypertextgeflecht zu machen, erweist sich bei näherer Betrachtung als unzureichend. Denn worin unterscheidet sich eigentlich ein Web-Surfer, der auf vorgefertigten Seiten gelangweilt einen Link nach dem anderen anklickt, von einem lethargischen TV-Konsumenten, der sich mit seiner Fernbedienung durch die einzelnen Kanäle zappt? Wenn man in diesem Bild bleibt, ist der Paradigmenwechsel, der mit dem Web 2.0 und den Social Media einhergeht, damit vergleichbar, dass dass die couch potato nun plötzlich als aktiver Drehbuchautor, Produzent, Regisseur, Schauspieler, Kritiker und Zuschauer eines eigenen bzw. gemeinsam mit anderen erstellten und ständig veränderbaren Fernsehprogramms agieren kann.

Der Begriff „Web 2.0" findet sich bereits 1999 in dem Aufsatz „Fragmented Future" von Darcy DiNucci, die die typischen Merkmale des statischen Webs 1.0 beschreibt und die im Web 2.0 das Internet der Zukunft sieht:

> The Web we know now, which loads into a browser window in essentially static screenfuls, is only an embryo of the Web to come. [...] The first glimmerings of Web 2.0 are beginning to appear, and we are just starting to see how that embryo might develop. (DiNucci 1999, S. 32)

Einer breiten Öffentlichkeit wurden die neuen Dimensionen des Internets jedoch erst durch einen wirkmächtigen Artikel Tim O'Reillys (2005) bekannt, der zumeist in einem Atemzug mit Dale Dougherty und Craig Cline genannt wird, wenn es um den Ursprung des Begriffs „Web 2.0" geht. O'Reilly nähert sich dem Web 2.0 zunächst intuitiv und vortheoretisch, indem er typische Elemente und Prinzipien des „alten" und des „neuen" Netzes kontrastiert: So gilt beispielsweise die statische Webseite der „Britannica Online" als ein typisches Angebot des Web 1.0, da dort lediglich redaktionell erstellte und multimedial ergänzte Inhalte zu inden sind, die ein Besucher der Seite abrufen kann. Im Gegensatz dazu werden die Inhalte der bereits erwähnten Wikipedia von den

Nutzern nicht nur rezipiert, sondern selbst erstellt, redigiert, annotiert und kritisch diskutiert. Durch diesen Gedanken der Partizipation, d. h. des aktiven Teilnehmens bzw. -gebens, unterscheidet sich das Web 2.0 fundamental von dem durch das Publishing-Prinzip geprägte Web 1.0. Ermöglicht werden partizipative Potenziale nicht zuletzt dadurch, dass die Erstellung von Internet-Angeboten im Web 2.0 in der Regel kein Expertenwissen mehr voraussetzt: Waren einst (mindestens) vertiefte Kenntnisse in HTML, der Beschreibungssprache für Hypertext-Webseiten, vonnöten, wenn man Inhalte ins Web 1.0 stellen wollte, so sind beispielsweise die für das Web 2.0 typischen Wikis (die ihren Namen dem hawaiianischen Wort für „schnell" verdanken) sehr einfach zu bedienende Hypertext-Systeme, die es selbst Grundschülern ermöglichen, Webseiten direkt in einem Browser zu gestalten. Welche didaktischen Möglichkeiten die Integration von Wikis in den Schulalltag eröffnet, lässt sich exemplarisch an der Kaiserin Augusta Schule, einem Kölner Gymnasium, beobachten. Die einzelnen Fächer können das Wiki als netzbasierte Plattform gemeinsamen Lernens und Lehrens nutzen ((vgl. http://wikis.zum.de/kas/, 01.10.2012) und sogar innovative Formen der Leistungsüberprüfung werden getestet, wenn Klassenarbeiten nicht in der traditionellen Papierform abgegeben werden, sondern stattdessen Wiki-Einträge gestaltet werden müssen (vgl. http://wikis.zum.de/kas/Klassenarbeit, 01.10.2012).

Internet-Angebote, die die Prinzipien des Web 2.0 exemplifizieren, d. h. die durch aktive Vernetzung, Kommunikation, Kooperation, Kollaboration und Partizipation gekennzeichnet sind, werden in der aktuellen Diskussion zumeist als „Social Media" bezeichnet. Die soziale Komponente wird breits deutlich, wenn man die relativ statische Homepage, die im Web 1.0 vor allem als Ort der virtuellen Identitätskonstruktion und -präsentation genutzt wurde, mit den zahlreichen Möglichkeiten vergleicht, die einem Nutzer des Mitmach-Netzes im Web 2.0 offen stehen: So ist es beispielsweise relativ einfach, ein Web-Log bzw. Blog zu gestalten, das sich – je nach Gusto – als Online-Tagebuch, als Sammlung selbst geschriebener Texte zu bestimmten Themen, öffentlicher Diskussionsraum etc. nutzen lässt und das seine Bedeutung v. a. durch den steten Austausch mit den Lesern gewinnt, die direkt auf der Webseite des Blogs ihre Kommentare anbringen können. Inzwischen hat sich auch in Deutschland eine recht ansehnliche Lehrer-Blogger-Szene etabliert. Die zumeist als „privat" deklarierten Blogs versammeln Unterrichtsideen, Hinweise auf interessante Materialien, Geschichten aus dem Schulalltag etc. Einen guten Einblick in die Welt der bloggenden Lehrer bietet die Seite www.herrlarbig.de, die von Torsten Larbig, einem Deutsch- und Religionslehrer aus Frankfurt am Main, betrieben wird und die unter der Rubrik „Blogroll" auch zahlreiche Links zu thematisch verwandten Blogs aulistet.

Im Deutschunterricht können öffentlich zugängliche Blogs von Schüler(inne)n beispielsweise genutzt werden, um fachspezifische Projekte aus verschiedenen Blickwinkeln zu dokumentieren und zu kollaborativen Arbeitsformen einzuladen: Digitalisierte Inhalte wie Texte, Bilder, Audiodokumente und Videos lassen sich sehr leicht einbinden, die redaktionelle Blog-Arbeit ist nicht an den Klassenraum oder Unterrichtszeiten gebunden und über die Kommentarfunktion können auch andere Lerngruppen bzw. interessierte Leser(innen) Rückmeldungen und Anregungen geben, Kritik üben, Fragen stellen etc.

Neben dem Bloggen gewinnt auch das „Mikroblogging“ via Twitter (www.twitter.com) immer mehr Anhänger: Twitter ist ein kostenloser Social-Media-Dienst, der das Versenden von Kurznachrichten ermöglicht, die höchstens 140 Zeichen umfassen dürfen und die als „Tweets“ bezeichnet werden. Twitter beruht auf dem nicht notwendigerweise symmetrischen Prinzip des „Folgens“, d. h. des Abonnierens der Tweets anderer Nutzer. Die Nachrichten der Personen, denen man folgt, erscheinen in chronologischer Reihenfolge auf der sogenannten „Timeline“, die sich – je nach verwendeter Software – automatisch aktualisiert. Der Nachrichtenstrom, der auf diese Weise generiert wird, lässt sich nicht nur durch die Auswahl der Personen, denen man folgt, sondern auch durch die gezielte Suche nach Schlagwörtern thematisch fokussieren. Bei Twitter werden diese Schlagwörter „Hashtags“ genannt und mit einem „#“ gekennzeichnet. Um sich rasch einen ersten Eindruck von den inhaltlichen und formalen Besonderheiten des Mikrobloggings zu verschaffen, empiehlt es sich, einen populären Hashtag als Filter einzusetzen und beispielsweise auf dem „second screen“ des Smartphones live mitzulesen, wie die Netzgemeinde in Form von „Tatort“-Tweets über den aktuellen TV-„Tatort“ kollaborativ urteilt. Obwohl Twitter in der medialen Öffentlichkeit momentan sehr präsent ist, hat diese Kommunikationsform in der Lebenswelt der Jugendlichen nur eine geringe Bedeutung. Laut JIM-Studie 2011 twittern gerade einmal 5 % der 12–19-Jährigen (vgl. mpfs 2011, S. 33), was sich zum Teil dadurch erklären lässt, dass die Einstiegshürden bei Twitter relativ hoch sind, denn es dauert eine ganze Weile, bis man genügend interessante Twitterer gefunden hat, denen man mit Gewinn folgen kann und weil man Tweets lesen lernen muss. Denn Twitter-Botschaften sind in der Regel inhaltlich stark verdichtet und können auf formaler Ebene erstaunlich komplex sein: So haben sich u. a. Konventionen herausgebildet, die die Adressierung eines Tweets oder die Bezugnahme auf andere Twitterer regeln und selbstverständlich gibt es auch twitter-typische Abkürzungen und Akronyme (vgl. hierzu Hockenson 2012). Es ist wenig überraschend, dass es inzwischen auch viele Vorschläge gibt, wie sich Twitter in den Unterricht integrieren lässt (vgl. z. B. http://bit.ly/vhdjFG; König 2012; Kurianowicz 2011). Doch häufig kranken diese didaktischen Ideen daran, dass die komplexe mediale Form des Twitterns auf das Faktum reduziert wird, dass ein Tweet höchstens 140 Zeichen enthalten darf.

Wenn jedoch jedwede Auseinandersetzung mit Texten, die diesem schier quantitativen Kriterium genügen, bereits als „Twitter(n) im Unterricht" gelten darf, und wenn u. a. völlig aus dem Blick gerät, unter welchen Bedingungen wer wann zu welchem Zweck an wen authentische Twitter-Nachrichten sendet, dann geht es im Unterricht in Wahrheit nicht um Twitter und die spezifischen Regeln, die dieses Medium prägen, sondern schlicht um sehr kurze Texte. Exemplarisch sei hier auf einen jüngst veröffentlichten Unterrichtsvorschlag verwiesen, in dem es darum geht, einen Jugendroman in Form von Tweets nachzuerzählen (vgl. Philipp 2012). Zwar stimmt es, dass die Transformation einzelner Abschnitte eines literarischen Textes in eine Kurznachricht „hochkomplexe Tätigkeiten [erfordert], bei denen Informationen gefunden, ausgewählt und auf knappem Raum dargestellt werden müssen" (Philipp 2012, S. 28) – jedoch: Twitter braucht man für diesen Unterrichtsschritt gewiss nicht. Das Verfahren erinnert vielmehr entfernt an den Précis, das systematische Verkürzen eines Textes auf etwa ein Drittel seines Umfangs, obwohl sich in 140-Zeichen-Texten wohl nur in den seltensten Fällen der Stil des Originals beibehalten lässt, was wiederum für die Übungsform des Précis charakteristisch ist (vgl. Fritzsche 1994, S. 143). „Da erscheint es fast schon konsequent, dass die von Philipp beschriebenen Unterrichtsschritte zum Formulieren von Tweets lediglich Papier und Bleistift erfordern und wie eine Karikatur des authentischen Twitterns wirken." (Frederking/Krommer/Maiwald 2012, S. 230). Überdeutlich wird das an der Forderung, in einem Unterrichtsschritt explizit zu überprüfen, ob die Textnachrichten den orthographischen Normen entsprechen, (vgl. Philipp 2012, S. 30) obwohl sich – ähnlich wie beim Chat, der SMS, der E-Mail etc. – twittertypische Schreibformen entwickelt haben, die man mit dem Maßstab der Rechtschriftlichkeit nicht adäquat beurteilen kann (und auch nicht sollte). Abschließend fordert Philipp dann: „Wenn die Tweets formuliert sind, dann gehören sie auch ins Netz – am besten natürlich auf twitter.com". Doch warum man Textnachrichten, die mit authentischen Tweets allerhöchstens die Beschränkung auf 140 Zeichen gemeinsam haben, via Twitter verbreiten sollte, wird nicht näher begründet (vgl. hierzu Frederking/Maiwald/Krommer 2012, S. 230).

Zu den beliebtesten Anwendungen im Bereich der Social Media zählen soziale Netzwerke wie „Facebook" (www.facebook.com). Ende 2012 hatte „Facebook" allein in Deutschland über 24 Millionen Mitglieder und weltweit wurden knapp eine Milliarde registrierte Nutzer gezählt. Der Konkurrenz-Dienst „Google+" (plus.google.com) liegt mittlerweile bei mehr als 250 Millionen Mitgliedern, die vor wenigen Jahren in Deutschland noch sehr populären VZ-Netzwerke wie „StudiVZ" (www.studivz.net) und „schuelerVZ" (www.schuelervz.net) sind aus der öffentlichen Wahrnehmung inzwischen vollkommen verschwunden. Insbesondere Facebook stellt für Jugendliche, die mit ihren internetfähigen Smartphones ständig online sind, einen selbstverständlichen und vielfach unverzichtbaren Teil des Alltags dar. Hier kann man sich sehr einfach ein persönliches Profil erstellen, sein Online-Ich ausformen, sich mit seinen Freunden vernetzen, Fotos, Videos und andere digitale Dokumente hochladen und mit anderen teilen, Veranstaltungen organisieren, offenen oder geschlossenen Gruppen beitreten, die sich z. B. auf ein bestimmtes Thema konzentrieren oder für die Kollaboration gedacht sind, an Spielen teilnehmen etc. Aus didaktischer Sicht stellen soziale Netzwerke auf mehreren Ebenen eine komplexe Herausforderung dar.

So erhalten die Begriffe „Privatheit" und „Öffentlichkeit", die durch das Handy bzw. das nomadische Telefonieren bereits signifikant verändert wurden (vgl. Freyermuth 2002, S. 62; Krommer 2003b), innerhalb der sozialen Netzwerke eine völlig neue Bedeutung: Vormals Intimes, das man höchstens den engsten Freunden anvertraute, wird plötzlich prinzipiell jedem zugänglich gemacht: Urlaubsfotos („Ich und mein Schatzi auf Malle") werden ebenso in Online-Fotoalben hochgeladen wie narzisstische Selbstporträts („Me, myself and I"), Bilder vom letzten Discobesuch („Wir im GoParc") oder dem feuchtfröhlichen Mädelstreff („Girls-Paaaaardy"). Auf sogenannten Pinnwänden hinterlassen Besucher intime Kommentare („Drück dich gaaaaanz doll, Hasi"), per Mikro-Blogging Funktion teilt man seinen Freunden bzw. der ganzen Netzwelt mit, was man gerade tut („Lerne Deutsch, echt ätzend") etc. Kurz: Die eigene Privatsphäre wird in sozialen Netzwerken von den Nutzern sehr häufig frei- und bereitwillig aufgegeben. Interessant ist in diesem Zusammenhang auch ein Blick auf die Terminologie, die für soziale Netzwerke typisch ist. Denn hier werden viele Ausdrücke in die Sphäre der Virtualität übertragen, die aus dem *Real Life* wohlbekannt sind. Doch die Rede von *Freunden, Pinnwänden, Gästebüchern, Fotoalben* etc. darf man allenfalls metaphorisch verstehen: Ein Online-Fotoalbum, in das prinzipiell jeder hineinschauen kann, funktioniert z. B. nach anderen Regeln als das klassische Fotoalbum, in das man sorgsam ausgewählte Bilder einheftet, die man dann nur seinen engsten Bekannten zeigt (vgl. hierzu Krommer/Brüning 2008, S. 30). Der Umstand, dass der metaphorische Rahmen sozialer Netzwerke dem Nutzer suggeriert, er halte sich in einer ihm vertrauten Welt auf, bestätigt eine These von Bolter und Grusin:

> The digital medium wants to erase itself, so that the viewer stands in the same relation to the content as she would if she were confronting the original medium. (Bolter/Grusin 1999, S. 45)

Wenn Nutzer ausblenden, dass sie sich im Internet bewegen, und annehmen, sie würden es tatsächlich mit Freunden, Fotoalben, Pinnwänden etc. zu tun haben, trägt das sicherlich dazu bei, dass sorgloser mit privaten Daten umgegangen wird. Auch hier kann man daher im Deutschunterricht durch einen Blick auf die mediale *Form* des Internets dazu beitragen, dass Schüler naiv-unkritische Verhaltensweisen überdenken. Die Betreiber der durch Werbung finanzierten

Seiten haben natürlich ein Interesse an Mitgliedern, die möglichst viele persönliche und damit werberelevante Daten preisgeben. Es verwundert daher nicht, dass z. B. bei *StudiVZ* schon der zaghafte Versuch, seine Privatsphäre zu schützen, noch 2008 ganz unverblümt unter Generalverdacht gestellt wurde (vgl. Abb. 4): Wer sich anonym durch die Profile bewegen wollte, musste – so die entlarvende Logik – etwas zu verbergen haben (vgl. hierzu auch Trojanow/Zeh 2009, S. 124–129). Die Tatsache, dass sich die gesellschaftliche Funktion der Privatsphäre nicht darin erschöpft, potenziell Anrüchiges oder gar Kriminelles vor anderen geheim zu halten (vgl. hierzu insbesondere Solove 2007), ist offensichtlich mit der impliziten Ideologie der Online-Community nur schwer vereinbar. Der Hinweis, dass man seine privaten Sauf- und Partybilder nicht öffentlich machen sollte, weil sich potenzielle Arbeitgeber später einmal auf der Grundlage dieses wenig vorteilhaften Materials über Praktikanten oder Lehrlinge informieren, oder die Warnung, dass Profildaten von Dritten missbraucht werden können, mag zumindest einige Nutzer kurzfristig zum Nachdenken bewegen. Schüler intrinsisch und dauerhaft für den Schutz und die Wertschätzung ihrer Privatsphäre zu motivieren, ist hingegen eine anspruchsvolle Aufgabe.[12]

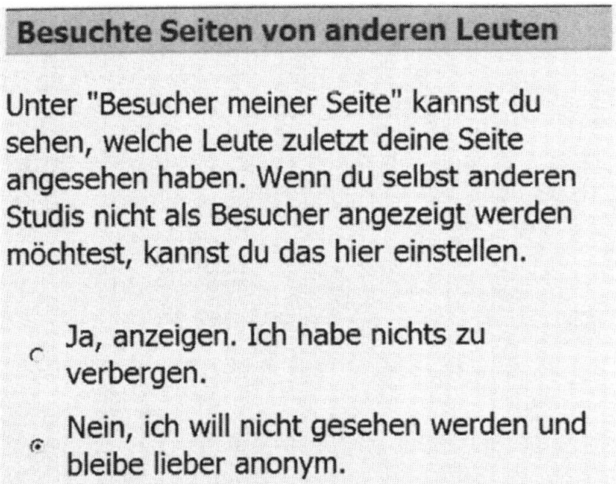

Abb. 4 Wer anonym sein will, hat etwas zu verbergen (StudiVZ-Screenshot, 01.07.2008).

Auch die vielfach geäußerte These von der „Überlegenheit der jüngeren Generation in [...] interaktiver Medienkompetenz“ (Wermke 1997, S. 55) bedarf angesichts dessen, was zurzeit insbesondere in sozialen Netzwerken zu beobachten ist, dringend einer kritischen Relativierung bzw. einer genauen Klärung des Konstrukts der Medienkompetenz als Zieldimension des Deutschunterrichts.

> „Jugendliche, die ganz selbstverständlich mit neuen Medien und sozialen Netzwerken aufwachsen, werden häufig als ‘digital natives’ bezeichnet. Dieser Begriff kann den falschen Eindruck erwecken, als wären die heutigen Screenager durch eine Art technikdetermi-

[12] Dieses Unterfangen wird auch dadurch erschwert, dass es einen gesellschaftlichen Paradigmenwechsel im Umgang mit privaten Daten gegeben hat: Denn während man noch 1987 vehement gegen die Volkszählung demonstrierte, weil man verhindern wollte, dass sich der Staat Zugang zu persönlichen Informationen verschaffte, gibt man heute auf jeder Payback- oder Kundenkarte für unerhebliche Rabatte sein für die Werbeindustrie ungeheuer wertvolles Einkaufsprofil freiwillig preis.

> nierten Automatismus zum kompetenten Umgang mit neuen Medien befähigt, während sich die Erwachsenen entsprechendes Wissen und entsprechende Fähigkeiten erst mühsam aneignen müssten (vgl. hierzu auch Brüggen/Ertelt 2011, S. 8). Doch in Wahrheit sind die 'digital natives' in vielerlei Hinsicht schlicht 'digital naïves', weil sie die komplexen Herausforderungen, die mit der sich beständig beschleunigenden Mediatisierung der Lebenswelt einhergehen, (noch) nicht überschauen können." (Krommer 2012, S. 231. Hervorhebungen im Original)

Denn Medienkompetenz erschöpft sich selbstredend nicht darin, den (inzwischen äußerst geringen) technischen Anforderungen gewachsen zu sein, die z. B. das Web 2.0 an seine Nutzer stellt. Wenn man sich an einigen Aspekten der Binnenstrukturierung des Konzepts der Medienkompetenz orientiert, die Groeben (2002) vorgelegt hat, haben Schüler(innen) beim Umgang mit sozialen Netzwerken erheblichen Nachholbedarf: Das o. g. Problem, dass wohlbekannte Elemente der realen (Offline-)Lebenswelt unreflektiert in die virtuelle Sphäre der *social networks* übertragen werden, ist z. B. auf mangelndes *Medialitätsbewusstsein* zurückzuführen, d. h. in diesem Fall: auf die unzureichend ausgebildete Fähigkeit, zwischen Realität und Virtualität zu unterscheiden. Zum Medialitätsbewusstsein gehört aber auch die Einsicht, dass virtuelle Handlungen nicht in einem fiktionalen Schonraum geschehen, sondern durchaus reale Konsequenzen zeitigen können. Das häufig beobachtete und beschriebene Phänomen des Cyber-Mobbings (vgl. Grimm/Rhein/Clausen-Muradian 2008, Kapitel 8) ist nur ein Beispiel dafür. Die Ausbildung *medienspezifischer Rezeptionsmuster* reicht nach Groeben (2002, S. 168) von „technologisch-instrumentellen Fähigkeiten bis zu vergleichsweise komplexen (vor allem kognitiven) Verarbeitungsschemata". Es ist diese Dimension der Medienkompetenz, die bei Jugendlichen in der Regel sehr gut ausgeprägt ist, da sie – bezogen auf die Ebene der technischen Handhabung – das Internet versiert zu nutzen verstehen. Ähnliches gilt für den Bereich der *medienbezogenen Genussfähigkeit* (vgl. Groeben 2002, S. 170–172), der Überlappungen zur Ausbildung medienspezifischer Rezeptionsmuster aufweist. Große Defizite zeigen sich hingegen im Bereich der *medienbezogenen Kritikfähigkeit*, die gleichsam „den klassischen Kernbereich aller *Medienkompetenz*-Konzeptualisierungen dar[stellt]" (Groeben 2002, S. 172. Hervorhebung im Original). Fehlendes Wissen über mediale Formen und Regeln und mangelndes Medialitätsbewusstsein führen häufig dazu, dass die „kognitiven Analyse- und Bewertungsfähigkeiten" (Groeben 2002, S. 172) nicht genügend ausgebildet sind: Die Folgen des eigenen medialen Handelns können dann nicht angemessen beurteilt werden und eine kritisch-distanzierte Auseinandersetzung mit möglichen Folgen der aktiven Teilhabe an sozialen Netzwerken findet gar nicht oder nur in Ansätzen statt. Es war technisch noch nie so leicht, instantan und global Informationen über die eigene Person zu verbreiten, die auf lange Sicht äußerst diskreditierend wirken können. Dass sich Jugendliche inzwischen mit wenigen Mausklicks dauerhaft ihren Ruf ruinieren können, wird Folgen haben, die erst in einigen Jahren tatsächlich absehbar sein werden. Schon heute gibt es Firmen (z. B. www.reputationdefender.com), die sich darauf spezialisiert haben, kompromittierende Informationen gegen Bezahlung wieder aus dem Netz zu entfernen und die damit gleichsam von der fehlenden medienbezogenen Kritikfähigkeit der Internet-User leben. Wer vor diesem Problem die Augen verschließt und stattdessen die These vertritt, man solle sich nicht in die virtuelle Welt der Schüler „einschleichen“, sondern sie einfach gewähren lassen, handelt – euphemistisch gesprochen – nicht nur aus didaktischer Sicht grob fahrlässig. Fehlende Kritikfähigkeit impliziert häufig auch Defizite im Bereich der *Selektion bzw. Kombination von Mediennutzung* (vgl. Groeben 2002, S. 175), weil der Nutzer nicht in der Lage ist, „aus der Vielzahl der vorhandenen Medienangebote das für eine bestimmte Bedürfnislage, Zielsetzung, Problemstellung etc. adäquate Angebot auszuwählen“ (Groeben 2002, S. 175). Und wenn man bedenkt, dass auch *produktive Partizipationsmuster* als Teildimension der Medienkompetenz angesehen werden (vgl. Groeben 2002, S. 176–178), ergeben sich auch hier spezifische Probleme: Denn die „Möglichkeiten zum spielerischen Aufbau neuer Identitäten“ (Groeben 2002, S. 177), die sich in sozialen Netzwerken bieten, erschließen einerseits ein großes Potenzial im Hinblick auf die Ich-Entwicklung, stellen andererseits jedoch gerade bei fehlender medienbezogener Kritikfähigkeit ein erhebliches Risiko dar, weil beispielsweise ein Schüler vollkommen unterschätzt, welche fatale Außenwirkung sein Facebook-Profil besitzt. Da soziale Netzwerke mittlerweile fest im kommunikativen Alltag der Schüler(innen) integriert sind, darf der Deutschunterricht nicht den Fehler begehen, mit bewahrpädagogischen Argumenten einseitig vor den Gefahren dieser Internetangebote zu warnen. Vielmehr gilt es, die Dimensionen der Medienkompetenz, die bei Jugendlichen gewöhnlich gut ausgebildet sind, als Ansatzpunkt zu nutzen, um vor allem die medienbezogene Kritikfähigkeit nachhaltig zu stärken und zu fördern. Wie das konkret im Unterricht geschehen kann, ist das Thema eines eigenen Aufsatzes in diesem Band (vgl. Kapitel 4.5.).

2.3 Chat

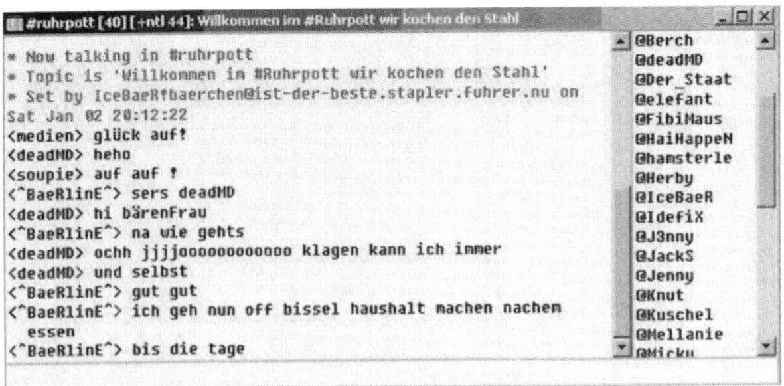

Abb. 5 Der Chat-Raum „ruhrpott“ im IRC

Der Chat ist eine (nahezu) synchrone Form der Gruppen- oder Individualkommunikation, die auf dem Austausch schriftlicher Nachrichten basiert, die in der Regel über eine Tastatur eingegeben werden. Als Erfinder des

Chats gilt der Finne Jarkko Oikarinen, der im August 1988 an der Universität Oulu den ersten „Internet Relay Chat“ (IRC) einrichtete, der sich – wie zuvor die E-Mail und später das WWW – rasch zu einem eigenen Internetdienst entwickelte (vgl. hierzu Siedler 1994 und Reid 1991). Um den IRC nutzen zu können, benötigt man in der Regel einen Chat-Client, der die Verbindung zu einem Server (z. B. irc.fu-berlin.de) herstellt. Ein bekannter und (für begrenzte Zeit) kostenloser Chat-Client ist beispielsweise das Programm *mIRC* (www.mirc.com), das bereits eine Liste bestehender Server enthält, mit denen nach der Eingabe eines selbst gewählten Pseudonyms bzw. oder „nicknames“ eine Verbindung aufgebaut wird. Anschließend kann man einen von zahlreichen bereits bestehenden Chat-Räumen betreten oder durch einen einfachen Befehl („/join ‹*raumname*›“) einen eigenen Chat-Raum eröffnen. Abbildung 5 zeigt den Chat-Raum „ruhrpott“. Rechts ist eine Liste der Nutzer zu sehen, die sich momentan im Raum aufhalten, ganz unten befindet sich das Fenster zur Eingabe des Textes, den man mithilfe der Return-Taste in das Hauptfenster abschickt, wo er von den anderen Nutzern gelesen werden kann. Der IRC bietet viele interessante didaktische Optionen, da man in eigenen, auf Wunsch passwortgeschützten Chat-Räumen beispielsweise sehr einfach die maximale Teilnehmerzahl bestimmen, individuelle Schreibrechte verteilen, Raumthemen festlegen, vorbereitete Arbeitsaufträge von der Festplatte in beliebig viele Räumen einspeisen und störende Chatter des Raumes verweisen kann. Dass ein Chat-Client wie *mIRC* jedoch zunächst aus dem Netz geladen und installiert werden muss, erweist sich in der Unterrichtspraxis oft als äußerst problematisch, da z. B. (unnötig) restriktive Sicherheitsvorkehrungen die Installation des Programms verhindern können.

Eine beliebte Alternative zum IRC stellen daher *Web-Chats* dar, für deren Nutzung ein Internet-Browser genügt. Für die wesentlich einfachere Nutzbarkeit eines Web-Chats zahlt man jedoch in der Regel einen hohen Preis, denn viele der didaktisch sinnvollen IRC-Optionen gehören nicht selbstverständlich zum Umfang eines Web-Chats. Eine Ausnahme bildet hier der seit mehr als einem Jahrzehnt verfügbare DCR („Didaktischer-Chat-Raum“), der als Web-Chat alle Konfigurations-, Moderations-, Kontroll- und Speicheroptionen bietet, die im Rahmen komplexer Lernarrangements benötigt werden (vgl. hierzu u. a. Berghoff/Frederking 1999a, 1999b; Frederking/Berghoff/Jünger/Steinig 1998; Frederking/Berghoff/Krommer 2000). Inzwischen findet man im WWW auf Seiten, die sich explizit an Lehrer wenden (z. B. www.lehrer-online.de), auch zahlreiche nicht öffentlich zugängliche Web-Chats, die sich sinnvoll, sicher und problemlos im Deutschunterricht verwenden lassen.

Unter Jugendlichen stellen sogenannte *Instant-Messenger* (IM) mit Abstand die beliebteste Form des Chattens dar. Insbesondere auf dem Smartphone zählen Anwendungen wie „Whats-App“, mit denen man kostenlos Nachrichten versenden kann, zu den am häufigsten installierten Programmen (vgl. auch mpfs

2011, S. 59). Und inzwischen ist der textbasierte Chat nur eine unter vielen medialen Optionen dieser Anwendungen.
Denn mit Instant-Messengern kann man beispielsweise auch gemeinsam Fotoalben online betrachten, digitale Dateien aller Art per Mausklick austauschen, Telefonate führen, „Heuler“ (kurze animierte Bild-Ton-Sequenzen) verschicken, mit anderen Schach, Dame, Backgammon etc. spielen, bei Bedarf eine Videokamera mit Ton zuschalten etc. Kurz: Instant-Messenger sind Symmedien par excellence, weil sie tatsächlich vom einfachen Buchstaben bis zum bewegten Live-Stream alle medialen Optionen vereinen. Ein kritischer Leser mag vor diesem Hintergrund ernsthaft am symmedialen Charakter eines rein textbasierten Chats – wie er z. B. im IRC üblich ist – zweifeln. Doch auch Text-Chats sind keineswegs so ausschließlich monomedial, wie es auf den ersten Blick erscheint. Denn zum Repertoire der Chat-Nachrichten gehören selbstverständlich auch Internet-Links, die jeden Chat-Raum automatisch zu einem Tor ins WWW machen. Gerade Jugendliche nutzen Text-Chats auch häufig, um gleichzeitig per TV-Karte auf dem PC laufende Fernsehsendungen gemeinsam mit räumlich entfernten Freunden synchron zu kommentieren, so dass ein symmediales Arrangement aus digitalem Fernsehbild und verlinktem Text-Chat entsteht.

Eine weitere, recht subtile Form der Symmedialität des Chats tritt zu Tage, wenn man ihn als Kommunikationsform genauer analysiert. Denn dann wird deutlich, dass er ganz wesentlich durch eine Mischung aus Sprache und Schrift bzw. medialer Schriftlichkeit und konzeptioneller Mündlichkeit geprägt ist.[13] Ein Chat wird medial schriftlich realisiert, d. h. getippt, er weist aber Charakteristika, Strukturen und Organisationsformen der gesprochenen Sprache auf (vgl. Androutsopoulos 2007, S. 81). Dieser spezifische Medienmix aus Mündlichkeit und Schriftlichkeit, d. h. aus Oralität und Literalität wird häufig auch als *Oraliteralität* bezeichnet (vgl. Döring 2003, S. 184).

Zu den Charakteristika des Chats als oraliteraler Kommunikationsform gehört, dass er im Medium der Schrift die (quasi)synchrone Interaktivität des gesprochenen Wortes erlaubt und erfordert: Wer erfolgreich im getippten Gesprächsfluss des Chats mitschwimmen möchte, muss mit der Tastatur ebenso schnell reagieren wie im mündlichen Dialog. Wer beispielsweise während eines Chats die korrekte Schreibung einzelner Begriffe im Duden nachschlägt, wird keine Chance haben, erfolgreich zu kommunizieren. Dass strukturelle, grammatische, syntaktische und orthografische Prinzipien der Schriftsprache außer Kraft gesetzt werden, gehört demnach zur Form, d. h. zu den impliziten Regeln des Chats. Ein Lehrer, der einen Schüler wegen seiner mangelhaften Rechtschreibung im Chat kritisiert, deckt in Wahrheit ein eigenes eklatantes Defizit

[13] Vgl. hierzu Koch/Oesterreicher 1985, aber auch die Problematisierung der Anwendung der von Koch/Oesterreicher eingeführten Differenzierungen auf schriftbasierte Netzkommunikation bei Dürscheid 2003 und 2004 sowie bei Androutsopoulos 2007.

auf: fehlendes Wissen über die mediale Grammatik des Chats. Ebenso gut könnte man Schüler dafür tadeln, dass sie im mündlichen Dialog nicht ständig den Prinzipien und Anforderungen der Schriftsprache genügen. Dass sich die Beiträge im Chat nicht wie das gesprochene Wort sofort verflüchtigen, sondern eine gewisse Zeit auf dem Bildschirm sichtbar bleiben, hat Auswirkungen auf die Struktur oraliteraler Gespräche: So sind z. B. kommunikative Bezüge zwischen zeitlich direkt aufeinanderfolgenden Beiträgen nicht unbedingt gegeben. Es kommt vielmehr sehr häufig vor, dass in der Zeit, in der X eine Antwort auf Y tippt, Z gerade einen fertigen Beitrag abschickt, der den Dialog zwischen X und Y auf dem Bildschirm unterbricht. Da diese Bezüge zwischen alternierenden Überkreuzgesprächen beim Chatten stets hergestellt bzw. rekonstruiert werden müssen, ist das Lesen eines Chats strukturell sehr viel anspruchsvoller als die Lektüre eines linearen Textes.

Die Nähe des Chats zur Sphäre der Mündlichkeit hat auch zur Folge, dass die für „face-to-face"-Unterhaltungen so wichtigen analogen Elemente der Sprache (vgl. Watzlawick/Beavin/Jackson 1985, S. 53ff.), d.h. Mimik, Gestik und Intonation, eine medienspezifische Entsprechung gefunden haben: So werden Gefühle im Chat häufig durch Emoticons signalisiert: Freude wird mit „**:-)**" ausgedrückt, Ironie durch die Zeichenfolge „**;-)**". In Instant-Messengern werden diese Zeichenfolgen automatisch durch entsprechende Symbole („  ") ersetzt bzw. sind sie bereits als kleine Grafiken aus einem Menu wählbar (vgl. Abb. 3). Die graphostilistischen Mittel des Chats umfassen weiterhin u.a. Buchstabenwiederholungen als Zeichen der Emphase („ach nöööö") oder die Verwendung von Großbuchstaben, um lautes Sprechen oder Schreien anzuzeigen („SEI RUHIG!!!!"). Inflektive, d.h. unflektiert-freistehende Prädikate, die man aus der Comicsprache kennt, liefern dem virtuellen Gegenüber Hinweise, was der Chatpartner gerade tut bzw. zu tun vorgibt (z. B. „*kau*, *überleg*, *indietastaturbeiß*). Sprachlicher Ökonomie sind typische Abkürzungen wie „brb" („be right back"), „lol" ("laughing out loud") „afk" („away from keyboard") oder „cu" („see you") geschuldet. Sie werden meistens verwendet, um beim Tippen Zeit zu sparen[14], gelten manchmal aber auch als eine Art Schibboleth: Nur ein Insider, der die Gepflogenheiten des Chats genau kennt, weiß beispielsweise, wie er auf die kryptisch wirkende Zeile „asl" zu reagieren hat: mit der Angabe seines Alters, seines Geschlechts und seines momentanen Aufenthaltsortes („asl" = „age, sex, location"). Viele dieser sprachlichen Besonderheiten treten auch außerhalb des Chats auf, so dass aus linguistischer Sicht die Rede von einer eigenen „Netzsprache" bzw. „Netspeak" (vgl. Crystal 2001) als verfehlt gilt. Sie trägt „eher zur Verschleierung der tatsächlichen Variabilität von Schreib-

[14] Solche Abkürzungen sind schon für die frühe Telegrafie charakteristisch, wo man z. B. „G A" für „go ahead" oder „SFD" für „stop for dinner" per Morse-Alphabet übermittelte (vgl. Standage 1999, S. 65).

stilen im Chat bei als zu deren Erhellung“ (Androutsopoulos 2007, S. 84; vgl. auch Dürscheid 2004).

Und wenn angesichts dieser sprachlichen Besonderheiten wieder einmal die medienwirksame Klage erhoben wird, dass der Chat als untrügliches Indiz, wenn nicht gar als ein wesentlicher Grund für den Niedergang der deutschen Sprache zu gelten habe, kann man sich entspannt zurücklehnen. Denn diese These ist schon deshalb grundfalsch, weil – um es mit Hoberg (2009, S. 25) zu sagen – die „deutsche Sprache wächst, blüht und gedeiht“. Weder für einen Sprachverfall noch für die These, dass die Schreibkompetenz der Jugendlichen heutzutage beängstigend gering ist, existieren seriöse Belege (vgl. hierzu auch Brügelmann 2003). Eines ist sogar sicher: „[D]ass noch nie so viel schriftlich kommuniziert wurde wie heute“ (Meinunger 2009, S. 54), denn die Generation @ hat mit dem Internet auch die Schrift in vielfältigen Formen (wieder)entdeckt.[15]

Neben der synchronen Interaktivität im Medium der Schrift zeichnet den Chat auch aus, dass er selbstbestimmte Abstufungen der Anonymität gestattet. Wer einen Text-Chat betritt, kann selbst festlegen, welche Identität er annimmt. Schon die Wahl des Pseudonyms, d. h. des „nicknames“, den man im Chat trägt, hat hier eine entscheidende Funktion, denn „Horst48“ wird mit Sicherheit andere Assoziationen und Reaktionen auslösen als „Jana17“. Zu Beginn des Chats herrscht eine Art semiotisch-soziales Vakuum, das prinzipiell alle gleich macht (vgl. Bahl 1997, S. 70–77), denn körperliche Merkmale, eine laute Stimme oder auffällige Kleidung verschaffen im Chat niemandem einen kommunikativen Vorteil. Für den Deutschunterricht könnte sich eine solche Nivellierung positiv auswirken, weil sich die gruppenspezifischen Strukturen neu konstituieren müssen, die in der Regel den Verlauf einer Diskussion massiv beeinflussen: Der unbeliebte Außenseiter könnte im Schutze der Anonymität eines Chat-Raums aus dem sozialpsychologischen Zwangsaggregat des Klassenraums, in dem er normalerweise seine Leistungen unter den Augen der anderen Schüler erbringen muss, ausbrechen und frei von rollenspezifischen bzw. gruppendynamischen Zwängen z. B. in einer Diskussion durch sein argumentatives Geschick auffallen und von anderen Anerkennung erfahren. Der Nivellierung und Enthemmung werden jedoch keineswegs nur positive Folgen zugesprochen. Ein seit Jahren immer wieder vorgebrachter Einwand gegen den Chat lautet, dass jede Form computervermittelter Kommunikation a priori defizitär und gefährlich ist, weil sie im Gegensatz zur „natürlichen“ *face-to-face* Interaktion eine drastische Kanalreduktion bedeutet (vgl. Döring 1997, S. 276–278). Doch dass die physische Anwesenheit eines Gesprächspartners durch ein mediales Telepräsenz-

[15] Vgl. hierzu auch die Studie „Young people's writing: Attitudes, behaviour and the role of technology" (Clark/Dugdale 2009), die – kurz gesagt – zu dem Schluss kommt, dass die Nutzung vielfältiger Kommunikationsformen im Internet die Schreib- und Lesefähigkeiten der jugendlichen Nutzer fördert.

Szenario äquivalent substituierbar ist, behaupten nicht einmal die größten Befürworter des Chats. Ihnen geht es vielmehr darum, die medienspezifischen Kommunikationschancen zu nutzen, um z. B. im IRC Kontakte zu knüpfen, die nicht selten zu „wirklichen" Begegnungen z. B. im Rahmen von „Relay Parties" führen (vgl. schon Siedler 1994). Ein weiterer seit langem bekannter Einwand macht geltend, dass die Möglichkeit, in der Anonymität des virtuellen Raumes neue Identitäten anzunehmen, zu Selbstentfremdung, Narzissmus, Autismus und Schizophrenie führen kann (vgl. Döring 1997, S. 287). Dem wird z. B. von der amerikanischen Soziologin Sherry Turkle entgegengehalten, dass virtuelle Internet-Szenarien als „Laboratorien für die Identitätskonstruktion" (Turkle 1995, S. 297) entwicklungsfördernde Auswirkungen besitzen können. Der Komplexität psychologischer Netz-Effekte und der Vielfalt möglicher Erlebnisse im Internet versucht Turkle mit dem folgenden nüchternen Fazit gerecht zu werden:

> Manchmal tragen solche Erlebnisse zur Selbsterkenntnis und individuellen Entfaltung bei und manchmal nicht. (Turkle 1995, S. 299)

Es wäre daher falsch, technikdeterministische Bedrohungsszenarien zum Anlass zu nehmen, auf die Erprobung des Chats im Unterricht zu verzichten. Das gilt insbesondere angesichts der Potenziale *virtueller Theatralik*, die hier nur andeutungsweise skizziert werden können. (vgl. hierzu vertiefend u. a. Beißwenger 2002; Danet u. a. 1993; Laurel 1991; Sandbothe 1998; Frederking/Krommer 2003). Einer klassischen Sichtweise gemäß hat man es genau dann mit Theater zu tun, „wenn es eine Person A gibt, die X verkörpert, während S zuschaut" (Fischer-Lichte 1983, S. 25). Im Chat kann natürlich A so tun, als ob er X ist, während S die entsprechenden Chat-Beiträge liest. Dennoch scheint virtuelle Theatralik prinzipiell unmöglich zu sein, wenn man die obige Definition wörtlich nimmt, da dem Chat die Körperlichkeit in Form der physischen Präsenz des Schauspielers (und des Publikums) gleichsam per definitionem abgeht und sich die Ausdrücke „Theater" und „virtuell" dann widersprechen:

> „The expression 'virtual theatre' is, consequently, an oxymoron, bringing together two contradictory elements in a manner which creates an explosion of new meaning." (Danet et. al. 1993, o. S.)

Die neuen Bedeutungsdimensionen die mit dem Ausdruck „virtuelle Theatralik" verbunden sind und die auch für unterrichtliche Prozesse relevant erscheinen, lassen sich zumindest andeuten, wenn man ein „fundamentales Symbol des Theatralen" (Beißwenger 2002, S. 108), die Maske des klassischen Theaters, näher beleuchtet. So bestimmte sich die Rolle des Schauspielers in der griechischen Antike vor allem durch eine Gesichtsmaske, durch die er seine Stimme tönen ließ und die man folglich als Persona (von lat. *personare* = „durchtönen") bezeichnete. Im Chat definiert sich die Rolle eines Schauspielers jedoch nicht mehr durch das gesprochene, sondern durch das geschriebene Wort.

> „Aus der oralen *Persona*, der Gesichtsmaske des körperlich und wortsprachlich agierenden Schauspielers, wird das Personascript, die Textmaske des virtuell und schriftsprachlich handelnden Rollenspielers im Chat.“ (Frederking/Krommer 2003, S. 34)

Im Chat ist nur, was geschrieben ist. Ein Schauspieler im Chat definiert seine Rolle und auch die virtuelle Bühne als Handlungsraum nur durch seine Textbeiträge. Die virtuelle Theatralik bietet vor allem Schülern, die lieber schreiben als sprechen und die schriftlich häufig bessere Leistungen erbringen als mündlich, erstmals die Möglichkeit, sich aktiv in der Auseinandersetzung mit den Mitschülern am Unterricht zu beteiligen, ohne sich von ihrem Lieblingsmedium Schrift trennen zu müssen. Denn auf der virtuellen Theaterbühne können sie *gleichzeitig* schreiben und mit anderen interagieren. Und weil nur derjenige auffällt, der außergewöhnliche Texte produziert und seinen Gesprächspartner durch die performative Kraft *Wortes* erreichen und überzeugen kann, wird der Chat nicht nur zu einem Medium veränderter Selbsterfahrung, sondern auch zu einem virtuellen Ort, an dem der Inhaltsaspekt der Sprache eine deutschdidaktisch interessante Aufwertung erfährt. Das Primat der Schriftlichkeit erweist sich außerdem als didaktischer Vorteil, denn während konventionell-physische Rollenspiele flüchtig sind, wenn man sie nicht auf Video aufnimmt, ist jeder Schüler als virtueller Schauspieler immer auch als Autor eines oraliteralen Textes, der in Form eines Chatprotokolls automatisch erzeugt wird und der im weiteren Unterrichtsverlauf zum Gegenstand einer vertieften Analyse werden kann (vgl. hierzu Frederking/Krommer 2003; Krommer 2003, 2004).

Angesichts der didaktischen Möglichkeiten, die sich aus der synchronen Interaktivität des Chats, den Chancen des Spiels mit Identität(en) und den Potenzialen virtueller Theatralik ergeben, muss es verwundern, überraschen und manchmal auch verärgern, dass in den Massenmedien überwiegend reißerisch und kulturpessimistisch über den Chat berichtet wird, so als sei er ein von svengalihaften Pädophilen bevölkerter pornografischer Mahlstrom, den es ganz allgemein und insbesondere in der Schule zu meiden gelte. Wenn im Unterricht jedoch keine öffentlichen, sondern geschlossene, vom Lehrer jederzeit kontrollierbare und mit didaktischen Funktionen ausgestattete Chat-Räume (wie z. B. der o. g. DCR) genutzt werden, dann birgt die virtuelle Theatralik nicht mehr Risiken als jedes andere Rollenspiel innerhalb eines Klassenzimmers. Solange man vorrangig die typischen *Inhalte* öffentlich zugänglicher Chats ganz allgemein als Maßstab der didaktischen Güte dieses Mediums nimmt, wird es schwierig sein, die Skeptiker eines Besseren zu belehren. Nur dann, wenn man sich auf die deutschdidaktisch interessante *mediale Form* des Chats konzentriert, werden die in diesem Abschnitt skizzierten Besonderheiten sichtbar. Wie sich diese Spezifika konkret im Deutschunterricht nutzen lassen, ist Gegenstand eines separaten Aufsatzes (vgl. Kapitel 4.5 in diesem Band).

3. Schluss

Im Rückblick auf fast 20 Jahre deutschdidaktischer Auseinandersetzung mit dem Thema „Computer und Unterricht" hat Kepser (2008) eine ernüchternde Bilanz gezogen: Weder hypertextuelle Lernumgebungen noch Hyperfictions, weder Lernsoftware auf CD-ROM noch E-Learning Projekte, weder Computerspiele noch das WWW oder der Chat konnten bislang – aus höchst unterschiedlichen Gründen – in der Unterrichtswirklichkeit dauerhaft Fuß fassen. Offenbar ist es auch der Deutschdidaktik bislang weder in ausreichendem Maße gelungen, „in die bestehende schulische Praxis hinein [...] zu wirken, noch die von ihr ausgebildeten Nachwuchskräfte für dieses Thema nachhaltig zu sensibilisieren und zu begeistern" (Kepser 2008, S. 41). Im Rahmen einer kritisch-zugespitzten Retrospektive hat diese Einschätzung einige Berechtigung, sie darf jedoch nicht prospektiv als Pseudolegitimation bewahrpädagogisch motivierter Medienskepsis dienen. Kepser selbst weist nachdrücklich darauf hin, dass nach wie vor viele sinnvolle didaktische Potenziale neuer Medien im Unterricht zu Unrecht ungenutzt bleiben (vgl. Kepser 2008, S. 39). Nicht ein kurzsichtig-resignatives „LogOut" (vgl. Stoll 2002) sei daher die Devise der kommenden Lehrergeneration, sondern ein umsichtig-reflektiertes „LOG IN" (vgl. Frederking/Kepser/Rath 2008). Wenn der vorliegende Aufsatz nur einen kleinen Teil dazu beiträgt, Studierende, Referendare und Lehrer für den Einsatz neuer Medien im Deutschunterricht zu sensibilisieren oder gar zu begeistern, ist sein Ziel mehr als erreicht.

Literatur

Androutsopoulos, Jannis (2007): Neue Medien – neue Schriftlichkeit. In: Mitteilungen des Deutschen Germanistenverbandes 54, H. 1, S. 72–97.

Bahl, Anke (1997): Zwischen On- und Offline. Identität und Selbstdarstellung im Internet. München: Kopäd.

Barsch, Achim (2005): Mediendidaktik Deutsch. Paderborn: Schoeningh (= UTB 2808).

Beißwenger, Michael (Hrsg.) (2002): Chat-Kommunikation. Sprache, Interaktion, Sozialität & Identität in synchroner computervermittelter Kommunikation. Perspektiven auf ein interdisziplinäres Forschungsfeld. Studienausgabe in zwei Bänden. Stuttgart: Ibidem.

Berghoff, Matthias/Frederking Volker (1999a): „Auf dem Weg zum virtuellen Klassenzimmer. Computervermittelte Kooperation zwischen Lerngruppen auf der Basis von E-Mail, DCR-Chat, BSCW, Netmeeting und Video-Konferenz". In: Ide-informationen zur deutschdidaktik 23, H. 1, S. 121–133.

Berghoff, Matthias/Frederking, Volker (1999b): Virtuelle Rollenspiele. In: Deutschunterricht 52, H. 2, S. 100–108.

Beth, Hanno/Pross, Harry (1976): Einführung in die Kommunikationswissenschaft. Stuttgart: Kohlhammer.

Bolter, Jay David: Das Internet in der Geschichte der Technologien des Schreibens. In: Münker, Stefan/Roesler, Alexander (Hrsg.): Mythos Internet. Frankfurt am Main: Suhrkamp. S. 37–55.

Bolter, Jay David/Grusin, Richard 1999 (2002): Remediation. Understanding New Media. Cambridge (Massachusetts), London: MIT Press.

Brüggen, Niels/Ertelt, Jürgen (2011): Jugendarbeit ohne social media? Zur Mediatisierung pädagogischer Arbeit. In: merz 55, H. 3, S. 8–13.

Clark, Christina/Dugdale, George (2009): Young people's writing: Attitudes, behaviour and the role of technology. National Literacy Trust. Online-Quelle am 01.12.2009: http://www.literacytrust.org.uk/research/Writing_survey_2009.pdf.

Crystal, David (2001): Language and the Internet. Cambridge. Cambridge University Press.

Danet, Brenda/Wachenhauser, Tsameret/Bechar-Israeli, Haya/Cividalli, Amos/Rosenbaum-Tamari, Yehudit (1993): Curtain Time 20:00 GMT: Experiments with Virtual Theatre on Internet Relay Chat. In: Journal of Computer Mediated Communication 1, Heft 2. Online-Quelle am 20.11.2009: http://jcmc.indiana.edu/vol1/issue2/contents.html

Döring, Nicola (1997): Kommunikation im Internet: Neun theoretische Ansätze. In: Batinic, Bernad (Hrsg.): Internet für Psychologen. Göttingen, Bern, Toronto, Seattle: Hogrefe, S. 267–298.

Döring, Nicola (2003): Sozialpsychologie des Internet. Die Bedeutung des Internet für Kommunikationsprozesse, Identitäten, soziale Beziehungen und Gruppen. 2., vollständig überarbeitete und erweiterte Aufl. Göttingen: Hogrefe.

Donicht, Jörg (2006): Medien im Unterricht. In: Bovet, Gislinde/Huwendiek, Volker (Hrsg.): Leitfaden Schulpraxis. Pädagogik und Psychologie für den Lehrberuf. 4., komplett überarbeitete Auflage. Berlin: Cornelsen Scriptor, S. 150–176.

Dürscheid, Christa (2003): Medienkommunikation im Kontinuum von Mündlichkeit und Schriftlichkeit. Theoretische und empirische Probleme. In: Zeitschrift für Angewandte Linguistik 38, S. 35–54.

Dürscheid, Christa (2004): Netzsprache – ein neuer Mythos. In: Beißwenger, Michael/Hoffmann, Ludger/Storrer, Angelika (Hrsg.): Internetbasierte Kommunikation. Osnabrücker Beiträge zur Sprachtheorie 68, S. 141–157.

Enzensberger, Hans Magnus (1970): Baukasten zu einer Theorie der Medien. In: Michel, Karl-Markus/Wieser, Harald (Hrsg.): Kursbuch 20. Frankfurt am Main: Suhrkamp, S. 159–186.

Faulstich, Werner (2002): Einführung in die Medienwissenschaft. Probleme-Methoden-Domänen. München: Fink 2002 (= UTB 2407).

Faulstich, Werner (2004): Die Geschichte der Medien. Bd. 5: Medienwandel im Industrie- und Massenzeitalter (1830–1900). Göttingen: Vandenhoeck & Ruprecht.

Felder, Ekkehard (2004): Was ist textuell an Hypertexten? In: Bönninghausen, Marion/Rösch, Heidi (Hrsg.): Intermedialität im Deutschunterricht. Baltmannsweiler: Schneider, S. 40–62.

Fischer-Lichte, Erika (1983): Semiotik des Theaters. Eine Einführung (3 Bände). Band 1: Das System der theatralischen Zeichen. Tübingen: Narr.

Frederking, Volker/Berghoff, Matthias/Jünger, Werner/Steinig, Wolfgang (1998): Fremde im Zug – Fremde im Netz. Ein interkulturelles Schreibprojekt. In: Zielsprache Deutsch 25, H. 1, S. 13–24.

Frederking, Volker/Berghoff, Matthias/Krommer, Axel (2000): Virtueller Deutschunterricht. 'Umgang mit dem Fremden' – eine Internet-Kooperation zwischen zwei achten Klassen. In: Deutschunterricht 53, H. 3, S. 207–216.

Frederking, Volker/Krommer, Axel (2003): Von der 'Persona' zum 'Personascript': Virtuelle Theatralik im multimedialen Deutschunterricht am Beispiel von Ludwig Fels' 'Soliman'. In: Deutschunterricht 56, H. 4, S. 34–43.

Frederking, Volker (2005): Symmedialität – mediendidaktisches Theorem und Entwicklungsprinzip im E-Learning-Bereich. In: Kleber, Hubert (Hrsg.): Perspektiven der Medienpädagogik in Wissenschaft und Bildungspraxis. München: Kopäd, S. 187–203.

Frederking, Volker (2006a): Was ist und mit welchem Ziel betreiben wir Deutschdidaktik? Anmerkungen zum Theorie-Praxis-Bezug in Deutschdidaktik und Deutschlehrer(innen)-Ausbildung. In: Mitteilungen des deutschen Germanistenverbandes 53, H. 2–3, S. 244–257.

Frederking, Volker (2006b): Neue Medien im Deutschunterricht. In: Kliewer, Heinz Jürgen/ Pohl, Inge Hrsg.): Lexikon Deutschdidaktik. Band 2. Baltmannsweiler: Schneider, S. 554–560.

Frederking, Volker (2006c): Symmedialität und Synästhetik. Begriffliche Schneisen im medialen Paradigmenwechsel und ihre filmdidaktischen Implikationen am Beispiel von Erich Kästners 'Emil und die Detektive'. In: Ders. (Hrsg.): Filmdidaktik und Filmästhetik. Jahrbuch Medien im Deutschunterricht 2005. München: Kopäd 2006, S. 204–229.

Frederking, Volker/Kepser, Matthis/Rath, Matthias (Hrsg.) (2008): LOG IN! Kreativer Deutschunterricht und neue Medien. Hartmut Jonas zum 65. Geburtstag gewidmet. München: Kopäd.

Frederking, Volker/Krommer, Axel/Maiwald, Klaus (2012): Mediendidaktik Deutsch. 2. neu bearbeitete und erweiterte Auflage. Eine Einführung. Berlin: Schmidt.

Freud, Sigmund 1930 (1997): Das Unbehagen in der Kultur. In: Ders.: Das Unbehagen in der Kultur und andere kulturtheoretische Schriften. Frankfurt am Main: Fischer 1997, S. 29–108.

Fritzsche, Joachim (1994): Zur Didaktik und Methodik des Deutschunterrichts. Band 2: Schriftliches Arbeiten. Stuttgart, München, Düsseldorf, Leipzig: Klett.

Grimm, Petra/Rhein, Stefanie/Clausen-Muradian, Elisabeth (Hrsg.) (2008): Gewalt im Web 2.0. Der Umgang Jugendlicher mit gewalthaltigen Inhalten und cyber-mobbing sowie die Rechtliche Einordnung der Problematik. Berlin: Vistas 2008.

Groeben, Norbert (2002): Dimensionen der Medienkompetenz: Deskriptive und normative Aspekte. In: Groeben, Norbert/Hurrelmann, Bettine (Hrsg.): Medienkompetenz. Voraussetzungen, Dimensionen, Funktionen. München: Juventa, S. 160–191.

Heibach, Christiane (2002): Schreiben im World Wide Web – eine neue literarische Praxis. In: Münker, Stefan/Roesler, Alexander (Hrsg.): Praxis Internet. Kulturtechniken der vernetzten Welt. Frankfurt am Main: Suhrkamp, S. 182–207.

Heibach, Christiane (2003): Literatur im elektronischen Raum. Frankfurt am Main: Suhrkamp 2003 (=stw 1605).

Hesse, Matthias/Krommer, Axel (2003): Vergangenheitsbewältigung „im Krebsgang". Das Spiel mit der Fiktionalität als didaktische Strategie bei Günter Grass. In: Praxis Deutsch 180, S. 41–46.

Hoberg, Rudolf (2009): Die deutsche Sprache wächst, blüht und gedeiht. In: Mitteilungen des deutschen Germanistenverbandes 56, H. 1, S. 25–34.

Iser, Wolfgang 1975 (1994): Die Appellstruktur der Texte. In: Warning, Rainer (Hrsg.): Rezeptionsästhetik: Theorie und Praxis. 4., unveränderte Auflage. München: Fink, S. 228–252 (= UTB 303).

Johnson, Steven (2009): Introduction. In: Ders. (Hrsg.): The Best Technology Writing 2009. New Haven, London: Yale University Press, S. 1–8.

Kepser, Matthis (2008): Computer und Deutschunterricht – ein provokanter Zwischenruf. In: Neue Medien im Deutschunterricht. Eine Online-Publikation der AG Medien im Symposion Deutschdidaktik H. 1, S. 32–42. Online-Quelle am 20.11.2009: http://www.medid.de.

Koch, Peter/Oesterreicher, Wulf (1985): Sprache der Nähe – Sprache der Distanz. Mündlichkeit und Schriftlichkeit im Spannungsfeld von Sprachtheorie und Sprachgeschichte. In: Romanistisches Jahrbuch 36, S. 15–43.

Köck, Wolfram K. (2000): Kognition-Semantik-Kommunikation. In: Schmidt, Siegfried J. (Hrsg.): Der Diskurs des radikalen Konstruktivismus. Frankfurt am Main: Suhrkamp, S. 340–374.

König, Mareike (2012): Twitter in der Lehre (Schule und Universität): eine kleine Literaturliste. Online-Quelle am 01.10.2012: http://redaktionsblog.hypotheses.org/585

Krommer, Axel (2003a): Chatten mit dem lyrischen Ich. Ein literatur- und mediendidaktisches Experiment. In: Wermke, Jutta (Hrsg.): Literatur und Medien. Jahrbuch Medien im Deutschunterricht 2002. München: Kopäd, S. 87–103.

Krommer, Axel (2003b): Telefonie und Idiotie. Literarische und medientheoretische Marginalien zur Mobilkommunikation. In: telepolis. magazin der netzkultur vom 15.06.2003.

Krommer, Axel (2004): /join Gruppenarbeitsraum04. Der IRC im Deutschunterricht der Sekundarstufe II. In: Computer+Unterricht 53, S. 30–32.

Krommer, Axel (2008): Neue Medien im Deutschunterricht. In: Deutschunterricht 61, H. 6, S. 4–8.

Krommer, Axel/Brüning, Christoph (2008): Privatsphäre? Schüler und soziale Netzwerke. In: Deutschunterricht 61, H. 6, S. 28–31.

Kümmel, Albert (1997): Mathematische Medientheorie. In: Spahr, Angela/Kloock, Daniela (Hrsg.): Medientheorien. Eine Einführung. München: Fink (= UTB 1986), S. 205–236.

Kurianowicz, Tomasz: (2011) Twitter-Unterricht, in: Die Zeit, 22.6.2011 Online-Quelle am 01.10.2011:
http://www. zeit.de/digital/internet/2011-06/twitter-unterricht

Kurzrock, Tanja (2004): Neue Medien im Deutschunterricht. In: Lange, Günther/Weinhold, Swantje (Hrsg.): Grundlagen der Deutschdidaktik. Sprachdidaktik, Mediendidaktik, Literaturdidaktik. Baltmannsweiler: Schneider, S. 178–200.

Leschke, Rainer (2003): Einführung in die Medientheorie. München: Fink (=UTB 2386).

Leubner, Martin/Saupe, Anja (2009): Erzählungen in Literatur und Medien und ihre Didaktik. Baltmannsweiler: Schneider 2009.

Maiwald, Klaus (2004): Geschichte(n) schreiben in einem integrativen Unterricht. In: Grundschulunterricht 51, H. 9, S. 46–51.

Manovich, Lev (2001): The Language of New Media. Cambridge (Massachusetts), London: MIT Press.

McLuhan, Herbert Marshall 1964 (1997): Die magischen Kanäle. In: Baltes, Martin/Böhler, Fritz/Höltschl, Rainer/Reuß, Jürgen (Hrsg.): Medien verstehen. Der McLuhan-Reader. Mannheim: Bollmann (=Bollmann Kommunikation & Neue Medien), S. 112–155 (gekürzte Fassung).

McLuhan, Herbert Marshall 1967 (1997): Das Medium ist Massage. In: Baltes, Martin/Böhler, Fritz/Höltschl, Rainer/Reuß, Jürgen (Hrsg.): Medien verstehen. Der McLuhan-Reader. Mannheim: Bollmann (=Bollmann Kommunikation & Neue Medien), S. 158–163.

Meinunger, André (2009): Mosern wir halt ein bisschen ... über den Zustand der deutschen Sprache. In: Mitteilungen des deutschen Germanistenverbandes 56, H. 1, S. 36–41.

mpfs (2011): JIM-Studie 2011. Jugend, Information, (Multi)Media. Basisuntersuchung zum Medienumgang 12–19-Jähriger. Online-Quelle am 01.10.2012: http://www.mpfs.de/fileadmin/JIM-pdf11/JIM2011.pdf

O'Reilly, Tim (2005): What is Web 2.0? Design Patterns and Business Models for the Next Generation of Software. Online-Quelle am 01.10.2012: http://oreilly.com/web2/archive/what-is-web-20.html

Philipp, Maik (2012): Literaturgezwitscher. Mit Twitter-Nachrichten die Lese- und Schreibkompetenz stärken. In: Praxis Deutsch 231, S. 27–31.

Postman, Neil 1985 (1988): Wir amüsieren uns zu Tode. Urteilsbildung im Zeitalter der Unterhaltungsindustrie. Frankfurt am Main: Fischer Taschenbuch Verlag.

Reid, Elisabeth M. (1991): Electropolis: Communication and Community on Internet Relay Chat. Online-Quelle am 20.11.2009: http://cyber.eserver.org/reid.txt.

Sandbothe, Mike (1996): Interaktive Netze in Schule und Universität. Philosophische und didaktische Aspekte. In: Kursbuch Internet. Anschlüsse an Wirtschaft und Politik, Wissenschaft und Kultur, Mannheim: Bollmann. S. 424–433.

Sandbothe, Mike (1997): Interaktivität – Hypertextualität – Transversalität. Eine medienphilosophische Analyse des Internet. In: Münker, Stefan/Roesler, Alexander (Hrsg.): Mythos Internet. Frankfurt am Main: Suhrkamp. S. 56–82.

Sandbothe, Mike (1998): Theatrale Aspekte des Internet. Prolegomena zu einer zeichentheoretischen Analyse theatraler Textualität. In: Göttlich, Udo/ Nieland, Jörg-Uwe/Schatz, Heribert (Hrsg.): Kommunikation im Wandel. Zur Theatralität der Medien. Köln: Herbert von Halem Verlag. S. 209–227.

Saxer, Ulrich (1997): Konstituenten einer Medienwissenschaft. In: Schanze, Helmut/Ludes, Peter (Hrsg.): Qualitative Perspektiven des Medienwandels. Opladen: Verlag für Sozialwissenschaften, S. 15–26.

Schmitz, Ulrich (2004): Sprache in modernen Medien. Einführung in Tatsachen und Theorien, Themen und Thesen. Berlin: Schmidt.

Schmitz, Ulrich (2005): Das blaue Wunder. Text-Bild-Bezüge in alten und neuen Medien. In: Jonas, Hartmut/Josting, Petra (Hrsg.): Medien Kritik und Sprache (= Medien im Deutschunterricht 2004), S. 117–126.

Shannon, Claude E./Weaver, Warren 1949 (1972): The Mathematical Theory of Communication. 5. Auflage. Urbana, Chicago, London: Uinversity of Illinois Press 1972

Siedler, Kai (1994): Computerfreaks like 2 party. Relay Parties zwischen Virtualität und Realität. WZB Discussion papers FS II 96–104. Wissenschaftszentrum Berlin. Online-Quelle am 20.11.2009: http:/duplox.wz-berlin.de/texte/rps.

Staiger, Michael (2007): Medienbegriffe, Mediendiskurse, Medeinkonzepte. Bausteine einer Deutschdidaktik als Medienkulturdidaktik. Baltmannsweiler: Schneider.

Solove, Daniel J. (2007): 'I've Got Nothing to Hide' and Other Misunderstandings of Privacy. In: San Diego Law Review 44, S. 745–772.

Spahr, Angela (1997): Magische Kanäle. Marshall McLuhan. In: Spahr, Angela/Kloock, Daniela: Medientheorien. Eine Einführung. München: Fink (= UTB 1986), S. 39–76.

Standage, Tom (1999): The Victorian Internet. The Remarkable Story of the telegraph and the Nineteenth Century's On-line Pioneers. New York: Berkley.

Stoll, Clifford (2002): LogOut. Warum Computer nichts im Klassenzimmer zu suchen haben und andere High-Tech-Ketzereien. Frankfurt am Main: Fischer.

Storrer, Angelika (2008): Hypertextlinguistik (Preprint). Online-Quelle am 20.11.2009: http://www.studiger.tu-dortmund.de/images/Hypertextlinguistik-Preprint.pdf

Trojanow, Ilija/Zeh, Juli (2009): Angriff auf die Freiheit. Sicherheitswahn, Überwachungsstaat und der Abbau bürgerlicher Rechte. München: Hanser.

Turkle, Sherry 1995 (1998): Leben im Netz. Identität in Zeiten des Internet. Reinbek bei Hamburg: Rowohlt.

Watzlawick, P./Beavin, J./Jackson, D. (1985): Menschliche Kommunikation. Formen, Störungen, Paradoxien. 7. Auflage. Bern, Stuttgart, Toronto: Huber.

Wermke, Jutta (1997): Integrierte Medienerziehung im Fachunterricht. Schwerpunkt: Deutsch. München: Kopäd.

3. Konzeptionen des Literaturunterrichts im medialen Wandel

MICHAEL KÄMPER-VAN DEN BOOGAART

3.1 Textnahes Lesen

1. Textfernes Lesen?

Konfrontiert mit der Forderung, literarische Werke sollten in der Schule textnah gelesen werden, dürfte mancher den Kopf schütteln: „Ist Lesen denn nicht per se eine Angelegenheit, die sich in dichtem Kontakt mit einem Text vollzieht?" Tatsächlich wurde die empirische Gültigkeit dieser rhetorischen Frage in Zweifel gezogen, als man sich 1996 auf dem Berliner Symposion Deutschdidaktik in einer Sektion „Konzepte textnaher Arbeit an Literatur" zusammenfand. Die Vermutung, dass im schulischen Literaturunterricht der Umgang mit der Buchstäblichkeit poetischer Texte zunehmend zu locker gerate, gründete in der Wahrnehmung von drei unterschiedlichen Tendenzen:

Die *erste Tendenz* zur Textferne wurde reflektiert in der vielstimmigen Kritik an einem Aktionismus, der durch die unüberlegte Umsetzung handlungs- und produktionsorientierter Verfahren motiviert wurde (vgl. Kunze 2004, 155; Ensberg 2005, 56–63; vgl. dazu Spinner, Bd. 2, Kap. 3.4). Diese Auseinandersetzung um den Wert von Schülerkreativität einerseits und um konzentrierte Lektüre andererseits war in gewisser Hinsicht das Duplikat einer Kontroverse, die bereits in den 1970-er Jahren stattfand und die insbesondere von Christa Bürgers heftiger Kritik an einem „Literaturunterricht, der den literarischen Text nur als Anstoß für beliebige Bedeutungsprojektionen anzuerkennen vermag" (Bürger 1980, S. 49), bestimmt wurde.

Eine *zweite Tendenz*, sich von den Restriktionen der Primärtexte zugunsten der Subjektivität der Rezipienten zu lösen, ging auf die zeitweilig starke Beachtung radikalkonstruktivistischer Ansätze in der Literaturwissenschaft zurück. Diese Ansätze profilierten sich mit einer kognitionstheoretisch ausgeführten – und daher für die Didaktik attraktiven – Kritik an einer interpretierenden Literaturwissenschaft und an deren Ansprüchen auf objektivierendes Textverstehen (vgl. dazu Baum, Bd. 2, Kap. 1.6). Solches „Verstehen" wird hier „als ein Mittel zur sozialen Kontrolle individueller Kognition" (Schmidt 1994, S. 151; ähnlich Rusch 1992) diskreditiert und jedwede Textverarbeitung als ein in hohem Maße subjektabhängiger Prozess begriffen (vgl. aber Zabka 1999).

Um weit konventionellere Prämissen ging es bei der *dritten Tendenz*. Problematisiert wird hier die auch in Lesebüchern zu registrierende literaturpädagogische Neigung, poetische Texte mit externen Faktoren wie Autorschemata, Werkübersichten oder Epocheninformationen zu verbinden und auf diese Weise für Kriterien zu sorgen, durch die sich schnell Top-down-Lektüren realisieren lassen, welche die Ambiguitäten fiktionaler Texte erst gar nicht in Erscheinung treten lassen. Gegen diese Tendenz sprechen sich die Herausgeber eines Bandes aus, der unter dem Titel „Textnahes Lesen" die Beiträge der Berliner Sektion versammelt:

> Textnahes Lesen stellt zunächst den vorliegenden Primärtext in den Vordergrund. Wir lassen also zunächst die Hilfestellung zusätzlicher Informationen über Autor, Werk, Gattung, Epoche usw. beiseite, und zwar weil diese den Text unter dem gewählten Gesichtspunkt (z. B. Gattung) „modellieren" würden. Deutungen, die sich *vorwiegend* auf den Hintergrund von Autor, Gattung, Epoche stützen, geben dem Text einen allgemeineren, einen überindividuelleren [...] Charakter. Die Interpretation verweist sofort über *diesen* Text hinaus auf Generelles beim Autor, der Gattung oder der Epoche. Sie übersehen oft Wichtiges, das im Text vor Augen liegt, indem sie prinzipiell immer auf etwas anderes verweisen. Sie unterstellen unbefragt, daß das Spezielle sich dann schon im Allgemeinen zeigt. (Belgrad/Fingerhut 1998, S. 8f.)

Lässt sich im Primat einer intensiven Rezeption des Primärtextes konsequenterweise eine Gemeinsamkeit der textnahen Lektürevorschläge von 1996 ausmachen, so tut man sich schwerer dabei, weitere Affinitäten auszuweisen. Ein allgemeineres Programm lieferte allerdings Elisabeth K. Paefgen im Anschluss an die Sektionsdiskussionen. Ihre pointiert formulierten sechs Thesen prägen deshalb bis heute nachhaltig die Diskussion über die Forderung textnahen Lesens (vgl. Paefgen 1998, S. 14–23).

2. Thesen zum textnahen Lesen – schreibend lesen

Für ihre Thesen greift Paefgen auf Vorarbeiten ihrer Studie „Schreiben und Lesen. Ästhetisches Arbeiten und literarisches Lernen" aus dem Jahr 1996 zurück, in der sie eine literaturdidaktische Versuchsreihe mit Schülerinnen, Schülern und Studierenden vorstellt, dokumentiert und kommentiert. Wichtigster Referenztext dieser Studie, die fünf Versuchsreihen zur Integration von literarischem Schreiben und Lesen bearbeitet, ist Roland Barthes' Band „S/Z", in dem er paradigmatisch eine plurale Lektüre von Balzacs *Sarrassine* codiert und kommentiert. „Einen Text interpretieren", so notiert Barthes hier, „heißt nicht, ihm einen [...] Sinn geben, heißt vielmehr abschätzen, aus welchem Pluralem er gebildet ist" (Barthes 1987, S. 9). Wer für das Plurale des Textes aufmerksam sein wolle, müsse darauf verzichten, „diesen Text in großen Mengen zu strukturieren" (ebd., 16). Stattdessen bremst sich der Kommentar Barthes' auf „ein Schritt für Schritt"-Tempo herab, indem er Konnotationen, Ambiguitäten, Rätsel, semantische Felder, para- und syntagmatische Operationen in chronologischen Einheiten zum Teil unterhalb von Satzlängen des Primärtextes notiert. Paefgen nennt dieses Verfahren eine „strenge, 'fast klebende' Textnähe und folgert:

> Das Diktat der genauen, verlangsamten, wiederholten Lektüre erfordert ein anderes Zeit-Lektüre-Verhältnis: Nicht die Qualität des Gelesenen ist wichtig, sondern die Qualität des Leseprozesses steht im Vordergrund. (Paefgen 1996, S. 189)

Über diese Zielsetzung informiert Paefgen ihre Probanden und erntet zunächst nicht selten Widerwillen. Ihre Verfahren einer radikal verzögerten Lektüre, durch die das Lesen mit dem Schreiben von Kommentaren verbunden wird, zeitigen dennoch Ergebnisse, die darauf verweisen, dass auch Schüler einer 11. Klasse in der Lage sind, die Informationsgenerierung während der verlangsamten Lektüre von Kafkas *Das Urteil* zu kontrollieren, sofern sie sich auf Aufgabenstellungen einlassen, die für sie ungewöhnlich sind. So diktierte Paefgen beispielsweise zunächst die drei ersten Sätze aus dem Anfang der Erzählung, wobei die Schüler aufgefordert waren, nach jedem Satz aufzuschreiben, welche Informationen ihm zu entnehmen sind (vgl. Paefgen 1996, S. 296).

Die erfrischend selbstkritische Auswertung ihrer Experimente nimmt das Thema solch textnahen Lesens auf, reflektiert aber auch, welche Unterrichtsformen dazu geführt haben könnten, dass eher ein ungenaues Lesen den Gewohnheiten der Probanden entspricht:

> Sprachgenaues Lesen, das auf sachliche Informationsentnahme hin orientiert ist, läßt sich allerdings nur dann als Arbeit an literarischen Texten verankern, wenn Übungen im schreibenden Lesen phasenweise und textabhängig ein selbstverständlicher Unterrichtsbestandteil wären.
>
> Obwohl der Unterschied zwischen genauem-informativem Lesen einerseits und subjektiv-spekulativer Lektüre andererseits Studenten wie Schülern bekannt war, gerieten sie in ihrer Lese-Praxis gleichwohl in eine spekulative Leseweise, ohne den vorgeschalteten Schritt einer um Informationsentnahme bemühten Entzifferung des Textes durchzuhalten. Die interpretationstrainierten und -fixierten Schülerinnen lasen nur oberflächlich, weil es im mündlichen Unterrichtsgespräch eher auf den großen Bedeutungsraum als auf die kleinen, im Text notierten sprachlichen Details ankommt. Isers „Leerstellentheorie" hat in der unterrichtlichen Praxis dazu geführt, daß die 'Textfülle' nicht mehr recht zur Kenntnis genommen wird. Wichtig scheint aber nach den Versuchen, jenes genaue Lesen als einen selbstverständlichen Übungsteil in den Literaturunterricht zu integrieren, weil viele Informationen des Textes ansonsten gar nicht wahrgenommen werden. Sicherlich ist das schreibende Lesen ein richtiger Schritt in diese Richtung. (Paefgen 1996, S. 319)

Wie Paefgen entfaltet auch Fingerhut sein Konzept einer Symbiose aus schreibender Annäherung und präziser Lektüre am Gegenstand der Texte Kafkas (vgl. Fingerhut 1996). In Abgrenzung zu produktiven Verfahren, die über die Inspielnahme traditioneller Narrationsmuster und biographischer Schemata dazu tendieren, Kafkas Texte in lebensweltlich vertraute Gefilde zu transformieren, konzipiert er unter dem auch anders verwendeten Begriff eines *heuristischen Schreibens* Vorschläge zu einer experimentellen Form der Kommentierung. Die Differenz zwischen kreativen Textrezeptionen und heuristischem Schreiben bestimmt Fingerhut folgendermaßen:

> Man kann sich den Unterschied der beiden Schreibkonzepte nach dem Begriffspaar von Akkomodation (Selbst-Anpassung des Schreibenden an den vorgegebenen Text) und Assimilation (Anpassung des Textes an die Bedürfnisse des Schreibenden) denken. Heuristisches Schreiben zielt eher auf Akkomodation als auf Assimilation. Heuristisches Schreiben ist Ausdruck eines suchenden Verstandes; es kann dementsprechend in Überarbeitungsphasen zur Diskussion gestellt werden. Das heuristische Schreiben konzentriert sich auf das Ungeklärte, Widersprüchliche im Text, es sucht nach den Stolpersteinen der Phantasie, nach Auseinandersetzung, es durchdenkt Alternativen, aber es ersetzt nicht einfach interrogative Strukturen durch affirmative. (Fingerhut 1996, S. 21)

Solch heuristisches Schreiben rückt Fingerhut in enge Verbindung mit dekonstruktiven Formen der Textanalyse. Dies heißt im Falle der Texte Kafkas, dass in einer ersten engagierten Lektüre Bedeutungen durch individuelle Attribuierungen des Rezipienten konstruiert werden, die in einer zweiten Lektüre mit dem Wortlaut des Textes konfrontiert werden, wobei dann das Spektrum *möglicher* Allusionen, Analogien und anderer semantischer Verweise in seiner Unabgeschlossenheit dergestalt in den Blick gerät, dass die Bedeutungszuschreibung der ersten Lektüre als Konstruktion fassbar wird. Was in diesem Sinn als Dekonstruktion gefasst und ins didaktische Zentrum der Textarbeit gestellt wird, resultiert nicht aus der Bearbeitung der Schreibaufgaben selbst, sondern erst aus deren Kommentierung im Gespräch. Während dieser prozedurale Komplex in den didaktischen Analysen zu Kafka ziemlich undeutlich bleibt, bringt ein weiterer Aufsatz Fingerhuts hier Klarheit:

> Das heuristische Schreiben steht nicht gegen analytische Formen der Arbeit an Literatur, sondern ist in sie eingebettet. Für die Struktur habe ich die griffige Formel „L-E-S-E-N" vorgeschlagen, wobei das L (=lesen) die Textlektüre, das erste E (=erörtern 1) die erste freie und ungeordnete Aussprache, und zwar ganz im Sinne der traditionellen hermeneutischen Tradition, bildet. Das in der Mitte stehende S steht für die aufgabengeleitete Schreibaktion (=schreiben) der Mitglieder der Lerngruppe, das zweite E (=erörtern 2) ist zentral für das Konzept. Es umfaßt die Texterörterung unter Einschluß der in der Lerngruppe entstandenen Eigentexte. Das Ziel dieses Interpretationsgesprächs ist das abschließende N. Es steht für „Nacharbeiten". Diese Nacharbeit kann eine diskursive Darstellung sein (also nacharbeiten = Interpretation), es kann aber auch eine Überarbeitung des Eigentextes umfassen (also nacharbeiten = den eigenen Text optimieren). (Fingerhut 1997, S. 117)

Das Schreiben der mittleren Phase gilt Fingerhut nicht nur als ein heuristisches im engeren Sinne, weil hier der Schreibende etwas über seine Lektüre herauszufinden sucht, sondern auch als ein Gesprächsangebot für die Lerngruppe, das sich in der angesprochenen zweiten Texterörterung realisieren soll.

Vergleicht man Aufgabenstellungen und Bearbeitungsbeispiele bei Fingerhut und Paefgen, wird man sagen können, dass Fingerhuts Schreibimpulse einen stärker spielerischen Charakter besitzen bzw. auf einem assoziativen, weniger reglementierten Probehandeln basieren.[1] Paefgens Konsequenz, statt spielerischen Umgang mit Texten Sachlichkeit und Arbeit[2] einzufordern, findet sich auch in ihren sechs Thesen zum textnahen Lesen von 1998 wieder:

> *1. These: Textnahes Lesen soll im folgenden verstanden werden als genaues, langsames, gründliches Studieren eines literarischen Textes; als ein Lesen mit Stiften, mit Papier, mit Zeit und Geduld für den Satz, den Absatz, die Seite; als ein statarisches Lesen, das häufiges Zurückblättern ebenso wenig scheut wie wiederholtes Lesen ein und derselben Passage, ein- und desselben Textes.*
>
> *2. These: Textnahes Lesen ist eine didaktische Herausforderung. Freiwillig lesen Schüler, lesen Lernende nur selten 'textnah'. Textnahes Lesen gehört zu den Leseformen, die gelehrt und gelernt werden müssen; in der Schule, aber nicht nur dort.*
>
> *3. These: Eine solche Leseform wird durch vielerlei erschwert: Die leichte Zugänglichkeit von Lesestoff steht dem ebenso entgegen wie die Fülle des Gedruckten, die lesend zur Kenntnis genommen werden soll. Textnahes Lesen ist nach dem Verlust des Kanons, der einen selbstverständlichen Textkorpus des immer wieder neu Gelesenen voraussetzte, fast eine antiquierte Angelegenheit geworden.*
>
> *4. These: Je fremder der Text dem Leser gegenübersteht, um so stärker muß dieser versuchen, ihn textnah zu lesen. Das Übersetzen fremdsprachlicher Texte erzwingt auf 'natürlichste' Art textnahes Lesen.*
>
> *5. These: Textnahes Lesen steht in Abhängigkeit von den Gattungen: Lyrik wird am textnächsten gelesen, – dramatische Texte stehen an zweiter Stelle. Am schwersten haben es die epischen Texte, die – wie auch immer – eine Geschichte erzählen.*
>
> *6. These: Methodische Verfahren, die zu textnahem Lesen auffordern, sind: Reduktion der zu lesenden Textmenge, Diktieren, Abschreiben; überhaupt: Lesen mit Schreiben verbinden. Theoretische Bezüge können sein: Dekonstruktion, Nachvollzug in Formulierungsentscheidungen, tiefenhermeneutische Spurensuche, Intertextualität etc.* (Paefgen 1998, S. 14f.)

Diese Thesen fokussieren insbesondere motivationale und pragmatische Bedingungen des postulierten Lektüremodus und ziehen Konsequenzen für ein probates Textkorpus (ironisch stilisiert: *fremdsprachige Kurzlyrik der Moderne*). Sie bleiben allerdings blass, wenn es um die Bestimmungen von Zielsetzungen und Legitimationen geht. Wirklich fündig wird man lediglich in den Ausführungen zur zweiten – und implizit zur vierten – These. Von mir in andere Begriffe übertragen und damit dem gegenwärtigen Diskursstand angepasst, registriert Paefgen hier, dass es dem Deutschunterricht an einem curricularen Modell zur Entwicklung von Lesekompetenzen mangele. Mit dem Ende des Erstleselehrgangs

---

[1] Zu den Unterschieden äußert sich Paefgen selbst in Paefgen 2006, 110f.

[2] „Das Schreiben gewinnt einen neuen Stellenwert: Es ist nicht 'kreative' Kür, sondern eine zwingend erforderliche Spracharbeit; da der zu lesende Text geschrieben wurde, kann man ihm nur durch erneutes Schreiben gerecht werden" (Paefgen 2008, S. 206). Vgl. hierzu auch Paefgen 1999a.

werde Lesekompetenz einfach unterstellt und übersehen, dass es Lesemodi gebe, deren Schwierigkeitsniveaus sich unterschieden. Komplexere Lesemodi, so die Ausführungen zur vierten These, würden etwa durch Texte mit höherem Alteritätspotential erzwungen. Wenn diese aber im Zuge einer um grundsätzliche Leseförderung bemühten Praxis an die Peripherie des empirischen Unterrichtskanons gerieten, käme die Ausbildung elaborierter bzw. wissenschaftspropädeutischer Kompetenzniveaus zu kurz. Was diese angeht, wird auch an habituelle Fragen gedacht: Die am Paradigma der Unterhaltungslektüre (*plot-driven*) gewonnene Lesehaltung bleibe von einem Lesen am Schreibtisch deutlich entfernt. Dass aber auch solches Lesen ein lustvolles sein könne, gibt Paefgen später in einer selbstkritischen Wendung zu bedenken:

> Daß diese mühselige, auf die Sprache bezogene Lesearbeit eine Lust am inhaltlichen Lesen fördern und unterstützen kann, wird in diesen didaktischen Konzeptionen vielleicht zu wenig berücksichtigt und bedacht: Schließlich stammt das eindringlichste Beispiel für eine akribische textnahe Lektüre – Roland Barthes: S/Z (1987; 1. frz. Aufl. 1970) – und das leidenschaftliche Plädoyer für eine Lust am Text (Barthes [...] 1973) von ein- und demselben Autor. (Paefgen 1999b, 105)

Die relativ schwache theoretische Markierung der Thesen Paefgens dürfte aus ihrem Status resultieren, Gemeinsamkeiten der um Textnähe bemühten Lektüreprojekte herauszustellen. Was deren gegenstandstheoretische Fundierung angeht, zeigen sich nämlich erhebliche Diskrepanzen. In Beispielen: Hinrichs kommentiert auf der Basis eines weiten Intertextualitätskonzepts (vgl. dazu Kammler, Bd. 2, Kap. 3.3), Förster und Steets in Perspektive auf Derrida und de Man unter dem Leitmodell der Dekonstruktion, Beste fragt nach interkultureller Kommunikation. Fingerhut und Kämper-van den Boogaart untersuchen je, wie ungenau Publizisten lesen, indem sie wie im notorischen Fall Grass die Autorfunktion (vgl. Foucault 1988) ausspielen. Belgrad und Würker setzen ihrerseits auf die Tiefenhermeneutik Lorenzers, während Cramers Auseinandersetzung mit der 'Mythopoiesis' Ransmayers sich an Drewermann und Fromm orientiert. Interessanterweise verweist kein Beitrag auf die Schule des *Close Reading*, obgleich diese Tradition auch nach dem Abtritt der *New Critics* in den USA Aktualität bewahrte bzw. zurückgewann (vgl. Lentricca/Dubois 2003).

Angesichts seiner methodischen Heterogenität kann dem Band trotz des Konzepttitels „Textnahes Lesen“ (Belgrad/Fingerhut 1998) kaum ein gemeinsames didaktisches Modell entnommen werden. Ansätze hierfür werden am ehesten dort erkennbar, wo unter dem Anspruch der Dekonstruktion logozentrischer Deutungsfestschreibungen dem hartnäckigen Interesse an jenen Textmomenten begegnet wird, die sich eindeutiger Sinnzuschreibung widersetzen. Hier zeigt sich, so signalisiert auch der schöne Titel von Försters Beitrag „Literatur als Sprache lesen“, wie ein genaues literarisches Kommentieren auch ein Analysieren des sprachlichen Materials darstellt.

3. Poststrukturalistische Schullektüren

Es war dann auch Förster, der 2000 einen weiteren Sammelband herausgab, der das Berliner Projekt fortsetzte, sich nun aber stärker auf einen gemeinsamen literaturtheoretischen Bezugsrahmen konzentrierte. „Schulklassiker lesen in der Medienkultur" erschien in Kombination mit dem Reader „Schlüsseltexte zur neuen Lesepraxis" (Bark/Förster 2000), der Studierende und Lehrende mit Stationen poststrukturalistischer Theoriegeschichte in Literaturwissenschaft und -didaktik vertraut machen sollte. Gemeinsam ist den Arbeiten zu den Schulklassikern eine – in den Worten Bogdals – symptomale Lektüre (vgl. Bogdal 1999, S. 40–54), die sich nicht auf die Identifikation eines Werkgehalts verpflichtet, sondern ins Auge nimmt, wie im Zusammenspiel von Text und Lesern Bedeutungen *gemacht* werden und welche Prämissen je in solche Prozesse eingehen.

Ähnlich wie Paefgen betont Förster, dass eine solche Lektüre „kognitive Arbeit" darstelle, sieht aber gerade in dieser Diskrepanz zum allgemeinen Trend eine wichtige Legitimation:

> Vielleicht kann ein solches kognitives Lesen, vor allem in der Sekundarstufe II auch als Grundvoraussetzung dafür dienen, dem Reputationsverlust des literarischen Unterrichts im Fächerkanon der Schule zu begegnen. Dazu müssten Lehrerinnen und Lehrer jedoch akzeptieren, dass sie ihren mediensozialisierten Schülern eine kognitive Leistung zumuten, wie sie in den „harten" Lernfächern schon immer außer Zweifel gestanden hat. Das ist der schwierigere Weg und vermeidet die Gefahr, den Literaturunterricht in ein didaktisch inszeniertes Erlebnisspiel umzufunktionieren und die Literatur selbst zu substituieren. (Förster 2000, S. 6f.)

Während Belgrad und Fingerhut mit Blick auf die Risiken von Top-down-Lektüren Wert darauf legten, dass textnahes Lesen dem Primat des Primärtexts verpflichtet sei (s. o.), zeigen sich bei den durch Dekonstruktion, Diskurs- und Feldtheorie inspirierten Klassikerlektüren von Kämper-van den Boogaart, Bogdal, Kammler, Spinner, Fehr, Korte und Selbmann, dass es gerade die Konfrontation etablierter Textkommentare mit eigenen Textwahrnehmungen sein kann, die zu einer genauen Relektüre der Primärtexte provoziert. So wird beispielsweise danach gefragt, ob das Schema binärer Leitmotive, das den Bürger-Künstler-Diskurs in Manns *Tonio Kröger* den meisten Lesehilfen nach prägen soll, wirklich so eindeutig im Text aufgeht (vgl. Kämper-van den Boogaart 2000). Oder zur Vertiefung der eigenen *Faust*-Lektüre werden die Lernenden mit einem pädagogischen Kommentar konfrontiert, der nicht nur zu einem vereinfachenden, sondern auch pädagogisch vereinseitigtem Verständnis gelangt. Umgekehrt werden irritierende Stellen im dramatischen Text markiert und nach eigenen Interpretationsversuchen mit Kommentaren angereichert, die je unterschiedliche Erklärungen als richtige anbieten (vgl. Kammler 2000). Dass solche Prozeduren, die den Blick stets auf den Wortlaut der kanonischen Texte zurücklenken und die helfen sollen, deren diskursive Praktiken zu rekonstruieren, in gewisser Weise

Kontakt halten zu den Ansprüchen einer ideologiekritischen Literaturdidaktik, registrieren Bark und Förster:

> Demnach ist im Literaturunterricht die Art und Weise zu erarbeiten, in der Texte Bedeutung gewinnen, nämlich als Produkt (Effekt) von Sprachformen bzw. diskursiver Praxis. Das freilich verlangt eine Lesepraxis, die mit Genauigkeit den komplexen Verfahren der Sinnkonstitution von Texten nachgeht. Dies geschieht mit dem Ziel einer generell einsetzbaren Lesefähigkeit, nicht nur im Kontext des Textmediums, womit die aufklärerischen und kritischen Intentionen wieder Kontur gewinnen. Es sind vor allem die kritischen Potentiale rationaler Auseinandersetzung, die im unterrichtlichen Leseprozess freigesetzt werden. Dass ein solches Lesen gelehrt und gelernt werden muss, das – um mit R. Barthes zu sprechen – den „kommerziellen und ideologischen Gewohnheiten unserer Gesellschaft zuwiderläuft", muss noch Eingang in die ministeriellen Unterrichtsvorgaben finden. (Bark/Förster 2000, S. 194)[3]

4. Textnähe und Kompetenzorientierung

Ein Jahr nach der Publikation von Försters Band gelangten die Ergebnisse der OECD-PISA-Studie zur Lesekompetenz 15-Jähriger ans Licht der Öffentlichkeit. Dieses Ereignis sorgte – zumindest vorübergehend – für Rupturen, wie sie die Deutschdidaktik bislang kaum erlebt hatte. Statt auf Literaturtheorien zu rekurrieren – Barthes' toter Autor war ohnehin bereits zurückgekehrt (vgl. Jannidis et al. 1999) –, galt es nun, sich mit Lesepsychologie, mit Literacy-Modellen und Psychometrik auseinanderzusetzen. Mit Blick auf das Textkorpus, das der Studie, die Deutschland bewegte, zugrunde lag, schien zudem einem ambitionierten Literaturunterricht der von Förster befürchtete Garaus zu drohen: Nur höchstens 12 % der Aufgaben bezogen sich auf fiktionale Texte, nämlich Erzählungen (vgl. Deutsches PISA-Konsortium 2001, S. 81). Die auch vom Initiator des DFG-Forschungsverbunds „Lesesozialisation in der Mediengesellschaft", Norbert Groeben, lancierte Konzentration auf Informationstexte und die Sprachregelung, dass die Alternative zum Informations- Unterhaltungslesen sei, führt dann auch Paefgen zu der Prognose:

[3] Den politischen Anspruch Försters stellt Ensberg 2005 in kritischer Intention – allerdings sehr verzerrt und unaufmerksam – heraus. Wie es Förster in der Tat darum geht, durch eine stärkere Orientierung an kurrenten Literaturtheorien und durch eine von Genauigkeit geprägte Lesepraxis dem Reputationsverlust des literarischen Unterrichts zu begegnen, so optieren – allerdings von einer ganz anderen Position aus – Ladenthin und Rickes (2004) dafür, zur Verpflichtung auf ein germanistisches Close Reading zurückzukehren, um den philologischen Status des Faches nicht zu gefährden. Getragen vom „Unbehagen an der gegenwärtigen Lektürepraxis in Schule und Hochschule", schlägt Rickes hier vor, mit dem Konzept eines poetischen Lesens wieder an Prämissen anzuknüpfen, wie sie in Emil Staigers *Die Kunst der Interpretation* identifiziert werden können. Ausgehend von diesem Vorschlag ist 2006 tatsächlich ein Band erschienen, der nach der Aktualität Staigers fragt (vgl. Rickes u. a. 2006). Hingegen gehen Engler/Möbius 2006 in ihrem Werben für ein *textnahes Verstehen* noch einmal von tiefenhermeneutischen und dekonstruktivistischen Prinzipien aus, ignorieren dabei aber zum Beispiel die Vorarbeiten Försters.

> Das bedeutete das Ende des Literaturunterrichts. Lesearbeit an literarischen Texten, die sich nicht dem Unterhaltungssektor zuordnen lassen, läßt sich nach diesen normativem Vorgaben nicht mehr begründen und nicht mehr legitimieren. Mit dem Anspruch, aus empirisch entstandenen Ergebnissen normative Setzungen auch für lesedidaktische Fragen ableiten zu können, wird die alternativlose Zweiteilung von Unterhaltungs- und Informationslesen als Faktum formuliert. Abgesehen davon, daß es nicht ganz einfach ist, die Unterscheidung im einzelnen immer treffen (und durchhalten) zu können, fällt bei dieser Polarisierung auch auf, daß andere „Formen des Lesens“ nicht (mehr) vorkommen [...]. Didaktisch ließe sich daraus nur folgern, daß zukünftig in erster Linie informatorisches Lesen gelehrt und daß auf die Möglichkeit des Unterhaltungslesens aufmerksam gemacht wird. Das Lesen komplexer literarischer Texte, das weder aus informatorischen Gründen noch mit Unterhaltungsabsichten geschieht, paßt nicht mehr in dieses Raster; und eine theoretisch begründete Lektüre schulklassischer Texte erst recht nicht [...]. (Paefgen 2006, S. 151f.)

Fasst man allerdings gelassener ins Auge, wie Lesekompetenz im PISA-Test modelliert wurde und wie die Diskussion um die Entwicklung von Bildungsstandards und zentralen Lernstandstests verläuft, muss man nicht unbedingt die Sorge haben, dass sich die Simplifikationen eines dichotomen Lesekonzepts (Information vs. Unterhaltung) politisch durchsetzen (vgl. Kämper-van den Boogaart 2005). So werden im deutschen Kommentar zu PISA 2000 durchaus Unterscheidungen getroffen, die, über Fiktionalitätsfragen hinaus, Aspekte reflektieren, die auch in der Diskussion um textnahes Lesen eine Rolle spielten.

> Textverstehen kann bis zu einem gewissen Grad als automatisch ablaufender Prozess angesehen werden [...]. Sobald Verständnisprobleme oder logische Widersprüche auftauchen, wird allerdings eine bewusste Steuerung notwendig, bei der zum Beispiel aktiv logische Schlussfolgerungen gezogen werden. Ein tieferes Verstehen eines Textes, der nicht allein auf leicht verfügbarem Weltwissen beruht, bedarf der intentionalen und strategischen Steuerung des Lernprozesses [...]. So ist es beispielsweise notwendig, dass die Kohärenz einer entstehenden Repräsentation überprüft wird und dass Reparaturmaßnahmen bei eventuell auftretenden Verständnislücken ergriffen werden. Insbesondere beim Lesen eines längeren Textes ist es notwendig, bisheriges Wissen für die Identifikation von relevanten Informationen zu verwenden, um bestimmte vorher gelesene Textpassagen zu rekonstruieren bzw. entsprechende Informationen aus dem Langzeitgedächtnis abzurufen [...]. (Deutsches PISA Konsortium 2001, S. 73)

Zwar wird man aus literaturtheoretischer Sicht – siehe die Diskussion um eine probate Lektüre Kafkas – die Vorstellung, mit „Reparaturmaßnahmen“ „Verständnislücken“ schließen zu können, als wenig elaboriert erachten. Doch im Kern wird hier ein Akzent gesetzt, der durchaus dem Anliegen einer Didaktik textnahen Lesens entspricht. Möglicherweise verstellt die Diskussion um die Rolle fiktionaler und expositorischer Texte den Blick dafür, dass die in der Tat zunehmende Bedeutung testmetrischer Fragen tendenziell eher dazu führt, textnahe Operationen zu begünstigen. Indirekt erkennbar wird dies zum Beispiel in der literaturdidaktischen Kritik an den PISA-Aufgaben zu der Erzählung „Das Geschenk“. Was hier an den Kodierungsanweisungen und Suggestionen der

Aufgabenführung kritisiert wird, betrifft namentlich den Tatbestand, dass die prämierten Antworten vom Wortlaut des Textes nicht oder nur uneindeutig gedeckt werden (vgl. Karg 2003, Kämper-van den Boogaart 2004). Solche Kritik bleibt dem Kompetenzmodell von *reading literacy* durchaus immanent, indem sie etwa gegen die Tendenz zur Überinterpretation das durch die Erzählung aufgeworfene Rezeptionsproblem der Inferenzbildung akkurater beschreibt. Mehr noch: dass überhaupt die Frage nach der Lesekompetenz Priorität einnimmt – und nicht etwa der Umfang eines Lektürekanons –, entspricht präzise dem Basisanliegen einer auf textnahe Lektüren setzenden Didaktik, die dem Thema der Lesequalität gegenüber dem Lesevolumen mehr Gewicht einräumt. Wenn heute penibler darüber nachgedacht wird, welche kognitiven Operationen seitens der Lernenden notwenig sind, um zu einer als angemessen geltenden Textbeschreibung zu gelangen, geht es auf theoretischer wie empirischer Basis um den Versuch, besagte Lesequalität in ihren textinternen und -externen Voraussetzungen genauer zu fassen. Und wenn heute schon aus testmetrischen Gründen offene Impulse hinterfragt und solche Aufgabenstellungen stärker beachtet werden, die kleinschrittig wortwörtliches Verstehen anregen und prüfen, gewinnt ein sprachorientierter Umgang mit Texten jedweder Art vermutlich an Bedeutung (vgl. Kämper-van den Boogaart 2006). Dass ein Insistieren auf textnahem Lesen als Basis literarischer Anschlusskommunikation didaktisch darauf zielt, Basales zu sichern und nicht allein den dekonstruktiven Kafka-Kommentar vorzubereiten, wird übrigens auch deutlich, wenn man registriert, dass auch sehr konventionelle Verfahren wie die Nacherzählung und die Inhaltsangabe ebenso in Verbindung mit einem textnahen Lesen gebracht werden (vgl. Schubert-Felmy 2008, S. 103ff.; Zabka 2004) wie das Schreiben eines Précis (vgl. Matthiessen 2008, S. 142f.; Abraham/Kepser 2005, S. 192f.).

Abraham und Kepser bemerken in ihrer Einführung in die Literaturdidaktik, dass das Konzept textnahen Lesens als *Repertoire von Verfahren* noch nicht ganz befriedigend durchgearbeitet sei (vgl. Abraham/Kepser 2005, S. 192). Das ist zweifellos richtig, gleichwohl vielleicht kein entscheidender Punkt. Wichtig zu sein scheint für eine textnahe Lektüre, dass man als Leser zu Entscheidungen gelangt, die sich am Text plausibilisieren lassen. Solche Entscheidungen können aus möglichst konkreten Schreibaufgaben erwachsen, sie können sich im Disput über die gelungenste Nacherzählung modifizieren, sie können in der Überprüfung divergierender Textkommentare zustande kommen oder auch in der Auseinandersetzung mit Multiple-Choice-Aufgaben fällig werden. Wichtig ist nur das Einverständnis, dass dem Text das Primat zukommt und dass Bedeutungsgenerierung durch Kontextualisierung kontrolliert erfolgen muss. Solche Textethik setzt ein möglichst habitualisiertes Interesse voraus, das seinerseits wohl auf die Erfahrung angewiesen ist, dass bei der genauen Beobachtung der Zeichenrelationen auch etwas herauskommt, das eines nicht ist: *beliebig*.

Literatur

Abraham, Ulf/Kepser, Matthis (2005): Literaturdidaktik Deutsch. Eine Einführung. Berlin: Schmidt.

Bark, Joachim/Förster, Jürgen (Hrsg.) (2000): Schlüsseltexte zur neuen Lesepraxis. Poststrukturalistische Literaturtheorie und -didaktik. Texte und Kommentare. Stuttgart/Düsseldorf/Leipzig: Klett.

Barthes, Roland 1973 (2009): Die Lust am Text. 12. Auflage. Frankfurt am Main: Suhrkamp.

Barthes, Roland (1987): S/Z. Frankfurt am Main: Suhrkamp.

Belgrad, Jürgen/Fingerhut, Karlheinz (Hrsg.) (1998): Textnahes Lesen. Annäherungen an Literatur im Unterricht. Baltmannsweiler: Schneider.

Bogdal, Klaus-Michael (1999): Historische Diskursanalyse der Literatur. Theorie, Arbeitsfelder, Analysen, Vermittlung. Opladen: Westdeutscher Verlag.

Bürger, Christa (1980): Tradition und Subjektivität. Frankfurt am Main: Suhrkamp.

Deutsches PISA-Konsortium (Hrsg.) (2000): PISA 2000. Basiskompetenzen von Schülerinnen und Schülern im internationalen Vergleich. Opladen: Leske + Budrich.

Engler, Tihomir/Möbius, Thomas (Hrsg.) (2006): Textnahes Verstehen. Auf Fährtensuche in literarischen Texten. Baltmannsweiler: Schneider.

Ensberg, Claus (2005): Primat der Texte. Grundzüge einer Didaktik literarischen Verstehens. Baltmannsweiler: Schneider.

Fingerhut, Karlheinz (1996): Kafka für die Schule. Berlin: Volk und Wissen.

Fingerhut, Karlheinz (1997): L-E-S-E-N: Fachdidaktische Anmerkungen zum „produktiven Literaturunterricht in Schule und Hochschule. In: Kämper-van den Boogaart, Michael (Hrsg.): Das Literatursystem der Gegenwart und die Gegenwart der Schule. Festschrift für Werner Schlotthaus zur Emeritierung. Baltmannsweiler: Schneider, S. 98–125.

Förster, Jürgen (Hrsg.) (2000): Schulklassiker lesen in der Medienkultur. Stuttgart/Düsseldorf/Leipzig: Klett.

Foucault, Michel (1988): Schriften zur Literatur. Frankfurt am Main: Fischer.

Jannidis, Fotis/Lauer, Gerhard/Martinez, Matias/Winko, Simone (Hrsg.) (1999): Rückkehr des Autors. Zur Erneuerung eines umstrittenen Begriffs. Tübingen: Max Niemeyer.

Kammler, Clemens (2000): Ein Spiel, bei dem man nicht gewinnt. Diskurskritische Vorschläge zu Goethes „Faust“. In: Förster, Jürgen (Hrsg.): Schulklassiker lesen in der Medienkultur. Stuttgart/Düsseldorf/Leipzig: Klett, S. 58–79.

Kämper-van den Boogaart, Michael (2000): „Tonio Kröger“. In: Förster, Jürgen (Hrsg.): Schulklassiker lesen in der Medienkultur. Stuttgart/Düsseldorf/Leipzig: Klett, S. 8–40.

Kämper-van den Boogaart, Michael (2004): PISA und die Interpretationsrituale des Deutschunterrichts. In: Kämper-van den Boogaart, Michael (Hrsg.): Deutschunterricht nach der PISA-Studie. Reaktionen der Deutschdidaktik. Frankfurt am Main: Lang, S. 59–82.

Kämper-van den Boogaart, Michael (2005): Lässt sich normieren, was als literarische Bildung gelten soll? Eine Problemskizze am Beispiel von Brechts Erzählung „Der hilflose Knabe“. In: Rösch, Heidi (Hrsg.): Kompetenzen im Deutschunterricht. Frankfurt am Main: Lang, S. 27–50.

Kämper-van den Boogaart, Michael (2006): Kleinschrittiges Lesen als Kompetenz. Zu Johann Wolfgang Goethe „Das Göttliche“ (Jahrgangsstufe 11–13). In: Kammler, Clemens (Hrsg.): Literarische Kompetenzen – Standards im Literaturunterricht. Modelle für die Primar- und Sekundarstufe. Seelze: Kallmeyer, S. 158–175.

Karg, Ina (2003): '... the ability to read between the lines' (OECD 2002, S. 11). Einige Anmerkungen zum Leseverstehen in der PISA-Studie. In: Abraham, Ulf/Bremerich-Vos, Albert/Frederking, Volker/Wieler, Petra (Hrsg.): Deutschdidaktik und Deutschunterricht nach Pisa. Freiburg im Breisgau: Fillibach, S. 106–120.

Kunze, Ingrid (2004): Konzepte von Deutschunterricht. Eine Studie zu individuellen didaktischen Theorien von Lehrerinnen und Lehrern. Wiesbaden. Verlag für Sozialwissenschaften.

Lentricca, Frank/Dubois, Andrew (Hrsg.) (2003) : Close Reading. The Reader. Durham/London: Duke University Press.

Paefgen, Elisabeth K. (1996): Schreiben und Lesen. Ästhetisches Arbeiten und literarisches Lernen. Opladen: Westdeutscher Verlag.

Paefgen, Elisabeth K. (1998): Textnahes Lesen. 6 Thesen aus didaktischer Perspektive. In: Belgrad, Jürgen/Fingerhut, Karlheinz (Hrsg.): Textnahes Lesen. Annäherungen an Literatur im Unterricht. Baltmannsweiler: Schneider, S. 14–23.

Paefgen, Elisabeth K. (1999a): Der Literaturunterricht heute und seine (un)mögliche Zukunft. In: Didaktik Deutsch 7, S. 24–35.

Paefgen, Elisabeth K. 1999b (2006) Einführung in die Literaturdidaktik. 2. Aufl.: Stuttgart/Weimar: Metzler.

Paefgen, Elisabeth K. (2008): Textnahes Lesen und Rezeptionsdidaktik. In: Kämper-van den Boogaart, Michael (Hrsg.): Deutsch-Didaktik. Leitfaden für die Sekundarstufe I und II. Völlige Neubearbeitung. Berlin: Cornelsen Scriptor, S. 199–215.

Rickes, Joachim/Ladenthin, Volker (Hrsg.) (2004): Sprachferne und Textnähe – Über das Unbehagen an der gegenwärtigen Lektürepraxis in Schule und Hochschule. Würzburg: Königshausen & Neumann.

Rickes, Joachim/Ladenthin, Volker/Baum, Michael (Hrsg.) (2006): 1955–2005: Emil Staiger und „Die Kunst der Interpretation" heute. Publikationen zur Zeitschrift für Germanistik. Neue Folge XVI. Bern: Lang.

Rusch, Gebhard (1992): Auffassen, Begreifen und Verstehen. Neue Überlegungen zu einer konstruktivistischen Theorie des Verstehens. In: Schmidt, Siegfried J. (Hrsg.): Kognition und Gesellschaft. Der Diskurs des Radikalen Konstruktivismus 2. Frankfurt am Main: Suhrkamp, S. 214–256.

Schmidt, Siegfried J. (1994): Kognitive Autonomie und soziale Orientierung. Konstruktivistische Bemerkungen zum Zusammenhang von Kognition, Kommunikation, Medien und Kultur. Frankfurt am Main: Suhrkamp.

Schubert-Felmy, Barbara (2008) Umgang mit Texten in der Sekundarstufe I. In: Kämper-van den Boogaart, Michael (Hrsg.): Deutsch-Didaktik. Leitfaden für die Sekundarstufe I und II. Berlin: Cornelsen Scriptor, S. 105–126.

Zabka, Thomas (1999): Subjektive und objektive Bedeutung. Vorschläge zur Vermeidung eines konstruktivistischen Irrtums. In: Didaktik Deutsch 7, S. 4–23.

Zabka, Thomas (2004): Literarisches Verstehen durch Inhaltsangaben? Anmerkungen zu einer umstrittenen Form des Umgangs mit narrativen Texten. In: Kämper-van den Boogaart, Michael (Hrsg.): Deutschunterricht nach der PISA-Studie. Reaktionen der Deutschdidaktik. Frankfurt am Main: Lang, S. 201–222.

PETRA WIELER

3.2 Vorlesen, Erzählen – Gespräche im Literaturunterricht

Es sind insbesondere empirische Studien zu den Anfängen der sprachlich-literarischen Enkulturation, die die didaktische Aufmerksamkeit auf die Bedeutung des Vorlesens und des Erzählens für die sprachlich-kognitive Entwicklung im Kindesalter lenken. Hinsichtlich dieser beiden in vielfacher Hinsicht eng miteinander verknüpften Prozesse (primär-)sprachlichen Lernens bestimmen sowohl kognitions- als auch interaktionstheoretische Ansätze die einschlägige Forschungsdiskussion. So betonen etwa Untersuchungen zur gemeinsamen Bilderbuch-Rezeption mit dem kleinen Kind die Einbettung schon erster Vorleseaktivitäten in einen dialogischen Kontext, in dem – gewissermaßen im Vorgriff auf verwandte Gesprächsformen der 'literarischen Geselligkeit' im Jugend- und Erwachsenenalter – Eindrücke und Kommentare zu Text und Illustrationen eines Buches ausgetauscht und Verstehenshindernisse geklärt werden sowie die mögliche Bedeutung von Geschichten kommunikativ ausgehandelt wird. Didaktisch relevant sind diese Studien vor allem deshalb, weil sie zeigen, in welch maßgeblicher Weise die je spezifische Ausprägung literarischer Anschlusskommunikation nicht nur die Ausbildung von Leseinteresse und -motivation, sondern auch den literarischen Verstehensprozess selbst beeinflusst, dies etwa bezogen auf die Fähigkeit zur Abstraktion von der unmittelbar gegebenen Gesprächssituation sowie zur Imagination einer fiktiven Wirklichkeit und deren Wahrnehmung in der Perspektive der Protagonisten. In eine ähnliche Richtung weisen auch neuere Studien der Erzählforschung, wenn sie den engen Zusammenhang zwischen dem jeweils erreichten Stand in der Entwicklung des Erzählens und der Ausbildung mentaler Repräsentationen unterstreichen. Auch dabei wird die Qualität der interaktiven Unterstützung durch den/die Zuhörenden als wichtige Einflussgröße für das Erzählen hervorgehoben. Besonderes Interesse verlangen nicht zuletzt diejenigen aktuellen Untersuchungen, die dokumentieren, dass nicht jedes Textgenre den Rückgriff auf unterstützende Zuhöreraktivitäten in gleicher Weise zulässt, somit auch in der Schule Erzählanlässe/-formen sorgfältig aufeinander abgestimmt werden müssen. Dieser Beitrag zeigt Entwicklungslinien des sprachlichen Lernens im Kontext von Vorlese- und Erzählsituationen mit Vor- und Grundschulkindern auf und spannt einen Bogen bis hin zu Literaturgesprächen mit Kindern und Jugendlichen im institutionellen Kontext der Schule.

1. Vorlesen

Neben anderen „prä- und paraliterarischen Kommunikationsformen“ mit dem kleinen Kind (Hurrelmann et al. 1993, S. 140) – darunter Sprachspiele, Kinderreime, Kinderlieder – zählt insbesondere das gemeinsame Betrachten und Vorlesen von Bilderbüchern als Handlungssituation von außerordentlich hohem Sprachförderungspotential. Entsprechende Studien zu den Vorläufern und Anfängen der literarischen Sozialisation im Kleinkind- und Vorschulalter (vgl. Feneberg 1994; Braun 1995; Schneider 1995; Wieler 1997; Bus/Lesemann/Keultjes 2000; Reese/Cox/Harte/McAnally 2003) kennzeichnen in diesem Zusammenhang den Eltern-Kind-Dialog als maßgebliche Strukturierungsvorgabe für die frühen Begegnungen des Kindes mit der Symbolstruktur von Text und Illustrationen in Bilderbüchern. Eine pragmatisch-ethnographische Fallstudie zur Vorlesepraxis in der Familie (vgl. Wieler 1997) zeigt schichtspezifische Differenzen in der literarisch-kulturellen Sozialisation von Vierjährigen. Neueren Untersuchungen zufolge haben über das Bildungsniveau der Erziehenden und ihre Vertrautheit mit Büchern hinaus kulturelle Überzeugungen über angemessene Formen der Eltern-Kind-Interaktion Einfluss auf die Gestaltung von Vorlesesituationen (vgl. Bus/Lesemann/Keultjes 2000, S. 55; vgl. auch Charlton/Sutter 2007, S. 150). Auch die deutschsprachigen Studien zu den Anfängen und Vorläufern der Lese- bzw. literarischen Sozialisation (vgl. Feneberg 1994; Braun 1995; Schneider 1995; Wieler 1997; zur Übersicht vgl. Hurrelmann 2004) betonen übereinstimmend den Gesprächscharakter der gemeinschaftlichen Bilderbuch-Rezeption mit jüngeren Kinder und nehmen dabei Bezug – wenn auch zum Teil in kritischer Erweiterung – auf J. Bruners ‘Format-Theorie’. Dieser zufolge ist es insbesondere die *routinemäßige Gestaltung von Handlungssituationen* durch kompetente Teilnehmer einer Sprachgemeinschaft, die als Unterstützungssystem für die Progression sprachlicher und metakognitiver Fähigkeiten des Kindes fungiert und den primären Spracherwerb als kulturellen Lernprozess ausweist. Die Hilfestellung seitens eines Erwachsenen oder eines anderen Kindes konkretisiert sich zum einen in der Anpassung an die aktuellen Fähigkeiten des Kindes und zum anderen in der Ausrichtung der Interaktionssituation auf eine erst noch zu erreichende Entwicklungsstufe. Es ist dieses Moment der *Zukunftsorientierung* von Lehr-Lern-Prozessen, das in Vygotskys (1934; 1978) Konzeption als „Zone der nächsten Entwicklung” beschrieben wird. Studien zur Rolle des ‘Bücher-Lesens’ im primären Spracherwerb dokumentieren auf vielfältige Weise, wie Mutter und Kind in dieser „Zone der nächsten Entwicklung” interagieren und sie damit erst eröffnen. Sie illustrieren zugleich, wie die in der Sprachgemeinschaft etablierten Vorstellungen und theoretischen Konzepte zum ‘Bücher-Lesen’ schrittweise an das Kind herangetragen werden; die sukzessive Thematisierung dieser Übereinkünfte eröffnet dem Kind gleichzeitig die Möglichkeit, jeweils schon vorhandene Fähigkeiten zu elaborieren.

Die skizzierten Untersuchungsergebnisse zur Einbettung des Vorlesens in Situationen der 'Anschlusskommunikation' (Sutter 2002) machen auf mögliche Entwicklungslinien, auch Anknüpfungspunkte in der weiteren Lese- und Mediensozialisation von Kindern aufmerksam. Von besonderem Interesse ist die Frage, ob überhaupt und in welcher Weise diejenigen Interaktionsformen, die sich den Beobachtungen von Vorlesesituationen in der Familie zufolge als besonders fördernd für den literarischen Verstehensprozess des Kindes erwiesen haben, auch für die Gestaltung von Vorlesegesprächen in der Schule fruchtbar gemacht werden können. Unter deutlichem Hinweis auf die allein aufgrund der größeren Anzahl an Zuhörenden grundlegend differente Kommunikationsstruktur in der Schulsituation erörtert Spinner (2005), „wie im Unterricht mit Kindern das Vorlesen fachlich und lernpsychologisch fundiert mit interaktiven Elementen verknüpft werden kann" (ebd., S. 154). Dabei geht es ihm vornehmlich um die Förderung des intensiven und differenzierten Zuhörens und damit um die imaginative Vergegenwärtigung des Vorgelesenen durch die Kinder. An neueren Texten der Kinderliteratur und unter eingehender Berücksichtigung ihrer jeweiligen Erzählstruktur macht der Autor anschaulich, wie sorgfältig abgestimmte Höreraktivierungen (Unterbrechungen, Gesprächsimpulse, szenischer Vortrag) Kinder für die narrativen Strukturmuster der vorgelesenen Geschichten – so etwa das Komplikation-Lösung-Schema – sensibilisieren oder zum Nachvollzug verschiedener Figurenperspektiven und ihrer wechselseitigen Beziehungen anregen können. Bereits anhand der in dieser Studie erörterten narrativen Grundstrukturen und ihrer Wirkungsweisen werden die vielfältigen Berührungspunkte zwischen Vorlesegesprächen, Erzählaktivitäten und dem späteren Schriftspracherwerb des Kindes ersichtlich. So charakterisiert Spinner die „dialogische Struktur beim höreraktivierenden Vorlesen einer (schriftlich konzipierten) Geschichte [...] [als] Brücke zwischen der dialogischen Mündlichkeit der Alltagserzählung und der literarischen Schriftlichkeit" (ebd., 155; vgl. auch Rank 1995, S. 116).

Wie Weinhold (2000; 2005) auf der Basis einer breiten empirischen Analyse von 300 Schülertexten aus dem ersten Schuljahr aufzeigt, nutzen insbesondere Kinder, die gerade erst mit dem Schreibenlernen beginnen, bereits vertraute Erzählschemata als 'Baupläne' für ihre Textproduktionen. Vor allem das Schreiben zu literarischen Figuren und Figuren aus neuen Medien (und den durch sie repräsentierten Geschichten) erweist sich dieser Studie zufolge als kognitive Entlastung für den Schreiblernprozess. In Verbindung mit wiederum differenziert abgestimmten Schreibanregungen können Erzählschemata, die die Schreibanfänger aus ihrer literarischen Sozialisation im Vorschulalter kennen, als „Sprungbrett" in die Schriftlichkeit fungieren. Auf literarische bzw. narrative Muster in Texten von Grundschulkindern bereits früh aufmerksam gemacht hat Dehn (1993; 1999); sie sieht das Schreiben als kulturelle Tätigkeit über den Aspekt der Literalität hinaus auch durch den der Literarität geprägt:

> Literarität betrifft das Verhältnis des Darstellens zum Dargestellten, die Möglichkeit, in der Sprache (der gesprochenen wie der geschriebenen) etwas zu formulieren, das im Wesentlichen selbstreferentiell ist: Es schafft sich ein Bezugssystem der Wörter, eine Struktur der Bedeutungen, die es dem Subjekt erlauben, in der Vorstellung, im Bild außerhalb der momentanen Situation zu sein, außerhalb der pragmatischen Lebensvollzüge. (Dehn 1999, S. 39f.; s. auch Dehn/Merklinger/Schüler 2011, S. 44f.)

Mit der damit zugleich angesprochenen Fähigkeit zur Dekontextualisierung rückt einmal mehr die Bedeutsamkeit der frühen Begegnung des Kindes mit vorgelesenen oder erzählten Geschichten in den Blick, die jenseits der alltäglichen kontextspezifischen Kommunikation andere, mögliche Welten (vgl. Ulich/Ulich 1994) und – aufgrund ihrer sprachlichen Dichte – zugleich konzeptionelle Schriftlichkeit erfahrbar werden lassen. Angesichts der evidenten Ungleichverteilung von Bildungschancen in Deutschland wird in jüngster Zeit die Notwendigkeit unterstrichen, allen Kindern entsprechende Lernchancen schon im Elementarbereich zu eröffnen. 'Literacy' lautet der Sammelbegriff für die damit angesprochenen kindlichen Erfahrungen rund um die Buch-, Erzähl- und Schriftkultur.

> Wörtlich übersetzt heißt „Literacy" Lese- und Schreibkompetenz, doch der Begriff bezieht sich auf weit mehr als die Grundfertigkeit des Lesens und Schreibens. Er umfasst Kompetenzen wie Text- und Sinnverständnis, sprachliche Abstraktionsfähigkeit, Lesefreude, Vertrautheit mit Büchern, die Fähigkeit, sich schriftlich auszudrücken, Vertrautheit mit Schriftsprache oder mit „literarischer" Sprache oder sogar Medienkompetenz. (Ulich 2003, S. 6)

Die angelsächsischen Studien, die sich bereits seit den 1980er Jahren mit dem frühen Literacy-Erwerb von Kindern auseinandersetzen, machen nun allerdings auch darauf aufmerksam, wie eng Literatur- und (Vor-)Leseerfahrungen von Kindern mit den in ihrer Umgebung gebräuchlichen 'narrative skills' – der musterhaften Struktur von Erzählsituationen verknüpft sind. Denn konstitutiv für beide Interaktionsformen sei die Imaginationsfähigkeit der Beteiligten, der Prozess des „separating 'things of the imagination' from life" (Heath 1986, S. 156).

> These occasions [...] allow children to lift themselves out of the ongoing stream of their activities and to bring common experiences into another frame. As they accompany their fantasy games with talk which frames their play as out-of-the ordinary, children learn to become imaginators. (Ebd., S. 169)

Auf die vorbereitende Funktion des Erzählens hinsichtlich der dem Kind im Zuge späterer literarischer Rezeption abverlangten Fähigkeiten verweist auch Spinner (1995):

> Wenn ein Kind sich an etwas erinnert und das Erinnerte erzählt, dann löst es das Erlebte aus der unmittelbaren Situation oder [...] es imaginiert eine Situation, die nicht mehr präsent ist. Die Alltagserzählung ist in diesem Sinne situationsabstrakt und enthält damit ein Charakteristikum, das in gesteigertem Maße dem literarischen Text zukommt. (Ebd., 94)

Den Funktionen und Ausprägungen des Erzählens in der Entwicklung des Kindes gelten die nachfolgenden Überlegungen.

2. Erzählen

In kulturpsychologischer Sicht ist das Erzählen eine typische Form der Organisation von individueller und kollektiver Erfahrung. „Alles, was nicht narrativ strukturiert wird, geht dem Gedächtnis verloren", konstatiert Jerome Bruner (1997, S. 72) und rückt das Erzählen in enge Beziehung zur Suche nach Sinn und Bedeutung – seiner Auffassung zufolge ein wesentliches Antriebsmoment schon der primärsprachlichen Entwicklung und zentrales Thema kognitiver Entwicklung insgesamt (vgl. auch Hoppe-Graff/Edelstein 1993, S. 18; Lange 2001, S. 59). „Disparate Wirklichkeiten und kontingente Ereignisse so zu ordnen, dass ein Zusammenhang entsteht, der sich mitteilen lässt", umschreibt Bettina Hurrelmann (2001, S. 70) Funktion und Leistung des Erzählens. Darüber hinaus ist das Erzählen denjenigen Prozessen der Sinnbildung zuzurechnen, durch die Kinder und Jugendliche sich ihrer Teilhabe an der Kultur einer Gesellschaft vergewissern.

In spracherwerbstheoretischer Perspektive hat das Erzählen – eine sprachliche Aktivität, die sich in ihrer Form und Funktion von anderen sprachlichen Aktivitäten unterscheidet – die Funktion, Erfahrungen und subjektive Erlebnisse zu organisieren und einem signifikanten Anderen mitzuteilen. Die Möglichkeit des Mitteilens von Erfahrungen wird dadurch eröffnet, dass das aus der Erinnerung abgerufene Erlebte oder (auch nur) Erfahrene für das Erzählen, d. h. im Medium der Sprache, in eine kohärente, temporale und kausale Abfolge gebracht werden muss (vgl. Klann-Delius 2005, S. 13). Kennzeichnend für Erzählungen ist ferner, dass Handlungen und Protagonisten in der Weise inszeniert werden, dass sie für einen Zuhörer attraktiv und verständlich sind. Bezogen auf den kindlichen Entwicklungsprozess sieht Bruner (1997) die maßgebliche Bedeutung des Erzählens darin begründet, dass es nahezu schon von den ersten sprachlichen Äußerungsversuchen des Kindes an „zwischen der kanonischen Welt der Kultur und der stärker idiosynkratischen Welt der Überzeugungen, Wünsche und Hoffnungen" vermittle (ebd., S. 69; vgl. auch Merkel 2000, S. 9); es sei die „Funktion der [einer] Geschichte, einen intentionalen Zustand zu ermitteln, der die Abweichung von einem kanonischen kulturellen Muster mildert oder zumindest verständlich macht" (Bruner 1997, S. 66). Bruner sieht Narrationen durch insgesamt vier charakteristische Eigenschaften gekennzeichnet: die spezifische Sequentialität der Darstellung, die Indifferenz zwischen Wahrem und Fiktivem, den spezifischen Umgang mit Abweichungen von Normalerwartungen sowie die Dramaturgie der Darstellung (vgl. Bruner 1997, S. 60ff.; vgl. auch Krummheuer 1997, S. 12). „Einen Bericht als Entwicklung zu beschreiben, der einen Anfang, einen spannungsreichen Mittelteil und einen problemlösenden Schluss aufweist, entspricht einer kulturellen Konvention, um narrative Handlungsabläufe zu schaffen" (Lange 2001, S. 63). Die skizzierte Charakterisierung weist das Erzählen als komplexes Zusammenspiel verschiedener sprachlicher Teilfähigkeiten aus: kognitiver Fähigkeiten (die mentale Repräsentation von Ereignissen betreffend), sozial-kognitiver Fähigkeiten (im Sinne der Ausrichtung des Erzählens an den Verstehensmöglichkeiten des Gegenübers) sowie sprachlicher Kompetenzen (d.h. bezogen auf den Erwerb der Sprache als symbolisches System).

In einem nächsten Schritt geht es darum, den Zusammenhang von Erzählen und Kognition in der Entwicklung des Kindes zu erläutern. Nach Nelson (1996) lassen sich in den ersten zehn Lebensjahren des Kindes die folgenden Entwicklungsstufen in der Sprach- und Repräsentationsentwicklung unterscheiden: das episodische Stadium der Säuglingszeit (0–1;6 Jahre), in dem Repräsentationen von routinisierten, immer wiederkehrenden Ereignissen entwickelt werden, das mimetische Stadium (1;6–4 Jahre), in dem das Kind mentale Ereignisrepräsentationen mit Wörtern, Spielen und sozialen Ritualen assoziiert, ferner das narrative Stadium (4–10 Jahre), in dem die Sprache über die Begleitung praktischer Handlungen hinaus als symbolisches Repräsentationsmedium zugänglich wird. Erst im zuletzt genannten Stadium ist das Kind in der Lage, in einer bestimmten Situation seine eigenen Repräsentationen und die anderer simultan zu koordinieren. Sprache ist nun als ein System der Wissensrepräsentation etabliert, das nicht mehr an subjektive Erfahrung gebunden sein muss (vgl. auch Klann-Delius 2005, S. 15ff.). Die Kognition dieser Stufe ist generell gekennzeichnet durch „narrative thinking, personal memory, cultural learning" (Nelson 1996, S. 86). In diesem narrativen Stadium richtet sich die Aufmerksamkeit des Kindes verstärkt auf die Perspektiven anderer. Wie durch die *theory of mind*-Forschung (vgl. Astington 1990; 1993; vgl. auch Wieler 1997) in zahlreichen Experimenten nachgewiesen, besitzen Kinder etwa vom vierten Lebensjahr an eine Theorie des Geistes bzw. eine *folk psychology*, die sich durch grundlegende Distinktionen mentaler Zustände und ihrer Träger auszeichnet. Die *theory of mind* beschreibt das, was Bruner in Erzählungen als *landscape of consciousness* bezeichnet hat. Ein wichtiges Mittel des szenischen Erzählens und des Realisierens der *landscape of consciousness* sind Wörter der sog. *internal state language*, also Wörter, die sich auf innere Zustände, d.h. Emotionen, Wünsche, Obligationen und Kognitionen beziehen (vgl. Klann-Delius 2005, S. 18). Ab dem 10. Lebensjahr erreichen Kinder ein weiteres, bis ins Erwachsenenalter hineinreichendes theoretisches Stadium, dessen Kognition und Sprache u.a. durch logische Abstraktionen, deduktive Systeme, extensiven Gebrauch externer Systeme (Medien), Argumentationen, wissenschaftliches Lesen und Schreiben, Spezialisierung gekennzeichnet sind (vgl. Klann-Delius 2005, S. 17; vgl. auch Nelson 1996, S. 86).

In dem empirischen Nachweis, dass „die Entwicklung der Erzählfähigkeit mit dem Schuleintrittsalter keineswegs als abgeschlossen zu betrachten ist, sondern bis in die Adoleszenz hineinreicht“ (Hausendorf/Wolf 1998, S. 38) stimmen auch die beiden in den 1990er Jahren in der Bundesrepublik unabhängig voneinander und mit unterschiedlicher methodisch-theoretischer Ausrichtung durchgeführten Forschungsprojekte zum Erzählen von Kindern überein (vgl. Boueke et al. 1995; Hausendorf/Quasthoff 1996). Das Forschungsprojekt zum ‘Erzählen einer Geschichte’ von Dietrich Boueke und Frieder Schülein (1991; 1995) untersucht die Ausbildung narrativer Schemata und ihre Anbindung an bestimmte Entwicklungsstufen. Grundlage dieser Untersuchung ist ein theoretisches Modell, in dem Erzählen als Realisierung eines ‘narrativen Schemas’ verstanden wird. Zur Überprüfung dieser Grundhypothese ihres Projekts untersuchen die Autoren die Erzählungen 5-, 7- und 9-jähriger Kinder, denen eine ‘Bildergeschichte’ aus der Serie ‘Der kleine Herr Jakob’ zugrunde liegt. Bei der Auswertung dieser Erzählungen bzw. Erzählversuche unterscheiden die Autoren vier ‘Stufen’ bzw. Fähigkeitsniveaus innerhalb der Entwicklung narrativen Wissens – von der isolierten über die lineare und die episodisch strukturierte bis hin zur narrativ strukturierten Ereignisdarstellung (vgl. Boueke 1991, S. 38).

Elaborierte Erzähltexte, d. h. solche mit ‘episodischer’ und ‘affektiver’ Markierung, finden sich den Ergebnissen der Studie zufolge signifikant häufig erst am Ende der Grundschulzeit. Erzählungen jüngerer Kinder werden im Vergleich zu diesem sog. ‘narrativ-strukturierten Text-Typ’ als ‘Vor-Formen’, zugleich aber auch als ‘notwendige Entwicklungsstufen’ charakterisiert.

Wie Boueke et al. mit Blick auf die erzähldidaktischen Konsequenzen ihres Projekts selbst einräumen, unterscheidet sich die von ihnen durchgeführte Untersuchung schon durch ihre spezifische erkenntnistheoretische Ausrichtung auf die „Globalstruktur“ der von den Kindern erzählten Geschichten grundlegend von gleichzeitig herausgebildeten Positionen in der Erzähldidaktik, die übereinstimmend das Moment der ‘Erlebnishaftigkeit’ kindlicher Erzählungen hervorheben. Als zentrales Ergebnis ihrer Studie heben die Autoren hervor, dass die „Herausbildung des Geschichtenschemas ‘im Kopf’ der Kinder als ein weitgehend ‘selbstgesteuerter’ kognitiver Entwicklungsprozeß“ (Boueke/Schülein 1995, S. 209) aufgefasst werden muss. Demgegenüber akzentuieren zeitgleich durchgeführte empirische Untersuchungen das Erzählen *im Gespräch* (vgl. Hausendorf/Quasthoff 1996; vgl. auch Quasthoff 1980). Dieser Position zufolge erschöpft sich die Ausbildung von Erzählfähigkeit gerade nicht nur in der Beherrschung abstrakter Textbaumuster und kognitiver Schemata, sondern umfasst immer auch die situativ eingebettete Anpassung/Abwandlung narrativer Konventionen bei der Interaktion mit bestimmten Interaktionspartnern. Die Relevanz des zuletzt genannten Standpunktes unterstreichen nicht zuletzt empirische Untersuchungen zum Erzählen in institutionellen Lehr-Lern-Kontexten, so etwa die Studie zum sog. 'Freien Erzählen' in der Schule von Flader/Hurrelmann (1984); auch diese Untersuchung betont die konstitutive Bedeutung von 'Zuhörer-Aktivitäten' für das Zustandekommen von Erzählungen und verweist gleichzeitig auf mögliche Maximen-Konflikte des Lehrers: 'Störe den natürlichen Erzählprozeß nicht!' vs. 'Verbessere die Erzählung!' oder: 'Sei offen für die subjektiven Erfahrungen des Schülers!' vs. 'Sichere einen objektivierbaren Lernfortschritt!'. Grundlegend untersucht die umfängliche empirische Studie von Hausendorf/Quasthoff (1996) das Erzählen als interaktiv fundierte Fähigkeit und berücksichtigt sowohl Erzähler- als auch Zuhöreraktivitäten gleichermaßen. Sie stützt sich auf Aufzeichnungen von Gesprächen, in denen Kinder im Alter von 5, 7, 10 und 14 Jahren erwachsenen Zuhörern an drei aufeinander folgenden Tagen von einem (inszenierten) Vorfall erzählen, den die Kinder miterlebt haben. Bei der empirischen Untersuchung dieser konversationellen Erlebniserzählungen konzentrieren sich die Autoren auf die narrativen Jobs Relevantsetzen (d. h. das Darstellen von Inhalts- und/oder Formrelevanz), Thematisieren, Durchführen und Abschließen (zu einer ähnlich ausgerichteten Analyse von Fantasieerzählungen vgl. Kern/Quasthoff 2004). Bei der Analyse der Erzähl- und Zuhörinteraktionen gelangen sie zu dem Ergebnis, dass sich die Zusammenarbeit der Beteiligten mit zunehmendem Alter des kindlichen Erzählers systematisch verändert, und veranschaulichen diesen Befund mit dem Bild der Wippe:

> Wie beim Wippen zwischen (schwererem) Erwachsenen und (leichterem) Kind muss der Erwachsene auch in der Erzählinteraktion (vor allem mit den fünfjährigen Partnern) mehr tun als nur zuzuhören [...], um das (Interaktions-)Spiel in Gang zu bringen, zu halten und zu beenden. Er muss das kommunikative Ungleichgewicht ausgleichen und aus diesem Ausgleich geht die Erzählung als gemeinsame Leistung hervor. (Hausendorf/Wolf 1998, S. 43; vgl. auch Quasthoff/Hausendorf 1996, S. 243)

Besonderes didaktisches Interesse verdienen nicht zuletzt diejenigen weiterführenden Untersuchungen, die bezogen auf die im Unterricht der Grundschule maßgeblichen narrativen Genres – Nacherzählung, Fantasiegeschichte, Erlebniserzählung und Bildergeschichte – unterschiedliche Erwerbsverläufe dokumentieren (vgl Becker 2001; 2005) und ferner nachweisen, wie die je nach Textgenre unterschiedlichen Möglichkeiten des Rückgriffs auf unterstützende Zuhöreraktivitäten in der mündlichen Erzählsituation bis in die schriftlichen Erzählproduktionen der Kinder hineinwirken (vgl. Ohlhus/Quasthoff 2005). Diesen Studien zufolge zeigten sich insbesondere Fantasiegeschichten – und zwar in deutlichem Kontrast zu Bildergeschichten – als geeignete Erzählform, um den mündlichen Erzählerwerb optimal zu unterstützen (vgl. Becker 2005, S. 42) und zugleich auf die Anforderungen des schriftlichen Erzählens vorzubereiten (vgl. Ohlhus/Quasthoff 2005, S. 65). Unabhängig davon, ob es eher kognitive Unzulänglichkeitserfahrungen oder interaktive Erfolgserfahrungen sind, die den Erzählerwerb vorantreiben, grundsätzlich „ist das Erzählen eingebunden in einen übergreifenden Interaktionszusammenhang, dessen Bestandteil es ist und den es zugleich zur Geltung bringt“ (Hausendorf/Wolf 1998, S. 48). Es dürfte außer Frage stehen, dass die je spezifische Herstellung und Aufrechterhaltung eines solchen kommunikativen Rahmens eine maßgebliche Einflussgröße für die kognitiven und interaktiven Erzählleistungen des Kindes darstellt. Auf mögliche Widersprüche zwischen der interaktiv hergestellten Rahmung eines Gesprächszusammenhangs und den angestrebten Erkenntnisfortschritten der Lernenden aufmerksam machen möchte der folgende Abschnitt am Beispiel von Literaturgesprächen im institutionellen Kontext der Schule.

3. Schulische Literaturgespräche

In den letzten beiden Jahrzehnten haben sich Literaturgespräche im Unterricht zu einem eigenen Themenschwerpunkt in der deutschdidaktischen, speziell der literaturdidaktischen Forschungsdiskussion entwickelt (vgl. Hurrelmann 1987; Willenberg et al. 1987; Wieler 1989; Werner 1996; Vogt 2000; Härle/Steinbrenner 2004a). Einen wichtigen Anstoß für diese Untersuchungen in der Tradition der pragmatischen und ethnomethodologischen Gesprächsanalyse bildete ein

> Empirie-Defizit prominenter literaturdidaktischer Konzepte [...], die das Schüler-Subjekt und seine Lebenswelt in Beziehung zu fiktionalen Wirklichkeitsentwürfen setzen will, dabei allerdings die Ebene dieser Auseinandersetzung selbst unberücksichtigt lässt, nämlich ihre Konkretion im literarischen Unterrichtsgespräch im Klassenzimmer. (Becker-Mrotzek/Vogt 2001, S. 52)

Übereinstimmend thematisieren empirische Studien zum Zusammenhang von Lese- und Gesprächskultur (vgl. Hurrelmann 1987) sowie zum Literatur-Gespräch in der Schule (vgl. Wieler 1989; Christ 1995; Werner 1996; Härle 2004; Härle/Steinbrenner 2004) das Spannungsverhältnis zwischen literarischem Verstehen und literarischer Verständigung und suchen nach Antworten auf die Frage, wie die insbesondere für Gespräche über Literatur unverzichtbare Intersubjektivität trotz der institutionellen Beschränkungen des Unterrichts hergestellt werden kann. Grundsätzlich wird damit aber auch der Voraussetzungscharakter der Anschlusskommunikation bzw. der kommunikativen Aneignung von Lese- oder Medienerfahrungen für eine gelingende Lese-/Mediensozialisation akzentuiert.

Eine Initialfunktion für die Neuorientierung der Literaturdidaktik in die Richtung empirischer Unterrichtsforschung ging vor allem von denjenigen Studien aus, die sich dem Literaturunterricht nicht mehr ausschließlich in einer auf das Text-Leser-Verhältnis fokussierenden Perspektive annäherten, sondern darüber hinaus die detaillierte Rekonstruktion transkribierter Gesprächsabläufe in die Untersuchung mit einbezogen. Solchermaßen verstärkte sich die Aufmerksamkeit für die spezifische musterhafte Ausprägung literarischer Gespräche in der Schule: Erkennbar wurde zum Beispiel, dass auch das vermeintlich unreglementierte Unterrichtsgespräch über Literatur sich weniger an literarischen Verstehensinteressen und -problemen der Schüler orientiert, sondern vielmehr an didaktischen Aufgabenstellungen, die Lehrer und Schüler in einer lediglich 'schein-diskursiven' Haltung bewältigen. So weist die sprachhandlungstheoretisch ausgerichtete Studie von Wieler (1989) nach, wie der in der Literaturdidaktik über lange Zeit für unproblematisch gehaltene Anspruch einer verständigungsorientierten Auseinandersetzung über literarisches Verstehen durch unterrichtsspezifische Gesprächsstrategien von Lehrern und Schülern unterlaufen wird – dies nicht zuletzt durch die partielle Ersetzung des (auch) in alltagssprachlichen Verständigungsprozessen bewährten 'Problemlösungsmusters' durch ein schulspezifisches 'Aufgabe-Lösungs-Muster' (vgl. Ehlich/Rehbein 1986). Die Studie mündet in dem Plädoyer, innerhalb des Deutschunterrichts einen eigenen Lernbereich der 'Verständigung über literarisches Verstehen' einzurichten und die Rolle des/der Lehrenden auf die einer moderierenden Gesprächsleitung zu begrenzen.

Beispielhaft für die in der Folge entwickelten Unterrichtsforschungsprojekte zur Etablierung einer alternativen Gesprächspraxis im Literaturunterricht ist die von der Frankfurter Forschergruppe um Valentin Merkelbach erstellte Studie „'Ja, aber es kann doch sein ...'. In der Schule literarische Gespräche führen" (Christ et al. 1995) Anhand mehrerer umfangreich transkribierter Verbalprotokolle aus dem Literaturunterricht verschiedener Schultypen wird untersucht, unter welchen Bedingungen der Anspruch, schulische Literatur-Gespräche im Sinne eines verständigungsorientierten Austauschs über subjektive Leseerfahrungen der Schüler (neu) zu gestalten, in eigens zu diesem Zweck konzipierten Unterrichtsstunden eingelöst werden kann. Unabhängig von der Auswahl der im jeweiligen Unterricht erörterten Erzähltexte beschränkt sich die jeweilige Lehrperson in diesen Unterrichtsgesprächen durchgängig auf eine vornehmlich 'moderierende' Funktion, sie „hält sich mit eigenen interpretativen Beiträgen zurück" und „läßt auch ihr abwegig erscheinende interpretative Beiträge zu und gibt damit den SchülerInnen die Chance, auch solche Beiträge mit dem Text in Beziehung zu setzen" (Merkelbach 1995, S. 135). Die Frage nach der Berücksichtigung speziell dieser Prämisse bestimmt als maßgebliches Evaluationsprinzip die rekonstruktiven Deutungen, wie sie zu jedem der protokollierten Unterrichtsgespräche vorgenommen wurden. An der (gemeinsam von Lehrern und Forscherkollektiv vereinbarten) Zurückhaltung der Lehrenden im Unterrichtsgespräch entzündete sich zugleich aber auch die fachwissenschaftliche Kritik an dem vorgestellten Unterrichtsforschungsprojekt. So etwa monierte Hubert Ivo (1996), die konzeptuelle Programmatik der vorgestellten Studie bleibe auf die „Handlungsmaxime, nicht einzugreifen" (ebd., S. 24) reduziert.

Bezogen auf die vorgestellten Unterrichtsforschungsprojekte weitaus grundsätzlicher kritisieren Härle/Steinbrenner (2003), dass mit didaktischen Vorschlägen, die „dem Lehrer bei der Durchführung von Unterrichtsgesprächen über Literatur in erster Linie die Rolle eines 'zurückhaltenden Moderators' zuweisen [...], [...] die Selbsttätigkeit der Lernenden einseitig idealisiert und die Aufgabe der Lehrenden einseitig disqualifiziert" werde (ebd., S. 152). Angeregt durch eine bereits 1987 durchgeführte Studie von Bettina Hurrelmann, 'Textverstehen im Gesprächsprozess', sowie durch Hubert Ivos historisch fundierte Reflexion 'Reden über poetische Sprachwerke' (Ivo 1994) und zugleich unter kritischer Berücksichtigung der erörterten kommunikationstheoretisch ausgerichteten Ansätze konzipieren Härle/Steinbrenner (2003) ein Modell zur Ausdifferenzierung der hermeneutischen Begründung des literarischen Unterrichtsgesprächs. Als theoretisch richtungsweisend kennzeichnen die Autoren ihre Auseinandersetzung mit der zwischen Schleiermachers Hermeneutik und Derridas Dekonstruktivismus vermittelnden Position von Manfred Frank, gemäß derer das Gespräch keine Ergänzung oder vertiefende Weiterentwicklung/Fortführung, sondern 'unverzichtbare Bedingung des Verstehens' sei (ebd., S. 145). In diesem theoretischen Horizont wird der Gegenstand des Literaturunterrichts als ein zweifacher bestimmt: Zum einen gehe es natürlich um Literatur und insbesondere um diejenige, mit der zu beschäftigen sich lohne (vgl. ebd., S. 147), daneben aber sei die Konturierung des Verstehens maßgebliche „Aufgabe einer 'verstehensorientierten Literaturdidaktik', die nicht auf geschlossene Interpretationen abzielt, sondern die *Entfaltung von Textsinn im Gesprächsprozess* ermöglicht, wenn auch nicht garantiert" (Härle/Steinbrenner 2004, S. 11). Inwieweit das zur Realisierung literarischer Gespräche herangezogene Konzept der *Themenzentrierten Interaktion (TZI)*, das die Rolle des Lehrers im Sinne der partizipierenden Leitung modelliert, tatsächlich hinreichende Strukturvorgaben bereithält, den Lehr-Lern-Kontext mit seinen Parametern realitätsgerecht einzubeziehen und lebendige Gespräche zu generieren (vgl. ebd.), kann an dieser Stelle kaum entschieden werden. Eine gewisse Skepsis scheint angebracht, zumal das Heidelberger Modell eine Vielzahl der in bisherigen empirischen Untersuchungen nachgewiesenen Antagonismen schulischer Literaturgespräche aufzuheben verspricht, schlicht indem es dem Lehrer als 'Anwalt des Verstehensprozesses' die Sorge für *Bewegung* und *Balance* der am Verstehensprozess beteiligten Faktoren ('Text', 'Individuum' und 'Gruppe') ebenso wie für die Entfaltung literarischen Verstehens im institutionellen Kontext des Unterrichtsgespräch überträgt (Härle/Steinbrenner 2003, S. 158).

Im Gegensatz zu Härle/Steinbrenner, deren Auffassung zufolge „das Verstehen als gleichermaßen subjektiver wie kommunikativ-interaktiver Prozess" für eine Textbegegnung substantiell ist (vgl. Härle/Steinbrenner 2003, S. 150), akzentuiert der Soziologe Tilmann Sutter die *„grundlegende Unterscheidung* *zwischen kommunikativen und subjektiven Aneignungsprozessen* von Medienangeboten“ (Sutter 2002, S. 92. Kursivsetzung im Original). In der Perspektive soziologischer Systemtheorie handele es sich um operativ geschlossene psychische und soziale Systeme, die durch strukturelle Kopplungen miteinander in Beziehung stehen. Als Beispiel wird wiederum der Umgang kleiner Kinder mit Medien im Kontext sozialisatorischer Interaktionen genannt. Sutter kennzeichnet Vorlesegespräche mit jüngeren Kindern als empirische Beispiele für die Vermittlung zwischen lebensweltlich erfahrbarem und sozial situiertem Sinn auf der einen Seite und dekontextualisiertem, durch die Schriftform vermitteltem Sinnangebot auf der anderen Seite. Dabei gehe es vornehmlich darum, dass Kinder im Gespräch die Fähigkeit erwerben, eigene Erfahrungen und kulturelle Deutungen aufeinander zu beziehen. Solchermaßen werde die Voraussetzung für die Teilhabe an anderen Formen der Anschlusskommunikation geschaffen, u. a. an Gesprächen, die vorwiegend dem Verstehen von literarischen Texten dienen und das Verstehen im Dialog vertiefen können (vgl. ebd., S. 96).

4. Fazit

Der Rückblick auf die Anfänge der sprachlich-literarischen Enkulturation kennzeichnet Prozesse des Erzählen Lernens und der Verständigung über literarisches Verstehen als unverzichtbare sozialisatorische Interaktion, bei der zunächst das kleine Kind schrittweise mit den ‘Übereinkünften’ des Bücherlesens und kulturell geprägten Formen der Bedeutungskonstitution vertraut gemacht wird und später als Schüler im Unterricht zur Verständigung über (literarisches und anderes Text-) Verstehen angeleitet werden kann. Als ‘gelungen’ sind wohl vor allem Gesprächssituationen zu werten, in denen Kinder und Erwachsene in ihren Kommentaren gegenüber erzählten (ebenso wie vorgelesenen) ‘Geschichten’ und ihrer Deutung eine offene und fragende Haltung einnehmen. Erst auf dieser Grundlage kann auch das literarische Gespräch sein spezifisches kommunikatives und ästhetisches Potential der Erweiterung (auch) lebensweltlicher Deutungs- und Handlungsperspektiven entfalten. Nicht zuletzt das tentative Moment von Literatur-Gesprächen korrespondiert mit einem spezifischen Merkmal literarischer Texte, welches Bruner (1986) als Phänomen des ‘subjunctivizing reality’ (des ‘In-die-Möglichkeitsform-Setzens’ der Realität) charakterisiert. Genau dieses Merkmal kennzeichnet nach seiner Auffassung die Literatur als eine Kunstform, die uns – durchaus vergleichbar mit einem Gespräch in seinem bedeutungskonstituierenden Potential – offen, aufnahmebereit macht für Problemsituationen, für das Hypothetische, für alle möglichen Welten, auf die ein Text verweisen kann (vgl. auch Bruner 1996, S. 159).

Hinsichtlich der Unterstützung und Förderung von Prozessen sprachlich-kulturellen Lernens ist das Erzählen wiederum immer auch untrennbar verbunden mit Literarität und Literalität, mit Sequentialität und Strukturierung, der Vertrautheit mit narrativen Bedeutungsmustern, mit Figurenkonstellationen und Handlungsmomenten – und stellt somit eine wichtige Brücke zwischen Mündlichkeit und Schriftlichkeit dar (vgl. Dehn/Merklinger/Schüler 2011, S. 40ff.). Die Ausbildung von Literalität und Literarität zählt zu den zentralen Qualifikationsansprüchen des Literaturunterrichts in der Schule. Von daher gilt es – vom Grundschulalter an –, die Begegnung mit einem breiten Spektrum an Mustern des Erzählens zu ermöglichen, durch die Kinder und Jugendliche ihren alltäglichen ebenso wie ihren literarischen Erfahrungen narrative Struktur verleihen und sich ihrer solchermaßen vertiefend bewusst werden können.

Literatur

Astington, Janet Wilde (1990): Narrative and the Child's Theory of Mind. In: Britton, Bruce K./ Pellegrini, Anthony D. (Hrsg.): Narrative Thought and Narrative Language. Hillsdale/New Jersey: Lawrence Erlbaum, S. 151–169.

Astington, Janet Wilde (1993): The child's discovery of the mind. Cambridge, MA: Harvard University Press.

Becker, Tabea (2001): Kinder lernen erzählen. Zur Entwicklung der narrativen Fähigkeiten von Kindern unter Berücksichtigung der Erzählform. Baltmannsweiler: Schneider.

Becker, Tabea (2005): Mündliche Erzählentwicklung: Die Einflüsse textsortenbezogener Faktoren und literarischer Erfahrungen mit ihren didaktischen Konsequenzen. In: Wieler, Petra (Hrsg.): Narratives Lernen in medialen und anderen Kontexten. Freiburg im Breisgau: Fillibach, S. 29–47.

Becker-Mrotzek, Michael/Vogt, Rüdiger (2001): Unterrichtskommunikation. Linguistische Analysemethoden und Forschungsergebnisse. Tübingen: Niemeyer.

Boueke, Dietrich/Schülein, Frieder (1991): Kindliches Erzählen als Realisierung eines narrativen Schemas. In: Ewers, Hans-Heino (Hrsg.): Kindliches Erzählen – Erzählen für Kinder. Weinheim/Basel: Beltz, S. 13–41.

Boueke, Dietrich/Schülein, Frieder/Büscher, Hartmut/Terhorst, Evamaria/Wolf, Dagmar (1995): Wie Kinder erzählen. Untersuchungen zur Erzähltheorie und zur Entwicklung narrativer Fähigkeiten. München: Fink.

Braun, Barbara (1995): Vorläufer der literarischen Sozialisation in der frühen Kindheit – eine entwicklungspsychologische Fallstudie. Frankfurt am Main: Lang.

Bruner, Jerome S. (1986): Actual Minds, Possible Worlds. Cambridge, Massachussetts/London: Harvard University Press.

Bruner, Jerome S. (1987): Wie das Kind sprechen lernt. Bern/Stuttgart: Huber. Engl. Orig. 1983: Child's Talk: Learning to use Language. New York/London: Norton & Company.

Bruner, Jerome S. (1996): The culture of education. Cambridge, Mass.: Harvard University Press.

Bruner, Jerome S. (1997): Sinn, Kultur und Ich-Identität. Zur Kulturpsychologie des Sinns. Heidelberg: Auer.

Bus, Adriana G./Leseman, Paul P. M./Keultjes, Petra (2000): „Joint book reading across cultures: a comparison of Suriname-Dutch, Turkish-Dutch, and Dutch-parent-child dyads“. In: Journal of Literacy Research 32, H. 1, S. 53–76.

Charlton, Michael/Sutter, Tilmann (2007): Lese-Kommunikation. Mediensozialisation in Gesprächen über mehrdeutige Texte. Bielefeld: transcript.

Christ, Hannelore et al. (1995): „Ja aber es kann doch sein . . .“. In der Schule literarische Gespräche führen. Frankfurt am Main: Lang.

Dehn, Mechthild (1993): Lernprozesse beim Textschreiben – Prozesse ästhetischer Erfahrung? Der Deutschunterricht 45, H. 6, S. 78–93.

Dehn, Mechthild (1999): Texte und Kontexte. Schreiben als kulturelle Tätigkeit in der Grundschule. Berlin: Volk und Wissen.
Maria (2004): Zwischen Text und Bild. Schreiben und Gestalten mit neuen Medien. Freiburg im Breisgau: Fillibach.

Dehn, Mechthild/Merklinger, Daniela/Schüler, Lis (2011): Texte und Kontexte. Schreiben als kulturelle Tätigkeit in der Grundschule. Seelze: Kallmeyer und Klett.

Ehlich, Konrad/Rehbein, Jochen (1986): Muster und Institution. Untersuchungen zur schulischen Kommunikation. Tübingen: Narr.

Feneberg, Sabine (1994): Wie kommt das Kind zum Buch? Die Bedeutung des Geschichtenvorlesens im Vorschulalter für die Leseentwicklung von Kindern. Neuried: ars una.

Groeben, Norbert/Hurrelmann, Bettina (Hrsg.) (2004): Lesesozialisation in der Mediengesellschaft. Ein Forschungsüberblick. Weinheim/München: Juventa.

Hausendorf, Heiko/Wolf, Dagmar (1998): Erzählentwicklung und -didaktik. Kognitions- und interaktionstheoretische Perspektiven. In: Der Deutschunterricht 50, H. 1, S. 38–52.

Härle, Gerhard (2004): Literarische Gespräche im Unterricht. Versuch einer Positionsbestimmung. In: Härle, Gerhard/Rank, Bernhard (Hrsg.): Wege zum Lesen und zur Literatur. Baltmannsweiler: Schneider, S. 137–168.

Härle, Gerhard/Steinbrenner, Marcus (2003): „Alles *Verstehen* ist . . . immer zugleich ein *Nicht-Verstehen.*“ Grundzüge einer verstehensorientierten Didaktik des literarischen Unterrichtsgesprächs. In: Literatur im Unterricht 4, H. 2, S. 139–162.

Härle, Gerhard/Steinbrenner, Marcus (2004): Das literarische Gespräch im Unterricht und in der Ausbildung von Deutschlehrerinnen und –lehrern. In: Härle, Gerhard/Steinbrenner Marcus (Hrsg.), Kein endgültiges Wort. Die Wiederentdeckung des Gesprächs im Literaturunterricht. Baltmannsweiler: Schneider, S. 1–24.

Heath, Shirley Brice (1986): Separating ‘Things of the Imaginaton’ from Life: Learning to Read and Write. In: Teale, William/Sulzby, Elizabeth (Hrsg.): Emergent Literacy: Writing and Reading. Norwood: Ablex.

Hoppe-Graff, Siegfried/Edelstein, Wolfgang (1993): Einleitung: kognitive Entwicklung als Konstruktion. In: Dies. (Hrsg.): Die Konstruktion kognitiver Strukturen. Perspektiven einer konstruktivistischen Entwicklungspsychologie. Bern: Huber, S. 9–23.

Hurrelmann, Bettina (1987): Textverstehen im Gesprächsprozeß – Zur Empirie und Hermeneutik von Gesprächen über die „Geschlechtertausch“-Erzählungen. In: Hurrelmann, Bettina/ Kublitz, Maria/Röttger, Brigitte (Hrsg.): Man müßte ein Mann sein . . . ?: Interpretationen und Kontroversen zu Geschlechtertausch-Geschichten in der Frauenliteratur. Düsseldorf: Schwann, S. 57–82.

Hurrelmann, Bettina (2001): Wer erzählt all die Geschichten? Gedanken zum Wandel unserer narrativen Umwelt. In: Neue Sammlung 41, H. 1, S. 57–72.

Hurrelmann, Bettina (2004): Informelle Sozialisationsinstanz Familie. In: Groeben, Norbert/ Hurrelmann, Bettina (Hrsg.): Lesesozialisation in der Mediengesellschaft. Ein Forschungsüberblick. Weinheim/München: Juventa, S. 169–201.

Hurrelmann, Bettina/Hammer, Michael/Nieß, Ferdinand (1993): Leseklima in der Familie. Gütersloh: Bertelsmann.

Ivo, Hubert (1994): Reden über poetische Sprachwerke. Ein Modell sprachverständiger Intersubjektivität. In: Ders. : Muttersprache, Identität, Nation. Opladen: Westdeutscher Verlag, S. 222–271.

Kern, Friederike/Quasthoff, Uta M. (2004): Fantasy stories and conversational narratives of personal experience: Genre-specific, interactional and developmental perspectives. In: Quasthoff, Uta M./Becker, Tabea (Hrsg.): Narrative Interaction. Amsterdam/Philadelphia: John Benjamins Publishing Company, S. 15–56.

Klann-Delius, Gisela (2005): Erzählen in der kindlichen Entwicklung. In: Wieler, Petra (Hrsg.): Narratives Lernen in medialen und anderen Kontexten. Freiburg im Breisgau: Fillibach, S. 13–27.

Krummheuer, Götz (1997): Narrativität und Lernen. Mikrosoziologische Studien zur sozialen Konstitution schulischen Lernens. Weinheim: Deutscher Studien Verlag.

Lange, Bettina (2001): Narrative Strukturen in (Kinder-)Geschichten und eine Analyse ihrer formalen Kennzeichen. In: Erlinger, Hans-Dieter (Hrsg.): Kinder und ihr Symbolverständnis. Theorien – Geschichten – Bilder. München: Kopäd, S. 55–153.

Olhus, Sören/Quasthoff, Uta M. (2005): Genredifferenzen beim schriftlichen und mündlichen Erzählen im Grundschulalter. In: Wieler, Petra (Hrsg.): Narratives Lernen in medialen und anderen Kontexten. Freiburg im Breisgau: Fillibach, S. 49–68.

Quasthoff, Uta M./Hausendorf, Heiko (1996): Sprachentwicklung und Interaktion. Opladen: Westdeutscher Verlag.

Quasthoff, Uta M./Becker, Tabea (Hrsg.) (2004): Narrative Interaction. Amsterdam/Philadelphia: John Benjamins Publishing Company.

Rank, Bernhard (1995): Wege zur Grammatik und zum Erzählen. Grundlagen einer spracherwerbsorientierten Deutschdidaktik. Baltmannsweiler: Schneider.

Reese, Elaine/Cox, Adell/Harte, Diana/McAnally, Helena (2003): Diversity in Adults' Styles of Reading Books to Children". In: Kleeck, Anne van/Stahl, Steven A. (Hrsg.): On Reading Books to Children: Parents and Teachers. Mahwah/New Jersey: Lawrence Erlbaum Associates, S. 37–57.

Schieffelin, Bambi B./Gilmore, Peggy (1986): The Acquisition of Literacy: Ethnographic Perspectives. Norwood/New Jersey: Ablex.

Schneider, Silvia (1995): Entwicklungsbedingungen sozialer Handlungsfähigkeit: Formen der Interaktionsstrukturierung beim gemeinsamen Bilderbuchlesen von Eltern und Kind. Frankfurt am Main: Lang.

Spinner, Kaspar H. (1987): Entwicklungspsychologische Interpretation der Unterrichtsprotokolle. In: Willenberg, Heiner in Verbindung mit mehreren Fachkollegen (Hrsg.): Zur Psychologie des Literaturunterrichts. Schülerfähigkeiten – Unterrichtsmethoden – Beispiele. Frankfurt am Main: Diesterweg, S. 32–41.

Spinner, Kaspar H. (1995): Die Entwicklung literarischer Kompetenz beim Kind. In: Rosebrock, Cornelia (Hrsg.): Lesen im Medienzeitalter. Biographische und historische Aspekte literarischer Sozialisation. Weinheim/München: Juventa, S. 81–96.

Spinner, Kaspar H. (2005): Höreraktivierung beim Vorlesen und Erzählstruktur. In: Wieler, Petra (Hrsg.): Narratives Lernen in medialen und anderen Kontexten. Freiburg im Breisgau: Fillibach, S. 153–166.

Sutter, Tilmann (2002): Anschlusskommunikation und die kommunikative Verarbeitung von Medienangeboten. Ein Aufriss im Rahmen einer konstruktivistischen Theorie der Mediensozialisation. In: Groeben, Norbert/Hurrelmann, Bettina (Hrsg.): Lesekompetenz. Bedingungen, Dimensionen, Funktionen. Weinheim/München: Juventa, S. 80–105.

Ulich, Michaela (2003): Literacy – sprachliche Bildung im Elementarbereich. In: kiga heute 4, H. 3, S. 6–18.

Ulich, Michaela/Ulich, Dieter (1994): Literarische Sozialisation: Wie kann das Lesen von Geschichten zur Persönlichkeitsentwicklung beitragen? In: Zeitschrift für Pädagogik 40, S. 821–834.

Vogt, Rüdiger (2002): Im Deutschunterricht diskutieren. Zur Linguistik und Didaktik einer kommunikativen Praktik. Tübingen: Niemeyer.

Vygotsky, Lew S. 1934 (1962): Thought and Language. Cambridge, Mass.: MIT Press.

Vygotsky, Lew S. (1978): Mind in Society. The development of higher psychological processes. Cambridge, Mass.: Harvard University Press.

Weinhold, Swantje (2000): Text als Herausforderung. Zur Textkompetenz am Schulanfang. Freiburg im Breisgau: Fillibach.

Weinhold, Swantje (2005): Narrative Strukturen als „Sprungbrett" in die Schriftlichkeit? In: Wieler, Petra (Hrsg.): Narratives Lernen in medialen und anderen Kontexten. Freiburg im Breisgau: Fillibach, S. 69–84.

Werner, Johannes (1996): Literatur im Unterrichtsgespräch – Die Struktur des literaturrezipierenden Diskurses. München: Vögel.

Wieler, Petra (1989): Sprachliches Handeln im Literaturunterricht als didaktisches Problem. Bern/Frankfurt am Main/New York: Lang.

Wieler, Petra (1997): Vorlesen in der Familie. Fallstudien zur literarisch-kulturellen Sozialisation von Vierjährigen. Weinheim/München: Juventa.

Wieler, Petra (Hrsg.) (2005): Narratives Lernen in medialen und anderen Kontexten. Freiburg im Breisgau: Fillibach.

Wieler, Petra (Hrsg.) (2008): Medien als Erzählanlass. Wie lernen Kinder im Umgang mit alten und neuen Medien? Freiburg im Breisgau: Fillibach.

Wieler, Petra/Brandt, Birgit/Naujok, Natascha/Petzold, Janina/Hoffmann, Jeanette (2008): Medienrezeption und Narration. Gespräche und Erzählungen zur Medienrezeption von Grundschulkindern. Freiburg im Breisgau: Fillibach.

Willenberg, Heiner in Verbindung mit mehreren Fachkollegen (Hrsg.) (1987): Zur Psychologie des Literaturunterrichts. Schülerfähigkeiten – Unterrichtsmethoden – Beispiele. Frankfurt am Main: Diesterweg.

CLEMENS KAMMLER

3.3 Intertextueller Literaturunterricht

1. Intertextualität – ein Leitbegriff für die Deutschdidaktik?

Der Begriff „Intertextualität“, entstanden im Kontext poststrukturalistischer Literaturtheorie der sechziger und siebziger Jahre des 20. Jahrhunderts, bezeichnet in seiner allgemeinsten Bedeutung die Tatsache, dass sich in literarischen Texten die Spuren anderer literarischer Texte finden. Er ist in den vergangenen vier Jahrzehnten nicht nur zum Gegenstand umfangreicher theoretischer Reflexion, sondern auch zu einem Leitbegriff der Literaturwissenschaft geworden. Es trifft zu, dass die Intertextualität „mit Abstand das erfolgreichste Konzept der poststrukturalistischen Literaturtheorie“ ist (Bossinade 2000, S. 94), wobei es allerdings vermessen wäre, von einem einheitlichen Konzept zu sprechen. Mit einiger Verzögerung konnte sich der Begriff auch in der Deutschdidaktik etablieren. Die Bedeutung, die der intertextuellen Lektüre in Teilen dieses Diskurses beigemessen wird, lässt sich an folgender Aussage aus dem derzeit gültigen NRW-Lehrplan für die Sekundarstufe II ablesen:

> **Lernprogression** [im Original fett gedruckt; C. K.] zeigt sich darin, dass die intertextuellen Bezüge von den Schülerinnen und Schülern durchschaut und für ein vertieftes Textverständnis genutzt werden. Dadurch werden Zugänge zur Literatur ermöglicht, die das Lesevergnügen steigern. (Ministerium für Schule, Weiterbildung, Wissenschaft und Forschung des Landes Nordrhein-Westfalen 1999, S. 17)

In dieser Aussage steckt ein enormes Versprechen: Nicht nur das zentrale Problem der Lesemotivation im Literaturunterricht, sondern auch die komplizierte und die aktuelle fachdidaktische Diskussion intensiv beschäftigende Frage, wie und woran sich Fortschritte im Bereich des literarischen Lernens überhaupt messen lassen (vgl. Kammler 2006), sollen demnach mit Hilfe des Intertextualitätsbegriffs lösbar sein oder zumindest einer Lösung näher gebracht werden können. Ein solches Versprechen erscheint jedoch nicht unproblematisch. Denn weder herrscht in der literaturtheoretischen Fachdiskussion Konsens darüber, was unter „intertextueller Lektüre“ zu verstehen sei, noch gibt es Anlass zu der Hoffnung, dass diese der Königsweg für die Probleme des Literaturunterrichts im 21. Jahrhundert sein könnte. Hat nicht die empirische Bildungsforschung des letzten Jahrzehnts gezeigt, was jeder Deutschlehrer und jede Deutschlehrerin ohnehin wusste: dass nämlich die Entwicklung basaler Lesetechniken und -kompetenzen bei einem Großteil der Schülerinnen und Schüler derart im Argen liegt, dass die Forderung nach einer solchen Lektüre vermessen erscheint und – wenn überhaupt – allenfalls für die gymnasiale Oberstufe erhoben werden kann?

2. Intertextualitätskonzepte im Kontext zeitgenössischer Literaturtheorie und literaturdidaktischer Theoriebildung

Bevor gefragt werden kann, welche Konzeption intertextueller Lektüre für den Deutschunterricht überhaupt Relevanz beanspruchen und in welchen Bereichen bzw. auf welchen Entwicklungsstufen literarischen Lernens das der Fall sein kann, ist ein Rückblick auf die Geschichte der Intertextualitätstheorie notwendig. Eingeführt wurde der Terminus 1967 von der französischen Literaturwissenschaftlerin Julia Kristeva. In ihrem Aufsatz „Bachtin, das Wort, der Dialog und der Roman" (Kristeva 1972) knüpft sie zum einen an den Versuch des russischen Literaturtheoretikers Michail Bachtin an, den Zusammenhang von Literatur und Gesellschaft im Rahmen einer umfassenden, semiotisch orientierten Kulturtheorie zu denken, zum anderen an die von dem französischen Philosophen Jacques Derrida entwickelte Theorie der Dekonstruktion. „Jeder Text", so lautet der wohl am häufigsten zitierte Satz aus Kristevas berühmter Abhandlung,

> baut sich als Mosaik von Zitaten auf, jeder Text ist Absorption und Transformation eines anderen Textes. An die Stelle des Begriffs der Intersubjektivität tritt der Begriff der Intertextualität, und die poetische Sprache lässt sich zumindest als eine *doppelte* lesen. (Kristeva 1972, S. 337)

Von Bachtin übernimmt Kristeva das Theorem der Dialogizität. Gemeint ist damit die „Mehrstimmigkeit" literarischer Texte, die unterschiedlichen Stimmen – und nicht nur derjenigen des Autors – Raum gibt und eine Fülle unterschiedlicher Konnotationen ermöglicht. Derrida entlehnt sie die Vorstellung vom Text als einer Verkettung von Signifikanten bzw. sprachlichen Differenzen, die zwar auf andere Texte, nicht aber auf einen Ursprung verweisen, der ihre Einheit oder ihren Sinn verbürgen könnte. Dadurch wird Bachtins Dialogmodell derart transformiert, dass von einem produktiven Missverstehen gesprochen werden konnte; denn bei Kristeva geht es nicht mehr um den Dialog der „Stimmen" innerhalb eines einzelnen Textes, sondern um einen „total entgrenzten Textbegriff", hinter dem nicht nur die Vorstellung des produzierenden Autors, sondern auch diejenige von der Individualität des einzelnen Kunstwerks verschwindet (vgl. Fauser 2003, S. 141). Was Kristeva in letzter Konsequenz fordert, ist eine „umfassende Kultursemiotik, die alle kulturellen Zeichensysteme zum Gegenstand" hat (Kimmich / Renner / Stiegler 1996, S. 329) und somit Geschichte und Gesellschaft unter den Begriff des (Inter-)textes subsumiert.

Ohne die Fülle der im Anschluss an Kristeva erschienenen Fachliteratur auch nur annährend umfassend referieren zu können, kann man sagen, dass die Intertextualitätsforschung in der Folgezeit in zwei unterschiedliche Richtungen tendierte: eine poststrukturalistische, „am Postulat des sich selbst reproduzierenden 'offenen Textes' und damit des universalen 'Intertextes'" festhaltende, deren prominenteste Vertreter Roland Barthes und Renate Lachmann waren, und eine eher strukturalistisch bzw. hermeneutisch-textdeskriptiv ausgerichtete Forschung, die am Werkbegriff festhält und „Intertextualität nicht als allgemeine, sondern als spezifische Eigenschaft von Texten“ versteht (Holthuis 1993, S. 16). Entscheidende Argumente für eine Hinwendung zur zweiten Richtung und damit für die Arbeit an einem Instrumentarium zur Beschreibung intertextueller Bezüge innerhalb einzelner bzw. zwischen einzelnen Texten liefert ein Beitrag von Karlheinz Stierle, der, mit Bezug auf Kristeva, von einem „Mythos der Intertextualität“ spricht (vgl. Stierle 1996, S. 359). Jedes Werk, so Stierle, das Elemente aus anderen Texten integriere, konstituiere ein

> Sinnfeld, dessen Mittelpunkt es zugleich ist. Alles, was in diesem Feld erscheint, ist auf die Mitte konzentriert, die das Werk selbst setzt. Eben deshalb kann auch die ‘Intertextualität’ das Werk nicht dezentrieren. Das dezentrierte, fremden Texten anheimgefallene Werk müsste seine ästhetische Identität verlieren. (Stierle 1996, S. 356)

Wie immer man diese Kontroverse theoretisch beurteilen mag, ob man in Stierles Kritik die Korrektur einer „unhaltbare[n] Definition“ von Intertextualität (derjenigen von Kristeva) sieht (vgl. Fauser 2003, S. 103) oder „das Revolutionäre“ an dieser Definition betont (vgl. Geisenhanslüke 2003, S. 103): Zumindest aus der Perspektive des schulischen Literaturunterrichts spricht vieles für diese kritische Revision. Denn eine Literaturdidaktik, die sich vom Begriff des Werks vollständig verabschiedet, erscheint kaum praktikabel (vgl. Kammler 2000, S. VIIf.).

Ein diffiziles Modell zur Beschreibung intertextueller Phänomene lieferte der französische Literaturtheoretiker Gérard Genette bereits Anfang der achtziger Jahre in seinem Buch „Palimpseste“ (1982), in dem er unter den Oberbegriff „Transtextualität“ alles subsumiert, was einen Text „in eine manifeste oder geheime Beziehung zu anderen Texten bringt“ (Genette 1982, S. 9), wobei er mit dem Unterbegriff „Intertextualität“ nur Fälle bezeichnet, in denen von einer „effektiven Präsenz“ eines Textes in einem anderen die Rede sein kann, wie dies bei Zitaten, Plagiaten oder Anspielungen der Fall ist. Weitere Unterbegriffe sind der „Paratext“ (d. h. all das, was in der „Umgebung“ eines literarischen Werks angesiedelt ist wie Vorworte, Nachworte, Titel, Untertitel, Illustrationen, Hinweise an die Leser usw.), der „Metatext“ (Kommentare, Literaturkritiken usw.), der „Architext“ (gemeint ist der Bezug zu einer bestimmten Gattung) und der „Hypertext“ (gemeint sind hiermit „Texte zweiten Grades“ wie Nachahmungen, Parodien, oder sonstige Ableitungen eines Textes aus einem anderen Text, den Genette als „Hypotext“ bezeichnet; so beziehen sich Vergils „Äneis“ und Joyce' „Ulysses“ in unterschiedlicher Weise auf ein und denselben Hypotext, nämlich Homers „Odyssee“).

Genettes Abhandlung präsentiert sich erklärtermaßen als Baustelle, enthält aber trotz ihrer „sperrigen Begrifflichkeit“ (Fauser 2003, S. 146) eine Fülle produktiver Anregungen. Weitere nützliche kategoriale Differenzierungen im Sinne einer „engen Intertextualitätstheorie“ (Schößler 2006, S. 222) nehmen Ulrich Broich und Manfred Pfister (1985) vor. Von besonderer Bedeutung ist hierbei zum einen die Unterscheidung von „Systemreferenz“ – ein Text situiert sich innerhalb einer Gattung (z. B. des antiken Mythos, des Bürgerlichen Trauerspiels oder des Kriminalromans) – und „Einzeltextreferenz“ – ein Text steht in Bezug zu einem Prätext (z. B. Plenzdorfs „Die neuen Leiden des jungen W.“ zu Goethes „Die Leiden des jungen Werther“). Außerdem unterscheiden Broich/Pfister zwischen „markierter“ und „nicht-markierter“ Intertextualität.[1] Als mögliche Markierungen werden unter anderem der Titel, das Motto, der Figurenname und das Zitat genannt; auf derartige Markierungen verzichtet werde vor allem dann, wenn ein Text „auf Texte verweist, die einem breiteren Lesepublikum bekannt sind“, wie dies bei der Bibel oder Klassikern der Fall sei (vgl. Broich/Pfister 1985, S. 32). Deutlich wird hier, dass Intertextualität, sei sie nun markiert oder nicht, rezipientenabhängig und damit, wie Franziska Schößler hervorhebt, auch historisch bedingt ist: „Ein nicht-markierter Intertext kann für die Leserschaft einer bestimmten Zeit problemlos dechiffrierbar sein, ist in späterer Zeit jedoch nurmehr Experten zugänglich“ (Schößler 2006, S. 223). Im Blick auf literarische Lernprozesse ist dies eine wichtige Feststellung. Man kann nämlich unterstellen, dass Schülerinnen und Schüler in der Regel über deutlich geringeres – auch gegenwartsspezifisches – kulturelles Kontextwissen verfügen als jener vom Autor imaginierte Rezipient, von dem Broich und Pfister ausgehen und der sich dadurch auszeichnet, dass er „die Beziehung zwischen seinem Text und anderen Texten als vom Autor intendiert und als wichtig für das Verständnis seines Textes erkennt“ (Broich/Pfister 1985, S. 31). Hier zeigen sich nicht nur die Grenzen eines Intertextualitätskonzepts, das an der alt-hermeneutischen Vorstellung einer rekonstruierbaren Autorintention festhält (vgl. Schößler 2006, S. 223).[2] In Frage steht auch, wie viel „Expertenwissen“ der Deutschunterricht überhaupt vermitteln sollte und wo die Trennlinie zwischen einem solchen Expertenwissen und einer kulturellen Kompetenz verläuft, deren Vermittlung zum schulischen Bildungsauftrag gehört. Was die theoretische Seite einer derartigen Kompetenz betrifft, so ist außerdem zu Recht darauf hingewiesen worden, dass alle bisherigen Versuche ihrer Modellierung – einschließlich linguistisch begründeter Wissenstypen wie „Textwissen“, „Weltwissen“, „Sprachwissen“ – lediglich metaphorische Umschreibungen jener „kognitiven und mentalen Vor-

[1] Zur systematischen Ausarbeitung dieses Ansatzes vgl. Helbig 1996.

[2] Eine mögliche Alternative ist die Orientierung an Umberto Ecos Begriff der „intentio operis“ (vgl. Eco 1996, S. 72f.). Danach muss eine partielle Textinterpretation – und damit auch eine Hypothese über einen intertextuellen Bezug – mit dem „kohärenten Textganzen“ vereinbar sein. Von einem intertextuellen Bezug kann danach auch die Rede sein, wenn „der Autor den Prätext nicht gekannt haben kann“ (Buß 2006b, S. 44). Doch entkommt auch ein solcher Ansatz – das indiziert bereits die Tatsache, dass es sich bei der „intentio operis“ um eine bloße Metapher handelt – dem „alten, nach wie vor gültigen hermeneutischen Zirkel“ nicht, da man von einer Textintention „nur infolge einer Unterstellung seitens des Lesers“ sprechen kann (Eco 1996, S. 72).

gaben [sind], ohne die eine exakte Beschreibung des schwer greifbaren Intertextes nicht auskommt“ (Fauser 2003, S. 153).

Noch ein weiteres theoretisches Problem im Umgang mit der Intertextualitätstheorie findet seinen Niederschlag in der fachdidaktischen Diskussion: Will der Literaturunterricht ein Bewusstsein der Tatsache vermitteln, dass Bedeutungskonstitution im Umgang mit literarischen Texten das Resultat von kulturellen Prozessen ist, so muss er über die Thematisierung inter*textueller* Beziehungen – sei es in der hermeneutischen oder in der poststrukturalistischen Variante – hinausgehen. Wenn in diesem Zusammenhang in literaturdidaktischen Publikationen des vergangenen Jahrzehnts wiederholt von einer „diskursiven Praxis“ im Sinne Foucaults die Rede ist, die Gegenstand des Unterrichts werden müsse (vgl. Nutz 1998; Kammler 2000; Förster 2002; Buß 2006b, S. 53), so wird auf einen Analyseansatz verwiesen, der beansprucht, den Prozess der Bedeutungskonstitution gerade nicht auf die Suche nach „textlichen Spuren“ zu reduzieren.[3] Ungeachtet aller Transformationen, die der Diskursbegriff bei Foucault im Laufe der Zeit erfährt, geht es in der historischen Diskursanalyse darum, die Rolle von Praktiken wie Institutionen, Machtprozeduren, Techniken usw. mit zu berücksichtigen:

> Aus dieser Perspektive haben Texte keine Bedeutung von ‘innen’, sondern lediglich aufgrund konventioneller Regelungen in bestimmten historischen und sozialen Kontexten. Textbedeutungen sind daher nicht als ‘Wesenheit’ von Texten zu erachten, sondern als Zuschreibungen von ‘außen’, die innerhalb kultureller Ordnungen und vor allem durch Machtbeziehungen je historisch hergestellt werden [...]. (Förster 2002, S. 240)

Damit sind die Grenzen einer intertextuellen Ausrichtung des Literaturunterrichts deutlich markiert.[4]

3. Intertextuelle Lektüre im Deutschunterricht

Was schulische Lernprozesse betrifft, so scheint intertextuelle Lektüre auf den ersten Blick vor allem in curricularen Zusammenhängen möglich, in denen „literarische Bildung“ (vgl. Abraham/Kepser 2005, S. 75–81) im Sinne einer „Didaktik der Literaturgeschichte“ (vgl. Fingerhut 2002) angestrebt wird: also

[3] Vgl. die berühmte Metakritik Foucaults an Derrida (Foucault 2002).

[4] Allerdings wirft die Frage einer diskurstheoretischen Fundierung der Literaturdidaktik weitere Probleme auf, die an dieser Stelle nur angedeutet werden können. Festzuhalten ist, „dass es eine genuin foucaultsche Literaturwissenschaft nicht gibt“ (Kammler 1997, S. 51), da Foucaults Projekt das einer Geschichte des Wissens (d. h. diskursiver Formationen wie der Medizin, der Naturgeschichte, der Allgemeinen Grammatik usw.) war und er trotz periodischer Beschäftigung mit literarischen Themen keine spezifischen Verfahren zur Analyse literarischer Diskurse entwickelt hat. Zu entsprechenden Versuchen einer Weiterentwicklung des foucaultschen Ansatzes vgl. Geisenhanslüke 2006. Innerhalb dieser Diskussion hätten sich literaturdidaktische Ansätze, die sich auf Foucault berufen, zu positionieren.

nur ansatzweise in der Sekundarstufe I und schwerpunktmäßig in der gymnasialen Oberstufe. Betrachtet man die Bildungsstandards für den Primarbereich, so werden neben allgemeinen Lesekompetenzen nur vage „Leseerfahrungen" (z. B. grundlegende Kenntnisse über Gattungen, Autoren und Werke) benannt, über die Schüler am Ende der Grundschulzeit verfügen sollen, das Anbahnen einer intertextuellen Lektürepraxis spielt hier noch keine erkennbare Rolle (vgl. Ständige Konferenz der Kultusminister 2005, S. 12). Im Basisartikel des von ihm herausgegebenen „Praxis Deutsch"-Heftes mit dem Thema „Literarisches Lernen" (Spinner 2006) vertritt Kaspar Spinner jedoch die Auffassung, dass eine solche Beschränkung keineswegs zwingend sei. Spinner unterscheidet dort 11 Aspekte literarischen Lernens, von denen einer die Entwicklung literaturhistorischen Bewusstseins ist. Zu dieser Entwicklung gehöre ein zunehmender „Einblick in intertextuelle Zusammenhänge", der zwar vor allem in höheren Klassen vermittelt werden müsse, sich aber „schon in der Grundschule anbahnen" lasse, da „viele Kinderbücher auf frühere Texte, z. B. auf Märchen, anspielen" (Spinner 2006, S. 13). Hinzuzufügen wäre, dass sich insbesondere die fantastische Kinder- und Jugendliteratur in hohem Maße aus einem tradierten Fundus kanonisch gewordener Texte (Mythen, Märchen) bedient „und somit ein intertextueller Bereich per se ist" (Knobloch 2006, S. 111).

Über die tatsächliche Praxis intertextueller Lektüre im Deutschunterricht liegen bislang zwar keine empirischen Untersuchungen vor, doch ist unübersehbar, dass eine Vielzahl neuerer Unterrichtsmodelle – insbesondere solcher für die gymnasiale Oberstufe – entsprechende Lernarrangements präsentiert. Dabei verwundert es nicht, dass Werke der postmodernen Literatur, die sich durch den eklektischen Umgang mit der literarischen Tradition geradezu definiert, in besonderem Maße Anlass zu solchen Arrangements gegeben haben. In ihrer 2006 erschienenen Dissertation (Buß 2006a), deren Ergebnisse sie auch in einem Beitrag der Zeitschrift „Didaktik Deutsch" vorgestellt hat (vgl. Buß 2006b), hat Angelika Buß sich exemplarisch mit der Frage auseinandergesetzt, welche Aufgabenformate in publizierten Unterrichtsmodellen zur Steuerung der intertextuellen Lektüre von Schülern vorgeschlagen werden. Dabei konzentriert sie sich auf einen Korpus von 29 fachdidaktischen Publikationen zu Patrick Süskinds Roman „Das Parfüm", der nicht zuletzt aufgrund seines extrem hohen Intertextualitätsgrades – nachgewiesen werden mehr als siebzig Titel, die überwiegend dem hochliterarischen Kanon zugerechnet werden können – als exemplarischer Text der Postmoderne gilt. Das Ergebnis der Untersuchung ist insofern bemerkenswert, als sich für die Verfasserin herausstellt, dass der Versuch der Autoren dieser Unterrichtsmodelle, intertextuelle Lektüreverfahren im Deutschunterricht zu etablieren, in der überwiegenden Zahl der Fälle zu – aus lerntheoretischer Sicht – verfehlten didaktischen Arrangements führt:

> Die Auswertung der methodischen Lernarrangements führt zu einem Aufgabenformat, welches als typisch für die untersuchten Materialien gelten kann: Der Lehrer lenkt die

> Aufmerksamkeit der Schüler auf eine Textstelle (Phase I), konstatiert, dass diese auf einen von ihm identifizierten Prätext bzw. Prätextgruppen anspielt (Phase II und III) und organisiert die nachträgliche Erarbeitung des fehlenden Wissens mittels vorbereiteter Materialien (Phase IV). Nur vereinzelt sind die Schüler angehalten, sich das Wissen um die Prätexte selbständig zu beschaffen und zu erarbeiten. Bei der Durchführung eines Vergleichs von Prä- und Folgetext (Phase V) leistet die Lehrperson durch die Vorgabe von Vergleichskriterien und die Begrenzung der zu untersuchenden Textstellen i.d.R. eine maximale Hilfestellung. Die komplexen Anforderungen, die eine intertextuelle Lektüre an die Leser stellt, werden damit reduziert und fokussiert; die Leistungen des Schülers beschränken sich auf die Ermittlung von Gemeinsamkeiten und Unterschieden sowie z. T. auf die Frage nach deren Funktion, wobei festgestellt werden musste, dass diese Phase, die im Grunde den Kern der Analyse bildet, in manchen Entwürfen ganz fehlte. (Buß 2006b, S. 49f.)

In Abgrenzung zu der von ihr problematisierten – und in der Unterrichtspraxis möglicherweise nicht selten kopierten – Modellierungspraxis plädiert Buß für einen Unterricht, in dem Lernkontexte geschaffen werden, von denen ausgehend Schülerinnen und Schüler sich von intertextuellen Phänomenen irritieren lassen, selbstständig Hypothesen über mögliche intertextuelle Bezüge entwickeln, eigenständig nach solchen Bezügen recherchieren und nach deren möglichen Funktionen fragen. Außerdem betont sie die Notwendigkeit einer kumulativen Weiterentwicklung intertextueller Kompetenzen und die metakognitive – das heißt in Ansätzen literaturtheoretische – Reflexion derartiger Lernprozesse, da nur auf diesem Wege eine bewusste und selbstständige Auswahl von Lernwegen erreicht werden könne. Damit entwickelt sie allgemeine – und theoretisch durchaus nachvollziehbare – Qualitätskriterien, an denen sich intertextueller Literaturunterricht orientieren kann.

Aus praktischer Perspektive lassen sich jedoch zwei kritische Einwände gegen ihre Arbeit erheben: Zum einen dürfte die von Buß konstatierte „Rigidität der vorgeschlagenen Lernwege" (Buß 2006b, S. 50), die sich in mangelnder Ergebnisoffenheit und extremer Kleinschrittigkeit der modellierten Lernsituationen zeige, zumindest teilweise mit dem Modellcharakter der hier analysierten Lernarrangements zu tun haben. Denn stärker noch als Lehrerinnen und Lehrer, die bei faktisch vorhandenen Unterrichtsvoraussetzungen ansetzen oder diese durch geschickte Reihenplanung allererst schaffen können, sind Konstrukteure didaktischer Modelle zu Reduktionen und Fokussierungen gezwungen. Sie situieren ihre Unterrichtsarrangements zwangsläufig im leeren Raum, also in Unkenntnis des Vorwissens einer konkreten Lerngruppe über Prätexte und vorhandene Problemlösungsstrategien, vor dessen Hintergrund „Referenzmarkierungen" erkannt, Deutungshypothesen entwickelt werden, kurz: „Entdeckerfähigkeiten" (vgl. Buß 2006b, S. 50) überhaupt erst zum Zuge kommen können.[5]

[5] Je verbindlicher allerdings die curricularen Vorgaben sind, desto eher kann ein bestimmtes Vorwissen unterstellt werden.

Der zweite Einwand betrifft die Praktibilität des von Buß vorgestellten – und von ihr selbst allerdings auch als „idealtypisch“ bezeichneten[6] – Modells (vgl. Buß 2006a, S. 115f.) für eine „authentische“ intertextuelle Lektüre (und der ihr impliziten Vorstellung vom im Umgang mit intertextuellen Phänomenen kompetenten Leser). Wenn davon die Rede ist, dass die Schüler zunächst „die von intertextuellen Einschreibungen verursachten Irritationen [...] als solche wahrnehmen“ oder durch „verlangsamte, wiederholte und genaue“ Lektüre darauf gestoßen werden sollen (Buß 2006a, S. 115), um dann selbständig Hypothesen über Art und Funktion der Einschreibungen aufzustellen und diesen nachzugehen, so stellt sich die Frage, wie man sich solche Anregung zur intertextuellen Bedeutungskonstitution konkret vorstellen soll. Denn wenn auf Schülerseite kein Vorwissen über Prätexte vorhanden ist, hilft auch noch so häufiges und noch so langsames Lesen nicht weiter. Hier wird die Vorstellung vom entdeckungsfreudigen Schüler überstrapaziert, zumal gleichzeitig Formen direkter Instruktion und gezielter Reihenplanung durch die Lehrerin bzw. den Lehrer von Buß tendenziell als „manipulativ“ kritisiert werden.[7]

Im Gegenzug wäre zu fragen, ob das eigenständige Entdecken intertextueller Bezüge durch die Schülerin oder den Schüler selbst in Kursen der gymnasialen Oberstufe nicht eher die Ausnahme sein dürfte. Denn die Markierungen, die diese intertextuellen Elemente als solche identifizierbar machen, sind nie Markierungen *an sich*, sondern immer solche *für* eine über bestimmte literarische und kulturelle Kompetenzen verfügende Leserschaft (vgl. Buß 2006a, S. 83–86) – und Schüler verfügen über solche Kompetenzen in der Regel (noch) nicht oder nur in geringem Maße. Dies gilt auch für Fälle, in denen sich Anspielungen oder Zitate in aktuellen und massenhaft verbreiteten Medientexten finden. So kann man zwar davon ausgehen, dass der Titel des Films „Deutschland ein Sommermärchen“ (fast) allen deutschen Abiturienten des Jahrgangs 2007 geläufig ist – dass es sich dabei aber um eine literarische Anspielung auf Heinrich Heines „Deutschland ein Wintermärchen“ handelt, dürften die wenigsten von ihnen wissen. Ohne dieses Wissen bzw. ohne einen entsprechenden Hinweis gibt es jedoch

6 Dies lässt sich zwar zur Verteidigung des Modells anführen, das offensichtlich nicht beansprucht, Vorbild für „reale“ Unterrichtskonzepte zu sein. Allerdings bleibt dadurch eine Lücke in den Ausführungen von Buß, da sie selbst darauf verzichtet, „den in Teilen als unzulänglich bewerteten Lernwegen ein Unterrichtsmodell entgegenzusetzen, das die geäußerte Kritik produktiv in ein neues [...] Modell [...] überführt.“ (Buß 2006a, S. 207).

7 Vgl. Buß 2006a, S. 113f. Buß schlägt hier vor, mit Schülern das „Phänomen Intertextualität“ in jedem Fall zu behandeln und über „kommentierte Werkausgaben, Sekundärliteratur oder elektronische Suchmaschinen“ mit den „Möglichkeiten vertraut zu machen, Prätexte, die ihnen wahrscheinlich unbekannt sind, zu identifizieren.“ Dass sie diese – wissenschaftlichen – Formen der Recherche grundsätzlich einem „Unterrichtsarrangement vorzieht, bei dem die Identifizierung des Prätextes dadurch erreicht wird, dass dieser bereits im Unterricht gelesen wurde“ – hier spricht sie von einem „stark manipulierten 'Aha-Erlebnis'“ – leuchtet allerdings nicht ganz ein. Nach einem solchen Verständnis wäre nahezu jede intelligente Reihenplanung „Manipulation“.

keinen Anlass für eine Recherche, die der Frage nach der möglichen Funktion dieser Anspielung nachginge.

Im Rahmen eines kompetenzorientierten Literaturunterrichts, der an den Merkmalen problemorientierten und situativen Lernens ausgerichtet ist (vgl. Abraham/Baurmann/Feilke/Kammler/Müller 2007) wird es im Umgang mit Intertextualität insbesondere darauf ankommen, die Fähigkeit und Bereitschaft zu entwickeln, „literarische Texte auch als Reaktion auf Vorausgegangenes sehen zu können" (Spinner 2006, S. 13). Dabei geht es darum, Unterrichtsarrangements zu schaffen, die den Schülerinnen und Schülern begrenzte Perspektiven auf intertextuelle Einschreibungen erlauben, und dabei Formen instruktionaler Anleitung und Unterstützung mit den von Buß vorgeschlagenen Lernstrategien zu verbinden. Zu betonen ist in diesem Zusammenhang, dass bestimmte Formen von Intertextualität bereits konstitutiv für die Sequenzialisierung im Literaturunterricht waren, als es den Begriff Intertextualität in der heutigen Form noch gar nicht gab. Dies trifft vor allem auf den Bereich der *Systemreferenzen* zu, deren Thematisierung für kumulatives Lernen im Literaturunterricht schon deshalb von Bedeutung ist, weil sie zur Entwicklung prototypischer Vorstellungen von Gattungen bzw. Genres sowie zu Einsichten in deren Historizität beitragen kann. Ist ein Text aus der Gattung „Bürgerliches Trauerspiel" – z. B. Lessings „Emilia Galotti" – Gegenstand des Unterrichts, so liegt es nahe, ihn mit einem anderen Text der gleichen Gattung – beispielsweise Schillers „Kabale und Liebe" – zu vergleichen. Beschäftigt man sich mit romantischer Naturlyrik, so wird man Naturgedichte späterer Epochen auf ihre Bezüge zu dieser befragen. Behandelt man im Unterricht „moderne Parabeln" von Kafka oder Brecht, so kommt man kaum umhin, die Frage zu erörtern, was denn diese von Parabeln unterscheide, denen das Attribut „modern" nicht zukommt. Bereits bei einem Vergleich zwischen dem Grimmschen Märchen „Sterntaler" und Hans-Christian Andersens „Das kleine Mädchen mit den Schwefelhölzern", der schon in einer fünften und sechsten Klassen möglich ist, wird man – über die Frage nach dem Verhältnis der Protagonistinnen oder den verschiedenen Schlüssen hinaus – die Frage nach Systemreferenzen stellen können. (Welche Merkmale des Grimmschen Märchens behält Andersen bei und welche nicht?).

Was die Thematisierung von *Einzeltextreferenzen* anbetrifft, so kann es kaum das Ziel schulischen Literaturunterrichts sein, diese in Anlehnung an die philologische Praxis von Literaturwissenschaftlern zu einem zentralen Thema des Deutschunterrichts zu machen. Allerdings lassen sich eine Reihe typischer Fälle nennen, in denen man sie thematisieren kann. Eine besonders auffällige Form von Intertextualität liegt vor, wenn bereits den Schülern zugängliche Paratexte, wie z. B. der *Titel* eines literarischen Werks, die Bezugnahme auf den Prätext markieren. Behandelt man Erzählungen wie Ulrich Plenzdorfs „Die neuen Leiden des jungen W." oder Christa Wolfs „Kassandra" im Unterricht, so müssen die Schülerinnen und Schüler nicht erst auf die Frage hingewiesen werden, in welcher Beziehung die „neuen Leiden“ zu den alten stehen usw. Sie werden sie – sofern ein minimales Interesse am Gegenstand vorliegt – von sich aus stellen. Ein ähnlicher Fall liegt vor, wenn im *Klappentext* oder durch das *Motto* eines Buches darauf verwiesen wird, dass es sich um die „Neuerzählung“ eines anderen handelt. Beides trifft z. B. auf Charles Simmons Novelle „Salzwasser“ zu, eine 1998 erschienene moderne Initiationsgeschichte, die auf Motive von Iwan Turgenjews Erzählung „Erste Liebe“ (1860) zurückgeht. Ist einem Text – wie z. B. Wolf Biermanns Gedicht „Ermutigung“ – eine *Widmung* vorangestellt (die in diesem Falle „Für Peter Huchel“ lautet), so wird man vielleicht nicht voraussetzen können, dass Schülerinnen und Schüler von sich aus die Frage stellen, ob dieser Peter Huchel möglicherweise ebenfalls Autor lyrischer Texte war und ob es eine Beziehung zwischen seiner literarischen Produktion und derjenigen Biermanns gab oder ob die Beziehungen zwischen beiden Autoren rein persönlicher Natur waren (was im Sinne einer angestrebten Ergebnisoffenheit ja auch ein akzeptables Resultat wäre). Zumindest aber wäre ein entsprechender Rechercheauftrag keine pädagogische Gängelung, sondern die Aufforderung zur Klärung eines nachvollziehbar klärungsbedürftigen Sachverhaltes. Entsprechendes gilt auch für prominente Fälle wie die berühmte Klopstock-Anspielung in Goethes „Werther“, durch die sich Lotte dem Protagonisten gegenüber als „seelenverwandt“ zu erkennen gibt, oder den Hinweis auf Lessings „Emilia Galotti“, die im Zimmer des sterbenden Werther „auf dem Pulte aufgeschlagen“ liegt.

Solcher Klärungsbedarf liegt für Schülerinnen und Schüler dann nicht vor, wenn die „kulturelle Markierung“ (Holthuis 1993, S. 134), die es der Leserin oder dem Leser erlaubt, die Recherche aufzunehmen, nicht erkannt wird. Hierfür ist „Das Parfüm“ nur ein Beispiel unter vielen. In Thomas Brussigs Roman „Helden wie wir“ findet sich beispielsweise eine Fülle von Zitaten, Anspielungen und parodistischen Elementen, die auf andere Autoren und Texte Bezug nehmen (allen voran die berühmte Christa-Wolf-Rede, die der Eislauftrainerin Christa Müller in den Mund gelegt wird); in Max Frischs „Homo Faber“ lassen sich vielfältige Bezüge zum antiken Mythos nachweisen, – sei es der Ödipus-Mythos, wie ein Teil der Forschung meint, sei es der Mythos von Demeter und Kore, wie Frisch selbst behauptet (vgl. Schmitz 1998, S. 268–273). Fehlt das entsprechende Vorwissen, so überliest man diese Bezüge zwangsläufig, benutzt man kommentierte Textausgaben, so werden den Lernenden in der Regel Antworten auf Fragen mitgeliefert, die sie von sich aus gar nicht gestellt hätten.

Beispiele wie diese zeigen, dass intertextueller Literaturunterricht in der Praxis nicht zufällig zu geringer Ergebnisoffenheit tendiert, zumindest dann, wenn das gewünschte Resultat konkret ist und die Voraussetzungen auf Lernerseite gering sind. Es wird zu untersuchen sein, ob nicht ein Unterricht, dessen Planung zunehmend an vorgegebenen Prüfungskanons und auf zentrale Abschlussprüfungen hin ausgerichtet ist, solche – durch den Gegenstand „Intertextualität" ohnehin schon begünstigten – „rigiden" Tendenzen verstärkt. Ob der „intertextuelle Idealleser" (vgl. Buß 2006a, S. 90), der über maximale Kompetenzen und ungehemmte Entdeckerfreude verfügt, eine Vision ist, der sich die Wirklichkeit des Deutschunterrichts annähert oder ob dieser sich im Gegenteil immer weiter von ihr entfernen wird, wird die Zukunft zeigen.

Literatur

Abraham, Ulf/Baurmann, Jürgen/Feilke, Helmuth/Müller, Astrid (2007): Kompetenzorientiert unterrichten. In: Praxis Deutsch 203, S. 6–14.

Abraham, Ulf/Kepser, Matthis (2005): Literaturdidaktik Deutsch. Eine Einführung. Berlin: Schmidt.

Bossinade, Johanna (2000): Poststrukturalistische Literaturtheorie. Stuttgart/Weimar: Metzler.

Broich, Ulrich/Pfister, Manfred (Hrsg.) (1985): Intertextualität. Formen, Funktionen, anglistische Fallstudien. Tübingen: Niemeyer.

Buß, Angelika (2006a): Intertextualität als Herausforderung für den Literaturunterricht. Am Beispiel von Patrick Süskinds *Das Parfüm*. Frankfurt am Main: Lang.

Buß, Angelika (2006b): Intertextualität und Literaturunterricht. Zur herrschenden Aufgabenkultur in intertextuellen Lektüreprozessen. In: Didaktik Deutsch 21, S. 43–58.

Eco, Umberto (1996): Zwischen Autor und Text. Interpretation und Überinterpretation. München: dtv.

Fauser, Markus 2003 (2004): Einführung in die Kulturwissenschaft. Darmstadt: Wissenschaftliche Buchgesellschaft.

Fingerhut, Karlheinz (2002): Didaktik der Literaturgeschichte. In: Bogdal, Klaus-Michael/Korte, Hermann (Hrsg.): Grundzüge der Literaturdidaktik. München: dtv, S. 147–165.

Förster, Jürgen (2002): Analyse und Interpretation. Hermeneutische und poststrukturalistische Tendenzen. In: Bogdal, Klaus-Michael/Korte, Hermann (Hrsg.): Grundzüge der Literaturdidaktik. München: dtv, S. 231–246.

Foucault, Michel 1972 (2002): Mein Körper, dieses Papier, dieses Feuer. In: Ders.: Schriften in vier Bänden. Dits et Ecrits. Band II (1970–1975). Frankfurt am Main: Suhrkamp, S. 300–331.

Geisenhanslüke, Achim (2003): Einführung in die Literaturtheorie. Darmstadt: Wissenschaftliche Buchgesellschaft.

Geisenhanslüke, Achim (2006): Foucault in der Literaturwissenschaft. In: Kammler, Clemens/Parr, Rolf (Hrsg.): Foucault in den Kulturwissenschaften. Eine Bestandsaufnahme. Heidelberg: Synchron, S. 69–82.

Genette, Gérard 1982 (1993): Palimpseste. Die Literatur auf zweiter Stufe. Frankfurt am Main: Suhrkamp.

Helbig, Jörg (1996): Intertextualität und Markierung. Untersuchungen zur Systematik und Funktion der Signalisierung von Intertextualität. Heidelberg: C. Winter.

Holthuis, Susanne (1993): Intertextualität. Aspekte einer rezeptionsorientierten Konzeption. Tübingen: Stauffenburg.

Kammler, Clemens (1997): Historische Diskursanalyse (Michel Foucault). In: Bogdal, Klaus-Michael (Hrsg.): Neue Literaturtheorien. Opladen/Wiesbaden: Westdeutscher Verlag, S. 31–55.

Kammler, Clemens (2000): Neue Literaturtheorien und Unterrichtspraxis. Positionen und Modelle. Baltmannsweiler: Schneider.

Kammler, Clemens (Hrsg.) (2006): Literarische Kompetenzen – Standards im Literaturunterricht. Modelle für die Primar- und Sekundarstufe. Seelze: Klett/Kallmeyer.

Kimmich, Dorothee/Renner, Rolf Günter/Stiegler, Bernd (1996): Einleitung. In: Kimmich, Dorothee/Renner, Rolf Günter/Stiegler, Bernd (Hrsg.): Texte zur Literaturtheorie der Gegenwart. Stuttgart: Reclam, S. 327–333.

Knobloch, Jörg (2006): Joanne K. Rowling's fantastische Zoologie: *Fantastic Beasts* aus intertextueller Sicht. In: Beiträge Jugendliteratur und Medien. 17. Beiheft: Zauberland und Tintenwelt. Fantastik in der Kinder- und Jugendliteratur. Hrsg. von Jörg Knobloch und Gudrun Stenzel in Zusammenarbeit mit der AJuM der GEW, S. 109–118.

Kristeva, Julia 1972 (1996): Bachtin, das Wort, der Dialog und der Roman. In: Kimmich, Dorothee/Renner, Rolf Günter/Stiegler, Bernd (Hrsg.): Texte zur Literaturtheorie der Gegenwart. Stuttgart: Reclam, S. 334–348.

Nutz, Maximilian (1998): Verstehen durch Kontextuierung: Lyrikinterpretation als historische Diskursanalyse am Beispiel von Heines 'Traumbildern'. In: Der Deutschunterricht 50, H. 4, S. 98–110.

Ministerium für Schule, Weiterbildung, Wissenschaft und Forschung des Landes Nordrhein-Westfalen (1999): Richtlinien und Lehrpläne für die Sekundarstufe II – Gymnasium/Gesamtschule in Nordrhein-Westfalen. Deutsch. Düsseldorf: Ritterbach.

Schmitz, Walter (1998): Kommentar. In: Frisch, Max: Homo Faber. Text und Kommentar: Frankfurt am Main: Suhrkamp.

Schößler, Franziska (2006): Literaturwissenschaft als Kulturwissenschaft. Tübingen: A. Francke.

Spinner, Kaspar H. (2006): Literarisches Lernen. In: Praxis Deutsch 200, S. 6–17.

Ständige Konferenz der Kultusminister (Hrsg.) (2005): Bildungsstandards im Fach Deutsch für den Primarbereich (Jahrgangsstufe 4). München: Wolters Kluwer.

Stierle, Karlheinz (1996): Werk und Intertextualität. In: Kimmich, Dorothee/Renner, Rolf Günter/Stiegler, Bernd (Hrsg.): Texte zur Literaturtheorie der Gegenwart. Stuttgart: Reclam, S. 349–360.

KASPAR H. SPINNER

3.4 Handlungs- und produktionsorientierter Literaturunterricht

Unter handlungs- und produktionsorientiertem Literaturunterricht versteht man einen methodischen Ansatz, bei dem sich die Schülerinnen und Schüler gestaltend, d. h. weiter- und umschreibend, Textstellen ergänzend, Textmuster imitierend, malend, vertonend und szenisch spielend mit Literatur beschäftigen. Der Ansatz grenzt sich ab von einem Unterricht, der sich auf Lehrervortrag, Unterrichtsgespräch und schriftliche Inhaltsangabe, Charakteristik und Interpretation beschränkt. Statt nur begrifflich-analytisch Literatur zu untersuchen, sollen die Schülerinnen und Schüler selbst literarische Sprache und andere ästhetische Ausdrucksformen in der Beschäftigung mit den Texten verwenden. Diese sollen nicht nur behandelt, vielmehr soll mit ihnen gehandelt werden, und die Schülerinnen und Schüler sollen nicht nur rezipierend besprechend, sondern selbst produzierend auf sie reagieren. Der Begriff „handlungs- und produktionsorientierter Literaturunterricht“ ist 1984 durch das gleichnamige Buch von Gerhard Haas in die Diskussion eingeführt worden.

1. Herkunft des handlungs- und produktionsorientierten Literaturunterrichts

Produktiver Umgang mit Literatur lässt sich weit zurückverfolgen. Im antiken Rhetorikunterricht wurden zum Beispiel nach klaren formalen Vorgaben Fabeln als Vorübungen zum Verfassen von Reden geschrieben (vgl. Ludwig 1988, S. 13–15). Das Verfassen von poetischen Texten nach strengen Regeln ist über die Jahrhunderte hin in Schulen verbreitet gewesen, ging dann allerdings im Verlauf des 19. Jahrhunderts zurück, weil die neueren genieästhetischen Vorstellungen literarischer Kreativität im Widerspruch zur Regelpoetik standen. Literaturunterricht wurde nun auf die Rezeption von Texten beschränkt. In der Reformpädagogik am Anfang des 20. Jahrhunderts ist dann die individuelle schöpferische Tätigkeit auch für die Kinder und Jugendlichen in Anspruch genommen worden; viele Verfahren, die heute im handlungs- und produktionsorientierten Literaturunterricht Berücksichtigung finden, fanden nun Eingang in die Schule. Dies erfolgte allerdings vorwiegend unter schreib- und nicht unter literaturdidaktischer Zielsetzung, nämlich im Sinne eines Aufsatzunterrichts, der sich von der engen Bindung an Muster lösen sollte (vgl. Vorst 2007, S. 42–51).

Als eigentlicher Vorläufer des handlungs- und produktionsorientierten Literaturunterrichts ist Robert Ulshöfer zu bezeichnen. In seiner mehrbändigen, ab 1953 erschienenen „Methodik des Deutschunterrichts" für das Gymnasium sieht er vor, dass die Kinder „selbst Fabeln unter Anleitung hervorbringen, Gedichte nach Vorlage schaffen, Parallelgeschichten erfinden" und dass so „die Gestaltungsübungen der Kinder mit der Lektüre wertvoller Texte" verbunden werden (Ulshöfer 1963, S. 26). Als Begründung verweist er darauf, dass das intuitive Verständnis der Kinder weiter reiche als ihr Vermögen, das Verstandene rational zu erklären. In der Mittelstufe (7.–10. Schuljahr) sollen die Schülerinnen und Schüler „Fabelbücher, Kurzgeschichten, Hörfolgen aus Prosavorlagen, szenische Einakter, Interviews, Reportagen, Werbetexte, Drehbuchszenen" erstellen (Ulshöfer 1953, S. 33), und auch eine „lyrische Handwerkslehre" schlägt er vor, denn das „Gedichtemachen ist lehr- und lernbar" (ebd., S. 210).

Angeregt durch die Kreativitätsdiskussion, die – ausgehend von den USA – um 1970 in Bildungspolitik, Erziehungswissenschaft und Fachdidaktik aufkam, entstanden in den 70er Jahren des 20. Jahrhunderts viele Vorschläge für einen spielerisch-kreativen Literaturunterricht. Typische Publikationen dafür sind die „Kreativitätsübungen im Literaturunterricht der Oberstufe" von Ingeborg Meckling (1972) oder der Band „Kreativität und Deutschunterricht" von Winfried Pielow und Rolf Sanner (1973).

Ein weiterer wesentlicher Einflussfaktor für die Etablierung eines handlungs- und produktionsorientierten Literaturunterrichts war die Rezeptionsästhetik, die seit den 70er Jahren des 20. Jahrhunderts in Literaturwissenschaft und -didaktik viel diskutiert wird. Sie untersucht das Verhältnis von Text und Leser und hat vor allem herausgearbeitet, dass und wie der Leser an der Sinnbildung beteiligt ist. Ausgehend von solchen Einsichten wird der Leser als Koproduzent des Textes bezeichnet. In der Literaturdidaktik hatte das zunächst zu einer stärkeren Anerkennung individueller Verstehensweisen von Schülerinnen und Schülern geführt. Im Unterschied zum Konzept des Nachgestaltens wird in der rezeptionsästhetischen Literaturdidaktik also schon das lesende Verstehen als produktiver Akt verstanden – in diesem Sinne ist in den 1970er Jahren auch in der DDR von der „schöpferischen Arbeit im Literaturunterricht" (Bütow 1975) gesprochen worden. Der Schritt vom rezeptionsästhetischen Ansatz zum handlungs- und produktionsorientierten Literaturunterricht kann darin gesehen werden, dass die aktive Sinnbildung der Schülerinnen und Schüler nun mit produktiven Aufgaben unterstützt wird; das Mitschaffen des Textsinns wird in eigener Produktion schreibend, malend, spielend usw. veräußerlicht und damit im Unterricht diskutierbar. Häufig verwendet man in der Literaturdidaktik in diesem Zusammenhang den Begriff der „Leerstelle", den der Literaturwissenschaftler Wolfgang Iser (vgl. Iser 1970, S. 15) geprägt hat und der von der Literaturdidaktik übernommen, erweitert und methodisch umgesetzt worden ist. Mit produktiven Verfahren werden die Leerstellen, die der Autor in seinem Text belassen hat und die die Vorstellungskraft des Lesers in Gang setzen sollen, aufgefüllt bzw. konkretisiert.

Kreativitätsdiskussion und rezeptionsästhetische Orientierung der Literaturdidaktik haben dazu geführt, dass um 1980 immer häufiger Vorschläge für einen produktiven Umgang mit Literatur veröffentlicht wurden. 1984 erschien dann die grundlegende Publikation von Gerhard Haas mit dem Titel „Handlungs- und produktionsorientierter Literaturunterricht" (Haas 1984, in erweiterter Auflage 1997), die dem Ansatz auch den heute gebräuchlichen Namen gegeben hat. Gerhard Haas geht es in erster Linie darum, „Kognition und sinnenhafte Erfahrung miteinander in Verbindung zu bringen" (Haas 2004, S. 93), damit sich „auch den weniger analytisch Begabten, den Stillen im Lande, den eher musisch Ausgerichteten eine Chance bietet, sich einzubringen" (Haas 2004, S. 94). Sein Ansatz entspringt – wie das schon bei den Anregungen der Reformpädagogen der Fall war – einer Kritik an der Dominanz des fragend-entwickelnden Unterrichtsgesprächs, das einseitig die „Sprechfreudigen, Redegewandten, intellektuell Raschen" (Haas 2004, S. 93) favorisiere. Wichtig ist für Haas, dass die produktiven Verfahren zum Text hinführen; sie sind also nicht erst angebracht, wenn schon eine Texterschließung stattgefunden hat. Damit wird die traditionelle Methode des Nachgestaltens erweitert – man kann darin den entscheidenden, durch die Rezeptionsästhetik beeinflussten Schritt zur Konzeption des handlungs- und produktionsorientierten Literaturunterrichts sehen. Textanalyse kann (muss aber nicht) nach Haas an den handelnd-produktiven Umgang anschließen.

Ebenfalls 1984 hat Günter Waldmann, der zweite Hauptbegründer des handlungs- und produktionsorientierten Literaturunterrichts und ehemaliger Kollege von Haas an der Pädagogischen Hochschule in Reutlingen, seinen viel beachteten, ausführlichen Aufsatz über die „Grundzüge von Theorie und Praxis eines produktionsorientierten Literaturunterrichts" veröffentlicht (Waldmann 1984). Waldmann geht davon aus, dass mit den produktiven Verfahren vor allem die literarische Form und ihre Funktionen zu erkunden und zu erfahren seien. Darin zeigt sich der Einfluss, den Ulshöfers Prinzip des literarischen Nachgestaltens und seine Vorstellung einer Handwerkslehre auf Waldmann ausgeübt hat (vgl. Waldmann 2004, S. 107). Wie bei Haas bestehen auch bei Waldmann die produktiven Verfahren nicht nur in einer Umsetzung struktureller Einsichten im Sinne des Nachgestaltens, vielmehr können sie zum Erkennen hinführen. In einer Debatte mit Karlheinz Fingerhut und Hartmut Melenk stellt er 1981 mit Nachdruck dies als ein Charakteristikum des produktionsorientierten Literaturunterrichts heraus: „Die Produktion sollte nicht bloß eine Fortsetzung und Anwendung der Analyse, sondern selbst ein Analysemittel bilden, das gegebenenfalls auch an die Stelle der Analyse treten kann" (Fingerhut/Melenk/Waldmann 1981, S. 135). In den 70er Jahren hatte Waldmann produktive Verfahren bereits in vielfältiger Weise für einen spielerischen Umgang mit Trivialliteratur vorgeschlagen; mit ihnen sollte eine Einsicht in die Formen dieser Literatur und ihre ideologische Wirkung vermittelt werden (z.B. Waldmann 1980). In der Folge hat Waldmann für alle Gattungen der Literatur eigene Buchpublikationen zum produktionsorientierten Umgang vorgelegt (vgl. Waldmann 2000, 1988, 1996; Waldmann/Bothe 1992). Die Tatsache, dass Waldmann in der Regel von produktionsorientiertem, Haas von handlungs- und produktionsorientiertem Unterricht spricht, ist für die Unterschiede zwischen den beiden Hauptvertretern des Ansatzes kennzeichnend: Die Konzeption von Haas ist stark verwurzelt in der Tradition des handlungsorientierten Unterrichts, wie er seit der Reformpädagogik entwickelt worden ist, und sie trägt auch einen deutlich pädagogischen Akzent. Nach seiner Auffassung muss das handlungs- und produktionsorientierte Vorgehen in einen insgesamt schülerorientierten Unterricht eingebettet sein. Für Waldmann stehen die literarischen Strukturen im Vordergrund und er betont, dass die Schülerinnen und Schüler einen Einblick in die Produziertheit von Texten erhalten sollen. Indem sie selber produktiv tätig sind, verstehen sie, wie ein Schriftsteller arbeitet.

2. Stellenwert heute

Seit den 80er Jahren des 20. Jahrhunderts sind viele Publikationen zu handlungs- und produktionsorientierten Formen des Literaturunterrichts erschienen; kein anderes Konzept des Literaturunterrichts hat am Ende des 20. Jahrhunderts so viel Beachtung gefunden. Es ist in die Lesebücher, in die Lehrpläne und in die Bildungsstandards eingegangen. Produktive Aufgaben werden auch für die Leistungsbeurteilung herangezogen. In den „Einheitlichen Prüfungsanforderungen in der Abiturprüfung Deutsch“ der deutschen Kultusministerkonferenz erscheinen seit 2002 produktive Aufgabenstellungen unter dem Begriff des „Gestaltenden Erschließens“ (Kultusministerkonferenz 1989, S. 18). Als Formen werden genannt: „Brief, Tagebuch, innerer Monolog, Dialog, Rollenbiographie, Plädoyer“, ferner „Gedanken und Stimmungen einer Figur notieren, Eindrücke schildern, eine Szene gestalten“ und „fiktive Gespräche arrangieren“ (Kultusministerkonferenz 1989, S. 22). Dabei wird davon ausgegangen, dass die produktive Aufgabe auf eine untersuchende Erschließung aufbaut. Kriterien für die Bewertung sind unter anderem die differenzierte Erfassung der Vorlage, eine überzeugende Strukturierung der eigenen Gestaltung, die adäquate Anwendung literarischer Muster, eigenständige und einfallsreiche Gestaltung (vgl. Kultusministerkonferenz 1989, S. 30).

Prüfungsaufgaben sind mit Lernaufgaben nicht gleichzusetzen, deshalb ist auch nicht jede Produktionsaufgabe zur Leistungsbeurteilung geeignet; das wird beim handlungs- und produktionsorientierten Literaturunterricht besonders deutlich, weil er in verschiedenen Unterrichtsphasen mit jeweils unterschiedlicher Funktion realisiert werden kann. Günter Waldmann hat dies mit dem folgenden Phasenmodell verdeutlicht (Waldmann 1998, S. 28):

Vorphase:	Spielhafte Einstimmung in literarische Texte
1. Phase:	Lesen und Aufnehmen literarischer Texte
2. Phase:	konkretisierende subjektive Aneignung literarischer Texte
3. Phase:	Textuelles Erarbeiten literarischer Merkmale
4. Phase:	Textüberschreitende Auseinandersetzung mit literarischen (epischen) Texten.

In allen Phasen können produktive Verfahren eingesetzt werden, in der 2. Phase z. B. das Entfalten eigener Imaginationen, in der 3. Phase das Verändern des Textes, um die Wahl des Autors durch die Differenz genauer zu erkennen, in der 4. Phase eine szenische Inszenierung, z. B. als Gerichtsverhandlung, oder das Verfassen einer Parodie.

In ähnlicher Weise hat Werner Ingendahl die produktiven Aufgaben den Unterrichtsphasen zugeordnet; er unterscheidet die „Phase der ersten Textbegegnung", die „Phase der Objektivierung", die „Phase der Aneignung" und die „Phase der Anwendung" (Ingendahl 1991, S. 22ff.).

Diese Phasenmodelle zeigen, wie vielfältig die Funktionen sind, die heute die handlungs- und produktionsorientierten Verfahren erfüllen.

Unterrichtsversuche mit produktionsorientierten Verfahren sind in der Fachliteratur vielfach beschrieben und dokumentiert worden. Eine größere empirische Studie zum Vergleich analytischer und handlungs- und produktionsorientierter Verfahren hat Joachim Fritzsche durchgeführt (vgl. Fritzsche et al. 2006). Er hat mit seinem Team in sechs Unterrichtseinheiten über einen Zeitraum von zehn Monaten die gleichen Texte parallel nach handlungs- und produktionsorientierter Methode (12 Klassen) und nach analytischer Methode (11 Klassen) unterrichten lassen (5. Klassenstufe). Tests zum Leseverständnis (Multiple-Choice-Aufgaben) haben im Ergebnis gezeigt, dass die analytische Vorgehensweise das Leseverständnis der behandelten Texte etwas besser fördert als der handlungs- und produktionsorientierte Unterricht. Auch die Lesemotivation wurde durch die produktiven Verfahren nicht stärker als beim analytischen Vorgehen gefördert. Man kann aus der Studie schließen, dass der handlungs- und produktionsorientierte Literaturunterricht nicht ausschließlich praktiziert werden sollte. Es bleibt ein Forschungsdesiderat, zu untersuchen, wie erfolgreich ein Unterricht ist, der beide Vorgehensweisen miteinander verbindet, und welche Wirkung die einzelnen handlungs- und produktionsorientierten Verfahren haben können.

Für den Unterricht in der Grundschule hat Claudia Vorst die Umsetzung der „textproduktiven Methoden" (produktionsorientierte Schreibaufgaben) in einer sehr gründlichen Studie untersucht. Es ergibt sich, dass in den Lehrplänen, Lesebüchern und bei den Unterrichtenden die produktiven Verfahren ihren unbestrittenen Platz gefunden haben (vgl. Vorst 2007).

Der handlungs- und produktionsorientierte Ansatz wird auch in der Filmdidaktik angewendet (vgl. dazu Maiwald, Bd. 2, Kap. 2.5). Ein Verfahren wie das Schreiben eines inneren Monologes einer Figur eignet sich z.B. besonders gut zur deutenden Vergegenwärtigung von Gedanken und Gefühlen, die in einer Großaufnahme eines Gesichts zum Ausdruck kommen.

Der handlungs- und produktionsorientierte Literaturunterricht wird zum Teil auch kritisiert. So spricht z.B. Jürgen Kreft von der „Gefahr einer Übermethodisierung des Literaturunterrichts“ (Kreft 2004, S. 131), durch die das Ziel des Verstehens aus dem Blick gerate: „Das Verstehensziel wird [...] oft genug verfehlt, weil entweder diese Zielalternative [zwischen Produktions- und Verstehensziel] nicht klar ist oder weil der produzierende Schüler vom kreativen Verfahren verführt wurde, das Verstehensziel aufzugeben und seiner Subjektivität kreativ Ausdruck zu geben“ (Kreft 2004, S. 130). Man kann in der Tat beobachten, dass in der Schulpraxis die produktiven Verfahren zuweilen sehr unreflektiert eingesetzt werden und dann zu einem beliebigen Herumbasteln oder Ausfüllen von Aufgabenblättern führen. In angemessener Weise genaue Textwahrnehmung und Imagination miteinander so zu verbinden, dass sie sich nicht gegenseitig beeinträchtigen, sondern steigern, ist die große Herausforderung, vor die sich die Unterrichtenden gestellt sehen müssen, wenn sie einen handlungs- und produktionsorientierten Literaturunterricht durchführen wollen.

Um zu verdeutlichen, welche didaktischen Funktionen ein solcher Unterricht erfüllen kann, werden hier im Folgenden die Zielsetzungen in ihrem Verhältnis zu den methodischen Möglichkeiten genauer erläutert.

3. Leseförderung

Von den handlungs- und produktionsorientierten Verfahren verspricht man sich, dass sie die Freude am Lesen stärken, weil sie – im Gegensatz zu einem an der Textanalyse orientierten Unterricht – stärker auch die Emotionen, die Phantasie und die eigenen Gedanken der Schülerinnen und Schüler ansprechen. Es ist vor allem Gerhard Haas, der auf diesen Aspekt immer wieder mit Nachdruck hingewiesen hat. So kommt der handlungs- und produktionsorientierte Literaturunterricht der Forderung nach Leseförderung als Hinführung zum Buch nach, die seit Beginn des Jahrhunderts, u.a. wegen der schlechten Ergebnisse in der PISA-Studie, verstärkt für die Grundschule und die Sekundarstufe I erhoben wird (vgl. dazu Garbe, Bd. 2, Kap. 1.2).

Einen hohen Stellenwert haben handlungs- und produktionsorientierte Verfahren in den Lesebegleitheften (auch als Literaturkarteien bekannt) und Lesetagebüchern, die in der Leseförderung eine große Rolle spielen und die einen Unterricht unterstützen, der sich nicht auf kurze Texte und Textausschnitte aus dem Lesebuch stützt, sondern mit ganzen Büchern arbeitet (sogenannte 'Klassenlektüre') und damit stärker den Bezug zur außerschulischen Leserealität herstellt. Die Lesebegleithefte, die von Verlagen angeboten oder von den Lehrkräften selbst erstellt werden können, bestehen aus Aufgabenblättern, die die Schülerinnen und Schüler bearbeiten sollen. Darunter sind inhaltserschließende Fragen, Kreuzworträtsel zu Begriffen der Lektüre, Anregungen zum Malen eines Bildes, Aufträge zum Schreiben von Figuren-Steckbriefen oder einer Buchrezension und vieles andere zu finden. Lesehefte bieten so reichhaltige Formen eines Umgangs mit einem Buch, der individuelle sowie Gruppenarbeit ermöglicht und so eine Alternative zur fragend-entwickelnden Behandlung von Literatur darstellt. Allerdings zeigen sich bei Lesebegleitheften auch Gefahren einer allzu äußerlichen Handlungsorientierung (man ist zufrieden, wenn alle Schülerinnen und Schüler geschäftig etwas tun). Manche Seiten von Lesebegleitheften wirken wie Testblätter, die man abarbeiten muss; die verschiedenen Arbeitsaufträge sind oft nicht so aufeinander abgestimmt, dass im Kopf des Kindes oder des Jugendlichen ein vernetztes Textverständnis entsteht. Die starke Gängelung durch die Abfolge von Aufträgen droht den eigentlichen Anspruch von handlungsorientiertem Unterricht, nämlich die Ermöglichung von selbstbestimmtem Arbeiten, zu konterkarieren.

Offener ist das Lesetagebuch, das terminologisch allerdings nicht immer klar vom Lesebegleitheft abgegrenzt wird. Das Lesetagebuch enthält keine vorgefertigten Arbeitsblätter. Es soll die Lektüre begleiten und von den Schülerinnen und Schülern selbstständig geführt werden. Allerdings werden Anregungen gegeben, damit nicht aus Ratlosigkeit die Seiten weiß bleiben. Ein zentrales Element des Lesetagebuchs besteht darin, dass die Schülerinnen und Schüler regelmäßig eintragen, was sie wann gelesen haben und welche Leseeindrücke sie jeweils haben. Abschreiben von Lieblingsstellen, weiterführende Gedanken und vielfältige produktive Möglichkeiten werden als Möglichkeiten angeboten, wie z.B. der „Handzettel mit Anregungen zum Lesetagebuch" zeigt, den Ingrid Hintz auf der Basis einer umfangreichen Studie zum Lesetagebuch für den Unterricht entwickelt hat (vgl. Hintz 2002, S. 280). Der Titelzusatz ihrer Publikation „Das Lesetagebuch: intensiv lesen, produktiv schreiben, frei arbeiten" charakterisiert prägnant, worum es beim Lesetagebuch geht, und stellt mit dem Stichwort „produktiv" auch den Bezug zum handlungs- und produktionsorientierten Literaturunterricht her. Eine besondere Leistung des Lesetagebuchs besteht darin, dass es ein verstärktes individuelles Nachdenken über den Text und die eigenen Leseerfahrungen in Gang setzt. „Andere Bücher habe ich immer nur gelesen, aber bei diesem Buch muss ich jetzt viel nachdenken", schreibt eine Schülerin im Rahmen der Untersuchung von Hintz (2002, S. 255). Hier zeigt sich, wie durch die Tagebuchform die produktiven Arbeitsmöglichkeiten in einen reflexiven Zusammenhang eingebettet werden. Der Gefahr eines sich verselbständigenden Herumbastelns, die mit dem handlungs- und produktionsorientierten Ansatz gegeben sein kann, wird damit vorgebeugt.

4. Vorstellungsbildung beim Lesen

Die Bedeutung der Vorstellungsbildung wird bei Begründungen für den handlungs- und produktionsorientierten Ansatz immer wieder hervorgehoben. Dieser geht davon aus, dass die Vorstellungsbildung eine grundlegende Voraussetzung für das Lesen und Verstehen von literarischen Texten darstellt und dass sie keineswegs bei den Schülerinnen und Schülern einfach vorausgesetzt werden kann. Es ist also eine Aufgabe des Unterrichts, die Vorstellungsbildung bei der Lektüre zu fördern. Dazu leisten die produktiven Aufgaben einen Beitrag. Zu nennen sind in diesem Zusammenhang z. B. das Malen zu einem Text, das szenische Spielen, das Weitererzählen einer Geschichte, das erzählende Entfalten von nur knapp erzählten Textstellen.

Besonders ausführlich hat sich Christine Köppert in ihrer Studie „Entfalten und Entdecken. Zur Verbindung von Imagination und Explikation im Literaturunterricht" mit der Rolle der Vorstellungsbildung beschäftigt. Sie betont mit Nachdruck, dass der erste Schritt bei der Beschäftigung mit Literatur darin bestehen müsse, dass man vorstellungsmäßig in den Text hineintritt, dass von der „Betrachterwarte in die Perspektive des Dabeiseins gewechselt wird" (Köppert 1997, S. 89). Erst daran anschließend sei eine diskursive Analyse sinnvoll, die immer mit Distanznahme verbunden ist. Die Grundthese von Köppert lautet entsprechend: „Literarische Interpretation durch Imagination vor Explikation" (Köppert 1997, S. 119). Für die vorstellungsbildenden produktiven Verfahren unterscheidet sie drei Grundtypen, nämlich das „Entfalten von Text" als Imagination des äußeren Geschehens, das „Ausloten von Text" als Vergegenwärtigung von innerem Geschehen, z. B. Gefühlen und Gedanken von Figuren, und das „Verfremden" als Übertragung in eine andere Form oder in einen anderen Kontext, z. B. die Umwandlung einer Szene aus einem älteren Drama in die Gegenwart (vgl. Köppert 1997, S. 128 ff.). Die Textinterpretation wird dann ausgehend vom produktiven Einstieg entwickelt, z. B. durch einen Vergleich der Schülerproduktionen mit dem Originaltext.

5. Selbst- und Fremdverstehen

Eng verknüpft mit der Vorstellungsbildung ist der Beitrag, den die produktiven Verfahren für das Selbst- und Fremdverstehen leisten. Das zeigt schon das „Ausloten" in der Konzeption von Christine Köppert: Mit produktiven Verfahren wie dem Schreiben von inneren Monologen, von Tagebüchern und Briefen der Figuren, dem Umerzählen aus veränderter Perspektive, dem Verfassen von Rollenbiographien („Ich bin ...“), dem szenischen Spiel kann die Vergegenwärtigung der Gefühle und Gedanken der Figuren unterstützt werden. Bei solchen Aufgaben verbindet sich die (emotional geprägte) Empathie mit der mehr kognitiv-rationalen Perspektivenübernahme. Da dem inneren Geschehen bei literarischen Texten in der Regel besondere Bedeutung zukommt, leisten solche Verfahren einen wichtigen Beitrag zum literarischen Verstehen.

Die Zielsetzung reicht aber zugleich über das literarische Verstehen hinaus. In der Literatur werden seit jeher die Dimensionen der menschlichen Psyche ausgelotet und das Verhalten der Menschen zueinander beleuchtet. Umgang mit Literatur ist deshalb ein Beitrag zum psychologischen Lernen, und mit den produktiven Verfahren, die das Fremdverstehen vertiefen, kann ein wesentlicher Beitrag zu dieser Zieldimension allgemeiner Bildung geleistet werden.

Fremdverstehen spielt sich in einem Spannungsverhältnis zwischen einfühlendem Nachvollziehen und Wahrnehmung des befremdlich Andersartigen ab. Dies ist für den Einsatz von produktiven Verfahren wichtig: Sinnvoll eingesetzt, schaffen sie einerseits subjektive Anknüpfungspunkte für den Nachvollzug des Fremden (z. B. wenn in einen Brief, den ein Schüler an eine Figur in einer moralischen Dilemmasituation schreibt, eigene Erfahrungen einfließen) und andererseits Aufmerksamkeit für das Fremde (wenn die Schülerinnen und Schüler zum Beispiel ein Gespräch eines heutigen Vaters mit Odoardo aus „Emilia Galotti“ erfinden und dabei damalige und heutige Einstellung miteinander konfrontieren).

Die bewusste Begegnung mit dem Fremden ist immer auch mit Selbstreflexion verbunden, denn Erkennen des Andersartigen erfolgt in Abgrenzung vom Eigenen. Mit produktiven Verfahren, die persönliche Erfahrungen aktivieren und diese in Bezug zur Fremdheit des Textes und seiner Aussage bringen, kann so ein Beitrag zum Selbstverstehen geleistet werden. Das ist der Grund, warum produktive Verfahren für den identitätsorientierten Literaturunterricht wichtig sind (vgl. dazu Frederking, Bd. 2, Kap. 3.10). Besonders stark aufeinander bezogen sind Fremd- und Selbstwahrnehmung z. B. bei der Aufgabe, sich selbst in eine erzählte Situation hineinzudichten und zu erzählen (oder zu spielen), wie man sich verhalten würde. Mehr am subjektiven Ausdruck und der Selbstreflexion orientiert sind Schreibaufgaben, bei denen die Schülerinnen und Schüler nach einem literarischen Muster eigene Texte schreiben, z. B. ein Gedicht „Vergnügungen“ in Anlehnung an das gleichnamige Gedicht von Bert Brecht („Der erste Blick aus dem Fenster am Morgen ...“). Solche Formen des kreativen Schreibens zu Texten sind an der Schnittstelle zwischen handlungs- und produktionsorientiertem Literaturunterricht und kreativem Schreiben (bei dem schreibdidaktische Ziele im Vordergrund stehen) angesiedelt.

6. Textanalyse und -interpretation

Der handlungs- und produktionsorientierte Literaturunterricht wird oft dem analysierenden Vorgehen gegenübergestellt. Dabei wird verkannt, dass gerade auch mit den produktiven Methoden ein Beitrag zur Entwicklung von Analysefähigkeit geleistet werden kann. Dies ergibt sich daraus, dass die produktiven Verfahren die Produziertheit von Texten bewusst machen. Wenn z. B. die Schülerinnen und Schüler Wörter, die für den Unterricht in einem Text weggelassen sind, ergänzen oder aus vorgegebenen Formulierungsvarianten auswählen, dann sehen sie sich in die Situation eines Autors versetzt, der seine Wahl treffen muss; das schärft die Aufmerksamkeit für die genaue Wortwahl. Beim Zusammensetzen eines in seine Zeilen zerschnittenen Gedichtes lernen die Schülerinnen und Schüler etwas über die Struktur. Beim Umschreiben einer in personaler Perspektive geschriebenen Kurzgeschichte in eine auktoriale Erzählung setzen sie sich mit Erzählperspektive auseinander. Solche Leistungen von Produktionsaufgaben hat vor allem Günter Waldmann herausgestellt und in seinen Publikationen umgesetzt, z. B. in seinem Buch zur Lyrik, in dem systematisch die wichtigsten Formelemente erarbeitet werden (vgl. Waldmann 1988).

Ebenso können produktive Verfahren für inhaltliche Interpretationsfragen fruchtbar gemacht werden. Das Schreiben von inneren Monologen, Träumen und Briefen der Figuren stellt immer ein Stück Textinterpretation dar, die im Unterrichtsgespräch über die Schülerproduktionen explizit gemacht werden kann. Die Verfahren der szenischen Interpretation (vgl. dazu Denk, Bd. 2, Kap. 3.12), die ebenfalls zum handlungs- und produktionsorientierten Literaturunterricht zu zählen sind, stehen schon dem Begriff nach im Dienst der Interpretation. Das Bauen von Standbildern, von Statuen, das pantomimische Veranschaulichen der Gangart einer Figur, die Beschreibung eines möglichen Bühnenbildes, die Durchführung einer Gerichtsverhandlung über eine Figur, alle diese Möglichkeiten szenischen Interpretierens sind mit impliziten und expliziten Interpretationsleistungen verbunden.

Oft erweist sich der Vergleich von Schülerfassungen mit dem Originaltext für die Interpretation als fruchtbar. Wenn Schülerinnen und Schüler zum Beispiel einen Kafkatext zu Ende schreiben und dabei (wie das meist geschieht) einen eindeutigen Schluss formulieren und dann mit dem Original vergleichen, ergibt sich die Interpretationsfrage, welchen Sinn der irritierend offene Schluss bei Kafka haben könnte. Bei manchen Aufgaben kann die Diskussion verschiedener Schülerlösungen für die Textinterpretation erhellend sein, z. B. wenn die Schülerinnen und Schüler sich zu einem mehrdeutigen Gedicht einen Titel ausdenken und dann ihre unterschiedlichen Vorschläge argumentativ mit Bezug auf den Text begründen.

7. Anstoß für das Unterrichtsgespräch

Der handlungs- und produktionsorientierte Literaturunterricht ist als Alternative zum Unterrichtsgespräch entwickelt worden. Das heißt jedoch nicht, dass er nicht mit diesem verbunden werden könnte. Vielmehr kann er gerade eine Chance für den Gesprächsunterricht sein, und zwar aus zwei Gründen: Die handlungs- und produktionsorientierten Verfahren halten (wie auch sonst schriftliche Arbeitsaufträge) alle Schülerinnen und Schüler zum Arbeiten an. Diese Aktivierung wirkt sich meist dahingehend aus, dass in einem anschließenden Unterrichtsgespräch die Beteiligung größer ist. Ferner können die Produktionen der Schülerinnen und Schüler zum motivierenden Gegenstand des Gesprächs werden, z. B. wenn man darüber diskutiert, welche Fortsetzung einer Geschichte den Schülerinnen und Schülern am plausibelsten erscheint. Christine Köppert hat anhand eines Unterrichtsversuchs gezeigt, dass das Erstellen einer Skizze zu einem Prosatext beim anschließenden Unterrichtsgespräch eine stärkere Beachtung der Textebene bewirkt im Vergleich mit einem Unterricht ohne vorgeschaltete produktive Aufgabe; bei diesem steuern die Schülerinnnen und Schüler direkter auf eine generalisierende Deutung zu (vgl. Köppert/Spinner 1996, S. 35ff.). Man kann daraus folgern, dass produktive Aufgaben die Schülerinnen und Schüler veranlassen können, stärker von sich aus auf Fragen der Formulierung in Texten einzugehen. Das kann die Abwehr gegenüber genauer Textbeobachtung abbauen helfen, die durch ein eng geführtes fragend-entwickelndes Unterrichtsgespräch oft entsteht.

Wichtig ist, dass Gespräche über Schülerproduktionen nicht allzu schnell beurteilenden Charakter erhalten (wozu oft die Schülerinnen und Schüler selbst tendieren). Ein guter Schülertext kann fördernde Wirkung auf andere ausüben, ohne dass deren Texte ausdrücklich abgewertet werden. Im Übrigen ist es für ein Interpretationsgespräch anregender, wenn die Schülerproduktionen als Ausdruck der individuellen Auseinandersetzung und als Versuch einer Annäherung und nicht als Leistungsbeweis verstanden werden.

8. Verbindung von Literatur- und Schreibunterricht

Die immer wieder erhobene Forderung, den Deutschunterricht integrativ im Sinne einer Verbindung der Lernbereiche zu gestalten, kann durch den handlungs- und produktionsorientierten Literaturunterricht erfüllt werden, vor allem was die Verbindung von Lesen und Schreiben betrifft. Der handlungs- und produktionsorientierte Literaturunterricht ist schreibintensiv und überschneidet sich mit dem kreativen Schreiben. Das Buch von Günter Waldmann und Katrin Bothe zum „Erzählen“ (Waldmann/Bothe 1992) verfolgt z. B. ausdrücklich literatur- und schreibdidaktische Zielsetzungen (kreatives Schreiben und literarisches Verstehen). In der Grundschule spielt die Verbindung der beiden Lernbereiche eine besonders große Rolle (dazu vgl. Vorst 2007, S. 120–127).

In der jüngeren didaktischen Diskussion ist vor allem die neue Beachtung impliziten imitativen Lernens in diesem Zusammenhang interessant. Wenn Schülerinnen und Schüler im Sinne des analogen Schreibens (nach einer Textvorlage) schreiben, dann sind sie oft in der Lage, Stil- und Strukturmuster zu übernehmen, die sie analytisch nicht bewusst erkennen. Das zeigt sich etwa, wenn man die Schülerinnen und Schüler auffordert, einen selbst geschriebenen Text mit der Vorlage zu vergleichen und Ähnlichkeiten zu benennen. Dies fällt ihnen oft außerordentlich schwer – sie haben imitiert, ohne sich dessen im Einzelnen bewusst zu sein. Solche Situationen des Textvergleichs können helfen, die fehlende Beobachtungs- und Analysekompetenz anzustoßen; in schreibdidaktischer Sicht ist allerdings festzuhalten, dass das imitative Schreiben auch ohne analytisches Benennen der Ausdrucksmittel seinen Sinn hat: Die Schülerinnen und Schüler können sich Ausdrucksmöglichkeiten implizit aneignen, oft in größerem Maße, als es der Fall wäre, wenn nur vorher analysierte Aspekte umgesetzt würden. Das Können setzt nicht notwendigerweise ein Wissen voraus.

9. Allgemeine ästhetische Bildung

Dadurch dass im handlungs- und produktionsorientierten Literaturunterricht bildkünstlerische Gestaltungen, Musik und szenisches Spiel einbezogen sind, kann er einen Beitrag zu einer fächerübergreifenden ästhetischen Bildung leisten (vgl. dazu Zabka, Bd. 2, Kap. 3.11). Dabei spielt die Synästhesie eine Schlüsselrolle. Das lässt sich an der Lyrik exemplarisch zeigen: Sie besteht aus Sprache, aber sie evoziert bildliche Vorstellungen (z. B. eine Herbstlandschaft) und sie hat lautliche Wirkung durch Rhythmus, Reim, Assonanzen und andere Lautstrukturen. Einige Gedichte evozieren noch weitere Sinneswahrnehmungen, z. B. das Riechen. Mit den visuellen und akustischen produktiven Verfahren kann die Fähigkeit, sich beim Lesen auch Klänge und Bilder vorzustellen, gestützt werden. Solches synästhetische Lernen im Literaturunterricht kann sich auf die anderen Wahrnehmungsformen auswirken, z. B. auf Landschaftsbetrachtung oder auf das Hören der Regentropfen als einer ästhetischen Alltagswahrnehmung. In diesem Sinne kann ein synästhetisch angelegter Unterricht eine generelle Wahrnehmungssensibilisierung bewirken.

Zur ästhetischen Bildung gehört die Erfahrung, dass nicht alles begrifflich erklärt werden kann. Warum kommt man von einer bestimmten Melodie nicht mehr los, warum berührt einen ein Gedicht, das man gar nicht richtig versteht, was ist das Geheimnis eines rätselhaften Bildes von Paul Klee? Solche Fragen müssen nicht beantwortet sein für ästhetische Erfahrung, zumal diese begrifflich nur teilweise eingeholt werden kann. Die handlungs- und produktionsorientierten Verfahren sind eine Möglichkeit, einen Zugang zur Literatur zu schaffen, der nicht notwendigerweise einer begrifflichen Abstraktion bedarf. Das ist der Grund, warum viele (nicht alle) Vertreter des handlungs- und produktionsorientierten Literaturunterrichts davon ausgehen, dass nicht jede produktive Phase des Unterrichts mit einer vorgeschalteten oder anschließenden analytischen verbunden werden muss.

10. Kompetenzorientierung

Angesichts der neuen Entwicklungen der Bildungsdiskussion stellt sich die Frage, inwiefern der handlungs- und produktionsorientierte Ansatz zu einem kompetenzorientierten Unterricht passt. Die Aufnahme einzelner produktiver Verfahren in die Bildungsstandards legt die Annahme nahe, dass eine Anpassung unproblematisch sei. Wenn man sich entsprechende Standardformulierungen ansieht, z.B. „handelnd mit Texten umgehen: z.B. illustrieren, inszenieren, umgestalten, collagieren“ (Bildungsstandards der deutschen Kultusministerkonferenz, Fach Deutsch, 4. Jahrgangsstufe), werden Probleme deutlich. Die hier aufgezählten produktiven Tätigkeiten sind im handlungs- und produktionsorientierten Literaturunterricht Möglichkeiten für Lernaufgaben, die ihre Funktion für Kompetenzen haben, die über sie hinausgehen (wie oben ausgeführt: Vorstellungsbildung, synästhetisches Wahrnehmen etc.) und in einen Lernprozess einzubauen sind. Wenn sie zu Kompetenzen erklärt werden (dies wollen ja die Bildungsstandards), dann entspricht dies nicht mehr der Funktion, die ihnen im Rahmen eines handlungs- und produktionsorientierten Literaturunterrichts zukommt. Es droht eine Vermischung von Lern- und Prüfungsaufgaben, weil die Bildungsstandards einen überprüfbaren Output benennen. Die Fähigkeit, einen Text zu „illustrieren“, ist jedoch kein Ziel des Deutschunterrichts, wohl aber kann das Illustrieren im Lernprozess die Funktion haben, dass sich die Schülerinnen und Schüler eine genaue Vorstellung des Textes verschaffen und darüber in ein Gespräch kommen können. Man könnte sogar sagen, dass die Bildungsstandards jenen Kritikern des handlungs- und produktionsorientierten Literaturunterrichts Recht geben, die ihm vorwerfen, dass sich in ihm die Methoden verselbstständigen. In den Bildungsstandards ist das der Fall.

Nun gibt es noch ein zweites Problem mit der Kompetenzorientierung. Es ist zwar möglich, das, was die Schülerinnen und Schüler im handlungs- und produktionsorientierten Literaturunterricht lernen sollen, als Kompetenzen zu beschreiben (z.B.: über die Fähigkeit verfügen, Gefühle und Gedanken anderer Menschen nachzuvollziehen), aber es ist außerordentlich schwierig, solche Kompetenzen auch überprüfbar zu machen. Deshalb besteht in einer Zeit, in der der Output der Bildungsinstitutionen evaluiert werden soll, die Gefahr, dass wesentliche, nicht testbare Zielsetzungen des handlungs- und produktionsorientierten Literaturunterrichts marginalisiert werden (eine Gefahr, die bereits deutlich bei den sogenannten musischen Fächern zu beobachten ist) und die Vermittlung von Lesestrategien, die gut abgetestet werden können, an seine Stelle tritt.

Literatur

Bütow, Wilfried (1975): Zur schöpferischen Arbeit im Literaturunterricht. Berlin: Volk und Wissen.

Fingerhut, Karlheinz/Melenk, Hartmut/Waldmann, Günter (1981): Kritischer und produktiver Umgang mit Literatur. In: Diskussion Deutsch 12, H. 58, S. 130–150.

Fritzsche, Joachim/Krempelmann, Anita/Tosun, Claudia/Zaborowoski, Katrin (2006): Literaturunterricht kontrastiv. Der handlungs- und produktionsorientierte Literaturunterricht auf dem Prüfstand. Lehrerband. Baltmannsweiler: Schneider.

Haas, Gerhard (1984): Handlungs- und produktionsorientierter Literaturunterricht in der Sekundarstufe I. Hannover: Schroedel.

Haas, Gerhard (1997): Handlungs- und produktionsorientierter Literaturunterricht. Theorie und Praxis eines „anderen" Literaturunterrichts für die Primar- und Sekundarstufe. Seelze: Kallmeyer.

Haas, Gerhard (2004): Anthropologisch-pädagogische Grundlagen, Möglichkeiten und Grenzen eines handlungs- und produktionsorientierten Literaturunterrichts. In: Schlotthaus, Werner/Stückrath, Jörn (Hrsg): Zeitzeugen der Deutschdidaktik. Baltmannsweiler: Schneider, S. 91–103.

Hintz, Ingrid (2002): Das Lesetagebuch: intensiv lesen, produktiv schreiben, frei arbeiten. Bestandsaufnahme und Neubestimmung einer Methode zur Auseinandersetzung mit Büchern im Deutschunterricht. Baltmannsweiler: Schneider.

Ingendahl, Werner (1991): Umgangsformen. Produktive Methoden zum Erschließen poetischer Literatur. Frankfurt am Main: Diesterweg.

Iser, Wolfgang 1970 (1972): Die Appellstruktur der Texte. Konstanz: Universitätsverlag.

Köppert, Christine (1997): Entfalten und Entdecken. Zur Verbindung von Imagination und Explikation im Literaturunterricht. München: Vögel.

Köppert, Christine/Spinner, Kaspar H. (1996): Zum Gespräch im Literaturunterricht. In: Siegener Periodicum zur Internationalen Empirischen Literaturwissenschaft 15, H. 1, S. 24–43.

Kreft, Jürgen (2004): Der vierphasige Standardtyp einer Sequenz des Literaturunterrichts. In: Schlotthaus, Werner/Stückrath, Jörn (Hrsg): Zeitzeugen der Deutschdidaktik. Baltmannsweiler: Schneider, S. 119–132.

Kultusministerkonferenz 1989 (2002): Einheitliche Prüfungsanforderungen in der Abiturprüfung Deutsch. In: http://www.kmk.org/fileadmin/veroeffentlichungen_beschluesse/1989/1989_12_01-EPA-Deutsch.pdf (14.11.2009).

Ludwig, Otto (1988): Der Schulaufsatz. Seine Geschichte in Deutschland. Berlin: de Gruyter.

Meckling, Ingeborg (1972): Kreativitätsübungen im Literaturunterricht der Oberstufe. München: Oldenbourg.

Pielow, Winfried/Sanner, Rolf 1973 (1978): Kreativität und Deutschunterricht. Stuttgart: Klett.

Ulshöfer, Robert 1963 (1969): Methodik des Deutschunterrichts 1. Unterstufe. 4. Aufl. Stuttgart: Klett.

Ulshöfer, Robert 1953 (1970): Methodik des Deutschunterrichts 2. Mittelstufe I. 8. Aufl. Stuttgart: Klett.

Vorst, Claudia (2007): Textproduktive Methoden im Literaturunterricht. Eine fachdidaktische Studie zur Spiegelung fachdidaktischer Theorien und Konzepte in Lehrplänen, Lesebüchern und Unterrichtspraxis der Primarstufe. Frankfurt am Main: Lang.

Waldmann, Günter (1980): Literatur zur Unterhaltung 1. Unterrichtsmodelle zur Analyse und Eigenproduktion von Trivialliteratur. Reinbek bei Hamburg: Rowohlt.

Waldmann, Günter (1984): Grundzüge von Theorie und Praxis eines produktionsorientierten Literaturunterrichts. In: Hopster, Norbert (Hrsg.): Handbuch „Deutsch" für Schule und Hochschule. Sekundarstufe I, Paderborn: Schöningh, S. 98–141.

Waldmann, Günter 1988 (2001 a): Produktiver Umgang mit Lyrik. Eine systematische Einführung in die Lyrik, ihre produktive Erfahrung und ihr Schreiben. Baltmannsweiler: Schneider.

Waldmann, Günter 1996 (2001 b): Produktiver Umgang mit dem Drama. Eine systematische Einführung in das produktive Verstehen traditioneller und moderner Dramenformen und das Schreiben in ihnen. Baltmannsweiler: Schneider.

Waldmann, Günter (1998): Produktiver Umgang mit Literatur im Unterricht: Grundriss einer produktiven Hermeneutik; Theorie, Didaktik, Verfahren, Modelle. Baltmannsweiler: Schneider.

Waldmann, Günter (2000): Autobiographisches als literarisches Schreiben. Kritische Theorie, moderne Erzählformen und -modelle, literarische Möglichkeiten eigenen autobiographischen Schreibens. Baltmannsweiler: Schneider.

Waldmann, Günter (2004): Produktiver Umgang mit Literatur: Didaktischer Kunstgriff oder strukturell geforderte Form des Literaturverstehens? – Zur Entstehung eines Konzepts. In: Schlotthaus, Werner/Stückrath, Jörn (Hrsg): Zeitzeugen der Deutschdidaktik. Baltmannsweiler: Schneider, S. 104–118.

Waldmann, Günter/Bothe, Katrin (1992): Erzählen. Eine Einführung in kreatives Schreiben und produktives Verstehen von traditionellen und modernen Erzählformen. Stuttgart: Klett.

CORNELIA ROSEBROCK

3.5 Leseförderung

Gute Leseverstehensfähigkeiten zu vermitteln ist eine elementare Bildungsaufgabe der Schulen: In einer Gesellschaft, die mit der Weiterentwicklung ihrer Kommunikationstechnologien zunehmend über schriftsprachliche Medien kommuniziert, braucht der Einzelne nicht nur die Fähigkeit, Texte zu verstehen, sondern er muss sich darüber hinaus kompetent in schriftsprachlich organisierten kommunikativen Welten bewegen können, z. B. auf E-Mails reagieren, Formulare bearbeiten, Fahrpläne nutzen, Grafiken lesen, elektronische Apparate steuern usw. Mit der raschen Medienentwicklung in den vergangenen Dekaden sind die gesellschaftlichen Anforderungen an die Lesefähigkeiten der Individuen außerordentlich angestiegen. Die großen Schulleistungsstudien ab dem Beginn des Jahrtausends haben schließlich auch einer breiten Öffentlichkeit bewusst gemacht, dass Lesekompetenz eine Schlüsselqualifikation für den Bildungserfolg und für eine selbstbestimmte Lebensgestaltung ist (Groeben/Hurrelmann 2004b). Zugleich wurde hier gezeigt, dass das bundesdeutsche Schulsystem einen erheblichen Anteil von jungen Leuten ohne ausreichende Lesefähigkeiten entlässt, und dass das damit einhergehende Risiko mangelnder beruflicher Integration wegen schwacher Lese- bzw. Schulleistungen in hohem Grad die Kinder mit sozioökonomisch schwächerem Familienhintergrund trifft (Baumert et al. 2001; Prenzel 2007).

Die Deutschdidaktik ist damit vor die Aufgabe gestellt, ihre Konzepte des Erwerbs von Lesefähigkeiten zu überdenken: Als unhaltbar hat sich die Vorstellung erwiesen, dass sich nach dem Erstleseunterricht die Lesefähigkeit gewissermaßen beiläufig weiter entwickelt und in der Folge, etwa im 10. Lebensjahr und mit dem Beginn der weiterführenden Schulen, die Textverstehensfähigkeiten so weit ausgeprägt sind, dass eigenständig aus altersadäquaten Texten gelernt werden kann. Damit wurde deutlich, dass faktisch kein Lesecurriculum für den Deutschunterricht jenseits der Grundschule existiert: Anders als für die anderen Bereiche des Deutschunterrichts, also für Schreiben/Orthographie, Sprachbewusstheit und Sprechen/Zuhören, setzt im Fach Deutsch mit der 5. Klasse der Literaturunterricht als Fachunterricht ein, dessen zentrale Aufgaben nicht die Lesedidaktik im engeren Sinn umfassen (Abraham et al. 2003; Kämper-van den Boogaart 2004; Belgrad 2004).

Auch die herkömmlichen Konzepte der Leseförderung gerieten durch die Ergebnisse der Schulleistungsstudien in eine kritische Revision: Leseförderung wurde bis zur Jahrtausendwende über weite Strecken als Leseanimation verstanden und umgesetzt. Die Schüler und Schülerinnen sollten beispielsweise durch Autorenlesungen, Buchvorstellungen, Lesenächte u. v. m. dazu angeregt werden, vor allem in ihrer Freizeit belletristische Kinder- und Jugendliteratur zu lesen; im muttersprachlichen Unterricht selbst nimmt das Lesen von Texten nur wenig Raum ein. Leseförderung bestand, schlicht ausgedrückt, in dem Bemühen, Kinder und Jugendliche zu mehr Lektüre zu bewegen. In den Schulleistungsstudien wurde dagegen ein ausdifferenziertes, kognitionspsychologisch orientiertes Kompetenzmodell des Textverstehens eingesetzt (Baumert et al. 2001, im Überblick: Richter/Christmann 2002), mit dem gezeigt werden konnte, dass insbesondere das leseschwächste Viertel der 15-Jährigen nicht ausreichend gut lesen kann, um von solchen auf Motivation zielenden Förderkonzepten erfolgversprechend erreicht zu werden. Sichtbar wurde die Notwendigkeit einer differenzierten Leseförderung: Nicht alle Heranwachsenden haben die gleichen Leseprobleme, und nicht allen Leseproblemen ist sinnvoll durch ein „Mehr“ an Lektüre zu begegnen. Seitdem ist eine kaum mehr zu überschauende Vielfalt an Materialien und Ideen zur Leseförderung erschienen (z. B. Gläser/Franke-Zöllmer 2005; Gaiser/Münchenbach 2006; Bertschi-Kaufmann 2006; 2007; einen Überblick über Unterrichtsmaterialien bietet Wrobel 2006, einen breiten Überblick zur Systematik und Geschichte von Leseförderung präsentiert Nix 2010).

Doch der Begriff des Lesens, der die Schulleistungsstudien leitet, wurde trotz seiner hohen Komplexität und messtechnischen Brauchbarkeit von Seiten der Fachdidaktik als unzureichend für didaktische Belange erkannt: Er ist an informationsgenerierender Lektüre, an den kognitiven Leistungen, die der Prozess der Lektüre erfordert, und an Wissensvoraussetzungen orientiert, er diagnostiziert und misst im Wesentlichen diese Dimensionen. Dass Lesen, insbesondere literarische Lektüre, auch ein Modus des Erfahrens und der Identitätsentwicklung ist, sich also weiter reichende und andere Ziele mit Lektüre verbinden können als die der Informationsentnahme, findet dort keine systematische Berücksichtigung (Spinner 2007). Die Formen des genussorientierten und identitätsorientierten Lesens sind aber, wie aus den Forschungen zur Lese- und literarischen Sozialisation bekannt, außerordentlich bedeutsam für die Genese zum Leser oder zur Leserin (vgl. Garbe, Bd. 2, Kap. 1.2; Garbe et al. 2009; Graf 2007). Weil die kognitionspsychologisch orientierten Kompetenzmodelle aus den Schulleistungsstudien der letzten zehn Jahre vordringlich die Leseprozessleistungen erheben, über die Schülerinnen und Schüler zu einem gegebenen Zeitpunkt verfügen, können sie über den Verlauf des Erwerbs von Lesefähigkeiten, also über die Entwicklung der Lesekompetenzen, kaum Auskunft geben (Klicpera/Gasteiger-Klicpera 2004). Um jedoch Förderkonzepte entwickeln zu können, braucht es aus didaktischer Perspektive ein ganzheitlicheres Kompetenzmodell, das überhaupt erst vorgibt, woraufhin die Förderung zu geschehen habe.

1. Woraufhin fördern? Ein didaktisches Modell von Lesekompetenz

Der Erwerb der verschiedenen mentalen Leistungen, die das verstehende Lesen einfordert, ist in ontogenetischer Perspektive in andere Persönlichkeitsdimensionen verwickelt: Das sind insbesondere individuelle Faktoren auf der Ebene des einzelnen Subjekts, die seine Lesegeschichte prägen, also die Motivation, sich einem bestimmten Lesestoff zuzuwenden, die Bereitschaft, Vorwissen für die Leseprozesse zu aktivieren und den Text prozessbegleitend aktiv zu verarbeiten, auch die Bereitschaft, sich – vor allem bei literarischen Texten – affektiv zu beteiligen, und schließlich die reflexive Weiterverarbeitung des Textes aktiv zu betreiben. All das sind Fähigkeiten, die lebensgeschichtlich in der Interaktion mit anderen erworben werden: Am Beispiel der Analyse von Vorlesesituationen mit Vorschulkindern konnte in der Forschung zur literarischen Sozialisation gezeigt werden, dass die Fähigkeit und Bereitschaft, sich auf Schriftsprache einzulassen, in der Interaktion mit anderen erworben und ausdifferenziert wird (vgl. Garbe, Bd. 2, Kap. 1.2). Dass diese personalen und sozialen Dimensionen des Lesens neben der kognitiven systematisch in der Beschreibung des Konstrukts Lesekompetenz zu berücksichtigen sind, hat insbesondere der DFG-Schwerpunkt „Lesesozialisation in der Mediengesellschaft" eingefordert, in dem in den späten 90er Jahren ein umfassendes Modell von Lesekompetenz entwickelt wurde (vgl. Groeben/Hurrelmann 2002, 2004a; Hurrelmann 2002). Es liegt den folgenden Ausführungen zugrunde.

Das in der Grafik dargestellte Modell (S. 329; vgl. auch Rosebrock/Nix 2008; Rosebrock 2009) ist entsprechend dreigeteilt: In der Spitze des Kegels sind die mentalen Prozessleistungen genannt, die während des Leseakts begleitend erbracht werden müssen (vgl. zu den Prozessleistungen Richter/Christmann 2002). Man unterscheidet dabei sogenannte hierarchieniedrige Teilleistungen wie die Wort- und Satzidentifikation und die Herstellung eines sinnvollen Zusammenhangs im kleinräumigen Bereich, also etwa zwischen zwei Sätzen (lokale Kohärenz), von den hierarchiehohen. Hierarchieniedrige Teilleistungen zeichnen sich dadurch aus, dass sie bei guten Lesern automatisiert sind. Dieser Punkt ist im Blick auf Leseförderung von Bedeutung: Denn Lerner, die die Wort- und Satzerkennung (noch) nicht automatisiert haben, müssen erhebliche Anteile ihrer kognitiven Ressourcen aufwenden, um überhaupt Sätze zu entziffern, so dass wenig mentale Kapazitäten verbleiben, mit denen sie sich den hierarchiehöheren Verstehensprozessen zuwenden könnten. Bei jungen Grundschülern im Schriftspracherwerb kann man leicht beobachten, wie sie sich durch den Satz kämpfen müssen, ohne ihn zu verstehen, dass also die Mühen des Entzifferns die Hinwendung zum Sinn verdrängen. Aber auch bei schwachen Lesern und Leserinnen in der Sekundarstufe trifft man vor allem jenseits des Gymnasiums häufig auf Leser und Leserinnen, die noch so stockend und wortorientiert lesen, dass sie schwerlich zu den hierarchiehohen Anforderungen gelangen. Doch erst bei der mentalen Herstellung eines den ganzen Text umfassenden Zusammenhangs (globale Kohärenz) kann sinnvoll von Textverstehen gesprochen werden. Wenn rhetorische Mittel und Textsorten erkannt werden (Superstrukturen) können auch indirekte Formen des Ausdrucks und der Darstellung identifiziert und gedeutet werden und die fünfte und systematisch komplexeste Stufe des Textverstehens auf Prozessebene ist kognitiv erreicht. Allerdings setzen diese hierarchiehohen Leistungen die Mühelosigkeit des Entzifferns, also die Automatisierung der hierarchieniedrigen kognitiven Leistungen, voraus. Darüber hinaus gibt es noch eine weitere wesentliche Voraussetzung: Das Engagement des Subjekts für seinen Verstehensprozess. Es muss Wissen mobilisieren und ggf. korrigieren, es muss sich affektiv beteiligen, es muss motiviert sein für seinen Leseakt und bereit zur Reflexion über das Gelesenen: Wenn dieses mentale Engagement auf der Ebene des Subjekts vorhanden ist, hat der Leser, die Leserin in der Regel ein positives lesebezogenes Selbstkonzept biografisch entwickelt. Auch dieser Punkt ist für die Leseförderung von zentraler Bedeutung: Schüler und Schülerinnen lesen unter Umständen flüssig einen Text vom Blatt und können doch nach der Lektüre nicht mehr als einige Stichwörter zum Inhalt angeben. Sie betreiben während des Lesens mental nicht aktiv die Einordnung und Deutung der Textinformationen in den Horizont ihres Wissens und ihrer Erfahrung, ihnen fehlt dieses Engagement.

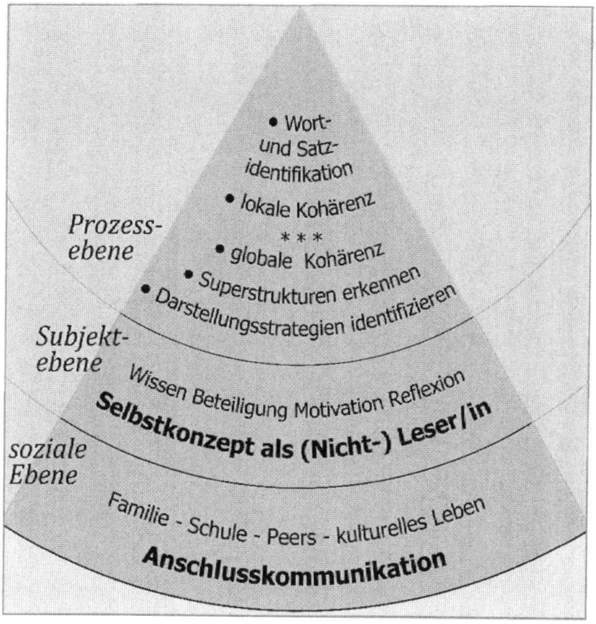

Abb. 1 Die verschiedenen Ebenen des Lesens (In: Rosebrock/Nix 2008, S. 16)

Ein Selbstkonzept als Leser, als Leserin ist Teil der personalen Identität und wird lebensgeschichtlich auf einer weiteren, systematisch differenzierbaren Ebene erworben, nämlich in der Interaktion mit anderen, insbesondere in der Familie, aber auch in Schule und Unterricht, in den Gleichaltrigengruppen und weiteren Sozialisationskontexten. Hier finden Anregungen statt, werden Erfahrungen gemacht und sind Vorbilder wirksam (vgl. Garbe, Bd. 2, Kap. 1.2). Der starke Zusammenhang von literalen Praktiken in der Familie und gemessener Lesekompetenz der Kinder, den die Schulleistungsstudien herausgestellt haben, belegt die hohe Bedeutung der Sozialisationsinstanzen und der Qualität der Interaktionen in diesen Feldern für die Lesekompetenz. Schließlich sollten wir uns bewusst machen, dass es diese Dimension der Interaktion mit und über Schriftsprache ist, auf der Unterricht bzw. Fördermaßnahmen stattfinden; nur in und über soziale Kontexte ist ein gerichteter Einfluss auf die Individuen und schließlich auf ihre einzelnen mentalen Aktionen möglich (vgl. Hurrelmann 1994).

2. Trainings, Übungen und Konzepte zur Verbesserung hierarchieniedriger Leseleistungen

In den verschiedenen Jahrgängen und Schulformen liegen unterschiedliche Leseprobleme vor, die entsprechend differenzierte Verfahren der Förderung erfordern. Die von PISA so definierte Problemgruppe von gut 20 % der bundesdeutschen Schülerschaft (Prenzel et al. 2007) ist allein durch Maßnahmen, die auf eine Erhöhung der Motivation zur Lektüre von (Kinder- und Jugend-)Literatur setzen, vermutlich kaum zu erreichen. Bunte „Lesewerbung", die das Lesen als genussreiche Freizeitaktivität anpreist, wird in der Sekundarstufe deshalb mehrheitlich an dieser Gruppe schwacher und schwächster Leserinnen und Leser vorbeigehen, weil ihr zur Lektüre längerer, auch einfach strukturierter literarischer Texte die Voraussetzungen fehlen – ganz abgesehen davon, dass ein negatives lesebezogenes Selbstkonzept kaum wirkungsvoll so überwunden werden kann. Es sind mehrheitlich Hauptschüler und Hauptschülerinnen mit schriftfernem familiären Hintergrund, die auch außerschulisch wenig Unterstützung in ihrer literalen Sozialisation erfahren (vgl. Pieper et al. 2004). Neben diesen negativen lesebezogenen Selbstkonzepten und wenig Vertrautheit im Umgang mit und in der Beschaffung von Büchern und Texten liegen die primär sichtbaren Defizite bei diesem ungefähren Fünftel der Schülerschaft in der fehlenden Leseflüssigkeit.

Das Konstrukt „Leseflüssigkeit" umfasst vier Teilfähigkeiten, nämlich die Automatisierung des Dekodierprozesses, die Genauigkeit beim Dekodieren, die Geschwindigkeit der Lektüre und die Fähigkeit zum adäquaten Sequenzieren von Sätzen (vgl. Rosebrock/Nix, 2006; zur Konstruktvalidität Gold 2009). Diagnostisch heißt das: Nicht-leseflüssige Schülerinnen und Schüler müssen bei altersgemäßen Texten immer wieder Wörter erlesen, statt sie zu erkennen, ihre Worterkennung ist also noch nicht voll automatisiert. Zweitens verlesen sie sich sinnentstellend, ohne sich zu korrigieren; das bedeutet, dass ihre Dekodiergenauigkeit nicht ausreicht, um die Sequenz adäquat zu verstehen und weiter verarbeiten zu können. Drittens lesen sie häufig insgesamt zu langsam – etwa 80 bis 100 richtige Wörter pro Minute werden als notwendige „Mindestbetriebsgeschwindigkeit" des Lesens angesehen. Andernfalls führt die begrenzte Kapazität des Arbeitsgedächtnisses dazu, dass der Satzanfang schon wieder ins Vergessen abgesunken ist, bis das Satzende erreicht ist. Und schließlich können diese Schülerinnen und Schüler die Sätze beim Lesen in der Regel nicht angemessen sequenzieren; das wird beim Vorlesen auch wenig komplexer Texte durch fehlende bzw. fehlerhafte Intonation sichtbar. Wenn sie zusammengehörende Satzglieder nicht prosodisch als solche markieren, fehlt ihnen der erste Schritt zur Sinnkonstruktion (vgl. Rosebrock/Nix/Rieckmann/Gold 2011).

Insgesamt zeigt das, dass diese Gruppe noch gravierende Probleme im hierarchieniedrigen Bereich des Leseprozesses hat; ein eher negatives lesebezogenes Selbstkonzept und ein wenig förderliches Umfeld kommen in der Regel noch dazu. Diese Schüler und Schülerinnen brauchen vordringlich Verfahren, die ihre Leseflüssigkeit steigern. Sogenannte Lautleseverfahren haben sich dabei in vielen Studien vor allem im anglo-amerikanischen Sprachraum als erfolgreich und praktisch gut umsetzbar erwiesen. Dabei lesen Schülerpaare (oder ein Erwachsener mit einem Lerner) gemeinsam halblaut kürzere Textpassagen im Chor, gegebenenfalls wiederholt; bei Fehlern setzen Verbesserungsroutinen ein (vgl. zur Durchführung generell Rosebrock/Nix 2008; für die Grundschule Köster/Rosebrock 2009). Zusammen mit den Vorteilen des kooperativen Lernens liefern solche Verfahren ein unmittelbares Training hierarchieniedriger Teilfähigkeiten des Lesens: Neue Wörter werden durch das wiederholte Dekodieren in den Sichtwortschatz aufgenommen, der Focus der Aufmerksamkeit beider Partner liegt auf der Korrektur von Verlesungen, die unmittelbar wahrnehmbar werden. Der schwächere Leser orientiert sich an der Lesung des stärkeren und imitiert beim Wiederholen dessen Prosodie, schriftsprachliche Satzmuster werden eingeschliffen (vgl. zusammenfassend: Nix 2009).

Für die Verfahren ist unmittelbare Wirksamkeit auf die Lesegeschwindigkeit und das Wort- und Satzverstehen nachgewiesen, auch das Textverstehen profitiert signifikant, wenn sie über einen gewissen Zeitraum, beispielsweise ein Schulhalbjahr, drei mal wöchentlich je 20 Minuten durchgeführt werden (vgl. Rosebrock/Rieckmann/Nix/Gold 2010). Dabei profitieren sowohl der schwächere wie der stärkere Leser deutlich. Um die Übungen nicht zu monoton werden zu lassen, ist es sinnvoll, sie in anregende Projekte einzubinden (zum Beispiel die gemeinsame Produktion einer Audio-CD oder ein „Lesetheater" zu planen), und darüber hinaus durch kleine Lesegeschwindigkeits-Messungen den

Schülerinnen und Schülern in kürzeren Abständen von etwa einem Monat sichtbar zu machen, dass sich ihre Leseleistung tatsächlich steigert. Auch dadurch treffen die Verfahren erfahrungsgemäß auf Akzeptanz bei den Schülerinnen und Schülern. Optimal ist es sicher, wenn fachübergreifend Lautleseroutinen immer dann angewendet werden, wenn ein neuer Text im Regelunterricht der Fächer ansteht. Wenn sich alle Lehrkräfte einer Jahrgangsstufe auf ein solches Verfahren einigen und es in der Klasse gut eingeführt ist, geraten Aufwand und Ertrag der Förderung in ein optimales Verhältnis zueinander.

Aber auch Verfahren, die auf eine Steigerung der Lesemenge setzen, sind hier angeraten, obwohl sie nicht die gleiche hohe Wirksamkeit empirisch aufweisen konnten wie die Lautleseverfahren. Denn sie eröffnen Vertrautheit mit längeren Texten und die Einbindung in Lesekultur. Oftmals bewirken sie, dass sich Jugendliche erstmals an einem ganzen Buch versuchen. Bei solchen Vielleseverfahren werden Anreizsysteme für eigenständige Lektüre geschaffen – beispielsweise ein „Lesepass“ –, es werden Zeiten des selbstbestimmten stillen Lesens fest installiert und es werden anregende, eher unterkomplexe, aber interessante Bücher oder Texte zur Verfügung gestellt, die individuell gelesen werden. Insbesondere der österreichische Lesepädagoge Richard Bamberger hat für den deutschsprachigen Raum ein solches Verfahren entwickelt und langjährig erprobt (Bamberger 2000; vgl. als Aktualisierung und Erweiterung: Lange 2007). Es gibt empirisch begründbare Hinweise darauf, dass die Lesemenge einen Einfluss auf die Leseflüssigkeit und damit die Lesekompetenz aufweist. Wesentlich ist für diese Gruppe schwacher Leserinnen und Leser, dass die Lektüre nicht (nur) in den Freizeitbereich verschoben wird, sondern in der Unterrichtszeit stattfindet und durch den Vorbild- und Ansteckungseffekt gewährleistet ist, dass tatsächlich gelesen wird (einen umfassenden Überblick hierzu bietet Rieckmann 2009).

Insgesamt können solche Verfahren zur Steigerung von Leseflüssigkeit allerdings nicht allein Aufgabe des Deutsch- bzw. Literaturunterrichts sein, sondern sie bieten sich als Bausteine einer fächerübergreifenden lesedidaktischen Grundorientierung der verschiedenen Fächer an.

3. Verfahren zur Steigerung der Verstehensleistungen beim Lesen

Schüler und Schülerinnen, die zwar ausreichend flüssig lesen, wenn man sie bittet, einen kurzen Text vorzulesen, die aber nach der Lektüre eines Textes kaum angeben können, welche Themen und Sachverhalte dort verhandelt wurden, bilden aus der Perspektive einer systematischen Leseförderung eine weitere große Gruppe, deren Leseentwicklung gefördert werden muss. Ihre Leseprobleme unterscheiden sich von den oben beschriebenen nicht-flüssigen Lesern: Sie bringen nämlich zu wenig mentales Engagement im mittleren Bereich der Prozessleistungen auf. Gemessen an den guten Lesern und Leserinnen, die in die Sekundarstufe mit einer relativ stabilen intrinsischen Lesemotivation und umfangreichen Lektüreerfahrungen vor allem mit linear erzählender Kinderliteratur eintreten, liegen ihre Defizite auch, aber wiederum nicht nur im motivationalen Bereich. Wie die oben genannte Gruppe der noch nicht leseflüssigen Kinder und Jugendlichen befinden sie sich zudem wegen meist fehlender sprachlicher Differenziertheit, wegen eines offensichtlich nur unzulänglich kompensierenden Unterrichts im Bereich des weiterführenden Lesens in den letzten beiden Grundschuljahren und wegen eines insgesamt mehrjährigen Defizits sowohl an Lesemenge als auch an Leseerfahrungen in einer Misserfolgsspirale, die weitgehend verhindert, dass sie sich aktuell mit Erfolgszuversicht und Engagement der Lektüre zuwenden und aus Texten tatsächlich lernen können. Stattdessen betreiben sie das schulisch geforderte „Durchlesen" von Texten als ein „Durchkommen" und können kaum mehr als Stichwörter des gelesenen Textes erinnern.

Diese Gruppe muss sich in erster Linie den Einsatz von Lesestrategien aneignen, um die verschiedenen kognitiven Dimensionen des Leseprozesses mental in Angriff zu nehmen, um überhaupt adäquate mentale Korrelate während der Lektürevorgänge auszubilden und weiter zu prozessieren (Bundesministerium 2005; Schiefele et al. 2004). Denn Strategietrainings wirken gezielt auf die mentale Weiterverarbeitung der unmittelbaren Textinformationen im lokalen Bereich hin zu einem globalen Textverstehen und zeigen gute Erfolge, wenn sie adäquat und möglichst fächerübergreifend durchgeführt werden. Im deutschsprachigen Raum sind insbesondere die „Textdetektive" zu nennen (Gold 2007). Dabei handelt es sich um ein Programm, das für die Unterstufe konzipiert ist, das etwa fünf Wochen in Anspruch nimmt und mittels dessen gezielt mentale Strategien des Verstehens eingeübt werden; es liegen unterschiedliche Versionen für den Förder- bzw. Hauptschulbereich (Rühl/Souvignier 2006) und für das Gymnasium (Gold et al. 2004) vor. Die Schülerinnen und Schüler werden dabei zum bewussten Planen und Überwachen ihres Leseprozesses angeleitet. Vor, während und nach dem Lesen werden dafür Reflexionsphasen eingeplant, in denen zunächst die mit dem Lesen verbundene Aufgabe und die Ziele der Lektüre bewusst werden. Während des Lesens werden dann vier bzw. sieben mentale Strategien explizit trainiert. Nach dem Lesen findet eine Reflexion hinsichtlich der eingangs formulierten Leseziele statt.

Ebenfalls nachweislich wirkungsvoll und eher als lesedidaktisches Prinzip denn als begrenztes Programm einzusetzen ist das sogenannte „reziproke Lehren", das Formen des kooperativen Lernens für die Strategieaneignung nutzbar macht. Dafür wurden Routinen entwickelt, wie in Kleingruppen von den Schülern und Schülerinnen jeweils Lesestrategien angewendet und überprüft werden (vgl. Demmrich/Brunstein 2004, als Überblick über Lesestrategie-Förderverfahren insgesamt Rosebrock/Nix 2008). Für alle Strategieprogramme gilt, dass ihre einmalige Vermittlung und Anwendung noch nicht den Erfolg garantiert; wichtig ist, dass Schülerinnen und Schüler auch bei neuen Texten und Themen die angemessenen Strategien eigenständig auswählen und aktiv anwenden, dass sie also sinnorientierte, mental engagierte Leser und Leserinnen werden. Dafür brauchen sie längerfristig wiederholte Erinnerungen an die Strategien und Ermutigungen, die deklarativ erlernten Strategien immer anzuwenden.

Das Einüben von Metakognition beim Lesen ist nicht allein Aufgabe des Deutschunterrichts: Alle Fächer sind betroffen, wenn nicht eigenständig aus Texten gelernt werden kann. Denn gute Lesekompetenz, darauf macht die Forschung immer wieder aufmerksam, ist wegen der großen Bedeutung des Vorwissens mit zunehmender Textkomplexität zunehmend domänenspezifisch geprägt, was heißt: Wer einen Sachtext in Sozialkunde gut versteht, kann trotzdem erhebliche Textverstehensprobleme mit den Textaufgaben in Mathematik haben usw. Im Literaturunterricht liegt, allein lesedidaktisch gesehen, der Schwerpunkt der Arbeit auf drei Aspekten: Das sind zunächst die Förderung von literarischer Lesefreude und von entsprechenden Lesegewohnheiten, zweitens die Vermittlung von Textsortenkenntnissen, die ein wesentlicher Teil von literarischer Lesekompetenz sind, und drittens schließlich die Unterstützung der Fähigkeit und Bereitschaft, Texte „tief" zu erfahren, also auf der Basis subjektiver Bezüge und literaturspezifischen Vorwissens über Texte zu reflektieren (vgl. Köster, 2006). Leserseitig gewendet bedeutet das: In gutem Literaturunterricht wird erstens Lesemotivation vermittelt, es werden zweitens literaturspezifische Superstrukturen sowie die Kenntnis von poetischen Darstellungsweisen aufgebaut und es wird drittens erfahrbar, wie literarische Texte die je eigene Lebenswelt berühren. Damit zielt der Literaturunterricht, lesedidaktisch gesehen, auf die Unterstützung der hierarchiehohen Ebenen des Leseprozesses (vgl. Rosebrock 2007). Was hier gelernt wird, ist aber nicht ohne weiteres zu übertragen auf Sachtexte, deren Textsorten elementar anders organisiert sind und die in anderer Weise auf Außertextuelles verweisen! Die Fächer brauchen eigene Vermittlungsverfahren für die hierarchiehohen Bereiche des Textverstehens (vgl. Rosebrock/Nix 2008).

Zahlreiche Übungshefte und Trainings sind auf dem Markt, die für den Förderunterricht, für häusliche kompensierende Übungen oder auch für den Regelunterricht konzipiert sind und in der Art eines Lernprogramms mehrere hier genannte Verfahren kombinieren. Häufig gehören sogenannte „Augenübungen" dazu, deren Nutzen jenseits pathologischer Leseprobleme allerdings zu bezweifeln ist. Die Vermittlung von Strategien und entsprechende Leseübungen sind in der Regel dabei, daneben auch anregende Texte und inhaltliche Fragen, die das Leseverstehen überprüfen (z. B. Bertschi-Kaufmann et al. 2007). Solche Programme können eine kontinuierliche und professionell diagnostizierende Aufmerksamkeit der Lehrpersonen für die Lesefähigkeiten und eine Orientierung des gesamten Unterrichts am Stand der Lesekompetenz natürlich nicht annähernd ersetzen; sie sind ein punktueller Eingriff, der den umfassenden Dimensionen von Lesekompetenz allein nicht gerecht werden kann.

4. Verfahren und Konzepte zur Förderung der Lesemotivation und -kultur

Vor allem in den Klassenstufen 7–10 finden sich viele Schülerinnen und Schülern, die oft auf eine reiche Lesegeschichte in der Kindheit zurückblicken und auch prinzipiell eigenständig lesen können. Sie tun es aber nicht (mehr). Das Freizeitlesen hat diese dritte große Gruppe nach der Kindheit abgebrochen. Die Funktionen, die die selbstvergessene Lektüre wunscherfüllender Kinderbücher bis zur Pubertät hatte, sind für sie mit diesen Büchern jetzt nicht mehr einzuholen. Ihre lesebezogene Entwicklungsaufgabe besteht im Zuge der Pubertät darin, differenzierte Lesehaltungen zu entwickeln und Lesen nunmehr vielfältig einzusetzen, zum Beispiel zur Verfolgung von Interessen oder zur (ggf. auch oppositionellen) Persönlichkeitsentwicklung. Sie müssen Lesen gewissermaßen neu entdecken als taugliches Medium des Erfahrens und der Persönlichkeitsentwicklung; aus den Kinderbüchern sind sie allerdings herausgewachsen (vgl. Garbe, Bd. 2, Kap. 1.2; Graf 2007). Sie brauchen also Anregungen und Vorbilder, die zeigen, welche Funktionen Lesen in einem erwachsenen und selbstbestimmten Lebensvollzug haben kann. In Bezug auf den Literaturunterricht kommen hier die bekannten Verfahren der Leseanimation zum Tragen – im Unterricht selbst z. B. durch Vorlesen, Differenzierung mit Bücherkisten, durch Hörbücher und Filme, durch Buchvorstellungen und vielfältige Formen literarischer Geselligkeit und Projektarbeit, in der Schulkultur z. B. durch Leseclubs, Ausstellungs-, Theater- oder Rezensionsprojekte und vor allem durch eine gute schulbibliothekarische Arbeit, schließlich in Kooperation mit außerschulischen Institutionen der Leseförderung wie Büchereien, durch den Besuch von Autorenlesungen, Messen, durch literarische Spaziergänge usw. (für einen Katalog leseanimierender Verfahren s. Nix 2010).

Dafür müssen die Lesemedien zu den Entwicklungsbedürfnissen und Interessen der Jugendlichen passen – eine nicht zu unterschätzende Aufgabe, verlangt sie doch von den Lehrkräften Kenntnisse und Engagement im Blick auf aktuelle Jugendliteratur bzw. passende Texte der Erwachsenenliteratur, einen lebendigen Bezug zu dieser Literatur und einen guten Kontakt zur Schülerschaft. Wenn solche Projekte nicht im punktuellen Aktionismus versanden sollen, braucht es darüber hinaus eine animierende und vitale alltägliche schulische Lesekultur, in der die verschiedenen Gratifikationen des Lesen-Könnens sichtbar werden. Die Akteure müssen als Leser oder Leserinnen auch außerhalb ihrer institutionellen Rollen als Schüler oder Lehrer erfahrbar werden. Denn Lehrerinnen oder Lehrer, die sich persönlich ihren Schülern als passionierte Leser zeigen, die sich auskennen, für die Lektüre der Heranwachsenden interessieren, Anregungen geben und den Austausch über Bücher inszenieren können, werden von späteren Lesern und Leserinnen regelmäßig quasi als „Lichtgestalten" ihrer schulischen literarischen Sozialisation und eigenen Lesepraxis empathisch erinnert. Dem schulischen Literaturunterricht generell werden dagegen für die Zeit der Sekundarstufe I retrospektiv schlechte Zeugnisse ausgestellt. Dass der Literaturunterricht im Zuge der Pubertät allen Spaß an der Literatur genommen habe, ist eine außerordentlich regelmäßige Aussage späterer Leserinnen und Leser (Graf 2008).

Die hier vorgestellten verschiedenen Handlungsfelder der Leseförderung sind in einem umfassend angelegten, ursprünglich amerikanischen Lehrerfortbildungskonzept zur Förderung schwacher und schwächster Leser entwickelt und zu einem Handlungsplan verdichtet worden (Schoenbach et al. 2006). Im hessischen Institut für Lehrerbildung wurden in einer Reihe von Publikationen diese Vorschläge für das deutsche Schulwesen umgesetzt (Hessisches Kultusministerium 2004, 2005, 2008)

Eine förderliche schulische Lesekultur besteht in einem allgegenwärtigen, beiläufigen, beständigen, verbindlichen und selbstverständlichen Bezug auf Bücher und Texte sowohl aus dem literarischen Bereich als auch aus dem Sachbuchbereich. Nur so kann die Schule als Sozialisationsraum gestaltet werden, der die Bedingungen gelingender Lesesozialisation aus dem familiären Raum erfolgreich nachstellt. Eine solche schulische Lesekultur unterstützt natürlich nicht nur die Lesesozialisation von Mittelschicht-Jugendlichen am Tiefpunkt ihrer lesesozialisatorischen Motivationskurve, also die dritte der hier idealtypisch gebildeten Gruppen der Leseförderung. Sie bildet auch und gerade für die schwächeren und schwächsten Leser und Leserinnen, von denen weiter oben die Rede war, den notwendigen Horizont ihrer Lese- und Verstehensübungen und gibt überhaupt die Ziele vor, die ihren Anstrengungen Sinn verleihen.

Literatur

Abraham, Ulf/Bremerich-Vos, Albert/Frederking, Volker/Wieler, Petra (Hrsg.) (2003): Deutschdidaktik und Deutschunterricht nach PISA. Freiburg im Breisgau: Fillibach.

Bamberger, Richard (2000): Erfolgreiche Leseerziehung in Theorie und Praxis. Mit besonderer Berücksichtigung des Projektes »Leistungs- und Motivationssteigerung im Lesen und Lernen unter dem Motto Lese- und Lernolympiade«. Baltmannsweiler: Schneider.

Baumert, Jürgen/Klieme, Eckerhard/Neubrand, Michael/Prenzel, Manfred/Schiefele, Ulrich/Schneider, Wolfgang / Stanat, Petra/Tillmann, Klaus-Jürgen/Weiß, Manfred (Hrsg.) (2001): PISA 2000. Basiskompetenzen von Schülerinnen und Schülern im internationalen Vergleich. Opladen: Leske + Budrich.

Belgrad, Jürgen (2004): Lesekompetenzschwächen: Versäumnisse des Deutschunterrichts. In Michael Kämper-van den Boogart (Hrsg.): Deutschunterricht nach der PISA-Studie. Reaktionen der Deutschdidaktik. Frankfurt am Main: Lang, S. 37–58.

Bertschi-Kaufmann, Andrea (2006): Das Lesen anregen, fördern, begleiten. Seelze-Velber: Kallmeyer bei Friedrich.

Bertschi-Kaufmann, Andrea (2007): Offene Formen der Leseförderung. In A. Bertschi-Kaufmann (Hrsg.): Lesekompetenz – Leseleistung –Leseförderung. Grundlagen, Modelle und Materialien. Zug: Klett und Balmer, S. 165–175.

Bertschi-Kaufmann, Andrea/Hagendorf, Petra/Kruse, Gert/Rank, Katharina/Riss, Maria/Sommer, Thomas (2007): *Lesen. Das Training. Lesefertigkeiten – Lesegeläufigkeit – Lesestrategien. Stufe I und II.* Seelze: Friedrich.

Bundesministerium für Bildung und Forschung (Hrsg.) (2005): Expertise: Förderung von Lesekompetenz. Bonn/Berlin.

Demmrich, Anke/Brunstein, Joachim C. (2004): Förderung sinnverstehenden Lesens durch „Reziprokes Lehren". In: Lauth, Gerhard W./Grünke, Matthias/Brunstein, Joachim C. (Hrsg.): Interventionen bei Lernstörungen. Förderung, Training und Therapie in der Praxis. Göttingen, S. 279–287.

Gaiser, Gottlieb/Münchenbach, Siegfried (Hrsg.) (2006): Leselust dank Lesekompetenz. Leseerziehung als fächerübergreifende Aufgabe. Donauwörth: Auer.

Garbe, Christine/Holle, Karl/Jesch, Tatjana (2009): Texte lesen. Lesekompetenz, Textverstehen, Lesedidaktik, Lesesozialisation. Weinheim/Basel: Beltz.

Gläser, Eva/Franke-Zöllmer, Gitta (Hrsg.) (2005): Lesekompetenz fördern von Anfang an. Didaktische und methodische Anregungen zur Leseförderung. Baltmannsweiler: Schneider.

Gold, Andreas (2007): Lesen kann man lernen. Lesestrategien für das 5. und 6. Schuljahr. Göttingen: Vandenhoeck & Ruprecht.

Gold, Andreas (2009): Das Konstrukt Leseflüssigkeit. In: Andrea Bertschi-Kaufmann, Cornelia Rosebrock (Hrsg.): Literalität. Bildungsaufgabe und Forschungsfeld. Weinheim/München: Juventa (im Druck).

Gold, Andreas/Mokhlesgerami, Judith/Rühl, Katja/Schreblowski, Stefanie/Souvigner, Elmar (2004): Wir werden Textdetektive (Lehrermanual und Arbeitsheft). Göttingen: Vandenhoeck & Ruprecht.

Graf, Werner (2007): Lesegenese in Kindheit und Jugend. Einführung in die literarische Sozialisation. Baltmannsweiler: Schneider.

Groeben, Norbert/Hurrelmann, Bettina (2002): Lesekompetenz. Bedingungen, Dimensionen, Funktionen. Weinheim/München: Juventa.

Groeben, Norbert/Hurrelmann, Bettina (2004a): Lesesozialisation in der Mediengesellschaft. Ein Forschungsüberblick. Weinheim/München: Juventa.

Groeben, Norbert/Hurrelmann, Bettina (2004b): Fazit: Lesen als Schlüsselqualifikation? In Norbert Groeben/Bettina Hurrelmann (Hrsg.): Lesesozialisation in der Mediengesellschaft. Ein Forschungsüberblick. Weinheim/München: Juventa, S. 440–465.

Hessisches Kultusministerium (Hrsg.) (2004): Leseförderung in der Praxis. Tipps, Hilfe und Konzepte für die Sekundarstufe I. Wiesbaden.

Hessisches Kultusministerium (Hrsg.) (2005): Neue Zugänge zum Lesen schaffen. Lesekompetenz und Leseförderung nach PISA. Hrsg. Von Ulrich Steffens und Rudolf Messner. Wiesbaden.

Hessisches Kultusministerium (Hrsg.) (2008): Texte öffnen Türen. Neue Wege zur Kompetenzentwicklung durch Lese- und Sprachförderung in der Sekundarstufe. Wiesbaden: AFL.

Hurrelmann, Bettina (1994): Leseförderung. Basisartikel. Praxis Deutsch 127, S. 17–26.

Hurrelmann, Bettina (2002): Prototypische Merkmale der Lesekompetenz. In Groeben, Norbert/Hurrelmann, Bettina (Hrsg.): Lesekompetenz. Bedingungen, Dimensionen, Funktionen. Weinheim/München: Juventa, S. 275–286.

Kämper-van den Boogaart, Michael (Hrsg.) (2004): Deutschunterricht nach der PISA-Studie. Reaktionen der Deutschdidaktik. Frankfurt am Main: Lang.

Klicpera, Christian/Gasteiger-Klicpera, Barbara (2004): Aufbau von Lesefertigkeiten. In Lauth, Gerhard W./Grünke, Matthias/Brunstein, Joachim C. (Hrsg.): Interventionen bei Lernstörungen. Förderung, Training und Therapie in der Praxis. Göttingen: Hogrefe, S. 268–278.

Köster, Juliane (2006): Inferenzbildung – Was Vorwissen für die Lesekompetenz bedeutet. In Gaiser, Gottlieb/Münchenbach, Siegfried (Hrsg.): Leselust dank Lesekompetenz. Leseerziehung als fächerübergreifende Aufgabe. Donauwörth: Auer, S. 128–137.

Köster, Juliane/Rosebrock, Cornelia (2009): Der Kompetenzbereich Lesen. In: Institut für Qualitätsentwicklung im Bildungswesen (Hrsg.): Handbuch zur Implementation der Bildungsstandards Deutsch: Grundschule. Berlin: Cornelsen.

Lange, Reinhard (2007): Die Lese- und Lernolympiade. Aktive Leseerziehung mit dem Lesepass nach Richard Bamberger. Baltmannsweiler: Schneider.

Nix, Daniel (2010): Förderung der Lesekompetenz. In: Kämper-van den Boogaart, M./Spinner, Kaspar H. (Hg.) (2010): Lese- und Literaturunterricht. Teil 1: Geschichte und Entwicklung, Konzeptionelle und empirische Grundlagen. Baltmannsweiler (= Deutschunterricht in Theorie und Praxis (DTP) 11/1), 139–189.

Nix, Daniel (2011): Förderung der Leseflüssigkeit. Theoretische Fundierung und empirische Überprüfung eines kooperativen Lautlese-Verfahrens im Deutschunterricht. Weinheim/München: Juventa

Pieper, Irene/Rosebrock, Cornelia/Wirthwein, Heike/Volz, Steffen (2004): Lesesozialisation in schriftfernen Lebenswelten. Lektüre und Mediengebrauch von HauptschülerInnen. Weinheim/München: Juventa.

Prenzel, Manfred/Artelt, Cordula/Baumert, Jürgen/Blum, Werner/Hammann, Marcus/Klieme, Eckhard/Pekrun, Reinhard (Hrsg.). (2007): PISA 2006. Die Ergebnisse der dritten internationalen Vergleichsstudie. Münster: Waxmann.

Richter, Tobias/Christmann, Ursula (2002): Lesekompetenz: Prozessebene und interindividuelle Unterschiede. In: Groeben, Norbert/Hurrelmann, Bettina (2002): Lesekompetenz. Bedingungen, Dimensionen, Funktionen. S. 25–58.

Rieckmann, Carola (2009): Leseförderung in sechsten Hauptschulklassen. Zur Wirksamkeit eines Vielleseverfahrens. Diss. Goethe-Universität Frankfurt am Main. (Im Druck).

Rosebrock, Cornelia (2009): Lesekompetenz in didaktischer Perspektive. In: Bertschi-Kaufmann, Andrea/Rosebrock, Cornelia (Hrsg.): Literalität. Bildungsaufgabe und Forschungsfeld. Weinheim/München: Juventa.

Rosebrock; Cornelia (2007): Anforderungen von Sach- und Informationstexten, Anforderungen literarischer Texte. In: Bertschi-Kaufmann, Andrea (Hrsg.): Lesekompetenz – Leseleistung – Leseförderung. Zug: Klett und Balmer, S. 50–65.

Rosebrock, Cornelia & Nix, Daniel (2006): Forschungsüberblick: Leseflüssigkeit (Fluency) in der amerikanischen Leseforschung und -Didaktik. In: Didaktik Deutsch 20, S. 90–113.

Rosebrock, Cornelia/Nix. Daniel (2008): Grundlagen der Lesedidaktik und der systematischen schulischen Leseförderung. Baltmannsweiler: Schneider.

Rosebrock, Cornelia/Rieckmann, Carola/Nix, Daniel/Gold, Andreas (2010): Förderung der Leseflüssigkeit bei leseschwachen Zwölfjährigen. In: Didaktisch Deutsch, Nr. 28, Jg. 16 (2010), S. 33–58.

Rosebrock, Cornelia/Nix, Daniel/Rieckmann, Carola/Gold, Andreas (2011): Leseflüssigkeit fördern. Lautleseverfahren für die Primar- und Sekundarstufe. Seelze.

Rühl, Katja/Souvignier, Elmar (2006): Wir werden Lesedetektive – Lehrermanual und Arbeitsheft. Göttingen: Vandenhoeck & Ruprecht.

Schiefele, Ulrich/Artelt, Cordula/Schneider, Wolfgang/Stanat, Petra (Hrsg.) (2004): Struktur, Entwicklung und Förderung von Lesekompetenz. Vertiefende Analysen im Rahmen von PISA 2000. Wiesbaden: Verlag für Sozialwissenschaften.

Schoenbach, Ruth/Greenleaf, Cynthia/Cziko, Christine/Hurwitz, Lori (2006): Lesen macht schlau. Neue Lesepraxis für weiterführende Schulen. Herausgegeben von Dorothee Gaile. Berlin: Cornelsen Scriptor [Schoenbach, Ruth/Greenleaf, Cynthia/Cziko, Christine/Hurwitz, Lori (1999): Reading for understanding. A guide to improve reading in middle and high school claasrooms. The reading apprenticeship guidebook. San Francisco: Jossey-Bass-Publishers]

Spinner, Kaspar H. (2007): Lesen als ästhetische Bildung. In: Bertschi-Kaufmann, Andrea (Hrsg.): Lesekompetenz – Leseleistung – Leseförderung. Grundlagen, Modelle und Materialien. Zug: Klett und Balmer, S. 83–94.

Wrobel, Dieter (2006): Materialien zur Leseförderung. Eine kommentierte Auswahlbibliographie. In: Literatur im Unterricht 2, S. 151–165.

ORTWIN BEISBART / KRISTINA BISMARCK

3.6 Lesestrategien im Literaturunterricht

Lesen – insbesondere das Lesen von literarischen Texten – ist ein komplexer Prozess, der hohe Anforderungen an den Leser stellt, der sich aber für den Leser dann lohnt, wenn der Text ihn anspricht, kognitiv herausfordert, belehrt, in Spannung hält oder emotional anrührt. Dass eine solche Lesetätigkeit auf der Entschlüsselung von Buchstaben zu Wörtern, von Wörtern zu größeren Einheiten (Propositionen[1], Satzstrukturen, Verweisen, Absätzen, Kapiteln) beruht, wurde im Literaturunterricht vielfach einfach vorausgesetzt oder von einem vorausgehenden grundlegenden Leseunterricht erwartet. Dass aber die Tätigkeit auch eines schon fortgeschrittenen Lesers als Verknüpfung ganz unterschiedlicher Operationen zu sehen ist, macht deutlich, wie wichtig es ist, didaktisch über eine systematische und gezielte Lehre und Übung nachzudenken.

Nun fordert literarisches Lesen immer auch literarästhetische Urteilskompetenz heraus (Roick u. a. 2012, S. 166). Zusätzlich steht Literaturunterricht in einem Spannungsfeld: zwischen freiwilligem Lesen von Literatur (mit unterschiedlichen Zielen) – wobei diese Zielsetzungen sich vielfach der Lehr- und Überprüfbarkeit entziehen – und didaktisch kontrollierter, stärker rationaler und wissensdominierter Kompetenzvermittlung. Dieses Spannungsfeld wurde im Laufe der Geschichte des Literaturunterrichts und der Literaturdidaktik unterschiedlich ausgelotet. Dennoch lässt sich festhalten, dass der Unterricht seltener den emotionalen Lesebedürfnissen gegolten hat, vielmehr vorrangig analytisch und inhaltsorientiert war. Verbunden mit den Interpretationsregeln der Hermeneutik zielte er meist auf einen einheitlichen Textsinn, so dass dem Schüler wenig Spielraum blieb, der jeweiligen Interpretation des wissenden (und zudem moralisch, religiös, literaturhistorisch usw. orientierten) Lehrers einen eigenen Sinn an die Seite zu stellen.

Mit der aktuellen Diskussion um Lesestrategien und Überlegungen zu ihrer angemessenen Vermittlung im Literaturunterricht verbindet sich nicht nur eine stärkere Beachtung der Deutungsoffenheit literarischer Texte. Vielmehr geht es im Wissen um die notwendige Eigenaktivität jedes Lesers darum, ihm Strategien, also Handlungsweisen zum selbstständigen Textverstehen zu zeigen, deren Wert er übend erfahren und zunehmend auch für seine Bedürfnisse reflektieren kann.

[1] Als Proposition wird eine um ein Verb gruppierte semantische Informationseinheit bezeichnet, wobei die syntaktische Struktur, die lexikalische Füllung und die spezifische Sprecherabsicht unberücksichtigt bleiben.

Es wurden zahlreiche Lesestrategien entwickelt[2], von denen aber ein Großteil grundlegende Schritte der Textbegegnung nur für Sachtexte vorschlägt, für poetische Texte aber vernachlässigt. Andererseits wird neuen Lesetests von Literaturdidaktikern (so besonders Karg 2005 gegenüber PISA) vorgeworfen, dass sie literarische Texte und ihre Deutungsoffenheit zugunsten abprüfbarer Wissens- oder Kompetenzeinheiten nicht angemessen wahrnehmen, sondern wie Sachtexte nivellieren und so weder den Texten noch den Zielen selbstständiger Lesefähigkeit genügen. Erst in jüngster Zeit haben Bertschi-Kaufmann (2007), Rosebrock/Nix (2008), Garbe/Holle/Lesch (2008) und Winkler (2011) Überlegungen zu einer umfassenderen Lese- und Literaturförderung vorgelegt.

Im vorliegenden Beitrag soll versucht werden, die Fehler tradierter Einseitigkeiten zu vermeiden. Im Mittelpunkt steht daher das Ziel einer didaktisch fundierten Vermittlung des Verstehens literarischer Texte, um dem individuellen Leser den Reichtum deutungsoffener Texte nahezubringen.

Die Darstellung geht in drei Schritten vor: Der erste stellt die konkreten Operationen eines gezielten Leseprozesses vor, die alle Dimensionen der Textbegegnung und -erarbeitung umfassen.

In einem zweiten Schritt wird das Bild eines „kompetenten“, zureichende Lesestrategien nutzenden Lesers von Literatur gezeichnet. Anschließend werden wichtige Verfahren zur Vermittlung von Lesestrategien vorgesellt.

1. Operationen eines gezielten Leseprozesses

Ein gezielter Leseprozess umfasst verschiedene Operationen, die textintern (auf der Wort-, Satz- und Textebene) und textüberschreitend angelegt sind. Die dargestellte Abfolge ist weder als chronologische noch als hierarchische Abfolge zu verstehen, die geschilderten Tätigkeiten sind vielmehr rekursiv und bedingen und unterstützen einander gegenseitig.

1.1 Syntaktisch-semantische Bedeutungszuschreibung

Kognitionspsychologische Forschungen zum Leseprozess gehen davon aus, dass zunächst ein lexikalischer Zugriff auf das Gelesene erfolgt: Buchstaben und Wörter werden entschlüsselt und Bedeutungen zugeordnet. Die Wortbedeutungen sind in Form eines mentalen Lexikons im semantischen Gedächtnis verfügbar. Der verfügbare Wortschatz beeinflusst den lexikalischen Zugriff maßgeblich: nur bei bekannten Wörtern kann ein unmittelbarer lexikalischer Zugriff erfolgen. So verfügen gute Leser über einen effizienten Zugriff auf Wortbe-

[2] Zu nennen sind an dieser Stelle zum Beispiel aus dem Bereich der Lesepsychologie: Grzesik 2005, Groeben 2002; aus der Textlinguistik: Scherner 2005; aus der Literaturwissenschaft: Gutzen et al. 1976, Rupp 2002; aus der Rezeptionsforschung: Graf 2004, Spinner 1999.

deutungen, der auch unabhängig vom Satzkontext funktioniert, während schwache Leser Schwierigkeiten beim lexikalischen Zugriff durch Nutzung des Kontextes kompensieren (vgl. Richter/Christmann 2002, S. 39). Die so identifizierten Wörter werden auf der Grundlage semantischer und syntaktischer Relationen zu größeren Informationseinheiten (Propositionen) verbunden.

Die kognitionspsychologische Modellierung des Leseprozesses geht zumeist von begrifflich repräsentiertem Vorwissen aus, das bei der Bedeutungszuschreibung aktiviert wird. Hölsken (1993, S. 51) weist aber anhand von Schülerantworten nach, dass dem Gelesenen sowohl durch die Integration in eine begriffliche und sach- oder handlungslogische Ordnung als auch durch eine bildliche Vorstellung Bedeutung zugeordnet wird. Auch Willenberg (2001) stellt dem für Rezeptionsprozesse benötigten sprachlichen Wissen zusätzlich imaginativ und emotional aktivierbare Wissensbestände an die Seite. Das Aktivieren von Imaginationen und Emotionen durch einen gelesenen Text zählt im aktuellen literaturdidaktischen Diskurs daher als eine wichtige Teilkompetenz des Lesens. Dies gilt auch schon für die Auseinandersetzung mit einzelnen Wörtern und Wortfolgen.

„Ohne Imagination gibt es kein literarisches Verstehen", urteilt Spinner (1998, S. 49). Ähnlich argumentieren Scheller (1995) und Abraham (1999), die davon ausgehen, dass literarische Texte nur dann verstanden werden, wenn sie zuvor in der Vorstellung der Leserinnen und Leser inszeniert, das heißt in sinnlich-konkrete Bilder und Szenen verwandelt werden. Genau genommen initiiert jeder Leseprozess beim Rezipienten eine solche Imaginationstätigkeit: Lesen ist per se als ein Prozess der Bedeutungsassoziation zu verstehen. Imaginationen nehmen im Leseprozess eine wichtige Erkenntnisfunktion ein: Durch die Fähigkeit, sich kontrafaktische oder in der aktuellen Wahrnehmung nicht vorhandene Gegenstände, Situationen und Sachverhalte vorstellen zu können, wird zwischen sinnlicher Wahrnehmung und rationalen Denkprozessen vermittelt.

Emotion bezeichnet das individuelle Fühlen des Lesers und ist ein wichtiger Bestandteil der Kognition. Mit ihr wird die Wirkung von Literatur beschrieben. Emotionen werden deshalb in der Kognitionspsychologie als komplementäre Ergänzung zur Kognition (vgl. Ciompi 1997) verstanden und steuern den Leseprozess maßgeblich: Sie sind die „Motoren" aller kognitiven Dynamik, sie steuern die Aufmerksamkeit, und sie organisieren den Aufbau mentaler Modelle (vgl. dazu Beisbart/Marenbach 2010, S. 80, 100f.).

Wie diese emotionalen und imaginativen Prozesse während des Lesens vor sich gehen, ist leider noch nicht systematisch erforscht.[3] Anwendungsorientierte Rezeptionsforschungen haben jedoch festgestellt, dass eine ausdifferenzierte Imaginationsfähigkeit das Verstehen insbesondere von literarischen Texten unterstützt. Daher ist es durchaus sinnvoll, im Literaturunterricht verschiedene

3 Willenberg (2007, S. 12) weist in seiner Vorstellung des DESI-Forschungsprojekts auf die Möglichkeiten und Grenzen hin, Gefühlskonnexe in Tests sichtbar zu machen.

Formen der Wissensaktivierung oder der Wissensaneignung bezüglich der Texte anzubieten. Willenberg (2001) schlägt daher vor, die Lektüre eines literarischen Textes mit imaginativen, emotionalen und begrifflichen Lernprozessen zu begleiten.

1.2 Lokale und globale Kohärenzbildung

Zwischen den aufeinander folgenden, bereits entschlüsselten Informationseinheiten werden nun semantische Relationen hergestellt, die über die Satz- und Abschnittsgrenzen hinausreichen. Diese Verknüpfungen können textintern oder textüberschreitend aufgebaut werden.

Das Herstellen textinterner Verknüpfungen erfordert Wissen um grammatische und syntaktische Strukturen. Der Leser muss die Bedeutung verschiedener Textelemente, durch die Textkohärenz hergestellt wird, kennen. Dazu gehören zum Beispiel Wortwiederholungen, Pronomina, Anaphora (Rückverweise), Kataphora (Vorverweise), die Wiederaufnahme von Satzsequenzen durch Pro-Formen, partielle Referenzen (Wiederholung eines Wortes mit Wortveränderung) und Kontiguitätsrelationen (Verweise auf verschiedene, aber logisch zusammengehörende Sachverhalte) (vgl. Richter/Christmann 2002, S. 30ff). Einzelne Teilinformationen werden durch reduktive Organisationsvorgänge wie zum Beispiel Auslassen, Selektieren, Generalisieren und Konstruieren verdichtet und verknüpft. Der Leser entscheidet, welche Informationen für das Konstruieren eines globalen Textsinns wesentlich und welche unwesentlich sind. Dabei bildet er Hypothesen, die im weiteren Leseprozess entweder bestätigt und weiter ausdifferenziert oder aber aufgrund neuer Informationen modifiziert werden. Bei Irritationen und Verständnisproblemen fokussiert der Leser einzelne Textelemente, wie z. B. einzelne Wörter, Satzübergänge und Satzkonstruktionen erneut, um Verständnisprobleme zu beheben. So wird ein globaler Zusammenhang auf einer höheren Abstraktionsebene hergestellt.

Fehlen jedoch Signale auf der Textoberfläche, müssen die Leser die Verknüpfungen selbst erschließen, zum Beispiel durch logische Schlussfolgerungen. Dazu verlässt der Leser die Textebene und bildet vorwissens-, interessens- und zielbasierte Inferenzen.

Zusätzlich enthält jeder literarische Text so genannte „Leerstellen“ (vgl. Iser 1974), die durch aktive Konstruktionstätigkeiten des Lesers gefüllt werden müssen. Dazu sind textüberschreitende Verknüpfungen mit dem eigenen Weltwissen notwendig.

An einem Textbeispiel, dem Beginn einer Erzählung von Judith Hermann (1998), soll der mögliche Umgang mit Inferenzen und Leerstellen aufgezeigt werden:

Stein fand das Haus im Winter.

Der Leser erschließt hier aus seinem Vorwissen, dass „Stein" der Name einer Person sein muss und dass diese Person nach einem Haus gesucht hat.

Der Begriff „Haus" stellt hier eine Leerstelle dar, da nicht weiter ausgeführt ist, um welche Art von Haus es sich hier handelt. Der Leser füllt diese Leerstelle mit seinen eigenen Vorstellungen und auch Wünschen: ein Reihenhaus, ein Haus auf dem Land, ein Einfamilienhaus, ...

Er rief mich in den ersten Dezembertagen an und sagte „Hallo", und schwieg.

Auf Grund seiner Vorerfahrungen erwartet der Leser, dass Stein jemanden anruft, der ihm sehr vertraut ist und ihn an seiner Stimme erkennt, sonst hätte er seinen Namen genannt. Man erwartet eine Begrüßung des Angerufenen.

Wer die angerufene Person ist, wird nicht erwähnt, diese Leerstelle muss vom Leser gefüllt werden: Handelt es sich bei der Person um eine Frau, einen Mann oder um ein Kind?

Zusätzlich stellt das direkte Aufeinanderfolgen des Hausfundes und des Anrufs eine Leerstelle dar: Es wird im Text kein Hinweis darauf gegeben, wie diese beiden Fakten miteinander in Verbindung stehen. Der Leser muss also selbst mögliche Verknüpfungen herstellen: Wollte der Anrufer jemanden besuchen und steht jetzt vor verschlossener Haustür? Hat der Anrufer das Haus seiner Kindheit wieder entdeckt und möchte dies jemandem mitteilen? Ist der Anrufer vielleicht ein Polizist oder Detektiv und hat das Haus eines gesuchten Verbrechers gefunden und möchte mit einem Kollegen das weitere Vorgehen in diesem Fall besprechen?

Ich schwieg auch.

Die Erwartung des Lesers wird durchbrochen, der Angerufene antwortet nicht. Der Leser sucht – auf der Basis eigener Erfahrungen – nach einer Erklärung für das Verhalten des Angerufenen: Vielleicht ist ihm der Anrufer nicht bekannt, vielleicht möchte er mit dem Anrufer nicht sprechen, vielleicht möchte er den Anrufer einfach durch sein Schweigen verunsichern ...

Er sagte: „Hier ist Stein", ich sagte „ich weiß" ...

Wieder wird die Erwartung des Lesers durchbrochen: Der Angerufene kennt den Anrufer und antwortet trotzdem oder vielleicht gerade deswegen nicht ...

Ein Leser, der hier nicht in der Lage oder nicht bereit ist, eigene Vorstellungen zu entwickeln, die sprachliche Knappheit zu erkennen und gedankliche Verknüpfungen herzustellen, wird die Lektüre womöglich schon wieder abbrechen.

Für den Umgang mit literarischen Texten gelten folglich umfassendere „Spielregeln" als für einen alltagspragmatischen Leseprozess – darüber herrscht sowohl in literaturdidaktischen wie auch in literaturwissenschaftlichen Diskursen weitgehend Einigkeit (vgl. z. B. Roick u. a. 2010). Denn in literarischen Texten sind Konnotationen und wortgebundene Bildlichkeit (zum Beispiel Metaphern, Symbole, Allegorien und Chiffren), aber ebenso eine erhöhte Bewusstheit einer poetisch-ästhetischen und stilistischen Sprachlichkeit wesentliche Strukturmerkmale literarischer Texte (Eggert 2002, S. 190). Ein kompetenter

Umgang damit erfordert ein differenziertes Sprachwissen, das sowohl mit der Differenz und der Korrespondenz von Zeichen und Bezeichnetem umgehen kann wie mit der Gestalthaftigkeit der Zeichen selbst (z. B. Elemente der Bauform von Propositionen oder Sätzen, Konsonanzen u. a.). Erforderlich ist zudem ein ausdifferenziertes Weltwissen und ein kulturelles Wissen, um die möglichen Verknüpfungen oder die deutungsoffenen Stellen erfassen zu können. Polyvalenz, das heißt die Mehrdeutigkeit literarischer Texte, gehört im Besonderen zu den konstituierenden Bestimmungsmerkmalen literarischer Texte. Im literaturdidaktischen Diskurs gilt daher die Sinnzuschreibung als ein prinzipiell unabschließbarer Prozess (vgl. Abraham 1998, S. 270, Beisbart/Marenbach 2010, S. 120). Vielfach wird der bewusste Umgang mit mehrdeutigen Textstellen und textbasierten Irritationen als gezielt anzustrebende literarische Komptenz definiert. Wie der Leser jedoch während des Leseprozesses mit Mehrdeutigkeiten umgeht, ist noch nicht systematisch erforscht. Willenberg verweist darauf, dass eine Re-Lektüre dazu beitragen kann, verschiedene Sinnschichten eines literarischen Textes zu erfassen (vgl. Willenberg 2004, S. 10) – eine motivationale Herausforderung für den Literaturunterricht!

1.3 Erstellen eines mentalen Modells

Die einzelnen Informationen des Textes werden zu einem Gesamtbild verdichtet. Der Aufbau eines mentalen Modells ist allerdings auch beeinflusst von der Leseerwartung, dem Leseziel und dem Vorwissen des Lesers. In dieses mentale Modell sind etwa zu einem epischen Text alle Mitspieler, Handlungsorte, der Handlungsverlauf, die Personenkonstellationen und auch die Handlungsintention der Figuren integriert. Für die erfolgreiche Bildung eines mentalen Modells ist das Wissen um Textsorten, Gattungen und Epochen hilfreich, das häufig in Form von Schemata und Kategorien im Kognitionssystem des Lesers gespeichert ist.

Dieses Wissen *kann* den Leseprozess strukturieren und fördern. So vermag zum Beispiel das Wissen über verschiedene Erzählperspektiven die Reflexion über die Erzählform zu stimulieren und die Sinnkonstruktion zu erleichtern. Andererseits wird die Einforderung der expliziten Anwendung literarischen Gattungswissens in Form einer Textanalyse oftmals als Störung des Lesegenusses empfunden. Dies kann auch zu einer Reduktion der Textkomplexität führen, zum Beispiel wenn nur noch das „Epochentypische" eines Werkes wahrgenommen wird (vgl. Eggert 2002, S. 188f.). Literaturdidaktik und Texttheorie gingen lange wohl zu selbstverständlich davon aus, dass Wissen über Textgattungen oder Autoren für das Verstehen literarischer Texte hilfreich, ja unbedingt vorausgesetzt werden müsse. Bezogen auf den tatsächlichen Leseprozess ist diese Behauptung wahrscheinlich nicht haltbar (vgl. Winkler 2007, S. 75). Versieht man z. B. eher unbekannte Erzählungen fälschlicherweise mit dem Namen eines bekannten Autors, so kann man beobachten, wie der Rezeptionsprozess vom vermeintlichen Wissen über Stil und Intention des Autors geleitet wird und die Arbeit auf der Textebene behindert.

Es ist unbestreitbar, dass verschiedene Formen des Wissens unabdingbar sind. Dazu gehört Weltwissen, Sachwissen und „Artefaktenwissen" (Themen, Stoffe, Gattungen) sowohl für den Verstehens- wie für den Entstehungskontext. Alle Wissensformen müssen aber in Bezug zum jeweiligen Einzelwerk wie zur spezifischen Intention des Lesens eingesetzt sein (vgl. zu den Wissensformen und ihre Bedeutung für den Leseprozess Wrobel 2009, S. 38ff., Beisbart 2012).

Der Aufbau eines mentalen Modells, das eine ausdifferenzierte Sinnzuschreibung für den gesamten Text repräsentiert, beinhaltet auch das Bewerten des Gelesenen – sowohl die sprachlich-stilistische als auch die inhaltliche Dimension des Textes. Der Leser setzt das Gelesene in Beziehung zu eigenen Erfahrungen und Wertmaßstäben, sowohl zu literarischen wie auch zu biografischen Erfahrungen. Die Bewertung eines Textes erfolgt bei ungeübten Lesern häufig spontan und 'aus dem Bauch heraus'. So wird zum Beispiel ein sprachlich anspruchsvoller Text beiseite gelegt, da er als sperrig und unzugänglich empfunden wird; oder der Leser ist über den Inhalt des Buches enttäuscht, weil das Fühlen und Handeln der Protagonisten nicht mit den eigenen Einstellungen und Werten übereinstimmt (vgl. Pette 2001, S. 179ff.). Untersuchungen zur Entwicklung von Textverstehensprozessen machen zudem deutlich, dass die Bewertung von literarischen Texten auch vom Lebensalter der Rezipienten beeinflusst wird. Jüngere Leser machen häufig ihre eigene Erfahrungswelt und normorientierte Wertmaßstäbe zur Deutungsfolie für den Inhalt von Texten. Maßstab für literarische Qualität ist oftmals der Realitätsbezug und die durch äußere Handlungsabläufe erzeugte Spannung. Erst mit zunehmendem Alter werden diese Beurteilungskriterien durch eine differenziertere Betrachtung von Sprache und Inhalt abgelöst (vgl. Spinner 1980).

Auch auf der Ebene des gesamten Textes steht der Rezeptionsprozess in einem Spannungsfeld von Nähe und Distanz. Dieses Spannungsfeld muss – je nach Leseinteresse – für jeden Lektüreprozess erneut ausgelotet werden, denn eine hochgradige Verstrickung in den Text kann zwar zur selektiven Lektüre führen, andererseits ermöglicht gerade diese Involviertheit eine intensive und nachhaltige Leseerfahrung und wird daher im literaturdidaktischen Diskurs stets aufs Neue als eine literarische Teilkompetenz gefordert (vgl. zum Beispiel Abraham 1998, S. 89; Beisbart/Marenbach 2010, z.B. S. 100; Spinner 2006, S. 8f.).

2. Lesestrategien im Literaturunterricht

Das literarische Lesen ist ein äußerst komplexer Vorgang, der weit mehr umfasst als kognitive Verstehensprozesse. Daher wurden die kognitionspsychologischen

Modellierungen des Leseprozesses um Ergebnisse aus literaturdidaktischen und rezeptionsorientierten Forschungen ergänzt. Der Einfluss von Faktoren wie Motivation, die durch den Leseprozess hervorgerufenen Emotionen und Imaginationen sowie die situativen Bedingungen des Lesers auf den Leseprozess ist empirisch belegt (vgl. z.B. Hurrelmann 2002, S. 21ff.; Pette 2001) und wird daher auch bei der Darstellung von Lesestrategien berücksichtigt.

Abgesehen davon ist der Leseprozess keineswegs als eine lineare Abfolge bestimmter Tätigkeiten zu verstehen, der beispielsweise auf der Wort- bzw. Satzebene beginnt und sich bis hin zu einem globalen Textverständnis 'hinaufarbeitet'. So werden zum Beispiel Hypothesen zum globalen Textsinn bereits aus wenigen Inhaltswörtern entwickelt, die im weiteren Verlauf des Leseprozesses bestätigt oder verworfen werden (vgl. Richter/Christmann 2002, S. 32). Aber es können auch Defizite im Verstehensprozess auf der Wort- und Satzebene durch effiziente globale Kohärenzbildungsprozesse zumindest teilweise ausgeglichen werden (vgl. Richter/Christmann 2002, S. 45). Umgekehrt werden bei Verständnisproblemen oder Irritationen während des Lesens durchaus noch einmal einzelne Wörter oder Wortfolgen fokussiert, um den Textsinn zu erfassen (vgl. Willenberg 2004, S. 10). So ist der Leseprozess durch zahlreiche rekursive Tätigkeiten bestimmt. Daher ist es für den Unterricht wenig sinnvoll, Lesestrategien vorzugeben, die in einer zeitlichen Abfolge vor der Lektüre, während der Lektüre und nach der Lektüre bearbeitet werden müssen. Die dargestellten Lesestrategien sollen sowohl eine bottom-up- als auch eine top-down-Verarbeitungsrichtung ermöglichen.

Zusätzlich werden metakognitive Lesestrategien dargestellt, die Bewusstheit für den eigenen Leseprozess aufbauen und eine gezielte Planung und Steuerung der Lektüre ermöglichen. Die hier dargestellten Lesestrategien sind bewusst auch verbunden mit dem Ziel, den Schülern die Einsicht in deren Wirksamkeit deutlich zu machen. Erst diese Einsicht macht aus der Verfügbarkeit von Lesestrategien einen stabilen Lesehabitus. Lesestrategien sind nicht mit einer formal anzuwendenden Lesetechnik zu verwechseln.

Der Begriff Lesestrategien umfasst daher sowohl motivationale, emotionale, imaginative und kognitiv-analytische Prozesse, mit deren Hilfe Schüler bottom-up oder top-down in (noch unbekannte) Textwelten eindringen und sich dort bewegen, als auch die Reflexion der eigenen Lesetätigkeit und des eigenen Leseinteresses.

Die dargestellten Lesestrategien sollen in dem weit gespannten Tätigkeitsfeld Literaturunterricht entsprechend der Zielsetzungen, dem Alter der Schüler und den sprachlichen und ästhetischen Anforderungen des Textes flexibel eingesetzt werden können. Eine hierarchische oder chronologische Ordnung der Lesestrategien ist daher weder beabsichtigt noch didaktisch festzulegen, dies gilt trotz der Behauptung, der erste Schritt wäre ein (vollständiges) Lesen des

Textes. Die Lesestrategien werden vielmehr verstanden als mögliche Impulse und Hilfestellungen des Lehrers, die nach und nach im Bewusstsein der Schüler verankert werden und zunehmend selbstständig und gegebenenfalls modifiziert im Leseprozess eingesetzt werden sollen. Im Folgenden wird daher im Sinne eines idealtypischen Modells der kompetente Leser vorgestellt.

2.1 Kognitiv-analytische Lesestrategien

Die hier erläuterten Lesestrategien zielen auf ein Textverständnis ab, das weitgehend durch konkrete Arbeit am Text erreicht wird. In bottom-up-Prozessen werden die Signale des Textes zu einem globalen mentalen Modell verarbeitet. Ein kompetenter Leser aktiviert gezielt sein Vorwissen zum Thema des Textes oder auch zu einzelnen Wörtern oder Aussagen durch verschiedene Methoden, wie zum Beispiel das Erstellen eines Clusters. Er nutzt bereits die Überschrift, um Hypothesen zum möglichen Textinhalt zu bilden. Er achtet auf stilistische und poetische Signale. Er stellt Fragen zum Text und vergleicht das Gelesene mit seinem bisherigen Wissen. Er sucht Assoziationen zu einem Thema und notiert diese als schlussfolgernde Wissenspunkte am Rand des Textes. In bewusst gesetzten Lesepausen kontrolliert er sein Verständnis vom Gelesenen, indem er die Hauptaussagen des Textes rekapituliert und eventuell schriftlich festhält.

Bei Verständnisschwierigkeiten geht er im Text noch einmal zurück und liest die entsprechenden Textteile erneut. Stößt er auf ihm unbekannte Wörter oder bleiben ihm Sachverhalte trotz wiederholter Lektüre unverständlich, so zieht er externe Wissensspeicher (wie zum Beispiel Wörterbücher, Lexika, Internet oder Gespräche mit einem Experten) heran, um so Verständnislücken systematisch zu schließen. Entsprechend seiner Leseintention zieht er gegebenenfalls zusätzliches Material, zum Beispiel Informationen zum Autor, zur Gattung, zur Epoche des literarischen Textes, zur Unterstützung seiner Lektüre heran. Er trifft eine Auswahl aus der Sekundärliteratur und nutzt diese als Ergebnis eines fremden Sinnzuschreibungsprozesses für die Entwicklung eigener mentaler Modelle.

Der kompetente Leser stellt gezielt Verknüpfungen zwischen den einzelnen Sätzen und Textabschnitten her, indem er die Konnektoren des Textes fokussiert und eventuell markiert (vgl. Rupp/Bonholt 2004). Er strukturiert den Text, indem er selbst Abschnitte findet und markiert, eventuell Zwischenüberschriften formuliert oder in einer Gliederung festhält. Er setzt sich planvoll mit der Struktur des Textes auseinander, indem er verschiedene Aspekte wie den Handlungsverlauf, Personenkonstellationen, logische Zusammenhänge, die verschiedenen Handlungsorte und die diesen zugeordneten Figuren durch Diagramme, Schaubilder oder mind-maps visualisiert (vgl. Stadter 2001).

Im Anschluss an die Lektüre rekonstruiert er das geschilderte Geschehen durch verschiedene produktive Schreibverfahren (vgl. Haas 1997).

2.2 Ganzheitlich-imaginative Lesestrategien

Unter dem Begriff „ganzheitlich-imaginativ“[4] werden jene Lesestrategien gefasst, die in top-down-Prozessen vorwissens- und erfahrungsbasiert helfen, Textsinn zu konstruieren. Ein kompetenter Leser nutzt verschiedene Möglichkeiten, die durch den literarischen Text evozierten Vorstellungsbilder sichtbar und kommunizierbar zu machen. Er stellt seine bildlichen Assoziationen zum literarischen Text durch szenische Darstellungen, Standbilder oder Pantomime dar, oder er visualisiert die entstandenen Imaginationen durch Bilder, Zeichnungen, Farbzuordnungen, Schaubilder, Cluster, mind-maps und Collagen. Natürlich kann er seine Vorstellungen auch durch lautes, prosodisches oder „wirkungshintertreibendes Lesen“ (Beisbart 1993, S. 172) oder durch Vertonungen des Textes, durch Musik und Klänge fassbar zu machen versuchen.

Der kompetente Leser baut bewusst eine auch emotionale Beziehung zum Text auf, indem er sich einzelnen Figuren empathisch oder identifikatorisch annähert: Er fühlt sich in die Figuren ein und setzt deren Handlungen, Gefühle, Gedanken und Meinungen in Bezug zu eigenen biografischen oder auch literarischen Erfahrungen. Er nutzt den Text, um sich seiner selbst zu vergewissern: In Auseinandersetzung mit dem Text realisiert und reflektiert er eigene Vorstellungen, Träume und Ängste. Diese Prozesse initiiert er durch verschiedene handlungs- und produktionsorientierte Verfahren, zum Beispiel durch das Verfassen eines Tagebucheintrages aus der Sicht des Protagonisten, durch das Einfügen von Gedanken und Gefühlen in bestimmte Textstellen, durch das Antizipieren eines möglichen weiteren Verlaufs der Ereignisse, oder durch das Umschreiben ausgewählter Textstellen.

Der kompetente Leser lässt sich bewusst auf die Ambiguität literarischer Texte ein, ohne mehrdeutige Textstellen durch eine vorschnelle Bedeutungszuschreibung erklären zu wollen. Dazu nimmt er verschiedene Perspektiven auf den Text ein. Er tauscht sich mit anderen Lesern über verschiedene Deutungsmöglichkeiten aus und erprobt verschiedene Lesarten (zum Beispiel sozialgeschichtlich, diskursanalytisch, biografisch, etc.). Er nutzt das Angebot der Sekundärliteratur planvoll, um fremde Sichtweisen auf den Text kennen zu lernen und eventuell die eigene Sinnzuschreibung zu korrigieren. Er deckt durch das Heranziehen von Gattungs- und Epochenwissen und eine intensive Auseinandersetzung mit den sprachlich-stilistischen und poetisch-ästhetischen Dimensionen des Textes verschiedene Sinnschichten auf.

Durch einen Vergleich mit anderen literarischen Werken und durch den Bezug auf eigene Erfahrungen und auf übergeordnete Wertmaßstäbe bildet der

[4] Abraham (2004, S. 224) verweist zu Recht auf die unscharfe Definition des Begriffs „Ganzheitlichkeit“ im didaktischen Diskurs. Wie bereits bei Abraham soll der Begriff hier als Gegenbewegung zu einer einseitig rational-kognitiv ausgerichteten Lernkultur (vgl. Beisbart 1996) verstanden werden, um so mehr, als der Begriff „Strategie“ häufig mit einem technokratischen Vorgang assoziiert wird.

kompetente Leser sowohl zum dargestellten Sachverhalt als auch zum literarischen Werk als ästhetischem Gebilde eigenständige Werturteile.

2.3 Metakognitive Strategien

Unter dem Begriff „metakognitive Lesestrategien" werden alle bewusst und reflektiert gewählten kognitiven, emotionalen und sozialen Handlungen gefasst, die der Leser selbstständig und nicht nur repetitiv durchführt, um den Leseprozess hinsichtlich des Leseziels zu optimieren. Kompetente Leser sind in der Lage, den eigenen Leseprozess bewusst zu gestalten (vgl. Artelt 2002). Dazu gehört, dass der eigene Leseprozess gezielt geplant, kontrolliert und gesteuert wird. Eine solche Lesehaltung kann nur der Leser einnehmen, der sich seiner Leseintention bewusst ist, die er aber bei Lesewiderständen auch wieder in Frage stellen kann. So verschafft sich ein kompetenter Leser zunächst Klarheit über die gestellten Leseaufgaben oder macht sich bewusst, zu welchem Zweck er einen Text lesen möchte. Liest er, um seinen Erfahrungshorizont zu erweitern und Einblick in fremde Kulturen zu erhalten? Liest er, um sich über einen bestimmten Sachverhalt zu informieren? Liest er, um sich zu unterhalten und für eine Weile der Wirklichkeit zu entfliehen? Oder ist er fasziniert von bestimmten sprachpoetischen Mitteln? Die Leseintention wirkt sich maßgeblich auf die Gestaltung des Leseprozesses aus.

Der kompetente und selbstverantwortliche Leser verschafft sich einen möglichen Einstieg und einen Überblick über einen Text oder wählt den Text, der seinen Lesebedürfnissen am besten gerecht wird. Dazu liest er Klappentexte und Buchbesprechungen, liest verschiedene Texte kurz an und informiert sich in Buchhandlungen und Bibliotheken.

Um sein Leseziel zu erreichen, reguliert der kompetente Leser den Grad der emotionalen Involvierheit in den Text. So begegnet ein Leser, der sich zu bestimmten Sachverhalten informieren möchte, dem Text weit distanzierter, als der Leser, der Abstand zu seiner eigenen Lebenssituation sucht und sich für eine Weile in der Textwelt verlieren möchte (vgl. Pette 2001, S. 132f.).

Der kompetente Leser verfügt über Strategien, Lesemotivation aufzubauen und auch während des gesamten Leseprozesses zu erhalten: Dazu gestaltet er bewusst das Lesesetting, zum Beispiel indem er feste Lesezeiten einrichtet und einen angenehmen Ort für die Lektüre wählt. Er informiert sich durch Vorausblättern über das zu bewältigende Lesepensum, und er erhält sich die Neugierde auf den Text.

3. Vermittlung von Lesestrategien

Doch wie gelangen die hier aufgeführten Strategien nun ins Handlungsrepertoire der Schülerinnen und Schüler? Der Anspruch, Lesestrategien zu vermitteln, gestaltet sich zunächst einmal paradox. Ziel ist ein mündiger Leser, der den eigenen Lektüreprozess selbstständig und bewusst gestaltet. Das Vermitteln von Lesestrategien ist jedoch zunächst ein hochgradig instruktiver Prozess. Der Lehrer als Experte muss den Schülerinnen und Schülern die Strategie und deren Anwendung explizit darlegen. Für einen souveränen Umgang mit Lesestrategien bedarf es zum einen deklarativen Wissens (d. h. des Wissens um die Strategien und deren Anwendung), zum anderen aber auch prozeduralen Wissens (d. h. die Schülerinnen und Schüler müssen die verschiedenen Strategien versiert und flexibel gemäß ihrer Leseintention auswählen und anwenden können). Die Vermittlung von Lesestrategien muss daher auf zwei Wegen erfolgen: Einerseits durch die explizite Beschreibung und durch ein angeleitetes Anwenden der Strategie mit schrittweiser Hinführung zur Selbstständigkeit, andererseits durch eine neue Aufgabenkultur (vgl. Köster et al. 2004; Beisbart 2005), die die Anwendung der erlernten Lesestrategien einfordert und einübt.

Auch wenn verschiedene Autoren isoliert durchzuführende, systematische Trainingseinheiten unter Verweis auf die hohe Lernwirksamkeit der direkten Instruktion empfehlen (vgl. z. B. Gold et al. 2004), muss an dieser Stelle ausdrücklich vor der Funktionalisierung des Literaturunterrichts zum Vermitteln und Einüben von Lesestrategien gewarnt werden. Lesestrategiewissen wird nur dann nachhaltig wirksam bleiben, wenn deren Vermittlung eingebettet ist in einen Literaturunterricht, der gemeinsam mit den Schülerinnen und Schülern das Sinn-, Wahrnehmungs- und Deutungsangebot literarischer Texte ausschöpft (vgl. Abraham 1998, S. 135). Lesestrategien nehmen in diesem Kontext eine Funktion ein und werden nicht zum Selbstzweck oder zum ausschließlichen Lehrziel.

3.1 Vermittlung von Lesestrategien durch Instruktion

Bei der Vermittlung von Lesestrategien durch Instruktion sollen die Schülerinnen und Schüler verschiedene Lesestrategien, deren Funktion und deren Anwendung kennen lernen und selbst erproben.

Eine gelungene methodische Inszenierung bietet das Konzept „Der Lehrer als Meisterleser“ (Willenberg 2007, S. 181 ff.). Willenberg macht in seinem Konzept die Tatsache, dass Lehrer ihre Lesekompetenz schon über einen längeren Zeitraum auf- und ausgebaut haben, und daher Lesestrategien versiert und flexibel gemäß ihrer Leseintention und den Anforderungen des Textes einsetzen können, nutzbar. Voraussetzung für dieses Vorgehen ist, dass der Lehrer bezüglich des ausgewählten Textes selbst bereits ein klares mentales Modell entwickelt hat.

Durch die Methode des „lauten Denkens“ zeigt der Lehrer, wie Textverstehensprozesse schrittweise ablaufen (können). Er legt seine Denkprozesse im Umgang mit dem Text offen und berichtet, wie er an bestimmten Stellen vorgeht. Dadurch wird ein Lernen durch Beobachtung und Nachahmung initiiert. Die Schülerinnen und Schüler erkennen darüber hinaus, dass Lesen ein komplexer Prozess ist, der nicht nur für sie selbst, sondern auch für einen erfahrenen Leser langwierig und mühsam sein kann.

Als ähnlich wirksam hat sich das Konzept des reziproken Lernens erwiesen, das bereits in den 1980er Jahren entwickelt wurde (vgl. Palinscar/Brown 1984). Die Schülerinnen und Schüler nehmen beim Lesenlernen abwechselnd die Rolle des Lernenden und des Lehrenden ein: Als Gruppenleiter fordern und begleiten sie die Anwendung verschiedener Strategien, als Gruppenmitglieder wenden sie diese an.

Darüber hinaus gibt es zahlreiche Ansätze, bei denen einzelne Lesestrategien benannt, erklärt und erprobt werden (vgl. zum Beispiel Hoppe 2004; Fingerhut 2004; Rupp/Bonholt 2004). Besonders nachhaltig wirkt dieses Vorgehen, wenn sich die Schülerinnen und Schüler einzelne Strategien zu eigen machen, indem sie die Operationen mit eigenen Worten notieren und eigene Text- und Anwendungsbeispiele hinzufügen. Im Laufe ihrer Schulzeit erarbeiten die Schülerinnen und Schüler ein persönliches Vademecum des Lesens, in dem die unterschiedlichen Strategien gesammelt werden (vgl. Willenberg 2004, S. 13).

3.2 Vermittlung von Lesestrategien durch eine neue Aufgabenkultur

Das, was Köster et al. (2004) und Beisbart (2005) als eine neue Aufgabenkultur bezeichnen, meint gerade nicht die Ergebnisse von Leseprozessen in Tests abzuprüfen, um die Schüler anschließend in Kompetenzniveaus einzuteilen, wie es seit PISA vielfach geschieht. Gemeint sind vielmehr Aufgaben, die die eigenen Leseprozesse der Schülerinnen und Schüler begleiten und unterstützen und dabei, anknüpfend an Vorerwartungen und Beobachtungen der Schüler, den Prozess der Sinnzuschreibung zunehmend umfassender berücksichtigen.

Verschiedene Zugriffe auf das Thema Lesestrategien haben wichtige Einsichten erkennen lassen:

Wichtig sind zum einen empirische Daten, die erweisen, dass eine spezifisch literarische Lesekompetenz von einer allgemeinen Lesekompetenz zu unterscheiden ist (Roick u. a. 2010). Auch wenn man dazu vor allem auf eine intentio operis, die Konzentration auf die im Text erkennbare Sinnstruktur abhebt, so bleibt sie zugleich in Korrespondenz mit den anderen Sinnbereichen, der intentio auctoris und der intentio lectoris, ist jedoch Ausgangspunkt für die Fähigkeit des Lesers, semantisch-ästhetische und „idiolektal-ästhetische“, d.h. strukturbezogene Merkmale wahrzunehmen, die empirisch abgrenzbar seien. Präziser wird diese Differenzierung von Einflussfaktoren, wenn man (vgl. Artelt u.a. 2005) neben der Beschaffenheit des Textes unterscheidet: das Vorwissen des Lesers, seine bewusst eingesetzten Leselern-Aktivitäten sowie die Wahl von Lesehaltungen. Ähnlich ist auch Willenbergs Konzept angelegt, diagnostisch Lesestufen für literarisches Lesen zu unterscheiden (2007, bes. S. 11ff.).

Weiterführend aber gerade für die Aufgabenkultur und die Praxis des Literaturunterrichts ist ein Systematisierungs- und Differenzierungsvorschlag von Winkler (2011). Er baut auch auf früheren Versuchen auf, die Qualität und Reichweite von Aufgabenzugängen zu literarischen Texten zu beschreiben, die schon in der curricularen Lernzielklassifikation (vgl. dazu Beisbart/Marenbach 2010, S. 232f.) verwendet wurden und oben in Punkt 2. unter Lesestrategien vorgestellt wurden. Winkler (2011) unterscheidet drei Aufgabentypen: Die *Rekonstruktionsaufgabe* gibt das Ergebnis eines Textverstehensprozesses vor. Dieses muss vom Aufgabenbearbeiter am Text nachvollzogen werden. Die *Generierungsaufgabe* initiiert einen Textverstehensprozess und die *Bewertungsaufgabe* gibt einen Interpretationsansatz vor, der vom Aufgabenbearbeiter geprüft bzw. bewertet werden muss. Die von Winkler unterschiedenen Aufgabentypen erlauben noch keine Rückschlüsse auf den Schwierigkeitsgrad der Aufgabe. Die verschiedenen Typen variieren jedoch in ihrem „Integrationsgrad" (Winkler 2011, S. 107), d.h. sie beziehen sich auf verschiedene Ebenen der Textrepräsentation (Art der Darstellung, Kohärenzetablierung, Sinnzuschreibung und Kritik) und in ihrem „Präzisionsgrad" (ebd.) d.h. im geforderten Einbezug relevanter Informationen aus dem Text.

Im Folgenden werden die drei Aufgabentypen am Beispiel der Kurzgeschichte *Sommerhaus, später* von Judith Hermann (1998) veranschaulicht. Die Kommentare und Fragen der Schülerinnen und Schüler eignen sich i.d.R. hervorragend, Generierungsaufgaben zu entwickeln. Im Folgenden werden mögliche Aufgabenstellungen zu der Kurzgeschichte *Sommerhaus, später* von Judith Hermann (1998) skizziert. Die erste Begegnung mit dem Text wird so schon als bedeutsam erlebt und das Vorgehen (die vermittelte Lesestrategie) wird als zielführend im Bewusstsein der Schüler verankert. Erste spontane Reaktionen auf die Lektüre der ganzen Erzählung könnten sein: „Hat Stein nun tatsächlich sein eigenes Haus angezündet und wenn ja, warum?" Oder: „Warum hat die Erzählerin Stein eigentlich nie in dem Haus besucht?" Was lässt sich dazu am Text beobachten?" Um den Schülern zu zeigen, dass es unterschiedliche Wege und Strategien gibt, sich dieser Frage zu nähern, werden verschiedene Aufgaben angeboten. Eine Möglichkeit stellt das textnahe Arbeiten dar: Die Schüler sollen nach Textstellen suchen, die darauf hinweisen, dass Stein das Haus tatsächlich selbst in Brand gesteckt hat. Eine zweite Möglichkeit stellt ein identifikatorischer Zugang dar: Die Schüler verfassen ein Gutachten über den verhafteten Stein, in dem der Verfasser, vielleicht ein Psychologe, erklärt, warum er vermutet, dass Stein das Haus angezündet hat. Und eine dritte Aufgabe könnte sich auf die Kommunikation zwischen Stein und der Gruppe um die Ich-Erzählerin beziehen, vielleicht sogar zu alternativen Gesprächssituationen im Spiel anregen. Die Schüler aktivieren hierbei auch ihr Vorwissen zum Thema Beziehung bzw. Beziehungskommunikation. Die exemplarische Rekonstruktionsaufgabe beschäftigt sich mit der sprachlichen Beschaffenheit des Textes: Der Ton des gesamten Textes bleibt sachlich, nüchtern und distanziert, wenngleich die Autorin emotional sehr anrührende Themen aufgreift. Durch welche sprachlichen Mittel stellt die Autorin diese Distanz zu den geschilderten Ereignissen her? In der folgenden Bewertungsaufgabe setzen sich die Schülerinnen und Schüler mit einer fremden Deutung des Textes auseinander und bewerten diese: In einer Kritik zu Judith Hermanns Erzählungen heißt es: „Die junge Autorin Judith Hermann beschreibt in ihren Geschichten kurz und prägnant Begebenheiten des Alltags, die aber nie alltäglich sind.“ (http://www.dieterwunderlich.de/Hermann_sommerhaus.htm#cont) Findest du diese Aussage zutreffend? Begründe deine Meinung durch entsprechende Textverweise.

Für die Lernorganisation entscheidend ist weniger, dass „alles vorkommt“, sondern dass das, was der Lehrer oder die Lehrerin mit seiner oder ihrer diagnostischen wie literarischen Kompetenz für Schüler sichtbar machen kann, Leser und Text wirklich verbindet. Dasselbe gilt auch für ergänzendes Material. Entscheidend ist nicht die Menge, sondern die Auswahl, die am besten von Lehrer und Schülern gemeinsam getroffen wird.

Die Untersuchungsaufgaben zu konkreten literarischen Texten sollten also lernwegfördernd sein und den Einsatz möglichst vielfältiger Lesestrategien erproben und handhabbar machen (vgl. Winkler 2004, S. 97).

Die verschiedenen Zugangsweisen zum Text werden in Gruppen themendifferenziert bearbeitet und im Anschluss daran zusammengetragen. Die Schüler erkennen so, dass es nicht nur eine Lesestrategie für einen Text oder eine Fragestellung gibt, sondern dass sich die Ergebnisse komplementär ergänzen und dass es sinnvoll ist, verschiedene Perspektiven auf einen literarischen Text einzunehmen, um ein möglichst umfassendes Textverständnis aufzubauen.

4. Lesestrategien und die Grenzen von Unterricht

Operationen, Kompetenzen, Strategien und didaktische Leseaufgaben – so lauten die Hochwertbegriffe des aktuellen literaturdidaktischen Diskurses, die durchaus eine neue Perspektive auf den Leseprozess ermöglichen und vielleicht vergessenen Aspekten des Lesens eine neue Bedeutung verleihen. Aber die Gefahr, dass der so markierte Aufwand von Forschung und Didaktik weder den Möglichkeiten und Ansprüchen der literarischen Texte noch den Lesern, die sich motiviert, kognitiv und metakognitiv zur Reise in die Welten von Sprache und Fiktion rüsten wollen, gerecht wird, darf nicht aus dem Blick verloren werden. Genau so wenig soll die Gefahr verschwiegen werden, dass Tests und empirische Wirkungsforschungen weiterhin Defizite aufdecken, dabei aber dann falsche Schwerpunkte setzen, wenn sie nur deklaratives Wissen abfragen. Testkultur ersetzt keine Lesekultur. Die Schüler dürfen auf ihrer Reise in die Welt der Literatur beim Aufbau aktivierbaren verstehensfördernden Wissens nicht allein gelassen werden. Allerdings dürfen Unterricht bzw. Lehrende auch nicht überfordert werden. Wer Leser bleibt, ist unverfügbar.

Literatur

Abraham, Ulf (1998): Übergänge. Literatur, Sozialisation und literarisches Lernen. Opladen: Westdeutscher Verlag.

Abraham, Ulf (1999): Vorstellungs-Bildung und Deutschunterricht. In: Praxis Deutsch 154, S. 14–22.

Abraham, Ulf (2004): Lernen – Lesen – Wissen. Fächerverbindender Literaturunterricht und Lesekompetenz. In: Härle, Gerhard/Rank, Bernhard (Hrsg.): Wege zum Lesen und zur Literatur. Baltmannsweiler: Schneider, S. 215–230.

Artelt, Cordula et al. (Hrsg.) (2002): PISA 2000. Dokumentation der Erhebungsinstrumente. Berlin: Max-Planck-Institut für Bildungsforschung.

Artelt, Cordula/McElvany, Nele/Christmann, Ursula/Richter, Tobias/Groeben, Norbert/Köster, Juliane/Schneider, Wolfgang/Stanat, Petra/Ostermeier, Christian/Schiefele, Ulrich/Valtin, Renate/Ring, Klaus (2005): Expertise – Förderung von Lesekompetenz. Bonn/Berlin: BMBF (Bildungsreform Band 17).

Beisbart, Ortwin/Eisenbeiß, Ulrich/Koß, Gerhard/Marenbach, Dieter (Hrsg.) (1993): Leseförderung und Leseerziehung. Theorie und Praxis des Umgangs mit Büchern für junge Leser. Donauwörth: Auer.

Beisbart, Ortwin (1993): Der Ton macht nicht nur die Musik... Plädoyer für das Vorlesen in der Schule sowie einige Ratschläge für die Vermittlung dieser Fähigkeit. In: Beisbart, Ortwin/Eisenbeiß, Ulrich/Koß, Gerhard/Marenbach, Dieter (Hrsg.): Leseförderung und Leseerziehung. Theorie und Praxis des Umgangs mit Büchern für junge Leser. Donauwörth: Auer, S. 167–176.

Beisbart, Ortwin (1996): Ganzheitliches Lehren und Lernen als Aufgabe von Schule und Unterricht. (Selbst)Konstruktion und vernetztes Denken im Deutschunterricht. In: LUSD (Literatur und Sprache didaktisch) 9, S. 11–34.

Beisbart, Ortwin 2005 (2008): Lehrkompetenzen im Deutschunterricht – Sprache und Literatur. In: Rösch, Heidi (Hrsg.): Kompetenzen im Deutschunterricht. Beiträge zur Literatur-, Sprach- und Mediendidaktik. Frankfurt am Main: Lang, S. 195–217.

Beisbart, Ortwin/Marenbach, Dieter (Hrsg.) (2003) (2010): Bausteine der Deutschdidaktik. Ein Studienbuch, 4. neu bearb. Aufl., Donauwörth: Auer.

Beisbart, Ortwin (2012): Wachsende Rezeptionen zu Max Herrmanns Roman „Die Bernert-Paula“. Poetisches verstehen und/oder poetisches Verstehen als zwei Seiten eines Prozesses mit offenem Ausgang. In: Beata Giblak/Wojciech Kunicki (Hrsg.): Max Herrmann-Neisse (1886–1941). Auch zu Hause im Exil. Leipzig: Universitätsverlag 2012 („Schlesische Grenzgänger“; 5)

Bertschi-Kaufmann, Andrea (Hrsg.) (2007): Lesekompetenz. Leseleistung. Leseförderung. Grundlagen, Modelle und Materialien. Zug: Klett-Kallmeyer und Balmer.

Ciompi, Luc (1997): Die emotionalen Grundlagen des Denkens. Entwurf einer fraktalen Affektlogik. Göttingen: Vandenhoeck & Ruprecht.

Eggert, Hartmut (2002): Literarische Texte und ihre Anforderungen an die Lesekompetenz. In: Groeben, Norbert/Hurrelmann, Bettina (Hrsg.): Lesekompetenz. Bedingungen, Dimensionen, Funktionen. Weinheim/München: Juventa, S. 186–194.

Eggert, Hartmut/Garbe, Christine 1995 (2003): Literarische Sozialisation. 2. Auflg. Stuttgart: Metzler.

Fingerhut, Karlheinz (2004): Alte Texte verstehen – Lexik erweitern. In: Praxis Deutsch 187, S. 41–47.

Garbe, Christine/Holle, Karl/Lesch, Tatjana (2008): Texte lesen. Textverstehen, Lesedidaktik, Lesesozialisation. Paderborn/Stuttgart: Schöningh (UTB 3110).

Gold, Andreas/Mokhlesgerami, Judith/Rühl, Katja (2004): Wir werden Textdetektive. Lehrermanual. Göttingen: Vandenhoeck & Ruprecht.

Graf, Werner (2004): Der Sinn des Lesens. Modi der literarischen Rezeptionskompetenz. Münster: Lit.

Groeben, Norbert/Hurrelmann, Bettina (Hrsg.) (2002): Lesekompetenz. Bedingungen, Dimensionen, Funktionen. Weinheim/München: Juventa.

Groeben, Norbert (2002): Zur konzeptionellen Struktur des Konstrukts „Lesekompetenz“ In: Ders./Hurrelmann (Hrsg): Lesekompetenz. Bedingungen, Dimensionen, Funktionen. Weinheim: Juventa, S. 11–21.

Grzesik, Jürgen (2005): Texte verstehen lernen. Neurobiologie und Psychologie der Entwicklung von Lesekompetenzen durch den Erwerb von textverstehenden Operationen. Berlin: Waxmann.

Gutzen, Dietzer/Oellers, Norbert/Petersen, Jürgen H. 1976 (2005): Einführung in die neuere deutsche Literaturwissenschaft. Ein Arbeitsbuch. 7. vollst. überarb. Aufl. Berlin: Schmidt.

Haas, Gerhard (1997): Handlungs- und produktionsorientierter Literaturunterricht. Theorie und Praxis eines „anderen“ Literaturunterrichts für die Primar- und Sekundarstufe. Seelze: Kallmeyer.

Hermann, Judith (1998): *Sommerhaus, später.* Erzählungen. Frankfurt am Main: Fischer (darin die Titelerzählung S. 139–156).

Hölsken, Georg (1993): Leseverstehen und kognitive Textverarbeitung. In: Beisbart, Ortwin/Eisenbeiß, Ulrich/Koß, Gerhard/Marenbach, Dieter (Hrsg.): Leseförderung und Leseerziehung. Theorie und Praxis des Umgangs mit Büchern für junge Leser. Donauwörth: Auer, S. 47–54.

Hoppe, Almut (2004): Durch Visualisierungen Texte erfassen. In: Praxis Deutsch 187, S. 53–58.

Hurrelmann, Bettina (2002): Sozialhistorische Rahmenbedingungen von Lesekompetenz sowie soziale und personale Einflussfaktoren. In: Groeben, Norbert/Dies. (Hrsg.): Lesekompetenz. Bedingungen, Dimensionen, Funktionen. Weinheim: Juventa, S. 123–149.

Iser, Wolfgang 1970 (1974): Die Appellstruktur des Textes. Unbestimmtheit als Wirkungsbedingung literarischer Prosa. 4. Aufl. Konstanz: Univ.-Verlag.

Karg, Ina (2005): Mythos PISA. Vermeintliche Vergleichbarkeit und die Wirklichkeit eines Vergleichs. Göttingen: V&R unipress.

Köster, Juliane/Lütger, Will/Creutzburg, Jürgen (Hrsg.) (2004): Aufgabenkultur und Lesekompetenz. Deutschdidaktische Positionen. Frankfurt am Main: Lang.

Palinscar, Annemarie S./Brown, Ann L. (1984): Reciprocal teaching of comprehension-fostering and comprehension-monitoring activitier. In: Cognition and instruction 2, S. 117–175.

Pette, Corinna (2001): Psychologie des Romanlesens. Lesestrategien zur subjektiven Aneignung eines literarischen Textes. Weinheim/München: Juventa.

Richter, Tobias/Christmann, Ursula (2002): Lesekompetenz: Prozessebenen und interindividuelle Unterschiede. In: In: Groeben, Norbert/Hurrelmann, Bettina (Hrsg.): Lesekompetenz. Bedingungen, Dimensionen, Funktionen. Weinheim: Juventa, S. 25–58.

Roick, Thorsten/Stanat, Petra/Dickhäuser, Oliver/Frederking, Volker/Meier, Christel/Steinhauer, Lydia (2010): Strukturelle und kriteriale Validität der literarästhetischen Urteilskompetenz. Projekt literarästhetische Urteilskompetenz. In: Klieme, Eckhard/Leutner, Detlev/Kenk, Martina (Hrsg.): Kompetenzmodellierung. Zwischenbilanz des DFG-Schwerpunktprogramms und Perspektiven des Forschungsansatzes. Zeitschrift für Pädagogik, Beiheft; 56, S. 165–174

Rosebrock, Cornelia/Nix, Daniel (2008): Grundlagen der Lesedidaktik und der systematischen schulischen Leseförderung. Baltmannsweiler: Schneider.

Rupp, Gerhard/Bonholt, Helge (2002): Mit dem Stift zum Sinn. Schreiben als Lesestrategie. In: Praxis Deutsch 187, S. 48–52.

Scheller, Ingo (1995): Szenische Interpretation von Dramentexten. „Die Substanz ist das 'an sich', das bin ich". In: Deutschunterricht 48, H. 4, S. 170–179.

Scherner, Maximilian (2005): Das Verstehen verstehen lernen – an Beispielen moderner Kurzprosa. In: Der Deutschunterricht 57, H. 1, S. 57–67.

Spinner, Kaspar H. (1980): Entwicklungsspezifische Unterschiede im Textverstehen. In: Ders. (Hrsg.): Identität und Deutschunterricht. Göttingen: Vandenhoeck & Ruprecht.

Spinner, Kaspar H. (1998): Thesen zur ästhetischen Bildung im Literaturunterricht heute. In: Der Deutschunterricht 50, H. 6, S. 46–54.

Spinner, Kaspar H. (Hrsg.) (1999): Neue Wege im Literaturunterricht. Hannover: Schroedel.

Spinner, Kaspar H. 2006: Literarisches Lernen. In: Praxis Deutsch 200, S. 6–16.

Stadter, Andrea (2001): Der Abstract – die multifunktionelle Textzusammenfassung. Eine ungewöhnliche Textsorte in der Oberstufe. In: Praxis Deutsch 168, S. 50–53.

Willenberg, Heiner (2001): Aktiver Wissenserwerb im Literaturunterricht: In: Köppert, Christine/Metzger, Klaus (Hrsg.): Entfaltung innerer Kräfte. Blickpunkte der Deutschdidaktik. Seelze: Friedrich, S. 21–33.

Willenberg, Heiner (2004): Lesestrategien. Vermittlung zwischen Eigenständigkeit und Wissen. In: Praxis Deutsch 187, S. 6–15.

Willenberg, Heiner (Hrsg.) (2007): Kompetenzhandbuch für den Deutschunterricht. Baltmannsweiler: Schneider.

Willenberg, Heiner (2007): Lesestufen – die Leseprozesstheorie; Der Lehrer als Meisterleser. In: Willenberg, Heiner (Hrsg.): Kompetenzhandbuch für den Deutschunterricht. Baltmannsweiler: Schneider, S. 11–23; S. 181–187.

Winkler, Iris (2004): Aufgabenstellungen und ihre Bedeutung für die Ausbildung von Textverstehensstrategien. In: Köster, Juliane/Lütger, Will/Creutzburg, Jürgen (Hrsg.): Aufgabenkultur und Lesekompetenz. Deutschdidaktische Positionen. Frankfurt am Main: Lang, S. 81–90.

Winkler, Iris (2007): Welches Wissen fördert das Verstehen literarischer Texte? Zur Frage der Modellierung literarischen Wissens für den Deutschunterricht. In: Didaktik Deutsch 22, S. 71–88.

Winkler, Iris (2011): Aufgabenpräferenzen für den Literaturunterricht. Eine Erhebung unter Deutschlehrkräften. Wiesbaden: VS-Verlag.

ANITA SCHILCHER

3.7 Geschlechterdifferenzierung im Literaturunterricht

Nicht nur die PISA-Studie bestätigt, dass (deutsche) Jungen weniger gern und weniger gut lesen als die Mädchen. Die katastrophalen Ergebnisse der Jungen im Lesen haben jedoch die Diskussion um das Thema „Jungen und Lesen" gesellschaftlich en vogue gebracht.

Während unter dem Begriff des „Gender-Mainstreaming" auf politischer und gesellschaftlicher Ebene daran gearbeitet wird, politische Prozesse unter dem Gesichtspunkt der Geschlechtergleichheit zu reorganisieren, verbessern und entwickeln und damit den Frauen die Teilhabe zu erleichtern, geht es im schulischen Bereich bereits auch verstärkt um eine Jungenförderung. Denn gerade im Hinblick auf die Schulkarriere scheinen Jungen verstärkt ins Hintertreffen zu geraten. So steigt der prozentuale Anteil der Abiturientinnen (56 %) ebenso wie der prozentuale Anteil der Jungen ohne Hauptschulabschluss (63 %). Doch wie Koch-Priewe (2002, S. 12) bemängelt, wird die Gender-Frage im Hinblick auf relevante Inhalte der Schulreformprozesse höchst selten diskutiert.

Doch was sind Konzepte der „Mädchen- und Jungenförderung" in der Schule? Während in der politischen Diskussion Geschlecht als Strukturkategorie aufgefasst wird und es Ziel ist, den strukturellen Abbau von Geschlechterhierarchien voranzutreiben, dreht sich der wissenschaftliche Diskurs um die (De-)-Konstruktion von Geschlechterdifferenzen (Koch-Priewe 2002, S. 19). Gerade der Deutsch- und Literaturunterricht bietet die Möglichkeit, beide Konzepte zu verfolgen. Denn zum einen geht es darum, Kompetenzunterschiede von Mädchen und Jungen auszugleichen – etwa durch die Steigerung der Lesekompetenz bei Jungen und der Medienkompetenz bei Mädchen, zum anderen stellt sich in der Auseinandersetzung mit Rollenentwürfen in der modernen Literatur immer wieder die Frage, ob es „typisch weiblich" und „typisch männlich" noch gibt.

1. Zur empirischen Forschungslage

Geschlechterunterschiede beim Lesen gehören zu den stabilsten Ergebnissen der Leseforschung. Dass Jungen und Mädchen sich im Hinblick auf Lesekompetenz, -interesse und -intensität unterscheiden, wissen wir nicht erst seit PISA, wenngleich die drei bislang durchgeführten PISA-Studien das Ausmaß der Unterschiede jedes Mal klar ins Bewusstsein heben und auf internationaler Ebene bestätigen. Im Folgenden seien einige Ergebnisse der empirischen Forschung der letzten Jahre kurz zusammengefasst.

1.1 Lese- und Sprachkompetenzen

Bereits in der von Hurrelmann u. a. durchgeführten Kölner Leseklima-Studie treten die Unterschiede zwischen Jungen und Mädchen in Lesefertigkeit, Lesefreude, Rezeptionsverhalten und Lesevorlieben deutlich zutage (Hurrelmann, Hammer, Nieß 1993, S. 51f.). Richter, May und Brügelmann weisen auf die Überlegenheit der Mädchen im Schriftspracherwerb zwischen der 1. und 9. Klasse hin (Richter/May/Brügelmann 1994, S. 157f.). Schon bei Eintritt in die Grundschule weisen Mädchen größere schriftbezogene Vorkenntnisse auf. Warum dies so ist, bleibt in der Forschungsliteratur bisher unbeantwortet (Hornberg et al. 2007, S. 199).

Bemerkenswert ist jedoch, dass die Geschlechterunterschiede während der Grundschulzeit noch relativ gering sind. In IGLU, das u. a. die Leseleistung bei den Viertklässlern untersucht, zeigt sich ebenfalls ein Vorsprung der Mädchen, der für Deutschland jedoch verhältnismäßig gering ausfällt (Hornberg et al., 2007). Gerade in der Spitzengruppe ist der Anteil der Mädchen und Jungen in etwa gleich hoch. In der Gruppe der Risikoleser sind ebenfalls nicht wesentlich mehr Jungen als Mädchen vertreten. Besonders positiv hervorgehoben wird bei IGLU 2006, dass sich die Lesekompetenz der Jungen signifikant in eine positive Richtung entwickelt hat. Bei informierenden Texten ist der Vorsprung der Mädchen deutlicher ausgeprägt als bei literarischen Texten.

Im Laufe der Sekundarstufe bildet sich jedoch eine immer breitere Schere zwischen Mädchen und Jungen. So kommt die LAU-Studie (Lehmann et al. 2002 u. 2004) zu dem Ergebnis, dass sich die Lernfortschritte der Jungen nach dem Übergang in die Sekundarstufe verlangsamen. Zu analogen Befunden kommt die KESS-Studie in Bezug auf die Leseentwicklung zwischen der 4. und 6. Jahrgangsstufe (Bos/Bonsen/Gröhlich, 2007). Die LAU-Studie stellte allerdings fest, dass sich die Leseleistungen der Jungen in der Sekundarstufe II wieder denen der Mädchen angleichen. Unter Umständen findet die PISA-Studie also zu einem für die Jungen sehr ungünstigen Erhebungszeitpunkt statt, da sich hier der Geschlechterunterschied beim Lesen besonders eindrücklich niederschlägt. In allen Teilnehmerstaaten der ersten PISA-Studie erreichten die Mädchen in der Lesekompetenz signifikant höhere Testwerte als die Jungen. Dieser Befund hat sich auch in PISA 2009 nicht verändert. Im internationalen Vergleich liegt der Abstand der Jungen und Mädchen in Deutschland mit 40 Punkten im Mittelfeld (Naumann/Artelt/Schneider/Stanat 2010, S. 52). Während bei Kompetenzstufe III die Verteilung nahezu identisch ist, fallen die Leistungsunterschiede bei den oberen und unteren Kompetenzstufen deutlich auseinander, sodass Jungen einen höheren Anteil bei den niedrigeren Kompetenzstufen ausmachen – gerade unter den Risikolesern finden sich besonders viele Jungen –, während Mädchen einen größeren Anteil der Spitzengruppe einnehmen. Zwar lässt sich für PISA 2009 ein positiver Trend in der Lesekompetenzentwicklung insgesamt beobachten, es gibt jedoch keinen Hinweis darauf, dass sich die Lücke zwischen den Geschlechtern schließen würde (ebd. S. 53).

Während bei PISA 2000 der Vorsprung der Mädchen nur bei kontinuierlichen Texten besonders ausgeprägt war, lassen die Mädchen bei PISA 2009 die Jungen bei allen Textsorten gleichermaßen hinter sich (ebd. S. 54). Auch bei der Lesegeschwindigkeit, die mit der Lesekompetenz korreliert, erreichen über alle Schularten hinweg betrachtet die Mädchen im ersten PISA-Test die signifikant besseren Werte (Stanat Kunter 2001, S. 256). Philipp (2010, S. 144f.) zeigt jedoch, dass sich diese Unterschiede nivellieren, sobald die Schulform berücksichtigt wird. Da deutlich mehr Jungen die Hauptschule und etwas mehr Mädchen das Gymnasium besuchen, wirkt sich der Schulartunterschied auch auf die Geschlechterunterschiede aus. Philipp kommt in seiner Untersuchung von 6. Klassen zu dem Ergebnis, dass bei Kontrolle der Schulart keine Geschlechterunterschiede auszumachen sind.

1.2 Leseintensität und Lesemotivation

Alle entsprechenden Untersuchungen zeigen, dass Mädchen häufiger lesen als Jungen (z. B. Hurrelmann / Hammer / Nieß 1993, S. 51ff.; Bonfadelli / Fritz 1993, S. 51). Die Spezifika von Mädchen und Jungen ziehen sich dabei durch alle Studien. Philipp zeigt, dass dies vor allem für das Lesen von Belletristik gilt, das stark zwischen den Geschlechtern polarisiert, während in allen anderen Nutzungsfrequenzen von Medien, auch bei Zeitungen und Zeitschriften, nur schwache Effekte zu beobachten sind (Philipp 2010, S. 123ff.). Auch in Bezug auf die Leseintensität konstatiert Philipp, dass die Unterschiede zwischen den einzelnen Schulformen meist weit ausgeprägter sind als die zwischen den Geschlechtern. Zum gleichen Ergebnis kommt Pronold-Günthner (2010, 165ff).

Bei beiden PISA-Studien, die nicht gleichzeitig Geschlecht und Schulform berücksichtigten, sondern die Variable 'Geschlecht' und 'Schulform' unabhängig voneinander untersuchten, wiesen die Jungen hinsichtlich der Lesemotivation wesentlich schlechtere Werte auf als die Mädchen. 67 % der deutschen 15-jährigen Jungen geben bei PISA 2009 an, dass sie nicht zum Vergnügen lesen. Unter den Mädchen dagegen finden sich gerade in Deutschland überproportional viele Vielleserinnen (70 %), die täglich mehr als zwei Stunden lesen. Die Gruppe der Vielleser / innen insgesamt liegt bei 6 %. (Artelt / Naumann / Schneider 2010, S. 87) Es lässt sich auch nach PISA 2009 konstatieren, dass Mädchen häufiger zu den Vielleserinnen zählen, während signifikant mehr Jungen zu den Nicht-Lesern zählen. Als positiver Befund aus PISA 2009 lässt sich jedoch werten, dass entgegen dem allgemeinen Trend die Lesefreude der Jungen seit der ersten PISA-Studie gestiegen ist (ebd. S. 100), wenngleich der Unterschied zu den Mädchen immer noch groß ist.

Aufschlussreich ist auch hier der Vergleich der PISA-Ergebnisse mit denen aus IGLU 2005. Es lässt sich zeigen, dass in IGLU gerade im Hinblick auf die Geschlechterdifferenzen deutliche Unterschiede zwischen der Grundschule und dem Ende der Sekundarstufe I zu beobachten sind. Die Geschlechterunterschiede in Leseintensität und Lesemotivation fallen in der Grundschule moderater aus. So lesen 30 % der Mädchen und 22 % der Jungen täglich mehr als eine Stunde, dagegen lesen 9 % der Mädchen, aber 19 % der Jungen niemals zum Vergnügen. (Hornberg et al. 2007, S. 2007)

Bischof und Heidtmann weisen darauf hin, dass die Leseintensität bei den Jungen mit einsetzender Pubertät deutlicher zurückgeht als bei den Mädchen. Als einen möglichen Grund dafür nennen sie die verstärkte Konkurrenz, die das Lesen durch eine erhöhte Verfügungsgewalt über andere Medien erhält (Bischof/Heidtmann 2002, S. 249f.). Auch Repräsentativbefragungen der Bertelsmann-Stiftung konstatieren einen starken Leseknick bei den Zwölfjährigen, der sich bei den Jungen stärker auswirkt als bei den Mädchen (Harmgarth 1999, S. 23). Zu ähnlichen Ergebnissen kommt die DFG-Studie „Muss-Lektüre versus Lust-Lektüre". Bei den befragten Achtklässlern fanden sich unter den Viellesern mehr als doppelt so viele Mädchen wie Jungen, unter den Computer-Nutzern doppelt so viele Jungen wie Mädchen. Während der Anteil der männlichen Nichtleser in dieser Studie bei 36 % lag, liegt er bei den Mädchen bei 11 % (Franz 2002, S. 10f.).

Während die Ergebnisse der großen Leistungsstudien einen großen Einfluss des Geschlechts auf die Lesemotivation vermuten lassen, zeigen stärker differenzierende Studien wiederum, dass die Effekte des Geschlechts auf die Lesemotivation geringer sind als die der besuchten Schulform. So lesen Jungen der Haupt- und Realschulen am wenigsten, während Gymnasiastinnen die höchste Lesefrequenz und -motivation aufweisen. Gymnasiasten übertreffen jedoch immer noch die Mädchen aus Haupt- und Realschulen in Bezug auf Lesefrequenz und Lesefreude. Geschlecht und Schulform verstärken sich in ihren Effekten auf die Lesefreude. (Philipp 2010)

1.3 Lese- und Medieninteressen

Frauen und Männer unterschieden sich schon immer im Hinblick auf ihre Leseinteressen und das hat sich auch durch die voranschreitende gesellschaftliche Gleichberechtigung nicht wesentlich geändert (z. B. Eggert/Garbe 1995, S. 78f.; Bonfadelli/Fritz 1993, S. 54f.). Während Mädchen und junge Frauen nach wie vor auf Genres wie Mädchenbücher sowie Schicksals- und Liebesromane zurückgreifen, lesen Männer und Jungen häufig lieber Sachliteratur. Abenteuerromane sind hingegen bei beiden Geschlechtern beliebt und auch humoristische und satirische Lesestoffe finden bei einer großen Zahl der Jugendlichen Gefallen. Für die im Unterricht häufig gelesenen Problembücher der Kinder- und

Jugendbücher ist bei den Mädchen größeres Interesse vorhanden. (Vgl. Bonfadelli/Fritz 1993, S. 54f.; Eggert/Garbe 1995, S. 79; Franz 2002, S. 13ff., Pronold-Günthner 2010, S.157f.)

Richter und Plath zeigen in ihrer Erfurter Studie zur Lesemotivation, dass die Ausprägung der Geschlechtstypik des Lesens nicht erst in der Jugendphase stattfindet, sondern dass sich bereits im Grundschulalter von der 1. Klasse an Geschlechtsunterschiede erkennen lassen, die sich bis zur 5. Klasse ausprägen und vertiefen (Richter/Plath 2004). Zudem konnte gezeigt werden, dass sich das als einheitlich gedachte Konstrukt „Lesemotivation" in zwei Faktoren teilt: Dem Interesse an Büchern und Geschichten steht die Motivation zum Lesen von Comics, Bildgeschichten und Zeitschriften gegenüber, wobei sich in Bezug auf Letzteres kaum Motivationsunterschiede zeigen. Das Lesen von Büchern und Geschichten wird jedoch von Klasse 2 bis 4 immer mehr zu einem Mädcheninteresse. Gefragt nach den spezifischen Lektürepräferenzen überschneiden sich jedoch die Interessen von Mädchen und Jungen in einigen Bereichen: Mädchen wie Jungen lesen schon während ihrer Grundschulzeit etwa gleich gerne Abenteuerliteratur, Jungen zeigen jedoch bereits in der Grundschule ein etwas ausgeprägteres Interesse an informierenden Texten. Deutliche Unterschiede wiesen die Genres Märchen/Sagen und Tiergeschichten auf. Bei beiden Geschlechtern gleichermaßen relativ unbeliebt ist die realistische Kinderliteratur. (Richter/Plath 2002, S. 48f.) Bei differenzierteren Auswertungen zeigte sich jedoch, dass Mädchen und Jungen unter „Abenteuerliteratur" unterschiedliche Texte vorstellen. So bevorzugen Jungen Ritter-, Piraten-, Räuber- oder Indianergeschichten, Mädchen dagegen Hexengeschichten sowie Bücher von Astrid Lindgren oder Erich Kästner (Richter/Plath 2005, S. 88f.).

Ähnliche Befunde lieferte die PEER-Studie mit Fünft- und Sechstklässlern (Philipp 2010). Befragt nach den letzten drei gelesenen Büchern tendieren die Jungen hier deutlich zu Spannungs- und Fantasy-Titeln, während Mädchen mehr realistische Texte und Texte mit Tieren nannten.

Philipp (2010, S. 84f.) erhob auch die Zeitschriftenvorlieben und konnte zeigen, dass hier die Geschlechterdifferenzen z.T. sehr ausgeprägt sind: Gerade Regionalzeitungen, Sport-, Computer(spiel)- und Wochenzeitschriften sowie Disney- und Abenteuercomics sind bevorzugte Genres der Jungen, während sich Mädchen tendenziell mehr für Jugend- und Musikmagazine sowie Magazine über Natur und Tiere und Mädchencomics interessieren.

1.4 Lektüremotivationen und -gratifikationen

Lesen bietet für Frauen vielschichtigere Gratifikationen als für durchschnittliche männliche Leser (Köcher 1993, S. 300ff.). Bei den Gratifikationen und Funktionen, die die Buchlektüre erfüllen soll, sind bei Frauen das eskapistische Lesen mit Betonung der Unterhaltungsfunktion und der Möglichkeit zum „Abschalten“ stark überrepräsentiert, aber auch die ästhetisch-reflexive und sozial-emotionale Ebene spielen eine wichtige Rolle. Frauen sind somit besser in der Lage, sich genussvoll auf Fiktion einzulassen. Bei den Männern steht die Informationsgewinnung im Vordergrund (Hurrelmann/Hammer/Nieß 1993, S. 51; Eggert/Garbe, 1995, S. 79f., Schreier/Odag 2004, S. 109). Frauen sind stärker bereit, sich mit den Romanfiguren zu identifizieren und sie setzen das Lesen öfter ein, um sich innerlich mit kritischen Lebenssituationen zu beschäftigen (Charlton/Burmann/Sutter 2004, S. 18), was auch dazu führt, dass sie weniger gut zwischen realen und medial-fiktionalen Inhalten trennen können als Männer (Schreier/Odag 2004, S. 105).

Wie bereits oben erwähnt, finden sich diese Unterschiede analog bei den Kindern. So gilt für Mädchen und Frauen, dass zum Lesen nicht in erster Linie ein rationaler, zweckorientierter Zugang gewählt wird, sondern ein ganzheitlicher, der auch emotionale Komponenten enthält. Gerade die Bevorzugung von Genres wie der realistischen, oft problemorientierten Literatur und Teenie-Zeitschriften, die die Schwärmerei für „Stars“ fördern, legen nahe, dass hier die emotionale Komponente eine wichtige Rolle spielt. Fragt man bei Verlagen nach den „Verkaufsschlagern“ der Kinder- und Jugendliteratur, so ergibt sich, dass die klassischen Mädchenserien hier besonders auflagenstark sind (vgl. „Freche Mädchen – freche Bücher“ aus dem Thienemann Verlag). Sie thematisieren fast durchgehend die „erste Liebe“, Mädchenfreundschaften und Jugendkultur. Auch Kassenschlager wie die *Twilight*-Serie werden – folgt man den Rezensionen im Internet – überwiegend von Mädchen und Frauen gelesen. Wertet man die Rezensionen inhaltlich aus, zeigt sich, dass emotionale Beteiligung das zentrale Motiv ist, diese Texte zu lesen.

Doch in der Zeit der Adoleszenz spielt auch bei den Jungen das Lesen als Möglichkeit eigene Probleme zu bearbeiten eine gewisse Rolle, hierzu werden gerne Biographien und Autobiographien gewählt, aber auch literarische Texte (Eggert/Garbe 1995, S. 80).

Wie Franz zeigt, finden sich große geschlechtsspezifische Unterschiede bei der Bewertung des Handlungsverlaufs in den Texten: Für die Mädchen der 8. Klasse ist guter Handlungsausgang wesentlich wichtiger als für die Jungen (m: 38,8 %; w: 56,0 %). Auch die Identifikationsmöglichkeit mit den Figuren spielt bei den Mädchen eine größere Rolle (m: 70 %; w: 87,1 %). Die Antworten von Mädchen und Jungen auf die Frage „Ein Buch muss so richtig meine Gefühle ansprechen“ stehen sich diametral entgegen. Während 71 % der Mädchen dieser Aussage zustimmen, beantworten 72 % der Jungen diese Frage mit „nein“. (Franz 2002, S. 16f.) Wirft man einen Blick auf die bevorzugten Medienthemen von Heranwachsenden so zeigt sich, dass die Interessen von Jungen in Richtung Actionfilm, die der Mädchen in Richtung Liebesfilm gehen. In den jeweiligen Genres werden – so Barthelmes und Sanders – Medienerfahrungen gesucht, in denen es thematisch um Frauen- und Männerbilder geht (Barthelmes/Sanders 2001).

Untersuchungen von Bischof und Heidtmann weisen darauf hin, dass das informatorische Lesen bei den Jungen an Bedeutung verliert. Die Befragung 14 bis 17-Jähriger ergab, dass erzählende Literatur von Jungen immer stärker ausschließlich unterhaltungs- und erlebnisorientiert genutzt wird, dabei dominieren Bücher, die erzähltechnisch und dramaturgisch Ähnlichkeiten mit TV-Serien und Drehbüchern aufweisen. Rezeptionsgewohnheiten werden heute bereits bei Klein- und Vorschulkindern durch Hörspiele und TV-Cartoonserien geprägt: Medien, die durch eine Aneinanderreihung von Spannungshöhepunkten Aktion und Abwechslung generieren und besonders stark von Jungen konsumiert werden (Bischof/Heidtmann 2002, S. 257ff.). Von der Buchlektüre werden ähnliche Gratifikationen erwartet. Die Mehrheit der Jungen sieht als besondere Gratifikationsleistung des Buches die individuelle Phantasieanregung. Die Jungen erkennen demnach durchaus, dass das Lesen intensivere Erlebnisse als die Rezeption audiovisueller Medien verschaffen kann. Sie erwarten jedoch bereits auf den ersten Seiten eines Buches äußere Aktion und anschließend eine Abfolge von Spannungshöhepunkten, eine Struktur also, die ihnen aufgrund ihrer primären medialen Rezeptionserfahrungen die Lektüre erleichtert. Klassiker oder ambitionierte Literatur fallen hier oft heraus. (Bischof/Heidtmann 2002, S. 259) Eine Angleichung der Lektüregratifikationen konnte auch Pronold-Günthner (2010, 176ff.) bei ihrer Untersuchung von Schülern der 5., 7. und 9. Jahrgangsstufe feststellen. Demnach unterscheiden sich Jungen und Mädchen bezüglich der Lektürefunktionen Unterhaltung und Informationsgewinn kaum mehr. Während das Lesen zur Unterhaltung über die verschiedenen Jahrgangsstufen hinweg relativ stabil bleibt, nimmt dagegen das Lesen als Möglichkeit zur Informationsgewinnung mit zunehmendem Alter der Schüler deutlich ab (5. Klasse: m: 69%, w: 62%; 9. Klasse: m: 42%, w: 44%).

Philipp (2010, 85f.) weist darauf hin, dass der auch bei Befragungen zu erkennende Fokus auf das Medium Buch den Blick auf andere Medien verstellt. Populär- und jugendkulturelle Medien geraten dabei leicht aus dem Blick, etwa Comics, Zeitschriften und das Internet. Da diese Medien oft Domänen von Jungen darstellen, verzerren rein buchorientierte Befragungen den Blick auf das „Lesen" insgesamt.

1.5 Interesse am Deutschunterricht

Das Interesse von Mädchen am Fach Deutsch ist über alle Jahrgangsstufen hinweggrößer als das der Jungen (Faulstich-Wieland 1991, S. 148ff.; Schiefele/Stocker 1990, S. 40ff.). Nicht zuletzt schlägt sich das unterschiedliche Interesse am Fach Deutsch auch im Studiengang „Germanistik" nieder: 77% der Studierenden sind weiblich (Quelle: destatis; Zahlen von 2010).

Wie Richter/Plath zeigen, antworten bereits in der 2. Klasse auf die Frage „Macht dir der Deutschunterricht Spaß" 65,5% der Mädchen und 51,7% der Jungen mit „ja". In der 4. Klasse sind es nur noch 40,5% der Mädchen und 28,6% der Jungen. In der 3. Klasse kommt es demnach zu einem Umschlagpunkt. Für besonders wichtig erachten Richter und Plath, dass Kinder nach dem Erwerb grundlegender Lesefähigkeiten den persönlichen Wert des Lesens tatsächlich erfahren (Richter/Plath 2002, S. 51ff.).

Den Grund für die starke Abnahme des Interesses am Deutschunterricht sehen sie darin, dass ein beträchtlicher Teil der Lehrer und Lehrerinnen in ihrem Deutschunterricht keine Kinderbücher liest. Wenn Kinderbücher gelesen werden, dann überwiegend realistische Kinderbücher, während das bei Mädchen wie Jungen beliebte Genre der Abenteuerliteratur relativ selten vertreten ist. Das bedeutet, dass kindliche Leseinteressen und schulisches Angebot schon in der Grundschule hohe Diskrepanzen aufweisen.

Für die fünften und sechsten Klassen konnte Philipp (2010, S. 116f.) ebenfalls zeigen, dass der „Spaß am Deutschunterricht" sowohl geschlechts- wie schulspezifisch differiert: Mädchen aller Schularten bringen mehr Begeisterung für den Deutschunterricht auf als die Jungen. Gymnasiasten unterscheiden sich in ihrer Zustimmung jedoch von den Real- und Hauptschülern. Letztere haben am Deutschunterricht am wenigsten Spaß.

2. Ursachen und Erklärungsmodelle

Seit Jahren bemüht sich die empirische Lesesozialisationsforschung Ursachen zu identifizieren, die die Geschlechtsunterschiede beim Lesen erklären. Dabei ist man sich in der theoretischen Modellierung her weitgehend einig, dass nicht das biologische, sondern das soziale Geschlecht (nicht „Sex", sondern „Gender") als Erklärungskonzept anzusetzen ist. Doch auch wenn diese Erklärungsperspektive theoretisch überzeugend ist, ist sie bislang in der empirischen Überprüfung wenig erfolgreich, denn in den meisten empirischen Untersuchungen wird zwar das biologische, nicht aber das soziale Geschlecht erhoben (Groeben/Hurrelmann 2004, S. 1). Das hängt nicht zuletzt damit zusammen, dass die Modellierung des „sozialen Geschlechts" bei weitem mehr Schwierigkeiten bereitet als die Erhebung des biologischen Geschlechts. Dass Sozialisationsfaktoren sich jedoch nachhaltig auf die Lesekarriere von Jungen und Mädchen auswirken und dass dabei immer noch beträchtliche Unterschiede zwischen Mädchen- und Jungensozialisation bestehen, darüber besteht kein Zweifel.

2.1 Jungensozialisation vs. Mädchensozialisation

Wie Bonfadelli/Fritz (1993) zeigen, unterscheidet sich bereits die Lesesozialisation im Elternhaus. Hier erhalten Mädchen in ihrer Kindheit eine intensivere

Leseunterstützung als Jungen, z. B. durch Vorlesen, aktive Unterstützung beim Lesen, Mitnahme in die Bibliothek. Auf der anderen Seite zeigen Befunde der Mediensozialisationsforschung, dass Jungen früher und intensiver mit anderen Medien in Berührung kommen. Darüber hinaus bleibt in der Forschungsliteratur jedoch weitgehend unbeantwortet, warum Mädchen schon beim Eintritt in die Grundschule über größere schriftbezogene Vorkenntnisse verfügen (Hornberg et al., S. 199).

Die unterschiedliche Wahrnehmung des Lesens mag auch damit zu tun haben, dass die Lesesozialisation traditionell eine Aufgabe der Mutter ist. Für den Prozess der Lese- und Mediensozialisation bedeutet dies, dass Lesen oft schon durch die ersten Vorleseerfahrungen als weiblich konnotiert gilt. Den vorlesenden oder auch für sich lesenden Mann gibt es in unserer Gesellschaft wesentlich seltener wie wir aus verschiedenen Studien wissen (z. B. Bonfadelli/Fritz 1993, S. 135 f.).

Dass Geschlechtsrollenorientierungen von Jungen immer noch durch die Vorstellung von Differenz geprägt sind und sie eine Geschlechtsrollenangleichung für das eigene Geschlecht ablehnen, zeigt eine Studie Horstkempers (1996). Gerade Jungen, die geschlechtsuntypische Verhaltensweisen wie musische, kulturelle und soziale Interessen zeigen, werden von anderen Jungen eher abgelehnt, während androgyne Mädchen keine Ablehnung zu befürchten haben. Horstkemper kommt damit zu dem Schluss, dass es Mädchen leichter haben, sich von stereotypen Festlegungen zu distanzieren.

> Die Furcht, als lächerlich, verweichlicht oder zu wenig „cool" zu gelten, hemmt die Experimentierlust mit Verhaltensweisen, die aus dem Bereich männlicher „Normalität" herausfallen. Insbesondere die Gruppe der Gleichaltrigen sanktioniert solche Verhaltensweisen in der Regel negativ, jedenfalls gibt es kaum positive Resonanz darauf. (Horstkemper 1996, S. 128)

Dass die Lese- und Mediensozialisation meist eng mit der Entwicklung der Geschlechtsrollenidentität zusammenhängt, zeigen qualitative Forschungen, die einen tieferen Einblick in die systemische Qualität von Sozialisationsprozessen erlauben. Zwar können diese Studien wegen der meist geringen Fallzahlen nur eine heuristische Perspektive aufzeigen, dadurch jedoch Anknüpfungspunkt für weiter gehende Forschungen sein.

So zeigt etwa Graf (2004, S. 27 ff.), dass der Sachbuchpräferenz der Jungen mit Themenschwerpunkten wie Computer, Naturwissenschaften oder Wirtschaft eine symbolische Funktion zukommt:

> Die geschlechtsspezifische Verteilung spricht dafür, dass dieser literarischen Umorientierung eine Funktion für die Definition der subjektiven Geschlechtsidentität zukommt. (...) Die männliche Präferenz für den Sachtext ist teilweise mit einer polemischen Abwertung des Lesens fiktionaler Literatur verbunden. (Graf 2004, S. 28 f.)

Als Kind schätzt der typische Sachbuchleser Fiktion, in der Jugendphase orientiert er sich um. Dabei verändert sich jedoch die Lesefunktion weniger als der radikale Genrewechsel suggeriert. Auch Sachtexte können in einem fantasieaktivierenden Lesemodus rezipiert und tagträumerisch genossen werden, so dass es zu Vermischungen und Konvergenzen etwa zwischen unterhaltender, partizipatorischer, emanzipatorischer und informierend-instrumenteller Lesefunktion kommt, wobei das Informationsideal der Lektüre der Außendarstellung dient.

> Für die Übernahme und die Präsentation der männlichen Geschlechtsrolle scheint diesem strikten Realitätsbezug entscheidendes Gewicht zuzukommen. Die rigorose Ausstellung der Sachtextpräferenz unterstützt die noch ungesicherte Rollenübernahme. Das Bekenntnis zur Sachtextlektüre ist als Manifestation des „kleinen" und des „feinen" Unterschieds zu werten, als ein Stück des männlichen Habitus, des soziokulturellen Geschlechtscharakters. (Graf 2004, S. 32)

Mit dem Verständnis für diese symbolische Funktion der Sachtextlektüre lässt sich auch die Aggression gegenüber fiktionalen Texten erklären, da die Auseinandersetzung mit Fiktion als Bedrohung für die männliche Geschlechtsidentität interpretiert werden kann.

Garbe (2004) geht bei der Untersuchung der systemischen Zusammenhänge der Lesesozialisation noch einen Schritt weiter und orientiert sich in ihrer Methodik an der systemischen Therapie. Dazu werden in rekonstruktiven Analysen Interviews zur Lese- und Mediensozialisation verschiedener Familienmitglieder ausgewertet. Dabei zeigt sich, dass der innerfamiliären Beziehungsdynamik eine große Bedeutung für die Ausbildung subjektiver Geschlechts- und Medienidentitäten zukommt. Zwar spielt auch die *peer-group* eine wichtige Rolle bei der konkreten Ausformung von Medieninteressen, doch – so lassen die qualitativen Studien vermuten – wird die *peer-group* bereits entsprechend der in der Familie aufgebauten Gender- und Medienidentität ausgewählt.

Auch Pieper/Rosebrock (2004) argumentieren systemisch, wenn sie an einem Sample bildungsferner Jugendlicher den Zusammenhang zwischen der geschlechtsspezifischen Ausprägung und Funktion von Freundschaftsbeziehungen, den kommunikativen Praktiken und der unterschiedlichen Leseneigung der Geschlechter nachweisen. In ihrer Untersuchung zeigt sich, dass die in Freundschaften eingebundenen jungen Frauen nahe und gesprächsintensive Beziehungen pflegen, in denen Kommunikation über Texte und Medieninhalte auch bei nicht-habituellen Leserinnen stattfindet, wobei es inhaltlich um Innenwelten und Selbstbefindlichkeiten, um Beziehungen zu anderen und Identität geht: Themen also, die emotionales Erleben wiedergeben. Männliche Jugendliche hingegen thematisieren emotionales Erleben in ihren Freundschaftsbeziehungen kaum. Zudem hemmen Geschlechtsrollenstereotype ihren Umgang mit Büchern.

Mädchen – so Rosebrock/Pieper – verfügen damit insgesamt über bessere Voraussetzungen, Leseanregungen aus dem schulischen Kontext aufzunehmen. Die Kluft zwischen ihren Freizeitlektüren und schulisch inszeniertem Lesen scheint nicht unüberwindbar, denn die Leserinnen verfügen grundsätzlich über Praxen der Anschlusskommunikation, so dass sie Anregungen und kommunikativ orientierte Verfahren des Unterrichts aufnehmen können.

> Im Hinblick auf eine genderorientierte Lesesozialisationsforschung lässt sich festhalten, dass mit den divergierenden Kommunikationsmustern besonders ab dem Jugendalter und durch die sozialen Schichten hinweg offenbar ein Moment gegeben ist, an dem soziales Geschlecht manifest wird und das für die Ausprägung des Leseverhaltenserhebliche Bedeutung hat. (Pieper/Rosebrock 2004, S. 75).

In einer quantitativ angelegten Studie untersucht Philipp (2010) den Einfluss der Peergroup auf Lesemotivation und Leseverhalten zu Beginn der Sekundarstufe anhand der beiden Variablen „Anschlusskommunikation“ und „Leseorientierung“ der Peergroup. Es stellte sich heraus, dass der *peer*-Einfluss schon früh einsetzt. In der Längsschnittuntersuchung ergab sich, dass ein Effekt der *peer*-Leseorientierung vor allem für männliche Real- und Hauptschüler zu beobachten ist, deren Leselust anscheinend stärker von ihrer *peer*-Leseumwelt abhängt. Die habituelle, intrinsische und tätigkeitsspezifische Lesemotivation geht einher mit der Leseorientierung der Clique. Das bedeutet, dass der Peergroup als Instanz der Lesemotivationsförderung bisher ein zu geringer Stellenwert eingeräumt worden ist. Das Ergebnis von Philipp sollte deshalb zu einer Neuausrichtung innerhalb der schulischen Leseförderung herangezogen werden.

2.2 Der Einfluss von Lesemotivation und Lesestrategiewissen auf die Lesekompetenz

Während die Fragen nach der unterschiedlichen Entwicklung der Lesemotivation aufgrund der Forschungslage erst als teilweise beantwortet gelten dürfen, lassen sich aufgrund der Befunde der large-scale-Studien Variablen bestimmen, die die unterschiedlich ausgeprägte Lesekompetenz bei Jungen und Mädchen erklären können. So zeigt sich etwa in PISA (Artelt/Naumann/Schneider 2010, S. 108), dass Mädchen und Jungen, die das gleiche Niveau an Lesemotivation und Lesestrategiewissen aufweisen, sich nicht mehr wesentlich in ihrer Lesekompetenz unterscheiden. Lesestrategiewissen und Lesemotivation stellen einen stabile Prädiktoren für die Lesekompetenz dar. Das bedeutet – didaktisch gewendet –, dass hier zwei wesentliche Anknüpfungspunkte bestehen: Unterricht muss zum einen darauf zielen, das nötige Lesestrategiewissen zur Verfügung zu stellen, zum anderen sollte dies unter Bedingungen geschehen, die der Lesemotivation zuträglich sind.

3. Didaktische Konsequenzen

IGLU nennt aus der Zusammenschau vieler Untersuchungen ein Bündel an Merkmalen eines guten Leseunterrichts (Lankes/Carstensen 2007, S. 163).

Ein guter Leseunterricht

- lässt Kindern viel Zeit zum Lesen;
- gibt Kindern Texte, die sie aus eigenem Ziel heraus lesen;
- bietet viele unterschiedliche Textsorten an;
- hilft aktiv, den Wortschatz zu erweitern;
- lässt das Gelesene oft schriftlich verarbeiten und
- gibt Gelegenheit, über das Gelesene zu sprechen.

Im Folgenden sollen einige konkrete Punkte ausgearbeitet werden, die diese empirisch bestätigten Fördermaßnahmen für den Deutschunterricht konkretisieren.

3.1 Lesestoffe und Lektüreauswahl

Da die Lesemotivation in mehrfacher Hinsicht verknüpft ist mit der Lesekompetenz, sollte ein Hauptanliegen des Lese- und Literaturunterrichts die Steigerung der Lesemotivation bilden. Dies kann zu einem großen Teil vor allem über die freie Wahl des Lesestoffes und motivierende Lesestoffe gewährleistet werden. Der Leseunterricht in deutschen Klassenzimmern ist jedoch – wie in IGLU gezeigt – immer noch geprägt von der Arbeit mit didaktischen Materialen wie Schulbüchern oder Arbeitsblättern. Literarische Texte oder Gebrauchstexte werden seltener verwendet. (Lankes/Carstensen 2007) Dies stellt für die Entwicklung der Lesemotivation und die Anwendung unterschiedlicher Lesestrategien ein Problem dar. Hier sollte verstärkt auf Kinder- und Jugendliteratur, aber auch auf Gebrauchstexte wie Zeitungen und Zeitschriften zurückgegriffen werden, um Texte anzubieten, die funktionale Bedeutung für die Schülerinnen und Schüler haben.

Besonders sorgfältig sollten dabei belletristische Texte hinsichtlich ihrer Identifikationsangebote gewählt werden. Gerade angesichts der schwierigen Wechselwirkungsmechanismen zwischen dem Aufbau einer Geschlechtsidentität und der Lesesozialisation erscheint die Auswahl der Lesestoffe für den schulischen Kontext besonders wichtig. Wie Wardetzky (1992) anhand der Auswertung von 1577 Geschichten nach vorgegebenen Märchenanfängen von Kindern der Klassen 2–4 zeigt, imaginieren Jungen die von ihnen entworfenen Helden nach wie vor mit Attributen klassischer Männlichkeit. „Der Held – wie ihn Mädchen und Jungen gleichermaßen phantasieren und dabei ganz der Märchentradition folgen – ist der Kämpferische – er lässt kaum eine Gelegenheit ungenutzt, seine Einmaligkeit und Überlegenheit zu beweisen.“ (Wardetzky 1992, S. 206) Mädchen dagegen folgen zwar auf der einen Seite dem Weiblichkeitsstereotyp der Märchen (Opferrolle, Konfliktvermeidung, soziale Bindung als Hauptmotiv), statten auf der anderen Seite jedoch ihre Heldinnen mit emanzipativen Eigenschaften aus. So sind diese eben auch weltzugewandt, unerschrocken, aufmüpfig und redelustig. Kinder übernehmen – so Wardetzky – nicht bestimmte Rollenstereotype aus den Märchen, sondern übernehmen für ihre Imaginationen Geschlechtsrollenentwürfe, wie sie im kindlichen Alltag immer noch wirksam sind. Wardetzky (1992, S. 11) zeigt darüber hinaus, dass Jungen den Mädchen in einem Märchenratetest bei denjenigen Märchen überlegen sind, in denen ein männlicher Held die Hauptfigur des Märchens ist (z. B. „Das tapfere Schneiderlein“, „Märchen von einem, der auszog das Fürchten zu lernen“), während allgemein die Mädchen über eine qualitativ wie quantitativ höhere Märchenkenntnis verfügen. Dies lässt vermuten, dass es besonders für Jungen entscheidend ist, in ihren Lesestoffen Identifikationsangebote vorzufinden, die ihren männlichen Selbstentwürfen nicht widersprechen. Pronold-Günthner konnte in ihrer Studie einen Zusammenhang zwischen Identifikationsprozessen und Lesemotivation bzw. Leseselbstkonzept nachweisen, wenngleich die Frage nach Ursache und Wirkung nicht eindeutig zu beantworten ist. Nach wie vor zeigt sich, dass Jungen sich meist nur mit männlichen Protagonisten identifizieren und auch ein mit positiven Eigenschaften versehener literarischer Held für die Identifikationsfähigkeit von Vorteil ist (Pronold-Günthner 2010, 258 f.).

Während es aus lesemotivationaler Sicht deshalb durchaus sinnvoll sein kann, auf Texte zurückzugreifen, die Rollenklischees bedienen, ist es pädagogisch und gesellschaftlich gesehen wünschenswert, auch Jungen dazu anzuregen, tradierte Rollenstereotype zu hinterfragen. Diesen Spagat zu bewältigen bleibt eine Herausforderung für die Lehrkräfte.

Doch während für die Kinder- und Jugendliteratur der 90er Jahre noch zu konstatieren war, dass die männlichen Rollenentwürfe dem tradierten Männlichkeitsstereotyp diametral entgegenstanden (Schilcher 2001, S. 56 ff.), lässt sich dies für die Kinder- und Jugendliteratur seit der Jahrtausendwende nicht mehr bestätigen. Neuere Kinder- und Jugendliteratur bietet für beide Geschlechter Rollenentwürfe, die dem Selbstbild der Jungen und Mädchen eher entsprechen dürften als die fast durchgehend sensiblen Jungen und emanzipierten Mädchen der 90er Jahre. Auch die Zunahme an Phantastik und Abenteuerliteratur auf dem Buchmarkt für junge Leser zeigt, dass hier der Markt auf die Bedürfnisse von Kindern und Jugendlichen beiderlei Geschlechts reagiert hat. Problematisch mag zum Teil erscheinen, dass in etlichen beliebten Reihen traditionelle Geschlechterrollen wieder ein dominantes Muster darstellen (z. B. Twilight).

Bei der Auswahl der Lektüren für den Unterricht stehen den Lehrkräften heute jedoch viele interessante Texte zur Verfügung, die sowohl Genrevorlieben von Mädchen und Jungen bedienen als auch interessante Geschlechterrollenentwürfe als Identifikationsangebot zur Verfügung stellen. Hier gilt es, den neueren Kinder- und Jugendliteraturmarkt zu erkunden und für die unterschiedlichen Klassen die geeignete Lektüre zu wählen. Wie Philipp (2010) zeigt, lassen sich hier keine pauschalen Empfehlungen über die Schulformen hinweg geben. Nur durch klasseninterne Befragungen, die die Medienpräferenzen der Gruppe ermitteln, führen hier zu einer passgenauen Lektüre. Gerade für die Jungen in Haupt- und Realschulen dürfte jedoch überwiegend gelten, dass episoden- und spannungsreiche Texte an ihre Medienvorlieben mit einer größeren Wahrscheinlichkeit anknüpfen.

Wie Piper/Rosebrock (2004, S. 65f.) zeigen, tritt der (Literatur-)unterricht, der doch Anschlusskommunikation an Texte unterschiedlichster Art systematisch inszeniert, gerade im Altersbereich der Pubertät kaum mehr als leseanregende Instanz für die intrinsisch motivierte Lektüre belletristischer oder informatorischer Texte in Erscheinung. Erst ab dem 15. Lebensjahr und nur für intellektuell Orientierte gewinnt der Deutschunterricht diese Funktion zurück. Lehrkräfte sollten deshalb genau überlegen, wie das Gespräch über literarische Texte so inszeniert werden könnte, dass die Jugendlichen sich mit denjenigen Aspekten auseinandersetzen können, die für sie besonders wichtig sind.

Schule als gesellschaftliche Institution zur Sicherung qualifizierter Anschlusskommunikation an Lektüreprozesse kann gerade im Hinblick auf Individuationsprozesse einen Beitrag dazu leisten, dass Jungen an das Lesen herangeführt werden und ihnen gleichzeitig eine Auseinandersetzung mit den eigenen Männlichkeitsidealen ermöglicht wird. Wichtig wäre es deshalb, darauf zu achten, dass Identifikationsmöglichkeiten geboten werden, die einerseits gesellschaftlich sinnvoll erscheinen, die Jungen aber nicht in unauflösbare Ambivalenzen stürzen. Männliche Protagonisten können dabei durchaus kämpferisch, mutig und „cool" sein, wie es die Jugendidole in den Medien sind. Gerade Literatur ermöglicht jedoch den Blick in das Innere eines „Helden", so dass deutlich wird, dass Heldenmut nicht Angst- und Gefühlslosigkeit bedeutet. Die aktuelle Kinder- und Jugendliteratur bietet ausreichend „heldenhafte" Identifikationsfiguren mit Tiefgang. Dabei erscheint es gerade für weniger lesemotivierte Jungen wichtig, auf ein ausgewogenes Maß an Innensichten und Handlungselementen zu achten. Dass die im gegenwärtigen Literaturunterricht stattfindende Leseerziehung die Jungen nur zu einem geringen Teil erreicht, liegt nicht zuletzt an der Auswahl der Schullektüren, die – literarisch ambitioniert – moderne Erzähltechniken verwenden und durch einen hohen Anteil an Innensichten emphatisches und affektbezogenes Lesen unterstützen. Um die Jungen mehr anzusprechen, müsste schulische Leseerziehung Texte einbringen, die aktionsgeladen, spannend und episodenreich sind und eine höhere Verzahnung mit der Popularkultur aufweisen (Bischof/Heidtmann 2002, S. 265.).

Gerade für jüngere Schüler und Schülerinnen erscheinen Bandenromane als besonders geeignet. Bereits unter den Klassikern der Kinder- und Jugendliteratur spielen sie ein große Rolle („Emil und die Detektive", „Die rote Zora", „Robin Hood", „Krabat", „Pippi Langstrumpf", „Harry Potter", fast sämtliche Serien von Enid Blyton, Oliver Hassencamp usw.) Vor allem gemischtgeschlechtliche Banden können Identifikationsbedürfnisse bei Mädchen und Jungen befriedigen.

Richter und Plath (2004, S. 92) weisen darauf hin, dass nicht nur die Wahl des Genres an sich über die Beteiligung der Geschlechter am Literaturunterricht entscheidet. So kann die Wahl von Märchen zwar zu männlicher Distanz führen, die Berücksichtigung von Märchenparodien sowie die Betrachtung der Märchen im interkulturellen Kontext das Interesse der Jungen jedoch beleben. Auch die Behandlung von Mythen oder die Betrachtung komplexer Bildgeschichten kommt der Interessenslage der Jungen entgegen.

Lehrkräfte sollten bei der Auswahl der Lesestoffe grundsätzlich offen sein für alle Arten von Printmedien und Online-Medien. Zwar ist es auch Aufgabe der Schule das literarische Lesen anzubahnen, zum Aufbau der Lesemotivation sollte das Spektrum an Leseangeboten jedoch breit sein, um individuelle Interessenslagen zu treffen. So eignen sich auch Zeitungen und Zeitschriften, Online-Texte, aber auch Untertitel fremdsprachiger Kinder- und Jugendfilme, um das Lesen zu trainieren und Lesemotivation aufzubauen. Letzteres könnte gerade für die Steigerung der Lesegeschwindigkeit gut geeignet sein. Grundsätzlich lässt sich konstatieren, dass authentische Lesestoffe im Unterricht eine größere Rolle spielen sollten, um die Lesemotivation der Schülerinnen und Schüler zu steigern.

3.2 Trainingsprogramme zur Steigerung der Lesekompetenz

Wie in 2.2. ausgeführt ist neben der Steigerung der Lesekompetenz das Lesestrategiewissen eine entscheidende Einflussgröße für die Entwicklung der Lesekompetenz. Deshalb gilt es, ein solides Strategiewissen zu vermitteln und die Anwendung der Strategien zu schulen. Hierzu bieten sich unterschiedliche Vorgehensweisen und Trainings an (vgl. Philipp/Schilcher 2012). Um entscheiden zu können, welche spezifische Förderung angemessen ist, bedarf es auf Seiten der Lehrkräfte einer guten diagnostischen Kompetenz. Ist etwa die Leseflüssigkeit noch nicht ausreichend entwickelt, bietet sich ein Training der Leseflüssigkeit an (z. B. Rosebrock/Nix 2008). Im Anschluss daran oder für solide Leserinnen und Leser sollten geeignete Strategien gewählt werden, die dem Leseniveau der Schülerinnen und Schüler entsprechen. Besonders wichtig ist es dann, diese so intensiv zu trainieren, dass Schülerinnen und Schüler sie selbstreguliert einsetzen können. Mädchen wie Jungen profitieren gleichermaßen von einem solchen Vorgehen. Da die Wirksamkeit von Leseflüssigkeitstrainings und Lesestrategietrainings mehrfach nachgewiesen wurde, sollte ein moderner Deutschunterricht auf eine nachhaltige Förderung in diesen Bereichen nicht verzichten.

3.3 Unterrichtsorganisation und Unterrichtsmethodik

Bisherige Untersuchungen konnten zeigen, dass sich das fachliche Selbstvertrauen von Mädchen etwa im Bereich Mathematik durch Phasen monoedukativen Unterrichts positiv beeinflussen lässt (Koch-Priewe 2002, S. 21). Ähnliche Studien zu den Auswirkungen monoedukativen Unterrichts für Jungen in Deutsch oder musischen Fächern gibt es nicht. Dabei wäre es durchaus denkbar, dass sich gerade während der Pubertät Mädchen und Jungen in geschlechtshomogenen Gruppen wohler fühlen und freier über „ihre" Bücher sprechen können (Vgl. Barth 1997, S. 19).

Auch ein „offener Lektüreunterricht" bietet die Möglichkeit, dass sich – falls gewünscht – geschlechtshomogene Gruppen bilden. Im Rahmen eines solchen Lektüreunterrichts können auch andere Medien eine Rolle spielen. Ein solches Vorgehen bietet eine Alternative zur „Pflichtlektüre", d.h. einer einzigen – meist von der Lehrkraft verordneten – Lektüre für alle (Bertschi-Kaufmann 2002, S. 141ff.). Ein „offener Lektüreunterricht" kann dabei so gestaltet sein, dass ein Rahmenthema gewählt wird, zu dem verschiedene Printmedien (Prosatexte, Sachbücher, Zeitschriften) und digitale Medien (CD-ROMs, Online-Portale) angeboten werden. Aus diesen wählen sich die Schüler und Schülerinnen Lektüreangebote, die sie selbständig lesen. Um die für Kinder wichtige Anschlusskommunikation zu ermöglichen, kann eine Aufgabe darin bestehen zu einem gelesenen Text in der Gruppe eine Präsentation zu erarbeiten. Gerade für die Jungen bedeutet der Einbezug der neuen Medien einen erheblichen Motivationszuwachs und kann ein Übergangsmedium hin zum Buch darstellen (vgl. Richter/Plath 2002, S. 55f.)

Ein ähnliches Vorgehen erlauben fächerintegrativ angelegte Projekte, also z.B. Themen wie „Säugetiere" (Deutsch/Biologie) oder „Ägypten" (Deutsch/Geschichte), in denen je eine Gruppe ein Themengebiet ausarbeitet und anschließend präsentiert. Integrative Projekte kommen verstärkt den Interessen von Jungen entgegen (vgl. Schilcher/Hallitzky 2004, S. 124).

Auch die gewählte Methodik gerade im Lese- und Schreibunterricht sollte unter Gender-Aspekten reflektiert werden. Es lässt sich zeigen, dass Jungen überwiegend Methoden ablehnen, die von ihnen eine „öffentliche" Auseinandersetzung mit den eigenen Gefühlen verlangen (vgl. Schilcher/Hallitzky 2004, S. 124). Mädchen fällt das Sprechen über eigene Leseerfahrungen leichter als Jungen, besonders wenn es um emotionale Erlebnisse geht, die dem Privatlesen zugeordnet werden. Während Mädchen in Freundschaften die Herstellung und Erfahrung von gegenseitiger Kenntnis, Vertrauen und Fürsorge suchen und an der Befriedigung emotionaler Bedürfnisse interessiert sind, prägen bei Jungen das Bedürfnis nach Unterhaltung und Wettbewerb die peer-Beziehungen (Piper/Rosebrock 1994, S. 72ff.). Deshalb gilt es gerade bei einem handlungs- und produktionsorientierten Vorgehen zu überlegen, ob man nicht zwischen verschiedenen Arbeitsaufträgen wählen lassen kann, etwa Schreiben eines persönlichen Briefes an den Protagonisten eines Buches oder eine Beschreibung der Protagonisten in der Rolle eines Psychologen. Da verschiedene Arten von Rollen- und Simulationsrollenspielen im Internet bei Jungen sehr beliebt sind, lässt sich dieses Interesse für einen produktionsorientierten Literaturunterricht nutzen, in dem z. B. ein Held in einem vorgegebenen Setting Aufgaben lösen muss oder Hindernisse überwinden muss.

3.4 Lesevorbilder

Immer wieder wird in den Medien und der einschlägigen Literatur diskutiert, ob nicht der hohe Frauenanteil bei den Grundschullehrkräften sich auf die genderspezifische Textauswahl auswirke und dadurch eine für Jungen ungünstige Entwicklung des Lesens bedinge. IGLU konnte jedoch nachweisen, dass Jungen, die von Grundschullehrern unterrichtet wurden, keinen spezifischen Vorteil gegenüber Jungen hatten, die von Lehrerinnen unterrichtet wurden (Hornberg et al. 2007, S. 209f.).

Es stellt sich jedoch die Frage, ob nicht die Rollenverteilung im Elternhaus bei Kindern den Eindruck hinterlässt, Lesen sei überwiegend eine „Frauenbeschäftigung“. Schweden etwa reagiert auf diese „Gefahr“ mit speziellen Maßnahmen.

> Der Vorbildfunktion der lesenden Gesellschaft und der lesenden Familie wird in der schwedischen Leseerziehung große Bedeutung beigemessen. Das gilt insbesondere für die männlichen Lesevorbilder, die im Kinder- und Jugendalltag traditionell unterrepräsentiert sind. Um dem entgegenzuwirken und Vätern das Lesen und Vorlesen zu erleichtern, hat der schwedische Gewerkschaftsbund das Programm „Läs for mig, Pappa!“ initiiert. In der Gewerkschaft organisierten Vätern wird über einen finanziellen Ausgleich ermöglicht, sich während der Arbeitszeit in „Papa-Kursen“ zur Kinder- und Jugendliteratur, zur kindlichen Sprachentwicklung und zur Leseförderung fortzubilden. Zum Vorlesen gibt es Buchpakete für Vater und Kind. (Nix 2003, S. 107)

Die gesellschaftlichen Rahmenbedingungen in Deutschland sind noch weit davon entfernt, von den Vätern eine derart paritätische Rolle in der Erziehung der Kinder zu fordern. Trotzdem oder gerade deshalb muss es zum selbstverständlichen Teil der Elternarbeit von Lehrerinnen und Lehrern sowie von Erzieherinnen und Erziehern gehören, die Väter gerade von Jungen in Elternabenden und Beratungsgesprächen über ihre wichtige Funktion bei der Lesesozialisation ihrer Söhne aufmerksam zu machen.

Darüber hinaus zeigen Kinder und Jugendliche großes Interesse an der Begegnung mit Schriftstellern und erwachsenen Idolen, die als Lesevorbilder auftreten können. Aktionen dieser Art gibt es bereits vereinzelt, sie sollten jedoch zum Bestandteil schulischer Leseerziehung werden, gerade dann, wenn kaum Lehrer als Vorbilder zur Verfügung stehen. Auch ein noch offensiveres Bewerben pädagogischer Berufe für junge Männer ist gesellschaftlich und politisch wünschenswert.

Da für das Freizeitlesen Jugendlicher der Stellenwert der Kommunikation über die Lesestoffe für die Lesemotivation und faktische Lesepraxis belegt ist, bieten auch schulische Leseclubs, Wahlkurse und freie Lesezeiten eine geeignete Möglichkeit, das Lesen von Jugendlichen im Alltag anzubahnen. Gerade der Ausbau von Halbtagsschulen zu Ganztagsschulen schafft Freiräume, die durch entsprechende Angebote genutzt werden können.

Literatur

Barth, Susanne (1997): Differenzen: weiblich – männlich. In: Praxis Deutsch, H. 143, S. 17–23.

Barthelmes Jürgen/Sander Ekkehard (2001): Erst die Freunde, dann die Medien. Medien als Begleiter in der Pubertät und Adoleszenz. München: Verlag Deutsches Jugendinstitut.

Bertschi-Kaufmann, Andrea (2002): Lesen und Schreiben in einer Medienumgebung. In: Kammler, Clemens/Knapp, Werner (Hrsg.): Empirische Unterrichtsforschung und Deutschdidaktik. Baltmannsweiler: Schneider Verlag Hohengehren, S. 141–155.

Bischof, Ulrike/Heidtmann, Horst (2002): Leseverhalten in der Erlebnisgesellschaft. Eine Untersuchung zu den Leseinteressen und Lektüregratifikationen von Jungen. Weinheim/München: Juventa.

Bonfadelli Heinz/Fritz, Angela (1993): Lesesozialisation, Leseerfahrungen und Lesekarrieren. Gütersloh: Bertelsmann.

Bos, Wilfried/Bonsen, Martin/Gröhlich, Carola/Guill, Karin/May, Peter, Rau, Anna/Stubbe, Tobias C./Vieluf, Ulrich/Wocken, Hans (Hrsg.) (2007): KESS 7: Kompetenzen und Einstellungen von Schülerinnen und Schülern an Hamburger Schulen zu Beginn der Jahrgangsstufe 7. Münster/New York/München/Berlin: Waxmann.

Bos, Wilfried/Hornberg, Sabine, Arnold, Karl-Heinz/Faust, Gabriele/Fried, Lilian/Lankes, Eva-Maria, Schwippert/Knut, Valtin, Renate (Hrsg.) (2007): IGLU 2006. Lesekompetenzen von Grundschulkindern in Deutschland im internationalen Vergleich. Münster/New York/München/Berlin.

Faulstich-Wieland, Hannelore (1991): Koedukation – enttäuschte Hoffnungen? Darmstadt: Wissenschaftliche Buchgesellschaft.

Franz, Kurt (2002): Lese- und Medienverhalten von Schülern und Schülerinnen der 8. Jahrgangsstufe. In: Franz, Kurt/Payrhuber, Franz-Josef (Hrsg.): Lesen heute. Leseverhalten und Leseförderung im Kontext der PISA-Studie. Baltmannsweiler: Schneider Verlag Hohengehren, S. 2–25.

Garbe, Christine (1993): Frauen – das lesende Geschlecht? Perspektiven einer geschlechtsdifferenzierten Leseforschung. In: Literatur und Erfahrung, H. 26/27, S. 7–34.

Garbe, Christine (2004): Zur biographischen Genese subjektiver Geschlechts- und Medienidentitäten in (familien-)systemischer Perspektive. Fallstudien zu zwei jugendlichen Brüderpaaren. In: Groeben, Norbert/Hurrelmann, Bettina (Hrsg.): Geschlecht und Lesen/Mediennutzung. SPIEL 23, H. 1, S. 38–62.

Garbe, Christine (2003): Mädchen lesen ander(e)s. In: JuLit, H. 2, S. 14–29.

Gattermaier, Klaus (2003): Literaturunterricht und Lesesozialisation. Eine empirische Untersuchung zum Lese- und Medienverhalten von Schülern und zur lesesozialisatorischen Wirkung ihrer Deutschlehrer. Regensburg: edition vulpes.

Graf, Werner (2004): Zur Sachtextpräferenz männlicher Jugendlicher. In: Groeben, Norbert/Hurrelmann, Bettina (Hrsg.): Geschlecht und Lesen/Mediennutzung. SPIEL 23, H. 1, S. 3–22.

Groeben, Norbert/Hurrelmann, Bettina (2004): Vorwort. In: Groeben, Norbert/Hurrelmann, Bettina (Hrsg.): Geschlecht und Lesen/Mediennutzung. SPIEL 23, H. 1, S. 1–3.

Harmgarth, Friederike (Hrsg.) (1999): Das Lesebarometer – Lesen und Umgang mit Büchern in Deutschland. Gütersloh: Bertelsmann.

Hornberg, Sabine/Valtin, Renate/Potthoff, Britta/Schwippert, Knut/Schulz-Zander, Renate: Lesekompetenzen von Mädchen und Jungen im internationalen Vergleich. In: Bos, Wilfried/Hornberg, Sabine, Arnold, Karl-Heinz/Faust, Gabriele/Fried, Lilian/Lankes, Eva-Maria, Schwippert/Knut, Valtin, Renate (Hrsg.) (2007): IGLU 2006. Lesekompetenzen von Grundschulkindern in Deutschland im internationalen Vergleich. Münster/New York/München/Berlin: Waxmann, S. 195–223.

Horstkemper, Marianne (1996): Was dürfen Mädchen, was sollen Jungen. In: Staatsinstitut für Schulpädagogik und Bildungsforschung München (Hrsg.): Typisch Junge? Typisch Mädchen? Jungen und Mädchen in Schule und Unterricht. Handreichungen für die Lehrerinnen und Lehrer an bayerischen Schulen. München: ISB, S. 121–131.

Hurrelmann Bettina/Hammer, Michael/Nieß, Ferdinand (1993): Leseklima in der Familie. Gütersloh: Bertelsmann.

Kliewer, Anette/Schilcher, Anita (2004): Neue Leser braucht das Land! Zum geschlechterdifferenzierenden Unterricht mit Kinder- und Jugendliteratur. Baltmannsweiler: Schneider Verlag Hohengehren.

Koch-Priewe, Barbara (2002): Schulentwicklung und gender-orientierte Pädagogik. In: Koch-Priewe, Barbara (Hrsg.): Schulprogramme zur Mädchen- und Jungenförderung. Weinheim/Basel: Beltz. S. 7–31.

Köcher, Renate (1993): Lesekarrieren – Kontinuität und Brüche. In: Bonfadelli, Heinz/Fritz, Angela/Köcher, Renate (Hrsg.): Leseerfahrungen und Lesekarrieren. Gütersloh: Bertelsmann.

Lankes, Eva-Maria/Carstensen, Claus H. (2007): Der Leseunterricht aus Sicht der Lehrkräfte. In: Bos, Wilfried/Hornberg, Sabine, Arnold, Karl-Heinz/Faust, Gabriele/Fried, Lilian/Lankes, Eva-Maria, Schwippert/Knut, Valtin, Renate (Hrsg.): IGLU 2006. Lesekompetenzen von Grundschulkindern in Deutschland im internationalen Vergleich. Münster/New York/München/Berlin 2007, S. 162–193.

Lehmann, Rainer H./Peek, Rainer/Gänsfuß, Rüdiger/Husfeldt, Vera (Hrsg.) (2002): LAU 9: Aspekte der Lernausgangslage und der Lernentwicklung – Klassenstufe 9. Ergebnisse einer Längsschnittsuntersuchung in Hamburg. Münster: Waxmann.

Lehmann, Rainer H./Hunger, Susanne/Ivanov, Stanislav/Gänsfuß, Rüdiger/Hoffmann, Ellen (2004): LAU 11: Aspekte der Lernausgangslage und der Lernentwicklung – Klassenstufe 11. Ergebnisse einer Längsschnittsuntersuchung in Hamburg. Münster: Waxmann.

Naumann, Johannes/Artelt, Cordula/Stanat, Petra (2010): Lesekompetenz von PISA 2000 bis PISA 2009. In: Kliewe, Eckhard/Artelt, Cordula/Hartig, Johannes/Jude, Nina/Köller, Olaf/Prenzel, Manfred/Schneider, Wolfgang/Stanat, Petra (Hrsg.) (2010): PISA 2009. Bilanz nach einem Jahrzehnt. Münster: Waxmann.

Nix, Angelika: „In einem guten Heim sind Gleichheit, Rücksicht, Zusammenarbeit und Hilfsbereitschaft die Hauptregeln“. Der Umgang mit Geschlechterdifferenzen im schwedischen (Lese)Erziehungsmodell. In: Kliewer, Anette/Schilcher, Anita (Hrsg.) (2004): Neue Leser braucht das Land! Zum geschlechterdifferenzierenden Unterricht mit Kinder- und Jugendliteratur. Baltmannsweiler: Schneider Verlag Hohengehren. S. 98–112.

Philipp, Maik (2010): Lesen empeerisch. Eine Längsschnittstudie zur Bedeutung von peer groups für Lesemotivation und -verhalten. Wiesbaden: VS.

Philipp, Maik/Schilcher, Anita (Hrsg.) (2012): Selbstreguliertes Lesen. Ein Überblick über wirksame Leseförderansätze. Seelze: Kallmeyer.

Pieper, Irene/Rosebrock, Cornelia (2004): Geschlechtsspezifische Kommunikationsmuster und Leseverhalten am Beispiel der Lektüre bildungsferner Jugendlicher. In: Groeben, Norbert/Hurrelmann, Bettina (Hrsg.): Geschlecht und Lesen/Mediennutzung. SPIEL 23, H. 1, S. 63–79.

Plath, Monika/Richter, Karin (2004): Lesen im Grundschulalter unter geschlechtsspezifischen Aspekten. In: Groeben, Norbert/Hurrelmann, Bettina (Hrsg.): Geschlecht und Lesen/Mediennutzung. SPIEL 23, H. 1, S. 80–93.

Pronold-Günthner, Friederike (2010): Geschlecht und Identifikation. Eine empirische Untersuchung zur geschlechtsspezifischen Rezeption von Jugendbüchern. Hamburg.

Richter, Sigrun/May, Peter/Brügelmann, Hans (1994): Ein anderer Unterricht – nur für Jungen? Psychologische Erkenntnisse und pädagogische Folgerungen. In: Richter, Sigrun/Brügelmann, Hans (Hrsg.): Mädchen lernen anders als Jungen. Geschlechtsspezifische Unterschiede beim Schriftsprachenerwerb. Bottighofen: Libelle, S. 157–164.

Richter, Karin/Plath, Monika (2002): Die Bedeutung der Entwicklung von Lesemotivation in der Grundschule. In: Franz, Kurt/Payrhuber, Franz-Josef (Hrsg.): Lesen heute. Leseverhalten und Leseförderung im Kontext der PISA-Studie. Baltmannsweiler: Schneider Verlag Hohengehren, S. 41–58.

Richter, Karin/Plath, Monika (2005): Lesemotivation in der Grundschule. Empirische Befunde und Modelle für den Unterricht. Weinheim: Juventa.

Schilcher, Anita (2001): Geschlechtsrollen, Familie, Freundschaft und Liebe in der Kinderliteratur der 90er Jahre. Frankfurt am Main: Lang.

Schilcher, Anita/Hallitzky, Maria: Was wollen die Mädchen, was wollen die Jungs – und was wollen wir? – Zu Inhalt und Methodik eines geschlechterdifferenzierenden Literaturunterrichts. In: Kliewer, Anette/Schilcher, Anita (Hrsg.) (2004): Neue Leser braucht das Land! Zum geschlechterdifferenzierenden Unterricht mit Kinder- und Jugendliteratur. Baltmannsweiler: Schneider Verlag Hohengehren, S. 113–136.

Schiefele, Hans/Stocker, Karl (1990): Literatur-Interesse. Ansatzpunkte einer Literaturdidaktik. Weinheim/München: Juventa.

Schreier, Margit/Odag, Özen (2004): Genuss und Distanz: Geschlechterspezifische Kompetenzen beim Umgang mit Realität(en) und Fiktion(en). In: Groeben, Norbert/Hurrelmann, Bettina (Hrsg.): Geschlecht und Lesen/Mediennutzung. SPIEL 23, H. 1, S. 94–115.

Stanat, Petra/Kunter, Mareike (2001): Geschlechterunterschiede in Basiskompetenzen. In: Deutsches PISA-Konsortium (Hrsg.): PISA 2000. Opladen: Leske+Budrich, S. 251–257

JÖRG KNOBLOCH

3.8 Didaktik der Kinder- und Jugendliteratur

1. Vorbemerkung

Die Komplexität einer aktuellen Didaktik der Kinder- und Jugendliteratur (KJL) hat zur Folge, dass im vorgegebenen Rahmen eine vollständige Darstellung nicht möglich ist. Das bedeutet zum einen, dass didaktische Entwicklungen hier nur exemplarisch skizziert werden können, dass andererseits immer wieder auf Beiträge anderer Autorinnen und Autoren im „Taschenbuch des Deutschunterrichts“ verwiesen werden muss und so zugleich eine Vernetzung der Einzelbeiträge erfolgt. Dabei ist zu berücksichtigen, dass sich in den verschiedenen Beiträgen auch die Unterschiedlichkeit von Forschungsansätzen widerspiegelt. So ergibt sich insgesamt eine eher multiperspektivische Darstellung, die dazu beitragen könnte, dass bestimmte Phänomene des schulischen Umgangs mit KJL von den Leserinnen und Lesern differenzierter gesehen werden können.

2. Zum Begriff der literaturdidaktischen Konzeption

Konzepte und Konzeptionen[1] sind Entwürfe, Planungen bzw. Programme. Bezieht man sich auf den Literaturunterricht und geht von der gegenwärtigen literaturdidaktischen Diskussion aus, so kann schon allein die Verwendung von Kinder- und Jugendliteratur als eigenes Konzept angesehen werden. Das zeigt nicht zuletzt die vorliegende Publikation, in der „Didaktik der Kinder- und Jugendliteratur“ als eine „Konzeption“ des Literaturunterrichts verstanden wird und etwa neben dem textnahen Lesen, neben der Leseförderung oder neben einem inter- bzw. symmedialen Literaturunterricht steht. Um ein anderes Beispiel zu nehmen: Auch in Hurrelmanns Beitrag über „Kinder- und Jugendliteratur im Unterricht“ (2002) wird die Verwendung von KJL als Konzept verstanden und findet sich in einem Kapitel über „Basiskonzepte für den Literaturunterricht“. Allerdings war die Umsetzung des Konzeptes KJL innerhalb des Deutschunterrichts keineswegs immer selbstverständlich. So musste Anna Krüger noch generell um die unterrichtliche Akzeptanz von KJL kämpfen. Heute gilt ihre 1963 erschienene Untersuchung über „Kinder- und Jugendbücher als Klassenlektüre“ als „Fixpunkt“ (Kliewer 1996, S. 318ff.) bzw. „Dreh- und Angelpunkt in der Geschichte der kinder- und jugendliterarisch orientieren

[1] Beide Begriffe werden oft synonym verwendet. Teilweise wird eine Konzeption aber auch als ein komplexerer Entwurf angesehen, der im Vergleich zum Konzept auch genauer ausgearbeitet ist.

Didaktik" (Paefgen 1999, S. 67f.) und KJL ist inzwischen in den Lehrplänen vor allem der Primarstufe und Sekundarstufe I fest verankert (vgl. Hurrelmann 2002, S. 134).

Die Umsetzung eines Konzeptes, das die Auseinandersetzung mit KJL zum Ziel hat, orientiert sich allerdings an sehr unterschiedlichen Vorstellungen und somit an einer Reihe weiterer, auch kritischer Konzepte (vgl. z. B. Jendis 2007), was auf die Notwendigkeit einer Didaktik im Sinne einer wissenschaftlichen Theorie verweist, die sich mit „der Vermittlung [von KJL] nebst ihren Voraussetzungen und Zielen etc." (Dahrendorf 1992, S. 14) beschäftigt. Strittig ist, ob es dazu eine spezifische Didaktik der Kinder- und Jugendliteratur geben muss (vgl. Dahrendorf 1989, 1992 und 1998) oder ob hier von einer „einheitliche[n] Literaturdidaktik, die KJL und Erwachsenenliteratur umfasst" (Lange 2000, S. 955; vgl. auch Kliewer 1996 und 1998) auszugehen ist. Dahrendorf begründet seine Forderung nach einer spezifischen Didaktik der KJL u. a. mit einem differenziert zu sehenden und KJL konstituierenden sog. Adressatenbezug der KJL (vgl. Dahrendorf 1998, S. 15) und sieht die Gefahr, dass durch eine „Verliteraturwissenschaftlichung" der KJL der Leseraspekt vernachlässigt werde (vgl. ebd., S. 20). Im Hintergrund dieser Auseinandersetzung wird der in der theoretischen Diskussion immer wieder aufscheinende Gegensatz zwischen einer KJL, die primär unter ästhetischen Gesichtspunkten zu verstehen ist, und einer KJL mit pädagogischem Anspruch und einer „immanenten Didaktik" (ebd., S. 15) erkennbar.

Dieser Gegensatz hatte 1988/1989 zu der vor allem in der Zeitschrift „Praxis Deutsch" ausgetragenen Haas-Hurrelmann-Kontroverse geführt. Während Gerhard Haas sich hier gegen eine Verschulung der KJL wendet (vgl. Haas 1988), verweist Bettina Hurrelmann auf die historisch gewachsene enge Beziehung zwischen Pädagogik und KJL und greift schließlich Dahrendorfs These von der „immanenten Didaktik" der KJL auf (vgl. Hurrelmann 2002, S. 142). Hurrelmann geht jedoch nicht so weit, dass sie ebenfalls eine eigenständige Didaktik der KJL fordern würde (vgl. ebd., S. 144f.). Letztlich stützt sie sich, unter Rückgriff auf Cornelia Rosebrock, auf drei zentrale Funktionen, die KJL heute in der Schule wahrzunehmen habe. KJL werde demnach vor allem als Themenlieferant für den Unterricht eingesetzt, als Medium einer literarästhetischen Bildung verwendet und als Beitrag zur Lesesozialisation[2] von Schülerinnen und Schüler gesehen (vgl. Rosebrock 1997, S. 11–19; vgl. auch Abraham/Kepser 2005, S. 128). Diese „Funktionen" lassen sich zwar wiederum als Konzepte einer Didaktik der KJL verstehen, aber der Unterricht kann sie „schwerlich zugleich oder auch nur gleichermaßen in Anspruch nehmen; sie widersprechen sich didaktisch doch über weite Strecken." (Rosebrock 1997, S. 10) Wenn hier nachfolgend nicht nur von einer Didaktik der KJL als Konzept einer allgemeinen

[2] Diese Funktion der KJL umfasst auch den Aspekt der Leseförderung (Hurrelmann 2002, S. 143–146). Vgl. dazu auch den Beitrag von Cornelia Rosebrock, Kap. 3.5 in diesem Band.

Literaturdidaktik gesprochen wird, sondern mit dem Ziel der Konkretisierung auch von Konzepten einer Didaktik der KJL, dann impliziert das natürlich die von Rosebrock angedeuteten Widersprüche. Manches, was hier als abgrenzbares Konzept erwähnt wird, weist zudem Überschneidungen zu anderen genannten Konzepten der Auseinandersetzung mit KJL auf. Und unter den Bedingungen des schulischen Alltags wäre eine vollständige Übernahme aller hier skizzierten Konzepte ohnehin nicht möglich.

3. Rahmenbedingungen didaktischer Konzepte der Vermittlung von Kinder- und Jugendliteratur

Wer sich mit aktuellen didaktischen Konzepten der Vermittlung von KJL auseinandersetzt, wird sich auch mit den Rahmenbedingungen dieser Vermittlung beschäftigen müssen, was Dahrendorf mit seinem Hinweis auf „Voraussetzungen und Ziele etc." (Dahrendorf 1992, S. 14) angedeutet hatte. Da diese für die Entstehung und Entwicklung entsprechender Konzeptionen wichtigen Rahmenbedingungen in den letzten Jahrzehnten deutliche Veränderungen erfahren haben, sollen einige von ihnen hier der eigentlichen Skizzierung aktueller literaturdidaktischer Konzepte der KJL vorangestellt werden.

Veränderungen auf dem Buchmarkt

Eine wichtige und oft übersehene Voraussetzung der unterrichtlichen Vermittlung von KJL sind zunächst Veränderungen auf dem Buchmarkt, die zudem unmittelbar Einfluss auf didaktische Entscheidungen haben. Die sowohl durch die zurückgehenden Geburtenzahlen[3] als auch durch den Prozess der Globalisierung beschleunigte Verlagskonzentration hat für eine ganze Reihe von Kinder- und Jugendbuchverlagen, soweit sie nicht ohnehin ihre Selbstständigkeit aufgeben oder ihre Produktion einstellen mussten (vgl. Heidtmann 1995, S. 11; Wenke 2000, S. 899f.), auch zu einer stärkeren Kommerzialisierung geführt. Das bedeutet, dass der „Erfolg" von Kinder- und Jugendbüchern von Seiten der Verlage nicht etwa mit einem Blick durch die sog. „pädagogische Brille" abgeschätzt wird, sondern durch einen Blick auf die Bilanzen. Der Medienwissenschaftler Horst Heidtmann hatte diese Entwicklung schon 1995 mit den Worten beklagt, dass nun auch „Kinderbücher [...] innerhalb des vorgegebenen ökonomischen Rahmens Gewinne erwirtschaften [sollen]. Pädagogische, politische oder poetische Ambitionen [...] spielen heute eine immer geringere Rolle, gedruckt wird, was im Trend liegt." (Heidtmann 1995, S. 9)

[3] Vgl. dazu z. B. die Daten des Statistischen Bundesamtes (Wiesbaden) im Internet unter www.destatis.de/PresseService/Presse/Pressemitteilungen/2012/01/PD12_014_12411.html (05.06.2012).

Die Konsequenz ist nicht nur, dass auch im Bereich der KJL wichtige Bücher oft gar nicht erst erscheinen, weil sie nicht die erwarteten Umsätze versprechen. Immer wieder müssen Lehrkräfte auch feststellen, dass eine von ihnen als geeignet, pädagogisch wertvoll und wichtig eingeschätzte Klassenlektüre[4] vom Markt genommen wurde (vgl. Heidtmann 1995, S. 12) und nicht mehr lieferbar ist. Der oft beklagte Rückgriff von Lehrkräften auf „alte" aber lieferbare Erfolgstitel (vgl. z. B. Runge 1997, S. 229 ff.), zu denen Erfahrungen aus der Unterrichtspraxis vorliegen, ist daher verständlich. Andererseits werden aber auch immer wieder neuere Titel ausgewählt, die aufgrund ihres (potenziellen) kommerziellen Erfolges von den Marketingabteilungen der Verlage als „Schullektüre" bezeichnet werden, selbst wenn entsprechende Erfahrungen gar nicht publiziert wurden bzw. in der Kürze der Zeit noch nicht publiziert werden konnten.

Nachdem Gabriele Runge nachgewiesen hatte, dass die Existenz einer Lehrerhandreichung meist mit dem erhöhten Verkauf des entsprechenden Taschenbuches im „Klassensatz" korreliert (vgl. Runge 1997), lassen inzwischen fast alle Kinder- und Jugendbuchverlage, die potenzielle Klassenlektüren (meist als Taschenbücher) anbieten, dazu auch „Lehrerhandreichungen" erarbeiten. Viele dieser sehr unterschiedlich konzipierten Lehrerhandreichungen (vgl. Knobloch 2006b) stehen zusätzlich oder ausschließlich als kostenloser „Download" im Internet zur Verfügung, wobei aktuelle Untersuchungen zu ihrer Verwendung bisher nicht vorliegen.

Mit ihren Lehrerhandreichungen beteiligen sich die Kinder- und Jugendbuchverlage zugleich am Prozess einer „inoffiziellen" Kanonisierung von Kinder- und Jugendliteratur (vgl. Knobloch 1998, S. 114 f.). Außerdem gehen die von entsprechenden Kinder- und Jugendbuchverlagen veranlassten Lehrerhandreichungen in der Regel vom Ideal einer gemeinsamen Klassenlektüre aus, bei der alle Schülerinnen und Schüler zur gleichen Zeit das gleiche Buch lesen und entsprechend ein Klassensatz des jeweiligen Buches vorhanden sein muss. Differenzierende Zugangsweisen zu Kinder- und Jugendbüchern, wie sie angesichts der heutigen Heterogenität von Schulklassen naheliegend wären, bei der also unterschiedliche Bücher, eventuell mit unterschiedlichem Schwierigkeitsgrad aus verschiedenen Verlagen eingesetzt und nur als Einzelexemplare benötigt würden, werden meist nicht einmal diskutiert. Sie lassen allerdings auch keine wesentlichen Umsatzsteigerungen erwarten, vor allem dann nicht, wenn selbst diese wenigen Bücher für den konkreten Unterricht gar nicht gekauft werden müssten, sondern aus dem Fundus von öffentlichen Büchereien oder Schulbibliotheken ausgeliehen werden können.

[4] Dabei ist von einer didaktisch verständlichen, verlegerisch gesehen aber unerwünschten zeitlichen Verzögerung auszugehen. Zu dieser Verzögerung trägt bei, dass eine Klassenlektüre in der Regel vom Vorliegen einer preiswerten Taschenbuchausgabe abhängig ist und schon früh in einem Schuljahr eingeplant wird. Ein entsprechendes neues Buch kann daher oft erst im nächsten (meist 2-jährigen) Turnus eingesetzt werden.

Die neue Vielfalt der Kinder- und Jugendliteratur

Die Vielfalt heutiger KJL wird an anderer Stelle dieser Publikation ausführlicher dargestellt.[5] Hier soll daher nur angedeutet werden, welcher Zusammenhang zwischen dieser Vielfalt und aktuellen literaturdidaktischen Konzeptionen besteht.

Eine ideologiekritisch orientierte Literaturdidaktik hatte schon in den 1960er- und 1970er-Jahren die Konzentration des Literaturunterrichts auf Klassiker und sog. „poetische Realisten" kritisiert und den Literaturunterricht durch neuere poetische Texte, unterschiedlichste Formen von Sachliteratur und eben durch Kinder- und Jugendbücher erweitert (vgl. Knobloch 1998, S. 128f.). Geht man nun von der Präsenz einzelner Gattungen bzw. Genres der KJL auf dem Buchmarkt und in der didaktischen Diskussion aus, so hat die KJL in den letzten Jahrzehnten ihrerseits eine Erweiterung erfahren. Zunächst kam es zwar in Zusammenhang mit einer Didaktik des „Kritischen Lesens" bei einem entsprechend breiten Buchangebot zu einer Bevorzugung problemorientierter Klassenlektüren (vgl. Runge 1997, S. 101).[6] Diese Entwicklung wurde auch durch die Veröffentlichung von Lehrerhandreichungen gestützt und lässt sich zumindest in der Sekundarstufe bis in die Gegenwart nachweisen (vgl. Runge 1997, S. 101 und Rosebrock/Nix 2008, S. 98). Aber es gab auch immer wieder Kritik und Gegenbewegungen (vgl. z.B. Runge 1997, S. 100f.). So weist Hannelore Daubert schon für die 1980er- und 1990er-Jahre auf eine große Themen-, Formen- und Funktionsvielfalt der modernen Kinder-, Jugend- und Adoleszenzromane hin (vgl. Daubert 1999, S. 45f.), und Wolfgang Meißner betont, dass „die achtziger Jahre bereits geprägt [waren] durch einen 'Boom' des Phantastischen und der Fantasy." (Meißner 1989, S. 7; vgl. auch Heidtmann 1995, S. 13). Nach dem Erfolg von „Harry Potter" (vgl. Rowling 1997ff.; dt. 1998ff.) kann erneut – wenigstens auf dem Buchmarkt – von einer zunehmenden Bedeutung Fantastischer KJL ausgegangen werden. Somit scheint eine Annäherung an die als aktuell angesehenen „Lesepräferenzen von Schülern und Schülerinnen" (Rosebrock/Nix 2008, S. 98) gegeben zu sein.

Deutlich zugenommen hat seit Mitte der 1980er-Jahre und nochmals seit Vorliegen von ersten Ergebnissen der sog. PISA-Studien (vgl. Deutsches PISA-Konsortium 2001) in der literaturdidaktischen Diskussion auch der Stellenwert von Sachbüchern aus dem Bereich der KJL.[7] Großen Anteil an dieser Entwicklung haben dabei nach Heidtmann (vgl. 1995, S. 14f.) neue Formen globaler Kooperation der traditionellen Kinder- und Jugendbuchverlage mit einem sog.

[5] Vgl. dazu den Beitrag von Petra Josting und Ricarda Dreier in Kap. 1.5 in diesem Band.
[6] Der Frage, ob hier das Buchangebot Bedingung der Nachfrage oder die Nachfrage Bedingung des Buchangebotes war, soll hier nicht nachgegangen werden.
[7] Vgl. dazu den Beitrag von Klaus Maiwald in Kap. 3.9 in diesem Band.

„Packager".[8] Neuere Statistiken zeigen allerdings ein eher beunruhigendes Bild: Während für 1994 der Anteil der veröffentlichten Kinder- und Jugendbücher an der Gesamttitelproduktion in Deutschland mit 6,8% angegeben wird (vgl. Stiftung Lesen 1995, S. 13), beträgt er zehn Jahre später gerade mal 7% (vgl. Schormann 2005). Im Jahr 2005 steigt der Anteil der Kinder- und Jugendbücher dann auf 7,2% (vgl. Börsenverein 2006). Für dieses Jahr lässt sich, auf der Basis von Umsatzangaben, auch der Anteil der Sachbücher aus dem Bereich der KJL angeben. Danach erbringen Kinder- und Jugendbücher im Jahr 2005 insgesamt einen Anteil von 14,3% des buchhändlerischen Gesamtumsatzes. Davon erzielen Romane einen Marktanteil von 54,1%, Sachbücher dagegen nur von 10,1%, was einem Anteil von 1,4% des Gesamtumsatzes entspricht.[9] In einer noch neueren Studie von 2007 wird der Anteil der Sachbücher und Sachbilderbücher am Gesamtabsatz von Kinder- und Jugendbüchern zwar mit 17% angegeben, der vergleichsweise hohe Anteil dieses Genres wird hier jedoch durch die statistische Zusammenfassung der Sachbücher und Sachbilderbücher relativiert, wobei für die 4- bis 9-Jährigen der Anteil der von Eltern und Großeltern geschenkten Sach(bilder)bücher besonders hoch ist. Der Studie lässt sich zudem entnehmen, dass „Jugendliche im Alter von 10 bis 19 Jahren selbst – für sich und andere – primär unterhaltende Bücher kaufen und selten Sachbücher" (Börsenverein 2007, S. 27). Als Geschenk für Jugendliche verliert das Sachbuch ebenfalls an Bedeutung.

Von der 1995 von Horst Heidtmann festgestellten positiven Entwicklung, nach der für Kinder- und Jugendsachbücher von einem Marktanteil von 20% auszugehen ist (vgl. Heidtmann 1995, S. 14f.), sind wir also heute deutlich entfernt. Für Anja zum Hingst, Sprecherin des Börsenvereins des Deutschen Buchhandels, zeigt der geringe Marktanteil von Sachbüchern bei der KJL vielmehr, „dass hier ein Vermittlungsbedarf besteht" (Börsenverein 2007, S. 27). Ob vor diesem Hintergrund für eine von der Literaturdidaktik nach PISA 2000 gelegentlich geforderte stärkere Einbeziehung von Sachbüchern in den Unterricht tatsächlich die materialen Voraussetzungen gegeben sind, muss daher als fraglich angesehen werden.[10] Erschwerend kommt hinzu, dass die in der PISA-Studie

---

[8] Packager sind Unternehmen, die mit Hilfe hochqualifizierter freier Mitarbeiter Konzepte für aufwendig ausgestattete Sachbücher entwickeln und Verlegern anderer Länder zum Kauf oder zur Koproduktion anbieten. Oft werden Sonderwünsche potenzieller Koproduzenten berücksichtigt. Letztlich entsteht ein „Konglomerat", das vor allem Verkaufsinteressen entspricht. Da die Kosten für Redaktionsarbeiten und Illustrationen auf die an der Koproduktion beteiligten Verlage, oft aus vielen Ländern, verteilt werden, kann das Endprodukt zu einem Verkaufspreis angeboten werden, der deutlich unter dem einer deutschen Eigenproduktion liegt (vgl. dazu Heidtmann 1993, S. 152).

[9] Vgl. „Jungen lesen anders", 2006.

[10] In diesem Zusammenhang sollten auch die Hinweise von Erich Schön berücksichtigt werden, deren Resümee ist, dass die „denkbare Forderung [...], in Lehrplänen und Unterrichtspraxis jenen Textsorten mehr Raum zu geben, die in der PISA-Studie größeres Gewicht hatten (Sachtexte, nicht kontinuierliche Texte etc.), [...] mit Sicherheit zu kurz gedacht" wäre (Schön 2002, S. 87).

betonte Unterscheidung von fiktiven und realitätsbezogenen Texten (vgl. Artelt u. a. 2001, S. 69f., S. 72f.) keineswegs eindeutig, sondern gegenwärtig „Gegenstand einer vielschichtigen Debatte innerhalb der Deutschdidaktik“ (Krommer 2003, S. 180) ist.

Insgesamt wäre zu fragen, ob und in welchem Ausmaß sich die nachgewiesene bzw. vermutete Vielfalt der neueren KJL auch in der konkreten Auswahl für Klassenlektüren niederschlägt. Vorliegende Studien kommen in dieser Hinsicht jedenfalls zu keinen eindeutigen Ergebnissen.

Der Einfluss Neuer Medien

Parallel zum Buchmarkt hat sich in den letzten Jahrzehnten ein eigener Medienmarkt für Kinder- und Jugendliche etabliert, auf dem z. B. Hörkassetten, Videos, DVDs und Computerspiele (teilweise auch zu Kinder- und Jugendbüchern) sowie die entsprechende Hardware angeboten werden. Hinzu kommen die fast schon traditionell zu nennenden Radio- und Fernsehprogramme, entsprechende Aufnahmegeräte sowie Handys, mit denen man inzwischen mehr als nur telefonieren kann. Die verschiedenen dazu vorliegenden Untersuchungen zu deuten, ist schwierig, da die Ergebnisse je nach Auftraggeber, untersuchter Zielgruppe, Fragestellung und berücksichtigtem Medienkontext variieren. Exemplarisch soll hier auf die sog. KIM-Studien hingewiesen werden, die seit 1999 regelmäßig vom Medienpädagogischen Forschungsverbund Südwest[11] durchgeführt werden. In der KIM-Studie 1999 liest man etwa, dass 15 % der befragten 6- bis 13-jährigen Kinder (fast) täglich in einem Buch lesen, während 40 % immerhin mehrmals in der Woche zum Buch greifen. Nach der KIM-Studie 2006 ist die Zahl der Kinder, die täglich in einem Buch lesen mit 14 % fast gleich geblieben, die Zahl der Kinder, die ein bis mehrmals pro Woche lesen, mit 36 % nur leicht gesunken. Erst durch den Vergleich etwa mit der Nutzung von Computern oder Fernsehgeräten werden differenziert zu betrachtende Verschiebungen deutlich: Gaben 1999 erst 8 % der befragten Kinder an, täglich (bzw. 26 % mehrmals pro Woche) den Computer zu nutzen (KIM-Studie 1999), waren es 2006 schon 24 %, die täglich und 44 %, die mehrmals pro Woche den PC nutzten (KIM-Studie 2006). Die tägliche Nutzung des Fernsehgerätes ist in diesem Zeitraum aber von 73 % auf 78 % gestiegen. Zusammen mit ergänzenden Angaben zum Gerätebesitz von Kindern (KIM-Studien 1999 und 2006) wird nicht nur deutlich, dass die Ausstattung der Kinderzimmer mit sog. Neuen Medien in den letzten Jahren deutlich zugenommen hat. Auch wenn sich „das Lesen als Freizeitbeschäftigung trotz des immer leichteren Zugangs zu elektronischen Medien über die Jahre relativ gut behaupten“ (Feierabend/Klingler 2007, S. 498) konnte, zeigt sich hier vielmehr, welch große Bedeutung die Neuen Medien

[11] Der Medienpädagogische Forschungsverbund Südwest (mpfs) ist ein Kooperationsprojekt zwischen der Landesanstalt für Kommunikation Baden-Württemberg und der Landeszentrale für Medien und Kommunikation Rheinland-Pfalz. Bei den KIM-Studien kooperiert der mpfs mit der SWR Medienforschung.

inzwischen gegenüber dem Buch haben.[12] Aus den Daten der KIM-Studie 2006 ziehen die Verfasser auch Konsequenzen von literaturdidaktischer Relevanz. So sollten „Kinder wie Eltern [...] in die Lage versetzt werden auch kompetent mit Medieninhalten umgehen zu können." (KIM-Studie 2006, S. 67) Außerdem werde deutlich, dass Medienpädagogik bereits im Grundschulalter ansetzen müsse und dass es eine gesamtgesellschaftliche Aufgabe sei, Kinder für die digitale Welt stark und kompetent zu machen (vgl. ebd.).

Veränderte Kindheit als Rahmenbedingung

Nicht nur die KJL und das für viele Kinder attraktive Medienangebot sind, wie oben angedeutet, gegenwärtig einem andauernden Veränderungsprozess unterworfen, auch die Lebensbedingungen ihrer Zielgruppe, der jungen Leserinnen und Leser, haben sich in den letzten Jahrzehnten verändert bzw. verändern sich. Wenn heute in Zusammenhang mit aktueller KJL von „Krisenkindheit" (Preuss-Lausitz 1995, S. 11 ff.) gesprochen wird, geht es dabei zweifellos um neue thematische Schwerpunkte, die auch von der KJL aufzugreifen sind (vgl. z. B. Stenzel 2005), zugleich aber um die konkreten Lebensbedingungen von Kindern. Der Begriff impliziert u. a. problematische Aspekte des Einflusses Neuer Medien auf die Kindheit, wobei dieser Prozess stark durch ihre außerschulische Verwendung bestimmt wird. Krisenkindheit bedeutet aber auch, leben unter der Bedrohung durch potenziell weltweite Katastrophen,[13] bedeutet Veränderung eines immer stärker durch die Anforderungen des Arbeitsmarktes (oder durch Arbeitslosigkeit) geprägten Familienalltags, bedeutet zunehmende Kinderarmut.[14] Nicht zuletzt weil Kindheit zu den „lebensweltlichen Bedingungen [gehört], unter denen sich Lektüreprozesse bzw. Medienrezeptionen insgesamt herstellen" (Rosebrock 2003, S. 154), hat sich eine Didaktik der KJL mit dem Aspekt einer veränderten bzw. sich verändernden Kindheit[15] auseinanderzusetzen, die auch zu einem veränderten Rezeptionsverhalten führt.

4. Aktuelle Konzepte der Vermittlung von Kinder- und Jugendliteratur

In der von Abraham und Kepser 2005 vorgelegten Einführung „Literaturdidaktik Deutsch" finden sich im Kapitel „Gegenwärtige Konzepte für Literaturunter-

---

[12] Vgl. dazu den Beitrag von Axel Krommer in Kap. 2.6 und Matthis Kepser in Kap. 3.16 in diesem Band.

[13] Zu denken ist in diesem Zusammenhang nicht allein an Rohstoffknappheit oder dramatische Klimaveränderungen. Viele Schülerinnen und Schüler mit Migrationshintergrund kommen aus Kriegsgebieten und sind teilweise traumatisiert.

[14] In der Bundesrepublik Deutschland leben nach einer UNICEF-Studie etwa 10 % aller Kinder in relativer Armut, das sind 1,5 Millionen Kinder und Jugendliche unter 18 Jahren. Vgl. Belwe 2006, S. 2.

[15] Vgl. zu den Veränderungen der Kindheit u. a. vor allem die Beiträge von Preuss-Lausitz, Zeiher und Schweikart in Daubert/Ewers 1995.

richt" u. a. spezifische Hinweise zum Unterricht mit KJL. Andere dort aufgeführte Konzepte gelten eher allgemein für den Literaturunterricht, werden in der literaturdidaktischen Diskussion aber auch in Zusammenhang mit KJL gesehen. Deshalb soll hier aufgegriffen und entsprechend übertragen werden, was dort „fächerübergreifenden Lehr-/Lernkontexten", „einem 'offenen' Deutschunterricht" bzw. dem Umgang mit „Texten und Medien" zugeordnet ist. Aus der Perspektive einer Didaktik, die sich speziell auf Konzepte der Vermittlung von KJL konzentriert und dabei auch methodische Aspekte berücksichtigt, wird man dabei aber gelegentlich zu anderen Schwerpunkten kommen.

Fächerübergreifendes Arbeiten mit KJL

Lange war (in den deutschsprachigen Ländern) die unterrichtliche Verwendung von KJL auf den Deutschunterricht beschränkt. Allerdings gab es in den letzten Jahren eine weiterführende Diskussion, die sich z. B. der Verwendung von KJL im Fremdsprachenunterricht bzw. im fremdsprachlichen Deutschunterricht widmete (vgl. Kast 1985). Die Darstellung geschichtlicher Themen in der KJL verweist sogar auf eine Tradition, die bis ins 18. Jahrhundert zurückreicht (vgl. Pleticha 2000, S. 452). Aber eine explizite Verwendung entsprechender KJL im Geschichtsunterricht – noch dazu als Klassenlektüre – muss bis heute eher als Ausnahme gelten. Noch 1996 betont Siegfried Münchenbach, dass „das historische Jugendbuch im Geschichtsunterricht meist überhaupt keine Rolle" (S. 6) spielt. Eine von der Akademie für Lehrerfortbildung in Dillingen und der Deutschen Akademie für Kinder- und Jugendliteratur herausgegebene Publikation, die Textauszüge aus sog. historischer Jugendliteratur und zugleich didaktische Aspekte aufgreift sowie Unterrichtsmodelle und eine kommentierte Bücherliste anbietet, wird von Münchenbach denn auch vor allem als „Plädoyer" dafür gesehen, „Jugendbücher, die historische und zeitgeschichtlich-politische Stoffe behandeln, verstärkt als Medium des Geschichts- und Sozialkunde-, aber auch des fächerübergreifenden Unterrichts zu gebrauchen." (Münchenbach 1996, S. 8)

Konkrete Unterrichtsvorschläge, die aktuelle Methoden z. B. eines offenen bzw. handlungs- und produktionsorientierten Literaturunterrichts für den Umgang mit KJL im Geschichtsunterricht berücksichtigen, bietet Rox-Helmers Werk über „Jugendbücher im Geschichtsunterricht".[16] Hier finden sich auch zahlreiche Hinweise auf ein fächerverbindendes Lernen (vgl. Rox-Helmer 2006, S. 41–60), das über den Geschichtsunterricht hinausgeht. Rox-Helmer betont außerdem, es sei vor allem nach PISA deutlich geworden, „dass die Förderung von Lesekompetenz nicht nur Ziel des Deutschunterrichts sein darf" (Rox-Helmer 2006, S. 10). Frühere Bemühungen, KJL nicht nur im Deutschunter-

[16] Vgl. Rox-Helmer 2006. Die Autorin verweist auf spezifisch geschichtsdidaktische Methoden, aber auch auf Lesenächte oder Lesekisten als Möglichkeiten des Arbeitens mit KJL im Geschichtsunterricht.

richt, sondern auch in anderen Unterrichtsfächern einzusetzen und insbesondere das Fächerverbindende zu betonen (vgl. Abraham/Kepser 2005, S. 109), haben also spätestens seit den für Deutschland so negativen Ergebnissen der PISA-Studie des Jahres 2000 (vgl. Deutsches PISA-Konsortium 2001) eine Renaissance erfahren. Ein Grund für diese Entwicklung ist wohl darin zu sehen, dass das Zeitbudget des Deutschunterrichts in der Regel an allen Schularten nicht ausreicht, um zusätzlich noch Maßnahmen für eine dringend notwendige Leseförderung durchzuführen. Erst durch eine – durchaus sinnvolle – Einbeziehung anderer bzw. möglichst aller Fächer sind Erweiterungen des Zeitbudgets für Maßnahmen der Leseförderung und in der Folge Verbesserungen der Lesekompetenz von Schülerinnen und Schülern zu erwarten. Obwohl die Verwendung von KJL in den unterschiedlichsten Fächern inzwischen auf breite Zustimmung stößt und durchaus nicht allein mit den Ergebnissen der PISA-Studien begründet wird, ist ein entsprechendes didaktisches Konzept allerdings erst in Ansätzen erkennbar. (vgl. Abraham/Launer 2002; Gaiser/Münchenbach 2006)

Offener Unterricht mit KJL

Sieht man von Entwicklungen in der Reformpädagogik zu Beginn des 20. Jahrhunderts ab, so zählt Gerhard Haas zu den Vorreitern eines offenen Literaturunterrichts, der bald zum Kontrastprogramm zu der in den 1970er-Jahren vorherrschenden Lernzielorientierung und dem daraus abgeleiteten fragend-entwickelnden Unterrichtsgespräch wurde (vgl. Spinner 1993, S. 34). Schon 1976 warb Haas für einen offenen Literatur- und Leseunterricht und erkannte dabei die Schulbibliothek als ein wesentliches Element (vgl. Haas 1976; vgl. auch Knobloch 2006a, S. 63–65). Spätestens seit den 1990er-Jahren gehört offener Literaturunterricht zumindest in der Primarstufe und Sekundarstufe I zu den etablierten und vielfach durch Lehrpläne sanktionierten literaturdidaktischen Konzepten. Besonders Lesenächte (vgl. Knobloch 2006c, S. 422f.), Literaturkarteien (vgl. Knobloch 2006d, S. 474f.) und Autorenlesungen (vgl. Knobloch 2006e, S. 35f.) erfreuen sich seit diesem Zeitpunkt einer geradezu flächendeckenden Beliebtheit. Nach einer Untersuchung von Runge (1997) wird „Freiarbeit“ als eine Form des offenen Unterrichts von vielen Lehrkräften gerade als Methode beim Einsatz von Klassenlektüren bevorzugt.

Anzunehmen ist, dass viele Formen eines offenen Literaturunterrichts mit KJL quasi theorielos, teilweise allerdings unter bewusstem Rückgriff auf reformpädagogische Vorbilder aus der ersten Hälfte des 20. Jahrhunderts, im Schulalltag entwickelt und erprobt worden sind. Es kann daher nicht überraschen, dass offener Literaturunterricht eher als „Sammelbegriff für Reformansätze in vielfältigen Formen inhaltlicher, methodischer und organisatorischer Öffnung [...] auf der Grundlage eines veränderten, aktiven Lernbegriffs“ verstanden wird (Wallrabenstein 1999, S. 9). Obwohl der Begriff „offener Literaturunterricht“

immer wieder in der Literaturdidaktik verwendet wird, hat sich jedenfalls bisher keine verbindliche Definition durchsetzen können. Zudem ist generell von einer deutlichen Diskrepanz zwischen Theorie und Praxis auszugehen.[17] Als Gemeinsamkeit aller entsprechenden Verfahren können nach dem bisherigen Diskussionsstand die Prinzipien der Öffnung bzw. Offenheit sowie der Selbsttätigkeit gelten. Eigenverantwortliche Lektüreauswahl, selbstständiges Lesen, Differenzierung durch Auswahlmöglichkeiten bei Aufgabenangeboten, selbstständiges Gestalten oder Umsetzen von Texten sind dabei Wege, die zu einem veränderten und auch motivierenden Umgang mit KJL führen. Die Nähe zu einem handlungs- und produktionsorientierten Unterricht ist dabei unübersehbar. Die literaturdidaktische Diskussion darüber, ob und wie sich offener Literaturunterricht mit einer gleichzeitigen Orientierung an Standards, Tests und reglementierenden Vorgaben der Schulverwaltungen verträgt, muss zum gegenwärtigen Zeitpunkt als noch nicht abgeschlossen bezeichnet werden.[18]

Medienintegrativer Unterricht mit KJL

Die sich in verschiedenen Studien zeigende zunehmende Bedeutung der sog. Neuen Medien für Kinder und Jugendliche (s. o.) hat – aus durchaus unterschiedlichen Gründen – schon bald zur Forderung nach ihrer unterrichtlichen Berücksichtigung und zu entsprechenden pädagogischen bzw. didaktischen Konzepten geführt. 1989 veröffentlichte Barbara Eschenauer im Auftrag der Bertelsmann Stiftung eine „Bestandsaufnahme der medienpädagogischen Vorgaben in den Lehrplänen der allgemeinbildenden Schulen“ (Eschenauer 1989, S. 3). Erwartungsgemäß fielen die Ergebnisse sehr unterschiedlich aus. Für Bayern heißt es etwa, dass (damals) Medienpädagogik „in den Grundschullehrplänen keine große Bedeutung“ habe (ebd., S. 93). Für die bayerische Hauptschule wird festgestellt, dass Medienpädagogik hier „eine Reihe von Aspekten [beinhalte], die aber zum überwiegenden Teil im Rahmen von unverbindlichen Vorschlägen für Unterrichtsverfahren genannt werden.“ (S. 97) Jedenfalls, so die Autorin, würde der Eindruck einer „Bewahrpädagogik“ entstehen, was sich im Lehrplan für den Religionsunterricht auch durch den Hinweis auf eine „Computergläubigkeit“ der Menschen äußere.[19] Der technische Fortschritt hat aber schnell dazu geführt, dass die Kultusministerien inzwischen ihre zurückhaltende Einstellung gegenüber den Neuen Medien aufgegeben haben. In den Lehrplänen sind nun eher euphorische Formulierungen zu finden.[20]

---

[17] Vgl. dazu Peschel (2002, S. 75), der auf das gleiche Phänomen für den offenen Unterricht allgemein hinweist.

[18] Vgl. dazu den Beitrag von Heiner Willenberg, Kap. 1.7 in diesem Band.

[19] Eschenauer 1989, S. 97; ob hier der Lehrplan für den katholischen oder evangelischen Religionsunterricht gemeint ist, lässt sich nicht erkennen.

[20] Vgl. z. B. den „Lehrplan für die bayerische Hauptschule. Lehrpläne für die Regelklasse der Hauptschule, Jahrgangsstufen 5 und 6.“ München 2004, S. 104 ff., S. 156 ff. Hier heißt ein Teilbereich des Deutschunterrichts nun „Lesen und Mediengebrauch“.

In jedem Fall zeigt sich hier ein deutlicher Veränderungsprozess, der auch von zahlreichen Literaturdidaktikern mitgetragen wird und sich in einer Vielzahl entsprechender Publikationen niederschlägt. Als Begründung für diesen Paradigmenwechsel lässt sich zum einen – oft in Zusammenhang mit Hinweisen auf die Ergebnisse der PISA-Studien – immer wieder die These ausmachen, dass die stärkere unterrichtliche Berücksichtigung der Neuen Medien letztlich auch zur Verbesserung der Lesekompetenz führen könne, also einen Beitrag zur Leseförderung leisten würde (vgl. z. B. Frederking 2004, S. 45ff., Garbe 2003, S. 85). Auf der anderen Seite stehen Überlegungen, die den Medien eher eine eigenständige Rolle bei der Auseinandersetzung mit Literatur zubilligen und damit zweifellos zu einer Veränderung (bzw. Aktualisierung) gewohnter Inhalte des Deutschunterrichts beitragen. Frederking plädiert in diesem Zusammenhang für einen stärker symmedialen Deutschunterricht und weist mit Recht darauf hin, dass Deutschunterricht (und damit Literaturunterricht) „immer schon medienintegrativ gewesen ist, versteht man Stimme und Buch als das, was sie sind: als Medien“ (Frederking 2004, S. 37f., vgl. dazu auch Kap. 3.15 in diesem Band). Das Ziel wäre also in einer unterrichtlichen Medienintegration zu sehen, die sowohl alte als auch die sog. Neuen Medien nutzt – allerdings nicht als quasi beliebiges Nebeneinander, sondern als „durch einen didaktischen Mehrwert spezifizierte[s] Aufeinanderbezogensein“ (ebd., S. 38). Das bedeutet, dass Literatur nicht mehr allein durch die Analyse eines Buches vermittelt wird, sondern auch durch andere „mediale Präsentationsformen“ (ebd., S. 52). Im Idealfall wird man einen mehr oder minder umfangreichen „Medienverbund“ präsentieren können (vgl. Josting/Maiwald 2007).

Das Beispiel „Harry Potter“ weist für die KJL auf die mögliche Komplexität des Medienverbundes hin, wobei die Serie zweifellos eine „Herausforderung für eine zeitgemäße Medienkulturforschung und Mediendidaktik“ (Garbe/Philipp 2006, Kap. V) ist. Gerade durch den Medienverbund zu „Harry Potter“ werden auch die kommerziellen Interessen des entsprechenden Rechteinhabers (der zugleich ein global tätiger Medienkonzern ist) deutlich. Die Diskussion über die Rolle der Didaktik in diesem Zusammenhang steht jedoch ebenso erst am Anfang wie die Diskussion über die außerschulische Mediennutzung von Kindern und Jugendlichen und deren Auswirkung auf die Gesellschaft allgemein und speziell auf den Unterricht. Sie ist ohnehin abhängig von einer sich verändernden historischen Situation sowie von der technischen Entwicklung[21] und

[21] Das heutige multimediale Angebot war etwa in den 1970er-Jahren nicht vorhersehbar. Dennoch wurde schon damals der Literaturbegriff von verschiedenen KJL-Didaktikern in Richtung Medien erweitert und kritisch reflektiert (vgl. z. B. Dahrendorf 1980, S. 19ff.). Die 1893 durch die damaligen Vereinigten Jugendschriftenausschüsse (heute AJuM, Arbeitsgemeinschaft Jugendliteratur und Medien der GEW) gegründete Zeitschrift „Jugendschriften-Warte“ wurde nach der Wahl Malte Dahrendorfs zum Schriftleiter (1972) mehrmals umbenannt, trug in der Folge immer den Zusatz „... und Medien“ im Titel (heute: kjl&m-forschung.schule.bibliothek) und hat natürlich auch in ihren Beiträgen die jeweils aktuelle Diskussion um Mediendidaktik und KJL aufgegriffen.

lässt gelegentlich eine deutliche Diskrepanz zur real in den Schulen vorzufindenden Situation erkennen (Demmer/Schmerr 2000, S. 19ff.). Um der rasanten technischen Entwicklung entsprechen zu können, sind jedenfalls regelmäßig erhebliche Investitionen notwendig. Die Forschung geht jedoch bisher zu oft von der Situation an Gymnasien aus, von Schulen also, die auf eine deutlich bessere finanzielle Ausstattung als etwa Hauptschulen und Mittelschulen verweisen können.[22]

Die These, dass der vermehrte Einsatz von sog. Neuen Medien zu höherer Lesemotivation und in der Folge zu einer Verbesserung der Lesekompetenz führe, muss inzwischen auf der Grundlage von Forschungen des Kriminologen Christian Pfeiffer zumindest für die in der PISA-Studie 2000 als „Risikoschüler" identifizierten Jugendlichen relativiert werden. Pfeiffer sieht gar einen Zusammenhang zwischen Medienkonsum und schlechteren schulischen Leistungen. Die sog. PISA-Verlierer sind bei ihm zugleich „die Opfer ihres Medienkonsums" (Pfeiffer u. a. 2007). Das deutet darauf hin, dass auch in diesem Bereich noch Diskussions- und Forschungsbedarf besteht.

Handlungs- und produktionsorientierter Unterricht mit KJL

Nach Kaspar H. Spinner zählt die Handlungs- und Produktionsorientierung seit Mitte der 1980er-Jahre zu den am meisten diskutierten Paradigmen des Literaturunterrichts. Sie steht im Gegensatz zu der bis dahin „vorherrschenden Textanalyse und -interpretation" (Spinner 2003, S. 175) und ist auch in Zusammenhang mit KJL inzwischen weit verbreitet. Darauf weisen nicht zuletzt viele Einsendungen beim Wettbewerb „Das lesende Klassenzimmer" des Börsenvereins des Deutschen Buchhandels hin. Zu Kinder- oder Jugendbüchern haben die Einsender Fortsetzungen, Bilderserien, plastische Bilder, ergänzende Bücher, eigene Comics, Spielpläne, Guckkästen, Plakate, Fotoserien, Figuren oder fiktive Briefe entwickelt und gestaltet. An diesem seit 1985 durchgeführten Wettbewerb haben sich nach Berchtold jährlich ca. 45.000 Schülerinnen und Schüler beteiligt, er sei „zwischenzeitlich aus der Schule nicht mehr fortzudenken" (Berchtold 1998, S. 124f.). Allerdings wurde dieser Wettbewerb schon wenig später eingestellt.[23]

Spinner weist zudem darauf hin, dass handlungs- und produktionsorientierter Literaturunterricht längst Eingang in die Lehrpläne gefunden habe und Lehrerhandreichungen sowie Unterrichtsmodelle durch dieses literaturdidaktische

[22] Eine Presseerklärung des Bundesministeriums für Bildung und Forschung von 2005 lässt die Unterschiede (die sich je nach Bundesland, Schulart und Schule noch weiter verschieben) erahnen: Danach betragen die schulischen Ausgaben für Schüler des Primarbereiches jeweils 17 % des Bruttoinlandproduktes pro Kopf (BIP), für Schüler der Sekundarstufe I 21 % und bei Schülern der Sekundarstufe II bei 37 %.

[23] Vermutlich hat er aus quantitativen Gründen dem Vergleich mit dem ebenfalls vom Börsenverein organisierten aber anders orientierten Vorlesewettbewerb für die 6. Klassen nicht standhalten können. Hier beteiligen sich jährlich ca. 700.000 Schülerinnen und Schüler.

Konzept geprägt würden (vgl. Spinner 2002, S. 247). Gerade für den Bereich der Primarstufe und der Sekundarstufe I heißt das aber, dass diese Aussage in hohem Maße für die Verwendung von KJL gilt, auch wenn diese gelegentlich „nur“ als Textausschnitt im Lesebuch in den Klassenzimmern auftaucht.

Grundlagen für einen handlungs- und produktionsorientierten Unterricht mit KJL liegen zum einen in theoretischen Aussagen der Rezeptionsästhetik (vgl. Iser 1976). Hier wird betont, „dass der Leser von Literatur selbst mitschaffend an der Sinnbildung beteiligt sei“ (Spinner 2002, S. 250). Damit ist von einer stärkeren und vor allem aktiven Schülerproduktivität auszugehen, die im Unterricht durch handlungs- und produktionsorientierte Aufgaben unterstützt werden kann.[24] Wenigstens teilweise entsprechen auch Arbeitsformen der Reformpädagogik diesem Konzept, selbst wenn damals oft auf eine theoretische Fundierung verzichtet wurde. Als Beispiel kann der schon in den 1920er-Jahren an seinem Konzept arbeitende Célestin Freinet genannt werden, dessen Zugang zum Lesen über das Drucken und die Herstellung von Büchern mit eigenen Texten führt (vgl. z.B. Röhrs 1980, S. 54, Waldmann 1980, S. 33 oder Haas 1997, S. 27ff.). Bei Büchern, die von Schülerinnen und Schülern selbst produziert werden, aber auch bei zahlreichen anderen Verfahren sowie speziell der Einbeziehung von kreativen Aspekten der Medienerziehung sind die Grenzen zum Projektunterricht fließend. Auch offener Unterricht artikuliert sich gern in Projekten (vgl. Wallrabenstein 1991, S. 102f.) und greift dabei immer wieder auf Elemente einer Handlungs- und Produktionsorientierung zurück.[25]

Die theoretischen Grundlagen für einen handlungs- und produktionsorientierten Literaturunterricht wurden von ihren Vertretern inzwischen weiterentwickelt (vgl. dazu Waldmann 1999 und Spinner 2002). Auch auf Kritik an diesem Konzept wird dabei eingegangen. Einer der Kritikpunkte, der besonders auf den handlungs- und produktionsorientierten Umgang mit KJL zutrifft, ist darin zu sehen, dass es immer wieder zu einer vergleichsweise beliebigen und sehr subjektiven Verwendung von Verfahren kommt, die „ohne sachanalytisch-textbezogene und didaktisch-zielorientierte Reflexion eingesetzt werden.“ (Spinner 2002, S. 255f.) Konkret heißt das z. B.: Auch ohne jede Auseinandersetzung mit „Harry Potter“ (oder einem anderen entsprechenden Buch) können Zaubererhüte oder Hexenbesen in einer Schulklasse entstehen.

Thematische und ästhetische Auseinandersetzungen mit KJL

Lässt man den Gesichtspunkt der Leseförderung[26] hier unberücksichtigt, so ergibt sich aus den zentralen Funktionen, für die KJL heute im Unterricht ver-

[24] Vgl. dazu auch den Beitrag von Kaspar H. Spinner, Kap. 3.4 in diesem Band.

[25] Zur Nähe zwischen einem handlungs- und produktionsorientierten sowie einem offenen Unterricht vgl. die Hinweise bei Haas 1997, vor allem S. 137–199.

[26] Vgl. dazu den Beitrag von Cornelia Rosebrock, Kap. 3.5 in diesem Band.

wendet wird (vgl. Rosebrock 1997, S. 11–19), dass sich eine Didaktik der KJL z.B. mit Kinder- und Jugendbüchern oder entsprechenden Literaturverfilmungen sowohl unter thematischen also auch unter ästhetischen Gesichtspunkten auseinanderzusetzen hat. Diese komplexe Auseinandersetzung könnte als literatur*wissenschaftliches* Konzept angesehen werden und damit als eine Voraussetzung für spezielle didaktische Konzepte, die stärker den Leser und die schulische Vermittlungssituation betrachten. Literatur*didaktische* Konzepte müssen zweifellos mehr bieten als nur knappe Skizzierungen von Formalstufen (etwa im Sinne Friedrich Herbarts). Sie sind auf literaturwissenschaftliche Vorüberlegungen, die thematische wie ästhetische Aspekte berücksichtigen, angewiesen.

Ihren Niederschlag finden entsprechende Analysen oft in sog. Lehrerhandreichungen, die vor allem zu Kinder- und Jugendbüchern angeboten werden. Dabei zeigt sich, dass es zu durchaus unterschiedlichen Schwerpunkten kommen kann. Folgt man der Argumentation von Rosebrock, so ist allerdings bei Jugendbüchern eine thematische Auseinandersetzung besonders naheliegend, während „die literarästhetische Ebene des Textes tendenziell vernachlässigt" (1997, S. 11) wird. So wird nachvollziehbar, wenn Heinz-Jürgen Kliewer moniert, dass bei vielen Unterrichtsmodellen zur KJL „die Textanalysen entweder vollständig fehlen oder über Inhaltsangaben, Gliederungen und Problemdiskussionen nicht hinauskommen. Untersuchungen zu poetologischen Fragen oder zu Sprache und Stil des Textes scheinen unwichtig zu sein." (Kliewer 1997, S. 147) Allerdings ist fraglich, ob der Gesichtspunkt der Themen- bzw. Problemorientierung, der tendenziell zu einer Vernachlässigung der ästhetischen Ebene führen könnte, auch heute noch primäres Auswahlkriterium für eine Klassenlektüre ist. Die o. g. Vielfalt der aktuellen KJL[27] könnte längst einen Veränderungsprozess eingeleitet haben, als dessen Folge statt problemorientierter KJL nun solche in den Mittelpunkt gestellt wird, die etwa der Abenteuerliteratur, der Fantastik oder dem Sachbuch zugerechnet werden kann und die in der Konsequenz zu einer stärkeren Berücksichtigung literarästhetischer Aspekte führt. Auch das Aufzeigen intertextueller Bezüge[28] oder die Analyse von Präsentationen in einem schülergerechten Medienverbund könnte künftig zur Aufgabe eines Literaturunterrichts gehören, der sich weder einseitig auf ein Thema reduzieren lässt noch die Auseinandersetzung mit der ästhetischen Ebene eines Kinder- und Jugendbuches überbewertet. Ob dieser Unterricht allerdings schon Realität oder noch Fiktion ist, wird sich erst durch entsprechende empirische Untersuchungen nachweisen lassen.

Literatur

Abraham, Ulf/Launer, Christoph (Hrsg.) (2002): Weltwissen erlesen. Literarisches Lernen im fächerverbindenden Unterricht. Baltmannsweiler: Schneider.

27 Vgl. dazu den Beitrag von Petra Josting und Ricarda Dreier, Kap. 1.5 in diesem Band.
28 Vgl. dazu den Beitrag von Clemens Kammler, Kap. 3.3 in diesem Band.

Abraham, Ulf/Kepser, Matthis (2005): Literaturdidaktik Deutsch. Eine Einführung. Berlin: Schmidt.

Artelt, Cordula/Stanat, Petra/Schneider, Wolfgang/Schiefele, Ulrich. (2001): Lesekompetenz: Testkonzeption und Ergebnisse. In: Deutsches PISA-Konsortium. (Hrsg.): PISA 2000. Basiskompetenzen von Schülerinnen und Schülern im internationalen Vergleich. Opladen: Leske+Budrich, S. 69–137.

Deutsches PISA-Konsortium (Hrsg.) (2001): PISA 2000. Basiskompetenzen von Schülerinnen und Schülern im internationalen Vergleich. Opladen: Leske+Budrich.

Belwe, Katharina (2006): Editorial zu „Kinderarmut". Aus Politik und Zeitgeschichte, H. 26 vom 26. Juni 2006, S. 2 (Beilage zur Wochenzeitung Das Parlament, hrsg. von der Bundeszentrale für Politische Bildung).

Berchtold, Sabina (1998): Kinder, Bücher und Aktionen. Leseförderung – Die Aktivitäten des Börsenvereins des Deutschen Buchhandels e. V. In: Eicher, Thomas (Hrsg.): Bücher machen – Bücher lesen. Oberhausen: Athena, S. 117–127.

Börsenverein des Deutschen Buchhandels (2006): Buchmarkt in Zahlen. Frankfurt/M. In: http./ /www.warum-verlage.de/content/view/18/68 (09.09.2009).

Börsenverein des Deutschen Buchhandels (2007): Kinder- und Jugendbücher. Marktpotenzial, Käuferstrukturen und Präferenzen unterschiedlicher Lebenswelten. Frankfurt/M. In: http:/ www.avj-online.de/site/aktuell/Kinder_und_Jugendbuecher_final_web.pdf (09.09.2009).

Dahrendorf, Malte (1980): Kinder- und Jugendliteratur im bürgerlichen Zeitalter. Beiträge zu ihrer Geschichte, Kritik und Didaktik. Königstein/Ts.: Scriptor.

Dahrendorf, Malte (1989): Zur Frage der Eigenständigkeit einer Didaktik der Kinder- und Jugendliteratur. In: Diskussion Deutsch 109, S. 456–471.

Dahrendorf, Malte (1992): Kinder- und Jugendliteratur in ihrem Verhältnis zu Pädagogik und Didaktik. In: Dahrendorf, Malte/Knobloch, Jörg (Hrsg.): Kinder- und Jugendliteratur im Offenen Unterricht. Freiarbeit, Wochenplan, Projekte. Weinheim/München: Juventa, S. 5–21.

Dahrendorf, Malte (1998): Überlegungen zur immanenten Didaktik und Pädagogik der Kinder- und Jugendliteratur. In: Richter, Karin/Hurrelmann, Bettina (Hrsg.): Kinderliteratur im Unterricht. Theorien und Modelle zur Kinder- und Jugendliteratur im pädagogisch-didaktischen Kontext. Weinheim/München: Juventa, S. 11–25.

Daubert, Hannelore (1999): Jugendliteratur im Unterricht der Sekundarstufen. In: Spinner, Kaspar H. (Hrsg.): Neue Wege im Literaturunterricht. Informationen. Hintergründe. Arbeitsanregungen. Hannover: Schroedel, S. 42–53.

Daubert, Hannelore/Ewers, Hans-Heino (Hrsg.) (1995): Veränderte Kindheit in der aktuellen Kinderliteratur. Braunschweig: Westermann.

Demmer, Marianne/Schmerr, Martina (2000): Multimedia an Schulen zwischen Politik und Pädagogik. In: Stenzel, Gudrun (Hrsg.): Vom Papiertheater zum Computer. Alte und Neue Medien in Theorie und Praxis. Weinheim/München: Juventa, S. 16–33.

Eschenauer, Barbara (1989): Medienpädagogik in den Lehrplänen. Eine Inhaltsanalyse zu den Curricula der allgemeinbildenden Schulen im Auftrag der Bertelsmann Stiftung. Gütersloh: Verlag Bertelsmann Stiftung.

Feierabend, Sabine/Klingler, Walter (2007): Kinder und Medien: Ergebnisse der KIM-Studie 2006. In: Media Perspektiven 11, H. 10, S. 492–505.

Frederking, Volker (2004): Lesen und Leseförderung im medialen Wandel. Symmedialer Deutschunterricht nach PISA. In: Frederking, Volker (Hrsg.): Lesen und Symbolverstehen. München: Kopaed, S. 37–66.

Gaiser, Gottlieb/Münchenbach, Siegfried (Hrsg.) (2006): Leselust dank Lesekompetenz. Leseerziehung als fächerübergreifende Aufgabe. Donauwörth: Auer.

Garbe, Christine (2003): Warum lesen Mädchen besser als Jungen? Zur Notwendigkeit einer geschlechterdifferenzierenden Leseforschung und Leseförderung. In: Abraham, Ulf/Bremerich-Vos, Albert/Frederking, Volker/Wieler, Petra (Hrsg.): Deutschdidaktik und Deutschunterricht nach Pisa. Freiburg: Fillibach, S. 69–89.

Garbe, Christine/Philipp, Maik (Hrsg.) (2006): Harry Potter – Ein Literatur- und Medienereignis im Blickpunkt interdisziplinärer Forschung. Hamburg: LIT Verlag.

Haas, Gerhard (1976): Lesen: In der Schule – nicht (nur) für die Schule. In: Westermanns Pädagogische Beiträge (WPB) 28, H. 10, S. 585–591.

Haas, Gerhard (1988): Das Elend der didaktisch ausgebeuteten Kinder- und Jugendliteratur. In: Praxis Deutsch 89, S. 3–5.

Haas, Gerhard (1997): Handlungs- und produktionsorientierter Literaturunterricht. Theorie und Praxis eines „anderen" Literaturunterrichts für die Primar- und Sekundarstufe. Seelze: Kallmeyersche.

Heidtmann, Horst (1993): Kinder- und Jugendbuchmarkt – Entwicklungen, Probleme, Prognosen. In: Beiträge Jugendliteratur und Medien 45, H. 3, S. 146–170.

Heidtmann, Horst (1995): Der Kinder- und Jugendbuchmarkt. In: Dahrendorf, Malte (Hrsg.): Kinder- und Jugendliteratur. Material. Berlin: Volk und Wissen, S. 8–16.

Hurrelmann, Bettina (2002): Kinder- und Jugendliteratur im Unterricht. In: Bogdal, Klaus-Michael/Korte, Hermann (Hrsg.): Grundzüge der Literaturdidaktik. München: dtv, S. 134–146.

Iser, Wolfgang 1976 (1994): Der Akt des Lesens. 4. Aufl. München: Fink.

Jendis, Mareike (2007): „Kreuze die richtige Antwort an" – Zum Umgang mit Astrid Lindgrens Werken in neuen Unterrichtsmaterialien. In: kjl&m 59, H. 4, S. 39–47.

Josting, Petra/Maiwald, Klaus (Hrsg.) (2007): Kinder- und Jugendliteratur im Medienverbund. Grundlagen, Beispiele und Ansätze für den Deutschunterricht. München: Kopaed.

Jungen lesen anders – Trendbericht Kinder- und Jugendbuch (2006). Pressemitteilung des Börsenvereins des Deutschen Buchhandels vom 14.03.2006. In: http://www.boersenverein.de (09.09.2009).

Kast, Bernd (1985): Jugendliteratur im kommunikativen Deutschunterricht. Berlin: Langenscheidt.

KIM-Studie (1999): Kinder und Medien – Kim 99. Basisuntersuchung zum Medienumgang 6- bis 13-Jähriger in Deutschland. Baden-Baden: Medienpädagogischer Forschungsverbund Südwest 2000. In: http://www.mpfs.de/fileadmin/Studien/KIM99.pdf (11.11.2009).

KIM-Studie 2006: Kinder + Medien, Computer + Internet. Basisuntersuchung zum Medienumgang 6- bis 13-Jähriger in Deutschland. Stuttgart: Medienpädagogischer Forschungsverbund Südwest 2007. In: http://www.mpfs.de/fileadmin/KIM-pdf06/KIM2006.pdf (11.11.2009).

Kliewer, Heinz-Jürgen (1996): Positionen der Didaktik der Kinder- und Jugendliteratur. In: Dolle-Weinkauff/Ewers, Hans-Heino (Hrsg.): Theorien der Jugendlektüre. Beiträge zur Kinder- und Jugendliteraturkritik seit Heinrich Wolgast. Weinheim/München: Juventa, S. 317–330.

Kliewer, Heinz-Jürgen (1997): Lady Punk Unterm Rad. Ist die Literaturdidaktik unteilbar? In: Rank, Bernhard/Rosebrock, Cornelia (Hrsg.): Kinderliteratur, literarische Sozialisation und Schule. Weinheim: Deutscher Studien Verlag, S. 139–156.

Kliewer, Heinz-Jürgen (1998): Eine eigene Literaturdidaktik? – Jugendbücher im Unterricht. In: Richter, Karin/Hurrelmann, Bettina (Hrsg.): Kinderliteratur im Unterricht. Theorien und

Modelle zur Kinder- und Jugendliteratur im pädagogisch-didaktischen Kontext. Weinheim/ München: Juventa, S. 27–34.

Knobloch, Jörg (1998): Lehrpläne und Literaturunterricht an Hauptschulen. Fallstudie über den bayerischen Lehrplan „Lesen". Weinheim/München: Juventa.

Knobloch, Jörg (2006a): So werden Kinder und Jugendliche bessere Leser. Das Lehrerbuch. Lichtenau: AOL.

Knobloch, Jörg (2006b): Lehrerhandreichung. In: Kliewer, Heinz-Jürgen/Pohl, Inge (Hrsg.): Lexikon Deutschdidaktik, Band 1. Baltmannsweiler: Schneider, S. 379–380.

Knobloch, Jörg (2006c): Lesenacht. In: Kliewer, Heinz-Jürgen/Pohl, Inge (Hrsg.): Lexikon Deutschdidaktik, Band 1. Baltmannsweiler: Schneider, S. 422–423.

Knobloch, Jörg (2006d): Literaturkartei. In: Kliewer, Heinz-Jürgen/Pohl, Inge (Hrsg.): Lexikon Deutschdidaktik, Band 1. Baltmannsweiler: Schneider, S. 474–475.

Knobloch, Jörg (2006e): Autorenlesung. In: Kliewer, Heinz-Jürgen/Pohl, Inge (Hrsg.): Lexikon Deutschdidaktik, Band 1. Baltmannsweiler: Schneider, S. 35–36.

Krommer, Axel (2003): Das Verstehen literarischen Verstehens als interdisziplinäres Projekt. In: Abraham, Ulf/Bremerich-Vos, Albert/Frederking, Volker/Wieler, Petra (Hrsg.): Deutschdidaktik und Deutschunterricht nach Pisa. Freiburg: Fillibach, S. 165–187.

Krüger, Anna 1963 (1973) Kinder- und Jugendbücher als Klassenlektüre. Analysen und Schulversuche. Ein Beitrag zur Reform des Leseunterrichts. 3. Aufl. Weinheim/Basel: Beltz.

Lange, Günter (2000): Zur Didaktik der Kinder- und Jugendliteratur. In: Lange, Günter (Hrsg.): Taschenbuch der Kinder- und Jugendliteratur, Band 2. Medien und Sachbuch – Ausgewählte thematische Aspekte – Ausgewählte poetologische Aspekte – Produktion und Rezeption – KJL im Unterricht. Baltmannsweiler: Schneider, S. 942–967.

Meißner, Wolfgang (1989): Phantastik in der Kinder- und Jugendliteratur der Gegenwart. Würzburg: Königshausen & Neumann (= Schriftenreihe der Deutschen Akademie für Kinder- und Jugendliteratur Volkach e. V., Band 10).

Münchenbach, Siegfried (1996): Historisches Jugendbuch und Schule. In: Akademie für Lehrerfortbildung Dillingen/Deutsche Akademie für Kinder- und Jugendliteratur e. V. (Hrsg.): Lesebuch Geschichte, Band 2: Lehrerhandbuch – Didaktisch-methodische Analysen, Unterrichtsmodelle, Kommentierte Bücherliste. Berlin: Cornelsen, S. 6–10.

Paefgen, Elisabeth K. (1999): Einführung in die Literaturdidaktik. Stuttgart: Metzler.

Peschel, Falko (2002): Offener Unterricht. Idee, Realität, Perspektive und ein praxiserprobtes Konzept zur Diskussion. Teil I: Allgemeindidaktische Überlegungen. Baltmannsweiler: Schneider.

Pfeiffer, Christian/Mößle, Thomas/Kleimann, Matthias/Rehbein, Florian (2007): Die PISA-Verlierer. Opfer ihres Medienkonsums. Eine Analyse auf der Basis verschiedener empirischer Untersuchungen. Hannover: Kriminologisches Forschungsinstitut Niedersachsen e. V.

Pleticha, Heinrich (2000): Geschichtliche Kinder- und Jugendliteratur. In: Lange, Günter (Hrsg.): Taschenbuch der Kinder- und Jugendliteratur. Band 1. Baltmannsweiler: Schneider, S. 445–461.

Preuss-Lausitz, Ulf (1995): Kindheit 2000. Entwicklungstendenzen zwischen Risiken und Chancen. In: Daubert, Hannelore/Ewers, Hans-Heino (Hrsg.): Veränderte Kindheit in der aktuellen Kinderliteratur. Braunschweig: Westermann, S. 7–22.

Röhrs, Hermann (1980): Die Reformpädagogik. Hannover: Schroedel.

Rosebrock, Cornelia (1997): Kinder- und Jugendliteratur im Unterricht – Aus der Perspektive der Lehrerbildung. In: Rank, Bernhard/Rosebrock, Cornelia (Hrsg.): Kinderliteratur, literarische Sozialisation und Schule. Weinheim: Deutscher Studien Verlag, S. 7–28.

Rosebrock, Cornelia (2003): Lesesozialisation und Leseförderung – literarisches Leben in der Schule. In: Kämper-van den Boogaart, Michael (Hrsg.): Deutsch-Didaktik. Leitfaden für die Sekundarstufe I und II. Berlin: Cornelsen, S. 153–174.

Rosebrock, Cornelia/Nix, Daniel (2008): Grundlagen der Lesedidaktik und der systematischen schulischen Leseförderung. Baltmannsweiler: Schneider.

Rox-Helmer, Monika (2006): Jugendbücher im Geschichtsunterricht. Schwalbach/Ts.: Wochenschau Verlag.

Runge, Gabriele (1997): Lesesozialisation in der Schule. Untersuchungen zum Einsatz von Kinder- und Jugendliteratur im Unterricht. Würzburg: Königshausen&Neumann.

Schön, Erich (2002): Einige Anmerkungen zur PISA-Studie, auch aus literaturdidaktischer Perspektive. Oder: Lesen lernt man nur durch Lesen. In: Franz, Kurt/Payhuber, Franz-Josef (Hrsg.): Lesen heute. Leseverhalten von Kindern und Jugendlichen und Leseförderung im Kontext der PISA-Studie. Baltmannsweiler: Schneider, S. 72–91.

Schormann, Dieter (2005): Abwärtstrend in der Buchbranche konnte gestoppt werden. Presseerklärung: Börsenverein des Deutschen Buchhandels v. 14.07.2005. In: http://www.boersenverein.de (09.09.2009).

Spinner, Kaspar H. (1993): Literaturdidaktik der 90er Jahre. In: Bremerich-Vos, Albert (Hrsg.): Handlungsfeld Deutschunterricht im Kontext. Frankfurt am Main: Diesterweg, S. 23–36.

Spinner, Kaspar H. (2002): Handlungs- und produktionsorientierter Literaturunterricht. In: Bogdal, Klaus-Michael/Korte, Hermann (Hrsg.): Grundzüge der Literaturdidaktik. München: dtv, S. 247–257.

Spinner, Kaspar H. 2003 (2004): Handlungs- und produktionsorientierte Verfahren im Literaturunterricht. In: Kämper-van den Boogart, Michael: (Hrsg.): Deutschdidaktik. Leitfaden für die Sekundarstufe I und II. 2. Aufl. Berlin: Cornelsen, S. 175–190.

Stenzel, Gudrun (Hrsg.) (2005): Kinder lesen – Kinder leben. Kindheiten in der Kinderliteratur. Weinheim/München: Juventa.

Stiftung Lesen/Spiegel Verlag (Hrsg.) (1995): Jahrbuch Lesen '95 – Fakten & Trends. Mainz/Hamburg: Spiegel Verlag.

Waldmann, Günter (1980): Literatur zur Unterhaltung 1: Unterrichtsmodelle zur Analyse und Eigenproduktion von Trivialliteratur. Reinbek: Rowohlt.

Waldmann, Günter (1999): Produktiver Umgang mit Literatur im Unterricht. Grundriss einer produktiven Hermeneutik. Theorie – Didaktik – Verfahren – Modelle. Baltmannsweiler: Schneider.

Wallrabenstein, Wulf (1991): Offene Schule – Offener Unterricht. Ratgeber für Eltern und Lehrer. Reinbek: Rowohlt.

Wallrabenstein, Wulf 1999 (2001): Offener Unterricht – was ist das? In: Knobloch, Jörg/Dahrendorf, Malte (Hrsg.): Offener Unterricht mit Kinder- und Jugendliteratur. Grundlagen, Praxisberichte, Materialien. Baltmannsweiler: Schneider, S. 9–15.

Wenke, Gabriela (2000): Der deutsch(sprachig)e Kinder- und Jugendbuchmarkt. In: Lange, Günter (Hrsg.): Taschenbuch der Kinder- und Jugendliteratur, Bd. 2. Baltmannsweiler: Schneider, S. 889–900.

KLAUS MAIWALD

3.9 Didaktik der Gebrauchstexte

1. Historisches: Gebrauchstexte in Deutschunterricht und Deutschdidaktik

Gebrauchstexte spielten vor allem in der fachdidaktischen Diskussion der 1970er Jahre eine besondere Rolle. Im Zuge der curricularen und kommunikativen Wende wurden materiale Bildungsinhalte durch systematische Lernziele abgelöst, die auf die Bewältigung von Alltagsrealität gerichtet waren. Der Deutschunterricht verpflichtete sich dem übergeordneten Lernziel „kommunikative Kompetenz". So wurde mündlicher Sprachgebrauch als wichtige, eigenen Erfordernissen folgende Sprachverwendungsform entdeckt und als gesonderter Lernbereich etabliert. Aus einem auf Regeln und Normen abhebenden Grammatikunterricht wurde eine kritische Reflexion von Sprache, insbesondere als Instrument der „Manipulation und Verschleierung" (vgl. Ide 1975). Aus normierten Schulaufsätzen sollten funktionale „Texte für Leser" (vgl. Boettcher et al. 1973) werden.

Für die Leseerziehung wurden in der kommunikativen Wende „Gebrauchstexte und Textgebrauch" (Kochan 1975) herangezogen, die im elitären (Kanon-)Literaturunterricht bis dahin keinen Platz gehabt hatten. Triviale Texte (vgl. z.B. Trabant 1971; Waldmann 1980) und Werbung (vgl. z.B. Ehmer 1971; Nusser 1976) rückten in den analytischen Blick. Die Zeitschrift *Praxis Deutsch* legte ein Themenheft über „Gebrauchstexte" (vgl. Gerth 1974) auf, deren Einzelbeiträge sich etwa dem „Vertragstext: KfZ-Reparatur", dem „Modeteil von Frauenzeitschriften" oder der „Bastelanleitung" widmeten. Als Leitziele des Umgangs mit Gebrauchstexten galten die mündige Befähigung zur kommunikativ erfolgreichen Teilnahme am Schriftverkehr (im Bereich der Textproduktion) sowie die Entwicklung eines kritischen Bewusstseins für ideologische Botschaften und manipulative Wirkmechanismen der Texte inklusive ihrer politischen und ökonomischen Verflechtungen (im Bereich der Textrezeption) (vgl. Lieberum 2003, S. 860 sowie die dort angegebene, den Stand der 1970er und 1980er Jahre reflektierende Literatur).

In den 1980er und 1990er Jahren waren Gebrauchstexte in Lehrplänen und in der Unterrichtswirklichkeit verankert (etwa in Form von Protokoll oder Leserbrief als „Aufsatzart", durch den Vergleich anspruchsvoller Tageszeitungen mit Boulevardblättern oder in der Analyse trivialer Heftromane). Sie traten im fachdidaktischen Diskurs aber in den Hintergrund, während dieser von Konzeptionen des Umgangs mit literarästhetischen Texten und Medienangeboten dominiert wurde. Das Schattendasein endete mit den für Deutschland international unterdurchschnittlichen Ergebnissen der PISA-Studie aus dem Jahr 2000 (vgl. Deutsches Pisakonsortium 2001). Das *Programme for International Student Assessment* testete 15-Jährige weltweit schwerpunktmäßig auf ihre Fähigkeit, Sachtexte adäquat für die Lebensbewältigung zu nutzen (vgl. zusammenfassend Steinig/Huneke 2011, S. 211–219). Die PISA-Ergebnisse lösten eine breite bildungspolitische Diskussion und auch unmittelbare deutschdidaktische Reaktionen aus (vgl. Groeben/Hurrelmann 2002a; Ludwig 2002; Abraham et al. 2003). Kritisiert wurde insbesondere die Verengung der Lesekompetenz auf (kognitivistisches) Problemlösen und auf (funktionalistische) Lebensbewältigung bzw. die Ausklammerung affektiver, sozialer und ästhetischer Aspekte des Lesens (vgl. Hurrelmann 2007). Unstrittig war jedoch, dass der Umgang mit Gebrauchstexten mehr fachdidaktische Aufmerksamkeit erhielt (vgl. Hummelsberger 2003; Paule 2003; Fix/Jost 2005; Leubner 2005; Baurmann 2009; für eine historische Darstellung zum Thema Gebrauchstexte im Deutschunterricht vgl. Melenk 2005).

2. Begriffliches: Text – Gebrauchstext

2.1 Text

Will man bestimmen, was Gebrauchstexte sind, ist vorab zu klären, was Texte sind. Einer intuitiven Alltagsvorstellung gemäß ist ein Text ein aufgeschriebener, aus mehreren Sätzen bestehender Sinnzusammenhang. Beispiele wie Brief, Vertrag oder Roman machen deutlich, dass Texte überdies stets „kommunikative Ereignisse“ (vgl. Adamzik 2004, S. 53) sind: Ein Brief macht eine Liebesbekundung, ein Mietvertrag regelt die Überlassung von Wohnraum, ein Tatsachenroman rüttelt die Öffentlichkeit auf. Sprachwissenschaftliche Definitionen betonen häufig die konstituierende Einheit von sprachlicher Struktur und kommunikativer Funktion. Ein Text ist demnach:

- „eine im Rahmen einer Sprachhandlung produzierte Äußerung [mit einem] inneren Zusammenhang“ (Bergmann/Pauly/Stricker 2001, S. 109);
- „eine begrenzte Folge von sprachlichen Zeichen, die in sich kohärent ist und die als ganzes eine erkennbare kommunikative Funktion signalisiert“ (Brinker 2001, S. 17);
- „eine komplex strukturierte, thematisch wie konzeptuell zusammenhängende sprachliche Einheit, mit der ein Sprecher eine sprachliche Handlung mit erkennbarem kommunikativem Sinn vollzieht“ (Linke/Nussbaumer/Portmann 2004, S. 275).

Das Konzept *Sprachhandlung mit erkennbarer kommunikativer Funktion* bezieht die an Kommunikation beteiligten Menschen und damit ein subjektives Moment in den Textbegriff mit ein. Ein häufiger Kneipengänger wird den Ausruf

Vier Kurze! als Text auffassen, Hugo Balls dadaistisches Gedicht „Karawane“ vielleicht nicht; für einen Philologen verhält es sich womöglich umgekehrt.

Die zitierten Definitionen gehen über die Vorstellung vom aufgeschriebenen Sinnzusammenhang insofern hinaus, als sie richtigerweise auch mündliche Äußerungen beinhalten (vgl. Predigt*text*, Ansage*text*). Problematisch scheint indes die Beschränkung auf das Sprachliche. Ein alltägliches Beispiel kann dies verdeutlichen:

Abb. 1 Bild-Schrifttext-Kombination als kommunikatives Ereignis[29]

Für sich genommen ergibt der sprachliche Anteil dieses Zeichens wenig Sinn, denn er beschränkt sich auf einen Satz mit höchst unklarer Bedeutung: Wer ist *wir* und wer äußert diesen Satz? Was ist *draußen* bzw. drinnen? Warum ist das Warten zu bedauern (*leider*)? Obwohl die Abbildung unsinnigerweise nahe legt, dass es Hunde sind, die den Satz äußern, wird kaum jemand bestreiten, dass die vorliegende Bild-Schrifttext-Kombination in unserer Kultur ein eindeutiges kommunikatives Ereignis stiftet: Die Betreiber von Lebensmittelgeschäften weisen darauf hin, dass Hunde draußen bleiben müssen; und die Kunden werden mitgeführte Hunde vor dem Geschäft anleinen.

Das Beispiel verdeutlicht, dass in jede Textrezeption Weltwissen eingeht bzw. dass uns erst unser Vorwissen ermöglicht, Zeichenmengen als Texte aufzufassen. Zweitens – und wichtiger: Ein rein schriftsprachlicher Textbegriff greift für eine Lesedidaktik zu kurz, da es im kommunikativen Alltag einer Mediengesellschaft wie der unseren zahlreiche „Texte“ gibt, die nicht nur monomedial-sprachlich sind. Daher ist der Textbegriff zu erweitern: *Texte sind komplex strukturierte, thematisch wie konzeptuell zusammenhängende Zeichengefüge, mit denen eine kommunikative Handlung vollziehbar ist.* Unter einen so erweiterten Textbegriff fallen auch Schaubilder, Comics, Illustrierte, Hörspiele, Spielfilme, Nachrichtensendungen, multimediale Hypertexte.

2.2 Gebrauchstext

Gängiger als der Begriff „Gebrauchstext“ ist der des „Sachtextes“: In der Buchhandlung gibt es eine Sachbuchabteilung; ein eigener Kinder- und Jugendliteraturpreis wird für Sachbücher vergeben; die *Sendung mit der Maus* zeigt „Lach- und Sachgeschichten“.

---

[29] Quelle: www.reklamewelt.de/9184.html (01.08.2012)

Wenn Texte allgemein über die (Zeichen-)Struktur und die (Kommunikations-)-Funktion konstituiert werden, so müssten sich Sachtexte sowohl nach strukturellen als auch nach funktionalen Merkmalen aus dem Gesamt der Texte ausgliedern lassen. Im Alltagsverständnis vieler Sprachteilnehmer sind Sachtexte sprachlich-thematisch, also im weiteren Sinne strukturell definiert. Sie „handeln" von „realen" Dingen und tun dies in einer „sachlichen", z. B. lexikalisch und syntaktisch einfachen Weise. Für diesen intuitiven Sachtextbegriff hält der Alltag zahlreiche Beispiele bereit, von den Auslandsnachrichten bis zur Zahnarztrechnung. Tatsächlich weisen die für „Sachtext" bevorzugt gebrauchten Synonyme jedoch stärker auf die Funktionen hin, die die damit bezeichneten Texte in der Kommunikation haben. Ein *Informationstext* soll informieren und nicht unterhalten oder erbauen; ein *Gebrauchstext* soll für etwas in der Lebensbewältigung brauchbar werden und nicht zweckfrei bleiben; ein *pragmatischer Text* soll uns praktisches Handeln mit Sprache ermöglichen und nicht von interesselosem Wohlgefallen sein. Dem gegenüber wären literarische (poetische, fiktionale, ästhetische) Texte solche, die von nicht-realen Dingen handeln, sprachlich überstrukturiert („ausgeschmückt") sind und denen keine unmittelbare Nutzfunktion zugeschrieben werden kann (höchstens eine mittelbare, etwa den Autor reich zu machen).

Gebrauchstexte lassen sich aufgrund ihrer „Zweckhaftigkeit" und ihres „Realitätsbezuges" grob von literarischen Texten abgrenzen, denen man „Sinnhaftigkeit" und „Fiktionalität" zuschreiben kann (Lieberum 2003, S. 853f.). Ebenso leuchtet ein, dass Gebrauchstexte „sich auf einen Gegenstand außerhalb ihres Bezirks" beziehen, wohingegen „fiktionale ihren eigenen Gegenstand herzustellen" pflegen (Aust 2003, S. 530). Andererseits gibt es zahlreiche Beispiele, die solche Klassifizierungen schematisch wirken lassen. Man kann dabei exotische Fälle wie Peter Handkes gerne angeführtes Gedicht „Aufstellung des 1. FC Nürnberg vom 27.1.1968" getrost außer Acht lassen. So genannte Tatsachenromane wie *Wir Kinder vom Bahnhof Zoo* (1978) oder *Nicht ohne meine Tochter* (1987) haben einen klaren Realitätsbezug und verfolgen eindeutige informative und appellative Zwecke (vgl. Rosebrock 2007, S. 61). Umgekehrt wird ein WAS IST WAS-Sachbuch über den „Wilden Westen" (Seiler 2002) oder über „Demokratie" (Hutter 2005) zwangsläufig seinen eigenen Gegenstand erst herstellen. Fernsehdokumentationen enthalten in Form nachgestellter Szenen und Dramatisierungen mitunter erhebliche fiktionale Anteile. Durchästhetisierte Lifestyle-Werbung wiederum geht weit über die mutmaßlichen Funktionen der Information und des Appells hinaus (vgl. Maiwald 2005, S. 230ff.).

Die Beispiele erweisen die geringe Trennschärfe von Kriterien wie *sinnhaft* versus *zweckhaft* oder *real* versus *fiktional*. Auch fiktionale Texte haben meist einen erkennbaren Weltbezug – man denke an die stets tagesaktuelle *Lindenstraße* – und Genres wie dokumentarisches Drama, Autobiographie und Reiseliteratur (vgl. Jost 2005, S. 20; Leubner 2005) stehen an der Grenze zur Sachliteratur. Umgekehrt gehört die Hörfunkreportage vom Berner Endspiel 1954 nicht zuletzt wegen ihrer wiederholten Integration in fiktionale Texte (R. W. Fassbinders *Die Ehe der Maria Braun* 1978, F.C. Delius' Erzählung *Der Sonntag, an dem ich Weltmeister wurde* 1994, Sönke Wortmanns *Das Wunder von Bern* 2003) längst zum Mythenvorrat unserer Kultur. Im Journalismus verschmelzen Information und Unterhaltung zu *infotainment* (vgl. Ehlers 1996), mediale Formate wie Talkshow, Doku-Drama, Reality Soap lassen die Grenze zwischen *fiction* und *non-fiction* brüchig werden (vgl. Holly 2004, S. 54f.).

Derartige Grenzverwischungen legen nahe, Gebrauchstexte nicht nur über ihre realitätsbezogenen Inhalte und über sprachlich-formale Mittel wie verknappte Syntax, hohe Prägnanz, Nominalisierung, Passivierung, fachsprachliche Lexik und Ergänzung durch bildliche Darstellungen (Diagramme, Tabellen etc.) zu definieren (vgl. Baurmann 2009, S. 21). Was ein Gebrauchstext ist, entscheidet sich auch, wenn nicht eher, durch den Gebrauch, den man von ihm macht, also durch die Funktionen, die er in der Kommunikation hat. So gesehen würden nicht die Textstrukturen, sondern vielmehr die „Zugriffsweisen" (Hummelsberger 2003, S. 333) bzw. die Qualität der eher pragmatischen oder eher ästhetischen Kommunikation (vgl. Abraham 2009, S. 41) darüber entscheiden, was ein Text in der Rezeption *wird*. Lesen wir identifikatorisch, spielend oder interpretierend, so (re-)konstruieren wir einen literarästhetischen Text; ist unsere Leseweise eher instrumentell, regulativ, heuristisch, handlungsbezogen, prädikativ oder wertend, so fassen wir den Text als Gebrauchstext auf (vgl. Beisbart 2009, S. 201f.). Thomas Manns *Der Zauberberg* (1927) lässt sich als Bildungsroman, aber auch mit einem primären Sachinteresse an Medizingeschichte lesen; umgekehrt nutzen Leser Gebrauchstexte oft für ausgedehnte Phantasieinszenierungen (vgl. Graf 2004).

Mag die Rede von Gebrauchs-, Informations-, Sach- oder pragmatischen Texten begrifflich auch unscharf bleiben, so ist sie für lesedidaktische Zwecke gleichwohl sinnvoll. Erstens ist die Trennung von Sachtext und literarischem Text ein kulturell eingespieltes und offenbar alltagstaugliches Konzept, somit ein Punkt, an dem Lernende abgeholt werden können (auch die „Bildungsstandards im Fach Deutsch für den Hauptschulabschluss" unterscheiden „zwischen Sachtexten und literarischen Texten" (Kultusministerkonferenz 2004b, S. 24)). Zweitens lassen sich nur auf der Grundlage prototypischer Vorstellung von strukturell bestimmbaren Texttypen kommunikative Kategorien wie *Textsorte* und *Textfunktion* überhaupt erst gewinnen. Um der Bedeutung solcher Kategorien für die Textkonstitution Rechnung zu tragen, wird im Weiteren die Bezeichnung *Gebrauchstext* verwendet.

3. Didaktische Grundlagen

3.1 Begründungen des Umgangs mit Gebrauchstexten

In der PISA-Studie ging es zentral um die Fähigkeit, „geschriebene Texte zu verstehen, zu nutzen und über sie zu reflektieren, um eigene Ziele zu erreichen, das eigene Wissen und Potenzial weiterzuentwickeln und am gesellschaftlichen Leben teilzunehmen" (Deutsches Pisakonsortium 2001, S. 80). Diese Formulierung impliziert mehrere Begründungsebenen für den Umgang mit Gebrauchstexten:

1) Im Umgang mit Schriftlichkeit generell und insbesondere mit Gebrauchstexten entwickelt sich ein *begrifflich-systematischer, diskursiv-analytischer Denkstil*. Kennzeichnend dafür sind eine Herauslösung der Kognition aus der konkreten Situation, eine Verdauerung über den gegebenen Moment hinaus und eine gesteigerte Abstraktion und Komplexität. Ein kognitiv ausdifferenziertes Individuum entwickelt sich nur im gewohnheitsmäßigen Umgang mit Schriftlichkeit.

2) Texte zu lesen ist eine Vorbedingung für die *erfolgreiche Teilhabe an einer funktionsdifferenzierten Gesellschaft* wie der unseren. Dies beginnt mit einfachen Lebensvollzügen, in denen wir Fahrpläne, Kaufverträge oder Kostenabrechnungen lesen, und reicht bis zur Teilnahme an politischen, wissenschaftlichen und kulturellen Diskursen, wie sie uns in Parteiprogrammen, Fachbüchern, Werbung oder in journalistischen Texten begegnen. Gebrauchstexte tragen somit wesentlich dazu bei, Wissen, Orientierung und Handlungsfähigkeit für unsere Welt zu gewinnen.

3) In einer entwickelten Schriftkultur vollzieht sich gesellschaftliches Leben zu einem großen Teil überhaupt erst in sprachlich-kommunikativen Ereignissen oder, allgemeiner gesprochen, in *literacy events*, vom Leitartikel in der ZEIT bis zum Chat im Internet. Daher liegt eine wichtige Begründung des Umgangs mit Gebrauchstexten in der *Einübung und Reflexion von Literalität*. Hierbei geht es um das Funktionieren von Sprache wie auch anderen Symbolsystemen, von schriftlichen wie nicht-schriftlichen Texten und von Kommunikation in alten wie in neueren Medien. Innerhalb dieses übergreifenden kulturellen Begründungszusammenhanges ist ein Aspekt gesondert hervorzuheben:

4) Die Lektüre von Gebrauchstexten spielt eine wichtige Rolle für die *Leseförderung im Gesamt der Medienerziehung*. Diese Rolle resultiert keineswegs nur aus dem Umgang mit über das Schriftliche hinausgehenden Texten und Medienformaten (s. u.). Auch über herkömmliche Sachliteratur kann die „Problemgruppe Jungen" (Kotthoff 2003) in einer geschlechterdifferenzierten Leseförderung und Leseerziehung besonders angesprochen werden (vgl.

Barth 1997; Bertschi-Kaufmann 1997; Garbe 2003 und 2007; Schilcher 2003; Kliewer/Schilcher 2004; Steitz-Kallenbach 2006). Generell ist Lesen eine „Basiskompetenz“ für den Umgang mit anderen Medien (vgl. Müller 2000, S. 5; Hurrelmann 2003). Es gilt als gesichert, dass kompetente Leser und Leserinnen auch Medien wie Fernsehen und Internet souveräner und sinnvoller nutzen.

Fassen wir zusammen: Die Entwicklung komplexer Kognition, die adäquate Teilhabe an Gesellschaft, das Erfordernis reflektierter Literalität und die Bedeutung für Medienerziehung und Leseförderung lassen sich als umfassende Begründungen für den Umgang mit Gebrauchstexten anschreiben. Die Organisation von Lehr-/Lernprozessen erfordert darüber hinaus didaktische Zielkonkretisierungen. Begreift man Lesen und Verstehen nicht als Sinn-Entnahme, sondern als „Sinnkonstitution auf einer schriftlichen Textbasis“ (vgl. Steinig/Huneke 2011, S. 197), so werden diese Zielangaben die Text- und die Rezeptionsseite integrieren (müssen). Dies wiederum erfordert eine zumindest umrisshafte Vergegenwärtigung der Vorgänge beim Lesen.

3.2 Modellierung des Lesens/Verstehens von (Schrift-)Texten

Lesen als bloße Dekodierung aufzufassen griffe zu kurz. Jeder Leseprozess wird von momentanen Interessen, längerfristigen Motiven und konzeptgeleiteten Vorstellungen geprägt, die der Leser an den Text heranträgt. Konzeptdaten gehen „von oben“ (*top down*), Textdaten „von unten“ (*bottom up*) ein, verknüpfen sich und bilden die (sich fortwährend wandelnde) Basis für die weitere Textrezeption.

Ein Beispiel soll das Zusammenwirken von Text- und Konzeptdaten veranschaulichen

WIRTSCHAFT

Süddeutsche Zeitung Nr. 173, Samstag/Sonntag, 28./29. Juli 2012

MILLIONEN-VERLUST BEI FACEBOOK

Überreizt

VON VARINIA BERNAU

Der Rausch ist vorbei, nun kommt der Kater. Eine geniale Erfindung ist eben nicht automatisch auch ein geniales Geschäft. Mark Zuckerberg, der einst Facebook erfunden hat und dieses Unternehmen Mitte Mai an die Börse brachte, ist einem Trugschluss erlegen [...].

(Quelle: Süddeutsche Zeitung vom 28./29. Juli 2012, S. 19)

Als versierte und erfahrene Leser(innen) wissen wir, dass „Wirtschaft“ hier ein Ressort in einer Tageszeitung (und keine Gaststätte) ist, als SZ-Leser(innen) erwarten wir einen anspruchsvollen Text und – links auf der Seite – die Textsorte

Kommentar. Der „Millionen-Verlust" wird ein wirtschaftlicher Geldverlust sein, und „überreizt" wird weniger Feinnervigkeit als die Überschätzung eines Skat- oder Pokerblattes meinen. Was „Facebook" ist, gehört zu unserem Weltwissen; dass Facebook kürzlich einen verunglückten Börsengang angetreten hat, vielleicht auch. Das heißt: Bereits die Nebentexte aktivieren eine Fülle von Vorwissen und Konzepten (Zeitung, Wirtschaftsteil, Kommentar, Facebook, riskantes Kartenspiel) und ermöglichen damit weitreichende Hypothesen und Antizipationen über den Inhalt des Textes, ohne dass wir eine Zeile desselben bereits gelesen hätten. Lesen wir nun in den Text hinein, verknüpfen sich diese Konzepte mit Textdaten: „Facebook" wird erneut genannt und als „dieses Unternehmen" substituiert. Mark Zuckerberg und der Börsengang werden ergänzt. Und bereits hier wird eine antithetische temporale Grundstruktur (*einst so – nun anders*) angelegt.

Die hier quasi in Zeitlupe wiedergegebenen Vorgänge können mit dem Textverstehensmodell von van Dijk/Kintsch (1983) und Kintsch (1998), von dem auch die PISA-Studie ausging, näher bestimmt werden (vgl. Rosebrock/Nix 2008, S. 18f.; Baurmann 2009, S. 41f.; Grütz 2010, S. 4; Steinig/Huneke 2011, S. 216ff.). Es unterscheidet hierarchieniedrige (kognitiv weniger aufwändige) und hierarchiehohe (aufwändigere) Teilprozesse. Hierarchieniedrig sind die lokale Kohärenzbildung und der Aufbau einer propositionalen Repräsentation. In unserem Beispiel bestünde lokale Kohärenzbildung etwa in der Zusammenfassung von *ein geniales Geschäft* zu einer Nominalphrase oder von *an die Börse brachte* zu einer Verbalphase. Propositionen sind nichtsprachliche, aber sprachnahe mentale Strukturen, die aus einem Benannten und einer zugehörigen Aussage bestehen (vgl. Rickheit/Strohner 1993, S. 71; Schnotz 1994, S. 155). Eine propositionale Repräsentation unseres Textbeispiels kann man sich so vorstellen:

FACEBOOK [HABEN] MILLIONENVERLUSTE
ZUCKERBERG [MACHEN] FEHLER

Hierarchiehohe Prozesse betreffen die Bildung globaler Kohärenz, Makrostrukturen und Superstrukturen sowie das Erkennen rhetorischer Strategien (ebd., S. 190). Im Textbeispiel lassen sich globale Kohärenz und Makrostrukturen sowie ein mentales Modell des Textinhaltes plausibel antizipieren, welches schematisch so vorstellbar ist:

		Facebook		
Einst:				*Nun:*
geniale Erfindung	→	**Trugschluss von**	→	kein geniales Geschäft
„Rausch"		**M. Zuckerberg**		„Kater"

Abb. 2 Vorläufiges Modell eines Textinhaltes

Vollendet ist das Verstehen eines Textes aber erst, wenn der Leser ein solches Modell des Textinhaltes aufbaut und dieses in seine mentalen Bestände eingliedert (vgl. Johnson-Laird 1983; Rickheit/Strohner 1993, S. 83; Christmann/Groeben 2002, S. 155; Aust 2003, S. 527; Steinig/Huneke 2004, S. 190). Mentale Modelle sind holistische, stark schematisierte, strukturanaloge Repräsentationen von Erfahrungen (also auch von Texten). Sie können zu Modellen höherer Ordnung kombiniert werden und damit auch komplexe Ereignisse oder Sachverhalte erfassen. Spezifischer als mentale Modelle sind die Sonderfälle (statischer) *frames* und (prozessualer) *scripts*. Ein *frame* enthält beispielsweise das Wissen über die Bestückung eines Krankenhauses (Krankenzimmer, Flure, Patienten, Pfleger), ein *script* sagt uns, was wir bei einem Krankenbesuch zu tun haben (etwas mitbringen, leise sprechen) (vgl. Linke/Nussbaumer/Portmann 2004, S. 266). Mentale Modelle, *frames* und *scripts* sind Konzepte, die „von oben" in den Leseprozess einfließen. Sie beinhalten auch Vorstellungen über Textsorten und Gattungen, die wir als Interpretations- und Handlungsschemata für die Rezeption und die Produktion von Texten nutzen (vgl. Holly 2004, S. 52). Gleichzeitig führt das Einlesen propositionaler Textdaten „von unten" zu einer Erweiterung und gegebenenfalls Modifikation dieser Konzepte. Was ein Leser von einem Text behält, behält er in Form mentaler Modelle. Die folgende Abbildung zeigt die wichtigsten Faktoren und Teilprozesse beim Lesen im Überblick (gestrichelte Linien stehen für rekursive, d.h. auf den Gesamtprozess selbst zurückwirkende Teilprozesse).

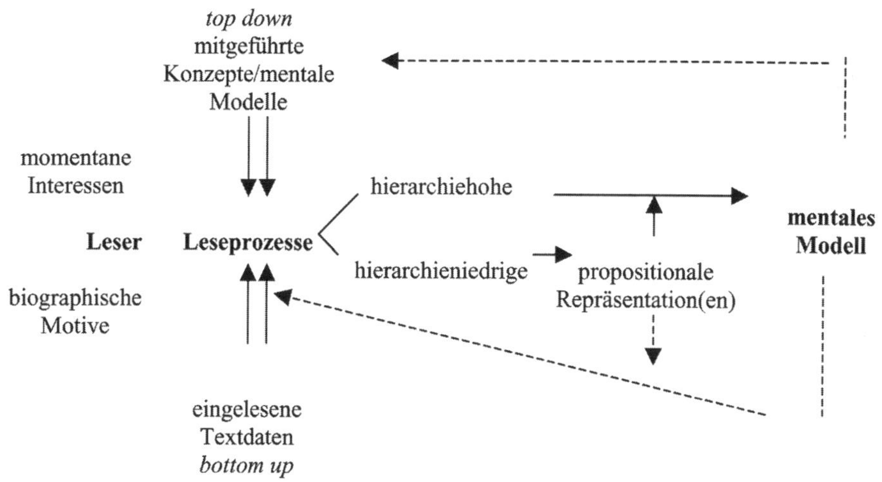

Abb. 3 Faktoren und Teilprozesse beim Lesen

Das Modell illustriert, dass Lesen keine (rezeptive) Sinn-Entnahme, sondern eine (konstruktive) Sinnkonstitution ist. Diese ist zwangsläufig subjektabhängig, sie ist aber keineswegs beliebig, denn sie erfolgt wie gesagt „auf einer schriftlichen Textbasis“ (Steinig/Huneke 2011, S. 198). Im Folgenden sollen Beschreibungs- und Analysekategorien für diese Textbasis systematisiert werden. Der sachanalytische Akzent verlagert sich also, auch wenn diese Trennung letztlich künstlich ist, von der Rezeptions- auf die Textseite.

3.3 Textlinguistische Beschreibungskategorien

Die Textlinguistik kennt eine Reihe von Kategorien zur Beschreibung von Texten:

- Graphische Elemente: Hierzu gehören beispielsweise der Fett- oder Kursivdruck von Überschriften, Textlayout in Tabellen und Spalten, Trennungsstriche und Schriftgrößenunterschiede. Solche Elemente signalisieren häufig äußerliche Textgrenzen und Binnenstrukturierungen.
- Kohäsionsmittel: Kohäsionsmittel stellen den lokalen Zusammenhang auf der Textoberfläche her. Zu ihnen zählen Rekurrenz (wörtliche Wiederholung), Substitution (z.B. durch ein Synonym), Pro-Formen und Artikel (*er, das, dieses*), Tempus (z.B. Präsens in der Beschreibung, Präteritum in der Erzählung) und Konnektoren (Konjunktionen wie *weil, als, wenn* und konjunktionale Adverbien wie *daher, folglich, trotzdem*).
- Kohärenzmittel: Lokale Oberflächenkohäsion allein gewährleistet noch keine Textualität. Hierzu bedarf es der Textkohärenz als globalen semantischen Zusammenhangs in der Tiefenstruktur. Zu den Kohärenzmitteln gehören sogenannte Isotopieketten semantisch verwandter Begriffe; Präsuppositionen, die implizit etwas mitbehaupten und unterstellen; Thema-Rhema-Verknüpfungen sowie konzeptuelle Vernetzungen (Koordinierung, Chronologisierung, Konklusivität) (vgl. ausführlicher Linke/Nussbaumer/Portmann 2004, S. 245ff.).
- Textfunktion: Unter Textfunktion versteht man den „Sinn, den ein Text in einem Kommunikationsprozeß erhält, bzw. [den] Zweck, den ein Text im Rahmen einer Kommunikationssituation erfüllt“ (Brinker 2001, S. 83). Bekannte Versuche, Sprachfunktionen zu klassifizieren, sind Karl Bühlers Organon-Modell (1934) mit der Unterscheidung von Darstellung, Ausdruck und Appell oder die von John R. Searle (1969) in seiner Sprechakttheorie definierten Illokuktionstypen (z.B. Repräsentativa, Direktiva oder Deklarativa) (vgl. Adamzik 2004, S. 108; Linke/Nussbaumer/Portmann 2004, S. 276). Brinker (2001, S. 107) unterscheidet folgende Textfunktionen: Information (z.B. Zeitungsnachricht, Bericht, Beschreibung), Appell (z.B. Kommentar, Rezept, Gesuch), Obligation (z.B. Gelübde, Vertrag), Kontakt (z.B. Glückwunsch,

Beileid, Entschuldigung), Deklaration (z. B. Ernennung, Testament, Schuldspruch). Als weitere Funktionsdimensionen können „ästhetisch wirken" und „sich ausdrücken" genannt werden (vgl. Adamzik 2004, S. 110). Eine funktionale Dreigliederung für Sachtexte nehmen Christmann/Groeben (2002, S. 150) vor, indem sie Lehrtexte (z. B. Fachtext), Persuasionstexte (z. B. Kommentar) und Instruktionstexte (z. B. Montageanleitung) unterscheiden (vgl. auch Rosebrock/Nix 2008, S. 75). In einer didaktisch orientierten Terminologie spricht Baurmann (2009, S. 13) von informierenden (z. B. Lebenslauf), appellierend-instruierenden (z. B. Packungsbeilage), verpflichtenden (Garantieschein) und bewirkenden Texten (z. B. Meisterbrief).

Die Textfunktion, die ein Autor intendiert, muss nicht die sein, die der Rezipient realisiert. So kann ein geschenktes Kochbuch beim Empfänger auf der Informationsebene (*So kocht man also in den Südstaaten*), auf der Appellebene (*Ich soll wohl öfter mal so etwas kochen*), auf der Obligationsebene (*Ich muss ein Gegengeschenk machen*) und auf der Kontaktebene (*Ich nehme das als Entschuldigung an*) funktional werden. Trotz solcher Dehnbarkeiten in der Rezeption lassen sich Textfunktionen auch an jeweils spezifischen konventionell geltenden Vertextungsmitteln festmachen. Typisch für die Appellfunktion sind etwa Imperativsätze (*Besuche ihn doch mal!*), Infinitivkonstruktion (*Es gehört sich, ihn zu besuchen*) und die Konstruktion *haben* + Inf. (*Besucher haben sich an die Hausordnung zu halten*) (vgl. Brinker 2001, S. 113).

- Textsorte: Textsorten lassen sich sehr allgemein definieren als Gruppen gleichartiger Texte. Gleichartigkeit kann aber auf unterschiedlichen Ebenen lokalisiert werden, etwa auf einer funktionalen („Informationsblatt"), einer thematischen („Liebesbrief"), einer medialen („E-Mail") oder einer kommunikativ-situativen („Tischrede") (vgl. ausführlicher Brinker 2001, S. 129ff.; Adamzik 2004, S. 70f.; Linke/Nussbaumer/Portmann 2004, S. 278ff.). Textsorten lassen sich nicht rein sprachstrukturell bestimmen, in ihnen bündeln sich formale und kommunikative Aspekte. Textsorten entstehen als „prototypisches Aufeinander-Bezogen-Sein kontextueller und struktureller Merkmale" (Rose 2006, S. 760). Sie sind „konventionell geltende Muster für komplexe sprachliche Handlungen und lassen sich als jeweils typische Verbindungen von kontextuellen (situativen), kommunikativ-funktionalen und strukturellen (grammatischen und thematischen) Merkmalen beschreiben" (Brinker 2001, S. 135; vgl. ähnlich Klotz 2005, S. 67). Ein Beispiel für eine solch musterhafte Verbindung sprachsystematischer und kommunikationsorientierter Merkmale ist der Fernsehwetterbericht (vgl. Brinker 2001, S. 144ff.).

3.4 Medialer Wandel

Eine zeitgemäße Didaktik der Gebrauchstexte sollte den medialen Wandel reflektieren, der sowohl die Texte selbst als auch ihre Rezeption betrifft.

– Erweiterter Textbegriff

Auszugehen ist einmal von einem über das Printmediale hinaus erweiterten Textbegriff. Neben WAS IST WAS gibt es „Weltwissen für Kinder" (München: Hörverlag 2007) auch in Form von Hörbüchern, die eine ansprechende Mischung aus Unterhaltung und Wissensvermittlung inszenieren. Neben visuellen, auditiven und audiovisuellen Texten (z.B. Sachbilderbücher, Hörbücher, Filme) beinhaltet der erweiterte Textbegriff vor allem hypermediale Angebote in digitalen Medien. „Unter *Hypertext* wird gemeinhin ein Gebilde verstanden, worin die einzelnen informationellen Einheiten [...] durch Verknüpfungen (*links*) netzwerkartig verbunden, also *nicht-linear organisiert* sind" (Linke/Nussbaumer/Portmann 2004, S. 288). Moderne Hypertexte sind durch folgende Merkmale charakterisiert (vgl. Maiwald 2001, S. 38f.):

- Nichtlinearität, das heißt, der Text besteht aus einem virtuellen Gesamt einzelner Module;
- Multimedialität, das heißt, in den Text sind auditive und visuelle Elemente und Module integriert;
- Interaktivität, das heißt, der Text als Modulabfolge entsteht erst durch motorische Aktivitäten des Nutzers (mit Maus, Tastatur, *touchscreen*);
- medienspezifische Textorganisation häufig mit modularen Kurztexten und besonderen Navigationshilfen (z.B. Menüs, Verzeichnisse, Markierung besuchter Module).

Etwa seit Mitte der 1990er Jahre wird die Bedeutung von Hypertext für sprachlich-literarische Lernprozesse diskutiert (vgl. Tergan 1995; Wichert 1997; Maiwald 2001). Im Blickpunkt steht dabei neben Hypertext als Lernmedium (vgl. Meisch 1996; Berghoff 1997; Cölfen/Schmitz 1997; Storrer 1997; Borrmann 1999) *Hyperfiction* als neue Form von Literatur (vgl. Leubner 2001; Weingarten 2001).

Was Gebrauchstexte angeht, so erweitert sich mit Hypertexten das Angebotsspektrum erheblich. Es enthält Informationsangebote *offline* auf CD-ROM wie die Microsoft-Encarta oder Lernsoftware. Vor allem aber umfasst es zahllose *online*-Angebote wie das Wikipedia-Lexikon, flankierende Netzauftritte von Printmedien (Zeitungen, Zeitschriften, Sachbücher), sowie Internetseiten und -portale zu allen denkbaren Themen und Sachgebieten.

– Verändertes Lesen

Zum veränderten Lesen zählt nicht nur die Interaktivität (vgl. Heyer/Rupp 2002) im Zusammenhang mit Hypermedia. Bilder, Graphiken und clusterartige Kurztexte lassen bereits aus der Tageszeitung ein proto-interaktives Medium werden, welches selektiv und überfliegend gelesen wird (vgl. Bucher 1996). Fernsehen ist interaktiv, insofern Programmvielfalt und Fernbedienung das ständige Zusammen-Zappen subjektiver „Texte" ermöglichen (vgl. Schmitz 1996);

hinzugetreten sind in jüngerer Zeit Mitmach-Optionen wie Call-In, Telefon-Voting, E-Mail, anschließender Chat. Auf der Textseite entspricht dem der *infotainment*-Journalismus, wie er durch Zeitschriften wie *Focus*, durch „bunte" und kleinteilige Magazinsendungen im Fernsehen sowie hypertextuelle Sprach-Bild-Flächen im Internetz (z. B. gmx.de, web.de) repräsentiert wird.

Hypertext scheint Lesen als kulturelle Praxis qualitativ zu verändern: weg von einer in die Tiefe bohrenden Sinnerfassung und Deutung, hin zu einem auf der Oberfläche „surfenden" Spielen und Flottieren. Für Gebrauchstexte wirft dies Fragen nach der Beliebigkeit der Inhalte und der Flüchtigkeit ihrer Aneignung auf. Auch das Lesen eines Schrifttextes ist ein aktiver mentaler Konstruktionsprozess. Die Nutzung eines Hypertextes ist darüber hinaus ein äußerlich tätiges Zusammenstellen mehrkanaliger Informationseinheiten zu einem individuellen Rezeptionskonstrukt, das aus der Auswahl und Abfolge von Modulen aus der Textbasis resultiert. So eröffnet Hypertext „zwar eine gezielte und hochflexible Rezeption, andererseits besteht aber auch die Gefahr von Orientierungsverlust und kognitiver Überlastung" (Flender/Christmann 2002, S. 208). Selbst bei guten Voraussetzungen erfordert Hypertext aufgrund seiner technischen Verfasstheit medienspezifische Nutzungskompetenzen. Diese betreffen neben der Kohäsionsbildung auf der Textoberfläche die globale Kohärenzbildung (Gliederung, roter Faden), das Textsortenwissen (z. B. über Navigationshilfen und Modulstrukturtypen) sowie in erhöhtem Maß die Metakognition über den eigenen Leseprozess (Zeitplanung, Zielsetzung, Aufmerksamkeitssteuerung) (vgl. Christmann et al. 1999; Rose 2000; Flender/Christmann 2002, S. 221 f.).

3.5 Zielsetzungen

Die medialen Wandlungsprozesse erweitern das didaktische Aufgabenspektrum, sie machen herkömmliche Schrifttexte und das von ihnen erforderte Lesen aber nicht irrelevant. „Sach- und Gebrauchstexte verstehen und nutzen" ist einer der „Bildungsstandards im Fach Deutsch für den Mittleren Schulabschluss" (Kultusministerkonferenz 2003, S. 14). Dessen Umsetzung besteht aber nicht darin, theoretische Modellierungen des Lesens und linguistische Beschreibungen der Texte einfach didaktisch abzubilden. Vielmehr leiten sich Zielsetzungen für den Umgang mit Gebrauchstexten aus lernerbezogenen Begründungen ab. So sind Textsorten keine normativen und als solche zu imitierenden Lerngegenstände; wohl aber sind Textsortenwissen und -reflexion didaktische Aufgaben, weil Textsortenbegriffe sich kulturell fortwährend wandeln, dabei aber stets zu den Konzepten gehören, die die Rezeption (und auch die Produktion) von Texten maßgeblich steuern. Ziele für den Umgang mit Gebrauchstexten lassen sich nach unterschiedlichen Wissensarten systematisieren:

Deklaratives Wissen (= *Wissen, dass*)

- verschiedene Gebrauchstextangebote kennen, besonders solche für Kinder und Jugendliche (vgl. zu Zeitschriften Meier 2002; zum Sachbilderbuch Ossowski 1999; zum Sachbuch Ossowski 2002, Baurmann/Müller 2004, S. 10, Hecht 2004; zum Kinderfernsehen Erlinger 2003);
- prototypische Unterschiede zwischen Gebrauchstexten und literarischen Texten kennen (vgl. Rosebrock 2007);
- wichtige Textfunktionen kennen (z.B. die Unterscheidung von Information und Appell);
- prototypische Unterschiede zwischen herkömmlichen Schrifttexten und hypermedialen Texten kennen;
- medienspezifische Besonderheiten hypermedialer Texte benennen können;
- Hilfsmittel (z.B. Suchmaschinen, Wörterbücher), Leseweisen und Lesestrategien kennen.

Prozedurales Wissen (= *Wissen, wie*)

- Zugänge zu Gebrauchstexten nutzen (z.B. für die Informationsrecherche in Bibliotheken, in Buchhandlungen, im Internet);
- Gebrauchstexte lesen und verstehen können, d.h. aus einem Text Informationen entnehmen, einen Gesamtüberblick gewinnen, den Text reflektieren und bewerten (= Verstehensdimensionen nach PISA; vgl. Steinig/Huneke 2011, S. 211f.);
- für das Lesen und Verstehen Hilfsmittel und Lesestrategien einsetzen können (s.u.);
- Funktionen von Bildern und Text-Bild-Verhältnisse beschreiben und bewerten können;
- medienspezifische Nutzungsmuster ausführen können (z.B. Nachschlagen in einem Register; Navigieren im Netz);
- den Wert eines Textes für das eigene Gebrauchsinteresse abschätzen können;
- Anschlusskommunikation über Gebrauchstexte führen (einen Text schriftlich oder mündlich wiedergeben; zu einem Text Stellung nehmen; sich mit anderen über einen Text austauschen);
- Gebrauchstexte schreiben können.

Steuerungswissen (= *Wissen, warum und wozu*)

- eigene Verstehensprozesse überblicken und steuern (z.B. Bedeutung des sachlichen Vorwissens und des Textsortenwissens, Reaktion auf mögliche Verstehensschwierigkeiten);
- Phänomene medialen Wandels überblicken (z.B. *infotainment*, Fülle und Unzuverlässigkeit von Information im Netz);

- besondere Anforderungen an Hypertextnutzung einkalkulieren können;
- Lesen von Gebrauchstexten als etwas für die Ich-Entwicklung und die Lebensbewältigung Sinnvolles erfahren.

4. Leitlinien einer Didaktik der Gebrauchstexte

Abschließend sollen didaktische Leitlinien für den Umgang mit Gebrauchstexten gezogen werden. Diese betreffen zunächst allgemeine Aspekte, sodann das Lesen im engeren Sinn.

4.1 Allgemeines

Im Umgang mit Gebrauchstexten sollte ein breites Spektrum an Textfunktionen, Textsorten und Trägermedien aufscheinen. So gibt es zum Thema „Wale" (vgl. den Praxisbeitrag Maiwald, Bd. 2, Kap. 4.6) einen WAS IST WAS-Band, Zeitungstexte, eine Filmdokumentation auf DVD von *National Geographic* oder die Internetseiten von Hobby-Biologen. Einbeziehen ließen sich auch fiktionale Texte wie ein Gedicht über den „Gesang der Wale" (vgl. Abraham 2009, S. 48), die biblische Geschichte (Buch Jona 2,1) und Melvilles *Moby Dick* (die Suchergebnisse bei Google zu *Jona – Wal – Bibel* enthalten weitere interessante Textangebote).

Gerade bei jüngeren Schülern und Schülerinnen sollten schon aus motivationalen Gründen Themen herangezogen werden, die nah an ihren Erfahrungen und Interessen liegen: neben Tieren und Mode etwa „Körperschmuck" (Rose 2000), Tagebuchschreiben (Baurmann/Müller 2002) oder „Jugendsprache" (Grossmann/Peyer 2004). Letzteres Beispiel weist auf ein weiteres Textwahlkriterium hin: Damit Gebrauchstextlektüre als sinnvoll erfahren wird, sollte sie funktional für sachbezogene Lernprozesse sein. Für den Deutschunterricht heißt dies, dass sie mit Sprache und Literatur zu tun haben sollen: neben „Jugendsprache" etwa mit der „Textsorte Sage" (Kultusministerkonferenz 2004a, S. 26), mit Fontanes Realismusbegriff (vgl. Stadter 2004) oder mit Literaturgeschichte(n) (vgl. Thielking 2005).

Gebrauchstextlektüre wird freilich nicht auf sprachlich-literarische Gegenstände und/oder auf den Deutschunterricht begrenzt bleiben. Sie bietet vom Fach Deutsch aus die Möglichkeit, andere Fächer einzubeziehen (vgl. Paule 2003; Völkl 2004; Marci-Boehncke/Rath 2005; Marenbach 2005). Darüber hinaus sollte ein reflektierter Umgang mit Gebrauchstexten „in allen Fächern" (Leisen 2007) stattfinden (*across the curriculum*).

Der Umgang mit Gebrauchstexten darf nicht sporadisch und wahllos bleiben, vor allem aber darf er kein textanalytisches Exerzitium um seiner selbst Willen werden. Leser sollen erfahren, dass Gebrauchstexte ihnen helfen, Wissen zu erwerben und Probleme zu lösen. Damit dies gelingt, müssen Gebrauchstexte nicht nur einen festen Platz im Unterricht haben, sondern dabei stets in einem „Lernhorizont“ (Baurmann/Müller 2002, S. 46) stehen. Dieser kann von einfachen Fragen (*Warum kann die Jona-Geschichte nicht wahr sein?*) bis hin zu komplexen Zusammenhängen reichen (*Warum sind Wale für den Menschen so emotionsbesetzt?*).

Umgang mit Gebrauchstexten sollte nicht rezeptiv bleiben, sondern auch produktiv werden. Dies kann einerseits bedeuten, gegebene Texte zu verändern, etwa durch das Einziehen von Zwischenüberschriften oder das Hinzufügen eines Bildes, durch Abändern des Stils (z.B. BILD versus FAZ) oder das Umwandeln eines linearen Schrifttextes in einen Hypertext. Vor allem aber heißt es, dass Schüler eigene Texte schreiben, aber nicht in formalisierten „Aufsätzen“, sondern in authentischen Lernzusammenhängen (vgl. Schilcher 2006).

4.2 Arbeit am Text

- Vor der Rezeption: Der Umgang mit einem bestimmten Text beginnt bereits vor der eigentlichen Lektüre. Zur Motivation ist ein Lernhorizont, ein Erkenntnisinteresse aufzuspannen, für welches der Text funktional wird. Sachbezogenes als auch text- bzw. medienbezogenes Vorwissen ist eine wichtige Verstehensvoraussetzung und sollte daher zunächst aktiviert oder überhaupt aufgebaut werden: *Was wissen wir schon über Wale? Wie werden in WAS IST WAS Bildunterschriften markiert? Wie haben wir uns im Hypertext orientiert?* Zur Aktivierung von Vorwissen eignen sich Verfahren wie *clustering* oder *mindmapping*. Sinnvoll kann auch sein, die Rezeption zu entlasten, indem man vorab Informationen über den Text gibt oder aber metatextuelle Orientierungen aus dem Text selbst aufgreift (z.B. Titel, Gliederung, *abstract*, Zusammenfassung, Klappentext).
- Während der Rezeption: Die eigentliche Lektüre sollte individualisiert erfolgen und durch begleitende Lesestrategien unterstützt werden. Insofern Strategien größere Sets von Handlungen sind, mit denen umfassendere Ziele verfolgt werden, wäre eigentlich treffender von „Verfahren und Arbeitstechniken“ (Gierlich 2005, S. 44) oder von „Methoden und Übungen“ (Müller 2000, S. 10f.) zu sprechen. Lesestrategien lassen sich unterteilen in analytische (z.B. Kohäsion untersuchen) und produktionsorientierte (z.B. rhetorische Mittel einfügen) (vgl. ebd.). Da jedoch alle Verfahren Leseraktivität beinhalten und textanalytische Erkenntnisse befördern sollen, scheint mir eine neutrale Unterteilung in Wiederholungs-, Organisations- und Elaborationsstrategien (vgl. Flender/Christmann 2002, S. 211) sinnvoller: *Wiederholungsstrategien* sind mehrmaliges Lesen und das Abschreiben von Textpassagen. *Organisationsstrategien* dienen der Strukturierung des Textmaterials, z.B. durch

grafische Veranschaulichung der Textstruktur, das Markieren oder Unterstreichen von Begriffen, das Formulieren von Überschriften. *Elaborationsstrategien* gehen über den Text hinaus: Fragen formulieren, die der Text beantwortet; paraphrasieren und zusammenfassen; Begriffe definieren; Gegenargumente formulieren; einen Kurzvortrag auf der Grundlage des Textes vorbereiten (vgl. Maiwald, Bd. 2, Kap. 4.6); den Text z. B. für eine andere Kommunikationssituation neu formulieren. (Vgl. zu Lesestrategien auch Abraham 2003; Rosebrock/Nix 2008, S. 59–73; Baurmann 2009, S. 45ff.; Grütz 2010; Nix 2010, S. 156–162; ebenso Beisbart/Popp, Bd. 2, Kap. 3.6).

– Nach der Rezeption: Elaborierende Strategien reichen bereits in die Anschlusskommunikation hinein. Diese kann, reflektierend und wertend, dem Text bzw. dem Leseprozess selbst gelten: *Wie ergiebig ist der Text für unsere Sache? Wo hatten wir beim Lesen Verstehensschwierigkeiten? Wie sind die Geltung und die Zuverlässigkeit des Textes zu beurteilen?* (wichtig v. a. bei Internettexten). Neben einer solchen Metakommunikation über den Text gehört zu den Textanschlusshandlungen aber auch die Weitergabe und -verwertung entstandener Rezeptionsprodukte (z. B. Zusammenfassungen, Gegenargumentationen, Umformulierungen) im unterrichtlichen Lern- bzw. Kommunikationszusammenhang.

Zwei Aspekte sind für die Arbeit am Text also von besonderer Wichtigkeit: Erstens sollte das eigentliche Lesen nicht rein rezeptiv erfolgen, sondern durch begleitende Lesestrategien aktiviert werden; zweitens setzt die Textarbeit sinnvoll bereits vor dem eigentlichen Lesen ein und mündet danach in weiterführende Tätigkeiten.

Literatur

Abraham, Ulf/Bremerich-Vos, Albert/Frederking, Volker/Wieler, Petra (Hrsg.) (2003): Deutschdidaktik und Deutschunterricht nach PISA. Freiburg: Fillibach.

Abraham, Ulf (2003): Lese- und Schreibstrategien im themazentrierten Deutschunterricht. Zu einer Didaktik selbstgesteuerten und zielbewussten Umgangs mit Texten. In: Abraham, Ulf/Bremerich-Vos, Albert/Frederking, Volker/Wieler, Petra (Hrsg.): Deutschdidaktik und Deutschunterricht nach PISA. Freiburg: Fillibach, S. 204–219.

Abraham, Ulf 1998 (2009): Lesen – Umgehen mit Texten. In: Abraham, Ulf/Beisbart, Ortwin/Koß, Gerhard/Marenbach, Dieter: Praxis der Deutschunterrichts. 6. Aufl. Donauwörth: Auer, S. 40–52.

Adamzik, Kirsten (2004): Textlinguistik. Eine einführende Darstellung. Tübingen: Niemeyer.

Aust, Hugo (2003): Entwicklung des Textlesens. In: Bredel, Ursula/Günther, Hartmut/Klotz, Peter/Ossner, Jakob/Soeber-Ott, Gesa (Hrsg.): Didaktik der deutschen Sprache. Bd. 1. Paderborn: Schöningh, S. 525–535.

Barth, Susanne (1997): Differenzen: weiblich – männlich. In: Praxis Deutsch 143, S. 17–23.

Baurmann, Jürgen/Müller, Astrid (2002): Experten und Anfänger lernen gemeinsam. Lesen und Verstehen von Sachtexten durch wechselseitiges Lehren und Lernen. In: Praxis Deutsch 176, S. 44–48.

Baurmann, Jürgen/Müller, Astrid (2004): Sachbücher und Sachtexte lesen. In: Praxis Deutsch 189, S. 6–13.

Baurmann, Jürgen (2009): Sachtexte lesen und verstehen. Grundlagen – Ergebnisse – Vorschläge. Seelze: Klett / Kallmeyer.

Beisbart, Ortwin (2009): Was Texte sind: Sachtexte – literarische Texte. In: Beisbart, Ortwin/ Marenbach, Dieter: Bausteine der Deutschdidaktik. Ein Studienbuch. 3. Aufl. Donauwörth: Auer, S. 194–203.

Berghoff, Matthias (1997): Hypermedia als weitere Chance für den Deutschunterricht? Skizze eines interaktiven Assoziations- und Interpretationsraums im Internet zu Ernst Jandls „wien: heldenplatz". In: Osnabrücker Beiträge zur Sprachtheorie 55, S. 172–185.

Bergmann, Rolf/Pauly, Peter/Stricker, Stefanie 1975 (2001): Einführung in die deutsche Sprachwissenschaft. 3. erw. und überarb. Aufl. Heidelberg: Winter.

Bertschi-Kaufmann, Andrea (1997): Mädchen und Jungen lesen anders und anderes. In: Die Grundschulzeitschrift 103, S. 40–44.

Bertschi-Kaufmann, Andrea (Hrsg.) (2007): Lesekompetenz – Leseleistung – Leseförderung. Zug: Klett und Balmer.

Boettcher, Wolfgang/Firges, Jean/Sitta, Horst/Tymister, Hans Josef (1973): Schulaufsätze – Texte für Leser. Düsseldorf: Schwann.

Borrmann, Andreas (1999): Eine Hypertext-Interpretation zu einem vernetzten Roman. In: Praxis Deutsch 158, S. 59–64.

Bräuer, Christoph (2006): Gebrauchstext. In: Kliewer, Heinz-Jürgen/Pohl, Inge (Hrsg.): Lexikon Deutschdidaktik. Bd. 1. Baltmannsweiler: Schneider, S. 162–165.

Brinker, Klaus 1985 (2001): Linguistische Textanalyse. 5. Aufl. Berlin: Schmidt.

Bucher, Hans-Jürgen (1996): Textdesign – Zaubermittel der Verständlichkeit? Die Tageszeitung auf dem Weg zum interaktiven Medium. In: Lüttich, Ernest W. B./Holly, Werner/Püschel, Ulrich (Hrsg.): Textstrukturen im Medienwandel. Frankfurt am Main: Lang, S. 31–59.

Christmann, Ursula/Groeben, Norbert/Flender, Jürgen/Naumann, Johannes/Richter, Tobias (1999): Verarbeitungsstrategien von traditionellen linearen Buchtexten und zukünftigen (nicht-linearen Hypertexten). In: Groeben, Norbert (Hrsg.): Lesesozialisation in der Mediengesellschaft. Ein Schwerpunktprogramm. Tübingen: Niemeyer, S. 175–189.

Christmann, Ursula/Groeben, Norbert (2002): Anforderungen und Einflussfaktoren bei Sach- und Informationstexten. In: Groeben, Norbert/Hurrelmann, Bettina (Hrsg.): Lesekompetenz. Bedingungen, Dimensionen, Funktionen. Weinheim/München: Juventa, S. 150–173.

Cölfen, Hermann/Schmitz, Ulrich (1997): Aktives Lernen mit Hypermedia. Neue Lernsoftware für Sprache und Linguistik (Projektskizze). In: Osnabrücker Beiträge zur Sprachtheorie 55, S. 186–198.

Deutsches Pisakonsortium (Hrsg.) 2001: PISA 2000. Basiskompetenzen von Schülerinnen und Schülern im internationalen Vergleich. Opladen: Leske + Budrich.

Ehlers, Holger (1996): Gute Unterhaltung im Deutschunterricht? Zum Infotainment-Trend und möglichen Konsequenzen für die Deutschdidaktik. In: Hohmann, Joachim S./Rubinich, Johann (Hrsg.): Wovon der Schüler träumt: Leseförderung im Spannungsfeld von Literaturvermittlung und Medienpädagogik. Frankfurt am Main: Lang, S. 385–396.

Ehmer, Hermann K. (1971): Zur Metasprache der Werbung – Analyse einer DOORNKAAT-Reklame. In: Ehmer, Hermann K. (Hrsg.): Visuelle Kommunikation. Beiträge zur Kritik der Bewußtseinsindustrie. Köln: DuMont Schauberg, S. 162–178.

Erlinger, Hans Dieter 1999 (2002): Kinderfernsehen. In: Lange, Günter (Hrsg.): Taschenbuch der Kinder- und Jugendliteratur. Bd. 2. 3. Aufl. Baltmannsweiler: Schneider, S. 620–636.

Fix, Martin/Jost, Roland (Hrsg.) (2005): Sachtexte im Deutschunterricht. Baltmannsweiler: Schneider.

Flender, Jürgen/Christmann, Ursula (2002): Zur optimalen Passung von medienspezifischen Randbedingungen und Verarbeitungskompetenzen/Lernstrategien bei linearen Texten und Hypertexten. In: Groeben, Norbert/Hurrelmann, Bettina (Hrsg.): Medienkompetenz. Voraussetzungen, Dimensionen, Funktionen. Weinheim/München: Juventa, S. 201–230.

Garbe, Christine (2003): Warum lesen Mädchen besser als Jungen? Zur Notwendigkeit einer geschlechterdifferenzierenden Leseforschung und Leseförderung. In: Abraham, Ulf/Bremerich-Vos, Albert/Frederking, Volker/Wieler, Petra (Hrsg.): Deutschdidaktik und Deutschunterricht nach PISA. Freiburg: Fillibach, S. 69–89.

Garbe, Christine (2007): Geschlechterdifferenzierende Leseforschung und -förderung. In: Bertschi-Kaufmann, Andrea (Hrsg.): Lesekompetenz – Leseleistung – Leseförderung. Zug: Klett und Balmer, S. 66–83.

Gerth, Klaus (1974): Gebrauchstexte im Unterricht. In: Praxis Deutsch 2, S. 14–16.

Gierlich, Heinz (2005): Sachtexte als Gegenstand des Deutschunterrichts – einige grundsätzliche Überlegungen. In: Fix, Martin/Jost, Roland (Hrsg.): Sachtexte im Deutschunterricht. Baltmannsweiler: Schneider, S. 25–46.

Graf, Werner (2004): Sachtexte zum Fantasieren. Die männliche Variante der literarischen Sozialisation. In: Josting, Petra/Stenzel, Gudrun (Hrsg.): 15. Beiheft der Beiträge Jugendliteratur und Medien: Sachliteratur. Weinheim/München: Juventa.

Groeben, Norbert/Hurrelmann, Bettina (Hrsg.) (2002a): Lesekompetenz. Bedingungen, Dimensionen, Funktionen. Weinheim/München: Juventa.

Groeben, Norbert/Hurrelmann, Bettina (Hrsg.) (2002b): Medienkompetenz. Voraussetzungen, Dimensionen, Funktionen. Weinheim/München: Juventa.

Grossmann, Therese/Peyer, Ann (2004): Vollfett oder total beschattet? Sachtexte über Jugendsprache. In: Praxis Deutsch 189, S. 39–45.

Grütz, Doris (2010): Unterstreiche das Wichtigste! Empirische Befunde zu einer Textverstehensstrategie. In: Lutjeharms, Madeline / Schmidt, Claudia (Hrsg.): Lesekompetenz in Erst-, Zweit- und Fremdsprache. Reihe: Gießener Beiträge zur Fremdsprachendidaktik. Tübingen: Gunter Narr, S. 89–106.

Hecht, Katrin (2004): Wer hätte das gewusst? Für Kinder und Jugendliche geeignete Sachbücher zu verschiedenen Themen. In: Praxis Deutsch 189, S. 56–61.

Heyer, Petra/Rupp, Gerhard (2002): Interaktivität als Chance kultureller Praxis im Umgang mit Medien? In: Groeben, Norbert/Hurrelmann, Bettina (Hrsg.): Medienkompetenz. Voraussetzungen, Dimensionen, Funktionen. Weinheim/München: Juventa, S. 92–110.

Holly, Werner (2004): Fernsehen. Tübingen: Niemeyer.

Hummelsberger, Siegfried (2003): 'Sachtext-Leser' oder 'Sach-Bearbeiter'? Wie sachdienlich ist die Rede von Sachtexten in eigener Sache? In: Abraham, Ulf/Bremerich-Vos, Albert/Frederking, Volker/Wieler, Petra (Hrsg.): Deutschdidaktik und Deutschunterricht nach PISA. Freiburg: Fillibach, S. 330–346.

Hurrelmann, Bettina (2003): Lesen als Basiskompetenz in der Mediengesellschaft. In: Lesen und Schreiben. Schüler-Sonderheft. Seelze: Friedrich, S. 4–10.

Hurrelmann, Bettina (2007): Modelle und Merkmale der Lesekompetenz. In: Bertschi-Kaufmann, Andrea (Hrsg.): Lesekompetenz – Leseleistung – Leseförderung. Zug: Klett und Balmer, S. 18–28.

Hutter, Claus-Peter (2005): Demokratie. Nürnberg: Tessloff.

Ide, Heinz (Hrsg.) (1975): Sprache und Realität. Manipulations- und Verschleierungstechniken. Stuttgart: Metzler.

Johnson-Laird, Philip N. (1983): Mental Models. Cambridge u. a.: Cambridge University Press.

Jost, Roland (2005): Sachtexte vs. literarische Texte? In: Fix, Martin/Jost, Roland (Hrsg.): Sachtexte im Deutschunterricht. Baltmannsweiler: Schneider, S. 19–24.

Kintsch, Walter (1998): Comprehension. A Paradigm for Cognition. Cambridge: Cambridge University Press.

Kliewer, Annette/Schilcher, Anita (Hrsg.) (2004): Neue Leser braucht das Land! Zum geschlechterdifferenzierenden Unterricht mit Kinder- und Jugendliteratur. Baltmannsweiler: Schneider.

Klotz, Peter (2005): Textsorten: Aspekte des Erwerbs, der Schreibpraxis und der Kognition. In: Abraham, Ulf/Kupfer-Schreiner, Claudia/Maiwald, Klaus (Hrsg.): Schreibförderung und Schreiberziehung. Eine Einführung für Schule und Hochschule. Donauwörth: Auer; S. 67–78.

Kochan, Barbara (1975): Gebrauchstexte und Textgebrauch. Materialien und Unterrichtsmodelle zur Leseerziehung in der Primarstufe und Sekundarstufe I. Kronberg: Scriptor.

Kotthoff, Helga (2003): Problemgruppe Jungen? In: Der Deutschunterricht 55, H. 2, S. 85–88.

Kultusministerkonferenz (2003): Bildungsstandards im Fach Deutsch für den Mittleren Schulabschluss. In: http://www.kmk.org/fileadmin//veroeffentlichungen_beschluesse/2003/2003_12_04-BS-Deutsch-MS.pdf (01.08.2012).

Kultusministerkonferenz (2004a): Bildungsstandards im Fach Deutsch für den Primarbereich. In: http://www.kmk.org/fileadmin/veroeffentlichungen_beschluesse/2004/2004_10_15-Bildungsstandards-Deutsch-Primar.pdf (01.08.2012).

Kultusministerkonferenz (2004b): Bildungsstandards im Fach Deutsch für den Hauptschulabschluss. In: http://www.kmk.org/fileadmin/veroeffentlichungen_beschluesse/2004/2004_10_15-Bildungsstandards-Deutsch-Haupt.pdf (01.08.2012).

Leisen, Josef (2007): Lesen in allen Fächern. In: Bertschi-Kaufmann, Andrea (Hrsg.): Lesekompetenz – Leseleistung – Leseförderung. Zug: Klett und Balmer, S. 189–197.

Leubner, Martin (2001): Hyperfiction im Deutschunterricht. In: Der Deutschunterricht 53, H. 2, S. 44–57.

Leubner, Martin (2005): Gebrauchstexte und ihre Didaktik. In: Lange, Günter/Weinhold, Swantje (Hrsg.): Grundlagen der Deutschdidaktik. Baltmannsweiler: Schneider, S. 319–346.

Lieberum, Rolf 1972 (2003): Gebrauchstexte im Unterricht. In: Lange, Günter/Neumann, Karl/Ziesenis, Werner (Hrsg.): Taschenbuch des Deutschunterrichts. Bd. 2. 8. Aufl. Baltmannsweiler: Schneider, S. 853–864.

Linke, Angelika/Nussbaumer, Markus/Portmann, Paul R. 1991 (2004): Studienbuch Linguistik. 5. Aufl. Tübingen: Niemeyer.

Ludwig, Otto (2002): PISA 2000 und der Deutschunterricht. In: Der Deutschunterricht 54, H. 2, S. 82–85.

Maiwald, Klaus (2001): Hypertext unter medialen, kulturellen und deutschdidaktischen Aspekten. In: Didaktik Deutsch 11, S. 38–55.

Maiwald, Klaus (2005): Wahrnehmung – Sprache – Beobachtung. Eine Deutschdidaktik bilddominierter Medienangebote. München: Kopäd.

Marci-Boehncke, Gudrun/Rath, Matthias (2005): In Sachen „Liebe" lesen: Eheratgeber zwischen Poesie und Sachliteratur im fächerübergreifenden Unterricht. In: Fix, Martin/Jost, Roland (Hrsg.): Sachtexte im Deutschunterricht. Baltmannsweiler: Schneider, S. 192–207.

Marenbach, Dieter (2005): Lernbereichs- und fächerübergreifende Schreibförderung. In: Abraham, Ulf/Kupfer-Schreiner, Claudia/Maiwald, Klaus (Hrsg.): Schreibförderung und Schreiberziehung. Eine Einführung für Schule und Hochschule. Donauwörth: Auer, S. 130–142.

Meier, Bernhard 1999 (2002): Zeitschriften für Kinder und Jugendliche. In: Lange, Günter (Hrsg.): Taschenbuch der Kinder- und Jugendliteratur. Bd. 2. 3. Aufl. Baltmannsweiler: Schneider, S. 637–656.

Meisch, Rainer (1996): Literaturgeschichte interaktiv: Hypertext und Multimedia im literaturgeschichtlichen Unterricht. In: Anregung (Zeitschrift für Gymnasialpädagogik) 42, S. 290–310.

Melenk, Hartmut (2005): Sachtexte im Deutschunterricht – eine historische Skizze. In: Fix, Martin/Jost, Roland (Hrsg.): Sachtexte im Deutschunterricht. Baltmannsweiler: Schneider, S. 2–18.

Müller, Astrid (2000): Sachtexte lesen und verstehen: Bedeutung des Lesens und Verstehens. In: Lernchancen 13, S. 4–13.

Nix, Daniel (2010): Förderung der Lesekompetenz. In: Kämper-van den Boogaart, Michael / Spinner, Kaspar (Hrsg.): Lese- und Literaturunterricht, Bd. 2 Baltmannsweiler: Schneider (= Deutschunterricht in Theorie und Praxis, 12), S. 139–189.

Nusser, Peter (1976): Anzeigenwerbung. München: Fink.

Ossowski, Herbert (1999): Sachbilderbücher: Von Bildern, die Wissen schaffen. In: Franz, Kurt/ Lange, Günter (Hrsg.): Bilderwelten. Vom Bildzeichen zur CD-ROM. Baltmannsweiler: Schneider, S. 51–68.

Ossowski, Herbert 1999 (2002): Sachbücher für Kinder und Jugendliche. In: Lange, Günter (Hrsg.): Taschenbuch der Kinder- und Jugendliteratur. Bd. 2. 3. Aufl. Baltmannsweiler: Schneider, S. 657–682.

Paule, Gabriela (2003): Sachtexte lesen und schreiben – Fächerverbindungen nutzen. In: Abraham, Ulf/Bremerich-Vos, Albert/Frederking, Volker/Wieler, Petra (Hrsg.): Deutschdidaktik und Deutschunterricht nach PISA. Freiburg: Fillibach, S. 347–360.

Rickheit, Gert/Strohner, Hans (1993): Grundlagen der kognitiven Sprachverarbeitung. Tübingen und Basel: Francke (= UTB, 1735).

Rose, Kurt (2000): Körperschmuck – Schmerzen für die Schönheit. Sachinformationen im Internet suchen, lesen, beurteilen und verarbeiten. In: Lernchancen 13, S. 64–70.

Rose, Kurt (2006): Textsorten. In: Kliewer, Heinz-Jürgen/Pohl, Inge (Hrsg.): Lexikon Deutschdidaktik. Bd. 2. Baltmannsweiler: Schneider, S. 759–761.

Rosebrock, Cornelia (2007): Anforderungen von Sach- und Informationstexten; Anforderungen literarischer Texte. In: Bertschi-Kaufmann, Andrea (Hrsg.): Lesekompetenz – Leseleistung – Leseförderung. Zug: Klett und Balmer, S. 50–65.

Rosebrock, Cornelia / Nix, Daniel (2008): Grundlagen der Lesedidaktik und der systematischen schulischen Leseförderung. Baltmannsweiler: Schneider.

Schilcher, Anita (2003): Was machen die Jungs? Geschlechterdifferenzierender Deutschunterricht nach PISA. In: Abraham, Ulf/Bremerich-Vos, Albert/Frederking, Volker/Wieler, Petra (Hrsg.): Deutschdidaktik und Deutschunterricht nach PISA. Freiburg: Fillibach, S. 361–380.

Schilcher, Anita (2006): Schreiben in simulierten, problemorientierten Lernumgebungen. Habilitationsschrift Universität Passau.

Schmitz, Ulrich (1996): ZAP und Sinn. Fragmentarische Textkonstitution durch überfordernde Medienrezeption. In: Lüttich, Ernest W. B./Holly, Werner/Püschel, Ulrich (Hrsg.): Textstrukturen im Medienwandel. Frankfurt am Main: Lang, S. 11–29.

Schnotz, Wolfgang (1994): Aufbau von Wissensstrukturen. Untersuchungen zur Kohärenzbildung beim Wissenserwerb mit Texten. Weinheim: Psychologie-Verlags-Union.

Seiler, Signe (2002): Der Wilde Westen. Nürnberg: Tessloff.

Stadter, Andrea (2004): Was versteht Fontane unter Realismus? Umgang mit literaturtheoretischen Essays am Beispiel von Theodor Fontanes Text *Unsere lyrische und epische Poesie seit 1848*. In: Praxis Deutsch 189, S. 46–55.

Steinig, Wolfgang/Huneke, Hans-Werner 2001 (2011): Sprachdidaktik Deutsch. 4. Aufl. Berlin: Schmidt.

Steitz-Kallenbach, Jörg (2006): Warum lesen Jungen (nicht)? – Lesen Jungen nicht? Überlegungen zum Zusammenhang von Lesen und Geschlecht (Teil 1). In: Beiträge Jugendliteratur und Medien 58, H. 1, S. 3–12.

Storrer, Angelika (1997): Vom Text zum Hypertext. Die Produktion von Hypertexten auf der Basis traditioneller wissenschaftlicher Texte. In: Knorr, Dagmar/Jakobs, Eva-Maria (Hrsg.): Textproduktion in elektronischen Umgebungen. Frankfurt am Main: Lang, S. 121–139.

Tergan, Sigmar-Olaf (1995): Hypertext und Hypermedia: Konzeption, Lernmöglichkeiten, Lernprobleme. In: Issing, Ludwig J./Klimsa, Paul (Hrsg.): Information und Lernen mit Multimedia. Weinheim/Basel: Beltz, S. 123–137.

Thielking, Sigrid (2005): Ganz bei der Sache sein. Vom didaktischen Umgang mit Literaturgeschichte(n) als Sachtext(en). In: Fix, Martin/Jost, Roland (Hrsg.): Sachtexte im Deutschunterricht. Baltmannsweiler: Schneider, S. 160–170.

Trabant, Jürgen (1971): Superman – Das Image eines Comic-Helden. In: Ehmer, Hermann K. (Hrsg.): Visuelle Kommunikation. Beiträge zur Kritik der Bewußtseinsindustrie. Köln: DuMont Schauberg, S. 251–276.

van Dijk, Teun/Kintsch, Walter (1983): Strategies of Discourse Comprehension. Orlando und London: Academic Press.

Völkl, Michael (2004): Eine Entdeckungsreise ins Mittelalter. Das Sachbuch *Die Ritter* von Georges Duby: geeignet für Deutsch- und fächerübergreifenden Unterricht. In: Praxis Deutsch 189, S. 34–38.

Waldmann, Günter (1980): Literatur zur Unterhaltung. 2 Bde. Hamburg: Rowohlt.

Weingarten, Rüdiger (2001): Hyperfiction. Strukturen und Rezeptionsprozesse vernetzter Texte im Internet. In: Julit 4, H. 3, S. 17–23.

Wichert, Adalbert (1997): Hypertext im Deutschunterricht. Überlegungen zur Rhetorik und Didaktik des Hypertexts. In: Osnabrücker Beiträge zur Sprachtheorie 55, S. 118–131.

VOLKER FREDERKING

3.10 Identitätsorientierter Literaturunterricht

In der Konzeption des identitätsorientierten Literaturunterrichts werden zwei Prinzipien der Unterrichtsgestaltung im Fach Deutsch miteinander verbunden, die oft als gegensätzlich oder unvereinbar angesehen werden: Schülerorientierung und Gegenstandsorientierung. Diese Synthese, die gerade vor dem Hintergrund der PISA-Befunde zur Lesekompetenz eine besondere Bedeutung besitzt, wie noch zu erläutern sein wird, erschließt sich in ihren Bedingungsfaktoren allerdings erst in Kenntnis der Gesamtkonzeption. Deren Darstellung soll im Rahmen dieses Artikels in mehreren Schritten erfolgen. Zunächst ist grundsätzlich zu klären, was Identität ist und aus welchem Grund sie Bedeutung hat für Bildungsprozesse im Allgemeinen und für solche im Fach Deutsch im Besonderen. Auf dieser Basis werden die theoretischen Grundlagen, didaktischen Zielsetzungen und methodischen Umsetzungsmöglichkeiten identitätsorientierten Literaturunterrichts aus unterschiedlichen Perspektiven herausgearbeitet und diskutiert. Dabei finden auch Entwicklungsphasen in der Konzeption Berücksichtigung.

1. Identität, (Deutsch-)Unterricht und Bildung

Was ist Identität? Was hat Bildung mit Identität zu tun? Warum sollten sich Schule und Unterricht mit dem Aspekt der Identität befassen? Aus welchem Grund ist der Deutschunterricht in besonderer Weise herausgefordert, Möglichkeiten der Identitätsförderung zu berücksichtigen? Diese Fragen sollen nachfolgend sukzessive reflektiert und beantwortet werden.

1.1 Identität

Der Begriff 'Identität' leitet sich von lat. *idem, eadem, idem* = 'derselbe, dieselbe, dasselbe' und spätlateinisch *identitas* = 'Wesenseinheit' ab. Trotz dieses etymologisch klar bestimmbaren Bedeutungskerns ist eine Definition gleichwohl schwierig. David J. de Levita stellte schon in den sechziger Jahren des letzten Jahrhunderts fest, dass „der Begriff der Identität so viele Bedeutungen hat, wie es Theorien gibt, die ihn verwenden" (de Levita 1965, S. 9). An der Gültigkeit dieser Aussage hat sich bis in die Gegenwart hinein nichts geändert. Im Gegenteil – das mit dem Begriff 'Identität' abgedeckte Bedeutungsspektrum hat sich sogar noch erheblich erweitert (vgl. dazu Straub 1991; Höfer/Keupp 1997; Müller 2011). Dieser Sachverhalt erklärt sich aus der Vielfalt und Spezifik der wissenschaftlichen Disziplinen, in denen Identität mittlerweile Forschungsgegenstand ist.

Gleichwohl gibt es einen gewissen Grundkonsens im aktuellen Begriffsverständnis. Relative Einigkeit besteht in der Ablehnung einer substantialistisch-statischen Identitätsvorstellung, wie sie nach moderner Lesart im 18. und 19. Jahrhundert vorherrschte, insofern hier im Sinne der Aristotelischen Entelechie-Vorstellung ein unveränderlicher individueller Wesens- bzw. Identitätskern angenommen wurde, der auf seine Ausprägung drängt – einer Pflanze gleich, die aus einem Keim- bzw. Sämling erwächst.[1] Demgegenüber ist in den Identitätstheorien des 20. und beginnenden 21. Jahrhunderts zumeist ein nicht-substantialistisches Begriffsverständnis leitend, in dem Identität als dynamisches, innere Entwicklungen wie äußere Einflüsse verarbeitendes Bewusstseinsphänomen interpretiert wird. Exemplarisch sei die Definition Heinz Abels angeführt:

> Identität ist das Bewusstsein, ein unverwechselbares Individuum mit einer eigenen Lebensgeschichte zu sein, in seinem Handeln eine gewisse Konsequenz zu zeigen und in der Auseinandersetzung mit anderen eine Balance zwischen individuellen Ansprüchen und sozialen Erwartungen gefunden zu haben. (Abels 2006, S. 254)

Der Philosoph Ernst Tugendhat (vgl. 1979, S. 284ff.) hat die Grundmomente dieser modernen Sicht auf das Problem der Identität differenzierter aufgearbeitet. Tugendhat unterscheidet zwischen 'numerischer' und 'qualitativer' Identität. Unter numerischer Identität versteht er die unverwechselbare, quantifizierbare und dokumentierbare Seite der Identität, wie sie z. B. im Personalausweis, im Führerschein oder in Zeugnissen in Erscheinung tritt. Bezeichnenderweise heißt der Personalausweis in der Schweiz 'Identitätskarte', in Österreich 'Identitätsausweis' und in Frankreich 'carte d'identité' (vgl. Kaufmann 2004, S. 22ff.). Die 'qualitative Identität' bezieht sich demgegenüber nicht auf formale äußere Relationen, sondern auf innere Dispositionen. In Abgrenzung zur idealistischen Tradition des 18. und 19. Jahrhunderts und der in ihr zentralen Idee eines fest umrissenen und unveränderbaren Wesenskerns bestimmt Tugendhat Identität in

[1] Ob diese moderne Interpretation des Identitätsdiskurses im 18. oder 19. Jahrhundert allerdings tatsächlich zutreffend ist, bedarf m. E. der kritischen Prüfung, die an dieser Stelle aber nicht geleistet werden kann. Zweifel scheinen angebracht. Hölderlins Definition von Identität beispielsweise ist keinesfalls substantialistisch, wie eine Passage aus 'Urteil und Sein' (1795, S. 591f.) verdeutlicht: „Wenn ich sage: Ich bin Ich, so ist das Subjekt (Ich) und das Objekt (Ich) nicht so vereiniget, daß gar keine Trennung vorgenommen werden kann, ohne das Wesen desjenigen, was getrennt werden soll, zu verletzen; im Gegenteil das Ich ist nur durch diese Trennung des Ichs vom Ich möglich. Wie kann ich sagen: Ich! Ohne Selbstbewußtsein? Wie ist aber Selbstbewußtsein möglich? Dadurch daß ich mich mir entgegensetze, mich von mir selbst trenne, aber ungeachtet dieser Trennung mich im entgegengesetzten als dasselbe erkenne. Aber inwiefern als dasselbe? Ich kann, ich muß so fragen; denn in einer anderen Rücksicht ist es sich entgegengesetzt. Also ist die Identität keine Vereinigung des Objekts und Subjekts, die schlechthin stattfände, also ist die Identität nicht = dem absoluten Sein."

einem qualitativen Sinne als „eine Weise zu sein bzw. eine Weise des Sich-Verhaltens“ (Tugendhat 1979, S. 283). Dabei geht das ‘Sichzusichverhalten’ (Tugendhat 1979, S. 283) mit dem ‘Sich-in Beziehung-zur Welt-Setzen’ einher. Im Anschluss an Tugendhat lässt sich Identität mithin als ein Selbst- und Weltverhältnis definieren, das in einem reflektierten Selbst- und Weltverständnis seinen Ausdruck findet. Dieses ist nicht statisch, sondern dynamisch. Selbstkonstruktion und Selbstvergewisserung sind Grundmomente in der Beziehung des Menschen zu sich und zur Welt, die niemals abgeschlossen sind, sondern sich in jedem Moment aufs Neue vollziehen.

Die Entwicklung und Ausprägung von Identität wird dabei von verschiedenen Faktoren beeinflusst: Alter, Geschlecht, kulturelles Umfeld, politische Rahmenbedingungen, gesellschaftliche Stellung usw. Sie sind Gegenstand ganz unterschiedlicher wissenschaftlicher Forschungsrichtungen mit je eigenen Perspektiven, Prämissen und Bezugssystemen. Zu nennen sind beispielsweise Forschungen

- zur *personalen Identität* bzw. *Ich-Identität* (z. B. Erikson 1950; 1956; Marcia 1980; 1987; Haußer 1995; Fend 1991; 1996);
- zur *personalen und sozialen Identität* (z. B. Mead 1927/30; Krappmann 1969; Habermas 1974a; 1974b; Frey/Haußer 1987; Marquard/Stierle 1979);
- zur *körperlichen Identität* (z. B. Antonovsky 1987; Waldenfels 2000; Höfer 2000; Gugutzer 2002);
- zur *geschlechtlichen Identität* (z. B. Chodorow 1978; Butler 1990; Benjamin 1993; Krappmann/Oswald 1988);
- zur *pluralen Identität* (z. B. Welsch 1987; 1989; 1991; Gergen 1991; Keupp 1988; 1997);
- zur *historisch-politischen Identität* (z. B. Straub 1991; 1998a; 1998b; Berding 1994; Sennett 1998; Niethammer 2000);
- zur *kulturellen Identität* (vgl. z. B. Taylor 1988; 1989; 1991).
- zur *interkulturellen Identität* (z. B. Kristeva 1988; Taylor 1992; Huntington 1996; Sen 2006).
- zur *ethisch-moralischen Identität* (z. B. Kohlberg 1966–69; 1978; Döbert/Nunner-Winkler 1975; 1978; Döbert/Habermas/Nunner-Winkler 1977; Taylor 1989; MacIntyre 1991; Joas 1997)
- zur *narrativ konstruierten Identität* (z. B. McAdams 1985; 1993; 2006; Taylor 1989; Gergen 1998; Polkinghorne 1998)
- zur *medialen Identität* (z. B. Turkle 1995; Döring 1997; Sandbothe 1999; 2001)
- zur *schulisch-beruflichen* Identität (z. B. Mead 1910; Köller/Trautwein/Lüdtke/Baumert 2006; Helmke/van Aken 1995; Rost/Sparfeldt/Schilling 2007; Streblow 2007)

Theorien und Forschungen zu diesen Facetten von Identität bzw. Identitätsentwicklung haben für den Deutschunterricht in ganz unterschiedlichem Ausmaß

Bedeutung und sind deutschdidaktisch entsprechend auch in verschiedener Intensität rezipiert und reflektiert worden. Ehe diese Rezeptionslinien detaillierter ins Blickfeld treten können, ist zunächst allerdings der generelle Bezug zwischen Identität, Unterricht und Bildung zu hinterfragen und im Hinblick auf den Deutschunterricht zu spezifizieren.

1.2 Identität als Bildungsaufgabe von Schule und Unterricht

Dass Identität und Unterricht in einem unmittelbaren Zusammenhang stehen, ist eine Erkenntnis, die sich aus der Sache selbst ergibt. Denn Unterricht lässt sich nicht allein vom Lerngegenstand oder von den Lernmethoden her erfassen, auch die Akteure selbst sind von entscheidender Bedeutung. Unterricht ist in diesem Sinne als ein komplexer Interaktionsprozess zwischen Lehrenden und Lernenden zu verstehen, in dem die Identität aller Interaktionspartner unmittelbar berührt ist.

Der US-amerikanische Sozialpsychologe George Herbert Mead hat auf diesen Sachverhalt bereits vor hundert Jahren aufmerksam gemacht, als er feststellte:

> Es ist unmöglich, den Unterrichtsgang voll zu interpretieren oder zu lenken, ohne das Kind als eine Identität anzuerkennen und seine Bewußtseinsgänge unter dem Gesichtspunkt der Beziehung zu betrachten, die sie innerhalb seines Bewußtseins zu seiner eigenen Identität als einer unter anderen hat. (Mead 1910, S. 464f.)

Sechs Jahrzehnte später argumentiert der Sozialphilosoph Jürgen Habermas ganz ähnlich:

> Nur der Begriff einer Ich-Identität, die zugleich Freiheit und Individuierung des einzelnen in komplexen Rollensystemen sichert, kann heute eine zustimmungsfähige Orientierung für Bildungsprozesse angeben. (Habermas 1974b, S. 96)

Auch für den Soziologen Lothar Krappmann stehen die bildungstheoretischen und die bildungspolitischen Implikationen des Identitätsbegriffs außer Frage. Bildung sollte

> diejenigen Qualifikationen fördern [...], die Interaktion und Ich-Entwicklung in der Gemeinschaft prinzipiell aller realen und vorstellbaren menschlichen Handlungssubjekte sichern. (Krappmann 1980, S. 115)

Bemerkenswert ist an allen drei Aussagen nicht nur, dass sie auf die herausragende Bedeutung der Identität für das Verständnis bzw. das Gelingen schulischen Unterrichts bzw. schulisch vermittelter Bildung verweisen, sondern auch, dass sie von drei namhaften Identitätstheoretikern stammen. Diese vollziehen einen transdisziplinären Brückenschlag, der einen spezifischen Blick auf pädagogisch-didaktische Handlungsfelder eröffnet. Auf der Grundlage der Analysen von Mead, Habermas und Krappmann ergibt sich, dass jede Unterrichtssituation nicht nur als Auseinandersetzung mit einem Thema, sondern auch als Interaktion zwischen Lehrenden und Lernenden zu verstehen ist, in der sich diese als Identitäten begegnen und miteinander interagieren. Lehr-Lern-Prozesse haben diesem Sachverhalt Rechnung zu tragen, wie Mead verdeutlicht:

> Die blassen Abstraktionen des Denkens müssen durch den Verkehr und das Gespräch der konkreten Individuen ersetzt werden. (Mead 1910, S. 467)

Auch Lothar Krappmann nimmt den Unterricht und das Verhältnis von Schüler(inne)n und Lehrer(inne)n in den Blick, wenn er feststellt:

> Das Identitätskonzept enthält ein noch auszuarbeitendes pädagogisches Programm für eine bildende und erziehende Umwelt, die nicht durch Zerreden und Besserwisserei, sondern durch die Art ihrer Kommunikations- und Interaktionsangebote die soziale Genese eines Identität behauptenden Subjekts fördert. (Krappmann 1980, S. 116)

In der Pädagogik sind diese von Mead, Habermas oder Krappmann aufgezeigten Implikationen des Identitätsaspekts verschiedentlich aufgegriffen worden. Bereits 1972 formulierte Klaus Mollenhauer die pädagogisch grundlegende These:

> Wo immer Lernerwartungen entstehen oder an Individuen gerichtet werden, steht deren Identität zur Diskussion, d. h. die Frage, wieweit sich die in den Erwartungen zum Ausdruck kommende Perspektive in die gebildete und balancierte Identität dieses Individuums integrieren läßt. (Mollenhauer 1972, S. 105)

Horst Rumpf hat vier Jahre später als erster explizit eine „Identitätsorientierung im Unterrichtsalltag" (Rumpf 1976, S. 89) gefordert und diese sowohl entwicklungspsychologisch als auch unterrichtstheoretisch begründet:

> Wenn [...] [die] Lehrinhalte zu fixen Lehrstoffen [...] versteinern (und das passiert durchaus auch sogenannten modernen und modernsten Inhalten), d. h., wenn ihre wie immer bestimmte Sachstruktur den Unterricht absolut beherrscht, dann drohen die unterworfenen Subjekte – Lehrende wie Lernende – zu verstummen und zu regredieren – anfällig für realitätsferne Ohnmachtsängste und Größenphantasien mit ihren Folgen. (Rumpf 1976, S. 26)

Mit dieser Analyse hat Rumpf aus pädagogischer Sicht die grundlegende Bedeutung der Identität im Rahmen schulischen Handelns veranschaulicht. Das Gelingen von Unterricht und damit der „Bildungsprozeß von Individuen und Gruppen" (Mollenhauer 1972, S. 105) hängen davon ob, inwieweit sich Lehrende wie Lernende mit ihrer Identität in das Unterrichtsgeschehen einbringen können und gegenseitig akzeptieren. Identität, Unterricht und Bildung stehen mithin in einem Bedingungsverhältnis. Es ist fachübergreifend notwendig, Fragen der Identität bei der Planung und Durchführung von Lehr- und Lernprozessen zu berücksichtigen, damit Schule ihrem Bildungsauftrag gerecht werden kann.

Diese in den siebziger Jahren des letzten Jahrhunderts in das Zentrum identitätstheoretischer und pädagogischer Debatten gerückte Erkenntnis ist allerdings in geistesgeschichtlicher Hinsicht keinesfalls neu. Schon im Bildungsbegriff Wilhelm von Humboldts sind Fragen der Identität zentral, auch wenn der Begriff selbst zeitbedingt noch keine Verwendung findet. Mit seiner Forderung, nicht „blosse Gelehrsamkeit", sondern „gelehrte Bildung" (1792–94, S. 238) anzustreben, hat Humboldt den Bildungsdiskurs bis in die Gegenwart hinein maßgeblich geprägt. Gelehrte Bildung ist „innere Bildung" (1792–94, S. 238). Sie hat die Entfaltung aller menschlichen Potentiale zum Ziel:

> Der wahre Zweck des Menschen [...] ist die höchste und proportionirlichste Bildung seiner Kräfte zu einem Ganzen. (Humboldt 1792, S. 64)

Aus diesem Grund kann sich die Bildung des Menschen nicht auf die Vermittlung von Kenntnissen und Fertigkeiten beschränken, denn damit würde sie im Urteil Humboldts „nur einen einzelnen Theil seiner Bildung befördern" (Humboldt 1792–94, S. 238f.). Ziel muss es vielmehr sein, dass der Mensch „seine ganze Bildung vollenden kann", und dies bedeutet, „eine eigne und neue Ansicht der Welt und dadurch eine eigne und neue Stimmung seiner selbst" (Humboldt 1792–94, S. 239) auszubilden.

Damit wird erkennbar, dass Bildung schon bei Humboldt ein verändertes Selbst- und Weltverständnis zum Ziel hat. Der Diskurs über den Zusammenhang von Identität, Unterricht und Bildung, wie er von Identitätstheoretikern und Pädagogen in den siebziger Jahren des 20. Jahrhunderts geführt wurde, knüpft also implizit an Überlegungen an, die schon im Bildungsbegriff Humboldts eine Rolle gespielt haben. Anders als bei Mead, Habermas oder Krappmann hat bei Humboldt die soziale Verankerung dieser Prozesse allerdings noch wenig Beachtung gefunden.

Im Bildungsdiskurs der Gegenwart wirken beide Traditionslinien fort. Wenn Jürgen Baumert in den schulischen Fächern und den ihnen zugrunde liegenden wissenschaftlichen Disziplinen „Modi der Weltbegegnung" (2002, S. 106) angelegt sieht, die jeweils eigene „Horizonte des Weltverstehens" (2002, S. 107) ermöglichen, sofern die fachlichen Inhalte durch geeignete Vermittlungs- bzw. Erarbeitungsmethoden von Schüler(inne)n „als persönlich bedeutsam wahrgenommen werden" (2002, S. 102) können, werden Bildungsprozesse auf das menschliche Selbst- und Weltverständnis bezogen. Gleiches gilt für Jürgen Mittelstraß, wenn dieser betont, „Bildung und Orientierung gehören strukturell zusammen", und mit Bezug auf das humanistische Bildungsideal Humboldts feststellt, Ziel müsse „ein tätiges Begreifen der Welt" und „die Wiederherstellung eines ungeteilten Ichs" (2002, S. 156f.) sein, damit den Heranwachsenden „Selbstbestimmung" (2002, S. 166) wirklich möglich ist. Auch in der Klieme-Expertise wird dem Identitätsaspekt im Begriff der Persönlichkeit und den vielfältigen, mit Bildung verbundenen Facetten des menschlichen Selbst- und Weltverständnisses Rechnung getragen:

> Bildungsziele sind relativ allgemein gehaltene Aussagen darüber, welche Wissensinhalte, Fähigkeiten und Fertigkeiten, aber auch Einstellungen, Werthaltungen, Interessen und Motive die Schule vermitteln soll. In den Bildungszielen drückt sich aus, welche Chancen zur Entwicklung ihrer individuellen Persönlichkeit, zur Aneignung von kulturellen und wissenschaftlichen Traditionen, zur Bewältigung praktischer Lebensanforderungen und zur aktiven Teilnahme am gesellschaftlichen Leben wir Kindern und Jugendlichen geben wollen. (Klieme et al. 2003, S. 20)

In den Curricula der meisten Bundesländer wird Fragen der Identitätsentwicklung bei der Beschreibung von Bildungszielen ebenfalls eine exponierte Bedeutung zugesprochen. So lautet der erste Satz im Lehrplan für die bayerische Grundschule: „Die Grundschule hat den Auftrag, alle Schüler in ihrer Persönlichkeitsentwicklung zu unterstützen“ (BGS 2000, S. 7). Der Lehrplan für das G8-Gymasium in Bayern betont, dass es Ziel aller schulischen Bemühungen sein muss, „kulturelle Identität“ aufzubauen, den Schüler(inne)n eine Werteerziehung zu vermitteln, die sie ihrer „selbst sicher macht“, und sie „zu Persönlichkeiten“ heranzubilden (BGY 2009, S. 7). Der gesamte Bildungsplan in Baden-Württemberg steht unter dem Motto „Bildung stärkt Menschen“ (BWGS 2004), die aktuellen Lehrpläne für die Primarstufe und die Sekundarstufe I des Landes Schleswig-Holstein erachten als wesentliches Bildungsziel, dass die Heranwachsenden lernen „Verantwortung für sich selbst zu übernehmen und die eigene Persönlichkeit zu entwickeln“ (SHGS 2012, S. 7; SHGY 2012, S. 4). Damit wird erkennbar: Sowohl in aktuellen bildungstheoretischen Positionen als auch in curricularen Empfehlungen ist die Vorstellung leitend, dem Aspekt der Identitätsentwicklung im Rahmen schulischer Lehr-Lern-Prozesse erhöhte Aufmerksamkeit zuteil werden zu lassen.

1.3 Identitätsförderung als Bildungsauftrag des Deutschunterrichts

Dass dem Deutschunterricht bei der schulischen Förderung von Identität eine besondere Aufgabe zukommt, ist eine Erkenntnis, die Ende der siebziger Jahre des letzten Jahrhunderts in den Fokus der Deutschdidaktik gerückt ist und konzeptionell ausgearbeitet wurde.[2] Besonders Jürgen Krefts 1977 veröffentlichte Studie ‘Grundprobleme der Literaturdidaktik’ markiert in dieser Hinsicht einen Wendepunkt. Programmatisch formulierte Kreft seinen Standpunkt:

[2] Allerdings lassen sich bereits bei Martin Havenstein (1925) und Walter Schönbrunn (1929; 1930) Ansätze zu einer Einbeziehung der Subjektperspektive erkennen (vgl. dazu Brüggemann 2008; Kämper-van den Boogaart 2010), die manche Ähnlichkeiten mit den in den siebziger Jahren einsetzenden Diskursen um eine Identitätsorientierung im Literaturunterricht aufweisen, obschon natürlich zeitbedingt auch deutliche Unterschiede feststellbar sind, insofern die soziale Verankerung der Subjektentwicklung kaum Gegenstand der Überlegungen war und Havenstein z. B. ein emphatisches Literaturverständnis vertrat, das mit modernen Ansätzen wenig kompatibel ist.

> Die Konzeption, die ich hier entfalten werde, bringt [...] die Bedeutung der Literatur, zumal der ästhetischen oder poetischen, für die Ich-Entwicklung der Heranwachsenden betont zur Geltung. (Kreft 1977, S. 11)

Es ist die ästhetische Funktion, die Literatur im Urteil Krefts in besonderer Weise geeignet macht, um die Identitätsentwicklung von Heranwachsenden zu stützen. Auf Basis dieser Prämisse hat Kreft mit Bezug auf die Identitätstheorien von Mead, Erikson und Habermas das erste umfassende Konzept identitätsorientierten Literaturunterrichts entwickelt und damit der Deutschdidaktik wichtige Impulse gegeben, wie noch im Detail zu zeigen sein wird.

In gleicher Weise gilt dies für Kaspar H. Spinners drei Jahre später erschienenen Sammelband 'Deutschunterricht und Identität'. Im Mittelpunkt seiner Überlegungen steht die Beantwortung der Frage, „inwiefern Deutschunterricht einen Beitrag zur Ichfindung von Schülern liefern soll und kann“ (Spinner 1980a, S. 5). Bedeutung erlangt dabei der Zusammenhang von Sprache und Identität. Weil „sich in und durch Sprache – dem Gegenstand des Deutschunterrichts und dem Verständigungsmedium in allen Fächern – Identität wesentlich konstituiert“ (1980a, S. 6), sollte die Förderung von Identität fester Bestandteil unterrichtlichen Handelns im Fach Deutsch sein, so Spinners Kernthese.

Damit ist keine therapeutische Funktion verbunden, wie vereinzelt behauptet wurde (vgl. Schuster 1995). Entsprechend in die Irre geht eine darauf bezogene Kritik an dem Ansatz, wie sie von Arnold Hinz (1996) formuliert wurde. Identitätsorientierung im Deutschunterricht löst vielmehr fachspezifisch ein, was ein Kernelement des allgemeinen schulischen Bildungsauftrages ist (vgl. Frederking 2000a; 2001). Allerdings haben sich die Begründungszusammenhänge für eine identitätsorientierte Schwerpunktsetzung im Kontext unterrichtlicher Lehr-Lern-Prozesse im Fach Deutsch in den letzten Jahrzehnten vor dem Hintergrund veränderter Zeitsignaturen erweitert. Unter den Parametern 'Individualisierung', 'Pluralisierung' und 'Medialisierung' sind diese im Horizont neuerer identitätsorientierter Ansätze aufgearbeitet und im Hinblick auf deutschdidaktische Schlussfolgerungen ausgewertet worden (Frederking 2000a; 2000b; 2001; 2004; vgl. dazu Kap. 3).

Die Erkenntnis, dass der Deutschunterricht besonders geeignet ist, um die Identitätsbildung von Kindern und Jugendlichen zu unterstützen, hat aber nicht nur in unterschiedlichen deutschdidaktischen Konzeptionen ihren Niederschlag gefunden, sondern auch in den Lehrplänen der meisten Bundesländer. So wird im Bildungsplan für die Grundschule des Landes Baden-Württemberg betont, dass der Deutschunterricht „der Entwicklung und Förderung der Persönlichkeit“ (BWGS 2004, S. 42) dient, für das Gymnasium heißt es, „das Lernen – wie auch das Lehren – soll für die eigene Person bedeutsam und bewegend sein“ (BWGY 2004, S. 18). Der Lehrplan für die bayerische Grundschule stellt klar: „Der Sprache kommt eine fundamentale Bedeutung für die kognitive, emotionale und soziale Entwicklung sowie für die Handlungsfähigkeit der Schüler zu" (BGS 2000, S. 25). Im Lehrplan für das bayerische Gymnasium wird der Beitrag des Deutschunterrichts für „Selbstreflexion, Aufgeschlossenheit für Literatur, kulturelle Identität, Verständnis und Verantwortungsbereitschaft für Mensch und Welt" (BGY 2009, Fachprofil Deutsch, Kap. 1 o. S.) hervorgehoben. Die Lehrpläne des Landes Hessen heben den potentiellen Beitrag des Deutschunterrichts der Realschule „zur Persönlichkeitsentwicklung" und „zur Sinn- und Wertorientierung" hervor (HRS 2009, S. 3).

Auch in den Bildungsstandards für den mittleren Schulabschluss wird die Bedeutung des Deutschunterrichts für die Identitäts- und Persönlichkeitsentwicklung betont. Zunächst heißt es ganz allgemein:

> Die Standards stehen im Einklang mit dem Auftrag der schulischen Bildung. Sie zielt auf Persönlichkeitsentwicklung und Weltorientierung, die sich aus der Begegnung mit zentralen Gegenständen unserer Kultur ergeben. (BSMA 2003, S. 3)

Dann wird der besondere Beitrag des Faches Deutsch mit den Worten betont:

> Die Heranwachsenden lernen, auf der Grundlage der mit den fachlichen Inhalten und Methoden vermittelten Werte- und Normvorstellungen gesellschaftlichen Anforderungen zu begegnen, Lebenssituationen sprachlich zu bewältigen, sich mitzuteilen [...], Kritikfähigkeit zu entwickeln, Leseerfahrungen zu nutzen und in kritischer Distanz zwischen Lebenswirklichkeit und den in Literatur und Medien dargestellten virtuellen Welten zu unterscheiden. Dies dient wesentlich der Persönlichkeitsentwicklung, das heißt der Stärkung von Selbstbewusstsein, Sozialkompetenz und Teamfähigkeit. (BSMA 2003, S. 8)

Selbst in den Beschlüssen über 'Einheitliche Prüfungsanforderungen in der Abiturprüfung Deutsch der Kultusministerkonferenz' in der Fassung vom 24.05.2002 taucht der Identitätsaspekt mit der – aktuellere Theoreme aufgreifenden – Wendung „Selbst- und Weltverständnis" auf:

> Das Fach soll [...] Schülerinnen und Schüler zur aktiven Teilnahme am kulturellen Leben befähigen und zu ihrer Persönlichkeitsentwicklung beitragen. Es leistet dies durch die Vermittlung vielfältiger Kompetenzen mit dem Ziel, Texte und Medienprodukte sowie sprachliche Äußerungen und deren Strukturen und Sprachebenen zu verstehen, sich mündlich und schriftlich mit anderen differenziert und situationsangemessen in der hochdeutschen Allgemeinsprache zu verständigen und damit das Selbst- und Weltverständnis der Schülerinnen und Schüler zu erweitern und zu vertiefen. (KMK 2002, S. 3)

In den Bildungsstandards für die Sekundarstufe II ist analog von dem „wichtigen Beitrag zur Entwicklung der Persönlichkeit" (KMK 2012, S. 8) die Rede, den das Fach Deutsch zu leisten vermag, gerade auch im Hinblick auf die Reflexionsfähigkeit der Schüler(innen), ihre ästhetische Sensibilität, kulturelle Verankerung und ihren Umgang mit Alterität. Vor diesem Hintergrund zeigt sich in aller Deutlichkeit, dass sowohl deutschdidaktische Theorien als auch Curricula, Bildungsstandards und KMK-Empfehlungen in der Erkenntnis übereinstimmen, dass der Deutschunterricht einen wichtigen Beitrag zur Identitätsentwicklung der Schüler(innen) leisten sollte. Wie dies konkret im Literaturunterricht geschehen kann, soll in den nachfolgenden Kapiteln systematisch veranschaulicht werden.

2. Grundfragen und Bestimmungen identitätsorientierten Literaturunterrichts

Es gibt zumindest drei Bereiche, in denen sich aus der Sache heraus eine verstärkte Berücksichtigung des Identitätsaspekts im Literaturunterricht ergibt: sprachlich-literarische Rezeption, sprachlich-literarische Produktion und ästhetische Erfahrung. Alle drei sollen nachfolgend in Kernaspekten aufgearbeitet werden.

2.1 Identität und sprachlich-literarische Rezeption

Jürgen Kreft kann als Spiritus Rector identitätsorientierter Literaturdidaktik gelten. Er hat mit seiner 1977 erschienenen Studie 'Grundprobleme der Literaturdidaktik' Pionierarbeit geleistet, insofern er „die Bedeutung der Literatur, zumal der ästhetischen oder poetischen, für die Ich-Entwicklung der Heranwachsenden" (Kreft 1977, S. 11) in theoretisch profunder Weise herausgearbeitet und begründet hat. Als identitätstheoretisches Fundament dient ihm dabei das Modell der 'Ich-Entwicklung' von Jürgen Habermas, das er als den bislang theoretisch umsichtigsten Vorschlag zur „Rekonstruktion der menschlichen Ontogenese" (Kreft 1977, S. 30) versteht. Ganz im Sinne von Habermas sieht Kreft „die Gewinnung und Bewahrung der eigenen Identität, die sich von der leiblich-gegebenen über die Rollenidentität zur Ich-Identität transformiert" (Kreft 1977, S. 101; vgl. Habermas 1974b, S. 92ff.), als die primäre Aufgabe menschlicher Existenz. Weil sich die Herausbildung einer kohärenten Form von Ich-Identität im Rahmen der hochkomplexen gesellschaftlich-industriellen Rahmenbedingungen, die die Lebenswirklichkeit der Schüler(innen) prägen, nicht mehr als natürlicher, quasi-automatischer Prozess vollzieht, bedarf es gezielter pädagogisch-didaktischer Interventionen, für deren Realisierung der Deutschunterricht in besonderer Weise geeignet ist (vgl. Kreft 1977, S. 217f.). Denn im Umgang mit Sprache und Literatur können vier Kompetenzen gefördert werden, die für den Aufbau von Identität grundlegend sind, wie Kreft mit Rekurs auf Habermas' „System der Ich-Abgrenzungen" (vgl. Kreft 1977, S. 82) detaillierter erläutert:

1. die kognitive Kompetenz (im Rückgriff auf Piaget);
2. die linguistische Kompetenz (im Rückgriff auf Chomsky);
3. die interaktive Kompetenz (im Rückgriff auf Mead und Habermas);

4. die ästhetische Kompetenz (in Auseinandersetzung mit Habermas, Adorno u. a.)

   vgl. Kreft 1977, S. 85 und S. 172ff.)

Ziel aller unterrichtlichen Prozesse im Literaturunterricht muss es dabei sein,

> dass sowohl die Ich-Entwicklung überhaupt, vorab die Individuierung, dann der Erwerb der interaktiven und ästhetischen (und der linguistischen) Kompetenz wünschenswert weit gefördert bzw. gelingen würde. Entsprechendes gilt von dem Erwerb einer speziellen literarischen (Erschließungs- und Produktions-)Kompetenz. (Kreft 1977, S. 217f.)

Obschon die von Kreft betonte Kompetenz zur literarischen Erschließung und Produktion das gesamte mögliche Spektrum des Umgangs mit Literatur umfasst, d. h. literarisches Verstehen und literarisches Gestalten gleichermaßen, werden beide Aspekte von Kreft weder in ihren theoretischen Grundlagen noch in ihren praktischen Konsequenzen näher ausgeführt. Im Hinblick auf das literarische Verstehen hat Henriette Herwig diese Lücke drei Jahre später in einem Beitrag für den Sammelband von Kaspar H. Spinner (1980) gefüllt. Auch für Herwig steht außer Frage, dass die Auseinandersetzung mit Literatur und der Versuch, sie umfassend zu erschließen und zu verstehen, Einfluss auf die Entwicklung von Identität bei Heranwachsenden haben kann. Dieser Sachverhalt erklärt sich aus der besonderen Beschaffenheit literarischer Texte und der damit verbundenen Verstehensprozesse. Ziel des Literaturunterrichts ist nach Herwig die Initiierung von Lehr-Lern-Prozessen,

> die den schrittweisen Aufbau identitätsfördernder Fähigkeiten ermöglichen und es den Beteiligten erlauben, sich nicht nur als Rollenträger, sondern mit all ihren Erfahrungen, Wünschen, Gedanken und Gefühlen ins Spiel zu bringen. (Herwig 1980, S. 24)

Der Soziologe Lothar Krappmann hatte in seinem Modell der 'Identitätsbalance' vier Teilkompetenzen unterschieden, die den Aufbau bzw. die Wahrung einer balancierenden Ich-Identität fördern: die Fähigkeit zu Empathie, Rollendistanz, Ambiguitätstoleranz und Selbstdarstellung (vgl. Krappmann 1969, S. 132ff.). Nach Herwig kann der Literaturunterricht die Entwicklung und Stärkung aller vier identitätsfördernden Fähigkeiten unterstützen.

Die Initiierung von Empathie und Fremdverstehen ergibt sich aus den spezifischen Anforderungen, die mit dem Verstehen literarischer Texte verbunden sind:

> Als erzähltes Leben zeigt Literatur Welt in der Sicht subjektiver Authentizität und macht fremde Identitätsprozesse gleichsam aus Innensicht nachvollziehbar. (Herwig 1980, S. 26)

Literatur ermöglicht aus diesem Grunde Fremdverstehen in einer sehr tiefgehenden Form. Im unterrichtlichen Gespräch über Deutungsansätze und Verstehensweisen wird dessen Spektrum sogar noch einmal erweitert. Denn über das empathische Einlassen auf die im Text entfalteten fremden Weltsichten hinaus wird jeder Schüler und jede Schülerin herausgefordert, sich auf die Deutungen der anderen einzulassen und diese perspektivisch nachzuvollziehen. Gleichzeitig vermögen Texte auch „Anlaß zur Selbstdarstellung“ (Herwig 1980, S. 28) und damit zur Förderung der vierten von Krappmann aufgezeigten identitätsfördernden Qualität zu geben. Denn das Gespräch über Interpretationshypothesen gibt Raum zur Reflexion und Diskussion persönlicher Sichtweisen in Bezug auf den literarischen Text. Im Fremden des Textes kann Eigenes entdeckt werden – Gedanken, Gefühle, Wünsche, Hoffnungen usw.. Personale Facetten von Identität erhalten im literarischen Gespräch die Möglichkeit zur Artikulation (vgl. Herwig 1980, S. 25). Dem Gedankenaustausch vorgeschaltete kreative Verfahren mit personaler Ausrichtung (Cluster, Collagen u. Ä.) können diesen Prozess noch einmal vertiefen, weil zunächst jeder an der Interaktion Beteiligte unbeeinflusst durch die anderen seine Gedanken, Gefühle etc. zum Ausdruck bringen und verarbeiten kann (vgl. dazu Frederking 1995; 2000a; 2000b). In einem Forschungsprojekt zur ästhetischen Kommunikation werden diese Zusammenhänge gegenwärtig empirisch untersucht, um gesichertere Erkenntnisse über die damit verbundenen Grundsatzfragen zu gewinnen (Frederking et al. 2012).

Aber auch für den Fall, dass der Text keine Identifikationsangebote enthält, sondern sich aufgrund der radikalen Andersartigkeit der in ihm entfalteten Erfahrungs-, Gefühls- und Gedankenwelt der einfachen bzw. sofortigen Erschließung widersetzt, werden im Akt des Lesens und Verstehens Fragen der eigenen Identität angestoßen, so die These Herwigs. Denn wenn das Fremde nicht zum Eigenen wird, sondern in seiner Fremdheit herausfordernd bestehen bleibt, ergeben sich für das rezipierende Subjekt zwei Alternativen:

> sich entweder abzugrenzen und durch eine bewußtere Bestimmung seines eigenen Standorts sein Anderssein zu erfahren oder sich auf das Fremdartige einzulassen und damit sein vertrautes Sinnsystem aufs Spiel zu setzen. (Herwig 1980, S. 25)

Ambiguitätstoleranz bzw. Rollendistanz sind die identitätsfördernden Lernpotentiale einer solchen Rezeptionserfahrung. Einerseits nämlich lernt das lesende Subjekt Widersprüchliches, Widerständiges bzw. Andersartiges zu ertragen, d. h. Ambiguität zu tolerieren. Andererseits ermöglicht das Einlassen auf textlich in Erscheinung tretendes Fremdes die Erfahrung der Rollendistanz bzw. die Vorbereitung auf diese. Denn wenn ich mich für etwas im lesenden Verstehen öffne, das meinem eigenen gewohnten Handlungs- und Denkrahmen zuwiderläuft, distanziere ich mich probehandelnd.

Bei all diesen vier Teilfähigkeiten, die für die Entwicklung einer Identitätsbalance wichtig sind, spielt natürlich das Alter der Schüler(innen) eine entscheidende Rolle (vgl. Willenberg 1987; Kreft 1987). Gemeinsam ist allen Realisierungsformen zwar, dass Literatur zum Medium der Auseinandersetzung mit dem eigenen Selbst- und Weltverhältnis wird. Dieser Prozess verläuft in Art, Umfang und Tiefe bei einem Kind im Grundschulalter aber natürlich anders als bei einem

Jugendlichen in der Pubertät oder einem jungen Erwachsenen kurz vor dem Abitur.

2.2 Identität und sprachlich-literarische Produktion

So wichtig Rezeptions- und Interpretationsprozesse sind, sollte ein identitätsorientierter Umgang mit Literatur nicht bei ihnen stehen bleiben. Auch handelnd-produktive, kreative und analytische Schreibarrangements mit personaler Ausrichtung können bei der Behandlung literarischer Texte einbezogen werden, um den Schüler(inne)n eigenaktive und erfahrungsorientierte Zugänge bzw. Handlungsräume zu eröffnen.

Den Zusammenhang zwischen Identität und sprachlich-literarischer Produktion hat als erster Kaspar H. Spinner mit seinem Konzept eines 'identitätsorientierten Deutschunterrichts' (1980a; 1980b; 1980c) umfassend aufgearbeitet und die damit verbundenen Potentiale ins Blickfeld gehoben. Theoretischer Bezugspunkt ist George Herbert Mead mit seiner Unterscheidung zwischen einer personalen und einer sozialen Seite der Identität, für die er die Bezeichnungen 'I' und 'Me' einführt. Damit ist die Erkenntnis verknüpft, dass die Entwicklung von Identität im Wesentlichen sprachlich fundiert ist, d. h. auf der Grundlage symbolischer Interaktion erfolgt (vgl. Mead 1927–30). Dies bedeutet nicht, dass jede sprachliche Äußerung unmittelbar die Identität beeinflusst, wohl aber, dass jede sprachliche Äußerung dazu potentiell genutzt werden kann. Entscheidend ist der Grad, mit dem das Individuum sich mit seinem Selbst- und Weltverständnis in die sprachliche Äußerung einzubringen vermag. Im Deutschunterricht kann und sollte dieses identitätsstabilisierende bzw. -generierende Potential von Sprache genutzt werden (vgl. Spinner 1980c, S. 67ff.). Im Hinblick auf die soziale Seite der Identität hat es dazu mit den kommunikationsorientierten Konzepten bereits in den siebziger Jahren Ansätze gegeben. Dem Deutschunterricht wurde hier die Aufgabe zugesprochen, „die Heranwachsenden in der Aneignung des sprachlichen Rollenverhaltens zu unterstützen" (Spinner 1980c, S. 69) und ihnen auf diese Weise beim Aufbau sozialer Identität zu helfen. Allerdings darf der Deutschunterricht dabei nach Spinner nicht stehen bleiben. In einer konsequent identitätsorientierten Ausrichtung ist auch die Ausbildung der persönlichen Identität zu fördern, die später einsetzt als die Entwicklung sozialer Identität. Auch hier kommt der Sprache eine große Bedeutung zu. Sie ist das entscheidende Medium zur „Selbstreflexion und Selbstgewißheit" (Spinner 1980c, S. 70). Dieses besondere Bedingungsverhältnis sollte der Sprach- wie der Literaturunterricht gezielt nutzen. Denn

> das Selbst-Sein drängt nach Darstellung im kommunikativen Bezug, durch den erst Ich-Stärke gewonnen werden kann. Sprachliche Verständigung ist in solcher Perspektive nicht nur Reden über einen Sachverhalt oder Bewirken einer Reaktion beim Adressaten [...], sondern zugleich Medium des Ausdrucks von Subjektivität. (Spinner 1980c, S. 73)

Dies gilt für den mündlichen und den schriftlichen Sprachgebrauch. Letzterer allerdings besitzt spezifische Vorteile. Denn mit dem Selbstgeschriebenen tritt ein Inneres im Äußeren in Erscheinung und wird umfassender zugänglich. Die im Schreiben mögliche „Selbstobjektivation" (Spinner 1980c, S. 74) führt zu einer Form der Selbstvergewisserung, die Kindern wie Heranwachsenden beim Aufbau bzw. bei der Stabilisierung der eigenen Identität helfen kann. Denn beim Lesen des Geschriebenen wird „das Subjekt in manifester Weise zum Adressaten der eigenen Äußerung und tritt auch dadurch sich selbst gegenüber" (Spinner 1980c, S. 74). Durch Einbeziehung der biographischen Dimension kann sich der Schreibende der eigenen Vergangenheit gewahr werden und sie so zum bewussten Teil seiner Identität machen. Sowohl die personalen Schreib- als auch die daran anschließenden Leseprozesse ermöglichen Formen der Selbstreflexion und unterstützen die Arbeit am eigenen Selbstverhältnis. Ein identitätsorientierter Deutschunterricht sollte Schüler(inne)n deshalb „unbelastet von stereotypen Stil- und Aufbauvorschriften" immer wieder Gelegenheit geben, „von eigenen Erlebnissen, Erfahrungen, Wünschen, Träumen in unterschiedlichen Situationen und Formen schriftlich zu berichten" (Spinner 1980c, S. 74). Dies gilt für den Aufsatzunterricht wie für Schreibprozesse im Zusammenhang mit literarischen Texten (Spinner 1993b).

In der Aufsatzdidaktik sind diese Überlegungen in der Konzeption des so genannten 'personalen Schreibens' (vgl. Boueke/Schülein 1985) bzw. des personal-kreativen Schreibens (Schuster 1995) weiterentwickelt worden (vgl. Schäfer Band 1, Kap. 3.4). Aber auch literaturdidaktisch ist die Bedeutung identitätsorientierter Schreibarrangements evident. Denn „gerade literarische Texte stellen eine Herausforderung dar, Neues in sich zu entdecken, sich mit sich selbst auseinander zu setzen und so an der eigenen Identität zu arbeiten" (Spinner 1993c, S. 30). Konkrete Umsetzungen dieses literarischen Schreibens erlauben es, sich selbst in die fiktionale Welt in Ich-Form einzubringen – beispielsweise durch das Hineinschreiben in eine Szene, die Gestaltung einer fiktiven Begegnung mit einer literarischen Figur oder das Verfassen eines persönlichen Briefes an eine Hauptgestalt oder den Autor bzw. die Autorin (vgl. Spinner 1993a; 1993b; Frederking 1995; 2001). Im Unterschied zu handelnd-produktiven Verfahren schlüpfen die Schüler(innen) dabei nicht in die Rolle literarischer Gestalten, sondern schreiben sich als 'Ich' in die fiktive literarische Welt hinein, in der sie mit einer der literarischen Gestalten – oder mehreren – interagieren. Aber auch reflexiv-analytische Schreibanlässe wie z.B. persönliche Stellungnahmen im Rahmen von Erörterungen, Rezensionen, fiktive Reden, Debattenbeiträge in Rollenspielform, themenspezifische Blogs oder klassen- bzw. kursinterne Facebook-Foren zu einem literarischen Text eröffnen Schüler(inne)n Möglichkeiten zur Arbeit am eigenen Selbst- und Weltverständnis und zur Ausbildung bzw. Vertiefung kultureller, philosophisch-ethischer, interkultureller, historischer, politischer oder geschlechtlicher Identität.

2.3 Identität und ästhetische Erfahrung

Um die identitätsfördernden Potentiale von Literatur im Rahmen von Rezeptions- und Produktionsprozessen, wie sie in den vorangegangenen beiden Kapiteln skizziert wurden, didaktisch umfassend nutzen zu können, müssen sich Lehrende der Besonderheiten ästhetischer Erfahrung bewusst sein. Denn Literatur erschließt sich nur als etwas persönlich Bedeutsames, wenn Schüler(innen) sie nicht nur als Gegenstand rationaler Analyse, sondern auch als Möglichkeit emotionalen Erlebens bzw. ästhetischen Genusses erfahren können. Ein identitätsorientierter Literaturunterricht sollte deshalb nicht nur zu literarischem Verstehen und ästhetischem Urteil in kognitiver Hinsicht anregen, sondern auch zu ästhetischer Erfahrung und emotionaler Verarbeitung. Diese literaturdidaktische These erschließt sich in ihren tieferen Begründungszusammenhängen auf der Basis von Analysen, die George Herbert Mead (1926) und Hans Robert Jauß (1982) zum Verhältnis von Identität und ästhetischer Erfahrung angestellt haben (vgl. dazu ausführlich Frederking 2004, S. 142ff.).

Meads Überlegungen nehmen ihren Ausgang von einer spezifischen Deutung ästhetischer Erfahrung und künstlerischen Schaffens, die vorwegnimmt, was John Dewey (1931) später detaillierter entfaltet hat: Ein künstlerisches Werk lässt sich nur hinreichend verstehen, wenn die Interpretation von dem Bewusstsein getragen wird, dass der Entstehungsprozess maßgeblich durch Formen ästhetischer Erfahrung beeinflusst, vielleicht sogar initiiert worden ist. In den Worten Meads:

> Der Lyriker hat eine Erfahrung der Schönheit in Verbindung mit einer emotionellen Erregung, und als Künstler, der Wörter verwendet, sucht er nach jenen Wörtern, die seinen emotionellen Haltungen entsprechen und die in anderen die eigenen Haltungen hervorrufen werden. (Mead 1927–30, S. 190)

Was Mead hier für den künstlerischen Schaffensprozess und die intendierten Wirkungen feststellt, nimmt ein Stückweit gedanklich vorweg, was Simone Winko systematisch literaturwissenschaftlich aufgearbeitet hat: In literarischen Texten sind Emotionen verarbeitet, Winko (2003) spricht von 'kodierten Gefühlen'. Anders als Winko ist Mead allerdings nicht daran interessiert, dass diese literarisch kodierten Emotionen „nicht nur als Rezeptions-, sondern auch als Textphänomene wissenschaftlich erforschbar" (Winko 2003, S. 12) sind. Mead geht es vielmehr um die identitätstheoretischen Implikationen des Produktions- und des Rezeptionsprozesses.

Grundlage ist dabei seine Unterscheidung zwischen zwei Polen bzw. Phasen der Identität: 'Me' und 'I'. Das 'Me' setzt sich aus internalisierten Vorstellungen, Erwartungen und Haltungen anderer Menschen, Gruppen bzw. Gesellschaften zusammen. Mead spricht vom „verallgemeinerten Anderen" (Mead 1927–30, S. 196) bzw. von der organisierten „Gruppe von Haltungen anderer, die man selbst einnimmt“ (Mead 1927–30, S. 218). Das ‘I’ definiert Mead als „Antwort des Einzelnen auf die Haltung der anderen ihm gegenüber“ (1927–30, S. 221). In seinen Aktionen und Reaktionen ist das ‘I’ spontan, selbstbestimmt und bewegt sich ganz in der Gegenwart, es wird in seiner Freiheit aber eingeschränkt, insofern es sich mit den Anforderungen des ‘Me’ und dessen Verarbeitungen vergangener Aktionen des ‘I’ und der Handlungen und Erwartungen anderer Interaktionspartner(innen) auseinandersetzen muss. Identität bildet sich im Wechselspiel zwischen diesen beiden Polen des menschlichen Selbst- und Weltbezuges. Dabei lassen sich zwei Grundtypen unterscheiden. Die primäre Identifikation mit dem ‘Me’ hat ein fremdbestimmtes, eher konventionell ausgerichtetes Persönlichkeitsprofil zur Folge, die Prägung durch das ‘I’ ist Merkmal einer selbstbestimmten, kreativen Persönlichkeit.

Der Künstler ist vor diesem Hintergrund als jemand zu verstehen, der in seinem Tun primär durch sein ‘I’ geprägt ist, wie Mead lange vor der Tabuisierung der Autorperspektive (vgl. Barthes 1967) und ihrer ‘Wiederentdeckung’ (vgl. Jannidis et al. 1999) festgestellt hat. Das ‘I’ ist Zentrum des ästhetischen Prozesses, und zwar

> sowohl im Augenblick der ästhetischen Erfahrung selbst, die per se eine Domäne des ‘I’ ist, wie auch in ihrer künstlerischen Verarbeitung, die eigentlich durch ihre retrospektive Ausrichtung und soziale Einbettung eher im Horizont des ‘Me’ erfolgt. Die konventionellen Einflüsse und die Fixierung auf Vergangenes aber sind beim künstlerischen Schaffen auf ein Minimum reduziert. (Frederking 2004, S. 145)

Demgegenüber ist im künstlerischen Gestaltungsprozess „das Element der Neuheit bis zur äußersten Grenze betont“ (Mead 1927–30, S. 253). Zwar greift natürlich auch der Künstler im ‘I-Modus’ auf sozial eingebettete Formen zurück, die er sich im ‘Me-Modus’ angeeignet hat. Zugleich ist er aber leichter als ein mit seinen ‘Me’-Anteilen identifizierter Mensch zu kreativen Veränderungen gesellschaftlich geprägter und vermittelter Vorlagen fähig. Denn seinem Tun liegt eine ästhetische Erfahrung zugrunde. Diese ist das Resultat einer besonderen Einstellung. Mead bezeichnet sie als ‘ästhetische Haltung’ (Mead 1926, S. 351). Sie nimmt ein, „wer innehält“, um „bewusst zu erleben“ (Mead 1926, S. 351), was ihn gerade umgibt und geschieht. Die ästhetische Haltung ist mit anderen Worten das Ergebnis eines anderen Blicks auf sich selbst und die Welt, der prinzipiell allen Menschen möglich ist. Die Besonderheit des Künstlers besteht allein darin, dass er die mit der ästhetischen Haltung verbundenen Erlebnisse und Erfahrungen kreativ verarbeitet und sie dadurch aus der Vergänglichkeit des Augenblicks befreit (vgl. Frederking 2004, S. 146). So erhält das sich in der ästhetischen Erfahrung manifestierende veränderte Selbst- und Weltverhältnis im Kunstwerk einen spezifischen äußeren Ausdruck. Die ästhetische Erfahrung und der ästhetische Schaffensprozess besitzen also unmittelbare Bedeutung für die Identität des Künstlers. Er stellt gleichsam ein Inneres, den Kern seiner ästhetischen

Erfahrung, sich selbst gegenüber. Gleichzeitig erlaubt er auch der Außenwelt, den Rezipienten, einen Einblick und initiiert bei ihnen ästhetische Prozesse. Denn diese erhalten Zugänge zur künstlerisch verarbeiteten ästhetischen Haltung bzw. Erfahrung eines fremden Menschen, die auch den Blick auf sich und die Welt nicht unverändert lassen. In den Worten Meads:

> „Wenn wir Werke großer Künstler ästhetisch verstehen, ziehen wir daraus Genusswerte, die unsere eigenen Lebens- und Handlungsinteressen erfüllen und interpretieren." (Mead 1926, S. 353)

Wenn aber sowohl die Produktion als auch die Rezeption eines künstlerischen Werkes die Sicht eines Menschen auf sich und die Welt beeinflussen, ist evident, dass der Literaturunterricht diesem Sachverhalt Rechnung zu tragen hat. Ein identitätsorientierter Ansatz, der bewusst die durch Kunstrezeption ausgelöste Auseinandersetzung mit der eigenen Identität aufgreift und Raum zur reflexiven und emotionalen Verarbeitung gibt, ist mithin eine unmittelbare Konsequenz der besonderen Qualität des literarischen Gegenstandes und der damit evozierten literarästhetischen Verstehensprozesse. Dabei sollten tatsächlich sowohl kognitive als auch affektive Aspekte eine Rolle spielen. Meads Hinweis auf den Genusswert macht sehr deutlich, dass ein ausschließlich rationaler Zugriff die identitätsspezifischen Potentiale verfehlt.

Diese literaturdidaktischen Schlussfolgerungen lassen sich mit Bezug auf die Theorie der ästhetischen Erfahrung von Hans Robert Jauß (1982) literaturwissenschaftlich fundieren. Gegen ein einseitig rationales Ästhetik-Verständnis, das in der abendländischen Geistesgeschichte vorherrscht, rückt Jauß (vgl. 1982, S. 55) nämlich den ästhetischen Genuss als zentrales Element ästhetischer Erfahrung ins Blickfeld, ohne dabei das alte Extrem durch ein neues zu ersetzen. Vielmehr betont Jauß die „Einheit von verstehendem Genießen und genießendem Verstehen" (1982, S. 85) und leistet damit einen wichtigen Beitrag zur Überwindung eines rein kognitiven Modells literarischen Verstehens. Dabei ist die Identität des Rezipienten unmittelbar berührt, wie sich auf der Grundlage der Jaußschen Analysen schlussfolgern lässt. Denn die Rezeption eines literarischen Textes mündet nahezu zwangsläufig in eine Auseinandersetzung mit der eigenen Selbst- und Weltwahrnehmung. Dies gilt für die emotionale wie für die kognitive Seite der Rezeption. Schließlich ist ästhetischer Genuss mit Jauß als „Selbstgenuss im Fremdgenuss" (Jauß 1982, S. 85) zu fassen und ästhetisches Verstehen als Phänomen, das „in den Prozess einer ästhetischen Bildung der Identität einbezogen werden [kann], wenn der Leser seine ästhetische Tätigkeit mit der Reflexion auf sein eigenes Werden begleitet" (Jauß 1982, S. 90).

Die Konsequenzen für den Literaturunterricht sind weitreichend. Einen literarischen Text im Unterricht zu behandeln bedeutet in identitätsorientierter Perspektive, dass es nicht nur um eine genaue Analyse und Interpretation des Textes an sich gehen kann, sondern auch um die Ermöglichung einer doppelten, im Text angelegten ästhetischen Erfahrung – „die genießende Reflexion einer fremden Gedankenwelt und die Möglichkeit eines durch Reflexion und Kommunikation veränderten Bezuges zu sich und zu anderen“ (Frederking 2004, S. 149). Doch nicht nur literarische Gespräche, in die auch personale Aspekte einbezogen werden, finden in der Jaußschen Ästhetik ihre impliziten Begründungen. Auch produktiv-kreative Ansätze lassen sich mit ihr literaturwissenschaftlich absichern. Von Bedeutung ist hier der Begriff der ‘ästhetischen Identität’. Sie ergibt sich nach Jauß aus der besonderen Beschaffenheit des ästhetisch-künstlerischen Schaffens. Ein künstlerisch Tätiger vermag “sich selbst zu erzählen“ (Jauß 1982, S. 43f.) und auf diese Weise sich seiner selbst zu vergewissern. Damit erschließen sich spezifische literaturwissenschaftliche Entsprechungen für die im vorangegangenen Kapitel skizzierten Formen identitätsorientierten literarischen Schreibens. Gleichzeitig wird transparent, dass ein identitätsorientierter Literaturunterricht nicht nur Emotion und Kognition bzw. Genießen und Verstehen verbinden muss, um die identitätsfördernden Potentiale ästhetischer Erfahrung auszuschöpfen. Von entscheidender Bedeutung ist aus identitätstheoretischer wie aus literaturwissenschaftlicher Perspektive ebenfalls eine ausgewogene Verbindung von rezeptiven und produktiven Formen in personaler Ausrichtung.

3. Identitätsorientierung im Zeichen veränderter Zeitsignaturen

Begründungszusammenhänge für einen identitätsorientierten Literaturunterricht ergeben sich aber nicht nur im Hinblick auf rezeptive, produktive und ästhetische Facetten des Umgangs mit Literatur, wie sie im vorangegangenen Kapitel reflektiert wurden, sondern auch vor dem Hintergrund veränderter Zeitsignaturen. Diese lassen sich mit Ulrich Beck (1986), Wolfgang Welsch (1987) bzw. Marshall McLuhan/Powers (1989) unter den Bezeichnungen ‘Individualisierung’, ‘Pluralisierung’ bzw. ‘Medialisierung’ subsumieren und literatur- bzw. mediendidaktisch in ihren Konsequenzen kenntlich machen (vgl. dazu ausführlicher Frederking 2001; 2004). Wie die nachfolgenden Analysen verdeutlichen werden, sollte ein identitätsorientierter Literaturunterricht diesen gewandelten individuellen und gesellschaftlichen Rahmenbedingungen zu entsprechen versuchen, um Kinder und Jugendliche möglichst umfassend und zeitgemäß in dem schwierigen Prozess der Identitätsentwicklung zu unterstützen.

3.1 Identität und Individualisierung

Der Prozess der Individualisierung stellt eigentlich kein Spezifikum des 20. oder 21. Jahrhunderts dar, sondern lässt sich mit Ulrich Beck (1986, S. 206) als generelles Merkmal der Subjektentwicklung in der Neuzeit verstehen. Allerdings ist nicht zu übersehen, dass sich die Dynamik und Radikalität der Individualisierungsprozesse in den letzten Jahrzehnten deutlich erhöht hat. Der damit verbundene Zugewinn an Freiheit erweist sich jedoch als janusköpfig. Während zu Beginn des 20. Jahrhunderts traditionelle Rollenmuster einen engen, aber gesicherten Orientierungsrahmen offerierten, ist nun im Anbruch des 21. Jahrhunderts jedes Individuum in wachsendem Maße gezwungen, tragfähige Sinnkonstruktionen und Wertorientierungen selbst zu entwickeln. Daraus resultiert ein Individualisierungsdruck, der gerade für Kinder und Jugendliche zum Problem werden kann. In den Worten Ulrich Becks werden Jugendliche

> nicht nur individualisiert. Sie individualisieren sich selbst. [...] Das eigene Leben wird zum alltäglichen Handlungs-, Inszenierungs-, Selbstdarstellungsproblem. (Beck 1997, S. 212)

Kindliche bzw. jugendliche Identitätsentwicklung bedarf deshalb im Zeichen individualisierter Lebensverhältnisse der besonderen pädagogischen Unterstützung. Gerade der Literaturunterricht sollte angesichts dieser veränderten Zeitsignaturen seine besonderen Möglichkeiten ausschöpfen, um Heranwachsenden „Raum zu geben für den Aufbau eines individuell tragfähigen Selbst- und Weltverhältnisses in einer individualisierten und enttraditionalisierten Lebenswirklichkeit" (Frederking 2001, S. 95).

Die Problemfelder bzw. Ansatzpunkte sind vielfältig. Ein besonders zentraler Aspekt ist der Aufbau geschlechtlicher Identität. Die Gender-Forschung (vgl. z.B. Chodorow 1978, Butler 1990; Benjamin 1988; 1993) hat die komplexen Abläufe sichtbar gemacht, die zur Ausbildung geschlechtlicher Identität führen. Diese wird angesichts einer Lebenswirklichkeit, die in zunehmendem Maße durch die Erosion tradierter Normen gekennzeichnet ist, natürlich noch weiter erschwert. Die Auflösung traditioneller geschlechtlicher Rollenmuster zwingt Kinder und Jugendliche zur Suche nach individuellen Vorbildern – in Auseinandersetzung mit denen ihrer Altersgenossinnen und Altersgenossen (vgl. Rusch 1998; Krappmann/Oswald 1988). Dabei erhält die Frage nach der geschlechtlichen Identität für die Heranwachsenden in der ohnehin schon schwierigen Phase der Pubertät eine existentielle Bedeutung. Ein identitätsorientierter Literaturunterricht kann (und sollte) hier Hilfestellungen geben, indem er „die Bewusstwerdung, Reflexion und Diskussion geschlechtsspezifischer Rollenmuster" anregt und für Fragen der Geschlechteridentität und Geschlechterdifferenz sensibilisiert. Gerade in der Kinder- und Jugendliteratur finden sich hier vielfältige Ansatzpunkte, um Mädchen wie Jungen beim Aufbau einer selbstbewussten geschlechtlichen Identität zu unterstützen.[3] Dazu gehört, dass beiden Geschlechtern Lesestoffe angeboten werden, die Identifikationsmöglichkeiten mit überzeugenden männlichen wie weiblichen Figuren offerieren (vgl. dazu Schilcher Bd. 2, Kap. 3.7). Nur auf diese Weise ist der Aufbau emanzipatorisch-selbstbewusster weiblicher wie männlicher Selbstkonzepte möglich. Dass auf diese Weise Lesemotivation auch bei männlichen Heranwachsenden entstehen kann, zeigt der Erfolg von Harry Potter. Der ebenso sensible wie mutige und gleichzeitig freundschaftlich eingebundene 'Zauberlehrling' aus Hogwarts hat auch unter den männlichen Heranwachsenden begeisterte Leser gefunden, weil er von ihnen als Identifikationsfigur des eigenen Denkens, Fühlens, Wollens und Handelns angenommen werden kann.

Neben Fragen geschlechtlicher Identität bietet der Literaturunterricht aber auch Möglichkeiten zur Auseinandersetzung mit Problemen kultureller, interkultureller und multikultureller Identität und mit Fragen nach dem Sinn und der persönlichen Orientierung in einer Welt, in der traditionelle Leitbilder ihre Bedeutung vielfach verloren haben. So kann die Auseinandersetzung mit literarischen (oder medialen) Texten helfen, sich der Bedeutung von Kultur, Werten, Traditionen in der eigenen Zeit, in vergangenen Zeiten, in anderen Kulturen etc. bewusst zu werden und sie im Hinblick auf die eigene Identität zu hinterfragen. Denn das eigene Selbst- und Weltverständnis zu reflektieren bedeutet immer auch, sich als Teil eines geistes- und kulturgeschichtlichen Bezugsfeldes verstehen zu lernen, wie Charles Taylor (1989) verdeutlicht:

> Meine Selbstdefinition wird als Antwort auf die Frage. »Wer bin ich?« verstanden, und diese Frage erhält ihren ursprünglichen Sinn im Austausch mehrerer Sprecher. Ich definiere, wer ich bin, indem ich den Ort bestimme, von dem aus ich spreche: meinen Ort im Stammbaum, im gesellschaftlichen Raum, in der Geographie der sozialen Stellungen und Funktionen, in meinen engen Beziehungen zu den mir Nahestehenden und ganz entscheidend auch im Raum der moralischen und spirituellen Orientierung, in dem ich die für mich wichtigsten definierenden Beziehungen durch das Leben selbst herstelle. (Taylor 1989, S. 69)

[3] In der Kinder- und Jugendliteraturdidaktik der achtziger und neunziger Jahre wurden diese Möglichkeiten leider eher einseitig zugunsten der Mädchen genutzt. Die Auswahl von Büchern mit starken Mädchen und sensiblen oder problembehafteten Jungen mag zwar gesellschaftlich erwünschten Rollenmustern entsprechen, für die Identitätsentwicklung einer ganzen Generation von männlichen Jugendlichen könnten die daraus resultierenden Lektürepräferenzen allerdings fatale Folgen gehabt und dazu beigetragen haben, dass das Lesen für sie zu dem von PISA ins Blickfeld gehobenen Nicht-Vergnügen geworden ist (vgl. Artelt/Demmrich/Baumert 2001, S. 113ff. und S. 116ff., Stanat/Kunter 2001, S. 249ff.). Wenn Werbung und Freizeitindustrie in Bild und Ton eher traditionelle, teilweise sogar archaische Männlichkeitsbilder vermitteln, erweist sich der 'schwächelnde Junge' in bestimmten Teilen der Kinder- und Jugendliteratur als karikaturhafte Antifigur und ein Literaturunterricht, der ihn implizit fordert, als skurrile Veranstaltung. Eine zeitgemäße Förderung geschlechtlicher Identität sollte diese Fehler der Vergangenheit vermeiden.

Vor diesem Hintergrund wird plausibel: Literaturunterricht vermag Schüler(innen) gerade durch die Behandlung so genannter klassischer bzw. kanonischer Texte der deutschsprachigen Literatur und der Weltliteratur die Möglichkeit zu eröffnen, personale und soziale Identität in ihren kulturellen, transkulturellen bzw. interkulturellen Implikationen zu erfahren (vgl. Frederking 2001; Gerner 2008; vgl. auch Gerner im vorliegenden Band 2, Kap. 4.2). Damit ist kein Rückfall in den Aufbau kollektiver Identitätsvorstellungen verbunden, wie sie den Deutschunterricht in den fünfziger Jahren motiviert haben. Während es beispielsweise Robert Ulshöfer beim Umgang mit literarischen Texten primär darum ging, „das Gültige herüberzuretten in die Gegenwart" (Ulshöfer 1953, S. 4), weshalb das Lesen von Hochwertliteratur eher einem Initiationsritus in das Verstehen kultureller Denkmäler glich, zielt ein identitätsorientierter Literaturunterricht moderner Prägung auf die kritische Auseinandersetzung mit klassischen bzw. kanonischen literarischen Texten ab, um zur geistes- und kulturgeschichtlichen Überprüfung und Verortung des eigenen Selbst- und Weltbildes in (inter)kultureller Perspektive anzuregen. Ein kulturgeschichtlich ausgerichteter Literaturunterricht (Brüggemann 2008, 2009) kann in diesem Sinne für die Identitätsentwicklung bedeutsam werden. Der individualisierte Selbst- und Weltbezug heutiger Heranwachsender kann mit ihm einen (inter-)kulturell erweiterten Orientierungsrahmen erhalten.

Gleichzeitig sind damit Perspektiven in ethisch-moralischer Hinsicht verbunden, wie Taylors Formulierung „Raum der moralischen und spirituellen Orientierung" verdeutlicht. Die Frage nach der eigenen Identität ist in seinem Verständnis unmittelbar mit der Frage nach dem Sinn der eigenen Existenz und nach Werten verknüpft. Nach Taylor können wir „nicht ohne eine Orientierung auf das Gute auskommen, und jeder von uns ist wesentlich durch seinen diesbezüglichen Standort geprägt (d.h. wir definieren uns zumindest unter anderem im Sinne dieses Standorts)" (Taylor 1989, S. 66). Da Literatur in vielfältiger Form ethisch-moralische Fragen und Entscheidungssituationen zur Diskussion stellt, kann ein identitätsorientierter Literaturunterricht diese Erkenntnis Taylors in fruchtbarer Weise umsetzen und Schüler(innen) zur Überprüfung der eigenen Wertvorstellungen und zur Vertiefung moralischen Bewusstseins ermutigen (vgl. Kreft 1978; 1986; 1987; Spinner 1989). Hier ergeben sich gute Ansatzpunkte, um im Literaturunterricht auch philosophischen Fragen nachzugehen und Schüler(innen) dadurch zu unterstützen sich den existentiellen Fragen des Lebens in reflektierter Form zu stellen und Bedingungen und Möglichkeiten persönlichen Glücks wie gesellschaftlicher Verantwortung in den Blick zu nehmen (vgl. dazu Frederking/Krommer in Bd. 3).

3.2 Identität und Pluralisierung

Ein zweiter, sehr aktueller Begründungszusammenhang für identitätsorientierten Literaturunterricht ergibt sich aus dem Prozess der Pluralisierung (vgl. Frederking 2001, 96ff.; 2004). Dieser ist eine unmittelbare Konsequenz der Individualisierung. Denn wenn sich traditionelle Vorgaben auflösen und das Individuum selbst seine Orientierungsmuster entwickeln muss, ist eine Pluralisierung aller Lebensbereiche die zwangsläufige Folge. Im Horizont postmoderner Philosophie – z.B. von Francois Lyotard (1982) oder Wolfgang Welsch (1989; 1991) – ist dieser Prozess als Befreiung aus der Enge überkommener Vorgaben gewertet worden. Dies gilt auch und gerade für das Entstehen 'multipler Identitätsmuster', mit denen postmoderne Theoretiker substantialistische Identitätskonzepte überwunden sehen (vgl. Welsch 1989, S. 180ff.). In Abgrenzung zu einem radikalen Postmodernismus, der, wie Welsch, pluraler Identität Labilität attestiert, diese aber positiv wertet, stellt Heiner Keupp kritisch und didaktisch anschlussfähiger fest:

> „Wir haben es nicht mit 'Zerfall' oder 'Verlust der Mitte' zu tun, sondern eher mit einem Zugewinn kreativer Lebensmöglichkeiten, denn eine innere Kohärenz ist der Patchwork-Identität keinesfalls abhanden gekommen." (Keupp 1988, 146)

Gleichzeitig wird aber zunehmend erkennbar, dass der in einer pluralisierten Lebenswirklichkeit geforderte 'gemischte Persönlichkeitstyp', der sich wie ein „soziales Chamäleon [...] fortwährend Teile von Identitäten [...] für die jeweilige Situation konstruiert" (Gergen 1991, S. 247), gerade Heranwachsende vor erhebliche Probleme stellt. So hat die Jugendforschung schon früh darauf aufmerksam gemacht, dass zwischen pluralisierter Lebenswirklichkeit, Identitätsstörungen und jugendlichem Rechtsextremismus ein grundlegender Zusammenhang besteht (vgl. z.B. Baacke 1987, Baacke/Heitmeyer 1985; Helsper 1991). Andersartigkeit kann in einem statischen und ängstlich auf Absicherung ausgerichteten Selbstkonzept nur schwer ertragen werden. Hier vermag der Literaturunterricht entscheidende Impulse zu setzen, indem er Gelegenheit gibt, Eigenes im Fremden der Literatur zu entdecken und sich bewusst zu machen. So lässt sich die Fähigkeit zu Empathie und Fremdverstehen stärken, wenn sich Heranwachsende in Protagonisten eines literarischen Textes probehandelnd hineinversetzen und die Welt mit den Augen dieser fremden Person und im Horizont möglicherweise völlig anderer biografischer, zeitgeschichtlicher, kultureller und ethnischer Prägungen betrachten (vgl. Herwig 1980; Spinner 1993b; Frederking 1995). Zwar ist dagegen eingewandt worden, dass dieser Vorstellung ein Identitätsverständnis zugrunde liegt, das vom „Sich-Identischen" (Rosebrock 1995, S. 200) ausgeht und die Dekonstruktion einheitlicher Identitätsvorstellungen in postmodernen Konzepten nicht wirklich ernst nimmt (Bremerich-Vos 1996, S. 43). Allerdings verkennt diese Kritik, dass das den meisten deutschdidaktischen Theoriebildungen zugrunde liegende Identitätskonzept von Mead ja gerade nicht statisch-einheitlich, sondern dynamisch ausgerichtet ist, insofern sich Identität in der Balance zwischen 'I' und 'Me' in jedem Augenblick neu ausbildet. Überdies wird ausgeblendet, dass die pluralisierten Identitätskonzepte der Postmoderne für den identitätsorientierten Literaturunterricht neue Begründungszusammenhänge eröffnen. Dies zeigt sich gerade im Zusammenhang mit interkultureller Toleranz. Denn „der positive, tolerante Umgang mit Fremdem und Fremden hat ein pluralisiertes, Widersprüche akzeptierendes und ausbalancierendes Selbst- und Weltverhältnis zur Voraussetzung" (Frederking 2001, S. 96), dessen Ausbildung in einem identitätsorientierten Umgang mit Literatur gefördert werden kann.

Produktiv-kreative Verfahren können den Grad der Tiefe dieser Perspektivübernahme erhöhen (vgl. Spinner 1993a; 1993b; Frederking 1995). Gleichzeitig nutzen sie im unterrichtlichen Kontext, was die narrative Psychologie als prinzipielle Funktion begreift: 'Selbst-Narrationen' besitzen identitätsstabilisierende Wirkungen. Nach Polkinghorne ist „die Erzählung das primäre strukturierende Schema [...], durch das Personen ihr Verhältnis zu sich selbst, zu anderen und zur physischen Umwelt organisieren und als sinnhaft auslegen" (1998, S. 15). Identität wird in diesem Sinne als „geschichtenförmige Konstruktion" bzw. als „Selbst-Erzählung" (Polkinghorne 1998, S. 33) verstanden. In solchen narrativen Selbstbestimmungen verarbeitet ein Mensch Erinnerungen, Erlebnisse, Erfahrungen, Hoffnungen, Ängste, indem er sie als Vergangenes, Gegenwärtiges und Zukünftiges zeitlich ordnet und in die eigene Lebensgeschichte integriert. Diese narrative Konstituierung von Identität ist sozial eingebettet. Sie vollzieht sich in permanenter Selbstüberprüfung, Reformulierung und Neukonstruktion in der Interaktion mit einem Gegenüber, das entweder real zugegen ist, medial vermittelt zuhört (per Telefon, Skype etc.) oder in einem Brief, einer Mail, einer zeitversetzten Videobotschaft, per Twitter oder Facebook etc. als imaginärer Interaktionspartner Adressat der Erzählung ist. Tagebuch- oder Blogeinträge können als monologische Formen narrativer Selbstvergewisserung verstanden werden. Sowohl die dialogischen als auch die monologischen Versuche zielen auf den Ausgleich widersprechender Erwartungen und Pole. Indem ich eine Geschichte erzähle, interpretiere ich meine Erlebnisse als Geschehen in Zeit und Raum und integriere sie in meine bestehende Sicht auf mich und die Welt. Heranwachsenden im Sprachunterricht, vor allem aber auch im Umgang mit Literatur immer wieder die Gelegenheit zu geben, sich persönlich in eine Geschichte hineinzuschreiben, fiktive Begegnungen mit literarischen Figuren in Ich-Form zu gestalten oder in fiktiven persönlichen Briefen an Autoren bzw. Figuren, in Blogeinträgen oder in persönlichen Statements eigene Einschätzungen und Bewertungen vorzunehmen, verhilft Kindern und Jugendlichen zu Erfahrungen mit pluralen Perspektiven und ihrer reflexiven Verarbeitung (vgl. dazu Frederking 2004).

3.3 Identität und Medialisierung

Neben Individualisierung und Pluralisierung stellt die Medialisierung eine dritte markante Veränderung in der Lebens- und Erfahrungswelt von Kindern und Jugendlichen dar, auf die ein identitätsorientierter Grundansatz im Literaturunterricht didaktisch antwortet (vgl. dazu Frederking 2001, S. 96f.; 2004, S. 151 ff.). Hatte Marshall McLuhan (1964) schon vor mehr als vier Jahrzehnten die Medialisierung der gesamten Lebenswirklichkeit prognostiziert, wurde diese Analyse mit dem Aufstieg von Computer und Internet zu Massenmedien mittlerweile umfassend bestätigt. Sherry Turkle hat die damit verbundenen Probleme auf den Punkt gebracht, als sie im Hinblick auf den Computer feststellte:

> Mit dem Übergang von einer Kultur der Berechnung zu einer Kultur der Simulation verändert sich nicht nur das, was Computer für uns sind, sondern auch das, was sie mit uns tun – mit unseren Beziehungen und unseren Selbstkonzepten. (Turkle 1995, S. 32)

Identitätskonstruktion erfolgt in der Diagnose Turkles heute kaum noch ohne die Signaturen der Medialisierung. Das Internet ist zu einem Laboratorium für vielfältige spielerische Identitätskonstruktionen (vgl. 1995, S. 297) geworden, die „eine grundlegende Neubestimmung der menschlichen Identität" (1995, S. 519; vgl. auch Sandbothe 1999) zur Folge haben. Dass dieser medienkulturgeschichtliche Wandlungsprozess (vgl. Frederking/Krommer/Maiwald 2012, S. 52 ff.) Kindheit und Jugend grundlegend verändert und damit auch die medienspezifischen Sozialisationsmuster, ist evident. Mit Horst W. Opaschowski (1999) lässt sich von einer 'Generation @' sprechen, mit der FAZ (2006) von der 'Generation Google', mit Oliver Leistert und Theo Röhle (2011) von der 'Generation Facebook'. Die langfristigen Auswirkungen internetgestützter virtueller Erlebniswelten für die Identität der Heranwachsenden haben schon in den Anfängen des Multimedia-Zeitalters Besorgnis ausgelöst (vgl. Bergmann 1996). Nicola Döring hat die Problemlagen systematischer sozialpsychologisch untersucht. Dass „sich Menschen im Internet hinter fiktiven Identitäten verbergen, daß sie oberflächliche Pseudo-Beziehungen eingehen und in virtuelle Schein-Gemeinschaften flüchten" (Döring 1997, S. 299), ist ein Befund, der potentielle Probleme internetgestützter Interaktion und Selbst-Präsentation zutreffend umschreibt. Hier kann ein symmedialer Literaturunterricht (vgl. dazu die Beiträge von Axel Krommer und Volker Frederking im vorliegenden Band 2, Kap. 2.6 und 3.15) mit identitätsorientierter Ausrichtung Bewusstseinsarbeit leisten. Denn das Spiel mit fiktiven Identitäten ist für alle am Interaktionsprozess Beteiligte nicht ohne Folgen. Die mit Identitätsfacetten Spielenden stehen in der Gefahr, „sich in Schein-Identitäten zu verlieren", während die Interaktionpartner(innen) in der Erwartung getäuscht werden, „an einer realen Interaktion teilzunehmen, bei der die computervermittelte virtuelle Identität bzw. Teil-Identität auch eine Entsprechung im 'real life' besitzt" (Frederking 2004, S. 157).

Eine andere Gefahr ergibt sich mit sozialen Netzwerken wie SchülerVZ, Facebook etc. (vgl. dazu den Beitrag von Axel Krommer im vorliegenden Band 2, Kap. 2.6). Bedenklich ist, dass Heranwachsende in diesen und anderen virtuellen Online-Netzwerken oftmals bedenkenlos etwas von sich preisgeben, was ihnen im realen Leben die Schamesröte ins Gesicht treiben würde. Hier sollte ein identitätsorientiert ausgerichteter Literaturunterricht Aufklärungsarbeit leisten:

> Ein wichtiger Aspekt der Förderung von Medialitätsbewusstsein kann [...] darin bestehen, den Schülerinnen transparent zu machen, in welcher Weise sich bestimmte mediale Selbst-Entwürfe auf die alltägliche Lebenspraxis auswirken bzw. in welch komplexer Form diese beiden Sphären aufeinander bezogen sein können. Sehr lebhafte Diskussionen lassen sich im Unterricht beispielsweise initiieren, wenn man die scheinbar privaten „SchülerVZ"-Profile ausdruckt und im Klassenraum aushängt. Vielen Schülerinnen wird erst dann schlagartig bewusst, dass die selbst entworfene und (nahezu) frei zugängliche Online-Identität nicht öffentlichkeitstauglich ist. (Frederking/Krommer 2008, S. 36)

Allerdings ist gleichzeitig zu konstatieren, dass sich die Vorstellungen über die Präsentation von Aspekten der persönlichen Identität unter dem Druck medialer Prozesse verändern. Fernsehformate wie Daily-Talks, Reality Soaps u.Ä. stellen mit ihren oft grenzenlos scheinenden Formen der Selbstenthüllung und Selbstinszenierung bisher gültige Vorstellungen von Identität, Scham und Selbstschutz infrage:

> Die neuen Formen der Selbstthematisierung im Fernsehen und im Internet stehen [...] nicht mehr in der Tradition der Selbstreflexion des bürgerlichen Subjekts [...]. Es geht um Inszenierungen, um den Schein von Natürlichkeit, es geht um Aufmerksamkeit für den schönen Körper oder die gute Performance. (Burkart 2009)

Die Reflexion dieser Formen der Selbstpräsentation im Fernsehen und im Internet kann einen wichtigen Beitrag zur Medienkompetenz und zur Identitätsentwicklung der Schüler(innen) leisten. Denn, wie Nicola Döring zu Recht festgestellt hat: „Identitäten als subjektiv relevante, kontextgebundene Selbstinterpretationen konstituieren und reproduzieren sich nicht zuletzt durch Selbstreflexionsprozesse" (Döring 1997, S. 300).

Gleichzeitig sollte allerdings gerade das Internet im Horizont eines identitätsorientierten Ansatzes im Literaturunterricht nicht nur kritisch behandelt werden. Schließlich bieten sich spezifische theatrale Möglichkeiten, die Schüler(inne)n Raum zu einer neuartigen Selbsterprobung eröffnen, indem sie in virtuellen Rollenspielen in geschlossenen Chats (oder MUDs) Facetten ihrer Identität spielerisch erproben können, ohne durch die bestehenden Rollenmuster innerhalb ihrer Lerngruppe eingeschränkt zu werden. Diese Chancen bieten sich, weil sie – zumindest vorübergehend – mit einem schriftsprachlichen virtuellen Rollenprofil interagieren, das als „Personascript" bezeichnet wird, als „Textmaske des virtuell und schriftsprachlich handelnden Rollenspielers im Chat" (Frederking/Krommer 2003, S. 34).

4. Identitätsorientierung im Literaturunterricht im Zeichen von PISA, Bildungsstandards und Kompetenzorientierung

Ein identitätsorientierter Literaturunterricht ist aber nicht nur aufgrund veränderter Zeitsignaturen 'aktuell'. Mit PISA und den erkennbar gewordenen Defiziten deutscher Schüler(innen) und ihren Ursachen hat sich ein weiterer, bislang kaum zur Kenntnis genommener Begründungszusammenhang für eine identitätsorientierte Gestaltung von Unterrichtsprozessen im Fach Deutsch ergeben. Diese Feststellung mag auf den ersten Blick erstaunen. Wie passen Identitätsorientierung und Lernstandserhebungen zusammen, die seit der Einführung von Bildungsstandards bundesweit die Schulwirklichkeit prägen und den Unterricht wahrscheinlich grundlegender verändern als die meisten didaktischen Konzepte? Für die Schattenseiten dieser in Reaktion auf PISA eingeführten Tests ist „der standardisierte Schüler“ (Spinner 2004) zum Inbegriff geworden. Wo Leistung und Leistungsmessung zu den neuen Leitgestirnen des unterrichtlichen Handelns werden, scheint für Identitätsorientierung im Deutsch- bzw. Literaturunterricht kein Platz mehr zu sein. Dabei ist das Gegenteil der Fall, wie nachfolgend verdeutlicht werden soll.

4.1 Identität, Leseinteresse und das fachspezifische Selbstkonzept

Identitätsorientierung steht nicht im Widerspruch zu einem Literaturunterricht, der die Förderung von Lesekompetenz oder literarischer Verstehenskompetenz anstrebt, sondern stellt eine wesentliche Voraussetzung für ihr Gelingen dar (vgl. Frederking 2003, S. 263; Frederking et al. 2012). Begründen lässt sich diese Einschätzung u. a. mit dem im Rahmen von PISA nachgewiesenen Zusammenhang zwischen Interesse, Identität und fachspezifischem Selbstkonzept. Tatsächlich weisen die Ergebnisse deutscher Schüler(innen) auf einen erhöhten pädagogisch-didaktischen Interventionsbedarf. Denn die Differenz, die PISA zwischen deutschen Schüler(inne)n mit einem positiven bzw. negativen Selbstkonzept im Bereich des Lesens ermittelt hat, ist mit mehr als 90 Skalenpunkten sehr groß (vgl. Artelt/ Demmrich/Baumert 2001, S. 287). Da fachspezifische Selbstkonzepte die Lernleistungen beeinflussen (vgl. Artelt/Demmrich/Baumert 2001, S. 273 ff.) und sich insbesondere für die Leseleistungen als entscheidender Einflussfaktor erwiesen haben (vgl. Schiefele 1996, S. 265 ff.), ist die Verbesserung des auf das Lesen bezogenen Selbstkonzepts mit großer Wahrscheinlichkeit ein sehr wirkungsvoller Ansatzpunkt zur Förderung der Lesekompetenz. Dass dabei auch Identitätsaspekte berührt sind, verdeutlicht die Definition des Selbstkonzepts durch das PISA-Forscherteam:

> „Die Beschäftigung mit dem Gegenstand ist subjektiv hoch bedeutsam – sie kann Teil der Identität werden –, emotional befriedigend bis hin zum Flow-Erleben und selbstintentional“ (Artelt/Demmrich/Baumert 2001, S. 274 f.).

Mit Cornelia Rosebrock und Daniel Nix lässt sich dieser Zusammenhang im Hinblick auf das Lesen präzisieren:

> „Das Entwicklungsschicksal der Lesebereitschaft seit der frühen Kindheit bestimmt [...] die aktuelle Lesemotivation gegenüber diesem oder jenem konkreten Text, man kann sagen, es ist Teil der Identität geworden. In der Fachdiskussion spricht man von dem lesebezogenen Selbstkonzept." (Rosebrock/Nix 2008, S. 22)

Dass dieses lesebezogene Selbstkonzept auch emotionale Facetten umfasst, hat Bettina Hurrelmann deutlich gemacht, insofern sie über die pragmatische Funktion des Lesens „für instrumentelles Handeln" hinaus die Bedeutung des Lesens als „Medium der Persönlichkeitsbildung" betont (Hurrelmann 2007, S. 22f.). Dieses besitzt positive „Folgewirkungen", beispielsweise „im Hinblick auf ästhetische und sprachliche Sensibilität, Moralentwicklung und Empathiefähigkeit, Fremdverstehen und Teilhabe am kulturellen Gedächtnis" (Hurrelmann 2007, S. 22f.). Hier treten die Verbindungen zwischen dem Lese-Selbstkonzept und einer kulturell bzw. geistesgeschichtlich verorteten Vorstellung von Identität bzw. Persönlichkeit ins Blickfeld – und damit implizit auch die Schnittmengen zwischen Lesedidaktik und identitätsorientierter Literaturdidaktik. Dazu Cornelia Rosebrock:

> Ein Literaturunterricht, der die inhaltlichen Interessen der Schüler missachtet, wird die Schülerinnen und Schüler in der Tendenz nicht zu ertragreicher Anschlusskommunikation und genussreichen Leseerfahrungen animieren können und damit auf lange Sicht eine Tendenz aufweisen, vergleichsweise weniger stabile lesebezogene Selbstkonzepte aufzuweisen. (Rosebrock 2009, S. 65f.)

Dass die Missachtung inhaltlicher Interessen den Aufbau eines positiven Lese-Selbstkonzepts erschwert, wenn nicht gar sabotiert, ist unmittelbar einleuchtend. Tatsächlich bieten gerade Texte der Kinder- und Jugendliteratur vielfältige Anreize zu identifikatorischem Lesen. Indem sie zur Auseinandersetzung mit altersspezifischen Fragen herausfordern, kommt ihnen eine identitätsfördernde Wirkung zu (vgl. Spinner/Spinner 1984; Rosebrock 1995).

Die alleinige Orientierung an den inhaltlichen Präferenzen der Heranwachsenden ist aber nicht unproblematisch. Weil ältere literarische Texte in der Regel nicht im Fokus jugendlicher Leseinteressen stehen, ist mit der ausschließlichen Ausrichtung an lesedidaktischen Prinzipien die Gefahr verbunden, klassische bzw. kanonische literarische Texte aus dem Literaturunterricht zu suspendieren. Tatsächlich zeigen sich hier die Unterschiede in den Zielsetzungen von Lesedidaktik und identitätsorientierter Literaturdidaktik. Während Lesedidaktik eher darauf abzielt, „dass möglichst viel und entsprechend motiviert gelesen wird", geht es Literaturdidaktik generell um die „Ausbildung solcher Kompetenzen, wie sie Vorstellungen von einer literarischen Bildung" (Kämper-van den Boogaart 2005, S. 29) zugrunde liegen. Aus dieser Differenz ergeben sich nicht nur divergierende Lektürepräferenzen, sondern auch grundlegende Unterschiede im Hinblick auf den Bereich, der innerhalb des Selbstkonzepts der Schüler(innen) anvisiert wird. Während Lesedidaktik primär auf Identifikation der Lesenden mit dem Text setzt, geht es einem identitätsorientierten Ansatz auch um Zugänge zu solchen literarischen Texten, die zunächst gerade keine Identifikationsangebote machen bzw. zu machen scheinen. Das positive Lese-Selbstkonzept ist im Rahmen eines identitätsorientierten Ansatzes folglich Teil eines umfassenderen literarisch-ästhetischen Selbstkonzepts. Diesem liegt ein erweitertes Spektrum an literarischen Texten zugrunde, insofern nicht nur solche Texte bevorzugt zum Einsatz gelangen, die Identifikationen leichtmachen und Leseinteresse wecken, sondern auch solche, die anfänglich ‘sperrig’ und schwer verständlich erscheinen. Die Kunst des guten Literaturunterrichts besteht gerade darin, Alteritätserfahrungen, in denen der literarische Text spröde, fremd, irritierend etc. wirkt, aufzugreifen und für die vertiefende Auseinandersetzung fruchtbar zu machen (vgl. Herwig 1980; Maiwald 2001; Maiwald/Rosner 2001). Ein identitätsorientierter Zugriff bietet sich dazu in besonderer Weise an. Denn obschon es nahe liegend und als Leser bzw. Leserin auch legitim ist, auf das Anders- bzw. Fremdartige eines literarischen Textes zunächst mit Ablehnung zu reagieren, können sich auf den zweiten Blick spannende Fragen in Bezug auf die eigene Sicht auf die Welt und sich selbst ergeben (vgl. Abraham 2000, S. 10ff.). So ist jedes Lesen eines literarischen Textes bewusst oder unbewusst immer auch Ausgangspunkt eines neuen Nachdenkens über die eigene Person, das eigene Leben, die eigenen Werthaltungen, die kulturellen Verwurzelungen, die sozioökonomischen Rahmenbedingungen, die Zeitsignaturen etc. Ein identitätsorientierter Literaturunterricht nutzt diese Potentiale in spezifischer Weise, indem er Kinder bzw. Jugendliche anregt,

> Literatur auch als Medium für die Auseinandersetzung mit dem eigenen Selbst- und Weltverhältnis zu erfahren, als Spiegel, in dem Eigenes wie Fremdes zu entdecken ist und kulturelle wie geschlechtliche Facetten von Identität überprüft werden können. (Frederking 2003, S. 265)

Damit wird eingelöst, was die Bildungsstandards im Fach Deutsch für die Hauptschule wie für den mittleren Abschluss fordern: Deutschunterricht muss einen Beitrag leisten, dass Heranwachsenden „die Bedeutung des Reichtums kultureller, sprachlicher und literarischer Vielfalt für die eigene Entwicklung bewusst“ (BSMA 2003, S. 6; BSHA 2004, S. 6) wird. Ob dies in Bezug auf „fremde Personen, Gruppen, Kulturen usw.“ (Garbe 2009, S. 38) tatsächlich erst in der Adoleszenz möglich ist, wie Christine Garbe, Karl Holle und Maria von Salisch dies in ihrem Erwerbsmodell der Lesekompetenz annehmen (vgl. Garbe/Holle/Salisch 2006, S. 129), ist eine Frage, die der empirischen Überprüfung bedarf. Schließlich gibt es Beispiele, dass dies sehr wohl bereits im Literaturunterricht der Primar- und frühen Sekundarstufe I möglich ist (vgl. dazu Frederking 2001, S. 97ff.). In jedem Fall bewegt sich ein identitätsorientierter Literaturunterricht im Horizont literarischer Bildung, wie sie Norbert Groeben und Sascha Schroeder mit Rekurs auf den Bildungsbegriff des 18. und 19. Jahrhunderts in seiner Idealform beschrieben haben:

> „Lesen literarisch-ästhetischer Texte dient der existentiellen Persönlichkeitsentwicklung. Dabei soll die Distanz künstlerischer Literatur zur Alltagssprache und zu pragmatischen Alltagskontexten in Form von ästhetischer Sensibilität, Selbstreflexion und Reflexion der Historizität menschlicher Erfahrung für die persönliche Weiterentwicklung der Leserinnen produktiv gemacht werden." (Groeben/Schroeder 2004, S. 311)

4.2 Identitätsorientierung als Synthese von Schüler- und Sachorientierung

Das vorangegangene Kapitel hat gezeigt: Sowohl auf der Grundlage empirischer Befunde als auch theoretischer Reflexion ist ein Bedingungsverhältnis zwischen Leseinteresse bzw. dem Interesse an literarischen Texten auf der einen Seite und dem Selbstkonzept, der Identität bzw. der Persönlichkeitsentwicklung auf der anderen Seite erkennbar. Wie aber kann dieses Bedingungsverhältnis zur Optimierung von Lehr-Lern-Prozessen im Literaturunterricht fruchtbar gemacht werden? Norbert Groeben und Sascha Schröder haben die methodisch-didaktischen Rahmenbedingungen dafür klar umrissen. In ihrer Überzeugung hat Schule die Aufgabe, Schüler(innen) „in Richtung auf eine Lesekompetenz als Teil der Persönlichkeitsentwicklung zu fördern und zu qualifizieren" (Groeben/Schroeder 2004, S. 321). Aus dem von ihnen erstellten Katalog 'prototypischer' Orientierungsmuster verweisen zentrale Aspekte auf den Zusammenhang zwischen literarischem Lesen und Identität. Schon in der Grundschule kann ein positives literarisches Selbstkonzept angebahnt werden, indem Lesen als ein „Mittel zur 'Selbstverwirklichung' und der Selbstständigkeit gegenüber der Erwachsenenwelt" erfahren wird (Groeben/Schroeder 2004, S. 324). In den weiterführenden Schulen steht dem prototypischen Negativfall, dass nämlich „Leistungs- und Konkurrenzsituationen" dominieren, der „Einzigartigkeit der Subjekte" keine Aufmerksamkeit geschenkt wird und „emotional-motivationale Aspekte" ausgeklammert werden, sodass „inhaltliche und persönliche Interessen primär außerhalb der Schule" verwirklicht werden (Groeben/Schroeder 2004, S. 325f.), der 'prototypische Positivfall' gegenüber:

> „Die Schüler/innen erkennen, dass die schulische Lektüre (auch) interessante Themen und Anregungen zur Verfügung stellen kann [,] [...] dass (bestimmte) Texte unterhaltend und Genuss bringend sein können und Gelegenheit zur emotionalen Identifikation bieten [und] [...] erleben abwechslungsreiche Unterrichtssituationen als motivierend und nutzen sie, um ihre (im schulischen Bereich sonst wenig geforderten) imaginativen und kreativen Potenziale zu entwickeln." (Groeben/Schroeder 2004, S. 328)

Wie dieser 'prototypische Positivfall', der als konkrete Utopie im Sinne Ernst Blochs (1937–45) verstanden werden kann, im Literaturunterricht zu realisieren ist, bedarf sicherlich der empirischen Überprüfung. Im Rahmen eines aktuell laufenden Forschungsprojekts zur literarästhetischen Kommunikation (vgl. Frederking et al. 2012) werden Bedingungsfaktoren mit quantitativen und qualitativen Methoden untersucht. Dabei spielen identitätsorientierte Lehr-Lern-Arrangements eine besondere Rolle, weil vieles dafür spricht, dass sich mit ihnen die Motivation der Schüler(innen) in besonderer Weise erhöhen lässt. Denn im Mittelpunkt identitätsorientierten Literaturunterrichts steht der Versuch, „Literatur nicht nur als Lerngegenstand zu vermitteln, sondern Schüler(inne)n das Gefühl zu geben: Mea res agitur“ (Frederking 2003, S. 265). Auf diese Weise werden zwei auf den ersten Blick widerstrebende didaktische Zielperspektiven zusammengeführt, von denen bereits eingangs die Rede war: Schüler- und Sachorientierung.

Zur Umsetzung dieser didaktischen Maxime, die theoriegeschichtliche Wurzeln in den durch die Reformpädagogik geprägten didaktischen Ansätzen Walter Schönbrunns (1929; 1930; vgl. dazu Brüggemann 2008, S. 192ff.) besitzt, eignen sich Phasen-Modelle der Literaturbegegnung, die in identitätsorientierter Perspektive entwickelt wurden und sowohl für einzelne Stunden wie für ganze Unterrichtsreihen als Orientierungsrahmen anwendbar sind (vgl. Kreft 1977, S. 379ff.; Frederking 2000a, S. 62ff.; 2000b, S. 360ff.; 2001, S. 98. Spiritus Rector ist einmal mehr Jürgen Kreft gewesen. Für die konkrete unterrichtliche Umsetzung hat Kreft ein 4-Phasen-Modell zum adäquaten Umgang mit literarischen Texten und für darauf bezogene Lehr-Lern-Prozesse konzipiert:

4-Phasen-Modell (Jürgen Kreft)

1. Phase der bornierten Subjektivität – ‘textimmanent’

Phase der Darbietung des Textes, der (ersten) Begegnung mit ihm, der Verstrickung in ihn;
Phase der Motivation, der Assoziation, der Inkubation;
Phase der Entwicklung eines (ersten) Interpretationsentwurfs.

2. Phase der ‘Objektivierung’ – wahrheitsbezogen, textbezogen, texttranszendierend

Phase der korrigierenden Abarbeitung am Text;
Phase der gegenseitigen Korrektur durch andere Interpreten und Interpretationen;
Phase der Diskussion; – Hinblick auf das vom Text intendierte Problem, die ‘Wahrheit’.

3. Phase der Aneignung und der reflektierten Subjektivität

Phase der Rückwendung des Subjekts (des Rezipienten, Interpreten) auf sich selbst;
Phase der Selbstkorrektur und neuen Selbstinterpretation;
Phase der bewußten, aber 'kontemplativen' Anwendung auf die eigene Situation und Existenz.

4. Phase der Applikation

Phase der allgemeintheoretischen Applikation (Gesellschaftsanalyse, Geschichtsverständnis, literaturwissenschaftliche Bedeutung); Phase der praktischen Applikation (auf reale Interaktionskonflikte usw. (Rollenspiel);
Phase der Ausarbeitung neuer Fragestellungen (für neue Sequenzen) als Konsequenz.

(Kreft 1977, S. 379).

Alle vier Phasen enthalten nach Kreft die Elemente „Interpretation und Applikation, Subjektivität und Kreativität" (Kreft 1977, S. 379) – allerdings in je unterschiedlicher Akzentuierung.

Theoretische Überlegungen und unterrichtspraktische Erprobungen dieser von Kreft vorgeschlagenen vier Phasen haben in den neunziger Jahren zu einer Modifikation und Weiterentwicklung zu einem 3-Phasen-Modell identitätsorientierten Literaturunterrichts geführt (vgl. dazu Frederking 2000a; 2000b; 2001):

3-Phasen-Modell (Volker Frederking)

1. Phase: Subjektive Annäherung

- Erschließung und Bewusstmachung des subjektiven Vorverständnisses zu einem Text bzw. einem Grundproblem vor dem Hintergrund des persönlichen Denk-, Erfahrungs- und Erlebnishorizontes der Schüler(innen).
- Individuelle Präzisierung der Interessenschwerpunkte und Fragehorizonte und gemeinsame Planung des weiteren Vorgehens.

2. Phase: Objektivierende Texterschließung und -analyse

- Erarbeitung inhaltlicher und formaler Grundmomente bzw. Spezifika des Textes bzw. der in ihm verarbeiteten Problemkomplexe in Auseinandersetzung mit den zuvor erkennbar gewordenen Interessenschwerpunkten und Fragehorizonten der Schüler(innen).
- Klärung biographischer, werkgeschichtlicher, historischer, gesellschaftlicher, kontextueller, geistes-, diskurs-, motiv-, mentalitäts- bzw. rezeptionsgeschichtlicher Hintergründe des Textes bzw. der in ihm verarbeiteten Grundprobleme.

3. Phase: Personale und soziale Applikation

- Individuelle Reflexion und Anwendung der Arbeitsergebnisse und ihrer allgemeineren Implikationen im Horizont des persönlichen Selbst- und Weltverhältnisses der Schüler(innen);
- Gemeinsame Diskussion der Arbeitsergebnisse und ihrer persönlichen Einschätzung im Horizont ihrer aktuellen gesamtgesellschaftlichen Bedeutung.
- Gemeinsame Planung des weiteren Vorgehens.

(Frederking 2001, S. 98).

Im 3-Phasen-Modell sind zum einen Krefts dritte und vierte Phase zu einer Phase zusammengefasst worden, weil es hier eine Reihe von Überschneidungen bei der praktischen Umsetzung gibt. Überdies werden emotionale Rezeptionsebenen und geschlechtsspezifische Sichtweisen in der ersten und in der dritten Phase in stärkerem Maße einbezogen (vgl. Frederking 2001, S. 97ff.). Auch die Aktivierung ästhetischer Wahrnehmung, die Ermöglichung kreativer personaler Verarbeitung und die gemeinsame Planung der weiteren Unterrichtsprozesse aus dem Horizont der eigenen ästhetischen Erfahrung heraus sind in den Vorschlägen zur ersten Phase des 3-Phasen-Modelles stärker gewichtet (Frederking 2000a; 2000b; 2003, S. 263ff). Außerdem sind terminologische Veränderungen erfolgt. An die Stelle des abschätzig klingenden Begriffs 'bornierte Subjektivität' bei Kreft ist die „subjektive Annäherung“ getreten. Darüber hinaus wird im Kontext des 3-Phasen-Modells den literaturtheoretischen Fundamenten mehr Aufmerksamkeit zuteil. So lässt sich mit Bezug auf die Rezeptionsästhetik feststellen, „dass im Rahmen eines adäquaten Modells literarischen Verstehens nicht nur Autor und Text Berücksichtigung finden dürfen, sondern auch der Rezipient, der aus seinem Denk- und Erfahrungshorizont heraus einen Text rezipiert und seinen Sinn mitkonstruiert“ (Frederking 2003, S. 266; vgl. Jauß 1970, S. 144ff.). Daneben eignet sich auch die semiotische Ästhetik Umberto Ecos für eine literaturwissenschaftliche Fundierung des didaktischen Dreischritts, insofern die erste Phase dem entspricht, was Eco die „naive Interpretation“ des 'semantischen Ideal-Lesers' nennt, die primär subjektbezogen ist und stark durch den Horizont der 'intentio lectoris' geprägt ist, während die zweite Phase alle wesentlichen Merkmale der 'kritischen Interpretation' des 'semiotischen Ideal-Lesers' aufweist, die im Horizont der 'intentio operis' angesiedelt ist (vgl. Eco 1990, S. 43; Frederking et al. 2008; 2012). Demgegenüber ermöglicht die dritte Phase ein anwendendes „Benutzen“, das Eco als Merkmal der kreativen Interpretation versteht (vgl. Eco 1990, S. 54).

Trotz dieser skizzierten Besonderheiten und Unterschiede ist in beiden Phasen-Modellen allerdings übereinstimmend die Überzeugung leitend, dass der analytisch-distanzierten, um Objektivierung bemühten Auseinandersetzung mit einem literarischen Text eine Phase vorgeschaltet werden muss, „in der die Schüler(innen) die Möglichkeit erhalten, sich zunächst aus ihrem ganz persönlichen Denk- und Erfahrungshorizont heraus mit einem Text zu beschäftigen" (Frederking 2003, S. 265). Damit wird eingelöst, was Groeben und Schroeder als Merkmal eines die Persönlichkeit des Schülers ernst nehmenden Unterrichts hervorgehoben haben: die „konstruktive Passung zwischen Unterricht und den Bedürfnissen der Schüler/innen (allgemeines Interesse, lebensspezifische Probleme)" (Groeben/Schroeder 2004, S. 329). So steht im Mittelpunkt der ersten Phase der subjektive Zugang zum Text. Dabei geht es stets um ein spezifisches Ineinander von Eigenem und Fremdem. Um es an den beiden extremen Polen der möglichen Reaktion zu veranschaulichen: Entweder entdeckt der Rezipient bzw. die Rezipientin in dem Text soviel Eigenes, dass das Gefühl entsteht, der Text sei ein Spiegel eigener Fragen und Probleme – Kreft spricht für diesen Fall davon, dass der Text vom subjektiven Entwurf zugedeckt wird –, oder er enthält soviel Fremdes, dass das rezipierende Subjekt beim ersten Lesen keinen Zugang zum Text findet (vgl. Kreft 1977, S. 380). Innerhalb dieses Spektrums bewegen sich die in einer Lerngruppe zu erwartenden Reaktionen auf einen Text. Die erste Phase hat die Aufgabe, den Schüler(inne)n Raum zur Artikulation dieser unterschiedlichen Rezeptionsperspektiven zu eröffnen. Deshalb sind die in der Unterrichtspraxis bis heute verbreiteten Leitfragen des Lehrers zur Vorstrukturierung der Rezeption problematisch, weil sie das Spektrum der ersten individuellen Textverarbeitung einschränken und eine unvoreingenommene persönliche Auseinandersetzung mit dem Text verhindern. Für Kreft besteht in dieser Hinsicht kein Zweifel:

> Einer der wichtigsten Gründe für das Mißlingen des LU heute dürfte darin liegen, daß man diese erste Hauptphase nicht zur Entfaltung kommen läßt, oder daß man sie gar unterdrückt oder überspringt, indem man sofort nach der Darbietung durch Leitfragen (mit dem Text abgedruckt oder an die Tafel geschrieben) Interpretations-Ansätze vorschreibt oder aufdrängt usw. (Kreft 1977, S. 381).

Stattdessen ist eine gelassene, abwartende Grundhaltung der bzw. des Lehrenden notwendig, um in einer ruhigen und entspannten Atmosphäre ästhetische Erfahrungen und ihre reflexive Verarbeitung zu ermöglichen. Nur auf diese Weise kann bei den Schüler(inne)n ein Verständnis- und Interessenhorizont für den Text entstehen.

Hier zeigt sich der schülerorientierte Grundansatz identitätsorientierten Literaturunterrichts. Dieser geht allerdings nicht zulasten der Sach- bzw. Gegenstandsorientierung. Denn die Phase der 'subjektiven Annäherung' bildet nicht den Endpunkt einer Textbegegnung, sondern ihren Ausgangspunkt. Die umfassende analytische Durchdringung des literarischen Textes, die sich in der zweiten Phase anschließt, ist Grundlage für ein vertieftes Verständnis. Das gesamte Spektrum an methodischen Varianten der Textanalyse, der Lesestrategien, des textnahen Lesens etc. kann und sollte hier in didaktisch reflektierter Form zur Anwendung gelangen (vgl. die Beiträge von Michael Baum, Ulf Abraham und Michael Kämper-van den Boogaart im vorliegenden Band 2, Kap. 1.6, 2.1 bzw. 3.1). Auch trans- bzw. intertextuelle Bezüge (historische, gesellschaftliche, kultur-, motiv-, mentalitäts- bzw. rezeptionsgeschichtliche Kontexte, biographische und werkgeschichtliche Hintergründe) sollten Berücksichtigung finden (vgl. Clemens Kammler im vorliegenden Band 2, Kap. 3.3). Dennoch ist mit der Sachorientierung kein Rückfall in lehrerzentrierte Rituale verbunden. Auch die zweite Phase bezieht die Schüler(innen) in umfassender Weise mit ein, indem die Unterrichtsprozesse von den in der ersten Phase „erkennbar gewordenen Interessenschwerpunkten und Fragehorizonten" (Frederking 2001, S. 98) ihren Ausgang nehmen. In den Worten Krefts:

> Von den Schülern selbst kommen die Fragen und Ansätze, die zur genaueren und korrigierenden Beschäftigung mit dem Text zwingen, und im Klassengespräch können daraus die Leitfragen formuliert werden, durch die die weitere Arbeit am Text strukturiert werden soll. (Kreft 1977, S. 384)

Aber auch Cluster, Schreibgespräche, personal-kreative Texte, Collagen, Assoziationen, Metacluster etc., die in der ersten Phase als Ausdruck des persönlichen Vorverständnisses entstanden sind, können zu Orientierungspunkten für die Texterschließung in der zweiten Phase werden. Auf diese Weise kommt es zu einer wirklichen Verzahnung von Schüler- und Sachorientierung. Dabei werden in der zweiten, sachanalytisch geprägten Phase „die motivationalen ‘Früchte’ der ersten, schülerorientiert ausgerichteten Phase ‘geerntet'" (Frederking S. 266). Die in der Phase der Annäherung artikulierten Emotionen und Deutungshypothesen können in der Phase der Objektivierung als Orientierungspunkte der vertiefenden analytischen Durchdringung des Textes fungieren. Mit der kritischen Überprüfung der formulierten Interpretationshypothesen kann

> das Andere des Textes [...] dabei in zunehmender Deutlichkeit ins Blickfeld treten und Möglichkeiten für vielfältige Fremdheits-, Differenz- bzw. Alteritätserfahrungen eröffnen. (Frederking 2003, S. 266)

Auf dieser Grundlage eröffnet die dritte Phase (bzw. die dritte und die vierte Phase bei Kreft) die Möglichkeit zur Aneignung in personaler wie sozial-gesellschaftlicher Hinsicht. Der Rückbezug der am Text gewonnenen Erkenntnisse auf die eigene Existenz und die kulturelle und gesellschaftliche Gegenwart steht dabei im Mittelpunkt. Einerseits mündet diese Applikationsphase in „neuen Einsichten, Einstellungen, Wahrnehmungs- und Denkweisen" (Kreft 1977, S. 385), andererseits in der gemeinsamen Diskussion der Arbeitsergebnisse und ihrer persönlichen Einschätzung im Horizont ihrer aktuellen gesamtgesellschaftlichen Bedeutung. Dabei bieten sich in dieser Phase gerade kreative und handelnd-produktive Verfahren mit identitätsorientierter Ausrichtung an: fiktive persönliche Briefe an Figuren oder den Autor, Collagen, Debatten, aber auch rationale Verarbeitungen wie ein Essay, ein fiktiver Zeitungskommentar oder ein Blog-Eintrag. Zwischen diesen und anderen Formen kann den Schüler(inne)n die freie Wahl gelassen werden. Wichtig ist allerdings, dass die Arrangements Chancen für eine persönliche Verarbeitung bieten.

Gleichzeitig können von diesen Ausarbeitungen gemeinsame Planungen des weiteren Vorgehens ihren Ausgang nehmen. Wenn hier beispielsweise die Erarbeitung eines motivähnlichen literarischen Werkes beschlossen wird – etwa im Anschluss an die Behandlung von Goethes 'Faust' (1808) die Verarbeitungen des Sujets in Thomas Manns 'Doktor Faustus' (1943) oder in Else Laser-Schülers 'Ich bin Ich' (1940/41) –, würde sich eine spiralförmige Abfolge ergeben, die den Status der anschließenden ersten Phase verändert. Denn nun würden sich die Schüler(innen) dem Text von Mann oder Lasker-Schüler in einer wie auch immer nach identitätsorientierten Prinzipien gestalteten neuen ersten Phase im Horizont eines subjektiven Vorverständnisses nähern, das durch die Auseinandersetzung mit Goethes 'Faust' geprägt ist. Auf diese Weise würde sich eine im Sinne Taylors kultur- bzw. geistesgeschichtlich vorgeprägte Rezeption bzw. Interpretation des neuen Textes ergeben, die die literarische Verstehenskompetenz der Heranwachsenden beträchtlich erweitern könnte (vgl. dazu auch Brüggemann 2009).

Für die Zukunft wird es darum gehen müssen, das Konzept des identitätsorientierten Literaturunterrichts nicht nur – wie geschehen – theoretisch herzuleiten und in seiner Umsetzbarkeit zu exemplifizieren, sondern seinen Lernertrag auch empirisch zu überprüfen. Allerdings gilt dieses Erfordernis für alle anderen literatur-, sprach- und mediendidaktischen Modellierungen in gleicher Weise.

Literatur

Abels, Heinz (2006): Identität. Über die Entstehung des Gedankens, dass der Mensch ein Individuum ist, den nicht leicht zu verwirklichenden Anspruch auf Individualität und die Tatsache, dass Identität in Zeiten der Individualisierung von der Hand in den Mund legt. Wiesbaden: VS Verlag.

Abraham, Ulf (2000): Das a/Andere W/wahrnehmen. Über den Beitrag von Literaturgebrauch und literarischem Lernen zur ästhetischen Bildung (nicht nur) im Deutschunterricht. In: Ästhetische Bildung. Mitteilungen des Deutschen Germanistenverbandes 1 47, S. 10–22.

Antonovsky, Aaron 1987 (1997): Salutogenese. Zur Entmystifizierung der Gesundheit. Tübingen: dgvt Verlag.

Artelt, Cordula/Demmrich, Anke/Baumert, Jürgen (2001): Selbstreguliertes Lernen. In: Baumert, Jürgen/Klieme, Eckhard/Neubrand, Michael/Prenzel, Manfred/Schiefele, Ulrich/Schneider, Wolfgang/Stanat, Petra/Tillmann, Klaus-Jürgen/Weiß, Manfred (Hrsg.): PISA 2000. Basiskompetenzen von Schülerinnen und Schülern im internationalen Vergleich. Opladen: Leske + Budrich, S. 271–298.

Artelt, Cordula/Stanat, Petra/Schneider, Wolfgang/Schiefele, Ulrich (2001): Lesekompetenz: Testkonzeption und Ergebnisse. In: Baumert, Jürgen/Klieme, Eckhard/Neubrand, Michael/Prenzel, Manfred/Schiefele, Ulrich/Schneider, Wolfgang/Stanat, Petra/Tillmann, Klaus-

Jürgen/Weiß, Manfred (Hrsg.): PISA 2000. Basiskompetenzen von Schülerinnen und Schülern im internationalen Vergleich. Opladen: Leske + Budrich, S. 69–137.

Baacke, Dieter/Heitmeyer, Wilhelm (Hrsg.) (1985): Neue Widersprüche. Jugendliche in den 80er Jahren. Weinheim/München: Juventa.

Baacke, Dieter (1987): Jugend und Jugendkulturen. Darstellung und Deutung. Weinheim/München: Juventa.

Barthes, Roland 1967 (2000): Der Tod des Autors. In: Fotis Jannidis (Hrsg.): Texte zur Theorie der Autorschaft. Stuttgart. Reclam, S. 185–193.

Baumert, Jürgen (2002): Deutschland im internationalen Bildungsvergleich. In Killius, Nelson/Kluge, Jürgen/Reisch, Linda (Hrsg.): Die Zukunft der Bildung. Frankfurt am Main: Suhrkamp, S. 100–150.

Beck, Ulrich (1986): Risikogesellschaft. Auf dem Weg in eine andere Moderne. Frankfurt am Main: Suhrkamp.

Beck, Ulrich (1997): Demokratisierung der Familie. In: Ders. (Hrsg.) (1997): Kinder der Freiheit. Edition Zweite Moderne. Frankfurt am Main: Suhrkamp, S. 195–216.

Benjamin, Jessica 1988 (1998): Die Fesseln der Liebe. Psychoanalyse, Feminismus und das Problem der Macht. Frankfurt am Main: Fischer.

Benjamin, Jessica 1993 (1996): Phantasie und Geschlecht. Psychoanalytische Studien über Idealisierung, Anerkennung und Differenz. Frankfurt am Main: Fischer.

Berding, Helmut (Hrsg.) 1994 (1996): Nationales Bewußtsein und kollektive Identität. Studien zur Entwicklung de kollektiven Bewußtseins in der Neuzeit 2. 2. Aufl. Frankfurt am Main: Suhrkamp.

Bergmann, Wolfgang (1996): Computerkids. Die neue Generation verstehen lernen. Zürich: Kreuz.

BGS 2000 (2012): Bayerisches Staatsministerium für Unterricht und Kultur: Lehrplan für das Gymnasium in Bayern Lehrplan für die Grundschule in Bayern GS. In: http://www.isb.bayern.de/isb/index.asp?MNav=0&QNav=4&TNav=0&INav=0&Fach=&LpSta=6&STyp=1 (Letzter Zugriff 10.9.2012)

BGY 2009 (2012): Bayerisches Staatsministerium für Unterricht und Kultur: Lehrplan für das Gymnasium in Bayern. In: http://www.isb-gym8-lehrplan.de/contentserv/3.1.neu/g8.de/index.php?StoryID=26350 (Letzter Zugriff 10.9.2012)

Bloch, Ernst 1937–45 (1959): Das Prinzip Hoffnung. Frankfurt am Main: Suhrkamp.

Boueke, Dietrich/Schülein, Frieder (1985): „Personales Schreiben". Bemerkungen zur neueren Entwicklung der Aufsatzdidaktik. In: Boueke, Dietrich/Hopster, Norbert (Hrsg.): Schreiben – Schreiben lernen. Tübingen: Narr, S. 277–299.

Bremerich-Vos, Albert (1996): Hermeneutik, Dekonstruktivismus und produktionsorientierte Verfahren. Anmerkungen zu einer Kontroverse in der Literaturdidaktik. In: Belgrad, Jürgen/Melenk, Hartmut (Hrsg.): Literarisches Verstehen – Literarisches Schreiben. Positionen und Modelle zur Literaturdidaktik. Baltmannsweiler: Schneider, S. 25–49.

Brüggemann, Jörn (2008): Literarizität und Geschichte als literaturdidaktisches Problem: eine Studie am Beispiel des Mittelalters. Frankfurt am Main: Lang.

Brüggemann, Jörn (2009): Literarisches Lesen – Historisches Verstehen. Zur Explikation einer unterbewerteten Komponente literarischer Rezeptionskompetenz. In: Didaktik Deutsch, H. 26, S. 12–30.

BSHA 2003 (2004): Beschlüsse der Kultusministerkonferenz. Bildungsstandards im Fach Deutsch für den Hauptschulabschluss. Beschluss vom 15.10.2004. München: Luchterhand Verlag.

BSMA (2003): Beschlüsse der Kultusministerkonferenz. Bildungsstandards im Fach Deutsch für den Mittleren Schulabschluss. Beschluss vom 4.12.2003. München: Luchterhand.

BSP (2004): Beschlüsse der Kultusministerkonferenz. Bildungsstandards im Fach Deutsch für den Primarbereich. Beschluss vom 15.10.2004. München: Luchterhand.

Burkart, Günter (2009): Mediale Selbstthematisierungen und Inszenierungen von Privatheit. In: Merz 2, S. 22–27.

Butler, Judith 1990 (1991): Das Unbehagen der Geschlechter. Frankfurt am Main: Suhrkamp.

BWGS 2004 (2012): Bildungsplan Grundschule des Landes Baden-Württemberg. In: http// www.bildung-staerkt-menschen.de/service/downloads/Bildungsplaene/Grundschule/ Grundschule_Bildungsplan_Gesamt.pdf (Letzter Zugriff 10.09.2012)

BWGY 2004 (2012): Bildungsplan Gymnasium des Landes Baden-Württemberg. In: http:// www.bildung-staerkt-menschen.de/service/downloads/Bildungsplaene/Gymnasium/Gymnasium_Bildungsplan_Gesamt.pdf (Letzter Zugriff 10.09.2012)

Chodorow, Nancy 1978 (1994): Das Erbe der Mütter. Psychoanalyse und Soziologie der Geschlechter. München: Frauenoffensive.

de Levita, David J. 1965 (1971): Der Begriff der Identität. Frankfurt am Main: Suhrkamp.

Dewey, John 1931 (1988): Kunst als Erfahrung. Frankfurt am Main: Suhrkamp.

Döbert, Rainer/Nunner-Winkler, Gertrud (1975): Adoleszenzkrise und Identitätsbildung. Frankfurt: Suhrkamp.

Döbert, Rainer/Habermas, Jürgen/Nunner-Winkler, Gertrud (1977): Die Entwicklung des Ichs. Köln: Kiepenhauer & Witsch.

Döbert, Rainer/Nunner-Winkler, Gertrud (1978). Performanzbestimmende Aspekte des moralischen Bewußtseins. In: Portele, Gerhard (Hrsg.): Sozialisation und Moral. Weinheim: Beltz, S. 101–121.

Döring, Nicola (1997): Identitäten, Beziehungen und Gemeinschaften im Internet. In: Batinic, Bernad (Hrsg.): Internet für Psychologen. Göttingen: Hogrefe, S. 299–336.

Eco, Umberto 1990 (1999): Die Grenzen der Interpretation. München: Deutscher Taschenbuch Verlag.

Erikson, H. Erik (1950): Wachstum und Krisen der gesunden Persönlichkeit. In: Ders.: Identität und Lebenszyklus. Drei Aufsätze. Übersetzt von Käte Hügel. Frankfurt am Main: Suhrkamp, S. 55–122.

Erikson, H. Erik (1956): Das Problem der Ich-Identität. In: Ders.: Identität und Lebenszyklus. Drei Aufsätze. Übersetzt von Käte Hügel. Frankfurt am Main: Suhrkamp, S. 123–215.

FAZ (2006): Generation Google. Web 2.0 – ein neues Internet? In: http://www.faz.net/aktuell/ wirtschaft/generation-google-web-2-0-ein-neues-internet-1306216.html (Letzter Zugriff 10.09.2012)

Fend, Helmut 1969-1986 (1991): Der Umgang mit Schule in der Adoleszenz. Aufbau und Verlust von Lernmotivation, Selbstachtung und Empathie. 4 Bände. Bern: Hans Huber Verlag.

Fend, Helmut 1969–1986 (1996): Sozialgeschichte des Aufwachsens. Bedingungen des Aufwachsens und Jugendgestalten in zwanzigsten Jahrhundert. [3. Aufl.] Frankfurt am Main: Suhrkamp.

Frederking, Volker (1995): Fremdheit im Inneren. Fremdheit im Äußeren. In: Praxis Deutsch 134, S. 61–65.

Frederking, Volker (2000a): Identitätsorientierung im Literaturunterricht am Beispiel von Max Frischs 'Andorra'. In: Blattmann, Ekkehard/Frederking, Volker (Hrsg.): Deutschunterricht konkret. Band I: Literatur und Medien. Baltmannsweiler: Schneider Hohengehren, S. 43–101.

Frederking, Volker (2000b): Goethes 'Faust I' – ein rezeptions-, motiv- und mediengeschichtliches Modell in produktiv-kreativer und identitätsorientierter Perspektive. In: Lecke, Bodo (Hrsg.): Dauer im Wechsel? Goethe und der Deutschunterricht. Frankfurt am Main/Basel/New York: Lang, S. 355–389.

Frederking, Volker (2001): Peter Härtlings 'Ben liebt Anna'. Identitätsorientierter Umgang mit einem Klassiker der Kinder- und Jugendliteratur im Zeichen von Individualisierung, Pluralisierung und Medialisierung. In: Köppert, Christine/Metzger, Klaus (Hrsg.): „Entfaltung innerer Kräfte". Blickpunkte der Deutschdidaktik. Festschrift für Kaspar H. Spinner anlässlich seines 60. Geburtstages. Velber: Friedrich, S. 92–110.

Frederking, Volker (2003): „Es werde von Grund aus anders"!? Leseinteresse, Lernmotivation und Selbstregulation im Deutschunterricht nach 'PISA' und 'IGLU'. In: Abraham, Ulf/Bremerich-Vos, Albert/Frederking, Volker/Wieler, Petra (Hrsg.): Deutschdidaktik und Deutschunterricht nach PISA. Freiburg: Fillibach, S. 249–278.

Frederking, Volker (2004): Identitätsorientierung, Medienintegration und ästhetische Bildung – eine theoriegeschichtliche Spurensuche. In: Hartmut Jonas/Josting, Petra (Hrsg.): Medien – Deutschunterricht – Ästhetik. Jutta Wermke zum 60. Geburtstag gewidmet. München: kopaed, S. 141–162.

Frederking, Volker/Krommer, Axel (2003): Von der Persona zum Personascript. Virtuelle Theatralik im multimedialen Deutschunterricht am Beispiel von Ludwig Fels' „Soliman". In: Deutschunterricht 56, H. 4, S. 34–43.

Frederking Volker/Krommer, Axel (2008): Zwischen PersonaScript und SchülerVZ. Medialitätsbewusstsein im Fach Deutsch am Beispiel digitaler Kommunikationsmöglichkeiten. In: computer + unterricht 70, S. 34–36.

Frederking, Volker/Meier, Christel/Stanat, Petra/Dickhäuser, Oliver (2008): Ein Modell literarästhetischer Urteilskompetenz. In: Didaktik Deutsch 25, S. 11–31.

Frederking, Volker (2010): Modellierung literarischer Rezeptionskompetenz. In: Kämper-van den Boogaart, Michael/Spinner, Kaspar H. (Hrsg.): Lese- und Literaturunterricht (Teil 1). Geschichte und Entwicklung; Konzeptionelle und empirische Grundlagen (Deutschunterricht in Theorie und Praxis (DTP), Bd. 11. Baltmannsweiler: Schneider 2010, S. 324–380.

Frederking, Volker/Krommer, Axel/Maiwald, Klaus (2012): Mediendidaktik Deutsch. Eine Einführung (2., komplett überarbeitete Auflage). Berlin: Erich Schmidt.

Frederking, Volker/Gerner, Volker/Brüggemann, Jörn/Albrecht, Christian/Henschel, Sofie/Roick, Thorsten/Meier, Christel/Rieder, Adelheid (2012): Literarästhetische Kommunikation im Deutschunterricht. In: Becker-Mrotzek, Michael/Schramm, Karen/Thürmann, Eike/Vollmer, Helmut Johannes (Hrsg.): Sprache im Fach. Sprachlichkeit und fachliches Lernen. Münster/New York: Waxmann. (im Druck)

Frey, Hans P./Haußer, Karl (1987): Der Mensch als soziales und personales Wesen VII. Identitätsforschung. Entwicklungen psychologischer und soziologischer Forschung. Stuttgart: Thieme.

Garbe, Christine (2009): Lesekompetenz. In: Dies./Holle, Karl/Jesch, Tatjana: Texte lesen. Textverstehen – Lesedidaktik – Lesesozialisation. Paderborn: Schöningh, S. 9–38.

Garbe, Christine/Holle, Karl/Salisch, Maria von (2006): Entwicklung und Curriculum: Grundlagen einer Sequenzierung von Lehr-/Lernzielen im Bereich des (literarischen) Lesens. In: Groeben, Norbert/Hurrelmann, Bettina (Hrsg.): Empirische Unterrichtsforschung in der Literatur- und Lesedidaktik. Ein Weiterbildungsprogramm. Weinheim/München: Juventa, S. 115–154.

Gergen, Kenneth J. 1991 (1996): Das übersättigte Selbst. Identitätsprobleme im heutigen Leben. Heidelberg: Carl-Auer.

Gergen, Kenneth J. (1998): Erzählung, moralische Identität und historisches Bewusstsein. Eine sozialkonstruktionistische Darstellung. In: Straub, Jürgen (Hrsg.): Erzählung, Identität und historisches Bewusstsein. Die psychologische Konstruktion von Zeit und Geschichte. Frankfurt am Main: Suhrkamp, S. 170–202.

Gerner, Volker (2008): Das Eigene und das Andere. Eine Theorie der Deutschdidaktik am Beispiel des identitätsorientierten Literaturunterrichts. Marburg: Tectum Verlag.

Goethe, Johann Wolfgang von 1808 (1999): Faust. Texte. Herausgegeben von Albrecht Schöne. Frankfurt am Main: Deutscher Klassikerverlag.

Groeben, Norbert/Schroeder, Sascha (2004): Versuch einer Synopse: Sozialisationsinstanzen – Ko-Konstruktion. In: Groeben, Norbert/Hurrelmann, Bettina (Hrsg.): Lesesozialisation in der Mediengesellschaft. Ein Forschungsüberblick. Weinheim/München: Juventa, S. 306–348.

Gugutzer, Robert (2002): Leib, Körper und Identität. Eine phänomenologisch-soziologische Untersuchung zur personalen Identität. Wiesbaden: Westdeutscher Verlag.

Habermas, Jürgen 1974a (1976): Moralentwicklung und Ich-Identität. In: Ders.: Zur Rekonstruktion des Historischen Materialismus. Frankfurt am Main: Suhrkamp, S. 63–91.

Habermas, Jürgen 1974b (1976): Können komplexe Gesellschaften eine vernünftige Identität ausbilden? In: Ders.: Zur Rekonstruktion des Historischen Materialismus. Frankfurt am Main: Suhrkamp, S. 92–126.

Haußer, Karl (1995): Identitätspsychologie. Berlin/Heidelberg: Springer Verlag.

Havenstein, Martin (1925): Die Dichtung in der Schule. Frankfurt am Main: Diesterweg 1925.

Helsper, Werner (Hrsg.) (1991): Jugend zwischen Moderne und Postmoderne. Opladen: Leske & Budrich.

Helmke, Andreas/van Aken, Marcel A. (1995): The causal ordering of academic achievement and selfconcept of ability during elementary school. A longitudinal study. In: Journal of Educational Psychology, Bd. 87, S. 624–637.

Herwig, Henriette (1980): Identität und Fremdverstehen in interaktionistischer und literaturdidaktischer Sicht. In: Spinner, Kaspar H. (Hrsg.): Identität und Deutschunterricht. Göttingen: Vandenhoeck & Ruprecht, S. 15–32.

Hinz, Arnold (1996): Schreiben als Therapie? Psychische Funktionen des Schreibens, deren therapeutische Bewertung und Konsequenzen für den Unterricht. In: Belgrad, Jürgen/Melenk, Hartmut (Hrsg.): Literarisches Verstehen – Literarisches Schreiben. Positionen und Modelle zur Literaturdidaktik. Baltmannsweiler: Schneider, S. 99–113.

Höfer, Renate/Keupp, Heiner (Hrsg.) (1997): Identitätsarbeit heute: Klassische und aktuelle Perspektiven der Identitätsforschung. Frankfurt am Main: Suhrkamp 1997.

Höfer, Renate (2000): Jugend, Gesundheit und Identität. Studien zum Kohärenzgefühl. Opladen: Leske + Budrich.

Hölderlin, Friedrich 1795 (1969): Urteil und Sein. In: Ders.: Werke und Briefe. Hrsg. von Friedrich Beißner und Jochen Schmidt. 2. Band, Frankfurt am Main: Insel, S. 591f.

HRS 2009 (2012): Bildungsgang Realschule für das Unterrichtsfach Deutsch: In: http://osbabenhausen.selfhost.me/deutsch/LPRealDeutsch.pdf (Letzter Zugriff 10.09.2012)

Humboldt, Wilhelm von 1792 (2010): Ideen zu einem Versuch, die Gränzen der Wirksamkeit des Staates zu bestimmen. In: Ders.: Werke I. Schriften zur Anthropologie und Geschichte. Darmstadt: Wissenschaftliche Buchgesellschaft, S. 56–233.

Humboldt, Wilhelm von 1792–94 (2010): Theorie der Bildung des Menschen. In: Ders.: Werke I. Schriften zur Anthropologie und Geschichte. Darmstadt: Wissenschaftliche Buchgesellschaft, S. 234–240.

Huntington, Samuel P. (1996): Kampf der Kulturen. Die Neugestaltung der Weltpolitik im 21. Jahrhundert. München/Wien: Europaverlag.

Hurrelmann, Bettina (2007): Modelle und Merkmale der Lesekompetenz. In: Bertschi-Kaufmann, Andrea (Hrsg.): Lesekompetenz – Leseleistung – Leseförderung. Grundlagen, Modelle und Materialien. Seelze-Velber: Kallmeyer/Klett, S. 18–28.

Jannidis, Fotis/Lauer, Gerhard/Martinez, Matias/Winko, Simone (Hrsg.) (1999): Rückkehr des Autors. Zur Erneuerung eines umstrittenen Begriffs. Tübingen: Niemeyer.

Jauß, Hans Robert 1970 (1994): Literaturgeschichte als Provokation. Frankfurt am Main: Suhrkamp.

Jauß, Hans Robert 1982 (1997): Ästhetische Erfahrung und literarische Hermeneutik. Frankfurt am Main: Suhrkamp.

Joas, Hans (1997): Die Entstehung der Werte. Frankfurt am Main: Suhrkamp.

Kämper-van den Boogaart, Michael (2005): Lässt sich normieren, was als literarische Bildung gelten soll? Eine Problemskizze am Beispiel von Brechts Erzählung „Der hilflose Knabe". In: Rösch, Heidi (Hrsg.): Kompetenzen im Deutschunterricht. Beiträge zur Literatur-, Sprach- und Mediendidaktik. Frankfurt am Main: Peter Lang, S. 27–50.

Kämper-van den Boogaart, Michael (2010): Geschichte des Lese- und Literaturunterrichts. In: Kämper-van den Boogaart, Michael/Spinner, Kaspar H. (Hrsg.): Lese- und Literaturunterricht (Teil 1). Geschichte und Entwicklung; Konzeptionelle und empirische Grundlagen (Deutschunterricht in Theorie und Praxis (DTP), Bd. 11. Baltmannsweiler: Schneider 2010, S. 3–83.

Kaufmann, Jean-Claude 2004 (2005): Die Erfindung des Ich. Eine Theorie der Identität. Konstanz: UVK Verlagsgesellschaft.

Keupp, Heiner (1988): Auf der Suche nach der verlorenen Identität? In: Ders. (Hrsg.): Riskante Chancen. Das Subjekt zwischen Psychokultur und Selbstorganisation. Heidelberg: Asanger, S. 131–151.

Keupp, Heiner (1997): Diskursarena Identität: Lernprozesse in der Identitätsforschung. In: Ders./Höfer, Renate (Hrsg.): Identitätsarbeit heute. Klassische und aktuelle Perspektiven der Identitätsforschung. Frankfurt am Main: Suhrkamp, S. 11–39.

Klieme, Eckhard/Avenarius, Hermann/Blum Werner/Döbrich, Peter/Gruber Hans/Prenzel, Manfred/Reiss, Kristina/Riquarts, Kurt/Rost, Jürgen/Tenorth, Heinz-Elmar/Vollmer, Helmut J. (2003): Zur Entwicklung nationaler Bildungsstandards. Eine Expertise. Koordination: Deutsches Institut für Internationale pädagogische Forschung (DIPF), Frankfurt/Main. Bonn: BMBF.

KMK (2002): Einheitliche Prüfungsanforderungen in der Abiturprüfung Deutsch der Kultusministerkonferenz' in der Fassung vom 24.05.2002. In: http://www.kmk.org/fileadmin/veroeffentlichungen_beschluesse/1989/1989_12_01-EPA-Deutsch.pdf (Letzter Zugriff 10.09.2012).

KMK (2012): Bildungsstandards im Fach Deutsch für die Allgemeine Hochschulreife (Beschluss der Kultusministerkonferenz vom 18.10.2012). In: http.//www.kmk.org/fileadmin/veroeffentlichungen_beschluesse/2012/2012_10_18-Bildungsstandards-Deutsch-Abi.pdf (Letzter Zugriff 10.11.2012).

Kohlberg, Lawrence 1966–69 (1974): Zur kognitiven Entwicklung des Kindes. Drei Aufsätze. Frankfurt am Main: Suhrkamp.

Kohlberg, Lawrence/Turiel, Elliot (1978): Moralische Entwicklung und Moralerziehung. In: Portele, Gerhard (Hrsg.): Sozialisation und Moral. Weinheim: Beltz, S. 13–80.

Köller, Olaf/Trautwein, Ulrich/Lüdtke, Oliver/Baumert, Jürgen (2006): Zum Zusammenspiel von schulischer Leistung, Selbstkonzept und Interesse in der gymnasialen Oberstufe. In: Zeitschrift für Pädagogische Psychologie, Bd. 20, S. 27–39.

Krappmann, Lothar 1969 (1975): Soziologische Dimensionen der Identität. Strukturelle Bedingungen für die Teilnahme an Interaktionsprozessen. Stuttgart: Klett.

Krappmann, Lothar (1980): Identität – ein Bildungskonzept? In: Grohs, Gerhard/Schwerdtfeger, Johannes/Strohm, Theodor: Kulturelle Identität im Wandel. Beiträge zum Verhältnis von Bildung, Entwicklung und Religion. Stuttgart: Klett-Cotta, S. 99–118.

Krappmann, Lothar/Oswald, Hans 1988 (1995): Alltag der Schulkinder. Beobachtungen und Analysen von Interaktionen und Sozialbeziehungen. Weinheim/München: Juventa.

Kreft, Jürgen 1977 (1982): Grundprobleme der Literaturdidaktik. Eine Fachdidaktik im Konzept sozialer und individueller Entwicklung und Geschichte. Heidelberg: Quelle & Meyer.

Kreft, Jürgen (1978): Der Literaturunterricht und die moralische Entwicklung der Schüler. In: Westermanns Pädagogische Beiträge 30, S. 498–502.

Kreft, Jürgen (1986): Moralische und ästhetische Entwicklung im didaktischen Aspekt. In: Oser, Fritz/Althof, Wolfgang/Garz, Detlef (Hrsg.): Moralische Zugänge zum Menschen, Zugänge zum moralischen Menschen. München: Kindt, S. 257–280.

Kreft, Jürgen (1987b): Moralstufen in Texten – interpretiert im entwicklungspsychologisch-didaktischen Aspekt. In: Willenberg, Heiner (Hrsg.): Zur Psychologie des Literaturunterrichts. Frankfurt am Main: Diesterweg, S. 112–130.

Kristeva, Julia 1988 (1990): Fremde sind wir uns selbst. Frankfurt am Main: Suhrkamp.

Lasker-Schüler, Else 1940/41 (1997): Ich und Ich. In: Dies.: Werke und Briefe. Kritische Ausgabe. Herausgegeben von Norbert Oellers, Heinz Rölleke und Itta Shedletzky. Band 2. Frankfurt am Main: Suhrkamp.

Leistert, Oliver/Röhle Theo (Hrsg.) (2011): Generation Facebook. Über das Leben im Social Net. Bielefeld: transcript

Lyotard, Jean-François 1982 (1990): Beantwortung der Frage: Was ist postmodern? In: Peter Engelmann (Hrsg.): Postmoderne und Dekonstruktion. Texte französischer Philosophen der Gegenwart. Stuttgart: Reclam, S. 33–48.

MacIntyre, Alasdair 1991 (1995): Der Verlust der Tugend. Zur moralischen Krise der Gegenwart. Frankfurt am Main: Suhrkamp.

Maiwald, Klaus/Peter Rosner (Hrsg.) (2001): Lust am Lesen. Bielefeld: Aisthesis 2001.

Maiwald, Klaus (2001): Deutschdidaktik aktuell. Literatur lesen lernen. Baltmannsweiler: Schneider.

Mann, Thomas 1943 (1990): Doktor Faustus. Das Leben des deutschen Tonsetzers Adrian Leverkühn erzählt von einem Freunde. In: Ders.: Gesammelte Werke in 13 Bänden. Bd. VI. Frankfurt am Main: Fischer.

Marcia, James E. (1980): Identity in adolescence. In Adelson, James (ed.): Handbook of adolescent psychology. New York: John Wiley & Sons, p. 159–187.

Marcia, James E. (1987): The identity status approach to the study of ego identity development. In: Honess, Terry/Yardley Krysia (eds.): Self and identity. Perspectives across the lifespan. London: Routledge, p. 161–171.

Marquard, Odo/Stierle, Karlheinz (Hrsg.) (1979): Identität. München: Wilhelm Fink Verlag.

McAdams, Dan P. (1985): Power, intimacy, and the life story. New York: Guilford.

McAdams, Dan P. 1993 (1996): Das bin ich. Wie persönliche Mythen unser Selbstbild formen. Aus dem Amerikanischen von Anni Pott. Hamburg: Kabel.

McAdams, Dan P. (2006): The role of narrative in personality psychology today. John Benjamins Publishing Company 2006. Online-Quelle: http://www.sesp.northwestern.edu/docs/publications/1049432884490a09930cdc3.pdf (Letzter Zugriff 10.9.2012)

McLuhan, Marshall 1964 (1995): Die magischen Kanäle. Dresden/Basel: Verlag der Kunst.

McLuhan, Marshall/Powers, Bruce R. 1989 (1995): The Global Village. Der Weg der Mediengesellschaft in das 21. Jahrhundert. Aus dem Amerikanischen und mit einem Beitrag versehen von Claus-Peter Leonhardt. Mit einer Einleitung von Dieter Baacke. Paderborn: Junfermann.

Mead, George Herbert 1910 (1987): Der Unterricht und seine psychologischen Implikationen im Hinblick auf einen sozialen Begriff des Bewußtseins. In: Ders.: Gesammelte Aufsätze. Band 1. Hrsg. von Hans Joas. Frankfurt am Main: Suhrkamp, S. 462–470.

Mead, George Herbert 1926 (1987): Das Wesen der ästhetischen Erfahrung. In: Ders.: Gesammelte Aufsätze. Band 2. Hrsg. von Hans Joas. Frankfurt am Main: Suhrkamp, S. 347–359.

Mead, George Herbert 1927/30 (1968): Geist, Identität und Gesellschaft aus der Sicht des Sozialbehaviorismus. Mit einer Einleitung herausgegeben von Charles W. Morris. Frankfurt am Main: Suhrkamp.

Mittelstrass, Jürgen (2002): Bildung und ethische Maße. In Killius, Nelson/Kluge, Jürgen/Reisch, Linda (Hrsg.): Die Zukunft der Bildung. Frankfurt am Main: Suhrkamp, S. 151–170.

Mollenhauer, Klaus (1972): Theorien zum Erziehungsprozeß. München: Juventa Verlag.

Müller, Bernadette (2011): Empirische Identitätsforschung. Personale, soziale und kulturelle Dimensionen der Selbstverortung. Wiesbaden: VS Verlag für Sozialwissenschaften.

Niethammer, Lutz (2000): Kollektive Identität. Heimliche Quellen einer unheimlichen Konjunktur. Reinbek bei Hamburg: Rowohlt TB Verlag.

Opaschowski, Horst W. (1999): 'Generation @' – Die Medienrevolution entlässt ihre Kinder. Hamburg: Mair.

Polkinghorne, Donald E. (1998): Narrative Psychologie und Geschichtsbewusstsein. Beziehungen und Perspektiven. In: Straub, Jürgen (Hrsg.): Erzählung, Identität und historisches Bewusstsein. Die psychologische Konstruktion von Zeit und Geschichte. Frankfurt am Main: Suhrkamp, S. 12–45.

Rosebrock, Cornelia (1995): Phantasie und Schullektüre, Anmerkungen zu einem schwierigen Verhältnis. In: Dies. (Hrsg.): Lesen im Medienzeitalter. Weinheim: Juventa, S. 195–209.

Rosebrock, Cornelia (2009): Lesekompetenz als Mehrebenenkonstrukt. In: Bertschi-Kaufmann, Andrea/Rosenberg, Cornelia (Hrsg.): Literalität. Bildungsaufgabe und Forschungsfeld. Weinheim/München: Juventa, S. 59–72.

Rosebrock, Cornelia/Nix, Daniel (2008): Grundlagen der Lesedidaktik und der systematischen schulischen Leseförderung. Baltmannsweiler: Schneider.

Rost, Detlef H./Sparfeldt, Jörn/Schilling, Susanne R. (2007): Differentielles schulisches Selbstkonzept-Gitter mit Skala zur Erfassung des Selbstkonzepts schulischer Leistungen und Fähigkeiten. Göttingen: Verlag Hogrefe.

Rumpf, Horst (1976): Unterricht und Identität. Perspektiven für ein humanes Lernen. Weinheim/München: Juventa.

Rusch, Heike (1998): Suchen nach Identität. Kinder zwischen Acht und Zwölf. Baltmannsweiler: Schneider.

Sandbothe, Mike (1999) Virtuelle Temporalitäten. Zeit- und identitätsphilosophische Aspekte des Internet. In: Willems, Herbert/Hahn, Alois (Hrsg.): Identität und Moderne. Frankfurt am Main: Suhrkamp, S. 363–386.

Sandbothe, Mike (2001): Pragmatische Medienphilosophie. Grundlegung einer neuen Disziplin im Zeitalter des Internet. Weilerswist: Velbrück Wissenschaft.

Schiefele, Ulrich (1996): Motivation und Lernen mit Texten. Göttingen: Hogrefe.

Schönbrunn, Walter (1929): „Die Not des Literaturunterrichts in der großstädtischen Schule". In: Die Erziehung 4, S. 252–259.

Schönbrunn, Walter (1930): „Weckung der Jugend. Moderner Deutschunterricht". Frankfurt am Main: Diesterweg.

Schuster, Karl (1995): Das personal-kreative Schreiben im Deutschunterricht. Theorie und Praxis. Baltmannsweiler: Schneider Verlag.

Sen, Amartya (2006): Die Identitätsfalle: Warum es keinen Krieg der Kulturen gibt. München: Beck.

Sennett, Richard (1998): Der flexible Mensch. Die Kultur des neuen Kapitalismus. Darmstadt: WBG.

SHGS 1997 (2012): Lehrpläne für die Primarstufe des Landes Schleswig-Holstein. In: http://lehrplan.lernnetz.de/index.php?wahl=4 (Letzter Zugriff 10.09.2012)

SHGY 1997 (2012): Lehrpläne für die Sekundarstufe I des Landes Schleswig-Holstein. In: http://lehrplan.lernnetz.de/index.php?wahl=5 (Letzter Zugriff 10.09.2012)

Spinner, Kaspar H. (1980a): Identität und Deutschunterricht. Göttingen: Vandenhoeck & Ruprecht.

Spinner, Kaspar H. (1980b): Ich und Welt im Unterricht. Schülertexte als Paradigma. In: Ders. (Hrsg.): Identität und Deutschunterricht. Göttingen: Vandenhoeck & Ruprecht, S. 7–14.

Spinner, Kaspar H. (1980c): Identitätsgewinnung als Aspekt des Aufsatzunterrichts. In: Ders. (Hrsg.): Identität und Deutschunterricht. Göttingen: Vandenhoeck & Ruprecht, S. 67–80.

Spinner, Kaspar H. (1989): Literaturunterricht und moralische Entwicklung. Basisartikel. In: Praxis Deutsch 95, S. 13–19.

Spinner, Kaspar H. (1993a): Kreatives Schreiben. In: Praxis Deutsch 119, S. 17-23.

Spinner, Kaspar H. (1993b): Von der Notwendigkeit produktiver Verfahren im Literaturunterricht. In: Diskussion Deutsch 133, S. 1–6.

Spinner, Kaspar H. (2001): Kreativer Deutschunterricht. Identität – Imagination – Kognition. Seelze: Kallmeyer.

Spinner, Kaspar H./Spinner, Elisabeth (1984): Kinder- und Jugendliteratur. In: Baurmann, Jürgen/Hoppe, Otfried (Hrsg.): Handbuch für Deutschlehrer. Stuttgart/Berlin/Köln/Mainz: Kohlhammer, S. 362–377.

Spinner, Kaspar H. 2004 (2005): „Der standardisierte Schüler. Rede bei der Entgegennahme des Erhard-Friedrich-Preises für Deutschdidaktik am 27. Sept. 2004". In: Didaktik Deutsch 18, S. 4–13.

Stanat, Petra/Kunter, Mareike (2001): Geschlechtsunterschiede in Basiskompetenzen. In: Baumert, Jürgen/Klieme, Eckhard/Neubrand, Michael/Prenzel, Manfred/Schiefele, Ulrich/Schneider, Wolfgang/Stanat, Petra/Tillmann, Klaus-Jürgen/Weiß, Manfred (Hrsg.): PISA 2000. Basiskompetenzen von Schülerinnen und Schülern im internationalen Vergleich. Opladen: Leske + Budrich, S. 249–269.

Straub, Jürgen (1991): Identitätstheorie im Übergang? In: Sozialwissenschaftliche Literaturrundschau 23, S. 1–23.

Straub, Jürgen (Hrsg.) (1998a): Erzählung, Identität und historisches Bewusstsein. Die psychologische Konstruktion von Zeit und Geschichte. Frankfurt am Main: Suhrkamp.

Straub, Jürgen (1998b): Geschichten erzählen, Geschichte bilden. Grundzüge einer narrativen Psychologie historischer Sinnbildung. In: Straub, Jürgen (Hrsg.): Erzählung, Identität und historisches Bewusstsein. Die psychologische Konstruktion von Zeit und Geschichte. Frankfurt am Main: Suhrkamp, S. 81–169.

Streblow, Lilian (2007): Bezugsrahmen und Selbstkonzeptgenese. Münster: Waxmann.

Taylor, Charles (1988): Negative Freiheit? Zur Kritik des neuzeitlichen Individualismus. Frankfurt am Main: Suhrkamp.

Taylor, Charles 1989 (1996): Quellen des Selbst. die Entstehung der neuzeitlichen Identität. Frankfurt am Main: Suhrkamp.

Taylor, Charles 1991 (1995): Das Unbehagen an der Moderne. Frankfurt am Main: Suhrkamp.

Taylor, Charles 1992 (1993) Multikulturalismus und die Politik der Anerkennung. Frankfurt am Main: Fischer.

Tugendhat, Ernst 1979 (1993): Selbstbewußtsein und Selbstbestimmung. Sprachanalytische Interpretationen. Frankfurt am Main: Suhrkamp, S. 282–292.

Turkle, Sherry 1995 (1998): Leben im Netz. Identität in Zeiten des Internet. Reinbek: Rowohlt.

Ulshöfer, Robert (1953): Zur Einführung. In: Der Deutschunterricht 5, H. 6, S. 4

Waldenfels, Bernhard 2000 (2001): Das leibliche Selbst. Vorlesungen zur Phänomenologie des Leibes. 2. Aufl. Frankfurt am Main: Suhrkamp.

Welsch, Wolfgang (1987): Unsere postmoderne Moderne. Berlin: Akademieverlag.

Welsch, Wolfgang 1989 (1990): Identität im Übergang. Philosophische Überlegungen zur aktuellen Affinität von Kunst, Psychiatrie und Gesellschaft. In: Ders.: Ästhetisches Denken. Stuttgart: Reclam, S. 168–200.

Welsch, Wolfgang (1991): Subjektsein heute. Überlegungen zur Transformation des Subjektes. In: Deutsche Zeitschrift für Philosophie 39, S. 347–365.

Willenberg, Heiner (Hrsg.) (1987): Zur Psychologie des Literaturunterrichts: Schülerfähigkeiten – Unterrichtsmethoden – Beispiele. Frankfurt am Main: Diesterweg.

Winko, Simone (2003): Kodierte Gefühle. Zu einer Poetik der Emotionen in lyrischen und poetologischen Texten um 1900. Berlin: Erich Schmidt.

THOMAS ZABKA

3.11 Ästhetische Bildung

Was ist ästhetische Bildung und was soll sie leisten? Die Antworten auf diese Frage sind so zahlreich und heterogen wie die Bedeutungen des Ästhetik-Begriffs selbst. Dessen für die Deutschdidaktik wichtigste Komponenten werden im Folgenden gebündelt und auf Konzeptionen des Unterrichts bezogen. Grundsätzlich lassen sich zwei Sichtweisen unterscheiden: Unter ästhetischer Bildung wird zum einen der Erwerb ästhetisch genannter Fähigkeiten, Kenntnisse und Einstellungen verstanden, zum anderen die Enkulturation in ästhetisch genannte Objektbereiche des Alltagslebens, der Massenmedien und der Künste. Die Gliederung dieses Beitrags folgt der ersten Sichtweise; die zweite Sichtweise wird jeweils inhaltlich mit zur Geltung gebracht. Die Beiträge 2.1 bis 2.6 dieses Bandes gehen auf die einzelnen Gegenstandsbereiche ästhetischer Bildung im Deutschunterricht näher ein.

1. Aisthesis: Sinnliche Wahrnehmung und Empfindung

Platon und Aristoteles verstanden unter Aisthesis die Lehre von der Sinneswahrnehmung und Sinnesempfindung (vgl. Hager 1971, Sp. 119). In der Aufklärung bestimmt Alexander Gottlieb Baumgarten in seiner „Aesthetica" (1750/58) die Wahrnehmungs- und Empfindungsfähigkeit als wesentlichen Teil der „untern Erkenntniskräfte" (Baumgarten 1750/58, S. 82). In neueren didaktischen Konzeptionen wird betont, dass mit diesen geschichtlichen und systematischen Wurzeln des Ästhetik-Begriffs zugleich die unverzichtbare Basis ästhetischer Bildung bezeichnet ist: Sie sei „in erster Linie Wahrnehmungsbildung" (Spinner 1998, S. 47) und „Bildung der Gefühle" (Mattenklott 1998, S. 37f.). Einige Philosophen der Gegenwart verorten sämtliche Erscheinungen des Ästhetischen im Bereich der Aisthesis, also der sinnlichen Wahrnehmung. So sieht Wolfgang Welsch in der Kunst ebenso wie in den virtuellen Welten der Medien nur „höhere" Formen, nämlich „Verfeinerungen" des „Sinnlichen" (Welsch 1997, S. 70). Sein Antipode Martin Seel wendet sich dagegen, die „Gebiete der Ästhetik und Aisthetik verschwimmen zu lassen" und jegliche Wahrnehmung für ästhetisch zu erklären. Denn der Begriff des Ästhetischen sei traditionell definiert durch den Bezug auf ästhetisch genannte „Objekte", beispielsweise Kunstwerke (Seel 1997, S. 17f.). Tatsächlich ist eine Gleichsetzung beider Begriffe in der Philosophiegeschichte die Ausnahme (vgl. Ritter 1971). Maßgebliche Vertreter der Kunsterziehung und der Allgemeinen Didaktik suchen eine Vermittlung beider Konzepte: Ästhetische Bildung meine die Sinneswahrnehmung überhaupt und zugleich die Erfahrung und Erzeugung des „ästhetisch gelungenen Kulturprodukts" (Mollenhauer 1996, S. 19); die doppelte Aufgabe einer „Pädagogik der Künste und der Sinne" sei die „[ä]sthetisch-aisthetische Erziehung" (Aissen-Crewett 2000).

Für die Sinneswahrnehmung ist die „Bildung der Leiberfahrung" (Schäfer 1999, S. 24) von zentraler Bedeutung, da die Wahrnehmung der Außenwelt an die leibliche Selbstwahrnehmung gebunden ist (Schäfer 1999, S. 25). In ihrem Curriculum ästhetischer Bildung für die Grundschule skizziert Gundel Mattenklott einen Weg der ästhetischen Erfahrung, der „vom eigenen Leib zur Welt" führt (Mattenklott 1998, S. 97ff.; zur Didaktik der Wahrnehmung überhaupt vgl. die Beiträge in Mollenhauer/Wulf 1996). In diesem Zusammenhang lassen sich Aisthetiken und Didaktiken der Einzelsinne unterscheiden. Die Hörästhetik (vgl. Wermke, Bd. 2, Kap. 2.3) und die Ästhetik der visuellen Wahrnehmung betreffen die beiden Fernsinne (vgl. Mollenhauer 1988, S. 453ff.). Ihre Bildung wird gemeinhin den Schulfächern Musik und bildende Kunst als Aufgabe zugeschrieben. Dass auch der Deutschunterricht mit der Schulung dieser Sinne befasst ist, hat drei Gründe.

Erstens sind wortsprachliche Zeichen nur akustisch als gesprochene Sprache oder optisch als Schrift wahrnehmbar. Didaktische Konzeptionen des Vorlesens, des Vortragens, des Auswendig-Sprechens und des Lesens zielen darauf, die Wahrnehmung (*Aisthesis*) von gesprochener und geschriebener Sprache zu schulen, weil anders das sprachliche Verstehen nicht möglich ist (zur „Textwahrnehmung" vgl. Spinner 1998, S. 47). Im Sinne von *Ästhetik* kann die Wahrnehmung und Produktion spezifisch *künstlerischer* Formen der Schriftgestaltung und des Sprechens geschult werden (zum Vorlesen vgl. Ockel 2000; zum Auswendig-Sprechen Lösener 2007; zur Schriftgestaltung Krämer 2003; zur Typographie Berndt 2006).

Zweitens ist die Wortsprache sehr häufig mit nichtsprachlichen Reizen optischer und akustischer Natur verbunden: mit Mimik, Gestik, Bildern, Film, Musik. Die genaue Wahrnehmung solch begleitender Reize kann die Entwicklung der Sprachkompetenz fördern – etwa bei der Förderung von Lesekompetenz (vgl. dazu Abraham, Bd. 2, Kap. 2.1) – und das Verstehen sprachlicher Zeichen erleichtern – etwa bei der szenischen Interpretation im Literaturunterricht (vgl. dazu Denk, Bd. 2, Kap. 3.12). Wegen des Zusammenwirkens von Bild, Klang, Wort und Körperbewegung sowohl in der Wahrnehmung und Vorstellungsbildung als auch in den ästhetischen Objekten wird seit geraumer Zeit auf den „interdisziplinäre[n] Charakter der ästhetischen Erziehung" hingewiesen – bei gleichzeitiger Kritik am institutionalisierten Fächerkanon, der die einzelnen Wahrnehmungsbereiche, Medien und Künste voneinander trennt (Otto 1974, S. 24; ähnlich Wangerin 2006, S. 39ff.).

Drittens erschöpfen sich die Bildungsprozesse nicht in der Wahrnehmung und (künstlerischen) Hervorbringung akustischer und optischer Phänomene, sondern umfassen auch deren Versprachlichung. Traditionell zählt die Bildbeschreibung zu den Aufgaben des Deutschunterrichts. Daneben existieren didaktische Modelle zur Beschreibung von Filmen, Geräuschen und Musikstücken (zur Versprachlichung von Erfahrungen mit Bildender Kunst und Musik vgl. Hoppe u.a. 2004, S. 166ff.; Lange 2006; Wangerin 2006; Wermke 2006; zur narrativen Verarbeitung von Medienerfahrungen vgl. Maiwald, Bd. 2, Kap. 2.5 sowie Dehn 2005, Knapp 2005, Bertschi-Kaufmann 2005; Wieler 2005; zur sprachgeleiteten Wahrnehmungsbildung im Umgang mit Bildmedien vgl. Baum, Bd. 2, Kap. 2.4 sowie Maiwald 2005).

Die Versprachlichung und kommunikative Mitteilung der Selbst- und Weltwahrnehmung gilt als ein eminentes Ziel der Persönlichkeitsbildung. Die exklusiv dem Subjekt zugängliche Innenwelt ist in der Universalpragmatik von Jürgen Habermas und der daran anschließenden Literaturdidaktik Jürgen Krefts der Inhalt des „ästhetisch-praktischen Wissens“ (Habermas 1981, Bd. 1, S. 448). Durch „ästhetische Ausdrucksformen“ müsse die „innere Natur“ des Menschen „sprachfähig“, d.h. „kommunikativ verflüssigt und transparent gemacht“ werden (Habermas 1976, S. 88). Entsprechend gelten die „Bedürfnisinterpretation“ und die Versprachlichung „innerer Natur“ als zentrale Aufgaben des Literaturunterrichts (Kreft 1977, S. 255). Auch unter diesem Aspekt werden künstlerische Objekte als die wichtigsten Gegenstände ästhetischer Bildung angesehen: Nach Habermas enthält und vermittelt Kunst „Innovationen“ im Bereich „der Bedürfnisinterpretation, der Deutung von Wünschen und Gefühlseinstellungen“ (Habermas 1981, Bd. 1, S. 448).

Aisthetische Bildung zielt den meisten Konzeptionen zufolge auf einen bestimmten Habitus der wahrnehmenden Subjekte: Aufmerksamkeit und Kontemplation sollen gefördert werden. Friedemann Maurer (1993) postuliert emphatisch „Welthingabe“ als Ziel ästhetischer Bildung. Kontemplation kann die Wahrnehmung aber nur dann bereichern, wenn sie mit einer Aktivierung abweichender Wahrnehmungsmuster einhergeht. Deshalb gilt die Fähigkeit und Bereitschaft, sich in der Wahrnehmung irritieren zu lassen (vgl. Abraham 2000, S. 17), als ein weiteres zentrales Ziel ästhetischen Lernens. Auch in diesem Zusammenhang wird die Bedeutung ästhetischer, im weitesten Sinne künstlerischer Wahrnehmungsgegenstände hervorgehoben. Kunstwerken wird die Eigenschaft zugeschrieben, eine besonders differenzierte, genaue, originelle und ungewohnte Sicht auf die Wirklichkeit zu eröffnen: Kunst „lässt neu sehen“ (Duncker 1999, S. 15). Indem Menschen ästhetische Gegenstände wahrnehmen, die ihre gewohnten Wahrnehmungsmuster irritieren, eignen sie sich eine andere Art der Wahrnehmung an; indem wir „das Andere wahrnehmen“, lernen wir „das andere Wahrnehmen“ (Abraham 2000, S. 10).

Mit einer aufmerksamen, kontemplativen und differenzierten Wahrnehmung insbesondere ästhetischer Objekte wird weiterhin das Ziel der ästhetischen Genussfähigkeit verbunden. So meint Duncker, mit dem Entdecken neuer Sichtweisen sei der „Genuss erfüllter Gegenwart“ verbunden (Duncker 1999, S. 12). An fiktiven oder virtuellen Welten der Kunst werde genießbar, „was im Leben schwer erreichbar oder auch schwer erträglich ist“ (ebd., S. 15). Von Hentig (1996, S. 79) schreibt der ästhetischen Bildung sogar die Aufgabe zu, „Glücksempfänglichkeit“ zu fördern. Freilich ist die an ästhetischen Gegenständen gewonnene Alteritätserfahrung nicht automatisch mit positiven Gefühlen verbunden: Lustgewinn resultiert zunächst aus der Bestätigung vorhandener Wahrnehmungsmuster, und die Frustration, die von einer Irritation gewohnter Muster ausgehen kann, wird allein durch Kontemplation nicht geringer. Deshalb geht Klaus Maiwald (2001) in seiner Modellierung literarischen Lernens als Alteritätserfahrung davon aus, dass neue Muster sich nur dann erfolgreich etablieren können, wenn sie an bestehende Muster anknüpfen (vgl. auch Rosebrock 2001).

Eine übereilte Assimilation ungewohnter Wahrnehmungen an bekannte Muster kann das Gelingen ästhetischer Bildungsprozesse verhindern. Dass das sinnliche Wirkungspotential ästhetischer Objekte neutralisiert wird, wenn die Interpretation sie auf bestehendes Wissen zurückführt, ist ein Grundgedanke von Susan Sontags Essay „Against Interpretation“, der mit der Forderung nach einer „Erotik der Kunst“ endet, die an die Stelle der Hermeneutik treten möge (Sontag 1964, S. 22).

2. Ästhetische Erfahrung: Vorstellungsbildung, Imagination und Symbolbildung

Kant bestimmt in der „Kritik der reinen Vernunft“ (1781) die Einbildungskraft als notwendiges Mittelglied zwischen Anschauung und Begriff (Kant 1781, S. 163). Ohne die Bildung innerer Vorstellungen kann der Mensch über seine Sinneswahrnehmungen nicht verfügen. Sollen Wahrnehmung und Vorstellung zu einer Erfahrung werden, muss nach John Dewey ein Moment des Denkens hinzukommen: Ohne ein Verstehen der „Beziehungen und Zusammenhänge“, in denen die einzelnen Vorstellungen stehen, sei Erfahrung nicht möglich (Dewey 1986, S. 140ff.). Die „Erfahrung“, so Rudolf zur Lippe (1987, S. 339), verbindet das Erleben „reflektierend mit dem Wissen von seinen Hintergründen und Zusammenhängen“. Von einer Erfahrung im emphatischen Sinn ist die Rede, wenn sich der Zusammenhang der im erlebenden Subjekt bereits vorhandenen inneren Vorstellungen durch eine neu gebildete Vorstellung verändert.

Verbindet eine Wahrnehmung sich mental mit einer nicht zu ihr passenden Vorstellung, so entsteht eine Sinnestäuschung. Verbindet sich die Vorstellung von etwas Wahrgenommenem mit weiteren Vorstellungen, die nicht auf akut

Wahrgenommenes gestützt sind, entsteht Imagination. Die Ästhetische Bildung hat in Bezug auf diese mentalen Prozesse die Aufgabe, (a) die Vorstellungsbildung zu Sinneswahrnehmungen zu fördern (vgl. die Beiträge in Fauser/Madelung 1996); (b) Vorstellungen an der Sinneswahrnehmung zu prüfen; (c) die Imagination von Anschlussvorstellungen zu fördern, die das Wahrgenommene in Vorstellungszusammenhänge einbinden; (d) die Imaginationen und die durch sie gebildeten Zusammenhänge an wahrnehmungsgestützten Vorstellungen zu prüfen.

Sollen Vorstellungen und Imaginationen den Status von Erfahrungen erlangen, so ist ihre Versprachlichung notwendig: Die verbale „Veräußerlichung" im Unterricht ist „notwendig, weil durch sie Vorstellungen diskutierbar werden" (Spinner 1998, S. 51). Spinner schränkt dieses Postulat allerdings dahingehend ein, dass „alles, was im Unterricht geäußert wird, immer nur verstanden werden kann als ausschnitthafte Veräußerlichung von dem, was an ästhetischer Imagination im Innern der Schüler(innen) reicher und differenzierter geschehen soll" (ebd.). Dieser Gedanke ist der romantischen Auffassung verpflichtet, Einbildungskraft und Kunst seien dem Begriff überlegen.

Die Bedeutung ästhetischer Objekte, insbesondere von Kunstwerken, für die Vorstellungsbildung ist immer wieder betont worden. Mechthild Dehn hat gezeigt, dass auch Werke der Bildenden Kunst – ebenso wie Filme und interaktive audiovisuelle Medienprodukte, z. B. Computerspiele – die Betrachter zur Bildung optischer Vorstellungen und Imaginationen anregen oder provozieren; die verbreitete Vorstellung, Bildmedien würden den Rezipienten im Gegensatz zu Schriftmedien die Vorstellungsbildung abnehmen, widerspricht der alltäglichen ästhetischen Erfahrung in diesen Bereichen (Dehn 2007). Entsprechend gibt es zahlreiche Unterrichtskonzepte, die darauf zielen, Vorstellungen zu Bildern und Filmen assoziativ festzuhalten, genau zu beschreiben, narrativ auszugestalten und szenisch darzustellen (Scheller 2006). An Schülertexten, die Vorstellungen zu Bildern artikulieren, lassen sich „ikonographische Beschreibung", „narrative Assoziation", „identifizierende Selbstbeschreibung", „metaphorische Beschreibung" und die Bildung von „Synästhesien" beobachten (Mollenhauer 1999, S. 90). Bei entsprechenden Übungen zu Musik wird die Bedeutung optischer Vorstellungen insbesondere von Farben, Formen, Bewegungen und Landschaften hervorgehoben (vgl. Knirsch/Schröter 2006). Akustische Sinnesreize und Kunstwerke sind offenbar in besonderem Maße dazu angetan, synästhetische Vorstellungen zu provozieren.

Sprachliche Zeichen verfügen im Unterschied zu ikonischen Zeichen nur in Ausnahmefällen über Ähnlichkeiten zwischen dem Bezeichnenden, also den Phonemen und Graphemen, und dem Bezeichneten (Ausnahmen sind Klangmalerei und ikonische Schriftgestaltung). Daher ist jede gelingende Sprachwahrnehmung trivialer Weise auf Vorstellungsbildung angewiesen.

Künstlerische Sprachverwendung regt Vorstellungsbildung und Imagination besonders stark an, wenn sie im Sinne der Phänomenologie Roman Ingardens reich ist an „Unbestimmtheitsstellen" wie Andeutungen, Auslassungen, Indirektheit und Mehrdeutigkeit (Ingarden 1965, S. 261; vgl. Waldmann 1998, S. 16). Die von künstlerischer Sprache provozierte „Imagination zeichnet sich dadurch aus, dass sie sich aus verschiedenen Sinneswahrnehmungen speist und synästhetische Verbindungen schafft" (Spinner 1998, S. 53).

Hinsichtlich der Unterrichtsmethodik empfiehlt Spinner für die Vorstellungsbildung zunächst das regelmäßige Setzen von Pausen: „Lehrende sollten eine besondere Sensibilität für jene Situationen entwickeln, in denen ein Innehalten der Vorstellungskraft Raum gibt" (Spinner 1998, S. 51). Zahlreiche weitere „imaginationsorientierte Verfahren" im Umgang mit literarischen Texten, Bildern, Filmen und Multimedia-Produkten fördern die Vorstellungsbildung (Köppert/Spinner 2003).

Dadurch, dass ästhetische Objekte in der Vorstellung und Imagination der Rezipienten in komplexe Erfahrungszusammenhänge eingebettet werden, gewinnen sie symbolische Bedeutung. Kunstwerke, Medienprodukte und Objekte der Alltagskultur wie Einrichtungsgegenstände und Kleidung können als sinnliche Repräsentanten kollektiver Stile und Lebensformen empfunden und verstanden werden, die zugleich eine hohe lebensgeschichtliche Bedeutung für die Individuen haben. Schülerinnen und Schüler verfügen über „kulturell vernetzte Muster des symbolischen Ausdrucks, die eigentümliche Formen einer Kinder- und Jugendkultur hervorbringen". Diese verweisen auf „Lebensgewohnheiten und Stile", die gegenwärtig von der „Mediatisierung der kindlichen Lebenswelt" geprägt sind (Duncker 1999, S. 16f.). Als instruktiv für die Theorie und Didaktik der ästhetischen Bildung hat sich der Symbolbegriff Susanne K. Langers erwiesen. In der Nachfolge Ernst Cassirers unterscheidet Langer zwischen sprachlich-diskursiven und sinnlich-präsentativen Symbolen. Die bildlichen und akustischen, meist massenmedial vermittelten Symbole der Alltagskultur lassen sich als sinnlich-präsentative Symbole verstehen: Sie sind unmittelbar sinnlich erfahrbar und reich an Konnotationen innerhalb der individuellen Lebensgeschichten und der Kultur von Gruppen. Ästhetische Erziehung ist insofern „Symbolerziehung" (Aissen-Crewett 2000, S. 133), als sie dazu befähigt, Gegenstände in der Vorstellung mit kultureller und lebensgeschichtlicher Bedeutung zu belehnen und zu verstehen, mit welchen Bedeutungen andere sie belehnen (zur Bedeutung der Symboltheorie Susanne K. Langers für die Literatur- und Mediendidaktik vgl. Belgrad/Niesyto 2001, Maiwald 2005).

In stärkerem Maße als die ästhetischen Objekte des Alltagslebens enthalten ästhetische Medienprodukte und Kunstwerke strukturell komplexe Angebote zur Herstellung symbolischer Sinnzusammenhänge. Als gelungen gilt die Rezeption eines künstlerischen Gegenstands, wenn individuelle Vorstellungen dergestalt aktiviert und miteinander verbunden werden, dass zugleich eine Aneignung jener kollektiven und tradierten Erfahrungsmuster stattfindet, die in dem Gegenstand objektiviert sind. Ziel kultivierter Rezeption ist die Fähigkeit, ästhetische Produkte (a) symbolisch auf eigene Alltagsvorstellungen zu beziehen, sie (b) symbolisch auf Kontexte ihrer Entstehung und Überlieferung zu beziehen und sie (c) von beiden Formen symbolischer Referenz auch zu unterscheiden: Eine kompetente Aneignung müsse, so fordert etwa Mollenhauer (1990, S. 491) in Anknüpfung an die „Ästhetische Theorie" Theodor W. Adornos, dem „Als-Ob-Charakter" der Kunstwerke gerecht werden, nämlich ihrer gesteigerten Künstlichkeit oder Fiktionalität, die eine eindeutige Referenz auf die Wirklichkeit problematisch macht. Der Unterricht soll daher die Fähigkeit vermitteln, künstlerische und alltägliche Modi der sprachlichen Gestaltung und der Symbolbildung voneinander zu unterscheiden und das Fiktionalitätsbewusstsein und die Wahrnehmung künstlerischer Bauformen (vgl. u.a. Mattenklott 1998, S. 115ff.) zu schulen.

Wird die Vorstellungsbildung reflexiv als Symbolbildung erkannt, geht sie in Symbolinterpretation über. Deshalb ist Interpretationskompetenz ein Bestandteil der ästhetischen Bildung (Zabka 2003b). Gunter Otto bezeichnet Wahrnehmung und Interpretation sogar als „die beiden relevanten Annäherungsweisen an alle ästhetischen Objekte" überhaupt (Otto 1974, S. 113). Soll dabei die ästhetische Erfahrung nicht auf bereits bestehendes Wissen reduziert werden, muss die Interpretation Qualitäten aufweisen, die unter den Begriff des ästhetischen Denkens fallen.

3. Ästhetisches Denken und Urteilen

Bestimmte Formen der Intelligenz werden als ästhetisch bezeichnet, und zwar zum einen die schon besprochenen Vermögen der Wahrnehmung, Empfindung und Vorstellung, zum anderen bestimmte Formen der Rationalität. Auf der einen Seite gibt es seit der Aufklärung Versuche, Wahrnehmung, Empfindung und Vorstellung als Teilkräfte des Erkenntnisvermögens in ihrer Eigenlogik zu beschreiben. In diesem Sinne konzipiert Baumgarten seine „Aesthetica" als die „Wissenschaft der sinnlichen Erkenntnis" und des „schönen Denkens" (Baumgarten 1750/58, S. 79). In der pädagogischen Psychologie der Gegenwart geht Howard Gardner (1983) davon aus, dass es neben der sprachlichen und der logisch-mathematischen Intelligenz fünf weitere, den besonderen Wahrnehmungs- und Vorstellungsbereichen zugehörige Intelligenzen gibt, deren Schulung ein unterschätztes Desiderat sei: räumliche, musikalische, körperlich-kinästhetische, interpersonale und intrapersonale Intelligenz. Auf der anderen Seite steht die aristotelische Überzeugung, dass die Sinneswahrnehmung „noch kein Wissen" und somit auch kein Denken ist, „da sie nicht auf das Allgemeine, sondern nur auf das Einzelne geht“ (Hager 1971, Sp. 120). In dieser Tradition steht die Formel aus Kants „Kritik der reinen Vernunft“: „Gedanken ohne Inhalte sind leer, Anschauungen ohne Begriffe sind blind“. – „Der Verstand vermag nichts anzuschauen, und die Sinne nichts zu denken“, weshalb es notwendig sei, „Anschauungen [...] unter Begriffe zu bringen“ (Kant 1781, S. 98). Unter dieser Voraussetzung gilt ein Denken als ästhetisch rational, wenn die Begriffsbildung der Eigenart von Sinneswahrnehmungen, Empfindungen und Vorstellungen entspricht. Nach Mollenhauer kann eine Didaktik der ästhetischen Bildung an Kants Unterscheidung von bestimmenden und reflektierenden Urteilen aus der „Kritik der Urteilskraft“ (1790) anschließen:

> „Das ästhetische Urteil ist [...] nicht einfach eine Subsumption der Sinnesempfindung unter einen schon vorher gewussten allgemeinen Begriff, kein ‘bestimmendes Urteil’ also, sondern es ist ein Urteil, das in der Auseinandersetzung mit den Sinneseindrücken und den durch sie erregten Empfindungen einen dazu passenden Begriff allererst hinzufinden muss, ein ‘reflektierendes Urteil’ also“. (Mollenhauer 1988, S. 447)

Ein angemessenes Begreifen ästhetischer Phänomene zeichnet sich nach Rüdiger Bubner dadurch aus, dass es jederzeit die „Rückkehr“ zur „Anschauung“ und zur „ästhetischen Erfahrung“ gestattet und ohne jenen „Deutungszwang“ auskommt, der die Erfahrungsgegenstände dem bereits vorhandenen Wissen unterordnet (Bubner 1989, S. 61f.). Eine Interpretation ästhetischer Phänomene kann in diesem Sinne nur gelingen, wenn sie vom Bewusstsein ihrer Vorläufigkeit begleitet ist: Jede neue Wahrnehmung eines Gegenstands kann das bereits gebildete Wissen als unzureichend erscheinen lassen, weshalb die Bildung des ästhetischen Urteils sowohl in Bezug auf den einzelnen Gegenstand (vgl. Abraham 2004) als auch in Bezug auf die Lebensgeschichte der urteilenden Personen als unabschließbar gilt.

Das ästhetische Denken hat nach Duncker eine kompensatorische Funktion in Bezug auf jene „Linearisierung des Denkens“, die in den ersten Schuljahren mit der „Habitualisierung der Schrift“ erfolgt. Das Denken in linearer Logik bedürfe der Ergänzung um ein „vernetztes, mehrdimensionales, symbolisches Denken“ (Duncker 2001, S. 43f.), das nicht auf ein bestimmtes Denkresultat zielt, sondern ein „Spiel mit Elementen, Merkmalen und Bedeutungen“ ist (Duncker 1999, S. 14). Da in Kunstwerken die ästhetische Rationalität besonders konsequent ausgeprägt und objektiviert ist, gelten sie als ideale Gegenstände für die Schulung ästhetischen Denkens. Zentrale Merkmale ästhetischer Rationalität sind „Mimesis“ (Mollenhauer 1996, S. 69ff.), „Vertextung“ (Otto 1974, S. 113) und „Polyvalenz“ (ebd., S. 87). (a) Mimesis: Ästhetische Zeichenverwendung erzeugt inhaltliche und formale Ähnlichkeiten zwischen den Zeichen und den damit bezeichneten Wahrnehmungen und Vorstellungen. (b) Vertextung: Ästhetische Zeichenverwendung gestaltet interne Strukturen und Verweisungszusammenhänge aus. (c) Polyvalenz: Die interne Beziehungsdichte ästhetischer Objekte macht deren Außenreferenz „mehrdeutig“ (Jakobson 1979, S. 111) – bis hin zur Irritation darüber, ob sie überhaupt etwas außerhalb Existierendes meinen oder nur auf sich selbst verweisen. Dadurch entsteht eine Spannung zwischen Mimesis und Vertextung.

Die Qualität einer ästhetischen Vertextung bemisst sich mithin nicht an der logischen Folgerichtigkeit ihrer Elemente, sondern an der Dichte der Ähnlichkeits- und Oppositionsbezüge zwischen den Elementen. Dass in einem Gemälde eine Farbkombination einer Linienkombination ähnelt, dass in einem Gedicht eine Klangopposition einer semantischen Opposition entspricht, ist unter ästhetischem Gesichtspunkt wichtiger als die Entwicklung eines Gedankens oder die eindeutige Außenreferenz. Wenn die bekanntesten entwicklungspsychologischen Untersuchungen zum Verstehen von Geschichten (vgl. Applebee 1978) und Symbolen (vgl. Svensson 1985) das generalisierende und deduktive Denken in eine höhere Entwicklungsstufe einordnen als das analogische Denken, so verfehlt dies die Eigenart ästhetischer Rationalität: Die Konzentration auf Ähnlichkeiten und die Infragestellung generalisierender Aussagen ist unter ästhetischem Gesichtspunkt rationaler als die Subordination eines Phänomens unter einen Begriff (vgl. Zabka 2003a). So gelten Vergleiche und Metaphern ebenso als typische Ausprägungen eines ästhetischen Denkstils wie die essayistische Durchdringung eines Themas, bei der die Begriffe nicht stringent auseinander abgeleitet, sondern in eine ästhetische Textur gebracht werden: Sie „verflechten sich teppichhaft. Von der Dichte dieser Verflechtung hängt die Fruchtbarkeit von Gedanken ab“ (Adorno 1958, S. 21). In diesem Sinne bezeichnet Theodor W. Adorno mit dem Attribut „ästhetisch“ im Titel seines posthum erschienenen Werks „Ästhetische Theorie“ sowohl den Gegenstand als auch die zentrale Eigenschaft des Denkens (vgl. Adorno 1969).

Zum ästhetischen Denken gehört das ästhetische Werturteil. Es kommt zu den bisher genannten Bestimmungen nicht als ein weiteres Merkmal hinzu, sondern betrachtet das, was deskriptiv „ästhetisch“ genannt wird, unter dem normativen Gesichtspunkt des Gelingens oder Misslingens. Ein Urteil über ästhetisches Gelingen kann sich auf folgende Phänomene richten: (a) die Genauigkeit und Differenziertheit einer Wahrnehmung äußerer oder innerer Wirklichkeit, die in einer Äußerung oder einem ästhetischen Objekt zum Ausdruck kommt; (b) die Authentizität, mit der die individuelle Besonderheit von Wahrnehmungen und Vorstellungen zum Ausdruck kommt; (c) die mimetischen und symbolischen Qualitäten eines ästhetischen Gegenstands im Sinne eines ihm unterstellten Reichtums inhaltlicher und gestalterischer Bezüge auf die Welt seiner Entstehung; (d) die Möglichkeit, die ein ästhetischer Gegenstand den Rezipienten eröffnet, eigene Vorstellungen und lebensgeschichtliche Zusammenhänge damit zu verbinden; (e) die strukturelle und sprachliche Innovationskraft eines Gegenstands, nämlich sein Potenzial, die subjektiv mit ihm in Verbindung gebrachten

Vorstellungen zu verändern, umzustrukturieren oder neu zu bezeichnen – in diesem Sinne als gelungen gilt ein ästhetisches Objekt, wenn es „etwas als Vorstellung hervorbringt, was vorher nicht sichtbar und bewusst war" (Duncker 1999, S. 14); (f) das Maß an internen Bezügen in einem Gegenstand, also die Gestaltungs- und Verweisungsdichte; (g) die Eigenständigkeit und Wiedererkennbarkeit eines ästhetischen Stils bei gleichzeitiger Flexibilität für den Ausdruck unterschiedlicher Inhalte; (h) die Stimmigkeit der Bestandteile oder die konsequente Durchführung von Gestaltungsprinzipien, beispielsweise der folgerichtige Aufbau einer Erzählung, die Harmonie einer Bildkomposition, die Konstanz an Schroffheit in der Montage eines Films, das Verhältnis von Dissonanz und Konsonanz eines Musikstücks usw.

4. Ästhetische Praxis: Vermittlung, Aufführung, Gestaltung

Zu den Aufgaben ästhetischer Bildung gehört die Befähigung zu Präsentations- und Vermittlungsleistungen, die insofern ästhetisch genannt werden können, als sie einen Gegenstand besser, anders oder neu wahrnehmbar machen. Das betonte Vortragen und Vorlesen eines Textes ist eine ästhetische Leistung, bei der die stimmliche Artikulation und teilweise auch Mimik und Gestik eingesetzt werden. Texte können in Filmen und elektronischen Medien eine mediale Vermittlung erfahren, die zugleich eine originäre, nämlich „symmediale" Form der Erschließung sind (vgl. Frederking 2008; Kap. 3.15 dieses Buches). Auch das Sprechen und Schreiben *über* ästhetische Phänomene kann ästhetische Qualitäten haben, indem etwa eine Bild- oder Musikbeschreibung den optischen oder akustischen Eindruck sprachlich zu vermitteln versucht, den der Gegenstand erweckt. Solche Vermittlungsweisen zu schulen ist Aufgabe einer ästhetischen Bildung, die ein Gegengewicht schaffen will zu versachlichenden, die emotionale Reaktion neutralisierenden „Schreibarten" im Umgang mit Kunst und Literatur (vgl. Abraham 1994). Auch außerhalb der Schule, in der Kulturkritik und in der kunstwissenschaftlich-philosophischen Essayistik, sind Formen eines partiell ästhetischen Schreibens über ästhetische Gegenstände verbreitet. „Von Ästhetischem unästhetisch, bar aller Ähnlichkeit mit der Sache" zu reden wäre eine Art „Banauserie", die von der „Sache abglitte", meint Adorno (1958, S. 11).

Von der ästhetischen Vermittlung lässt sich die ästhetische Aufführung unterscheiden, auch wenn sie sich zum Teil derselben Mittel bedient. Von einer Aufführung spricht man, wenn die Darbietung zum künstlerischen Gegenstand unverzichtbar hinzugehört, wenn er davon abgelöst nicht als vollständiges Werk gilt, sondern 'nur' als Partitur, Theatertext, Script usw. Aufführungen sind keine subordinierten ästhetischen Vermittlungshandlungen, sondern haben selbst einen Werkcharakter. Das gilt für musikalische Aufführungen, Theaterinszenierungen, künstlerische Performances und vergleichbare Künste. Innerhalb der

Deutschdidaktik hat die Didaktik des Darstellenden Spiels die Aufgabe, das ästhetische Handeln in einer genuin performativen Kunstform zu schulen (vgl. dazu Denk, Bd. 2, Kap. 3.12).

Schließlich schult der Deutschunterricht die Fähigkeit zum sprachästhetischen Gestalten, d. h. zur Produktion literarischer Objekte. Das Verfassen eines ästhetischen Textes zu einem Bild, einem Musikstück, einem Film usw. kann man als Form der Gestaltung ansehen, wenn dabei ein eigenständiges ästhetisches Produkt entsteht. Doch nicht nur der Medienwechsel, auch das Abwandeln von Vorlagen innerhalb des Mediums Literatur kann als Gestaltung gelten. Mit den vielfältigen Verfahren des produktionsorientierten Literaturunterrichts (vgl. dazu Spinner, Bd. 2, Kap. 3.4) wird die Fähigkeit literarischer Gestaltung gefördert, nämlich das Ausprobieren von Schreibweisen, Techniken und Stilmustern. „Bauformen der Künste“ kennen zu lernen und praktisch über sie zu verfügen ist ein Ziel ästhetischer Bildung von Beginn an, also bereits im Vor- und Grundschulalter (Mattenklott 1998, S. 115ff.). Wahrnehmung, Nachahmung und Analyse vorhandener Bauformen dienen diesem Ziel (vgl. hierzu als praktische Umsetzung Meier, Bd. 2, Kap. 4.1). Bezogen auf die Persönlichkeitsbildung ist die Förderung von Kreativität das übergeordnete Ziel ästhetischer Bildung im Deutschunterricht (vgl. Wermke 1981; Spinner 1993; Spinner 2003).

5. Zur Bedeutung der ästhetischen Bildung für Gesellschaft und Persönlichkeit

Zur Legitimation ästhetischer Bildung wird häufig auf ihre Bedeutung für die personale und kollektive Identität verwiesen (vgl. dazu Frederking, Bd. 2, Kap. 3.10). Die bisher besprochenen Komponenten ästhetischer Kompetenz – Wahrnehmung, Empfindung, Vorstellungsbildung, Imagination, Symbolbildung, Denken in Analogien und komplexen Bezügen, Urteil, Vermittlung, Aufführung und Gestaltung – haben eine hohe Bedeutung für die emotionale, kognitive und soziale Entwicklung des Menschen: Allgemeine, intersubjektiv geteilte Erfahrungen und Wissensgehalte müssen in der Selbst- und Weltwahrnehmung der einzelnen Menschen verankert sein. Die individuelle Besonderheit jeder Erfahrung ist als eine Aneignung, Spezifikation, Modifikation oder auch Negation des Allgemeinen unverzichtbar. Nicht nur Allgemeinbegriffe, sondern auch soziale Normen sind, mit Kant gesprochen, leer, wenn sie nicht mit je individuellen Wahrnehmungen, Emotionen, Vorstellungen, lebensgeschichtlichen Symbolen und Urteilen verbunden werden. Diese müssen von den Individuen auch ausdrückbar sein, weshalb Versprachlichung und Gestaltung keine Epiphänomene ästhetischer Bildung sind, sondern essentielle Bestandteile.

Ästhetische Bildung kann aber nicht vollständig als Individualisierung begriffen werden. Vielmehr ist sie stets auf kollektive Formen der Wahrnehmung, Symbolbildung, Versprachlichung und Gestaltung angewiesen. Die erworbenen Fähigkeiten, Kenntnisse, Einstellungen und Gewohnheiten begründen ein kulturelles Kapital, mit dem ein Mensch nicht nur als Individuum, sondern auch als Mitglied einer sozialen Schicht oder Gruppe von anderen unterscheidbar ist und sich mehr oder weniger bewusst abgrenzt (Bourdieu 1987). Das in gelungener ästhetischer Bildung erworbene kulturelle Wissen und Verhalten ist allerdings kein beliebig einsetzbares Material, da es aus lebensgeschichtlich bedeutsamen Erfahrungen besteht: Auch die medial gesteuerte Ästhetisierung des Alltagslebens ist zugleich „soziales Distinktionsmerkmal" und individuelle „Form des Erlebens" (Schneider 1998, S. 155).

Seit der Aufklärung hat sich im Bildungsdiskurs ein Nachdenken über das Verhältnis von Ästhetik und Freiheit etabliert. Ein wesentliches Merkmal ästhetischer Anschauungsweisen und Urteile ist nach Kant die Interesselosigkeit. Das Wohlgefallen oder Missfallen an ästhetisch angeschauten Gegenständen unterwerfe diese keinem Begehren und keinem Handlungszweck. Den „schön" genannten Gegenstand des ästhetischen Wohlgefallens erfahre der Mensch als intern zweckmäßig bei gleichzeitiger Abwesenheit äußerer Zwecke, was eine Analogie der moralischen Willensfreiheit sei (Kant 1790, Bd. 8, S. 462). Unvermindert aktuell im Bildungsdiskurs ist die Forderung nach einem punktuellen Außer-Kraft-Setzen von Interessen, Handlungszwängen und Bestimmungen, die in der alltäglichen Praxis Wahrnehmung und Urteil präformieren. Die Erfahrung einer „Freiheit von Not und Zwang, von Ernst und Arbeit, von Kampf ums Dasein und von Sorgen um die Zukunft" ist für Gunter Otto (1998, S. 53) ein unverzichtbares Ziel der ästhetischen Erziehung; für Jürgen Kreft ist „ästhetische Kompetenz" das Vermögen, die „innere" und „äußere Natur" als eine „nicht-vergegenständlichte", d.h. keinen instrumentellen Zwecken unterworfene zu erfahren und auszudrücken (Kreft 1977, S. 85).

An Aktualität verloren hat hingegen die von Schiller, Schelling und Herbart begründete Auffassung, ästhetische Bildung sei Bedingung von Moralität (vgl. Ehrenspeck 1998). Schiller zufolge kann allein das „Idealschöne" dem Menschen „ein Symbol seiner ausgeführten Bestimmung" geben (Schiller 1795, S. 353). Diese Bestimmung liege darin, die „sinnliche Abhängigkeit" des Menschen von der inneren und äußeren Natur mit seiner „moralischen Freyheit" in Übereinstimmung zu bringen (ebd., S. 397). Im schönen Kunstwerk herrsche weder der sinnliche Stoff über die geistige Form noch umgekehrt die Form über den Stoff, vielmehr füge sich beides zwanglos zueinander, und dies ist nach Schiller ein zwar uneinlösbares, aber doch notwendiges Leitbild moralischen und politischen Handelns. Dieses idealistische Modell einer zwanglosen Synthese ist weder der modernen Kunst noch heutigen Staatsmodellen angemessen – und auch nicht den aktuellen Theorien moralischen Handelns. In der modernen Gesellschaft sind Moral und Politik auf der einen Seite, Kunst auf der anderen

Seite so grundlegend voneinander unterschieden, dass die Vorstellung obsolet wurde, das eine könne Vorbild des anderen sein.

Die in diesem Artikel formulierten Ziele ästhetischer Bildung unterliegen einer Spannung, die den neueren Bildungsdiskurs generell kennzeichnet: der Spannung zwischen Bildungszielen und Bildungsstandards. „Bildungsziele", so formuliert eine von der Kultusministerkonferenz eingesetzte Expertenkommission, sind „Aussagen darüber, welche Wissensinhalte, Fähigkeiten und Fertigkeiten, aber auch Einstellungen, Werthaltungen, Interessen und Motive die Schule vermitteln soll. In den Bildungszielen drückt sich aus, welche Chancen zur Entwicklung ihrer individuellen Persönlichkeit, zur Aneignung von kulturellen und wissenschaftlichen Traditionen, zur Bewältigung praktischer Lebensanforderungen und zur aktiven Teilnahme am gesellschaftlichen Leben wir Kindern und Jugendlichen geben wollen" (Klieme u. a. 2003, S. 20). Sämtliche Ziele ästhetischer Bildung entsprechen diesem Begriff. Doch nicht alle Bildungsziele können Standards sein. Standards sind als domänenspezifische Fähigkeiten, Fertigkeiten oder Kenntnisse formulierbar, in Aufgaben und Testskalen operationalisierbar und als Bildungsresultate überprüfbar (ebd., S. 25ff.; zur kompetenzorientierten Literaturdidaktik vgl. Willenberg, Bd. 2, Kap. 1.7). Bildungsziele wie *Wahrnehmungsfähigkeit, Genussfähigkeit, individuell-lebensgeschichtliche Symbolbildung, Denken in Ähnlichkeiten, Interpretieren ohne Nötigung zur abschließenden begrifflichen Fixierung* sind allerdings kaum standardisierbar. Ästhetische Erfahrung und ästhetisches Denken hängen von der schwer vorhersehbaren Wirkung diverser Gegenstände auf das jeweilige Persönlichkeitssystem ab. Wer die skeptische Auffassung Mollenhauers teilt, dass „empirisch zuverlässige und den plausiblen Einzelfall übersteigende verallgemeinerungsfähige Behauptungen" über ästhetische Erfahrungen kaum möglich sind (Mollenhauer 1996, S. 339), kommt im gegenwärtigen Bildungsdiskurs nicht umhin, Bereiche ästhetischer Bildung zu definieren, in denen zwar Bildungsziele, nicht aber Standards formulierbar sind. Komplementär dazu lassen sich Bereiche definieren, in denen Ziele ästhetischer Bildung sehr wohl standardisierbar sind, etwa das Erkennen und Herstellen ästhetischer Gestaltungsformen sowie Formen des ästhetischen Urteils (vgl. Frederking u. a. 2008). Eine solche Zweiteilung widerspricht keineswegs den Grundgedanken des gegenwärtigen Bildungsbegriffs: „Standards decken nicht die gesamte Breite des Lernbereiches bzw. Faches in allen Verästelungen ab, sondern konzentrieren sich auf einen Kernbereich" (Klieme u. a. 2003, S. 25). Der gegenwärtige Diskurs um ästhetische Bildung hat die schwierige Aufgabe, an nicht-standardisierbaren Bildungszielen festzuhalten, ohne sie der Marginalisierung preiszugeben, nämlich der Exkommunikation aus dem „Kernbereich" des Faches Deutsch.

Literatur

Abraham, Ulf (1994): Lesarten – Schreibarten. Formen der Wiedergabe und Besprechung literarischer Texte. Stuttgart: Klett.

Abraham, Ulf (2000): Das a/Andere W/wahrnehmen. Über den Beitrag von Literaturgebrauch und literarischem Lernen zur ästhetischen Bildung (nicht nur) im Deutschunterricht. In: Mitteilungen des Deutschen Germanistenverbandes 47, H. 1, S. 10–22.

Abraham, Ulf (2004): Symbolisches Verstehen als unabschließbare Aufgabe einer „Lehre der Literatur". In: Frederking, Volker (Hrsg.): Jahrbuch Medien im Deutschunterricht 2003: Lesen und Symbolverstehen. München: Kopäd, S. 100–112.

Adorno, Theodor W. 1969 (1997a): Ästhetische Theorie. Gesammelte Schriften, hrsg. v. Rolf Tiedemann. Band 7. Frankfurt am Main: Suhrkamp.

Adorno, Theodor W. 1958 (1997b): Der Essay als Form. In: Adorno, Theodor W.: Gesammelte Schriften. Hrsg. von Rolf Tiedemann. Band 11. Frankfurt am Main: Suhrkamp, S. 9–33.

Aissen-Crewett, Meike (2000): Ästhetisch-aisthetische Erziehung. Zur Grundlegung einer Pädagogik der Künste und Sinne. Potsdam: Audiovisuelles Zentrum der Universität Potsdam.

Applebee, Arthur N. (1978): The Child's Concept of Story. Ages Two to Seventeen. Chicago, London: The University of Chicago Press.

Baumgarten, Alexander Gottlieb 1750/58 (1983): Texte zur Grundlegung der Ästhetik. Übers. u. hrsg. von Hans Rudolf Schweizer. Hamburg: Meiner.

Belgrad, Jürgen/Niesyto, Horst (Hrsg.) (2001): Symbol. Verstehen und Produktion in pädagogischen Kontexten. Baltmannsweiler: Schneider.

Berndt, Elin-Birgit (2006): „das Unsichtbare sichtbar machen" – Die Typographie als Instrument der Visualisierung und ästhetisches Leitsystem im Deutschunterricht am Beispiel Franz Kafkas. In: Marci-Boehncke, Gudrun/Rath, Matthias (Hrsg.): BildTextZeichen lesen. Intermedialität im didaktischen Diskurs. München: Kopäd, S. 67–80.

Bertschi-Kaufmann, Andrea (2005): „Und was sah ich?!" Narratives Schreiben im Nachklang von multimedialen Lektüren. In: Wieler, Petra (Hrsg.): Narratives Lernen in medialen und anderen Kontexten. Freiburg im Breisgau: Fillibach, S. 119–135.

Bourdieu, Pierre (1987): Die feinen Unterschiede. Kritik der gesellschaftlichen Urteilskraft. Frankfurt am Main: Suhrkamp.

Bubner, Rüdiger (1989): Ästhetische Erfahrung. Frankfurt am Main: Suhrkamp.

Dehn, Mechthild (2005): Die Geschichte von „Rosalind". Bedeutungsmuster als Spielraum für Identifiaktion und Irritation – mit Schrift und multimedial. In: Wieler, Petra (Hrsg.): Narratives Lernen in medialen und anderen Kontexten. Freiburg im Breisgau: Fillibach, S. 85–102.

Dehn, Mechthild (2007): Unsichtbare Bilder. Überlegungen zum Verhältnis von Text und Bild. In: Didaktik Deutsch 22, S. 25–50.

Dewey, John (1986): Erziehung durch und für Erfahrung. Stuttgart: Klett-Cotta.

Duncker, Ludwig 1999: Begriff und Struktur ästhetischer Bildung. In: Neuß, Norbert (Hrsg.): Ästhetik der Kinder. Interdisziplinäre Beiträge zur ästhetischen Erfahrung von Kindern. Frankfurt am Main: Gemeinschaftswerk der Evangelischen Publizistik, S. 9–19.

Duncker, Ludwig (2001): Literalität und ästhetisches Lernen. In: Pädagogik 53, H. 11, S. 41–44.

Ehrenspeck, Yvonne (1998): Versprechungen des Ästhetischen. Die Entstehung eines modernen Bildungsprojekts. Opladen: Leske + Budrich.

Fauser, Peter/Madelung, Eva (Hrsg.) (1996): Vorstellungen bilden. Beiträge zum imaginativen Lernen. Velber: Kallmeyer.

Frederking; Volker (2008): Lyrikunterricht symmedial und digital. (Syn)Ästhetische Bildung mit 'neuen Medien' am Beispiel von Goethes Ballade 'Der Zauberlehrling'. In: Frederking, Volker/Kepser, Matthis/Rath, Matthias (Hrsg.): LOG IN! Kreativer Deutschunterricht und Neue Medien. Festschrift für Hartmut Jonas. München: Kopäd, S. 157–184.

Frederking, Volker/Meier, Christel/Stanat, Petra/Dickhäuser, Oliver (2008): Ein Modell literarischer Urteilskompetenz. In: Didaktik Deutsch 25, S. 11–31.

Gardner, Howard 1983 (1991): Abschied vom IQ. Stuttgart: Klett-Cotta.

Habermas, Jürgen (1976): Moralentwicklung und Ich-Identität. In: Habermas, Jürgen: Zur Rekonstruktion des Historischen Materialismus. Frankfurt am Main: Suhrkamp, S. 63–91.

Habermas, Jürgen (1981): Theorie des kommunikativen Handelns. 2 Bde. Frankfurt am Main: Suhrkamp.

Hager, Fritz-Peter (1971): Aisthesis. In: Ritter, Joachim (Hrsg.): Historisches Wörterbuch der Philosophie, Bd. 1. Basel: Schwabe & Co, Sp. 119–121.

Hentig, Hartmut von (1996): Bildung. Ein Essay. München: Hanser.

Hoppe, Almut/Kohlscheen, Wiebke/Voss, Kai-Jochen (2004): Von Texten zu Bildern und von Bildern zu Texten – Rezeption und produktive Aneignung zweier Symbolsysteme in Unterrichtsbeispielen. In: Mitteilungen des Deutschen Germanistenverbandes 51, H. 2, S. 154–174.

Ingarden, Roman (1965): Das literarische Kunstwerk. Tübingen: Niemeyer.

Jakobson, Roman (1979): Linguistik und Poetik. In: Poetik. Ausgewählte Aufsätze. Frankfurt am Main: Suhrkamp.

Kant, Immanuel 1781 (1981): Kritik der reinen Vernunft. In: Kant, Immanuel: Werke in zehn Bänden. Hrsg. v. Wilhelm Weischedel. Sonderausgabe. Band 3. Darmstadt: Wiss. Buchgesellschaft.

Kant, Immanuel 1790 (1981): Kritik der Urteilskraft. In: Kant, Immanuel: Werke in zehn Bänden. Hrsg. v. Wilhelm Weischedel. Sonderausgabe. Band 8. Darmstadt: Wiss. Buchgesellschaft.

Klieme, Eckhard/Avenarius, Hermann/Blum Werner/Döbrich, Peter/Gruber Hans/Prenzel, Manfred/Reiss, Kristina/Riquarts, Kurt/Rost, Jürgen/Tenorth, Heinz-Elmar/Vollmer, Helmut J. (2003): Zur Entwicklung nationaler Bildungsstandards. Eine Expertise. Vorgestellt am 18.2.2003 in Berlin. Koordination: Deutsches In-stitut für Internationale pädagogische Forschung (DIPF), Frankfurt am Main. Bonn: BMBF..

Knapp, Werner (2005): Der Umgang mit Computermedien als Erzählanlass – exemplarische Analyse einer Kindererzählung. In: Wieler, Petra (Hrsg.): Narratives Lernen in medialen und anderen Kontexten. Freiburg im Breisgau: Fillibach, S. 103–117.

Knirsch, Reinhard/Schröter, Erhart (2006): Farbklänge – Klangfarben. Beispiele zu einer multimedialen Didaktik des Hörens und Sehens. In: Wangerin, Wolfgang (Hrsg.): Musik und Bildende Kunst im Deutschunterricht. Baltmannsweiler: Schneider, S. 335–351.

Köppert, Christine/Spinner, Kaspar H. (2003): Filmdidaktik: Imaginationsorientierte Verfahren zu bewegten Bildern. In: Deubel, Volker/Kiefer, Klaus H. (Hrsg.): MedienBildung im Umbruch. Lernen im Kontext der Neuen Medien. Bielefeld: Aisthesis, S. 59–73.

Krämer, Sybille (2003): „Schriftbildlichkeit" oder: Über eine (fast) vergessene Dimension der Schrift. In: Krämer, Sybille/Bredekamp, Horst (Hrsg.): Bild – Schrift – Zahl. München, S. 157–176.

Kreft, Jürgen (1977): Grundprobleme der Literaturdidaktik. Heidelberg: Quelle & Meyer.

Lange, Günter (2006): Die Bilder zum Sprechen bringen. Über kulturelle Praxis im Deutschunterricht. In: Wangerin, Wolfgang (Hrsg.): Musik und Bildende Kunst im Deutschunterricht. Baltmannsweiler: Schneider, S. 56–75.

Lippe, Rudolf zur (1987): Sinnenbewusstsein. Grundlegung einer anthropologischen Ästhetik. Reinbek: Rowohlt.

Lösener, Annegret (2007): Gedichte sprechen. Ein didaktisches Konzept für alle Schulstufen. Baltmannsweiler: Schneider.

Maiwald, Klaus (2001): Literatur lesen lernen. Begründung und Dokumentation eines literaturdidaktischen Experiments. Baltmannsweiler: Schneider.

Maiwald, Klaus (2005): Wahrnehmung – Sprache – Beobachtung. Eine Deutschdidaktik bilddokumentierter Medienangebote. München: Kopäd.

Mattenklott, Gundel (1998): Grundschule der Künste. Vorschläge zur musisch-ästhetischen Erziehung. Baltmannsweiler: Schneider.

Maurer, Friedemann (1993): Die Wahrheit der Phänomene. Über ästhetische Wahrnehmung als Welthingabe. In: Duncker, Ludwig/Maurer, Friedemann/Schäfer, Gerd E. (Hrsg.): Kindliche Phantasie und ästhetische Erfahrung. Wirklichkeiten zwischen ich und Welt? 2. Aufl. Langenau/Ulm: Vaas, S. 17–32.

Mollenhauer, Klaus (1988): Ist ästhetische Bildung möglich? In: Zeitschrift für Pädagogik 34, H. 4, S. 443–461.

Mollenhauer, Klaus (1990): Ästhetische Bildung zwischen Kritik und Selbstgewissheit. In: Zeitschrift für Pädagogik 36, H. 4, S. 481–493.

Mollenhauer, Klaus (1996): Grundfragen ästhetischer Bildung. Theoretische und empirische Befunde zur ästhetischen Erfahrung von Kindern. Weinheim: Juventa.

Mollenhauer, Klaus (1999): Ästhetische Erfahrung von Kindern beim Textschreiben. In: Neuß, Norbert (Hrsg.): Ästhetik der Kinder. Interdisziplinäre Beiträge zur ästhetischen Erfahrung von Kindern. Frankfurt am Main: Gemeinschaftswerk der Evangelischen Publizistik, S. 83–102.

Mollenhauer, Klaus/Wulf, Christoph (Hrsg.) (1996): Aisthesis/Ästhetik. Zwischen Wahrnehmung und Bewusstsein. Weinheim: Deutscher Studien Verlag.

Ockel, Eberhard (2000): Vorlesen als Aufgabe und Gegenstand des Deutschunterrichts. Baltmannsweiler: Schneider.

Otto, Gunter (1974): Didaktik der Ästhetischen Erziehung. Ansätze – Materialien – Verfahren. Braunschweig: Westermann.

Otto, Gunter (1998): Lehren und Lernen zwischen Didaktik und Ästhetik. Bd. 2: Schule und Museum. Seelze-Velber: Kallmeyer.

Ritter, Joachim (1971): Ästhetik, ästhetisch. In: Ritter, Joachim (Hrsg.): Historisches Wörterbuch der Philosophie, Bd. 1. Basel: Schwabe & Co, Sp. 555–580.

Rosebrock, Cornelia (2001): Lektüre und Alteritätserfahrung. Rezeptionsästhetische Überlegungen. In: Köppert, Christine/Metzger, Klaus (Hrsg.): „Entfaltung innerer Kräfte." Blickpunkte der Deutschdidaktik. FS für Kaspar H. Spinner anlässlich seines 60. Geburtstags. Velber: Friedrich, S. 80–91.

Schäfer, Gerd. E. (1999): Ästhetische Erfahrung als Basis kindlicher Bildungsprozesse. Sinnliche Wahrnehmung – Leiberfahrung – Gefühle – Phantasie. In: Neuß, Norbert (Hrsg.): Ästhetik der Kinder. Interdisziplinäre Beiträge zur ästhetischen Erfahrung von Kindern. Frankfurt am Main: Gemeinschaftswerk der Evangelischen Publizistik, S. 21–31.

Scheller, Ingo (2006): Szenische Symbolisierungen. Anregungen zur szenischen Interpretation von Bildern. In: Wangerin, Wolfgang (Hrsg.): Musik und Bildende Kunst im Deutschunterricht. Baltmannsweiler: Schneider, S. 76–96.

Schiller, Friedrich 1795 (1983): Über die ästhetische Erziehung des Menschen in einer Reihe von Briefen. In: Schiller, Friedrich: Werke. Nationalausgabe. Weimar: Böhlau, Bd. 20, S. 309–412.

Schneider, Irmela (1998): Medialisierung und Ästhetisierung des Alltags – einige Überlegungen. In: Rupp, Gerhard (Hrsg.): Ästhetik im Prozess. Opladen: Westdeutscher Verlag, S. 143–178.

Seel, Martin (1997): Ästhetik und Aisthetik. Über einige Besonderheiten ästhetischer Wahrnehmung. In: Recki, Birgit/Wiesing, Lambert (Hrsg.): Bild und Reflexion. Paradigmen und Perspektiven gegenwärtiger Ästhetik. München: Fink, S. 17–38.

Sontag, Susan 1964 (1982) : Gegen Interpretation. In: Sontag, Susan: Kunst und Antikunst. Frankfurt am Main: Fischer, S. 11–22.

Spinner, Kaspar H. (1993): Kreatives Schreiben. In: Praxis Deutsch 119, S. 17–23.

Spinner, Kaspar H. (1998): Thesen zur ästhetischen Bildung im Deutschunterricht heute. In: Der Deutschunterricht 50, H. 6, S. 46–54.

Spinner, Kaspar H. (2003): Ästhetische Bildung in der Grundschule. In: Die Grundschulzeitschrift 170, S. 6–9.

Staudte, Adelheid (Hrsg.) (1993): Ästhetisches Lernen auf neuen Wegen. Weinheim/Basel: Beltz.

Svensson, Cai (1985): The Construction of Poetic Meaning. A Cultural-Developmental Study of Symbolic and Non-Symbolic Strategies in the Interpretation of Contemporary Poetry. Malmö: Liber.

Waldmann, Günter (1998): Produktiver Umgang mit Literatur im Unterricht. Grundriss einer produktiven Hermeneutik. Theorie – Didaktik – Verfahren – Modelle. Baltmannsweiler: Schneider.

Wangerin, Wolfgang (2006): Ästhetische Erfahrung jenseits der Begriffe? Musik und Bildende Kunst im Deutschunterricht. Eine Einführung. In: Wangerin, Wolfgang (Hrsg.): Musik und Bildende Kunst im Deutschunterricht. Baltmannsweiler: Schneider, S. 2–54.

Wangerin, Wolfgang (Hrsg.) (2006): Musik und Bildende Kunst im Deutschunterricht. Baltmannsweiler: Schneider.

Welsch, Wolfgang (1990): Ästhetisches Denken. Stuttgart: Reclam.

Welsch, Wolfgang (Hrsg.) (1993): Die Aktualität des Ästhetischen. München: Fink.

Welsch, Wolfgang (1997): Ästhetische Rationalität modern: Familienähnlichkeiten des Ausdrucks 'ästhetisch'. In: Grünewald, Dietrich/Legler, Wolfgang/Pazzini, Karl-Josef (Hrsg.): Ästhetische Erfahrung. Perspektiven ästhetischer Rationalität. Eine Festschrift für Gunter Otto zum 70. Geburtstag. Seelze: Friedrich, S. 69–80.

Wermke, Jutta (1981): Ästhetische Erziehung in der Grundschule. Vom „Kind als Künstler" zur „kreativen Persönlichkeit" In: Wermke, Jutta (Hrsg.): Ästhetische Erziehung im Deutschunterricht der Grundschule. Bochum: Kamp, S. 7–33.

Wermke, Jutta (2006): Schreiben im Museum. Ein Beitrag zur DeutschlehrerInnen-Ausbildung. In: Wangerin, Wolfgang (Hrsg.): Musik und Bildende Kunst im Deutschunterricht. Baltmannsweiler: Schneider, S. 97–125.

Wieler, Petra (2005): Gespräche mit Grundschulkindern über Buch- und Mediengeschichten. In: Wieler, Petra (Hrsg.): Narratives Lernen in medialen und anderen Kontexten. Freiburg im Breisgau: Fillibach, S. 135–152.

Wieler, Petra (Hrsg.) (2005): Narratives Lernen in medialen und anderen Kontexten. Freiburg im Breisgau: Fillibach.

Zabka, Thomas (2003a): Zur Entwicklung der ästhetischen Rationalität. Überlegungen anlässlich des Symbolverstehens im Literaturunterricht. In: Lecke, Bodo (Hrsg.): Bestandsaufnahme Deutschunterricht 2000: Ästhetische Erziehung, moralische Bildung, kritische Aufklärung? Frankfurt am Main: Lang.

Zabka, Thomas (2003b): Interpretationskompetenz als Ziel der ästhetischen Bildung. In: Didaktik Deutsch 15, S. 18–32.

RUDOLF DENK

3.12 Figurenkonzepte, Rollenspiele, theatralische Formen.
Möglichkeiten der szenischen Interpretation

1. Figurenkonzepte

Dramatische Textentwürfe sind wie epische und lyrische Werke zunächst Texte. Lebendig werden dramatische Texte jedoch erst, wenn sie zur Aufführung auf der inneren Bühne der Lesenden oder unmittelbar im „Schau-Raum" eines Theaters kommen. Szenische Umsetzungen sind Zweck und Ziel jedes dramatischen Schreibens. Selbst die von Dramatikern in Schubladen versteckten Manuskripte können ebenso wie die zunächst als so genannte Lesedramen konzipierten Texte ihr immanentes theatralisches Potential nicht dauerhaft verbergen. Die Kraft zur Realisierung der dramatischen Texte ist stärker als das Festhalten am reinen Lesedrama – *Die letzten Tage der Menschheit* (1922) von Karl Kraus oder *Penthesilea* (1806/07) von Heinrich von Kleist sind als Beispiele zu nennen. Jede szenische Realisierung bedarf eines „Schau"- und Zuschauerraums, in dem Akteure und Publikum getrennt oder gemeinsam agieren. Der dramatische Text ist auf die Bühne, auf Darstellende und Zuschauende, auf Produktion und Rezeption angewiesen. Neben den theatralischen Kategorien wie Zeit und Raum reizen bei dramatischen Vorlagen in erster Linie die handelnden Figuren zur szenischen Umsetzung. In ihrer Gegenwärtigkeit und Unmittelbarkeit stehen sie als spielende Menschen „aus Fleisch und Blut" im Zentrum der im „Schau"-Raum Wahrnehmenden und (Mit)agierenden. Die Interaktion zwischen den auf der Szene Agierenden, Mitagierenden und den als Publikum Reagierenden sind für jede Theater-Performance konstitutiv. Schon Kinder und jugendliche Rezipienten bevorzugen und erfassen auch in schulischen Kontexten die in den dramatischen Texten enthaltenen theatralischen Figurenkonzepte (vgl. auch Paule Bd. 2, Kap. 2.2).

Dabei lassen sich sowohl für die praxisbezogenen Rollenübernahmen („role-taking") (vgl. Goffmann 2008) für Lernende als auch für die theoretische Fundierung jeder Dramendidaktik zwei unterschiedliche Figurenkonzepte erkennen:

a) Das mimetische Figurenverständnis entspricht einer langen Tradition seit der Antike. Menschen ahmen die Handlungen anderer Menschen mit großem Vergnügen nach. Für Aristoteles (vgl. ca. 355 v.Chr.) ist es die kindliche Nachahmungsfreude, die er als fundamentale Voraussetzung für die Kunst des Dramatischen (vgl. Denk/Möbius ^{2}2010) betrachtete. Damit wird die Mimesis zur anthropologischen Konstante – unabhängig von sozialen

Gruppen und historischen Gegebenheiten. Personen oder Charakter der so genannten Realität werden durch „Einfühlung“, durch präzise Nachgestaltung, nachgeahmt.

b) Diesem mimetisch-anthropologischen Figurenverständnis steht ein Figurenkonzept gegenüber, das Brüche/Gegensätze zu den in den Texten vorgegebenen Figurenvorschlägen zum Ziel hat. Die in Texten enthaltenen Aktantenmodelle (vgl. Culpeper 1998) werden „gegen den Strich“ in Szene gesetzt, Verfremdungseffekte werden damit erreicht. Frauen spielen Männer, Männer Frauen; die Besetzung der Rollen erfolgt gegen die erwarteten Formen des Körperhaften und bloß Mimetischen des Realismus und Verismus.

Eine Möglichkeit, den Widerspruch zwischen einem mimetisch-körperhaft-lebensweltlichen Figurenverständnis und einer strukturalistisch-ästhetisierenden Figurenperzeption aufzulösen, bietet das rezeptionsästhetische Figurenverständnis Jonathan Culpepers (vgl. Culpeper 1998), das in didaktischer Sicht folgende Verständnisstufen enthält:

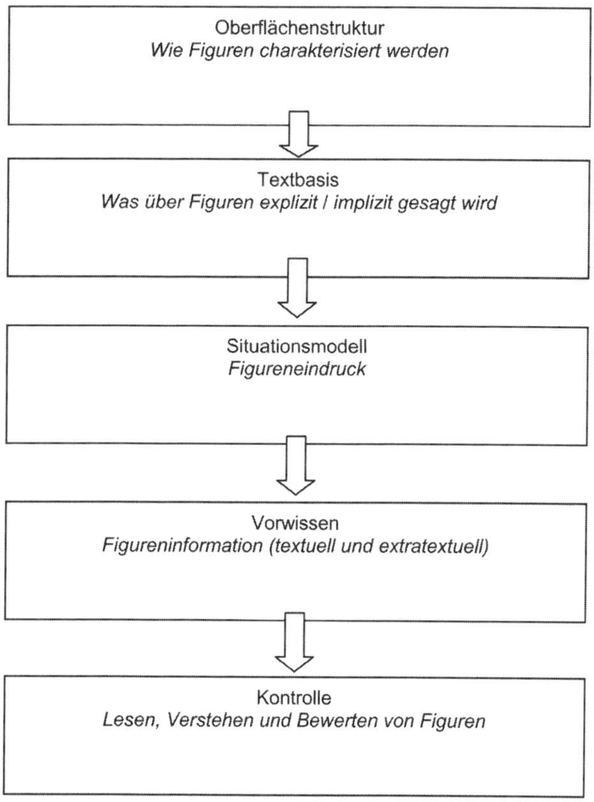

Abb. 1

Die Oberflächenstruktur bezeichnet die sprachliche Dimension der Charakterisierung (Wortwahl, Ausdrucksweise der Figuren). Die Textbasis enthält die gesammelten inhaltlichen Informationen, die Rezipienten einem Text entnehmen können.

Im Situationsmodell werden die Informationen schließlich zusammengefasst und ausgewertet, um ein sinnvolles Figurenverständnis bzw. eine Gesamtinterpretation zu erreichen. Dabei kommt das Vorwissen zur Geltung – das Weltwissen über Personen und Personengruppen sowie deren soziale Verhaltensweisen, aber auch gattungstypisches Figurenwissen (Charakter/Typ/abstrakte Figur).

Mit dem Kontrollsystem bezeichnet Culpepers die übergeordnete Instanz, die den gesamten Verstehensprozess steuert und die verschiedenen Niveaustufen sinnvoll miteinander verbindet. Das Wertesystem der Spielenden und des Publikums legt die Lesart einer Figur fest: Traditionelle Figurenauffassungen führen eher zu historisch-mimetischen Figurenlesarten als gender-bezogen, psychoanalytisch oder soziokulturell bestimmte Aneignungs- und Aktualisierungsstrategien.

Die praktische Arbeit mit Figuren im Unterricht zeigt: Die „Besetzung" vorgegebener Rollen fasziniert Lernende in erster Linie. Wer welche (Theater)rolle übernehmen darf und wer welche Rolle mit welchem Erfolg spielt, kann die Spielenden und Rezipierenden gleichermaßen zu größten Beifalls- oder Entrüstungsstürmen hinreißen. Ein erster Ansatz zur Besetzung von Figurenrollen im Deutschunterricht kann lauten: Wie ist eine Figur zu kleiden?

Welche Kleidungsstücke könnte die Figur tragen? Dabei zeigen sich bereits eher mimetisch orientierte Abbildbekleidungsprinzipien (Mode von damals, Alltagskleidung von heute) gegenüber eher phantastisch-utopischen Kostümierungen, die den ästhetischen Mehrwert der Figuren betonen. Einen weiteren Ansatzpunkt bieten die historisch verbürgten Rollenfächer der Theatergeschichte, die bis heute gelten:

So bestand etwa um 1770 „das ganze Personal" einer Theatertruppe, d. h. die „in Rollen auftretenden Personen" (vgl. Iffland 1913) zwischen fünfzehn und achtzehn Personen. Sie sind vom Alter her anzuordnen und erfüllen als ältere Darsteller die „Rollen des zärtlichen Vaters, der Mutter", des jugendlichen Liebhabers und Geliebten, die Liebhaberin, die Bediensteten, die zweite Liebhaberin; in den Lustspielen wird der zärtliche Vater zum „polternden Alten", die Mutter zur Intrigantin usw. Während die genannten Rollen die Altersstrukturen der Theatertruppen widerspiegeln, verändern und erweitern sich durch die Literarisierung des Dramas im Zuge der Nationaltheaterbewegung die traditionellen Rollenfächer. Die ursprünglich eher individuell angelegten Rollenfächer des 18. Jahrhunderts zeigen einerseits die uralten Typisierungen (der Geizige) bis hin zur Abstraktion der mittelalterlich-barocken Personalisierungen (Jedermann, Der Glaube, Frau Welt). Auf der anderen Seite werden die alten Rollenfächer spätestens im Naturalismus zu sozialen Rollen (der Bankier Helmers, Frau John und der Maurerpolier John, der Theaterdirektor Hassenreuter), während im 20. Jahrhundert bis in die Phase der Post- und Hybriddramatik hinein die Rollenfächer in völliger Abstraktion verschwinden (A, B) oder erst vom Regisseur und dem Produktionsteam bestimmt werden müssen. Die theatralischen Rollen und Rollenfächer können in schulischen Kontexten rollenadäquat in mimetischer Absicht oder verfremdend in Brüchen und Gegenbesetzungen genutzt werden. Der didaktische Mehrwert von Rollenbesetzungen besteht darin, das besondere und jeweils eigene neue Profil einer Theaterrolle herauszuarbeiten – vor allem dann, wenn die vorgegebenen Theaterrollen bereits mehrdeutig angelegt sind (bipolar im Fall von Bert Brecht *Der gute Mensch von Sezuan* (1943): die „gute" Shen-Te und der „böse Vetter" Shui-Ta in einer Person).

2. Rollenspiele

Von dieser Form des theatralischen Rollenspiels (vgl. Kunz 2006) ist das so genannte soziale Rollenspiel (vgl. Kochan 1981) zu unterscheiden: Während im ersten Fall Theaterrollen erarbeitet werden, geht es im zweiten Fall ausschließlich um die Übernahme sozialer Rollen (Vater, Mutter, Kind, Angestellte, Direktoren, Direktorinnen, Arbeiter, Köche, Kellner).

In deutlicher Abgrenzung vom sozialen Rollenspiel der 1970er Jahre geht es darum, zu zeigen, wie erst die Übernahme einer Theaterrolle im „Schau-Raum" (= Theater) einen Theatervorgang konstituiert, d.h. den Schritt vom dramatischen Text zur symmedialen Ausdrucksform des Theatralischen ermöglicht (vgl. zum Konzept des symmedialen Literaturunterrichts Frederking Bd. 2, Kap. 3.15). Das Verhältnis des Dramatischen zum Theatralischen ist im Spannungsfeld von persönlicher Rolle und übernommener Theaterrolle in den Formen von Identifikation und Distanz deutlich herauszuarbeiten. Für die begrenzte Zeit der Aufführung fühlen die Rollenspieler sich in fiktive Denk- und Handlungsmuster ein und leben diese in einer von ihnen selbst gestalteten Spielwelt des Theatralischen aus.

Standardisierte Ziele der szenischen Arbeit können sein:

- Flexibilität und Kreativität werden gefördert;
- die Befähigung zum Problemlösen lässt sich entwickeln;
- Sprach- und Kommunikationskompetenzen können geschult und erweitert werden;
- Schüler/innen lernen, sich in andere Situationen/Personen hineinzuversetzen (Empathie) oder sich von Situationen zu lösen, diese und sich selbst von außen zu betrachten;
- die Reflexion eigener und Verhaltensweisen anderer lassen sich einüben: Die Lernenden verändern ihre Verhaltensmuster;

- die Auseinandersetzung mit Ängsten und Mustern von Furcht und Mitleid wird in Gang gesetzt;
- Kommunikationsfähigkeit und Konfliktlösung (soziale Handlungskompetenzen) werden gefördert;
- die Beobachterposition (Selbst- und Fremdbeobachtungskompetenzen) wird gefestigt.

Als Oberbegriff ist jedoch allgemein und nach dem „Ausklingen" des sozialen Rollenspiels seit den 1990er Jahren in entwicklungspsychologischer Sicht das Spiel von Kindern und Jugendlichen gemeint. Spiele zeichnen sich dadurch aus, dass auch reale Gegenstände symbolische Bedeutung bekommen (ein blaues Tuch wird zum Meer), dass reale Handlungsabläufe verkürzt werden, dass insgesamt eine „Als-ob-Situation" von den Spielenden und Zuschauenden akzeptiert wird. Kinder bewegen sich damit im Spannungsfeld verschiedener Ebenen kommunikativer Beziehungen. Das soziale Rollenspiel trägt ohne Zweifel auch zur Persönlichkeitsentwicklung eines Kindes bei: Das Kind sammelt soziale Erfahrungen, lernt soziale Normen kennen, eignet sich Eigenschaften seiner Gesellschaft an und entwickelt die Fähigkeit, „sich [...] ein-, unter- und überzuordnen" (Otto/Vorweg 1985, S. 528). Im Gegensatz zu dem aus dem sozialen Rollenspiel entwickelten Psycho- oder Soziodrama vermeidet die Deutschdidaktik in dem didaktisch orientierten literarisch-sprachlichen Rollenspiel die Konfliktbewältigung von Einzelpersonen oder Gruppen. Für den Deutschunterricht ist das sprachdidaktische Rollenspiel vereinzelt dem Konfliktrollenspiel zugeordnet worden (vgl. Schuster 1994). Seine eigentliche Funktion erhält es jedoch erst als „kommunikatives Rollenspiel", das nicht die Aushandlung von Konflikten der Realität betont, sondern das Probehandeln im fiktiven Spiel mit sprachlichen und nichtsprachlichen Äußerungsformen. Darüber hinaus sieht Barbara Kochan die Möglichkeit, Schülern „Erfahrungen im Bereich der menschlichen Kommunikation zu ermöglichen" (Kochan 1981, S. 256) – allerdings auch, um diese Erfahrungen gesellschaftskritisch zu reflektieren und Veränderungsstrategien einzuleiten. Neuere Konzepte – etwa die „Didaktik des Rollenspiels als 'Kreatives Sprechen'" (vgl. Abraham 1992) eröffnen größere Freiräume, um Handlungsmöglichkeiten und Handlungsziele der Kinder und Jugendlichen eigenverantwortlich zu fördern. Auch Kaspar Spinner rückt die Form des Interaktionsspiels in die Nähe einer deutschdidaktisch orientierten Sprachförderung, in denen auch Regelspiele ihren Platz finden (vgl. Spinner 2001, S. 7). Ein an Formen der Theatralität interessierter und ins Theaterspielen integrierter Deutschunterricht wird immer wieder ein literarisch gebundenes oder theatralisch geöffnetes Rollenspiel bevorzugen. Damit sind Rollenübernahmen in offenen theatralischen Kontexten nicht allein als spezifische Form von Sprache und Sprechen aufzufassen. Rollenspiel konstituiert sich vielmehr durch eine besondere Form der theatralischen/ästhetischen Wahrnehmung durch ein Publikum. Auf der

Seite der Darstellung entsprechen diesem Sachverhalt verschiedene Konzepte des Rollenaufbaus durch Haltung, Bewegung, Gesichtsausdruck, Gebärde und sprachlicher Äußerung, die zu einem Ganzen des „Schau-spielens“ verschmelzen und als Gesamteindruck wahrgenommen werden. Eine Fülle von dramatischen und theatralischen Formen steht den Spielenden und dem Publikum dabei zur Verfügung.

3. Dramatische und theatralische Formen

Die Formen des Dramas und des Dramatischen bestimmen die Geschichte der europäischen Dramatik seit der Antike in besonderer Weise. Als Gattungen im System des Dramatischen reichen sie von der antiken Tragödie und Komödie bis zum neueren Lustspiel, der Farce, dem bürgerlichen Trauerspiel, dem sozialen Drama über die Tragikomödie zum Schauspiel, zum Versdrama bis zum Antidrama, vom Kinderstück zum Jugendtheater, vom Monodrama zur Post- und Hybriddramatik der unmittelbaren Gegenwart. Der Platz der Gattungsgeschichte und Gattungsdynamik ist die Literaturwissenschaft, die Literaturgeschichte und die Theatergeschichte. Erst aus der Spannung zwischen dem Dramenentwurf und seiner theatralischen Verwirklichung, zwischen Text und Performance, zwischen Geist und Körper, zwischen Buchstaben und zeiträumlicher Aktion entspringen die theatralischen Formen. Einige der theatralischen Äußerungsformen sollen im Folgenden aus didaktischer Sicht exemplarisch vorgestellt und erläutert werden.

3.1 Theatralische Formen

Im Deutschunterricht stehen die sprachlich-literarischen Kompetenzen der Kinder und Jugendlichen im Zentrum. Die Heranwachsenden erwerben innerhalb der sprachlich-literarischen Kompetenzen zusätzlich symmedial im Deutschunterricht geschulte Kompetenzen des Theatralischen. Die auf verschiedene Wahrnehmungsmodi konzentrierte Theatralitätskompetenz beginnt im Vorschulalter und bleibt ein entscheidendes Moment im lebenslangen Lernen jedes Menschen: Das bedeutet, dass Kinder von Anfang an wesentliche Faktoren des Theatralischen entdecken können. Selbst im vorsprachlichen Feld sind die konstituierenden Elemente des Theatralischen durch szenische Übungen bereits sehr früh zu erarbeiten. Prosodische, musikalische, rhythmisch-metrische Elemente führen zur Sprachförderung in elementaren Spielformen; Tanzen, Singen und Klatschen begleiten Bewegungen im Raum; Rhythmusinstrumente strukturieren den Bewegungsaufbau und den Bewegungsablauf. Erste Begegnungen mit dem Figurentheater (Stabpuppen, Handpuppen) ergänzen und erweitern die Grundformen des Theatralischen. Die Formen der genannten Übungen führen relativ schnell zur Dramaturgie eines Stationenablaufs, so dass ein frühes Erzähltheater auf der Grundlage von erzählten und dann szenisch umgesetzten „Geschichten“ sich anschließen kann. Damit sind nicht nur die Frühformen des Dramatischen, d.h. Improvisationsspiel, Figurentheater und Märchen-Phantasietheater, etabliert; wesentlicher ist, dass Kinder dabei sowohl die Dynamik des Miteinanderspielens und -agierens als auch die Rolle der Zuschauenden erfahren. Die theatralischen Komponenten Zeit, Raum, die Formen des Kinetischen, der Bewegung im Raum, sprachliche und nichtsprachliche Äußerungsformen und das Spiel mit Requisiten kennzeichnen das Gesamtfeld theatralischer Erfahrung durch Aktion, Wahrnehmung und Reaktion. Entscheidend für die ersten Stufen der Theatralitätskompetenz ist das symbolische Handeln.

Wann also und wie können Kinder erkennen, dass gewisse Gegenstände des Alltags semantisch aufgeladen sind und symbolisch-theatralische Bedeutung bekommen? Wann wird ein Ball zur goldenen Kugel des Froschkönigs, wie werden blaue Tücher zum Meer, das mit Bänken (= Schiffen) durchquert werden kann? Damit sind wichtige Elemente des Theatralischen vorgeprägt. In einem ‘theatralischen Dramenbaukasten’ (vgl. Denk/Möbius ²2010, S. 197–198) lassen sich auch komplexere theatralische Prozesse im Deutschunterricht der Elementar- und Primarstufe systematisch erarbeiten und reflektieren. Folgende Arbeitsebenen sind wichtig:

Raumkonzepte entwickeln, beschreiben	Figuren auftreten lassen; Stabpuppen, Handpuppen, „Menschenpuppen“ einkleiden, Haltungen erproben
Gegenstände im Raum befestigen, Requisiten mitspielen lassen	Miteinander handeln, sprechen und spielen
Zeitstrukturen festlegen, beobachten, ablaufen lassen	Handlungsabschnitte bilden und kennzeichnen (Auftritte, Szenenfolgen, Abschlüsse)

Damit werden schon in der Primarstufe und zunehmend in beiden Sekundarstufen Kompetenzen entwickelt, die eine übergreifende Theatralitätskompetenz beinhalten. Die Beschäftigung mit dem Kinder- und Jugendtheater und die ersten Begegnungen mit ausgewählten dramatischen Kurztexten zielen darauf ab, Heranwachsende in dramaturgische Denkprozesse einzuführen. Die Herausbildung einer umfassenden Theatralitätskompetenz auf dem Wege zum mündigen und kritischen Zuschauer führt über Kompetenzen im dramaturgischen Denken, Beurteilen und Bewerten. Kinder und Jugendliche sollten zunehmend in der Lage sein, die dramaturgisch motivierte und konzipierte Bauform eines Theaterstückes analytisch und/oder produktiv zu erfassen und nachzugestalten. Die Frage nach dem ersten Drama im Deutschunterricht, das so genannte „Tell-Problem“ (Schemme 2000, S. 343–353), kann aufgelöst werden, wenn die Behandlung des ersten umfassenderen Bühnenstückes zunächst nach freier Wahl erfolgt. Dies ist dann gerechtfertigt, wenn die Lernenden das hinter dem Dramentext stehende dramaturgische Grundmodell erkennen, beschreiben und funktional bewerten können. Diese Übungen im dramaturgischen Denken beginnen mit den Gattungsbezeichnungen der Dramentitel und konzentrieren sich dann auf die Exposition des gewählten Stückes. Übungen im expositionellen Denken sind Kernstücke theatralischer Kompetenzentwicklung. Jede zielorientierte Konfliktdramaturgie oder jeder analytische Zugriff auf zurückliegende Handlungen bedeutet eine grundsätzliche Entscheidung in Produktion und Rezeption für bestimmte dramaturgische Haltungen, die den Fortgang, ja den Ausgang der dramatischen Handlung(en) bedingen. Es handelt sich also um strukturelle Dramaturgiemodelle und deren Relevanz für die Herausbildung der theatralischen Kompetenz innerhalb und außerhalb des Deutschunterrichts. Begriffe wie Zieldrama, Textfläche, Stationendrama, Szenenreihe, Pyramide und Karussell, geschlossenes und offenes Drama lassen sich über entsprechende strukturelle und experimentelle Versuchsanordnungen mit Leben erfüllen, wenn am konkreten Text dramaturgisch gearbeitet wird und durch entdeckendes Lernen die Einzelphänomene typologisch erfasst und systematisch erklärt werden können. Der Weg vom dramaturgischen Experimentieren am Modell zur szenischen Realisierung ist ohnehin jedem Theatertext eingeschrieben. Damit sind die Wege frei zu vielfältigen Formen der szenischen Interpretation.

3.2 Formen der szenischen Interpretation

Im Gegensatz zu bisherigen theaterpädagogischen Konzepten im traditionellen Sinn vermeidet der Ansatz zur Herausbildung theatralischer Kompetenz auf den schulischen Stufenleitern des Vergnügens an theatralischen Gegenständen jede Form von Textfeindlichkeit, Literaturferne oder Literaturfeindlichkeit. Szenische Interpretation bedeutet Einübung in theatralisches und dramaturgisches Denken – allerdings nicht befreit von den scheinbaren Zwängen des Deutschunterrichts in einem scheinbaren Schonraum der Freiheit und Kreativität. Im Gegenteil: Szenisches Interpretieren hat im Deutschunterricht seinen Platz – Theaterunterricht benötigt die literarische Dimension und Qualität. Eine im Sinne von Marcel Kunz (Kunz 1997, S. 10) literarisch bestimmte Theaterdidaktik nimmt alle literarischen Formen als Material für experimentelles dramaturgisches Denken und Gestalten auf einer Stufenleiter der stetigen Steigerung in Sachen theatralischer Kompetenzentwicklung auf.

Dies ist im Folgenden an ausgewählten Beispielen zu zeigen:

a) **Szenische Arbeit an der Einzelszene** (vgl. Kunz 1997)

Die Arbeit mit Dramenausschnitten im Deutschunterricht hat eine lange und nicht konfliktfreie Geschichte. Deshalb ist mit dem Begriff 'Einzelszene' jede

Textstelle oder jeder Improvisationsansatz gemeint, der sich szenisch-darstellerisch-dramaturgisch-theatralischer Mittel bedient. Im Deutschunterricht sind bisher vor allem Verfahren zur Einfühlung in literarische Figuren im Anschluss an Ingo Schellers Vorschläge (vgl. Scheller 1989, 1998, 2002 und 2008) entwickelt und angewandt worden: Die Gestaltung von Standbildern, die Produktion von Rollenbiographien, das Experimentieren mit Sprechhaltungen und das pantomimische Anspielen einer Szene bereichern den Deutschunterricht und führen wie die genannten Vorschläge von Marcel Kunz zu Formen eines überbordenden handlungs- und produktionsorientierten Deutschunterrichts (z. B. das Schreiben innerer Monologe, perspektivisches Schreiben, szenisches Vorlesen nach Kaspar Spinner (vgl. Spinner 2000) und Franz Josef Payrhuber (vgl. Payrhuber 1991), virtuelle Theatralik im Chat (Frederking/Krommer 2003). Die damit erreichte Schulung der szenischen Phantasie lässt sich überdies theatralisch und dramaturgisch auf weitere Untersuchungsfelder ausweiten: So sind Einzelszenen dramaturgisch betrachtet „Keimzellen" des Theatralischen: Sie lassen sich strukturell beschreiben und zur Weiterentwicklung auf allen Ebenen der Theatralität nutzen. Auch hier ist die wahrnehmungspsychologische Seite die wichtigste: Die Imagination der Spielenden und die der Mitschüler sind immer publikumsbezogen zu konzipieren, damit das szenische Interpretieren seinen Gegenstand, das Theatralische, nicht aus den Augen verliert. Deshalb ist auch an Simultanszenerien zu denken. Dieses Simultantheater umfasst einen Schauplatz mit mehreren Handlungsorten, an denen gleichzeitig mehrere theatralische Aktionen vor einem mitziehenden Publikum ablaufen. Dies führt automatisch zur

b) **Arbeit an einer Szenenreihe**

Die Arbeit an oder der selbständige Entwurf von Szenenreihen durch Lernende bietet folgende didaktische Vorteile: Die Schüler entdecken, dass sich einzelne Szenen nicht direkt aufeinander beziehen müssen; aus dramaturgischer Sicht können Zeit- und Handlungslücken und -sprünge zwischen den Einzelszenen liegen. Insgesamt sollte jedoch im Sinne des offenen Dramas ein innerer dramaturgischer Zusammenhang auch in einer Szenenreihe erkennbar und nachvollziehbar sein. Wenigstens ein Element des Theatralischen (eine Figur, ein Zeitstrahl, ein Raumkonzept, ein Handlungselement) muss weitergeführt werden. Die Typologie des Stationendramas, die Dramaturgie des Epischen Dramas lässt sich dabei konkret ebenso veranschaulichen wie der stark vom Erzählen bestimmte Duktus der Szenenreihe, der dem Erzählbedürfnis der Kinder entgegenkommt. Die Schulung der szenischen Phantasie läuft über die Leerstellenspiele der Lücken in der Szenenreihe ebenso wie die darstellerische Ausgestaltung der Zwischenteile oder die dramaturgische Einordnung oder Weiterführung einer Szenenreihe.

c) Symmediale Strukturelemente des Szenischen Interpretierens oder dramatische Texte als Experimentierflächen des Symmedialen

Das Uraltmedium Theater enthält als universale „Simulationsmaschine“ (vgl. Turing 1937) die wichtigsten den Menschen vor der Erfindung des Rechners verfügbaren medialen Präsentationsformen, die wir als theatralische Strukturelemente bezeichnen. Alle neu erfundenen medialen Vermittlungsformen wurden nach dem ersten pantomimisch rituellen Theaterspiel in die theatralische „Zeichengenerierungsfabrik“ (vgl. Barthes 1969) des Theaters integriert. Körper, Bewegung, Tanz, Kinesik in Raum und Zeit, Verbales, Nonverbales (Gesicht, Mimik, Haltung) wurden in einem stetigen Prozess sym- und intertheatralischer Erweiterungen und Erneuerungen in die aktuelle szenische Präsentation integriert: Buchstaben und Wörter in Spruchbändern und Aufschriften seit der Erfindung der Schrift, Töne und Geräusche im Zuges des Auditiven und Musikalischen ergänzten das ursprünglich stumme Spiel religiöser und sozialer Tanz-, Gesangs- und Bewegungsdarbietungen. Jede neuartige mediale Erfindung, Fotografie, Film, Fernsehen, Internet schien den „Tod des Theaters“ einzuleiten. Doch wie der Phönix aus der Asche erfand sich das Theater immer wieder neu: Die Theaterproduzierenden leisteten von den Autoren, über die Darsteller bis zu den Regisseuren die Integration der neuen Medien auf die Bretter, die die Welt bedeuten. Sie verwendeten die neuen Medien als Projektionen, als Hintergrund und neues theatralisches Stilelement in ein symmediales lebendiges Gesamtkonzept, aus denen das Theater wieder neu gestärkt hervorging und hervorgeht. Vermutlich ist der *Live*-Charakter der szenischen Interpretation mit lebendigen Darstellern und einem direkt partizipierenden Publikum die eigentliche Stärke des Uraltmediums Theater – allen Widerständen und Eliminierungsversuchen der Institution Theater zum Trotz. Die dem Simultankonzept von Raum, Zeit und Figuren zugrunde liegende symmediale Dynamik des Theatralischen lässt jeden Text durch Text-, Wort-, Bild-, Klang-, Geräusch-, Bewegungs- und Lichtkombinationen zu einem synästhetisch genießbaren Gesamtkunstwerk werden. Der symmedial-integrative und synästhetisch-(ap)perzeptive Zugriff macht Zeichenprozesse auf dem Theater für jedes Publikum zu einem Erlebnis der besonderen Art. Selbstverständlich sind dabei alle Wirkungsmechanismen möglich: Sie reichen von Enthusiasmus und Begeisterung bis zum Schock, zum moralischen Zeigefinger und schließen Formen von Ekel und Abscheu keineswegs aus. Wesentlich für die Agierenden und Reagierenden auf der Bühne und im Publikum ist zu „begreifen“, was die einen oder die anderen an der symmedialen Zeichenentsendungsmaschine „ergreift“. Mit diesem „Begreifen“, einem zugleich produktiven und analytischen Ansatz, ist in didaktischer Sicht jede Art von szenischer Interpretation in schulischen und außerschulischen Kontexten gemeint. Szenische Interpretationen versuchen, dramatische Texte im eigentlichen Sinn des Wortes zu inszenieren, d. h. szenische Arbeit in theatralisch-symmedialer Art zu leisten. Dies ist die eine Seite. Die andere Seite der szenischen Interpretation besteht darin, konkret Inszenierungen nach ihren Theatralitätskonzepten zu analysieren, zu bewerten und didaktisch zu kategorisieren. Ein theatralitätsbezogener Ansatz überschreitet jede Art von Theaterpädagogik im Sinne eines Spiralcurriculums für dramatische Formen vom Kasperlespiel zum „großen Bühnenstück". Die Entwicklung theatralischer Kompetenzen lässt sich von der Elementarstufe an über eine fortschreitende Theatralisierung des herkömmlichen Sprach- und Literaturunterrichts erreichen, der szenische Interpretationen und praktische Inszenierungsanalysen nicht in eine Randzone des Deutschunterrichts verbannt. Szenische Interpretation bedeutet, dass Lernende und Lehrende gemeinsam ihre produktive und rezeptive Phantasie und Imaginationskraft an theatralischen Gegenständen schulen. Sie setzen mit einem Beobachtungsraster ein flexibles didaktisches Inventar ein, das sie als Produzierende und Rezipierende, als Darsteller und Regieführende, als Agierende und Reagierende selbstbewusst, offensiv und innovativ erweitern und verändern können. Methoden und Strategien für Aufführungs- und Inszenierungsanalysen und für die produktive Arbeit an dramatischen Texten oder theatralischen Gegebenheiten und dramaturgischen Denkaufgaben bekommen die Schüler/innen in einem theatralischen Dramenbaukasten an die Hand.

Der gezielte analytische Zugang zu diesem Baukastensystem soll die Lernenden dazu befähigen, die komplexen, synästhetisch, symmedial und interpersonell (zwischen Spielern und Zuschauern) simultan ablaufenden komplexen Zeichenprozesse im Theater in eine erste Ordnung und Systematik zu bringen. Damit können die Schüler/innen im Deutschunterricht Prozesse des Dramatischen, Theatralischen und Dramaturgischen durch szenische Interpretation reflektierend begleiten, steuern und bewerten. Der theatralische Dramenbaukasten bezieht sich auf das Erkennen, Schulen und Einüben folgender Ebenen des Dramatischen, Theatralischen und Dramaturgischen:

<table>
<tr><td colspan="4">visuelle Ebene</td><td colspan="3">akustische Ebene</td></tr>
<tr><td colspan="2">Raum</td><td colspan="2">auf Darsteller/innen bezogen</td><td colspan="2">sprachlich</td><td>nicht-sprachlich</td></tr>
<tr><td>Bühnenraum
Zuschauer-raum</td><td>Raum-inhalte
Requisiten</td><td>Erscheinung der Schauspieler
Maske
Kostüme</td><td>Tätigkeit der Schauspieler (Mimik, Gestik, Bewegungen)</td><td>Stimm-ausdruck / Sprechweise</td><td>Sprach-handlungen</td><td>Musik
Licht
Geräusche</td></tr>
<tr><td colspan="7">Aufführung / Inszenierung / Wirkung auf das Publikum / Rhythmus einer Inszenierung</td></tr>
</table>

Literatur

Abraham, Ulf (1992): Mehr als Nachspielen und Vorspielen: Dramatisches Gestalten zwischen Prozeß- und Produktorientierung. In: Literatur und Sprache – didaktisch 4, S. 30–48.

Andresen, Helga (2002): Interaktion, Sprache und Spiel: zur Funktion des Rollenspiels für die Sprachentwicklung im Vorschulalter. Tübingen: Narr.

Aristoteles ca. 335 v. Chr. (1961): Poetik. Übersetzung, Einleitung und Anmerkungen von Olof Gigon. Stuttgart: Piper, S. 29.

Bertolt Brecht 1943 (1990): Der gute Mensch von Sezuan. In: Ders.: Gesammelte Werke in 20 Bänden. Frankfurt am Main: Suhrkamp. Bd. 4, S. 1487–1607.

Barthes, Roland (1969): „Literatur und Bedeutung". Literatur oder Geschichte. Frankfurt am Main: Fischer, S. 102.

Barz, André (1998): Vom Umgang mit darstellendem Spiel. Berlin: Volk und Wissen.

Culpeper, Jonathan (Hrsg.) (1998): Exploring the language of drama: from text to context. London: Routledge.

Denk, Rudolf/Möbius, Thomas ([2]2010): Dramen- und Theaterdidaktik. Eine Einführung. Berlin: Schmidt.

Frederking, Volker/Krommer, Axel (2003): Von der Persona zum Personascript. Virtuelle Theatralik im multimedialen Deutschunterricht am Beispiel von Ludwig Fels' „Soliman". In: Deutschunterricht 56, H. 4, S. 34-43.

Goffmann, Erving (2008): Wir alle spielen Theater: die Selbstdarstellung im Alltag. 6. Aufl. München: Piper.

Goffmann, Erving (2000): Rahmen-Analyse: ein Versuch über die Organisation von Alltagserfahrungen. Übers. von Hermann Vetter. Frankfurt am Main: Suhrkamp (= Suhrkamp-Taschenbuch Wissenschaft; 329).

Iffland, August Wilhelm 1913 (1978): Rollenfächer um 1770. In: Diebold, Bernhard: Das Rollenfach im deutschen Theaterbetrieb des 18. Jahrhunderts. Leipzig/Hamburg. Reprint (= Theatergeschichtliche Forschungen, Bd. 25), S. 49–50.

Kleist, Heinrich von 1806/07 (2007): Penthesilea. Ein Trauerspiel. Frankfurt am Main: Suhrkamp.

Kochan, Barbara (Hrsg.) (1981): Rollenspiel als Methode sozialen Lernens: ein Reader. Königstein/Taunus: Athenäum.

Kott, Jan (1990): Das Gedächtnis des Körpers: Essays zu Literatur und Theater. Dt. von Agnieszka Grzybkowska. Berlin: Alexander.

Karl Kraus 1922 (1992): Die letzten Tage der Menschheit. Frankfurt am Main: Suhrkamp.

Kunz, Marcel (1997): Spieltext und Textspiel: szenische Verfahren im Literaturunterricht der Sekundarstufe II. Seelze: Kallmeyer.

Kunz, Marcel (2006): Theatralisiert den Literaturunterricht: Unterrichtsmodelle für den Literaturunterricht der Sekundarstufe II. Baltmannsweiler: Schneider.

Maar, Paul (Hrsg.) (1998): Vorhang auf und Bühne frei! Kinder- und Jugendtheater in Deutschland. Baltmannsweiler: Schneider.

Otto, Karlheinz/Vorweg, Manfred (1985): Rollenspiel. In: Wörterbuch der Psychologie. Leipzig: Bibliographisches Institut, S. 528.

Payrhuber, Franz-Josef (1991): Das Drama im Unterricht: Aspekte einer Didaktik des Dramas; Analysen und empirische Befunde, Begründungen, Unterrichtsmodelle. Rheinbreitbach: Dürr u. Kessler.

Pfister, Manfred (2001): Das Drama. Theorie und Analyse. München: Fink.

Renk, Herta-Elisabeth (1978): Dramatische Texte im Unterricht: Vorschläge, Materialien u. Kursmodelle für d. Sekundarstufe I u. II. Stuttgart: Klett.

Scheller, Ingo (1989): Szenische Interpretation: Georg Büchner: „Woyzeck": Vorschläge, Materialien u. Dokumente zum erfahrungsbezogenen Umgang mit Literatur u. Alltagsgeschichte(n). Unter Mitarb. von Elke Siems. Oldenburg: Univ., Zentrum für Pädag. Berufspraxis.

Scheller, Ingo (1998): Szenische Interpretation von Literatur. Korrespondenzen 33, S. 41–45.

Scheller, Ingo (2002): Szenisches Spiel. Handbuch für die pädagogische Praxis. Berlin: Cornelsen, 3. Aufl.

Scheller, Ingo (2008): Szenische Interpretation von Dramentexten: Materialien für die Einfühlung in Rollen und Szenen. Baltmannsweiler: Schneider.

Schemme, Wolfgang (2000): Theater und Deutschunterricht. In: Deutschunterricht 53, H. 5, S. 343–353.

Schuster, Karl (1994): Das Spiel und die dramatischen Formen im Deutschunterricht. Baltmannsweiler: Schneider.

Spinner, Kaspar H. (2000): Szenisches Vortragen von Gedichten. Zugang zu den Lernenden finden. In: Ensberg, Claus/Diegritz, Theodor/Hübner, Marlies/Schuster, Karl (Hrsg.): Deutschunterricht: Zugang zu den Lernenden finden. Festschrift für Otto Schober. Braunschweig: Westermann, S. 101–113.

Spinner, Kaspar H. (2001): Spielszenen im Deutschunterricht. In: Praxis Deutsch 166, S. 4–9.

Turing, Alan Mathison 1937 (1987): Intelligence Service: Schriften. Hrsg. von Bernhard Dotzler und Friedrich Kittler. Berlin: Brinkmann und Bose.

Waldmann, Günter (2004): Produktiver Umgang mit dem Drama: eine systematische Einführung in das produktive Verstehen traditioneller und moderner Dramenformen und das Schreiben in ihnen; für Schule (Sekundarstufe I und II) und Hochschule. Baltmannsweiler: Schneider.

GUDRUN MARCI-BOEHNCKE

3.13 Medienverbund und Medienpraxis im Literaturunterricht

Defense Against Dark Arts – alle *Harry Potter*-Fans kennen dies als Domäne berühmter Lehrer in der sagenhaften Zauberschule *Hogwarts.* Die reale „Verteidigung gegen die dunklen Künste" außerhalb der Romanwelt von Joanne K. Rowling ist hingegen eine amerikanische Organisation, die Fans hilft, sich gegen Konzerne zu verteidigen, wenn diese die Rechte an Homepages einklagen wollen, die den Helden- und Markennamen *Harry Potter* benutzen. Der Markt als Moloch, der seine Kunden frisst – hier wollte die junge Heather Lawver, die als Teenager bereits im Netz eine virtuelle Schulzeitung aus Hogwarts herausgegeben hat, mit ihrer Organisation einschreiten (Jenkins 2006, S. 170ff.). Vielleicht ist diese Geschichte inzwischen ebenso ein Mythos wie die Cinderella-Karriere der J. K. Rowling, jedenfalls zeigt sie einen Konflikt zwischen zwei Rezeptionskonkurrenten: dem Markt und den Fans. Die Wirtschaft scheint zunächst am längeren Hebel zu sitzen.

Der Film zum Buch, die Karten zum Film, das Buch zum Film, die Web-Site zum „Produkt", ein Weblog zum Thema, die Kauf-Hotline per Internet oder Telefon zum Begleitprodukt eines Filmes, die Bettwäsche zum Hörspiel, das Kuscheltier zur Fernsehserie – nicht erst auf der Basis der Digitalisierung verschwimmen die Grenzen zwischen Medienverbund, Merchandising und Crossmedia. Im folgenden Beitrag soll es daher zunächst darum gehen, die Bedeutung des Themas „Medienverbund" im Kontext der Medienkompetenzbildung deutlich zu machen. Anschließend wird dem Begriff des Medienverbundes der weiter gefasste Begriff der Medienkonvergenz zur Seite gestellt. Fokussiert der Medienverbund eher auf die Seite distinkter Medien, stellt Medienkonvergenz die Nutzungsdimension in den Mittelpunkt. Diese soll auch im Folgenden weiter betrachtet werden, wenn es um Produktions- und Rezeptionsaspekte geht. Betrachtet wird hier der ökonomische Rahmen und das konvergente Medienhandeln heutiger Rezipienten.

Medienverbund und Medienkompetenz

Ökonomische Aspekte gehörten bisher eher in den Randbereich des Deutschunterrichts. So ist etwa das Thema „Werbung" – wenn überhaupt – lange vor allem unter linguistischen Aspekten interessant gewesen. Artikel, die den Rezipienten in den Blick nahmen, waren selten (vgl. Gast 1994; Marci-Boehncke 2006b).

Ebenso wie in der Deutschdidaktik um Trivialliteratur geschah dies darüber hinaus eher mit bewahrpädagogischer Intention (Maiwald 2005, S. 54). Mit der Digitalisierung hat sich jedoch die Geschwindigkeit der Transformation von Texten in andere Medientexte oder Produkte so rasant entwickelt, dass sich die Grenze zwischen einer ästhetisch geprägten Intermedialitätsdiskussion (Marci-Boehncke/Rath 2006a; Bönnighausen/Rösch 2004) und einer ökonomisch geprägten Diskussion um die Verwertungsketten medialer Angebote kaum noch trennscharf ziehen lässt. Im Rahmen des Deutschunterrichts blieb der Medienverbund u. a. auch deshalb umgangen, weil nicht zuletzt seit der Veröffentlichung von Adornos und Horkheimers Kritik an der Kulturindustrie 1948 der Markt und die Masse zu den Feinden der Kunst zählen (vgl. Horkheimer/Adorno 2006). Dietrich Kerlen (2005) hat in seiner kulturhistorischen Studie das Schlagwort von der „Medienmoralisierung" geprägt, das auch die offensichtliche Berührungsangst der Bildungsinstanzen mit den Argumenten des Marktes beschreibt. Im Hinblick darauf, dass Schule bei der Lebenswelt ihrer zu bildenden Klientel anzusetzen hat und über die Hälfte der Kinder im Vorschulbereich bereits einen festen Medienhelden besitzen und an diesen gebundene Konsumwünsche entwickeln (Marci-Boehncke/Rath 2007b), ist eine Auseinandersetzung mit der „Macht des Marktes" (Mast 1996) ratsam.

Die *Forschungsliteratur* zu diesem Thema entstammt der Medienwissenschaft. Für Deutschland sind die Konvergenz-Studien JFF (JFF) (Theunert/Wagner 2002; Wagner et al. 2004; Wagner/Theunert 2006; Wagner 2010) und die Langzeitstudie „Massenkommunikation" von ARD und ZDF seit 1964 wichtige empirische Bezugsgrößen. Von 1980 bis 2010 ist die tägliche Mediennutzung der Personen über 14 Jahren mit Schwankungen brutto um 237 Minuten auf knapp zehn Stunden angestiegen (van Eimeren/Ridder 2011, S. 14). Das bedeutet, pointiert gesagt: *Wer nicht schläft, ist medial.*

Dieses Ergebnis gibt allerdings nur die durchschnittliche Nutzung von Medien im Tagesverlauf an, sagt aber noch nichts aus über die Nutzung medienbezogener Produkte aus dem Merchandising und nichts über den tatsächlichen thematischen Nutzungszusammenhang der parallel genutzten Medien (vgl. Ridder/Engel 2010). Vor allem der letzte Aspekt ist wichtig: Seit 1970 bis 2010 hat sich die parallele Mediennutzung tagesaktueller Medien versechsfacht und stieg bei allen massenmedialen Nutzungsformen Fernsehen, Radio, Tageszeitung, Internet, Zeitschriften, Buch, Video/DVD sowie Schallplatte/CD/MC/MP3 auf 9 % der Gesamtmediennutzungsdauer mit einem Maximum von 11 % bei den 14- bis 29-Jährigen (Best/Breunig 2011, S. 20). M. a. W.: Nahezu jegliches Alltagshandeln ist inzwischen von Medieneinflüssen geprägt. Es kann lediglich zwischen direktem und indirektem Medienbezug differenziert werden (vgl. Mikos 2004, S. 23) und als Fazit kann gelten: „Je jünger die Menschen, deso eher nutzen sie Medien parallel." (Best/Breunig 2011, S. 19)

Die pädagogische Thematisierung solcher v.a. medienökonomischen Betrachtung beleuchtet alle Aspekte der Medienkompetenz (Baacke und Tulodziecki 1997):

- Im Bereich *Medienkunde* wird die Produktionsseite in den Blick genommen.
- In Bezug auf die *Mediennutzung* geht es vor allem um den konkreten Umgang des Rezipienten mit dem Medienverbund.
- Stellt man den diskursiven Prozess zwischen Produzenten und Rezipienten als Vertreter unterschiedlicher Interessen in den Mittelpunkt, werden Aspekte der *Medienkritik* deutlich.
- Schließlich ist auch eine *mediengestalterische* Fokussierung möglich, denn zum einen kann die (ökonomiegetriebene) Gestaltung nachvollzogen werden, zum anderen kann aber auch der Schüler zum Produzenten werden und sowohl medial als auch produktorientiert Ideen entwickeln. Hier vor allem sollte der Deutschunterricht das Thema aufgreifen (vgl. Frederking 2006).
- Ergänzend sollte heute auch die *Medienkommunikation* mit hinzu gedacht werden, die im Rahmen sozialer Interaktion eine zentrale Rolle im Medienhandeln von Kindern und Jugendlichen spielt. Gemeint ist das referenzielle Kommunizieren der Medien selbst wie auch die jugendliche Anschlusskommunikation über Medien sowie das kommunikative Medienhandeln (vgl. den Sammelband von Bucher/Gloning/Lehnen 2010).

Insofern bietet der Medienverbund nicht nur viele Anknüpfungspunkte für einen an der Medienkompetenz orientierten Unterricht, sondern ist an einer Schnittstelle zwischen Medienwelt und (auch ökonomischer) Alltags-Welt anzusiedeln. Da die Medien heute neben Elternhaus, Peergroup und Schule die wichtigste Sozialisationsinstanz darstellen (vgl. Rath/Marci-Boehncke 2004) und nicht erst in der Adoleszenz Einfluss auf die Identitätsentwicklung nehmen, ist die Verschränkung von Medieninhalten und Medienmarkt von Anfang an auch für die Kinder und Jugendlichen wahrnehmbar Karmasin (2006a) bezeichnet Medien deshalb als „duales Gut“: Sie produzieren *Realkapital* ebenso wie *Sozialkapital.* In der Partizipation an bestimmten Medienangeboten und -inhalten, in der Kommunikation über diese Partizipation innerhalb der Peergroups generieren die jungen Rezipienten Sozialkapital: Medien sind Teil ihrer (Kommunikations-)Kultur. Indem sie für die Nutzung und/oder den Besitz dieser Medien – direkt oder indirekt – bezahlen, produzieren sie aber zugleich Realkapital. Es gibt also neben den unmittelbaren Realwerten vor allem in der Mediennutzung *symbolisches Kapital* (vgl. Bourdieu 1983), was auch als eine *Ökonomie der Aufmerksamkeit* (vgl. Franck 1998) begriffen werden kann.

Diese Schnittstellen und die sich dort abspielenden Prozesse zwischen Produzenten und Rezipienten sind nicht nur individuell für die Schüler interessant (vgl. etwa zum Phänomen der Marke *Harry Potter* Neuner/Sandhu 2005;

Jenkins 2006), sondern sie sind als Teil der Globalisierung auch von einer großen, gesellschaftsbestimmenden Bedeutung. Diese ist für die Schülerinnen und Schüler politisch ebenso wie biographisch zukunftsbestimmend und verdient pädagogische Vorbereitung im Hinblick auf die Übernahme sozialer Verantwortung sowie Selbstverantwortung in einem weltweiten Kommunikationsprozess (vgl. Kleinsteuber 2006, S. 72f.). Die Medienpraxis der Jugendlichen zeigt, dass sie längst in diesen Prozess der Globalisierung involviert sind und als Marktteilnehmer mitwirken und Einfluss nehmen. Sie besitzen dazu längst die technischen Kenntnisse und die medialen wie materiellen Voraussetzungen (JIM 2006). Was ihnen jedoch vielfach fehlt, ist das Verständnis für die Regeln, nach denen in diesem weltweiten Kommunikationsprozess agiert wird. Solch ein Regelwissen und Regelbewusstsein sowie die damit verbundenen notwendigen Interessenabwägungen werden ohne pädagogische Begleitung kaum ausgebildet.

Medienverbund und Medienkonvergenz

Der Begriff „Medienverbund“ ist vielfältig. Im einfachsten Fall kann Medienverbund die Präsenz eines medialen Angebots in distinkten Medien meinen, z. B. *Harry Potter* als Roman, als Film, als Computerspiel, als TV-Zeichentrickserie. „Über den gemeinsamen Inhalt gibt es zwar ein enges Zusammenspiel zwischen den verschiedenen Angeboten, aber die Funktion der einzelnen Angebote bleibt klar unterschieden.“ (Hasenbrink/Mikos/Prommer 2004, S. 11). In der Medienökonomie spricht man in Anlehnung an die von Shapiro/Varan (1999) in Zusammenhang mit der Vermarktung von Informationsgütern beschriebene Marketingstrategie von „Versioning“ (vgl. auch Siegbert/Hautzinger 2006, S. 123ff.). Darüber hinaus kann sich der Begriff „Medienverbund“ auf die Kompetenz des Rezipienten beziehen, diese verschiedenen Medien zu nutzen (wobei noch offen bleibt, ob sich diese Kompetenz nur auf einen, einige oder alle Aspekte der Medienkompetenz bezieht). Spezifischer ist die Verwendung dieses Begriffs im Sinne einer technischen Verbindung distinkter Medien in einem neuen Medium (Kittler 1986; Bolz 1993), z. B. die Interpretation des Tonfilms als Verbindung von Stummfilm und Grammophon oder die Verbindung des Hörfunks, des Stummfilms und der Telegrafie zum Fernsehgerät.

Für die Medienforschung gehören Technik und Vermarktung mit zu den Determinanten dieses Begriffes. Anders als bei Faulstich (2006, S. 178), der noch vermutet, dass die Bedeutung digitaler Medien „nur bei einzelnen Gruppen und eingeschränkt für spezifische Kommunikationsformen relevant“ sei, zeigten die jährlich erscheinenden JIM-Studien, dass seit 2006 bei der jungen Generation das Fernsehen von Platz eins der beliebtesten Medien verdrängt worden ist. Der Computer und inzwischen das Handy haben stark an Bedeutung gewonnen, da sie als Hybridmedien nicht ein Format, sondern konvergente

Medienangebote zulassen. In der JIM-Studie 2011 schließlich steht das Fernsehen nur mehr bei 56 % ganz vorne, hinter dem Internet (88 %) und dem Handy (80 %) (vgl. ebd., S. 15). 79 % der Schülerinnen und Schüler besitzen einen eigenen Computer und mit 96 % Handybesitz kann dieses technische Medium als jugendkultureller Standard angesetzt werden (vgl. ebd., S. 6). Das jugendliche Nutzungsverhalten zeigt eine hohe Differenzierung und es ist absehbar, dass sich mit der Diversifizierung der Angebotsstruktur auch neue Entwicklungsmöglichkeiten eröffnen. Aus den Reihen dieser Jugendlichen kommen die *early adopters* der nächsten Generation, möglicherweise gehören sie schon jetzt dazu.

Vor allem diese technische Bedeutung gewinnt unter den Bedingungen der Digitalisierung und der Integration medialer Angebote in das Hybridmedium Computer völlig neue Dimensionen. Die Produktion, das Produkt selbst, die Distribution und die Rezeptionsplattform sind in gewisser Weise digital gleichförmig geworden. Dies hat Folgen für die Nutzungsmöglichkeiten und Nutzungsformen v. a. der jüngeren Generation und daher auch Folgen für die Schule. Um diese Rezeptionsaspekte mit in den Blick zu nehmen, soll im Folgenden neben dem Medienverbund auch von *Medienkonvergenz* die Rede sein. Beschreibt der Begriff des Medienverbundes die Organisationsstruktur medialer und ökonomischer Verschränkungen, ist der Begriff der Medienkonvergenz weiter gefasst. Medienkonvergenz beschreibt sozusagen auf der Produktoberfläche, was in der Bedeutungszuweisung beim Rezipienten als Intermedialität erscheint (vgl. Marci-Boehncke 2006a). Konvergenz meint „vor allem *technische, regulatorische* und *ökonomische* Dimensionen der Entwicklungen, die im Mediensystem vonstatten gehen“ (Wagner/Theunert 2006, S. 17) und eine Annäherung medialer Systeme, Inhalte und Rezeptionsformen ermöglichen. Henry Jenkins bleibt für die USA ähnlich offen:

> By convergence, I mean the *flow of content across multiple media platforms*, the *cooperation between multiple media industries*, and the migratory *behavior of media audiences* who will go almost anywhere in search of the kinds of entertainment experiences they want. Convergence is a word that manages to describe *technological, industrial, cultural, and social* changes depending on who's speaking and what they think they are talking about. (Jenkins 2006, S. 2f.)

Für die Branchen Telekommunikation, Information, Media, Entertainment beschreibt Winter (2006, S. 13) als das offenkundigste empirische Merkmal von Konvergenz die „Überwindung von bisher bestehenden Grenzen in Raum und Zeit“. Obwohl in ihrer Ausrichtung zunächst technisch determiniert, scheint die am Mehrwert für den Nutzer orientierte Definition von Göschka und Radinger weiterzuführen:

> Konvergenz in der Technik ist die multidisziplinäre Annäherung oder Übereinstimmung von inhomogenen Methoden, Systemen, Sichtweisen, Wissensgebieten oder anderen Disziplinen der Technik, mit dem Ziel, einen Mehrwert zu erreichen. (Göschka/Radinger 2006, S. 77)

Mehrwert ergibt sich nicht nur auf Seiten der Technik und Ökonomie, sondern ebenso auf Seiten der Rezipienten. „Heranwachsende folgen also dem Markt bzw. vorgeschlagenen Nutzungsoptionen, solange diese für sie einen Mehrwert, einen Zusatznutzen erbringen“ (Wagner/Theunert 2006, S. 31). Dieser Mehrwert auf Seiten der Produzenten und Rezipienten wird im Folgenden im Mittelpunkt stehen. Die Marktbedingungen medialer Nutzung und die Rolle des Marktes im Medienwirkungsfeld dürfen dabei – ohne eine Ideologisierung in die eine oder andere Richtung (vs. Bolz 1993, vgl. auch Kittler 1986) – heute nicht mehr ignoriert werden. So soll an dieser Stelle auch keine kulturkritische Betrachtung der Medienentwicklung im Vordergrund stehen, sondern eine Systematisierungshilfe für das Verständnis medialer und ökonomischer Verschränkungen. Für den Mehrwert auf Seiten des „Produkts“ wird auf die Artikel von Bönnighausen, Möbius und Frederking in diesem Band verwiesen.

Produktionsvorteile der Medienkonvergenz

Mediale Konvergenz bedeutet zunächst und auf die Medientechnik bezogen die Überführung von mindestens zwei distinkten Medien in ein neues Medium. Durch die digitale Integration medialer Funktionen in ein Hybridmedium wird die konvergente Medialität im wahrsten Sinn in einer neuen Sprache „festgeschrieben“: Im digitalen Zeichencode von 1 und 0 gibt es eine neue einheitliche Codierung für alle „Texte“. Nur die Dekodierungssysteme auf der Ebene der Software, die die Umsetzung in einem dann wieder distinkten peripheren Ausgabemedium (Bildschirm, Lautsprecher etc.) steuert, sind noch unterschiedlich. So kann eine CD oder DVD Datenträger sein für Filme, Audio-Texte oder Schrifttexte. Ähnliches gilt für den MP3-Player als Trägermedium. Da mit der Digitalisierung auch die Exklusivität der jeweiligen Archivierungstechnik verschwindet und die mediale Spezifizierung zur reinen Software-Frage geworden ist, sinkt zugleich der Produktionsaufwand. Alle arbeiten mit denselben Codes, den im Prinzip identischen – digitalen – Produktionsmitteln. Mit dem Computer kann darüber hinaus jeder Nutzer zugleich auch als Produzent auftreten, Texte schreiben, Bilder bearbeiten, Filme schneiden, Musik aufnehmen und bearbeiten, Radio hören und Fernsehen, Mails verschicken, im Netz recherchieren und Materialien selbst dort archivieren.

Aber auch die Erscheinungsformen des Computers selbst scheinen flüssig zu werden. Das Mobiltelefon („Handy“), als (weitgehend) ortsunabhängiges Telefon konzipiert, hat längst aufgehört, reines auditives Kommunikationsmittel zu sein. Kamerafunktionen, Schreibfunktionen ebenso wie Rezeptionsfunktionen machen einen Großteil der technischen Kapazitäten der Mobil-„Telefone“ aus. Sie sind quasi mobilisierte Erscheinungsformen des Hybridmediums Computer. Der Unterschied zwischen einer Kurzmitteilung (SMS), die auf dem Handy geschrieben wird, und einer E-Mail, die auch über das Handy abgerufen werden kann, ist lediglich das „Netzwerk", über das diese Informationen vertrieben werden. Für den Empfänger ist beides eine Art, wie Texte (und heute auch schon Bilder, Filme etc.) übermittelt werden. Daher machen die Netzwerke und der Speicherplatz heute die eigentlichen Konzernstrukturen aus. Das heißt aber nicht weniger, als dass nurmehr die ökonomische Organisationsstruktur über die Nutzungsbedingungen digitaler Medien entscheidet.

Die Hybridisierung medialer Produktion, Produkte, Distribution und Rezeptionsplattform lässt die konkrete Gestalt medialer Kommunikation und Rezeption, ihre Distinktivität, zufällig werden. Nicht zu unrecht bezeichnet Rath (2003a) daher den Hauptkommunikationsstrang hybrider Medialität, das Internet, als „Mutter aller Medien" des 21. Jahrhunderts. Das Internet stellt einen dezentralen Netzverbund dar, der zu verschiedenen, in der gleichen digitalen Sprache beschriebenen Speicherorten Zugang gewährt und so eine Kommunikationsinfrastruktur schafft: Das Internet wird so zum Ort, zur „Adresse" der Medien schlechthin (Andriopoulos/Schabacher/Schumacher 2001). Als Kennzeichen dieses neuen Meta-Mediums nennt Rath (2003a):

- *Digitalisierung:* Der Medieninhalt kann von seinem ursprünglichen Trägermedium gelöst und mehrfach verwendet werden. Sofern die Daten im digitalen System bleiben – etwa dann, wenn eine Info-Seite zu einem Produkt eingerichtet wird – ist die Mehrfachverwertung im gleichen Konzern nahezu kostenfrei.
- *Interaktivität:* Der Medieninhalt wird aus räumlicher und zeitlicher Begrenzung nahezu aufgehoben. Alles ist individuell und jederzeit über Hyperlinks und Verweise verfügbar. Nicht nur der Betreiber/Sender „pusht" einen Inhalt – wie eine Zeitung früher, die gedruckt auf den Markt kam und wartete, gekauft zu werden – sondern der Nutzer „pullt": Er stellt individuell die Informationsabfrage, die er braucht. Er besitzt differenzierte Such- und Zugriffsmöglichkeiten. Für den Produzenten sind unterschiedliche Formen der Marktbeobachtung möglich. Nutzer von Internetseiten können ebenso gezählt werden wie Käufer.
- *Transkulturalität:* Der Zugriff auf das Internet überschreitet nationale Grenzen. Sofern der Nutzer über die sprachlichen Voraussetzungen verfügt, kann er global Information abfragen. Produzenten können sich die Rechtsräume suchen, in denen für sie die günstigsten Voraussetzungen herrschen – etwa in Bezug auf das Kartellrecht.
- *Virtualität:* Die Materialität der Inhalte hat sich aufgelöst. Alles ist digitaler Text.

Unter den Bedingungen dieser *universalen Währung* digitaler Kommunikation werden ökonomisch wie technisch optimale Synergieeffekte durch Kooperation erreicht. So beobachten wir Kooperationen oder Fusionen zwischen großen

Konzernen, die auf die „Technik der Vermittlung“ (*networks*) spezialisiert sind, mit Konzernen, die in Bezug auf „Inhalte“ (*content*) besondere Ressourcen vorzuweisen haben – so etwa geschehen bei der Fusion von AOL und Time Warner, dem Kabelnetz-Giganten und dem Film-Marktführer. Kinofilm, DVD-Vertrieb, TV-Lizenzen, Soundtrack als CD, Zeitschriften, Zeitungen, Internetseiten, Internet-Foren, Filmshops – das gesamte Spektrum cross-medialer Möglichkeiten wird so abgedeckt. Dazu kommt der Bereich des Merchandisings mit interessierten Unternehmen, die den „Inhalt“ der Marke kaufen und mit ihren eigenen Produkten gemeinsam vertreiben. So bringt z. B. der Spielzeughersteller *Lego* eine eigene *Harry Potter*-Serie heraus, bei *McDonalds* gibt es zum Kinder-Menü die Spielfiguren aus *Herr der Ringe*. Ziel ist, alle Stufen der *Wertschöpfungskette*, d. h. des Weges von der Konzeption über Produktion, Distribution bis hin zum Rezipienten, zu integrieren, um damit weitgehende Marktabdeckung sowohl auf dem Endverbraucher- als auch dem Zuliefermarkt zu erreichen.

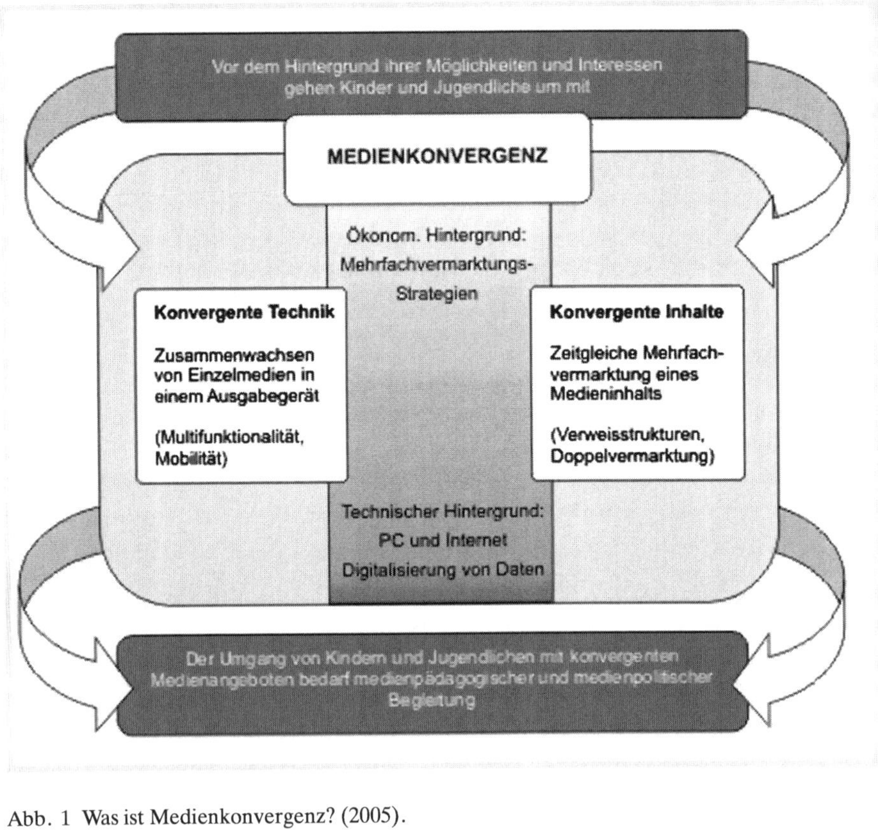

Abb. 1 Was ist Medienkonvergenz? (2005).

Die zunehmende Ausstattung der privaten Haushalte mit konvergenzfähigen Geräten, also Geräten, die im Stande sind die oben beschriebene technische Konvergenz zu bewältigen und darzustellen, erhöht die Bereitschaft von Unternehmen, die bisher nur in einzelnen Marktsegmenten agieren, eine „zusammenhängende Abdeckung bisher getrennter Marktsegmente und Wertschöpfungsstufen" (OC&C 2006, S. 4) strategisch anzustreben. Unternehmen gehen Kooperationen und Fusionen ein, um ein „Konvergenz-Portfolio" (ebd., S. 36) aufzubauen. Für eine Medienkompetenzbildung ist der Einblick in diese technikbasierte, ökonomisch motivierte und intermediale Medienproduktion und Mediendistribution wichtig, um sich über die Bedingungen und Abhängigkeiten eigener Medienrezeptionsformen Klarheit zu verschaffen (vgl. Abb. 1). Zumal solche Wertschöpfungs- und Verwertungsketten oft mit globaler Reichweite aufgebaut werden, nicht nur weil medial (fast) alle Länder erreichbar sind, sondern weil auch die konfektionierten Inhalte und Medienmoden weltweit gleichzeitig vermarktet werden.

Diese Konzernpolitik wird von Aktionären (*Shareholder*) unterstützt, weil sie maximalen Profit bringt. Zunehmend kommen aber auch jene Interessengruppen in den Blick, die von solchen Unternehmensentscheidungen und Verhaltensweisen betroffen sind, ohne Anteilseigner zu sein, die sog. *Stakeholders.* Dazu zählen auch und ganz wesentlich die jugendlichen *Fans.* Ein Konzern wird – sofern er eine Marke mit hohem öffentlichem Interesse lanciert hat – als Verantwortlicher wahrgenommen, der nicht nur ein eigenes ökonomisches Interesse wahrzunehmen hat, sondern auch in der Verantwortung für seine Marke steht. Es ist zunehmend eine ethische Verantwortung, die dem Konzern abverlangt wird (Karmasin 2006b) – umso mehr, als der Profit des Konzerns nur über die Akzeptanz der Marke beim Kunden erreicht wird. Das bedeutet beispielsweise, dass der Umgang mit den Fans – auch in Bezug auf eigene kreative Ideen der Fans – vom Markeneigener berücksichtigt werden muss. Bei der weltweiten Vermarktung von *Harry Potter* ist dieser Aspekt unterschätzt worden – so kam es schließlich zum Aufstand der Fans, nicht nur in Heather Lawvers Organisation *Defense Against Dark Arts.* Fantum entscheidet sich nicht allein dadurch, dass die Produkte konsumiert werden, sondern bei aller Monopolisierung und breiten cross-medialen Vermarktung bleibt immer noch Raum für die individuellen Nutzungsansprüche und Möglichkeiten der Rezipienten. Medienunternehmen suchen daher zunehmend Kooperationen mit kreativen Rezipienten in digitalen Medien, um deren Ideen ihrerseits zu vermarkten (vgl. Jenkins 2006, S. 186).

Der Medienverbund in der Perspektive des Rezipienten

Es wird deutlich, dass auch unter dem Blickpunkt des Medienverbundes bzw. der Medienkonvergenz keine einseitige und monodirektionale Wirkungsunterstellung vom Medium zum Mediennutzer vertreten werden kann, ebenso wenig wie die Vermutung einer völligen Autonomie des Rezipienten gegenüber den Strukturen und Inhalten der Medienangebote (Rath 2000). Allerdings kann man von einer Interdependenz ausgehen. So hat die Rezeptionsästhetik die aktive Rolle des Lesers im Prozess der Bedeutungszuschreibung von Texten betont. Texte – egal welcher medialen Herkunft – bieten demnach Stimuli, die vor den jeweiligen individuellen Hintergründen der Rezipienten individuelle Lesarten und damit auch ein im Detail individuelles Textverständnis schaffen. Jeder Leser liest und rekonstruiert auf seine Art, es entstehen „eigene“ Textversionen in der Rezeption, die allerdings nicht unmittelbar auf den Produzenten des Ausgangstexts zurückwirken.

In der Medienwirkungsforschung rekonstruiert der „transaktionale Ansatz“ diese Rückkopplung zwischen Anbieterseite und Rezipientenseite. In dem von Schönbach (1992) und Früh weitergeführten Modell zur Medienwirkung haben sowohl „Sender“ als auch „Empfänger“ ein Interesse daran, das Produkt laufend dem beiderseitigen kommunikativen Nutzen entsprechend zu optimieren (Schönbach 1992, S. 109). Medienwissenschaftlich lässt sich diese Rückkopplung über die *Ökonomie der Aufmerksamkeit* (Franck 1998) verständlich machen. Nicht Öffentlichkeit entscheidet über Rezeption (und damit Konsumtion und Einnahmen), sondern die Zuwendung des Rezipienten zu dieser öffentlichen Medienpräsenz. Erst aus ihr, der Unterstellung einer möglichen Bedürfnisbefriedigung, folgt Rezeption. Und erst aus der Analyse der erreichten Aufmerksamkeit kann durch die Medienunternehmung eine Bereitstellung möglicher medialer Gratifikation folgen, die Konsumtion sicherstellt.

Mit der Digitalisierung und Mehrfachverwertung von Medieninhalten im Medienverbund wird dieses Bedürfnis besser und schneller erfüllt. Da Zugriffe auf digitale Medienangebote rekonstruierbar sind, können die Anbieter ihre Produkte laufend an die Bedürfnisse der Rezipienten anpassen. Dies geschieht heute bereits als *Content Customization*. Z. B. erstellen Firmen aufgrund erfolgter Einkäufe im Netz individualisierte Angebotsvorschläge. Die Beobachtung von *Blogs*, privaten ebenso wie kommerziellen netzbasierten Kommunikationsplattformen, hilft beispielsweise Zeitungsredaktionen bei der Themenfindung. Die Rezipienten bestimmen hier die Agenda der Informationsrecherche und die Auswahl der Darstellung mit (Neuberger/Nuernbergk/Rischke 2007).

Die Mediennutzung der Rezipienten beschränkt sich aber nicht auf digitale Angebote, insofern ist nur ein Teil der Medienrezeption unmittelbar digital erfassbar. Über aufwendigere Stichproben werden andere Mediennutzungen erfasst – so zum Beispiel über die so genannten „GfK-Meter“ (SWR 2001), Mikrocomputer, die in repräsentativ ausgewählten Haushalten die individuelle Fernsehnutzung aller Familienmitglieder verzeichnen. Medienstudien, die über Fragebögen oder Interviews das Spektrum der Mediennutzung erheben, geben jedoch selten inhaltsbezogene Auskünfte. Immerhin kann die Studie Massenkommunikation von ARD/ZDF aufzeigen, wie die diversen Medien im Alltag bei Jugendlichen parallel genutzt werden. TV und Internet sind danach bei Jugendlichen die am häufigsten parallel genutzten Medien. Das Internet scheint auch erst für diese Altersgruppe als „Parallelmedium" wichtig zu werden. In der Exklusivnutzung zeigen sich keine gravierenden Unterschiede zwischen den untersuchten Altersgruppen. Medienkonvergente Nutzung unter Einbeziehung digitaler Medien ist somit ein Phänomen der letzten zwei Jugendgenerationen (Best/Engel 2007).

Inhaltliche Rezeptionserfassung braucht dagegen ein eher qualitatives Forschungsdesign. Die thematisch gebundene, konvergente Parallelnutzung hat das Münchener *Institut für Medienpädagogik in Forschung und Praxis* (JFF) über einen Zeitraum von 11 Jahren in fünf qualitativen Studien untersucht, die im Folgenden kurz dargestellt werden sollen. In einem ersten Teil (Theunert/Wagner 2002) wurden medienaffine Interessen und mediale Präferenzen von Jugendlichen zwischen 6 und 19 Jahren erfragt. Im Wesentlichen wurde die Rolle des Internets als Begleitmedium der Kinder zum Fernsehen untersucht. Es konnte festgestellt werden, dass bereits die 6- bis 8-Jährigen, also mit Eintritt in die Grundschule, Internetseiten zu TV-Sendungen kennen und mit Hilfe ihrer Eltern oder älterer Geschwister aufsuchen. In diesem Alter sind sie jedoch noch mit der Komplexität des Internets überfordert. Zum Ende der Grundschulzeit, mit 10 Jahren, nutzen Kinder das Internet bereits selbstständig und steuern auch häufig fernsehkonvergente Seiten an. Sie erwarten hier deutlich einen Mehrwert.

Dieser Mehrwert ist auf Rezipientenseite – angelehnt an Max Weber – auch als „subjektiv gemeinter Sinn" verstehbar, der für den Handelnden nicht immer rational erfahrbar und bewusst erfassbar sein muss, sondern „sich auch aus den Relevanzstrukturen einer Handlungssituation und den darin verkörperten strukturellen gesellschaftlichen Bedingungen ergeben kann und somit den Handlungen implizit ist" (Mikos 2004, S. 22). Das bedeutet, Jugendliche suchen nach Recherche-, Download-, aber auch nach Aktivitäts- und Kommunikationsangeboten (Wagner/Theunert 2006, S. 38). Es bilden sich neue kulturelle und soziale Praktiken aus, medial orientierte Handlungen werden routiniert: z.B. das Abfragen der Mailbox oder das Einschalten des Computers als quasi-sozialer Instanz im Haus.

Aneignungsweise und Verarbeitung waren Fokus der zweiten Studie (Wagner et al. 2004), die zunächst bestätigte, dass das Internet für Kinder und Jugendliche die Schaltstelle konvergenzbezogener Mediennutzung darstellt. Der Zugang zum Internet erfolgt content-orientiert: zu einem favorisierten Themengebiet suchen die jugendlichen Nutzer nach einem Mehrwert. Erwartungsgemäß lässt sich die Gruppe der Nutzer differenzieren. Jungen mit gehobenem Bildungshintergrund sind am ehesten unter den konvergenten Akteuren. Sie zeigen auch die breitesten medialen Interessen und Kompetenzen. Ihre Themen sind eher *action*-orientiert. Der Sport spielt dabei – wie auch eine eigene Studie zeigt (Marci-Boehncke [im Druck]) – eine zentrale Rolle. Nicht „Action" mit dem Beigeschmack von Brutalität steht für Jungen innerhalb ihres gesamten Medienhandelns im Vordergrund, sondern eine „kompetitive Orientierung" (vgl. Marci-Boehncke/Rath 2007a). Deshalb sind Jungen auch dominant vertreten bei denjenigen, die eine Spielorientierung zeigen. Es sind vor allem Jungen mit eher niedrigem Bildungshintergrund. Für Mädchen stehen eher Hörmedien, Musik und eine grundsätzlich kommunikative Orientierung im Vordergrund (Wagner et al. 2004). Die Ergebnisse bestätigen die Erhebung im Rahmen der DFG-Studie *Jugendsozialisation und Medien*: Jugendliche zeigen elaborierte Nutzungsstrategien vor allem im Bereich der Recherche, wobei Jungen technikfaszinierter und Mädchen pragmatischer agieren (vgl. Hoffman/Münch 2003, S. 50).

Im dritten Teil der Konvergenzstudie (Wagner/Theunert 2006) – und diese scheint auch für den Deutschunterricht mit am interessantesten – werden Fallstudien zur konvergenzbezogenen Medienaneignung analysiert. Als Orte solcher konvergenzbezogener Medienaneignung werden zum einen *per se* konvergente Medien betrachtet – wie der Computer mit TV/Radio/Internet/Spielfunktion oder das Handy oder auch der Fernseher mit Video-Text. Ebenfalls betrachtet wird aber auch der *Medienverbund* zu einem „Thema" – wobei es heute immer häufiger eine zeitgleiche Vermarktung eines Themas in unterschiedlichen Medien gibt: der Klingelton zum Musik-Hit, der Film zum Buch, das Fanzine und die Homepage zur Soap. Deutlich wurde in der Studie des JFF, dass die konvergente Medienaneignung immer orientiert blieb an den Freizeitinteressen der Jugendlichen.

Wagner und Theunert extrapolieren aus den spezifischen Aneignungsmustern der Befragten fünf Nutzertypen.[1] Es lassen sich unterscheiden: *die Integrierenden*, die Medien als Spezialisierungsraum verstehen, *die Außengeleiteten*, für die Medien in erster Linie Konsumraum bilden, *die Expandierenden*, die Medien als Lebensraum verstehen, sowie *die Missionierenden*, für die Medien als Präsentationsraum fungieren, und schließlich *die Kreativen*, die Medien als Gestaltungsraum benutzen. Die Jugendlichen dieser fünf Nutzertypen sind unterschiedlich tief in den Medienwelten verwurzelt: Die *Integrierenden* ergänzen ihre sonst ausgeprägten Interessen gezielt durch den konvergenten Angebotsmarkt. Die *Außengeleiteten* gehen eher vom Markt als von einem eigenen Interessengebiet außerhalb der Medienwelt aus. Sie lassen sich am ehesten von den vorgefertigten Wegen des Marktes beeinflussen. Die *Expandierenden* ver-

[1] Eine weitere, auch auf konvergentes Medienverhalten anzuwendende Nutzer-Typologie, wäre aus der ARD/ZDF Online Studie 2002 entnehmbar (vgl. Oehmichen 2004, S. 132–146). Die Aktualität und Jugendspezifik der JFF-Studie begründen ihre Auswahl an dieser Stelle.

lagern einen Teil ihres Lebens in die konvergente Medienwelt, die wichtig ist für ihre Identitätsarbeit. Bei den *Missionierenden* verläuft der Weg eher umgekehrt: sie nehmen die konvergente Medienwelt in nicht-mediale Kontexte mit. Sie werden zu Experten und suchen Anerkennung aufgrund ihres hohen Medienwissens in ihrer Peer-Group. Die *Kreativen* schließlich suchen für ihre medienbezogenen Aktivitäten eigene Wege und bleiben nicht auf den vom Medienmarkt vorgegebenen Pfaden. Wagner und Theunert (2006, S. 131) systematisieren diese Typologie über die Dimension *konvergenzbezogene Medienaneignung*. Im Folgenden wird eine dimensionale Erweiterung dieser Systematik vorgestellt: Neben die Dimension *Aktivierung* (die weitgehend der konvergenzbezogenen Medienaneignung von Wagner/Theunert entspricht) tritt die Dimension *soziale Integration*.

Verorten wir die Nutzer-Typologie in einem Koordinatensystem (vgl. Abb. 2), so können wir vertikal den Grad der *Aktivierung* auftragen. Diese Dimension hat ihre Pole in einer eher rein *konsumtiven* Nutzung der konvergenten Medienangebote bzw. einer eher *kreativen* konvergenten Gestaltung medialer Angebote bis hin zur Vernetzung mit anderen Inhalten, Medien und Rezipienten. Kubicek (1997) führt hierzu – allerdings nur in Bezug auf technische Medien, nicht in Bezug auf Medieninhalte – den Begriff der *Kultivierung* ein, den ich, erweitert um den Aspekt der Inhalte-Rezeption, übernehme:

> Der Begriff Kultivierung soll darauf verweisen, daß schon ein fruchtbarer Boden vorhanden sein muß, in dem eine technische Innovation wachsen und gedeihen kann, oder daß eine entsprechende Umgebung um den technischen Kern herum geschaffen werden muß. (Kubicek 1997)

Die eigenständige, kreative Kultivierung schafft also Konvergenz, die im Rahmen einer ökonomie- und/oder technikgetriebenen massenmedialen Produktion noch nicht angeboten wurde und daher auch nicht rezipierbar ist. Man könnte hier also in Bezug auf die von Medienunternehmen – wie oben dargestellt – angestrebte Verwertung von Nutzerkreativität auch von einer *antizipierenden Kultivierung* sprechen.[2]

In der Horizontalen des Koordinatensystems lässt sich die zweite Dimension *soziale Integration* auftragen. Diese Dimension spannt zwischen den Polen einer eher auf eine Community hin ausgerichteten und daher eher *instrumentellen* Medienaneignung und einer auf die Konvergenz medialer Inhalte selbst ausgerichteten, selbstzwecklichen oder, mit Talcott Parsons (1978) gesprochen, *telischen* Medienaneignung. Die Nutzung bzw. Gestaltung konvergenter Medienin-

---

[2] Es wäre hier – auch aus medienerzieherischer Sicht – interessant, inwieweit diese antizipierende Kultivierung eine kreative inhaltliche Verselbständigung der Rezipienten darstellt, ab welchem Grad der kreativen Kultivierung man also von einer *emanzipatorischen Kultivierung* sprechen kann. Dieser eher bildungstheoretische Aspekt kann hier aber nicht weiter verfolgt werden (vgl. Rath/Marci-Boehncke 2004; Rath 2003b).

halte dient der Verortung innerhalb einer jugendkulturellen Community („sich einer Kultwelt zuordnen“, Wagner/Theunert 2006, S. 126) oder hat ihre Gratifikation in der Konvergenz selbst, ob nun aus technisch-pragmatischen Präferenzen heraus oder als Eintauchen in eine individuelle Fantasiewelt.

Abb. 2 Dimensionen konvergenter Mediennutzung (vgl. auch Wagner/Theunert 2006, S. 131).

In der vierten Studie werden die Audio-Medien Podcast und Internetradio aus der Sicht von Jugendlichen untersucht und in der jüngsten, fünften Studie geht es um Jugendliche und die unter Umständen problematischen Folgen ihrer Tätigkeit im Mitmach-Netz des Web 2.0. Soziale Konflikte, Datenschutz, Umgang mit Persönlichkeitsrechten sind die Spannungsfelder, in denen sich jugendliche Akteure zurecht finden müssen. Erste Ergebnisse darüber, „wo der Spaß aufhört“ (Wagner/Brüggen/Gerlicher/Schemmerling) liegen seit 2012 vor. Unter dem Stichwort des Medienkonvergenz Monitorings wird darüber hinaus nicht nur der Unterhaltungsaspekt untersucht, sondern auch die Orientierung Jugendlicher bei der Informationssuche und in Bezug auf ihre politische Partizipation (Schorb/Würfel/Kießling/Keilhauer 2010).

Medienkonvergenz aus didaktischer Perspektive

Der Medienverbund, verstanden als Medienkonvergenz, bietet didaktisch unterschiedliche Perspektiven und damit verbunden eine unterschiedliche Berücksichtigung der oben genannten, die Medienkompetenz konstituierenden Aspekte:

- Zum einen greift er die Perspektive der Schülerinnen und Schüler auf, schließt an ihre Lebenswelt an. In einer unterrichtlichen Thematisierung wird die generationell sich öffnende Wissenskluft, die der *digital devide* noch verstärkt hat, wieder verringert. Die Lehrenden erfahren etwas über die Nutzungskompetenzen und Medienpräferenzen ihrer Schülerinnen und Schüler. Es finden ein Austausch und eine Reflexion über die jeweiligen Medienmenüs statt. Moden und jugendkulturelle Präferenzen manifestieren sich meist über die gemeinsamen medialen Aktivitäten. Eine offene Thematisierung im Unterricht, die den ersten Blick auf die aus der Mediennutzung resultierenden Kompetenzen richtet und nicht auf die Gefahren und Probleme, stärkt das Selbstbewusstsein der Schülerinnen und Schüler und fördert die sozialpädagogischen und fachlichen Kenntnisse der Lehrenden über die jugendkulturelle Determinierung ihrer Klassen. Aspekte der Medienkompetenz wären hier *Mediennutzung, Medienkunde* und *Medienkritik.*
- Die Thematisierung der medialen und ökonomischen Zusammenhänge bietet für Schülerinnen und Schüler die Möglichkeit, ihr eigenes Handeln in Abhängigkeit von außerindividuellen Marktinteressen wahrnehmen zu lernen. Individuelle Entscheidungen bringen nicht nur individuelle, sondern sehr breit verzweigte Gratifikationen – von jeder individuellen Nutzung profitieren andere mit. Das Verständnis für diese Zusammenhänge ermöglicht Sensibilität für den sorgfältigeren Schutz der eigenen Privatsphäre und eine Abwägung der eigenen Bedürfnisse im Kontext möglicher anderer Interessen. Aspekte der Medienkompetenz wären hier *Mediennutzung, Medienkritik* und *Medienkunde.*
- Der Medienverbund ermöglicht intermediales Handeln und fordert so zum Transfer von Medienwissen heraus. Eigene Kreativität wird gerade durch die Digitalisierung auch technisch leichter möglich. Der Materialaufwand sinkt. Mediales Handeln wird *transaktional* – es gibt keine Einweg-Kommunikation mehr. Medienkommunikation findet auf breiter Basis in einem Mehrwegesystem statt, in dem nicht nur die Sender- und Empfängerrollen variieren können, sondern auch die Akteure selbst zum Objekt der Medienbeobachtung werden, z.B. im Rahmen der oben erläuterten *Content Customization.*[3] Aspekte der Medienkompetenz wären hier *Mediengestaltung, Mediennutzung* und *Medienkunde.*
- Wichtig scheint für eine angemessene Berücksichtigung der Möglichkeiten der Konvergenz auch die Medienhandlung im konvergenten digitalen Raum: Also nicht nur Analyse und private (auch im Schonraum Schule vollzogene) Medienhandlung, sondern Erfahrung auch mit dem digitalen *one-to-many*-Modus der Kommunikation. Nicht nur Technik, sondern auch ein besonderer Zeit-

[3] Ideen für mögliche medienübergreifende Handlungsmuster bietet Josting (2007, S. 154–158).

faktor und Handlungstyp können so erkundet, geübt und selbst genutzt werden. Es bieten sich dazu m. E. die Kriterien zur Unterscheidung von Kommunikationsmodi an, wie sie Hasebrink (2003) vorschlägt:

Dimensionen	**Kriterien**
Kommunikationsstruktur	One to many/many to many/one to one
Verfügbarkeit	Push service/pull service
Handlungstyp	Rezeption/Interaktion/Transaktion
Publikum	Massenpublikum/Zielgruppen/geschlossene Nutzergruppen/Individuen
Nutzungszeit	Gebunden an Programmschemata/individuell ausgewählt
Inhalt	Realitätsbezogen/Fiktion
Soziale Relevanz des Inhalts	Hoch/Niedrig
Zeitlicher Bezug zum Ereignis	Live/zeitnah („Nachrichten des Tages")/unbestimmter Bezug/historischer Bezug (z. B. Archive)

Mit diesen Kriterien könnte zum einen mit Fokus auf die einzelnen Medien, zum anderen aber auch Themen bezogen die individuelle Medienmatrix der Schülerinnen und Schüler erstellt werden. Als fünfter Aspekt gerät immer mehr die *Medienkommunikation* in den Blick. Gerade der Bildungsbereich „Reflexion über Sprache" würde mit dieser Grundlage berücksichtigt. Aus ihr gehen Kompetenzen ebenso hervor wie „blinde Flecken". Sie wiederum können im Unterricht aufgegriffen werden – sei es in der reflektierenden Diskussion, sei es in der Förderung der praktischen Mediennutzungs- und Mediengestaltungskompetenz. Aspekte der Medienkompetenz wären hier umfassend *Mediennutzung, Medienkunde, Medienkritik, Mediengestaltung* und *Medienkommunikation.*

Insgesamt ist gerade dieser Bereich seit 2010 expandiert. Es besteht inzwischen wohl Konsens darüber, dass Medienverbund, Medienkonvergenz in didaktischer Perspektive nicht mehr nur Aufgabe einer Disziplin sind, sondern hier ebenfalls wissenschaftskonvergent vorgegangen werden muss (Marci-Boehncke/Rath 2009/2011, Tomkowiak 2010). Gerade die Ergebnisse der qualitativen Mediennutzungsstudien verdeutlichen, dass Gerhard Rupp (2011) in dieser Frage vollständig zuzustimmen ist in seiner Forderung zur Deutschdidaktik: Gerade angesichts der Bildungsschere ist das Anknüpfen an das konvergente

Medienhandeln Jugendlicher im Netz – und zwar nicht nur zu Fragen der Hochliteratur – essentiell.

Fazit

Die Behandlung des Medienverbundes setzte, dem Begriff entsprechend, zunächst den Akzent auf die Betrachtung der medialen „Produktionsseite". Jedoch wird die Motivation der Wirtschaft zum „Verbund" von der Rezeption stark beeinflusst. Die Digitalisierung macht es möglich, dass vielfältigste Kontakte zwischen Markt und Nutzern entstehen. Käuferzahlen und Käuferprofile sind für die Produzenten ebenso unmittelbar zu erhalten wie ein qualitatives Feed-Back ihrer Kunden. Auch die Rezipienten können die Möglichkeiten der digitalen Kommunikation ebenso schnell und kompetent nutzen wie die Medienunternehmen. Der *Medienverbund* charakterisiert die Wirtschaft im digitalen Zeitalter, die *Medienkonvergenz* das Handeln in dieser digitalisierten Gesellschaft – sowohl auf Seiten der Wirtschaft als auch auf Seiten der Rezipienten.

Medienkompetenz wird in und mit konvergenten Angeboten erworben, weil nicht nur die heutige Medienlandschaft, sondern der gesamte mediatisierte Alltag konvergent geprägt ist. Das Internet ist dabei das wichtigste „Medium" des Medienverbundes und der Medienkonvergenz. In ihm werden technisch und logistisch die alten Medien zusammengeführt und immer neue Kommunikationswege eingerichtet. Für die *Deutschdidaktik* sind Medienverbund und Medienkonvergenz Schlüsselbegriffe einer neuen medialen Generation. Sie veranschaulichen die Veränderungen der Medienproduktions- und der Medienrezeptionsseite, stellen die Erweiterungen der bis dahin eher als distinkte Medienhandlungen verstandenen und untersuchten Nutzungsmuster wie *Hören, Lesen, Schreiben* und *Sprechen* dar. Konvergentes Medienhandeln geht über die unmittelbare Mediennutzung hinaus.

Zwar ließen sich auch in vorkonvergenten Zeiten schon Medien beschreiben, die aus distinkten Medien „zusammengesetzt" schienen – wie beispielsweise der Tonfilm. Auch konnte man auf Rezeptionsseite eine Beteiligung unterschiedlicher Sinne konstatieren. Die Digitalisierung ermöglicht jedoch vor allem eine nahezu permanente Variabilität und hohe Individualisierung der Produktions- und Rezeptionsverhältnisse. Im Chat beispielsweise sind Lesen und Schreiben zeitlich unmittelbar und wechselseitig möglich. Produzenten werden zu Rezipienten und umgekehrt. Unterschiedlichste Handlungen – Einkaufen, Produzieren, Kommunizieren u. a. – erfolgen technisch und möglicherweise auch inhaltlich aufeinander bezogen. Die Veränderungen in Rezeptions- und Konzeptionsprozessen erfordern didaktische Reflexion – und dies kann zum Beispiel dadurch erleichtert werden, dass man im Unterricht selbst eine solche digitale Kommunikationsplattform als virtuelle Lernumgebung einrichtet (Möbius/

Ulrich 2005). Hier korrespondiert dann die Lernerfahrung mit der „Gegenstandsstruktur". In der Wissenschaftsorganisation agieren die E-Humanities in diesem Bereich und nutzen digitale Ressourcen in Lehre und Forschung der Geistes- und Kulturwissenschaften. Die Deutschdidaktik ist hier momentan eher im sprachwissenschaftlichen Bereich präsent (z. B. Storrer 2011).

Die Behandlung des Medienverbundes akzentuiert zunächst nur die Angebotsseite und erfordert von den Schülern eine differenzierte und kritische Betrachtung der medialen Produktionsstrukturen und Produktionsnetzwerke. Vor diesem Hintergrund werden auch ökonomische Machtstrukturen und individuelle Nutzungsoptionen bei eigenen mittelbar und unmittelbar medialen Produktions- und Rezeptionsaktivitäten reflektierbar. Erforderlich sind dazu grundlegende Kenntnisse der Marktbedingungen und Marktphilosophie digitaler Produktion. Erforderlich scheint auch der selbst gesetzte Maßstab der digitalen Konvergenzkultur: Nämlich der, einen Mehrwert – oder auch *Sinn* – schaffen zu wollen. Diesen Mehrwert oder Sinn zu beurteilen, erfordert die Betrachtung der Produktions- und Rezeptionsseite. Mehrwert auf Seiten der Produzenten entsteht durch Zeit- und Kostensenkung sowie Innovationsvorsprung, Mehrwert auf Seiten des Nutzers entsteht ebenfalls durch Zeit- und Kostensenkung, aber auch durch Nutzungskompetenz und subjektive Sinnzuschreibung. Die digitale Medienwelt wird individuell dann als Mehrwert erfahren, wenn sich Bedürfnisse, Kompetenzen und Angebote entsprechen. Didaktisch ist deshalb der Produktionsrahmen ebenso zu berücksichtigen wie der Rezeptionsrahmen, weil sich diese in der konvergenten Medienwelt nicht mehr voneinander trennen lassen und weil Medienhandeln selbst als sinntragender beurteilt werden kann als der „gehandelte Gegenstand". Eine strikte Trennung der von Dieter Baacke entwickelten Aspekte der Medienkompetenz (Medienkunde, Mediennutzung, Mediengestaltung und Medienkritik) ist deshalb gerade bei der Auseinandersetzung mit dem Phänomen der Medienkonvergenz weder möglich noch sinnvoll.

Moderne Deutschdidaktik wird Literatur heute angesichts des Medienmarktes – auf dem sich jugendliche Leser wie auch Lehrkräfte heute konvergent orientieren – über die Grenzen des Printtextes hinweg erarbeiten und präsentieren. Die Konvergenz ermöglicht hier nicht nur rezeptiv ein breiteres mediales Angebot, sondern schafft vor allem gesellschaftliche Partizipationsmöglichkeiten (Jenkins 2009), die gerade didaktisch im Sinne ganzheitlichen Lernens aufgegriffen und pädagogisch geübt werden sollten.

Literatur

Andriopoulos, Stefan / Schabacher, Gabriele / Schumacher Eckhard (Hrsg.) (2001): Die Adresse des Mediums. Köln: DuMont.

Best, Stefanie/Breunig, Christian (2011): Parallele und exklusive Mediennutzung. In: Media Perspektiven H. 1/2011, S. 16–35.

Bolz, Norbert (1993): Am Ende der Gutenberg-Galaxis. Die neuen Kommunikationsverhältnisse. München: Fink.

Bönnighausen, Marion/Rösch, Heidi (Hrsg.) (2004): Intermedialität im Deutschunterricht. Baltmannsweiler: Schneider Verlag Hohengehren.

Bourdieu, Pierre (1983): Ökonomisches Kapital, kulturelles Kapital, soziales Kapital. In: Reinhard Kreckel (Hrsg.): Soziale Ungleichheiten (Soziale Welt, Sonderband 2). Göttingen: Schwarz, S. 183–198.

Bucher, Hans-Jürgen/Gloning, Thomas/Lehnen, Katrin (Hrsg.) (2010): Neue Medien – neue Formate. Ausdifferenzierung und Konvergenz in der Medienkommunikation. Frankfurt a. M. u. a.: Campus Verlag.

Faulstich, Werner (2006): Mediengeschichte 2. Von 1700 bis ins 3. Jahrtausend. UTB basics. Göttingen: Vandenhoeck & Ruprecht.

Franck, Georg (1998): Die Ökonomie der Aufmerksamkeit. Ein Entwurf. München: Hanser.

Frederking, Volker (2006): Neue Medien im Deutschunterricht. In: Kliewer, Heinz-Jürgen/Pohl, Inge (Hrsg.): Lexikon Deutschdidaktik. Bd. 2: M-Z. Baltmannsweiler: Schneider Verlag Hohengehren, S. 554–560.

Fritz, Irina/Klingler, Walter (2006): Medienzeitbudgets und Tagesablaufverhalten. Ergebnisse auf Basis der ARD/ZDF-Studie Massenkommunikation 2005. In: Media Perspektiven, H. 4/2006, S. 222–234.

Gast, Wolfgang (1994): Welche Jeans sind die besten? Mediendidaktische Analysen zu Werbeantworten von LEVI'S und DIESEL. In: Diskussion Deutsch 25, H. 140, S. 386–400.

Göschka, Karl Michael/Radinger, Manfred (2006): Die Konvergenz von Methoden und Systemen in der Technik. In: Karmasin, Matthias/Winter, Carsten (Hrsg.): Konvergenzmanagement und Medienwirtschaft. München: Fink, S. 75–91.

Hasebrink, Uwe/Mikos, Lothar/Prommer, Elisabeth (Hrsg.) (2004): Mediennutzung in konvergierenden Medienumgebungen. Konstanz: VS-Verlag.

Hasebrink, Uwe (2003): Konvergenz aus Nutzerperspektive. Zur Integration neuer Medien in die Nutzungsmuster von Jugendlichen. In: Bug, Judith/Karmasin, Matthias (Hrsg.): Telekommunikation und Jugendkultur. Eine Einführung. Weinheim: Westdeutscher Verlag, S. 29–46.

Hoffmann, Dagmar/Münch, Thomas (2003): Mediale Aneignungsprozesse im Netz. Zum Gebrauchswert des Internet für jugendliche Intensivnutzer. In: merz Medien + Erziehung 47, H. 5, S. 39–51.

Horkheimer, Max/Adorno, Theodor W. (2006) (1948): Dialektik der Aufklärung. Philosophische Fragmente. 16. Aufl. Frankfurt am Main: S. Fischer Verlag.

Jenkins, Henry (2006): Convergence culture: where old and new media collide. New York/London: New York University Press.

Jenkins, Henry (2009): Confronting the Challenges of Participatory Culture: Media Education for the 21st Century. Massachusetts Institute of Technology: MacArthur

JIM (2011): Jugend, Information, (Multi-) Media. Basisstudie zum Medienumgang 12- bis 19-Jähriger in Deutschland. Stuttgart: Medienpädagogischer Forschungsverbund Südwest.

Josting, Petra (2007): Kinder- und Jugendliteratur im Medienverbund. In: Lauffer, Jürgen /Röllecke, Renate (Hrsg.): Mediale Sozialisation und Bildung. Methoden und Konzepte medienpädagogischer Projekte. Dieter Baacke Preis-Handbuch 2. Bielefeld: GMK, S. 150–159.

Karmasin, Matthias (2006a): Kinder und Medien = (Mehr-)Wert. In: Marci-Boehncke, Gudrun/Rath, Matthias (Hrsg.): Jugend – Werte – Medien: Der Diskurs. Weinheim/Basel: Beltz, S. 45–56.

Karmasin, Matthias (2006b): Stakeholder Management als Kontext von Medienmanagement. In: Altmeppen, Klaus-Dieter/Karmasin, Matthias (Hrsg.): Medien und Ökonomie. Bd. 3: Anwendungsfelder der Medienökonomie. Wiesbaden: VS-Verlag, S. 61–88.

Kerlen, Dietrich (2005): Jugend und Medien in Deutschland. Hrsg. von Rath, Matthias/Marci-Boehncke, Gudrun. Weinheim/Basel: Beltz.

Kittler, Friedrich (1986): Grammophon – Film – Typewriter. Berlin: Brinkmann und Bose.

Kleinsteuber, Hans J. (2006): Konvergenz – Fakten und Fiktionen rund um einen Begriff und seine politische Bedeutung. In: Karmasin, Matthias/Winter, Carsten (Hrsg): Konvergenzmanagement und Medienwissenschaft. München: Fink, S. 55–74.

Kubicek, Herbert (1997): Demokratie im Netz – Vernetzte Demokratie? In: Telepolis, 07.02.1997; http://www.heise.de/tp/r4/artikel/8/8002/1.html (letzte Prüfung: 17.11.2012).

Maiwald, Klaus (2005): Wahrnehmung – Sprache – Beobachtung. Eine Deutschdidaktik bilddominierter Medienangebote. München: Kopäd.

Marci-Boehncke, Gudrun/Rath, Matthias (Hrsg.) (2006a): BildTextZeichen lesen. Intermedialität im didaktischen Diskurs. München: Kopäd.

Marci-Boehncke, Gudrun/Rath, Matthias (2007a): Jugend – Werte – Medien: Die Studie. Weinheim/Basel: Beltz.

Marci-Boehncke, Gudrun/Rath, Matthias (2007b): Medienkompetenz für ErzieherInnen. München: Kopäd.

Marci-Boehncke, Gudrun (2007): Medial der Stärkste: Körper, Wettkampf und Selbstbild bei Jungen – Erste Ergebnisse der Ludwigsburger Sport- und Medienstudie 2006. In: Neuß, Norbert/Große-Loheide, Mike (Hrsg.): Körper. Kult. Medien. Inszenierungen im Alltag und in der Medienbildung. Bielefeld: GMK, S. 236–253.

Marci-Boehncke, Gudrun/Rath, Matthias (2009): Wissenschaftskonvergenz Medienpädagogik. Medienkompetenz als Schnittfeld von Medienpädagogik. KMW und anderer Wissenschaften. In: Medienjournal 3/2009, S. 11–27.

Marci-Boehncke, Gudrun/Rath, Matthias (2011): Medienbildung konvergent: Was die Deutschdidaktik mit Medienpädagogik und Medien- und Kommunikationswissenschaft verbindet. In: Marci-Boehncke, Gudrun/Rath, Matthias (Hrsg.): Medienkonvergenz im Deutschunterricht. München: kopaed, S. 21–37.

Marci-Boehncke, Gudrun (2006): Werbung. In: Kliewer, Heinz-Jürgen/Pohl, Inge (Hrsg.): Lexikon Deutschdidaktik. Bd. 2: M-Z. Baltmannsweiler: Schneider Verlag Hohengehren, S. 805–808.

Mast, Claudia (Hrsg.) (1996): Markt – Macht – Medien. Publizistik zwischen gesellschaftlicher Verantwortung und ökonomischen Zielen. Konstanz: UVK-Medien.

Mikos, Lothar (2004): Medienhandeln im Alltag – Alltagshandeln mit Medienbezug. In: Hasebrink, Uwe/Mikos, Lothar/Prommer, Elisabeth (Hrsg.): Mediennutzung in konvergierenden Medienumgebungen. Konstanz: VS-Verlag, S. 21–40.

Möbius, Thomas/Ulrich, Stefan (Hrsg.) (2005): Virtuelle Lernumgebungen im Deutschunterricht. Baltmannsweiler: Schneider Verlag Hohengehren.

Neuberger, Christoph/Nuernbergk, Christian/Rischke, Melanie (2007): Weblogs und Journalismus: Konkurrenz, Ergänzung oder Integration? Eine Forschungssynopse zum Wandel der Öffentlichkeit im Internet. In: Media Perspektiven, H. 2/2007, S. 96–112.

Neuner, Michael/Sandhu, Swaran (2005): „Harry Potter" – Strategien globaler Medienunternehmen. In: Hepp, Andreas/Krotz, Friedrich/Winter, Carsten (Hrsg.): Globalisierung der Medienkommunikation. Wiesbaden: VS-Verlag, S. 209–228.

OC&C (2006): Die Konvergenz der Medien: Potenziale, Strategien und Erfolgsfaktoren. Düsseldorf: OC&C Strategy Consultants. In: http://www.occstrategy.de, Zugriff: 24.03.2007.

Oehmichen, Ekkehardt (2004): Mediennutzungsmuster bei ausgewählten Nutzertypen. In: Hasebrink, Uwe/Mikos, Lothar/Prommer, Elisabeth (Hrsg.): Mediennutzung in konvergierenden Medienumgebungen. Konstanz: VS-Verlag, S. 115–145.

Parsons, Talcott (1978): A Paradigm of Human Action. In: Parsons, Talcott: Action Theory and the Human Condition. New York: Free Press, S. 352–433.

Rath, Matthias/Gudrun Marci-Boehncke (2004): „Geblickt?" – MedienBildung als Coping-Strategie. In: Schavan, Annette (Hrsg.): Bildung und Erziehung. Perspektiven auf die Lebenswelten von Kindern und Jugendlichen. Frankfurt am Main: Suhrkamp, S. 200–229.

Rath, Matthias (2000): Medienwirkungsforschung in Deutschland – eine Annäherung. In: Buchwissenschaft und Buchwirkungsforschung (VIII. Leipziger Hochschultage für Medien und Kommunikation. Hrsg. von Dietrich Kerlen und Inka Kirste). Leipzig: Institut für Medien- und Kommunikationswissenschaft, S. 89–98.

Rath, Matthias (2003a): Das Internet – die Mutter aller Medien. In: Huizing, Klaas/Rupp, Horst F. (Hrsg.): Medientheorie und Medientheologie (Symbol – Mythos – Medien, Band 7). Münster: Lit, S. 59–69.

Rath, Matthias (2003b): Die medienphilosophische Perspektive: Medien, Wirtschaft, Sinn. In: Altmeppen, Klaus-Dieter/Karmasin, Matthias (Hrsg.): Medien und Ökonomie. Bd. 1/2: Grundlagen der Medienökonomie. Wiesbaden: VS Verlag, S. 125–139.

Ridder, Christa-Maria/Engel, Bernhard (2010): Massenkommunikation 2010: Funktionen und Images der Medien im Vergleich. In: Media Perspektiven, H. 1, S. 537–548.

Rupp, Gerhard (2011): Mediendidaktik. In: Köhnen, Ralph (Hrsg.): Einführung in die Deutschdidaktik. Stuttgart/Weimar: Metzler, S. 205–252.

Schönbach, Klaus (1992): Transaktionale Modelle der Medienwirkung: Stand der Forschung. In: Schulz, Winfried (Hrsg.): Medienwirkungen. Einflüsse von Presse, Radio und Fernsehen auf Individuum und Gesellschaft. Weinheim: VCH, S. 109–119.

Schorb, Bernd/Würfel, Maren/Kießling, Matthias/Keilhauer, Jan (2010): MeMo_SON10 – Medienkonvergenz Monitoring Soziale Online-Netzwerke-Report 2010, http://www.uni-leipzig.de/mepaed/medienkonvergenz-monitoring/publikationen; (letzter Zugriff: 26.7.2012)

Schuegraf, Martina (2008): Medienkonvergenz und Subjektbildung: Mediale Interaktionen am Beispiel von Musikfernsehen und Internet. Wiesbaden: VS Verlag für Sozialwissenschaften.

Siegbert, Gabriele/Hautzinger, Nina (2006): Marketing und Vermarktung unter Konvergenzbedingungen. In: Karmasin, Matthias/Winter, Carsten (Hrsg.): Konvergenzmanagement und Medienwirtschaft. München: Fink, S. 117–130.

Storrer, Angelika (2012): Sprachstil und Sprachvariationen in sozialen Netzwerken. In: Frank-Job, Barbara/Mehler, Alexander/Sutter, Tilmann (Hrsg.): Die Dynamik sozialer und sprachlicher Netzwerke. Konzepte, Methoden und empirische Untersuchungen an Beispielen des WWW. Wiesbaden: VS Verlag für Sozialwissenschaften, http://www.studiger.tu-dortmund.de/images/Zif-Netzwerke-storrer-preprint.pdf; (letzter Zugriff:6.7..2012. SWR 2001. Stichwort „GfK-Meter" unter
http://www.mediendaten.de/gesamt/medienglossar/glossar_meter.html;
(letzter Zugriff: 26.7.2012)

Theunert, Helga/Wagner, Ulrike (Hrsg.) (2002): Medienkonvergenz: Angebot und Nutzung. München: Verlag Reinhard Fischer.

Tomkowiak, Ingrid (2011) (Hrsg.): Perspektiven der Kinder- und Jugendmedienforschung. Zürich: Chronos Verlag.

Van Eimeren, Birgit/Ridder, Christa-Maria (2011): Trends in der Nutzung und Bewertung der Medien 1970 bis 2010. In: Media Perspektiven, H. 1, S. 2–15.

Wagner, Ulrike/Brüggen, Nils/Gerlicher, Peter/Schemmerling, Mareike (2012): Wo der Spaß aufhört ... Jugendliche und ihre Perspektive auf Konflikte in Sozialen Netzwerkdiensten. Teilstudie im Rahmen der Untersuchung „Das Internet als Rezeptions- und Präsentationsplattform für Jugendliche" im Auftrag der Bayerischen Landeszentrale für neue Medien (BLM). München: JFF – Institut für Medienpädagogik in Forschung und Praxis.

Wagner, Ulrike (2010): Medienhandeln, Medienkonvergenz und Sozialisation: Empirie und gesellschaftswissenschaftliche Perspektiven. München: Kopäd.

Wagner, Ulrike/Theunert, Helga (Hrsg.) (2006): Neue Wege durch die konvergente Medienwelt. München: Verlag Reinhard Fischer.

Wagner, Ulrike/Theunert, Helga/Gebel, Christa/Lauber, Achim (2004): Zwischen Vereinnahmung und Eigensinn – Konvergenz im Medienalltag Heranwachsender. München: Verlag Reinhard Fischer.

Was ist Medienkonvergenz? (2005): http://www.medienkonvergenz-monitoring.de/menues/sidebar/grundlagen/was_ist_medienkonvergenz.html; letzte Aktualisierung: 05.10.2005; (letzter Zugriff: 26.7.2012).

Winter, Carsten (2006): TIME-Konvergenz als Herausforderung für Management und Medienentwicklung – Einleitung. In: Karmasin, Matthias/Winter, Carsten (Hrsg.): Konvergenzmanagement und Medienwirtschaft. München: Fink, S. 13–53.

MARION BÖNNIGHAUSEN

3.14 Intermedialer Literaturunterricht

1. Was heißt Intermedialität?

Intermedialität ist immer noch ein neues (und weites) Feld, das zunehmend Eingang in den Deutschunterricht findet. Die viel zitierte Feststellung von Joachim Paech, „Intermedialität ist in" (Paech 1998, S. 14), ist Ausdruck einer anhaltenden, nahezu modischen Aktualität dieses Bereichs. Dies steht in problematischem Kontrast zu der weithin ungeklärten Definitionslage: Auf den Begriff der Intermedialität wird in heterogensten Diskursen zurückgegriffen, ohne dass grundlegende theoretische Prämissen geklärt wären. Da Intermedialität in den verschiedensten Wissenschaften, wie Literatur- und Kunstwissenschaft oder auch insbesondere Medienwissenschaft, verhandelt wird, bewegt sich die Literaturdidaktik in der Diskussion dieses Phänomens in einem Netzwerk von Bezugswissenschaften unter bewusstem Rückgriff auf deren theoretische Voraussetzungen. Ein Nachdenken über das Spektrum intermedialer Positionen und Verfahren im Deutschunterricht muss diese theoretischen Hintergründe berücksichtigen, um ein „spekulatives Schweifen quer durch alle Medien" (Prümm 1988, S. 197) zu vermeiden.

Intermedialität impliziert bereits als Begrifflichkeit, dass Medien beteiligt sein müssen, eine Annahme, die einen tradierten Deutschunterricht erst einmal vor die Frage stellt, wie und warum angesichts begrenzter Unterrichtszeit neben dem literarischen Lesekanon auch noch Medien integriert werden sollten. Vor dem Hintergrund medientheoretischer Überlegungen zur Intermedialität stellt sich solch eine Frage jedoch nicht, da die Künste selbst als Medien begriffen werden können (vgl. Tholen 1999). Ein solcher integrativer Medien- und Kunstbegriff ist weder auf (digitale) „neue Medien" noch auf analoge (Massen-)Medien eingeengt, sondern umfasst auch sämtliche künstlerische Gestaltungsmedien. Insbesondere aus systemtheoretischer und medienwissenschaftlicher Sicht sind alle Kunstwerke als Medien zu verstehen – und damit auch Literatur –, da sie untrennbar mit einem Medium verknüpft sind, in dem sie übermittelt werden (vgl. Luhmann 1986, S. 6; vgl. hierzu auch Paech 1998; Schröter 1998; Tholen 1999; Pethes 2002a; 2002b).

Im Mittelpunkt dieses Gedankengangs steht die Untrennbarkeit von Form und Medium, die darauf beruht, dass Formen nur in einem Medium erscheinen und Medien wiederum nur in Formen aktualisiert werden. Das Medium selbst kann nicht wahrgenommen werden, sondern nur die Form, „die die Elemente des Mediums koordiniert" (Luhmann 1986, S. 7). Medien sind also als unsichtbare und neutrale Formenreservoirs zu verstehen, während Formen eine sichtbare Bearbeitung durch den Menschen darstellen. Die Vorstellung von Medien als Sandkörnern und der Formen als Fußspuren mag diesen theoretischen Gedanken Luhmanns verdeutlichen. Wenn Formen von einem in ein anderes Medium transponiert werden, und hierum geht es bei dem Phänomen Intermedialität, muss die dahinter sich verbergende Medialität offen gelegt werden. 'Medialität' meint hierbei diejenige Struktur, die bei einer Beobachtung der Funktionsweise eines Mediums sichtbar wird.

Von Intermedialität in ihren verschiedenen Ausformungen kann in einem weit gefassten Verständnis in Bezug auf unterschiedlichste Bereiche wie Literaturverfilmung, Musikalisierung der Literatur, Oper, Comics oder Ekphrasis gesprochen werden (vgl. Rajewsky 2002, S. 15ff.). Prinzipiell geht es bei Intermedialität um das „Dazwischen", um Zwischenräume zwischen den einzelnen Medien/Künsten und damit um Mediendifferenz. Lücken sollen anhand von heterogenen Mediendiskursen aufgespürt werden, um mediale bzw. intermediale Strategien aufzuzeigen. Die Übergänge zwischen den Medien werden als eine Art 'Schnittstelle' begriffen, eine Metapher, die im Kontext der digitalen Medien das Interface zwischen Mensch und Maschine als Schnittstelle zwischen Realität und virtuellem Raum begreift. Die mediale Erweiterung der traditionellen Text- und Bilddisziplinen hinsichtlich Fotografie, Film und vor allem elektronischer Medien ist also gerade bei dem Phänomen Intermedialität von großer Bedeutung (vgl. Paech 1998, S. 14).

Vor dem Hintergrund dieser grundsätzlichen Bestimmung von Intermedialität lassen sich verschiedene Ansätze in der medientheoretischen Diskussion um Intermedialität ausmachen. Eine erste Sichtweise unterstellt den Künsten je eigene Ausdrucksformen, Denkstile und Gestaltungsweisen, die erst in der Differenz zu anderen Medien deutlich werden (vgl. Tholen 1999; Pethes 2002a; 2002b; Rajewsky 2002). Der zweite Ansatz geht davon aus, dass unterschiedliche Medien/Künste grundsätzlich ein konzeptionelles Miteinander eingehen, das eine Verengung auf einzelne Medien problematisch und auch überflüssig macht (vgl. u.a. Schröter 1998; Müller 1996).

So gegensätzlich die theoretischen Positionen auch sein mögen, so lassen sie sich doch beide mit ihren vergleichbaren impliziten Paradoxien im Deutschunterricht produktiv umsetzen.

1.1 Eine erste Sichtweise: Intermedialität als Addition distinkter Medien

Ausgehend von der Annahme einer substantialistischen Definition der Künste bzw. Medien meint Intermedialität die „Addition mindestens zweier, konventionell als distinkt wahrgenommener medialer Systeme" (Rajewsky 2002, S. 15).

Rajewsky unterscheidet drei verschiedene Formen von Intermedialität: die Medienkombination, den Medienwechsel sowie intermediale Bezüge. Als Medienkombination bezeichnet Rajewsky Formen der Multi-, Pluri- oder Polymedialität, zu denen sie Formen wie die Oper, das Lied, den Film oder das Theater zählt. Im Vordergrund der intermedialen Analyse steht hierbei die Qualität des Verhältnisses der Medien bzw. Künste untereinander, das daraufhin überprüft wird, ob es einzelne Medien privilegiert. Es ist zu untersuchen, in welcher Weise sich die medialen Strategien aufeinander beziehen und in ihrem Zusammenspiel die Rezeption beeinflussen. Beobachtet werden soll vor allem, ob durch die Kombination mehrerer Medien eine Dimension entsteht, die die Aussagefähigkeit der einzelnen Medien übersteigt. Bei einem Medienwechsel, wie er im Verhältnis vom Buch zum Hörspiel vorgenommen wird, steht die Transformation eines Stoffes von einem Medium in ein anderes im Mittelpunkt. Im Zielmedium findet notwendigerweise eine Veränderung der semiotischen, ästhetischen, technischen oder organisatorischen Strukturen und Konventionen statt. Durch die kontrastierende Beobachtung werden die medialen Parameter des Ausgangs- und Zielmediums in ihrer jeweiligen Spezifik und auch in ihrer Übergängigkeit, in den Grenzbereichen zwischen den einzelnen Medien deutlich. Von besonderer Bedeutung sind für Rajewsky so genannte intermediale Bezüge, bei denen Elemente und/oder Strukturen eines anderen Mediums mit den eigenen, medienspezifischen Mitteln thematisiert bzw. simuliert werden und so das neu entstandene Medium deutlich und gezielt in Relation zum Ursprungsmedium gesetzt wird. Beispiele hierfür sind Ausdrucksformen wie die 'filmische' Schreibweise oder die 'Musikalisierung' literarischer Texte. Da sich medienspezifische Verfahrensweisen nicht einfach von einem Medium auf ein anderes übertragen lassen, ohne dass Brüche und Übergänge entstehen, werden in der Rezeption Reflexionsräume eröffnet. Die hieraus resultierende Distanzierung dem Medienprodukt gegenüber unterminiert die Illusion von Ganzheit und ermöglicht die Offenlegung der medialen Verfasstheit. In der Erkenntnis der Perspektivität von medialen Zeichen, d. h. in der Reflexion kultureller Zeichen, liegt sicherlich die wichtigste intermediale Kompetenz, die es im Deutschunterricht zu erwerben gilt.

Anwendungsgebiete intermedialer Analysen

Dem Konzept von Intermedialität zufolge, das von irreduziblen Differenzen der Medien in ihren unterschiedlichen semiotischen Kontexten ausgeht, bieten sich insbesondere Text-Bild-Bezüge für intermediale Analysen an. Die ständig wachsende Fülle von Text-Bild-Sorten mit höchst komplexen Lese- und Sehflächen verdeutlicht, dass Texte heute überwiegend Konglomerate verschiedener Zeichensysteme und damit multimodale Verknüpfungen verschiedener semiotischer Kanäle darstellen. So kann bei einer Integration von Photographien in einen Text der indexikalische Charakter der Photographie hervorgehoben oder im Comic das Zusammentreffen zweier zweidimensionaler Zeichensysteme betrachtet werden, die unterschiedliche Wahrnehmungsformen miteinander verbinden: Während ein Bild in einem simultan verlaufenden Prozess holistisch wahrgenommen wird, werden die linear produzierten sprachlichen Zeichen sukzessiv reproduziert. Durch die holistische Wahrnehmung wird – gekoppelt an die emotionale Ebene – ein größerer Aufmerksamkeitswert und eine schnellere Rezeption hervorgerufen. Gerade am Beispiel von Comics kann im Deutschunterricht vermittelt werden, dass der Gegensatz des Logozentrismus von Sprache und einer aisthesiologischen Prägung von Bildern nicht gerechtfertigt ist, sondern sich ein Text strukturierender und Verständnis fördernder Effekt erst aus der Gesamtheit aller Sinnbezüge ergibt, und zwar durch die aktive Sinnstiftung des Rezipienten.

Mediale Verbindungen zwischen Schrift und Bild im Sinne einer Ekphrasis können als literarische Bezugnahmen auf ikonographisches Material beschrieben werden. Um eine weiterführende, engere Verbindung von Text und Bild handelt es sich, wenn das literarische Symbolsystem auf die Ikonizität des Bildes trifft, indem die Protagonisten den Bildraum der Gemälde betreten.[1] Durch eine solche Transformation eines bildnerischen Tableaus werden die dargestellten Szenen und Personen in einem gleichsam performativen Vorgang ihrem Zustand der Dauer entrissen und in das transitorische Medium des Textes, der Sprache überführt. So werden sie Teil der Sukzession von Darstellungsabläufen, die die Sprache in Gestalt narrativer Abläufe erzeugt. Das Bild wird damit nicht beschrieben, sondern erzählt. Die Reduktion der Komplexität, die im Medium der bildenden Kunst sozusagen an einem Punkt festgehalten ist, wird durch den Prozess der Versprachlichung wieder aufgehoben und damit in einen Reflexionsprozess überführt. Über eine einfache Bildbeschreibung im literarischen Medium hinaus wird damit der Rekurs auf die Malerei poetologisch nutzbar gemacht. Wenn wiederum in einem Film ein Gemälde abgefilmt wird und anschließend der Protagonist dieses Bild betritt und sich darin bewegt, sind es die Medien/Künste Film und Malerei, die aufeinander bezogen werden und in der Opposition indexikalisch/nicht-indexikalisch ihre signifikante Differenz offenbaren (vgl. Schröter 1998, S. 146).[2]

[1] Dies ist in besonderem Maße der Fall, wenn literarische Figuren Gemälde nicht nur betrachten, sondern den Bildraum von Gemälden betreten, wie dies die Protagonistin in Anne Dudens „Judasschaf" es tut: Sie geht gleichsam in die Bilder von Vittore Carpaccio hinein und wird so zu einer eindringlichen Erkunderin der Szenerie, in die sie nun selbst einbezogen ist.

[2] Als ein Beispiel nennt Schröter die ‘Krähen’-Episode in „Dreams", einem Film von Akira Kurosawa aus dem Jahre 1990, in der der Protagonist, genannt „Ich", ein Gemälde van Goghs, „Die Brücke von Langlois bei Arles mit Wäscherinnen", und damit die Welt des Malers betritt und in dieser umherirrt.

Um eine weitere intermediale Ausgestaltung handelt es sich wiederum, wenn das Bild bzw. das Sehen, das im photographisch-filmischen Medium verankert ist, an die Stelle von Sprache und Schrift tritt. Literatur vermag Bilder, die der Logik von filmischen Mitteln gehorchen, an die Stelle der erzählerischen Beschreibung zu übersetzen, so dass Seh-Eindrücke mit sprachlich adäquaten Mitteln ausgedrückt werden.

Das Kernproblem ist grundsätzlich das gleiche wie bei allen intermedialen Bezügen: Der literarische Autor schreibt so, als ob er über die medialen Mittel des Films verfügen würde, tut es realiter jedoch nicht. Das so genannte 'filmische Schreiben' ist damit nicht geprägt von technischen Qualitäten des Films 'an sich', sondern von den subjektiven Kinowahrnehmungen des schreibenden Subjekts. Diese bilden auch den Hintergrund des Lesers, so dass die illusionsbildende Qualität des Films durch die intermedialen Bezüge auf den Roman übertragen wird (vgl. Heller 1986, S. 279).[3]

2. Eine zweite Sichtweise: Intermedialität als konzeptionelles Miteinander von Medien bzw. Künsten

Bei einer intermedialen Analyse, die die absolute Distinktion von Künsten voraussetzt, wird ein Medium paradoxerweise erst durch seine Transformation auf ein anderes in seiner Besonderheit erfasst und reflektiert. Das, was an einem gegebenen Medium spezifisch erscheint, ist abhängig von dem (medialen) Umfeld, so dass die anderen Medien „für jede puristische und essentialistische Definition eines Mediums absolut notwendig" sind. Die theoretische Prämisse, die von klar separierbaren medialen Segmenten ausgeht, wird damit relativiert. Medien sind dieser Lesart zufolge nur relational und differentiell zu bestimmen und weisen keine konstante, sondern nur eine invariante Spezifik auf (vgl. Schröter 1998, S. 147). Darüber hinaus zeigt das Beispiel des 'filmischen' Schreibens, dass andere Medien nicht unbedingt in einer puristischen Form transformiert werden, sondern Rezeptionshaltungen widerspiegeln, die wiederum historisch bedingt sind. Auch wenn ein Gemälde in die Gegenwart einer Erzählfigur und damit in einen zeitlich distinkten Erzählzusammenhang überführt wird, macht eine Transformation deutlich, dass Medien/Künste in einem immerwährenden Prozess der historisch bedingten Aneignung fortlaufend regelrecht umgeschrieben werden.

[3] So nehmen in Gustav Meyrinks Roman „Der Golem" aus dem Jahre 1913/14 Geschehnisse die Form filmischer Szenen an, wenn die Bilder, die an die Stelle der erzählerischen Beschreibung gesetzt sind, der Logik von Kamerafahrten gehorchen. Jede einzelne Kameratechnik könnte hierbei einem unbewussten psychischen Mechanismus zugeordnet werden: Tagträume werden durch Filmtricks verdeutlicht, die Rückblende verbildlicht die plötzliche Erinnerung, die durch eine Sinneswahrnehmung ausgelöst wird, die Großaufnahme dient der Aufmerksamkeitsselektion etc. Der Perzeptionsmodus ist der eines Zuschauers vor der Filmleinwand. (vgl. Kittler 1985, S. 134)

Die multimediale Entwicklung seit Beginn des 20. Jahrhunderts macht diesen historischen Horizont von Medialität in besonderem Maße deutlich. Brechts Diktum, dass die „Technifizierung der literarischen Produktion [...] nicht mehr rückgängig zu machen" sei (Brecht 1922–33, S. 156), benennt die Aufwertung des technischen Aspekts der Künste, die die gegenseitige Beeinflussung der Medien/Künste untereinander prägt und einem stetigen Wechsel unterzieht. Brecht formulierte hierzu:

> Der Filmesehende liest Erzählungen anders. Aber auch der Erzählungen schreibt, ist seinerseits ein Filmesehender. (Brecht 1922–33, S. 156)

Vor diesem Hintergrund hat eine weitere theoretische Bestimmung von Intermedialität ihren Ort: Intermedialität wird als eine intermittierende Gleichzeitigkeit verstanden, als ein komplexes Ineinander von 'alten' und 'neuen' Künsten, wobei kein Medium zu einem Leitmedium wird, das eine Anpassung von Seiten der anderen Medien fordert (vgl. Prümm 1988, S. 196). So wie das literarische Schreiben sowie literarische Apperzeptionen und Wahrnehmungen durch Medien wie Radio oder Film beeinflusst werden, werden auch diese Medien wiederum von der Literatur beeinflusst. Die daraus resultierende Veränderung der Medien bzw. Künste ist dauerhaft und in ihrer historischen Bedingtheit zu sehen.

> Wie das Theater hat auch die Literatur, indem sie den Film befruchtete und zu seiner Entwicklung beitrug, gleichzeitig ihren früheren Status verloren und muß in ihrer weiteren Evolution der Existenz einer neuen Kunst Rechnung tragen. (Eichenbaum 1974, S. 24)

Alte Medien werden Kittler zufolge dabei keinesfalls obsolet, sondern die neuen Medien weisen ihnen andere Systemplätze zu (vgl. Kittler 1993, S. 178). Wenn sich die Literatur eines Verfahrens des Films bedient, hat es keinen Sinn mehr zu sagen, dass die Literatur nun 'filmisch' sei, denn schließlich ist das literarische Verfahren jetzt auch ein filmisches Verfahren (vgl. Schröter 1998, S. 143).

Auf eine solche Sichtweise von Intermedialität lässt sich Julia Kristevas poststrukturalistisches Konzept der Intertextualität zurückführen, das von einer dialogischen Relation aller Texte untereinander ausgeht und Text wie jedes andere kulturelle System von Zeichen als „Mosaik von Zitaten" begreift (vgl. Kristeva 1972, S. 348). Ein solches Konzept unterstreicht die Sichtweise von Intermedialität, dass die einzelnen Medien/Künste in einem grundsätzlichen Verweisungszusammenhang mit anderen Medien stehen und aus diesen Verweisungszusammenhängen nicht herauszulösen sind. Das würde bedeuten, dass auch in die Literatur die Präsenz anderer Medien unhintergehbar eingeflossen ist.

Dieses Verständnis einer substantiellen, grundlegenden Intermedialität der Künste stellt deren historische Bedingtheit gegen eine offene ahistorische Begrifflichkeit. Wenn man von solch einer historisch bedingten gegenseitigen Einflussnahme der Medien/Künste ausgeht, fällt es schwer, typische Merkmale eines Mediums sowie Prozesse und Veränderungen eindeutig zu identifizieren.

Ein Operieren mit abstrakt-ahistorischen Typologien des 'Filmischen' und des 'Literarischen' ist so nicht möglich (vgl. Prümm 1988, S. 196). Dagegen wird das konzeptionelle Miteinander aufgezeigt, das aktuell unterschiedliche Medien und Strukturen in allen mediale[n] und ästhetische[n] Brechungen miteinander verbindet (vgl. Müller 1996, S. 16). Auf diese Weise können Entgrenzungen nachvollzogen werden, die sich in den letzten Jahrzehnten insbesondere durch die Nutzung neuer Medien in den Künsten vollzogen haben. Diese haben nicht nur zur Entwicklung wiederum neuerer Medienformen, sondern insgesamt auch zu neuen Strategien und zu einem neuen Selbstverständnis der Künste geführt (vgl. Buschkühle 2003, 14).

Insbesondere die mediale Verschmelzung bisher getrennter Informationen, die durch die digitale Technik ermöglicht wird – und hier sind auch jugend- und populärkulturelle künstlerische Ausdrucksformen angesprochen –, führt zu einer neuen Qualität von künstlerisch-medialer Wahrnehmung (vgl. Brandstätter 2004, S. 205). „Pluralität" wird hierbei zum Schlüsselbegriff, der die Verengung auf Einzelmedien kaum mehr zulässt (vgl. Welsch 2002, S. XVII). Insbesondere Text-Bild-Gefüge machen deutlich, dass der Gegensatz zwischen linearer (sequentieller) Textlektüre und ganzheitlicher (simultaner) Bildwahrnehmung heute nicht mehr adäquat ist. Ulrich Schmitz nennt den neuen Typus von Text-Bilder-Sorten im Internet, bei dem Schrift, Typographie, Layout und Bilder zu einem komplexen semiotischen Geflecht zusammenwachsen, „Lesebilder" (vgl. Schmitz 2003). Ein solches (hyper)mediales Geflecht ist darauf angewiesen, mit Hilfe einer intermedialen Rezeption interpretiert zu werden, die die Bezugnahme der Medien aufeinander und damit auch deren Funktionsweise aufdeckt, die an den intermedialen Verbindungsrändern zur Beobachtung freigegeben sind. So ergibt sich bei Medienverbünden wie Videoclips, an deren Konstitution mehrere Medien/Künste beteiligt sind, das eigentliche Kunstwerk erst aus den vielgestaltigen Relationen der einzelnen Teile zueinander. Die beteiligten Medien laufen nicht nebeneinander ab, sondern fügen sich durch eine simultane Wahrnehmung zu einer Ganzheit, so dass durch das Aufeinandertreffen von musikalischen, sprachlichen und szenischen Zeichengestalten etwas qualitativ Neues entsteht. Das Verstehen von Medienverbünden ist auf die Fragestellung ausgerichtet, auf welche Weise die verschiedenen Medien in ihrer Kombination spezifische Wirkungen erzielen und damit bestimmte Aussagen transportieren. Ansatzpunkt einer intermedialen Analyse könnte hierbei sein, Verfahrensweisen und Strukturen, die allen Medien/Künsten zugrunde liegen, aufeinander zu beziehen bzw. in ihrer medienspezifischen Verwendung zu beobachten und zu fragen, wie bestimmte formale Mittel eingesetzt werden. Solche Strukturen können neben Mitteln von Fiktionalität, Rhythmizität, Serialität insbesondere Formen des Erzählens, der Narration sein (vgl. Schröter 1998, S. 137f.).

3. Ausgestaltung eines intermedial konzipierten Deutschunterrichts

Eine intermediale Auseinandersetzung mit komplexen medialen Kunstwerken schult das Verständnis für die Vielzahl audiovisueller Kunst- und Popularformen mit ihren multimedialen, hybriden Schreibweisen und Montagetechniken, von denen Schülerinnen und Schüler in ihrem Alltag umgeben sind. Anknüpfend an die alltäglichen Mediengewohnheiten der Schüler soll der Blick für 'Medialität', für mediale Strategien und Praktiken geöffnet werden, da es in einem (intermedialen) Deutschunterricht letztlich immer auch um die Auseinandersetzung mit kultureller Selbstwahrnehmung geht (vgl. Voßkamp 1998, S. 507). Die „diffusen und kompakten Medienerlebnissen“, die die Lebenswelt von Jugendlichen in hohem Maße bestimmen (Brinkemper 2001, S. 101), können mit Hilfe von intermedialen Analysen transparent gemacht werden. Ein didaktischer Ansatz kann hierbei die unterschiedlichen Konzeptionen von Intermedialität und auch deren implizite Paradoxien problemlos aufgreifen.

Zunächst sind intermediale Betrachtungen auf unterschiedliche Verbindungen von Medien anzuwenden, um über die Betrachtung von Mediendifferenz, das Aufspüren von Lücken und Zwischenräumen und damit von autoreflexiven Spielräumen heterogene Mediendiskurse und mediale bzw. intermediale Strategien aufzuzeigen. In diesem Sinne kann die Funktionsweise distinkter Medien innerhalb unterschiedlich komplexer Medienverbünde analysiert oder aber vor dem Hintergrund der zeitgeschichtlichen bzw. aktuellen Bezüge die besondere Qualität des medialen Zusammenwirkens untersucht werden. Weiterhin muss es Bestandteil eines intermedial ausgerichteten Deutschunterrichts sein, auf einer Metaebene die theoretischen Grundlagen des jeweiligen intermedialen Verfahrens offen zu legen, das heißt, den Medienbegriff zu diskutieren und Paradoxien gemeinsam zu durchdenken.

3.1 Literatur und ihr intermediales Potenzial

Von großem Interesse ist hierbei die besondere Funktion von Sprache bzw. Schrift in einem intermedialen Gefüge. Um das Wesen, die Eigenheit, die 'Funktionsweise' eines Mediums, auch durch die Abgrenzung von anderen Medien, darstellen zu können, muss auf Sprache zurückgegriffen werden, die als einziges Zeichensystem in der Lage ist, alle anderen Zeichen zu repräsentieren. Es ist für kein Medium möglich, „es selbst“ zu sein, ohne durch die Sprache in seiner Relationalität bestimmt worden zu sein (vgl. Schröter 1998, S. 148). Sprache bzw. Schrift ist damit kein Medium unter anderen, es verfügt über ein metasemiotisches Potenzial und wird dadurch zu einem Ort, wo Wesen und Spezifik aller anderen Medien benannt werden können. Der prinzipiell monomediale Text versammelt nicht verschiedene Medienformen in ihrer Interaktion und Wechselbeziehung auf seiner nahezu neutralen Oberfläche, sondern zeichnet sich durch sein Vermögen aus, Strukturen und Effekte verschiedener anderer Medienformen evozieren zu können (vgl. Pethes 2002a, S. 94). Da Literatur aufgrund ihres arbiträren Zeichensystems grundsätzlich dazu geeignet ist, die Techniken anderer Medien bzw. Künste zu thematisieren, zu kommentieren, sich anzueignen und damit implizit intermediale Formen des künstlerischen Ausdrucks zu reflektieren, können Texte als Beobachtungsorgane verschiedener Mediendiskurse verstanden werden, wobei die Literatur durch diese Fremdbeobachtung die 'eigene' Medialität immer mit beobachtet (vgl. Pethes 2002a, S. 103). Literatur verfügt damit gewissermaßen über ein 'intermediales' Potential und stellt in besonderem Maße ein „Reflexionsmedium für das Verstehen medienkultureller Zusammenhänge" dar (Baum 2006, S. 282).

Bei der Erschließung des literarischen Textes innerhalb eines medialen Verbundes wirken die Funktions- und Wahrnehmungsweisen der unterschiedlichen Medien auf den literarischen Text zurück: Sie machen (im Vergleich) seine spezifische Erschließbarkeit deutlich, seine Fähigkeiten und Grenzen. Durch die Beobachtung der spezifischen Strategien wiederum, „mit denen literarische Werke mediale Formen einsetzen, thematisieren oder gar simulieren, um ihre Darstellungs- und Wirkungsabsichten zu optimieren" (Pethes 2002b, S. 155), sollte deutlich werden, dass Literatur als Mediendiskurs, der die konkurrierenden ästhetischen Medien implizit enthält, eine besondere Rolle in intermedialen Mediengeflechten einnimmt.

3.2 Ästhetische Wahrnehmung und Gestaltung

Da die aktuellen Medienverbünde nicht mehr einem grundlegenden, Geschlossenheit suggerierenden Ordnungsprinzip folgen, sondern sich durch Multiperspektivität, Pluralismus und Dissoziation auszeichnen, bieten sie neue Voraussetzungen für die Wahrnehmung pluraler Wirklichkeiten. Diese sind zunehmend in Verbünden überliefert und überschreiten damit mediale Grenzen. Die Schulung sinnlicher bildlicher oder akustischer Wahrnehmung im Literaturunterricht dient einer Hinterfragung von Wahrnehmungsweisen innerhalb der verschiedenen Medien und insbesondere von deren Spiegelung im Medium der Literatur. Die Erfahrung von Mediendifferenz darf hierbei nicht auf einen kognitiv-analytischen Zugang beschränkt bleiben, vielmehr muss es für die Schülerinnen und Schüler auch sinnlich nachvollziehbar sein, wie die einzelnen Kunstformen aufgrund ihrer medialen Materialität ihre ästhetischen Äußerungen gestalten (vgl. Pethes 2002b, S. 154). Die Auseinandersetzung mit poetologischen Fragestellungen, der Erwerb von Wissen über die spezifische Medialität der einzelnen Künste bzw. über die historisch bedingte gegenseitige Einflussnahme der Medien aufeinander müssen einhergehen mit einer Schulung des Wahrnehmungsvermögens. Die Betrachtung, wie einzelne Kunstformen ästhetische

Wahrnehmung und ästhetisches Kommunizieren gestalten und inszenieren, bringt eine Erziehung zum emanzipativen Gebrauch der Sinne mit sich.

> Wer nicht versteht, dass Filme wesentlich Musik fürs Auge sind, [...], wer nicht spürt, dass Musik und Malerei immer auch räumliche Künste sind [...], der bekommt vom Geschehen der Künste nicht genug mit, um hier überhaupt Erfahrung machen zu können. (Seel 2004, S. 80)

Ein Entziffern intermedialer Strukturen erfordert ein Höchstmaß an genauem Lesen, Sehen, Hören, das nur über ein interdisziplinäres Instrumentarium möglich ist, das auch Anleihen bei Nachbardisziplinen macht. Eine solche Schulung der Sinne ist an eine „kunstförmige" Wahrnehmung gebunden, die über die Herausbildung eines ästhetischen Erfahrungsvermögens (und damit verbunden auch Gestaltungsvermögens) das Verständnis von Kunstobjekten zum Ziel hat (vgl. Krieger 2004, S. 42). Ästhetisches Denken als Ziel eines intermedialen Deutschunterrichts verbindet damit die Schulung von Wahrnehmung mit einer Erkenntnisfähigkeit der formalen Gestaltung bzw. der ästhetischen Qualität der Zeichengebilde von Kunstwerken sowie gleichermaßen mit einer Förderung der eigenen künstlerisch-medialen Gestaltung.

Die Reflexion der Wahrnehmungs- und Funktionsweisen der unterschiedlichen Künste und eines besonderen (inter)medialen Potenzials der Literatur öffnet zudem den analytischen Blick sowie die Wahrnehmungsfähigkeit auch für ein mögliches Wechselverhältnis zu digitalen Medien. Die Auseinandersetzung mit Wahrnehmungsformen setzt an der Vermischung und Kontrastierung unterschiedlichster Genres an, die bestehende Strukturen und Gattungskonventionen und damit tradierte Wahrnehmungsdiskurse aufbrechen. Die Beobachtung der Grenzen zwischen den einzelnen medialen Modi enthüllt dabei wiederum die Illusion der Einheit eines Kunstwerks und verdeutlicht sein „Gemachtsein". Das heißt, dass ein intermedialer Unterricht explizit auch den Rahmen des Vertrauten überschreiten und das wahrnehmende Subjekt mit unkonventionellen Gestaltungsweisen konfrontieren muss. Infolge der hochkomplexen und abstrakten Vielschichtigkeit von medialen Verknüpfungen werden die Identifikationsgewohnheiten der Wahrnehmung verunsichert (vgl. Krieger 2004, S. 47). Das Ziel ist hierbei, bestimmte Wahrnehmungsinhalte zu differenzieren und die Wahrnehmungsfähigkeiten zu erweitern und zu sensibilisieren (vgl. Köller 2004, S. 766).

So ist es möglich, konventionelle Interpretationsmuster zu sprengen, um nach der Funktionsweise unterschiedlicher medialer Erzählweisen fragen zu können. Da mediale Verknüpfungen den engen Rahmen der Schrift übersteigen, sind auch erweiterte Kompetenzen zur Entschlüsselung und insbesondere zur Wahrnehmung erforderlich (vgl. Winko 2005, S. 105f.). Die Auseinandersetzung mit komplexen medialen Texturen bietet damit im Deutschunterricht die Chance, tradierte, kognitive Wege der Textinterpretation zu verlassen. Die oftmals multiplen Rezeptionsmöglichkeiten eröffnen Spielräume für ein assoziatives Verstehen, das auch auf wirkungsbezogenen emotionalen Komponenten aufbaut (vgl. Winko 2005, S. 156). Die Verbindung kognitiver Analyseprozesse mit sinnlich-aisthesiologischen und auch assoziativen Annäherungen soll zu einer offenen Aufmerksamkeit den verschiedensten Medienverbünden und -kombinationen gegenüber führen. Aktive Betrachtung und eigene Gestaltung sollten eine enge Verbindung eingehen, so dass die Schüler und Schülerinnen auf der Grundlage eigener Wahrnehmungen, eigener Reflexionen und eigener Imaginationen neue Gestalten und neue Aussagen hervorbringen können. „Fähigkeiten zu differenzierten Wahrnehmungsleistungen, zu selbstständigen Bedeutungserzeugnissen und zu visionärem, imaginativem Denken" (Buschkühle 2003, S. 36) sind die Pfeiler einer ästhetischen Bildung, die ein intermedial ausgerichteter Deutschunterricht zum Ziel hat.

Literatur

Baum, Michael (2006): Medialität im Diskurs der Literaturdidaktik. Anmerkungen zur jüngeren Forschung und Versuch einer Systematisierung. In: Wirkendes Wort 56, H. 2, S. 279–309.

Bönnighausen, Marion (2005): Intermediale Kompetenz. In: Rösch, Heidi (Hrsg.): Kompetenzen im Deutschunterricht. Frankfurt am Main: Lang, S. 74–91.

Bönnighausen, Marion (2006): Von Bählämmern und verlorenen Highways. Neue Wege des Hör- und Textverstehens im Deutschunterricht. In: Engler, Tihomir / Möbius, Thomas (Hrsg.): Textnahes Verstehen – Auf Fährtensuche in literarischen Texten. Baltmannsweiler: Schneider, S. 139–155.

Bönnighausen, Marion (2006): An den Schnittstellen der Künste: Vorschläge für einen intermedialen Deutschunterricht. In: Frederking, Volker (Hrsg.): Medien im Deutschunterricht. Jahrbuch 2005. München: Kopäd, S. 191–203.

Brecht, Bertolt 1922–33 (1990): Über Film. In: Brecht, Bertolt: Schriften zur Literatur und Kunst I. Gesammelte Werke. Bd. 18. Frankfurt am Main: Suhrkamp, S. 133–216.

Brandstätter, Ursula (2004): Bildende Kunst und Musik im Dialog. Ästhetische, zeichentheoretische und wahrnehmungspsychologische Überlegungen zu einem kunstspartenübergreifenden Konzept ästhetischer Bildung. Augsburg: Wißner.

Brinkemper, Peter V. (2001): Intermedialität und Deutschunterricht. Bausteine zu einer Phänomenologie des Medienunterrichts. In: Literatur im Unterricht 2, S. 91–104.

Buschkühle, Carl Peter (2003): Vorwort und Dank. In: Buschkühle, Carl Peter (Hrsg.): Perspektiven künstlerischer Bildung. Texte zum Symposion Künstlerische Bildung und die Schule der Zukunft. Köln: Salon, S. 9–18.

Eichenbaum, Boris (1974): Probleme der Filmstilistik. In: Beilenhoff, Wolfgang (Hrsg.): Poetik des Films. Texte der russischen Formalisten. München: Fink, S. 12–40.

Heller, Heinz-B. (1986): Historizität als Problem der Analyse intermedialer Beziehungen. Die „Technifizierung der literarischen Produktion" und „filmische" Literatur. In: Akten des VII. Internationalen Germanisten-Kongresses. Bd. 10. Hrsg. von Karl Pestalozzi / Alexander von Borrmann / Thomas Koebner. Tübingen: Niemeyer, S. 227–285.

Kittler, Friedrich (1993): Geschichte der Kommunikationsmedien. In: Huber, Jörg / Müller, Alois (Hrsg.): Raum und Verfahren. Basel: Stroemfeld / Roter Stern, S. 169–188.

Kittler, Friedrich (1985): Romantik – Psychoanalyse – Film: Eine Doppelgängergeschichte. In: Hörisch, Jochen/Tholen, Georg Christoph (Hrsg.): Eingebildete Texte. Affairen zwischen Psychoanalyse und Literaturwissenschaft. München: Fink, S. 118–135.

Köller, Wilhelm (2004): Perspektivität und Sprache. Zur Struktur von Objektivierungsformen in Bildern, im Denken und in der Sprache. Berlin: de Gruyter.

Krieger, Wolfgang (2004): Wahrnehmung und ästhetische Erziehung. Zur Neukonzeptionierung ästhetischer Erziehung im Paradigma der Selbstorganisation Bochum: projektverlag.

Kristeva, Julia (1972): Wort, Dialog und Roman bei Bachtin. In: Ihwe, Jens (Hrsg.): Literaturwissenschaft und Linguistik. Bd. 3. Frankfurt am Main: Cornelsen, S. 345–375.

Luhmann, Niklas (1986): Das Medium der Kunst. In: Delfin 4, H. 1, S. 6–16.

Müller, Jürgen E. (1996): Intermedialität. Formen moderner kultureller Kommunikation. Münster: Nodus.

Paech, Joachim (1998): Intermedialität. Mediales Differenzial und transformative Figurationen. In: Helbig, Jörg (Hrsg.): Intermedialität. Theorie und Praxis eines interdisziplinären Forschungsgebiets. Berlin: Schmidt, S. 14–30.

Pethes, Nicolas (2002a): Intermedialitätsphilologie? Lichtenbergs Textmodell und der implizite Mediendiskurs der Literatur. In: DVjS 76, H. 1, S. 86–104.

Pethes, Nicolas (2002b): „Tongefühlsbilder". Intermedialität und Verzeitlichung in literarischen Mediendiskursen um 1800. In: Eming, Jutta/Lehmann, Annette Jael/Maassen, Irmgard (Hrsg.): Mediale Performanzen. Historische Konzepte und Perspektiven. Freiburg im Breisgau: Rombach, S. 153–180.

Prümm, Karl (1988): Intermedialität und Multimedialität. Eine Skizze medienwissenschaftlicher Forschungsfelder. In: Bohn, Rainer/Müller, Eggo/Ruppert, Rainer (Hrsg.): Ansichten einer künftigen Medienwissenschaft. Berlin: Edition sigma.

Rajewsky, O. Irina (2002): Intermedialität. Tübingen: Francke.

Schmitz, Ulrich (2003): Lesebilder im Internet. Neue Koalitionen und Metamorphosen zwischen Text & Bild. In: Zeitschrift für Germanistik 3, S. 605–628.

Schröter, Jens (1998): Intermedialität. Facetten und Probleme eines aktuellen medienwissenschaftlichen Begriffs. In: Montage, AV 7, H. 2, S. 129–154.

Seel, Martin (2004): Über die Reichweite ästhetischer Erfahrung. In: Mattenklott, Gert (Hrsg.): Ästhetische Erfahrung im Zeichen der Entgrenzung der Künste. Sonderheft 2004 der Zeitschrift für Ästhetik und Allgemeine Kunstwissenschaft, S. 73–81.

Tholen, Georg Christoph 1999 (2002): Vorwort. In: Schade, Sigrid/Tholen, Georg Christoph (Hrsg.): Konfigurationen. Zwischen Kunst und Medien. München: Fink, S. 9–11.

Voßkamp, Wilhelm (1998): Die Gegenstände der Literaturwissenschaft und ihre Einbindung in die Kulturwissenschaften. In: Jahrbuch der deutschen Schillergesellschaft 42, S. 503–507.

Welsch, Wolfgang (2002): Unsere postmoderne Moderne. Berlin: Akademie Verlag.

Winko, Simone (2005): Hyper – Text – Literatur. Digitale Literatur als Herausforderung an die Literaturwissenschaft. In: Segeberg, Harro/Winko, Simone (Hrsg.): Digitalität und Literalität. Zur Zukunft der Literatur. München: Fink, S. 137–157.

VOLKER FREDERKING

3.15 Symmedialer Literaturunterricht

Gegenstand der nachfolgenden Ausführungen ist die Theorie und Praxis symmedialen Literaturunterrichts. Was es damit auf sich hat, soll in drei Perspektiven verdeutlicht werden. Den Ausgangspunkt bildet eine medienkulturgeschichtliche Bestandsaufnahme. Mit ihrer Hilfe lässt sich die Medienskepsis an deutschen Schulen besser verstehen, die insbesondere den Deutschunterricht der Gegenwart immer noch maßgeblich prägt (1). Vor diesem Hintergrund werden die Grundlagen und Zielsetzungen eines symmedial ausgerichteten Literaturunterrichts erläutert und medientheoretische und mediendidaktische Besonderheiten im Vergleich zu verwandten Ansätzen reflektiert (2). Die praktischen Konsequenzen des Konzepts werden im Anschluss am Beispiel eines berühmten Kinderromans – Erich Kästners 'Emil und die Detektive' – veranschaulicht (3). Denn natürlich ist jede Theorie nur so gut, wie sie sich in der Praxis bewährt. Besonders gilt dies für fachspezifische mediendidaktische Ansätze, die auf eine Unterrichtswirklichkeit zielen, gegenüber der es tief verwurzelte Berührungsängste und Vorbehalte gibt, wie das nachfolgende Kapitel verdeutlicht.

1. Deutschunterricht und Medienskepsis. Eine medienkulturgeschichtliche Herleitung

Stellen Sie sich eine Welt vor, die mit unserer identisch ist, bis auf einen technikhistorischen Unterschied: Videogames sind lange *vor* Büchern erfunden und verbreitet worden. In diesem Paralleluniversum spielen Jugendliche schon seit Jahrhunderten Computerspiele – und plötzlich erscheinen gedruckte Texte auf dem Markt und sind in kürzester Zeit der letzte Schrei. Was würden die Lehrer, die Eltern und die Kulturwächter wohl zu dieser neuen Lesewut sagen? Vermutlich würde es sich etwa so anhören: Das Lesen von Büchern unterfordert auf Dauer alle Sinne. Die lange Tradition des Computerspielens bindet das Kind in eine lebendige, dreidimensionale Welt ein, die mit bewegten Bildern und musikalischen Klanglandschaften gefüllt ist; eine Welt, die unter Einsatz komplexer Muskelbewegungen erkundet und kontrolliert wird. Im Gegensatz dazu bestehen Bücher nur aus simplen Aneinanderreihungen von Wörtern auf Papierblättern. Beim Lesen wird also ausschließlich der kleine Teil des Gehirns aktiviert, der geschriebene Sprache verarbeitet, während Videogames das Zusammenspiel aller motorischen und sensorischen Kortizes fördern.

Außerdem kann das Lesen von Büchern in die soziale Isolation führen. Computerspiele ermöglichen unseren Jugendlichen seit vielen Jahren komplexe soziale Beziehungen mit ihren Altersgenossen und erlauben ihnen, gemeinsame Welten zu erbauen und zu ergründen. Bücher hingegen zwingen das Kind dazu, sich an einem ruhigen Ort niederzulassen und sich der Interaktion mit anderen Jugendlichen zu entziehen. Die neuen 'Bibliotheken', die in den letzten Jahren aus dem Boden geschossen sind und der Jugend den Zugang

> zum Lesestoff erleichtern, bieten einen beängstigenden Anblick. Zu Dutzenden sitzen Kinder, die sonst so lebendig miteinander umgehen, alleine in Kabinen, lesen stumm und nehmen ihre Altersgenossen nicht mehr wahr. (Johnson 2005, S. 32f.)

Keine Frage – das Gedankenexperiment, zu dem Steven Johnson die Leserinnen und Leser seines Bestsellers 'Everything Bad is Good für You' (dt. Neue Intelligenz) auffordert, deckt auf provokant-humorvolle Weise die Vorurteilsstruktur zeitgenössischer Medienskepsis auf, die auch und gerade unter Deutschlehrer(-inne)n immer noch sehr verbreitet ist. Tatsächlich ist plausibel, dass in einer vorliteralen, durch Computer und interaktiv-vernetzte Computerspiele geprägten Welt das neue Medium 'Buch' und die neue Rezeptionsform 'Lesen' irritierend wirken und breite Abwehrreaktionen auslösen würden. Denn alles Neue erscheint zunächst bedrohlich, wenn es das Bisherige radikal infrage stellt.

Interessanterweise verdeutlicht der medienkulturgeschichtliche Rückblick im Sinne Wolfgang Raibles (2006), dass das, was Steven Johnson als Fiktion beschreibt, sich vor ca. sechshundert Jahren tatsächlich in der Realität in modifizierter Form historisch zugetragen hat (vgl. Frederking 2008b, S. 23ff.). Denn die Erfindung des Buchdrucks wurde im 15. Jahrhundert keinesfalls unisono als segensreich empfunden. Zeitgenossen wie Guillaume Fichet werteten die Druckerpresse als „equus trojanus“, als trojanisches Pferd, das, nachdem es einmal Einlass gefunden hat, die bisherige Kultur in ihrem Kern in Frage stellte (vgl. Giesecke 1991, 148). Während nämlich von der Antike bis zum Mittelalter die per Hand geschriebenen und in klösterlichen Schreibwerkstätten vervielfältigten Bücher zumeist kunstvoll mit farbigen Großbuchstaben und handbemalten Bildern verziert wurden – also auf sinnliche Vielfalt ausgerichtet waren wie Johnsons fiktive Welt vor der Einführung der neuen Buchmedien –, irritierten Gutenbergs Druckerzeugnisse durch eine ungewohnte Schwarz-Weiß-Ästhetik und einen völligen Verzicht auf Farbigkeit und Bildlichkeit. Auf Zeitgenossen wirkten die unverzierten schwarzen Drucklettern so befremdlich, dass sie rasch als Ausdruck 'schwarzer Kunst' in Verruf gerieten und den Absatz ins Stocken brachten – mit der Folge, dass Gutenberg sich gezwungen sah, sein epochales Meisterwerk, die gedruckte Bibel, nachträglich per Hand verzieren und kolorieren zu lassen (vgl. Janzin/Güntner 1997, S. 113).

Im Laufe der folgenden Jahrhunderte geriet diese bis ins Mittelalter hinein selbstverständliche Form der polymedialen Grundierung von Textrezeption und -produktion weitestgehend in Vergessenheit. Gleiches gilt für die von der Antike bis ins Mittelalter gängige Praxis des Lesens mit lauter Stimme, *alta voce,* nach Jesper Svenbro die „Urform des Lesens“ (1995, S. 62; 2002), die in der klösterlichen Tradition der *ruminatio*, des meditativ-rhythmischen, leise wiederholenden Lesens (vgl. Hamesse 1995, S. 160), des geistig-sinnenreichen Umherschweifens „im Weinberg des Textes“ (Illich 1991), ihren artifiziellen Ausdruck gefunden hat.

Mit Horst Wenzel (1995; Wenzel/Seipel/Wunberg 2001) können diese mittelalterlichen Formen des Lesens und Schreibens im Medienverbund als vortechnische Ausprägungen von Audiovisualität verstanden werden, die das neue Medium Buch für einige Jahrhunderte von der kulturellen Bühne verdrängte. Denn das Schwarz-auf-Weiß wurde zur Gewissheit signalisierenden Grundformel der printmedial geprägten Neuzeit, das stille Lesen, in Johnsons Fiktion ein besorgniserregender Habitus und in Antike und Mittelalter wenig verbreitet, avancierte zum Inbegriff kultureller Praxis – mit der medienkulturgeschichtlich sehr paradox anmutenden Konsequenz, dass nunmehr Formen von Vielfarbigkeit und Polymedialität, so sie mit ästhetischem oder geistigem Anspruch auftraten, unter Generalverdacht gerieten. Die frühen Widerstände gegenüber dem Kino sind ein markantes Beispiel für diesen Reflex aus den Anfängen des 20. Jahrhunderts. Exemplarisch sei auf Jakob von Hoddis' Gedicht 'Kinematograph' verwiesen, in dem die tiefe Irritation der literal geprägten Kulturszene gegenüber dem neuen Medium Film in lyrischer Form Ausdruck findet: „Und in den dunklen Raum – mir ins Gesicht – Flirrt das hinein, entsetzlich!" (Hoddis 1911, S. 25). Am Ende des 20. Jahrhunderts treten mit dem Siegeszug von Computer und Internet nahezu identische Abwehrmuster in Erscheinung. (Selbst)-ironisch verarbeitet Hans Magnus Enzensberger sie in seinem Gedicht 'Altes Medium', indem gegen die neue digitale Welt „als Hardware ein Bleistiftstummel" (1993, S. 144) in Stellung gebracht wird.

Während das Buch als „High-Tech des 15. Jahrhunderts" (Giesecke 1991, S. 67) Zeitgenossen als nicht ungefährliches neues Medium erschien, weil es die medial-sinnliche Vielfalt der bisherigen kulturellen Praxis durch Monomedialität bedrohte, haben sich für die printmedial sozialisierten Menschen unserer Tage die Gefahrenlagen in ihr Gegenteil verkehrt. Im monomedial geprägten Blick der Buchwelt erscheint nunmehr die Multimedialität von Computer und Internet als kultureller Bruch mit dem Bisherigen. Dass damit – medienkulturgeschichtlich betrachtet – lediglich antike und mittelalterliche Formen von Polymedialität eine Renaissance auf technisch erweiterter Basis erfahren, ist eine Erkenntnis, der sich weite Teile des printmedial geprägten Bildungsestablishments unserer Tage immer noch beharrlich verweigern. Unübersehbar ist zwar für viele, dass wir uns in einem tiefgreifenden Wandlungsprozess befinden, einem medialen Paradigmenwechsel, in dem das literale zunehmend durch das multimediale Paradigma ersetzt wird (Frederking/Krommer/Maiwald 2012, S. 29ff. und 52ff.). Viele Lehrerinnen und Lehrer in der Bundesrepublik, allen voran die des Faches Deutsch, fühlen sich allerdings dem monomedialen literalen Paradigma in besonderer Weise verpflichtet und stehen den digitalen technischen Multimedien, die Farbigkeit und Bildlichkeit betonen und neue Ausprägungen von auditiver und audiovisueller Sinnlichkeit ermöglichen, mit großer Skepsis gegenüber. Deutschdidaktisch können sie sich in ihrer Haltung dabei

Percentage of teachers (not using computers in class) stating that the use of ICT in class does not reveal clear benefits for pupils by the average years of teaching experience in Europe 2006

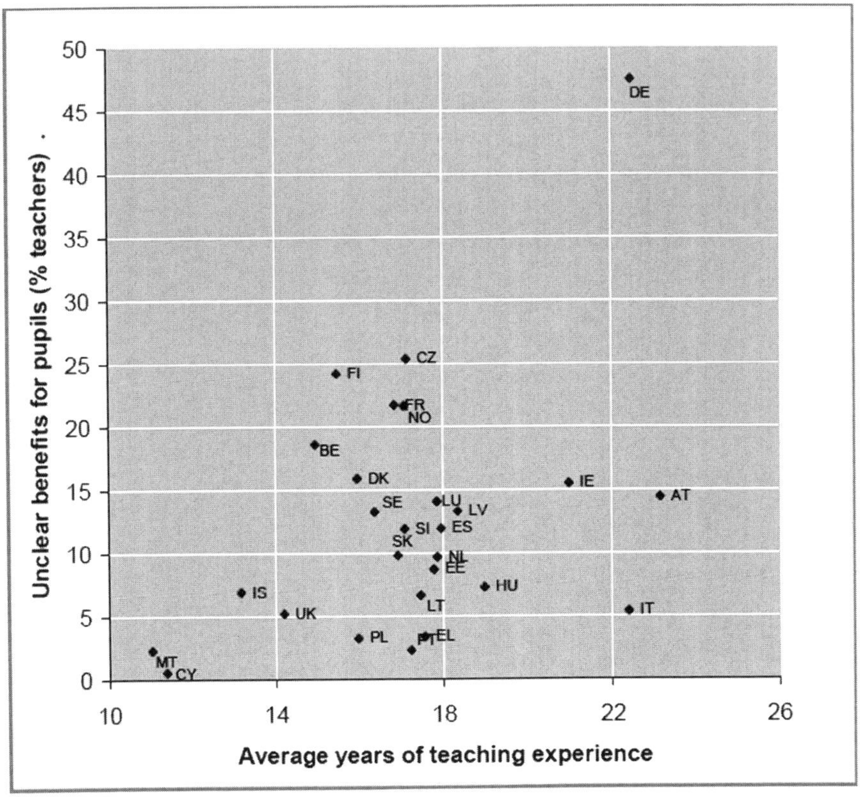

Abb. 1

partiell bestätigt sehen. So ist für Elisabeth K. Paefgen die kurze „Anwendungs- und Reflexionsgeschichte in unserem Kulturraum“ (1999, S. 156) Begründung genug für ihre Forderung, die neuen Digitalmedien im Literaturunterricht vorerst nicht zum Einsatz zu bringen. Medial inszenierte Abwehrriten wie die von Manfred Spitzer, der gar die Gefahr einer kollektiven „Verblödung“ mit den neuen Bildschirmmedien verbunden sieht (2006) und vor digitaler Demenz (2012) warnt, sind bestens geeignet, die ohnehin schon bestehenden medienfeindlichen Einstellungsmuster unter deutschen Lehrer(inne)n weiter zu vertiefen. Tatsächlich gibt es kein Land in Europa, in dem die Ablehnung der neuen IT-Medien größer ist als in Deutschland. Eine im Auftrag der EU durchgeführte und 2006 in ihren Ergebnissen veröffentliche empirische Untersuchung belegt (vgl. Abb. 1; Empirica 2006, S. 30): Fast 50 % der deutschen Lehrer(innen), die

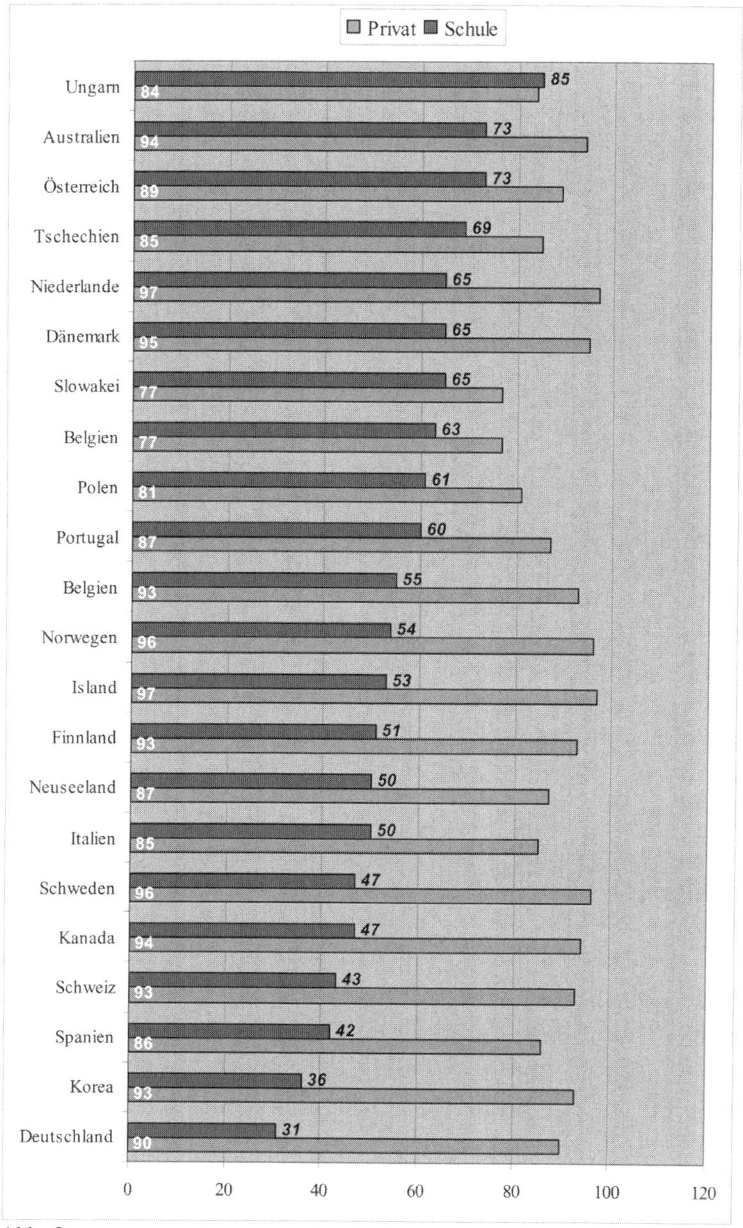

Abb. 2

keinen Computer einsetzen, bezweifeln Sinn und Nutzen einer schulischen Computernutzung, während der europäische Durchschnittswert bei ca. 15 % liegt. Die hier in Zahlen abgebildete Medien- und Technikfeindlichkeit deutscher Bildungsvermittler hat in der Unterrichtspraxis eine fatale Wirkung. So hat PISA 2006 aufgezeigt, dass Deutschland dasjenige OECD-Land ist, „in dem der Computer am seltensten als Lernwerkzeug im Unterricht eingesetzt wird" (Senkbeil/Wittwer 2007, S. 301). Mit einer auf der Grundlage der PISA-Daten (vgl. Senkbeil/Wittwer 2007, S. 280) für den vorliegenden Zusammenhang erstellten Tabelle (vgl. Abbildung 2) lässt sich dieser Befund veranschaulichen. Deutschland ist im Hinblick auf eine regelmäßige schulische Computernutzung mit 31 % weit abgeschlagenes Schlusslicht im internationalen Vergleich, während es bei der privaten Computernutzung mit 90 % im oberen Drittel aller an PISA beteiligten OECD-Staaten liegt. Angesichts solch extremer Diskrepanzen zwischen schulischer und privater Mediennutzung sind Motivationsschwierigkeiten und Abwehrhaltungen der Schüler(innen) vorgezeichnet.

Im Fach Deutsch finden diese Probleme ihre spezifische Entsprechung. Der Computer spielt in der Praxis des Deutschunterrichts nur „eine marginale Rolle", wie Hartmut Jonas (2008, S. 9) konstatiert. Obwohl mittlerweile die meisten Curricula bzw. Bildungspläne die Auseinandersetzung mit den neuen Digitalmedien im Deutschunterricht fordern, „findet eine solche so gut wie nicht statt" (Kepser 2008, S. 41). Es scheint, als gelte unausgesprochen die Losung „Ignorieren statt Integrieren" (Frederking 2008b, S. 13). Ergebnisse der 2011 von der OECD herausgegebenen Begleitstudie zu PISA 2009 verdeutlichen (vgl. OECD 2011, S. 166), dass der Anteil der deutschen Schüler(innen), die angeben im Deutschunterricht den Computer gar nicht oder maximal 30 Minuten pro Woche zu nutzen, mit ca. 95 % extrem hoch ist. Damit liegt Deutschland im unteren Viertel von 45 untersuchten Staaten. Vor diesem Hintergrund gilt unverändert:

> Neue Medien im Deutschunterricht – das ist die Geschichte einer bislang noch nicht wirklich bzw. umfassend eingelösten didaktischen Option. Der Deutschunterricht der Gegenwart ist weit davon entfernt, die Potentiale der neuen Medien auch nur annähernd in fachspezifischer Perspektive ausgeschöpft zu haben" (Frederking/Kepser/Rath 2008, S. 7)

Dabei besitzt das, was hier für Computer und Internet formuliert wurde, für die fachspezifische Mediennutzung im Ganzen Gültigkeit. Erst allmählich erhalten z.B. der Film und das Hörbuch Einlass in die unterrichtliche Praxis des Faches Deutsch. Zwar scheint die prinzipielle Bereitschaft in dieser Hinsicht etwas größer zu sein. Gleichwohl ist der Deutschunterricht der Gegenwart immer noch weit von einer adäquaten und zeitgemäßen Nutzung auditiver und audiovisueller Medien entfernt. Bei einer im Rahmen eines Forschungsprojekts zum literarischen Verstehen durchgeführten Erhebung (vgl. Frederking et al. 2009) gaben 67,3 % der befragten Deutschlehrer(innen) an, ihren Schüler(inne)n nie oder fast nie Hörfassungen literarischer Texte (Gedichte, Erzählungen, Drama, Kinder- und Jugendliteratur etc.) vorzuspielen, beim Film waren es

23,5 %, die bekannten, dies niemals zu tun, während 58,8 % angaben, immerhin ein paar Mal im Jahr auf Filme zurückzugreifen. Auch wenn diese Zahlen aufgrund der geringen Stichprobengröße (N = 49 bzw. N = 51) nicht repräsentativ sind und durch eine umfassende und systematische empirische Erhebung des Problemkomplexes ergänzt werden müssen, verweisen sie doch auf einen allgemeinen Trend. Offenkundig bleiben viele Deutschlehrer(innen) in ihrem Unterricht dem gewohnten, ihrer eigenen Mediensozialisation entsprechenden Buch nicht nur als Leitmedium, sondern auch als Exklusivmedium verpflichtet.

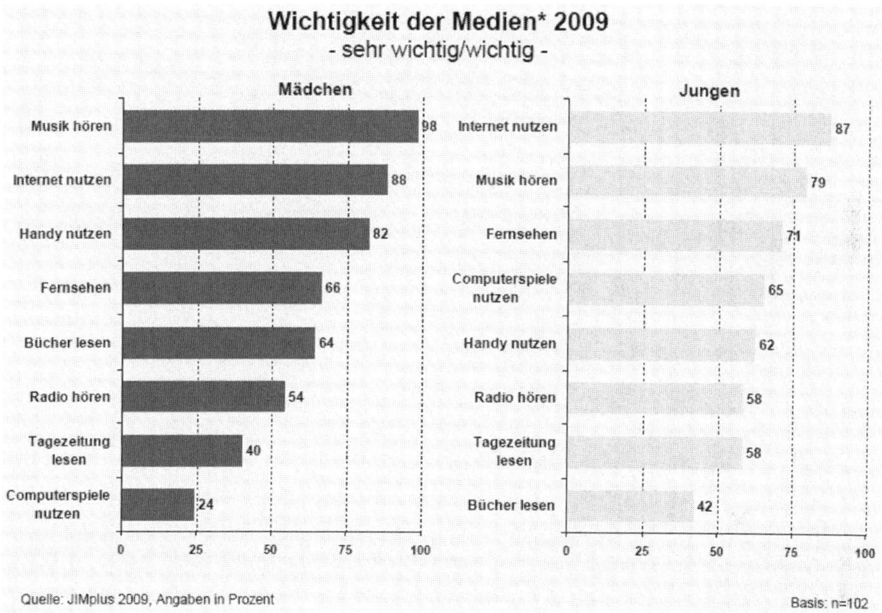

Abb. 3

Dabei verfehlt ein printmedial orientierter Deutschunterricht die kulturelle Wirklichkeit der Gegenwart und entspricht in keiner Weise mehr den Sozialisationserfahrungen heutiger Kinder und Jugendlicher. Wie die KIM- und JIM-Studien Jahr für Jahr zeigen, hat das Buch unter Heranwachsenden längst den Status des Leitmediums verloren. Kindheit und Jugend ist im angebrochenen 21. Jahrhundert plurimedial geprägt. Dass dabei neben den auditiven und audiovisuellen Medien Radio und Fernsehen, MP3-Player und DVD die digitalen Multimedien Handy, Computer, Internet etc. einen immer größeren Stellenwert erhalten, zeigen die Zahlen aus der JIM-Studie 2011 (vgl. Abb. 2; Quelle: JIM 2011, S. 15). Selbst bei den eigentlich als lesebegeistert geltenden Mädchen erscheint das Lesen von Büchern mit 65 % erst auf Platz 4 einer Auflistung der wichtigsten Medien bzw. Mediennutzungen, bei den befragten Jungen landet das

'Bücher lesen' mit 42 % gar nur auf dem letzten Rang. Die medialen Favoriten sind bei beiden Geschlechtern hingegen nahezu identisch: das Hören von Musik wird von 92 % der Mädchen und 88 % der Jungen genannt, das Nutzen des Internets von 86 % der Mädchen und 89 % der Jungen. Ein Deutschunterricht, der diesen gewandelten Medienpräferenzen und -nutzungen nicht Rechnung trägt, wird von den Schüler(inne)n in wachsendem Maße als nicht mehr zeitgemäß erlebt – mit entsprechend negativen Konsequenzen für das Interesse am Fach und das fachspezifische Selbstkonzept.

Dabei sollten Deutschlehrer(innen) nicht nur aufgrund der Medienerfahrungen ihrer Schüler(innen) technische Medien in die von ihnen gestalteten Lehr-Lern-Prozesse einbeziehen. Gerade für den Literaturunterricht ist dies auch aus fachlichen Gründen zwingend erforderlich. Denn Literatur begegnet heute keinesfalls mehr ausschließlich in printmedialer Form. Hörbucher, Literaturverfilmungen oder Hyperfictions haben sich einen festen Platz erobert. So kommen Deutschlehrer(innen) auch vor dem Hintergrund des Wandels der Produktions- und Rezeptionsmöglichkeiten von Literatur und damit der Lerngegenstände des Literaturunterrichts nicht umhin, auditive, audiovisuelle und multimediale Verarbeitungen von Literatur im Unterricht zu behandeln. Dies setzt ein verändertes, medial reflektiertes fachliches Selbstverständnis, eine Erweiterung der didaktischen Zielsetzungen und eine Anpassung der methodischen Zugriffe voraus. Es geht mit anderen Worten darum, fachspezifische Medienkompetenz zu vermitteln (vgl. Groeben 2002) und neben sprachlicher und literarischer auch mediale Bildung als didaktisches Ziel des Deutschunterrichts zu begreifen (vgl. Frederking/Krommer 2012). Mit der Konzeption des symmedialen Literaturunterrichts wird der Versuch unternommen, diesen neuen Herausforderungen zu entsprechen (vgl. Frederking 2003; 2005; 2006). Die theoretischen Grundlagen und praktischen Konsequenzen des Ansatzes seien nachfolgend im Detail erläutert.

2. Theoretische Grundlagen und Zielsetzungen symmedialen Literaturunterrichts

'Symmedial' bzw. 'Symmedialität' sind Hybridworte, die aus der Verbindung von lat. *'medium'* = 'Mittler' und griech. *'syn' bzw. 'sym'* = 'zusammen, zugleich' hervorgegangen sind. Beide finden in medienkulturgeschichtlicher und mediendidaktischer Hinsicht Anwendung. Medienkulturgeschichtlich können mit dem Begriff 'symmedial' z. B. nicht-technische mediale Verbünde bezeichnet werden. Ein gutes Beispiel sind die in Antike und Mittelalter nachweisbaren Traditionen „medialer Vernetzung von Oralität, Piktoralität und Literalität, von gesprochenem Wort, Bild und Schrift“ (Frederking 2005, S. 188), die im letzten Kapitel thematisiert wurden. Aber auch das technisch erzeugte Verschmelzen

von medialen Formen lässt sich auf dieser Grundlage begrifflich erfassen. In diesem Sinne können Film, Computer oder Internet als 'Symmedien' bezeichnet werden (Frederking/Krommer/Maiwald 2012, S. 205ff.), weil sie mediale Einzelformen in sich vereinen, wie noch differenzierter aufzuzeigen sein wird. Damit geht die Entstehung symmedialer Kulturpraktiken einher, insofern Text, Bild und Ton in immer neue medial-semiotische Verbindungen treten. So weisen die in Steven Johnsons medialer Alternativwelt als Kulturträger fungierenden Computerspiele ebenso symmediale Strukturen auf wie interaktive Online-Lernumgebungen oder Spielfilme bzw. Literaturverfilmungen mit ihrem Zusammenspiel von theatraler Interaktion, bewegtem Bild und gespeichertem Ton. Aber auch nicht-technische Formen wie Bilderbücher oder Comics mit ihrer Verbindung von Text und Bild oder das Zusammenwirken von Printtext und Stimme in der Rezitation eines Gedichtes stellen Formen symmedialer kultureller Praxis das, die schon im Anfangsunterricht Verwendung finden können (vgl. Frederking/Römhild 2012). Medientheoretisch gesprochen handelt es sich hierbei jeweils um symmediale Texte. Diese erfordern symmediale Leseweisen, d. h. das Decodieren und Verstehen literaler, piktoraler, auditiver, audiovisueller und hypermedialer Texte bzw. ihrer medialen und semiotischen Verknüpfungen.

Es ist ein Grundanliegen symmedialen Literaturunterrichts, diese unterschiedlichen medialen Verbundformen der Vergangenheit und Gegenwart gezielt zu nutzen und zu ihrer medienreflexiven Verarbeitung Raum zu geben. In diesem Sinne bezeichnet das Attribut „symmedial" in literatur- und mediendidaktischer Hinsicht einen Literaturunterricht, in dem versucht wird, der medialen Pluralisierung der Produktions- und Rezeptionsweisen von Literatur in didaktisch reflektierter Form zu entsprechen, Schüler(inne)n literarische bzw. ästhetische Bildungserfahrungen in vielfältiger medialer Form zu ermöglichen und auf diese Weise zum Aufbau einer fachspezifischen Medienkompetenz beizutragen (vgl. Frederking 2004, S. 37). Mit dieser Zielsetzung steht das Konzept in einer längeren mediendidaktischen Tradition im Fach Deutsch, die vom medienintegrativen über den computergestützten bis hin zum intermedialen Ansatz reicht (vgl. Baum 2006). Mit dem Symmedialitätsaspekt sind allerdings spezifische medientheoretische, medienkulturgeschichtliche und mediendidaktische Akzente verbunden, die nachfolgend präzisiert und erläutert werden sollen.

2.1 Symmedial und (medien-)integrativ

Das Konzept des symmedialen Literaturunterrichts setzt in spezifischer Weise fort, was mit integrativen bzw. medienintegrativen Ansätzen in der Deutschdidaktik vor mehr als drei Jahrzehnten auf den Weg gebracht worden ist. Zu den Pionieren integrativer Mediendidaktik gehört Rudolf Denk, der bereits Ende der siebziger Jahre des letzten Jahrhunderts forderte, dass für den Deutschunterricht „eine mediale Erweiterung" (1977, S. 9) anzustreben sei. Bei einem solchen „integrativen Medienunterricht im Fach Deutsch“ sollten nach Denk die „unterschiedlichen Kommunikationsmedien des Deutschunterrichts medienvergleichend und medienkontrastiv im Zusammenhang einer gemeinsamen didaktischen Mediendramaturgie erscheinen“ (1977, S. 9f.). Während Denks Forderung aber weder in der Deutschdidaktik noch im Deutschunterricht einen größeren theoretischen bzw. unterrichtspraktischen Widerhall gefunden hat, ist es Jutta Wermke in den neunziger Jahren gelungen, den Fokus der fachlichen Aufmerksamkeit in stärkerem Maße auf die Frage nach der Stellung von Medien im Deutschunterricht zu verlagern. Ihre Grundthese lautet:

> Deutschunterricht in einer Medienkultur muss integrativer Deutschunterricht sein, er muss das sein, weil sein traditioneller Gegenstandsbereich – das Buch bzw. die Buchkultur – nur noch bedingt isoliert betrachtet werden kann. (Wermke 1997, S. 46)

Dabei weist Wermke zurecht darauf hin, dass die Einbeziehung technischer Medien allein nicht ausreichend ist. Vielmehr muss in ihrem Urteil eine „Integration anderer Medienästhetiken“ (1997, S. 48) hinzukommen, um dem medialen Wandel gerecht zu werden, der die Gegenwartskultur so tiefgreifend verändert.

Mit diesen Überlegungen ist der theoretische Grundstein gelegt worden für die reflektierte, an genuinen Zielen des Faches orientierte Einbeziehung technischer Medien in den Deutschunterricht. Die von Denk wie Wermke verwendete Bezeichnung ‘integrativ’ bzw. ‘medienintegrativ’ erweist sich allerdings bei genauerer Betrachtung als nicht unproblematisch, weil beide Begriffe zu Missverständnissen Anlass geben können. Denn wenn ein integrativer Deutschunterricht gleichbedeutend ist mit der „Öffnung des Deutschunterrichts zur Medienkultur“ (Wermke 1997, S. 47), wird impliziert, dass der traditionelle, printmedial ausgerichtete Deutschunterricht nicht Teil der Medienkultur sei. Die Bezeichnung ‘integrativ’ bzw. ‘medienintegrativ’ kann mit anderen Worten in der Weise missverstanden werden, dass Medien erst mit Radio, Film, Fernsehen, Computer oder Internet Gegenstand des Deutschunterrichts geworden sind. Tatsächlich sind aber natürlich schon die wesentlichen Grundlagen des traditionellen Deutschunterrichts – Stimme und Buch, gesprochene und geschriebene Sprache – Medien bzw. mediale Formen. Mit Pross (1972) können sie als Primär- bzw. Sekundärmedien bezeichnet werden: das Primärmedium Stimme benötigt weder bei der Rezeption noch bei der Produktion technische Vermittlung, das Sekundärmedium Buch nur bei der Produktion – im Unterschied zu Tertiärmedien wie Radio, CD, DVD und Quartärmedien wie Computer oder Internet[1], die sowohl im Produktions- als auch im Rezeptionsprozess technischer Vermittlung bedürfen. Hier wird deutlich: Literaturunterricht war und ist Medienunterricht. Er war dies bereits im Buchzeitalter, auch wenn dies im print-

[1] Die Bezeichnung quartäre Medien hat Faßler (1997: 117 ff.) in Ergänzung zu Pross geprägt, um die „computerbasierten und -verstärkten Medienbereiche netztechnischer und elektronisch-räumlicher Konsumtion, Information und Kommunikation“ zu bezeichnen.

medialen Horizont kaum zur Kenntnis genommen worden ist, und er ist dies natürlich erst Recht im angebrochenen Multimediazeitalter.

Mit dem Begriff 'symmedial' wird der Versuch unternommen, diesen Sachverhalt terminologisch präziser zu erfassen. Medientheoretisch setzt der Begriff die Medialität von Stimme und Buch, Oralität und Literalität voraus. Unter der Prämisse, dass Stimme und Buch als nicht-technische Medien zu verstehen sind, ist die antike und mittelalterliche Kulturtechnik des oralisierten Lesens, wie sie eingangs erläutert wurde, als symmediale Praxis zu interpretieren (vgl. dazu auch Frederking 2004; Frederking/Krommer/Maiwald 2012, S. 33ff.). Erst Recht gilt dies natürlich für das Zusammenspiel von Printmedium und auditiven, audiovisuellen und multimedialen elektronischen bzw. digitalen Medien. 'Symmedial' bezeichnet aber nicht nur den „Verbund" von Medien in technischer, sondern auch in didaktischer Perspektive. Als didaktischer Begriff hebt 'symmedial' darauf ab, dass ein zeitgemäßer Literaturunterricht die traditionellen Primär- bzw. Sekundärmedien Stimme und Buch mit den neuen technischen Tertiär- und Quartärmedien und ihren fachspezifischen Angeboten an auditiven, audiovisuellen und multimedialen Texten verbinden muss, um dem medialen Wandel gerecht zu werden, dem die Lerngegenstände des Literaturunterrichts ebenso unterliegen wie die lernenden Subjekte, die er erreichen will.

2.2 Symmedial und multimedial

Anders als beim Begriff 'medienintegrativ' liegen die Gemeinsamkeiten und Unterschiede zwischen 'symmedial' und 'multimedial' nicht nur auf der terminologischen Ebene, sondern auch auf der mediendidaktischen.

'Multimedial' bzw. 'Multimedialität' waren Schlüsselbegriffe der neunziger Jahre des letzten Jahrhunderts. Nachdem das Internet 1989 mit der Entwicklung des World Wide Web (WWW) am Europäischen Forschungszentrum für Teilchenphysik (CERN) in Genf seinen Siegeszug angetreten hatte, avancierte 'Multimedia' zum Synonym für die mit den neuen Digitalmedien verbundenen Veränderungen. 1995 wurde der Begriff von der Gesellschaft für deutsche Sprache zum Wort des Jahres gewählt. Bezeichnet wird damit die „Mischung von Audio, Video und Daten" (Negroponte 1997, S. 27), genauer die besondere Qualität der Hybridmedien Computer und Internet, „mehrere Mediendarstellungsformen (Text, Video, Audio usw.) verfügbar machen" (Issing/Klimsa 1995, S. 1) zu können. In diesem Sinne wurde 'Multimedia' zum Synonym für die Vielfalt medialer Rezeptions- und Gestaltungsmöglichkeiten in den neuen Digitalmedien und die mit ihnen verbundene Epochenwende vom Buch- zum Computerzeitalter (vgl. Bolz 1993; Frederking/Krommer/Maiwald 2012, S. 52ff.).

In den Geisteswissenschaften hat der Begriff nur zögerlich Einlass gefunden. Zwar wird Multimedialität in der Literatur- bzw. Kulturwissenschaft durchaus als ein Charakteristikum digitaler bzw. digitalisierter Literatur anerkannt:

> Zahlreiche neuere Beispiele digitaler Literatur belegen die zunehmende Multimedialität dieser Kunstform. Akustische Elemente wie Musik und Geräusch, visuelle Komponenten von Typographie und Farbgebung über Grafiken bis hin zu verschiedenen Bildern und auch filmischen Sequenzen werden mit Text gemischt, teilweise dominieren sie die textuellen Elemente. (Winko 2005, S. 144)

Allerdings bleibt eine gewisse Distanz selbst in den Teilen der Literaturwissenschaft spürbar, die medialen Fragen aufgeschlossen gegenüberstehen. So bezeichnet Roberto Simanowski Multimedialität als das inhaltlich oft nicht spezifizierte „bloße Nebeneinander von Text und Bild" (2005, 163). Simone Winko wirft „die Frage nach der Identität eines Textes unter dem Zeichen der Multimedialität" auf und führt als Maßstab „den Anteil an Sprache" an, um zu klären, ob etwas noch „als Text gelten kann" (Winko 2005, S. 153). Hier lässt sich zwar einwenden, dass eine Erweiterung des Textbegriffs über den rein literalen Bereich hinaus einen möglichen Ausweg darstellt. In diesem Sinne kann Christiane Heibach fordern, Literaturwissenschaft müsse sich „von einer monomedialen zu einer multimedialen Wissenschaft entwickeln" (2005, S. 249f.; vgl. auch 2000; 2003). Dennoch ist erkennbar, dass Multimedialität – zumindest aktuell – nicht zu den genuinen theoretischen bzw. terminologischen Bezugspunkten der Literaturwissenschaft gehört.

Auch im Horizont einer fachspezifischen Mediendidaktik konnte sich der Begriff 'multimedial' nicht durchsetzen. Selbst dort, wo die neuen Digitalmedien im Zentrum didaktischer Modellierungen stehen, wie dies beim computerunterstützten Deutschunterricht der Fall ist (vgl. Jonas / Rose 2002; vgl. den Beitrag von Matthis Kepser in diesem Band, Kap. 3.16), spielt der Begriff 'multimedial' keine nennenswerte Rolle. Über die Distanz der Deutschdidaktik kann nur spekuliert werden. Möglicherweise ist 'multimedial' negativ konnotiert, weil die mediale Vielfalt als Widerspruch zum literalen Kern des Deutschunterrichts verstanden wird. Problematisch ist in jedem Fall, dass das Bedeutungsfeld des Begriffes stark an die neuen Digitalmedien Computer und Internet gebunden bleibt.

Hier besteht der wesentliche Unterschied zum Begriff 'symmedial'. Durch das Präfix 'Sym' wird in mediendidaktischer Perspektive die Verbindung verschiedener medialer Formen bezeichnet – und zwar über die neuen IT-Medien hinaus. Ziel eines symmedialen Ansatzes ist es folgerichtig, Buchkultur und Computerzeitalter im Literaturunterricht zu einer fruchtbaren Synthese zu bringen. Impliziert multimedial ein beliebiges „Nebeneinander von digitalen medialen Optionen", betont symmedial medientheoretisch einen inhaltlichen Bezug der einzelnen medialen Formen und mediendidaktisch „das sinnvolle, durch einen didaktischen Mehrwert spezifizierte Aufeinanderbezogensein 'alter' wie 'neuer' Medien im Unterrichtsprozess (vgl. Frederking 2004, S. 38). Dies bedeutet, dass in einem symmedialen Literaturunterricht zwar die besonderen Potentiale des Computers auf vielfältige Weise genutzt werden, ohne dass sich fachspezifische Lehr-Lern-Prozesse allerdings darauf beschränken sollten. Die Medienkulturgeschichte hält ein breites Spektrum an symmedialen Verbünden bereit, die der Literaturunterricht aufgreifen kann und sollte. Dabei wird die Nutzung erst dann wirklich symmedial, wenn dies in medienreflexiver Weise geschieht oder auf erfahrungsorientierter (oder kognitiver) Grundlage „Medialitätsbewusstsein“ (Groeben 2002, 166) zum Ziel hat. Zu nennen sind hier z.B. die bereits thematisierten Verbindungen von Text und Bild bzw. Text und Stimme in der Schreib- und Lesekultur von Antike und Mittelalter, an die ein symmedialer Literaturunterricht anknüpfen kann, indem Schüler(innen) beim Schreiben zu einer bewussten Verbindung von Schrift und Bild oder zum Lesen mit lauter Stimme angeregt werden. Auch der Tonfilm mit seiner medienspezifischen Verschmelzung von theatraler Interaktion, bewegtem Bild und gesprochenem Wort oder das Hörbuch mit seiner auditiven Reproduktion und Interpretation einer literalen Vorlage sind symmediale Phänomene (vgl. Frederking 2006; Frederking/Krommer/Maiwald 2012, S. 48 ff.), die einen zeitgemäßen Literaturunterricht bereichern und Heranwachsende motivieren können, sich in reflexiver wie produktiver Perspektive mit der medialen Vielfalt der kulturell-ästhetischen Praxis der Gegenwart auseinander zu setzen.

2.3 Symmedial und intermedial

Die Gemeinsamkeiten und Unterscheide zwischen einem symmedialen und einem intermedialen Ansatz sind auf medientheoretischer und mediendidaktischer Ebene zu verorten.

Der Begriff ‘Intermedialität’ spielt seit den achtziger Jahren vor allem im geistes- und medienwissenschaftlichen Diskurs eine Rolle (vgl. Prümm 1988; Müller 1996; Paech 1998; Pethes 2002; Rajewsky 2002; Greber/Lüdecke 2004). In medienspezifischer Anknüpfung an den Begriff der Intertextualität werden damit „Formen und Funktionen [...] der Bezugnahme eines bestimmten medialen Produkts auf ein anderes mediales System bzw. auf ein diesem fremdmedialen System zugehöriges Produkt“ (Rajewsky 2002, S. 25) bezeichnet. Stehen „mindestens zwei konventionell als distinkt wahrgenommene Medien“ (Rajewsky 2002, 13) miteinander in Bezug, ist von Intermedialität die Rede. Die Verknüpfung sollte allerdings nicht nur medientechnischer Art sein (wie bei der Multimedialität), sondern sich auch semantisch-strukturellen Überlegungen verdanken. Bei Intermedialität zeigt sich mit anderen Worten eine „konzeptuell-integrative Verbindung“ (Simanowski 2005, S. 163.). Typisch hierfür ist der mit einer Literaturverfilmung oder -vertonung verbundene Medientransfer oder andere Formen von Text-Bild-, Text-Ton- und Text-Film-Bezügen (vgl. Rajewsky 2002). Auch im Bereich der neuen Digitalmedien ist von Intermedialität als Eigenschaft digitaler Medien die Rede (Heibach 2002, S. 182 ff.; Simanowski 2002, S. 15 ff.; 2005, S. 163).

Die großen didaktisch-methodischen Potentiale eines intermedialen Ansatzes hat vor allem Marion Bönnighausen wiederholt überzeugend zur Darstellung gebracht (vgl. Bönnighausen/Rösch 2004; Bönnighausen 2006; vgl. auch ihren Beitrag im vorliegenden Band 2, Kap 3.14). Als dessen Kern bestimmt sie die intermediale Analyse von Schnittstellen zwischen Künsten und unterschiedlichen medialen Ausformungen:

> Um den Nachvollzug und die Reflexion solcher Schnittstellen soll es im intermedial ausgerichteten Deutschunterricht gehen, wobei Literatur als das Medium erfahren werden kann, das die Imaginationskraft, die an den Schnittstellen von Ton, Bild und Schrift entsteht, in besonderer Weise nutzt. (Bönnighausen 2006, S. 198)

Ein intermedialer Ansatz bleibt mit anderen Worten keinesfalls auf die kognitive Ebene beschränkt, sondern eröffnet auch affektiv-ästhetische Zugänge zu dem Miteinander der Künste und Medien. Im Fokus intermedialen Deutschunterrichts steht mithin „die sinnliche und analytische Erfahrung von Mediendifferenz", um Schüler(inne)n „zu einer genuin medientheoretischen Lesart der Künste" zu befähigen und sie verstehen zu lassen, „wie die einzelnen Kunstformen aufgrund ihrer spezifischen medialen Materialität" (Bönnighausen 2006, 200f.) ästhetische Wirkung entfalten.

Diese Zielsetzungen finden sich auch im symmedialen Ansatz wieder. Die Kompetenz zu intermedialer Analyse und die Schärfung der Wahrnehmungs- und Beobachtungsfähigkeit im Hinblick auf mediale und ästhetische Differenzen sind feste Bestandteile symmedialen Literaturunterrichts. Allerdings beschränkt er sich nicht auf diese Aspekte. Zumindest zwei weitergehende Zielsetzungen sind damit verbunden.

a) Im Unterschied zum intermedialen Ansatz steht bei der symmedialen Analyse nicht primär die Mediendifferenz im Fokus der Aufmerksamkeit. Auch das Zusammenspiel der einzelnen Medien bzw. medialen oder künstlerischen Formen und das dabei entstehende mediale Ganze nimmt breiten Raum ein. Diese Erweiterung des Zugriffs lässt sich medienkulturgeschichtlich und medientheoretisch begründen. So ist schon das in Antike und Mittelalter verbreitete Lesen eines Textes *alta voce* kein Vorgang, bei dem die Differenz, sondern das Zusammenspiel medialer Formen im Mittelpunkt steht. Es handelt sich also weniger um einen intermedialen als um einen symmedialen kulturellen Akt. Auch das Zusammenspiel von theatraler Interaktion, gesprochenem Wort und bewegtem Bild im Film lässt sich zwar intermedial analysieren, und die künstlerische Verbindung der Ebenen setzt ebenfalls intermediales Changieren voraus. Das Ergebnis aber, der Film selbst, beruht auf dem Zusammenspiel der einzelnen medialen bzw. künstlerischen Formen; der Film ist mit anderen Worten kein Intermedium, sondern ein Symmedium. Gleiches gilt für Computer, Internet und die immer kleiner werdenden 'All-in-One'-Geräte (Handy, Smartphone, Tablet-PC etc.). In ihrem Kern bestehen sie aus technischen und inhaltlichen

Verknüpfungen von Text, Bild, Ton, Film etc.. Der Computer erweist sich in diesem Sinne als „Metamedium“ (Youngblood 1991, S. 309), „Universalmedium“ (Idensen 1997, S. 151) oder „Symmedium“[2] (Frederking 2006, S. 209), weil er alle möglichen medialen Formen – literale, piktorale, auditive, audiovisuelle und multimediale – in sich vereint (vgl. dazu auch Berghoff 1998, S. 283ff.). Dabei stehen alle simulierten medialen Einzelformen in einem intermedialen Bezug, in ihrem Zusammenspiel aber bildet sich ein medialer Verbund heraus, der in seiner Gesamtheit mehr ist als die Summe seiner Teile (vgl. Frederking 2006, S. 209). Als 'symmedial' wird dieser Verbund bezeichnet, weil nicht die Differenz der Einzelmedien das medienkulturgeschichtliche Novum ist, sondern ihre Konvergenz (vgl. Eberspächer/Ziemer 2001; Kaumanns 2006).

Diese den neuen Digitalmedien inhärente Tendenz zur Konvergenz kann als Emergenz-Phänomen verstanden werden. Als Emergenz wird in Anknüpfung an die aristotelische Metaphysik der in sehr unterschiedlichen wissenschaftlichen Disziplinen (Philosophie, Biologie, Soziologie, Neurologie) beobachtbare Umschlag von Quantität in Qualität bezeichnet.[3] So wie Aristoteles davon spricht, dass „dasjenige, was so zusammengesetzt ist, dass das Ganze eines ist“, keinen „Haufen“ darstellt, der sich aus einzelnen Elementen zusammensetzt, sondern einer Silbe gleicht, die auch mehr ist als die Summe ihrer einzelnen Buchstaben (Aristoteles (ca. 368–322 v. Chr.), Buch VII, Kap. 17, 1041b), so lässt sich im Bereich der technischen Medien Film, Computer, Internet etc. als Emergenz der technische wie praktische Mehrwert bezeichnen, der sich aus dem Zusammenschluss einzelner medialer Formen (Text, Bild, Ton, Film, etc.) ergibt (vgl. dazu auch Maiwald 2005, S. 102ff.). In unterrichtlichen Lehr-Lern-Situationen sollten diese medienkulturgeschichtlichen bzw. medientheoretischen Emergenz-Phänomene eine mediendidaktische Berücksichtigung finden, indem Schüler(innen) aufgefordert werden, nicht nur die Differenz, sondern auch die Konvergenz und Emergenz, d. h. das Zusammenspiel der einzelnen Medien und den dadurch entstehenden Mehrwert in den Blick zu nehmen.

b) Eine weitere Differenz zum intermedialen Ansatz ergibt sich aus dem Sachverhalt, dass in einem symmedialen Arrangement an die Seite der Analyse von Medien oder medialen Formen ihre eigenaktive, produktiv-kreative Verarbeitung durch die Schüler(innen) tritt. Schon Jutta Wermke hatte im Rahmen ihres integrativen Ansatzes gefordert, dass eine trans- und intermediale Kompetenz durch eine kreative Kompetenz ergänzt werden muss (Wermke 1997, S. 141). Entsprechend wird in einem symmedialen Literaturunterricht die inter-

---

[2] Die These vom Symmedium Computer führt den von Matthias Berghoff (1998, S. 283) als Alternativbegriff zu 'Multimedia' geprägten Begriff 'Symmedia' weiter. Anders als Matthias Berghoff verwende ich 'symmedial' allerdings nicht nur für die neuen Medien.

[3] Ich danke an dieser Stelle ausdrücklich Axel Krommer für Anregungen und Diskussionen zum Begriff der Emergenz.

mediale Analyse durch Formen der kreativen medialen Gestaltung ergänzt. Diese ist ihrem Wesen nach symmedial. Schüler(inne)n im Deutschunterricht eine Gedichtlesung vorzuspielen, eröffnet Ansatzpunkte für eine intermediale Analyse, sie selbst aber ein Gedicht laut lesen zu lassen, regt zu einem symmedialen Gestaltungs- bzw. Interpretationsvorgang an – und veranlasst im Rückblick zu der Erkenntnis, dass auch die per CD vorgespielte Lesung eine Verbindung medialer Formen darstellt, bei der im künstlerischen Schaffensprozess mediale Formen zusammenspielen und etwas Neues aus Stimme und Text entstehen lassen. Ähnliches lässt sich für andere eigenaktive oder kreative, handelnd-produktive mediale Gestaltungen feststellen. Die Filmanalyse ist durch eigene kreative Erprobungen der Gestaltungspotentiale zu ergänzen, die Arbeit im Computer sollte sich nicht auf analytische Prozesse beschränken, sondern handelnd-produktive und kreativ-gestaltende Formen einbeziehen. Kurzum: Rezeption und Produktion, Analyse und Gestaltung sollten in einem symmedialen Ansatz eine Synthese finden.

2.4 Zwischenfazit

Vor dem Hintergrund der vergleichenden Betrachtung, wie sie in den vorangegangenen Teilkapiteln vorgenommen wurde, lassen sich drei wesentliche Merkmale symmedialen Literaturunterrichts formulieren:

1. An die Stelle der Monomedialität des traditionellen buchorientierten Literaturunterrichts tritt in symmedialer Perspektive eine sowohl didaktisch und methodisch als auch medientheoretisch und medienkulturgeschichtlich reflektierte Pluralität von Medien. Lehr-Lern-Prozesse werden nach Möglichkeit unter Einbeziehung verschiedener medialer Rezeptions- und Produktionsweisen gestaltet. Didaktisch sinnvoll ist dies insbesondere in zwei Fällen: a) wenn die zur Verfügung stehenden medialen Einzelformen – Text, Bild, Ton, Film etc. – semantisch-semiotisch aufeinander bezogen werden können: z. B. ein Bild auf einen Text, eine Hörfassung oder Verfilmung auf die printmediale Vorlage. b) wenn die medialen Einzelformen innerhalb eines Mediums einen medialen Verbund bilden, d. h. wenn es sich um symmediale Texte handelt: z. B. Ton und bewegtes Bild im Film, Bild und Text im Comic oder Text, Bild, Ton und Film auf einer Internetseite. In beiden Fällen sind symmediale Leseweisen bzw. symmediale Rezeptionskompetenzen erforderlich, deren Ausbildung im Deutschunterricht gezielt gefördert werden sollte, weil sie genuiner Bestandteil fachspezifische Medienkompetenz und medialer Bildung sind (vgl. Frederking/Krommer 2012).
2. Der symmediale Ansatz ist integrativ, insofern 'alte' wie 'neue', 'nicht-technische' wie 'technische' Medien unter möglichst optimaler Nutzung ihres jeweiligen medialen Eigen- wie Mehrwerts zur Anwendung gelangen und medienreflexiv verarbeitet werden. In intermedialer Weise werden konzeptionelle

Verbindungen zwischen Medien bzw. medialen Formen reflektiert. Gleichzeitig sollten neben analytisch-diskursiven auch handelnd-produktive bzw. kreative Verfahren zur Anwendung gelangen, um Schüler(inne)n ein möglichst breites Spektrum des Verstehens zu ermöglichen. Damit geht einher, dass mediale Differenz und mediale Konvergenz bzw. Emergenz im symmedial ausgerichteten Unterrichtsprozess gleichermaßen Bedeutung besitzen.

3. Der symmediale Ansatz leistet überdies einen spezifischen Beitrag zur (syn)ästhetischen Bildung. So wie der künstlerische Schaffensprozess bei der Verwendung mehrerer Medien bzw. medialer Formen zumeist symmedial, d. h. auf das Zusammenspiel ausgerichtet ist, sollte Schüler(inne)n bewusst werden können, welche ästhetischen Potentiale die Verbindung verschiedener medialer Formen sowohl bei der Rezeption als auch bei der Produktion besitzt. Die damit verbundene „Aktivierung verschiedener Wahrnehmungskanäle" (Frederking 2006, S. 212) wird als Synästhetik bezeichnet. Ein symmedial ausgerichteter Literaturunterricht zielt in diesem Sinne darauf ab, Schüler(inne)n synästhetische Erfahrungen im Umgang mit Literatur im Medienverbund zu vermitteln und auf diese Weise ihre ästhetische Kompetenz in spezifischer Weise zu vertiefen.

Trotz der großen Reichweite des Begriffs und der medialen Konstituiertheit aller Lehr-Lern-Prozesse ist allerdings nicht jeder Literaturunterricht symmedial ausgerichtet – und er muss und sollte dies aus guten Gründen auch nicht sein. Ein Unterrichtsgespräch zu einem literarischen Text ist kein spezifisch symmedialer Lehr-Lern-Prozess, weil Schriftlichkeit und Mündlichkeit medial getrennt bleiben. Dennoch ist das Gespräch über einen literarischen Text didaktisch sinnvoll und unverzichtbar. Symmedial wird dieses Gespräch erst, wenn es eine medienreflexive Wendung nimmt und die Medialität bzw. Medienspezifik von gesprochenem Wort oder geschriebenem Text ins Blickfeld nimmt. Aus demselben Grund verbleibt auch ein handlungs- und produktionsorientiert angeregter oder textanalytisch ausgerichteter Schreibprozess zu einem literarischen Text im printmedialen Horizont, obschon neben dem Buch das Medium Schrift Anwendung findet. Ein rein intermedialer Zugriff trägt zwar der medialen Konstituiertheit von Literatur in spezifischer Perspektive Rechnung, legt den Schwerpunkt aber bewusst und legitim auf andere Aspekte als die Konvergenz medialer Formen. Diese Differenzierungen sind angebracht, um dem möglichen Missverständnis zu begegnen, jede Literaturstunde müsse nun in symmedialer Perspektive erfolgen. Dass ein symmedialer Ansatz in der Praxis aber spezifische Stärken besitzt, die dafür sprechen, dass Deutschlehrer(innen) ihn zu einem festen Bestandteil ihrer didaktischen und methodischen Handlungskompetenz machen, soll im nachfolgenden Kapitel an einem praktischen Beispiel veranschaulicht werden.

3. Symmedialität im Literaturunterricht am Beispiel von Erich Kästners 'Emil und die Detektive'

Was ein symmedialer Ansatz im Literaturunterricht leisten kann und soll, lässt sich im Prinzip an jedem printmedialen, auditiven, audiovisuellen oder multimedialen literarischen Text veranschaulichen (vgl. Frederking 2004; 2005; 2006; 2008a; Frederking/Römhild 2012; vgl. auch den Beitrag von Axel Krommer sowie den von ihm gemeinsam mit Ricarda Dreier verfassten Artikel im vorliegenden Band 2, Kap. 2.6 bzw. Kap. 4.5). Wenn aber Autoren und Autorinnen selbst den medialen Transfer ihres zunächst literal veröffentlichten Werkes anregen oder sich daran beteiligen, bestehen nicht nur mediendidaktische und medienkulturgeschichtliche Gründe, um den Literaturunterricht symmedial auszurichten, sondern auch das literarische Werk verlangt aufgrund seiner trans- bzw. symmedialen Struktur nach einer medialen Erweiterung seiner Behandlung. An solchen Beispielen aus der Literaturgeschichte lassen sich die Potentiale eines symmedialen Literaturunterrichts deshalb in besonderer Weise exemplifizieren, weil hier Autor oder/und Werk Anregungen, Begründungszusammenhänge bzw. Anknüpfungsmöglichkeiten für eine über das Printmedium hinausgehende Thematisierung im Unterricht liefern und zur medienreflexiven Verarbeitung einladen.

Im Bereich der Kinder- und Jugendliteratur sind solche Medienverbundformen sehr verbreitet, weil crossmediale Vermarktungen hier eine längere Tradition besitzen. Pionier des kinder- und jugendliterarischen Medienverbundes ist Erich Kästner mit seinem 1929 erschienenen Klassiker 'Emil und die Detektive'. Kästner ist an einer Reihe medialer Adaptionen seines berühmten Kinderbuches unmittelbar beteiligt gewesen und hat sie teilweise sogar selbst angeregt. Hier ergeben sich besondere Ansatzpunkte für einen symmedialen Literaturunterricht, weil sich – im Anschluss an die Lektüre des Romans oder einzelner Kapitel – im Rahmen einer kleinen, mediengeschichtlichen Spurensuche mit den Schüle-r(inne)n nicht nur unterschiedliche mediale Transfermöglichkeiten exemplarisch erarbeiten lassen, sondern auch noch sehr spezielle Einblicke in jene interessante medienkulturgeschichtliche Phase in den zwanziger Jahre des 20. Jahrhunderts möglich sind, in der die neuen auditiven und audiovisuellen Medien auf der kulturellen Bühne erschienen und ihren Platz einforderten. Dass Kästner sich dieser medialen Epochenscheide als Schriftsteller bewusst gewesen ist und aktiv mitgeholfen hat, die 'neuen' technischen Medien mit der Welt des 'alten' Printmediums Buch zu verbinden, zeigt sich im Zusammenhang mit 'Emil und die Detektive' in spezifischer Form. Kästner und die von ihm angeregten bzw. mitgestalteten medialen Verarbeitungen seines in viele Sprachen übersetzen Kinderbuches sind ein Musterbeispiel symmedialer Kunstproduktion und der sich daraus ergebenden Möglichkeiten für einen symmedialen Literaturunterricht.

Abb. 4

Abb. 5

Der erste von Kästner initiierte mediale Transfer seiner literarischen Vorlage ist unmittelbar mit der Entstehung des Buches verbunden. Auf Vermittlung der Kinderbuchverlegerin Edith Jacobsohn kam der als Autor noch weitestgehend unbekannte junge Journalist Erich Kästner mit dem durch zahlreiche Karikaturen und Zeichnungen bereits recht populären Illustrator, Künstler und Grafiker Walter Trier in Kontakt und konnte diesen gewinnen, sein erstes Kinderbuch zu bebildern (vgl. Walter Trier Archiv 2009). Mit seinen Zeichnungen, besonders mit dem Coverbild (vgl. Abb. 4), hat Trier Weltruhm erlangt. In einer vergleichenden Analyse könnten die Schüler(innen) – vielleicht in themendifferenzierter Gruppenarbeit – beginnen, die Zeichnungen von Trier mit den entsprechenden Textpassagen von Kästner in Beziehung zu setzen, die Besonderheiten der Bildsprache und der Romansprache herauszuarbeiten und in ihrem Zusammenspiel zu untersuchen. Besondere Beachtung verdient dabei der in beiden medialen Formen wahrnehmbare spezifische Humor. Eine kreative Erweiterung könnte die Beschäftigung mit Text-Bild-Bezügen durch die Arbeitsanregung erhalten, eine Text-Bild-Collage zu Kästners Roman auf einem Plakat oder im Computer anzufertigen. Auch der jüngst erschienene Comic zu 'Emil und die Detektive', der im Stil Walter Triers kunstvoll von Isabel Kreitz gestaltet wurde (vgl. Kästner/Kreitz 2012), bietet vielfältige rezeptive und produktive Möglichkeiten.

Nicht minder interessant ist ein anderer, von Kästner selbst nicht nur angeregter, sondern auch erstmals realisierter medialer Transfer – das Vorlesen des Textes im Rahmen einer Rundfunksendung im Jahre 1930. Damit wird die printmediale Vorlage in den Bereich des Auditiven überführt. Es ist bemerkenswert, dass Kästner einer der ersten deutschsprachigen Autoren war, der dem neuen Medium Radio als Künstler seine Referenz erwiesen hat und es in seinen künstlerischen Potentialen zu nutzen suchte. Damit hat er in gewisser Hinsicht vorweggenommen, was Rudolf Arnheim mit seiner These 'Radio als Hörkunst' im Jahre 1932 als allgemeines Prinzip etablieren wollte. Im Exkurs ließe sich mit den Schüler(inne)n auf der Grundlage historischer Text-, Bild-, Ton- und Film-Dokumente ein kleiner medienkulturgeschichtlicher Blick auf die Etablierung der Tonmedien Schallplatte und Rundfunk in den zwanziger Jahren des 20. Jahrhunderts werfen, die erst wenige Jahre vor der Veröffentlichung des 'Emil' in die entscheidende Phase getreten war. In jedem Fall aber könnten unterrichtspraktisch von Kästners Rundfunklesung – gleichsam mit dem 'Segen des Autors' – Hörfassungen von 'Emil und die Detektive' in den Unterrichtsprozess einbezogen werden – als Lesung (vgl. Stößner 2001) oder als Hörspiel (Loos 2006). Im Vergleich lassen sich ästhetische Gestaltungsprinzipien untersuchen und Wirkungsabsichten diskutieren. Gleichfalls können die Schüler(innen) – vorbereitend oder im Nachgang zu den in Auszügen rezipierten professionellen Hörtexten – zum lauten gegenseitigen Vorlesen dieser oder anderer Passagen bzw. Kapitel aus dem Buch angeregt werden. Auf diese Weise lässt sich schon bei Viertoder Fünftklässlern das Bewusstsein schärfen, dass jede stimmliche Gestaltung eine Interpretation des literalen Textes darstellt. Auch die Erstellung eigener Hörfassungen – als gelesener Hörtext oder als gestaltetes Hörspiel – kann sich sinnvoll anschließen, um medienspezifische Chancen des literalen und des auditiven Mediums erkunden zu lassen.

Auch ein anderer von Kästner angeregter medialer Transfer bietet sich zur produktiven Weiterführung an: die Dramatisierung des Emil-Stoffes. Diese hat Kästner ebenfalls unterstützt, schon 1930 kommt es zur Uraufführung des Stückes. Die Reaktionen waren begeistert. In einer Theaterkritik ist am Folgetag zu lesen: „Emil in Fleisch und Blut zu sehen! Pony Hütchen mit ihrem großartigen Fahrrad! Gustav mit der Hupe! Das war wohl 'ne Sache. Die Kinder glühten und wären am liebsten auf die Bühne hinaufgesprungen, um mitzumachen, denn sie wußten ja so gut Bescheid.“ (von Jacobi 1930) Die ganz oder in Auszügen gelesenen Theaterkritiken eignen sich als Anregung, um mit der Klasse einzelne Kapitel aus dem Roman selbst nachzuspielen. Auf diese Weise nehmen die Schüler(innen) eine Dramatisierung des Stoffes vor und machen Erfahrungen mit den spezifischen Gestaltungsprinzipien und Wirkungen literarischer Gattungen. Denn natürlich bestehen zwischen Epik und Dramatik, Prosatext und theatraler Aneignung grundlegende Unterschiede, die auf einer erfahrungsorientierten Grundlage leichter zu erschließen sind (vgl. dazu Lobinger/Meier 2006, S. 84ff.).

Die Aufzeichnung dieser theatralen Umsetzungen der Buchvorlage per Camcorder, Handy, Smartphone o. ä. (und gegebenenfalls ihre anschließende digitale Weiterverarbeitung) lassen sich als kreative Vorbereitung für die Auseinandersetzung mit dem vierten medialen Transfer nutzen, den Kästner angeregt und teilweise selbst aktiv vorbereitet hat – die Verfilmung seines kinderliterarischen Welterfolges (vgl. Abb. 6 und 7). In diesem Zusammenhang ergeben sich außergewöhnliche literatur- und mediendidaktische Anknüpfungspunkte in rezeptiv-analytischer wie produktiv-kreativer Form.

Abb. 6

Der Einstieg in den Themenkomplex kann über Kapitel 8 des Buches erfolgen. Hier nämlich schildert Emil mit lebhaften Worten Gustav, dem Jungen mit der Hupe, den er gerade kennen gelernt hat, dass er während der Zugfahrt nach Berlin von einem Mann bestohlen wurde, der nun unweit von ihnen im Cafe sitzt und gerade dabei ist, von dem gestohlenen Geld genüsslich ein üppiges Mahl zu sich zu nehmen. „Das ist ja wie im Kino!“ (Kästner 1929, S. 64) lässt Kästner im Buch Gustav begeistert ausrufen und formuliert damit einen der ersten intermedialen Verweise auf das neue Medium Film in der deutschsprachigen Literatur – und dies 1929, d. h. ein Jahr, nachdem am 8. Juli 1928 mit „Lights of New York“ der erste mit Dialog, Musik und Geräuschen vertonte Spielfilm der Geschichte für weltweites Aufsehen gesorgt hatte.

Von dieser frühen Referenz an das neue Medium Film, die sich wie eine Einladung des Autors zur Verfilmung seines Buches lesen lässt, kann mit den Schüle-r(inne)n eine mediale Spurensuche gestartet werden. Denn tatsächlich wurde der Roman bereits 2 Jahre nach der Veröffentlichung des Buches unter der Regie von Gerhard Lamprecht verfilmt (vgl. Lamprecht 1931). Noch entscheidender aber ist, dass Kästner selbst daran unmittelbar beteiligt war. Die Entstehungsgeschichte des Films mit den Schüler(inne)n nachzuvollziehen ermöglicht mithin Einblicke in eine medienkulturgeschichtlich außergewöhnliche Konstellation (vgl. dazu Jatho 1998, S. 149 ff.; Tornow 1998). Diese ist didaktische Chance und Verpflichtung zugleich. Denn wenn der Autor des Buches zugleich Spiritus Rector der Verfilmung ist und diese aktiv mitgestaltet, treten literatur- und mediendidaktische Fragestellungen aus der Sache heraus in einen komplementären

Bezug. Spätestens bei einem solchen symmedialen Sonderfall muss der Literaturunterricht zum Medienunterricht werden bzw. sich bewusst werden, dass er dies ohnehin immer schon war.

Im Fall von Kästners ‘Emil’ lassen sich die Stationen des medialen Transfers geradezu idealtypisch nachzeichnen und medienreflexiv aufarbeiten. Schon im Zusammenhang mit der Umgestaltung der Buchfassung zum Drehbuch kann mit den Kindern in symmedialer Perspektive philologische ‘Detektivarbeit’ auf den Spuren des Autors betrieben werden. Denn Kästner bekam 1930 Kontakt zur UFA und erhielt gemeinsam mit Emmerich Pressburger den Auftrag, ein Drehbuch zu seinem bereits sehr berühmt gewordenen Kinderbuch zu verfassen. Nach wenigen Wochen Arbeit stand der Text im Januar 1931, doch es gab unerwartete Probleme. Die UFA ließ das Drehbuch von dem jungen US-amerikanischen Regie-Talent Billy Wilder überarbeiten (vgl. Wilder 1931). Wilders Änderungen aber waren teilweise zu stark am amerikanischen Geschmack orientiert und empörten den Autor Kästner. In einem Brief vom 16. Mai 1931 an seine Mutter, der den Schüler(inne)n als Erarbeitungsgrundlage zur Verfügung stehen könnte, heißt es: Das Manuskript ist ekelhaft. [. . .] Die ganze Atmosphäre des Buchs ist beim Teufel.“ (Kästner 1931a) Doch letztendlich setzt Kästner sich durch. Eine Woche später, am 23. Mai, kann er seiner Mutter erleichtert schreiben: „Der Film wird nun ziemlich so wie das Buch.“ (Kästner 1931b)

Abb. 7

Ob Kästner mit dieser Einschätzung Recht hat, kann als Leitfrage dienen, die mit den Schüler(inne)n im Fortgang gemeinsam überprüft wird. Als Ausgangspunkt bieten sich die Passagen aus der Verfilmung zum 8. Kapitel des Buches an (vgl. Abb. 7). Nach der Präsentation des Filmausschnittes per Beamer oder am Whiteboard sollte den Schüler(inne)n zunächst Raum gegeben werden, um ihre persönlichen ersten Eindrücke, Wahrnehmungen und Beobachtungen über den Filmausschnitt zu notieren und sich darüber anschließend mit anderen auszutauschen. Dies schließt affektive Aspekte bewusst mit ein. Denn Irritationen, Genussmomente oder Geschmacksfragen ergeben sich automatisch bei der Rezeption eines Filmes und sollten im Unterrichtsprozess ernst genommen werden. Schließlich besteht ästhetische Bildung aus emotionalen und kognitiven

Facetten (vgl. dazu Groeben 2002, S. 170ff.). Im Gespräch können auf dieser Basis auch erste Beobachtungen bzw. Hypothesen über Gemeinsamkeiten und Unterschiede zwischen Buchvorlage und Film diskutiert werden.

Vor diesem Hintergrund ermöglicht ein systematischer intermedialer Vergleich zwischen Kästners Buchvorlage (Kästner 1929, S. 62–65), Wilders Drehbuch (1931, S. 70–74) und Lamprechts Verfilmung einen vertieften Einblick. Im Detail lässt sich auf dieser Basis die textlich-mediale Transformation vom Buch zum Drehbuch und dann zum Film verfolgen. Dabei könnte der Film am Whiteboard präsentiert und vergleichende Analyseergebnisse dort festgehalten werden. Sofern auch der erste Filmausschnitt schon am Whiteboard gezeigt wurde, können die Beobachtungen des ersten, einleitenden Vergleichs von Text und Film in diesem Zusammenhang erneut aufgerufen, präzisiert und gegebenenfalls korrigiert werden. Obschon nicht so abstrakt benennbar, ist dabei schon für Schüler(innen) der 4. oder 5. Klasse im Grundansatz erkennbar, dass Wilder im Drehbuch mit Regieanweisungen und über die Umwandlung von erzählten Passagen in Dialoge versucht hat, die Textvorlage für die besonderen Erfordernisse der Verfilmung aufzubereiten. Nachdem diese medienspezifischen Unterschiede in den beiden Printfassungen – Buch und Drehbuch – herausgearbeitet und im Hinblick auf die filmsprachliche Umsetzung hinterfragt worden sind, lassen sich im Anschluss in kleinen themendifferenzierten 'Expertengruppen' auch andere Kapitel des Buches im Hinblick auf Gemeinsamkeiten und Unterschiede mit der entsprechenden Drehbuchpassage untersuchen und die Umsetzung im Film überprüfen. Von hier aus sind zwei Fortsetzungen des Unterrichts in symmedialer Perspektive möglich – eine printmedial und eine audiovisuell-multimedial ausgerichtete.

Zunächst ist hier die Auseinandersetzung mit weiteren literarischen Bezugnahmen auf das Medium Film zu nennen, die Kästner in den – nicht zuletzt wegen seiner Ächtung durch die Nationalsozialisten – nicht ganz so bekannt gewordenen Folgeroman 'Emil und die drei Zwillinge' (Kästner 1934) integriert hat. Dabei handelt es sich nicht nur um intermediale Verweise, bei denen von einem Medium auf ein anderes verwiesen wird, sondern im Kern um symmediale künstlerische Verarbeitungen. Denn der mediale Transfer vom Buch zum Film wird printmedial aufgegriffen und in einem metareflexiv ausgerichteten Kunstgriff literarisch verarbeitet. So schildert Kästner gleich zu Beginn von 'Emil und die drei Zwillinge' im 'Vorwort für Fachleute' (1934, 140ff.) humorvoll und anschaulich zugleich, wie er in die Verfilmung seines eigenen Buches geraten ist. Mit diesem Einstieg, der sich als besondere literarische Form des Paratextes (vgl. Genette 1987) verstehen lässt, eröffnet Kästner ein komplexes literarästhetisches Spiel zwischen Fiktion und Realität, Printmedium und Filmmedium, das im Fortgang kunstvoll variiert wird. Denn im weiteren Handlungsgeschehen wohnen Emil und Pony Hütchen der Aufführung des Filmes 'Emil und die

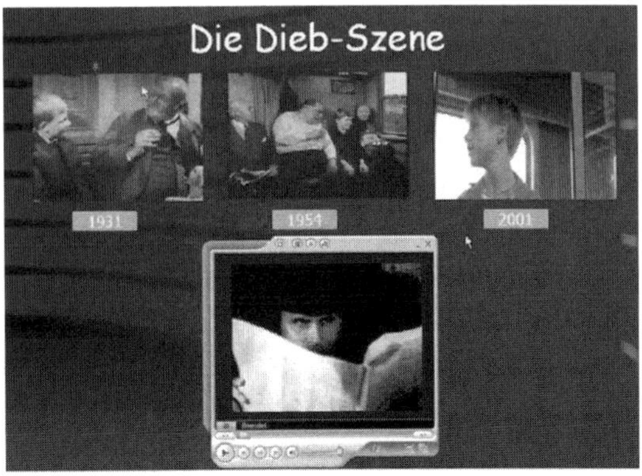

Abb. 8 PowerPoint-Präsentationsfolie mit Links zu Filmausschnitten zum 3. Kapitel von Kästners 'Emil und die Detektive'

Detektive' bei (Kästner 1934, S. 294ff.). Damit beginnt ein sehr humorvoll gestaltetes Ineinander von Buch- und Filmwelt. Die Protagonisten des Buches nehmen dabei für sich Realität in Anspruch und verweisen die Schauspieler ins Reich der Fiktion, sind dabei selbst aber natürlich auch nur Teil einer literarischen Kunstwelt. Damit wird Kindern ein symmdial ausgerichteter literarischer Lesegenuss der besonderen Art bereitet, bei dem Buch und Film in ein heiteres Verwirrspiel geraten, wobei das Printmedium allerdings das letzte Wort behält. Schließlich belehrt Pony eine Sitznachbarin bei der Filmpräsentation im Kino mit den Worten: „,Das Mädchen im Film bin ja gar nicht ich! Die spielt mich doch nur!'" (Kästner 1934, S. 296)

Neben dieser spezifischen literarischen Verbindung von Buch- und Filmwelt bietet der Emil-Stoff aber noch eine andere mediendidaktische Option – den Filmvergleich. Über den 1931 entstandenen Film hinaus stehen nämlich noch zwei weitere deutschsprachige Verarbeitungen für den Unterricht zur Verfügung – Robert Stemmles Verfilmung von 1954 und Franziska Buchs aus dem Jahre 2001 (vgl. Frederking 2006; Maiwald 2010). Auf den ersten Blick ist es vielleicht am naheliegendsten, den Schüler(inne)n zu einem Kapitel aus dem Buch nacheinander die entsprechenden Szenen aus den drei Verfilmungen in Ausschnitten von der DVD per Beamer zu präsentieren. Um lästiges Suchen auf der DVD zu vermeiden, ist alternativ die Einbindung der entsprechenden Filmszenen in eine PowerPoint-Präsentation hilfreich. Sofern die Präsentation per Beamer erfolgt, ist aber auch auf diese Weise – wie bei der DVD-Variante – nur ein kollektiver Rezeptionsprozess möglich. Alle Schüler(innen) schauen zur selben Zeit eine Szene, ohne die Chance zum individuellen Innehalten und erneuten Anschauen einer besonders interessanten oder unverständlichen Passage. Mediendidaktisch wirkt ein solches Lehr-Lern-Szenario in gewisser Hinsicht allerdings anachronistisch. Was beim Lesen eines Buches selbstverständlich ist, wird Lernenden bei einem in dieser Form durchgeführten Filmvergleich verwehrt – die individuelle und selbstbestimmte Rezeption. Diese ist nur realisierbar, wenn mehrere Computer, Tablet-PCs oder ein Laptopwagen zur Verfügung stehen. Die Schüler(innen) könnten dann, wie in einem Grundschulprojekt erprobt (vgl. Frederking 2006, S. 217ff.), in themendifferenzierten Kleingruppen jeweils ein Vergleichsarrangement bearbeiten. Abb. 8 zeigt ein im Rahmen von PowerPoint gestaltetes Lernszenario zu Kapitel 3 'Die Reise nach Berlin kann losgehen' (Kästner 1929, S. 36ff.). An eigenen Laptops oder an einem gemeinsamen Gruppen-Laptop – angesichts der immer noch schlechten Ausstattung deutscher Schulen mit Computern die gegenwärtig wohl immer noch wahrscheinlichste Variante – schauen sich die kleinen Expertengruppen die Ausschnitte aus den drei Verfilmungen nacheinander an, halten Rezeptionseindrücke und Beobachtungen fest, vergleichen und diskutieren Besonderheiten, formulieren Geschmacksurteile etc. – auch vor dem Hintergrund der Buchvorlage.

Abb. 9 Arbeitsumgebung zur computergestützten Filmanalyse – erstellt im Rahmen der CD-ROM 'Literatur des 20. Jahrhunderts'

Schon bei diesem Lehr-Lern-Arrangement wird der Computer als Symmedium verwendet, insofern Text, Bild und Film auf einer Rezeptionsebene präsentiert werden. Noch konsequenter werden die symmedialen Potentiale der neuen Digitalmedien allerdings genutzt, wenn neben der Rezeption auch die unmittelbare Weiterverarbeitung der Rezeptionseindrücke digital auf derselben medialen Handlungsebene möglich ist – je nach didaktischem Gesamtkonzept in analytisch-diskursiver oder/und kreativ-handelnder Form. Aktuell stehen solche Optionen in einigen Softwaretools auf CD-Rom (Literatur des 20. Jahrhunderts 2000/2010; Texte-Themen-Strukturen 2004) und mit dem Symboard kostenlos im Internet zur Verfügung (Informationen und Download unter www.medid.de). Hier können Filme nicht nur vergleichend nebeneinander angeschaut werden – und zwar so oft, wie es die Schüler(innen) individuell möchten bzw. für nötig halten. Gleichzeitig können sie – je nach übergeordneter didaktischer Zielsetzung –

auf derselben Handlungsebene ihre Rezeptionseindrücke notieren, die Verfilmungen kommentieren, sie vergleichend analysieren, einen inneren Monolog einer Filmgestalt schreiben etc. (vgl. Abb. 9). Überdies lassen sich aus dem Film durch visuelles Zitieren markante Aspekte herausschneiden, z. B. die Köpfe der Protagonisten, um ihre Mimik im Detail zu untersuchen (vgl. Abb. 10). In all diesen Arrangements avanciert der Computer „zu einem symmedialen didaktischen Gestaltungsmedium“ (Frederking 2006, S. 225), mit dem fachspezifische Lehr-Lernprozesse in einer neuen Form initiiert werden können.

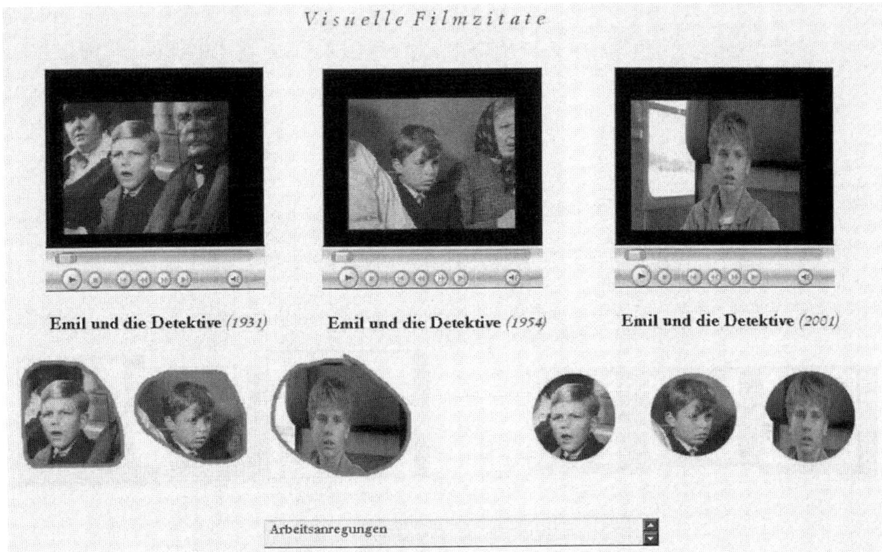

Abb. 10 Arbeitsumgebung zum visuellen Zitieren – erstellt im Rahmen der CD-ROM ‘Literatur des 20. Jahrhundert

Die mediale Präsenz Erich Kästners kann aber auch zu weiteren Anschlusshandlungen genutzt werden. So führen Recherchen im Netz u. a. zum digitalen Auftritt des Erich-Kästner-Museums (www.Erich-Kästner-Museum.de) und erlauben die Ermittlung und Integration weiterer Informationen zum Thema. Die Kommunikation über den Text via E-Mail oder Chat, die Einbeziehung virtueller Lernplattformen, die Erstellung eines Wiki oder eines Blogs, das Erproben virtueller literarischer Rollenspiele etc. (vgl. Frederking/Krommer/Maiwald 2012, S. 249 ff. und 259 ff.) sind weitere Optionen, die dazu beitragen können, Heranwachsenden in einem symmedialen Gesamtkonzept einen interessanteren, weil abwechslungsreichen und zeitgemäßen Umgang mit literarischen Texten zu ermöglichen. In welchem Umfang auf diese Weise nicht nur die Motivation der Lernenden erhöht wird, sondern auch die Verstehenstiefe und der Lernertrag, wird empirische Forschung nachzuweisen haben.

Literatur

Aristoteles: ca. 368–322 v. Chr. (1995): Metaphysik. In: Ders.: Philosophische Schriften in sechs Bänden. Nach der Übersetzung von Hermann Bonitz. Bearbeitet von Horst Seidl. Band 5. Hamburg: Meiner.

Arnheim, Rudolf 1933 (2001): Rundfunk als Hörkunst. Frankfurt am Main: Suhrkamp.

Baum, Michael (2006): Medialität im Diskurs der Literaturdidaktik. Anmerkungen zur jüngeren Forschung und Versuch einer Systematisierung. In: Wirkendes Wort 56, H. 2, S. 279–309.

Berghoff, Matthias (1998): „Wenn ich die Lehrer für eine Sache nicht kriege, kann ich Schule nicht ändern …". Pädagogisch sinnvolle Nutzung der Neuen Medien setzt Schulentwicklung voraus. In: Frederking, Volker (Hrsg.): Verbessern heißt verändern. Neue Wege, Inhalte und Ziele der Ausbildung von Deutschlehrer(inne)n in Studium und Referendariat. Baltmannsweiler: Schneider, S. 279–301.

Bolz, Norbert (1993): Am Ende der Gutenberg-Galaxis. Die neuen Kommunikationsverhältnisse. München: Fink.

Bönnighausen, Marion/Rösch, Heidi (Hrsg.) (2004): Intermedialität im Deutschunterricht. Baltmannsweiler: Schneider.

Bönnighausen, Marion (2006): An den Schnittstellen der Künste. Vorschläge für einen intermedialen Deutschunterricht. In: Frederking, Volker (Hrsg.): Filmdidaktik – Filmästhetik Jahrbuch Medien im Deutschunterricht 2005. Band 4. München: Kopäd, S. 191–203.

Denk, Rudolf (1977): Erziehung zum Umgang mit Medien. Freiburg: Herder.

Eberspächer, Jörg/Ziemer, Albrecht (2001): Digitale Medien und Konvergenz. München: Hüthig.

Empirica (Hrsg.) (2006): Benchmarking Access and Use of ICT in European Schools 2006. Final Report from Head Teacher and Classroom Teacher. Surveys in 27 European Countries. EUROPEAN COMMISSION. Information Society and Media Directorate General. Lisbon Strategy and Policies for the Information Society. 2010. Bonn. Online-Quelle: http://www.empirica.biz/publikationen/documents/No08-2006_learnInd.pdf (letzter Zugriff 24.09.2012).

Enzensberger, Hans Magnus 1995 (2001): Altes Medium. In: Ders.: Gedichte 1950–1995. Frankfurt am Main: Suhrkamp, S. 144.

Faßler, Manfred (1997): Was ist Kommunikation? München: Fink.

FORSA (2007): Computereinsatz im Unterricht. In: http://downloaed.microsoft.com/download/7/f/b/7fb796da-f488-4cbd-827a-4c066157929f/Faktenpapier%20IT-Fitness-Studie%20Schüler.pdf (letzter Zugriff 24.09.2012).

Frederking, Volker (2004): Lesen und Leseförderung im medialen Wandel. Symmedialer Deutschunterricht nach PISA. In: Ders. (Hrsg.): Lesen und Symbolverstehen. Jahrbuch Medien im Deutschunterricht 2003. Band 2. München: Kopäd, S. 37–66.

Frederking, Volker (2005): Symmedialität – mediendidaktisches Theorem und Entwicklungsprinzip im E-Learning-Bereich. In: Kleber, Hubert (Hrsg.): Perspektiven der Medienpädagogik in Wissenschaft und Bildungspraxis. München: Kopäd, S. 187–203.

Frederking, Volker (2006): Symmedialität und Synästhetik. Begriffliche Schneisen im medialen Paradigmenwechsel und ihre filmdidaktischen Implikationen am Beispiel von Erich Kästners 'Emil und die Detektive'. In: Ders. (Hrsg.): Filmdidaktik und Filmästhetik. Jahrbuch Medien im Deutschunterricht 2005. Band 4. München: Kopäd, S. 204–229.

Frederking, Volker (2008a): Lyrikunterricht symmedial und digital. (Syn)Ästhetische Bildung mit 'neuen Medien' am Beispiel von Goethes Ballade 'Der Zauberlehrling'. In: Ders./Kepser, Matthis/Rath, Matthias (Hrsg.): LOG IN! Kreativer Deutschunterricht und Neue Medien. Festschrift für Hartmut Jonas. München: Kopäd, S. 157–184.

Frederking, Volker (2008b): Ignorieren statt Integrieren . Die Randstellung neuer Medien in der Deutschdidaktik bzw. im Deutschunterricht – Ursachen und Konsequenzen. In: Ders./Jonas, Hartmut (Hrsg.): 'Neue Medien im Deutschunterricht – eine Zwischenbilanz', S. 13–31. Online-Quelle: http://www.medid.de/home/index,id,166.html (letzter Zugriff 24.09.2012)

Frederking, Volker/Kepser, Matthis/Rath, Matthias (2008): Vorwort: Neue Medien im Deutschunterricht. In: Dies. (Hrsg.): LOG IN! Kreativer Deutschunterricht und neue Medien. München: Kopäd, S. 7–16.

Frederking, Volker/Meier, Christel/Roick, Thorsten/ Steinhauer, Lydia/Stanat, Petra/Dickhäuser, Oliver (2009): Literarästhetische Urteilskompetenz erfassen. In: Bertschi-Kauffmann, Andrea/Rosebrock, Cornelia (Hrsg.): Literalität: Bildungsaufgabe und Forschungsfeld. Weinheim/München: Juventa, S. 165–180.

Frederking, Volker/Krommer, Axel/Maiwald, Klaus (2012): Mediendidaktik Deutsch. Eine Einführung. (2., aktualisierte Auflage). Berlin: Schmidt.

Frederking, Volker/Römhild, Tanja (2012): Symmediale Texte. Symmediales literarisches Lernen. In: Pimpe, Anja (Hrsg.): Literarisches Lernen im Anfangsunterricht. Theoretische Reflexionen. Empirische Befunde. Unterrichtspraktische Entwürfe. Baltmannsweiler: Schneider 2012, S. 49–62.

Frederking, Volker/Krommer, Axel 2012 (2013): Medienkompetenz und mediale Bildung. In: Frederking, Volker / Krommer, Axel / Möbius, Thomas (Hrsg.) Digitale Medien im Deutschunterricht. (Winfried,Ulrich (Hrsg.): Deutschunterricht in Theorie und Praxis (DTP). Band 8). Baltmannsweiler: Schneider (in Vorbereitung).

Genette, Gérard 1987 (2001): Paratexte. Das Buch vom Beiwerk des Buches. Frankfurt am Main: Suhrkamp.

Giesecke, Michael (1991): Der Buchdruck in der frühen Neuzeit. Eine historische Fallstudie über die Durchsetzung neuer Informations- und Kommunikationstechnologien. Frankfurt am Main: Suhrkamp.

Giesecke, Michael (1998): Sinnenwandel, Sprachwandel, Kulturwandel. Studien zur Vorgeschichte der Informationsgesellschaft. Frankfurt am Main: Suhrkamp.

Giesecke, Michael (2002): Von den Mythen der Buchkultur zu den Visionen der Informationsgesellschaft. Trendforschungen zur kulturellen Medienökologie. Frankfurt am Main: Suhrkamp

Greber, Erika/Ehlich, Konrad/Müller, Jan-Dirk (Hrsg.) (2002): Materialität und Medialität von Schrift. Bielefeld: Aisthesis.

Greber, Erika/Lüdeke, Roger (Hrsg.) (2004): Intermedium Literatur. Beiträge zu einer Medientheorie der Literaturwissenschaft. Göttingen: Wallstein.

Groeben, Norbert (2002): Dimensionen der Medienkompetenz: Deskriptive und normative Aspekte. In: Ders./Hurrelmann, Bettina (Hrsg.): Medienkompetenz – Voraussetzungen, Dimensionen, Funktionen. Weinheim/München: Juventa, S. 160–197.

Hamesse, Jacqueline (1995): Das scholastische Modell der Lektüre. In: Chartier, Roger / Cavallo, Guglielmo (Hrsg.): Die Welt des Lesens. Von der Schriftrolle zum Bildschirm. Frankfurt a.M./New York: Campus, S. 155–180.

Heibach, Christiane (2000): Literatur im Internet. Theorie und Praxis einer kooperativen Ästhetik. Berlin. In: http://www2.uni-erfurt.de/kommunikationswissenschaft/mitarbeiter/Christiane_Heibach.htm (letzter Zugriff 24.09.2012).

Heibach, Christiane (2002): „Schreiben im World Wide Web – eine neue literarische Praxis“. In: Münker, Stefan/Roesler, Alexander (Hrsg.): Praxis Internet. Kulturtechniken der vernetzten Welt. Frankfurt am Main: Suhrkamp, S. 182–207.

Heibach, Christiane (2003): Literatur im elektronischen Raum. Frankfurt am Main: Suhrkamp.

Heibach, Christiane (2005): Sprachkunst als Vernetzungsphänomen: Eine Re-Formation der Literaturwissenschaft. In: Segeberg, Harro/Winko, Simone (Hrsg.): Digitalität und Literalität. Zur Zukunft der Literatur. München: Fink, S. 235–251.

Hoddis, Jakob van 1911 (1987) Kinematograph. In: Ders.: Dichtungen und Briefe. Hrsg. von Regina Nörtemann. Zürich: Die Arche, S. 25.

Idensen, Heiko (1995): Hypertext als Utopie. Entwürfe postmoderner Schreibweisen und Kulturtechniken. In: http://www.netzliteratur.net/idensen/utopie.htm (letzter Zugriff 24.09.2012).

Illich, Ivan (1991): Im Weinberg des Textes. Als das Schriftbild der Moderne entstand. Beck: München.

Issing, Ludwig J./Paul Klimsa (1995): Multimedia – Eine Chance für Information und Lernen. In: Dies. (Hrsg.): Information und Lernen mit Multimedia. Weinheim: Beltz, S. 1–4.

Janzin, Marion/Güntner, Joachim (Hrsg.) (1997): Das Buch vom Buch. 5000 Jahre Buchgeschichte. Hannover: Schlütersche Verlagsanstalt.

Jatho, Gabriele (1998): „Mann, wir drehen doch hier einen Film!“ Zur Entstehung von ‘Emil und die Detektive’. In: Belach, Helga/Bock, Hans-Michael (Hrsg.): Emil und die Detektive. Drehbuch von Billie Wilder nach Erich Kästner zu Gerhard Lamprechts Film von 1931.München: text+kritik, S. 149–175.

JIM-Studie (2011): Jugend, Information, (Multi-)Media. Basisuntersuchung zum Medienumgang 12- bis 19-Jähriger. Herausgeben vom Medienpädagogischen Forschungsverbund Südwest. Stuttgart 2011.

Johnson, Steven (2006): Die neue Intelligenz: Warum wir durch Computerspiele und TV klüger werden. Köln: Kiepenheuer & Witsch (englisch: Johnson, Steven (2005): Everything Bad is Good for You. Why Popular Culture is Making Us Smarter. London).

Jonas, Hartmut/Rose, Kurt (2002): Computerunterstützter Deutschunterricht. Frankfurt am Main/Berlin/Bern: Lang.

Jonas, Hartmut (2008): Computereinsatz im Deutschunterricht – 10 Thesen. In: Frederking, Volker/Ders. (Hrsg.): ‘Neue Medien im Deutschunterricht – eine Zwischenbilanz’, S. 8–12. Qnline-Quelle: http://www.medid.de/home/index,id,166.html (letzter Zugriff 10.10.2012).

Kästner, Erich 1929 (1935/2003): Emil und die Detektive. Mit Illustrationen von Walter Trier. Hamburg: Dressler/Zürich: Atrium, S. 5–132.

Kästner, Erich 1931a (1981): Brief an die Mutter vom 16. Mai 1931. In: Enderle, Luiselotte (Hrsg.): Kästner, Erich: Mein liebes gutes Muttchen, Du! Briefe und Postkarten aus 30 Jahren. Hamburg: Albrecht Knaus, S. 143.

Kästner, Erich 1931b (1981): Brief an die Mutter vom 23. Mai 1931. In: Enderle, Luiselotte (Hrsg.): Kästner, Erich: Mein liebes gutes Muttchen, Du! Briefe und Postkarten aus 30 Jahren. Hamburg: Albrecht Knaus, S. 143f.

Kästner, Erich 1934 (1935/2003): Emil und die drei Zwillinge. Mit Illustrationen von Walter Trier. Hamburg: Dressler/Zürich: Atrium, S. 133–301.

Kästner, Erich/Kreitz, Isabel (2012): „Emil und die Detektive“. Ein Comic. Hamburg: Cecilie Dressler Verlag.

Kaumanns, Ralf (2006): Konvergenz oder Divergenz? Erwartungen und Präferenzen der Konsumenten an die Telekommunikations- und Medienangebote von morgen. Stuttgart: IBM. In: http://www-05.ibm.com/de/media/downloads/konvergenz_divergenz_0307.pdf (letzter Zugriff 24.09.2012).

Kepser, Matthis (2008): Computer und Deutschunterricht – ein provokanter Zwischenruf. In: Frederking, Volker/Jonas, Hartmut (Hrsg.): 'Neue Medien im Deutschunterricht – eine Zwischenbilanz', S. 32–42. Online-Quelle: http://www.medid.de/home/index,id,166.html (letzter Zugriff 10.10.2012).

Lobinger, Martha/Meier, Bernhard (2006): 'Emil und die Detektive – Inszenierung und Schülerzeitung. In: Ders. (Hrsg.): Von Emil bis Fabian. Erich Kästner im Deutschunterricht. Baltmannsweiler: Schneider, S. 84–97.

Maiwald, Klaus (2005): Wahrnehmung – Sprache – Beobachtung. Eine Deutschdidaktik bilddominierter Medienangebote (= Medien im Deutschunterricht. Beiträge zur Forschung 2). München: Kopäd.

Maiwald, Klaus (2010): Der dreifache Emil – ästhetisches Lernen an den Verfilmungen von Erich Kästners Detektivklassiker. In: Kepser, Matthis (Hrsg.): Fächer der schulischen Filmbildung. München: kopaed, S. 123–145.

Müller, Jürgen E. (1996): Intermedialität. Formen moderner kultureller Kommunikation. Münster: Nodus.

Negroponte, Nicholas (1997): Total Digital. Die Welt zwischen O und 1 oder die Zukunft der Kommunikation. München: Bertelsmann.

OECD (2011): PISA 2009 Results: Students on Line: Digital Technologies and Performance (Volume VI). Online-Quelle: http://dx.doi.org/10.1787/9789264112995-en (letzter Zugriff: 10.10.2012).

Paech, Joachim (1998): Intermedialität. Mediales Differenzial und transformative Figurationen. In: Helbig, Jörg (Hrsg.): Intermedialität. Theorie und Praxis eines interdisziplinären Forschungsgebiets. Berlin: Schmidt, S. 14–30.

Paefgen, Elisabeth Katharina (1999): Einführung in die Literaturdidaktik. Stuttgart: Metzler.

Pethes, Nicolas (2002): Intermedialitätsphilologie? Lichtenbergs Textmodell und der implizite Mediendiskurs der Literatur. In: DVjS 76, H. 1, S. 86–104.

Pross, Harry (1972): Medienforschung. Film, Funk, Presse, Fernsehen. Darmstadt: Habel.

Prümm, Karl (1988): Intermedialität und Multimedialität. Eine Skizze medienwissenschaftlicher Forschungsfelder. In: Bohn, Rainer/Müller, Eggo/Ruppert, Rainer (Hrsg.): Ansichten einer künftigen Medienwissenschaft. Berlin: sigma.

Raible, Wolfgang (2006): Medien. Kulturgeschichte. Mediatisierung als Grundlage unserer kulturellen Entwicklung. Heidelberg: Winter.

Schön, Erich (1996): Mentalitätsgeschichte des Leseglücks. In: Bellebaum, Alfred/Muth, Ludwig (Hrsg.): Leseglück – eine vergessene Erfahrung? Opladen: Westdeutscher Verlag, S. 151–175.

Schön, Erich (2001): Geschichte des Lesens. In: Franzmann, Bodo/Hasemann, Klaus/Löffler. Dietrich/Ders.: Handbuch Lesen. Im Auftrag der Stiftung Lesen und der Deutschen Literaturkonferenz. Baltmannsweiler: Schneider, S. 1–85.

Segeberg, Harro/Winko, Simone (Hrsg.) (2005): Digitalität und Literalität. Zur Zukunft der Literatur. München: Fink.

Senkbeil, Martin/Wittwer, Jörg (2007): Die Computervertrautheit von Jugendlichen und Wirkungen der Computernutzung auf den fachlichen Kompetenzerwerb. In: PISA-Konsortium Deutschland (Hrsg.): PISA '06. Die Ergebnisse der dritten internationalen Vergleichsstudie. Münster/New York/München/Berlin: Waxmann, S. 277–307.

Simanowski, Roberto (2002): Interfictions. Vom Schreiben im Netz. Frankfurt am Main: Suhrkamp.

Simanowski, Roberto (2005): Lesen, Sehen, Klicken. Die Kinetisierung konkreter Poesie. In: Segeberg, Harro/Winko, Simone (Hrsg.): Digitalität und Literalität. Zur Zukunft der Literatur. München: Fink, S. 161–178.

Spitzer, Manfred (2006): Vorsicht Bildschirm! Elektronische Medien, Gehirnentwicklung, Gesundheit und Gesellschaft. Stuttgart: Deutscher Taschenbuch Verlag.

Spitzer, Manfred (2012): „Digitale Demenz“. Wie wir uns und unsere Kinder um den Verstand bringen. Droemer Knaur Verlag. München.

Svenbro, Jesper 1995 (1999): Archaisches und klassisches Griechenland: Die Erfindung des stillen Lesens. In: Chartier, Roger/Cavallo, Guglielmo (Hrsg.): Die Welt des Lesens. Von der Schriftrolle zum Bildschirm. Frankfurt am Main/New York: Campus, S. 59–96.

Svenbro, Jesper (2002): Stilles Lesen und die Internalisierung der Stimme im alten Griechenland. In: Kittler, Friedrich/Macho, Thomas/Weigel, Sigrid (Hrsg.): Zwischen Rauschen und Offenbarung. Zur Kultur- und Mediengeschichte der Stimme. München: Akademie, S. 55–71.

Tornow, Ingo (1998): Erich Kästner und der Film. München: Deutscher Taschenbuch Verlag.

von Jacobi, Lucy (1930): Erich Kästners „Emil und die Detektive“. Kinder im Theater am Schiffbauerdamm. In: Tempo, Nr. 272 vom 21.11.1930.

Wenzel, Horst (1995): Hören und Sehen, Schrift und Bild: Kultur und Gedächtnis im Mittelalter. München: Beck.

Wenzel, Horst/Seipel, Wilfried/Wunberg, Gotthart (Hrsg.) (2000): Die Verschriftlichung der Welt. Bild, Text und Zahl in der Kultur des Mittelalters und der Frühen Neuzeit. Wien: Schriften des Kunsthistorischen Museums.

Wenzel, Horst/Seipel, Wilfried /Wunberg, Gotthart (Hrsg.) (2001): Audiovisualität vor und nach Gutenberg. Zur Kulturgeschichte der medialen Umbrüche. Wien: Schriften des Kunsthistorischen Museums.

Wermke, Jutta: (1997) Integrierte Medienerziehung im Fachunterricht. Schwerpunkt: Deutsch. München: Kopäd.

Winko, Simone (2005): Hyper-Text-Literatur. Digitale Literatur als Herausforderung an die Literaturwissenschaft. In: Segeberg, Harro/Dies. (Hrsg.): Digitalität und Literalität. Zur Zukunft der Literatur. München: Fink, S. 137–160.

Wilder, Billie 1931 (1998): Emil und die Detektive. Drehbuch nach dem Roman von Erich Kästner und nach einem Entwurf von Erich Kästner und Emmerich Pressburger. In: Belach, Helga/Bock, Hans-Michael (Hrsg.): Emil und die Detektive. Drehbuch von Billie Wilder nach Erich Kästner zu Gerhard Lamprechts Film von 1931. FILMtext. München: text+kritik, S. 25–147.

Youngblood, Gene (1991): Metadesign. Die neue Allianz und die Avantgarde. In: Rötzer, Florian (Hrsg.): Digitaler Schein. Ästhetik der elektronischen Medien. Frankfurt am Main, S. 305–322.

Verzeichnis der Abbildungen

Abb. 1: Quelle: Empirica 2006.

Abb. 2: Tabelle, erstellt von Volker Frederking auf der Grundlage von Daten aus PISA 2006 (nach: Senkbeil/Wittwer 2007, S. 280).

Abb. 3: Quelle: Feierabend/ Rathgeb 2009, S. 20.

Abb. 4: Cover von Kästner, Erich (1929): Emil und die Detektive. Mit Illustrationen von Walter Trier. ©1935 Hamburg: Cecilie Dressler Verlag/©2003 Zürich: Atrium, S. 1.

Abb. 5: Erich Kästner während der Rundfunkübertragung von 'Emil und die Detektive' 1930. Aus: Hanuschek, Sven: Erich Kästner. Hamburg: Rowohlt 2004, S. 44.

Abb. 6: Aus: Belach, Helga/Bock, Hans-Michael (Hrsg.) (1998): Emil und die Detektive. Drehbuch von Billie Wilder nach Erich Kästner zu Gerhard Lamprechts Film von 1931. FILMtext. München: text+kritik, S. 24.

Abb. 7: Screenshot aus: Lamprecht, Gerhard (1931): Emil und die Detektive: Regie Gerhard Lamprecht: Drehbuch: Billie Wilder/Erich Kästner. Berlin.

Abb. 8: PowerPoint-Präsentationsfolie mit Links zu Filmausschnitten zum 3. Kapitel von Kästners 'Emil und die Detektive' aus: Lamprecht, Gerhard (1931): Emil und die Detektive: Regie Gerhard Lamprecht: Drehbuch: Billie Wilder/Erich Kästner. Berlin.

Abb. 9: Screenshot einer Arbeitsumgebung – erstellt im Rahmen der 'Literatur des 20. Jahrhunderts' (CD-Rom) 2001/2010: Hrsg. von Peter Bekes/Volker Frederking. Hannover: Schroedel.

Abb. 10: Screenshot einer Arbeitsumgebung – erstellt im Rahmen der 'Literatur des 20. Jahrhunderts' (CD-Rom) 2001/2010: Hrsg. von Peter Bekes/Volker Frederking. Hannover: Schroedel.

Audio-Verzeichnis

Loos, Gertrud (2006): Erich Kästner: Emil und die Detektive. Hörspiel. Erzähler: Heinz Reincke. Hamburg: Oetinger Media.

Stößner, Günter Adam (2001): Erich Kästner: Emil und die Detektive. Ungekürzt gelesen von Hans-Jürgen Schatz. Berlin/Hamburg: Dressler.

Film-Verzeichnis

Lamprecht, Gerhard (1931): Emil und die Detektive: Regie Gerhard Lamprecht: Drehbuch: Billie Wilder/Erich Kästner. Berlin.

Stemmle, Robert A. (1954): Emil und die Detektive: Regie und Drehbuch: Robert A. Stemmle. München.

Buch, Franziska (2001): Emil und die Detektive: Regie und Drehbuch: Franziska Buch. München.

CD-ROM-Verzeichnis

Literatur des 20. Jahrhunderts (CD-Rom) 2001/2010: Hrsg. von Bekes, Peter/Frederking, Volker. Hannover: Schroedel.

Texte-Themen-Strukturen-Interaktiv (CD-Rom) (2004): Fachdidaktische Konzeption: Klaus Eilert, Ute Fenske & Cordual Grunow mit der Fachredaktion Deutsch. Berlin: Cornelsen.

Verzeichnis von Internet-Portalen

Walter-Trier-Archiv (2009): Biographie. In: http://www.walter-trier.de/Biographie.htm#Seitenanfang (Letzter Zugriff 20.09.2012).

Erich-Kästner-Museum (2009): In: http://www.erich-kaestner-museum.de/index_a.html (Letzter Zugriff 20.09.2012).

Symboard (2010): In: http://www.medid.de (Letzter Zugriff 20.09.2012).

MATTHIS KEPSER

3.16 Computer im Literaturunterricht

1. Problemaufriss

Wie bei allen Medien im Deutschunterricht kann zwischen dem Computer als Unterrichtsmedium und als Gegenstand der Betrachtung unterschieden werden, wobei die Grenzen stets fließend sind und auch sein sollen. Für den Literaturunterricht kann der Computer Quelle literarischer Texte sein, deren Ästhetik entweder medienunspezifisch ist (Abschnitt 2 dieses Beitrags) oder aber die Besonderheiten des Computers als multimediales, interaktives und gegebenenfalls telematisch vernetztes Medium nutzt (Abschnitt 3). Zweitens können literarische Lehr-Lernprozesse durch geeignete Software bzw. WWW-Angebote initiiert werden. Hier kann man auch Software zur Unterrichtsvorbereitung einreihen (Abschnitt 4). Drittens lässt sich der Computer als methodisches Werkzeug einsetzen, das insbesondere im handlungs- und produktionsorientierten Literaturunterricht seinen Platz hat (Abschnitt 5). Und viertens können Computer und Computerkultur auch im Literaturunterricht reflektiert werden, sofern sie Thema und Motiv von Gedichten, Erzählungen und Romanen sind (Abschnitt 6). Schüler und Schülerinnen erwerben dabei Medienkompetenzen, wie sie etwa im alten Konzept der Informationstechnischen (Grund-)Bildung (ITG/ITB) eingefordert wurden: Bedienungskompetenz, kritische Nutzungskompetenz, kommunikative Kompetenz, Recherchekompetenz, Gestaltungskompetenz u. a. (vgl. Bund-Länder-Kommission 1984). Das neue Konzept der Kultusministerkonferenz zur „Medienbildung in der Schule“ sieht Medienbildung weitergefasst als „Kenntnisse, Fähigkeiten und Fertigkeiten, die ein sachgerechtes, selbstbestimmtes, kreatives und sozial verantwortliches Handeln in der medial geprägten Lebenswelt ermöglichen“ (Kultusministerkonferenz 2012, S. 3). Im Fokus des Literaturunterrichts müssen speziell Kompetenzen stehen, die zu einer umfassenden Teilhabe am kulturellen Handlungsfeld „Literatur“ führen (vgl. dazu ausführlich Abraham/Kepser 2009, insb. S. 13–19). Durch Begegnung und in Auseinandersetzung mit Literatur können Schülerinnen und Schüler ihre Persönlichkeit fortentwickeln und ästhetische Genussfähigkeit steigern (Individuation), im (schriftlichen, mündlichen und performativen) Austausch mit anderen ihre Einstellungen artikulieren und überprüfen (Sozialisation) und am Prozess der kulturellen Kohärenzbildung, am literarischen Leben und kulturellen Gedächtnis teilnehmen (Enkulturation).

2. Virtuelle Bibliotheken, Zeitschriften und Buchhandlungen

Literatur in computergestützten Bibliotheken, Zeitschriften und Buchhandlungen weist im Allgemeinen keine medienspezifische Ästhetik auf. Es handelt sich also um Texte oder Text-Bildkombinationen, die zwar auf Displays gelesen, ebenso gut (oder besser) aber gedruckt rezipiert werden können. Als computerbasierte Lesegeräte spielen dabei neben Personalcomputern mobile Formen wie Laptops, Tabletts, Smartphones und spezielle EBook-Reader wie Amazons *Kindle* eine zunehmend bedeutende Rolle. Letztere entwickeln sich derzeit aufgrund moderater Preise, kompakter Bauweisen, optimierter Bildschirmtechniken (EInk) und extrem langer Akkulaufzeiten (aktuell bis zu zwei Monaten) zu ernsthaften Alternativen gegenüber dem gedruckten Buch. Unterscheidbar ist Literatur, die prinzipiell auch in Printform erreichbar ist, von solcher, die nur in elektronischer Form vertrieben wird oder bislang vertrieben worden ist. Ihre didaktisch-methodische Relevanz ist vielfältig: So ermöglichen virtuelle Bibliotheken den Lehrkräften sowie Schülern und Schülerinnen einen schnellen Zugriff auf eine immens große Fülle an nationaler und internationaler Literatur. Darunter befinden sich vergriffene Bücher und Handschriften, die sonst nur unter großen Mühen einsehbar sind. Den Lehrkräften erleichtern digitalisierte Texte die Gestaltung von Arbeitsmaterial; Schüler und Schülerinnen erreichen für Hausarbeiten, Projekte oder Referate (Vergleichs-)Texte, ohne dafür eine traditionelle Bibliothek aufsuchen zu müssen. Auch können sie in elektronischen Datenbeständen sehr komfortabel wort- und phrasenbezogen recherchieren, um die Verwendung bestimmter Ausdrücke (Orte, Namen, auffällige Passagen oder Schlüsselbegriffe) im Oeuvre eines oder mehrerer Autoren zu erforschen. Ein Problem elektronischer Textsammlungen ist ihre editorische Qualität: Sofern sie auf anerkannten Werkausgaben beruhen, z. B. die empfehlenswerte Bibliothek „Deutsche Literatur von Luther bis Tucholsky“ (Directmedia/ Editura 2007), oder als EBook mit gedruckten Ausgaben vollkommen identisch sind, kann man sich auf sie verlassen. Seit einigen Jahren werden in einem von der Firma ‘Google’ unterstützten Großprojekt zahlreiche historische und aktuelle Texte erfasst, die in den Beständen der nationalen Bibliotheken lagern. Recherchierbar sind solche, zumeist gescannte Dokumente mit der Google Buchsuche *(http://books.google.de).* Skepsis ist bei Texten angebracht, die ohne genaue Quellenangabe auf CD-ROM/DVD oder im Internet verbreitet werden. Das gilt insbesondere für die beliebte Textsammlung des deutschsprachigen, halbkommerziellen Ablegers des internationalen Gutenberg-Projekts *(http://gutenberg.spiegel.de).* Es mag nur für die gymnasiale Oberstufe relevant sein, in welcher Fassung beispielsweise Goethes Gedicht „Willkommen und Abschied“ aufgenommen wurde (1771 oder 1789). Anders ist das aber bei Übertragungsfehlern, die unter Umständen zur Sinnentstellung führen – ein Problem, das schon zu Zeiten der mittelalterlichen Buchmanufakturen bekannt war und heftige exegetische Diskussionen zur Folge hatte. Mit verfälschten Texten zu arbeiten, verbietet sich auf jeder Klassenstufe. Um Schüler und Schülerinnen für die schwankende Qualität von solcher Netz-Literatur zu sensibilisieren, können sie digitalisierte Texte mit Printausgaben vergleichen. Insbesondere bei Gedichten stößt man häufig auf einen recht laxen Umgang mit der Interpunktion des Originaltextes. Solche Fehler müssen nicht einfach hingenommen werden. Im Projekt „Gutenberg" gibt es beispielsweise eine Korrekturlese-Offensive *(http://www.gaga.net)*, die zu einer stetigen Verbesserung der virtuellen Bibliothek führen soll. Schülerinnen und Schüler, die sich daran beteiligen, wirken unmittelbar an der Pflege des kulturellen Erbes mit. Offene Textsammlungen dürfen darüber hinaus auch ergänzt werden, wobei allerdings das Urheberrecht beachtet werden muss: Mindestens 70 Jahre müssen nach dem Tod eines Autors vergangen sein, bevor seine Texte ohne die Vergabe eines besonderen Nutzungsrechts veröffentlicht werden dürfen. Solche Literatur ist dann auch häufig kostenlos über die Portale von Online-Buchhandlungen als EBook zu bekommen, was manchem „Klassiker" eine unverhoffte Rezeptionsrenaissance bescheren dürfte.

Weiterhin sind über das Internet Texte rezipierbar, die nicht in Printform erschienen sind. Der überwiegende Teil davon stammt aus der Feder von Hobby- oder Jungautoren; aber auch etablierte Schriftsteller nutzen bisweilen diese Form der (Erst-)Veröffentlichung auf Homepages und Blogs (öffentliche Tagebücher, vgl. Worbel 2007), in elektronischen Literaturzeitschriften (*Ezines*; vgl. das Portal *http://www.literaturwelt.de, http://www.forum-der-13.de)* oder Newsgroups (z. B. de.etc.schreiben.prosa, de.etc.schreiben.lyrik). Ein besonderes Genre, das nicht nur aber vor allem im Internet einen Publikationsort gefunden hat, ist die sogenannte *Fan-Fiction*. Darunter versteht man Formen der Anschlusskommunikation, bei denen Leser/-innen mit eigenen Texten auf Literatur und andere narrative Medien (Filme, Fernsehserien, Computerspiele etc., vgl. Dreier 2007) reagieren. So gibt es beispielsweise zahlreiche Varianten und Fortführungen der *Harry Potter*-Romane oder der *Herr der Ringe*-Trilogie, auch in deutscher Sprache (*vgl. http://www.fanfiktion.de*; Drumm 2009, S. 36f.).

Für den Literaturunterricht eröffnen solche Texte eine Möglichkeit zur Geschmacksbildung und literarischen Kritik jenseits von kulturellen Normen und Deutungshoheiten. Zudem kann über Feedbackkanäle (E-Mail, Forenbeitrag, Gästebuch, Blog-Eintrag) mit den Autoren Kontakt aufgenommen werden, um ihre Texte zu diskutieren. Last but not least bietet das Internet eine reizvolle Publikationsmöglichkeit für Schülertexte, sodass etwa Ergebnisse aus Phasen kreativen Schreibens veröffentlicht werden können.

Neben Primärtexten findet man im Internet natürlich auch Sekundärliteratur. Hier sind an erster Stelle Rezensionen zu nennen, die von mehr oder minder professionellen Autoren auf den Seiten der Online-Buchhandlungen wie Amazon hinterlassen oder in speziellen Literaturmagazinen publiziert werden (z. B. *http://www.literaturkritik.de, http://www.perlentaucher.de, http://www.berlinerzimmer.de*). Auch veröffentlichen immer mehr Literaturwissenschaftler/-innen Forschungsbeiträge und Rezensionen im Netz (z. B. *http://www.germanistik-im-netz.de/; http://lirez.de*). Der größte Teil an Sekundärliteratur stammt vermutlich (noch) von Schülern und Studenten, die ihre Haus- und Abschlussarbeiten anderen – zum Teil kostenpflichtig – auf sogenannten Referateservern wie *http://www.hausarbeiten.de* oder Internetverlagen wie GRIN *(http://www.grin.com)* zur Verfügung stellen. Lehrer/-innen sind bisweilen über dieses stetig wachsende Angebot wenig erfreut, öffnet es doch dem Plagiatsunwesen Tür und Tor. Insbesondere Schülerinnen und Schüler der Sekundarstufe II müssen unbedingt zu einem sorgfältigen Umgang mit dem geistigen Eigentum anderer angehalten werden; auch Internetquellen sind wie gedruckte Sekundärliteratur stets offen zu legen. Der beste Schutz gegen eine missbräuchliche Verwendung ist eine kontinuierliche Begleitung von schriftlichen Hausarbeiten durch die Lehrkraft. Bei Verdachtsmomenten – etwa einer abweichenden Formatierung in einem gedruckten Schülertext – lassen sich Plagiate häufig sehr schnell mithilfe einer Suchmaschine (z. B. Google) aufdecken, indem man einschlägige Textpassagen aus dem Schülertext im Internet sucht. Systematisch können elektronisch vorliegende Schülertexte mit Plagiatserkennungssoftware wie *Plagaware (http://www.plagaware.de)* relativ kostengünstig auf übernommene Internetquellen durchforstet werden.

3. Computerspezifische Literatur

3.1 Autopoeme

Zu den frühesten Versuchen, eine computerspezifische Literatur zu schaffen, gehören die sogenannten Autopoeme. Dabei handelt es sich um Gedichte, deren Semantik und ggf. auch Syntax dem Zufall unterworfen sind, freilich in vom Programmierer festgelegten Grenzen. Erste Experimente dieser Art gab es in der Bundesrepublik bereits Ende der 1950er Jahre, etwa 10 Jahre später waren solche Programme bereits soweit entwickelt, dass sie einen bereichsspezifischen Turing-Test bestanden hätten: Die vom Computer generierten Gedichte waren nur schwer oder gar nicht von solchen zu unterscheiden, die aus menschlicher Feder stammten, zumal wenn es sich um moderne Lyrik handelte (zusammenfassend Kepser 1999, S. 55–58; Simanowski 2012, S. 207–255). Heute kann man sich Autopoeme verschiedenster Art über das Internet erzeugen lassen (z. B. *http://zufallsgedicht.de* oder *http://www.poetron-zone.de*). Es ist für Schülerinnen und Schüler eine reizvolle Aufgabe, eine Mischung aus Computergedichten und „echter" Lyrik – vorzugsweise aus dem Expressionismus, Dadaismus, der hermetischen Nachkriegslyrik oder der Konkreten Poesie – nach ihrer Autorenschaft zu sortieren. Die Verunsicherung, die ein solches Experiment bei den Versuchspersonen hinterlässt, verweist auf grundlegende literarästhetische Probleme: Sinn oder Unsinn – die Entscheidung dieser Frage liegt bei solchen Texten bisweilen ganz im Auge des Betrachters, zumal wenn er sämtlicher Kontexte beraubt ist. Auch regen Zufallstext dazu an, über das Problem der Intentionalität als Definiens von Texten allgemein (vgl. für die Textlinguistik z. B. deBeaugrande/Dressler 1981, S. 13 f., 118 ff.) und von Literatur im Besonderen nachzudenken (vgl. z. B. Simanowski 2012, S. 213–217). Dabei ist die Intentionaliät des Nicht-Intentionalen nur scheinbar ein Paradox.

Für den handlungs- und produktionsorientierten Lyrikunterricht wurden unter anderem vorgeschlagen: Auswahl bedeutsam erscheinender Autopoeme, Finden einer sinnstiftenden Überschrift, Verändern und Verbessern computergenerierter Gedichte, Verfassen einer (parodistischen) Literaturinterpretation oder das Erfinden einer zum Gedicht passenden Künstlerbiografie (vgl. z. B. Wichert 1994).

Von „Computerlyrik" als einer medienspezifischen Kunstform kann indes nicht wirklich gesprochen werden, denn aleatorische Gedichte kann man auch ohne Computer erzeugen – die Geschichte des Zufallsgedichts lässt sich bis zur Ars Combinatoria des Barock zurückverfolgen (vgl. Simanowski 2012, S. 206). Schülerinnen und Schüler schreiben dazu auf kleine Papierzettelchen Wörter oder Phrasen, die anschließend blind gezogen und zu Gedichtzeilen kombiniert werden. In den Nachbarkünsten wie der Musik (z. B. John Cage, „Music of Changes", 1951) und der Malerei (z. B. Marcel Duchamp, Jachson Pollock) sind solche Experimente mit großer Ernsthaftigkeit betrieben worden und zählen heute zu den Errungenschaften der ästhetischen Moderne.

3.2 Visuelle Poesie

Schon eher als computerspezifisch können Versuche klassifiziert werden, die mit den Möglichkeiten des Computers die Tradition der Visuellen Poesie und der Konkreten Dichtung weiterführen. Die Praxis einer ästhetischen Schriftanordnung, welche einem Text sowohl symbolische (abstrakte Beziehung zwischen Zeichen und Bezeichnetem) wie ikonische (Ähnlichkeitsbeziehung) und/oder indexikalische (kausales Verhältnis) Zeichenqualität verleiht, ist vermutlich so alt wie die Erfindung der Schrift selbst. Erste Schrift-Bilder kennt man schon aus der Zeit um 1600 v. Chr. (Diskos von Phaistos). Hochinteressant ist an der Geschichte der Visuellen Poesie (vgl. Dencker 2011), dass diese Subgattung besonders in Zeiten medialen Wandels produktiv geworden ist (vgl. ausführlich Kepser 2005): so etwa während der Zeit der mittelalterlichen Skriptorien (z. B. Hrabanus Maurus), nach der Erfindung des Buchdrucks mit beweglichen Lettern im Barock und der Entwicklung moderner Drucktechniken Anfang des 20. Jahrhunderts (z. B. Kurt Schwitters). Mit den gestalterischen Möglichkeiten der Schreibmaschine experimentierte man schon während des cesmus (Hugo Ball), die Blütezeit der Schreibmaschinengedichte liegt freilich erst nach 1945 (Konkrete Poesie). Dass mit der raschen Verbreitung des Computers auch dieses neue Medium daraufhin erprobt wurde, ob und wie damit die Tradition visueller Dichtung fortgeführt werden kann, ist folglich kaum verwunderlich. Karl Riha gestaltete etwa Anfang der 1990er Jahre zwei Sonette mit ikonischen Sonderzeichen aus dem Zeichensatz seines Computers (vgl. Gomringer 1996, S. 110–113). Schon Mitte der 1980er Jahren wurde die Idee geboren, visuelle Poesie mithilfe von Programmiertechniken auf dem Computermonitor in Bewegung zu versetzen (vgl. Simanowski 2012, S. 175). Hinzu kamen in der Folge auch multimediale und interaktive Gedichte (vgl. Kepser 2005, S. 178–180). Bis heute unübertroffener Höhepunkt dieser Entwicklung ist die CD-ROM „Ottos Mops. [trotzt]" von KP Ludwig John und Bertram Quosdorf aus dem Jahr 1996 (vgl. Kiefer/Riedel 1998), auch wenn zahlreiche weitere Experimente in dieser Richtung entstanden sind (vgl. etwa Simanowski 2002; 2005; 2012, S. 171–206). Visuelle Poesie gehört schon lange zu den etablierten Gegenständen des Literaturunterrichts und das vor allem deshalb, weil entsprechende Vorlagen unmittelbar zur kreativen Nachahmung reizen. Schon aus den Anfängen der ITG stammt der Vorschlag, Bildgedichte am PC mithilfe der Textverarbeitung zu gestalten. Auch haben technikbegeisterte Schüler im Rahmen von Kleinprojekten Visuelle Poesie programmiert (vgl. Kepser 1996). Heute bietet es sich an, mit den Gestaltungsmöglichkeiten von Präsentationsprogrammen wie MSPowerPoint zu experimentieren, zumal damit zwei Fliegen mit einer Klappe geschlagen werden: Zum einen machen entsprechende Versuche die besondere Ästhetik Visueller Poesie erfahrbar; gleichzeitig werden Schülerinnen und Schüler dafür sensibilisiert, mit PowerPoint-Effekten im Sinne rhetorischer Stilmittel ganz bewusst umzugehen (vgl. Kepser 2006).

3.3 Hyperfiction

Die größte fachwissenschaftliche (z. B. Suter/Böhler 1999; Simanowski 2002; Winko 2005; Drumm 2009, 33–35) und fachdidaktische Aufmerksamkeit (z. B. Themenheft *Der Deutschunterricht* 2, 2001; Maiwald 2001, 2005; Rupp 2004; Leubner/Saupe 2006, S. 260–280) hat bislang der Versuch auf sich gezogen, das Hypertext-Prinzip für eine neue literarische Form fruchtbar zu machen: die sogenannte Hyperfiction. Dabei vernetzt der Autor/die Autorin (z. T. multimedial gestaltete) Textbausteine mittels Hyperlinks, sodass ein Geflecht entsteht, welches der Leser am Computer in beliebiger Reihenfolge erkunden kann. Strukturanalytisch lassen sich Hyperfictions danach unterscheiden, ob es sich um eine Achse mit Seitenzweigen, binäre bzw. multiple Bäume, Labyrinthe mit

Anfangs- und Endpunkten oder rhizomatische Netzwerke handelt. Letztere heben das Prinzip klassischen Erzählens vollkommen auf, da sie keine vorgegebene lineare Ausrichtung besitzen. Der Leser steigt an irgendeinem Punkt des Geflechts ein, durchwandert es, indem er sich für einen der angebotenen Hyperlinks entscheidet, und beendet seine Lektüre wiederum an einer beliebigen Stelle. Da er die einzelnen Bausteine aber nur hintereinander rezipieren kann, kennzeichnet Nonlinearität zwar die Konstruktion rhizomatischer Hyperfiction, nicht aber den Rezeptionsvorgang und das Rezeptionsergebnis. Als erste Hyperfiction gilt der Computerroman „Afternoon" des Amerikaners Michael Joyce aus dem Jahre 1987, die erste deutschsprachige Hypergeschichte dürfte „Die Quotenmaschine" von Norman Ohlers sein, zuerst veröffentlicht im Internet 1995 und ein Jahr später als Experimentalroman in Buchform publiziert. Die meisten deutschsprachigen Hyperfictions entstanden ab Mitte der 1990er Jahre bis zum Jahrtausendwechsel anlässlich verschiedener Wettbewerbe für Internetliteratur (vgl. *http://www.cyberfiction.ch*). Medienästhetisch betrachtet handelt es sich allerdings überwiegend nicht wirklich um Internetliteratur, da sie ebenso gut offline rezipiert werden kann. Zur echten Internetliteratur gehört sie nur dann, wenn Hyperlinks in die Weiten des World Wide Web führen oder Leser Textbausteine verändern bzw. eigene Fortsetzungen anhängen können. Im letzteren Fall spricht man von internetgestützten „Collaborative Writing"-Projekten, die freilich nicht notwendigerweise eine Hyperfiction zum Ziel haben müssen. Mittlerweile hat das Interesse an dieser neuen Literaturform merklich nachgelassen. Das mag zum einen damit zusammenhängen, dass Texte ungern am Monitor gelesen werden. Entscheidender dürfte aber sein: Leserinnen und Leser erwarten von narrativer Literatur eine lineare Grundstruktur und sind auf die versprochene Rezeptionsfreiheit der Hyperfiction gar nicht erpicht (vgl. dazu auch Jonas 2003). Didaktisch bleibt die neue Gattung gleichwohl immer noch attraktiv: Eine Analyse von Hyperfictions macht auf ein Grundproblem des Erzählens aufmerksam, nämlich das der (leseraktiven) Kohärenzbildung. Zudem regt sie zu Eigenversuchen an, denn mithilfe einfacher HTML-Editoren, wie sie in vielen Browsern integriert sind, kann man in der Klasse leicht selbst einen Hyperroman stricken (vgl. z.B. Kepser 1999, 419–424; Maiwald 2001, 2005). Und nicht zuletzt sind Hyperfictions mit Adventure-Games verwandt, einer bei Schülerinnen und Schülern beliebten Form des Computerspiels, sowie mit den interaktiven Spielgeschichten für jüngere Kinder.

3.4 Interaktive Spielgeschichten

Als „Interaktive Spielgeschichte" hat die Deutschdidaktik kinderliterarische Software bezeichnet, die zwischen elektronischem Bilderbuch und genuinem Computerspiel steht (z.B. Abraham/Kepser 2000; Josting 2004, Hoffmann/Lüth 2006, Kap. 2.2). War diesem Medienformat noch in der 1. Auflage des

Taschenbuchs ein längerer Abschnitt gewidmet, so muss gegenwärtig festgestellt werden: Die Interaktive Spielgeschichte ist wohl nur noch von medienhistorischem Interesse. Programme dieses Typs gibt es lediglich antiquarisch in Restbeständen, neue Titel sind seit 2006 nicht mehr auf den Markt gebracht worden. Ehemals wichtige Produzenten wie der TIVOLI-Verlag haben sich aus dem Geschäftsbereich vollkommen zurückgezogen und entwickeln nun für das junge Zielpublikum Spiele für die Handheld-Konsole *Nintendo DS*.

3.5 Computerspiele

Computerspiele gehören nicht erst seit gestern zu den wichtigsten fiktionalen Medien der Kinder und Jugendlichen: Laut der FIM-Studie des Medienpädagogischen Forschungsverbundes Südwest 2012 haben 94 % der befragten Haushalte mit Kindern zwischen 6 und 19 Jahren einen Computer und 84 Prozent eine oder mehrere Spielkonsolen (Medienpädagogischer Forschungsverbund Südwest 2012, 57). 42 % der befragten 12–19-Jährigen spielt täglich oder mehrmals in der Woche Spiele am Computer oder an der Konsole (ebd., 61) wobei hier Genderspezifika zu beachten sind. Über 90 % der Jungen zwischen 12 und 19 Jahren bezeichnen sich als Computerspieler, bei den Mädchen bekennen sich dazu „nur“ 66 % (Medienpädagogischer Forschungsverbund 2011, 44). Unter deutschen Abiturienten ist das Computerspiel nach Spiel- und Fernsehfilmen das zweitwichtigste fiktionale Medium mit einer enorm hohen Bedeutung im medienbezogenen Peergespräch (vgl. Kepser 2008b). Computerspiele sind aber nicht nur von einer herausragenden Gegenwartsbedeutung, denn das Spieler-Durchschnittsalter ist schon heute bei 31 Jahren angekommen, Tendenz weiter steigend (vgl. *http://www.biu-online.de/de/fakten/gamer-statistiken/altersverteilung.html*). Auch sind Computerspiele ein sehr produktiver Teil des Medienverbundsystems und daher von hoher inter- bzw. transmedialer Wirkmächtigkeit.

Die wissenschaftliche Erforschung des Kulturphänomens „Computerspiel“ hat in den letzten 10 Jahren unter dem Etikett „Game Studies“ national und international erheblich an Fahrt aufgenommen (vgl. z. B. Backe 2008; Kringiel 2009; Egenfeldt-Nielsen et al. 2008). Dagegen ist es als mediales Handlungsfeld in der (Deutsch-)Didaktik noch wenig erforscht und als Gegenstand schulischen Lernens so gut wie gar nicht etabliert. Neuere Ansätze dazu haben in letzter Zeit Hoffmann/Lüth (2006), Kringiel (2009), Hübner (2010), Seidler (2011a, b), Boelmann (2011) sowie Boelmann/Seidler (2012) publiziert. Auch ein erstes kompetenzorientiertes Modell für eine Computerspielbildung im fächerübergreifenden Unterricht ist inzwischen vorgelegt worden (Kepser 2012). Diese zarten Blüten dürfen aber nicht darüber hinwegtäuschen, dass hier noch große Aufgaben auf die Deutschdidaktik warten.

In den Game Studies herrschte lange Zeit ein heftiger Streit zwischen solchen Forschern und Forscherinnen, die das Computerspiel in erster Linie als Spiel verstanden und untersucht haben wollen (Ludologen), und solchen, die seine narrativen Qualitäten in den Vordergrund gestellt haben (Narratologen). Heute hat man sich auf eine Kompromissformel des „Sowohl-als-auch“ geeinigt, wobei weitere Ansätze mit performativem, topologischem, inter- bzw. transmedialem sowie medienhistorischem Fokus hinzugekommen sind (vgl. z. B. Seidler 2011 a). Unter literaturdidaktischer Perspektive mag es aber genügen festzuhalten: Computerspiele haben auch dramatische Qualitäten und erzählen in ihrer Mehrheit Geschichten.

Kritisch mag man einwenden, dass es sich dabei meistenteils eher um „Geschichtchen“ handelt, die unter Rekurs auf bekannte Plots und Motive in den sogenannten Backstories (schriftlich erzählte Hintergrundgeschichte) und Intros (filmisch wiedergegebene Vorgeschichte) dazu dienen, selbst Sportspielen einen fiktional-narrativen Rahmen zu geben. Sie enden üblicherweise mit der Aufforderung, eine bestimmte Rolle zu übernehmen und eine (oder mehrere) Aufgaben zu lösen. Vorhandene Backstorys in ihrem Aufbau zu untersuchen und ggf. sprachlich zu verbessern – nicht wenige stammen von wenig kompetenten Übersetzern bzw. Übersetzungsprogrammen – kann eine anspruchsvolle Aufgabe für Lerngruppen der Sekundarstufe I sein. Handlungs- und produktionsorientiert nähert man sich der Textsorte, die mit der Gebrauchsanweisung und Spielanleitung verwandt ist, über das Verfassen eigener Backstorys zu bereits vorhandenen Computerspielen oder zu solchen, die sich die Schüler und Schülerinnen ausdenken.

Unter den mittlerweile zahlreichen Computerspielgenres gibt es auch solche, die relativ komplexe Narrationen entfalten. Dabei gelten Adventure-Games zusammen mit den sogenannten Action-Adventures als Formen, die dem Erzählen in Literatur und Film am nächsten kommen. Wie bereits erwähnt, kann man Adventures als eine Variante der Hyperfiction auffassen: Der Spieler bzw. seine Spielfigur – wird auf eine Aventiure geschickt, in deren Verlauf er bzw. sie verschiedene Aufgaben (Quests) zu lösen hat und dabei ein Netz verschiedener Handlungsorte durchreist. Der Verlauf der Reise und bisweilen auch ihr Ausgang („good end“ vs. „bad end“) hängt in gewissen Grenzen von Entscheidungen des Spielers ab. Die Ähnlichkeit zur traditionellen Epik wird besonders bei den frühen Text-Adventures deutlich (Prototyp „Adventure“ von Will Crowther und Don Woods, 1976), die ausschließlich schriftlich ihre Erzählung entfalten (zur Geschichte der Computerspiele vgl. Kepser 2008 a).

Mit ihnen verwandt und fast gleichzeitig entstanden sind die sogenannten Abenteuerbücher vom Typ „Die Insel der tausend Gefahren“ (Edward Packard orig. 1976, dt. 1979) – das Hypertextprinzip ist keineswegs eine ausschließlich computergebundene Organisationsform: Nachdem eine Szene erzählt worden ist, muss sich der Leser für eine von zwei oder mehreren Alternativen entscheiden, um seine Lektüre an einer anderen Stelle des Buches fortzusetzen. Bis heute erfreuen sich „Choose Your Own Adventure“-Geschichten großer Beliebtheit bei jungen Leserinnen und Lesern (vgl. die erfolgreiche Reihe „1000 Gefahren. Du entscheidest selbst“ im Ravensburger Buchverlag). Gut erprobt ist der Unterrichtsvorschlag, ein solches Abenteuerbuch als Klassenroman zu verfassen (z.B. schon Perschke-Leis 1993). Auch die Umsetzung in eine abenteuerliche Hyperfiction am Computer ist schon mehrfach realisiert worden (vgl. z.B. Maiwald 2001), sogar mit Grundschulkindern (vgl. Maiwald 2005).

Zu einem echten Adventure-Game gehören allerdings weitere Eigenheiten, die sich nicht mehr so leicht im Regelunterricht nachahmen lassen. Da gibt es eine Mensch-Maschine-Schnittstelle, die zu einer (Schein-)Kommunikation mit dem Computer führt. Bei Text-Adventures bestand sie aus einem Parser, der auf natürlich-sprachige Eingaben reagierte, ganz ähnlich demjenigen, den Joseph von Weizenbaum für sein berühmtes „Eliza“-Programm entworfen hatte. Dem Spielsystem konnte man z.B. mitteilen: „Gehe nach Westen“, „Sprich mit dem alten Mann“ oder „Nimm die Schatzkarte“. In modernen Grafikadventures, die das Geschehen überwiegend bildhaft repräsentieren, erteilt der Spieler seine Befehle über eine Palette mit Handlungsoptionen (Point-and-Click-System). Außerdem besitzt er eine Spielfigur – nach dem prophetischen Sciencefiction-Roman „Snowcrash“ (Neal Stephenson, 1992) als „Avatar“ bezeichnet – die er mithilfe der Maus oder den Pfeiltasten durch die virtuellen Räume navigiert. Wie Hoffmann/Lüth (2006, S. 141–146) zeigen, ist das Verhältnis des Spielers zu seinem Avatar ganz unterschiedlich zu charakterisieren: Der Spieler kann sich mit ihm identifizieren, sich von ihm distanzieren oder aber ihn begleitend erleben. Adventure-typisch sind weiterhin zahlreiche Rätsel, die erfolgreich gelöst werden müssen, um im Spielgeschehen weiter zu kommen. So müssen Gegenstände (Items) eingesammelt und in einem virtuellen „Rucksack“ (Inventory) aufbewahrt werden, um sie in einem bestimmten Kontext einsetzen zu können. Beispielsweise findet der Spieler in Raum A einen Schlüssel, den er in Raum B benötigt, um eine Schatztruhe zu öffnen, die wiederum einen Plan enthält, der ihn auf einen Geheimgang in Raum A hinweist, der zu Raum C führt usw. Die Welt eines Adventures ist prinzipiell funktional; das „wie“ gilt es zu entdecken.

Ein komplexes Grundmodell zur Analyse interaktiver Werke im Deutschunterricht haben Leubner/Saupe (2006, S. 275f.) vorgelegt, das freilich nur im Oberstufenunterricht Erkenntnis leitend sein könnte. Zudem sagen Strukturanalysen hypertextueller Werke nichts über das tatsächliche Erleben des Rezipienten aus; nicht das Labyrinth als Ganzes, sondern nur der persönlich eingeschlagene Weg ist das, was wahrgenommen wird. Für die frühe Sekundarstufe I haben die Autoren einen „Fragenkatalog“ vorgestellt, demnach „1. Geschichte und Spiel“, „2. Der Spieler und die Geschichte“ sowie „3. Der Spieler und die Figuren“ zu untersuchen wären (ebd., S. 292). Ergänzt werden müsste freilich die Perspektive „4. Der Spieler und der Autor“, denn für das erfolgreiche Bestehen einer Computer-Aventiure ist nicht so sehr Einfühlung in die Geschichte und Personen zentral, sondern vor allem ein Hineindenken in die Gedankenwelt der Spieledesigner: Nur so kann man die bisweilen recht skurrilen Rätsel lösen. Sehr überzeugend haben Hoffmann/Lüth (2006) nachgewiesen, dass man Spiel und Erzählung im Adventure nicht strukturell trennen kann (Hybridform). Für die Beurteilung eines Adventures ist das sogenannte „gameplay" von mindestens genau so hoher Bedeutung wie die „story" (vgl. auch den didaktischen Vorschlag von Kringiel 2010). In diesem Zusammenhang ist auf die Spielekritiken zu verweisen, wie sie in derzeit mehr als 25 (!) darauf spezialisierten Magazinen publiziert werden, aber mittlerweile auch von der seriösen Tagespresse und Wochenzeitschriften. Als Textsorte können sie im Deutschunterricht analysiert werden und Vorbild sein für eigene Kritiken. Didaktiker und Didaktikerinnen haben vor allem erprobt, zu Adventure-Games mündliche und schriftliche Anschlusskommunikation zu initiieren (z. B. Weinhold 2000, Josting 2004, Bertschi-Kaufmann 2005). Dabei fällt allerdings zweierlei auf: Fast ausschließlich sind Spiele zum Einsatz gekommen, die auf populären Print-Vorlagen beruhen. Wenn sich Kinder folglich zu einer solchen Produktion äußern, dann können sie eigentlich gar nicht anders, als sich zu beidem zu verhalten: Prä-Text-Erfahrung und Erfahrungen aus der Begegnung mit dem elektronischen Medium gehen eine nicht zu trennende Melange ein. Zweitens wurde von den Kindern überwiegend verlangt, die Geschichte zu reproduzieren oder sich den Figuren anzunähern. Das Computerspiel als eigenständiges Medium mit eigenständiger Ästhetik kommt dabei nicht in den Blick. Ganz offenbar steht hier die Deutschdidaktik in der Gefahr, einen folgenschweren Fehler zu wiederholen, den sie im Umgang mit dem Spielfilm schon einmal gemacht hat: In der Konzentration auf literarische Adaptionen wird die Minderwertigkeit des Folgemediums zum (heimlichen) Unterrichtsziel erklärt. Dehn u.a (2004) sowie Hoffmann/Lüth (2006) gehen in ihrer Studie mit Kindern aus Grundschulklassen einen anderen Weg. Als produktiven Schreibanlass haben sie ein Adventure gewählt, zu dem es keine printliterarische Vorlage gibt und das auch keine didaktisch-pädagogischen Intentionen verfolgt (*Torins Passage,* Sierra 1995). Der Schreibauftrag wurde bewusst offen gehalten, um Schreiben zum Medium der Medienreflexion werden zu lassen. Im Kern geht es den Autoren um die Transformation der Spielerfahrung in das Medium der Schriftlichkeit. Dabei hat sich herausgestellt, dass entgegen anders lautenden Befürchtungen Kinder sowohl Spiel wie Geschichte zu verknüpfen wissen. Die medialen Besonderheiten des Adventures spiegeln sich in den Schülertexten sehr gut wider.

Anschlusskommunikation muss freilich nicht auf das Medium der Schriftlichkeit beschränkt bleiben. So sind videografierte Anleitungen zur Lösung eines Computerspiels, sogenannte „Walktroughs", und selbst gemachte Trickfilme auf der Basis eines Computerspiels, sogenannte „Machinemas", mediale Fanprodukte, die sich gut für eine Adaption im Rahmen eines handlungs- und produktionsorientierten Deutschunterrichts eignen (vgl. z.B. Hübner 2010). Mit den sogenannten „Video-Essays" ist außerdem ein medienpädagogisch inspiriertes Filmformat vorgeschlagen worden: Schülerinnen und Schüler kommentieren mündlich ein Spiel und ihr Spielerlebnis, während das Spielgeschehen mit einem Video-Capture-Programm aufgezeichnet wird (vgl. Biermann 2009).

Adventure-Games lassen sich auch als eine besondere Form der dramatischen Inszenierung verstehen (Cyberdrama, Computer als Theater; vgl. Murray 1997, Laurel 1991). Dass viele Computerspiele möglicherweise quer zu den Gattungen „Drama" und „Epik" liegen – ähnlich wie der Spielfilm – kann man an professionellen Adaptionen festmachen: Computerspiele haben ihre mediale Ausweitung sowohl in Büchern (z.B. schon in den 1990er Jahren „Wing-Commander"; 2012 z.B. „Mass Effect", „Assassin's Creed") als auch in Kinofilmen (z.B. *Lara Croft: Tomb Raider* USA 2001; *Prince of Persia – Der Sand der Zeit* USA 2010, vgl. Seidler 2011b) und Fernsehserien (z.B. *Pac-Man* USA 1982/83, *Pokémon* Japan ab 1997) erfahren. Um die dramatischen Qualitäten von Computerspielen im Deutschunterricht bewusst zu machen, ist eine Variante des Impro-Theaters nachahmenswert, wie sie am „Theater der Versammlung" der Universität Bremen entwickelt wurde: Drei Schülerinnen bzw. Schüler bekommen von der Lehrkraft zu Beginn eine kurze Rollendefinition, z.B. „strebsamer Schüler" (A), „junge Punkerin" (B), „leidenschaftlicher Sportler" (C). Spieler und Zuschauer einigen sich weiterhin auf eine Reihe von Befehlen, denen die Spieler auf Zuruf folgen müssen, z.B.: „X spricht mit Y"; „Z dazu"; „X geht weg"; „X schweigt"; „X wiederholt" (den letzten Satz endlos); „X bejaht"; „X verneint" usf. Simuliert wird damit das Interaktionssystem als wesentlicher Bestandteil der Adventure-Games (vgl. hierzu auch den Vorschlag bei Kepser 1999, S. 374–376).

Noch näher am dramatischen Fach sind unter den Computerspielen die sogenannten Rollenspiele: Der Spieler legt hier zu Beginn den Charakter seines Avatars selbstständig fest, indem er ihm Eigenschaften wie „Kampfstärke", „Zauberkräfte" oder „Schnelligkeit" zuweist. Auch kann man in vielen Rollenspielen das Aussehen der Spielfigur nach eigenen Vorstellungen variieren. Anders als im Adventure gibt es keine hypertextuell vernetzten Räume, sondern offene Landschaften, in denen sich der Avatar relativ frei bewegen kann, um dort verschiedene Aufträge zu erfüllen. Endgültig zur virtuellen Bühne wird der Computer bei Rollenspielen, die über das Internet gespielt werden. In sogenannten MMORPGs (Massive Multiplayer Online Roleplaying Games) wie etwa *World of Warcraft* (Blizzard Entertainment 2005ff.) bevölkern die virtuellen Welten nicht nur computergesteuerte Lebewesen (Nicht-Spieler-Figuren, NSF), sondern auch viele hundert Menschen, die sich hier in ihren Rollen als Zwerg, Elf oder Troll begegnen. Die Spiellogik erfordert, dass sie sich gelegentlich oder dauerhaft zusammenschließen müssen, um gegen mächtige Widersacher bestehen zu können. Eine festgelegte Handlung wie bei den Adventure-Games gibt es nicht. Insofern könnte man das Verhältnis von Adventure-Games und Rollenspielen in gewisser Weise mit dem zwischen dramatischem und postdramatischem Theater vergleichen. Untersuchungen zum Rollenspiel als Gegenstand des Deutschunterrichts stehen noch weitgehend aus.

Im Medienverbund werden familientaugliche Kinofilme fast immer mit einem Spiel flankiert, zu erfolgreichen Fernsehserien für Kinder erscheinen schnell gleichnamige Programme für Nintendo DS & Co. Der Reiz für die jungen Rezipienten liegt wohl darin, gegenüber der eher passiven Rezeption der Filme im Computerspiel aktiv werden zu können. Bisweilen gelingt es den Spielen, zumindest bestimmte Grundzüge der Vorlage ästhetisch zu adaptieren, etwa die anarchische Haltung der Simpsons-Zeichentrickserie in den gleichnamigen Spielen (z.B. *Simpsons – Hit and Run* 2004, Vivendi). Die meisten Programme haben aber mit dem Ursprungsprodukt nicht mehr als die Figuren und einige Schauplätze gemein, während Story und Gameplay altbekannten Mustern folgen. Solches kritisch zu reflektieren, gehört zu den Aufgaben eines modernen, von Frederking als „symmedial“ bezeichneten Deutschunterrichts (vgl. z.B. Frederking 2004).

4. Computer als Lernmedium im Literaturunterricht

Klassische Lernsoftware, die nach dem behavioristischen Drill-and-Practice-Verfahren operiert, ist für den Literaturunterricht kaum entwickelt worden. Allenfalls findet man auf CD-ROMs zu Schulbuchreihen vereinzelt Lerneinheiten, die beispielsweise Schüler/-innen auf diese Weise Reimschemata oder rhetorische Figuren beibringen wollen. Dass gegenüber einer solchen Vermittlung von deklarativem Literaturwissen Skepsis angebracht ist, liegt auf der Hand: Kenntnisse dieser Art haben nur dann ihre didaktische Berechtigung, wenn sie der umfassenden Fähigkeit zur Analyse und Interpretation literarischer Texte dienen. Mit dem Reiz-Reaktionsschema arbeitet auch das Programm „Antolin“, das der Schroedel Verlag über das Internet kostenpflichtig zugänglich macht *(http://www.antolin.de)*. Dabei handelt es um eine Datenbank zu über 20000 Schullektüren, überwiegend aus dem Bereich der Kinder- und Jugendliteratur. Schüler/-innen können zu einer Klassenlektüre im Multiple-Choice-Verfahren Fragen beantworten; die Anzahl der richtigen Treffer wird sowohl ihnen wie der betreuenden Lehrkraft rückgemeldet. Die Datenbank ist erweiterbar, sodass Lehrerinnen und Lehrer weitere Fragen einstellen können, sowohl zu bereits vorhandenen Lektüren, als auch zu neuen. Der didaktische Sinn oder Unsinn dieses Programms hängt von zwei Faktoren ab: zum einen von den dargebotenen Fragen respektive Antwortmöglichkeiten, zum anderen von der Zielsetzung. So zeigt sich bei einer kritischen Durchsicht, dass häufig nach Nebensächlichkeiten gefragt wird, die für das Verständnis der zugrunde liegenden Geschichten und ihrer Ästhetik gar keine Rolle spielen. Wird „Antolin“ zur Lernzielkontrolle eingesetzt, beschneidet man leicht die Vieldeutigkeit literarischer Texte und nimmt ihnen so ihren ästhetischen Reiz. Schülerinnen und Schüler können sich dann nicht mehr persönlich zum Textangebot verhalten. Will man dagegen mithilfe von Antolin textnahes Lesen bei den Schülerinnen und Schülern initiieren, so ist gegen einen solchen Einsatz nicht viel einzuwenden. Quizcharakter haben auch Selbstkontroll-Module, wie sie beispielsweise der Duden-Verlag im Rahmen seiner Trainer für den mittleren Schulabschluss und das Abitur im Programm hat („Basiswissen Schule Deutsch“ 5.–10. Klasse, 2010 sowie 11. Klasse bis Abitur, 3. Aufl. 2011). Gefragt wird hier nicht nur im Multiple Choice-Verfahren nach Fachbegriffen aus der Metrik und Rhetorik, sondern auch nach solchen der (Stanzelschen) Narratologie, der Dramentheorie, der Filmsprache, nach Autoren und ihren Werken sowie Epochenkennzeichen. Dass manche Frage der Fernsehsendung „Wer wird Millionär“ entstammen könnte („Walther von der Vogelweide begründete mit seinen ‘Mädchenliedern’ ... A. die hohe Minne, B. die ebene Minne, C. die niedere Minne“) mag nur auf den ersten Blick amüsieren. Didaktisch sind solche Fragen hochproblematisch, verkommt hier doch literarisches Wissen zum Kapital für einen bildungsbürgerlichen Habitus.

Große didaktische Hoffnungen knüpfte man zu Beginn der 1990er Jahre an die Entwicklung hypertextueller Lernumgebungen. Darunter versteht man zumeist geschlossene, non-linear strukturierte Informationssysteme zu einer bestimmten Wissensdomäne, die vom Lernenden selbstständig erkundet werden. Neben Texten können dort auch Grafiken, Bilder, Hördokumente, Animationen, Filme und Simulationen abgelegt sein (Hypermedia). Dies führt zu der naheliegenden Annahme, Lernende könnten sich in einem Hypertextprogramm genau die Art von Wissensrepräsentation heraussuchen, die zu ihrem eigenen Lernertyp passt. Adaptiv sind solche Systeme des Weiteren insofern, als der Nutzer Informationen in beliebiger Tiefe verfolgen kann (Stretch-Textprinzip). Die Idee der hypertextuellen Lernumgebungen fand vor allem eine große Anhängerschaft unter den Verfechtern der konstruktivistischen Didaktik: individualisiertes Lernen, selbstbestimmtes Arbeiten, kontextgebundenes und situiertes Lernen in vielfältigen Sach- und Sinnzusammenhängen, aktiver Wissenserwerb im Zusammenhang mit offenen Aufgabenstellungen – all dies schien das neue Lernmedium in idealer Weise zu unterstützen. Mitte der 1990er Jahre waren nicht nur Didaktiker überzeugt davon, dass sich die Entwicklung hypertextueller Informationssysteme vor allem für den Literaturunterricht lohnen würde (vgl. z.B. Berghoff 1997). Auch Softwarehäuser wie Systema und Verlage wie Reclam, Klett und Cornelsen teilten diese Auffassung und investierten in Einzelprodukte oder sogar ganze Reihen. Mittlerweile hat sich unter den Produzenten große Ernüchterung breitgemacht, denn die neuen Lehrmittel wurden vom Markt sehr schlecht angenommen. Alle Reihen sind inzwischen eingestellt worden und Einzelprodukte wurden nicht mehr weitergepflegt, sodass sie gegenwärtig nur noch antiquarisch erhältlich sind. Lediglich CD-ROMS bzw. DVDs als Begleitmedien zu Schulbuchreihen konnte sich halten und werden z. T. bis heute auch neu entwickelt (z. B. *Texte, Themen und Strukturen – interaktiv,* Cornelsen). Die Ursachen für die mangelnde Akzeptanz sind vermutlich ähnliche, wie sie schon für den Misserfolg der Hyperfiction konstatiert worden sind: Viele Lernende schätzen die Freiheit einer Hypertextumgebung wenig. Sie bevorzugen didaktisch vorstrukturiertes und auf ihre Bedürfnisse zugeschnittenes Material. Diesbezüglich ist festzuhalten, dass Hypertexte zu einer bestimmten Wissensdomäne noch keine hypertextuelle Lernumgebung ausmachen. Dazu werden sie erst in einem bestimmten didaktischen Arrangement. Der größte Teil der Produktionen gab dazu keine oder nur sehr dürftige Hinweise. Im Grunde genommen handelte es sich lediglich um Hypertexte, die für den Literaturunterricht didaktisch relevant werden können. Beiträge dieser Art hält der weltweite Hypertextraum des Internets mittlerweile in so großer Zahl und zunehmend auch akzeptabler Qualität bereit, dass der Kauf zusätzlicher Informationen wenig attraktiv ist.

An die Informationsfülle des World Wide Web docken sogenannte *WebQuests* an. Dabei handelt es sich um digitale, am Bildschirm zu lesende Arbeitsblätter mit Aufgaben, die Recherchen im Internet verlangen, wobei meist schon einige konkrete Links die Informationssuche erleichtern (vgl. Trepkau 2009). Für den Literaturunterricht wurde beispielsweise erprobt, eine literarische Zeitschrift im Stil des 19. Jahrhunderts zu erstellen, in der Schüler/-innen über die Stellung der Frau in der literarischen Romantik berichten (vgl. Scherf 2010). Literaturbezogene Rechercheaufgaben im Internet bedürfen freilich nicht notwendigerweise eines WebQuests, sie können auch Bestandteil des herkömmlichen Klassenunterrichts sein (vgl. z. B. Mutter 2008).

Erwähnenswert sind weiterhin Versuche, Virtuelle Lernumgebungen für den schulischen Literaturunterricht aufzubauen (vgl. auch das nachfolgende Kapitel 3.17 in diesem Band). Browserbasierte Programme wie die Freeware *Moodle (http://www.moodle.de)* oder das in seinen Grundfunktionen gleichfalls kostenlose *lo-net (http://www.lo-net2-schule.de)* erlauben den Aufbau von virtuellen Klassenzimmern und Online-Kursen. Thomas Möbius berichtet von einem offenen Selbstlernmodul, dessen Ziel die fächerverbindende Auseinandersetzung mit einem Jugendbuch (Annelies Schwart: „Meine Oma lebt in Afrika") gewesen ist (Möbius 2005a). Auf ihrer Lernplattform fanden die Schülerinnen und Schüler einer 4. Klasse verschiedene Aufgaben, die sie mithilfe des Buches und einer Internetrecherche zu bewältigen hatten. Dabei sollten nicht nur virtuelle Arbeitsblätter ausgefüllt und Multiple-Choice-Tests bewältigt werden. Auch E-Mail-Entwürfe und Forenbeiträge waren zu verfassen. Als Vorteile solcher Lernumgebungen sieht der Autor, dass damit Konzepte textnahen Lesens realisiert werden können. Auf der Ebene der Textversinnung und der Textdiskussion seien interkulturelle Kontexte gut zu integrieren. Die literarische Imaginationsfähigkeit könne gestärkt werden, ebenso soziale Teamkompetenz durch arbeitsteilige Organisationsformen (Möbius 2005b). Über die Arbeit mit einem Moodle-Kurs in einer sechsten Klasse nach dem Prinzip des *Blended Learning* (Verschränkung von Präsenzphasen mit Online-Phasen) berichtet Angela Kohl (2009). Unterrichtsgegenstand war hier Max von der Grüns kinderliterarischer Klassiker „Die Vorstadtkrokodile", zu dem die Schüler/-innen themennahe eigene Erfahrungen auf der Plattform hinterlassen, Rechercheaufträge bearbeiten und Gruppenreferate vorbereiten sollten. Ein ähnliches, recht umfangreiches Projekt hat Georg Theuermann (2009) mit einer Oberstufenklasse zur Literaturgeschichte initiiert. Auch hier kam die Plattform *Moodle* zum Einsatz, auf der die Schüler/-innen unter anderem Texte und Medien zu Autoren und Epochen/Strömungen, Linklisten, Multiple-Choice-Tests sowie ein deutsches Wörterbuch vorfanden. Auf dieser Basis sollten erörternde Essays zu Kernthemen und Motiven einzelner Epochen sowie Glossare verfasst und auf der Plattform eingestellt werden. Für Gruppenreferate waren die Schüler/-innen außerdem dazu gehalten, ihre Ergebnisse in einem Wiki – ähnlich dem bekannten Online-Lexikon *Wikipedia* (vgl. auch Klemm 2008) – zu präsentieren. Sowohl Kohl als auch Theuermann sehen den didaktischen Gewinn von solchen Blended Learning-Arrangements im kommunikationsintensiven, selbstgesteuerten und kollaborativen Lernen und wollen dieses auch bei ihren Schülern und Schülerinnen beobachtet haben. Überprüft man solche Annahmen indes empirisch, ist ein wenig Skepsis angebracht. Technische Probleme mit Lernplattformen wie *Moodle* führten bei einem ähnlichen Projekt mit einem Deutsch-Grundkurs zum frustrierten Hilferuf „Können wir nicht normal miteinander reden?" (Jonas 2007, 113). In einem weiteren ELearning-Szenario äußerte die Mehrheit der Schüler-/innen, dass sie die Möglichkeiten der Plattform zum kommunikativen Austausch wenig oder gar nicht genutzt und Freiräume zum selbstständigen Lernen kaum reflektiert hätten (vgl. Berghoff 2008). Auch in der Hochschuldidaktik ist mittlerweile Ernüchterung gegenüber allzu großen Hoffnungen in ELearning-Szenarios eingekehrt (vgl. Kepser 2010). Gegen ihren Einsatz im Sinne eines *method enrichment* ist gleichwohl nichts einzuwenden.

Manche Unterrichtsvorschläge zum Einsatz des Computers im Literaturunterricht setzen vor allem auf motivationale Effekte: So hat etwa Phillipp (2012) vorgeschlagen, Inhaltsangaben zu Jugendromanen im Twitterformat (140 Zeichen) verfassen zu lassen. Gerade Twitter ist aber ein Socialmedia-Dienst, der von der Kommunikation lebt. Was auf einen solchen Tweet geantwortet werden soll, bleibt offen (vgl. auch Frederking/Krommer/Maiwald 2012, S. 230 und Kapitel 2.6 in diesem Band).

Seit in den 1990er Jahren Computer zur Standard-Ausstattung der Arbeitszimmer von Lehrern und Lehrerinnen geworden sind, bieten Non-Profit-Organisationen, Schulbuch- und Kinder- bzw. Jugendbuch-Verlage sowie auch Zeitschriften (z.B. *Deutsch 5–10,* Friedrich Verlag) Unterrichtsmaterialien auf Datenträgern oder im Internet zum Download an, die den Lehrkräften die Unterrichtsvorbereitung erleichtern sollen. Zumeist handelt es sich dabei um Kopiervorlagen, bisweilen werden aber auch multimediale Zusatzmaterialien wie Filme bzw. Filmausschnitte angeboten. Fast alle großen Schulbuchverlage und einige Multimediaproduzenten haben mittlerweile außerdem sogenannte „interaktive Arbeitsblätter" im Programm, die für den Einsatz auf elektronischen Whiteboards gedacht sind (z.B. *Tivola,* „Lernerfolg Grundschule Deutsch"; *Cornelsen,* „Doppel Klick"; *Klett* „Interaktive Tafelbilder Deutsch"). Ob und wie sie den Literaturunterricht sinnvoll bereichern und den Lernerfolg der Schüler/-innen steigern können, bedürfte der genaueren wissenschaftlichen Untersuchung.

5. Computer als Werkzeug im Literaturunterricht

Die elektronische Textverarbeitung methodisch im Literaturunterricht einzusetzen, ist schon früh vorgeschlagen worden (Maxlmoser/Söllinger 1993; vgl. auch Jonas/Rose 2002). Besonders handlungs- und produktionsorientierte Aufgaben lassen sich gut mit PC-Unterstützung lösen. Dazu gehört z.B. die Rekonstruktion durcheinandergewürfelter Gedichtzeilen, das Vervollständigen von Gedichtfragmenten, das Verwandeln eines Prosatextes in ein Gedicht oder das Interpretieren eines Textes durch eine besondere Formatierung (vgl. Kepser 1999, S. 34–37). Für kreative Schreibübungen bieten sich Textverarbeitungsprogramme an, weil am PC Texte „flüssig" bleiben und immer wieder leicht verändert werden können. Auch kooperative Schreibaufgaben, wie etwa das Verfassen eines Klassenromans, sind mit Rechnerunterstützung leichter zu bewältigen als handschriftlich: Einzelne Beiträge lassen sich gut aufeinander abstimmen; Überarbeitungsprozesse werden mit entsprechenden Tools nachvollziehbar und können ggf. ohne Probleme zurückgenommen werden.

Mehrfach publiziert ist die Idee, mit Schülerinnen und Schülern einen Hypertext zu einem literarischen Thema zu erstellen. Das können Informationen zu einem einzelnen Autor, zu einer Epoche bzw. Strömung oder aber auch zu einem gelesenen Werk sein (vgl. z.B. Borrmann/Gerdzen 2002). Stellt man dabei nicht zu hohe Ansprüche an das Screen-Design, so sind dafür einfach zu bedienende und zumeist kostenlose HTML-Editoren völlig ausreichende Werkzeuge. Im Internet findet man mittlerweile eine ganz Reihe von Beiträgen, die aus solchen Klassenprojekten hervorgegangen sind.

Literarische Texte visuell zu interpretieren, gehört zu den gängigen Methoden vor allem auf frühen Klassenstufen. Wenn dafür Grafikprogramme eingesetzt werden, können Schülerinnen und Schüler auch gleich Erfahrungen im Umgang mit solcher Standardsoftware sammeln. Noch mehr Gestaltungsmöglichkeiten bieten Präsentationsprogramme wie MSPowerPoint, weil mithilfe der dort angebotenen „Effekte" Texte und Bilder animiert werden können. Darüber hinaus ist es möglich, Klangdateien einzubinden. So haben Schülerinnen und Schüler beispielsweise Kriegsgedichte aus verschiedenen Epochen visuell und auditiv als Powerpoint-Präsentation aufbereitet (vgl. Haarmann 2002).

Ein solches Medienformat ist schon recht nahe am Film. Literatur filmisch zu adaptieren, ist gängige kulturelle Praxis. So etwas im Schulunterricht zu realisieren, erfordert freilich sehr viel Zeit, die – wenn überhaupt – nur in eigenen Arbeitsgemeinschaften ausreichend vorhanden ist. Es muss aber nicht gleich eine Literaturverfilmung in Spielfilmlänge sein, die man sich zum Ziel setzt: Im Rahmen der Poetry-Slam-Bewegung wurde beispielsweise analog zu den Video-Clips der Poetry-Clip erfunden, ein Kurzfilm von ein paar Minuten Länge, in dem der Autor ein selbst verfasstes Gedicht vorträgt (vgl. Anders 2011, S. 34–37). Solche Clips können sich Schülerinnen und Schüler zum Vorbild nehmen, um eigene oder fremde Gedichte bzw. Kurztexte zu verfilmen. Der Computer kommt in der Postproduction zum Einsatz, wenn das Rohmaterial geschnitten, vertont und mit Schrift versehen wird (vgl. Hesse/Krommer 2006; Anders 2011, S. 115–120). Dafür notwenige Software gibt es zum Teil kostenlos (z.B. *Windows Movie Maker*). Im Grunde genommen kann man auch nur mit einem Schnittprogramm literarische Texte „verfilmen": Ganz ähnlich wie bei einer PowerPoint-Interpretation werden dann lediglich Standbilder und Tondateien (Musik, eingesprochene Texte) verwendet. „Bewegung" kommt ins Bild durch verschiedene Trick-Blenden und durch Animationen, die der Titel-Generator bereitstellt.

Ein interessantes und didaktisch bislang kaum entdecktes neues Medienformat sind sogenannte „Buch-Trailer", die analog zu Trailern für Spielfilme oder Computerspiele mit kurzen Filmclips für Bücher werben vgl. Dreier/Krommer 2008). Verbreitet werden sie hauptsächlich über das Videoportal *YouTube*. In den USA schon recht häufig anzutreffen, nutzen deutsche Verlage diesen Werbekanal noch recht selten (vgl. z.B. *http://buchtrailer.wordpress.com/)*. Unabhängig davon kann das Selberproduzieren und Präsentieren von Buchtrailern eine sehr reizvolle Aufgabe für Schülerinnen und Schüler sein, die nicht nur dem Aufbau von Medienkompetenzen dient, sondern auch eine vertiefte Auseinandersetzung mit der zu bewerbenden Lektüre, deren Autor/-in und potentiellen Zielgruppe erfordert (vgl. z.B. zum Jugendbuch „Erebos" von Ursula Poznanski *http://www.youtube.com/watch?v=uKvfeXpKavU)*. Im Literaturunterricht könnten sie eine Alternative zur üblichen Buchvorstellung im Schülervortrag werden. Realisieren lassen sie sich relativ einfach sowohl mit Videoschnitt- als auch mit Präsentationssoftware.

6. Computer in der Literatur

Es gehört zu den vornehmsten Aufgaben der Literatur, sich verändernden Lebensbedingungen in einer Gesellschaft sowie den damit verbundenen Chancen und Risiken, Hoffnungen und Befürchtungen ästhetischen Ausdruck zu verleihen. Insofern ist es lohnenswert, mit Schülerinnen und Schülern Texte zu lesen, die den Computer und die Computerkultur zum Thema machen. Die Kinder- und Jugendliteratur hat schon früh auf die neue Technologie reagiert, wobei ihre Autoren die Technikbegeisterung nicht nur männlicher Rezipienten ins Kalkül ziehen konnten: Computer und Spielkonsolen sind in den letzten 20 Jahren schnell wichtige Symbole der Jugendkultur geworden. Viele Titel der späten 1980er und frühen 1990er Jahre sind mittlerweile nicht mehr erhältlich, und das aus gutem Grund: Die dort beschriebene Technik muss einer heutigen Leserschaft museal vorkommen und mit technologischer Steinzeit mag sich kaum jemand identifizieren. Grob kann man fantastische und realitätsnahe Texte unterscheiden, wobei letztere eindeutig in der Minderzahl sind. Auffällig häufig werden Computerspiele thematisiert. Ein Klassiker, der es inzwischen als Textangebot auch in die Schulbücher geschafft hat, ist Gillian Cross' Jugendroman „Auf Wiedersehen im Cyberspace“ (1996). Die Protagonistin Miriam wird dort zur Versuchsperson für ein neuartiges Computerspiel, das den perfekten Thrill verspricht, weil es automatisch die optimale Balance zwischen Angst und Lust der Spieler ermittelt. Nicht nur dieser Roman spielt zumindest stellenweise in einer computergenerierten, virtuellen Realität. Die Anzahl solcher Kinder- und Jugendbücher ist so groß, dass dafür ein eigener Gattungsbegriff erfunden wurde: die Diskworld-Novel (vgl. Kliewer 2000). Dazu gehören viele Bücher des Erfolgsautors Andreas Schlüter, z. B. „Level 4 – Die Stadt der Kinder“ (1994) oder Terry Pratchetts Trilogie um den jugendlichen Helden Jonny Maxwell („Nur Du kannst die Menschheit retten“ (dt. 1994), „Nur Du kannst sie verstehen“ (dt. 1995), „Nur Du hast den Schlüssel“ (dt. 1997)), die immer noch erhältlich sind und gleichfalls didaktische Beachtung gefunden haben (vgl. z. B. Rath 2008). Freilich merkt man auch diesen Büchern an, dass sich deren Autoren an mittlerweile überholten Konzepten des Computerspiels orientiert haben. Ganz am Puls der gegenwärtigen Entwicklung ist dagegen der Roman „Epic“ des irischen Autors Conor Kostick (dt. 2006), dessen Fiktion das Konzept der Online-Rollenspiele (s. o.) weiterdenkt: Die jugendlichen Helden des Sciencefictions kämpfen in einem Staat ums Überleben, der eine virtuelle Parallelwelt nach Art der „World of Warcraft“ (s. o.) zum politischen Ordnungs- und Machtinstrument ausgebaut hat. Etwas realitätsnäher ist Ursula Poznanskis mehrfach ausgezeichneter Thriller „Erebos“ (2010): Ein Computerspiel, das gleichfalls dem Genre der Online-Rollenspiele zugerechnet werden kann, macht Jugendliche ungewollt zu Werkzeugen eines perfiden Racheplans seines durch Selbstmord aus dem Leben geschiedenen Programmierers. Was leistet eine schulische Auseinandersetzung mit solchen Büchern? Die literarische Qualität der meisten Discworld-Novels ist zugegebenermaßen eher bescheiden. Der einfache Zugang kann allerdings ein positives Argument sein, wenn es um Konzepte zur Leseförderung geht. Gerade Jungen, die mit den üblichen Schullektüren häufig kaum für das Lesen zu gewinnen sind, lassen sich durch Computergeschichten motivieren. Darüber hinaus regen solche Romane dazu an, über technische Entwicklungen nachzudenken, die zum medialen Alltag der Kinder und Jugendlichen gehören. Und schließlich thematisieren Discworld-Novels ein ureigenes literarisches Sujet, nämlich das Verhältnis von Fiktionalität und Realität.

Auch in der Literatur für Erwachsene spielen Computer und Menschmaschinen als Thema und Motiv eine große Rolle, und zwar bereits seit der Antike: Dem Mythos nach ließen sich bereits die Götter Griechenlands von automatischen Geschöpfen bedienen, die der Götterschmied Hephaistos geschaffen hatte. Zu Recht immer wieder vorgeschlagen worden ist eine schulische Auseinandersetzung mit den künstlichen Menschen der romantischen Literatur (vgl. zusammenfassend Kepser 1999, S. 139–151), etwa E.T.A. Hoffmanns „Die Automate" (1814) und „Der Sandmann" (1815) sowie Edgar Allan Poes „Maelzel's Chess-Player" (1836). Ziel entsprechender Unterrichtseinheiten kann nicht nur die exemplarische Vermittlung epochentypischer Merkmale sein, sondern auch die Diskussion anthropologischer Grundfragen wie die nach der Differenz von Mensch und Maschine. Fortgeführt wird sie in vielen Texten der Sciencefiction, z. B. in Isaac Asimovs „Robotergeschichten" (1941–1982) oder Ray Bradburys „Marionetten e.V." (1951), die teilweise in Sammlungen für den Schulgebrauch Aufnahme gefunden haben (Lange 1988, Nusser 1989). Besonders interessant im Hinblick auf aktuelle Entwicklungen sind die Romane des Cyberpunk. Die Idee virtueller Parallelwelten, wie sie im World Wide Web und den MMORPGs realisiert sind, hat ihre Ursprünge nämlich keineswegs in den Computerwissenschaften, sondern in der Literatur. Als erster Cyberpunkroman, der nachweislich die Fantasie der Internet-Pioniere beeinflusst hat, gilt „Neuromancer" des Kanadiers William Gibson (orig. 1984, dt. 1989). Hier findet sich die Konzeption eines weltumspannenden Computernetzwerkes, genannt die „Matrix", in das sich Menschen mithilfe von Tastatur und Hirnelektroden einloggen können. Und Kommunikationsspielwiesen wie „Second Life" (*http://www.secondlife.com*, Linden Labs) wären ohne Neal Stephensons Vision eines Metaversums („Snowcrash" 1992, dt. 1994), in dem Menschen mit einem computergenerierten Stellvertreter (Avatar) eine Parallelexistenz führen, kaum denkbar gewesen. In den Zeiten der Neuen Medien ist und bleibt das „alte" Medium Literatur nach wie vor wirkmächtig.

7. Leseempfehlungen

Über die in diesem Artikel hinaus genannten, vielfältigen Publikationen Leseempfehlungen zu geben, ist schwierig. Eine hilfreiche, aktuelle Monografie fehlt derzeit. Folgende Bücher bzw. Artikel können aber den zum jeweiligen Erscheinungsjahr gültigen Stand der Diskussion in Theorie und Praxis widerspiegeln:

Borrmann, Andreas/Gerdzen, Rainer (2002): Internet im Deutschunterricht. Stuttgart: Klett. (2. Auflage).

Breilmann, Sybille/Grunow, Cordula/Schopen, Michael (Hg.) (2003): Computer, Internet & Co im Deutschunterricht. Berlin: Cornelsen Scriptor.

Frederking, Volker/Kepser, Matthis/Rath, Matthias (Hg.) (2008): LOG IN! Kreativer Deutschunterricht und neue Medien. München: kopaed.

Frederking, Volker/Jonas, Hartmut (Hg.) (2009): Neue Medien im Deutschunterricht. Online-Zeitschrift. 1. Ausgabe: *http://www.ag-medien.de/dokumente/Online%20Zeitschrift/Online-Zeitschrift-Komplett_2009-08-25.pdf* (Zugriff 03.06.2012)

Frederking, Volker/Krommer, Axel/Maiwald, Klaus (2012): Mediendidaktik Deutsch. Eine Einführung. 2. neu bearb. u. erw. Aufl. Berlin: Erich Schmidt.

Jonas, Hartmut/Rose, Kurt (2002): Computerunterstützter Deutschunterricht. Frankfurt a. M. u. a.: Peter Lang.

Kepser, Matthis (1999): Massenmedium Computer. Ein Handbuch für Theorie und Praxis des Deutschunterrichts. Bad Krozingen: D-Punkt Verlag. Auch als kostenloses EBook 2009: *http://elib.suub.uni-bremen.de/ip/docs/00010583.pdf.*

Kepser, Matthis (2000): Internetliteratur im Deutschunterricht. In: Thomé, Dorothea/Thomé, Günther. (Hg.): Computer im Deutschunterricht der Sekundarstufe. Braunschweig: Westermann, S. 107–125.

Literatur

Abraham, Ulf/Kepser, Matthis (2000): living books zwischen Computermedien und Buchliteratur: medientheoretische und fachdidaktische Überlegungen. In: Der Deutschunterricht 52, H. 1, S. 45–53.

Abraham, Ulf/Kepser, Matthis (2009): Literaturdidaktik Deutsch. Eine Einführung. Berlin, Bielefeld, München: Erich Schmidt. 3. neu bearb. u. erw. Aufl.

Anders, Petra (2011): Poetry Slam. Unterricht, Workshops, Texte und Medien. Baltmannsweiler: Schneider.

Backe, Hans-Joachim (2008): Strukturen und Funktionen des Erzählens im Computerspiel. Eine typologische Einführung. Würzburg: Königshausen und Neumann.

Ballermann, Klaus (2008): Gedichte am PC gestalten – Medienkompetenz entwickeln. In: Deutschunterricht 6, S. 5–17.

de Beaugrande, Robert Alain; Dressler, Wolfgang (1981): Einführung in die Textlinguistik. Tübingen: Niemeyer.

Berghoff, Matthias (1997): Hypermedia als weitere Chance für den Deutschunterricht? Skizze eines interaktiven Assoziations- und Interpretationsraums im Internet zu Ernst Jandls ‘wien: heldenplatz’. In: Berndt, Elin-Birgit/Schmitz, Ulrich: Osnabrücker Beiträge zur Sprachtheorie (OBST) 55, S. 172–185.

Berghoff, Matthias (2008): Reflexion von Fachsprache – ein Unterrichtsvorhaben unter kritischem Einbezug des SelGO-Fachangebots Deutsch zur Förderung selbstständigen Arbeitens in der Jahrgangsstufe 11. In: Frederking, Volker/Kepser, Matthis/Rath, Matthias (Hg.): LOG IN! Kreativer Deutschunterricht und neue Medien. München: kopaed, S. 185–241.

Bertschi-Kaufmann, Andrea (2005): „Und was sah ich?!" Narratives Schreiben im Nachklang von multimedialen Lektüren. In: Wieler, Petra (Hg.): Narratives Lernen in medialen und anderen Kontexten. Freiburg: Fillibach, S. 119–134.

Biermann, Ralf (2009): Video Game (Film-)Essays: Der (etwas andere) Einsatz von Computerspielen zur Unterstützung von Lernprozessen. In: MedienPädagogik 15/16: *http://www.medienpaed.com/15/biermann0902.pdf.* (Zugriff 17.06.2012)

Boelmann, Jan M. (2011): Narrative Computerspiele im Literaturunterricht. *The book of unwritten tales* als Gegenstand literarischen Lernens. In: Jost, Roland/Krommer, Axel (Hrsg.): Comics und Computerspiele im Deutschunterricht. Baltmannsweiler: Schneider S. 120–137.

Boelmann, Jan M. ./Seidler, Andreas (Hrsg.) (2012 i. Dr.): Computerspiele als Gegenstand des Deutschunterrichts. Frankfurt a. M.: Peter Lang.

Borrmann, Andreas/Gerdzen, Rainer (2002): Internet im Deutschunterricht. Stuttgart: Klett. (2. Aufl.)

Breilmann, Sybille/Grunow, Cordula/Schopen, Michael (Hrsg.) (2003): Computer, Internet & Co im Deutschunterricht. Berlin: Cornelsen Scriptor.

Bund-Länderkommission für Bildungsplanung und Forschungsförderung (BLK) (1984): Rahmenkonzept für die Informationstechnische Bildung in Schule und Ausbildung. Bonn.

Dehn, Mechthild u. a. (2004): Zwischen Text und Bild. Schreiben und Gestalten mit neuen Medien. Freiburg: Fillibach.

Dencker, Klaus Peter (2011): Optische Poesie. Von den prähistorischen Schriftzeichen bis den digitalen Experimenten der Gegenwart. Berlin u.a: de Gruyter.

Dreier, Ricarda (2007): Fans im Medienverbund. Fanfiction zu *Buffy – Im Bann der Dämonen.* In: Josting, Petra/Jonas, Hartmut (Hrsg.): Interdisziplinäre Lernansätze. (= Jahrbuch Medien im Deutschunterricht 2006) München: kopaed, S. 217–227.

Dreier, Ricarda (Krommer, Axel (2008): „Gestattest Du, dass ich Dein Blut trinke?" – Vampire Knight: Ein Manga als Instrument literarästhetischen Lernens (Klasse 9–10). In: Praxis Deutsch 209, S. 34–38.

Drumm, Constanze (2009): Netzliteraturen – Literaturnetze. Oder wie das Internet die Literatur verändert. In: ide 2, S. 33–52.

Egenfeldt-Nielsen, Simon/Smith, Jonas Heide/Tosca, Susanna Pajares (2008): Understanding Video Games. The Essential Introduction. New York: Routledge.

Frederking, Volker (2004): Lesen und Leseförderung im medialen Wandel. Symmedialer Deutschunterricht nach PISA. In: Frederking, Volker (Hrsg.): Lesen und Symbolverstehen. München: kopoaed, S. 37–66.

Gomringer, Eugen (Hrsg.) (1996): Visuelle Poesie. Stuttgart: Reclam.

Haarmann, Hans-Georg (2002): Die türme stehn in glutt. In: Praxis Deutsch 175, S. 52–56.

Hesse, Matthias/Krommer, Axel (2006): „Du sollst nicht ..." – Gedichte verfilmen. Zur Theorie und Praxis eines Lyrik-Projekts in der Sekundarstufe II. In: Frederking, Volker et al. (Hrsg.): Medien im Deutschunterricht 2005. Jahrbuch. Filmdidaktik und Filmästhetik. München: kopaed, S. 145–160.

Hoffmann, Thomas/Lüth Oliver (2006): Adventure: Zwischen Erzählung und Spiel. Transformationsprozesse in Schülertexten zu Torins Passage. Unveröff. Dissertation Universität Hamburg.

Hübner, Tobias (2010): Epik, Lyrik, Drama, Videospiel? Erzählstrukturen in Computerspielen. In: Deutschmagazin 1, S. 23–28.

John, KP Ludwig/Quosdorf, Bertram (1996): Ottos Mops [trotz]. München: digital publishing (CD-Rom).

Jonas, Hartmut (2003): Navigationslust vs. Lesefrust? In: Calvert, Kristina/Lecke, Bodo (Hrsg.): Mediendidaktische Forschung – Medienübergreifendes Lernen. Grundlagen und Modelle für den (Deutsch-)Unterricht. München, S. 93–117.

Jonas, Hartmut/Rose, Kurt (2002): Computerunterstützter Deutschunterricht. Frankfurt a. M. u. a.: Peter Lang.

Jonas, Karsten (2007): Didaktik digitaler Lernmodule im Deutschunterricht der Sekundarstufe II unter Berücksichtigung interdisziplinärer Aspekte. In: Josting, Petra/Jonas, Hartmut (Hrsg.): Interdisziplinäre Lernansätze. (= Jahrbuch Medien im Deutschunterricht 2006) München: kopaed, S. 101–118.

Josting, Petra (2004): Kinder und narrative Bildschirmspiele. Eine Produkt- und Rezeptionsstudie am Beispiel einer Detektivgeschichte auf CD-ROM. München: kopaed.

Kepser, Matthis (1996): Kreatives Arbeiten mit dem Computer im Deutschunterricht – didaktische Anregungen. In: Faulstich, Werner/Lippert, Gerhard. (Hrsg.): Medien in der Schule. Paderborn: Schöningh, S. 121–140.

Kepser, Matthis (1999): Massenmedium Computer. Ein Handbuch für Theorie und Praxis des Deutschunterrichts. Bad Krozingen: D-Punkt Verlag. Auch als kostenloses EBook 2009: *http://elib.suub.uni-bremen.de/ip/docs/00010583.pdf.*

Kepser, Matthis (2000): Internetliteratur im Deutschunterricht. In: Thomé, Dorothea/Thomé, Günther (Hrsg.): Computer im Deutschunterricht der Sekundarstufe. Braunschweig: Westermann, S. 107–125.

Kepser, Matthis (2005): Visuelle Poesie im medialen Wandel. Gattungsgeschichtliche Untersuchung und didaktische Konsequenzen. In: Frederking, Volker/Josting, Petra (Hrsg.): Medienintegration und Medienverbund im Deutschunterricht. Baltmannsweiler: Schneider, S. 163–190.

Kepser, Matthis (2006): Rhetorik des Effekts. Sprachbewusster Umgang mit MS-PowerPoint im Deutschunterricht. In: Marci-Boehncke, Gudrun/Rath, Matthias (Hrsg.): BildTextZeichen lesen. Intermedialität im didaktischen Diskurs. München: kopaed, S. 55–65.

Kepser, Matthis (2008a): Computer und Videospiele. In: Wild, Reiner (Hrsg.): Geschichte der deutschen Kinder- und Jugendliteratur. 3. vollständig überarb. u. erw. Neuaufl.. Stuttgart, Weimar: Metzer, S. 484–495.

Kepser, Matthis (2008b): Spielfilmbildung an deutschen Schulen: Fehlanzeige? Spielfilmnutzung – Spielfilmwissen – Spielfilmdidaktik im Abiturjahrgang 2006. In: Didaktik Deutsch 24, S. 24–47.

Kepser, Matthis (2010): *eLearning* an der Hochschule – eine kritische Einführung. In: Eberhardt, Ulrike (Hrsg.) Neue Impulse in der Hochschuldidaktik. Sprach- und Literaturwissenschaften. Wiesbaden: VS-Verlag, S. 199–228.

Kepser, Matthis (2012 (i. Dr.): Computerspiele als Kulturphänomen im Medienverbund. Auf dem Weg zu einer kompetenzorientierten Didaktik des Computerspiels. In: Boelmann, Jan M./ Seidler, Andreas (Hrsg.). Der Vorschlag für ein computerspielbezogenes Kompetenzmodell findet sich auch online: *http://www.medienistik.files.worldpress.com* (Zugriff am 06.06.2012)

Kiefer, Klaus/Riedl, Margit (1998): Dada, konkrete Poesie, Multimedia: Bausteine zu einer transgressiven Literaturdidaktik. Frankfurt am Main u. a.: Lang.

Klemm, Uwe (2008): Wikis im Deutschunterricht und anderswo. In: LOG IN 152, S. 53–59.

Kliewer, Annette (2000): Die Zukunft hat schon begonnen: Computer in Sciencefiction für Jugendliche. In: Richter, Karin/Riemann, Sabine (Hrsg.): Kinder – Literatur – „neue“ Medien. Baltmannsweiler: Schneider, S. 111–123.

Kohl, Angela (2009): Lehren und Lernen mit dem Internet. Chancen, Herausforderungen und didaktische Überlegungen. In: ide 2, S. 53–62

Kringiel, Danny (2009): Computerspielanalyse konkret: Methoden und Instrumente – erprobt an Max Payne 2. München: kopaed.

Kringiel, Danny (2010): Zwischen Kompetenzerwerb und Mediensucht: Computerspiellesefähigkeit : ein analytischer Werkzeugkasten – erprobt an einem „Killerspiel“. In: Dittler, Ullrich/Hoyer, Michael (Hrsg.): Zwischen Kompetenzerwerb und Mediensucht: Chancen und Gefahren des Aufwachsens in digitalen Erlebniswelten aus medienpsychologischer und medienpädagogischer Sicht. München: kopaed, S. 165–176.

Kultusministerkonferenz 2012: Medienbildung in der Schule. *http://www.kmk.org/fileadmin/veroeffentlichungen_beschluesse/2012/2012_03_08_Medienbildung.pdf.* (Zugriff: 03.06.2012)

Lange, Günter (Hrsg.) (1987): Erwachen im 20. Jahrtausend. Stuttgart u. a. (Klett).

Laurel, Brenda (1991): Computers as Theater. Menlo Park, CA: Addison-Wesley.

Leubner, Martin/Saupe, Anja (2006): Erzählungen in Literatur und Medien und ihre Didaktik. Baltmannsweiler: Schneider.

Maiwald, Klaus (2001): Hypertext unter medialen, kulturellen und deutschdidaktischen Aspekten. In: Didaktik Deutsch 6, H. 11, S. 38–55.

Maiwald, Klaus (2005): ... und mit einem Mal wird alles ganz ungewöhnlich ... – Grundschüler schreiben ein Hyperabenteuer. In: Frederking, Volker/Josting, Petra (Hrsg.): Medienintegration und M4edienverbund im Deutschunterricht. Baltmannsweiler: Schneider, S. 135–150.

Maxlmoser, Wolfgang/Söllinger, Peter (1993): Textverarbeitung kreativ. PC im Deutschunterricht. Stuttgart: Klett.

Medienpädagogischer Forschungsverbund Südwest (Hrsg.) (2011): JIM 2011. Jugend, Information, (Multi-)Media. Basisstudie zum Umgang Medienumgang 12–19Jähriger in Deutschland. Stuttgart.

Medienpädagogischer Forschungsverbund Südwest (Hrsg.) (2012): FIM 2011. Familie, Interaktion, Medien. Untersuchung zur Kommunikation und Mediennutzung in Familien. Stuttgart.

Möbius, Thomas (2005a): Von *Fufu* bis *Cassava* – Konzeption einer fächerverbindenden Lernumgebung zu Annelies Schwarz' Jugendbuch *Meine Oma lebt in Afrika.* In: Möbius; Thomas/Ulrich, Stefan: Virtuelle Lernumgebungen im Deutschunterricht. Baltmannsweiler: Schneider, S. 79–96.

Möbius, Thomas (2005b): Fünf Thesen zur literaturdidaktischen Zielsetzungen im Rahmen offener, virtueller Lernformen. In: Möbius; Thomas/Ulrich, Stefan: Virtuelle Lernumgebungen im Deutschunterricht. Baltmannsweiler: Schneider, S. 79–96.

Murray, Janet H. (1997): Hamlet on the Holodeck. The Future of Narrative in Cyberspace. New York u. a.: The Free Press.

Mutter, Claudia (2008): Weltwissen erlesen. Otfried Preußlers „Krabat“ im medienintegrativen Deutschunterricht. In: Computer + Unterricht 71, 25–27.

Nusser, Peter (Hrsg.) (1989): Arbeitstexte für den Unterricht. Science Fiction. Stuttgart: Reclam.

Perschke-Leis, Rita (1993): „Das Schloss mit den zehn geheimnisvollen Türen.“ Schüler verfassen ihr eigenes Buch. In: Praxis Deutsch 119, S. 36f.

Phillipp, Maik (2012):Literaturgezwitscher. Mit Twitter-Nachrichten die Lese- und Schreibkompetenz stärken. In: Praxis Deutsch 231, 27–31.

Rath, Matthias (2008): Medienkritik im fächerübergreifenden Unterricht: wie das Buch zur Plattform einer wertorientierten Computergame-Diskussion werden kann. In: Frederking, Volker/Kepser, Matthis/Rath, Matthias (Hrsg.): LOG IN! Kreativer Deutschunterricht und neue Medien. München: kopaed, S. 69–100.

Rupp, Gerhard (2004): Literarisches Lesen und Kognitiver Wandel durch Computer und Internet. Perspektiven für den Deutschunterricht im Medienzeitalter. In: Jonas, Hartmut/Josting, Petra (Hrsg.): Medien – Deutschunterricht – Ästhetik. München: kopaed, S. 189–197.

Scherf, Eva (2010): Potenziale von WebQuests. In: Computer + Unterricht 77, S. 17–21.

Seidler, Andreas (2011a): Perspektiven der Computerspielforschung für die Deutschdidaktik. In: Jost, Roland/Krommer, Axel (Hrsg.): Comics und Computerspiele im Deutschunterricht. Baltmannsweiler: Schneider S. 103–119.

Seidler, Andreas (2011b): Computerspiele im Deutschunterricht – ein Märchen aus tausendundeiner Nacht? Überlegungen am Beispiel von Prince of Persia: The Sands of Time. In: Marci-Boehncke, Gudrun/Rath, Matthias (Hrsg.): Medienkonvergenz im Deutschunterricht. (= Medien im Deutschunterricht 2010. Jahrbuch) München: kopaed, S. 106–118.

Simanowski, Roberto (Hrsg.) (2002): Literatur.digital. Formen und Wege einer neuen Literatur. München: dtv. Mit CD-ROM.

Simanowski, Roberto (2005): Lesen, Sehen, Klicken: Die Kinetisierung konkreter Poesie. In: Segeberg, Harro/Winko, Simone (Hrsg.): Digitalität und Literalität. Zur Zukunft der Literatur. München: Fink, S. 161–179.

Simanowski, Roberto (2012): Textmaschinen – Kinetische Poesie – Interaktive Installation. Zum Verstehen von Kunst in digitalen Medien, Bielefeld: Transcript.

Suter, Beat/Böhler, Michael (Hrsg.) (1999): Hyperfiction. Hyperliterarisches Lesebuch: Internet und Literatur. Basel, Frankfurt: Stroemfeld/Nexus.

Themenheft Hypertext – Hyperfiction, Der Deutschunterricht 2, 2001.

Trepkau, Christine (2009): WebQuests im Deutschunterricht – Ein didaktisches Konzept zur sinnvollen Integration des Internets im Unterricht mit Möglichkeiten der gezielten Leseförderung. In: Frederking, Volker/Jonas, Hartmut (Hrsg.): Neue Medien im Deutschunterricht. Online-Zeitschrift. 1. Ausgabe: *http://www.ag-medien.de/dokumente/Online%20Zeitschrift/Online-Zeitschrift-Komplett_2009-08-25.pdf*, S. 103–112.

Weinhold, Swantje (2000): Text als Herausforderung. Zur Textkompetenz am Schulanfang. Freiburg: Fillibach.

Wichert, Adalbert (1994): Lyrik aus dem Computer. In: Praxis Deutsch 128, S. 66–71.

Winko, Simone (2005): Hyper – Text – Literatur. Digitale Literatur als Herausforderung an die Literaturwissenschaft. In: Segeberg, Harro/Winko, Simone (Hrsg.): Digitalität und Literalität. Zur Zukunft der Literatur. München: Fink, S. 137–157.

Wrobel, Dieter (2007): Weblogs – alle schreiben mit im Internet. Kommentar einer Medientextart in didaktischer Perspektive. In: Josting, Petra/Jonas, Hartmut (Hrsg.): Interdisziplinäre Lernansätze. (= Jahrbuch Medien im Deutschunterricht 2006) München: kopaed, S. 50–65.

THOMAS MÖBIUS / STEFAN ULRICH / REGINA WIELAND

3.17 Virtuelle Lernumgebungen im Literaturunterricht

1. Was ist eine virtuelle Lernumgebung?

1.1 Begriffe

Der Begriff „Virtuelle Lernumgebung" („Virtual Learning Environment") umfasst alle Arten plattformgestützten Lernens und wird im Folgenden als Überbegriff für die vielfältigen Begrifflichkeiten, die die Forschungsliteratur zu Lernplattformen hervorgebracht hat, gebraucht. Der Begriff wird zunächst näher erklärt, indem auf die unterschiedlichen Begrifflichkeiten „Content Management System" (CMS), „Lernplattform" bzw. „Learning Management System" (LMS) und „Learning Content Management System" (LCMS) eingegangen wird. Das „E-Learning-Praxishandbuch" von Baumgartner/Häfele/Maier-Häfele definiert eine „Lernplattform" folgendermaßen:

> Unter einer webbasierten Lernplattform ist eine serverseitig installierte Software zu verstehen, die beliebige Lerninhalte über das Internet zu vermitteln hilft und die Organisation der dabei notwendigen Lernprozesse unterstützt. (Baumgartner/Häfele/Maier-Häfele 2002, S. 24f.)

Ein Learning Management System (LMS) zeichnet sich dadurch aus, dass erstellte Inhalte (Content) in einer Datenbank verwaltet und an Lernende ausgeliefert werden. Der individuelle Lernprozess kann dabei vom System mitverfolgt und protokolliert werden, Lernenden wird es ermöglicht, mit der Hilfe synchroner (z. B. Chat) und asynchroner (z. B. Diskussionsforen) Werkzeuge zu kommunizieren und gemeinsam zu arbeiten (vgl. ebd., S. 30). Für Schulmeister (2003) besteht ein LMS aus einer Benutzer- und Kursverwaltung inklusive einer Verwaltung von Rollen und Rechten sowie aus einem Angebot differenzierter Kommunikationsmethoden (Chat, Foren) und Lernwerkzeugen (Whiteboard, Notizbuch, Annotationen, Kalender); außerdem müssen Kursinhalte, Lernobjekte und Medien in einem netzwerkfähigen Browser darstellbar sein (vgl. Schulmeister 2003, S. 10).

Baumgartner (vgl. 2004, S. 2ff.) skizziert in einer Studie zu Content Managment-Systemen (CMS) die Entwicklung von ursprünglichen CMS-Systemen, die zunächst das Erstellen und Administrieren von Online-Inhalten in großen Organisationen wie z. B. Zeitungsredaktionen vereinfachten, hin zu weiterentwickelten Systemen wie Wikis und Weblogs, die vorrangig von einzelnen Anwendern genutzt werden. Der gemeinsamer Vorteil solcher Systeme ist die Trennung von Inhalt und Layout. Durch die Vorgabe von separat vom Inhalt gespeicherten

Templates als Basis für die Veröffentlichung von Online-Inhalten wird der Publikations-, Distributions- und Editionsprozess beschleunigt und vereinfacht („Workflow-Managment"). Diese medientechnischen Vorteile, häufig auch in Verbindung mit dem Schlagwort „Wissensmanagement" genannt, können der Auffassung Baumgartners nach für den Bildungsbereich fruchtbar gemacht werden (vgl. ebd., S. 22ff.).

Als eine Spielart der Content Managment Systeme beschreibt Baumgartner „Weblog Content Management Systeme": Die „Weblogs" bzw. „Blogs" genannten Diskussionswebseiten sind in „Informationshäppchen" (Nachrichten) aufgeteilt und werden von ihren Autoren als eine Art persönliches, jedoch öffentliches Tagebuch betrachteten (vgl. ebd., S. 14ff.). Inhalte der Blogs können neben spezifischen Themengruppen auch eine Mischung aus Kommentaren, Netzfunden und Tagebuch-Einträgen sein, die zunächst nur der Unterhaltung oder der persönlichen Selbstdarstellung im Internet dienen. Jede Informationseinheit eines Blogs kann (und soll möglichst häufig) verlinkt werden. Eine Besonderheit dieses Systems ist, dass die Einträge der Blogs, die „Postings" mit Hilfe eines speziellen Formats („Really Simple Syndication", zu deutsch etwa „wirklich einfache Verbreitung") ähnlich einem Newsletter auf einer Mailingliste verteilt werden können. Andere Nutzer können diesen „RSS-Feed" abonnieren und in ihre eigene Website oder in ihr Learning Management System übernehmen.

Weitere, kollaborativ orientierte Content Management Systeme sind die Wiki-Systeme (vgl. Schulmeister 2006, S. 7): „Wikis", auch „WikiWikiWebs" genannt, sind online verfügbare Hypertextdokumente, die mit Hilfe eines Browsers nicht nur gelesen, sondern auch schnell bearbeitet werden können. Gemeinschaftliches Editieren von Texten ist unkompliziert möglich. Die Trennung von Text und Layout sorgt für stringente kooperative Schreibprozesse, hilfreich sind die übersichtliche Versionskontrolle und die Änderungshistorie der gemeinschaftlich editierten Texte. Die Formatierung von Inhalten ermöglicht eine dem Wiki eigene Sprache (die so genannte „WikiSyntax").

Ein Learning Content Management System (LCMS) soll die Funktionen eines Lernmanagement-Systems (LMS) mit denen eines Content-Management-Systems (CMS) kombinieren. Eine der Aufgaben von LCMS ist das Erstellen, Wiederverwenden, Auffinden, Nachbearbeiten und Ausliefern von Lerninhalten, idealerweise werden Lerninhalte in einer zentralen Datenbank als „Lernobjekte" vorgehalten. Änderungen und Aktualisierungen werden somit zentral vorgenommen, konkurrierende Zugriffe zweier Benutzer auf dasselbe Objekt werden über eine Versionskontrolle und ein gestuftes Rollen- und Rechtesystem nachvollzogen.

In den meisten virtuellen Lernumgebungen (VLE) sind Werkzeuge zum Erstellen webbasierter Inhalte, so genannte „Autorenprogramme", gar nicht oder nur rudimentär implementiert. Um komplexere Inhalte bzw. pädagogische

Prozesse abbbilden zu können, werden in vielen Fällen zusätzliche Autorenprogramme als interaktive Entwicklungswerkzeuge für das Erstellen von Aufgaben und Übungen benötigt. Zu den bekanntesten für den Bereich Literatur- und Sprachwissenschaft zählen „Macromedia Authorware“, „Hot Potatoes“ oder „Mediator“. Autorensysteme wie z.B. „Macromedia Authorware“ sind aufgrund ihrer Komplexität für viele Laien nur bedingt geeignet. Werden jedoch Autorenprogramme mit Hilfe von Assistenten und fertigen Vorlagen auch für relativ ungeübte Multimediaautoren zugänglich gemacht, so reduzieren sich Einarbeitungsaufwand und Entwicklungszeit. Häufig erleichtern sogenannte „WYSIWYG“-Editoren („What You See Is What You Get“) das Editieren von komplexen Aufgabentypen. Im ungünstigen Fall wird dieser Vorteil jedoch durch eine gewisse Uniformität der Gestaltung der Interaktion wieder aufgehoben. Das hängt damit zusammen, dass zwischen Autorensystem und Übungsangebot eine Wechselwirkung besteht: Die Ausgestaltung der Aufgaben und Übungen hängt von den Möglichkeiten und Einschränkungen ab, die das Autorenwerkzeug bietet. Autorensysteme setzen der Kreativität deutliche Grenzen; für die zusätzliche Verwirklichung individueller Ideen werden professionelle Programmierkenntnisse benötigt (vgl. Biechele/Rösler/Ulrich 2003, S. 8). Die breite Palette der Funktionsbereiche von Online-Lernumgebungen und webbasierten Werkzeugen fasst Abb. 1 zusammen.

<table>
<tr><th>Information</th><th>Kommunikation</th><th>Kooperation</th></tr>
<tr><td>Präsentation von Inhalten (Text, Grafik, Bild, Ton, Film ...)</td><td>E-Mail, plattforminterne Nachrichtensysteme (Quickmessages)</td><td rowspan="2">Werkzeuge zum kooperativen Arbeiten (Whiteboard, Wiki, Blogs)</td></tr>
<tr><td>Schablonen und Autorentools (Erstellen von Inhalten)</td><td>Forum</td></tr>
<tr><td>Dateiaustausch (Upload, Download; multiple Formate)</td><td>Chat</td><td rowspan="2">Abstimmungswerkzeuge (Votings)</td></tr>
<tr><td colspan="2">Schwarzes Brett; News-Funktion, RSS</td></tr>
<tr><td>Kalender</td><td colspan="2">der mit Gruppenfunktion, Adressverwaltung</td></tr>
<tr><td>Literatur-, Link- und Bookmark-Verwaltung</td><td colspan="2">Awareness tools (Wer ist online?, Aktivitätsanzeigen)</td></tr>
</table>

Abb. 1 Funktionsbereiche von VLES (angelehnt an Schulmeister 2003 und Vuorikari 2003)

1.2 Beschreibung ausgewählter virtueller Lernumgebungen

1.2.1 „Lo-net²"

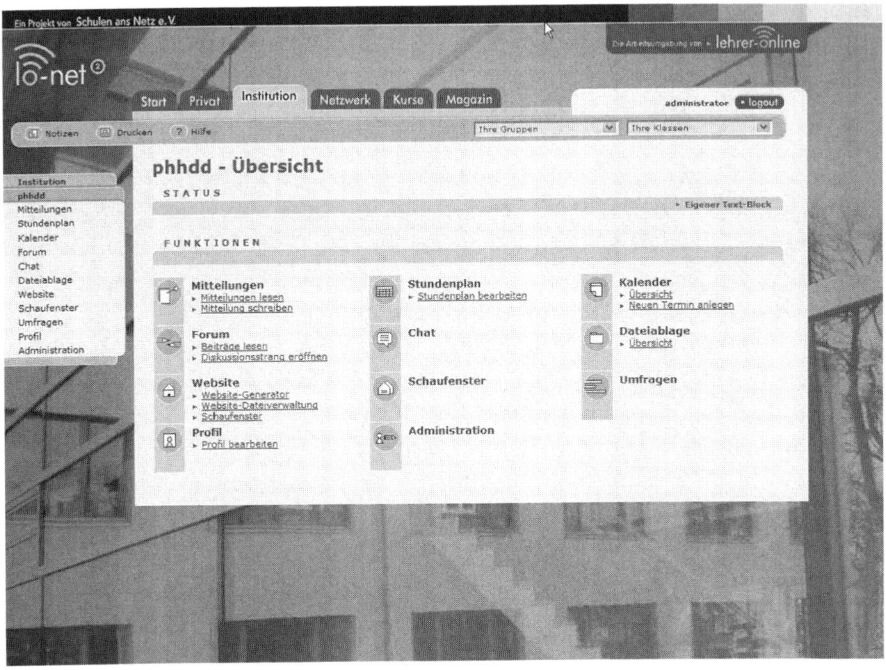

Abb. 2 Startseite in „Lo-net²"

Die virtuelle Lehr-Lernplattform „Lo-net²" (vgl. Abb. 2), die seit Oktober 2006 zur Verfügung steht, ist die modifizierte Version des 2001 von der Initiative Schulen ans Netz e. V. gegründeten „Lo-net", einer kostenlosen Lernumgebung als Service-, Netzwerk- und Informationsplattform, die das kooperative, vernetzte Arbeiten und kreative und schülerzentrierte Lehrformen unterstützt. Neue Funktionen im Vergleich zur ersten Version von „Lo-net" (vgl. Möbius 2004) sind das Wiki, Umfragen und Lernerfolgskontrollen. „Lo-net²" wartet darüber hinaus mit erweiterten und verbesserten Nutzungsmöglichkeiten auf: Eine Neuerung ist, dass nun Bildungseinrichtungen wie Hochschulen und Schulen ihre Institutionen in der Lernumgebung abbilden können. Auf der damit geschaffenen Institutionsebene kann zwischen den Mitgliedern kommuniziert werden. Im Bereich „Netzwerk", der institutionsübergreifend ist, können sämtliche Mitglieder in sogenannten „Communities" zusammenarbeiten. In dem Bereich „Kurse" werden die Lerninhalte angeboten, unter „Magazin" finden Lehrkräfte Informationen und Unterrichtsmaterialien. Jede Institution verfügt über die bereits voreingestellten Funktionen „Mitteilungen“, „Stundenplan“, „Kalender“, „Forum“, „Chat“, „Dateiablage“, „Website“, „Schaufenster“, „Umfragen“, „Profil“. Darüber hinaus existieren die Funktionen „Mailservice“, „Adressbuch“, „Board für Lehrende“, „Board für Lernende“ und „Wiki“. Der Administrator jeder Institution legt Rechte für die einzelnen Funktionen fest; für die jeweiligen Klassenräume kann die Lehrperson bestimmen, welche Funktionen den Lernenden zur Verfügung stehen. Innerhalb der Aufgabenliste ist eine Differenzierung möglich, da unterschiedliche Zugriffsrechte zugewiesen werden können. Ein zentrales Instrument ist der Website-Generator: Bei den Grundeinstellungen für die selbst erstellte Website kann man die Kopfdaten, die Farben und die Schrift auswählen. Für die Gestaltung des Layouts einer Seite wählt man zwischen 16 verschiedenen Vorschlägen. Unter den Layouts finden sich Vorlagen für Arbeitsblätter, Multiple-Choice-Aufgaben und Lückentexte. Autorenprogramme sind integrierbar.

1.2.2 „First Class“ (Centrinity)

„First Class“ unterscheidet sich von den anderen Plattformen dadurch, dass es clientbasiert ist. Das hat den Vorteil, dass weniger Informationen über das Internet übertragen werden müssen. Mit Hilfe dieses Zugangsprogramms wird nicht nur der Seitenaufbau schneller und sicherer als der unverschlüsselte Zugang über einen Browser, es bieten sich auch vielfältige Möglichkeiten der Bedienung, die denen alltäglich verwendeter Bürosoftware gleichen. „First Class“ erlaubt das rasche Aufspielen von Dateien zahlreicher Formate: „Word“- und „PowerPoint“, Bilder, Videos oder MP3-Dateien. Neben einem Gruppenkalender kann man auf eine Adressdatenbank zugreifen. Im Bereich „Kommunikation“ sind die synchronen und asynchronen Werkzeuge wie Chat, E-Mail und Foren implementiert, jedoch unterscheidet sich die Gestaltung dieser Kommunikationsformen durch die Nutzung des Clientprogramms in „FirstClass“ von denen herkömmlicher webbasierter VLEs wie z. B. „CLIX“, „Lo-Net“ oder „Stud.IP“. Die Besonderheiten der einzelnen Werkzeuge lassen sich so beschreiben:

a) Jeder Prozess öffnet ein eigenes Fenster, sodass sich am Ende einer Arbeitssitzung viele frei auf der Arbeitsfläche verteilte Fenster befinden, vgl. Abb. 3).

b) Das System der Foren – in First Class „Konferenzen genannt“ – ist leicht erlernt, die Struktur erinnert an den Windows-Explorer.

c) Sind E-Mails oder Nachrichten einmal verschickt, hat man jederzeit die Möglichkeit, sie wieder zurückzuholen. Kleine rote Fähnchen signalisieren den Status der Nachrichten.

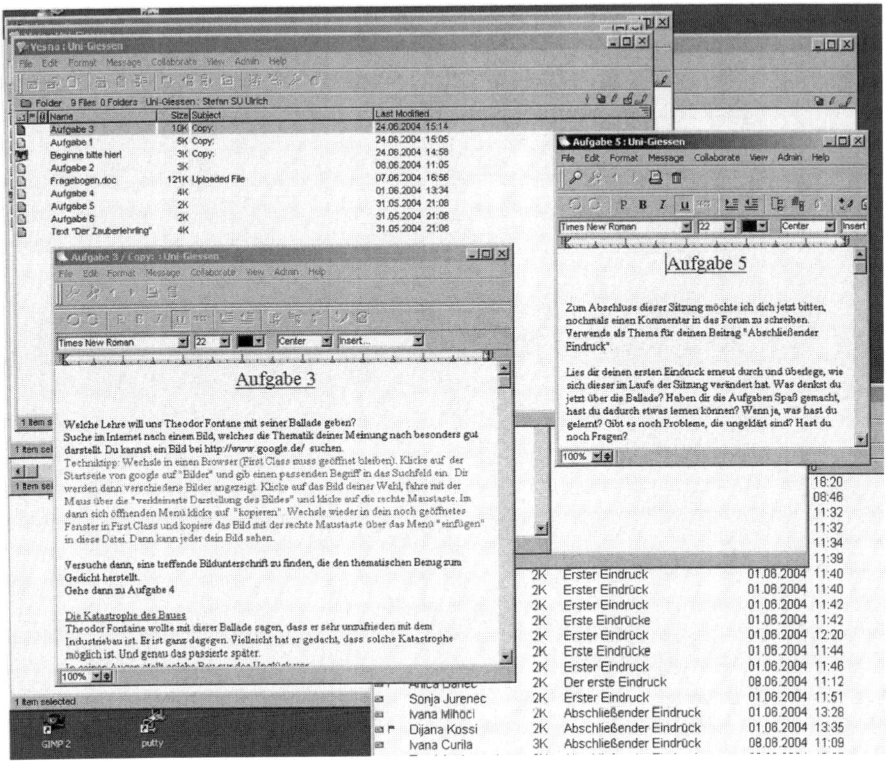

Abb. 3 Sich überlagernde Fenster in „FirstClass“

d) Die „Konferenzen“ und Dokumente selbst lassen sich überall frei auf dem Desktop positionieren und verschieben.

e) Dokumente können per „Drag and Drop“ zwischen Konferenzen bzw. Verzeichnissen hin- und hergezogen werden.

f) Die Symbole der Konferenzen und Ordner sind frei wählbar.

Die unter d–f aufgeführten Merkmale führen dazu, dass Lehrende sich ihre Lernumgebung in größerem Ausmaß selber gestalten können. Weniger positiv fällt auf, dass der Chat nur rudimentär ausgestattet ist, dafür lassen sich aber beliebig viele Chaträume öffnen und die Transkripte sind speicherbar. Außerdem bietet das Forum erfahrenen Nutzern nicht genügend Möglichkeiten, thematisch zusammenhängende Lesestränge (so genannte „Threads“) feiner ausdifferenziert zu verfolgen.

Besonders stark ist „First Class“ im Bereich „Kooperation“. Ein Alleinstellungsmerkmal dieser Plattform ist das auf dem Dokumentenformat „Rich Text Format“ (RTF) basierende proprietäre Dokumentformat „FCS-Dokument“. Mit diesem Format wird den an verschiedenen Computern mit verschiedenen Betriebssystemen und Anwendersoftware arbeitenden Nutzern eine vernünftige Zusammenarbeit ermöglicht. Werden Texte im „First Class"-Dokumentenformat auf der Plattform angelegt, so ist gewährleistet, dass alle Nutzer, unabhängig vom verwendeten Betriebssystem, immer ein Dokument mit identischen Formatierungsmerkmalen bearbeiten. Ein weiterer Vorteil dieses Formats ist, dass man das Dokument gemeinschaftlich bearbeiten kann, ohne dass es heruntergeladen oder gar ein Textverarbeitungsprogramm geöffnet werden muss. Veränderungen an diesem Dokument werden ohne Speichern beim Schließen des Fensters übernommen. Das Prinzip des gemeinschaftlichen Editierens von Texten ähnelt dem in Wikiwebs zum gemeinschaftlichen Schreiben. Die in den „FirstClass"-Dokumenten eingebauten rudimentären Textverarbeitungsfunktionen erlauben zudem eine durch farbliches Markieren unterstützte Korrektur von Lernertexten. Die vielfältigen Einsatzmöglichkeiten dieses „joint document features" hat Greenman untersucht und insbesondere bei ferntutoriellen Arbeitsprozessen und bei der Korrektur von Lernereinsendungen sinnvolle Anwendungen ermittelt (vgl. Greenman 2004, S. 54ff.).

1.2.3 „Moodle"

„Moodle" („Modular Object-Oriented Dynamic Learning Environment") ist mit über 20.000 registrierten Installationen in über 160 Ländern die weltweit am meisten verbreitete Open Source Lernplattform. Damit verfügt die Software über eine gut funktionierende Community, die eine umfassende Supportinfrastruktur bieten kann. In Deutschland ist „Moodle" nicht nur in der beruflichen Weiterbildung, sondern auch an Schulen und Hochschulen weit verbreitet.

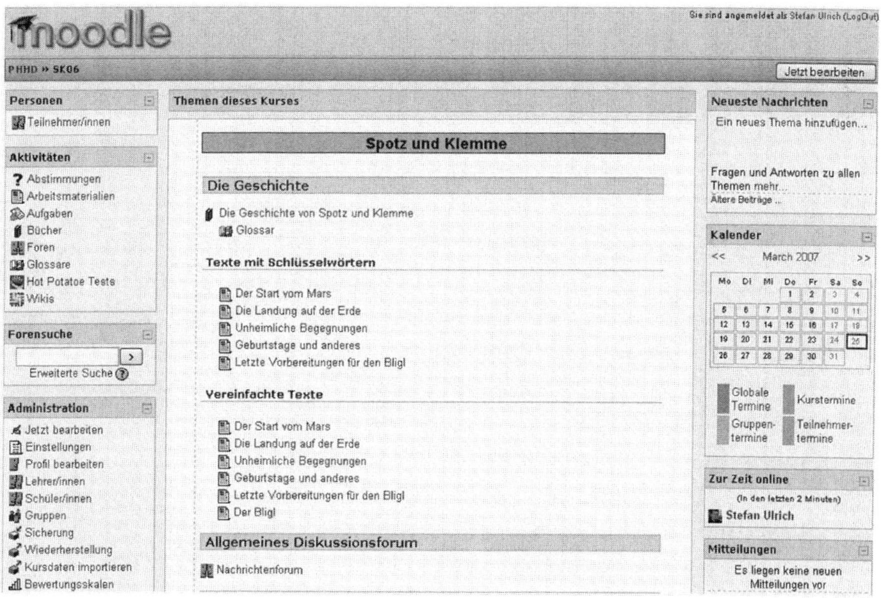

Abb. 4 Startseite in „Moodle"

Wie bei vielen Lernplattformen üblich, finden Lehrende in Moodle zunächst die als leere Gerüste bereitgestellten „Kursräume“ vor (vgl. Abb. 4). Die möglichen Kursformate erlauben eine „wöchentliche Übersicht“, eine thematische Gliederung (Themenformat) oder das Einbinden einer vorgefertigten SCORM-Lerneinheit. In den „Kursräumen“ können sich Kurserstellende „Arbeitsunterlagen“ (Webseiten, Textseiten) und so genannte „Lernaktivitäten“ selbstständig zusammenstellen. Zu diesen „Lernaktivitäten“ zählen neben den üblichen Bestandteilen von Lernplattformen (wie Foren, Wikis und Chaträume) spezielle, auf bestimmte Lernsituationen angepasste Bestandteile wie z. B. die „Abstimmung“, eine Art Umfrage, oder die konzeptionell einfache, aber bei Lehrenden sehr populäre „Aufgabe“, die es in wenigen Arbeitsschritten ermöglicht, das termingerechte Einreichen von (Text-)Dateien anzufordern, die Eingänge zu verwalten, zu benoten und ein Feedback zu geben. Eine Besonderheit stellt auch das elektronische Journal dar, in dem Lehrende Lernertagebucheinträge regelmäßig einsehen und individuelle Rückmeldungen geben können. Auch Blogs können im System direkt betrieben werden, besonders innovativ ist hierbei, dass die Blogeinträge nicht nur von den registrierten Kursteilnehmenden gelesen werden können, sondern dass sie – wie „richtige“ Blogs – für den Zugriff im öffentlichen Netz freigegeben werden können.

Die Lernaktivität „Glossar“ kann entweder fertig zum Nachschlagen bereitgestellt werden oder von den Lernenden im Verlauf des Kurses gemeinsam erstellt werden. Die Glossarbegriffe können automatisch mit allen Fundstellen der Begriffe im Kurs verlinkt werden.

Die in „Moodle“ bereitgestellten Dateiaustauschplätze, die analog zu der Ordnerstruktur auf einer Festplatte angelegt werden können, lassen alle gängigen Dateiformate zu. Neben dem internen Nachrichtensystem, das auch das Anhängen von Attachements ermöglicht, runden Community-Funktionen wie z. B. der fein abgestufte Kalender die Lernplattform ab. Das Rechtesystem von „Moodle“ ist rollenbasiert, es gibt entsprechend vielfältige Standardrollen wie z. B. „Gäste“, „Lehrer“ oder „Trainer“, die frei erweiterbar sind.

Eine weitere Stärke von „Moodle“ liegt in der umfassenden Protokollierung beliebig vieler Nutzerbewegungen, Lernergebnisse bzw. Einsendeaufgaben, die aus Lehrersicht zentral in übersichtlichen Listen geführt werden können. Trotz der Funktionsvielfalt behält der Nutzer den Überblick, da die von der Menüführung an Textverarbeitungsprogramme erinnernden Eingabemasken von Chat, Foren und Wiki und die der meisten „Lernaktivitäten“ identisch sind.

Besonders herauszustellen ist auch die Möglichkeit, das verbreitete Autorenprogramm Hot Potatoes mit seinen vielfältigen Übungs- und Testfunktionen zu integrieren, so dass Umfragen, Tests, Quizzes, Multiple-Choice-Aufgaben, Zuordnungsübungen, Lückentexte und Kurztexte recht einfach generiert werden können. Die Integration von beliebigen Multimediaobjekten (Flash, Audio und Video) in die Tests und Aufgaben ist ebenfalls vorgesehen.

1.2.4 „Stud.IP"

„Stud.IP" soll in erster Linie die Präsenzlehre an Hochschulen mit virtuellen Elementen unterstützen (vgl. zum Hochschuleinsatz von Stud.IP v. a. Schulze/Meeh 2005; vgl. grundsätzlich Wichert/Pfeiffer/Staiger 2004). Daher ist der Einsatz von „Web-based-Trainings" (WBT) nur in sehr eingeschränkter Form möglich. Auf der anderen Seite stehen umfangreiche Funktionen für computerbasierte Evaluationen, Votings und Tests sowie zur Verwaltung von Arbeitsgruppen zur Verfügung. „Stud.IP" bietet einen schnellen und unkomplizierten Einstieg in Formen virtualisierter Lehre: Man kann sich in Veranstaltungen einschreiben, sich über alle gebuchten Veranstaltungen einen Stundenplan erstellen lassen und die Daten in einem systemintegrierten Terminkalender führen, der mit zusätzlichen Terminen angereichert ist und mit anderen elektronischen Kalendern abgeglichen werden kann. Jeder Nutzer erhält automatisch eine bequem pflegbare Homepage. Über eine Suchfunktion können alle registrierten Nutzer, Einrichtungen und Veranstaltungen gefunden werden. Ein integriertes Mailsystem ermöglicht elektronische Nachrichten und erleichtert das Verschicken an Maillisten. Zusätzlich wird der Austausch mit anderen über Chat- und Forenangebote ermöglicht.

Zu jeder Lehrveranstaltung werden wahlweise Ablaufpläne, Dateiordner, Diskussionsforen, Teilnehmer-, Literatur- und Linklisten sowie Schwarze Bretter bereitgestellt. Auch ein Wiki kann in Veranstaltungen integriert werden. Für teilnehmerbegrenzte Veranstaltungen steht ein Anmeldeverfahren zur Verfügung.

2. Mediendidaktische Aspekte/Einsatzszenarien

Virtuelle Lernumgebungen verlangen und realisieren kontextuiertes Lernen mit einem ganzheitlich-koordinierten Einsatz des Computers (vgl. Kamke-Martasek 2001, S. 335), und zwar auf eine Weise, die Individualität und Interaktivität als spezifisches didaktisches Potenzial virtueller Lehr-/Lernplattformen berücksichtigt. Zentrale Elemente zur Beschreibung eines virtuellen Lernszenarios im Kontext eines konstruktivistisch ausgerichteten Lernmodells sind das selbstorganisierte und individuelle Lernen („anytime-anywhere access", vgl. Garrison/Anderson 2003, S. xiii bzw. „ubiquitärer Zugang", Kerres 2004, S. 14) sowie das interaktiv-kommunizierende Lernen und die dadurch vermittelte aktive Informationsgewinnung anstelle habitualisierter Perzeption (vgl. Filk 2003, S. 89) sowie ferner die Schulung sozialer Teamfähigkeit und die Ausbildung von Lernstrategien.

Idealtypisch lassen sich drei Einsatzarten von Lernumgebungen in Schulen und Hochschulen nach ihrem Virtualisierungsgrad beschreiben: Lernumgebungen können die Präsenzlehre anreichern, sie können in die Präsenzlehre integriert werden oder sie können vollständig virtuelle Lehre abbilden. Während die Anreicherung der Präsenzlehre z. B. durch das Ablegen von Informations- und/ oder Übungsmaterialien erfolgt, werden bei der Integration in die Präsenzlehre Tools zur Unterstützung der Kommunikation, der Kooperation und der Betreuung im virtuellen Bereich eingesetzt; die vollständig virtuelle Lehre kennt überhaupt keine Präsenzphasen mehr.

Symmedialer Deutschunterricht (vgl. Frederking 2004, S. 38) im Rahmen virtueller Lernumgebungen wird auch mit der Zielsetzung der Schulung von Medienkompetenz inszeniert, die sich in der gegenwärtigen Diskussion in mehreren Dimensionen ausdifferenziert (vgl. z. B. Barsch 2004, S. 167, Mayring/ Hurst 2004, S. 63). Die umfassendste Definition von Medienkompetenz stammt von Norbert Groeben (2002): Als Teilkompetenzen definiert er „Medienwissen/ „Medialitätsbewusstsein" als Fähigkeit, zwischen dem empirisch-rationalen Modell der realen Wirklichkeit und einem medial-konstruierten Modell fiktionaler Wirklichkeit unterscheiden zu können (vgl. ebd., S. 166f.). Ein weiterer Bestandteil von Medienkompetenz ist die Kenntnis „medienspezifischer Rezeptionsmuster" (ebd., S. 168), darunter wird das Wissen verstanden, wie mediale Inhalte konstruiert werden, das Wissen reicht dabei „von technologisch-instrumentellen Fertigkeiten bis zu vergleichsweise komplexen (vor allem kognitiven) Verarbeitungsschemata" (ebd., S. 168). Die Kenntnis der Beurteilungskriterien von Medienprodukten führt zur Ausbildung einer „medienbezogenen Kritikfähigkeit" (ebd., S. 172): „Produktive Partizipationsmuster" (ebd., S. 176) sehen die Fähigkeit vor, sich selbst an der Erstellung eines Medienproduktes zu beteiligen. Hierunter fallen auch sämtliche gruppendynamischen Prozesse, die etwa Aufschluss über soziale Kompetenzen („Teamfähigkeit") geben können. Weitere Kompetenzen, die bei virtuellen Lernumgebungen zumindest nicht in erster Linie zum Tragen kommen, dafür umso mehr bei Internet- und Fernsehangeboten, sind etwa die „medienspezifische Genussfähigkeit" (ebd., S. 170) und die „Selektions- und Orientierungsfähigkeit" (vgl. ebd., S. 175), das heißt die Auswahl bedürfnisbezogener Medienprodukte. Der zentrale Aspekt des bewertenden Umgangs mit Medienangeboten ist die Fähigkeit zur „Anschlusskommunikation" (ebd., S. 178). Sie gibt Auskunft über die Rezeption des Produktes, gleichzeitig kann Anschlusskommunikation gerade auch im Rahmen virtueller Lernumgebungen realisiert werden.

3. Aspekte des Deutschunterrichts

Der Sprach- und Literaturunterricht gehört zu den Lernbereichen, in denen virtuelle Lernumgebungen am häufigsten eingesetzt werden (vgl. Vuorikari 2003). Dies verwundert nicht, da es gerade in diesen Fächern um die Nutzung ihrer spezifischen kommunikativen Potentiale geht. Wesentliche Lernbereiche des Deutschunterrichts lassen sich sowohl im Sprachunterricht als auch im Literaturunterricht realisieren. Im Sprachunterricht ist etwa zu denken an „Textproduktion", „Kommunikation", „Reflexion von Schreibprozessen", „Mündlichkeit und Schriftlichkeit als Inhalte der Sprachbewusstheit". Im Literaturunterricht stehen beispielsweise „Lesen/Informationsgewinnung sowie Schreiben/Textproduktion", „Fördern und Beobachten von literarischen Verstehensprozessen" und „Förderung der literarischen Imaginationsfähigkeit" im Vordergrund. Die folgende Explikation dieser Lernbereiche im Literaturunterricht kann keine Vollständigkeit beanspruchen, sie will an ausgewählten Beispielen die Verbindung von Lernzielen und Unterstützungspotenzialen von Lernumgebungen demonstrieren; an einem Unterrichtsbeispiel werden weitere Lernziele erläutert.

3.1 Lesen/Informationsgewinnung sowie Schreiben/Textproduktion

Die Informationserarbeitung aus textbasierten Quellen gehört zu den zentralen Kompetenzen, die der Deutschunterricht gerade durch den Literaturunterricht vermitteln soll. Lernumgebungen bieten dafür traditionelle und moderne Formen an. So lässt sich mit medienspezifischen Angeboten das Textverständnis überprüfen: „Hot Potatoes" stellt ein Autorenwerkzeug zur Verfügung, mit dessen Hilfe beispielsweise Multiple-Choice-Fragebögen erstellt werden können (vgl. Abb. 5). Wenn die Lernumgebung eine Einbindung dieses Dateiformates gestattet, kann ein effizientes Tool zur Selbstüberprüfung an die Hand gegeben werden. Auch Bilder können dem Zweck der Verständnisüberprüfung dienen und stellen ein medienspezifisches Mittel dar.

Das Konzept des „textnahen Lesens" (vgl. Paefgen 1998; Kämper-van den Boogaart Kap. 3.1 in diesem Band), die Erarbeitung des Textverständnisses durch Schreiben, lässt sich außer mit der Kommentarfunktion von Textverarbeitungsprogrammen mit Hilfe der Kommunikationstools der Lernumgebung realisieren. Im Gespräch über den Text, das z.B. im Rahmen einer Chat-Sitzung geführt werden kann, werden unklare Sachverhalte offengelegt, Sinnentwürfe können entstehen. Hilfestellungen beim Textverständnis können mit medienspezifischen Mitteln, z.B. durch hypertextuelle Aufbereitung, angeboten werden. Informationsgewinnung und -bewertung lassen sich medienadäquat durch die Angabe von Links realisieren: Wird die angegebene Seite aufgerufen, muss der nachgefragte Informationsgehalt ermittelt werden. Der Verzicht auf die Angabe von Links erhöht den Schwierigkeitsgrad. Virtuelle Lernumgebungen können darüber hinaus authentische Schreibsituationen bereitstellen, in denen textsortenorientiertes Schreiben eingeübt werden kann, Beispiele dafür sind E-Mails, Chat- und Foreneinträge. Anlässe für kreatives Schreiben können visuelle Impulse sein; die Formulierung von Bildunterschriften bietet einen Anlass für die Einübung adressatenorientierter Informationsaufbereitung.

Insbesondere Webseiten, Weblogs oder Wikis lassen sich für Inhaltswiedergaben gerade von literarischen Texten oder von Sachtexten in unterschiedlichen medialen Formen nutzen. Sie ermöglichen die Anknüpfung an authentische Recherche- und Wiedergabesituationen von Informationen aus dem Internet, an ihnen lässt sich außerdem demonstrieren, wie sich nicht-lineare Präsentationsformen von Informationen (vgl. Schlobinski 2001, S. 58f.; Storrer 2000, S. 222ff.; Sager 2000, S. 589) für die Erstellung von Inhaltsangaben verwenden lassen. Will man das Informationsangebot nutzen, so muss man lernen, Themenpfade zu verfolgen, die puzzleartig dargebotenen Informationsspots miteinander zu vernetzen und die erworbenen Wissensbestände in der Anschlusskommunikation adressatenspezifisch zu reorganisieren. Gleichzeitig sind Präsentationsart, Glaubwürdigkeit der Informationen, Funktion des dargebotenen Informationsspots sowie Gehalt von Text-Bild-Konglomeraten (vgl. Schmitz 2005, S. 4) oder gar Text-Bild-Ton-Gemengen zu berücksichtigen. Möbius/Wieland (2006) haben auf der Grundlage dieser Überlegungen einen Unterrichtsentwurf vorgelegt, in dem die Schülerinnen und Schüler im Rahmen der Aufgabenstellung, einen gemeinsamen Kinobesuch zu planen, mit unterschiedlichen Internetangeboten umgehen lernen und dabei die jeweils spezifischen Veränderungen, die die Sprache im medialen Gewand einer Webseite, eines Wikis oder eines „Blogs" erfährt, nachvollziehen. Im Vordergrund steht die Herausarbeitung von Informationen und die zusammenführende Aufbereitung nicht-linear präsentierter Informationsspots für unterschiedliche Adressatenkreise. Dabei beschäftigen sich die Schüler mit der Frage, wie die einzelnen Informationen angemessen miteinander vernetzt werden können.

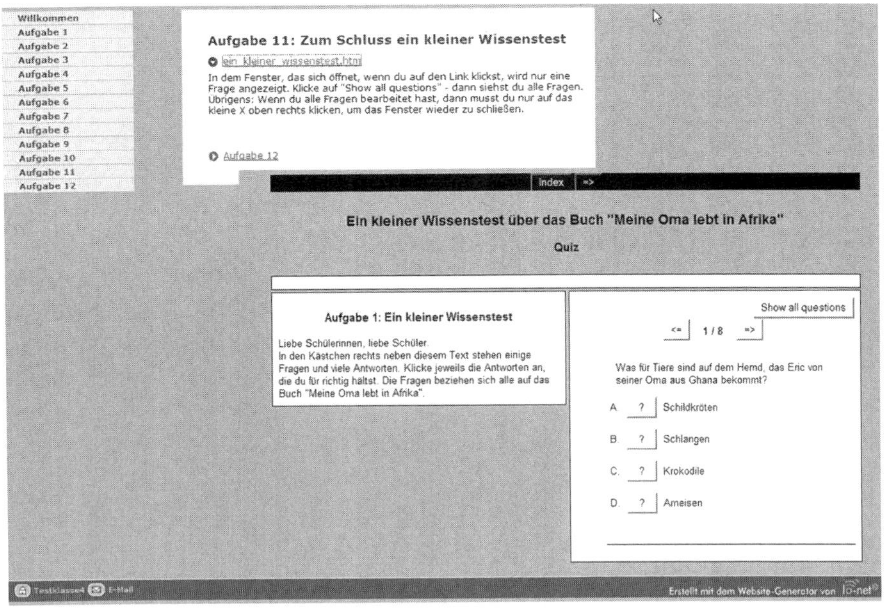

Abb. 5 Eine medienspezifische Überprüfung des Textverständnisses mit „Hot Potatoes" unter „Lo-Net2"

3.2 Fördern und Beobachten von literarischen Verstehensprozessen

Die „dialogische“ Kooperation ist ein essentieller Bestandteil im Gespräch über literarische Texte, in der individuelle Verstehenshintergründe entworfen und diskutiert werden (vgl. z.B. Möbius/Engler/Haussner 2003). Zur Generierung literarischer Verstehensprozesse, die individuelle Sinnentwürfe und literarästhetischen Zielsetzungen kombinieren können, bieten sich die Kommunikationstools virtueller Lernumgebungen an, die einen dialogischen Verstehensprozess unterstützen (vgl. Möbius/Engler 2003 und 2004). Einträge in WikiWebs oder Foren dokumentieren den Verlauf eines Verstehensprozesses und können einzelne Deutungsetappen herausstellen. Das virtuelle Gespräch über den Text mittels eines Chats kann nach der Phase einer intensiven Textlektüre und der Markierung von Irritationsstellen, mithin also zwischen den Ebenen der „Texterkundung“ und der „Texterschließung“ (vgl. Möbius/Engler 2003, S. 216–221), seinen Ort finden. Dieses Gespräch ist dem Ziel des genauen Lesens verpflichtet; dahinter steht die Vorstellung, dass das Verstehen durch Schreiben gefördert wird (vgl. Paefgen 1998, S. 16). Wie das langsame, denkende, schreibende Lesen (vgl. ebd., S. 14) funktionieren kann, führen Möbius/Engler beispielhaft an einem Chat in „Lo-Net“ über das kroatische Märchen „Die Hundsköpfe“ vor (vgl. Möbius/Engler 2003); sie stellen dabei heraus, dass das virtuelle, chatbasierte, schreibende textnahe Lesen Sinnvermutungen entwickeln hilft, die zum genauen Lesen anhalten und das Verstehen vertiefen.

Darüber hinaus lassen sich Hintergrundinformationen in Internet-Datensammlungen wie Datenbanken oder Bibliotheken recherchieren, die Ergebnisse werden in einer Datei gesammelt und im Dateiaustausch bzw. im Forum der virtuellen Lernumgebung gemeinsam ausgewertet. Als Ergebnis einer solchen Arbeitsphase entsteht z.B. eine Tabelle als „table in progress“; der individuelle und interaktive Charakter der Lernumgebung erlaubt es, dass je nach Bedarf neue Einsichten hinzugefügt werden können. Der Vorgang des literarischen Verstehens ist mit diesem Ergebnis nicht abgeschlossen, sondern kann im Sinne eines hermeneutischen Zirkels jeweils immer wieder neu in Gang gesetzt werden. Virtuelle Lernumgebungen bieten mit Foren und Wikis virtuelle Kommunikationsformen an, die diesen letzten Schritt sinnvoll realisieren helfen.

Virtuelle Lernumgebungen können darüber hinaus zentrale Funktionen bei der Beobachtung von Verstehensprozessen übernehmen, da sie in ihrer Administration unterschiedliche Formen der Beobachtung des Nutzer- bzw. Lernerverhaltens (so genanntes „User-Tracking“) und der Aufzeichnung der Lernhistorie zur Verfügung stellen. So wird beispielsweise der Aufenthalt in den einzelnen Lernbereichen festgehalten, Testergebnisse werden registriert; einige Plattformen archivieren sogar sämtliche Vorgänge, die dann auch zu statistischen Zwecken aufbereitet werden können (vgl. detailliert hierzu Baumgartner/Häfele/Maier-Häfele 2002, S. 89ff.).

Eine Lernumgebung wie beispielsweise „Stud.IP“ enthält mit dem WikiWeb einen Arbeitsbereich, der alle Voraussetzungen dafür bietet, individuelle oder kooperative Verstehensprozesse „in actu“ zu dokumentieren und Textversionen entsprechend auch in ihrer Gesamtheit einer Bewertung zu unterziehen. Einträge in WikiWebs werden unter der Angabe der Benutzernamen in mehreren Versionen gespeichert, sodass sie beispielsweise als Portfolio genutzt werden und als Basis summativen Beurteilens dienen können. Im Sinne einer entwicklungsorientierten Beurteilung können die Lernenden aber auch dazu aufgefordert werden, von der ersten Strukturierung über Notizen und einzelne Textstücke bis hin zum fertigen Produkt alle Vorgänge als WikiWeb-Beiträge während des Schreibens zu dokumentieren. Wikis bieten auch die Möglichkeit einer indirekten Beobachtung der Verstehensprozesse, nämlich dann, wenn die Lernenden dazu angehalten sind, in regelmäßigen Abständen Versionen ihrer Textproduktionen zu „speichern“. Damit stellen Lernumgebungen Hilfsmittel dar, die dazu führen können, Einsichten in die Akquisition von Verstehensstrategien zu bekommen; diese Metakognition kann auf andere Lerngegenstände übertragen werden:

> Der Einsatz metakognitiver Lernstrategien kann das Lernen schließlich zu einem vernetzten Lernen hin steigern, das Transfers leistet, Kontexte erkennt und bestimmt und schließlich die Fachgegenstände in einem selbst konstruierten Netz, einem so genannten 'mentalen Modell' anordnet. (Rupp 2004, S. 195)

3.3 Förderung der literarischen Imaginationsfähigkeit

Beim Blick auf den Wandel, den Computer und Internet hinsichtlich des Lesens bewirken, kritisiert Rupp das allmähliche Verschwinden von individueller Imagination:

> Die Nutzung von Computer und Internet erlaubt eine erheblich gesteigerte Aktualität und Effizienz der Informationsbeschaffung und der Wissensspeicherung. Dazu kommt die interaktive Reversibilität zwischen Lesen und Schreiben. Jedoch gehen Imagination und das kulturelle Gedächtnis zurück. An ihre Stelle treten die digitale Simulierung und die virtuelle Perfektion. (Ebd., S. 190)

Bücher seien daher weiterhin nötig, sie seien „spezialisierte Speicher unserer individuellen und kollektiven Erinnerung, die uns den Freiraum lassen für selbst bestimmte Phantasiebildung und produktive Imagination“ (Rupp 2004, S. 196). Wie Möbius/Engler (2003) am Beispiel der Arbeit mit dem Märchen „Hundsköpfe“ deutlich machen, lässt sich mittels internetgestützter Medien ein literarischer Verstehensprozess anstoßen und durch den Chat oder das Forum artikulieren, der die Forderung Rupps nach selbstbestimmter Phantasiebildung und produktiver Imagination erfüllen kann. Die Verbalisierung und der Austausch der verschiedenen individuellen Vorstellungsinhalte wird dabei überwiegend schriftlich realisiert; visuelle oder überhaupt multimediale Ausdrucksformen sind aber gleichermaßen denkbar und technisch realisierbar.

Insbesondere die interkulturelle Perspektive, wie sie in der erst durch das Internet hergestellten Kommunikation zwischen Gesprächspartnern aus unterschiedlichen Kulturkreisen zur Sprache kommt, dient der Bewusstmachung der eigenen kulturellen Tradition, letztlich also der Sicherung der historischen, sozialen und kulturellen Erinnerung als Teil der Identität (vgl. Rupp 2004, S. 196). Virtuelle Lernumgebungen unterstützen somit individualisiertes, selbst konstruierendes Lernen (vgl. Hesse 2002, S. 273) durch interaktive und kommunikative Elemente: ein im Sinne einer Ermöglichungsdidaktik (vgl. Janetzko 2002, S. 104f.) modelliertes Lernsetting, das Bedingungen wie z. B. die Bereitstellung von mehreren alternativen Lehr-/Lernmethoden aufbaut, trägt dem Individualitätsprinzip am stärksten Rechnung. Durch die „Interaktivität" des Mediums, unter der sich die Bewusstmachung, Reflexion und Anwendung des durch das Medium ermöglichten eingreifenden Selbst-Tätigwerdens im Kontext des Lehr-/Lernprozesses verstehen lässt, wird ein kontinuierliches Überprüfen individueller Sinnentwürfe ermöglicht. Die Verbindung von interaktiven und kommunikativen Elementen mit dem jeweils vor Ort verwendeten Blended-Learning-Szenario führte dazu, dass Nutzer einen immer stärker ausgeprägten individuellen Zugang zu dem Text entwickeln.

3.4 Unterrichtsbeispiel: „Meine Oma lebt in Afrika" in einer virtuellen Lernumgebung

In dem Kinderbuch „Meine Oma lebt in Afrika" von Annelies Schwarz wird erzählt, wie der in Deutschland lebende Eric zusammen mit seinem Vater zum ersten Mal die Großmutter besucht, die in einem Dorf in Ghana zu Hause ist. Der Roman soll im Rahmen eines fächerverbindenden Unterrichtsprojektes in einer 4. Klasse behandelt werden. Das Modul, das für diesen Zweck entwickelt wurde, behandelt vom Deutschunterricht ausgehend Themen des Geografie-, Musik-, Religions- und Kunst-Unterrichtes und vermittelt informationstechnische Grundkenntnisse. Literaturdidaktische Lernziele sind die Vermittlung von Texterschließungskompetenz, die Förderung der Freude am Lesen, die Förderung von Imagination und Kreativität, die Ermöglichung von Identitätsfindung und Fremdverstehen, die Beschäftigung mit anthropologischen Grundfragen, die Förderung des schriftlichen Ausdrucks sowie die Einübung von textsortenorientiertem Schreiben (vgl. Spinner 2001, S. 168–172). Spezifische Lernziele im Bereich „Informationstechnische Grundbildung" sind die korrekte Eingabe von Internet-Adressen, die Einübung in die Verwendung von in Dokumenten gespeicherten Links, das Herunterladen und Aufspielen von Dateien, das Speichern von Dateien auf der lokalen Festplatte, das Einüben in die Arbeit mit zwei Fenstern, die Verwendung der Tools „Forum", „Chat", „E-Mail", das Einloggen in einer Lernumgebung, das Herunterladen, Speichern und Einfügen von Bildern in ein Dokument (vgl. Mayring/Hurst 2004, S. 63).

Nr.	Titel (Inhalt)	Medium
	Willkommen (Begrüßung durch Titelbild, erste Arbeitsanweisung)	WWW
1	Internet-Rallye (Informationsrecherche)	„Loesungen-Datei", WWW
2	Regenwald-Bilder (Texterschließung)	„Loesungen-Datei"
3	Regenwald-Bilder (Bildrecherche, Bildkommentar schreiben)	„Loesungen-Datei", WWW
4	Heimat/Fremde (Assoziationen)	WikiWeb
5	Vorurteile/Rassismus (Beitrag posten)	Forum
6	Vorurteile/Rassismus (Texterschließung)	„Loesungen-Datei"
7	Vorurteile/Rassismus (Beitrag posten)	Forum
8	Flo schreibt eine Mail an Oma Grete	Email
9	Bist du ein Afrika-Experte? (Überprüfung des Textwissens)	Multiple Choice, Buch
10	Die „Loesungen"-Datei einstellen	„Loesungen-Datei"
11	Ein kleiner Wissenstest (Überprüfung des Textwissens)	Multiple-Choice
12	Das Gästebuch: Beitrag posten (Meinung formulieren)	Gästebuch

Abb. 6 Aufbau des Lernmoduls

Als Lernumgebung wird die Plattform „Lo-Net²" gewählt, da sie für Kinder einer Grundschulklasse relativ leicht zu bedienen ist und da sie die Einbindung von eigenen Webseiten gestattet, die den „roten Faden" durch das Modul angeben. Für diesen Zweck stellt „Lo-Net²" mit dem Homepagegenerator ein Tool zur Verfügung, das es erlaubt, ohne HTML-Kenntnisse Webseiten zu erstellen. Mit Hilfe dieses Tools kann schnell und völlig problemlos ein kleines Web erstellt werden, das durch seine Framestruktur eine gute Orientierung bietet. Die vom Homepagegenerator erzeugten Seiten erlauben die Einbindung von Bildelementen sowie die Verwendung einiger weniger Formatierungsbefehle. Außerdem lassen sich einfach zu bedienende Autorentools wie „Hot Potatoes" einbinden: Die entsprechende HTML-Datei wird im individuellen Verzeichnis des Klassenraums abgelegt und über einen Link in die bestehende Webstruktur eingebunden. Mit Hilfe des HTML-basierten „roten Fadens" ist vollkommen eigenständiges Arbeiten möglich; er enthält sowohl alle Aufgaben bzw. Links zu den Orten, wo Aufgaben abgelegt sind, als auch so genannte „Technik-Tipps", die grundlegende technische Kenntnisse vermitteln.

Der konzeptionelle Grundgedanke ist, das Modul zu „Meine Oma lebt in Afrika" als offenes Selbstlernmodul zu gestalten, mit dem Lernende weitgehend ohne Anleitung der Lehrkraft arbeiten können. Aus diesem Grund wurde bei der Konzeptionierung auf schülergemäße Übersichtlichkeit geachtet; außerdem erleichtern präzise Arbeitsanleitungen die Orientierung im Modul. „Technik-Tipps" vermitteln jeweils notwendige informationstechnische Grundkenntnisse; zur Förderung der Usability sind sie durch ein aussagekräftiges Bild grafisch hervorgehoben und dadurch symbolisch verankert.

Das Modul ist auch als Lernzirkel einsetzbar, Pflicht- und Wahlstationen können frei bestimmt werden. Für die Anlage des Pflichtbereichs werden die folgenden Komponenten vorschlagen: Überprüfung des Textverständnisses (Aufgabe 9 oder 11), Bearbeitung eines Textauszuges (Aufgabe 6 oder 2), eine Form medial orientierten Schreibens (Aufgabe 5, 7, 8 oder 12), eine kreative Aufgabe mit Informationsrecherche (Aufgabe 3). Der Zeitbedarf für diesen Pflichtbereich beträgt zwischen vier und sechs Schulstunden.

Die Einstiegsseite unter http://phhdd.bw.lo-net2.de/klasse4test/.ws_gen/index.htm dient der Begrüßung der Lernergruppe, das Titelcover ist neben der grafischen Ausgestaltung auch visueller Ankerpunkt und fördert den Wiedererkennungseffekt. Auf der linken Seite befindet sich eine Navigationsleiste, die sämtliche Aufgaben übersichtlich präsentiert.

Die erste Aufgabe besteht im Wesentlichen aus einer „Internet-Rallye", bei der landeskundliche Informationen recherchiert werden müssen, die für das Verstehen des Romans von Bedeutung sind. Mit Hilfe von vorgegebenen Links sind Internet-Seiten aufzurufen, die aus Text-Bild-Verbindungen zusammengesetzt sind: Beispielsweise müssen die Schülerinnen und Schüler die Frage „Wie heißen die Länder, von denen Ghana umgeben ist?" mit Hilfe der Webseite unter http://www.westafrika.org/v2/karte2.htm beantworten. Zentrales Lernziel ist die Erschließung der darin enthaltenen Informationen. Lernziele bezüglich der Medienkompetenz sind die Einübung in die Verwendung von in Dokumenten gespeicherten Links, das Herunterladen und Aufspielen von Dateien, das Speichern von Dateien auf der lokalen Festplatte sowie das Einüben in die Arbeit mit zwei Fenstern.

In der zweiten Aufgabe ist zunächst eine Passage aus dem Roman zu lesen, in der beschrieben wird, wie die Hauptfigur Eric ein tropisches Gewitter erlebt. Die präsentierte Passage ist Grundlage eines Lückentextes, der in der „Loesungen-Datei" präsentiert wird und der das Einsetzen passender eigener Ausdrücke verlangt. „Lo-net^{2}" bietet zwar ein Tool „Lückentext"; allerdings lassen die Vorgaben keine individuellen Lösungen zu, daher wurde auf die Dateiform zurückgegriffen. Schülerinnen und Schüler sollen sich in die Figur des Eric hineinversetzen und versuchen, seine emotionale Befindlichkeit zu beschreiben. Deutschdidaktische Lernziele dieser Aufgabe sind die Förderung der Freude am Lesen, die Förderung von Imagination und Kreativität, die Ermöglichung von Identitätsfindung und Fremdverstehen, die Förderung des schriftlichen Ausdrucks.

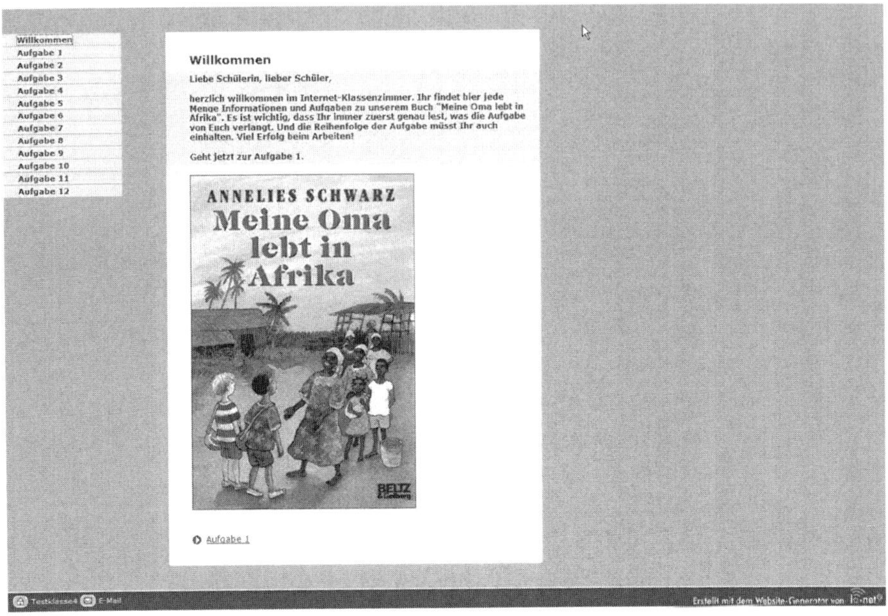

Abb. 7 Einstiegsseite unter http://phhdd.bw.lo-net2.de/klasse4test/.ws_gen/index.htm

In der dritten Aufgabe sind mindestens drei zu der Textpassage passende Regenwald-Bilder im Internet zu recherchieren, sie müssen jeweils mit einer kurzen Beschreibung und einem Titel versehen und dann in einer Tabelle gespeichert werden. Deutschdidaktische Lernziele sind in erster Linie die Einübung von textsortenorientiertem Schreiben und die Förderung des schriftlichen Ausdrucks, daneben werden auch Imagination und Kreativität angeregt. Im Vordergrund stehen mediendidaktische Zielsetzungen wie das Einloggen auf einer Lernplattform, das Finden, Herunterladen, Speichern und Einfügen von Bildern in ein Dokument, das Einüben in die Arbeit mit zwei Fenstern, Speichern von Dateien auf der lokalen Festplatte.

In der vierten Aufgabe soll überlegt werden, welche Assoziationen die Begriffe „Heimat" und „Fremde", zwei zentrale Themen des Buches, wecken. Über das Bewusstwerden eigener Assoziationen mit diesem Begriff wird die Einfühlung in die Figuren des Romans erleichtert. Gleichzeitig wird ein Gesprächsanlass über ein aktuelles sozio-kulturelles und politisches Thema bereitgestellt. Die deutschdidaktischen Zielsetzungen bestehen in der Förderung von Imagination und Kreativität, in der Ermöglichung von Identitätsfindung und Fremdverstehen, der Beschäftigung mit anthropologischen Grundfragen und der Förderung des schriftlichen Ausdrucks. In instrumenteller Hinsicht wird der Eintrag in einem Wiki geübt (vgl. Abb. 8).

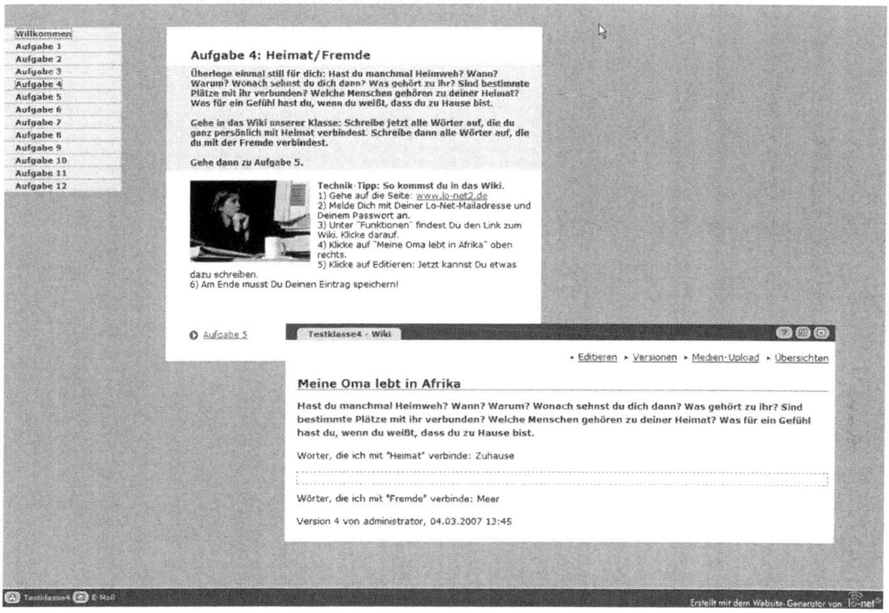

Abb. 8 Heimat/Fremde im Wiki

In der fünften Aufgabe werden alltägliche Formen des Rassismus reflektiert; es soll deutlich werden, dass die Gründe für abfälliges Reden vielfältig sein können und dass sie nicht auf die ausländische Herkunft zu reduzieren sind. Mit dem Forum lernen Schülerinnen und Schüler eine mediale Form der Meinungspräsentation kennen, die dem Leserbrief in der Zeitung sehr nahe kommt und die in einem authentischen Bezug zum Thema der Aufgabe steht. Allgemein deutschdidaktische Lernziele sind daher vor allem die Einübung von textsortenorientiertem Schreiben und die Förderung des schriftlichen Ausdrucks. Die Verwendung des Tools „Forum“ (Schreiben und Posten eines Beitrages) sowie das Einloggen auf einer Lernplattform zählen zu der instrumentell-technischen Dimension der Medienkompetenz. Groeben ordnet sie der Dimension „medienspezifische Rezeptionsmuster“ zu (vgl. Groeben 2002, S. 168).

In der sechsten Aufgabe wird das Thema „Vorurteile/Rassismus“ anhand einer einschlägigen Textstelle aus dem Buch vertieft, nachdem es in Aufgabe 5 in einer Phase der subjektiven Annäherung erschlossen worden ist. Anhand traditioneller Textaufgaben soll der Inhalt des vorgelegten Auszuges rekapituliert werden; die Antworten sind jeweils schriftlich zu formulieren und in der „Lösungen-Datei“ abzulegen. Deutschdidaktische Zielsetzungen sind demzufolge vor allem die Vermittlung von Texterschließungskompetenz, aber auch die Förderung der Freude am Lesen, die Förderung von Imagination und Kreativität sowie die Ermöglichung von Identitätsfindung und Fremdverstehen.

Die siebte Aufgabe nimmt Bezug auf die fünfte Aufgabe, indem sie Schülerinnen und Schüler auffordert, ausgewählte Foren-Beiträge zu kommentieren. Mit dieser Aufgabe wird die Öffentlichkeit des Forums als Diskussionsort unterstrichen; Schülerinnen und Schüler sollen exemplarisch die intendierte Verwendung von Boards und Newsgroups durchdringen. Dabei wird textsortenorientiertes Schreiben eingeübt und der schriftliche Ausdruck gefördert.

In der achten Aufgabe wird eine Buchszene – das für Flo beeindruckende Erlebnis mit einem Schlangenbeschwörer – zum Gegenstand einer kreativen Schreibaufgabe. Schülerinnen und Schüler sollen die Situation, in der sich Flo befindet, nachvollziehen und sprachlich verarbeiten, indem sie eine fiktiv-authentische Mail an die Großmutter in Deutschland schreiben. Lernziele sind die Förderung des schriftlichen Ausdrucks, die Einübung von textsortenorientiertem Schreiben und die Förderung von Imagination und Kreativität.

In der neunten Aufgabe findet eine Überprüfung des Textwissens statt. Für diese Überprüfung werden Bilder verwendet, zu denen textbezogene Erklärungsaufgaben formuliert werden. Die Abfrage erfolgt in Form eines Multiple-Choice-Tests. Lernziele in deutschdidaktischer Sicht sind in erster Linie die Vermittlung von Texterschließungskompetenz.

In der zehnten Aufgabe wird ausführlich erläutert, wie die „Lösungen-Datei“ in die Lernumgebung einzustellen ist. Dabei wird vor allem die instrumentell-technische Kompetenz geschult; in dieser Funktion sind auch die Technik-Tipps zu sehen.

In der elften Aufgabe findet eine erneute und diesmal tiefer gehende Überprüfung des Textwissens statt. Für diese Überprüfung wurde mit Hilfe von „Hot Potatoes“ ein Multiple-Choice-Test entworfen, bei dem jeweils eine richtige Antwort pro Aufgabe vorgesehen ist (vgl. Abb. 5). Die Antworten sowie die Bewertungskommentare sind frei formulierbar, sodass sie auch didaktische Hinweise aufnehmen können. Der Fragebogen ist als Selbsttest konzipiert, sodass sich der Lernerfolg durch Wiederholung der Aufgaben steigern lässt. Er lässt sich als Abschluss des Lernmoduls verwenden oder als Einstieg nach der Lektüre des Buches. Lernziele in deutschdidaktischer Sicht sind in erster Linie die Vermittlung von Texterschließungskompetenz und die Förderung der Freude am Lesen.

In der zwölften Aufgabe wird von den Schülerinnen und Schülern die Formulierung eines Gesamteindrucks verlangt. Funktional adäquat soll hierfür das Gästebuch verwendet werden. Lernziele sind die Bewusstmachung und die Einübung von textsortenorientiertem Schreiben sowie die Förderung des schriftlichen Ausdrucks. Das Gästebuch unter „Lo-Net[2]" ermöglicht auch die Einbindung einiger Emoticons (vgl. Abb. 9).

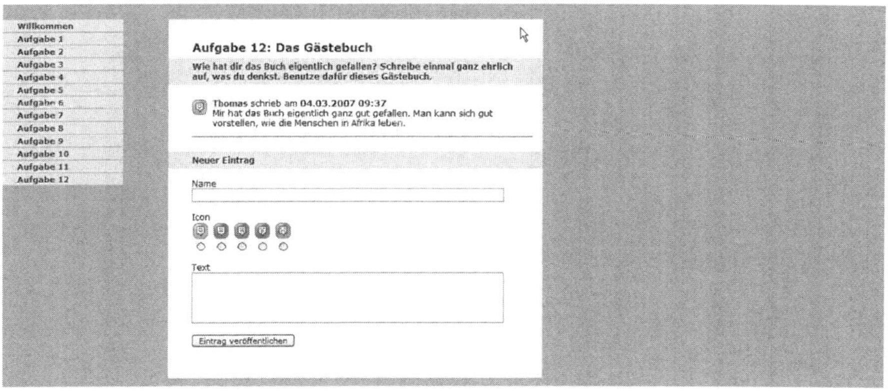

Abb. 9 Das Gästebuch

Das beschriebene Konzept einer Unterrichtseinheit folgt dem Bestreben, die sinnvolle Integration traditioneller und neuer Medien im Sinnen eines symmedialen Deutschunterrichts zu gewährleisten. Einen didaktischen „Mehrwert" stellt die Berücksichtigung von Interaktivität und Individualität dar: Durch die „Lösungen-Datei" ist jeweils eine individuelle Lernfortschrittskontrolle und eine bewertende Rückmeldung nach Abschluss des Moduls möglich.

4. Zum didaktischen „Mehrwert" virtueller Lernumgebungen

Virtuelle Lernumgebungen helfen bei der Realisierung zentraler deutschdidaktischer Zielsetzungen mit unterschiedlicher Schwerpunktsetzung; der „didaktische Mehrwert" resultiert vor allem aus der Unterstützung individualisierten, selbst konstruierenden Lernens durch interaktive und kommunikative Elemente. Virtuelle Lernumgebungen ermöglichen eine in Schule und Hochschule noch viel zu selten angebotene offene Lernform, die den Erkenntnissen der modernen Lernpsychologie und der internationalen Bildungsstudien (z.B. TIMSS, PISA, IGLU) Rechnung trägt, dass selbstregulierte Lehr-Lern-Prozesse Grundvoraussetzung eines optimalen Lernertrages sind.

Symmedialer Deutschunterricht realisiert das „sinnvolle, durch einen didaktischen Mehrwert spezifizierte Aufeinanderbezogensein 'alter' wie 'neuer' Medien im Unterrichtsprozess" (Frederking 2004, S. 38). Das Besondere im Vergleich zur Verwendung traditioneller Medien ist, dass der Einsatz von virtuellen Lernumgebungen gleichzeitig auf der Lernerseite E-Learning-Kompetenz und auf der Lehrerseite E-Teaching-Kompetenz vermittelt.

Anzustreben ist eine medienspezifische Verwendung der Tools, wobei insbesondere bei der Anlage von thematischen Einheiten nicht immer zu vermeiden ist, dass auch traditionelle Methoden z. B. der Textpräsentation verwendet werden. Bei der didaktischen Planung von Einheiten ist außerdem zu berücksichtigen, dass nicht immer zuerst die didaktische Zielsetzung definiert und danach die Umsetzung geplant werden kann; neue, medienspezifische Zielsetzungen in Verbindung mit fachdidaktischen Zielsetzungen können während der Beschäftigung mit der Lernumgebung entstehen.

Virtuelle Lernumgebungen bieten dem Deutschunterricht einen Raum an, in dem alle zentralen deutschdidaktischen Zielsetzungen realisiert werden können. Auch eher textanalytische Ansätze wie das Konzept des „textnahen Lesens“ können durch den dialogischen und grundsätzlich offenen Charakter von virtuellen Lernumgebungen erprobt werden. Die Art und die Intensität des Feedbacks entscheiden aber mehr als bei jedem anderen Medium darüber, wie hoch die Qualität der Lernergebnisse ist. Die hohe Motivation, die der Arbeit mit dem Computer innewohnt, und die vermeintliche Leichtigkeit, mit der die Ergebnisse erzielt werden, dürfen nicht dazu verleiten, das Prinzip unterschiedsloser qualitativer Beliebigkeit bei der Ergebnisbewertung anzuwenden.

Literatur

Weiterführende Literatur

Frederking, Volker/Maiwald, Klaus/Krommer, Axel (2008): Einführung in die Mediendidaktik Deutsch. Berlin: Schmidt [v. a. S. 201–268].

Guth, Sarah (2007): Wikis in Education: Is Public Better? In: Proceedings of the 2007 international symposium of Wikis, 61–68. Aus: www.wikisym.org/ws2007/_publish/Guth_WikiSym2007_IsPublicBetter.pdf (Abrufdatum: 20.08.2008).

Mitzlaff, Hartmut (Hrsg.) (2007): Internationales Handbuch Computer (ICT). Grundschule, Kindergarten und neue Lernkultur. Baltmannsweiler: Schneider.

Möbius, Thomas/Ulrich, Stefan (Hrsg.) (2005): Virtuelle Lernumgebungen im Deutschunterricht. Grundlagen. Didaktische Konzepte. Lehreinsatz. Baltmannsweiler: Schneider.

Würffel, Nicola (2006): Strategiengebrauch bei Aufgabenbearbeitungen in internetgestütztem Selbstlernmaterial. Tübingen: Narr.

Verwendete Literatur

Barsch, Achim (2004): Ästhetische Praxis als Teil einer integrierten Medienerziehung. In: Jonas, Hartmut/Josting, Petra (Hrsg.): Medien – Deutschunterricht – Ästhetik. München: Kopäd, S. 163–174.

Baumgartner, Peter/Häfele, Hartmut/Maier-Häfele, Kornelia (2002): E-Learning Praxishandbuch. Auswahl von Lernplattformen. Innsbruck: Studien Verlag.

Baumgartner, Peter (2004): The Zen Art of Teaching: Communication and Interactions in eEducation. Aus: http://www.peter.baumgartner.name/article-de/the-zen-art-of-teaching (Abrufdatum: 20.08.2008).

Biechele, Markus/Rösler, Dietmar/Ulrich, Stefan (2003): Internet-Aufgaben Deutsch als Fremdsprache. Stuttgart: Klett.

Filk, Christian (2003): Computerunterstütztes kooperatives Lehren und Lernen. In: Gölitzer, Susanne (Hrsg.): Deutschdidaktik und neue Medien. Konstitutionsprobleme im Spannungsfeld zwischen Altlasten und Neugierde. Baltmannsweiler: Schneider, S. 68–102.

Frederking, Volker (2004): Lesen und Leseförderung im medialen Wandel. Symmedialer Deutschunterricht nach PISA. In: Frederking, Volker (Hrsg.): Lesen und Symbolverstehen. Jahrbuch Medien im Deutschunterricht 2003. München: Kopäd, S. 37–66.

Garrison, Donn Randy/Anderson, Terry (2003): E-Learning in the 21st century. A framework for research and practice. London: Routledge.

Greenman, Caroline (2004): Coaching Academic English through Voice and Text Production Models. ReCall, Bd. 16 (1). New York: Cambridge University Press, S. 51–70.

Groeben, Norbert (2002): Dimensionen der Medienkompetenz. Deskriptive und normative Aspekte. In: Groeben, Norbert/Hurrelmann, Bettina (Hrsg.): Medienkompetenz. Voraussetzungen, Dimensionen, Funktionen. Weinheim/München: Juventa, S. 160–197.

Hesse, Friedrich (2002): Der 4. Produktionsfaktor. E-Learning – heute beginnen, die Zukunft zu gestalten. In: Scheffer, Ute/Hesse, Friedrich (Hrsg.): E-Learning. Die Revolution des Lernens gewinnbringend einsetzen. Stuttgart: Klett-Cotta, S. 269–280.

Janetzko, Dietmar (2002): Und was bringt uns das? Grundlagen der Evaluation des Lernens im Internet. In: Scheffer, Ute/Hesse, Friedrich (Hrsg.): E-Learning. Die Revolution des Lernens gewinnbringend einsetzen. Stuttgart: Klett-Cotta, S. 101–118.

Kamke-Martasek, Ina (2001): Allgemeine Didaktik des Computer integrierenden Unterrichts unter besonderer Berücksichtigung des sprachlichen und mathematischen Unterrichts an der Sekundarstufe I. Frankfurt am Main: Lang.

Kerres, Michael (2004): Warum Notebook-Universität? Von der Virtuellen Hochschule zum mobilen Lernen auf dem digitalen Campus. In: Kerres, Michael/Kalz, Marco/Stratmann, Jörg/de Witt, Claudia (Hrsg.): Didaktik der Notebook-Universität. Münster: Waxmann, S. 7–27.

Mayring, Philipp/Hurst, Alfred (2004): Mixed Methods-Ansätze zur Evaluation virtueller Lehr-/Lernszenarien. In: Bescherer, Christine (Hrsg.): Einfluss der neuen Medien auf die Fachdidaktiken. Baltmannsweiler: Schneider, S. 61–84.

Möbius, Thomas/Engler, Tihomir/Haussner, Stefanie (2003): Didaktische Aspekte der interkulturellen Kooperation über virtuelle Lernplattformen am Beispiel von Lo-Net. In: Strani jezici 32, S. 93–111.

Möbius, Thomas/Engler, Tihomir (2003): Hundsköpfe – vom Lesen zum Denken. Ein Beitrag zur dekonstruktivistischen und tiefenhermeneutischen Lesart im Deutschunterricht. In: Zagreber Germanistische Beiträge. Jahrbuch für Literatur- und Sprachwissenschaft 12, S. 209–230.

Möbius, Thomas (2004): Lo-Net nutzen. Erfahrungen mit dem Einsatz der virtuellen Lernplattform Lo-Net. In: Computer und Unterricht 54, S. 44–48.

Möbius, Thomas/Engler, Tihomir (2004): „Was machen wir jetzt? Was macht ihr jetzt?“ – Kategorien zur deutschdidaktischen Modellierung kooperativer virtueller Lehr-/Lernsettings. In: Strani jezici 33, S. 355–373.

Möbius, Thomas/Wieland, Regina (2006): „Was ist das für ein Film?“ Webseiten und Weblogs für Inhaltswiedergaben nutzen und erstellen. In: Praxis Deutsch 197, S. 34–39.

Paefgen, Elisabeth (1998): Textnahes Lesen. 6 Thesen aus didaktischer Perspektive. In: Belgrad, Jürgen/Fingerhut, Karlheinz (Hrsg.): Textnahes Lesen. Baltmannsweiler: Schneider, S. 14–23.

Rupp, Gerhard (2004): Literarisches Lesen und Kognitiver Wandel durch Computer und Internet. Perspektiven für den Deutschunterricht im Medienzeitalter: In Jonas, Hartmut/Josting, Petra (Hrsg.): Medien – Deutschunterricht – Ästhetik. München: Kopäd, S. 189–198.

Sager, Sven F. (2000): Hypertext und Hypermedia. In: Brinker, Klaus/Antos, Gerd/Heinemann, Wolfgang/Sager, Sven (Hrsg.): Text- und Gesprächslinguistik. Ein internationales Handbuch zeitgenössischer Forschung. Berlin/New York: Gruyter, S. 587–603.

Schlobinski, Peter (2001): Hypertext und Hypertextanalyse: Schülerzeitschriften im Netz. In: Der Deutschunterricht 53, H. 2, S. 58–67.

Schmitz, Ulrich (2005): Sehflächen lesen. Einführung. In: Der Deutschunterricht 57, H. 4, S. 2–5.

Schulmeister, Rolf (2003): Lernplattformen für das virtuelle Lernen. Evaluation und Didaktik. München: Oldenbourg.

Schulmeister, Rolf (2006): eLearning: Einsichten und Aussichten. München: Oldenbourg.

Schulze, Anette/Meeh, Holger (2005): Erfahrungen mit Stud.IP in der Hochschullehre. In: Möbius, Thomas/Ulrich, Stefan (Hrsg.): Virtuelle Lernumgebungen im Deutschunterricht. Grundlagen. Didaktische Konzepte. Lehreinsatz. Baltmannsweiler: Schneider, S. 136–146.

Spinner, Kaspar (2001): Zielsetzungen des Literaturunterrichts. In: Spinner, Kaspar Kreativer Deutschunterricht. Identität – Imagination – Kognition. Seelze: Kallmeyersche Verlagsbuchhandlung, S. 168–172.

Storrer, Angelika (2000): Was ist „hyper" am Hypertext? In: Kallmeyer, Werner (Hrsg.): Sprache und neue Medien. Jahrbuch 1999 des Instituts für deutsche Sprache, S. 222–249

Vuorikari, Riina (2003): Virtual Learning Environment For European Schools: A Survey And Commentary. Aus: http://insight-old.eun.org/eun.org2/eun/en/Insight_Policy/content.cfm?ov=25201&lang=en (Abrufdatum: 20.08.2008).

Wichert, Adalbert/Pfeiffer, Joachim/Staiger, Michael (2004): Das Forschungsprojekt „Virtuelle Lehr-/Lernformen in deutschdidaktischen Seminaren", In: Frederking, Volker (Hrsg.): Lesen und Symbolverstehen. Jahrbuch Medien im Deutschunterricht 2003. München: Kopäd, S. 37–66.

4. Unterrichtliche Praxis

CHRISTEL ERIKA MEIER

4.1 „Literaturkanon versus/und ästhetische Bildung“

1. Literaturkanon versus/und ästhetische Bildung: Scheinbare Gegensätze

Mit den Schlagworten „Literaturkanon“[1]“ und „ästhetische Bildung“ (vgl. hierzu Zabka, Bd. 2, Kap. 3.11) scheinen sich zwei Prinzipien des Deutschunterrichts unversöhnlich gegenüber zu stehen, die auch verschiedene Strömungen der Deutschdidaktik repräsentieren: die – so das Vorurteil – veralteten Kanonforderungen eines überholten sachorientierten Deutschunterrichts, der die Rechte von Text und Autor in das Zentrum des Unterrichts rückt, und die aktuellen Bemühungen der Deutschdidaktik, den Literaturunterricht in den Dienst der ästhetischen Bildung der Schülerpersönlichkeit zu stellen. Doch diese Polarität „alt“ gegen „neu“ ist bezüglich des aktuellen Forschungsstandes nur schwer aufrecht zu erhalten. Seit der deutschdidaktischen Kanon-Debatte zu Beginn der 80er Jahre (vgl. Bohn u. a. 1982), in der sich zeigte, dass es weder möglich noch wünschenswert ist, sich auf einen verbindlichen Kanon zu einigen, hat sich in einer „Zeit der Lektüre-Empfehlungen“ (Paefgen 1999, S. 55) zwar die Frage um ein verbindliches „Was“ relativiert. Dass es jedoch – auch jenseits der Lehrpläne – einen faktischen ‘Kanon’ gibt, der historisch betrachtet als „kulturelles Gedächtnis“ einer Gesellschaft gelten kann (vgl. u. a. Assmann/Assmann 1987), ist heute unbestritten. Dies zeigt auch ein Blick in die 2003 formulierten Bildungsstandards für den mittleren Schulabschluss. Mit dem Anspruch, den Schülerinnen und Schülern „Allgemeinbildung [...] in Form eines Orientierungs- und Handlungswissens“ auch im Bereich „Literatur und Medien“ zu eröffnen, um „Voraussetzungen und Interesse zu entwickeln, am kulturellen Leben teilzunehmen“ (KMK 2003, S. 6), sind im Bereich „literarische Texte verstehen und nutzen“ unter anderem folgende Ziele verbunden: „ein Spektrum altersangemessener Werke [...] bedeutender Autorinnen und Autoren kennen“ und „Zusammenhänge zwischen Text, Entstehungszeit und Leben des Autors/der Autorin bei der Arbeit an Texten aus Gegenwart und Vergangenheit herstellen“ (KMK 2003, S. 14). Dies impliziert, auch wenn kein offizieller Kanon von verbindlichen Werken installiert wird, eine Orientierung an so genannten ‘kanonischen Autoren’ mit einem expliziten Schwerpunkt auf Epochen- und auch

[1] Nach Heydebrand (1993, S. 5) ist der literarische Kanon „eine strenge Auswahl von Autoren und Werken der Literatur [...], die eine Gemeinschaft für sich als die vollkommensten anerkennt und mit Argumenten verteidigt“. Vgl. zu „Begriff und Theorie des literarischen Kanons“ auch Korte 1998, S. 16–21.

Gattungsfragen (vgl. KMK 2003, S. 14). Teilnahme am kulturellen Leben als genuine Zielsetzung ästhetischer Bildung und die Orientierung an bedeutenden Autoren gehen in den Bildungsstandards also Hand in Hand.

Dass an „kanonischen“ Werken über diesen Aspekt der Enkulturation hinaus durchaus ästhetische Bildung im Sinne einer an der Schülerpersönlichkeit orientierten modernen Didaktik vermittelt werden kann, ja sich beide Aspekte des Literaturunterrichts eher gegenseitig befruchten als ausschließen, soll im Folgenden exemplarisch an „Bahnwärter Thiel“ gezeigt werden.

Denn Gerhart Hauptmanns „Bahnwärter Thiel“ (1888) gehört als ein Stück „Weltliteratur“ (Martini 1970, S. 48) zweifelsohne noch immer zum Literaturkanon des Deutschunterrichts. In einer Rezension des 2004 erschienen Hörbuchs zu „Bahnwärter Thiel“ weist Dietrich zur Nedden darauf hin, dass „[...] [i]m Reclam Verlag, dessen Programm ein Indikator für die schulischen Lektürestandards sein dürfte, [...] immerhin drei unterschiedliche Sekundärtexte zu Gerhart Hauptmanns Novelle ‘Bahnwärter Thiel’ erhältlich [sind]. Eine geballte didaktische Versorgung, die dem einen oder der anderen die Lust vergällen mag, einen klassischen Text des Naturalismus selbst zu entdecken. Lesend oder, die Möglichkeit besteht ab heute, indem man der Stimme Mario Adorfs zuhört. [...]“ (Zur Nedden 2004). In diesen kritischen Sätzen ist das Thema „Literaturkanon und/versus ästhetische Bildung“ unverhohlen enthalten: Die Schule gilt als *die* führende Institution der Kanonbildung und die „geballte didaktische Versorgung“ als zuverlässiges Indiz für den Kanonisierungsgrad eines Werkes. Zugleich wird die Vermarktung als Schullektüre generell als Widerspruch zu ästhetischem Vergnügen gesehen, wie dies etwa die Rezeption eines Hörbuchs darstellt. Nicht der Kanontext an sich – denn auch die Aufnahme eines Hörbuchs ist ja Teil der öffentlichen Kanonisierung – steht also ästhetischem Erleben entgegen, sondern der Umgang mit diesem. Bevor jedoch auf unterrichtspraktische Fragen der ästhetischen Bildung eingegangen wird, soll in einem ersten Schritt dieses Beitrags der Kanonisierungspraxis am Beispiel des „Bahnwärter Thiel“ etwas intensiver nachgegangen werden. Anschließend werden anhand gängiger Auswahlkriterien für Kanonliteratur die spezifisch „kanonischen“ Unterrichtsgegenstände aufgezeigt, die an „Bahnwärter Thiel“ in der Regel erarbeitet werden, und darauf aufbauend praktische Umsetzungsmöglichkeiten dieser kanonischen Aspekte für den Unterricht umrissen. Abschließend werden methodische Möglichkeiten aufgezeigt, wie bei der Lektüre des „Bahnwärter Thiel“ zudem verstärkt ästhetische Erfahrungen eröffnet werden können und wie sich dadurch kanonspezifische Erkenntnisse – als Teil dieser ästhetischen Bildung – vertiefen lassen.

2. Zur Kanonisierung von „Bahnwärter Thiel"

2.1 Kanonisierung in Lehrplänen und Verlagsprogrammen

Aufschluss über die Frage, inwieweit ein Text zum *„materiale[n] Kanon* literarischer Gegenstände" (Korte 2002, S. 73) gehört, geben zunächst die Lehrpläne der verschiedenen deutschen Bundesländer.

Bei einer Sichtung verschiedener Lehrpläne zeigte sich als Momentaufnahme 2008 folgende Situation für „Bahnwärter Thiel": Wo überhaupt noch Werke oder Autoren namentlich erwähnt wurden, wurde Hauptmanns „Thiel" häufig als naturalistisches Beispiel für die Oberstufe des Gymnasiums vorgeschlagen (so z. B. im auslaufenden G9-Lehrplan für das bayerische Gymnasium 1992, S. 365f. oder im sächsischen Lehrplan Gymnasium 2001, S. 115). Wurde das Werk für die Jahrgangsstufen 9 und 10 vorgeschlagen, wie etwa im Lehrplan Deutsch Rheinland-Pfalz von 1998 für alle Schularten (S. 235) oder in der Hamburger Lektüreliste für das neunjährige Gymnasium, so stand eher der Themenkreis „Sozial- und Gesellschaftskritik in der Literatur des 19. und beginnenden 20. Jahrhunderts" im Zentrum der Aufmerksamkeit (Rahmenplan Deutsch Hamburg 2003, S. 19). Vier Jahre später zeigen aktuelle Revisionen von Lehrplänen, dass innerhalb der Bildungspläne eine Tendenz zur Entkanonisierung besteht, ja bestehende Vorgaben und Verbindlichkeiten im Zusammenhang mit einzelnen Werken zunehmend aufgehoben werden.[2]

Dem entgegen läuft die verstärkte Tendenz zur Kanonisierung über didaktische Materialien, Kommentare und geeignete Textausgaben für Schüler. Hierbei zeigt sich für „Bahnwärter Thiel" eine viel intensivere Kanonisierung als in den Curricula der Länder. Denn zu diesem Werk bieten alle gängigen Schulbuchverlage sowohl Textausgaben als auch Material. Ob bei Oldenbourg, Cornelsen, Schöningh, Schrödel, Diesterweg oder Reclam, überall findet man Leseausgaben, Unterrichtsmodelle in Lehrerheften, Arbeitsanregungen in Schülerheften, Kommentare, Interpretationshilfen, zusätzliche Texte und andere Medien (vgl. unter anderem Neuhaus 1974, Madsen/Homberger 1987, Seiffert/Völker 1988, Schläbitz/Pappas 2000 sowie 2002, Meier 2007a, b und 2009, Wertenbroch 2012). Insgesamt kann man derzeit zwischen etwa 15 verschiedenen Unterrichtsmateri-

[2] Folgende Länder führten „Bahnwärter Thiel" 2012 in noch gültigen Lektüreempfehlungen: Mecklenburg-Vorpommern im Rahmenplan Gymnasium/integrierte Gesamtschule von 2002, Lektüreempfehlungen 9./10. Jahrgangsstufe (S. 43); Sachsen-Anhalt in den Rahmenrichtlinien Gymnasium von 2003, Lektüreempfehlungen für 11./12. Klasse (S. 166); Baden-Württemberg im Lektüreverzeichnis für das Gymnasium von 2005 im Themenkreis „Gelingen und Scheitern: Liebesgeschichten" (S. 26); Niedersachsen im Kerncurriculum für die gymnasiale Oberstufe von 2009 in Wahlpflichtmodul 7: „Ein neues Realitätsbewusstsein in der naturalistischen Prosa" (S. 31). Der Lehrplan für die bayerische Realschule (R6) von 2003 legt die Lektüre des Werkes zumindest äußerst nahe: „Naturalismus: Reaktionen auf gesellschaftliche und technische Entwicklungen am Beispiel eines Werkes von Gerhart Hauptmann [...]" (S. 406).

alien wählen. Dass diese Verlagspolitik, die sich relativ unabhängig von Lehrplanvorschriften vor allem am vermeintlichen status quo des Literaturunterrichts orientiert, weniger als „heimlicher Kanon“ denn als „echte[r] Kernkanon“ mit „hegemoniale[r] Kraft“ wirkt, hat Korte zu Recht herausgestellt (Korte 2002, S. 72). Hier findet eine externe, aber nichtsdestoweniger folgenreiche Festschreibung des Kanons statt, die die zumeist in den Lehrplänen vorhandene Wahlfreiheit in der Unterrichtspraxis erheblich verengt.

Ergänzt werden diese Bereiche der Kanonisierung in Curricula und didaktischen Materialien durch die Verfügbarkeit medialer Verarbeitungen eines Textes. Hier ist der Verbleib von Hauptmanns „novellistischer Studie“ im gegenwärtigen Kanon vor allem durch zwei aktuellere Bearbeitungen des Stoffes aus den Jahren 2003 und 2004 abzulesen. Während die 2003 entstandene Thiel-Oper von Enjott Schneider, die 2004 in Görlitz uraufgeführt wurde, bislang nur einen relativ kleinen Publikumskreis erreichte (vgl. Schneider 2003), dürfte die 2004 erschienene Hörbuchversion mit Mario Adorf den Bekanntheitsgrad des „Thiel“ bei einem breiten – auch außerschulischen – Publikum forcieren (vgl. Hauptmann 2004). Obwohl die beiden weit zurückliegenden Verfilmungen des Stoffes aus den Jahren 1968 (ZDF-Produktion unter der Regie Werner Völgers) und 1982 (DEFA-Verfilmung unter der Regie von Hans-Joachim Kasprzik) eher dazu geeignet sind, der Novelle ihren Platz im öffentlichen Kulturkanon streitig zu machen, deutet sich durch die Hörbuchversion doch eine „Thiel“-Renaissance an, die wiederum verstärkend auf die innerschulische Kanonisierung zurückwirken dürfte.

2.2 Kanonische Unterrichtsschwerpunkte

In seinem Aufsatz zur Kanondiskussion hat Harro Müller-Michaels 1993 zentrale Auswahlprinzipien der Kanonisierung benannt, die im Folgenden als Raster für die Entwicklung kanonischer Unterrichtsschwerpunkte bei der Behandlung des „Bahnwärter Thiel“ herangezogen werden.

Wie bereits der Blick in deutsche Lehrpläne zeigte, ist das „Auswahlprinzip *Exemplarität,* das sich sowohl auf die Epoche, die Gattung oder das zentrale Thema der Texte beziehen kann“, ein zentrales Kriterium der Kanonbildung (Müller-Michaels 1993, S. 62). Hier ist „Bahnwärter Thiel“ in mehrfacher Hinsicht exemplarisch zu nennen, obwohl das Werk kein prototypisches Beispiel eines konsequenten Naturalismus darstellt (hierfür wäre Arno Holz’ und Johannes Schlafs „Papa Hamlet“ besser geeignet). Die den Text kennzeichnende interessante Verbindung von „Realismus und Naturalismus“, über die Benno von Wiese schrieb, der junge Autor habe mit „seine[r] erste[n] naturalistische[n] Novelle [...] das Programm des Naturalismus bereits durch eine symbolische Bildgestaltung überwunden“ (von Wiese 1956, S. 271 f.), macht jedoch Hauptmanns Text zu einem lohnenden Gegenstand für die Betrachtung der Epochenlandschaft um 1900. Exemplarisch kann hier z.B. an der Beschreibung des herannahenden Zuges (Hauptmann 1888, S. 49f.) der naturalistische Sekundenstil herausgearbeitet werden. Auch im Hinblick auf die Gattungsgeschichte ist der Text „exemplarisch“ zu nennen. Durch die Bezeichnung als „novellistische Studie“ stellt Hauptmann das Experimentelle der naturalistischen Prosa ähnlich wie Holz/Schlaf in „Papa Hamlet“ bereits in der Wahl der Gattungsbezeichnung heraus. In der Nachfolge von Zolas „Roman experimental“ führt er gleichsam ein Experiment mit seinem Protagonisten durch, dessen Reaktionsweisen innerhalb eines gegebenen Milieus minutiös auf dem Papier durchgespielt werden. Dabei greift Hauptmann explizit die Gattungstradition der Novelle auf, weshalb an seinem Text sinnvoll gängige Novellenkriterien erarbeitet bzw. problematisiert werden können. Exemplarische Qualität haben auch die zentralen Themenschwerpunkte in „Bahnwärter Thiel“, z. B. die Darstellung des Verhältnisses von Mensch und Technik oder die Themenkomplexe ‘Wahnsinn’, ‘Sexualität’ und ‘Spiritualität’.

An diese thematischen Schwerpunkte schließt sich zudem Müller-Michaels’ „Auswahlkriterium der *Aktualität*“ an, „mit dem danach gefragt wird, ob Themen, Motive, Figuren und Erzähler noch in die Gegenwart hinein sprechen und fragen können, so daß der Horizont der Schüler sich um diese Erfahrungen erweitern kann“ (Müller-Michaels 1993, S. 62). Gerade im Hinblick auf die zuletzt genannten Themenkomplexe bietet „Bahnwärter Thiel“ zahlreiche aktuelle Anknüpfungspunkte. Familiendramen, Amokläufe und Fälle psychischer Störungen wie in Hauptmanns novellistischer Studie füllen fast täglich die Zeitungen, und das spannungsvolle Verhältnis von Mensch, Technik und Natur ist aktueller denn je. Hier können nicht nur Zugkatastrophen aus der jüngeren Vergangenheit Anlass für Aktualisierungen bieten, sondern es sind darüber hinaus auch die Grenzen der Beherrschbarkeit der Technik durch den Menschen generell thematisierbar.

Schließlich ist das „Kriterium der *Wirkungsmächtigkeit*“ entscheidend für die Auswahl als Kanonwerk, „mit dem der Grad an Komplexität der Werke, ihre Bedeutungsvielfalt und leitenden Absichten überprüft werden können“ (Müller-Michaels 1993, S. 62). Hier kann „Bahnwärter Thiel“ in seiner Komplexität zu vielen der bei Müller-Michaels systematisierten Aspekte literarischer Wirkung einen Beitrag leisten. So erlaubt dieses Werk zum Beispiel „Identifikationen“ (ebd., S. 64). Dass ausgerechnet der Sympathieträger „Thiel“ zum wahnsinnigen Mörder wird, erhöht dabei den Reiz dieser Erzählung und das Potenzial der novellistischen Studie für eine Behandlung im Unterricht. Noch stärker als der Grad der „Identifikation“ dürfte Müller-Michaels’ Aspekt der „Faszination“ und des ‘Erschreckens’ (ebd., S. 64) auf „Bahnwärter Thiel“ zutreffen. Die Bluttat des zu Beginn der Erzählung lammfrommen Bahnwärters ist in der Tat eine „unerhörte Begebenheit“ (Goethe 1827, S. 178), die das Interesse des Lesers weckt und die in eine faszinierende Spannung zu der für Hauptmanns Werk fast sprichwörtlich gewordenen Wirkung des „Mitleids" tritt, das Müller-Michaels ebenfalls als zentralen Wirkaspekt nennt (Müller-Michaels 1993, S. 65). Denn das Werk legt Mitgefühl mit den verschiedensten Figuren nahe: mit dem misshandelten Bübchen Tobias, mit dem in sexuelle Hörigkeit zu seiner zweiten Frau Lene geratenen und durch den Tod seines ältesten Sohns gebrochenen Bahnwärter und selbst mit der zu spät durch den Tod des Tobias geläuterten Lene, die schließlich zusammen mit ihrem unschuldigen Säugling der nächtlichen Bluttat ihres wahnsinnig gewordenen Mannes zum Opfer fällt. Dass hier gleich in zweifacher Weise das Mitleid mit Tätern als Wirkung angelegt ist, erhöht die Komplexität und damit den Reiz des Werkes. Ein weiterer entscheidender Aspekt der Wirkungsmächtigkeit von Werken ist Müller-Michaels zufolge „Kritik an den Miseren bürgerlichen Lebens, an Mißständen" etc. (ebd., S. 65f.). Auch dieses Kriterium erfüllt Hauptmanns „Bahnwärter Thiel", da hier zwei wesentliche Aspekte der beginnenden Moderne kritisch dargestellt werden: die soziale Misere des Kleinbürgertums und die Folgen des technischen Fortschritts. Die Deutungsvielfalt vom sozial gebundenen Schicksal eines Kleinbürgers (vgl. Heerdegen 1958 oder Scheuer 1997) bis zum allgemeinmenschlichen Schicksal (vgl. Martini 1954), vom naturalistischen „Experiment" (vgl. Mahal 1993) bis zur Überwindung des Naturalismus durch symbolische Gestaltung (vgl. von Wiese 1956) ist Zeichen einer komplexen Wirkungsgeschichte dieses Textes, die zur Kanonisierung cinen erheblichen Beitrag leistet.

2.3 Unterrichtliche Umsetzungsmöglichkeiten der kanonischen Schwerpunktthemen

Dass die oben aufgezeigten „kanonischen" Schwerpunktthemen im Unterricht nicht zwangsläufig in dozierendem Frontalunterricht und strukturalistischen Tafelskizzen vermittelt werden müssen, wie dies mit „kanonorientiertem" Unterricht häufig konnotiert wird, soll die folgende Auswahl von Unterrichtsanregungen zeigen. Die Vorschläge richten sich dabei in ihrer Reihenfolge nach ihrer Thematisierung in Punkt 2.2 und nicht nach ihrer Stellung in einer Unterrichtssequenz. Sie sollten innerhalb der Lektüresequenz erst nach einer ausführlichen Textbegegnung (vgl. Punkt 3.1) zum Einsatz kommen und zudem mit den unten vorgestellten Aspekten ästhetischer Bildung verknüpft werden.

(a) Will man die Epoche des Naturalismus im Kontext der Lektüre des „Bahnwärter Thiel" besprechen, so bietet sich hier an, im Sinne eines vertiefenden Verständnisses des 'Epochen'-Begriffs (vgl. hierzu auch Wichert, Bd. 2, Kap. 1.3) den Aspekt der „Generation" als mögliche Basis für Epochenkonstrukte zu beleuchten (vgl. Mahal 1982, S. 29–33), ein Merkmal, das zwar nicht allen Epochen, wohl aber der Bewegung der (frühen) Naturalisten zugrunde liegt. Zur Einstimmung kann hier ein Ausschnitt aus Hauptmanns 1937 erschienener Autobiographie „Das Abenteuer meiner Jugend“ gelesen werden, in dem Hauptmann selbst darauf hinweist, dass er in der naturalistischen Bewegung der 80er Jahre des 19. Jahrhunderts seine „wesentlich gleichaltrige geistige und dichterische Generation“ angetroffen habe (Hauptmann 1937, S. 1053). Als Ort des geistigen und künstlerischen Austausches charakterisiert Hauptmann den Literaturverein „Durch!“:

> [....] Von Erkner aus kam ich oft nach Berlin. Und dort war ich in einen weiteren Kreis junger Literaten hineingewachsen. Er schloss sich in einen Verein zusammen. Bezeichnenderweise hieß er „Durch!“ Die Harts, Karl Bleibtreu und andere gehörten ihm an. Wir lasen einander Arbeiten vor, disputierten und hielten Vorträge. Eine neue Ausgabe von Georg Büchner, besorgt durch Karl Emil Franzos, lag damals vor. Ich besprach sie in unserem Vereine. [...] (Hauptmannn 1937, S. 1055)

Dieser Literaturverein „Durch!“ bietet für die didaktische Annäherung an das Phänomen der Epoche einige Möglichkeiten: Zum einen wird neben dem Aspekt der „neuen“ Generation junger Künstler der Gruppenaspekt anschaulich greifbar, zum anderen bietet der Verein ein stimmiges Setting für didaktische Inszenierungen, in deren Kontext das Epochenphänomen lebendig werden kann.

So stellt das von Hauptmann beschriebene Konzept von Vorträgen, Diskussionen und Lesungen einen Rahmen dar, in den auch die Klasse oder der Kurs quasi per „Zeitreise“ versetzt werden kann. Da die Sitzungen des Vereins „Durch!“ stets protokolliert wurden, ist eine weitere Phase der Annäherung über Hauptmanns rückblickende Beschreibung hinaus durch das handschriftlich erhaltene Protokoll der Sitzung vom 22. April 1887 durch Bruno Wille zum Thema ‘Idealismus’, ‘Naturalismus’, ‘Realismus’ sinnvoll (abgebildet z.B. in: Meier 2007a, S. 73). Dieses Protokoll zeigt zum einen die Ernsthaftigkeit, mit der die Künstler hier diskutierten, und gewährt zum anderen Einblicke in den Kernbereich der kunsttheoretischen Positionen der jungen Naturalisten. Verglichen mit aktuellen Definitionen der Begriffe ‘Idealismus’, ‘Naturalismus’ und ‘Realismus’ in Literaturlexika werden vertiefte Einblicke in die Relativität von Epochendefinitionen und in die Geschichte der Begriffsbildung gewonnen. Dass die junge Generation sich damals noch nicht als „Naturalisten“ bezeichnete (ein Begriff, der eher abschätzig von außen an die Bewegung herangetragen wurde), sondern beispielsweise als „Realisten“, „Jüngstdeutsche“ oder „neue Stürmer und Dränger“, sollte im Lehrervortrag ergänzt werden, um auch Bezüge zu Vorgängerepochen zu verdeutlichen. Die klasseninterne Inszenierung der von Hauptmann erwähnten Vorstellung des damals weitgehend in Vergessenheit geratenen Georg Büchner im Verein „Durch!“ stellt ein weiteres Unterrichtsziel dar. Wie durch Hauptmann beschrieben, ist hierbei ein Schülervortrag zu Georg Büchners Werk vor den in der Rolle von Mitgliedern des Vereins „Durch!“ agierenden Mitschülerinnen und Mitschülern Bestandteil der Inszenierung. Der oder die Referierende (in der Rolle Hauptmanns) wird dabei gebeten, sich auf Büchners „Lenz" zu konzentrieren und zudem den „Vereinsmitgliedern" die Passage des „Literaturgesprächs" aus dieser Novelle vorzulesen (Büchner 1839, S. 144 f.). Vorbereitet durch die Auseinandersetzung mit den zeitgenössischen Vorstellungen von 'Idealismus', 'Naturalismus' und 'Realismus' wird im Anschluss daran eine Diskussion inszeniert, wie sie im Verein „Durch!" unter den jungen Naturalisten über diesen Textausschnitt stattgefunden haben könnte. Warum Büchner zu einem Vorbild dieser Generation wurde, dürfte so auch für die Schüler nachvollziehbar werden. Eine gemäß der Satzung des Vereins übliche Mitprotokollierung der Diskussion garantiert, dass die Positionen der Diskutanten darüber hinaus für das abschließende Metagespräch zu dieser Unterrichtseinheit zur Verfügung stehen. Mehrere „kanonische" Aspekte können mit diesem Unterrichtsarrangement somit lebendig in Szene gesetzt werden: zentrale Begrifflichkeiten einer Epoche, Gruppenbildungen als Grundlage für literarische Bewegungen, das Klima des Innovativen, das derartigen Zäsuren innewohnt, und nicht zuletzt der Bezug zu (Epochen-)Vorbildern, wie dies exemplarisch an dem Beispiel Büchner gezeigt wurde. Natürlich kann der Verein „Durch!" als inszeniertes Diskussionsforum auch weiterhin die Lektüresequenz begleiten, indem er z. B. als Rahmen für den Vortrag eigener Schreibversuche der Schüler dient, wie diese in stärker ästhetisch-produktiven Phasen der Sequenz entstehen sollten (vgl. Punkt 3). Um dem Phänomen „Epoche" gerecht zu werden, muss den Schülern aber auch klar werden, dass Epochenzäsuren nicht nur als literarische Bewegungen aus ihrer Zeit heraus zu begreifen sind, sondern meist aus großer zeitlicher Distanz heraus im Rückblick konstruiert werden. Zu der beschriebenen Innenperspektive per „Zeitreise" muss also auch die distanzierte Retrospektive treten.

(b) Die Frage nach der Innovationskraft der „novellistischen Studie" Hauptmanns führt unweigerlich in den zweiten großen Bereich kanonzentrierten Unterrichts hinein, nämlich in den Bereich der Gattungen (vgl. Pfeiffer, Bd. 2, Kap. 1.4). Schon die Gattungsbezeichnung eröffnet hier für den Unterricht interessante Perspektiven, da das traditionell „Novellistische" mit dem innovativen Format der wissenschaftlich-experimentellen „Studie" verknüpft wird. Diesen beiden Aspekten des „Bahnwärter Thiel" muss auch im Unterricht nachgegangen werden. Hier bietet es sich an, durch die Schüler in Gruppenarbeit verschiedene Novellendefinitionen von Goethe über Storm bis Heyse erarbeiten und vorstellen zu lassen, um anschließend zu überprüfen, welche der Definitionen am besten auf das „Novellistische" an Hauptmanns Text passt. Hier eignet sich etwa – ausgehend von Storms berühmter Definition der Novelle als „Schwester des Dramas" (Storm 1881, S. 122) – der Versuch, den Aufbau des „Bahnwärter Thiel" mit dem eines klassischen Dramas in Form einer Skizze zu vergleichen. Ein weiterer Schwerpunkt wird auf der in der Forschung rege diskutierten Frage liegen müssen, inwiefern „Bahnwärter Thiel“ einen „Falken“ bzw. ein Dingsymbol besitzt. Der Rekurs auf Paul Heyses Falkentheorie liegt nicht nur aufgrund der Tatsache nahe, dass es sich auch hierbei um kanonisches Literaturwissen handelt, sondern zudem deshalb, weil die Theorie von 1871 gut in den historischen Kontext des „Thiel“ passt. Abgerundet wird diese Unterrichtsphase durch die schriftliche Auseinandersetzung mit Interpretationen, die die Frage nach dem Vorhandensein eines „Falken“ widersprüchlich beantworten (vgl. hierzu z.B. Hollaender 1892, S. 767–769 und von Wiese 1956, S. 271f.). Haben die Schüler und Schülerinnen so einen eigenen Standpunkt zur Frage, wie „novellistisch“ „Bahnwärter Thiel“ in ihren Augen ist, gewonnen, sollte die Frage nach dem Experimentalcharakter der „Studie“ erarbeitet werden. Einen guten Ausgangspunkt hierfür stellt ein Ausschnitt aus Bölsches Text „Die naturwissenschaftlichen Grundlagen der Poesie“ von 1887 dar. Bölsches Rezeption des Zola'schen „Roman experimental“ aus dem unmittelbaren Umkreis Gerhart Hauptmanns bringt die naturwissenschaftlichen Aspekte des „Naturalismus“ gut auf den Punkt, wenn es etwa heißt:

> [...] Der Dichter, der Menschen, deren Eigenschaften er sich möglichst genau ausmalt, durch die Macht der Umstände in alle möglichen Konflikte geraten und unter Betätigung jener Eigenschaften als Sieger oder Besiegte, umwandelnd oder umgewandelt, daraus hervorgehen oder darin untergehen lässt, ist in seiner Weise ein Experimentator, wie der Chemiker, der allerlei Stoffe mischt, in gewisse Temperaturgrade bringt und den Erfolg beobachtet. Natürlich: der Dichter hat Menschen vor sich, keine Chemikalien. Aber [...] auch diese Menschen fallen ins Gebiet der Naturwissenschaften. Ihre Leidenschaften, ihr Reagieren gegen äußere Umstände, das ganze Spiel ihrer Gedanken folgen gewissen Gesetzen, die der Forscher ergründet hat und die der Dichter bei dem freien Experimente so gut zu beachten hat, wie der Chemiker [...]. (Bölsche 1887, S. 130f.)

Ausgehend von dieser Position sollten die Schülerinnen und Schüler angehalten werden, kritisch zu prüfen, inwiefern es sich bei „Bahnwärter Thiel“ um ein derartiges quasi-chemisches „Experiment“ handelt. Hier ist es sinnvoll, sie – etwa in Partnerarbeit – einen Versuchsaufbau skizzieren zu lassen, der sowohl die Umstände angibt, in die die literarischen „Versuchspersonen“ gesetzt wurden, als auch die „Reaktionen“, die durch diese Umstände ausgelöst werden. Die Frage, ob sich in dieser „Studie“ tatsächlich naturwissenschaftliche „Gesetze“ erkennen lassen, nach denen der Mensch „reagiert“, führt schließlich mitten hinein in die ebenfalls „kanonischen“ Aspekte von Determinationslehre und Milieutheorie.

Haben sich die Schülerinnen und Schüler in diese beiden gattungsbezogenen Aspekte eingearbeitet, liegt in der Klasse eine gute Ausgangsposition vor, um die Frage nach Tradition und Innovation intensiv zu diskutieren. Hierzu könnte eine Podiumsdiskussion mit „Literaturwissenschaftlern“ inszeniert werden. Wichtig ist, dass die Schülerinnen und Schüler auf dem Podium vor der Diskussion Rollenzuschreibungen bekommen, die eine deutliche Profilierung zugunsten von

Tradition oder Innovation vorschreibt. In einer Vorbereitungsphase sollten dann noch einmal in Gruppen, an denen alle Schülerinnen und Schüler beteiligt sind, die Argumente für den jeweiligen Experten auf dem Podium vorbereitet werden. Diese Phase kann auch durch die Lektüre zusätzlicher Sekundärliteratur weiter fundiert werden. Die Durchführung der Diskussion sollte schließlich von einem extra präparierten Schüler-Moderator geleitet und durch kritische Fragen aus dem Schülerpublikum in Gang gehalten werden. Eine Phase der Metareflexion im Sitzkreis schließt diese Phase des Unterrichts ab. Hier gilt es sowohl die Durchführung der Diskussion zu besprechen als auch den Schülern Raum zu geben, – unabhängig von ihrer Rollenzuweisung – noch einmal ihre persönliche Meinung zu dem diskutierten Problem zum Ausdruck zu bringen. Noch fundierter gerät die Podiumsdiskussion, wenn die Fragestellung bezüglich Tradition und Innovation um den Aspekt der sprachlichen Ästhetik erweitert wird. Hierzu müsste vor der wissenschaftlichen Debatte eine Sequenz zur Sprachanalyse und – wie unter 3. beschrieben – zu eigenen ästhetischen Mimesis-Experimenten eingeschoben werden.

(c) Auch „kanonische“ thematische Aspekte sollten in eine umfassende Diskussion über Tradition und Innovation einfließen. Das Motiv der Eisenbahn kann hierfür als Beispiel herangezogen werden, das zugleich den Aspekt der Aktualität der „novellistischen Studie“ exemplarisch enthält.

Zur Einordnung der Technikdarstellung bei Hauptmann bietet sich ein Längsschnitt zur Eisenbahnmotivik um 1900 an. Hier könnte man z.B. mit Joseph Viktor von Scheffels Gedicht „Der letzte Postillon“ beginnen, in dem die Beschleunigung der Kommunikation, des Transports und des menschlichen Lebens überhaupt durch die technische Innovation der Dampflokomotive als Gefahr beschworen wird:

Bald ist, soweit die Menschheit haust,
Der Schienenweg gespannt;
Es keucht und schnaubt und stampft und saust
Das Dampfross rings durchs Land.

[...]

Jetzt rennt der Dampf, jetzt brennt der Wind,
Jetzt gilt kein Fruh und Spat,
Die Sonne malt und blitzgeschwind
Briefschreibt der Kupferdraht.

O neues Rüstzeug, alter Kampf!
Wo treff' ich Glück und Ruh'?
O Erdenphosphor, Gas und Dampf!
Fahr' zu, mein Schimmel, fahr' zu! (von Scheffel 1868, S. 218f.)

Als Kontrast zu dieser technik-skeptischen Haltung, die natürlich auch an Fontanes Ballade „Die Brück’ am Tay“ demonstriert werden kann, bietet sich ein Textausschnitt aus Hauptmanns Autobiographie „Das Abenteuer meiner Jugend“ an:

> [...] Aber auch sonst drangen Ahnungen ungeheuren technischen Fortschritts auf die Menschheit ein. Mein Bruder Georg aus Hamburg schrieb: Wir haben hier einen Explosionsmotor konstruiert. Sobald er einwandfrei gebrauchsfähig ist, brauchen wir keine Pferde mehr vor dem Wagen. Wir haben den lenkbaren Luftballon, wir haben blitzschnelle kleine Boote, ruderlos. Ja wir werden wahrscheinlich ohne Ballon fliegen. Es schien Wahnsinn, aber wir glaubten daran. [...] (Hauptmann 1937, S. 1060)

Ausgehend von diesen beiden Texten können die Schülerinnen und Schüler die Frage nach der Gestaltung des Eisenbahnmotivs in Hauptmanns „Bahnwärter Thiel“ erörtern. Anhand von Textbelegen gilt es hier, in schriftlicher Form zu untersuchen, ob in der „novellistischen Studie“ eher eine technik-skeptische Position wie bei von Scheffel oder eine Technik-Faszination überwiegt, wie sie in Hauptmanns Lebenserinnerung zum Ausdruck kommt. Vertieft werden sollte diese Analyseeinheit durch die genaue Untersuchung der Bilder, mit denen Hauptmann die Bahnstrecke und die Eisenbahn beschreibt. Nach diesen Vorarbeiten kann die Auseinandersetzung mit der Technik-Darstellung bei Hauptmann durch kontroverse professionelle Deutungen aus der Sekundärliteratur vertieft werden, wie sie etwa bei Möbius 1982 oder Sprengel 1984 vorliegen. In diesem Rahmen ist es auch möglich, Schüler und Schülerinnen an die literaturwissenschaftliche Praxis von Forschungsdiskussionen heranzuführen, da sich Sprengels Interpretation direkt auf Möbius bezieht. Eine schriftliche Stellungnahme zu den vorgelegten Interpretationsansätzen, die diese gegeneinander abwägt und eine eigene Position in Auseinandersetzung mit der Sekundärliteratur bezieht, sollte die Sequenz abschließen. Hierbei kann zudem der für den Unterricht der Mittel- und Oberstufe als Basiskompetenz wichtige Umgang mit Zitaten aus Primär- und Sekundärliteratur eingeübt werden. Will man diese Erörterungsform nicht als interpretatorische „Trockenübung“ durchführen, kann man sie auch in Form eines fiktiven Briefs an einen der drei Literaturwissenschaftler verfertigen lassen oder in Form einer unter 3. näher erläuterten Rezension.

Das Aktualisierungspotenzial dieses Motivbereichs von Eisenbahn und Technik ist erheblich. So sollte den Schülern am Ende der Diskussion über Tradition und Innovation in „Bahnwärter Thiel“ auch die Gelegenheit gegeben werden zu fragen, inwiefern sie selbst aus heutiger Perspektive eine eher technikskeptische oder technik-gläubige Position einnehmen. Aktuelle Neuerungen auf dem Sektor der Eisenbahn wie z. B. der nicht erst seit dem Unglück von 2006 umstrittene Transrapid oder eventuell lokal diskutierte Ausbauvorhaben von ICE-Trassen etc. können hier in die Diskussion einbezogen werden; es kann aber auch der Motivbereich der Eisenbahn zugunsten einer abstrakteren Diskussion über technische Innovationen im 21. Jahrhundert überschritten werden.

Die vorgeschlagenen Formen der Inszenierung von kanonischen literaturwissenschaftlichen Problemen aus zeitgenössischer Perspektive im Verein „Durch!", aber auch in der Retrospektive vom heutigen Standpunkt aus in Form einer literaturwissenschaftlichen Debatte oder schriftlichen Forschungsdiskussion verstehen sich als Umsetzung eines verständigungsorientierten Literaturunterrichts, wie ihn bereits Spinner 1987 skizzierte und Zabka 2003 näher spezifizierte. Die Beispiele sollen zeigen, dass es bei der„Vermittlung von Analysetechniken sowie von Kontextwissen über Kultur, Gesellschaft, Epoche, Gattung, usw.", die ich wie Zabka für „legitime und notwendige Ziele des Unterrichts" halte, „nützlich sein [kann], Verstehensprobleme oder Dissens-Situationen künstlich zu provozieren, damit die Schüler/innen einen interpretatorischen Anlass und Anreiz haben, den Gegenstand zu untersuchen oder einzuordnen." (Zabka 2003, S. 28) Derartige Arrangements sind darüber hinaus zugleich eine spielerische Einübung in typische Formen des gesellschaftlichen Diskurses über ästhetische Fragen im Bereich der Literatur und gehören damit in den engeren Bereich der „ästhetischen Bildung", wie er im Folgenden ausführlicher beleuchtet werden soll.

3. Vorschläge zu einer Unterrichtsreihe zu „Bahnwärter Thiel" mit dem Schwerpunkt „ästhetische Bildung"

Eine Unterrichtsreihe, die „Bahnwärter Thiel" zum Gegenstand hat, wird die oben dargestellten „kanonischen" Schwerpunkte nicht außer Acht lassen können, will sie dem Ziel ästhetischer Bildung auch im Sinne einer literarästhetischen Analysekompetenz gerecht werden (vgl. hierzu Frederking/ Meier/Stanat/Dickhäuser 2008). Denn das in der Forschung sehr amorph definierte Ziel der „ästhetischen Bildung" im Deutschunterricht (vgl. hierzu Zabka, Bd. 2, Kap. 3.11) umfasst sowohl die Ausbildung von „literarischer Bildung" (vgl. hierzu Abraham/Kepser 2003, S. 75–81), die das Wissen um literarische Gattungen, Stile, Epochen, Autoren etc. voraussetzt, als auch die Beförderung von „literarästhetischer Rezeptionskompetenz" (vgl. ebd., S. 55–59) und „literarästhetischer Produktionskompetenz" (vgl. ebd., S. 51–55). Die folgenden Vorschläge zu einer Unterrichtsreihe sollen – ergänzend zu den in 2.3 dargestellten Unterrichtsarrangements – aufzeigen, wie an „Bahnwärter Thiel" im Sinne ästhetischer Bildung Aspekte der ästhetischen Enkulturation, Sozialisation und Individuation erreicht werden können, denn „Schülerinnen und Schüler an eine lustvolle, befriedigende, unterstützende und bereichernde Rezeption von Literatur heranzuführen (Individuation), sie zu einem medienbezogenen Dialog mit anderen einzuladen und sie dazu zu befähigen (Sozialisation) sowie sie am Prozess gesellschaftlicher Selbstverständigung über Literatur teilhaben zu lassen (Enkulturation), ist das gegenwärtige Kernanliegen literarischer Bildung.“ (ebd., S. 55). Diese Ziele sollen insbesondere durch Angebote der ästhetischen Erfahrung und durch ästhetische Eigenproduktion verwirklicht werden, wobei Ästhetik dezidiert als „Prozess im Umgang mit Literatur“ verstanden wird (vgl. hierzu Abraham 2000, S. 12f.). Nicht die „Methodik“ oder der Text selbst sind „ästhetisch“, „sondern der Prozess, der [...] ausgelöst und begleitet wird, gleichsam ästhetische Potenz besitzt“ (ebd., S. 19).

3.1 Textbegegnung als Wahrnehmungsschulung

Ein erster Schwerpunkt der ästhetischen Bildung im Deutschunterricht ist sicher in der Art der Textbegegnung zu sehen, die ein erhebliches Potenzial für die ästhetische Enkulturation im Sinne einer allgemeinen Leseförderung und Lesemotivation, aber auch im Sinne der Steigerung von Medienkompetenz bietet.

So lässt sich die Erstbegegnung mit dem Text im Unterricht beispielsweise gut als ästhetisches Hörerlebnis inszenieren. Das gemeinsame Anhören der ersten Minuten des Hörbuchs (vgl. Hauptmann 2004) in entspannter Atmosphäre kann als motivierender Einstieg gewählt werden. Die puristische Hörbuchfassung, die sich – abgesehen von sparsam eingesetzten musikalischen Zäsuren – ausschließlich auf die Wirkung von Mario Adorfs Stimme verlässt, unterstützt die Imagination mehr als sie zu dominieren und bietet so eine Möglichkeit, sich unmittelbar in die Handlung und Atmosphäre der novellistischen Studie hineinziehen zu lassen. Abgesehen von dem auch für Schüler der Mittel- und Oberstufe zentralen Aspekt der Lesemotivation ist dieser Zugang zudem im Sinne der Wahrnehmungsschulung interessant. So drängt sich nach einer vertiefenden Lektürephase der Vergleich der doch verschiedenartigen ästhetischen Erfahrungen auf, die das Hören und das Lesen den Schülern bieten (vgl. hierzu Wermke, Bd. 2, Kap. 2.3 und Müller, Bd. 2, Kap. 4.4). Zu einem späteren Zeitpunkt kann hier auch ein Vergleich mit den Verfilmungen des Textes hinzutreten. Um diesen Vergleich auf einer soliden Grundlage führen zu können, sollten sowohl das Hören als auch das Lesen durch persönliche Notizen der Schüler flankiert werden. Dies kann nach dem ersten Höreindruck in Form eines spontanen, ungelenkten Kommentars zu Atmosphäre, Thema, Personal oder zu den Erwartungen des weiteren Handlungsgangs erfolgen.

Als Begleitung des Leseakts, aber auch des Hörerlebnisses bietet sich die Führung eines Notizbuchs an. Diese häufig in Form von Lesetagebüchern oder Lektürebegleitheften praktizierte Technik (vgl. Nix 2007) eignet sich für „Bahnwärter Thiel“ besonders gut, da sie zugleich vertiefte Einblicke in die Arbeitsweise Gerhart Hauptmanns gewährt. Seine zeitlebens gepflegte Methode, Leseerlebnisse, Zitate aus Büchern, Zeitungsausschnitte, reale Begebenheiten oder auch nur Gesprächsfetzen und gezeichnete Skizzen als Anregungen für die spätere literarische Arbeit zu sammeln, sollte den Schülern vorgestellt werden. Ausgehend von diesem Wissen um die Arbeitsweise des Autors und damit um die Entstehungsgeschichte des von ihnen gelesenen Werks wird ihnen auf diese Weise zudem ein Zugang zu einer Lese- und Beobachtungspraxis angeboten, die sie für sich adaptieren und modifizieren können.

Dieses Notizbuch kann dabei zunächst als Begleitung des Rezeptionsaktes geführt werden. Gedanken zu einzelnen Textstellen, Schlüsselzitate und Skizzen zu Topografie und Raum der novellistischen Studie können darin ebenso Platz finden wie freie Assoziationen und Gedanken beim Lesen.

Um zudem profunde Einblicke in die – auch für die Epoche des Naturalismus typischen – literarischen Verfahren Hauptmanns zu erlangen, sollten darüber hinaus über einen gewissen Zeitraum eigene Beobachtungs-Experimente in diesem Notizbuch gesammelt werden: Dialoge können (möglichst im Wortlaut) aufgeschrieben, eindrucksvolle Landschaftsschilderungen, interessante Begebenheiten etc. festgehalten werden. Über den Zeitraum der Lektüresequenz hin gesammelt sollten diese Notizen schließlich als Abschluss der Einheit in eigene Schreibversuche überführt werden.

Auf diese Weise kann bereits in der Phase der Textbegegnung ein starker Akzent auf ästhetische Wahrnehmung in rezeptiver wie produktiver Hinsicht gelegt werden. Die häufig auf Kinder- und Jugendliteratur beschränkte Methode des Lesetagebuchs wird hier – sachlogisch literaturgeschichtlich motiviert – in anspruchsvoller Weise auf den Unterricht höherer Jahrgangsstufen zugeschnitten. Das „Notizbuch“ vereint zudem methodische und motivational-emotionale Vorzüge mit der Förderung von Lesekultur und der Stimulierung von Anschlusskommunikation in der Klasse oder dem Kurs. Abgesehen davon schult diese prozessorientierte Methode selbstregulierte Leseprozesse sowie Arbeitstechniken und kann zudem als Instrument zur Beobachtung und Diagnose von Leseprozessen eingesetzt werden (vgl. hierzu Nix 2007, S. 72–82).

3.2 Ästhetisches Imaginieren von inhaltlichen Aspekten

Versteht man ästhetische Erziehung im Sinne von Spinner und Köppert als Förderung der Imaginationskraft (vgl. Köppert 1997 und Spinner 1998), so bieten sich viele Möglichkeiten, die ästhetische Wahrnehmung der Schüler in diesem Sinne zu schulen. Exemplarisch sollen hier Vorschläge zur Erschließung der Figuren des Textes gemacht werden, die zugleich aufzeigen, wie die Imagination literarischer Figuren durch die Verknüpfung mit anderen Kunstrichtungen handlungs- und produktionsorientiert stimuliert werden kann (vgl. Haas/Menzel/Spinner 1994, Spinner 1998, S. 54 und Spinner, Bd. 2, Kap. 3.4).

So kann die gängige Methode, Figurenkonstellationen mit der Hilfe von Standbildern zu begreifen (vgl. Scheller 1996, S. 28) im Fall von „Bahnwärter

Thiel“ gewinnbringend auf die Thiel-Oper von Enjott Schneider bezogen werden. Denn dort wird gezielt mit Figurentableaus gearbeitet, wenn es etwa am Ende des 2. Bildes/Szene 4 heißt: „Thiel, Lene, Tobias und Kind formieren sich zu einer Familienposition, die ausdrucksstark etwas über die angespannte Struktur dieser Viererbeziehung aussagt“ (Schneider 2003, S. 32). Die Aufgabe, ein solches Standbild für Schneiders Oper zu kreieren, fordert von den Schülern eine bewusste symbolische Umsetzung ihrer im Leseakt impliziten Imagination. Die gemeinsame Visualisierung provoziert eine intensive Diskussion verschiedener Interpretationsansätze und wird in unterschiedlichen Gruppen zu voneinander abweichenden Lösungen führen. Die Einnahme einer für eine der Personen spezifischen Körperhaltung oder Mimik, die auch als Vorübung zur szenischen Gestaltung dienen kann, schult die Perspektivenübernahme und fördert so eine vertiefte Imagination bezüglich des übernommenen Charakters. Mit der Digitalkamera festgehalten können diese Interpretationsansätze – sei es durch die Projektion per Beamer oder ausgedruckt auf Plakaten – in der Klasse verglichen und diskutiert werden.

Derartig vorbereitet bietet auch die szenische Umsetzung ausgewählter Passagen die Möglichkeit, die Imaginationskraft der Schüler zu fördern und ästhetische Erfahrungen zu sammeln (vgl. hierzu Denk Bd. 2, Kap. 3.12). Der epische Text bietet sich für diesen Ansatz durchaus an, da er dramatische Elemente besitzt, die bereits auf die spätere Entwicklung naturalistischer Kunst von der Epik zur Dramatik vorausweisen (vgl. Mahal 1982, S. 92–95). Dieses dramatische Potenzial zeigt sich zum Beispiel in der Rolle der Nachbarn, die Hauptmann als Kommentatoren von Thiels Schicksal einsetzt und die in Schneiders Opernfassung folgerichtig als „Chor“ fungieren (vgl. z. B. Schneider 2003, S. 29f.). Gespräche unter den Nachbarn bieten somit eine gute Möglichkeit, kurze Dialoge zu entwerfen und szenisch darzustellen. Dabei können sich die Schüler nicht nur in die Rolle der beobachtenden Nachbarn begeben, sondern auch ihre eigene Position in einer hinzuerfundenen Rolle einbringen.

Noch stärker dürfte die Imagination bei der weitgehend pantomimischen Umsetzung einer Schlüsselszene angeregt werden. Wie in einer naturalistischen Bühnenanweisung beschreibt Hauptmann minutiös die unerwartete Rückkehr Thiels, als dieser sein Proviant vergessen hat und seine Frau Lene bei der Misshandlung ihres Stiefsohns ertappt. Durch die Inszenierung dieser für das Verständnis von Thiels Abhängigkeitsverhältnis zentralen Stelle wird der Leseprozess zwangsläufig vertieft. Bei der ersten Lektüre überlesene Details werden entdeckt und die Spannung dieses kurzen Vorfalls durch die körperliche Umsetzung in Mimik und Gestik auf sehr viel intensivere Weise erlebt (vgl. hierzu Scheller 1996). Das Einfühlen in die betreffenden Figuren kann zudem durch das Sprechen oder Schreiben von inneren Monologen vorbereitet werden. Fremdverstehen als grundlegende literarästhetische Kompetenz wird so erprobt und intensiviert.

Ein weiteres lohnendes Feld für ästhetische Bildung an Figuren des „Bahnwärter Thiel“ stellt darüber hinaus das Themengebiet „Ästhetik der Weiblichkeit um 1900“ dar. Die frappierende Diskrepanz zwischen den Frauenbildern damals und heute ist im Unterricht häufig ein Rezeptionshindernis. Im Zeitalter eines weiblichen Schönheitsideals, das durch abgemagerte Modells repräsentiert wird, fällt es den Schülerinnen und Schülern oft sehr schwer, die sexuelle Anziehungskraft der üppigen Lene auf Thiel zu verstehen. Interessant wäre in diesem Zusammenhang eine Intensivierung der Imagination der Frauenfiguren durch die Inszenierung eines fiktiven Filmcastings. Hierfür sollten zunächst anhand der sehr holzschnittartigen Figurenbeschreibung Hauptmanns (vgl. hierzu Sprengel 1984, S. 190f.) die kontrastiv gesetzten Frauentypen der femme fragile und der femme fatale um 1900 konkretisiert werden. Die Suche nach passenden Bildern von bekannten Schauspielerinnen oder auch nur nach entsprechenden Frauentypen in Zeitschriften kann hierbei hilfreich sein. Der Wandel des Weiblichkeitsbilds kann darauf aufbauend durch aktualisierende Besetzungsvorschläge der Schüler thematisiert werden. Interessant ist diesbezüglich ein Vergleich der eigenen Vorschläge mit Bildern der Besetzung der Rollen in den Verfilmungen von 1968 und 1982 (vgl. die Abbildungen in Meier 2007a, S. 140–144) und der Operninszenierung von 2004 (vgl. ebd., S. 129–135).

3.3 Experimente zur ästhetischen Gestaltung und Wirkung

Ästhetische Bildung im Deutschunterricht bedeutet neben der Förderung der Imagination und des Fremdverstehens aber auch eine Sensibilisierung für die ästhetische Machart und Wirkung eines Kunstwerks. „Bahnwärter Thiel“ bietet in dieser Hinsicht eine ganze Fülle interessanter Ansatzmöglichkeiten. Die folgenden Beispiele versuchen dabei zum einen ein vertieftes Epochenverständnis zu vermitteln und zum anderen den Horizont über die Literatur hinaus auf andere Künste hin zu öffnen und diese für das Verständnis literarischer Technik fruchtbar zu machen (vgl. hierzu Bönnighausen, Bd. 2, Kap. 3.14).

Ein Kernbereich des „Bahnwärter Thiel“ ist hier natürlich die Frage der Mimesis. Als Werk zwischen Realismus und Naturalismus zu Beginn der literarischen Moderne kann die experimentelle „novellistische Studie“ Ausgangs- und Zielpunkt interessanter ästhetischer Schüler-Experimente werden. Ausgehend von der gängigen Naturalismus-Schelte, diese Stilrichtung bestehe aus der bloßen fotografischen Wiedergabe der Realität, können verschiedene stilistische Phänomene des Hauptmannschen Textes näher beleuchtet werden.

So sind die fast lyrischen Naturschilderungen, die in ihrer üppigen Metaphorik und Farbsymbolik keineswegs Beispiele für einen stilistischen Bruch mit der literarischen Tradition darstellen und bisweilen in fast expressionistischer Manier über den Naturalismus hinausweisen, ein interessantes Analysefeld (vgl. hierzu Hauptmann 1888, S. 44f. und Meier 2007b, S. 20). Gerade im Hinblick auf die Darstellung der Natur bei Hauptmann bietet sich hier ein Zugang über die Malerei an. Die malerische Umsetzung einer entsprechenden Stelle durch die Schüler kann als Mittel und Gesprächsanlass für die Stilanalyse dienen. Hier zeigt sich unmittelbar, welche Bilder, welche farblich dominierten Imaginationsräume Hauptmanns Sprache zu evozieren vermag. Möglich ist zudem, den Schülern eine Reihe von Bildern zur Auswahl zu stellen, wobei sie entscheiden müssen, welcher Stil am ehesten ihrem Leseeindruck entspricht: ein Foto eines Bahnwärterhäuschens im Wald, das sehr realistisch gehaltene Original-Titelbild des „Bahnwärter Thiel“ oder ein impressionistisches Gemälde aus Monets „Saint Lazare“-Reihe (vgl. hierzu Meier 2007b, S. 30).

Vertieft werden können derartige Diskussionen über die ästhetische Gestaltung eines Textausschnitts durch die genaue Analyse der Wirkung einer Sekundenstil-Passage. Eine detaillierte Beschreibung des herannahenden Zuges eignet sich hierfür wohl am besten (vgl. Hauptmann 1888, S. 49f.). Hier können wiederum Experimente zum Verständnis des stilistischen Phänomens beitragen. So kann etwa von einer Gruppe von Schülern ein herannahender Zug gefilmt und von einer anderen Gruppe mit einer Digitalkamera in schneller Bildfolge fotografiert werden. Ein Vergleich mit der Textstelle zeigt, dass die Beschreibung der Bewegung bei Hauptmann ebenfalls auf die Zerlegung des Vorgangs in Einzelbilder angewiesen ist, dass sich die Beschreibung aber nicht allein auf das visuelle Feld beschränkt, sondern wie im Film auch akustische Elemente aufgenommen werden. Das Sekundenstil-Verfahren erinnert dabei beinahe an einen Comic, der ebenfalls Bildausschnitte reiht und akustische Eindrücke wiedergibt. Die Erstellung einer Comic-Sequenz zu diesem kurzen Textausschnitt kann deshalb durchaus erhellend für die Analyse des ästhetischen Verfahrens sein, wenn Textzitate wie die folgenden zeichnerisch umgesetzt werden:

> „Dann plötzlich zerriß die Stille. Ein rasendes Tosen und Toben erfüllte den Raum, die Geleise bogen sich, die Erde zitterte – ein starker Luftdruck – eine Wolke von Staub, Dampf und Qualm, und das schwarze, schnaubende Ungetüm war vorüber. [...] Zum Punkte eingeschrumpft, schwand der Zug in der Ferne [...]“. (Hauptmann 1888, S. 49f.)

Ein Vergleich zwischen Comic und Text wird allerdings zeigen, dass Hauptmanns literarische Fassung sehr viel verfremdender wirkt als ein Comic. Interessant ist in diesem Kontext die Lektüre eines Ausschnitts aus Günter Mahals Ausführungen zur Affinität des Sekundenstils zur künstlerischen Richtung des Pointillismus oder Impressionismus (vgl. Mahal 1982, S. 175f.). Diese theoretische Vertiefung zeigt zudem, dass Vergleiche zwischen der Wirkung verschiedener Künste keine willkürliche didaktische Herangehensweise sind, sondern in der literaturwissenschaftlichen Forschung durchaus ihre Entsprechung haben.

Intermedial ist auch der Vorschlag für ein eigenes Mimesis-Experiment der Schüler zwischen genauer Wiedergabe und Verfremdung. In der Nachfolge des berühmten Lampenexperiments, das Arno Holz und Johannes Schlaf für ihre

Studie „Papa Hamlet“ durchführten, sollen die Schüler ein ähnliches Projekt unternehmen. Dieses soll, um die ästhetische Wirkung verschiedener Medien und Kunstrichtungen erproben zu können, sowohl gefilmt als auch fotografiert, gemalt und schließlich literarisch umgesetzt werden. Bezogen auf die Lektüre des „Bahnwärter Thiel“ liegt der Nutzen eines solchen Experiments auf der Hand: das meist unreflektiert übernommene Vorurteil simplifizierender Epochendarstellungen setzt „Naturalismus“ mit platter Wiedergabekunst und fotografischer Genauigkeit gleich. Durch ihren eigenen Zugang zu verschiedenen Graden von Mimesis können die Schüler selbst zu einem begründeten Urteil gelangen, inwiefern Hauptmanns Text diesem Klischee entspricht.

Interpretatorischen und ästhetisch-praktischen Wert hat auch die mediale Umsetzung von Teilen der novellistischen Studie. Je nach verfügbarem Zeitkontingent kann mit den Schülern etwa eine Videoprojektion erstellt werden, wie sie in Enjott Schneiders Libretto für seine Thiel-Oper vorgesehen ist: „die Projektion zeigt – in Hauptmanns Metaphorik – Nadelmassen tiefaufrauschenden Kiefernforstes, rostbraune Säulen des Hochwalds, dichtverschlungenes Jungholz“ (Schneider 2003, S. 32). Derartige Videoprojektionen, die sich vor allem für Landschafts- und Stimmungsbeschreibungen eignen, können dann als visuelle Ergänzung zu entsprechenden Passagen des Hörbuchs in der Klasse gezeigt werden. Interessant wäre zudem die Aufnahme einer kurzen Hörspielsequenz im Kontrast zum Hörbuch. Die Schüler würden hierdurch zum einen für den Unterschied dieser beiden Gattungen sensibilisiert und könnten andererseits Kompetenzen beim Umgang mit Hörmedien erwerben. Das Sammeln von O-Tönen, das Imitieren von Geräuschen, das Umschreiben des Textes in ein stärker dialogisiertes „Drehbuch“ geben Einblick in die ästhetische Praxis und verlangen en passant eine stark verlangsamte, textnahe Lektüre.

3.4 Literarästhetisches Urteilen

Zu ästhetischer Bildung gehört nicht nur Analysefähigkeit und produktive Kompetenz, sondern auch das Vermögen, ein fundiertes literarästhetisches Urteil zu fällen. Diese Komponente kommt im Literaturunterricht häufig zu kurz, da die gängigen Aufsatzformen die Analyse in den Mittelpunkt stellen und sich die anspruchsvolle Aufsatzgattung der literarischen Erörterung häufig nur auf einen Teilaspekt der Interpretation bezieht, wobei subjektive Geschmacksurteile kategorisch ausgeschlossen werden. In der kulturellen Praxis spielt gerade diese Ebene des – auch subjektiven – Beurteilens von Literatur aber eine zentrale Rolle und sollte daher in der ästhetischen Sozialisation der Schüler nicht fehlen. Die ersten subjektiven Reaktionen bei der Textbegegnung wurden im oben skizzierten Unterrichtsmodell bereits im „Notizbuch“ der Schüler gesammelt. In diesem frühen Stadium der Beschäftigung mit dem Text sind spontane Ablehnung oder auch spontane Begeisterung aus rein subjektiver Sicht normal. Diskussionen, ob den Schülern der Text „gefallen“ habe, führen häufig nicht allzu weit, weil die eigene Sicht nicht durch Argumente begründet werden kann und Lesehindernisse wie fehlende Einblicke in die Entstehungszeit, Widerstände im Hinblick auf die Sprache oder auch Missverständnisse bezüglich des Handlungsgangs das Verstehen beeinträchtigen können. So wichtig es ist, spontanen Äußerungen zur Lektüre Raum zu geben, so wichtig ist es auch, es innerhalb der Lektüresequenz nicht dabei zu belassen, sondern am Ende eine Phase des vertieften ästhetischen Urteilens einzuplanen. Im Hinblick auf „Bahnwärter Thiel“ werden – im Gegensatz zu den Spontanäußerungen im Notizbuch – am Ende dieser Sequenz die vielfältigen ästhetischen Erfahrungen mit dem Text in das Urteil einfließen: das erworbene „Kanonwissen“, das für ein fundiertes Urteil wichtig ist, ebenso wie die Wahrnehmungsschulung bezüglich Imagination und ästhetischer Wirkung des Textes. Solch ein alle Facetten der Sequenz integrierendes Urteil kann zum Beispiel in Form einer von den Schülern geschriebenen Literaturkritik gefällt werden. Die Schüler können hierbei sowohl auf ihre subjektiven Notizen während der Lektüre zurückgreifen als auch auf ihre Mitschriften während der Unterrichtssequenz. Im Anschluss bietet es sich an, die Kritiken in der Klasse zur Diskussion zu stellen oder im Internet zu veröffentlichen. Auch die schriftliche Kommentierung der Kritiken durch die Mitschüler oder die Inszenierung einer literarischen Podiumsdiskussion sind geeignete Verarbeitungsformen.

Einen stärker wissenschaftspropädeutischen Charakter gewinnt diese Phase des ästhetischen Urteilens, wenn – wie etwa unter 2.3 im Kontext der Eisenbahnmotivik beschrieben – ein Vergleich verschiedener Interpretationsansätze erfolgt, mit denen sich die Schüler und Schülerinnen explizit auseinandersetzen müssen, um ihre eigenen Standpunkte deutlich machen zu können.

4. Resümee

Sieht man Literatur wie Kaspar H. Spinner als „ein Medium [...], das die automatisierte Wahrnehmung durchbricht und ein intensives Sehen, Empfinden, Nachdenken auslöst“, wodurch sie „in den Alltag hinein[wirkt]“ (Spinner 1998, S. 49), so sind dem „naturalistischen“ Kanonwerk „Bahnwärter Thiel“ unter dem Aspekt der ästhetischen Bildung eine Vielzahl wichtiger Unterrichtsziele abzugewinnen. Stellt man beispielsweise den Aspekt der Mimesis ins Zentrum seiner Unterrichtskonzeption, so kann man sowohl rezeptiv wie produktiv ästhetische Wahrnehmungsschulung zu seiner Sache machen und trifft zudem im Kern den theoretischen Kristallisationspunkt von Epochen- und Gattungskonzeptionen, die häufig Ziel eines kanonorientierten Unterrichts mit diesem Text sind. Ästhetische Bildung und Kanon schließen sich somit keineswegs aus, sondern können – im engen Verbund – gewinnbringend miteinander interagieren.

Literatur

Abraham, Ulf (2000): Das a/Andere W/wahrnehmcn. Über den Beitrag von Literaturgebrauch und literarischem Lernen zur ästhetischen Bildung (nicht nur) im Deutschunterricht. In: Mitteilungen des Deutschen Germanistenverbandes 47, H. 1, S. 10–22.

Abraham, Ulf/Kepser, Matthias (2006): Literaturdidaktik Deutsch. Eine Einführung. Berlin: Schmidt.

Assmann, Aleida/Assmann Jan (1987): Kanon und Zensur. In: Assmann, Aleida/Assmann, Jan: Kanon und Zensur. Beiträge zur Archäologie der literarischen Kommunikation II. München: Fink, S. 7–27.

Bohn, Volker/Bürger, Christa/Kreft, Jürgen/Meckling, Ingeborg/Stückrath, Jörn/Willenberg, Heiner (Hrsg.) (1982): Themenheft: Über Kanon sprechen. Diskussion Deutsch 13, H. 64.

Bölsche, Wilhelm 1887 (1984): Die naturwissenschaftlichen Grundlagen der Poesie. Prolegomena einer realistischen Ästhetik. In: Mayer, Theo (Hrsg.): Theorie des Naturalismus. Stuttgart: Reclam, S. 128–137.

Büchner, Georg 1839 (1999): Lenz. In: Büchner, Georg: Werke und Briefe. München: dtv, S. 135–158.

Frederking, Volker/Meier, Christel/Stanat, Petra/Dickhäuser, Oliver (2008): Ein Modell literarästhetischer Urteilskompetenz. In: Didaktik Deutsch 25, S. 11–31.

Goethe, Johann Wolfgang 1827 (1949): Gespräch mit Eckermann vom 29. Januar 1827. Aus: Eckermann, Johann Peter: Gespräche mit Goethe in den letzten Jahren seines Lebens. Heinrich Hubert Houben (Hrsg.), Wiesbaden: Eberhard Brockhaus.

Haas, Gerhard/Menzel, Wolfgang/Spinner, Kaspar H. (1994): Handlungs- und produktionsorientierter Literaturunterricht. In: Praxis Deutsch 123, S. 17–25.

Hauptmann, Gerhart 1888 (1996): Bahnwärter Thiel. In: Hauptmann, Gerhart: Sämtliche Werke. Bd. 6: Erzählungen. Theoretische Prosa. Hass, Hans-Egon (Hrsg.), Fortgef. von Martin Machatzke. Sonderausg. Berlin: Propyläen (= Centenar-Ausgabe zum hundertsten Geburtstag des Dichters 15. November 1962), S. 35–67.

Hauptmann, Gerhart 1937 (1996): Das Abenteuer meiner Jugend. In: Hauptmann, Gerhart: Sämtliche Werke. Bd. 7: Autobiographisches. Hass, Hans-Egon (Hrsg.), Fortgef. von Martin Machatzke. Sonderausg. Berlin: Propyläen (= Centenar-Ausgabe zum hundertsten Geburtstag des Dichters 15. November 1962), S. 451–1082.

Hauptmann, Gerhart (2004): Mario Adorf liest Gerhart Hauptmann 'Bahnwärter Thiel'. Anja Hauptmann liest Gerhart Hauptmann: 'Die abgekürzte Chronik meines Lebens'. 2 CDs. Wortstark.

Heerdegen, Irene (1958): Gerhart Hauptmanns Novelle Bahnwärter Thiel. In: Weimarer Beiträge 4, S. 348–360.

Heydebrandt, Renate von (1993): Probleme des 'Kanons' – Probleme der Kultur- und Bildungspolitik. In: Janota, Johannes (Hrsg.): Vorträge des Augsburger Germanistentags 1991. Bd. 4: Kultureller Wandel und die Germanistik in der Bundesrepublik. Tübingen: Niemeyer S. 3–22.

Hollaender, Felix (1892): Hauptmann und Sudermann als Novellisten. In: Freie Bühne für den Entwickelungskampf der Zeit 3, S. 767–769. Abgedruckt auch in: Meier, Christel Erika (2007a): Materialien. In: Hauptmann, Gerhart: Bahnwärter Thiel. Novellistische Studie. Erarbeitet von Christel Erika Meier. Braunschweig: Schroedel (= Texte. Medien. Hrsg. v. Peter Bekes und Volker Frederking), S. 86–87.

Holz, Arno/Schlaf, Johannes 1889 (1997): Papa Hamlet. In: Holz, Arno/Schlaf, Johannes: Papa Hamlet. Ein Tod. Im Anhang: „Ein Dachstubenidyll" von Johannes Schlaf. Mit einem Nachwort von Fritz Martini. Stuttgart: Reclam, S. 3–63.

Kerncurriculum für die gymnasiale Oberstufe Deutsch Niedersachsen (2009). Niedersächsisches Kultusministerium (Hrsg.). Hannover: Unidruck. (= http://db2.nibis.de/1db/cuvo/datei/kc_deutsch_go_i_2009.pdf, 27.3.2012).

KMK (2003): Bildungsstandards im Fach Deutsch für den Mittleren Schulabschluss (Jahrgangsstufe 10). Beschluss der Kultusministerkonferenz vom 4.12.2003. Sekretariat der Ständigen Konferenz der Kultusminister der Länder in der Bundesrepublik Deutschland (Hrsg,). München 2004: Wolters Kluwer Deutschland GmbH (= http://www.kmk.org/fileadmin/veroeffentlichungen_beschluesse/2003/2003_12_04-BS-Deutsch-MS.pdf, 27.3.2012).

Köppert, Christine (1997): Entfalten und Entdecken. Zur Verbindung von Imagination und Explikation im Literaturunterricht. München: Vögel.

Korte, Hermann (1998): Neue Blicke auf den literarischen Pantheon? Paradigmen und Perspektiven der historischen Kanonforschung. In: Der Deutschunterricht 50, H. 6, S. 15–28.

Korte, Hermann 2002 (2006): Historische Kanonforschung und Verfahren der Textauswahl. In: Bogdal, Klaus-Michael/Korte, Hermann (Hrsg.): Grundzüge der Literaturdidaktik. 4. Aufl. München: dtv, S. 61–77.

Lehrplan für das bayerische Gymnasium (1992): Fachlehrplan für Deutsch. Amtsblatt des Bayerischen Staatsministeriums für Unterricht, Kultus, Wissenschaft und Kunst. Teil I. Sondernummer 7. Ausgegeben in München am 6.2.1992, S. 301–371.

Lehrplan Gymnasium Sachsen (2001). Sächsisches Staatsministerium für Kultus (Hrsg.). Dresden: Sächsisches Druck- und Verlagshaus AG. (=http://www.sachsen-macht-schule.de/apps/lehrplandb/downloads/lehrplaene/lp_gy_gf2001_deutsch.pdf, 14.11.2009).

Lehrplan Deutsch Rheinland-Pfalz (1998). Klassen 5-9/10. Hauptschulen, Realschulen, Gymnasien, Regionale Schulen, Gesamtschulen. Ministerium für Bildung, Wissenschaft und Weiterbildung (Hrsg.). Grünstadt: Sommer.

Lehrplan R6 Bayern (2003). Bayerisches Staatsministerium für Unterricht und Kultus (Hrsg.). München: Verlag J. Maiß (= http://www.isb.bayern.de/isb/download.aspx?DownloadFileID=f81fd751dcba500ec54efe67cdddb807, 27.3.2012).

Lektüreverzeichnis Deutsch Gymnasium (2005). Baden-Württemberg. Bildungsplan 2004 (= http://www.bildung-staerkt-menschen.de/service/downloads/Sonstiges/literatur/BP_Broschuere_Literatur_Internetfassung.pdf, 27.3.2012).

Madsen, Rainer/Homberger, Dietrich (1987): Gerhart Hauptmann: Bahnwärter Thiel. Exemplarische Lektüre einer Ganzschrift. Frankfurt am Main: Diesterweg.

Mahal, Günther (1993): Experiment zwischen Geleisen. Gerhart Hauptmann: Bahnwärter Thiel (1888). In: Freund, Winfried (Hrsg.): Deutsche Novellen: von der Klassik bis zur Gegenwart. München: Fink, S. 199–219.

Mahal, Günther 1982 (1996): Naturalismus. 3. Aufl. München: Fink.

Martini, Fritz (1954): Bahnwärter Thiel. In: Martini, Fritz: Das Wagnis der Sprache. Interpretationen deutscher Prosa von Nietzsche bis Benn. Stuttgart: Klett, S. 56–98.

Martini, Fritz 1970 (1992): Nachwort. In: Hauptmann, Gerhart: Bahnwärter Thiel. Novellistische Studie. Stuttgart: Reclam, S. 41–48.

Meier, Christel Erika (2007a): Materialien. In: Hauptmann, Gerhart: Bahnwärter Thiel. Novellistische Studie. Erarbeitet von Christel Erika Meier. Braunschweig: Schroedel (= Texte. Medien. Hrsg. v. Peter Bekes und Volker Frederking), S. 49–159.

Meier, Christel Erika (2007b): Gerhart Hauptmann. Bahnwärter Thiel. Arbeitsheft. Braunschweig: Schroedel (= Texte. Medien. Hrsg. v. Peter Bekes und Volker Frederking).

Meier, Christel Erika (2009): Gerhart Hauptmann. Bahnwärter Thiel. Informationen für Lehrerinnen und Lehrer. Braunschweig: Schroedel (= Texte. Medien. Hrsg. v. Peter Bekes und Volker Frederking).

Möbius, Hanno (1982): Der Naturalismus: Epochendarstellung und Werkanalyse. Heidelberg: Quelle und Mayer, S. 66–78.

Müller-Michaels, Harro (1993): Zur Kanondiskussion vor und nach der Wende. In: Bremerich-Vos, Albert (Hrsg.): Handlungsfeld Deutschunterricht im Kontext. Frankfurt am Main: Diesterweg, S. 59–68.

Neuhaus, Volker 1974 (2002): Gerhart Hauptmann. Bahnwärter Thiel. Stuttgart: Reclam.

Nix, Daniel (2007): Das Lesetagebuch als Methode des Lese- und Literaturunterrichts – Ein Forschungsbericht. In: Didaktik Deutsch 23, S. 67–94.

Paefgen, Elisabeth 1999 (2006): Einführung in die Literaturdidaktik. 2., aktualisierte und erweiterte Aufl. Stuttgart/Weimar: Metzler.

Rahmenlehrplan Hamburg (2003): Bildungsplan neunstufiges Gymnasium Sekundarstufe I. Freie und Hansestadt Hamburg. Behörde für Bildung und Sport. (= http://epub.sub.uni-hamburg.de/epub/volltexte/2008/576/pdf/DEU_Gy9_SekI.pdf, 27.3.2012).

Rahmenplan Gymnasium/integrierte Gesamtschule Mecklenburg-Vorpommern Deutsch (2002). Ministerium für Bildung, Wissenschaft und Kultur Mecklenburg-Vorpommern (Hrsg.). Roggentin: adiant Druck. (= http://www.bildungsserver-mv.de/download/rahmenplaene/rp-deutsch-7-10-gym-02.pdf, 27.3.2012).

Rahmenrichtlinien Gymnasium Deutsch Sachsen-Anhalt (2003). Kultusministerium des Landes Sachsen-Anhalt (Hrsg.). (= http://www.bildung-lsa.de/pool/RRL_Lehrplaene/deutgyma.pdf, 27.3.2012).

Scheller, Ingo (1996): Szenische Interpretation. In: Praxis Deutsch 136, S. 22–32.

Scheuer, Helmut (1997): Gerhart Hauptmann: Bahnwärter Thiel. Entstehung und Rezeption – Die „Moderne" als ästhetischer Kompromiß. In: Interpretationen. Erzählungen und Novellen des 19. Jahrhunderts. Bd. 2. Stuttgart: Reclam, S. 371–426.

Schläbitz, Norbert/Pappas, Katharine 2000 (2004): Anhang. In: Hauptmann, Gerhart: Bahnwärter Thiel. Novelle. Diekhans, Johannes (Hrsg.), Paderborn: Schöningh, S. 42–120.

Schläbitz, Norbert/Pappas, Katharine 2002 (2005): Unterrichtsmodell. Gerhart Hauptmann. Bahnwärter Thiel. Diekhans, Johannes (Hrsg.), Paderborn: Schöningh.

Schneider, Enjott (2003): Bahnwärter Thiel. Dróżnik Thiel. Oper in acht Bildern nach der novellistischen Studie von Gerhart Hauptmann (eingerichtet von Julia Cloot und Enjott Schneider). Görlitz: Musiktheater Oberlausitz/Niederschlesien, Spielzeit 2003/2004.

Seiffert, Dieter/Völker, Georg (1988/2000): Materialien. In: Hauptmann, Gerhart: Bahnwärter Thiel. Novellistische Studie. 5. Aufl. Berlin: Cornelsen, S. 50–79.

Spinner, Kaspar H. (1987): Interpretieren im Deutschunterricht. In: Praxis Deutsch 81, S. 17–23.

Spinner, Kaspar H. (1998): Thesen zur ästhetischen Bildung im Literaturunterricht heute. In: Der Deutschunterricht 50, H. 6, S. 46–54.

Sprengel, Peter (1984): Gerhart Hauptmann. Epoche – Werk – Wirkung. München: Beck, S. 186–194.

Storm, Theodor 1881 (1920): Eine zurückgezogene Vorrede aus dem Jahre 1881. Aus: Storm, Theodor: Sämtliche Werke. Köster, Albert (Hrsg.), Bd. 8. Leipzig: Insel-Verlag, S. 122–123.

Wertenbroch, Wolfgang (2012): Bahnwärter Thiel – Lektürebegleiter. Deutsche Literatur modern & schülernah! – 24 Kopiervorlagen, mit Lösungen. Kerpen: Kohl.

Wiese, Benno von (1956): Gerhart Hauptmann. Bahnwärter Thiel. In: Wiese, Benno von: Die deutsche Novelle von Goethe bis Kafka. Düsseldorf: Schwann, S. 268–283.

Zabka, Thomas (2003): Interpretationskompetenz als Ziel der ästhetischen Bildung. In: Diskussion Deutsch 15, S. 18–32.

Zur Nedden, Dietrich (2004): Bahnwärter Thiel als Hörbuch. (= http://www.ndrkultur.de/ndrkultur_pages_stdep/0,2515,OID679168_REF878,00.html, 14.11.2009).

VOLKER GERNER

4.2 Orientierung an Gattungen versus/und Förderung von Identität

1. Zur Notwendigkeit didaktikwissenschaftlicher Fundierung

Die Konzeption von Literaturunterricht aus einer didaktikwissenschaftlichen Grundlagentheorie heraus dürfte in der alltäglichen Schulpraxis die seltenste Form der Unterrichtsvorbereitung darstellen. Hier dominieren andere Kriterien: methodische („Endlich einmal wieder kreative Arbeitsaufträge nach den vielen Stunden Unterrichtsgespräch!"), sozialpsychologische („Diese Klasse funktioniert einfach nur im Frontalunterricht!"), fachwissenschaftliche („Welcher Text ist geeignet, um den Topos des locus amoenus der Barockliteratur zu erklären?") oder ökonomische („Da gibt es doch gute Kopiervorlagen zu diesem Drama!"). Umso wichtiger ist es, sich an einigen Beispielen zu vergegenwärtigen, wie prinzipielle didaktische Orientierungen und Grundlagentheorien sich auf Unterricht auswirken. Von den drei entscheidenden Begründungszusammenhängen sei als erster die Anregung und der Erweis der Fruchtbarkeit didaktischer Prinzipien für den eigenen Unterricht und das eigene planerische Handeln genannt. Dies kann sowohl eine produktive Funktion – also die deduktive Planung aus den Prinzipien heraus – als auch eine korrigierende Funktion – also das Hinterfragen von vorhandenen Unterrichtsideen anhand der didaktischen Prinzipien – bedeuten. Die zweite Begründung liegt in der Befreiung von scheinbaren oder tatsächlichen Sachzwängen, die durch den Bezug auf Grundlagentheorien entstehen kann. Die dritte Begründung beruht auf der Überzeugung, dass es letztlich didaktikwissenschaftliche Grundannahmen sein müssen, die die Unterrichtswirklichkeit mehr und entscheidender prägen als alle notwendigen fachwissenschaftlichen, schulrechtlichen, politischen oder sozialpsychologischen Rahmenbedingungen, Ansichten und Vorgaben.

2. Zum Verhältnis von Gattungs- und Identitätsorientierung

Die beiden Prinzipien, die im Folgenden in ihrer Fruchtbarkeit für Unterrichtsplanung dargestellt und geprüft werden sollen, sind die Orientierung an Gattungen (vgl. Pfeiffer, Bd. 2, Kap. 1.4) und die Förderung von Identität (vgl. Frederking, Bd. 2, Kap. 3.10). Erstere steht für alle jene Modelle, die sich an der Welt literarischer Gegenstände orientieren, wie sie die Anordnung der ursprünglichen Fassung des „Taschenbuch des Deutschunterrichts" prägte (Lange/

Neumann/Ziesenis 1994). Hier wurden Gegenstand für Gegenstand Ansätze zu Dramen, zu Kurzprosa, zu Fabeln und Märchen, zur Kriminalliteratur und zu lyrischen Formen vorgestellt. Insofern ist Gattungsorientierung in einer idealtypischen Ausprägung eine Denkweise, die von den zu erlernenden Dingen ausgeht, während Identitätsorientierung auf individuelle Lernprozesse und die Entwicklung personaler Qualitäten abzuzielen scheint. So werden die beiden hier herangezogenen Orientierungen in der didaktischen Literatur meist als gegensätzliche Pole wahrgenommen, so „als bestehe zwischen einer dezidierten Gegenstandsorientierung im literatursprachlichen Ansatz und einer ebenso deutlichen Schülerorientierung im identitätsbezogenen Ansatz ein Abstoßungsverhältnis" (Rosebrock 2000, S. 43). Frederking (2003, S. 265) hat dagegen zum ersten Mal ausdrücklich formuliert, dass die Identitätsorientierung „eine spezifische Synthese von Sach- und Schülerorientierung" ermögliche, was darauf hindeuten würde, dass wir es eher mit komplementären, sich ergänzenden Perspektiven auf Unterricht zu tun haben. Die Beispiele werden zeigen, dass nur die Verbindung von Sach- und Schülerorientierung einem Literaturunterricht zum Zwecke der Bildung gerecht werden kann (vgl. Gerner 2007).

3. Zur Wahl des Ansatzpunktes im didaktischen Dreieck und zum Begriff des „Prinzips"

Wenn es um die Umsetzung der beiden didaktischen Grundansätze in konkrete Unterrichtsplanung geht, so stellt sich die Frage, in welcher kategorialen Beziehung Schüler, Gegenstände, Unterricht und didaktische Theorien stehen. Die einfachste Möglichkeit ist die, dass die didaktische Theorie auf der inhaltlichen, gegenständlichen Ebene der Unterrichtsplanung widergespiegelt wird. So bezöge eine identitätsorientierte Unterrichtsreihe zu einem Entwicklungsroman ihre Relevanz für personale Entwicklung einfach daraus, dass es im behandelten literarischen Gegenstand bzw. in der literarischen Gattung um Entwicklung bzw. Identität geht. Hier finden Identitäts- und Gattungsorientierung also eine durch den literarischen Gegenstand bedingte Verschmelzung, Dabei muss die Beschäftigung mit Identitätsfragen im Unterricht im vorliegenden Fall primär aber gar nicht durch identitätsorientierte didaktische Prinzipien bedingt sein, sondern kann auch fast ausschließlich aus dem Prinzip der Gattungsorientierung erwachsen sein. In einer Folgereihe ist dann vielleicht die Gattung 'Sonett' der Unterrichtsgegenstand und wird z. B. an damit korrespondierenden Formfragen veranschaulicht. Umgekehrt ist es aber auch möglich, dass an weiteren literarischen Texten bzw. Gattungen, die Identitätsfragen behandeln, die Frage nach der Identität inhaltlich weiter vertieft wird – beispielsweise in Gedichten.

Eine andere Möglichkeit ergibt sich im Hinblick auf die Sozialformen. Der gattungsorientierte bzw. identitätsorientierte Ansatz zeigt sich in einer konkreten Unterrichtsplanung oft dadurch, in welchen Sozialformen, mit welchen Unterrichtsmethoden, nach welchen grundsätzlichen Modellen von Unterricht – ob doktrinal, erarbeitend oder erlebend (vgl. Prange 1986) – vorgegangen wird. Mit anderen Worten: Der Unterricht selbst kann völlig unabhängig davon, welche Themen und Gegenstände in ihm vorkommen, eher identitätsorientiert oder eher gattungsorientiert sein.

Schließlich kann sich die kategoriale Beziehung von Schüler, Gegenstand und didaktischer Theorie auch als eine Mischform der Ebenen und der beiden Prinzipien darstellen. Es ist z. B. möglich einen Entwicklungsroman so zu behandeln, dass zu Identität, Person und Bildung kaum ein Wort fällt, aber vieles über die Gattungsmuster gelernt wird (hier lägen auf der Ebene des Unterrichtsthemas und auf der Ebene der Behandlung jeweils konträre Orientierungen vor). Man könnte ebenso verdeutlichen, wie sich die scheinbar objektiven Gegebenheiten der Gattungen und die scheinbar subjektiven der Identität vermengen und gegenseitig befruchten, indem man Gattungen als einen notwendigen Weg vorführt, auf dem individuelle Erfahrungen und Denkweisen zu Literatur werden können (hier wären auf einer Ebene, nämlich der des Unterrichtsthemas, beide Prinzipien auffindbar).

Die Frage, wo angesichts dieser Unterscheidungen die Grenze zu ziehen ist, innerhalb derer von einem didaktischen Prinzip der Gattungsorientierung oder Identitätsorientierung gesprochen werden kann und ab wann es sich einfach um eine wie auch immer didaktisch geartete Behandlung von Gattungen oder personalen Entwicklungen handelt, kann hier nicht Thema werden. Es scheint mir sinnvoll folgende „Sprachregelung“ zu treffen: Der Kern dessen, was als „didaktisches Prinzip“ wissenschaftlich begründet wird, ist eine alle Einzelüberlegungen zu Inhalten, Methoden, Medien, Sozialformen und Lernzielen durchziehende und diese gleichzeitig auf einer Metaebene reflektierende Gesamtkonzeption. Somit ist sie aber umgekehrt von einzelnen Inhalten oder Methoden unabhängig. Der unscharfe Rand des begrifflichen Feldes „didaktisches Prinzip“ sind Fälle, in denen einzelne Elemente des Unterrichts, seien es inhaltliche, methodische oder reflexiv-zielorientierte Fragen, möglichst weitgehend mit den Bestimmungen der Kernform übereinstimmen. Wenn es um konkreten Unterricht geht, kann die Kernform immer nur in Abstufungen vorkommen, so auch in den folgenden Beispielen.

4. Beispiel I: Unterricht *über* Gattungen

4.1 Spannungsverhältnisse

Zunächst soll der oben als „einfach“ bezeichnete Fall betrachtet werden, dass Unterricht gattungsorientiert ist, indem er Gattungen, ihre Strukturen, Prinzipien, Geschichte und Formen zum Gegenstand hat. Ein solcher Unterricht über

Gattungen steht in einem eigentümlichen zweifachen Spannungsverhältnis, zunächst zwischen einem bildungstheoretischen und einem literaturtheoretischen Erfordernis und zusätzlich zwischen einer didaktischen Skepsis und den überwiegenden Vorstellungen von „literarischer Bildung" in Öffentlichkeit und Lehrplänen. Das erste Spannungsverhältnis besagt, dass es literaturtheoretisch gute Gründe gibt, das Konzept „Gattung" kritisch zu betrachten und mindestens seinen Alleinvertretungsanspruch zur vollständigen Aufteilung der Welt der Literatur abzulehnen (vgl. Hempfer 1973 und 1997; Fricke 1981 sowie Pfeiffer, Kap. 1.4). In diesem Sinne gilt für Gattungen, was Fingerhut für die Epochen der Literaturgeschichte gesagt hat: Ein Unterricht, der den Schülern vormacht, es gebe diese Gattungen als unbestrittene, mit klaren Distinktionen und Merkmalsrastern versehene Entitäten, würde sie belügen (vgl. Fingerhut 2002, S. 152). Andererseits gilt die bildungstheoretische Notwendigkeit, dass die Begegnung der Subjekte mit den Gegenständen der Welt nicht in einem bloßen Fragen, Staunen, Hinterfragen und Dekonstruieren (so wichtig all dies für Bildung ist, vgl. Rumpf 1986) bestehen kann, sondern dass überhaupt erst Konzepte in den Köpfen entstehen müssen, bevor sie auf fortgeschrittener Stufe wieder abgebaut und relativiert werden können. Zudem lässt sich die literaturtheoretische Kritik am Gattungsbegriff sogar fruchtbar machen, indem verwandte Ordnungsmuster wie „Schreibweise" (vgl. Witting 1986 und Zymner 2003, der sie „poetogene Strukturen" nennt) oder „Genre" einbezogen werden. Für Unterrichtsplanung im Hinblick auf literarische Bildungs- und Erkenntnisprozesse spielt es sicher keine unterscheidende Rolle, ob die Schüler die Formensprache der Schreibweise Parodie kennen lernen oder die der Gattung Sonett.[1] Dies führt aber sofort auf das zweite Spannungsverhältnis, das nämlich zwischen der didaktischen Skepsis an rein literaturkundlichem Unterricht, der sich auf eine Demonstration und ein kaum funktionales Erlernen von Merkmalskatalogen literarischer Genres und Gattungen beschränkt (vgl. die Kritik bei Maiwald 1999, S. 58–60), und zwischen der Erwartung in Lehrplänen und Öffentlichkeit, dass Literaturunterricht Schülern ein handfestes, quasi-kanonisches Bildungs-

[1] Das Problem ist, dass die Gattungsaufteilungen in sich nicht konsistent und widerspruchsfrei sind (wenn etwa Kinderliteratur eine Gattung neben der klassischen Trias wäre, wieso gibt es innerhalb der Kinderliteratur dann Gedichte, Theaterstücke, Prosa etc.?), sondern auch die Distinktionskriterien allenfalls nach dem Konzept der Familienähnlichkeit und/oder Prototypensemantik konstruiert werden können, also ein fester Kern und ein unscharfer Rand von Gattungen anzunehmen ist. Außerdem ist die Idee einer trennscharfen Aufteilung der Literatur in drei Hauptgattungen eine historische Engführung oder Erweiterung, je nachdem, welche Perspektive man ansetzt. Konzepte, die *zwei* Gattungsbegriffe zur Definition *einer* literarischen „Klasse" kombinieren wie in Lampings Explikation des „lyrischen Gedichts" (Lamping 2000) zeigen, dass traditionelle Gattungsvorstellungen, die gerade didaktische Konzeptionen dominieren, unzureichend sind. Zur Problematik genauer literaturwissenschaftlicher Begriffsklärung vgl. z. B. Lieb (1986), Müller (1986), Gabriel (1986).

wissen mit an die Hand geben sollte. In letzterem Sinne wäre die Kenntnis von Formmerkmalen und Genretraditionen elementarer Bestandteil literarischer Bildung. Aufzuheben ist dieses Spannungsverhältnis nicht, aber es gibt wohl bessere Begründungen für die explizite Behandlung von Gattungen und Genres im Literaturunterricht als das reine Behaupten der Notwendigkeit von Wissensbeständen.

4.2 Parodien und Kontrafakturen

Eine gute Möglichkeit, gleichzeitig sowohl etwas über Schreibweisen und Gattungen als auch über ihren Funktionszusammenhang und die Notwendigkeit des Wissens um sie zu vermitteln, bieten Parodie und Kontrafaktur. Besonders geeignet für den Unterricht sind sie aus mehrerlei Gründen: Sie kommen in allen medialen Formen vor, der Unterricht wird also ohne aufgesetzten Medienaufwand abwechslungsreich und anschaulich. Beispiele für parodistische Verarbeitungen musikalischer, visueller oder filmischer Vorlagen dürften allen Schülern aus der Popkultur (und immer mehr auch der Netzkultur hinlänglich bekannt sein (z.B. „Stupid Girl" von Pink oder „Space Balls" als Star Wars-Parodie), somit ist auch eine gute Anschließbarkeit an Vorerfahrungen gegeben. Ein Lernweg vom Einfachen zum Komplexen ist anhand holzschnittartiger Kontrafakturen oder Parodien sehr gut möglich, so z.B. über Beispiele aus Werbung, politischem Plakat und Propaganda.

An ihnen lassen sich die prinzipiellen Techniken und Ziele der beiden Verfahren aufzeigen: Geht es bei die Kontrafaktur um die Verbreitung einer eigenen Botschaft unter Ausnutzung des kommunikativen Potentials einer als hinlänglich bekannt vorausgesetzten Vorlage, so zielt die Parodie nur auf die komisierende Herabsetzung einer Vorlage mittels Über- oder Untererfüllung thematischer oder formaler Elemente (vgl. Verweyen/Witting 1979 und 1987). Die dabei verwendeten Änderungsoperationen der Substitution, Permutation, Subtraktion oder Addition sind einfach und regen zum eigenen Ausprobieren und eigener Produktion an.

Die gewonnenen Erkenntnisse können anhand literarischer Kurzformen vertieft werden, wobei sogleich weitere Ziele verwirklicht werden. Vergleichen Schüler etwa Gernhardts Parodie „Terzinen über die Vergesslichkeit" (Gernhardt 1981) mit Hofmannsthals „Terzinen über die Vergänglichkeit" (Hofmannsthal 1896) so müssen sie die Mechanismen der Substitution und der thematischen Untererfüllung im Text aufschlüsseln können. Darüber hinaus aber erkennen sie anhand der vollkommen identischen metrischen, klanglichen, strophischen Gliederung der Parodie die Merkmale einer eigenen Gattung, nämlich der Terzine. Ähnlich erhellend sind Textklassenparodien, egal in welchem Medium: Wer begreift, was an einer Filmparodie wie „Space Balls" komisch sein soll, hat zugleich begriffen, was das Wesen des Genres bzw. der Gattung Science Fiction ausmacht. Der tiefer liegende Begründungszusammenhang für die Thematisierung von Gattungen und Genres, der hieran deutlich wird, ist folgender: In der Schule wird Kunst zumeist als Reaktion, als Widerspiegelung, als Antwort, als Verfremdung oder als Gegenentwurf zu außerliterarischer Wirklichkeit, zu persönlichen Erfahrungen oder historischen Kontexten thematisiert. Dies ist auch psychologisch wie motivational sinnvoll, da es für Schüler nachvollziehbar, erhellend und teils sogar überprüfbar ist, wie, ob und in welcher Absicht Kunst auf Welt reagiert, was für Möglichkeiten und Spielräume sich bieten, wie auch eigene Erfahrungen künstlerisch thematisierbar und verstehbar sind. Im Rahmen eines gattungsorientierten Unterrichts aber, der z. B. Mechanismen der Textverarbeitung, also der unmittelbaren und intensivsten Intertextualität (vgl. Broich 1985), anhand der Schreibweisen Parodie und Kontrafaktur verdeutlicht, wird klar, dass Literatur nicht einfach ein Reflex auf die Wirklichkeit ist. Es zeigt sich so, dass Literatur immer aus und gegen Literatur entsteht, wie es die Literaturtheorie seit dem russischen Formalismus (manchmal dabei die außerkünstlerische Wirklichkeit vergessend) betont. Die Gattungen und ihre Traditionen werden demnach als kreative Potentiale, als Antrieb für Fortschritt und Entwicklung in der Kunst- und Literaturgeschichte erkennbar. Die Abnutzung bestimmter Formen, die Revolte gegen sie in parodistischer Form, die Abwehr des Neuen durch Herabsetzung, all dies zeigt, wie Literatur aus sich selbst heraus, aus der Kenntnis um Formen und Strukturtraditionen, erneuert und entrümpelt wird und zugleich ihre alten Reservate verjüngt und verteidigt.

4.3 Gernhardts Lyrik über Lyrik

Einen ähnlichen Erkenntnisgewinn dürfte die Beschäftigung mit einem Gedicht über Gedichte, nämlich Gernhardts „Materialien zu einer Kritik an der bekanntesten Gedichtform italienischen Ursprungs" („Sonette find ich sowas von beschissen ...", Gernhardt 1979), erwarten lassen. Vorausgehend müssten klassische Sonette der Barockzeit behandelt sein, eventuell mit einem Ausblick auf das Verdikt vieler Autoren gegen die Sonettform seit Goethe. Jugendliche sind geneigt den bei Gernhardt verwendeten Wortschatz in einer oberflächlichen Weise amüsant zu finden. Sie neigen zur Deutung „Da macht sich jemand über die Barockdichter mit ihren immer gleichen strengen Formen lustig!". Vergleicht man nun die Sprache des Gernhardt-Gedichts mit den klassischen Sonettformen einerseits und der Jugendsprache der 80er Jahre andererseits, so fällt auf, dass in spezifischer Weise auf zwei Sprachkonventionen Bezug genommen wird: Einerseits die hohe technische Meisterschaft, mit der Gernhardt die Vulgärsprache in die rigide lyrische Form zwingt, andererseits die verdichtete und somit übertriebene Verwendung eines bestimmten Wortschatzes. Die Plausibilität der These, dass die Sprachkunst der Sonetttradition hier eher als Angriff, als verschmitzte Anfrage an die oft nur scheinbare Freiheit beliebiger und gedankenloser Sprachverwendung benutzt wird, und dass somit die Kunst in Formtraditionen und Gattungsgesetzen gegenüber einer regellosen Beliebigkeit aufgewertet wird, kann auch ohne das Hinzuziehen poetologischer Äußerungen Gernhardts (die freilich eine ergänzende Option wären) einsichtig werden (vgl. Detering 1997).

4.4 Produktive Hermeneutik zu Kleist und Dürrenmatt

Den Übergang von „bloßer" Gattungsorientierung zu einem Unterricht, der auch den Anforderungen identitätsorientierten Unterrichtens gerecht wird, markieren alle Arbeitsformen, die Gattungsregeln durch handelnd-produktive Verfahren (vgl. Spinner, Kap. 3.4) einsichtig und erfahrbar machen wollen. Schüler erwerben und/oder vertiefen ihr Wissen hier nicht nur nachdenkend, erkennend, wiederfindend, sondern probieren aus, spielen mit den Möglichkeiten und nehmen in einer zumindest leichter erkennbaren Intensität am Prozess literarischer und ästhetischer Bildung teil: Die Gattung Anekdote z. B., wie sie vor allem Kleist zu literarischer Meisterschaft führte, kann ex negativo verdeutlicht werden, indem ein Ereignis wie der „Charité Vorfall" (1810b) oder das Auftreten des „Branntweinsäufers" (1810a) aus der literarischen Formvollendung zurückgeführt wird auf eine schlichte Zeitungsmeldung (die oft auch tatsächlich die Grundlage für Kleists Texte bildete). Die Schüler sollen alle künstlerischen Verfremdungen und Verfahren subtrahieren, wobei ihnen mehrere Gesetzmäßigkeiten des Genres einsichtig werden: Die große Realitätsnähe, die Bezugnahme auf wirkliche Ereignisse einerseits, die sparsame, aber dennoch unhintergehbare künstlerische Formung des bloßen „Stoffes" andererseits. Gespräche über die literarischen Strategien sind erheblich ergiebiger, wenn Schüler ebendiese vorher entfernt und gewissermaßen rückgängig gemacht haben.

Gattungsbesonderheiten so schreibend erfahrbar zu machen ist ein klassisches Verfahren im reichhaltigen Repertoire der produktiven Hermeneutik, die Waldmann (1998) in seinem Verständnis von Produktionsorientierung vorgeführt hat: Lassen wir Schüler etwa die Szene in der Petersschen Scheune aus Dürrenmatts „Besuch der alten Dame" (1980) als Ich-Erzählung aus der Perspektive einer der beteiligten Figuren umformulieren, so erreichen wir neben vertieften Einblicken in die Charakteristika der Figuren vor allem eine spürbare Erkenntnis der Möglichkeiten erzählender Verfahren gegenüber dramatischen Techniken (die Szene offenbart, dass Claire das Städtchen Güllen schon seit langem in ihrem Besitz hat, macht somit den hoffenden Bewohnern endgültig klar, dass es aus dem Dilemma, in das sie die alte Dame gebracht hat, kein bequemes Entrinnen gibt, da schon der Niedergang ihres Städtchens geplant und inszeniert war. Ein solcher Wende- und Höhepunkt ist als Schreibanlass besonders geeignet). Wenn so durch innere Monologe Gedanken und Gefühle der Figuren von den Schülern ausgestaltet werden, so steht dies in direktem Kontrast zur nur „äußerlichen" Sichtbarkeit in Mimik, Gestik und Rede, die die dramatische Vorlage bietet. Gattungsorientierung ist in diesem Sinne kein reines Erlernen und Nachvollziehen von Formelementen, sondern immer auch ein eigenaktives Erfahren von literarischen Möglichkeiten. Pointiert könnte man die didaktische Überlegung folgendermaßen auf die Literatur selbst beziehen: Erst die Gattungstraditionen und Formen geben dem individuellen Autor die Möglichkeiten an die Hand, aus Ideen, Erfahrungen, Gedanken Literatur werden zu lassen. Je reichhaltiger die Kenntnis ihrer Möglichkeiten sind, desto reichhaltiger sind die literarischen Potentiale des jeweiligen Schriftstellers.

5. Beispiel II: Texte als Ausgangsbasis

5.1 „Mein bleicher Bruder" als Kurzgeschichte und Mobbingfall

In den obigen Beispielen von Kontrafaktur und Parodie über Sonett bis hin zu Anekdote und Drama war das Unterrichtsziel, Kenntnisse über Genres, Schreibweisen und Gattungen zu erweitern. Anders herum wird Unterricht weit häufiger geplant: Man geht von einem konkreten Text aus und überlegt dann – und hier ist die alte didaktische Analyse der Klafki-Tradition durchaus noch stilprägend –, was die Schüler an diesem Gegenstand für Erfahrungen, Erkenntnisse, evtl. sogar Bildungserlebnisse erwerben sollen und können. In diesem Sinne geht das nächste Beispiel vor. Wie kaum eine andere Geschichte Borcherts spiegelt „Mein bleicher Bruder" (1946/47) die Erfahrung des Autors wider, was Krieg aus Menschen zu machen imstande ist, wie menschliche Leidenschaften und Gefühle durch den Krieg intensiviert, verroht und unkontrolliert werden. Die Handlung ist schnell erzählt: Ein Leutnant steht vor der Leiche eines anderen Soldaten namens Heller und hält ihr eine eigentümliche Rede, in der Hass, Schadenfreude und Verletzung zum Ausdruck kommen. Er verhöhnt den Toten regelrecht. In zwei nachgeholten Vorgeschichten wird erzählt, wie es zum Tod Hellers kam: Die erste Vorgeschichte erläutert die frühere Beziehung der beiden Männer, die sich schon aus Jugendtagen kannten und in der Heller offensichtlich die Rolle des allseits beliebten, gutaussehenden Frauenhelden einnahm, der den Leutnant verspottete. Dieser war ausgeschlossen, fühlte sich aufgrund körperlicher Merkmale (bleiche Haut und ein hängendes Augenlid) hässlich und gezeichnet. Die zweite Vorgeschichte spielt am Abend vor der Eingangsszenerie und berichtet, wie die beiden Männer, die sich im Krieg als Vorgesetzter und Untergebener wieder begegnen, in ihre klassische Rollenverteilung fallen: Heller verspottet den Vorgesetzten, worauf dieser ihn auf ein Himmelfahrtskommando schickt, auf dem er letztlich stirbt. Eine solche Geschichte könnte unter verschiedensten Gesichtspunkten, mit völlig verschiedenen Intentionen Eingang in den Unterricht finden. Zum einen könnten intertextuelle Anklänge an die biblische Geschichte um Kain und Abel untersucht werden, zum anderen literaturgeschichtliche Reaktionen auf Kriegserfahrungen im Rahmen einer Behandlung der Nachkriegsliteratur angesprochen werden. Es wäre sehr gut möglich an dieser Geschichte die Unterschiede zu demonstrieren, die zwischen zutreffenden, historische Kontexte und Funktionsstrategien einbeziehenden Deutungen auf der einen und „nur" Teilaspekten gerecht werdenden Interpretationen auf der anderen Seite bestehen. Dazu könnte man zunächst den Mobbing- und Rachekern lesen und besprechen, dann den Kriegskontext (also die zweite Vorgeschichte) und die literaturgeschichtliche Stellung nachreichen. Die Bedeutung der Geschichte als Demonstration der Verrohung menschlicher Gefühle, die durch Kriegserlebnisse ungehemmt ausgelebt und in unmenschlicher Weise ausgeübt werden können, käme dann umso deutlicher zum Ausdruck (vgl. Kaszynski 1970; Rühmkorf 1969).

Schließlich aber kann die Geschichte auch identitätsorientiert besprochen werden: Dabei muss die eben skizzierte Kontrastierung des psychologischen Kerns der Geschichte, eines Falls von Mobbing und Ausgrenzung, der zu Hass und Rachgefühlen führt, mit der anschließenden Behandlung der Kriegssituation nicht verändert werden. Sie sollte sogar möglichst scharf kontrastiert und durch eine einleitende personale Zugangsweise und einen abschließenden Rückbezug ergänzt werden. Man könnte z. B. einleitend die psychischen Gegebenheiten und Mechanismen von Mobbing und Ausgrenzung thematisieren. Es bietet sich an über Minderwertigkeitsgefühle, Ängste und Rache zu sprechen. Reizwörter könnten im Clusterverfahren bearbeitet werden, eigene Erfahrungen oder Muster aus Film, Literatur und Alltagserlebnissen ausgetauscht werden (alternativ könnten mittels Musik, etwa „Wenn ich einmal soll scheiden" aus der Matthäuspassion, typische sprachliche Wendungen und typische Gefühle angesichts des Todes thematisiert werden, die dann auf die völlig atypische Reaktion des Leutnants angesichts des toten Heller treffen). Sodann wird Borcherts Leutnant in seiner Rede charakterisiert, vielleicht sogar, indem nur Wortfetzen und Zitate möglichst einfühlend und emotional gelesen werden und Schüler dann eine Situation imaginieren oder beschreiben, in der solche Worte Platz finden könnten. Nach der Konfrontation mit der gesamten Szene stünde dann in einem zweiten Schritt die Frage nach dem Auslösen solcher Emotionen auf der Tagesordnung, bevor die erste, weiter in die Vergangenheit reichende Vorgeschichte thematisiert wird. Im Gespräch sollten sich Beschreibung, Deutung und Wertung die Waage halten. Überdies ist bei der Gesprächsleitung darauf zu achten, keinen rein moralisierenden Diskurs zu führen, der die Gefühle des Leutnants verteidigt oder kritisiert. Im Sinne identitätsorientierten Unterrichts wären somit Phasen der subjektiven Erstannäherung aber auch der ersten distanzierenden Textbegegnung durchlaufen (vgl. Kreft 1998; Frederking 2000; vgl. auch Bd. 2, Kap. 3.10). Die wirkliche Konfrontation mit Alterität, mit der Fremdheit des Textes, erfolgt aber erst, indem der für jeden nachvollziehbare, psychologisch bei 13- bis 18-jährigen Schülern wohl auf Empathie stoßende Sachverhalt dadurch in ein anderes Licht gerückt wird, dass hier eine für Schüler nicht nachfühlbare Realität den Hintergrund für die Eskalation bildet: Zwei Männer in der existenziellen Ausnahmesituation des Krieges. Ergänzend empfehlen sich hierzu Bilder aus den beiden Weltkriegen, die die Entmenschlichung und Verrohung besonders deutlich machen. Je nach Charakter der Klasse wären entweder Bilder von Verwundungen oder Schlachten oder aber, um die Situation zu abstrahieren, Bilder von Soldaten in Gasmasken zu zeigen. Besonders letztere (aus dem II. Weltkrieg kaum möglich, da dort Gaseinsatz bereits geächtet war und dies weitgehend eingehalten wurde) zeigten die Vernichtung menschlicher Individualität durch den Krieg und würden die unglaubliche Kälte des einstigen Mobbingopfers erklären helfen. Einen Abschluss böte z. B. das Thema, wann man in unserer Lebenswirklichkeit Eskalationen von Gefühlen zu befürchten hat und inwiefern diese vermieden werden könnten. Ein solcher identitätsorientierter Ansatz verwendet also die Borchert-Geschichte nicht ausschließlich zur Thematisierung personal wertvoller und psychologisch entwicklungsbedeutsamer Themen wie Gefühle und Umgang mit Gefühlen (was vollkommen ausreichend für einen sinnvollen und lehrreichen Unterricht wäre), sondern baut immer auch auf die Möglichkeit von Differenz-, besser noch: Alteritätserfahrungen, indem Eigenes, selbst Nachvollziehbares und Verständliches mit Neuem, Fremdem und Anderem konfrontiert wird.

Gattungsorientiert betrachtet würde die Geschichte zwar genauso wenig auf die Thematisierung der inhaltlichen psychologischen Konflikte verzichten wie die identitätsorientierte Behandlung ohne ästhetische Merkmale und Hinweise zur Gestaltung der Sprache, in der die Gefühle ihren Ausdruck finden, auskäme. Aber der Schwerpunkt wäre ein anderer: Die kunstvolle Verschachtelung von Ausgangsszene (die Rede des Soldaten an den Toten), Vorgeschichte I (die gemeinsame Jugend) und Vorgeschichte II (der Abend vor der Eingangsszenerie, vor dem tödlichen Auftrag) wäre im Hinblick darauf zu betrachten, was sie strukturell ermöglicht, aber auch nötig gemacht hat. Wie schafft es Borchert eine ganze Leidensgeschichte in einen kurzen Text zu packen? Welche sprachlichen Verknappungsmittel dienen ihm, welche Möglichkeiten des Ausdrucks von Kriegswirklichkeit verwendet er, wie stellt sich die zeitliche und textlineare Anordnung der Ereignisse dar? Solche Fragen schwerpunktmäßig strukturell zu behandeln, etwa, indem das Tafelbild oder die gemeinsam erstellte Folie die Gegenüberstellung von Rahmen und Kern, von Vorgeschichte und Eingang wiedergibt, indem Sprache als im Dienst der Textsorte stehend begriffen werden kann, führen auf das Genre der Kurzgeschichte. Obwohl in der deutschen Literaturgeschichte ein „Kerntypus“ von Kurzgeschichten kaum in vergleichbarem Maße Eingang in den literarischen Kanon gefunden hat wie im angelsächsischen Raum, so ist doch die Struktur von Kurzgeschichten ein Musterbeispiel für die

Möglichkeiten von Kurzprosa insgesamt und im Unterricht hervorragend einzusetzen und verständlich zu machen. Dass die (schul-)klassischen Merkmale wie offenes Ende, Medias-in-res-Anfang, eine sehr kurze erzählte Zeit, die aber dennoch Ereignisse beinhaltet, die weit über sie hinausdeuten etc., hier nicht mustergültig, sondern eher in Ansätzen erfüllt sind, macht die Geschichte zu einem möglichen Ausgangspunkt für die Erkundung weiterer Kurzgeschichten – genauso wie zu einem Abschluss, an dem Muster überprüft werden können.

5.2 Postmoderne Erfolgsromane

Ähnlich ließe sich die Lektüre einer umfangreichen Ganzschrift, wie etwa Süskinds „Parfum“ so durchführen, dass die Charakteristika, Sehnsüchte, Entwicklung des Antihelden Grenouille leitend sind oder so, dass v. a. die Genremischung und die Eigengesetzlichkeiten von Kriminal, Horror-, Fantasy- und Künstlerroman (voll von immanenter Poetik) deutlich werden. „Eigengesetzlichkeit“ ist bewusst verwendet: Das Resultat einer eher gattungsorientierten Literaturbetrachtung mündet in die Erkenntnis, die auch im letzten Beispiel am Ende stand: Genre- und Gattungsmuster sind nicht etwa Ausdruck einengender Formprinzipien, sondern kreative Produktionsmöglichkeiten von Literatur, die oft den individuellen Zugriff der Autoren auf ihren Stoff steuern und ihnen bestimmte Kunstgriffe geradezu aufzwingen, während sie andere von vorne herein ausschließen. Schön ließe sich dies auch an einem für den Deutschunterricht ungewöhnlichen Text zeigen, einem Klassiker der modernen Unterhaltungsliteratur, Beagels „Das letzte Einhorn“. Hier wird nicht einfach ein sentimentales modernes Märchen erzählt, sondern auf einer zweiten Ebene werden fortlaufend die grundlegenden Strukturprinzipien von Märchen, kommentiert und von den Figuren selbst thematisiert – ganz so, als hätte jemand Propps (1928) Märchenmorphologie als Vorlage zum Schreiben eines Romans verwendet:

> Ich bin ein Held. Es ist ein Handwerk wie jedes andere auch, wie Weben, Brauen und Backen [...] alle Drachen haben eine ungepanzerte Stelle, alle vermummten Fremden geben dem Suchenden bestimmte Rätsel auf [...]. Der Schweinehirt kann nicht schon zu Beginn seines Abenteuers die Prinzessin heiraten, Hänsel nicht an die Tür des Hexenhauses pochen, wenn die Hexe verreist ist. Der böse Oheim kann nicht entdeckt und unschädlich gemacht werden, bevor er etwas Böses getan hat. (Beagle 1968, S. 232)

Anhand solcher Äußerungen ließe sich mit Schülern ausgiebig über die Regeln und Konventionen von Genres diskutieren und wiederum ließe sich dies gut mit Erfahrungen aus der Popkultur verbinden, etwa mit Regeln des Actionfilms, die scheinbar jede Gesetzmäßigkeit der Physik außer Acht lassen, aber eben nur, weil das Genre es so will, weil das Publikum zugleich mit der Akzeptanz des Genres die „Unlogik“ in Kauf nimmt.

Eine eher identitätsorientierte Behandlung würde sich hingegen unter anderem mit dem Anti-Helden Schmendrick, einem völlig talentlosen Magier, befassen, der an seiner Freundschaft mit dem Einhorn reift und sich fortwährend stärker von der komischen Figur zum Träger moralischer Bedenken und psychologischer Thesen über Bestimmung, Lebensaufgaben und Identitätsverlust wandelt.

6. Beispiel III: Wider den scheinbaren Gegensatz

6.1 Biographie als Genre und lebensgeschichtliches Konstrukt

Wie wenig eine gegensätzliche Auffassung von Gegenstands- und Lernerorientierung trägt, lässt sich sehr schön an einer Unterrichtsreihe zu Biographien zeigen. Für Jugendliche gut geeignete Texte sind etwa die Biographien Alois Prinz', v. a. seine mit dem Jugendliteraturpreis ausgezeichnete Meinhof-Biographie „Lieber wütend als traurig" (vgl. Josting/Dreier, Bd. 2, Kap. 1.5). Biographie ist zwar eine besonders schwer einzuordnende literarische Gattung, angesiedelt zwischen (schöner) Literatur, Wissenschaft und (populärem) Sachbuch (vgl. Scheuer 1979, Klein 2002). An ihr lassen sich jedoch gut textsortenspezifische Besonderheiten wie literaturtheoretische Grundfragen erörtern. Konfrontiert man Schüler z. B. mit verschiedensten Druckerzeugnissen vom Telefonbuch über Speisekarten, Gebrauchsanweisungen bis zu Bilderbüchern und Romanen, so stellt sich die Frage, was und warum man etwas Literatur nennt, für jeden als Problem. Ergänzend wäre ein Text wie Handkes „Mannschaftsaufstellung des 1. FC Nürnberg" (1969) zu verwenden, um die Grenzen von Literarizität anhand des Fiktionsbegriffes (nach wie vor als zu modifizierende Grundlage geeignet Gabriel 1975; Hempfer 1990) zu diskutieren.[2] Einfache Fragen wie die, was sich verändert und was sich nicht verändert hat, indem der Text von der Stadionzeitschrift in einen Gedichtband übernommen wurde, bringen hier erstaunliche Reflexionen bei den Schülern in Gang. Sodann lässt man wahlweise Belege und Textstellen für die Einordnung der Biographie als Literatur oder als Sachbuch suchen und wird von den Argumenten durchaus positiv überrascht werden. So werden der Anmerkungsapparat, die hohe Zitatdichte und die häufigen Exkurse als Nachweis für den nichtfiktionalen Charakter gebracht und die erzählenden Passagen, die auf Spannung hin orientierte Anordnung des Stoffes und die fast schon reißerisch oder fantastisch klingenden Kapitelüberschriften („Drachenblut") als Beleg für die Literarizität der Biographie.

Andererseits ist jede individuelle, also tatsächlich gelebte Biographie mehr als ein momenthaftes Erleben, ist immer auch erzählte, geglaubte, (ex post) mit Sinn versehene Geschichte. In diesem Sinne ist die Grundfrage von Prinz' Buch, „wie aus einem mehr oder weniger normalen Mädchen später eine gesuchte Ter-

[2] Entscheidungen und terminologische Festlegungen sind nicht Sache des Unterrichts.

roristin werden konnte" (Prinz 2003, S. 10), die geradezu systematische Suche nach Wendepunkten, von denen aus sich ihr Schicksal verstehen lässt, eine Suche, die jeden Leser persönlich angeht. Man könnte also die Einheit unter das Thema stellen, was eine Biographie ausmacht, welche bewussten Entscheidungen sie steuern und welche historischen, sozialen, politischen, kulturellen und genetischen Einflüsse sie „machen". Begonnen würde dann etwa mit einem Sitzkreis in möglichst entschulter Atmosphäre, in dem Schüler verändernde Erlebnisse vorstellen, am besten verbunden mit einem Bild oder einem Gegenstand. Bei solchen Aufgaben ist es wichtig, distanziert-sachliche Alternativen zu ermöglichen, da das Zurückhalten der eigenen Identität, das Verweigern von Gesprächen über persönliche Dinge elementares Grundrecht identitätsorientierten Unterrichtens sein muss. Hier böte sich z. B. an, eine Person auszuwählen, die man gerne treffen würde, und zu beschreiben, was für Fragen an ihre Biographie man ihr stellen würde. Eine identitätsorientierte Behandlung des Buches würde dann eine Charakteristik Meinhofs als junge Frau vor ihrem Kontakt mit dem linken intellektuellen Milieu, in der Hochphase ihrer journalistischen Laufbahn und schließlich um den Wendepunkt ihres Lebens – die Befreiung Andreas Baaders – herum in den Mittelpunkt stellen und die Schüler auf Ursachenforschung gehen lassen: Private Enttäuschungen, politische Frustrationen, weltanschauliche Grundmuster, individuelle Vorbilder, charakterliche Dispositionen sollten gefunden werden. Dass Ulrike Meinhof ein Opfer der Verdrängung des NS-Erbes genauso wie eine mitleidlose und fanatisierte Täterin war (vgl. Peters 2004), macht sie für die Reflexion von Biographie nicht ungeeignet. Im Gegenteil stellt die Auseinandersetzung mit nur schwer nachvollziehbaren Entwicklungen den Schülern Fremdheitserfahrung fast schon provozierend gegenüber und fordert gerade dadurch die eigene Identität heraus. Dies lässt sich durch Eingreiftexte (etwa eine Begegnung der Pflegemutter und Historikerin Renate Riemeck mit Ulrike in der Zeit kurz nach dem Weg in die Illegalität) oder durch eine Rezension des gesamten Buches (das ja selbst eine sinnvolle Geschichte Ulrikes konstruiert) durch die Schüler unterstützen.

6.2 Liebeslyrik kontrastiv

Ähnliches ließe sich für die Beschäftigung mit dem Genre 'Liebeslyrik' sagen: Beginnend mit einer Songcollage zu verschiedenen Stadien einer Liebesbeziehung (Die Schwüre zu Beginn in Grönemeyers „Morgenrot" (1995), der Wendepunkt anhand „Denkmal" von „Wir sind Helden" (2003) bis zur Reflexion des Endes in „Weißes Papier" von „Element of Crimè" 1993) könnten eigene Texte als Antwort auf einen der Songs geschrieben werden, z. B. als Nachricht auf einem Anrufbeantworter oder als Brief nach dem Ende einer Beziehung. Die Texte sind anspruchsvoll genug, um Anregungen zu bieten, andererseits nahe genug am Schülerhorizont, um subjektiv nachvollziehbar und in eigenen Antworttexten reflektierbar zu sein. Anschließend macht man sich auf die Suche nach Mustern von Liebesdichtung und wird schnell ernüchternde Erfahrungen machen: Vor dem großen Paradigmenwechsel der europäischen Literaturgeschichte im letzten Drittel des 18. Jahrhunderts, also im Humanismus, der Barockliteratur und teils noch der Aufklärung, sind Liebesgedichte alles andere als Ausdruck individuellen Fühlens. Sie sind vielmehr gängigen Mustern folgende Sprachspiele, die z. B. in der imitatio der petrarkistischen Tradition um das virtuoseste Frauenlob wetteifern. Eine bewusste Gegenüberstellung eines Barockgedichts wie Hoffmann von Hoffmannswaldaus „Beschreibung vollkommener Schönheit" (1695) mit erlebnishafter Lyrik wie Goethes „Mailied" (1771 / 1775) zeigt allein schon durch die konträre sprachliche Form, dass Liebe nicht einfach ein Gefühl ist, sondern auch ein Konstrukt, das je nach kultureller und historischer Situation anders Eingang in die Kultur findet. Umgekehrt hängen auch das individuelle Erleben und die Bewertung von Erlebnissen mit davon ab, wie die den Menschen umgebende Kultur sein Bild von Liebe geprägt und geformt hat. Gerade also die scheinbar „sachliche" Auseinandersetzung mit Formtraditionen, die Historisierung und Kontextuierung von Literatur fördert die Persönlichkeitsentwicklung, die Reflexion von Emotionen mehr als es eine nur einfühlende Lektüre von Liebeslyrik erreichen könnte.

7. Beispiel IV: Das Unterrichtsgeschehen selbst als Kriterium für Identitätsorientierung

7.1 „Das Wetter vor 15 Jahren" von Wolf Haas

Kein Gegenstand macht Unterricht per se eher gattungs- oder eher identitätsorientiert. Nachdem ich mit Gattungsorientierung begonnen habe, schließe ich zum Beleg dieser These nun mit der Identitätsorientierung. Identitätsorientiert ist Unterricht vor allem durch seine Form. Entscheidend ist, dass und wie Schüler sich in den Unterrichtsverlauf einbringen können. Die gemeinsame Planung von Unterricht, die Auswahl von Themen und Schwerpunkten, die Entwicklung eigener Fragestellungen an Literatur, die Reflexion des Gelernten auf einer Metaebene (vgl. Ruf 2003), die Erweiterung „bloß" kognitiver Auseinandersetzung durch vielfältige Sinneserfahrungen und Ausdrucksmöglichkeiten, die geduldige (aber argumentativ durchaus erwidernde) Akzeptanz abweichender Schülerwertungen und Meinungen genauso wie die bewusste Konfrontation mit Alterität und Fremdheit (zu den beiden Termini Gerner 2006) – all dies macht Identitätsorientierung aus. Ein Buch, das geradezu nach einer Reflexion von Gattungsmustern verlangt, ist Wolf Haas' Roman „Das Wetter vor 15 Jahren" (2006). Ein Liebesroman wird dem Leser in der Form präsentiert, dass ein mehrere Tage dauernder Dialog des Autors mit einer Feuilletonjournalistin über den

Roman geführt wird. Der eigentliche Roman entsteht nur im Kopf des Lesers, wird nur durch wenige „Zitate" präsent. Die Frage, ob dies noch Epik, noch Roman, noch klassische Liebeserzählung ist, drängt sich geradezu auf und kann die Begrenztheit vieler Gattungsvorstellungen auch für Schüler plausibel machen. Nun kann die Behandlung ebensolcher Fragen in einem durch und durch identitätsorientierten Unterricht stattfinden, indem z.B. folgende Arbeitsformen gewählt werden:

- Es werden eigene Definitionen (evtl. in wachsenden Gruppen) von „Erzählen", Roman" oder „Liebe" gebildet, die dann ein vervielfältigtes oder ausgehängtes Muster für die Erarbeitung des Textes bilden.

- Schüler bringen eigene Fragen an die Handlung, die behandelten Themen, die Personen oder den Produzenten in das Interview ein, suchen selbst nach Antworten und machen diese am Text plausibel.

- Es böte sich an, die Schüler arbeitsteilig Passagen des nur im Interview existenten Romans tatsächlich schreiben zu lassen, gerade um sich so besser ein eigenes Urteils zu bilden und die Gattungsproblematik und die Frage nach der Narrativität durch Erprobung gesättigt diskutieren zu können.

- Die im Roman verhandelte Liebeserfahrung (von langjähriger Sehnsucht über das Hüten von Geheimnissen bis hin zu Schuld, Affären und Verlust) könnte in Experteninterviews (z.B. mit Paartherapeuten, Wissenschaftlern, Hollywoodautoren etc.) diskutiert und v.a. in Rollenspielen umgesetzt werden. Zum einen sollte eine sinnliche Komponente auch den weniger lesefreudigen Jugendlichen Möglichkeiten zum Einbringen eigener Stärken geben, zum anderen ist die thematische Literaturbehandlung für identitätsorientiertes Arbeiten besonders wichtig: Die inhaltlichen Fragen und Probleme des Textes gehen die Leser weit konkreter an als poetologische und sprachliche Details.

- Jede Form der Handlungsorientierung, die das Wahrnehmungspotential des Textes ausweitet, ist, z.B. im Rahmen begleitender Freiarbeitsphasen, sinnvoll: Ob die Schüler Passagen des Romans in eine szenische Variante umarbeiten und sich dabei vielleicht selbst als Person hineinschreiben, ob sie musikalische Effekte für eine Vertonung der emotionalsten Handlungsmomente suchen oder selbst erfinden, ob sie ein Plakat für einen Kinofilm entwerfen oder Standbilder fotografieren: Nichts davon ist neu oder automatisch schon identitätsorientiert. Es sorgt aber für eine Auseinandersetzung mit dem Text auf allen Ebenen menschlicher Kompetenzen und diese ist dann relevant für die Herausforderung der ganzen Person, d.h. für das Angesprochensein der Schüler in ihrer eigenen Identität als einer zentralen Voraussetzung von Bildung.

7.2 Kriterien der Identitätsorientierung

So zeigt sich, dass gerade die Identitätsorientierung auch eine grundsätzliche Einstellungsfrage der pädagogisch Handelnden gegenüber den Lernenden berührt und weit weniger als textnahes Lesen, Handlungsorientierung oder andere klassische didaktische Ansätze auf bestimmten Arbeitsformen, Sozialformen und Unterrichtsmethoden beruht. Eine gewisse Umkehrung der didaktischen Reflexion wird weit mehr als Arbeitsformen, Sozialformen und Unterrichtsmethoden zu einem identitätsorientierten Unterricht führen: So ist nicht nur zu fragen, ob die Schüler den Anforderungen genügen, sondern eher, ob und was die Anforderungen zur Bildung der Schüler beitragen. So ist nicht nur zu fragen, ob die Arbeitsform effiziente Stoffvermittlung ermöglicht, sondern eher, ob der vermittelte Stoff wirklich so viel Anregungspotential für Bildungsprozesse bietet, dass man ihm die Vielfalt der Umgangsweisen opfern müsse. So ist nicht nur zu fragen, ob am Ende alle das Gleiche gelernt haben, sondern ob jeder etwas für sich Förderliches, Herausforderndes und seiner Bildung Dienliches lernen, tun und denken konnte (zum Bildungsbegriff als Ausgangspunkt Benner/ Brüggen 2004; Bilstein/Liebau 1999; Tenorth 2003). Die Schlussfolgerung drängt sich auf, dass Identitätsorientierung und Gattungs-, also Gegenstandsorientierung letztlich immer zusammengehören, weil es der Didaktik, die die Entwicklung der personalen Identität zum Ziel hat, immer darum geht, den Menschen als sich in der Auseinandersetzung mit Welt bildendes Wesen zu begreifen – im Bewusstsein, dass Bildung und nicht Wissen, Noten und Fächer das Maß aller Dinge für den didaktikwissenschaftlich reflektierten Literaturunterricht ist.

Literatur

Textvorschläge

Beagle, Peter S. 1968 (1983): Das letzte Einhorn. Aus dem Amerikanischen von Jürgen Schweier. Stuttgart: Klett-Cotta.

Borchert, Wolfgang (1946/47): Mein bleicher Bruder. In: Ders.: Das Gesamtwerk. Hamburg: Rowohlt, S. 215–218.

Dürrenmatt, Friedrich (1980): Der Besuch der alten Dame. Neufassung. Zürich: Diogenes.

Gernhardt, Robert 1979 (1981): Materialien zu einer Kritik an der bekanntesten Gedichtform italienischen Ursprungs. In: Ders.: Wörtersee. Frankfurt am Main: Zweitausendeins, S. 164.

Gernhardt, Robert (1981): Terzinen über die Vergesslichkeit nach Kuno von Hofmannsthal. In: Ders.: Wörtersee. Frankfurt am Main: Zweitausendeins, S. 172.

Goethe, Johann Wolfgang von 1771/1775 (1996): Maifest. In: Ders.: Werke. Hrsg. von Erich Trunz. Hamburger Ausgabe. 16. Auflage München: dtv, Bd. 1, S. 30–31.

Grönemeyer, Herbert (1995): Morgenrot. Auf: Grönemeyer Live. London: Grönland/Kick.

Haas, Wolf (2006): Das Wetter vor 15 Jahren. Hamburg: Hoffmann und Campe.

Handke, Peter (1969): Die Aufstellung des 1. FC Nürnberg vom 27.1.1968. In: Ders.: Die Innenwelt der Außenwelt der Innenwelt. Frankfurt am Main: Suhrkamp, S. 59.

Hoffmann von Hoffmanswaldau, Christian 1695 (1980): Beschreibung vollkommener Schönheit. In: Maché, Ulrich/Meid, Volker (Hrsg.): Gedichte des Barock. Stuttgart: Reclam, S. 276f.

Hofmannsthal, Hugo von 1896 (1963): Erste Terzine über Vergänglichkeit. In: Ders.: Gesammelte Werke in Einzelausgaben. Gedichte und lyrische Dramen. Hrsg. von Herbert Steiner. Frankfurt am Main: Fischer, S. 17.

Kleist, Heinrich von 1810a (2001): Der Branntweinsäufer und die Berliner Glocken. In: Ders.: Sämtliche Werke und Briefe. Hrsg. von Helmut Sembdner. München: dtv, S. 267.

Kleist, Heinrich von 1810b (2001): Der Charité-Vorfall. In: Ders.: Sämtliche Werke und Briefe. Hrsg. von Helmut Sembdner. München: dtv, S. 266.

Prinz, Alois (2003): Lieber wütend als traurig. Die Lebensgeschichte der Ulrike Meinhof, Frankfurt am Main: Suhrkamp.

Regener, Sven (1993): Weißes Papier. In: Element of Crimè: Weißes Papier. Hamburg: Polydor.

Süskind, Patrick (1985): Das Parfum. Die Geschichte eines Mörders. Zürich: Diogenes.

Wir sind Helden (2003): Denkmal. In: Die Reklamation. Köln: EMI Electrola.

Sekundärliteratur

Benner, Dietrich/Brüggen, Friedhelm (2004): Bildsamkeit/Bildung. In: Benner, Dietrich/Oelkers, Jürgen (Hrsg.): Historisches Wörterbuch der Pädagogik. Weinheim/Basel: Beltz, S. 174–215.

Bilstein, Johannes/Liebau, Eckart (1999): Erziehung, Bildung und Entfaltung als Grundlagen der Pädagogik der Teilhabe. In: Liebau, Eckart: Erfahrung und Verantwortung. Werteerziehung als Pädagogik der Teilhabe. Weinheim/München: Juventa, S. 25–39.

Broich, Ulrich (1985): Formen der Markierung von Intertextualität. In: Broich, Ulrich/Pfister Manfred (Hrsg.): Intertextualität. Formen, Funktionen, anglistische Fallstudien. Tübingen: UTB, S. 31–48.

Detering, Heinrich (1997): Ein Gespräch im Hause Schmidt über die Poesie des abwesenden Herrn Gernhardt. In: Text + Kritik 136, S. 22–40.

Fingerhut, Karl-Heinz (2002): Didaktik der Literaturgeschichte. In: Bogdal, Klaus-Michael/Korte, Hermann (Hrsg.): Grundzüge der Literaturdidaktik. München: dtv, S. 147–165.

Frederking, Volker (2000): Identitätsorientierung im Literaturunterricht am Beispiel von Max Frischs „Andorra“. In: Blattmann, Ekkehard/Frederking, Volker (Hrsg.): Deutschunterricht konkret. Baltmannsweiler: Schneider, S. 43–101.

Frederking, Volker (2003): „Es werde von Grund aus anders“!? Leseinteresse, Lernmotivation und Selbstregulation im Deutschunterricht nach PSIA und IGLU. In: Abraham, Ulf/Bremerich-Vos, Albert/Frederking, Volker/Wieler, Petra (Hrsg.): Deutschdidaktik und Deutschunterricht nach PISA, Freiburg im Breisgau: Fillibach, S. 249–278.

Fricke, Harald (1981): Norm und Abweichung. Eine Philosophie der Literatur. München: Beck.

Gabriel, Gottfried (1975): Fiktion und Wahrheit. Eine semantische Theorie der Literatur. Stuttgart: Frommann Holzboog.

Gerner, Volker (2007): Identität und Alterität. Fremdheit von Literatur als Muster bildungstheoretischer Reflexion im Bezugsfeld von Literaturtheorie und Pädagogik. Marburg: Tectum.

Hempfer, Klaus W. (1973): Gattungstheorie. Information und Synthese. München: UTB.

Hempfer, Klaus W. 1990 (2002): Zu einigen Problemen einer Fiktionstheorie. In: Ders.: Grundlagen der Interpretation. Stuttgart: Franz Steiner, S. 107–133.

Hempfer, Klaus W. (1997): Gattung. In: Reallexikon der deutschen Literaturwissenschaft. Berlin/New York: de Gruyter, Bd. 1, S. 651–655.

Kaszynski, Stefan H. (1970): Typologie und Deutung der Kurzgeschichten Wolfgang Borcherts. Poznan: UAM.

Klein, Christian (Hrsg.) (2002): Grundlagen der Biographik. Theorie und Praxis des biographischen Schreibens. Stuttgart: Metzler.

Kreft, Jürgen 1977 (1998): Grundprobleme der Literaturdidaktik. Eine Fachdidaktik im Konzept sozialer und individueller Entwicklung und Geschichte. 2. Aufl. Heidelberg: Quelle und Meyer.

Lange, Günter/Neumann, Karl/Ziesenis, Werner (Hrsg.) (1994): Taschenbuch des Deutschunterrichts. 2 Bände. Baltmannsweiler: Schneider.

Maiwald, Klaus (1999): Literarisierung als Aneignung von Alterität: Theorie und Praxis einer literaturdidaktischen Konzeption zur Leseförderung im Sekundarbereich. Frankfurt am Main: Lang.

Peters, Butz (2004): Tödlicher Irrtum. Die Geschichte der RAF. Berlin: Argon.

Prange, Klaus 1983 (1986): Bauformen des Unterrichts, 2. durchges. Aufl. Bad Heilbrunn: Klinkhardt.

Propp, Vladimir 1928 (1986): Morphologie des Märchens. Frankfurt am Main: Suhrkamp.

Rosebrock, Cornelia (2000): Literaturdidaktik und Lesekultur. In: Wintersteiner, Werner (Hrsg.): Lesen in der Medienwelt. IDE. Informationen zur Deutschdidaktik 24, H. 2, S. 35–48.

Ruf, Urs (2003): Metakompetenz: Über das Verhältnis von Person und Sache. In: Aufgaben. Lernen fördern – Selbstständigkeit entwickeln. Friedrich Jahresheft XXI. Seelze, S. 56–61.

Rühmkorf, Peter (1969): Nachwort. In: Borchert, Wolfgang: Die traurigen Geranien und andere Geschichten aus dem Nachlass. Reinbek: Rowohlt, S. 109–124.

Rumpf, Horst (1986): Mit fremdem Blick. Stücke gegen die Verbiederung der Welt. Weinheim/Basel: Beltz.

Scheuer, Helmut (1979): Biographie. Studien zur Funktion und zum Wandel einer literarischen Gattung vom 18. Jahrhundert bis zur Gegenwart. Stuttgart: Metzler.

Tenorth, Heinz-Elmar (2003): „Wie ist Bildung möglich?" Einige Antworten – und die Perspektive der Erziehungswissenschaften. In: Zeitschrift für Pädagogik 49, S. 422–430.

Verweyen, Theodor/Witting, Gunther (1979): Die Parodie in der neueren deutschen Literatur. Eine systematische Einführung. Darmstadt: Wissenschaftliche Buchgesellschaft.

Verweyen, Theodor/Witting, Gunther (1987): Die Kontrafaktur. Vorlage und Verarbeitung in Literatur, bildender Kunst, Werbung und politischem Plakat. Konstanz: Universitätsverlag.

Waldmann, Günter (1998): Produktiver Umgang mit Literatur im Unterricht. Grundriss einer produktiven Hermeneutik. Theorie – Didaktik – Verfahren – Modelle. Baltmannsweiler: Schneider.

Witting, Gunther (1986): Über einige Schwierigkeiten beim Isolieren einer Schreibweise. In: Wagenknecht, Christian (Hrsg.): Zur Terminologie der Literaturwissenschaft. Akten des IX. Germanistischen Symposions der Deutschen Forschungsgemeinschaft Würzburg 1986. Stuttgart: Metzler, S. 263–273.

Zymner, Rüdiger (2003): Gattungstheorie. Paderborn: Mentis.

KLAUS GATTERMAIER

4.3 Lesestrategien versus/und Leselust

1. Worum es in diesem Beitrag geht

Das Grundproblem, das viele Schülerinnen und Schüler mit literarischen Lesetexten haben, lässt sich gut so umreißen: Sie verstehen diese Texte nicht und deshalb machen sie einen weiten Bogen um sie. Weil viele Schüler/-innen aber kaum oder keine (literarischen) Texte lesen, haben sie große Schwierigkeiten damit, diese zu verstehen.

In Selbstaussagen betroffener Schüler hört sich das so an:

Man liest und liest, man kapiert nix. Deswegen, wozu soll ich lesen? (Ali, 18, zit. n. Gold 2007, S. 55)

[...] Ich fange an zu lesen, lese die erste Zeile, okay, die zweite Zeile, okay, die dritte Zeile, aber danach kann ich mich einfach nicht mehr konzentrieren. Ich lese, aber mein Kopf versucht mich von dem Buch abzulenken. Es ist total frustrierend. Ich sage zu mir: „Okay, denke nach" und schlage mir selbst ins Gesicht und fange wieder von vorne an. Oder ich frage mich: „Was habe ich da gerade gelesen?", und habe keine Ahnung. Ich habe vielleicht sechs Seiten gelesen und weiß nicht worüber. (Kevin, 15, zit. n. Schoenbach et al. 2006, S. 77)

Es ist unmittelbar einleuchtend, dass sich damit eine als lustvoll erlebte Lektüre literarischer Texte nicht „ereignen" kann. Dazu gehört etwa: eine zum eigenen Interessenshorizont passende Lektüre, das Mitfiebern mit einer spannenden Handlung, das als Bereicherung empfundene Eintauchen in fremde Welten, das Einfühlen in das Leben anderer Menschen sowie deren Probleme und Gedanken, das gute Gefühl, mit einer Lektüre das eigene Weltwissen zu erweitern, das Genießenkönnen einer gelungenen sprachlichen Wendung bzw. einer als „schön" erlebten Sprache... Schülerinnen und Schüler, denen das Verstehen literarischer Texte nicht gelingt, sind von all diesen (und noch weiteren) Gratifikationen, die Gedichte, Erzählungen oder Rollentexte für Leser bereithalten können, ausgeschlossen.

Verständnisschwierigkeiten im Zusammenhang mit literarischen Texten haben aber nicht nur Schüler wie Ali und Kevin. Auch Kinder und Jugendliche, die in vielerlei Hinsicht schon versierte Leser und Leserinnen sind, stoßen beim Lesen von literarischen Texten immer wieder an Verstehensgrenzen. Kein Wunder auch, liegt es doch gleichsam „in der Natur" vieler literarischer Texte selbst, dass sie Verständnishindernisse aufbauen: mit ihrer oft bilderreichen Sprache, mit ihren Wortneuschöpfungen und ihrer Vorliebe für Wörter, die nicht der Alltagssprache entstammen, mit ihrer Symbolik und Metaphorik, mit ihrer oft komplexen dramaturgischen Handlungslogik, mit ihrer häufig nicht-linearen Art des Erzählens, mit ihren Leerstellen und der daraus resultierenden Einladung zu individueller Sinngebung, mit ihrer historischen Verankerung und eventuellen intertextuellen Bezügen... Wäre dies alles nicht so, dann bräuchte das literarische Lernen kein Aufgabenfeld des Deutschunterrichts zu sein.

Im Folgenden wird am Textbeispiel des Gedichts *Die Vogelstraßen* von Oskar Loerke (1928) exemplarisch aufgezeigt, wie Lehrer und Lehrerinnen in ihrem Unterricht mit dem Vermitteln von Lesestrategien Verstehensbarrieren überwinden helfen können. Dazu sind jedoch einige Vorbemerkungen notwendig: Zunächst wird der Blick auf die PISA-Studie gelenkt, die einen fundamentalen Einschnitt sowohl für die lesedidaktische Forschung als auch die schulische Literaturunterrichtspraxis markiert. Dann werden kurz jene Teilkompetenzen in den Blick genommen, die für das Verstehen literarischer Texte bedeutsam sind, denn auf sie müssen entsprechende Lesestrategien abzielen. Schließlich wird der Begriff „Lesestrategien" selbst einer knappen Betrachtung unterzogen („knapp" deshalb, weil die Ausführungen hier in engem Bezug zu Kap. 3.6 stehen, in dem Ortwin Beisbart und Kristina Popp das Thema *Lesestrategien im Literaturunterricht* vor allem auch von seiner Theorieseite her ausführlich darstellen und kommentieren).

2. PISA und die Folgen

„Lesen und Lesenlernen", so hat es der Psychoanalytiker Bruno Bettelheim formuliert, „sind entweder von großem Wert, wenn man in der Welt vorankommen will, oder es ist Quelle eines unbegrenzten Wissens und zutiefst bewegender ästhetischer Erfahrungen (Bettelheim/Zelan 1982, S. 55). Verdichtet finden sich in diesem Satz sowohl vordergründig-utilitaristische Aspekte des Lesens (*in der Welt vorankommen*) als auch persönlichkeitsbildend-individuelle (*zutiefst bewegende ästhetische Erfahrungen*); auch zielt er gleichermaßen auf pragmatische wie auf literarische Texte. Umrissen ist in ihm gewissermaßen das Idealbild eines kompetenten Lesers oder einer kompetenten Leserin, den bzw. die die Fähigkeit auszeichnet, sich Texte aller Art für die umfassende Entfaltung eigener Lebenschancen nutzbar machen zu können.

Wie stark jedoch diese Idealvorstellung mit der Lesewirklichkeit in Deutschland kollidiert, das hat die PISA-Lesekompetenzstudie (vgl. Deutsches PISA-Konsortium 2001, S. 69–140) mit einiger Durchschlagskraft sichtbar gemacht. Schockierend waren deren Ergebnisse aus deutscher Sicht u. a. deshalb (vgl. dazu auch Schön 2002, S. 72f.),

- weil Schüler und Schülerinnen an deutschen Schulen bei der gemessenen Lesekompetenz nur den 21. Rang unter den 31 beteiligten Staaten belegen, Deutschland damit im letzten Drittel rangiert;

- weil der Anteil der Schüler (22,6 %), die nur die niedrigste Kompetenzstufe (I und darunter) erreichen, in Deutschland besonders hoch ist;
- weil sich in keinem anderen Land eine ähnlich große Schere öffnet zwischen lesekompetenten und (weitgehend) leseinkompetenten Schülerinnen und Schülern;
- weil es in Deutschland deutlich weniger als in anderen Ländern gelingt, Schülerinnen und Schüler mit nicht-deutscher Erstsprache zu integrieren; sie schneiden in puncto Lesekompetenz deutlich schlechter ab, als dies analog in anderen Staaten der Fall ist;
- weil in Deutschland besonders viele Schülerinnen und Schüler (42 %) angeben, überhaupt nicht zum Vergnügen zu lesen.

All diese Ergebnisse machen deutlich: Die Lesekompetenz zu vieler Jugendlicher in Deutschland ist zu gering ausgeprägt, als dass sie damit in der Welt vorankommen könnten; sie reicht weder dafür aus, das Lesen als Quelle des Wissenserwerbs nutzen, noch dafür, ästhetische Erfahrungen machen zu können. Auch wenn in Rechnung zu stellen ist, dass die Schule das PISA-Desaster nicht „exclusiv“ zu verantworten hat, steht sie als eine der entscheidenden Lesesozialisationsinstanzen dennoch im Zentrum der Kritik.

Bei alledem: Wirklich verwundert hat das schlechte Abschneiden zumindest eine Reihe von Fachleuten nicht. Dafür waren die kritischen Stimmen, mit denen sie die schulische Literaturunterrichtspraxis schon seit Langem begleitet haben, zu dicht und zu heftig. Stellvertretend für viele seien dazu nur einige Beispiele angeführt: Bereits 1989 beklagte Thomas Kopfermann: „Literatur wird in schulischer Methodisierung allzu oft auch Opfer einer déformation professionelle, bei der Schüler und Text auf der Strecke bleiben“ (Kopfermann, o.J., S. 573). Die Redaktion der Zeitschrift *Praxis Deutsch* versah 1994 im Editorial die Schule mit dem wenig schmeichelhaften Etikett „Lese-Verlernanstalt“ (Praxis Deutsch 1994, S. 1) und Gerhard Haas, Wolfgang Menzel und Kaspar H. Spinner fällten darin das nicht minder deutliche Urteil: „Man kann die Augen nicht davor verschließen, dass der Literaturunterricht bei vielen Kindern und Jugendlichen genau das Gegenteil dessen bewirkt, was er erreichen will: Statt die Heranwachsenden zu Lesern zu machen, schafft er Antipathie gegenüber dem geschriebenen Wort“ (ebd., S. 17). 1999, also gewissermaßen am „Vorabend“ der PISA-Erhebung, kam Klaus Maiwald zu der vernichtenden Einschätzung, der schulische Literaturunterricht bleibe „weitgehend institutioneller Selbstzweck ohne greifbare lesefördernde bzw. -motivationale Relevanz“ (Maiwald 1999, S. 16). Diesen Urteilen, die im Kern stets in dem Vorwurf gipfelten, die Schule versage bei ihrer Aufgabe, eine gezielte (das heißt immer auch: alters- und schulartspezifische) Leseförderung zu betreiben, kann damit im Nachhinein einige Weitsicht in Bezug auf sich abzeichnende und durch die PISA-Studie dokumentierte Fehlentwicklungen bescheinigt werden.

Und was ist seit PISA passiert? Die auffälligste Veränderung ist wohl die Konzeptionierung und Formulierung von Bildungsstandards und Kompetenzen. Erstmals wurde damit der Versuch unternommen, die bildungspolitische Kleinstaaterei zu überwinden, indem für *ganz* Deutschland festgelegt wurde, welche Kompetenzen Schülerinnen und Schüler in einzelnen Lernbereichen am Ende der 4., 9. und 10. Jahrgangsstufen erreicht haben sollten (vgl. Beschlüsse 2004, 2005). Mit dieser nunmehr angestrebten größeren Orientierung am „Output" von Lernprozessen sind unzweifelhaft Chancen für effektivere Bildungsprozesse verbunden, für das Fach Deutsch aber auch Gefahren. Denn hier ist es häufig so, dass standardisierte Antworten genau *nicht* das Ziel von Unterrichtsbemühungen sein können. Um es an Beispielen kurz zu verdeutlichen: Die unterrichtliche Arbeit an Kompetenzbereichen wie z.B. *lebendige Vorstellungen beim Lesen und Hören literarischer Texte entwickeln* (Beschlüsse [...] für den Primarbereich (2005), S. 11) oder *eigene Deutungen des Textes entwickeln* (Beschlüsse [...] für den Hauptschulabschluss, S. 14; Beschlüsse [...] für den Mittleren Schulabschluss (2005), S. 14) lässt nicht nur differenzierte und unterschiedliche Sichtweisen zu, sondern erfordert dies sogar. Wer als Deutschlehrer oder Deutschlehrerin literarische Texte hierbei auf standardisierte Antworten reduziert, beraubt sie ihrer Substanz und verweigert Schülern das Ausprägen der entsprechenden Kompetenzen!

Eine Folge der PISA-Studie ist ferner auch, dass der Ruf nach einer umfassenden schulischen *Leseförderung* lautstark erhoben wurde, dass also nachhaltiger umgesetzt werde, was Bettina Hurrelmann schon 1994 so formulierte: Leseförderung meint „den Aufbau und die Sicherung der Lesemotivation, die Vermittlung von Lesefreude und die Vertrautheit mit Büchern, die Entwicklung und Stabilisierung von Lesegewohnheiten" (Hurrelmann 1994, S. 17). „Leseförderung" ist freilich zunächst ein bloßes Schlagwort und umschreibt als Sammelbegriff ein verzweigtes, heterogenes Maßnahmenbündel. Konkret wirksam wird Leseförderung immer erst dann werden, wenn Lehrerinnen und Lehrer sich in und mit ihrer Klasse auf den Weg machen, einzelne lesefördernde Aktivitäten auch umzusetzen. Die Palette an Möglichkeiten ist denkbar breit (vgl. dazu etwa Abraham/Kepser 2005, S. 217ff.; Gattermaier/Siebauer 2007, S. 109) und reicht von *Autorenlesungen* über *Buchwochen* bis hin zu *Lesenächten*, der intermedialen *Verknüpfung von Büchern und Filmen* oder dem *Schreiben und Veröffentlichen von Buchrezensionen im Internet*.

Aktionen wie diese können jedoch erst dann ihre Wirkung entfalten, wenn sie auch von „lesefördernder Graswurzelarbeit" begleitet werden. Und als eine solche ist speziell das Vermitteln von Lesestrategien anzusehen: Exakt hierbei nämlich wird die Voraussetzung dafür geschaffen, dass literarisches Lernen sich „ereignen" kann.

3. Literarisches Lernen

Wie eine entsprechende Detailuntersuchung (vgl. Artelt/Schlagmüller 2004) ergab, haben die in Deutschland an der PISA-Lesekompetenzstudie beteiligten Jugendlichen bei den Aufgaben speziell zu literarischen Texten noch schlechter abgeschnitten als zu den nicht-literarischen, was in vielen anderen Ländern so nicht der Fall war. Dies zu betonen ist vor allem deshalb wichtig, weil es im Nachgang zur PISA-Studie hierzulande durchaus zahlreiche Versuche gegeben hat, die schlechten deutschen Ergebnisse mit dem Argument zu relativieren, dass die gesamte Konzeption des Testverfahrens (mit einem Aufgabenübergewicht bei den Sachtexten) nicht der dominierenden Ausrichtung und Tradition des Literaturunterrichts an deutschen Schulen entsprochen hätte, der eben traditionell eher auf literarische Texte fokussiert sei. Offensichtlich fehlte es vielen deutschen PISA-Probanden und Probandinnen aber gerade im Zusammenhang mit literarischen Texten an spezifischen Kompetenzen und Strategien, mithilfe derer sie die Fragestellungen angemessener bewältigen hätten können. Es ist daher zu fragen, wodurch speziell *literarisches Lernen* befördert werden kann.

Ziel solchen Lernens ist die *literarische Kompetenz* (zu diesem Begriff, auch in Abgrenzung zu Lesekompetenz sowie poetischer Kompetenz vgl. insbesondere Abraham 2005). Kaspar H. Spinner zerlegt diese zunächst abstrakte Größe in elf einzelne Teilkompetenzen, die verdeutlichen, welche komplexen Lernprozesse Schülerinnen und Schüler (bzw.: jeder Leser und jede Leserin) dabei durchlaufen und bewältigen müssen (vgl. Spinner 2006):

(1) Beim Lesen und Hören Vorstellungen entwickeln
(2) Subjektive Involviertheit und genaue Wahrnehmung miteinander ins Spiel bringen
(3) Sprachliche Gestaltung aufmerksam wahrnehmen
(4) Perspektiven literarischer Figuren nachvollziehen
(5) Narrative und dramaturgische Handlungslogik verstehen
(6) Mit Fiktionalität bewusst umgehen
(7) Metaphorische und symbolische Ausdrucksweise verstehen
(8) Sich auf die Unabschließbarkeit des Sinnbildungsprozesses einlassen
(9) Mit dem literarischen Gespräch vertraut werden
(10) Prototypische Vorstellungen von Gattungen/ Genres gewinnen
(11) Literaturhistorisches Bewusstsein entwickeln

Lesestrategien sind so zu konzipieren, dass sie auf einzelne dieser elf literarischen Teilkompetenzen abzielen, Lerner also beim Ausprägen der einzelnen Kompetenzen unterstützen. Es handelt sich beim Wechselverhältnis von Lesestrategien und literarischen Teilkompetenzen damit um ein analoges Prinzip, wie es seit Längerem für das Lernfeld „Orthografie“ didaktisch fruchtbar gemacht worden ist, wo das sichere Anwenden von Rechtschreibstrategien Schülerinnen und Schülern zum Ermitteln von normgerechten Schreibungen verhilft (vgl. Mann 2002).

4. Lernstrategien – Lesestrategien

Das Wort „Strategie“ ist dem Griechischen entlehnt und bezeichnet dort den „großen Plan“, mit dessen Hilfe der gewählte Heerführer – der Stratege – den Sieg über die feindliche Streitmacht erreichen will. Von seinen ursprünglich ausschließlich militärischen Wurzeln hat sich dieser Terminus allerdings längst gelöst.

Es liegt grundsätzlich im Wesen des Menschen, sich für komplexe Aufgaben Strategien anzueignen, mithilfe derer bestimmte Anforderungen zunächst generell, im weiteren Fortschreiten dann aber auch zunehmend leichter, schneller, besser, exakter ... bewältigt werden können. Bezogen auf komplexe Lernprozesse sind solche Strategien – etwa: Organisationstechniken, Elaborationsstrategien, Selbstkontrolltechniken, Wissensnutzungsstrategien, Kooperationsstrategien etc. – Handlungssequenzen, mit denen man ein Lernziel erreichen kann.

Lernstrategien werden sowohl bewusst als auch unbewusst angewandt, und es ist gewiss keine Übertreibung, wenn man behauptet, dass es zu den wichtigsten und vornehmsten Aufgaben der Schule gehören sollte, Lernstrategien gezielt zu vermitteln, sie bewusst zu machen und durch das Bereitstellen von entsprechenden Lernarrangements auch stetig herauszufordern. In ihrem emanzipatorischen Kern zielen Lernstrategien darauf ab, Schülern „Werkzeuge“ in die Hand zu geben, mithilfe derer sie sich Wissen und Fertigkeiten eigenaktiv und zunehmend ohne fremde instruierende Hilfe aneignen können. Insofern folgt die schulische Strategievermittlung also dem Prinzip, der Montessoripädagogik „Hilf mir es selbst zu tun“. Auch das Sprichwort „Gib einem Hungernden nicht einfach einen Fisch, lehre ihn vielmehr, wie man Fische fängt“ zielt in dieselbe Richtung (vgl. Willenberg, Bd. 2, Kap. 1.7).

Lesestrategien sind eine Subkategorie von Lernstrategien. Sie zählen zum einen zu den domänenspezifischen Lernstrategien (da auf die Domäne „Schriftlichkeit“ bezogen), andererseits verlaufen Lesestrategien aber auch quer zu den verschiedensten Lernstrategien, da das Lesen – zumal in einer Welt voller Schrift – vielfach integraler und basaler Bestandteil einzelner Strategien ist.

Im Deutschunterricht findet sich das Vermitteln von Lesestrategien – wenn es denn überhaupt explizit und systematisch geschieht – in oft etwas einseitiger Ausrichtung vorrangig in die Arbeit an und mit Sachtexten integriert. Nicht selten geraten aber auch dabei oft nur eher wenige Einzelstrategien in den Blick (etwa: Texte in einzelne Sinnabschnitte gliedern; Textkürzungen vornehmen; Textzusammenfassungen schreiben usw.). Aus dieser Beobachtung könnte vorschnell der Schluss abgeleitet werden, dass es entweder praktikable Lesestrategien nur für Sachtexte gebe, oder aber, dass streng geschiedene Cluster von Lesestrategien für Sachtexte einerseits und literarische Texte andererseits existierten. Beide Folgerungen wären falsch. Vielmehr ist es so, dass eine Vielzahl von Lesestrategien für den variativen Einsatz bereitstehen, mithilfe derer auf die spezifischen Verstehensanforderungen aller Arten von Texten reagiert werden kann.

Welche Lesestrategien gibt es nun? Die meisten Auflistungen (vgl. z. B. die synoptische Zusammenschau in Willenberg 2004, S. 15) unterteilen Strategien in solche, die *vor, während* und *nach* der Lektüre angewandt bzw. zum Einsatz gebracht werden sollen. Dies erscheint plausibel und wird deshalb in folgenden Versuch, Lesestrategien zu formulieren, übernommen. Diese Zusammenstellung zielt jedoch nicht auf Vollständigkeit; es finden sich hier nur einige jener Lesestrategien aufgeführt, die weiter unten am praktischen Beispiel erläutert und kommentiert werden. Auch soll die Liste verdeutlichen, dass Lesestrategien *für* Schüler und Schülerinnen zu formulieren sind, denn letztlich muss immer intendiert sein, dass sie in das eigenständig handhabbare, aktive Anwendungswissen der Schüler/-innen übergehen können.

Lesestrategien vor der Lektüre:

- **Aktiviere dein Vorwissen!**
  - Stelle Vermutungen darüber an, worum es in einem Text gehen könnte. Beachte dafür vor allem den Titel bzw. die Überschrift! Auch die ersten Seiten eines Buches verdienen hier besondere Beachtung.
  - Sammle alles, was dir zum „Thema" eines literarischen Textes einfällt oder was du zu einem jeweiligen „Thema" bereits weißt, ganz gleich, ob es sich dabei um das Thema eines lyrischen Textes (z. B. *Nebel* in Hermann Hesses Gedicht „Im Nebel"), eines Rollentextes (z. B. *Spielsucht* wie etwa in Günter Fischerauers Schauspiel „Nichts geht mehr") oder eines erzählenden Textes (z. B. *Asperger-Syndrom/Autismus* in Mark Haddons Roman „Supergute Tage") handelt.
  - Frage danach, was du zu einem Thema jeweils wissen möchtest oder was du dir von dem Text mit seiner bestimmten Thematik erwartest.

Lesestrategien während der Lektüre:

- **Versuche, zum Gelesenen Bilder und Vorstellungen zu entwickeln!** Folgende Fragen können dir dabei helfen:
  - Wie stellst du dir das Geschehen, die Menschen, Tiere, Dinge... vor, von denen die Rede ist? Wie sehen sie aus? An was/ wen erinnern sie dich? Wie würdest du sie zeichnen?
  - Welche Gedanken (inneren Bilder, Assoziationen) löst der Text bei dir aus? Woran erinnert er dich? Was kommt dir bei bestimmten Wörtern oder Stellen spontan in den Sinn?

- Wie würdest du dir einen Text oder eine bestimmte Stelle filmisch umgesetzt vorstellen?

- **Markiere Bekanntes, aber auch Unklares und Unverstandenes!** Husche nicht einfach darüber hinweg!
  - Markiere in einem Text all das, was dich besonders interessiert, was du schon kennst oder worüber du mit anderen sprechen willst!
  - Streiche Wörter, Sätze, Stellen an, die dir unklar sind oder die du nicht so recht verstehst!
  - Versuche dann, soweit es eben möglich ist, zu einer Klärung zu kommen! Helfen kann dir dabei z. B.: ein verlangsamtes, wiederholtes Lesen; das Heranziehen und genaue Betrachten des nahen Umfeldes einer Textstelle; ein Unterteilen der Textmenge in überschaubare Abschnitte; ein Nachschlagen von Unbekanntem in Wörterbüchern, Lexika oder im Internet; ein Gespräch, ein Austausch über den Text mit anderen, ein gezieltes Nachfragen bei Mitschülern, Freunden, Geschwistern, Lehrerinnen und Lehrern, Eltern. Auch andere Texte, die weiterführende Informationen über den Ausgangstext geben, können hilfreich sein.

Lesestrategien nach der Lektüre, z. B.:

- **Mache etwas zu/aus/mit dem Text!** Hier gibt es viele Möglichkeiten, von denen du einige auch hier in der Schule kennenlernen und ausprobieren kannst, z. B.:
  - zu dem Text etwas schreiben (den Text weiterschreiben, einen ganz ähnlichen Text schreiben, ein anderes Ende schreiben, Zusammenfassungen oder Kurzfassungen schreiben...);
  - etwas malen oder zeichnen (z. B. Bilder, Skizzen, Diagramme...);
  - den Text spielen, nachspielen, aufführen oder umgestalten (z. B. als Pantomime, als Theateraufführung, als Schattenspiel, als Hörspiel, mit passender Musik unterlegen, als Film...

  Ganz wichtig ist: „Mache dir beim bzw. nach dem Malen, Spielen, Umgestalten... Gedanken darüber, was sich dabei für dich und deine Sicht auf den Text ändert bzw. geändert hat!

Eine entscheidende Frage ist nun freilich, wie Lesestrategien im Unterricht zu vermitteln bzw. zu „transportieren“ sind. Zuletzt wurde mehrfach vorgeschlagen, Lesestrategien im Rahmen von Lernprogrammen gleichsam im Block zu vermitteln (vgl. etwa Mokhlesgerami 2004; Mokhlesgerami/Souvignier/Gentsch 2006; Gold 2007). Ein solches Vorgehen, durchgeführt etwa in einer 5. oder 6. Jahrgangsstufe, kann durchaus eine wichtige, erfolgversprechende Initialzündung dafür sein, die Bedeutung von Lesestrategien generell ins Bewusstsein der Lernenden und der Schule zu rücken. Zu bedenken gilt es dabei allerdings, dass ein Lernprogramm nicht beliebig oft wiederholbar, gerade eine nachhaltige Strategieaneignung aber als Daueraufgabe sowohl über das Schuljahr als auch über die Jahrgangsstufen hinweg anzusehen ist. Auch ist innerhalb eines programmartig vermittelten Lesestrategietrainings die Gefahr nicht von der Hand zu weisen, dass dabei die literarischen Texte selbst nachrangig werden – und dies ist, gerade aus deutschdidaktischer Sicht, kein unerheblicher Einwand! Alternativ bzw. komplementär zu einem kompakten, lehrgangsartigen Lesestrategieprogramm bietet es sich deshalb an, das Vermitteln (das heißt immer: Kennenlernen, Vormachen, Bewusstmachen, Nachmachen, Festhalten/Sichern, eigenständiges Anwenden) von Lesestrategien in den „normalen" Literaturunterricht zu implementieren. Eine solche Vorgehensweise bietet eine Reihe von Vorteilen: Sie erfolgt hier nicht in einem eventuell artifiziell bleibenden Crashkurs, sondern dosiert, organisch, kontinuierlich und in authentischer Situation. Aus deutschdidaktischer Perspektive könnte dies sogar der „Königsweg" der Lesestrategievermittlung sein, vorausgesetzt freilich, dass Deutschlehrerinnen und -lehrer die Strategievermittlung als festes *Unterrichtsprinzip* in ihrem Lese- oder Literaturunterricht verankern und dabei nicht außer Acht lassen, dass vor allen Dingen das explizite Bewusstmachen einer jeweils angewandten Lesestrategie ein unverzichtbares metakognitives Element darstellen muss.

5. Unterrichtsbeispiele

Gemäß dem Ansatz, das Vermitteln einzelner Lesestrategien als variative und flexible Module in Lese-/Literaturunterrichtsstunden zu integrieren, ist im Folgenden auch kein geschlossenes Unterrichtsmodell zu einem literarischen Text möglich. Skizziert und kommentiert soll vielmehr werden, welche Lesestrategien (im Rahmen welchen methodischen Gesamtarrangements dann auch immer) dabei zum Einsatz gebracht werden könnten. Als Grundlage dafür dient folgender lyrischer Text:

Oskar Loerke

Die Vogelstraßen

Vor vielen tausend Jahren auferbaut,
Ziehn hoch durch Luft die großen Vogelstraßen.
Den Erdball, wie ihn Ferndampf drunten blaut,
Ermaßen Flügel nur mit Himmelmaßen.

Sie sind verboten aller Menschenlast,
Verwehrt dem zwiegespaltnen Huf, der Klaue.
Kein Stäubchen lagert dort, kein Blatt vom Ast
Und, gibt es Gott, kein Haar von seiner Braue.

Von einer solchen Straße überbrückt,
Sahst du ums Haupt dir ihren Schatten stürzen.
Das Licht, das jemals unter ihr gerückt,
Sahst du erscheinen und zum Blitz sich kürzen.

Du hast die magische Figur befragt:
Als Donner schlug sie sich in träge Stücke!
Dein Magisches, dein Vogelleichtes jagt
Entlang die unsichtbare lange Brücke.

Des einen Endes Pfeiler steht in Frost,
Wo Moorpech quillt und Sumpfohreulen kreisen
Und Federschwänze klatschen, rot von Rost,
Entrafft der Flut voll aufgelöstem Eisen.

Des anderen Endes Pfeiler hüllt Geschmeiß,
Zum Fraß gesellt, im Neide sich Gehilfe –
Doch dort ertönt ein Strom in seinem Fleiß,
Dort senkt die Vogelstraße sich zum Schilfe.

Nicht fern besteigt den nahen Bergvulkan
Ein Elefant, schaut einsam in den Krater.
Darüber sinnt der Himmel, aufgetan,
Sein Alter aus, und er weiß keinen Vater.

Und Bild um Bild erbangt nach einem Sinn
Ob Worten, die wir sonst im Sinne hatten.
Auch dies scheint Donnerrufen her und hin,
Dem Blitz vorweggenommen als sein Schatten.

Zu reisen ist der Vögel Winterschlaf,
Der schwere Frösche, Schlangen oder Bären
Im Schwebetraume nur mitschwebend traf.
O daß wir alle Vogelseelen wären!

Wie viele lyrische Texte stellt auch dieses im Jahr 1928 verfasste Gedicht von Oskar Loerke dem schnellen Verstehen einiges an poetischem Widerstand entgegen. Dennoch ist es keineswegs hermetisch zu nennen, wie etwa zahlreiche der dann rund 20 Jahre später verfassten Gedichte Paul Celans und anderer Lyriker und Lyrikerinnen dieser Zeit.

Obwohl sich Gedichte oftmals der klaren Zuweisung zu einer bestimmten Altersstufe entziehen – an Kindergedichten erfreuen sich nicht selten auch erwachsene Leser, und zu lyrischen Texten, die vordergründig auf den Verstehenshorizont erwachsener Rezipienten abheben, gelangen auch Jugendliche und Kinder zu oft erstaunlich tiefer Deutung und Sinngebung – passt dieses Gedicht wohl doch am besten in den Unterricht der oberen Sekundarstufe I bzw. der Sekundarstufe II. (für Schüler freilich mit ähnlich fundamentalen Leseverständnisschwierigkeiten, wie sie die eingangs zitierten Jugendlichen Ali und Kevin aufgrund ihrer Aussagen zu haben scheinen, ist dieses Gedicht insofern kein passendes Textbeispiel, als es für sie ganz einfach geeignetere Lesetexte gibt. Allerdings lassen sich die hier thematisierten Strategien prinzipiell auch auf andere literarische Texte übertragen).

Anknüpfungspunkte dafür, das Gedicht von Oskar Loerke als Unterrichtsgegenstand auszuwählen, gibt es eine ganze Reihe, etwa innerhalb einer Sequenz „Naturgedichte/Naturlyrik“, „Tiere in der Literatur“, „Vogelgedichte“. Gerade letzterer Vorschlag etwa ist so reizvoll wie ergiebig: viele bedeutende Autoren haben Gedichte verfasst, in denen Vögel eine zentrale Rolle spielen. Zu denken ist hier beispielsweise an Goethe (*Fuchs und Kranich*), Schiller (*Die Kraniche des Ibykus*) oder Brecht (*Die Vögel warten im Winter vor dem Fenster*). Auch fächerübergreifende Aspekte drängen sich auf, z.B. in Verbindung zum Fach Geschichte innerhalb einer Unterrichtssequenz „Weimarer Republik“ oder zu den Fächern Biologie und Erdkunde („Vögel“; „Vogelzug“).

> Lesestrategie 1: **Aktiviere dein Vorwissen!** Suche nach allem, was du zu einem Thema bereits weißt. Beachte dafür vor allem den Titel bzw. die Überschrift!

Es ist eine von Deutschlehrern/Deutschlehrerinnen im Literaturunterricht relativ häufig angewandte Methode, die Schülerinnen und Schüler zu Assoziationen über eine Überschrift eines Textes oder den Titel eines Buches aufzufordern. Das ist manchmal, aber nicht immer sinnvoll. Am besten sollte es für jene Fälle reserviert bleiben, in denen es gute Gründe dafür gibt, dieses retardierende Element der Textbegegnung vorzuschalten. Auch sollte es dann explizit als Strategie erfahrbar werden. Dies wird es vor allem dann, wenn in der entsprechenden didaktischen Situation auch mitgeteilt wird, warum das eigene „Archiv“ nach Vorwissen durchsucht wird. Ein Lehreräußerung müsste also etwa folgendermaßen lauten: *Wir lesen jetzt gleich ein Gedicht von Oskar Loerke. Es heißt „Die Vogelstraßen“. Weil – wie ihr wisst – Inhalte von Gedichten sich oft nicht gleich auf den ersten Blick für uns öffnen, kann die Überschrift für uns Leser ein wichtiger Hinweis sein, um schon vorab herauszufinden, wovon das Gedicht handelt. Später können wir dann vergleichen, ob uns die Überschrift auf eine richtige Spur geführt hat – oder auch nicht.*

Es bleibt der jeweiligen Unterrichtskonzeption vorbehalten, diese Strategie methodisch umzusetzen. Möglich sind etwa: ein Unterrichtsgespräch, „Blitzlicht“ (jeder Schüler und jede Schülerin hat genau einen Satz zur Verfügung, seine bzw. ihre Vermutung zu äußern) oder Einzelarbeit (jeder Schüler und jede Schülerin beantwortet auf einem Stichpunktzettel kurz die Frage: *Wovon handelt Deiner Meinung nach ein Gedicht, das den Titel „Die Vogelstraßen“ trägt?*

Schreibe kurz Deine Vermutungen dazu auf!). Natürlich ist es vorteilhaft, zentrale Schülerergebnisse dann auch festzuhalten, etwa als „Ideenstern“ oder „Assoziationsmatrix“ an der Seitentafel. So kann später darauf zurückgegriffen werden (etwa, um am Ende der Unterrichtseinheit noch einmal über den beschrittenen Weg, sich dem Gedicht zu nähern, zu reflektieren, und auch, um evtl. erneut die eingeschlagene(n) Strategie(n) bewusst zu machen. Insgesamt kann dieses „assoziierende Rätselraten“ einer von vielen denkbaren Einstiegen in die Lyrikstunde sein.

Lesestrategie 2: **Versuche, Bilder und Vorstellungen zu entwickeln!** (zum Thema eines Textes (vor der Lektüre), zum Gelesenen (während der Lektüre und nach der Lektüre)

Eine imaginative Methode, um die eigenen Wissens- bzw. Erfahrungsquellen anzuzapfen, ist es, sich zunächst mittels einer Fantasiereise selbst auf das „Thema“ eines Textes einzulassen. Die Fantasiereise verhilft Schülern und Schülerinnen dazu, ihre innere Bilderwelt zu aktivieren und dann zu verschriften oder darüber zu sprechen. Aufgabe des Lehrers oder der Lehrerin dabei ist es, die Teilnehmer in eine imaginationsfördernde Stimmung zu versetzen, vor allem aber, sie mithilfe eines kurzen Textes auf den Vorstellungsbereich hinzulenken, so dass sie ihn sich vor ihrem inneren Auge vergegenwärtigen können. Das Thema des Loerke-Gedichts ergibt sich aus der Überschrift allein nicht eindeutig. Dazu muss erst der „lexikalisch-metaphorische Sprung“ von *Die Vogelstraßen* auf „Vogelzug“ (wahlweise: „Zugvögel auf ihrer Reise nach Süden“; „Zugvögel auf dem Weg nach Süden“ etc.) gelingen. Dieses Thema (das im konkreten Gedicht freilich nur ein Thema an der Textoberfläche darstellt, weil sich darunter auch andere, tiefer liegende thematische Schwerpunkte erkennen lassen) kann z.B. aus obigem Vorgehen (vgl. Ausführungen zu Strategie 1) deduziert werden. Alternativ dazu kann das Thema „Vogelzug“ aber auch aus der Kombination des Gedichttitels mit den folgenden beiden aus dem Online-Lexikon Wikipedia entnommenen und im Unterricht als Farbfolie präsentierten Bildern erschlossen werden.

Gedicht: *Die Vogelstraßen* (von Oskar Loerke)

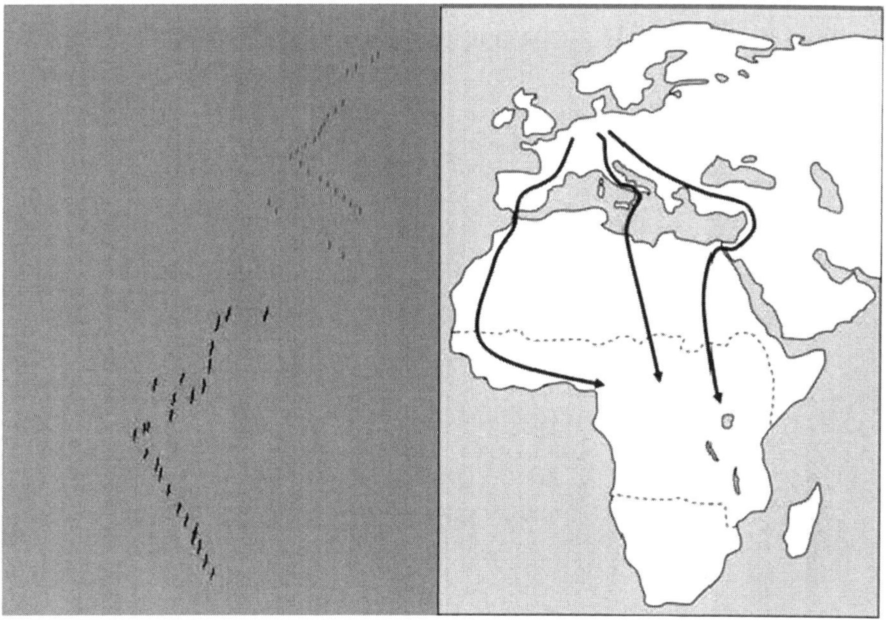

(Bilder entnommen aus: http://de.wikipedia.org/wiki/Vogelzug

Wieder ist es unverzichtbar, auch hier die Strategie selbst ins Bewusstsein zu heben, z. B. so: *Wir lesen heute ein Gedicht von Oskar Loerke. Wie ihr gerade aus dem Folienbild richtig geschlossen habt, handelt es u. a. vom Vogelzug. Wir werden uns jetzt – noch bevor wir den Text lesen – auf diese Thematik einstimmen, indem wir zunächst in unserer Fantasie in das Federkleid eines jungen Kranichs schlüpfen, der sich gerade zum ersten Mal auf die lange Reise von Europa nach Zentralafrika macht, um dort zu überwintern und erst im nächsten Frühjahr wieder zurückzukehren. Das, was wir dabei erleben, kann uns nachher dazu verhelfen, einen leichteren Zugang zu Loerkes Gedicht zu finden.*

Die Fantasiereise selbst kann also – im Unterschied zum Gedichttext – die Perspektive der Vögel einnehmen. Ein entsprechender „Animationstext" für die Fantasiereise könnte etwa folgendermaßen lauten:

Ich bin ein Kranich. – Schön sehe ich aus mit meinem grauen Federkleid und der schwarz-weiß-roten Zeichnung auf Kopf und Hals. – Vor einer Stunde sind wir von unserem Moorsee, hoch im Norden Europas gelegen, aufgebrochen. – Er war unsere Sommerheimat – An seinem torfigen Ufer bin ich aus dem Ei geschlüpft. – In seinem roten, eisenhaltigen Wasser bin ich geschwommen. – Der erste Frost gab uns heute das Aufbruchsignal. – Jetzt sind wir in der Luft. – Ich fühle mich stark und kräftig! – Ich spüre kaum Gegenwind. – Ob man unser Flügelschlagen drunten hören kann? – Da, unter uns, ein Mensch! – Er beobachtet uns. – Was mag ihm durch den Kopf gehen? – Ich fliege im Windschatten meiner Artgenossen vor mir. – Als Gruppe aus 30 Tieren zeichnen wir einen Pfeil in den Himmel. – Wir durchschneiden damit die Luft und brechen so ihren Widerstand – Wir kennen die Richtung. – Auch diejenigen unter uns, die diese Reise zum ersten Mal antreten, wissen den Weg. – Wir fühlen die Vogelstraße unter unseren Schwingen. – Es ist meine erste Reise in das warme Winterquartier. – Noch weiß ich nicht genau, wo sie enden wird. – An welchem Gewässer werden wir landen? – Wie wird es dort aussehen? – Werden noch andere Tiere dort sein? – Müssen wir uns in Acht vor ihnen nehmen? – Werden wir genug Nahrung finden? – Ich werde Antworten finden, wenn wir da sind. – Noch liegt eine lange Strecke vor uns.

Der Begleittext zur Fantasiereise versucht, nicht aufdringlich anthropomorphisierend zu sein. Entsprechend gelesen, lässt er Raum für eigene Bilder und Vorstellungen, über die sich Schüler im Nachgang austauschen können. Speziell obiger Text ist – beinahe im Sinne eines Komplementärtextes – sehr eng auf das Bezugsgedicht hin formuliert. Das kann für bestimmte Unterrichtsarrangements hilfreich sein, weil es die spätere Orientierung im Loerke-Gedicht erleichtert. Für andere Stundenkonzepte mag genau dies nicht passend erscheinen. In diesem Fall ist der Text zur Fantasiereise entsprechend umzugestalten oder ganz wegzulassen.

Unabhängig davon bleibt festzuhalten: Schon vor der eigentlichen Textlektüre imaginativ in das Thema eines literarischen Textes einzudringen, ist eine Strategie, die das nachfolgende Lesen vorbereitet. Natürlich ist diese Strategie im vorliegenden Beispiel („Fantasiereise") stark methodisch überformt. Und natürlich ist nicht wirklich davon auszugehen, dass private Lyrikleser und -leserinnen – und es gibt diese, wenn auch nicht in sehr großer Zahl, auch unter Schülern der Sekundarstufe (vgl. Gattermaier 2003, S. 322 ff.) – erst eine Fantasiereise unternehmen, bevor sie ein Gedicht lesen. Was aber als Strategie aus vorliegendem Beispiel haften bleiben kann, ist dies: Wer als Leser eines literarischen Textes zwischen Titel und Text kurz innehalten kann und sich in dieser Zeitspanne, die kürzer oder länger sein mag, seiner Erwartungen, seines Verständnisses, seines Vorwissens, seiner Fragen und seiner inneren Bilder zu einem jeweiligen Thema versichert, leistet nicht nur eine gute Vorbereitung auf die anschließende Lektüre, sondern legt damit schon das Fundament dafür, dass sich ihm oder ihr der Text nachfolgend leichter erschließt.

> Lesestrategie 3: **Bringe am/ im Text Markierungen an**, z. B.: Was gefällt dir besonders? Was findest du interessant? Was kennst du bereits? Was möchtest du (nach-)fragen? Worüber möchtest du sprechen? Markiere aber auch alles, was dir unklar ist oder was du nicht verstehst!

Die Textpräsentation eines Gedichts erfolgt ohne jeden Zweifel am besten mittels eines guten Vortrags – frei oder (notfalls) vom Blatt. Und gerade dieses Gedicht von Oskar Loerke kann schr stimmungs- und wirkungsvoll vorgetragen werden! Im besten Fall ist die gelungene Präsentation bereits immer auch eine kräftige Verstehenshilfe. Und im Übrigen muss das nicht stets von der Lehrkraft selbst geleistet werden; der Vortrag durch einen Schüler oder eine Schülerin – in gebührendem zeitlichen Abstand zuvor mit ihm oder ihr vereinbart – ist eine sehr authentische Gelegenheit für das Auswendiglernen. Dennoch: Selbst bei einem gelungenen Vortrag sind die gehörten Worte flüchtig und ersetzen das nachfolgende Lesen der gedruckte Version vor allem gerade dann nicht, wenn der Text „anspruchsvoll“ und vielleicht sogar „schwierig“ oder „sperrig“ erscheint. Es wäre nichts verkehrter, als die Schüler und Schülerinnen jetzt bereits, so kurz nach der erstmaligen Textbegegnung, mit Fragen, zumal analytischer Art, zu (v)erschrecken! Sehr viel angemessener erscheint es hier, den Schülern zunächst Gelegenheit zur wiederholten und eigenständigen Textrezeption zu geben.

Genau in diese wichtige Schnittstelle zwischen der primären Textbegegnung und dem, was unterrichtlich dazu dann folgt, kann eine sehr bedeutsame Lesestrategie platziert werden, die darauf abzielt, zunächst innezuhalten und den eigenen Verstehensprozess zu reflektieren, bzw. den eigenen Verstehenshorizont auszuloten. Astrid Müller und Ingrid Roebbelen (2004, S. 32) schlagen dafür vor, den Schülern folgende fünf Impulse bereitzustellen, mithilfe derer sie sich bei erneuter und wiederholter Lektüre (etwa in Einzelarbeit) gleichsam mit dem Text verhaken können: *1. Das war neu für mich; 2. Das wusste ich schon; 3. Das verstehe ich nicht; 4. Das möchte ich fragen; 5. Darüber möchte ich sprechen.* Über diesen Vorschlag der beiden Autorinnen hinaus lassen sich hier gut auch weitere Impulse denken, etwa: *6. Das hat mir besonders gut gefallen oder 7. Das finde ich unpassend, es stört* usw. Allerdings sollten es im Anwendungsfall auch nicht mehr als drei bis fünf dieser Impulse sein, denen Schüler und Schülerinnen konkret nachgehen. Vorteilhaft ist es dabei, wenn zu den Impulsen auch gleich entsprechende Zeichen/Icons mitgeliefert werden (etwa „??“ für *Das verstehe ich nicht* oder „!" für *Das finde ich interessant*), die dann schnell und ohne großen Aufwand als eine mögliche Form des Glossierens von Texten a) kennengelernt und b) an den Rand einer jeweiligen Stelle gesetzt werden können.

Unter motivationalen und lernpsychologischen Gesichtspunkten ist es bedeutsam, dass Deutschlehrer und -lehrerinnen in und mit ihrem Unterricht nicht stets sofort und unvermittelt auf das Unklare und Unverstandene an einem Text abheben. Sehr viel gerechter wird es Schülerinnen und Schülern, wenn sie sich zunächst des Verstandenen und Bekannten vergewissern und sich mit anderen darüber austauschen können: Es fungiert nachfolgend im Gehirn als „neuronale Andockstelle" für Neues, Unklares oder noch nicht so recht Verstandenes (vgl. Spitzer 2003) und ist somit unverzichtbar!

Wird diese Reihenfolge beachtet, kommt dem Markieren von Unklarheiten und Unverstandenem an/in einem Text dann freilich große Bedeutung zu. Für Kinder und Jugendliche ist es in einer von nicht selten buchstäblich „ver-rückten" Leistungsmaßstäben geprägten Schule nämlich weder einfach noch selbstverständlich, dasjenige mitzuteilen, was unklar ist. Vielfach entwickeln sie sogar regelrechte Camouflage-Strategien, um dasjenige, was noch nicht verstanden worden ist, zu verbergen. Dieser Fehlentwicklung ist entschieden entgegenzutreten: mit dem Schaffen einer entsprechenden Vertrauensbasis in der Klasse, mit Offenheit der Lehrenden, was die eigenen Verstehensbarrieren anbelangt, und – erneut auch hier – mit dem offensiven Bewusstmachen der Wichtigkeit gerade dieser Lesestrategie. Nur wer sich klar darüber wird, wo in einem Text etwas unklar ist, schafft überhaupt die Voraussetzung dafür, es dann für sich ins Verstehen hinein überführen zu können. Und es gibt eine ganze Menge an potenziellen Unklarheiten in Loerkes Gedicht: Was sind überhaupt „Vogelstraßen"? Von welcher magischen Figur ist hier die Rede? Was hat es mit dem einsamen Elefanten auf sich? Was bedeutet die vorletzte Strophe?

Die Gründe dafür, warum literarische Texte nicht oder nur in Teilen verstanden werden, sind vielfältiger Natur und beruhen zumeist aus einer Mixtur aus einerseits noch individuellen sprachlichen „Unfertigkeiten" (im Wortverstehen, im Durchschauen syntaktischer Strukturen, im Nicht-entschlüsseln-Können metaphorischer Wendungen, im fehlenden Wissen verschiedener Symbolverwendungen ...) und andererseits solchen Anteilen, die Kaspar Spinner dazu veranlasst haben, im Zusammenhang mit literarischen Texten von einer „Unabschließbarkeit des Sinnbildungsprozesses" (Spinner 2006, S. 12) zu sprechen.

Nur beim Benennen von Unverstandenem und Unklarem darf es freilich dann nicht sein Bewenden haben. Der Unterricht muss schon auch leisten, zumindest einige Breschen ins bislang Unklare und Unverstandene hinein zu schlagen, etwa:

- durch das Sammeln, Nachschlagen und Festhalten unbekannter Wörter: Das Wörtchen *ob* in Strophe acht ist eben nicht die uns geläufige Konjunktion, sondern eine heute nicht mehr gebräuchliche Präposition in der Bedeutung von *entgegen*);
- durch das Auflösen und Durchschaubarmachen lyrisch verkürzter syntaktischer Strukturen: Die beiden Verse *Und Federschwänze klatschen, rot von Rost,/Entrafft der Flut voll aufgelöstem Eisen* werden sofort verständlicher, wenn sie in einen Relativsatz oder (relativ frei) in mehrere Hauptsätze überführt werden: *Und Federschwänze klatschen, rot von Rost, den sie der Flut voll aufgelöstem Eisen entrafft haben* bzw. *Vögel klatschen mit ihren Federschwänzen auf die Wasseroberfläche. Die Federschwänze sind rostrot. Diese Farbe stammt daher, dass die Vögel dem stark eisenhaltigen Wasser das Eisen teilweise entziehen und es in ihr Gefieder einlagern.*
- durch eine an die individuellen Leseeindrücke gekoppelte Anschlusskommunikation, die sich in den Dienst des Austausches über eigene Lesarten und Verständnisweisen und damit der gemeinsamen Sinnsuche stellt: Ob die Stelle *Dein Magisches, dein Vogelleichtes* im dritten Vers von Strophe vier nun mit *die menschliche Fantasie*, mit *die menschliche Fähigkeit, im Geiste blitzschnell Raum und Zeit überwinden zu können* oder mit *Sehnsucht und Fernweh* gefüllt wird, ist dabei nachrangig. Der Sinn solcher Paraphrasierungsversuche liegt im Aushandeln plausibler Sinnzuschreibungen selbst.

Lesestrategie 4: **Mache etwas zu/aus/mit dem Text!** Veranschauliche z. B. das Textgeschehen mit einer Skizze!

Hinter der zugegebenermaßen etwas plakativen Strategieformulierung „Mache etwas zu/aus/mit dem Text“ verbergen sich sowohl handlungs- und produktionsorientierte als auch eher kognitiv-analytisch akzentuierte Zugriffsweisen auf einen Text. Speziell der literaturdidaktische Ansatz der Handlungs- und Produktionsorientierung ist von seinen Befürwortern ja gerade deshalb propagiert worden, weil davon ausgegangen wird, dass erst das eigene Tun am Text das Verstehen generiert (vgl. z. B. Haas 1997).

Mit Sicherheit ist der Auftrag „Male ein Bild zu diesem Gedicht“ oder „Male ein Bild zu Strophe sieben“ kein adäquater und auch kein motivierender Arbeitsauftrag für ältere Schüler (und in dieser allzu plumpen Form auch nicht für jüngere). Dennoch kann auch hier noch das Zeichnen als bedeutsame Verstehenshilfe funktionalisiert werden. Der geeignete didaktische Ort dafür könnte wiederum die unterrichtliche Stelle im Anschluss an die erste Textrezeption sein. Eine entsprechender Aufgabenimpuls kann also etwa lauten: *Jetzt bin ich neugierig, ob es euch möglich ist, das, was Oskar Loerke in seinem Gedicht aus-*

drückt und darstellt, in eine Skizze zu übertragen. Versucht das doch! Ihr sollt eure Zeichnung zusätzlich auch beschriften bzw. glossieren!

Auch hierbei darf wiederum ein expliziter Verweis auf die dahinter liegende Strategie nicht fehlen, nämlich, sich über das aktive Auseinandersetzen mit dem Text (hier: Skizze erstellen) ein erstes mentales Textmodell zu formen. Im Unterschied etwa zu einer reinen Textillustration kommt es hier *nicht* auf die qualitativ-künstlerische Güte der Skizze an, sondern vielmehr auf die dadurch notwendig werdende Auseinandersetzung mit dem Text. Besonders effektiv lässt sich diese Aufgabe in Partnerarbeit bewerkstelligen. Ein entsprechendes Ergebnis könnte z. B. so aussehen:

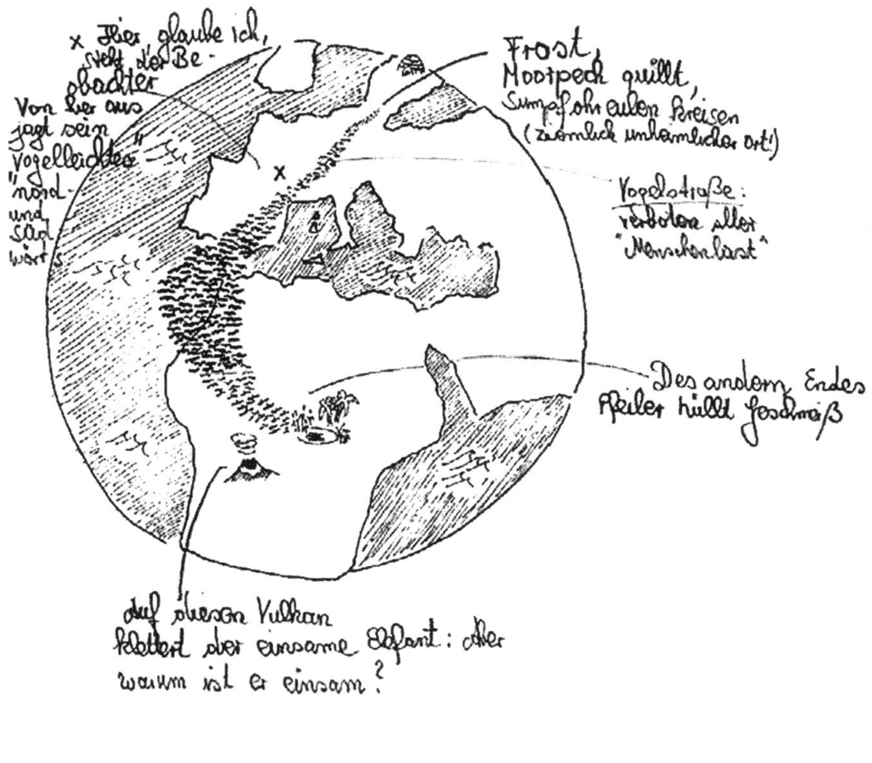

Unterrichtlich bedeutsam ist im Nachgang dann natürlich vor allem der vergleichende Austausch über die einzelnen Skizzen. Im besten Falle findet dabei ein intensives literarisches Gespräch statt, z. B. darüber, was in den einzelnen Bildern auftaucht oder auch nicht, welche Form der Glossierung gewählt wurde (eigene Formulierungen oder Verszitate?) oder sogar darüber, ob es überhaupt nötig bzw. möglich ist, in der Skizze z. B. einen Bergvulkan mit einem Elefanten festzuhalten, wo sich dies das lyrische Ich doch nur imaginiert. „Puristen" bzw. „Minimalisten" mögen hier nämlich durchaus plausibel einwerfen, dass es für die

Skizze ausreichend sein mag, lediglich einen Menschen zu zeichnen, der einen Schwarm Vögel beobachtet, und alles Weitere dann allenfalls in einer Gedankenblase, die dem Kopf des Beobachters entsteigt, Platz finden müsste.

> Lesestrategie 5: **Mache etwas zu/aus/mit dem Text!** Z. B.: den Text in die Alltagssprache „übersetzen“, den Text in eigenen Worten wiedergeben („paraphrasieren“); den Text mit Bedeutung aufladen; den Text kommentieren, ihn mit eigenen Gedanken unterlegen; Textkürzungen vornehmen

Gerade im Zusammenhang mit lyrischer Sprache kann es für das Verstehen hilfreich sein, einzelne Wörter, Verse oder Strophen in Alltagssprache bzw. Umgangssprache zu „übersetzen“ und sie dabei zusätzlich mit individueller Bedeutung aufzuladen. Dies ist mitunter eine sehr anspruchsvolle Aufgabe, die gleichzeitig ihre Grenzen hat: ästhetische Erfahrung ist nicht restfrei pragmatisch mitteilbar (vgl. dazu Abraham, Kap. 2.1 in diesem Band: Lesedidaktik und ästhetische Erfahrung: Lesen und Verstehen literarischer Texte). Auch ist dabei die Frage zu stellen, ob eine solche Übertragungsleistung nicht ohnehin schon das Verstehen voraussetzt und sich damit als Übung, die ja erst zum Verstehen führen soll, nicht selbst ad absurdum führt. Allerdings liegt die Wahrheit dabei wohl in der Mitte: Gewiss setzt das „Übersetzen“ bereits ein Grundverständnis des zu Übertragenden voraus, führt aber (durch das genaue Betrachten einzelner sprachlicher Elemente, durch das Paraphrasieren und das dadurch nötige „Durchstöbern“ der eigenen Sprachregister) potenziell doch zu einem besseren Durchdringen des Textes. Mehr noch als bei anderen Lesestrategien ist hier aber das langsame und schrittweise Entwickeln dieser Fertigkeit wichtig. Dafür sind anfangs einfache Textbeispiele auszuwählen. Auch müssen Deutschlehrer und Deutschlehrerinnen hier gewiss erst in „Vorleistung“ gehen und solche Textbündelungen für ihre Schüler zunächst einmal selbst erstellen, bevor sie ihnen diese komplexe Leistung eigenständig abverlangen können. (Nebenbei: Auch das Vorgeben schon fertiger Textparaphrasierungen eröffnet motivierende methodische Möglichkeiten des Suchens, Wiedererkennens, Zuordnens ...). Vergessen darf auch hier wieder nicht werden, Schülern den strategischen Sinn und Gewinn dieses Tuns bewusst zu machen: Wer in der Lage ist, Wörter, Sätze, Textstellen...in eigenen Worten wiederzugeben, eignet sie sich in vertiefter Weise an und kann so besser über sie „verfügen“!

Für das Gedicht von Oskar Loerke könnte eine solche „Übersetzung“ für Schüler (aber durchaus auch von Schülern) der Oberstufe z. B. folgendermaßen aussehen:

Strophe 1: In der Luft existieren Straßen, auf denen Vögel um den Erdball fliegen.

Strophe 2: Auf diesen Vogelstraßen besteht für Menschen, Huftiere, Gegenstände absolutes Fahrverbot. Sie sind nur für Vögel geschaffen.

Strophe 3: Genau unter so einer Vogelstraße steht ein Mensch und beobachtet einen Schwarm vorbeiziehender Vögel. Der Schwarm verdunkelt kurz die Sonne, deshalb dringen nur wenig Lichtblitze in das Auge des Betrachters. Diese Lichtblitze werden ihm zu „Geistesblitzen".

Strophe 4: Den Beobachter verwundert die spezielle Flugformation der Vögel. Nachdem sich diese plötzlich unter Lärm auflöst, verlängert sich der Beobachter im Geiste (imaginativ) die Flugbahn der Vögel von Skandinavien bis Zentralafrika und beginnt dabei zu fantasieren.

Strophe 5: In seiner Fantasie „wandert" dieser Mensch nun an den nördlichen Ausgangspunkt der Vogelstraße. Dort ist es seiner Vorstellung nach ziemlich gruselig.

Strophe 6: Am anderen, südlichen Ende dieser Luftbrücke ist es eher ekelig: Irgendwelches Ungeziefer (Kakerlaken?) hält hier, über die Beute streitend, eine makabre Mahlzeit ab. In der Nähe liegt ein Fluss mit Schilfufer.

Strophe 7: Ebenfalls nicht weit davon entfernt klettert ein einsamer Elefant einen Vulkan hinauf. Über diesem Szenario denkt der aufgerissene Himmel über sein Alter und seine Herkunft nach.

Strophe 8: Hier bricht der Mensch abrupt sein Fantasieren ab und fragt sich selbst nach dem Sinn seiner Eingebungen. Eine Antwort will er sich aber nicht leicht machen und verbietet sich vordergründige Erklärungsmuster.

Strophe 9: Der Beobachter drückt seine tiefe Sehnsucht aus, auch so frei wie die Vögel sein zu wollen.

Ob und gegebenenfalls wie diese „Übersetzungen" der einzelnen Strophen im Unterricht dann präsentiert werden, bleibt einer jeweiligen Unterrichtsplanung vorbehalten. Vielleicht finden sie aber auch überhaupt keine direkte unterrichtliche Verwendung. Als sachanalytische Vorbereitung auf eine Unterrichtsstunde zu diesem Gedicht bleiben sie auch dann unverzichtbar.

6. Resümee

Die hier vorgestellten Lesestrategien sind eine Auswahl. Daneben wird und muss es weitere geben, mit denen noch andere Teilkompetenzen des literarischen Lernens angepeilt werden können. Zu denken ist hier etwa an solche Strategien, mithilfe derer z. B. die Erzählperspektive in epischen Texten oder auch die Personenkonstellation in epischen oder dramatischen Texten erfahrbar und verstehbar werden.

Überdies erfordert und ermöglicht die unterrichtliche Arbeit an und mit literarischen Texten natürlich immer auch solche Unterrichtsbausteine, die sich nicht nur entlang des Aufgabenfeldes „Lesestrategien" aufreihen lassen: Nicht alles, was es zum Gedicht von Oskar Loerke oder zu anderen literarischen Texten zu erfahren, zu wissen, zu sagen, zu lernen gibt, kann und darf an die Vermittlung von Lesestrategien gekoppelt sein. Dennoch sollte in diesem Beitrag Folgendes deutlich geworden sein:

- Keineswegs nur Sachtexte, auch literarische Texte sind ein bedeutendes Betätigungsfeld dafür, Lesestrategien kennenzulernen und anzuwenden.
- Lesestrategien sind „Werkzeuge", mithilfe derer Schülerinnen und Schüler ihre individuellen Textverstehensprozesse zunehmend eigenaktiv steuern lernen können. Die kompetente Handhabung dieser Werkzeuge bedarf jedoch der kontinuierlichen Übung.
- Am nachhaltigsten ist diese Strategievermittlung deshalb dann, wenn sie in den Rahmen des „normalen" Literaturunterrichts eingebunden und nicht an isolierte Lesestrategie-Lehrgänge delegiert wird.
- Der anzustrebende bewusste Zugriff auf Lesestrategien setzt Metakognition voraus. Es ist deshalb besonders wichtig, im Unterrichtsprozess an entsprechender Stelle ausdrücklich auf sie aufmerksam zu machen und das Anwenden von Lesestrategien immer wieder der Reflexion zu unterziehen (vgl. Willenberg, Bd. 3, Kap. 1.9).
- Auch müssen unterrichtlich thematisierte (angewandte, erlernte, erprobte) Lesestrategien der Flüchtigkeit des Schulalltags entzogen werden, etwa durch ein Festhalten auf entsprechenden Lernplakaten oder das Aufschreiben in ein persönliches Lesestrategie-Heft. Dabei ist auf eine verständliche, „griffige" Formulierung zu achten.
- Lesestrategien sind nicht mit literaturunterrichtlichen Methoden gleichzusetzen. Vielmehr sind Lesestrategien an einer Scharnierstelle zwischen einzelnen literarischen Teilkompetenzen einerseits und literaturunterrichtlichen Methoden andererseits angesiedelt. So ist die Lesestrategie „Mache etwas zu/aus/mit dem Text" zunächst „nur" ein wichtiger Reflex etwa auf die Teilkompetenz „Leseeindrücke und Text in Bezug bringen". Das Umsetzen der Strategie setzt dann aber die Kenntnis geeigneter Verfahrensweisen voraus, was mit Texten alles „angestellt" werden kann, um die eigenen Leseeindrücke mit dem Text zu verzahnen. Schülerinnen und Schüler müssen also über ein methodisches Repertoire verfügen, um nun etwa wahlweise mit einer „Skizze zum Text" oder mit einem „Übersetzungsversuch" auf das Textangebot reagieren zu können. Auch für eine entsprechende Methodenkompetenz hat der schulische Literaturunterricht daher also im Rahmen der Lesestrategievermittlung Sorge zu tragen.

Literatur

Abraham, Ulf (2005): Lesekompetenz, literarische Kompetenz, poetische Kompetenz. Fachdidaktische Aufgaben in einer Medienkultur. In: Rösch, Heidi (Hrsg.): Kompetenzen im Deutschunterricht. Beiträge zur Literatur-, Sprach- und Mediendidaktik. Frankfurt am Main: Lang, S. 13–26.

Abraham, Ulf/Kepser, Matthis 2005 (2006): Literaturdidaktik Deutsch. Eine Einführung. 2. Aufl. Berlin: Schmidt.

Artelt, Cordula/Schlagmüller, Matthias (2004): Der Umgang mit literarischen Texten als Teilkompetenz im Lesen? Dimensionsanalysen und Ländervergleiche. In: Schiefele, Ulrich/ Artelt, Cordula/Stanat, Petra/Schneider, Wolfgang (Hrsg.): Struktur, Entwicklung und Förderung von Lesekompetenz. Wiesbaden: Verlag für Sozialwissenschaften, S. 169–196.

Beschlüsse der Kultusministerkonferen (2004): Bildungsstandards im Fach Deutsch für den Mittleren Schulabschluss. Beschluss vom 4.12.2003. Berlin: Luchterhand.

Beschlüsse der Kultusministerkonferenz (2005): Bildungsstandards im Fach Deutsch für den Hauptschulabschluss. Beschluss vom 15.10.2004. Berlin: Luchterhand.

Beschlüsse der Kultusministerkonferenz (2005): Bildungsstandards im Fach Deutsch im Primarbereich (Jahrgangsstufe 4). Beschluss vom 15.10.2004. Berlin: Luchterhand.

Bettelheim, Bruno/Zelan, Karen (1982): Kinder brauchen Bücher. Lesen lernen durch Faszination. Stuttgart: Deutsche Verlagsanstalt.

Deutsches PISA-Konsortium (= Jürgen Baumert et al.) (2001): PISA 2000. Basiskompetenzen von Schülerinnen und Schülern im internationalen Vergleich. Opladen: Leske + Budrich.

Gattermaier, Klaus (2003): Literaturunterricht und Lesesozialisation. Eine empirische Untersuchung zum Lese- und Medienverhalten von Schülern und zur lesesozialisatorischen Wirkung ihrer Deutschlehrer. Regensburg: edition vulpes.

Gattermaier, Klaus/Siebauer Ulrike (2007): Deutsch in A4. Deutschunterricht im Praxisformat. Regensburg: edition vulpes.

Gold, Andreas (2007): Lesen kann man lernen. Lesestrategien für das 5. und 6. Schuljahr. Göttingen: Vandenhoeck & Ruprecht.

Haas, Gerhard (1997): Handlungs- und produktionsorientierter Literaturunterricht. Theorie und Praxis eines „anderen“ Literaturunterrichts für die Primar- und Sekundarstufe. Seelze: Kallmeyer.

Haas, Gerhard/Menzel, Wolfgang/Spinner, Kaspar H. (1994): Handlungs- und produktionsorientierter Literaturunterricht. In: Praxis Deutsch 123, S. 17–25.

Hurrelmann, Bettina (1994): Leseförderung. In: Praxis Deutsch 127, S. 13–22.

Kopfermann, Thomas (o. J.): „Literatur-Cirkus“ – Inszenieren literarischer Texte im Deutschunterricht. In: Hoppe, Almut/Wolf, Jürgen (Hrsg.): Germanistentag 1989. Deutschunterricht und Lebenswelt. Vortragsmanuskripte und Materialien. Herausgegeben im Auftrag des Deutschen Germanistenverbandes/ Fachgruppe der Deutschlehrerinnen und Deutschlehrer. Kiel: o. V., S. 572–594.

Loerke, Oskar 1928 (1984): Die Vogelstraßen. In: Loerke, Oskar: Die Gedichte. Frankfurt am Main: Suhrkamp, S. 255–256.

Maiwald, Klaus (1999): Literarisierung als Aneignung von Alterität. Theorie und Praxis einer literaturdidaktischen Konzeption zur Leseförderung im Sekundarbereich. Frankfurt am Main: Lang.

Mandl, Heinz/Friedrich, Helmut F. (2006): Handbuch Lernstrategien. Analyse und Intervention. Göttingen: Hogrefe.

Mann, Christine (2002): Selbstbestimmtes Rechtschreiblernen. Rechtschreibunterricht als Strategievermittlung. Weinheim/Basel: Beltz.

Mokhlesgerami, Judith (2004): Förderung der Lesekompetenz. Implementation und Evaluation eines Unterrichtsprogramms in der Sekundarstufe I. Hamburg: Kovac.

Mokhlesgerami, Judith/Souvignier, Elmar/Gentsch, Sandra (2006): Förderung von Lesestrategien – Erprobung eines Unterrichtsprogramms in Haupt-, Real- und Gesamtschule. In: Empirische Pädagogik 20, H. 1, S. 70–90.

Müller, Astrid/Roebbelen, Ingrid (2004): Verstehenshorizonte nutzen. In Praxis Deutsch 187, S. 32–35.

Schoenbach, Ruth/Greenleaf, Cynthia/Cziko, Christine/Hurwitz, Lori (2006): Lesen macht schlau. Neue Lesepraxis für weiterführende Schulen. Berlin: Cornelsen.

Schön, Erich (2002): Einige Anmerkungen zur PISA-Studie, auch aus literaturdidaktischer Perspektive. Oder: Lesen lernt man nur durch Lesen. In: Franz, Kurt/Payrhuber, Franz Josef (Hrsg.): Lesen heute. Leseverhalten von Kindern und Jugendlichen und Leseförderung im Kontext der PISA-Studie. Baltmannsweiler: Schneider, S. 72–91.

Spinner, Kaspar H. (2006): Literarisches Lernen. In: Praxis Deutsch 200, S. 6–16.

Spitzer, Manfred (2003): Lernen. Gehirnforschung und die Schule des Lebens. Heidelberg: Spektrum Akademischer Verlag.

Willenberg, Heiner (2004): Lesestrategien. Vermittlung zwischen Eigenständigkeit und Wissen. In: Praxis Deutsch 187, S. 6–15.

KARLA MÜLLER

4.4 Hören und/oder Lesen am Beispiel von Kinder- und Jugendliteratur

1. Grundsätzliche Überlegungen zum Hören und/oder Lesen von Kinder- und Jugendliteratur

Lange Zeit war die Literaturverfilmung *das* Ergänzungsmedium zum Buch. Aber im Grunde sind Literatur und Hören die kulturgeschichtlich viel ältere Kombination als Literatur und Sehen (vgl. Frederking, Bd. 2, Kap. 3.15). Auch in der individuellen menschlichen Entwicklung geht die gehörte Literatur der gelesenen zeitlich voran. Weil Vorlesen eine zentrale Rolle bei der literarischen Sozialisation spielt (vgl. Wieler, Bd. 2, Kap. 3.2), leuchtet die Nähe von Hören und Lesen in der Grundschule unmittelbar ein. Doch auch in den Sekundarstufen bergen auditive Texte ein unterschätztes didaktisches Potential (vgl. Wermke, Bd. 2, Kap. 2.3). Der Hörbuchboom mit seinen zahlreichen, qualitativ oft hochwertigen Produkten eröffnete vielfältige neue unterrichtliche Möglichkeiten und hat die Aufmerksamkeit auf die zu Unrecht in zweiter Reihe stehenden auditiven Texte gelenkt. Obwohl es für sie keine Altersbeschränkung gibt, wie die Absatzzahlen von Hörmedien für Erwachsene beweisen, konzentriert sich dieser Beitrag auf Kinder- und Jugendliteratur, um möglichst viele Schularten abzudecken. Aus Gründen des Umfangs werden Sachbücher ausgespart.

Grundsätzlich sind bei „Hören und/oder Lesen" vier Varianten denkbar:

- nur Hören,
- nur Lesen,
- nur Hören und nur Lesen in Kombination,
- simultanes Hören und Lesen.

An einem Beispiel für die Grundschule (dem Märchen „Das hässliche junge Entlein" von Hans Christian Andersen) und einem für die Sekundarstufe I (dem Roman „Reise um die Welt in 80 Tagen" von Jules Verne) sollen die ersten drei Varianten exemplarisch durchgespielt werden, weil sie diejenigen sind, die im Hinblick auf die Gestaltung von Unterricht am meisten Überlegung verlangen. Die zweite Variante (Nur Lesen) wird, um die Nähe zum Thema zu wahren, in der Sonderform „lautes Lesen" erläutert, also einem Lesen, das der Hörbarmachung dient. Somit heißt sie: lautes Lesen (hörbar Machen). Da die konkreten Hör- und Printtexte von Andersen und Verne in den Beispielen nur der Veranschaulichung dienen und im Grunde austauschbar sein sollen, werden einige grundsätzliche Überlegungen vorangestellt, die immer in die Unterrichtsplanung einbezogen werden sollten (vgl. Müller 2012). Das simultane Hören und Lesen (Variante vier) wird in den folgenden Überlegungen mit erörtert, obgleich es später nicht an den Textbeispielen eigens exemplifiziert wird.

1.1 Lesung und Hörspiel sind zweierlei

Die Vielzahl von auditiven Texten lässt sich mit Blick auf Kinder- und Jugendliteratur auf zwei Grundtypen zurückführen: Lesung und Hörspiel. Bei der Lesung wird ein lyrischer, epischer oder dramatischer Text vorgelesen, und zwar oft von nur *einer* Person. Gerne wird Musik hinzugefügt, die meist die Funktion hat, zu Beginn auf die Lesung einzustimmen, später einzelne Teile / Kapitel voneinander abzugrenzen und nach Ende der Lesung die CD buchstäblich „ausklingen" zu lassen. Beim Hörspiel handelt es sich dagegen um eine Art Schauspiel ohne Bilder, also eine szenische Form, dic in der Regel mehr als eine Person voraussetzt, da z. B. Dialoge auf zwei verschiedene Stimmen aufgeteilt sind. Typisch sind für das klassische Hörspiel auch Geräusche und Musik, die die Illusion einer klanglichen Umgebung der Figuren hervorrufen und mit den gesprochenen Teilen eng verzahnt werden, sich auch überlappen. „Hörbuch" wird in der neueren Fachliteratur (Hänsermann 2010, S. 13) als Oberbegriff für Hörspiel und Lesung verwendet. Zahlreiche Mischformen kennzeichnen die Hörbuch-Produktion. So können z. B. in eine Lesung szenische Passagen einmontiert sein oder die / der Sprecher / in „performt" mit jeweils verstellter Stimme die unterschiedlichsten Rollen. Idealtypisch kann man den Unterschied zwischen Lesung und Hörspiel erkennen, wenn eine epische Vorlage existiert. Bei der Lesung wird diese im Grundsatz buchstaben- und wortgetreu reproduziert (wenn auch oft gekürzt), beim Hörspiel wird sie stark verändert, nämlich in eine Abfolge von Szenen transformiert. Auch wenn diese durch eine Erzählinstanz verbunden werden, handelt es sich doch eher um eine stoffliche Adaption und einen echten Medienwechsel.

Dieser Unterschied hat weit reichende Konsequenzen für die Behandlung eines epischen Textes im Unterricht: Bei der Lesung kann man – sofern nicht der Text gekürzt oder sonst abgewandelt wurde – Buch und Hörbuch leicht kombinieren, da die Textbasis identisch ist. Im Idealfall ist sogar simultanes Hören und Lesen möglich, was nachweislich Textverstehen und Lesemotivation gerade schwacher Schüler fördert (Gailberger 2011). Bei Hörspiel und epischer Vorlage ist dagegen die Differenz zwischen dem epischen Text und dem Hörspieldrehbuch, welches der Höranfang zugrunde liegt, kennzeichnend, was insofern ein Vorteil sein kann, als diese offenkundige Transformation ein interpretierbares Faktum darstellt. Lesungen haben wiederum den Vorteil, dass die Kinder und Jugendlichen einem Text begegnen, der sie – vor allem bei epischen Texten – mit konzeptioneller Schriftsprachlichkeit vertraut macht. Ein Hörspiel dagegen folgt in den Dialogpassagen stärker den Gesetzen konzeptioneller Mündlichkeit. Bei Lesungen wird die Vorstellungskraft der Zuhörenden intensiver herausgefordert, während das Hörspiel durch akustische Zusatzinformationen Leerstellen auffüllt. Für Kinder, die sehr stark von audiovisuellen Medien geprägt sind, haben Lesungen unter Umständen den Nachteil, eine geringe Vielfalt an akustischen Reizen (z. B. erschreckende Schüsse, unheimliches Hallen etc.) zu bieten und so vielleicht „langweiliger" zu wirken. Hier hat das Hörspiel mehr vorzuweisen; es wirkt teils wie der Soundtrack eines Films, wenn es nicht sogar aus einem stammt. Weitere Unterschiede werden in Punkt 1.3 erläutert. Beiden – Lesung wie Hörspiel – ist freilich gemeinsam, dass es sich in jedem Fall um bereits interpretierte Literatur handelt.

1.2 Vorgetragene Literatur ist interpretierte Literatur

Was beim Vorlesen oder Vortragen einer Textvorlage passiert, wird gern mit dem verglichen, was geschieht, wenn Musizierende eine Partitur zum Leben erwecken. Wie auch beim Schauspiel sind Stimme und Sprechausdruck (Pausen, Tempo, Lautstärke, Stimmführung etc.) höchst variable Komponenten, die ein und derselben Textvorlage ganz unterschiedliche Bedeutungen verleihen können und das Textverständnis des Sprechers oder der Sprecherin zum Ausdruck bringen (vgl. Müller 2012). Als Faustregel kann gelten: Wer möchte, dass die Schülerinnen und Schüler unbeeinflusst einem Text begegnen, wird die auditive Fassung weglassen, wer eine vergleichsweise geringere Lenkung der Vorstellungskraft wünscht, wird auf eine Lesung setzen, während das Hörspiel am meisten vorgibt. Andererseits ist es gerade die Textdeutung durch den Vorleser, die das Textverständnis erleichtert, oft erst ermöglicht (vgl. Gailberger 2011). Auch können professionelle Interpretinnen und Interpreten den Klang der Sprache und die ihr innewohnenden Emotionen und Stimmungen eindrucksvoll spürbar werden lassen und die Zuhörenden so besonders in den Bann ziehen. Zudem ermöglichen raffinierte Text-Musik-Geräusch-Kombinationen bisweilen besondere ästhetische Erlebnisse, wie der bemerkenswerte Erfolg des „Rilke-Projekts" beweist. Die Tatsache, dass lautes Lesen Interpretation ist, nutzt dem Deutschunterricht auch als Impuls für eine intensive Auseinandersetzung mit dem Text: dann, wenn Schülerinnen und Schüler Textvorlage und Sprechfassung vergleichen, und dann, wenn sie ihn selbst „hörbar werden" lassen – und dabei interpretieren.

1.3 Hören ist eine spezifische Form der Literaturrezeption

Obwohl auch der Leseunkundige Literatur hören können, ist Hören jedoch nicht per se einfacher als Lesen, ja es kann sogar schwieriger sein, besonders wenn Medien eingesetzt werden:

- Das Rezeptionstempo ist vorgegeben. Individuelle Unterschiede bei der Verstehensgeschwindigkeit können weniger als beim stillen Lesen berücksichtigt werden.
- Grundsätzlich existiert das Problem der potentiell unterschiedlichen Vorlese- und Stilllese-Geschwindigkeit auch beim simultanen Hören und Lesen. So ist es denkbar, dass im Hörmedium aus dramaturgischen Gründen Pausen gemacht oder das Lesetempo verlangsamt wird, währenddessen der Schüler im Text, den er vor sich liegen hat, bereits weiter liest. Aber auch der andere Fall ist möglich: dass trotz des simultan vorliegenden Textes das Vorlesetempo für das Verstehensvermögen des/der Zuhörenden zu schnell ist und deshalb das Werkverständnis vereitelt. Das hängt mit dem folgenden Problem zusammen:
- Zu einer bestimmten Stelle im Hörtext zurückzugehen ist schwieriger zu bewerkstelligen als das Zurückblättern im Buch. So hat jede noch so kleine Unaufmerksamkeit Folgen für das Verständnis.
- Auch kann beim bloßen Hören unter Umständen eine erhöhte Merk- und Inferenzfähigkeit verlangt sein, die zum einen von dem Arbeitsgedächtnis und Vorwissen der Zuhörenden, zum anderen von deren Konzentrationsvermögen abhängt.
- Hörverstehen setzt ein akustisches Weltwissen und Hörmuster voraus, da die bedeutungstragenden Komponenten Stimme, Geräusche und Musik interpretiert werden müssen.
- Auch kann – egal ob Hörmedium oder Vorlesesituation – die Bedeutung unbekannter Wörter unter Umständen schwieriger erschlossen werden, weil das Stammprinzip am ehesten in der (recht-)schriftlichen Fassung zum Tragen kommt und dort das Lesen erleichtert. Auch fehlen optische Gliederungssignale (z. B. bei Absätzen), die nicht immer adäquat durch akustische ersetzt werden können.

Ob diese möglichen Probleme wirklich auftreten, hängt vom Schwierigkeitsgrad des jeweiligen Mediums und der Geübtheit der Schüler ab, weshalb immer eine sorgfältige Prüfung des gewählten Mediums unerlässlich ist. Auch ist eine Heranführung an das aufmerksame Hören in ansteigender Progression empfehlenswert (z. B. in Form von „Hörclubs" an Grundschulen; vgl. hierzu www.stiftung-zuhoeren.de). Schließlich haben Kinder in Bezug auf Hörmedien in ihrer Freizeit (Kinderkassetten als „Klangtapete") andere Hörgewohnheiten, als sie in der Schule gefragt sind.

Grundsätzlich wirken hörerleichternd:

- episodisch gegliederte Texte mit deutlicher Unterteilung in überschaubare Einheiten,
- Texte mit linearem Handlungsverlauf,

- bei Hörspielen ein Erzähler, der durch die Handlung führt,
- wenige, gut unterscheidbare Stimmen,
- eine deutliche Artikulation,
- eine akustische Gestaltung, die in ihren Elementen an die lebensweltlichen Erfahrungen der Schüler anknüpft.

Methodisch wirkt erleichternd:

- eine Vorentlastung schwieriger Wörter,
- eine Einführung in die Thematik,
- eine bequeme, „entschulte“, aber nicht allzu nachlässige Sitzposition,
- eine angemessene Rhythmisierung von Hören, anderen Aktivitäten und Pausen.

Nicht zuletzt ist zu bedenken, dass Hören ein emotional stärkeres (Mit-)Erleben bewirken kann als Lesen. Das muss bedacht werden, wenn es um die Verarbeitungsmöglichkeiten der Kinder geht. Anschlusskommunikation und Lösungsmöglichkeiten aus der imaginativen Verstrickung sind überlegt einzusetzen.

Zusammenfassend kann man sagen, dass die Fragen, ob, wann und welches Hörmedium man einsetzen soll, nicht generell beantwortet werden können, sondern abhängen von

- den Zielen, die man verfolgt,
- der Eigenart des Mediums und dessen Eignung in Bezug auf das Ziel und die jeweilige Lerngruppe,
- den Fähigkciten der Lerngruppe und deren Vertrautheit mit dem Hören von Texten.

Vorbemerkung zur Auswahl der Beispieltexte und -medien:

Als Beispiele wurden zwei klassische Texte der Kinder- und Jugendliteratur gewählt, weil sie immer auf dem Markt sein werden, während bei aktueller Literatur noch nicht absehbar ist, was sich halten wird. Von den beiden Werken wird es auch stets Hörfassungen geben. So können die Unterrichtsverläufe selbst dann im Wesentlichen durchgeführt werden, wenn die hier herangezogenen Hörbücher nicht mehr erhältlich sind.

2. Beispiel für die Primarstufe: H. Ch. Andersen „Das hässliche junge Entlein“ als Lesung

2.1 Text und Hörbuch

Das Märchen vom unansehnlichen Schwanenküken (Andersen 1843), das in einer Umgebung von Enten und anderen Tieren wegen seines Äußeren gehänselt wird, bevor es sich zum stolzen Schwan auswächst, ist seit seinem Erscheinen 1843 so weit verbreitet und bekannt, dass das „hässliche Entlein“ sogar schon als stehende Wendung Eingang zumindest in die deutsche Sprache gefunden hat. Kinder spricht die Geschichte bis heute an, weil es Andersen meisterhaft verstand, die Welt aus dem „Kinderblick" (Hurrelmann 2001, S. 381) und in prägnanten Bildern (vgl. ebd., S. 386) darzustellen, ferner weil die Außenseiterposition des Kükens Mitgefühl hervorruft. Jungen Leserinnen und Lesern, die selbst wegen ihres Aussehens gehänselt werden, erleichtert das Vorbild die Akzeptanz ihrer selbst.[1] Als Lehrkraft ermöglicht die Parabelhaftigkeit der märchenhaften Tiergeschichte, zusammen mit den Kindern über Konformitätsdruck und akzeptierendes Verhalten nachzudenken.

Für eine Hörfassung eignet sich das Märchen ganz besonders durch seine episodenhafte Handlung und durch die „Plastizität mündlicher Kommunikation" (ebd., S. 388). Die Sprache der deutschen Übersetzung dürfte für eine durchschnittliche 4. Klasse und manche 3. Klasse keine allzu große Hürde sein, zumal in der Hörfassung das einzige wirklich schwierige Wort durch ein bekannteres ersetzt worden ist.[2]

Als Hörbuch wird hier eine CD der Edition See-Igel aus dem Jahr 2003 gewählt: eine Lesung durch Suzanne von Borsody. Außer der erwähnten Wortänderung und einigen geringfügigen Kürzungen, die aber nicht die Substanz des Textes betreffen, wurden keine Eingriffe in den Märchentext vorgenommen. Das Besondere ist die Kombination der Lesung mit Kammermusik verschiedenster Komponisten (Robert Bariler, Alban Berg, Benjamin Britten, Domenico Cimarosa, Gabriel Fauré, César Franck, Reinhold Glière, Arnold Schönberg) für Oboe und Klavier oder nur für Klavier, wobei die Textpassagen längstens 2'23" andauern. Das Märchen verteilt sich auf 19 Tracks, die sich mit 20 Musiktracks abwechseln. Ein 21. Musiktrack folgt am Ende nach einer Minute Pause. Obwohl die Musikstücke nicht extra für das Märchen komponiert wurden, „passen" sie auf einzigartige Weise: Sie stimmen auf den folgenden Text ein, geben Raum zur Verarbeitung der gehörten Handlung, laden zum Weiterfantasieren ein und bringen bisweilen die innere Verfassung der Protagonisten zum Ausdruck. Klassische Musik und Sprache erzählen hier gemeinsam, wobei keine eindeutigen Bezüge suggeriert werden, sondern auf die individuellen Assoziatio-

[1] Wie Hurrelmann 2001, S. 386 und 389 zu Recht bemerkt, ist die „lebenskundliche Botschaft" des Märchens dann „zweifelhaft", wenn der Eindruck entsteht, die eigenen Entwicklungsmöglichkeiten seien einem schicksalhaft in die Wiege gelegt worden – oder eben nicht. Andererseits schadet es sicher nichts, wenn die Kinder darauf vertrauen, dass sie ein Potenzial haben, das entfaltet werden kann, auch wenn dies im Moment nicht voll gelingt. Mit dem „Schwan-Sein" muss ja nicht notwendig gemeint sein, wegen äußerer Schönheit bewundert zu werden, sondern auch die wohlwollende oder liebevolle Akzeptanz seitens anderer Menschen kann jemandem das Gefühl geben, nicht mehr das „Entlein" von früher zu sein.

[2] „Kalekuten-Ei", in manchen Fassungen auch „kalkuttisches Ei" wurde ersetzt durch „Puten-Ei". Bei der Einschätzung des sprachlichen Schwierigkeitsgrads werden Erfahrungswerte der Verfasserin mit aktuellen Grundschulklassen in mittelgroßen Städten und im ländlichen Raum zugrunde gelegt.

nen der Kinder vertraut wird (vgl. Müller 2004b und Müller 2007). Die Musikstücke werden von den Kindern in der Regel nicht als befremdlich, sondern als ein selbstverständlicher Teil der narrativen Struktur empfunden.

2.2 Unterrichtsvariante „Nur Hören"

a) Hinführungsphase:

Tische und Stühle werden so beiseitegeschoben, dass eine große freie Fläche im Klassenzimmer entsteht, an deren Rand aber einige Stühle stehen können. Die Kinder nehmen eine entspannte, gleichzeitig der Konzentration förderliche Zuhörposition ein – auch auf den Stühlen, auf Kissen oder Ähnlichem. Sie sammeln sich, indem sie einem Klang, den die Lehrkraft mit einem einfachen Instrument erzeugt, und seinem Nachhall lauschen. Die Lehrkraft sitzt unter ihnen und erzählt:

> „Vor über hundert Jahren lebte ein Märchenerzähler in Dänemark, Hans Christian Andersen. Viele seiner Märchen kennen noch heute Menschen auf der ganzen Welt. Eine dieser Geschichten heißt „Das hässliche Entlein". Eigentlich sind doch Küken ganz süß. Dieses war es aber nicht. Und das Märchen dieses besonderen Entenkindes werdet ihr jetzt hören. Ab und zu kommt auch ein Musikstück vor. Diese Musikstücke sind nicht extra für das Märchen erfunden worden, aber sie passen so gut dazu, dass man sich bei der Musik leicht ausmalen kann, was man gerade gehört hat: wie Kino im Kopf! Und sich auch überlegen kann, wie es wohl weitergeht. Wie gut die Musik zum Text passt, merkt ihr gleich am Anfang. Zunächst wird nämlich beschrieben, wie der Tag war, an dem das ganz besondere Entlein geboren wurde: ein schöner Sommertag, an dem alles ruhig und friedlich war und niemand etwas Besonderes erwartete. So ist auch die Musik."

Die Schülerinnen und Schüler schließen die Augen. Für das konzentrierte Zuhören können auch Moosgummi-Augenmasken, die die Kinder zuvor gebastelt haben, aufgesetzt werden.

b) Hörphasen:

Die Schülerinnen und Schüler hören bis zu einem bestimmten Einschnitt zu. Die Zuhörphasen sollten nicht zu kurz sein, da sonst der Imaginationsprozess gestört wird. Den Kindern sollten längere Phasen versunkenen Hörens ermöglicht werden, damit sie in die fiktionale Welt eintauchen können. Diese Phasen sollten aber auch nicht so lang sein, dass die Kinder sich nicht mehr konzentrieren können. Außerdem sollte nicht zu spät die Ausgangssituation jedem Kind klar sein: Es handelt sich um einen Bauernhof, auf dem eine Ente Eier ausbrütet. Ein Ei ist größer als die anderen und aus diesem schlüpft ein Junges, das anders aussieht als die anderen Entenkinder. Es scheint den anderen hässlich und wird gehänselt. Deshalb verlässt es den Hof. Die Episodenstruktur des Märchens bietet „natürliche" Einschnitte an. Zwei Stellen eignen sich auf der CD besonders: nach Track 6/7 und nach Track 18/19, denn hier bleibt der Satz in der Schwebe und regt deshalb besonders zur Antizipation während des folgenden Musikstücks an.

c) Verarbeitungsphasen:

Die Schülerinnen und Schüler können in den unterschiedlichsten Formen das Gehörte reflektieren bzw. in produktiven Anschlusshandlungen verarbeiten: im freien oder moderierten Gespräch, durch Nach- oder Weitererzählen, durch das Nachspielen kleiner Szenen, durch das Anordnen von ausgeschnittenen Tierfiguren an der Tafel, durch das Malen von Bildern, durch Bewegung zu den Musikstücken („Stell mit deinem Körper dar, wie sich das Entlein fühlt" ...).

d) Vertiefungsphase:

Bei einem zweiten Hören können die Kinder synchron zum gesprochenen Text ausgeschnittene Tierfiguren als Schattenspiel auf dem OH-Projektor bewegen. Die Auswahl der Aktivitäten muss die Lehrkraft nach Abschätzung der Rahmenbedingungen treffen. Am Ende könnte ein Gespräch stehen, das den Fragen nachgeht: Weswegen werden Kinder heute gehänselt? Muss man darauf warten, bis man „schön" wird, oder kann nicht jeder eine Art Schwan sein?

2.3 Unterrichtsvariante „Nur Hören und nur Lesen in Kombination"

Mit dem Hören sollte begonnen werden. Die Einstimmung erfolgt wie bei 2.2. An einer passenden Stelle, vor allem dann, wenn der Handlungsverlauf ungewiss erscheint oder Spannung aufgebaut ist, antizipieren die Kinder erst mündlich. Dann erfahren sie den weiteren Fortgang, indem sie ihn still erlesen. Der ausgeteilte Text sollte nur bis zu der Passage abgedruckt sein, die dann wieder vorgespielt werden soll. Differenzierungsmaßname: Die schnellen Leser erhalten Wahlaufgaben zu dem eben gelesenen Text, z. B. „Schreibe, was das Entlein wohl denkt." auf einem Blatt mit abgebildeten Tieren und leeren Sprech- und Gedankenblasen, die mit Hilfe des Texts oder in eigenen Worten ausgefüllt werden. Nach dem Erlesen erzählen die Kinder das Rezipierte mit eigenen Worten nach. Die Lehrkraft kann einige der Musikstücke vorspielen, die auf der CD dieser Textpassage zugeordnet sind, und die Kinder überlegen, wozu die Musik jeweils passen könnte. Es sollte auf gar keinen Fall der Eindruck erweckt werden, es gehe um das Erraten einer „richtigen" Lösung, die es im engeren Sinne ja auch gar nicht gibt. Vielmehr sollen die Kinder, durch die Musik angeregt, Bilder und Stimmungen verbalisieren, die ihrem Empfinden nach zum Gelesenen passen und sich so auch an den Text erinnern. Am Ende wird der ganze Handlungsverlauf rekapituliert, indem Bildkarten in die richtige Reihenfolge gebracht werden. Eine Reflexion des Gehalts kann sich anschließen.

2.4 Unterrichtsvariante „Lautes Lesen (hörbar Machen)"

Wie unter 1.2 ausgeführt, setzt das bewusste Vortragen eines Textes bereits eine Auseinandersetzung mit ihm voraus. Das heißt aber, dass der Text bereits verstanden sein muss, wenn er sprechgestaltet wird, so dass die Erarbeitung einer Hörfassung gleichzeitig eine gedankliche Beschäftigung mit dem Text ist. Deshalb ist das weit verbreitete mechanische Reihumlesen eines unbekannten Textes (Stegreiflesen) keine gute Wahl. Ebenso wenig vermag das „Lesen mit verteilten Rollen“ zu überzeugen, wenn es sich um einen epischen Text handelt, in dem womöglich die redehinweisenden Formeln die direkte Rede unterbrechen. Die dialogischen Stellen sollten dann lieber herausgelöst und zu echten kleinen Szenen gestaltet werden. Das ist oft mit wenigen Eingriffen in den Text möglich. Im Folgenden soll das Endergebnis eine Lesefassung des Märchens „Das hässliche junge Entlein“ sein, zu Gehör gebracht von den Kindern der Klasse – entweder live oder sogar aufgezeichnet. Dazu sind folgende Phasen zu durchlaufen:

- Den Kindern ist bewusst, dass die Lesung das Ziel des Unterrichts ist.
- Sie werden mit dem Handlungsverlauf des Märchens vertraut gemacht. Dazu erzählt die Lehrkraft das Märchen nach. Sie tut dies in eigenen Worten und liest nicht den Text von Andersen vor: zum einen, um der Textgestaltung durch die Kinder nicht vorzugreifen, zum anderen, weil es in der Regel schneller geht.
- Mit Hilfe von Bildkarten machen sich die Schüler nochmals die Stationen des Märchens bewusst. Sie tauschen sich darüber aus, wie sich das Entlein in den verschiedenen Phasen fühlt und welche Motive das Verhalten der anderen Tiere wohl hat.
- Die Kinder werden in Dreier- bis Vierergruppen eingeteilt. Sie erhalten den ganzen Märchentext, der durch Markierungen in so viele Abschnitte gegliedert ist, wie Gruppen existieren. Die Abschnitte sollten nicht zu klein sein, weshalb bei großen Klassen sich je zwei Gruppen mit der gleichen Aufgabe beschäftigen können. Um den Sinnzusammenhang nicht zu zerreißen, bietet sich eine Gliederung entlang der Episodengrenzen an. Die Kinder einer Gruppe lesen still ihren Abschnitt und klären dann innerhalb der Gruppe, was sie nicht verstanden haben. Die Lehrkraft steht als Hilfe zur Verfügung. Die Kinder einer Gruppe teilen „ihren“ Abschnitt wiederum unter sich auf, so dass jedes Kind „seine“ eigene Textpassage erhält. Jedes Kind übt nun dessen Vortrag.
- Die Lehrkraft gibt Tipps, die gemeinsam ausprobiert werden, z. B.: langsam lesen; sich komplizierte Wörter oftmals langsam vorsprechen; sich das, was man liest, plastisch vorstellen und natürlich sprechen (nicht leiern); wo notwendig, kleine Markierungen im Text anbringen (Pause, Betonung, Stimmsenkung usw.). Übertriebene schauspielerische Leistungen werden nicht verlangt.
- Jede Gruppe setzt die Vorträge ihres Abschnitts zusammen und übt intern das Vorlesen.

– Der Gesamttext wird aus den Beiträgen der Gruppen zusammengesetzt.

Die Textlesung kann dort, wo die größeren Abschnitte aneinander grenzen, durch kleine Musikeinlagen (z. B. mit Orffinstrumenten) gegliedert werden.

3. Beispiel für die Sekundarstufe I: J. Verne „Reise um die Erde in 80 Tagen“ als Hörspiel

3.1 Roman und Hörspiel

Jules Vernes Abenteuerroman von 1873 gehört zu den am weitesten verbreiteten Büchern überhaupt und gilt – obgleich ursprünglich nicht speziell für eine bestimmte Zielgruppe geschrieben – als ein Klassiker der Jugendliteratur. Die Geschichte vom reichen englischen Snob Phileas Fogg, der darauf wettet, in 80 Tagen um die Welt reisen zu können und dies auch allen Widrigkeiten zum Trotz schafft, ist spannend und abwechslungsreich und enthält Elemente, die heute noch Schülerinnen und Schüler schwerpunktmäßig der 6. und 7. Jahrgangsstufen ansprechen können. Literarisch Anspruchsvollere mag es stören, dass der Held keine psychologische Tiefe aufweist, keine interessante Entwicklung durchmacht (obgleich sich der notorische Junggeselle am Schluss verehelicht) und die Schauplätze seiner Reise nicht als Stationen echten Fremderlebens erfährt. Stattdessen geht es um Mobilität an sich und um naturwissenschaftliche Berechenbarkeit vor dem Hintergrund wechselnder malerischer Kulissen (vgl. Pech 2001). Doch gerade das aktionsorientierte Handlungsschema, das „modernes Konsumverhalten“ vorwegnimmt, welches „auf spektakuläre Bildreize aus ist, ohne sich auf Eigenheiten, inhaltliche Zusammenhänge, historische und gesellschaftliche Ursachen einzulassen“ (ebd., S. 186), mag auch den literarisch Ungeübten unter den Kindern bzw. Jugendlichen entgegenkommen. Wäre da nicht ein Romananfang, der eher abschreckend als einladend wirkt: langatmig beschreibend, voll schwierigsten Vokabulars, das auf ein Milieu verweist, das nicht nur Jugendlichen völlig fremd ist, sondern sogar beim erwachsenen Leser allerhand Bildungswissen voraussetzt. Bevor die eigentliche Handlung beginnt, werden nämlich auf drei eng bedruckten Seiten der kauzige Held und sein Ambiente geschildert, wobei nicht nur die Namen Byron, Sheridan und Savile fallen, sondern auch Wörter wie „Reform-Club“, „plädieren“, „Schatzkammergericht“, „Prestige“, „Checks honorieren“, „Topographie“, „Hypothesen“, „ionische Säulen“, „Porphyr“, „Exzentriker“, „stereotyp“ usw. (Verne 1873, S. 9–12). Da ist der Leseabbruch programmiert! Und hier erweist das Hörspiel seine Stärke:

Der Roman eignet sich zwar – wie schon, bei aller Unterschiedlichkeit, das „Hässliche Entlein“ – durch seine additive Struktur, Linearität und Gliederung in klar abgrenzbare Episoden besonders gut für eine Hörfassung, doch eine Lesung würde die beschriebenen Probleme der Printfassung nicht nur reproduzieren, sondern sogar potenzieren, da die vielen unbekannten Wörter noch schwieriger als beim Lesen verstanden werden könnten. Hier ist also das Hörspiel die bessere Wahl, weil es den Roman gleichsam entschlackt, schneller mit der Handlung beginnt und den Text sprachlich vereinfacht.

In der vorliegenden Hörfassung von 2001 tritt alsbald der pfiffige Begleiter Foggs auf und bringt die komischen Seiten, die der Roman durchaus hat, auf sympathische Weise zur Geltung. Zwar müssen Schüler und Schülerinnen auch beim Hörspiel einige Alteritätshürden überwinden, denn die dargestellte Welt ist nun einmal die des 19. Jahrhunderts, doch ist dank der übersichtlichen Länge der Tracks Wiederholungshören recht gut möglich.

3.2 Unterrichtsvariante „Nur Hören"

Wichtig ist auch bei älteren Schülerinnen und Schülern:

- eine gesammelte, bequeme Zuhörhaltung
- eine gewisse inhaltliche und sprachliche Vorentlastung (Andeutung, wann die Handlung spielt, Klärung möglicherweise unbekannter Begriffe)
- eine Klärung der Exposition (wer? wo? wieso? welche Wette?)

Es ist damit zu rechnen, dass einige Jugendliche den Plot aus Verfilmungen kennen. Sie können als Experten den anderen bei Verständnisschwierigkeiten helfen, sollten aber nicht die Pointe verraten. Mit Hilfe einer Weltkarte können die Stationen mitverfolgt werden. Was Fogg an jeder Station erlebt, kann auf Zettelchen kurz zusammengefasst an der Karte befestigt werden. Oder die Schülerinnen und Schüler fertigen ein Leporello aus Bildern an, die sie zum Handlungsverlauf malen, und erzählen später anhand dieser Bildfolge die Handlung nach. Ebenso sind kreative Schreibaufgaben vielerlei Art als Anschlusshandlungen denkbar (Tagebucheinträge Foggs, Berichte aus der Sicht von Nebenfiguren ...). Wichtig ist, dass zum Schluss gemeinsam darüber reflektiert wird, was im Roman realistisch, was fantastisch ist, weil so den Schülern die Eigenart des Textes – seine „unscharfen Übergänge vom Realen zum Imaginären" (Pech 2001, S. 184) wie überhaupt der Fiktionalitätscharakter von Literatur – bewusst wird.

3.3 Unterrichtsvariante „Nur Hören und nur Lesen in Kombination"

Das Hörspiel kann im Wechsel mit dem Buch eingesetzt werden und erfüllt dabei verschiedene Funktionen.

- Es erleichtert den Einstieg in den Roman und weckt Neugier auf den Fortgang der Handlung, der dann gelesen werden muss.

- Wenn die Hörspielszenen an die Stelle der korrespondierenden Kapitel treten, verkürzt dies die Rezeptionsdauer eines doch recht umfangreichen Romans.[3]
- Das Hörspiel ermöglicht den Vergleich zwischen dem Roman und seiner Interpretation. So ist – bei leistungsstärkeren Klassen – denkbar, dass Ausschnitte aus dem Hörspiel und aus dem Roman gegenübergestellt werden.
- Es ermöglicht den Vergleich zwischen eigener Interpretation und fremder Interpretation. Das geschieht so, dass die Schüler erst eine Episode lesen, dazu selbst eine Hörfassung schreiben und dann das Hörspiel mit der eigenen Fassung vergleichen.

3.4 Unterrichtsvariante „Lautes Lesen (hörbar Machen)"

Eine reine Lesung des kompletten Romans durch die Schülerinnen und Schüler ist angesichts der Textlänge ein unrealistisches Vorhaben. Die Erstellung einer Hörspielfassung ist dagegen eine Aufgabe, die – typisch für den handlungs- und produktionsorientierten Unterricht, aus dessen Tradition sie stammt – kognitive und kreative Herausforderung zugleich ist: Der Text muss gestrafft, das Wesentliche herausgearbeitet, eine Figur charakterisiert, die jeweilige Örtlichkeit durch Geräusche und Musik verdeutlicht werden. Bei all dem gilt es auf Kohärenz zu achten. Wem all dies zu aufwendig ist, der kann auch nur einzelne Szenen gestalten/schreiben und live spielen/sprechen lassen. Es ist auch denkbar, dass die Schüler nach dem Roman ein Brettspiel (Würfelspiel) entwerfen und Ereignis- und Fragekarten in enger Anlehnung an den Roman beschriften. Beim Spiel müssen dann auch unterrichtlich relevante Aufgaben gelöst werden, z. B. eine halbe Seite fehlerfrei vorlesen oder Wörter richtig schreiben.

Bei den vorgestellten Beispielen kamen Hörmedien zum Einsatz, die in ihrer Eigenart (Kombination mit Musik, Hörspielfassung) nicht durch eine live vorlesende Person ersetzt werden könnten. Darüber sollte jedoch nicht vergessen werden, dass die – gekonnt – vorlesende Lehrkraft nach wie vor ihre Berechtigung im Unterricht hat. Bei kleinen Kindern scheint sich dies von selbst zu verstehen. Aber auch die Effekte bei älteren Schülerinnen und Schülern sind nachweislich groß, sowohl was ihr Textverstehen, ihre positive Einstellung gegenüber fiktionalen Texten und ihre Lesekompetenz (!) angeht (vgl. Belgrad/Schünemann 2011).

[3] Es sei angemerkt, dass es ein wesentliches Ziel bleibt, einen „langen Atem" und Durchhaltebereitschaft für umfangreiche Texte zu entwickeln. Abgekürzte Lektüreprozesse, wie an dieser Stelle vorgeschlagen, sollen einem vorzeitigen Leseabbruch entgegenwirken und stellen eine Zwischenstation auf dem Weg der Gewöhnung an lange, sprachlich schwierige Texte dar. Daneben wird aber auch mehr und mehr der Wert des „quantitativen" Lesens in der Schule erkannt, nicht zuletzt, um viele literarische Stoffe und „Skripts" kennenzulernen. Viele Lektüren sind aber nur dann ins Schuljahr integrierbar, wenn sie im Einzelnen nicht zu viel Zeit in Anspruch nehmen.

Literatur und Medien

Andersen, Hans Christian 1843 (1965): „Das hässliche junge Entlein". In: Andersen, Hans Christian: Schönste Kindermärchen, nach der vom Verfasser besorgten Ausgabe von 1919. Reutlingen: Ensslin & Laiblin, S. 70–82.

Andersen, Hans Christian (2003): Das hässliche Entlein. Klassische Musik und Sprache erzählen. (CD) Iznang: Edition See-Igel .

Belgrad, Jürgen/Schünemann, Ralf (unter Mitarbeit von Iris Hentschel und Barbara Schupp) (2011): Leseförderung durch Vorlesen: Ergebnisse und Möglichkeiten eines Konzepts zur basalen Leseförderung. In: Behrens, Ulrike/Eriksson, Birgit (Hrsg.): Sprachliches Lernen zwischen Mündlichkeit und Schriftlichkeit: hep. Bern. S. 144–170.

Cybinski, Hans/Neugebauer, Christian/Schiller, Franziska (2004): Hörspiele selber machen. Mühlheim an der Ruhr: Verlag an der Ruhr.

Gailberger, Steffen (2011): Lesen durch Hören. Leseförderung in der Sek. I mit Hörbüchern und neuen Lesestrategien. Mit Kopiervorlagen und Hörbuch „Paranoid Park" auf CD-ROM. Weinheim und Basel: Beltz.

Häusermann Jürg (2010): Das Medium Hörbuch. In: Häusermann, Jürg/Janz-Peschke, Korinna/ Rühr, Sandra: Das Hörbuch. Medium – Geschichte – Formen. Konstanz: UVK. S. 9–58.

Hurrelmann, Bettina (2001): Kindersinn und Sentimentalität. Die Märchen Hans Christian Andersens. In: Dies. (Hrsg.): Klassiker der Kinder- und Jugendliteratur. Frankfurt am Main: Fischer S. 379–400.

Müller, Karla (2004a): Literatur hören und hörbar machen. In: Praxis Deutsch 185, S. 6–13.

Müller, Karla (2004b): Klingende Geschichten der Edition See-Igel. In: Praxis Deutsch 186, S. 62.

Müller, Karla (2007): Edition See-Igel (Iznang am Bodensee). In: Franz, Kurt/Lange, Günter/ Payrhuber, Franz-Josef (Hrsg.): Kinder- und Jugendliteratur. Ein Lexikon. Meitingen: Corian-Verlag, 1995–2007. 29. Ergänzungslieferung Februar 2007, Teil 3, S. 1–6.

Müller, Karla (2012): Hörtexte im Deutschunterricht. Poetische Texte hören und sprechen. Seelze: Klett-Kallmeyer.

Pech, Klaus-Ulrich (2001): Der Wettlauf mit der Zeit. Jules Vernes „Reise um die Erde in 80 Tagen". In: Hurrelmann, Bettina (Hrsg.): Klassiker der Kinder- und Jugendliteratur. Frankfurt am Main: Fischer, S. 339–357.

Verne, Jules 1873 (1966): Reise um die Erde in achtzig Tagen. Übersetzt von Erich Fivian, Diogenes: Zürich.

Verne, Jules (2001): Jules Verne. In 80 Tagen um die Welt. (CD) Dortmund: Igel-Records 2001 (eine Produktion des Bayerischen Rundfunks von 1961 in der neu geschnittenen Version von 1996).

Weiterführende Literatur

Bernius, Volker/Imhof, Margarete (Hrsg.) (2010): Zuhörkompetenz in Unterricht und Schule. Beiträge aus Wissenschaft und Praxis. Göttingen: Vandenhoeck und Rupprecht.

Müller, Karla (2011): Hörmedien für Kinder und Jugendliche. In: Lange, Günter (Hrsg.): Kinder- und Jugendliteratur der Gegenwart. Ein Handbuch. Baltmannsweiler: Schneider. S. 447–464.

Pennac, Daniel (2006²): Wie ein Roman. Köln: Kiepenheuer und Witsch.

AXEL KROMMER / RICARDA DREIER

4.5 Medienkompetenz im symmedialen Deutschunterricht

Der folgende Text gibt vor dem Hintergrund eines differenzierten Konstrukts der Medienkompetenz konkrete Hinweise für den didaktisch reflektierten Einsatz neuer Medien im Deutschunterricht. Am Beispiel des Chats (als Lern*medium*) wird demonstriert, welche Rolle spezifisches Medienwissen bei der Begründung und Planung einer Unterrichtssequenz spielen kann (vgl. Abschnitt 2), und am Beispiel der Thematisierung sozialer Netzwerke des Web 2.0 (als Lern*gegenstand*) werden Wege aufgezeigt, wie man die medienspezifische Kritikfähigkeit fördern kann (vgl. Abschnitt 3). Einem Leser, der sich vorab noch einmal ausführlicher über den Chat und das Web 2.0 informieren möchte, sei die Lektüre des Beitrags 2.2.6 in diesem Band empfohlen.

1. Medienintegration und Medienkompetenz

Computer und Internet gehören inzwischen ganz selbstverständlich zum medialen Alltag deutscher Schüler(innen). In der JIM-Studie 2011 heißt es zusammenfassend:

> Jeder Haushalt, in dem junge Menschen zwischen 12 und 19 Jahren aufwachsen, ist mit einem Computer und einem Internetzugang ausgestattet. Vier Fünftel der Jugendlichen haben einen eigenen Computer. Bereits bei den Jüngsten (12–13 Jahre) haben drei von fünf einen eigenen Rechner. Ab 14 Jahren haben 80 Prozent der Jugendlichen einen Computer zur Verfügung. Die hohe Computerausstattung unterscheidet sich auch kaum mehr hinsichtlich des Bildungshintergrundes, der Zugang zu Computern ist für die meisten Jugendlichen gegeben. Knapp die Hälfte der Jugendlichen kann weitgehend selbstbestimmt vom eigenen Zimmer aus ins Internet gehen, unter den 12- bis 13-Jährigen trifft dies für jeden Dritten zu. Fast alle Jugendlichen (99%) geben an, zumindest selten das Internet zu nutzen. (mpfs 2011, S. 30)

Doch nicht nur die deutschen *Screenager* haben die neuen Medien längst für sich entdeckt, auch die Berufsgruppe der Lehrer(innen), die in der Öffentlichkeit häufig als wenig innovationsfreudig dargestellt bzw. wahrgenommen wird, ist in der digitalen Welt angekommen. Schon 2008 nutzen neun von zehn Pädagogen den Computer und das Internet, um ihren Unterricht vorzubereiten (vgl. mmb 2008, S. 4). Es gibt jedoch gesellschaftliche Enklaven, in denen die fortschreitende Mediatisierung des Alltags bislang weit weniger spürbar ist: die deutschen Klassenzimmer. Die jeweils aktuellen Zahlen über die Computerausstattung deutscher Schulen ist dabei wohl weniger aussagekräftig als die Tatsache, dass es den Schüler(inne)n in Bundesländern wie Bayern per Gesetz untersagt wird, ein Mobiltelefon oder ein anderes digitales Speichermedium im Unterricht mit sich zu führen (vgl. § 56 BayEUG).

Mit anderen Worten: Die Schule soll im 21. Jahrhundert zu einer handyfreien Zone erklärt werden. Größer könnte die Diskrepanz zwischen privater und schulischer Lebens- bzw. Medienwelt nicht geraten. Dabei wird geflissentlich ausgeblendet, dass fast jedes moderne Smartphone eine höhere Rechenleistung besitzt als die häufig veralteten Geräte im Computerraum der Schule und dass diese Taschencomputer, mit denen man unter anderem auch telefonieren kann, ein großes didaktisches Potenzial aufweisen: Tafelbilder können rasch mit der Handykamera aufgenommen werden, Standbilder im Literaturunterricht für eine spätere Besprechung fotografiert werden, Schüler(innen) können rasch ein Gedicht als Audiofile aufnehmen oder ohne große Mühe ein Video erstellen, im Internet eine sinnvolle Recherche starten etc. Doch in einer Mischung aus der Furcht vor dem Kontrollverlust auf der Seite des Lehrers und der Angst vor dem Missbrauch der Geräte durch die Schüler werden diese Potenziale nur sehr selten genutzt, geschweige denn ausgeschöpft. Doch wenn sich ein(e) Lehrer(in) mit den Unwägbarkeiten eines schulischen Computerraums abmühen muss, in dem selten alle Pogramme installiert sind, die man gerade braucht, und in dem ein ängstlicher Administrator mit Argusaugen darüber wacht, dass nichts Unerwünschtes geschieht, wenn man selbst für die simple Installation eines Flash-Player-Updates ein – natürlich! – geheimes Passwort eingeben muss, kurz: Wenn man sich nicht darauf verlassen kann, dass die Technik so zuverlässig funktioniert, wie man das von den eigenen Geräten, mit denen man privat arbeitet, im besten Fall gewohnt ist, erscheint es wenig verwunderlich, dass viele Kolleg(in-n)en selbst in Schulen, die auf dem Papier eine sehr gute mediale Ausstattung besitzen, darauf verzichten, mit dem Computer und dem Internet im Unterricht zu arbeiten (vgl. hierzu auch Dreier 2012).

Hinzu kommt, dass häufig nicht erkennbar ist, wie die ständig sich weiterentwickelnde Technik im konkreten Unterrichtsalltag sinnvoll zu integrieren ist. Und hier ist ein Ansatzpunkt für die Deutschdidaktik zu sehen, die nicht nur die Aufgabe übernehmen sollte, sinnvolle fachspezifische Lehr-Lern-Arrangements mit neuen Medien auszuarbeiten und zu begründen, sondern auch den immer wieder geforderten „Mehrwert" des Computers im Deutschunterricht aufzuzeigen und den Nutzen deutlich zu machen, den neumediale Unterrichtsprojekte für Schüler(innen) besitzen. Der gewaltige Hiatus, der sich mittlerweile zwischen der privaten und der schulischen Medienwelt auftut, hat selbstredend Konsequenzen für die Konzeption eines zeitgemäßen Deutschunterrichts. Denn wenn ausgerechnet die Schule (zumindest implizit) weiterhin am literalen Paradigma und am Buch als Leitmedium festhält und wenn die schulische Medienwelt kaum signifikante Berührungspunkte mit dem außerschulischen Alltag besitzt, wird es schwierig werden, neumedial sozialisierte Jugendliche nachhaltig für den reflektierten und engagierten Umgang mit Sprache und Literatur zu motivieren. Schon Ende des letzten Jahrhunderts hat Wermke daher die These vertreten, dass Deutschunterricht in einer Medienkultur integrativ sein muss (vgl. 1997, S. 46). Fachspezifische Medienintegration bedeutet in der pointierten Lesart Frederkings im Sinne eines symmedialen Ansatzes,

> dass Lehr-Lern-Prozesse im Deutschunterricht [...] unter Einbeziehung vielfältiger medialer Rezeptions- und Produktionsoptionen in der Form zu arrangieren sind, dass an die Stelle der tendenziellen Monomedialität der traditionellen Buchorientierung eine sowohl didaktisch und methodisch als auch kulturtheoretisch und kulturgeschichtlich reflektierte Medienpluralität im Deutschunterricht tritt. In dieser gelangen 'alte' wie 'neue', 'nicht-technische' wie technische' Medien unter optimaler Ausnutzung ihres jeweiligen Eigen- und wie Mehrwerts zur komplementären Anwendung. (Frederking 2006, S. 213; zum Konzept des symmedialen Literaturunterrichts vgl. Bd. 2, Kap. 3.15)

Hartmut von Hentig (2001, S. 198) hat sich hingegen mit Verve dagegen gewandt, „die hypertrophe Neue-Medien-Wirklichkeit in der Schule zu wiederholen." Seines Erachtens hat der Unterricht nicht die Aufgabe, stets 'up to date' zu sein – vielmehr müsse er sich darauf konzentrieren, „Basics oder Grundlagenwissen" (ebd.) zu vermitteln. Und der Computer gehört in seinem Urteil nicht zu den 'Basics', „so wenig wie das Essen mit Messer und Gabel, die Haarwäsche mit Shampoo, das Autofahren" (ebd.).[1] Was von Hentig in seinem nostalgisch-kulturkritischen Eifer übersieht, ist, dass das Essen mit Messer und Gabel keinen Beitrag zur literarischen Sozialisation leistet, dass man bei der Haarwäsche mit (oder ohne) Shampoo selten mit komplexen narrativen Mustern konfrontiert wird und dass sich durch das Autofahren Sprache und Literatur als zentrale Gegenstände des Deutschunterrichts nicht verändern. Kurz: Hartmut von Hentig ist blind für die Tatsache, dass neue Medien zu grundlegenden Veränderungen in Kernbereichen des Deutschunterrichts geführt haben, die man nicht ignorieren kann, wenn man insbesondere dem medialen Wandel von Sprache und Literatur und den veränderten Koordinaten der literarischen Sozialisation gerecht werden will (vgl. hierzu Frederking/Krommer/Maiwald 2012, S. 75–92). Medienintegrativer Deutschunterricht ist daher – wenn man ihn richtig versteht – das genaue Gegenteil eines kurzsichtigen und technikverliebten 'up to date-Aktionismus'.

Eine wesentliche Zielperspektive des medienintegrativen Deutschunterrichts ist selbstredend die Medienkompetenz. Und da der Begriff „Medienkompetenz" nicht zu denen zählt, die sich durch intensionale Bestimmtheit auszeichnen, nimmt es nicht wunder, dass er in unterschiedlichen Diskursen höchst unterschiedliche Bedeutungsnuancen erhält. Dass „Medienkompetenz" auf „den mündigen und kundigen Umgang mit Medien" (Rosebrock/Zitzelsberger 2002, S. 148) abzielt, ist daher lediglich eine Art semantischer Minimalkonsens, der

[1] Die These von Hentigs, dass man die Schule als eine Art Schonraum verstehen müsse, der eine bewusst gestaltete Gegenoption zur medienüberfluteten Lebenswelt darstellt, wird von Maiwald (2005, S. 55–60) einer scharf(sinnig)en und lesenswerten Kritik unterzogen.

wenig bis gar nichts erklärt. In jedem Fall ist Medienkompetenz jedoch mehr als beispielsweise nur die Fähigkeit, einen PC zu bedienen oder im Internet eine Webseite zu erstellen. Das sieht auch von Hentig so:

> Eine Bestimmung der Medienkompetenz als eine Art Computerführerschein verfehlt nicht nur das mit dem Wort bezeichnete Problem [...], sie bleibt vor allem der Pädagogik die erwartete Orientierung schuldig, ja, sie schwächt sie durch ihre Enge in der breiten Hauptaufgabe: den jungen Menschen helfen, der technischen Zivilisation gewachsen zu sein. (von Hentig 2002, S. 194)[2]

Man sollte indes nicht nur die 'jungen Menschen', sprich: die Schüler(innen), in den Blick nehmen, wenn es um die Vermittlung von Medienkompetenz geht. Denn häufig fehlen auch 'älteren Menschen', sprich: den Lehrer(inne)n, grundlegende medienspezifische Wissensbausteine bzw. medienadäquate Rezeptionshaltungen. Schon 1997 hat Wermke auf die Gefahr hingewiesen, dass „Erwachsene ihre Probleme mit neuen Medien zu Problemen der Schüler erklären" (Wermke 1997, S. 61) und Medienintegration dann durch Problemprojektion unmöglich werden kann. Gerade Lehrer(innen) müssen daher über „mediale Mehrsprachigkeit" (Wermke 1997, S. 61) verfügen, d. h. sie müssen die Medienwelten der Jugendlichen verstehen, um überhaupt als Dialogpartner ernst genommen zu werden. Wer nach dem Motto „Im Internet kennen sich die Schüler sowieso viel besser aus!" oder „Dieser neumodische Kram ist nichts für mich!" mit seinem eigenen medialen Unwissen kokettiert oder seine eigene technische Ignoranz inszeniert, verspielt leichtfertig, fahrlässig und nachhaltig seine Glaubwürdigkeit. Selbstverständlich geht es nicht darum, sich an die Schüler anzubiedern, indem man jeden banalen Medientrend mit naiver Begeisterung im Unterricht aufgreift. Im Gegenteil: Die mediale Mehrsprachigkeit ist eine wesentliche Voraussetzung dafür, dass der Lehrer didaktisch reflektierte Entscheidungen darüber treffen kann, ob bzw. in welcher Weise Medium X im Deutschunterricht überhaupt sinnvoll einsetzbar ist. Und zu diesem Zweck ist es in der Regel geboten, eigene Erfahrungen mit den jeweiligen Medien zu sammeln. Denn wer sich beispielsweise bei der Einschätzung der didaktischen Möglichkeiten von Computerspielen auf die in der Regel einseitig-reißerischen Medienberichte über Ego-Shooter verlässt, wird zu keinem angemessenen Urteil gelangen.

1.1 Dimensionen der Medienkompetenz nach Groeben

Einflussreiche Vorschläge zur Modellierung des Konzepts der Medienkompetenz, die auch im Bereich der Deutschdidaktik Beachtung gefunden haben,

---

[2] Von Hentig (2002, S. 194–196) kritisiert in der Folge den Medienkompetenzbegriff Baackes mit wenig überzeugenden Argumenten. Die von ihm genannten zehn Fähigkeiten, die eine „Parva Charta" der Medienkompetenz seines Erachtens mindestens umfassen müsste, sind jedenfalls nicht nur kompatibel mit Baackes Konzept, sondern sogar dessen integrale Bestandteile.

stammen von Baacke (1997, 1999) und Tulodziecki (1996, 1997, 1998). Die bislang differenzierteste Binnenstrukturierung des Begriffs stammt von Groeben (2002), der sich explizit an Baacke und Tulodziecki orientiert und versucht, in sieben Dimensionen die wichtigsten Aspekte bisheriger Konzeptionen auf mittlerem Abstraktionsniveau integrativ abzudecken. Im Folgenden sollen diese sieben Dimensionen kurz skizziert werden, da sie u. a. als Folie für die Unterrichtsvorschläge dienen sollen, die in den Abschnitten (2) und (3) vorgestellt werden.

Die erste Teildimension stellt Groeben unter der Rubrik *Medienwissen/ Medialitätsbewusstsein* vor. Prinzipiell ist mit dem Ausdruck „Medialitätsbewusstsein" gemeint, dass „Mediennutzer/innen ein Bewusstsein dafür haben, dass sie sich nicht in ihrer alltäglichen Lebenswelt, sondern [...] in einer medialen Konstruktion bewegen" (Groeben 2002, S. 166). Das schließt mehrere Fähigkeiten ein: Erstens muss ein Rezipient zwischen Realität und Medialität unterscheiden können, d.h. er sollte beispielsweise die virtuelle Welt eines Online-Spiels nicht mit dem realen Alltagsleben verwechseln. Zweitens gilt es, zwischen Realität und Fiktion zu unterscheiden, denn „[t]here can hardly be a more important question about a piece of writing or speech than this: Is it fiction or nonfiction?" (Currie 1990, S. 1). Ein kompetenter Mediennutzer sollte beispielsweise ein Hörspiel wie Orson Welles „War of the Worlds" (1938) nicht für eine authentische Reportage halten, den fiktionalen Charakter eines Films wie „Blair Witch Project" (1999) erkennen, einen Roman nicht mit einem Geschichtsbuch verwechseln und sorgsam zwischen Parasozialität und Orthosozialität differenzieren, d. h. z. B. eine schauspielerische Rolle nicht für einen Persönlichkeitsausdruck halten (vgl. Groeben 2002, S. 166).

Unter *Medienwissen* ließe sich prinzipiell alles anführen, „was auch die Wissenschaft über die Medien, ihre Strukturen, Bedingungen und Wirkungen" (Groeben 2002, S. 167) an Kenntnissen gewonnen hat. Zu entscheiden ist dann je nach Kontext, welches Medienwissen nicht nur prinzipiell, sondern auch de facto legitimerweise verlangt werden sollte. Was muss beispielsweise ein Lehrer über Medien wissen, welche Kenntnisse sollte man Schüler(inne)n vermitteln? Denn ähnlich wie das Medialitätsbewusstsein ist auch das Medienwissen eine Bedingung der Möglichkeit des angemessenen Umgangs mit Texten verschiedenster Art.

Der zweite Teilaspekt der Medienkompetenz nimmt *medienspezifische Rezeptionsmuster* in den Blick. „Dabei soll diese Dimension von technologisch-instrumentellen Fähigkeiten bis zu vergleichsweise komplexen [...] Verarbeitungsschemata reichen" (Groeben 2002, S. 168).[3] Ein Rezeptionsmuster ist insbesondere dann spezifisch, wenn medienadäquate Erwartungen aufgebaut wer-

[3] Dass Groeben (vgl. 2002, S. 168) unter der Rubrik „medienspezifische Rezeptionsmuster" offensichtlich auch die Fähigkeit im Blick hat, einen Videorekorder, einen Computer etc. zu bedienen, wirkt terminologisch wenig überzeugend.

den. Das ist beispielsweise der Fall, wenn man – auf der Basis von Medienwissen und Medialitätsbewusstsein – realisiert, dass ein textgebundener Internet-Chat nach anderen Spielregeln funktioniert als eine face-to-face-Begegnung und daher nicht in naiver Weise erwartet, dass sich ein virtueller Internet-Märchenprinz auch im „wahren" Leben automatisch als solcher erweist. Auf diese Weise lässt sich der individuelle Nutzen maximieren, den man mit der Rezeption unterschiedlicher Medien(formate) verbindet.

Entscheidend für die Motivation, ein bestimmtes Medium zu nutzen, ist die *medienbezogene Genussfähigkeit*, die bisher als Teilaspekt der Medienkompetenz im Urteil Groebens „eindeutig unzureichend begründet und konzeptuell aufgearbeitet worden [ist]" (Groeben 2002, S. 170). Das gilt vor allen Dingen für die emotionale Dimension der Genussfähigkeit, die im Gegensatz zu den kognitiven Aspekten kaum beachtet bzw. ganz ignoriert wurde. Denn ein ästhetischer Genuss, der sich durch „möglichst differenzierte und tiefe Sachkenntnis sowie Analyse" (Groeben 2002, S. 170) einstellt, wurde jahrzehntelang als einzig legitime Form der Genussfähigkeit verabsolutiert, während primär auf Unterhaltung basierende Varianten des Genusses zumeist komplett ausgeblendet oder diskreditiert wurden. Doch gerade dann, wenn man neue mediale Angebote (z. B. Computerspiele) in den Blick nimmt, wird deutlich, dass hier nicht kognitiv distanzierte, sondern identifikatorisch-eskapistische Facetten der Genussfähigkeit dominieren.

Die Aufgabe der *medienbezogenen Kritikfähigkeit* sieht Groeben vor allem darin, „sich von medialen Angeboten nicht überwältigen zu lassen, sondern eine eigenständige, möglichst rationale Position aufrechtzuerhalten" (Groeben 2002, S. 172). Medienkompetenz ist hier Medienhandlungskompetenz, die vor allem in den Blick nimmt, was Menschen mit Medien machen, und die sich keineswegs – wie die klassische Medienwirkungsforschung – auf die Beantwortung der Frage „Was machen Medien mit Menschen?" beschränkt (vgl. hierzu auch Maiwald 2005, insbesondere Kapitel 1.4 und 5.1.3.).

Als fünften Teilaspekt des Medienkompetenz-Konstrukts nennt Groeben die *Selektion bzw. Kombination von Mediennutzung,* denn

> zur gesellschaftlichen Handlungsfähigkeit des Individuums [gehört] auch und gerade die Kompetenz, aus der Vielzahl der vorhandenen Medienangebote das für eine bestimmte Bedürfnislage, Zielsetzung, Problemstellung etc. adäquate Angebot auszuwählen. (Groeben 2002, S. 175)

Dass dieses spezifische Orientierungswissen Schüler(innen) häufig fehlt, wird insbesondere deutlich, wenn sie eindimensionale Mediennutzungsgewohnheiten ausbilden, d. h. nicht in der Lage sind, sich einen ausgewogenen Medienmix zusammenzustellen, der zur angemessenen Konstruktion eines medial vermittelten Wirklichkeitsmodells taugt. Auf einer weniger abstrakten Ebene zeigen sich Defizite im Bereich der Selektion und Kombination von Mediennutzung beispielsweise dann, wenn Schüler(innen) im Unterrichtsalltag fragwürdige Internetquellen als einzige Grundlage für ein eigenes Referat auswählen.

Die jüngsten Entwicklungen im Internet machen auch unmittelbar einsichtig, dass nach Groeben *(produktive) Partizipationsmuster* als Dimension der Medienkompetenz gelten. Denn gerade das Web 2.0 (vgl. hierzu den Beitrag 2.2.6 in diesem Band) hebt traditionelle Grenzen zwischen Rezipienten und Produzenten auf und ist ohne aktiv partizipierende Nutzer, die in sozialen Netzwerken Profile erstellen, in Blogs eigene Texte veröffentlichen und Texte anderer Nutzer kommentieren, Bilder und Videos auf entsprechenden Plattformen (z. b. www.flickr.com oder www.youtube.com) veröffentlichen etc. nicht denkbar. Dass aktive Partizipation auch in virtuellen Gemeinschaften an Regeln geknüpft ist, die ein medienkompetenter Nutzer beherrschen sollte, zeigen Verhaltenskodices wie die „Netiquette" oder die „Kommunikette", die immer wieder ins Spiel gebracht werden, wenn das kommunikative Miteinander im Netz ein Korrektiv benötigt (vgl. hierzu Freyermuth 2002).

Als letzte Teildimension der Medienkompetenz nennt Groeben *Anschlusskommunikationen*, worunter er solche Kommunikationen versteht, „die außerhalb der medienspezifischen bzw. -bezogenen Rezeptions- und Partizipationsmuster ablaufen" (Groeben 2002, S. 178). Die besondere Bedeutung von Anschlusskommunikationen sieht Groeben in ihrer grundlegenden Funktion für die Entwicklung des Einzelnen zum sozial handlungsfähigen Subjekt, da

> die persönliche Identität ganz grundsätzlich in der sozialen Kommunikation konstruiert wird als partielle Übereinstimmung mit bzw. Abweichung von sozial (und das heißt auch medial) durch die Gesellschaft angebotenen bzw. vorgegebenen Identitätsmustern. (Groeben 2002, S. 179)

Eine typische Anschlusskommunikation ist das Gespräch über einen Film, eine Fernsehsendung oder ein Buch, in dem z. B. die medienbezogene Kritik- und Genussfähigkeit dialogisch ausgebildet werden kann (vgl. ebd.). Interessante neue Formen der Anschlusskommunikation lassen sich im Internet beobachten, wenn beispielsweise Fernsehsendungen in einschlägigen Foren quasi-synchron zum Gegenstand heftiger Debatten gemacht werden (vgl. z. B. www.ioff.de).

Vor diesem theoretischen Hintergrund sollen nun konkrete Vorschläge für zwei Unterrichtsvorhaben im symmedialen Deutschunterricht genauer betrachtet werden. Da im ersten Fall der Chat primär als Lern*medium* und im zweiten Fall das Web 2.0 als Lern*gegenstand* im Mittelpunkt steht, wird auch der für Medien typischen Ziel/Mittel-Ambivalenz Rechnung getragen.

2. Vom Medienwissen zur Unterrichtsidee: Chatten im Deutschunterricht

Der Chat hat in der medialen Öffentlichkeit kein gutes Image: Hier gilt er wahlweise als virtueller Mahlstrom, in dem svengalihafte Pädophile nach unseren

Kindern Ausschau halten, als Beschleuniger des eklatanten Sprachverfalls, als eine der entscheidenden Ursachen der scheinbar immer schlechter werdenden orthografischen Leistungen, als Medium des bestenfalls belanglosen Geplauders, in dem die wirkliche Wirklichkeit mit all ihren ach! so wertvollen Primärerfahrungen verloren geht usw.. Und tatsächlich: Wer zum ersten Mal einen öffentlichen Chat-Raum betritt und liest, was sich dort zuträgt, wird wenig Neigung verspüren, dieses Medium ausgerechnet im Deutschunterricht einzusetzen. Zumeist ist das jedoch in Deutschland wegen der mangelhaften technischen Ausstattungen der Schulen ohnehin eine rein fiktive Option. Doch selbst dann, wenn eine Schule über einen hervorragend bestückten Computerraum verfügt und eine Lehrerin dem neuen Medium gegenüber positiv und offen eingestellt ist, sind viele wichtige Fragen noch nicht beantwortet: Denn warum sollte man Schüler, die sich häufig nicht einmal innerhalb *einer* Klasse konzentriert zuhören, überhaupt mit einer anderen Klasse chatten lassen? Welche Lernziele lassen sich mit diesem Medium (besser) erreichen (als mit anderen Medien)? Auf keinen Fall sollte man sich zu dem nahe liegenden rationalistischen Fehlschluss verleiten lassen, dass ein neues Medium schon deshalb im Deutschunterricht thematisiert werden muss, weil es für die Lebenswelt der Schüler und für das spätere Berufsleben bedeutsam ist (vgl. hierzu Krommer 2003, S. 87–90; Gölitzer 2003, S. 8–12).[4] Es bedarf keiner besonders ausgeprägten didaktischen Fantasie, um auf die Idee zu kommen, die Besonderheiten der Sprache des Chats im Deutschunterricht zu analysieren. Und diese Form der Auseinandersetzung mit dem Chat als Lern*gegenstand* ist selbstverständlich legitim, wenn dessen medienspezifische Äußerungsformen nicht am literalen Maßstab der Schriftsprache gemessen und dann fälschlich als defizitär gerügt werden, weil sie z. B. nicht den Prinzipien der Orthografie gehorchen (vgl. hierzu den Beitrag 2.6 in diesem Band). Viel spannender und auch anspruchsvoller ist es jedoch, den Chat primär als Lern*medium* – d. h. in seiner eigentlichen Funktion als *Kommunikation*smedium – in den Deutschunterricht zu integrieren. Ein solches Vorhaben stellt zuallererst Ansprüche an das Medienwissen (und mithin an die Medienkompetenz) des Lehrers, der die medialen Besonderheiten des Chats sehr genau kennen muss, um Unterrichtsidee(n) didaktisch angemessen legitimieren, planen und umsetzen zu können. Dass Medienwissen als Teildimension der Medienkompetenz „unter Prozessperspektive den Einsatzpunkt" (Groeben 2002, S. 166) darstellt, bewahrheitet sich demnach auch, wenn man die Perspektive des Lehrers wählt und den Prozess der Unterrichtsplanung betrachtet. Da eine detaillierte Analyse des Chats an anderer Stelle bereits vorliegt (vgl. den Beitrag 2.6. in diesem Band) sollen hier nur noch einmal die wesentlichen Ergebnisse rekapituliert werden, die dann als theoretische Grundlage für die Unterrichtspraxis dienen.

[4] Die Akzeptanz des auf zukünftige Nützlichkeit zielenden Begründungsmusters würde in letzter Konsequenz bedeuten, dass Siemens und die Deutsche Bank die Lehrpläne gestalten und dass „uns jede einigermaßen entschlossene Nation dazu zwingen kann, ihren Unfug mitzumachen, wenn er einigermaßen ökonomisch erfolgreich ist" (von Hentig 2002, S. 117).

Der Chat erlaubt im Medium der Schrift die synchrone Interaktivität des gesprochenen Dialogs und gilt wegen dieser spezifischen Mischform aus medialer Schriftlichkeit (Literalität) und konzeptioneller Mündlichkeit (Oralität) als oraliterale Äußerungsform. Außerdem gewährt er den Teilnehmern selbst bestimmbare Grade an Anonymität, denn zumindest prinzipiell wird das virtuelle Ich ausschließlich durch die oraliteralen Gesprächsbeiträge definiert: Da man im Chat *ist*, was man *schreibt*, ist es besonders leicht, sich eine individuelle Textmaske, das sogenannte 'Personascript' (vgl. Frederking/Krommer 2003), „aufzusetzen" und den Chat-Raum schreibend als virtuelle Theaterbühne zu nutzen. Die mediale Schriftlichkeit des Chats hat auch zur Folge, dass die getippten Dialoge im Gegensatz zum gesprochenen Wort des physisch-präsenten Rollenspiels nicht flüchtig sind („verba volant"), sondern Bestand haben („scripta manent"), weil sie sehr einfach in einer Textdatei gesichert werden können. Solche Chatprotokolle erlauben dann im Unterricht sehr differenzierte Anschlusskommunikationen über virtuelle Rollenspiele.

Eine Unterrichtsreihe, die die spezifischen Möglichkeiten des Chats gezielt nutzt, ist von Krommer (2003; 2004) ausführlich beschrieben worden.[5] Im Mittelpunkt eines Kooperationsprojekts zwischen zwei Deutsch-Grundkursen der Jahrgangsstufe 11 aus Lünen und Bünde stand die Auseinandersetzung mit Gedichten, die die Schüler selbst geschrieben hatten. Wenn man innerhalb einer Klasse über selbst verfasste lyrische Texte diskutieren will, steht man häufig folgenden Problemen gegenüber: Erstens sind viele Schüler schon beim Schreiben gehemmt, weil sie nicht möchten, dass ihre mitunter sehr emotionalen Texte öffentlich in der Klasse diskutiert werden, und zweitens wird die Unterscheidung zwischen dem lyrischen Ich und dem empirischen Autor, die es aus literaturwissenschaftlicher Sicht aufrechtzuerhalten gilt, oft vernachlässigt bzw. schwierig. Denn es besteht die Gefahr, dass Schüler das lyrische Ich und den empirischen Autor unkritisch gleichsetzen, wenn sie wissen, dass ein Gedicht von einem bestimmten Mitschüler geschrieben wurde. Dann beginnt häufig die fragwürdige Suche nach der *intentio auctoris* und der Text selbst – bzw. die *intentio operis* (vgl. hierzu Eco 1990, S. 35–37) – gerät aus dem analytischen Fokus. Es kann daher durchaus sinnvoll sein, zunächst geheim zu halten, welcher Schüler welchen Text verfasst hat. Doch innerhalb einer Klasse ist es natürlich schwierig, sich über Gedichte auszutauschen und *gleichzeitig* deren Autoren zuverlässig zu verschleiern. Denn alleine das Wissen darum, dass sich der Urheber von Text X im selben Raum befindet, löst unerwünschte Suchbewegungen aus, weil Schüler selbstverständlich wissen wollen, ob der Liebeskummer, der in Gedicht Y so authentisch ausgemalt wird, im wahren Leben Schüler A oder eher Schülerin B

[5] Ein Chatprogramm, das wegen der Vielzahl seiner didaktisch sinnvollen Konfigurationsmöglichkeiten für den Unterricht empfehlenswert ist, ist der mIRC, den man auf www.mirc.com herunterladen kann. Vgl. hierzu auch die kurze Beschreibung des mIRC im Beitrag 2.6. in diesem Band.

quält. Kurz: Klassenintern sind synchrone Interaktionen über selbst verfasste Texte bei gleichzeitiger Anonymität der jeweiligen Autoren zumeist kategorisch ausgeschlossen oder zumindest sehr schwierig zu realisieren. Wenn man jedoch eine unbekannte Lerngruppe als Kooperationspartner wählt, lässt sich nicht nur individuelle Autorschaft mühelos verschleiern: Durch den Einsatz des Mediums Chat können zudem synchrone Interaktionen initiiert werden, die diese Anonymität *nicht* aufheben. Anders ausgedrückt: Die gewünschte Anonymität der Autoren verlangt unbekannte Kooperationspartner, die gewünschte synchrone Interaktivität unter Wahrung der Anonymität verlangt den Chat als Kommunikationsmedium.

In dem oben genannten Kooperationsprojekt zwischen Lünen und Bünde haben die Schüler ihre Gedichte zunächst anonymisiert über das Internet ausgetauscht und dann in verschiedenen virtuellen Rollenspielen (vgl. hierzu auch den Beitrag 2.2.6 in diesem Band) diskutiert. Ein Chat-Arrangement sah beispielsweise vor, dass sich ein Schüler in der Rolle des lyrischen Ichs mit einem anderen Schüler, der die Rolle des Lesers spielte, über ein Gedicht austauschte. Und hier zeigt sich exemplarisch das didaktische Potenzial des Chats: Denn wenn sich das lyrische Ich und der Leser auf der virtuellen Chatbühne über den Sinn eines Textes verständigen, erfährt die abstrakte rezeptionsästhetische These, dass sich ein literarisches Werk als „das Produkt einer Interaktion von Text und Leser“ (Iser 1975, S. 229) erweist, eine überraschende medienspezifische Konkretisierung. Und wenn sich dann auch noch der „echte“ empirische Autor einloggt, ist die klassische Trias komplett: Autor, Text und Leser treffen im virtuellen Rollenspiel aufeinander, der Text (d. h. der Schüler in der Rolle des lyrischen Ichs) rebelliert möglicherweise gegen den Autor, der Leser muss sich entscheiden, ob er seine eigene Lesart verteidigt oder ob er sich argumentativ auf die Seite des Textes bzw. des Autors schlägt, kurz: im virtuellen Rollenspiel wird Literaturtheorie im Medium der Schrift lebendig. Die Erfahrung zeigt, dass die Mehrzahl der Chatgespräche themenbezogen und intensiv geführt wird, auch wenn es immer wieder negative Effekte der Enthemmung durch die medientypische Anonymität gibt. Dass die virtuellen Rollenspiele automatisch protokolliert werden, wirkt zumindest in begrenztem Maße bereits disziplinierend auf viele Schüler. Die Protokolle erlauben es jedoch vor allem, auch in scheinbar belanglosen Chatsequenzen diskussionswürdige und gehaltvolle „Spuren“ zu entdecken, die man im Anschluss thematisieren und reflektieren kann (exemplarische Chat-Protokolle finden sich bei Krommer 2003 und 2004).

Nicht immer müssen didaktische Arrangements so komplex sein wie in dem gerade skizzierten Beispiel. Wer sich dem Chat als Unterrichtsmedium zunächst vorsichtig nähern möchte, bevor er aufwändige Kooperationsprojekte startet, kann mit einfachen Experimenten beginnen[6]. Eine Möglichkeit besteht darin,

[6] Eine – leider noch sehr unvollständige Sammlung – von Unterrichtsideen zum Chat ist unter http://wikis.zum.de/ibk abrufbar.

den Beginn eines Dramas in einen Chatraum einzuspeisen und die Schüler im virtuellen Rollenspiel unterschiedliche Fortsetzungen entwickeln zu lassen. So ist es sicherlich spannend zu sehen, welche Varianten etwa der folgende Text auslösen wird:

> Die Bühne ist finster, dann leuchtet ein Streichholz auf: Man sieht das Gesicht von ‹*Chat-Namen eines Schülers einsetzen*›, der sich eine Zigarre anzündet und jetzt, da es heller wird, sich seinerseits umsieht. Ringsum stehen Feuerwehrmänner in Helmen ...

Mit diesen Zeilen beginnt „Biedermann und die Brandstifter", Max Frischs Lehrstück ohne Lehre (1958), und die Protokolle, die in den einzelnen Chaträumen während der virtuellen Rollenspiele automatisch generiert werden, können anschließend zum Gegenstand einer „realen" Diskussion im Plenum gemacht, mit der originalen Fortsetzung verglichen oder sogar in Form eines physischen Rollenspiels umgesetzt werden (vgl. Breilmann/Schopen 1999). In ähnlicher Weise haben Frederking, Berghoff, Jünger und Steinig (1998) einen Auszug eines Textes von Enzensberger (1992) genutzt, um einen Chatraum in ein virtuelles Zugabteil zu verwandeln und in diesem Fall Studierende in die Rolle von Reisenden zu versetzen[7]:

> Zwei Passagiere in einem Eisenbahnabteil. Wir wissen nichts über ihre Vorgeschichte, ihre Herkunft oder ihr Ziel. Sie haben sich häuslich eingerichtet, Tischchen, Kleiderhaken, Gepäckablagen in Beschlag genommen. Auf den freien Sitzen liegen Zeitungen, Mäntel, Handtaschen herum. Die beiden beginnen eine Unterhaltung ...

Nach einer Weile können die sich entwickelnden Chat-Dialoge durch die Text-Zeile „Die Tür öffnet sich, und neue Reisende treten ein ..." gleichsam als Regieanweisung unterbrochen werden, so dass zwei weitere virtuelle Rollenspieler in das Abteil und damit in den Text einsteigen können. Schon solche recht einfachen Chat-Versuche können verdeutlichen, dass der Chat nicht nur wegen seiner (kurzzeitigen) motivationalen Effekte, sondern vor allem wegen seiner medienspezifischen Besonderheiten neuartige Lernarrangements mit relativ geringem technischem Aufwand erlaubt, die eine unterrichtspraktische Erprobung wert sind. Dass Chats auch im Anfangsunterricht der Grundschule erfolgreich eingesetzt werden können, zeigt z. B. ein fächerübergreifend-medienintegratives Unterrichtsprojekt, das Frederking und Steinig (2000) mit Schülern zweier erster Klassen aus Wiesloch (nahe Heidelberg) und Hausberge (bei Minden in Westfalen) realisiert haben. Hier wurde unter anderem deutlich, dass der gezielte Einsatz des Computers Spracherwerbsprozesse in erheblichem Maße erleichtern" (Frederking/Steinig 2000, S. 12) kann und dass für die Grundschüler insbesondere die kommunikative Funktion des Schreibens durch die synchrone Interaktivität des Chats in eindrucksvoller Weise erfahrbar wird.

[7] Das ursprüngliche Arrangement bei Frederking/Berghoff/Jünger/Steinig (1998) war sehr viel komplexer und vor allem als interkulturelles Projekt angelegt. Hier wird nur auf die Grundidee Bezug genommen, einen Auszug aus einem literarischen Text als Chatimpuls zu verwenden.

3. Wider die Mediennaivität: Soziale Netzwerke im Deutschunterricht

Soziale Netzwerke wie Facebook (www.facebook.com), die für Schüler mittlerweile ganz selbstverständlich zum medialen Alltag gehören, stellen aus deutschdidaktischer Sicht eine komplexe Herausforderung dar. Während in Kapitel 2.6. dieses Bandes die wichtigsten Problemdimensionen benannt und analysiert wurden, sollen in diesem Abschnitt didaktisch sinnvolle Möglichkeiten der unterrichtlichen Auseinandersetzung mit sozialen Netzwerken vorgestellt werden. Einleitend sei noch einmal kurz rekapituliert, aus welchen Gründen Facebook & Co. deutschdidaktisch von Interesse sind.

Zunächst sind soziale Netzwerke – ähnlich wie Internet-Chats – Laboratorien für die Identitätskonstruktion (vgl. Turkle 1995, S. 297). Und gerade Schüler, die sich von ihren Eltern lösen und sich ständig neu positionieren und definieren müssen, finden in den Identitäts-Werkstätten sozialer Netzwerke ein nahezu unerschöpfliches Arsenal an virtuellen Werkzeugen zur Ausgestaltung bislang verborgener Facetten des Selbst, das in dieser Weise keiner Generation zuvor zur Verfügung gestanden hat.[8] Die „syntax of identity play", die Rheingold (1993, S. 152) schon Anfang der 90-er Jahre des letzten Jahrhunderts als Charakteristikum computervermittelter Kommunikation ansah, ist in sozialen Netzwerken inzwischen um einiges komplexer geworden. Und da sich die Spiele mit der eigenen Identität auch in den Social Media häufig – wenn nicht gar in der Regel – als *Sprach*spiele zeigen, d. h. im Medium der Schrift stattfinden, sind sie insbesondere im Rahmen eines identitätsorientierten Deutschunterrichts (vgl. den Beitrag 3.10 in diesem Band) von Bedeutung. Zu den Besonderheiten der Identitäts-Spielzeuge der Social Media gehört, dass sie – im Wortsinn – kinderleicht zu bedienen sind. Die Anforderungen auf der Ebene der technisch-instrumentellen Kenntnisse, die nach Groeben zu den medienspezifischen Rezeptionsmustern gehören und eine Teildimension der Medienkompetenz darstellen, sind nicht besonders hoch. Schon Grundschüler sind in der Lage, sich bei Facebook ein eigenes Profil zu basteln, mit dem sie sich dann der Netzöffentlichkeit präsentieren können. Dass genau hier einige der Probleme entstehen, die auch aus mediendidaktischer Sicht relevant sind, sei an einem einfachen Beispiel aus dem inzwischen in der Bedeutungslosigkeit verschwundenen Schüler VZ-Netzwerk erläutert: Ein gewöhnliches Profil bei SchülerVZ enthält neben allgemeinen Angaben zur Person unter der Rubrik „Schule" auch die Kategorie „Ich bin ...", die man mit vorgefertigten Einträgen aus einem Menu vervollständigen kann (vgl. Abb. 1). Es bedarf nur einiger Mausklicks und ein Schüler hat beispiels-

[8] Und der nächste Entwicklungsschritt zeichnet sich bereits ab, denn längst sind soziale Netzwerke nicht mehr nur an stationäre Computer oder Laptops gebunden, sondern per Mobiltelefon potenziell ubiquitär verfügbar.

Abb. 1 Auswahlmenu in der Kategorie „Ich bin . . .“

weise die Selbstcharakterisierung „faule Sau“ in sein Profil aufgenommen, die fortan zumindest prinzipiell für alle anderen Nutzer sichtbar ist. Es muss bezweifelt werden, ob ein Schüler angemessen bewerten kann, welche unter Umständen fatale Außenwirkung solche Profileinträge haben können. Die hier deutlich werdende Crux lässt sich vor dem Hintergrund des oben skizzierten Medienkompetenz-Modells folgendermaßen beschreiben: Die geringen technisch-instrumentellen Anforderungen, die soziale Netzwerke an ihre Nutzer stellen, ermöglichen Handlungen, deren Konsequenzen aufgrund fehlender medienbezogener Kritikfähigkeit nicht angemessen abgeschätzt werden können.[9] Und diese Feststellung trifft leider nicht nur auf das mediale Handeln von Schülern zu, denen man zugute halten könnte, dass sie noch zu jung sind, um die Zusammenhänge zu verstehen. Wer sich beispielsweise ansieht, welche virtuellen Visitenkarten sich Lehramtsstudierende bei Facebook selbst ausstellen, wird seinen Augen oftmals nicht trauen: Intimes Geflüster („Ich hab dich soooo lieb, Puschelhasi“), Lästereien über Dozenten („Gleich Mathe-Vorlesung beim dicken Müller“), viel sagende Gruppennamen („Ich saufe noch, wenn du schon im Koma liegst“), peinliche Party-Bilder und Bikini-Fotos vom letzten Malle-Trip – all das findet sich – häufig genug für jeden zugänglich – in den entsprechenden Profilen. Statt ausgeprägter Medienkompetenz manifestiert sich in sozialen Netzwerken fast überall eine erschreckende Mediennaivität, die vor allem dadurch gekennzeichnet ist, dass die Grenze zwischen Privatheit und Öffentlichkeit nahezu vollständig aufgelöst bzw. die eigene Privatsphäre unter dem Motto „Ich habe doch nichts zu verbergen“ ohne Not aufgegeben wird (vgl. hierzu noch einmal den Beitrag 2.6 in diesem Band). Wie weit dieser digitale Exhibitionismus getrieben wird, scheint inzwischen nur noch eine technische Frage zu sein. In diese Richtung deutet auch eine Aussage des Facebook-Gründers Mark Zuckerberg, dessen soziales Netzwerk immer wieder wegen des äußerst fahrlässigen Umgangs mit den privaten Daten der Nutzer in die Schlagzeilen geriet:

> Facebook has always tried to push the envelope [. . .]. And at times that means stretching people and getting them to be comfortable with things they aren't yet comfortable with. A lot of this is just social norms catching up with what technology is capable of. (Thompson 2009, S. 123)

[9] Allgemeiner gesprochen: Es ist die Unabhängigkeit der technisch-instrumentellen Fähigkeiten von der medienbezogenen Kritikfähigkeit, die Probleme verursacht. Auch bessere technische Kenntnisse gehen nämlich nicht automatisch mit einer verbesserten Kritikfähigkeit einher.

Wer Schüler zu selbstbestimmtem Handeln in sozialer Verantwortung anleiten möchte, muss diesen entlarvenden Ausspruch wohl als implizite Aufforderung lesen, im Unterricht sehr deutlich zu machen, dass soziale Normen und Werte nicht bzw. nicht nur von der technischen Entwicklung abhängen und dass man gerade angesichts der vielen technischen Verlockungen unbedingt einige Regeln beachten muss, wenn man sich in sozialen Netzwerken bewegt. Dass das folgende Projekt vor allem die Risiken der Nutzung von Facebook ins Bewusstsein der Schüler(innen) zu heben versucht, bedeutet nicht, dass soziale Netzwerke nur unter dieser Perspektive betrachtet werden sollten – ganz im Gegenteil. Doch Schüler(innen) nutzen Facebook in erster Linie natürlich wegen der damit verbundenen Gratifikationen, die die möglichen Risiken häufig in den Hintergrund treten lassen, und die Schule kann ein Ort sein, an dem sie eine neue, kritisch-distanzierte Sichtweise auf die eigene private Praxis des Umgangs mit den Social Media einnehmen können. Im Folgenden wird ein aus vier Modulen bestehendes Projekt skizziert, dessen Zielgruppen Schüler, Eltern und Lehrer sind und das andeuten soll, wie das Thema „soziale Netzwerke“ im Deutschunterricht behandelt werden kann.[10] Die Grundidee besteht darin, dass Schüler für ihre Eltern einen Kurzfilm über Chancen und Risiken soziale Netzwerke drehen, der im Rahmen einer Informationsveranstaltung (z. B. als Teil eines Elternabends) gezeigt und diskutiert wird.

Modul 1: Bedingungsanalyse

Im ersten Modul werden durch eine Fragebogenerhebung die unterschiedlichen Voraussetzungen, Einstellungen und Erfahrungen mit *Facebook* und anderen populären Netzwerken abgefragt. Um bei der praktischen Umsetzung der einzelnen Bausteine möglichst den Bedürfnissen der verschiedenen Zielgruppen (Schüler, Eltern, Lehrer) gerecht zu werden, kann man das Konzept je nach den Ergebnissen dieser Bedingungsanalyse variieren. Im Schülerfragebogen sollten – abgesehen von den sozio-demographischen Daten – allgemeine Angaben zu den regelmäßigen Internetaktivitäten sowie spezielle Motive und Haltungen im Hinblick auf *Facebook* und andere Netzwerke erhoben werden. Ob die Schüler ein Bewusstsein dafür haben, dass ihre persönlichen Profile prinzipiell für jeden zugänglich sind und dass es bewusster Sicherheitsmaßnahmen bedarf, um die privaten Daten vor dem Zugriff Fremder zu schützen, sollte in getrennten Fragen ermittelt werden: Wer seine Daten für privat und nur für Freunde sichtbar erachtet, ohne spezielle Einstellungen im persönlichen Profil für notwendig zu halten, offenbart dann unfreiwillig genau die Defizite im Bereich der Medienkompetenz, die im Unterricht thematisiert werden sollen. Die Fragebögen für die Eltern sollten vor allem ermitteln, welche Kenntnisse über soziale Netzwerke

[10] Eine detaillierte Beschreibung des Projekts findet sich bei Dreier (2009).

vorhanden sind, wie groß die Sensibilität für Fragen des Datenschutzes und der Privatsphäre ausgeprägt ist und wie genau sie über die Internet-Nutzungsgewohnheiten ihrer Kinder informiert sind. Im Hinblick auf die Lehrer ist es interessant, herauszufinden, ob bzw. wie sie soziale Netzwerke in ihrem Unterricht thematisieren und welche Bedeutung sie diesem Thema im Rahmen eines Schulcurriculums zuschreiben.

Modul 2: Workshop für Schüler(innen)

Im **ersten Baustein** geht es vor allem darum, die Schüler auf das Thema einzustimmen und eine gemeinsame Basis für eine angenehme Arbeitsatmosphäre zu schaffen. Denn nicht alle werden sofort bereit sein, über „ihre" sozialen Netzwerke mit einem Erwachsenen zu sprechen, viele sind eher misstrauisch und der Meinung, man wolle lediglich ihre Freizeitaktivitäten kritisieren. Vor diesem Hintergrund erscheint es auch ratsam, als Thema des Workshops zunächst die Auseinandersetzung mit der eigenen Privatsphäre in den Mittelpunkt zu rücken. Als Einstieg bietet sich eine assoziativ-spielerische Methode wie das Akrostichon an. An die Tafel werden die Buchstaben des Wortes „Privatsphäre" untereinander geschrieben. Die Schüler werden aufgefordert, neue Wörter zu bilden, die mit den einzelnen Buchstaben beginnen. Diese Wörter sollten thematisch mit dem Ursprungsbegriff zusammenhängen. Die Begriffe werden anschließend vorgelesen und als Grundlage für eine Plenumsdiskussion über Privatsphäre genutzt.

Der **zweite Baustein** bildet zusammen mit dem dritten, eher produktorientierten, den Kern des Moduls. Um den Schülern die Risiken im Umgang mit *Facebook* deutlich zu machen und sie für die medienspezifischen Strategien und Mechanismen zu sensibilisieren, müssen sie zunächst über Social Media und dessen Eigenschaften informiert werden. Medienwissen und Medialitätsbewusstsein sind auch hier notwendige Voraussetzungen der Förderung medienspezifischer Kritikfähigkeit. Dabei sollten die Schüler auch mit den verschiedenen (Schatten-) Seiten von Facebook konfrontiert werden: Voyeurismus, Datendiebstahl, Missbrauch der Fotos durch die Boulevardpresse, Cyber Mobbing. Auch eine kurze Demonstration, wie schnell man die Fotos der Schüler von den Profilen in ein Bildbearbeitungsprogramm übertragen kann, sollte der Lehrer in diesem Baustein vorbereiten. Um über die Information und Konfrontation hinaus bei der Gruppe eine Einstellungsänderung herbeizuführen und ihre medienspezifische Kritikfähigkeit beim Umgang mit der eigenen Privatsphäre zu fördern, sollte auch der Begriff der *Grenzen* im Fokus dieses Bausteins stehen. Wo liegen die eigenen Grenzen? Wie weit lasse ich andere in meinen persönlichen (körperlichen oder seelischen) Raum, in meine Privatsphäre hinein? Ein wichtiges Ziel dieser Phase des Workshops besteht darin, die Schüler davon zu überzeugen, dass es in ihrem Interesse ist, ihre Profile durch entsprechende Sicherheitseinstellungen zu schützen und die Darstellung der eigenen Person mit Daten und Fotos bewusst zu gestalten. Als Einstieg in den Themenbereich *Das Web 2.0 – Grenzenlose Freiheit?!* bieten sich zwei kurze Filme an, die von der US-Regierung in Zusammenarbeit mit dem *Project Safe Childhood*[11] entwickelt wurden. Im ersten Film *(Everybody knows your name)* wird Sarah, ein junges Mädchen, von fremden Menschen auf der Straße angesprochen, die sie offenbar kennen und mit ihrem Namen anreden. Zunächst freut sich Sarah noch über ihre für sie unerklärliche Popularität, dann ist sie jedoch zunehmend irritiert, da selbst Kellner in Bars und Kassierer im Kino, die sie zuvor nie gesehen hat, ihre intimsten persönlichen Details zu kennen scheinen. Schnell wird klar, dass sich all diese Menschen im Internet über Sarah informiert haben. „Think before you post" ist daher die warnende Botschaft dieses kurzen, aber eindrucksvollen Spots. Unter diesem Motto steht auch der zweite Film *(Bulletin Board)*, der auf drastische Weise veranschaulicht, dass im Internet andere Regeln gelten als im „wahren" Leben (vgl. hierzu auch Krommer/Brüning 2008): Ein Mädchen hängt in einer Schule an einem schwarzen Brett arglos ein privates Foto auf, das von einem Jungen abgenommen wird, der es seinen Freunden zeigt. Doch das Bild erscheint wie durch Zauberei sofort erneut auf dem schwarzen Brett, so dass weitere Personen es abnehmen, verbreiten und verändern können. Schließlich sind unzählige Kopien des Fotos im Umlauf und das Mädchen, das darauf zu sehen ist, möchte es vom schwarzen Brett entfernen. Doch auch sie muss erkennen, dass sich das Bild nicht mehr löschen lässt. Hier wird für Schüler besonders deutlich, dass ein einmal im Internet veröffentlichtes Foto in seiner Verbreitung nicht mehr kontrollierbar ist und dass Fotos im Netz anderen Regeln unterworfen sind als Fotos, die man in einem Album gemeinsam mit Freunden anschaut. Diese Erkenntnis ist im Umgang mit *Facebook* besonders wichtig, da ein großer Reiz dieser Online Community darin liegt, virtuelle Fotoalben anzulegen, die von anderen eingesehen werden können. Obwohl beide Filme im Originalton sind, sollten die Schüler keine Probleme haben, den Inhalt zu verstehen. Im Anschluss an die Filme sollen sie ihre Eindrücke äußern: Sind die Filme ihrer Meinung nach übertrieben oder sinnvoll? Welche Zielgruppe wird wohl angesprochen? Um gerade bei der letzen Frage Anlass für Diskussionen zu bieten, kann man noch den Kurzfilm *Wo ist Klaus?* von Klicksafe[12] zeigen, der eher an die Eltern gerichtet ist. Anschließend folgt eine arbeitsteilige Gruppenphase. Je nach Interessen können sich die Schüler verschiedenen Schwerpunktthemen zuordnen, erhalten dazu Materialien und sollen sich selbstständig die folgenden Themen erarbeiten:

a) Was ist das Web 2.0 und welche Angebote gehören (auch über *Facebook* hinaus) dazu?

---

[11] Vgl. http://www.projectsafechildhood.gov/, 01.10.2012.

[12] https://www.klicksafe.de/ueber-klicksafe/downloads/klicksafe-werbespots/download_wo-ist-klaus.html, 01.10.2012

b) *Facebook* in unserer Klasse: Erarbeitung und Präsentation der Fragebogenergebnisse aus dem ersten Modul
c) Was Eltern und Freunde sagen ... Eigene Erfahrungen mit *Facebook*
d) AGB, Impressum, Verhaltenskodex: Informationsmaterial von und über *Fcebook* unter der Lupe

Die Arbeitsergebnisse der einzelnen Gruppen werden anschließend auf einem Markt der Möglichkeiten präsentiert: Die Schüler erstellen Plakate, hängen diese an die Wand oder an Stellwände und zwei Schüler aus jeder Gruppe betreuen jeweils die Infostationen. Während alle Schüler herumgehen und sich die Ergebnisse der Gruppenarbeit ansehen, stehen die jeweiligen „Experten" bereit, um Fragen zu beantworten oder die Plakate zu erläutern.

Im **dritten Baustein** arbeiten die Schüler produktionsorientiert: Um für die Eltern einen Informationsabend vorzubereiten, sollen die Teilnehmer des Workshops gemeinsam einen kurzen Film drehen, der ein möglichst differenziertes Bild von *Facebook* präsentiert. Das vorrangige Ziel bei diesem Baustein besteht – neben der inhaltlich-kooperativen Arbeit am Produkt – darin, dass sich die Schüler in die Perspektive der Eltern versetzen, um deren Fragen und Ängste in Ansätzen zu antizipieren und diesen durch die Gestaltung des Filmkonzeptes zu begegnen. Außerdem soll das Agieren vor und hinter der Kamera den Schüler Selbstbewusstsein vermitteln, sie sollen Position beziehen und ihre eigenen Vorstellungen und Ideen formulieren bzw. filmisch umsetzen. Im Austausch über ihre Ideen mit den anderen lernen sie, Kritikfähigkeit zu entwickeln, sie erkennen, dass es mehrere (Kamera-) Perspektiven geben kann, aus denen man eine Sache betrachten kann. In kleinen Gruppen sollen die Schüler nun Konzepte für eigene Kurzfilme zu *Facebook* entwickeln. Zum einen sollen sie bei der Erarbeitung dieser Konzepte die bisherigen Ergebnisse des Workshops berücksichtigen, die ja u. a. in den zuvor präsentierten Wandplakaten visualisiert wurden. Zum anderen sollen die Schüler die Erwartungshaltung der Eltern in den Blick nehmen. Weitere Vorgaben könnten sein, dass die Filme nicht länger als 2–3 Minuten dauern sollen. Alle Gruppen stellen ihre Konzepte zur Diskussion und tauschen sich über mögliche Alternativen und Vorgehensweisen aus. Die Schüler sollten zunächst ein kurzes Drehbuch oder ein Storyboard erstellen, außerdem ist sicher eine Aufgabenverteilung innerhalb der Gruppen im Vorfeld sinnvoll. Die Erfahrung in den unterschiedlichen Jahrgängen mit diesem Medium hat gezeigt, dass die Schüler zum einen hoch motiviert sind und sich alle mit ihren jeweiligen Stärken einbringen wollen, zum anderen ist der Aufwand wesentlich geringer als oft von Lehrern gefürchtet, denn die benötigten Medien beschränken sich im Grunde auf einen PC oder Laptop und eine Digitalkamera oder Webcam. Die anschließende Filmüberarbeitung kann z. B. mit dem Windows Movie Maker erfolgen, der auf vielen Schulrechnern installiert sein sollte, da er ab Windows XP zur Grundausstattung gehört. Die einzelnen Schritte zur Filmerstellung (bezogen auf eine Unterrichtssequenz für den Deutschunterricht) werden ausführlich bei Günther (2008) beschrieben, der eindrucksvoll nachweist, wie einfach vermeintlich komplizierte und aufwendige Projekte zu realisieren sind. Als Abschluss dieses Bausteins wird gemeinsam mit den Schülern überlegt, wie man die Präsentation der Filme in einen Informationsabend für die Eltern integrieren könnte.

Modul 3: Informationsveranstaltung für Eltern

Im **ersten Baustein** werden den Eltern verschiedene Problemdimensionen anschaulich vor Augen geführt: Sie sollen erkennen, wie aktuell das Thema des Datenschutzes und der Privatsphäre im Internet ist und den Bezug zu ihrer eigenen Lebenswelt nachvollziehen. Dazu bietet es sich an, im ersten Schritt auf einen Paradigmenwechsel in der Gesellschaft in Sachen Datenschutz hinzuweisen: Denn im Jahre 1987 demonstrierten die Menschen noch vehement gegen die Volkszählung, weil sie fürchteten, der Staat könne ihre persönlichen Daten missbrauchen. Heute ist hingegen fast jeder Supermarktkunde für minimale Rabatte bereit, sich durch sogenannte „Payback-Karten" in einen gläsernen Kunden zu verwandeln und sein individuelles Konsumprofil kommerziell verwerten zu lassen. Bestand das Anliegen der Datenschützer einst vor allem darin, den ungewollten Zugriff des Staates auf private Daten der Bürger zu verhindern, muss Otto Normalverbraucher heute davor bewahrt werden, seine Daten selbst und freiwillig an Dritte weiterzugeben. Es sind also mitnichten nur die Angehörigen der *Generation @*, d. h. die Schüler, die einen problematischen Umgang mit persönlichen Daten pflegen. Auch die Eltern müssen sich fragen lassen, wie sie es im Payback-Zeitalter mit dem Schutz ihrer Daten und ihrer Privatsphäre halten. Um anschließend den Bogen zu den möglichen Risiken zu spannen, die den Kindern womöglich im Internet begegnen, wird der Film „Wo ist Klaus?" gezeigt, mit dem auch schon die Schüler gearbeitet haben (vgl. Modul 2, Baustein 2). Fragen, kritische Anmerkungen und Erwartungen der Eltern werden im Anschluss an den Film auf einer leeren Folie gesammelt. In **Baustein 2** liefert der Moderator Informationen und Hintergründe zu den Eigenschaften und Möglichkeiten des Web 2.0 und von *Facebook*. Diese Phase kann – je nachdem, wie die Elternbefragung ausfällt – knapp oder ausführlicher ausfallen. Im Vordergrund sollten hier vor allem die individuellen Fragen der Eltern sowie Erläuterungen zu positiven Aspekten einzelner Angebote im Web 2.0 stehen. Um den Eltern zu verdeutlichen, wie die Kinder mit dem Internet umgehen und inwiefern dies von ihren eigenen Vorstellungen abweicht, macht es an dieser Stelle Sinn, als nächsten Schritt die wichtigsten Ergebnisse der Schülerbefragung vorzustellen. Im **dritten Baustein** steht der Begriff der Medienkompetenz im Vordergrund. Mithilfe einiger Erläuterungen werden die Zusammenhänge zwischen dem Umgang mit den eigenen Daten im Internet, der Art der Selbstpräsentation bei *Facebook* und der Interaktion mit anderen Nutzern im Sinne einer sozialen Verantwortung verdeutlicht. Vor allem der Aspekt der Anschlusskommunikation sollte betont werden: Die Eltern sollten offen für die Interessen ihrer Kinder sein, diese nach ihren Internetaktivitäten gezielt fragen und, wenn sie den Eindruck haben, dass Probleme auftreten, mit den Kindern gemeinsam nach Lösungen suchen. Die Hemmschwelle, die viele Erwachsene den neuen Medien gegenüber immer noch haben, sollte auf keinen Fall als Entschuldigung dienen, die Internetaktivitäten der Kinder als gegeben hinzunehmen. Um den Eltern zu zeigen, dass viele Kinder durchaus in der Lage sind, ihr Medienverhalten kritisch zu reflektieren, werden als nächstes die im Workshop für die Schüler erstellten Filme zu *Facebook* gezeigt und anschließend gemeinsam mit den beteiligten „Produzenten" und den Eltern besprochen. Zuletzt werden in **Baustein 4** die offenen Fragen geklärt und weitere Ansprechpartner und hilfreiche Links vorgestellt. In dieser Phase kann auch ein Referent zu Wort kommen bzw. eine Podiumsdiskussion durchgeführt werden.

Modul 4 (optional): Informationsveranstaltung für Lehrer

Die Veranstaltung, in deren Rahmen das Lehrerkollegium über *Facebook* informiert wird, kann im Rahmen einer Fortbildung, an einem pädagogischen Tag oder auch als freiwilliges Angebot für einzelne Interessierte gestaltet werden. Die einzelnen Bausteine können ähnliche ablaufen wie das Modul für die Eltern: Im Vordergrund stehen Information und Konfrontation, darüber hinaus weicht das Lehrermodul insofern ab, als der Blick zusätzlich auf den Unterricht gerichtet ist, in dem das Thema *Facebook* umgesetzt werden kann.

Mit dem hier skizzenhaft vorgestellten Konzept ist insbesondere der Versuch verbunden, einen kleinen Beitrag zur Förderung der medienspezifischen Kritikfähigkeit als Teildimension der Medienkompetenz zu leisten. Dabei ist der Schwerpunkt des Schülerworkshops primär im produktiv-reflexiven Bereich zu sehen, während die Informationsveranstaltungen für Eltern und Lehrer eher informativen Charakter haben. Das vorgestellte Konzept lässt sich auch als Basis nutzen, um weitere wichtige Problemkomplexe in den kritischen Blick zu nehmen: So kann beispielsweise eine Diskussion über *Cyber Mobbing* erst dann kompetent geführt werden, wenn man sich der impliziten Regeln, Chancen und Gefahren des Internets (bzw. speziell des Web 2.0) bewusst ist. Möglicherweise kann sich eine Folgeveranstaltung auch generell mit dem Bereich *Formen der Gewalt im Internet* auseinandersetzen. Denn nicht nur Mobbing in Sozialen Netzwerken, sondern auch Internetseiten mit gewaltverherrlichenden Inhalten oder auch die sexualisierte Gewalt in Chat-Rooms gilt es medienpädagogisch zu untersuchen (vgl. hierzu Grimm/Rhein/Clausen-Muradian 2008). Es macht nur Sinn, mit den Schülern über Grenzüberschreitungen jeglicher Art im Internet zu sprechen, wenn ihnen klar ist, wo diese Grenzen bei ihnen liegen und welche

Bedeutung die Privatsphäre des Einzelnen für die Selbstbestimmtheit sowie die soziale Verantwortung haben kann. Das vorliegende Konzept zum sicheren und problembewussten Umgang mit *Facebook* kann *ein* Weg dorthin sein.

Literatur

Baacke, Dieter (1996): Medienkompetenz als Netzwerk. Reichweite und Fokussierung eines Begriffs, der Konjunktur hat. In: Medien praktisch 20, H. 2, S. 2–10.

Baacke, Dieter (1997): Medienpädagogik. Tübingen: Niemeyer.

Breilmann, Sybille/Schopen, Michael (1999): Vom virtuellen in den realen Raum. Szenische Darstellung eines Chatgesprächs. In: Praxis Deutsch 158, S. 48–54.

Currie, Gregory (1990): The nature of fiction. Cambridge: University Press.

Dreier, Ricarda (2009): Bist du drin? Eltern, Lehrer und Schüler im Web 2.0: Zwischen Unwissenheit und Naivität. Ein zielgruppenspezifischer Workshop zum sicheren und problembewussten Umgang mit sozialen Netzwerken zur Stärkung der Medienkompetenz (bislang unveröffentlicht).

Dreier, Ricarda (2012): Medien im Unterricht. „Bring your own devices". In: kjil&m (64), H. 3, S. 88–92.

Eco, Umberto 1990 (1999): Die Grenzen der Interpretation. München: dtv.

Enzensberger, Hans Magnus (1992): Fremde im Zug. In: Ders.: Die große Wanderung. 33 Markierungen. Frankfurt am Main: Suhrkamp, S. 12–14.

EUROPEAN COMMISSION „Information Society and Media Directorate General" (Hrsg.) (2006): Benchmarking Access and Use of ICT in European Schools 2006. Final Report from Head Teacher and Classroom Teacher Surveys in 27 European Countries. Online-Quelle am 01.12.2009: http://ec.europa.eu/information_society/eeurope/i2010/docs/studies/final_report_3.pdf.

Frederking, Volker/Berghoff, Matthias/Jünger, Werner/Steinig, Wolfgang (1998): Fremde im Zug – Fremde im Netz. Ein interkulturelles Schreibprojekt. In: Zielsprache Deutsch 1, S. 13–24.

Frederking, Volker/Steinig, Wolfgang (2000): Früh übt sich. E-Mail und Chat-Projekte im Deutschunterricht der Grundschule. In: Computer und Unterricht 40, S. 12–14.

Frederking, Volker (2006): Symmedialität und Synästhetik. Begriffliche Schneisen im medialen Paradigmenwechsel und ihre filmdidaktischen Implikationen am Beispiel von Erich Kästners 'Emil und die Detektive'. In: Ders. (Hrsg.): Filmdidaktik und Filmästhetik. Jahrbuch Medien im Deutschunterricht 2005. München: Kopäd 2006, S. 204–229.

Frederking, Volker/Krommer, Axel (2003): Von der 'Persona' zum 'Personascript': Virtuelle Theatralik im multimedialen Deutschunterricht am Beispiel von Ludwig Fels' 'Soliman'. In: Deutschunterricht 56, H. 4, S. 34–43.

Frederking, Volker/Krommer, Axel/Maiwald, Klaus (2008): Mediendidaktik Deutsch. Eine Einführung. Berlin: Schmidt.

Frisch, Max 1958 (1996): Biedermann und die Brandstifter. Ein Lehrstück ohne Lehre. Frankfurt am Main: Suhrkamp.

Freyermuth, Gundolf S. (2002): Kommunikette 2.0. E-Mail, Handy & Co. richtig einsetzen. Mit Top-Regeln für den digitalen Alltag. Hannover: Heise.

Gölitzer, Susanne (2003): Wohin? Woher? Zielperspektiven und Herkünfte einer Deutschdidaktik. In: Dies. (Hrsg.): Deutschdidaktik und Neue Medien. Konstitutionsprobleme im Spannungsfeld zwischen Altlasten und Neugierde. Baltmannsweiler: Schneider, S. 8–23.

Grimm, Petra/Rhein, Stefanie/Clausen-Muradian, Elisabeth (2008): Gewalt im Web 2.0. Der Umgang Jugendlicher mit gewalthaltigen Inhalten und Cyber-Mobbing sowie die rechtliche Einordnung der Problematik. Berlin: Vistas.

Günther, Benjamin (2008): Filmschnitt digital: Was man alles machen kann. In: Deutschunterricht 61, H. 6, S. 24–27.

Hentig, Hartmut von (2002): Der technischen Zivilisation gewachsen bleiben. Nachdenken über die Neuen Medien und das gar nicht mehr allmähliche Verschwinden der Wirklichkeit. Weinheim/Basel: Beltz.

Iser, Wolfgang 1975 (1994): Die Appellstruktur der Texte. In: Warning, Rainer (Hrsg.): Rezeptionsästhetik: Theorie und Praxis. 4., unveränderte Auflage. München: Fink, S. 228–252.

Krommer, Axel (2003): Chatten mit dem lyrischen Ich. Ein literatur- und mediendidaktisches Experiment. In: Wermke, Jutta (Hrsg.): Literatur und Medien. Jahrbuch Medien im Deutschunterricht 2002. München: Kopäd, S. 87–103.

Krommer, Axel (2004): /join #Gruppenarbeitsraum04. Der IRC im Deutschunterricht der Sekundarstufe II. In: Computer+Unterricht 53, S. 30–32.

Krommer, Axel/Brüning, Christoph (2008): Privatsphäre? Schüler und soziale Netzwerke. In: Deutschunterricht 61, H. 6, S. 28–31.

Maiwald, Klaus (2005): Wahrnehmung – Sprache – Beobachtung. Eine Deutschdidaktik bilddominierter Medienangebote. München: Kopäd.

MMB – Institut für Medien- und Kompetenzforschung (2008): Digitale Schule – wie Lehrer Angebote im Internet nutzen. Eine Bestandsaufnahme im Auftrag des Bundesministeriums für Bildung und Forschung (BMBF). Online-Quelle am 01.12.2009: http://www.dlr.de/pt/PortalData/45/Resources/dokumente/nmb/MMB_Veroeffentlichung_Lehrer_Online_20080505_final.pdf.

mpfs (Medienpädagogischer Forschungsverbund Südwest) (Hrsg.) (2009): JIM-Studie 2009. Jugend, Information, (Multi-) Media. Basisuntersuchung zum Medienumgang 12–19-Jähriger. Online-Quelle am 01.12.2009: http://www.mpfs.de/fileadmin/JIM-pdf09/JIM-Studie 2009.pdf.

Rheingold, Howard 1993 (2000): The Virtual Community. Homesteading on the Electronic Frontier. Revised edition. Cambridge: MIT Press 2000.

Rosebrock, Cornelia/Zitzelsberger, Olga (2002): Der Begriff *Medienkompetenz* als Zielperspektive im Diskurs der Pädagogik und Didaktik. In: Groeben, Norbert/Hurrelmann, Bettina (Hrsg.): Medienkompetenz. Voraussetzungen, Dimensionen, Funktionen. München: Juventa, S. 148–159.

Thompson, Clive (2009): Brave New World of Digital Intimacy. In: Johnson, Steven (Hrsg.): The Best technology Writing 2009. New Haven/London: Yale University Press, S. 120–136.

Tulodziecki, Gerhard (1996): Medienerziehung als Aufgabe von Schule und Unterricht. In: Pädagogik und Schulalltag 51, H. 4, S. 438–446.

Tulodziecki, Gerhard (1997): Medien in Erziehung und Bildung. Grundlagen und Beispiele einer handlungs- und entwicklungsorientierten Medienpädagogik. Bad Heilbrunn: Klinkhardt.

Tulodziecki, Gerhard (1998): Entwicklung von Medienkompetenz als Erziehungs- und Bildungsaufgabe. In: Pädagogische Rundschau 52, H. 6, S. 639–709.

Turkle, Sherry 1995 (1998): Leben im Netz. Identität in Zeiten des Internet. Reinbek bei Hamburg: Rowohlt.

Wermke, Jutta (1997): Integrierte Medienerziehung im Fachunterricht. Schwerpunkt: Deutsch. München: Kopäd.

KLAUS MAIWALD

4.6 Gebrauchstexte – nicht nur print- und monomedial

1. Umgang mit Gebrauchstexten: Didaktische Begründungen und Leitlinien[1]

Eine Folgerung aus dem ersten PISA-Ergebnis (vgl. Deutsches PISA-Konsortium 2001) war die Wiederaufwertung des Umgangs mit Gebrauchstexten im Deutschunterricht. In den 1970er Jahren war es im Rahmen der so genannten kommunikativen Wende v. a. darum gegangen, Gebrauchstexte als Gegenstände der Alltagskommunikation überhaupt in den Deutschunterricht einzuführen (vgl. exemplarisch Gerth 1974). Die PISA-Studie hingegen lenkte den Blick auf die Verstehensprozesse (bzw. -defizite) der jugendlichen Leser. Die Fähigkeit zu funktionalistischem Lesen ist für die kommunikative Bewältigung des Lebens in einer ausdifferenzierten Informationsgesellschaft unabdingbar. Daher ist „Sach- und Gebrauchstexte verstehen und nutzen" zu Recht einer der aktuellen „Bildungsstandards im Fach Deutsch für den Mittleren Schulabschluss" (Kultusministerkonferenz 2003, S. 28). Die Nutzung von Gebrauchstexten erfordert Kompetenzen unterschiedlicher Art: *Deklaratives Wissen* (= „Wissen, dass ...") betrifft z.B. unterschiedliche Textfunktionen oder die Besonderheiten von Internettexten. Zum *prozeduralen Wissen* (= „Wissen, wie ...") gehört zentral die Fähigkeit, Texte zu lesen und zu verstehen, aber auch die Ausführung medienspezifischer Nutzungsmuster (z.B. Navigation in einem Hypertext). *Steuerungswissen* (= „Wissen, warum und wozu...") betrifft zum Beispiel die Auswahl unterschiedlicher Lese- bzw. Nutzungsweisen (z.B. überfliegendes Lesen) oder die Einschätzung der Leistung von Texten für unterschiedliche Zielsetzungen (z.B. bei Infotainment-Angeboten). Eine Didaktik der Gebrauchstexte sollte folgende Leitlinien berücksichtigen:

- die Aktivierung von Vorwissen;
- die Begegnung mit einem breiten Spektrum an Textfunktionen, Textsorten und Trägermedien;
- motivierende Themen;
- die Einbettung in einen größeren funktionalen Lernzusammenhang;
- Verbindungen von Textrezeption und Textproduktion;
- die Anwendung von Lesestrategien und Arbeitstechniken;
- reflexive Anschlusskommunikation bzw. Anschlusshandlungen.

[1] Vgl. für weitergehende sachanalytische und didaktische Grundlagen der folgenden Praxisanregungen Kap. 3.9 in diesem Band.

2. Zu den Praxisbeispielen in diesem Beitrag

Umgang mit Gebrauchstexten soll nicht sporadisch und zusammenhanglos sein, und er sollte nicht dem Ablaufmuster *Textlektüre – Klärung „unbekannter Wörter“ – Lehrerfragen* folgen. In der jüngeren Fachliteratur gibt es eine Reihe empfehlenswerter Praxisanregungen, was einige Beispiele zeigen können: Kurt Rose (2000) dokumentiert zum Thema *Körperschmuck – Schmerzen für die Schönheit* das Suchen, Lesen, Beurteilen und Verarbeiten von Sachinformationen im Internet. Gabriela Paule (2003) verbindet in der Textsorte Definition und der zentrischen Streckung das Lesen und Schreiben von Sachtexten sowie die Fächer Deutsch und Mathematik. Therese Grossmann und Ann Peyer (2004) nehmen Sachtexte über Jugendsprache in den Blick. Andrea Stadter (2004) führt einen Umgang mit literaturtheoretischen Essays in der Sekundarstufe II vor. Gudrun Marci-Boehncke und Matthias Rath (2005) erschließen Beziehungsratgeber-Literatur für einen fächerübergreifenden Unterricht. Eine Fülle verschiedener Texte und didaktisch-methodischer Anregungen dazu hat Jürgen Baurmann (2009) zusammengestellt. Diese Praxisanregungen sind gut zugänglich und sollen hier daher lediglich erwähnt werden.

Dargestellt sind im Folgenden eigene Ansätze eines Umgangs mit Gebrauchstexten, der den o.g. Leitlinien zu folgen versucht. Beispiel A umfasst die detaillierte Aufbereitung eines Einzeltextes, Beispiel B eine sechsstündige Unterrichtssequenz in einer 7. Jahrgangsstufe.

3. Beispiel A: Warum Wale stranden – Sachanalyse, didaktische Analyse und methodische Anregung zu einem Textbeispiel

Im folgenden Abschnitt soll ein Zeitungstext zum Stranden von Walen zunächst einer Sachanalyse unterzogen werden. In einer didaktischen Analyse werden die in der PISA-Studie zugrunde gelegten Verstehensdimensionen auf den Text angewendet und Zielsetzungen formuliert. Abschließend wird als methodischer Ansatz für den Textumgang eine Elaborationsstrategie (vgl. Flender/Christmann 2002, S. 211) vorgeschlagen. Hier der Text:

Wenn Wale vom Kurs abkommen
Tödliche Massenstrandungen

Von unserem Redakteur
MICHAEL HEILEMANN

[1] FREIBURG. Sie trocknen aus, sterben an Überhitzung oder werden von ihrer eigenen Masse erdrückt. Wale haben zwar Lungen, doch wenn sie stranden, wie kürzlich vor Australien und Neuseeland, dann ist es meist um sie geschehen. Mehr als 200 Wale und Delfine sind dort innerhalb von 48 Stunden angeschwemmt worden. Über die Ursachen solcher Massenstrandungen, zu denen es immer wieder kommt, weiß die

Wissenschaft nur sehr wenig. Im jüngsten Fall vermutet man, dass regionale Erdbeben die Meeressäuger irritiert haben.

[2] Auf ihren langen Wanderungen rund um den halben Globus orientieren sich Wale wahrscheinlich auch an Magnetfeldlinien. Diese könnten sich als Folge kleinerer Erdbeben, die kürzlich Neuseeland und Tasmanien erschütterten, verschoben haben. „Australische Meeresbiologen glauben, dass dies die Tiere vom Kurs abgebracht hat", erklärt Annika Winter, Sprecherin der internationalen Walschutzorganisation „Whale and Dolphin Conservation Society" (WDCS) in München.

Quelle: http://ais.badische-zeitung.de

[3] Berichte von spektakulären Strandungen gibt es schon seit mehreren hundert Jahren. Die WDCS zählte in den vergangenen neun Jahren weltweit fast 4700 Tiere, zumeist so genannte gewöhnliche Grindwale und Große Tümmler (Delfine), die an Land geschwemmt wurden. In der Regel sind es die Leittiere der in großen Verbänden umherziehenden Meeressäuger, die von der Route abkommen und alle anderen mit ins Verderben ziehen. Für die Tierschützer beginnt dann ein Kampf gegen die Uhr, und nur in wenigen Fällen gelingt es ihnen, die tonnenschweren Tiere auf Plastikbahnen zurück ins Meer zu befördern.

[4] Das Massensterben kann auch mit Klimaveränderungen zusammenhängen. Australische Forscher, die Walstrandungen der vergangenen 80 Jahre untersucht haben, stellten fest, dass sich solche Ereignisse in Zehnjahres-Zyklen häufen. Auffällig dabei: Es handelte sich meistens um Jahre, in denen es viele Stürme gab und die Wassertemperatur niedriger war als üblich.

[5] Die Walschützer von der WDCS sind allerdings davon überzeugt, dass die Strandungen nicht nur natürliche Ursachen haben. Die Meeressäuger, die sich auf kurzen Strecken mit einer Art Echolot, das heißt über Schallwellen, orientieren, sind wahrscheinlich auch Opfer der zunehmenden „Verlärmung" der Meere. „Die Tiere versuchen, dem Krach von Bohrinseln und Schiffsschrauben auszuweichen und verschwimmen sich dabei", erklärt Annika Winter.

[6] Tödliche Folgen haben oft auch Militärübungen auf See, weil Kriegsschiffe und U-Boote sehr starke Schallwellen zur Ortung einsetzen. Sie können das Gehör und damit das Orientierungssystem der Wale komplett zerstören. Ein besonders spektakulärer Fall ereignete sich im September 2002 vor den Kanarischen Inseln: Fünfzehn Wale strandeten, zwölf von ihnen verendeten. Zur selben Zeit hatte die Nato in der Region eine [sic] Seemanöver abgehalten.

Quelle: *Badische Zeitung*, 02. Dezember 2004, S. 14f.

3.1 Textbeschreibung / Sachanalyse

Bereits in der Überschrift benennt der Text sein Thema, das Stranden der Wale. Im ersten Absatz wird dieses Thema an einem Beispiel entfaltet (*Sie trocknen aus ... wie kürzlich ... mehr als 200 Wale und Delfine*) und wird die Frage nach den Ursachen solcher Massenstrandungen gestellt. Die Vermutung über die Rolle *regionaler Erdbeben* wird in Abschnitt 2 näher erläutert. Abschnitt 3 situiert die Walstrandungen als zeitloses, weltweites Phänomen, benennt mit der Rolle der Leittiere großer Verbände eine mögliche Ursache und umreißt die Aktivitäten zur Rettung gestrandeter Tiere. In Abschnitt 4 wird mit *Klimaveränderungen* ein weiterer Faktor eingeführt (*Stürme, Wassertemperatur*). Abschnitte 5 und 6 beinhalten über die Vermutung derlei *natürlicher Ursachen* hinaus die Überzeugung der Walschützer, dass die Meeressäuger Opfer einer vom Menschen erzeugten *Verlärmung der Meere* werden, und zwar in Form von Bohrinseln, Schiffsschrauben und militärischen Ortungssystemen. Der Text schließt mit einem *besonders spektakulären* Fallbeispiel zum Zusammenhang von Seemanövern und einer Walstrandung.

Im Text finden sich typische Mittel zur Herstellung lokaler Kohäsion auf der Textoberfläche: z. B. Rekurrenz (wörtliche Wiederholung) von *Massenstrandungen* und *Wale* [Überschrift, 1], Substitution durch Synonyme (*Meeressäuger, Opfer, Tiere* [5]) oder Pro-Formen und Artikel: *Auf* ihren *langen Wanderungen rund um den halben Globus orientieren sich* Wale *wahrscheinlich auch an* Magnetfeldlinien. Diese *könnten sich* ...

Auch Textkohärenz als globale semantische Tiefenstruktur lässt sich rekonstruieren. Einmal gibt es Isotopieketten semantisch verwandter Begriffe, z. B.:

- *Wale, Wale und Delfine, Meeressäuger, Grindwale und große Tümmler, die tonnenschweren Tiere, Opfer, Tiere;*
- *vom Kurs abkommen/abbringen, von der Route abkommen, sich verschwimmen;*
- *Massenstrandungen, stranden, angeschwemmt, Strandungen, an Land geschwemmt, Massensterben, Walstrandungen.*

Der Text markiert unterschiedliche Ebenen der Konkretion, indem er allgemeine Aussagen über Meeressäuger und Massenstrandungen (*zu denen es immer wieder kommt*) von singulären Beispielen explizit trennt (*Im jüngsten Fall* [1], *kürzlich* [2], *ein besonders spektakulärer Fall* [6]). (Eine ähnliche Trennung von Aussage- und Beispielebene herrscht zwischen *weiß die Wissenschaft nur sehr wenig* [1] und den nachfolgend aufgeführten Einzelbeobachtungen von Forschern und der WDCS.) An wichtigen Stellen setzt der Text zwei strukturierende Begriffsspitzen: Zu Beginn nennt er die *Ursachen* solcher Massenstrandungen [1] als Textthema, in der Mitte unterteilt er diese (explizit) in *natürliche* [5] und (implizit) in menschliche Ursachen (und präsupponiert damit, dass der Mensch nicht Teil der Natur ist). Ein mentales Modell des Textes könnte man sich folgendermaßen vorstellen (Abb. 1):

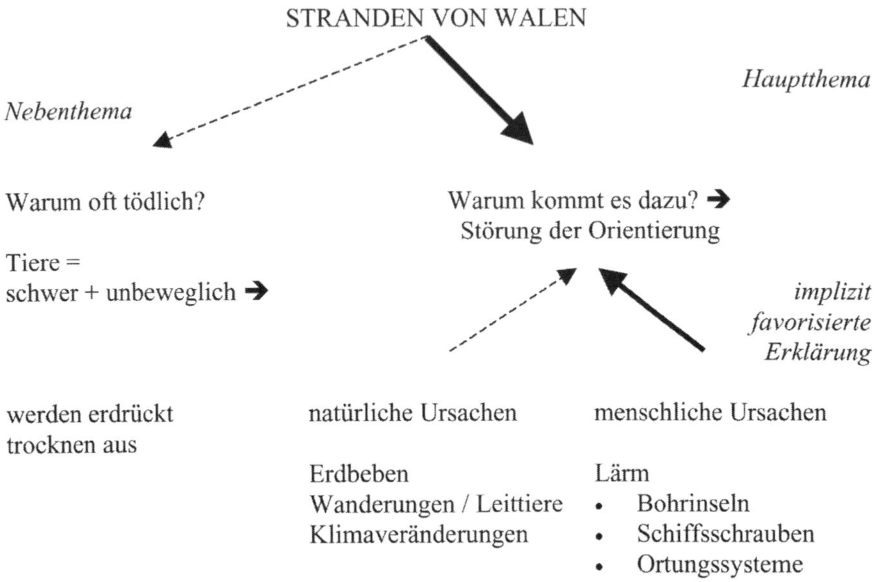

Abb. 1 Mögliche mentale Modellbildung zu dem Text „Wenn Wale vom Kurs abkommen"

Als Textfunktionen nebeneinander stehen hier (im Sinne von Brinker 2001) Information und Appell, der Zeitungsartikel changiert (im Sinne von Christmann/Groeben 2002, S. 150) zwischen Lehrtext und Persuasionstext, denn er favorisiert implizit die Erklärung durch menschliche Ursachen (*Verlärmung*). Zwar wird eingangs konstatiert, dass die Wissenschaft über das Stranden der Wale *nur sehr wenig* wisse [1]. Entsprechend wird an etlichen Stellen die Gültigkeit der Aussagen eingeschränkt. Diese Einschränkung vollzieht sich über die Semantik von Verben wie *[wenig] wissen, vermuten* [1] und *glauben* [2], über Modalverben wie *können/könnten* (vgl. [2, 4, 6] sowie über die adverbiale Ergänzung *wahrscheinlich* [2, 5]. Dem gegenüber steht die *Überzeugung* der Walschützer, „dass die Strandungen nicht nur natürliche Ursachen haben" [5]. Diese Position wird bestärkt, indem:

- die Vertreterin einer Walschutzorganisation zweimal zu Wort kommt [2, 5], ohne dass ihre Aussagen bewertet würden;
- Walschützer in Aktion ins Bild gesetzt sind;
- die Verlärmungsthese am Ende (und auf diese Weise mit „Achtergewicht") durch einen faktisch nicht erwiesenen Kausalzusammenhang von Seemanövern und Walstrandung bekräftigt wird.

Zur Tendenz des Textes passt, dass das Thema – Strandungen von Meeressäugern und ihre Ursachen – auffällig emotionalisiert und dramatisiert wird. Dies beginnt mit der Überschrift *Tödliche Massenstrandungen* und setzt sich im unvermittelten Eingangssatz mit der Spannung erzeugenden Katapher *Sie* plus Reihung von *trocknen aus, sterben an Überhitzung oder werden von ihrer eigenen Masse erdrückt* fort. Strandungen werden mit dem Attribut *spektakulär* versehen [3, 6] und zum Kompositum *Massenstrandungen* [Überschrift, 1] erweitert. Die Aktivitäten der Tierschützer werden zu einem *Kampf gegen die Uhr* [3] metaphorisiert. Auffällig ist die für das *tödliche* [6] Los der Tiere getroffene, hyperbolische Wortwahl: Von ihren Leittieren *ins Verderben* gezogen [3], ist es *meist um sie geschehen* [1] und sie *verenden* [6] in einem *Massensterben* [4].

Emotionalisierung und Dramatisierung heischen nicht nur Sympathie für die Wale und die Walschützer, sie sind auch stimmig mit der Textsorte. Es handelt sich um einen typischen Zeitungstext aus der Rubrik *Aus aller Welt/Vermischtes*, der ein aktuelles Geschehen mit etwas Hintergrundinformation anreichert und in erster Linie unterhalten will *(human interest, infotainment)*. So erklären sich die drastischen Beispiele, die auf Spannung und Dramatik abhebende Darstellung und der lose gefügte Aufbau.

3.2 Didaktische Analyse

In der PISA-Studie umfasst das Verstehen eines Textes drei Ebenen: Informationen ermitteln, eine Gesamtdeutung entwickeln, Reflektieren und Bewerten. Die soeben vorgenommene Sachanalyse ermöglicht eine Konkretisierung dieser Ebenen mit Bezug auf diesen Text:

Informationen ermitteln hieße hier z. B., die Schauplätze von Walstrandungen, mögliche Ursachen der Strandungen, die Rolle der WDCS oder Beispiele für die „Verlärmung“ angeben zu können. Solche Einzelinformationen konstituieren aber noch kein Gesamtverständnis, keine Gesamtdeutung des Textes. Auf eine solche würden folgende Ziele abheben:

- Thema und Anliegen des Textes erfassen (Ursachen des Strandens von Walen);
- Unterscheidung natürlicher und menschlicher Ursachen erfassen;
- Aussage-Ebene und Beispiel-Ebene unterscheiden;
- erkennen, dass der Text sich auf (noch ungesicherte) wissenschaftliche Expertise beruft, aber kein wissenschaftlicher Text im engeren Sinne ist;
- die Textfunktion(en) und ihre sprachliche Realisierung erkennen (Information, Unterhaltung, Persuasion).

Die beiden letzten Punkte reichen bereits in den Bereich Reflexion und Bewertung hinein. Hierzu würde weiter gehören, den Text auf eine Tendenz zu befragen, den rhetorischen Wert des Bildes bzw. das Bild-Text-Verhältnis zu überprüfen sowie die Textgestalt bzw. den Textaufbau mit dem Kontext *Zeitung/Rubrik Vermischtes* zu erklären. (Man könnte weitergehend auch darüber mutmaßen, warum eine Freiburger Tageszeitung vermutlich eine ökologische Tendenz hat.)

3.3 Methodische Anregungen

Für noch weniger erfahrene Leser(innen) wird die Begegnung mit dem Text vorab entlastet, indem man Vorwissen über Wale aktiviert und / oder einen so genannten *advance organizer*, z. B. ausgehend von der Überschrift oder vom Bild, einführt. Als hilfreich könnte sich erweisen, im Text auftauchende Tierbezeichnungen (*Wale, Meeressäuger, Tümmler, Delfine*) zu klären oder die im Text genannten Schauplätze (*Australien, Neuseeland, Tasmanien, Kanarische Inseln*) auf einer Karte zu lokalisieren. Der *advance organizer* könnte einmünden in die Ankündigung, dass der Text verschiedene Ursachen des massenhaften Strandens von Walen erläutert. Das eigentliche Textverstehen sollte unterstützt werden durch die Möglichkeit zur Wiederholung (mehrmaliges Lesen) und durch Organisation des Textmaterials, bei der beispielsweise Begriffe wie *Erdbeben, Leittiere, Klimaveränderungen und „Verlärmung"* unterstrichen oder zu jedem Ansatz Zwischenüberschriften eingefügt werden.

Für fortgeschrittenere Leser(innen) kann die Textrezeption von einer Elaborationsaufgabe aus erfolgen:

Sie haben den Zeitungstext „Wenn Wale vom Kurs abkommen" gelesen. Ihre Aufgabe besteht darin, ein Statement (ca. 30-45 Sek.) für eine Gesprächssendung zum Thema *Moby Dick am Ende – sind die Wale noch zu retten?* auszuformulieren. Hierbei können Sie zwischen zwei Teilnehmerperspektiven wählen:

a) als Vertreter einer Ölgesellschaft: *„Wenn Wale stranden, ist das schlimm. Aber das sind Unfälle der Natur. ..."*	b) als Vertreter von Greenpeace: *„Wenn Wale stranden, ist das schlimm. Und Schuld ist der Mensch. ..."*

- Speisen Sie das Statement ausschließlich aus dem Zeitungsartikel.
- Formulieren Sie den Text so aus, dass eine andere Person ihn verlesen kann.
- Verfassen Sie den Text alleine, zu zweit oder zu dritt.

Hier zwei Bearbeitungsergebnisse:[2]

Ölgesellschaft	*Greenpeace*
Für uns ist selbstverständlich das Ökosystem Meer ein schützenswertes Gut und daher sind wir – genau wie Sie alle – betroffen, wenn Wale zu Tode kommen.	Wenn Wale stranden, ist das schlimm. Und Schuld ist der Mensch, denn Wale orientieren sich über ihr Echolot, und dieses wird durch zunehmenden Lärm in den Meeren massiv gestört.
Aber bei aller Sympathie für diese wunderbaren Säugetiere darf man nicht vergessen, dass es sich bei diesen Vorfällen um einen Prozess natürlicher Auslese handelt.	Zugenommen haben der Krach von Bohrinseln, der Schiffsverkehr und somit der Lärm von Schiffsschrauben. Außerdem setzen Kriegsschiffe und U-Boote sehr starke Schallwellen zur Ortung ein, die das Gehör und damit das Orientierungssystem der Wale komplett zerstören. Dadurch verschwimmen sich die Leittiere und große Herden stranden.
Wie Meeresbiologen zweifelsfrei bewiesen haben, führen Meeresbeben zu Verschiebungen der Magnetfeldlinien, an denen sich Wale orientieren.	Wenngleich regionale Seebeben die Meeressäuger sicher auch irritieren, so lässt sich die große Zahl der gestrandeten Tiere allein dadurch nicht erklären.
Bevor man allerdings über die Rolle der erdölfördernden Industrie als Mitverursacher der Klimaerwärmung diskutiert, sollte doch die gravierende Gefährdung hervorgehoben werden, die von militärischen Übungen auf See ausgeht. Es wäre in unser aller Interesse, Seemanöver grundsätzlich zu verbieten.	Schuld hat letztendlich der Mensch – und daran muss sich was ändern!

Was leistet diese Elaborationsaufgabe?

1. Der Text hilft, eine kommunikative Aufgabe zu lösen. Die Textrezeption wird motiviert durch eine (wenngleich fiktive) Funktion, ein Ziel.
2. Von diesem Ziel aus gesehen werden unterschiedliche Textteile unterschiedlich relevant. Das Markieren/Unterstreichen bzw. die Informationsentnahme erhält eine aufgabenbezogene Kontur.

[2] Die Aufgabenstellung wurde mit Studierenden und im Rahmen von Lehrerfortbildungen angewandt. Für die Texte danke ich den Realschullehrkräften Uta Michl, Petra Stich, Adelheid Kaufmann (Text A) sowie Fritz Reiner und Barbara Fürstenberger (Text B).

3. Die Aufgabenstellung regt die Bildung eines mentalen Modells an (Trennung natürlicher und menschlicher Ursachen).
4. Von den entstandenen Anschlusstexten aus lassen sich reflektierende und bewertende Rückfragen an den Text stellen: Für welche Perspektive ist er ergiebiger? Wie „zweifelsfrei" (vgl. Text A) sind die meeresbiologischen Beweise? Hat der Zeitungstext auch eine Tendenz?
5. In dieser Aufgabe verzahnen sich verschiedene Lernbereiche: vor allem Lesen und Schreiben, am Rande aber auch Reflexion über Sprache und Medienerziehung: Welche rhetorischen Strategien verfolgt Text A? (Bekundung von Betroffenheit und Sympathie, Berufung auf wissenschaftliche Beweise, Eröffnung eines Nebenkriegsschauplatzes) Wie weit trüge eine schulmäßige Argumentation mit These-Begründung-Beispiel hier? Inwiefern wären die Texte den Erfordernissen der Mündlichkeit bzw. denen einer Talk-Runde im Fernsehen angemessen?

3.4 Fazit, Überleitung

Im vorangehenden Abschnitt wurde an einem Einzelbeispiel detailliert, wo der Umgang mit einem Gebrauchstext didaktisch ansetzen und wie dies methodisch geschehen kann. Nun bestehen wichtige didaktische Prinzipien aber gerade darin, dass der Umgang mit Gebrauchstexten nicht sporadisch am Einzeltext sondern in größeren Zusammenhängen erfolgt und dass er den medialen Wandel reflektiert. Um dem zu genügen, wird nun eine längere Unterrichtssequenz skizziert.

4. Beispiel B: Verehren oder Verwerten? Eine Unterrichtssequenz über Texte zum Thema Wale in einer 7. Jahrgangsstufe[3]

4.1 Vorüberlegungen

„Wale" sind ein ergiebiges Thema für eine Sequenz über Gebrauchstexte. Tiere sind für Kinder in der Regel attraktiv, darüber hinaus sind Wale ein kognitiv komplexer und emotional besetzter Gegenstand. Dieser genießt eine stetige Präsenz in den Informationsmedien (Presse, Fernsehen), die von den immer wiederkehrenden Dramen verirrter oder gestrandeter Tiere, vor allem aber von der Auseinandersetzung um den Walfang herrührt. (Derzeit gilt noch ein 1986 von der

[3] Die Sequenz wurde im Rahmen eines semesterbegleitenden Praktikums im Sommer 2007 durchgeführt. Beteiligt waren Christian Buchholz, Hannah Daum, Anna-Maria Dempf, Christina Kollmann, Benjamin Lang und Jan Schlindwein. Zu danken ist auch Herrn Studiendirektor Willi Wamser.

Internationalen Walfangkommission IWC beschlossenes Moratorium, das Walfang nur zu Forschungszwecken zulässt, das aber von Walfangnationen wie Japan und Norwegen zusehends aggressiv in Frage gestellt wird.) Wale sind zudem Gegenstand zahlreicher fiktionaler Texte, angefangen von Hermann Melvilles *Moby Dick* (1851) bis hin zu den Kinofilmen *Free Willy* (1993, 1995, 1997). Wenige Menschen verfügen über Erfahrungen mit Walen aus erster Hand, viele aber dennoch über entsprechendes Wissen und Vorstellungsbilder. Somit wird am Thema Wale besonders gut ersichtlich, dass wir unser Weltwissen weitgehend aus Medien beziehen.

Das übergeordnete Ziel der Sequenz bestand darin, in der Auseinandersetzung mit Texten zum Thema eine Meinungsbildung zwischen den Polen *Verehren* und *Verwerten* anzustoßen. Sind Wale auratische und daher schützenswerte Kreaturen, oder sind sie als schwimmende Fleischberge schlicht eine Ressource? Warum wird um den Walfang, anders als um Schweine und Jagdwild, eine emotionale Diskussion geführt – in den westlichen Medien? Mit welchen Argumenten treten Japaner und Norweger für den Walfang ein? Über solchen Fragen sollte nicht aus den Augen geraten, dass sich der Unterricht mit *Texten* über Wale, nicht mit Walen selbst beschäftigt.

Für die Textauswahl bot sich ein überreichliches Angebot v.a. aus dem Internet an. Das Textkorpus sollte einerseits für das Erkenntnisziel funktional sein, gleichzeitig mediale Vielfalt reflektieren. Die Sequenz umfasste sechs Unterrichtsstunden:

1. Einführung: Wale in Tönen, Bildern und Texten; Aktivierung von Vorwissen, Assoziationen und Konnotationen; Wale zwischen Faszinosum (Verehrung) und Ressource (Verwertung);
2. „Walfleisch wird zu Hundefutter“: Analyse von Pro und Contra an einem (*Online*-)Zeitungstext; Informationsentnahme, Gesamtdeutung, Reflexion und Bewertung; intensives Lesen;
3. „Giganten der Meere in Gefahr“: Aufmachung und Tendenz eines audiovisuellen Sachtextes;
4. „Meeressäuger sind klug“? Zeitungstext durch produktive Ergänzungen erschließen;
5. „Warum bilden Sie Walfang auf Briefmarken ab?“ Argumente für den Walfang rekonstruieren; kursorisches Lesen; Interviewstatements vorbereiten;
6. Zusammenfassung: Was beschließt die IWC? Debatte und Diskussion zwischen japanischen und europäischen Delegierten.

4.2 Stunde 1: Wale in Tönen, Bildern und Texten

Der Zweck der Einführungsstunde bestand darin, Vorwissen und Vorstellungsbilder über Wale zu aktivieren. Dem diente zunächst eine auditive Einstimmung mit so genannten „Walgesängen“, die mittlerweile auf *YouTube* authentisch ebenso wie aufbereitet zu „Entspannungsmusik“ als Werbung für „Wellness-Wochenenden, Verwöhn-Massagen, Relaxing- und Schönheits-Programme, Floating-Entspannung“ verfügbar sind (vgl. http://www.youtube.com/watch?v=GKqOSM_KXWk vs http://www.youtube.com/watch?v=UTaJJm86cHg, 01.08.2012). Hinzu traten eine Reihe suggestiver Bilder, etwa von Walen als erhabenen blauen Tauchern oder als gestrandeten Kadavern. (Ein Schüler wies Mitleid mit dem gestrandeten Wal lapidar von sich.) Die Schüler(innen) brachten mündlich Assoziationen und Wissen ein und ordneten den Bildern jeweils passende Texte zu (Abb. 2):

Abb. 2 Wal in Bild und Text[4]

Der Gesang der Wale
Große, viele Tonnen schwere Tiere,
ständig in ihrer Nahrung schwimmend
und leise nach sechzig, siebzig Jahren sterbend,
als sei es nun genug,
[...]
und bei Sturm senkt sich ihr Leib
einfach in andere Zonen hinab,
wo im Plankton Ruhe herrscht,
Leuchtfische segeln und die Arme
der Kraken sich nur noch wie Blumen
bewegen. [...]

Günter Herburger: „Der Gesang der Wale“ (1977), zit. nach Abraham 2009, S. 48

Zu einem Bild (Abb. 3), welches die Ambivalenz der Tiere (Vitalität, Schönheit, Sozialverhalten vs. blinde Fressgier und massige Bedrohlichkeit) zum Ausdruck bringt, produzierten die Schüler(innen) selbst einen freien, kurzen Text. In den Texten tauchten u. a. der *Futterneid* der Wale und die *Verzweiflung* ihrer Beute auf.

Abb. 3 Wale: schön oder bedrohlich?[5]

So entstand ein aus (auditiven, visuellen und schriftlichen) Texten gespeistes, widersprüchliches Bild von den Meeressäugern. Wichtig war dabei zu reflektieren, woher unsere Vorstellungen und unser Wissen stammen. Neben den Eltern wurden einschlägige Medien(angebote) genannt: Zeitung, Fernsehen, *Sea World, Moby Dick, Free Willy.*

---

[4] Quelle: http://gu24info.wordpress.com2011/02/18/rettet-die-wale-save-the-whales/ (01.08.2012)
[5] Quelle: http://www.world2do.com/w2dimages/whale%20watching.jpg (01.08.2012)

4.3 Stunde 2: Intensives Lesen eines Zeitungstextes

Somit war der Boden bereitet für die intensivere Lektüre eines Textes. Der Artikel „Walfleisch wird zu Hundefutter" erschien *online* im *Stern* am 18.10.2006 [6]. Anlass war die Ankündigung Islands, den kommerziellen Walfang begrenzt wieder aufzunehmen. Der dreiseitige, als PDF herunterzuladende Text wurde im Hinblick auf die Frage nach der Berechtigung des Walfangs gekürzt und zunächst ohne weiteres Layout präsentiert. Die Schüler(innen) markierten darin in verschiedenen Farben Pro- und Contra-Argumente zum Walfang (= Organisationsstrategie):

pro Walfang	contra Walfang
... wissenschaftlich deklariertes Fangprogramm ... ... weiter wachsende Zwergwalpopulationen würden die Fischbestände im Nordatlantik bedrohen. ... alte Fischereination, die sich nicht vorschreiben lassen wolle, wie sie mit ihren Fischgründen umgehen dürfe.	... zumal die Nachfrage nach dem Fleisch stetig sinkt Für Walprodukte in Kosmetika gebe es mittlerweile Ersatzstoffe ... Walfischspeck sei mit Umweltgiften wie Pestiziden so stark belastet, dass von einem Konsum abgeraten würde ... Die Märkte für Walfleisch [...] seien eingebrochen. Nur noch fünf Prozent der Japaner würden zum Beispiel überhaupt Walfleisch essen. Ein großer Teil des Fleisches ende deshalb nicht mehr in Feinschmeckerrestaurants, sondern in Hundefutter. „Es stimmt auch nicht, dass Wale die Meere leer fressen" ...

In der Reflexion wurde erörtert, ob das Übergewicht der Contra-Argumente in der Natur der Sache oder aber in der Ausrichtung des Texts läge. An diesem Punkt wurde die Textbegegnung um die Fassung im Originallayout erweitert. (Dies im Computerraum zu tun bestand leider nicht die Möglichkeit; wir behalfen uns daher mit Kopien und einer Beamer-Präsentation.) Abb. 4 zeigt einen Ausschnitt (PDF-Version):

[6] Vgl. http://www.stern.de/wissenschaft/natur/artenschutz-walfleisch-wird-zu-hundefutter-574197.html?nv=cb; 01.08.2012.

stern.de - 18.10.2006 - 14:31
URL: http://www.stern.de/wissenschaft/natur/574197.html?nv=cb

Artenschutz

Walfleisch wird zu Hundefutter

An Bord des norwegischen Walfangschiffes "Nybrenna", das in der östlichen Barentsee kreuzt, enthäutet ein Walfänger einen erlegten Wal

Island will die kommerzielle Waljagd wieder aufnehmen. Schon heute könnten die ersten Schiffe auslaufen. Tierschützer sind entsetzt - zumal die Nachfrage nach dem Fleisch stetig sinkt.

Island hat mit der Entscheidung für eine Wiederaufnahme des kommerziellen Walfangs internationale Kritik ausgelöst. "Die Entscheidung ist ein Schlag ins Gesicht der internationalen Gemeinschaft und steht im Gegensatz zu den intensiven Anstrengungen, Wale zu schützen", sagte der wissenschaftliche Leiter der internationalen Gesellschaft für Wal- und Delfinschutz, Mark Simmonds. "Es ist traurig, dass nun auch Finnwale im Nordatlantik wieder bejagt werden."

Abb. 4 Online-Zeitungstext „Walfleisch wird zu Hundefutter" (Ausschnitt PDF-Version)
Quelle: http://www.stern.de/wissenschaft/natur/574197.html?nv=cb (01.08.2012)

Die Tendenz des Textes lässt sich an mehreren, bereits bei einem kursorischen Blick erkennbaren Merkmalen festmachen: Zum einen kontrastiert der Artikel seine provokante Überschrift mit einem drastischen (und im Original farbigen) Bild: Das blutige Häuten eines Wals, und somit der Walfang generell, gerät in einen (empörenden) Kontrast zum vermeintlich banalen Zweck, Hundefutter zu gewinnen. Zweitens ist der Artikel mit einer Reihe in Inhalt und Wortwahl eindeutig walfangkritischer Artikel verlinkt:

- Audio-Fotostrecke: „Der Gesang der Wale“;
- Walfangkommission: „Kommerzielles Schlachten bald wieder erlaubt“;
- Walfang: „Japan macht wieder Jagd auf die grauen Riesen“.

Drittens wird der Artikel durch suggestive Zwischentitel untergliedert:

- Island will die kommerzielle Waljagd wieder aufnehmen. Schon heute könnten die ersten Schiffe auslaufen. Tierschützer sind entsetzt – zumal die Nachfrage nach dem Fleisch stetig sinkt.
- Walfleisch endet in Hundefutter
- „Wenn sie in die Knie gehen, verlieren sie das Gesicht“
- „Erschreckend grausame Methoden“
- Knappe Mehrheit gegen Verbot
- Noch 69 Zwergwale dürfen getötet werden

Die Schüler(innen) konnten erkennen, dass der Artikel mit dem verwendeten Bild, den einschlägigen Links und den parteiischen Zwischentiteln eine klare Tendenz produziert. Wenigstens theoretisch wurden auch die Besonderheiten eines derartigen Hypertextes geklärt (Scrollbalken, Links).

4.4 Stunde 3: Betrachtung eines audiovisuellen Textes

Gegenstand der folgenden Stunde war die von der *National Geographic Society* produzierte Filmdokumentation *Wale. Giganten der Meere in Gefahr* (2004, DVD 2007). Darin gibt es zwar Momente der Ausgewogenheit: So seien die Auswirkungen des Sonars noch kontrovers, und für Insulaner, „die ums Überleben kämpfen“, sei Artenschutz verständlicherweise keine Priorität. Dessen ungeachtet geht es in der 53-minütigen Dokumentation vor allem darum, die Bedrohungen der Wale und die „Aktionen jener Menschen, die an der vordersten Front für den Erhalt dieser wunderbaren und einzigartigen Lebewesen kämpfen“ (Cover), effektvoll zu inszenieren. Diese Inszenierung beruht einmal auf einer pathetischen, bilderreichen Sprache:

- *Von all den wunderbaren Kreaturen auf der Welt ist keine größer und faszinierender.* (Eingangssatz)
- *Nach Jahrhunderte langer Jagd haben wir dieses Gemetzel endlich weitestgehend beendet. Doch der Kampf um ihr Überleben dauert an.* (Einführung)

- *In einem verzweifelten Kampf gegen Zeit und Elemente versuchen sie [i.e. „ein Heer von Freiwilligen"] eine Gruppe von Walen und ein verwaistes Kalb zu retten.* (Einleitung)
- *Weit entfernt von den sonnigen Gestaden Floridas, in einer phantastischen Welt von Wasser und Eis gibt eine andere Art von Walen immer mehr von ihren Geheimnissen preis.* (Kap. 5)
- *Ein neues Kapitel in der Beziehung zwischen Wal und Mensch hat begonnen.* (Einleitung)

Untermalt wird der Kommentar von einer orchestralen Musik, die, wahlweise sphärisch-geheimnisvoll, dramatisch-treibend oder pathetisch-bombastisch, aus dem Hollywood-Kino vertraut ist.

Die visuelle Darstellungsästhetik setzt auf „große" und langsame Bilder einerseits (v. a. bei Aufnahmen der schwimmenden Tiere), auf hohe Schnittfrequenz und abrupte Einstellungswechsel andererseits. Die wissenschaftliche Jagd per Motorboot auf die Grönlandwale („schwierig und sehr gefährlich") ist inszeniert wie ein Actionfilm.

Ein wichtiges Spannungselement ist schließlich die „Zopf-Dramaturgie", bei der verschiedene Handlungsstränge in Episoden zerlegt und alternierend geführt werden. Von den zehn Kapiteln zwischen Einführung und Abspann widmen sich vier einer Rettungsaktion für verirrte Grindwale in Florida (4, 7, 9, 11). Ebenfalls auf vier Kapitel verteilt ist das Thema möglicher Schädigungen durch militärisches Sonar (Orcas im Puget Sound vor Seattle [2, 3, 10], Schnabelwale vor den Bahamas [6]). Komplettiert wird die Dokumentation durch Kapitel zu einem „bahnbrechenden Forschungsprogramm" über Grönlandwale in der Arktis (5) und zum Übergang von der Waljagd zum Waltourismus im südpazifischen Tonga (8).

Somit repräsentiert diese Filmdokumentation typisches Infotainment; in ihrer inhaltlichen Ausrichtung spiegelt sie klar die Perspektive einer westlichen, dem Artenschutz verpflichteten Organisation. Der fast ins Sakrale gehende Wert der „wunderbaren Kreaturen" wird vorausgesetzt und lediglich nachbebildert, eine diskursive Auseinandersetzung findet nicht statt. Damit ist kein Werturteil gegen diese Produktion gefällt, die auf unterhaltsame und spannende Weise Information vermittelt und die absehbar eine Tendenz hat (und haben darf).

Es ging im Unterricht also nicht darum, das affektive Vergnügen an einem gut gemachten Infotainment-Angebot zu diffamieren oder gar auszutreiben, sondern dessen Machart und Standpunkt ansatzweise zu rekonstruieren. Der Unterricht setzte beim Titel *Giganten der Meere in Gefahr* an, der mit dem Widerspruch (Gigant/Gefahr) Spannung erzeugt bzw. verheißt. Sodann wurden Assoziationen zum Cover der DVD, welches mit einer großen eintauchenden Schwanzflosse ein stereotypisches Walmotiv zeigt, und Erwartungshaltungen der

Schüler(innen) eingeholt. Im Zentrum der Betrachtung standen die ersten beiden Kapitel, die sowohl im Zusammenhang als auch in Form verschiedener Standbilder (*stills*) im Hinblick auf ihre Darstellung und Wirkung („ ... dass es uns berührt ...“) besprochen wurden.

Um eine Gesamteinschätzung dieses Medienangebotes bzw. seines Infotainment-Charakters anzustoßen, erhielten die Schüler(innen) die Aufgabe, es einem Sender, einem Programmplatz und einer Programmumgebung im Fernsehen zuzuordnen. Die Vorschläge waren vielfältig (VIVA, Vox, ZDF; Kinderprogramm, Vorabend, Samstagabend usf.), wurden aspektreich begründet und lösten einen intensiven Austausch sowohl über den gesehenen Film („Man soll sich selbst engagieren ...“, „Das ist etwas für die ganze Familie ...“) als auch über das Fernsehen im Allgemeinen aus. Phänomene wie Infotainment als Kombination von Information und Unterhaltung und die Unterscheidung von öffentlich-rechtlichem und privatem Rundfunk kamen auf diese Weise in den Blick.

4.5 Stunde 4: Erschließung eines Textes durch eigene Gestaltung

Gegenstand dieser Stunde war ein kurzer Artikel unter der Rubrik WISSEN in der *Süddeutschen Zeitung* (23.05.2007, S. 10). Es geht darin um Zweifel an der Intelligenz von Walen und Delfinen und somit um deren Renommee als (förderungswürdige) wissenschaftliche Studienobjekte. Der südafrikanische Hirnanatom Paul Manger sieht die Meeressäuger überschätzt: „Das große Gehirn sei lediglich eine evolutionäre Anpassung an das Leben in kaltem Meereswasser und nicht an das komplexe Sozialleben. Zudem seien die Ergebnisse für die kognitiven Leistungen wissenschaftlich schlecht belegt“ (ebd.). Dem widerspricht eine Forschergruppe um die Psychologin Lori Marino im Fachmagazin *PLoS Biology*:

Ergebnisse aus unterschiedlichsten Forschungszweigen sprächen dafür, dass sich die großen Gehirne von Delphinen und Walen entwickelt haben, um ihre komplexen kognitiven Fähigkeiten zu unterstützen, und nicht als Kälteschutz. Die Belege für die außerordentliche Intelligenz seien vielfältig. „Sie verstehen Symbole, sie begreifen, wie Dinge funktionieren, sie erkennen sich selbst im Spiegel und zeigen außerordentlich komplexes Sozialverhalten“, so die Forscher. Es gebe sogar Hinweise für erlerntes Verhalten, das an die nächste Generation weiter gegeben werde, was viele Forscher als Zeichen für kulturelles Verhalten deuten. (ebd.)

Manger bekräftigt hingegen seine Skepsis. Beispiele für intelligentes Verhalten stammten lediglich von sozial lebenden Delphinen. Zudem sei Selbsterkennen im Spiegel oder Lehr-Lernverhalten bei Orcas nur an Einzeltieren beobachtet worden.

Neben dem Text steht ein großes Bild mit zwei in die Kamera blickenden Delphinen und folgender Bildunterschrift: „Dümmer als Nagetiere? Wal- und

Delphinforscher kämpfen gegen die Behauptung, es mangele ihren Forschungsobjekten an Intelligenz."

Der Text ist gut geeignet für den Einsatz in dieser Sequenz. Er umkreist ein Hauptargument in der Auseinandersetzung um die Wale, nämlich deren mutmaßliche intellektuelle und soziale Komplexität; er ist vergleichsweise kurz und er hat eine klare antithetische Struktur.

Erschlossen werden sollte der Text über eine Produktionsaufgabe. Die Schüler(innen) erhielten lediglich einen aufbereiteten „Rohtext", der kurz besprochen wurde (Thema, Fragestellung, Textsorte). Die Aufgabe bestand darin, eine möglichst passende Überschrift, ein anregendes Bild und eine treffende Bildunterschrift einzufügen (Partnerarbeit). Für die Bildrecherche im Internet und für die Textgestaltung fand diese Stunde im Computerraum statt. Hier ein Arbeitsergebnis (Abb. 5):

Delfine: Intelligent oder nur angepasst???

Wal- und Delphinforscher sorgen sich um das Renommee ihrer Studienobjekte. Sind sie am Ende weniger klug als Ratten? Aus der Größe des Gehirns lasse sich die angeblich hohe Intelligenz der Meeressäuger nicht begründen - damit hatte im August 2006 der südafrikanische Hirnanatom Paul Manger weltweit großes Medienecho ausgelöst. Die Intelligenz von Walen und Delphinen werde völlig überschätzt, behauptete er. Das große Gehirn sei lediglich eine evolutionäre Anpassung an das Leben in kaltem Meereswasser und nicht an das komplexe Sozialleben. Zudem seien die Ergebnisse für die kognitiven Leistungen wissenschaftlich schlecht belegt. Hätte Manger recht, dann bekämen viele Wissenschaftler Probleme, auch künftig eine Finanzierung für ihre Forschungen an den Meeressäugern zu finden.

Delfine zeigen ungewöhnlich ausgeprägtes Sozialverhalten und einen großen Spieltrieb.

Abb. 5 Selbst gestalteter Text (Überschrift, Bild, Bildunterschrift)

Auffällig oft – und nicht unpassend – wurden Bilder gewählt, die die Meeressäuger in sozialen Situationen untereinander oder mit Menschen zeigten. (Es entspann sich indes eine Diskussion darüber, inwieweit die Kunststücke komplexes Lernverhalten oder nur simple Konditionierung sind.) Für die Überschrift wurde häufig die Frageform verwendet:

Wale und Delphine: Klug oder dumm???
Schlaue Ratten oder dumme Delphine???
Forscher streiten sich, ob Delphine wirklich so schlau sind, wie immer behauptet wird!!!
Delphine – schlau oder nicht...?
Delphine galten lange als sehr intelligent, doch nun versuchen Forscher das zu widerlegen ...
Wale, die schlauen Meerestiere – oder doch nicht?

Solche Überschriften in Frageform wurden von den Schüler(innen) als effektiv anerkannt, weil sie Pro und Contra des Artikels widerspiegeln und zum Lesen anregen. In der gemeinsamen Reflexion mussten die Schüler(innen) immer wieder auf Textinhalte zurückgreifen, um ihre Gestaltungsentscheidungen zu begründen.

Natürlich sollten bei 13-Jährigen keine allzu hohen Erwartungen an das Layout gestellt werden. Auch müssten Schüler(innen) dieses Alters wohl stärker auf eine gründliche Textrezeption verpflichtet werden, bevor man sie Bilder „googeln“ lässt. Dessen ungeachtet hat die Produktionsaufgabe nicht nur zum vertieften Verständnis des vorliegenden Textes beigetragen, sondern auch eine Reflexion über Zeitungstexte angestoßen und praktische Mediennutzungskompetenzen geschult.

4.6 Stunde 5: Argumente für den Walfang rekonstruieren durch kursorisches Lesen und Rollenspiel

Die Zweifel an der Intelligenz und Sozialität der Wale bereiteten den Boden für eine Rekonstruktion des in westlichen Medien (und auch in den von uns soweit betrachteten Texten) kaum repräsentierten Standpunkts Walfang betreibender Nationen. Verschiedene Aspekte dieses Standpunkts enthielt ein kleines Korpus gezielt ausgewählter Texte:

- Kurzartikel aus dem „Panorama“ der *Berliner Morgenpost* vom 03.05.2005: „Walfleisch auf Speisekarte japanischer Schulen“ [7];
- Schaubild zur restlosen Verwertung erlegter Wale (aus einem *Online*-Artikel der Berliner Morgenpost vom 02.06.2007) (Abb. 6):
- Prächtige Briefmarkenmotive mit einem Text über die spirituelle Dimension von Walen und Walfang bei den Eskimos [8]
- Auszug aus einer Stellungnahme des Ministeriums für Auswärtige Angelegenheiten über „Norwegens legales Recht, Zwergwale zu fangen“: Walfang als traditionsreiche, umweltschonende, nachhaltig regulierte und mit verträglichen Tötungsmethoden operierende Nahrungsgewinnung [9]

[7] Vgl. http://www.morgenpost.de/printarchiv/panorama/article311679/Walfleisch-auf-Speisekarte-japanischer-Schulen.html (01.08.2012; mittlerweile abonnementpflichtig).
[8] Vgl. http://www.seemotive.de/html/dwal1.htm; (01.08.2012);
[9] Vgl. http://www.norwegen.no/News_and_events/germany/policy/environment/marine/whaling/ (01.08.2012).

- Textauszug „Jäger des Meeres“ von der Homepage der High North Alliance (Dachverband der Walfänger) über die „seit prähistorischer Zeit“ bestehende kulturelle und ökonomische Bedeutung des Walfangs als Lebensgrundlage vieler Innuit[10]

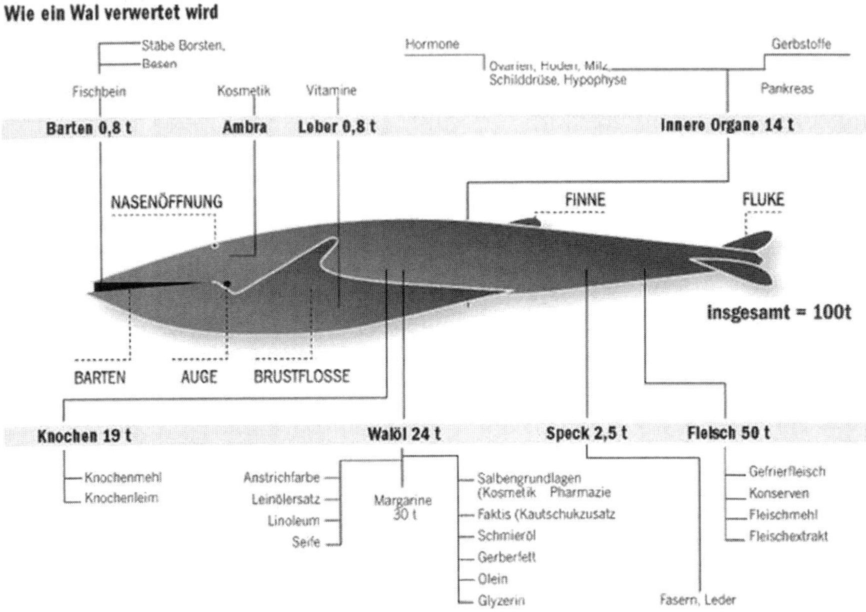

Abb. 6 Lesen eines Schaubildes zur Walverwertung[11]

Auf der Grundlage jener Texte wurden Interviewstatements vorbereitet, für die folgende Rollen einzunehmen waren:

- norwegischer Botschafter, der die Haltung seiner Regierung verdeutlicht;
- Eskimo, der weiter Wale jagen möchte;
- japanischer Restaurantbetreiber, der Walfleisch anbietet;
- Postpräsident von Grönland, der begründet, warum es Briefmarken mit Walfangmotiven gibt.

Die Aufgabe erforderte zwei Arbeitsschritte: In einer kursorischen Lektüre wurden die für die jeweilige Rolle besonders relevanten Texte identifiziert; diese

[10] Der Text ebenso wie die gesamte Homepage der HNA ist unter http://www.highnorth.no/deutsch/Jager/ma-hu-in-de.htm nicht mehr online. Als Ersatz böte sich an: „Inuit brauchen das Walfleisch zum Überleben“ in faz.net vom 25.05.2007 (vgl. http://www.faz.net/aktuell/gesellschaft/waljagd-inuit-brauchen-das-walfleisch-zum-ueberleben-1278970.html, 01.08.2012).

[11] Original-Link bei http://www.morgenpost.de/ nicht mehr verfügbar; eine lediglich geringfügig modifizierte Version des Schaubildes findet sich unter http://static.cosmiq.de/data/de/0a8/0a/0a80a58f2da85d387b9a2b8492707b76_1_orig.jpg (01.08.2012).

wurden sodann intensiver gelesen. Auch die Auswertung vollzog sich in zwei Stufen: Zunächst wurde das „Fernsehinterview“ (mediengerecht in einem Karton-Monitor mit Alufolien-Antenne) vorgeführt, sodann erläuterten die Spieler ihre Textbezüge und stellten sich dem Feedback ihrer Mitschüler(innen).

Auf der Grundlage der verschiedenen Texte und aus den verschiedenen Rollenperspektiven formierte sich das breite Spektrum einer ganz anderen Sichtweise: Wale werden restlos zu vielerlei Nützlichem verarbeitet; Walfleisch ist eine sehr gesunde und obendrein traditionsreiche Nahrung; im Walfang drücken sich religiöse Verehrung und eine besondere Bindung zwischen Mensch und Natur aus; die Jagd auf Wale gehört zur Geschichte und zum (National-)Stolz; Wale und Walfangszenen sind „Wahrzeichen“ und daher würdige Briefmarkenmotive.

4.7 Stunde 6: Debatte und Diskussion in der IWC

Den Abschluss der Unterrichtssequenz bildete eine fingierte Auseinandersetzung europäischer und japanischer Delegierter in der Internationalen Walfangkommission über ein Totalverbot bzw. eine Totalfreigabe des Walfangs. Diese vollzog sich in Form einer Debatte (d. h. mit vorbereiteten Redebeiträgen im Wechsel der Parteien) und einer anschließenden freien Diskussion. Für diese Aktivität mussten die Schüler(innen) auf Texte, mit denen sie sich in der Sequenz beschäftigt hatten, zurückgreifen. In der mit viel Elan geführten Auseinandersetzung zeigten sie nunmehr breite Kenntnisse und überaus differenzierte Argumentationen in einer nicht mehr so einfach zu bewertenden Sachfrage.

4.8 Fazit

Natürlich erwiesen sich erstmalig und von Novizen gehaltene Unterrichtsstunden im Nachhinein sowohl in der didaktischen Konzeption als auch in der methodischen Ausführung mitunter als noch verbesserungsfähig. Gleichwohl gelang in dieser Unterrichtssequenz ein fachdidaktisch fundierter Umgang mit Gebrauchstexten:

Über einen längeren Zeitraum hinweg beschäftigten sich die Schüler(innen) mit Texten zu *einem* Thema, zu dem eingangs Vorwissen und Vorstellungsbilder aktiviert wurden. Der Textumgang wurde immer wieder durch funktionale Anwendungen motiviert (Entscheidungen von Fernsehprogramm-Machern, produktive Gestaltung, Interviews, Debatte). An verschiedenen Textarten wurden verschiedene Leseweisen bzw. Arbeitsformen geschult (intensives und kursorisches Lesen, Organisation und Elaboration, Sehen und Hören). Neue Medien waren in Gestalt der Texte (AV-Text, Hypertext) als auch im Textumgang präsent (Beamer, Textverarbeitung, Internet). Die Unterrichtssequenz war nicht fächer-, wohl aber lernbereichsübergreifend. Im zugrunde liegenden Lehrplan für das achtjährige Gymnasium in Bayern[12] war primär der Bereich *D 7.4 Sich mit Literatur und Sachtexten auseinander setzen* tangiert. Vielfache Bezüge gab es jedoch auch zu den Bereichen *D 7.1 Sprechen* (Informieren und Argumentieren) und *D 7.5 Medien nutzen und reflektieren* (Aneignung von Wissen, Präsentation von Ergebnissen, Entwicklung von Urteilsfähigkeit; Computer und Internet beim Schreiben, Gestalten und Überarbeiten von Texten).

Ergebnisse und Verlauf der Sequenz berechtigen zu der Annahme, dass die Schüler(innen) nicht nur Kompetenzen zur Nutzung von Gebrauchstexten, sondern auch ein Bewusstsein für die Medialität ihrer Wirklichkeitserfahrung entwickelt haben.

5. Schluss

Die hier dokumentierten Erprobungen sind keine kopierfähigen Komplettlösungen vom didaktischen Reißbrett, sondern exemplarische Ansätze aus verschiedenen, gleichwohl „realen“ Lehr-Lern-Situationen. Ungeachtet der Einschränkungen und Bescheidenheiten, die entstehen, wenn man Unterricht nicht bloß hypothetisch andenkt, beanspruchen diese Erprobungen praktische Beispielhaftigkeit für einen Umgang mit Gebrauchstexten auf dem deutschdidaktischen Stand. Der prototypische print- und unimediale Text nimmt darin den ihm gebührenden Raum ein. Dass er diesen mit multi- und hypermedialen Texten teilt, ist eine didaktische Selbstverständlichkeit.

Literatur

Abraham, Ulf (2009): Lesen – Umgehen mit Texten. In: Abraham, Ulf/Beisbart, Ortwin/Koß, Gerhard/Marenbach, Dieter: Praxis der Deutschunterrichts (6. Aufl.). Donauwörth: Auer, S. 40–52.

Baurmann, Jürgen (2009): Sachtexte lesen und verstehen. Grundlagen – Ergebnisse – Vorschläge. Seelze: Klett/Kallmeyer.

Brinker, Klaus (2001): Linguistische Textanalyse. Berlin: Erich Schmidt.

Christmann, Ursula/Groeben, Norbert (2002): Anforderungen und Einflussfaktoren bei Sach- und Informationstexten. In: Groeben, Norbert/Hurrelmann, Bettina (Hrsg.) 2002a: Lesekompetenz. Bedingungen, Dimensionen, Funktionen. Weinheim: Juventa, S. 150–173.

Deutsches Pisakonsortium (Hrsg.) (2001): PISA 2000. Basiskompetenzen von Schülerinnen und Schülern im internationalen Vergleich. Opladen: Leske + Budrich.

Gerth, Klaus (1974): Gebrauchstexte im Unterricht. In: Praxis Deutsch 2, S. 14–16.

Grossmann, Therese/Peyer, Ann (2004): Vollfett oder total beschattet? Sachtexte über Jugendsprache. In: Praxis Deutsch 189, S. 39–45.

[12] Vgl. http://www.isb-gym8-lehrplan.de/contentserv/3.1.neu/g8.de/index.php?StoryID=26291 (01.08.2012).

Kultusministerkonferenz (2003): Bildungsstandards im Fach Deutsch für den Mittleren Schulabschluss. In: http://www.kmk.org/fileadmin/veroeffentlichungen_ beschluesse/2003/2003_12_04-BS-Deutsch-MS.pdf (01.08.2012).

Marci-Boehncke, Gudrun/Rath, Matthias (2005): In Sachen "Liebe" lesen: Eheratgeber zwischen Poesie und Sachliteratur im fächerübergreifenden Unterricht. In: Fix, Martin/Jost, Roland (Hrsg.): Sachtexte im Deutschunterricht. Baltmannsweiler: Schneider, S. 192–207.

Paule, Gabriela (2003): Sachtexte lesen und schreiben – Fächerverbindungen nutzen. In: Abraham, Ulf/Bremerich-Vos, Albert/Frederking, Volker/Wieler, Petra (Hrsg.): Deutschdidaktik und Deutschunterricht nach PISA. Freiburg: Fillibach, S. 347–360.

Rose, Kurt (2000): Körperschmuck – Schmerzen für die Schönheit. Sachinformationen im Internet suchen, lesen, beurteilen und verarbeiten. In: Lernchancen 13, S. 64–70.

Stadter, Andrea (2004): Was versteht Fontane unter Realismus? Umgang mit literaturtheoretischen Essays am Beispiel von Theodor Fontanes Text *Unsere lyrische und epische Poesie seit 1848*. In: Praxis Deutsch 189, S. 46–55.

Sachwort- und Namensregister

Sachwortregister

Abenteuerliteratur 64, 79, 369, 691
Abitur 95
Actionfilm 371
Adoleszenzsroman 63, 64, 74, 80, 81, 83, 89, 90, 93, 94, 95, 503
advance Organizer 722
Adventure-Games 574, 576
Ästhetik, klassische 117
Ästhetik, theaterspezifische 166
Ästhetik, theatrale 149, 150, 165
Äußerungskompetenz 167
Aisthesis 471
All-Ages-Literatur 94
alta voce 536
Alterität, sprachliche, strukturelle, inhaltliche 145, 153, 649
Alteritätserfahrung 454, 460, 474, 650
Ambiguitätstoleranz 437, 438
Anhören (als Fachbegriff) 185
Anonymität im Chat 262 ff.
Anschauung 150, 474
Anschauungsweisen und Urteile, ästhetische 482
Anschlusskommunikation 25, 33, 147, 154, 291, 299, 379, 701
Anthropologie 60, 145
Antidrama 493
Antolin 580, 581
Aphorismus 56
Arbeit, interdisziplinäre 205
Arbeit, fächerübergreifende 394
Arbeit, fächerverbindende 82
Architext 309
Ars poetica 57
Aspekte literarischen Lernens 142
Audiotope 197
Aufführung, Aufführungssanalyse, 163, 172, 173, 486
Aufklärung 47, 52
Aufmerksamkeit, auditive 184
Aufsatzerziehung, Aufsatzunterricht 189, 319, 440
Ausbildung narrativer Schemata 297
Ausdrucksform, symmediale 491
Autofunktionalität 11
Autopoeme 571
Autor, empirischer 703
Autorintention 110, 115, 310
Avatar 577, 579
AV-Medien 223

Bahnwärter Thiel 620 ff.
Ballade 56, 79
Barock 52, 66
Beobachtungs- und Analysekompetenz 330
Berufsbezug 129
Besuch der alten Dame 647
Bewahrpädagogik 396
Bewusstseinsstrom 77
Bezüge, intermediale 82, 210, 525
Bezüge, intertextuelle 82, 86, 95, 313, 314
Bibliothek, virtuelle 569, 570
Biedermeier 48
Bilderbuch 74, 79, 90, 92, 93, 291, 292
Bildschirm-Medien 31
Bild-Schrifttext-Kombination 407
Bild-Text-Didaktik 202
Bild-Text-Verhältnis 721
Bildung 430, 432
Bildung, ästhetische 43, 152, 222, 227, 330, 443, 471, 619, 620, 630, 634
Bildung, literarische 3, 38, 65, 231, 311, 644
Bildung, politische 182
Bildungsauftrag 310
Bildungsdiskurs 483

Bildungsforschung, empirische 307
Bildungsstandards 133, 287, 312, 322, 331, 409, 435, 452, 454, 662
Bildungsziele 483
Bildwahrnehmung 208
Biografie 84, 87, 90
Biss zum Morgengrauen 94
Blaupause 225
Blogs 258f., 510, 570, 594
bottom-up-Prozesse 355, 356
BRD 74, 88
Buch von der Deutschen Poeterey 57
Buchdruck 73
Buch-Film-Vergleiche 225
Buchillustrationen 78
Buchmarkt 388
Bühnenkonzept 176

CD-ROM 580, 687
Chat 243, 264ff., 451, 496, 695, 701ff.
Cliffhanger 227
Collaborative Writing 574
Comedy/Sitcom 227
Comic 56, 212, 526
Common-Sense-Annahmen über Medien 244ff.
Computer 38, 250, 251, 392, 450, 506, 537, 548, 568, 696
Computer als Theater 597
Computerspiel 574ff.
Computerspielbilder 143
Crossmedia 501
Cyberdrama 579
Cyber-Mobbing 263
Cyberpunk 587

Dadaismus 572
Dallas 228
Darstellungsästhetik 730
Das Parfüm 224, 651
Das Urteil 281
Datenschutz 709, 712
DCR (Didaktischer-Chat-Raum) 265
DDR 73, 75, 76, 80, 88, 92, 93
Dekonstruktion 104, 109, 115, 282, 284, 301
Denken, ästhetisches 477, 478, 532
Der blaue Engel 224
Der Herr der Diebe 225
Der Zauberberg 409
DESI-Projekt 4, 127, 133
Determinationslehre 627
Deutschunterricht, medien-integrativer 223
Deutschunterricht, symmedialer 478, 535ff., 580, 613, 683, 684, 695
Dialogizität 308
Didaktik des „Kritischen Lesens" 390
Didaktik, immanente 387
Die Bourne Identität 226
Die Brück' am Tay 629
Die Quotenmaschine 574
Die Verwandlung 106
Die Wolke 225
Differenz, intermediale 205
Differenzerfahrung 10, 153
Dingsymbol 627
Diskursanalyse 104
Diskword-Novel 586
Distanznahme, kritische 233
DJLP (Deutscher Jugendliteratur-preis) 74, 78, 79, 80, 81, 82, 84, 89, 90, 93, 94, 95
Domänenspezifik 126
Drama, dramatisch 45, 46, 56, 58, 59, 61, 62, 68, 69, 70, 165, 490, 493ff.
Drama, lyrisches 56
Drama, soziales 493, 494
Drama, episches 496
Dramendidaktik 161, 488
Drei Engel für Charlie 228
Drei-Phasen-Modell 457, 458
Drill-and-Practice-Verfahren 580
Drittes Reich 44, 88

E-Book 569
Effi Briest 224
Eigenständigkeit 131
Ein Fall für zwei 227
Einzeltextreferenzen 315
Elaborationsaufgabe 722
Elaborationsstrategien 421
Elegie 58
Eliza (Simulationsprogramm) 577
Emergenz 549
Emil und die Detektive 225, 552
Emoticons 267
Empathie 86, 93, 327, 437, 448, 453, 491
Enkulturation, ästhetische 630
Enkulturation, sprachlich-literarische 291, 568
Epigramm 57
Epik 56, 58, 70
Epoche 43 ff., 619, 622
Erfahrung, ästhetische 139, 149, 152 153, 164, 167, 441, 442, 660, 661
Erinnerungskultur 89
Erstlesebücher 79
Erwachsenenliteratur 64, 77, 89, 93
Erzählen 60, 86, 291 ff.
Erzählen, filmisches 77
Erzählen, personales 80, 291, 295, 296
Erziehung, ästhetische 182, 194, 195, 476, 632
Eyes Wide Shut 224
Ezines 570

Fabel 56
Facebook 260, 264. 411, 412, 451, 706 ff.
Falkentheorie 627
Fantasiereise 670
Fehlschluss, rationalistischer 702
Fernsehen 33, 37, 221, 511
Fernsehwerbung 229
Figuren 76
Figurenkonzept 488, 489
Figurenrede 69
Figurenwissen 490
Fiktion, Fiktionalität 9, 10, 79, 85, 222, 371, 375, 587, 652, 699
Film 70, 143, 221 ff., 645, 684
Folgemedium 578
Freizeitlektüre 343, 376, 383
Fremdverstehen 437, 610, 633, 634
Fundierung, empirisch 5

Gattung 43, 56 ff., 310, 620, 641, 642
Gebrauchstext 405 ff., 716 ff.
Gender 26, 214, 366, 373, 375, 381
Genuss, ästhetischer 230
Genussfähigkeit, ästhetische 568
Genussfähigkeit, medienbezogene 263, 700
Geschlechterdifferenz 445
Geschlechteridentität 445
Geschlechterrollen 378
Geschlechts- und Medienidentitäten 377
Gespräch, literarisches 148
Gesprächspraxis im Literaturunterricht 291 ff.
Glosse 56
Google 569
Google+ 260
Gratifikationen, emotionale 233
Großstadt 194
Grundschule 44, 67, 78, 92, 682
Gute Zeiten, schlechte Zeiten 227
Gutenberg-Projekt 569

Haas-Hurrelmann-Kontroverse 387
Haltung, ästhetische 442
Handlungsfähigkeit, kulturelle 231, 233, 234
Handlungs- und Produktionsorientierung 65, 78, 108, 216, 319 ff., 357, 398, 693,

Harry Potter 94
Hashtag 259 Heidelberger Modell, gesprächsdidaktisches 119
Herkunft, ethnische 26
Hermeneutik 62, 106, 107, 115, 116, 150, 301, 311, 348, 647
Hochschulen, Pädagogische 75, 76
Horästhetik 182 ff., 472
Hörbuch 78, 188, 189, 542, 620, 631, 686
Hördidaktik 182 ff.
Hören 182 ff., 517, 682, 685 ff.
Hörmedien 682 ff.
Hörspiel 188, 683, 691, 692
Hollywood-Kino 730
Holocaust 88 ff.
Homo faber 224
Horchen (als Fachbegriff) 184
Humanismus 52
Hybridmedium 506
Hyperfiction 221, 254, 416, 542, 573
Hyperlinks 252, 507
Hypermedia 581
Hypertext Markup Language (HTML) 252, 309, 416, 417, 574
Hypertexte 223, 252 ff.

'I' und 'Me' 449
Ich bin Ich 461
Ich, lyrisches 703
Ich-Findung 81, 434
Ich-Identität 429, 430, 436, 437
Idealismus 625
Identifikation 454
Identifikationsangebote 377 ff.
Identitätsbalance 437
Identität 427, 428, 429, 430, 434, 438, 439
Identität, geschlechtliche 445, 446
Identität, numerische und qualitative 428
Identität, personale 338, 429, 447, 481, 641
Identitätsentwicklung 335
Identitätsfindung 610
Identitätsförderung 427, 433
Identitätskonzepte der Postmoderne 448
Identitätsorientierung 427 ff., 455, 642
IGLU-Studie 4, 5, 28, 77, 128, 133, 369
Illustration 78, 79, 210
Im Krebsgang 256
Imagination 326, 350, 474, 475, 476, 606, 610, 633, 634, 688
Individualisierung 444, 450
Individuation 630
Inflektive 267
Informationsentnahme 335
Infotainment 230, 716, 730, 731
Instant-Messenger 265 ff.
Inszenierung 161, 165, 172, 175, 178
intentio auctoris/lectoris/operis 310, 458, 703
Interaktion, symbolische 439
Interaktion, themenzentrierte (TZI) 301
Interaktivität, synchrone 257, 703
Intermedialität 203, 210, 502, 505, 523 ff., 547
Internet 36, 88, 250, 450, 451, 507, 511, 537, 548, 695 f.
Interpretation, szenische 69, 328, 488, 495, 498
Intertextualität 77, 82, 170, 307–311, 528, 646
IRC 265

Janoschs Traumstunde 228
JIM-Studien 36, 259, 504, 505, 541, 695

Kahlschlagliteratur 44
Kanon 57, 74, 619ff.
Kanon-Debatte 619ff.
Kapital, symbolisches 504
KIM-Studien 392, 541
Kinder- und Jugendliteratur 63, 64, 73ff., 152, 386ff., 552, 682, 686
Kinder- und Jugendtheater 494
Klassenlektüre 325, 386
Klassiker 74, 79, 93, 171, 177, 390, 691
Klieme-Expertise 432
Knight Rider 228
Körperlichkeit 167, 179, 269
Kognition 296, 350
Kognitionspsychologie 115, 351
kognitive Dimension des Lesens 146
Kohärenz, globale 337, 412, 417
Kohärenz, lokale 336, 412, 574
Kohärenzmittel 414
Kohäsionsbildung 417
Kohäsionsmittel 414
Komik 78
Kommunikation 60, 245
Kommunikation, ästhetische 152, 409
Kommunikation, computervermittelte 268ff.
Kommunikation, literarische 215
Kommunikation, pragmatische 152
Kommunikette 701
Komödie 493
Kompetenz, ästhetische 437, 481
Kompetenz, interaktive 436
Kompetenz, intermedialer 204
Kompetenz, kognitive 436
Kompetenz, kommunikative 405
Kompetenz, linguistische 436
Kompetenz, literarästhetische 139, 633
Kompetenz, literarische 64, 126, 140, 353, 354, 493, 662, 663
Kompetenz, poetische 145
Kompetenzbereiche 95
Kompetenzdiskussion 126ff.
Kompetenzkluft 38
Kompetenzmodelle 133, 335
Kompetenzorientierung 286, 331, 452
Kontextwissen 310
Kontrafakturen 645
Konvergenz, mediale 551
Konzeptvideos 230
Kreativität der Transformation 225, 610
Krefts 4-Phasen-Modell 456
Kriminalroman 89, 227, 310
Krisenkindheit 393
Kritik der reinen Vernunft 478
Kritik der Urteilskraft 478
Kritikfähigkeit, medienbezogene 263, 700, 707,
Kulturgeschichte 52
Kultursemiotik 206, 308
Kulturtechnik „Lesen" 145
Kunstwerk, theatrales 166, 177
Kurzgeschichte 45, 62, 63, 66, 648

landscape of consciousness 296
Lauschen (als Fachbegriff) 185
Lautleseverfahren 339
Learning Management System (LMS) 593
Lebenshilfedidaktik 145
Lebenswelt 33, 76, 87,
Leerstellen 85, 147, 213, 351
Lehrerhandreichung 389, 621
Lehrpläne 48, 49, 57, 75, 77, 92, 307, 621
Lenz 626
Leitmedien, kulturelle 222, 231
Leitmedium 33, 253, 528, 541
Lektüre, Intertextuelle 308, 311, 312, 314
Lektüreauswahl 377
Lektürebegleitheften 631

Lektüremotivationen und -gratifikationen 370
Lektüreunterricht, offener 381
Lernaufgaben 322, 331
Lernen, ästhetisches 226, 234
Lernen, literarästhetisches 77, 80
Lernen, literarisches 142, 312, 474, 663
Lernen, reziprokes 360
Lernen, sprachliches 291, 315
Lernplattform 593 ff.
Lernprozesse, interkulturelle 216, 351
Lernumgebung, hypertextuelle 582
Lernumgebung, virtuelle 593 ff.
Leseanimation 334, 343
Lesebegleithefte 325
Lesebilder 529
Lesebücher 77, 211
Lesecurriculum 334
Lesedidaktik 139, 141, 144, 453
Leseerziehung 189
Leseflüssigkeit 338, 340
Leseförderung 5, 31, 32, 142, 324, 334 ff., 349, 397, 410, 587, 662
Leseforschung 29, 73
Lesegenuss 32, 342
Lesegeschwindigkeit 339, 368
Leseintensität 368
Leseinteresse 452
Leseinteresse und -motivation 291
Leseinteressen, private 32
Lesekarriere 30
Leseklima 30
Lesekompetenz 5, 26, 27, 28, 30, 128, 139, 144, 283, 284, 340, 366, 397, 427
Lesekrise 31, 32
Leselust 659
Lesemenge 340
Lesemotivation 28, 30, 80, 307, 342, 343, 358, 368, 369, 398, 631
Lesen, textnahes 51, 119, 279 ff., 603
Lesen, verändertes 407, 517, 682
Leseprozess 349, 350, 351, 352, 355, 356, 358
Lesesozialisation 23, 24, 141, 142, 373, 375, 377, 382
Lesestrategien 341 ff, 348, 358, 421, 659, 663, 664
Lesesucht 31
Lesetagebuch 324, 325, 631
Leseverständnis 76
Lesevorbilder 382
Leseweisen, symmediale 453
Lesung 683, 684, 687
Lexik 66
Liebesfilm 371
Liebeslyrik 653
Lindenstraße 227
Linearität 691
Literalität 3, 32, 75, 542, 545
Literaturgeschichte 45, 48, 49, 50, 51, 52, 53, 68, 311
Literaturgespräche, schulische 299
Literaturrezeption 685
Literaturunterricht, identitätsorientierter 427, 436
Literaturunterricht, philosophisch 447
Literaturverein „Durch“ 625
Literaturverfilmung 48, 222, 224, 542, 682
Literaturwissenschaft, empirische 13, 307
Lola rennt 226
Lo-net 596
Lustspiel 493
Lyrik 56, 58, 59, 61, 67, 70, 74, 86, 646

Mädchen- und Jungenförderung 366
Märchen 60, 315, 651, 682, 687, 688, 690
Mainstream-Film 225
Makroepoche 52, 53
Makrostrukturen 412

Maske 269
Medialisierung 179, 434, 444, 450
Medialität 3, 202, 205, 524
Medialitätsbewusstsein 263, 699
Medienerziehung, integrierte 182, 192, 203
Mediengestaltung 515, 516
Medienhandeln, konvergentes 501, 515
Medienintegration 234, 544, 695, 697, 698
Medienkombination 525
Medienkompetenz 25, 26, 34, 143, 188, 211, 262, 501, 503, 504, 509, 515, 517, 543, 695, 697, 707
Medienkonvergenz 38, 501, 504, 505, 506, 511, 512, 513, 514, 517
Medienkritik 503, 515, 516
Medienkultur 143, 204, 331
Medien-Kultur-Kompetenz 233
Medienkunde 503, 515, 516
Mediennaivität 706, 707
Mediennutzung, Selektion bzw. Kombination von 503, 510, 514, 515, 516, 517, 518, 700
Medienpraxis, aktuelle 33, 501
Medienskepsis 535, 536
Mediensozialisation 24, 167, 374, 375
Medientheorie 247
Medienverbünden 529
Medienverbund 397, 501, 502, 503, 504, 505, 509, 510, 512, 514, 515, 516, 517, 552, 575
Medienwechsel 210, 525
Medienwirkungsforschung 510
Mehrebenenanalyse 128
Mehrsprachigkeit, mediale 698
Meisterleser 132
Merchandising 501, 502
Metakognition 342, 417
Metaphorik 66
Metatext 309
Methodenkompetenz 128
Metrik 66
Migrationshintergrund 26
Milieutheorie 627
Mimesis 56, 478, 479, 488, 634
mIRC 265 ff.
Mittel, filmsprachliche 232
Mittel, graphostilistische 267
MMORPG 579, 587
Modell, mentales 146, 350, 353, 356, 413
Moderne 47, 53
Monolog, innerer 64, 77, 80, 91, 496
Monomedialität 550
Montagebiografie 84, 87
Moodle 599
Motiv 76
Motto 316
MTV 230
Mündlichkeit 30, 140
Mündlichkeit, konzeptionelle 266, 284
Multimedialität 234, 416, 537, 545
Multimedienkultur 223
Musikvideoclips 224, 229, 230
Mythos, antiker 310, 316

Narration 222
Nationalsozialismus 64, 88, 89
Naturalismus 622, 625
Naturlyrik 315
Netiquette 701
Netzsprache 267
Netzwerke, soziale 257, 263, 695, 706 ff.
Neutralität des Mediums 245
Neuzeit, frühe 52, 53
Newsgroups 570
Nibelungenlied 8
Nichtlinearität 416
Nichtverstehen 102
Niedergang der deutschen Sprache 268

Novelle 45, 57, 58, 62, 63, 65, 316
Novellendefinitionen 626
NS-Zeit 73, 91
Nutzungskompetenz, kritische 568

Oberstufe, gymnasiale 95, 307, 312, 314
Online-Netzwerke 451
Online-Rollenspiele 586
Open Water 233
Oralität 266, 542, 545
Oraliteralität 266
Organon-Modell 59, 414
Orthosozialität 699
Ottos Mops 573

Parabeln 315
Parasozialität 699
Paratext 215 ff., 309
Parodien 645
Partizipationsmuster, produktive 264, 701
performance-Video 230
Personascript 270, 451
Perspektivenübernahme 327, 633
Persuasionstext 720
Pflichtlektüre 32, 381
Phantastik 79
Phasenmodelle, literaturdidaktische 118, 323
Piktoralität 542
PISA 4, 5, 6, 23, 26, 27, 28, 63, 64, 104, 116, 120, 128, 129, 130, 133, 139, 338, 349, 360, 366, 367, 390, 397, 406, 427, 446, 452, 540, 660, 662, 663, 716, 721
Plagiat 571
Plot 692
Pluralisierung 434, 444, 448, 450, 543
Poesie 79
Poesie, konkrete 66
Poesie, visuelle 572
Poetik 57, 59
Poetry-Slam 585
Polymedialität, 537
Polyvalenz 478
Popliteratur 63, 64
Post- und Hybriddramatik 493
Postmoderne 47, 62, 104, 312
Poststrukturalismus 59, 106, 285, 308, 311
Powerpoint-Präsentation 585
Präsenz, theatrale 129
Praxen, kulturelle 27, 145, 233
Précis 260
Primär- bzw. Sekundärmedien 545
Primar- und Sekundarstufe 93
Primarstufe 67, 494
Primat der Schriftlichkeit 270
Privatheit 261, 707
Privatlektüre 76
Privatsphäre 261, 262, 709
Produktion 439
Produktionsästhetik 149
Produktionsdidaktik 149
Produktionskompetenz, literarästhetische 139, 630
Professor Unrat 224
Programmgattungen 224
Projekt „Gutenberg“ 570
Proposition 116
Prosa, naturalistische 623
Prosagedicht 56
Prüfungen, zentrale 95
Prüfungsaufgaben 322
Psychologie, narrative 449
Pumuckl 228

Quartärmedien 250, 544

Rassismus 88
„reading literacy“ 129
Realismus 625
Realität und Fiktion 263, 587, 699
Realkapital 503
Recherchekompetenz 568

Rechtsextremismus 448
Rede, erlebte 80
Reflexion von Literalität 410
Reflexion von Sprache 405
Reformpädagogik 319, 395, 399
Regelpoetik 319
Regietheater 168
Reisebericht 56
Renaissance 52
Repräsentation, mediale 179
Repräsentation, propositionale 116, 412
Republik, Weimarer 46, 75
Restriktionen der Primärtexte 279
Rezensionen 74
Rezeption 49, 60, 87, 436
Rezeptionsästhetik 43, 229, 320, 399, 510
Rezeptionsforschungen 349, 350, 354
Rezeptionskompetenz, literarästhetische 139, 630
Rezeptionsmuster, medienspezifische 263, 699
Rezeptionsprozess 354
Rollenbiographien 496
Rollendistanz 437, 438
Rollenidentität 436
Rollenspiele 488, 491 ff., 579
Rollenspiele, virtuelle 451, 704
Rollenspiel, soziales 491, 492
Rollenspiel, theatralisches 491
Rollenstereotype 378
Roman 56, 57, 58, 62, 63, 64, 65
Roman experimental 627, 682, 691, 692, 693
Ronja Räubertochter 225
Ruhm 256
Rundfunk, öffentlich-rechtlicher und privater 731

Sachbuch 74, 79, 85, 369, 391
Sachkompetenz 128
Sachliteratur 78, 390
Sachtexte 116, 405 ff.
Satire 57
SBZ/DDR 73
Schauspiel 493
Schema, narratives 297
Schicht, soziale 26
Schreib-, Lese- und Sprecherziehung 189
Schreiben, filmisches 527
Schreiben, heuristisches 281, 282
Schreiben, imitatives 330
Schreiben, kreatives 327
Schreiben zu literarischen Figuren und Figuren aus neuen Medien 144, 293, 517, 518
Schrift und Bild 108, 526
Schriftlichkeit, konzeptionelle 30
Schriftlichkeit, mediale 144, 266
Schriftspracherwerb 30
Schriftsprachlichkeit, konzeptionelle 683
SchülerVZ 257, 260, 451, 706
Schullektüren 379
Schwarzwaldklinik 227
Science Fiction 64, 94, 227
Scripts 146, 413
Second Life 587
Sehschule 164
Sekundärprodukte, mediale 143
Sekundarstufe 44, 45, 46, 51, 62, 63, 67, 85, 86, 87, 144, 307, 312, 494, 682, 691
Sekundenstil, naturalistischer 622, 635
Selbsterzählung 449
Selbst- und Fremdverstehen 149, 326
Selbst- und Weltverhältnis 429
Selbst- und Weltverständnis 429
Selbst- und Weltwahrnehmung 481
Selbstdarstellung 437, 438
Selbstentwürfe 378

Selbstkompetenz 128
Selbstkonzept als Leser 338
Selbstkonzept, fachspezifisches 452
Selbstkonzept, literarisches 455
Selbstlernmodul 609
Selbstobjektivation 440
Selbstreflexion 440
Selektion bzw. Kombination von Mediennutzung 264
Semantik 66
Semiosphäre 206
Semiotik 104
Sender-Empfänger-Modell 245
Serien 224, 227
Serien-Genres 227
Shining 225
Situationsmodell 115, 116, 127
Slam Poetry 61
SMS 506
soap opera 229
Sonett 55, 57, 58, 646
Sozialisation, kulturelle 178
Sozialisation, literale 338
Sozialisation, literarische 24, 142, 292, 630, 682
Sozialisationsforschung 23
Sozialisationsinstanz 503
Sozialisationstheorie 23
Sozialkapital 503
Sozialkompetenz 128
Spielekonsolen 214
Spielfasssung 177
Spielgeschichten, interaktive 574
Spiralcurriculum 498
Sprachanalyse 230
Sprachkompetenz 140, 367, 472
Sprech- und Gesprächserziehung 189
Sprechakttheorie 414
Sprechen, kreatives 492, 417
Standbild 69, 496, 632
Steuerungswissen 418, 716
story grammars 146
Strategien, rhetorische 412
strukturalistisch 309
Stud.IP 601
StudiVZ 260
Sturm und Drang 67
Subjektivität der Rezipienten 279
Super-Strukturen 337, 412
Symbolbegriff 476
Symbolbildung 474
Symbolgehalt 76
Symbol-Verarbeitung 116
Symmedien 543
Symmedialität 250ff., 397, 476, 480, 497, 535ff., 580, 602, 682, 695
Synästhesie 194, 330, 475
Synästhetik 251, 551
Syntax 66
Systemreferenz 310, 315
Systemtheorie 103, 106, 107, 112ff.

Tabuthema 84, 92
Tagebuch 56
Talmud 255
Tatort 227
Teilhabe an der Kultur einer Gesellschaft 295, 410
Tertiärmedien 544
Textanalyse und -interpretation 321, 328
Textbegriff, erweiterter 407, 416
Textbegriff, strukturalistischer 104
Text-Bild-Collage 553
Text-Bild-Differenzen 207
Text-Bilder-Sorten 529
Text-Bild-Erzählungen 214
Text-Bild-Gefüge 529
Text-Bild-Kombinationen 209
Text-Bild-Kompetenz 214
Textdetektive 132, 341
Texte, symmediale 243, 250, 543
Texte, theatrale 143, 161

Textethik 288
Textferne 279
Textfunktion 409, 414
Textinterpretation 310
Textkohärenz 351
Textlinguistik 414
Textnähe 286
Textrezeptionen, kreative 281
Textrezeption, Modi der 140
Textsorten 409, 415
Textsorten, audioaffine 187
Textsortenwissen 342, 417
Texttheorie 353
Texttreue 171
Texturen 205
Textverarbeitungsprogramme 584
The Graduate 225
The Simpsons 228
Theater 70, 161 ff.
Theater, episches 69
Theater als Kunstform 179
Theater als Medium 161, 164, 269, 497
Theateraufführung 161, 166
Theaterbesuch 169
Theatergeschichte 493
Theaterkritik 163, 177
Theaterpädagogik 498
Theatersemiotik 173
Theaterspielen 492
Theaterstückes 494
Theatertheorie 69
Theaterwissenschaft 163
Theatralik, virtuelle 269, 270, 496
Theatralität 61, 69, 163, 492
Tiergeschichten 79
Tintenherz 94
Titanic 226
top-down-Prozesse 355, 357
Tragikomödie 493
Tragödie 56, 57, 65, 493
Transportmetapher 245
Transtextualität 309
Trauerspiel, bürgerliches 56, 62, 310, 315, 493
Traumdarstellungen 80
Traumnovelle 224
Tristram Shandy 255
Trivialliteratur 502
Trümmer-Literatur 44
Turing-Test 571
Twin Peaks 228
Twister 226
Twitter 259 f.
Twilight 371

Umwelterziehung 182
Unbestimmtheitsstellen 476
Universalpragmatik 473
Unterricht, fächerübergreifender 79
Unterricht, medienintegrativer 396
Unterricht, offener 395
Unterricht, monoedukativer 381
Unterrichtsforschung, empirische 299
Unterrichtsgespräche, literarische 300, 301, 329
Unterrichtsmodelle 621
Urteile, ästhetische 150, 233
Urteilskompetenz, litararästhetisch 6

Verhältnis von dramatischem Text und Inszenierung 168
Verhören (als Fachbegriff) 185
Vermittlung von Kinder- und Jugendliteratur 388, 480
Versdrama 493
Versprachlichung des Bildes 208
Verständnisschwierigkeiten 659
Verstehen, literarisches 102 ff., 148, 327, 350, 437, 660
Verstehensbegriffe 141
Verstehenskompetenz, literarische 5, 6
Verstehensleistungen 340
Verstehensprozesse, kognitive 354
Vertextung 479

Vier-Phasen-Modell 456
Virtualität 263
Vorlesen 29, 140, 291, 292,
Vorstellungsbildung 326, 474, 476
Vortragen 140

Wahrnehmung, ästhetische 152, 174, 531, 632
Wahrnehmungsschulung 166, 178, 601
Wahrnehmungssensibilisierung 330
Wandel, medialer 33, 415, 417
Web 2.0 243, 256ff., 695, 701
Web-Browser 252
Web-Chats 264
Weblogs 593, 594
Weltkrieg, Zweiter 88, 92
Weltwissen 146, 152
Wende 44, 88, 92, 93
Wende, kommunikative 405, 716
Wendeliteratur 44, 88
Werbespots 224
Werkeinheit 169
Werktreue 168, 170, 171, 225
Werturteil, ästhetisches 479
Wesen der Schrift 111
Wiederholungsstrategien 420
Wiedervereinigung 92
Wikipedia 256, 670
Wikis 258, 593, 594
Wir Kinder vom Bahnhof Zoo 408
Wirklichkeitsmodelle, fiktionale 231
Wirkungen des Lesens 141
Wirkungs- und Rezeptionsgeschichte 45
Wirkungsmächtigkeit 623
Wissen, deklaratives 359, 363, 418, 716
Wissen, prozedurales 359, 418, 716
Wissen, sprachliches 152
Wissenskluft 38
World Wide Web 51, 243, 251 ff., 545, 573, 587
wreader 254

Zeichen, theatrale 168
Zeitsignaturen 444
Zentralabitur 95
Zirkel, hermeneutischer 109
Zopf-Dramaturgie 730
Zuhören (als Fachbegriff) 185

Namensregister

Abels, Heinz 428
Abraham, Ulf 454 Adorno, Theodor W. 207, 437, 479, 480, 502
Andersen, Hans Christian 315, 682, 686, 690
Aristoteles 9, 10, 14, 56, 428, 471, 488, 549
Artelt, Cordula 6, 452 Asimov, Isaac 587
Assmann, Aleida 88, 202, 619

Baacke, Dieter 448, 503, 518, 699
Bachtin, Michail 308
Ball, Hugo 407, 573
Bamberger, Richard 340
Barner, Wilfried 5
Barthes, Roland 60, 212, 280, 284, 286, 308, 497
Batteux, Charles 56
Baumert, Jürgen 429, 432, 452
Baumgarten, Alexander Gottlieb 56, 471, 477
Baumgartner, Peter 593, 594
Beck, Ulrich 127, 128, 444, 445
Beimdick, Walter 69, 163
Belgrad, Jürgen 143, 280, 284, 285, 334, 476, 693
Benjamin, Jessica 429, 445
Benjamin, Walter 60, 445
Berghoff, Matthias 265, 416, 549, 581, 583, 705
Bertschi-Kaufmann, Andrea 3, 141, 335, 349, 381, 473, 578
Bettelheim, Bruno 660
Biermann, Wolf 316, 579
Bloch, Ernst 455
Bönnighausen, Marion 210, 502, 523, 548
Bogdal, Klaus Michael 285
Bolter, Jay David 253, 254, 261
Bonfadelli, Heinz 38, 368, 369, 373, 374
Bothe, Katrin 144, 214, 322, 329
Boueke, Dietrich 297, 440
Bradbury, Ray 587
Brecht, Bertolt 46, 69, 164, 315, 327, 491, 528, 669
Bremerich-Vos, Albert 448
Brentano, Clemens 193, 194
Broich, Ulrich 310, 646
Brüggemann, Jörn 447, 456, 461
Bruner, Jerome 292, 295, 296, 302
Brussig, Thomas 316
Buchheim, Lothar-Günter 196
Büchner, Georg 625, 626
Bühler, Karl 414
Butler, Judith 429, 445

Cage, John 195
Cameron, James 223
Campe, Joachim Heinrich 73
Cassirer, Ernst 476
Chaplin, Charles 223
Chodorow, Nancy 429, 445
Chomsky, Noam 126
Christmann, Ursula 127
Croce, Benedetto 57
Crystal, David 267
Culler, Jonathan 5
Culpeper, Jonathan 489, 490

Dahrendorf, Rolf 89, 90, 387
de Levita, David J. 427
de Man, Paul 111
Dehn, Mechthild 293, 475
Denk, Rudolf 543, 588
Derrida, Jacques 105, 110, 111, 202, 217, 301, 308, 311
Dewey, John 474
Dilthey, Wilhelm 107, 109
Doderer, Klaus 73

Döblin, Alfred 195, 224
Doelker, Christian 204
Döring, Nicola 268, 429, 450, 451
Droste-Hülshoff, Anette von 197
Duden, Anne 203
Dürrenmatt, Friedrich 647
Dürscheid, Christa 266

Eagleton, Terry 5
Eco, Umberto 203, 210, 310, 458
Eggert, Hartmut 37
Eichendorff, Joseph von 192, 193, 197
Eminem 231
Ende, Michael 74
Engler, Tihomir 119
Ensberg, Claus 119
Enzensberger, Hans Magnus 248, 537
Erikson, Erik H. 79, 429, 434

Fassbinder, Rainer Werner 224
Faulstich, Werner 17, 244
Fingerhut, Karlheinz 12, 104, 281, 285, 321, 644
Fischer-Lichte, Erika 169, 174, 179
Fischer, Fritz 211
Förster, Jürgen 120, 121, 285
Fontane, Theodor 419
Foucault, Michel 52, 311
Frederking, Volker 6, 397, 434, 438, 440, 441, 442, 444, 448, 450, 451, 452, 454, 456, 457, 458, 459, 460, 697
Freinet, Celestin 399
Freud, Sigmund 248
Frisch, Max 316
Fritzsche, Joachim 118, 323
Funke, Cornelia 94, 225

Gadamer, Hans Georg 7, 107, 109, 110
Gailberger, Steffen 134
Gardner, Howard 127, 477
Genette, Gerard 215, 309
Gernhardt, Robert 645, 646
Gibson, William 587
Göbel, Klaus 163
Goethe, Johann Wolfgang von 7, 43ff., 58, 59, 80, 170, 310, 316, 461, 626
Gold, Andreas 132, 341
Graf, Werner 28, 29, 31, 140
Grass, Günter 256
Griesheimer, Frank 5
Grimm, Wilhelm 8, 197, 315
Groeben, Norbert 5, 27, 28, 34, 127, 128, 263, 286, 455, 459, 602, 699, 700, 701
Groening, Matt 228
Grünewald, Dietrich 213, 214
Grusin, Richard 253
Grzesik, Jürgen 117
Gutenberg, Johannes 536

Haas, Gerhard 322, 387
Haas, Wolf 149
Habermas, Jürgen 429, 430, 436, 473
Härle, Gerhard 119, 120, 301
Härtling, Peter 75
Handke, Peter 408, 652
Hauptmann, Gerhart 45, 620
Heidegger, Martin 59, 107, 109
Heidtmann, Horst 388
Heine, Heinrich 44, 314
Helmers, Hermann 103
Hentig, Hartmut von 474, 697, 698
Herbart, Johann Friedrich 482
Herder, Johann Gottfried 15, 58, 59
Hermann, Judith 351
Herwig, Henriette 437, 438, 448, 454
Heyse, Paul 626, 627
Hinz, Arnold 434
Hiß, Guido 174
Hitchcock, Alfred 223
Hölderlin, Friedrich 53, 132, 428, 429
Hoffmann, E.T.A. 25, 211, 587
Hofmannsthal, Hugo von 645
Horkheimer, Max 502
Humboldt, Wilhelm von 105, 432

Huntington, Samuel P. 429
Hurrelmann, Bettina 4, 23, 27, 28, 35, 38, 301, 386, 387, 662

Ingarden, Roman 476
Ingendahl, Werner 323
Iser, Wolfgang 10, 107, 145, 147, 229, 320, 351
Ivo, Hubert 301

Jandl, Ernst 45, 191, 193, 197
Jannidis, Fotis 442
Jauß, Hans Robert 229, 443, 444, 458
Jenkins, Henry 505, 509
Joas, Hans 429
Johnson, Steven 255, 256, 536, 543
Johnson-Laird, Philip 413
Johnson, Samuel 255
Jonas, Hartmut 75, 93, 239, 540, 574, 584
Joyce, Michael 574

Kämper-van den Boogaart, Michael 5, 288
Kästner, Erich 75, 79, 86, 225, 535, 552
Kafka, Franz 65, 106, 281, 315
Kammler, Clemens 121
Kant, Immanuel 474, 478, 482
Karg, Ina 288
Kehlmann, Daniel 255
Keller, Gottfried 203
Kerner, Charlotte 225
Keupp, Heiner 227, 229, 429, 448
King, Stephen 225
Kintsch, Walter 115, 412
Kittler, Friedrich 528
Kleist, Heinrich von 488, 647
Klieme, Eckard 128, 433
Klinger, Claudia 255
Klippert, Heinz 103
Klopstock, Friedrich Gottlieb 316
KMK 435
Kochan, Barbara 492
Köppert, Christine 147, 326, 329, 632
Köster, Juliane 216
Köller, Olaf 429
Kohlberg, Lawrence 429
Korczak, Janusz 90
Kordon, Klaus 79
Krappmann, Lothar 429, 430, 431, 432, 437, 438, 445
Kraus, Karl 488
Kreft, Jürgen 104, 118, 324, 433, 436, 437, 438, 456, 457, 459, 460
Kristeva, Julia 308, 309, 429, 528
Krommer, Axel 451
Krüger, Anna 76
Kubrick, Stanley 223, 224, 225
Kügler, Hans 104, 149
Kurzenberger, Hajo 167, 173, 175, 176

Lachmann, Renate 308
Langer, Susanne K. 476
Laudenberg, Beate 216
Laser-Schüler, Else 461
Lee, Tim-Berners 252
Lessing, Gotthold Ephraim 69, 315, 316
Levita, David J. de 427
Lindgren, Astrid 79, 225
Lionni, Leo 75
Loerke, Oskar 660, 667
Lotman, Yuri M. 206
Luhmann, Niklas 103, 106, 112, 113, 114, 202, 207, 523
Lynch, David 228
Lyotard, Francois 448

Maar, Paul 79
Maiwald, Klaus 153, 208, 226, 454
Manguel, Alberto 209
Mann, Heinrich 224
Mann, Thomas 63, 409, 461
Manovich, Lev 252
Marci-Boehncke, Gudrun 717
Mattenklott, Gundel 472

Mc Adams, Dan P. 429
McLuhan, Marshall 17, 247, 444, 450
Mead, George Herbert 429ff., 434, 436, 439, 441ff., 448
Meinhof, Ulrike 653
Melenk, Hartmut 321
Menge, Wolfgang 228
Menzel, Wolfgang 661
Merkelbach, Valentin 300
Meyer, Stephenie 94
Mikos, Lothar 25
Minghella, Anthony 196
Mittelstraß, Jürgen 432
Möbius, Thomas 119
Mörike, Eduard 197
Mollenhauer, Klaus 431
Moritz, Karl Philipp 80
Müller-Michaels, Harro 622, 623

Nettelbeck, Uwe 196
Nichols, Mike 225
Nicolai, Friedrich 8
Nietzsche, Friedrich 15, 56
Nix, Daniel 336, 453
Nutz, Maximilian 51

Oesterreicher, Wulf 266
Ohlers, Norman 574
Oikarinen, Jarkko 265
Opaschowski, Horst W. 450
Opitz, Martin 57, 58
O'Reilly, Tim 257

Paefgen, Elisabeth K. 280, 281, 283, 285, 538
Paule, Gabriela 717
Pausewang, Gudrun 90, 225
Petersen, Wolfgang 196
Peyer, Ann 717
Pfeiffer, Christian 398
Pfister, Manfred 310
Pieper, Irene 38
Platon, 14, 471
Plenzdorf, Ulrich 80, 310, 315
Pludra, Benno 80
Poe, Edgar Allan 587
Polanski, Roman 196
Polkinghorne, Donald E. 429, 449
Postman, Neil 249
Powers, Bruce R. 444
Preußler, Otfried 74
Prinz, Alois 5, 652
Propp, Vladimir 651
Pross, Harry 17, 250, 544

Quasthoff, Uta 298

Raible, Wolfgang 536
Rajewsky, Irina 210, 524, 525
Rath, Matthias 717
Remarque, Erich Maria 196
Rheingold, Howard 706
Richter, Tobias 127
Riha, Karl 573
Rilke, Rainer Maria 191ff.
Rose, Kurt 717
Rosebrock, Cornelia 3, 5, 141, 336, 387, 448, 453
Roselt, Jens 176
Roth-Lange, Friedhelm 177
Rowling, Joanne K. 94, 501
Rumpf, Horst 113, 431
Rupp, Gerhard 150, 606

Salinger, Jerome David 80
Sandbothe, Mike 254, 429
Scheffel, Viktor von 628
Scheller, Ingo 496
Schelling, Friedrich Wilhelm Joseph 482
Schemme, Wolfgang 163
Schiller, Friedrich 7, 45, 46, 66, 69, 80, 170, 315, 482
Schlegel, August Wilhelm 8
Schlegel, Friedrich 44, 102
Schleiermacher, Friedrich 106ff., 150, 301
Schlöndorff, Volker 224

Schmidt, Siegfried J. 13, 17
Schmitz, Ulrich 205, 253, 529
Schneider, Robert 65
Schnitzler, Arthur 224
Schön, Erich 28
Schönbrunn, Walter 456
Schülein, Frieder 297, 440
Schwitters, Kurt 573
Searle, John R. 414
Seel, Martin 471
Sennett, Richard 429
Shannon, Claude E. 17, 245
Simanowski, Roberto 546
Simmons, Charles 316
Sontag, Susan 474
Spinner, Kaspar H. 5, 58, 142, 293, 294, 312, 398, 434, 437, 439, 440, 452, 475, 476, 492, 632, 661
Staiger, Emil 59
Stanitzek, Georg 216
Steinbrenner, Marcus 119, 120, 301
Steinhöfel, Andreas 80
Sternberg, Josef von 224
Stifter, Adalbert 203
Storm, Theodor 65, 197, 626
Strauß, Botho 15
Süskind, Patrick 65, 312
Sutter, Tilmann 25, 301

Taylor, Charles 429, 446, 447
Timm, Uwe 203
Titzmann, Michael 49, 50, 51, 52
Trojanow, Iljla 262
Tugendhat, Ernst 428, 429
Tulodziecki, Gerhard 699
Turkle, Sherry 269, 429, 450
Tykwer, Tom 224, 226

Ulshöfer, Robert 221, 320

van Dijk, Teun A. 412
Verne, Jules 682, 691
Vygotsky, Lev 292

Waldmann, Günter 118, 149, 321, 322, 328, 329
Walser, Martin 203
Webb, Charles 225
Wegmann, Nikolaus 5
Weinert, Franz E. 23, 126
Weinhold 293
Weizenbaum, Joseph 577
Welsch, Wolfgang 429, 448, 471, 529
Wenzel, Horst 537
Wermke, Jutta 203, 223, 253, 544, 549, 696, 698
Wieler, Petra 28, 300
Wilder, Billy 556
Willenberg, Heiner 127
Winko, Simone 441
Wolf, Christa 315, 316
Wolgast, Heinrich 75

Zabka, Thomas 134, 171
Zeh, Juli 262
Zuckerberg, Mark 707
Zwiers, Jeff 132

Autorenverzeichnis

Autorenverzeichnis

Abraham, Ulf, Prof. Dr. phil., Jg. 1954, Studium der Fächer Deutsch und Englisch, 1. und 2. Staatsexamen, ist Professor für Didaktik der deutsche Sprache und Literatur an der Otto-Friedrich-Universität Bamberg.
Arbeitsgebiete: Literatur- und Lesedidaktik, Schreibdidaktik, Medien (bes. Film) im Deutschunterricht.

Baum, Michael, Prof. Dr. phil., Jg. 1968, Studium der Fächer Germanistik und Geschichtswissenschaft, 1. und 2. Staatsexamen, ist Professor für Literaturwissenschaft und Literaturdidaktik an der Pädagogischen Hochschule Karlsruhe.
Arbeitsgebiete: Literaturtheorie, Literatur der Moderne, Theorie der Literaturdidaktik, Bildungstheorie, intermediale Literaturdidaktik.

Beisbart, Ortwin, Prof. em. Dr. phil., Jg. 1939, Studium der Philosophie und Pädagogik sowie der Fächer Deutsch und Evangelische Theologie, 1. und 2. Staatsexamen, ist emeritierter Lehrstuhlinhaber für Didaktik der deutschen Sprache und Literatur an der Otto-Friedrich-Universität Bamberg.
Arbeitsgebiete: Geschichte des Deutschunterrichts, Schreibdidaktik, Textlinguistik und -didaktik, Literaturdidaktik und Leseforschung.

Bismarck, Kristina, Dr. phil., Jg. 1974; Studium der Fächer Deutsch und Grundschulpädagogik, 1. und 2. Staatsexamen, ist Akademische Rätin am Lehrstuhl für Didaktik der deutschen Sprache und Literatur der Universität Bamberg.
Arbeitsgebiete: Literaturdidaktik, Kinder- und Jugendliteratur, Schreibberatung an Schulen und Hochschulen.

Bönnighausen, Marion, Prof. Dr. phil., Jg. 1960, Studium der Fächer Deutsch und Musik, 1. und 2. Staatsexamen, sowie Neugermanistik, Altgermanistik, Musikwissenschaft, Magister Artium, ist Professorin für Literaturwissenschaft/ Literaturdidaktik an der Westfälischen Wilhelms-Universität Münster.
Arbeitsgebiete: Leseforschung, Medien- und Theaterdidaktik.

Brüggemann, Jörn, Dr. phil., Jg. 1975, Studium der Fächer Deutsch und Philosophie, 1. und 2. Staatsexamen, ist wissenschaftlicher Mitarbeiter am Lehrstuhl für Didaktik der deutschen Sprache und Literatur der Friedrich-Alexander-Universität Erlangen-Nürnberg und Studienrat an einem Gymnsasium in Nordrhein-Westfalen.
Arbeitsgebiete: Geschichte des Deutschunterrichts, Theorie des Literaturunterrichts, theoretische Modellierung und empirische Erforschung von literarästhetischer Textverstehenskompetenz.

Denk, Rudolf, Prof. em. Dr. phil., Jg. 1944, Studium der Fächer Germanistik, Musikwissenschaft, Klassische Philologie, Musikhochschule Gesang, 1. und 2. Staatsexamen, ist emeritierter Professor für deutsche Sprache und Literatur und ihre Didaktik i. R. an der Pädagogischen Hochschule Freiburg.
Arbeitsgebiete: Rezeptions- und Wirkungsforschung von Film und Theater, Dramen- und Theaterdidaktik, Mittelalterrezeption, Kinder- und Jugendmedien, Bildungsforschung.

Dreier, Ricarda, Jg. 1977, Studium der Fächer Deutsch und Latein, 1. und 2. Staatsexamen, ist Studienrätin am Gymnasium Blomberg und Lehrbeauftragte an der Universität Bielefeld.
Arbeitsgebiete: Kinder- und Jugendliteratur, Fanfiction, Erzähltheorie.

Frederking, Volker, Prof. Dr. phil., Jg. 1958, Studium der Fächer Deutsch, Philosophie und Geschichte, 1. und 2. Staatsexamen, ist Inhaber des Lehrstuhls für Didaktik der deutschen Sprache und Literatur an der Friedrich-Alexander-Universität Erlangen-Nürnberg.
Arbeitsgebiete: Literatur- und Mediendidaktik, Medienkulturgeschichte, ästhetische Bildung, domänenspezifische empirische Bildungs- bzw. Kompetenzforschung, Deutschlehrer(innen)-Ausbildung, Philosophieren im Deutschunterricht.

Garbe, Christine, Prof. Dr. phil., Jg. 1952, Studium der Fächer Germanistik, Geschichte, Sozial- und Erziehungswissenschaften, 1. und 2. Staatsexamen, ist Professorin für Deutsche Literatur und ihre Didaktik, Schwerpunkt Lese- und Mediensozialisation, am Institut für Deutsche Sprache und Literatur II der Universität zu Köln.
Arbeitsgebiete: Leseforschung und Didaktik des Lesens, Literarische und Medien-Sozialisationsforschung, empirische Rezeptionsforschung, Kinder- und Jugendliteraturforschung, literaturwissenschaftliche Frauen- und Genderforschung.

Gattermaier, Klaus, Dr. phil., Jg. 1960, Studium der Fächer Deutsch, Sozialkunde, Arbeitslehre und Sport, 1. und 2. Staatsexamen, ist Akademischer Rat für das Fach Didaktik an der Universität Passau.
Arbeitsgebiete: empirische Leseforschung, mediales Lernen im Deutschunterricht, Filmdidaktik.

Gerner, Volker, Dr. phil., Jg. 1975, Studium der Fächer Deutsch, Geschichte, Philosophie, 1. und 2. Staatsexamen, ist wissenschaftlicher Mitarbeiter am Lehrstuhl für Didaktik der deutschen Sprache und Literatur an der Friedrich-Alexander-Universität Erlangen-Nürnberg und Studienrat für Deutsch, Geschichte und Ethik am Dürer-Gymnasium in Nürnberg.
Arbeitsgebiete: Literaturdidaktik, Bildungstheorie, Hermeneutik.

Josting, Petra, Prof. Dr. phil., Jg. 1957, Studium der Fächer Deutsch und Sozialwissenschaften, 1. und 2. Staatsexamen, ist Professorin für Germanistik / Literaturdidaktik an der Universität Bielefeld.
Arbeitsschwerpunkte: Kinder- und Jugendliteraturforschung, Literatur- und Mediendidaktik.

Kammler, Clemens, Prof. Dr. phil., Jg. 1952, Studium der Fächer Germanistik, Philosophie und Sozialwissenschaften, 1. und 2. Staatsexamen, ist Professor für Germanistik / Literaturdidaktik an der Universität Duisburg-Essen.
Arbeitsgebiete: Literaturdidaktik, Unterrichtsforschung, literarische Sozialisationsforschung, Entwicklung von Unterrichtsmodellen, Gegenwartsliteratur, Theorie der Literatur- und der Kulturwissenschaft.

Kämper-van den Boogaart, Michael, Prof. Dr. phil., Studium der Fächer Deutsch und Geschichte, 1. und 2. Staatsexamen, ist Professor für Neuere deutsche Literatur und Fachdidaktik Deutsch an der Humboldt-Universität zu Berlin.
Arbeitsgebiete: Aspekte literarischer Rezeptionskompetenz, Geschichte des Literaturunterrichts, deutsche Literatur des 20. Jahrhunderts, DeutschlehrerInnenausbildung.

Kepser, Matthis, Prof. Dr. phil., Jg. 1960, Studium der Fächer Deutsch, Psychologie und Philosophie, 1. und 2. Staatsexamen, ist Professor für die Didaktik des Deutschen unter Einschluss der schulbezogenen Medienwissenschaften an der Universität Bremen.
Arbeitsgebiete: Deutschdidaktische Grundlagenforschung, Literaturdidaktik, Mediendidaktik.

Knobloch, Jörg, Dr. phil., Jg. 1947, Studium der Pädagogik und Germanistik, 1. und 2. Staatsexamen, Lehrer und Konrektor an einer Hauptschule.
Arbeitsgebiete: Literaturdidaktik, Leseförderung, Kinder- und Jugendliteraturforschung.

Krommer, Axel, Jg. 1969, Studium der Fächer Deutsch und Philosophie, 1. und 2. Staatsexamen, ist Akademischer Oberrat am Lehrstuhl für Didaktik der deutschen Sprache und Literatur an der Friedrich-Alexander-Universität Erlangen-Nürnberg.
Arbeitsgebiete: Neue Medien, Fiktionstheorie, Philosophieren im Deutschunterricht.

Maiwald, Klaus, Prof. Dr. phil., Jg. 1960, Studium der Fächer Deutsch und Englisch, 1. und 2. Staatsexamen, ist Inhaber des Lehrstuhls für Didaktik der deutschen Sprache und Literatur an der Universität Augsburg.
Arbeitsgebiete: Literaturdidaktik, Mediendidaktik, virtuelle Lehre.

Marci-Boehncke, Gudrun, Prof. Dr. phil., Jg. 1963, Studium der Fächer Deutsch und Geschichte, 1. Staatsexamen, ist Professorin für Neuere Deutsche Literatur / Elementare Vermittlungs- und Aneignungsprozesse an der TU-Dortmund.
Arbeitsgebiete: Kinder- und Jugendliteratur, Leseforschung, Medienbildung.

Meier, Christel Erika, Dr. phil. Jg. 1972, Studium der Fächer Deutsch und Geschichte, 1. und 2. Staatsexamen, Akademische Oberrätin am Lehrstuhl für Didaktik der deutschen Sprache und Literatur an der Friedrich-Alexander-Universität Erlangen-Nürnberg.
Arbeitsgebiete: Literarische Verstehenskompetenz, Autorschaft und Literaturunterricht, ästhetische Bildung.

Möbius, Thomas, Dr. phil., Jg. 1963, Studium der Fächer Germanistik, Ev. Theologie und Philosophie, 1. und 2. Staatsexamen, Professor für Fachdidaktik Deutsch an der RWTH Aachen.
Arbeitsgebiete: Mediendidaktik, Mediävistik und allgemeine Literaturdidaktik.

Müller, Karla, Prof. Dr. phil., Jg. 1957, Studium der Fächer Deutsch, Geschichte, Sozialkunde, 1. und 2. Staatsexamen, ist Professorin für Didaktik der deutschen Sprache und Literatur an der Universität Passau.
Arbeitsgebiete: Hören und Hörmedien, Schulbuchentwicklung und -forschung, Kinder- und Jugendliteratur, literaturgeschichtlicher Unterricht.

Paule, Gabriela, Prof. Dr. phil. habil., Jg. 1961, Studium der Fächer Deutsch und Mathematik für das Lehramt an Gymnasien, 1. und 2. Staatsexamen, ist Professorin für das Fach Didaktik der deutschen Sprache und Literatur an der Universität Bayreuth.

Arbeitsgebiete: Dramen- und Theaterdidaktik, Schreibdidaktik, fächerübergreifender Unterricht.

Pfeiffer, Joachim, Prof. Dr. phil. habil., Jg. 1950, Studium der Fächer Philosophie, Theologie, Germanistik und Romanistik, 1. Staatsexamen, ist Professor für Neuere deutsche Literatur und Literaturdidaktik an der Pädagogischen Hochschule Freiburg.
Arbeitsgebiete: Literaturwissenschaft und Literaturdidaktik, Literaturpsychologie, Literatur der Goethezeit und der Moderne, Filmdidaktik, neue Medien im Unterricht.

Rosebrock, Cornelia, Prof. Dr. phil., Studium der Fächer Deutsch und Polytechnik sowie Erweiterungsstudium Erziehungswissenschaft und Philosophie; 1. und 2. Staatsexamen, ist Professorin für Neuere Deutsche Literaturwissenschaft mit den Schwerpunkten Literaturdidaktik, literarisches Lernen und Lesesozialisation an der Universität Frankfurt.
Arbeitsgebiete: Lesesozialisation, literarische Sozialisation, literarisches Lernen, Leseforschung; Leseförderung.

Schilcher, Anita, Prof. Dr. phil., Jg. 1967, Studium für das Lehramt an Grundschulen und Magister in den Fächern Deutsche Literaturwissenschaft, Allgemeine Pädagogik und Psychologie, 1. und 2. Staatsexamen, ist Professorin für Didaktik der deutschen Sprache und Literatur an der Universität Regensburg.
Arbeitsgebiete: Kinder- und Jugendliteratur, Literaturdidaktik, Schreibdidaktik.

Spinner, Kaspar H., Prof. em. Dr. phil., Jg. 1941, Studium der Fächer Germanistik, Kunstgeschichte und Pädagogik, Diplom für das höhere Lehramt (Zürich), ist emeritierter Professor für Didaktik der deutschen Sprache und Literatur an der Universität Augsburg.
Arbeitsgebiete: Literaturdidaktik, Kinder- und Jugendliteratur.

Wermke, Jutta, Prof. em. Dr. phil. habil., Studium der Fächer Ev. Theologie, Germanistik, Pädagogik an der Universität Bonn, 1. und 2. Staatsexamen, ist Professorin für Deutsche Literatur und Didaktik des Deutschunterrichts i. R. an der Universität Osnabrück.
Arbeitsschwerpunkte: Kreativitätsförderung, Medienerziehung, ästhetische Erziehung, Hörästhetik, Outdoor-Didaktik.

Wichert, Adalbert, Prof. Dr. phil., Jg. 1946, Studium der Fächer Germanistik, Geschichte und Politikwissenschaft, 1. und 2. Staatsexamen, ist Professor für deutsche Sprache und ihre Didaktik i. R. an der Pädagogischen Hochschule Freiburg.
Arbeitsgebiete: Sprachdidaktik, Rhetorik, Medien und Deutschunterricht, integrativer Deutschunterricht, Literaturgeschichte.

Wieler, Petra, Prof. Dr. phil., Studium der Germanistik, Geschichte und Erziehungswissenschaft, 1. und 2. Staatsexamen, ist Professorin für Grundschulpädagogik / Lernbereich Deutsch an der Freien Universität Berlin.
Arbeitsschwerpunkte: Lese- und Mediensozialisation, sprachliche Enkulturation und literarisches Lernen, Literaturdidaktik, Unterrichtsforschung.

Willenberg, Heiner, Prof. em. Dr. phil., Jg. 1942, Studium der Fächer Deutsch, Geschichte und Psychologie (teilweise), 1. und 2. Staatsexamen, ist emeritierter Professor für die Didaktik der deutschen Sprache und Literatur an der Universität Hamburg.
Arbeitsgebiete: Leseforschung, Kommunikation, Wortschatz, empirische Begründungen der Deutschdidaktik.

Zabka, Thomas, Prof. Dr. phil., Jg. 1959, Studium der Fächer Deutsch, Soziologie und Erziehungswissenschaft, 1. und 2. Staatsexamen, ist Professor für Didaktik der deutschen Sprache und Literatur an der Universität Hamburg.
Arbeitsgebiete: Textverstehen und Textinterpretation, ästhetische Bildung, individueller Kompetenzaufbau.